Teacher's Annotated Edition

NIVEL
3

DESCUBRE

Lengua y cultura del mundo hispánico

VISTA
HIGHER LEARNING

Boston, Massachusetts

Publisher: José A. Blanco

President: Janet Dracksdorf

Senior Vice President of Operations: Tom Delano

Vice President of Sales & Marketing: Scott Burns

Executive Marketing Manager: Benjamin Rivera

Senior Language Specialist: Norah Jones

Editorial Director: Beth Kramer

Director of Art & Design: Linda Jurras

Director of Production & Manufacturing: Lisa Perrier

Managing Editor: Sarah Kenney

Design Manager: Polo Barrera

Photo Researcher & Art Buyer: Rachel Distler

Project Managers: María Eugenia Corbo, Pamela Mishkin

Staff Editors: Daniel Finkbeiner, Gisela Aragón-LaCarrubba, Armando Brito, Kristen Odlum Chapron, Paola Ríos Schaaf

Contributing Writers and Editors: María Paula Cañón, Brendeign Covell, Rachel Dziallo, Maribel García, Martín L. Gaspar, Francisco de la Rosa, Lourdes Murray, Lida Rosenfelder

Production Team: Jason Velázquez, María Eugenia Castaño, Oscar Diez

Printed in the United States of America.

DESCUBRE Level 3 Student Edition Text ISBN-13: 978-1-60007-306-9
DESCUBRE Level 3 Student Edition Text ISBN-10: 1-60007-306-9

DESCUBRE Level 3 Teacher's Annotated Edition (TAE) ISBN-13: 978-1-60007-346-5
DESCUBRE Level 3 Teacher's Annotated Edition (TAE) ISBN-10: 1-60007-346-8

Library of Congress Control Number: 2006939626

1 2 3 4 5 6 7 8 9-VH-12 11 10 09 08 07

Table of Contents

DESCUBRE 3 at-a-glance

Contextos
presents and practices vocabulary and structures in meaningful contexts.

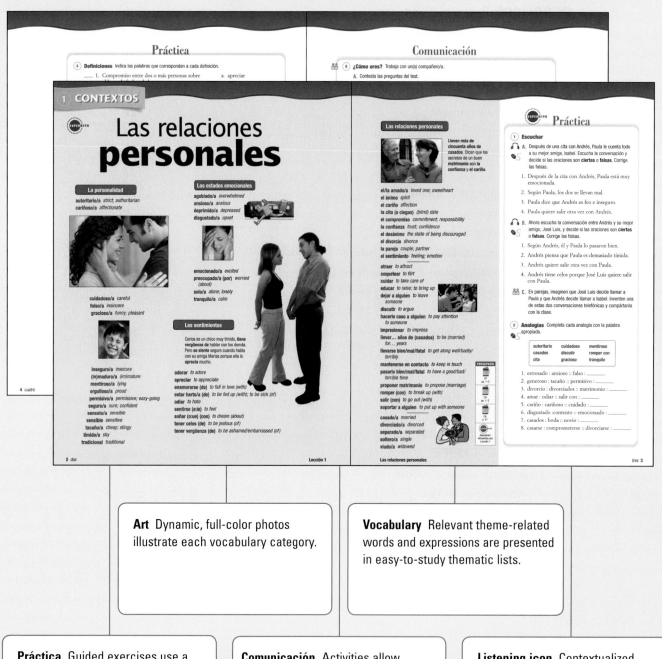

Art Dynamic, full-color photos illustrate each vocabulary category.

Vocabulary Relevant theme-related words and expressions are presented in easy-to-study thematic lists.

Práctica Guided exercises use a variety of formats to reinforce the new vocabulary.

Comunicación Activities allow students to use the vocabulary creatively in interactions with a partner, a small group, or the entire class.

Listening icon Contextualized listening activities use the new vocabulary in meaningful contexts.

Fotonovela
is a fun-filled situational comedy based on the everyday lives and adventures of a magazine staff.

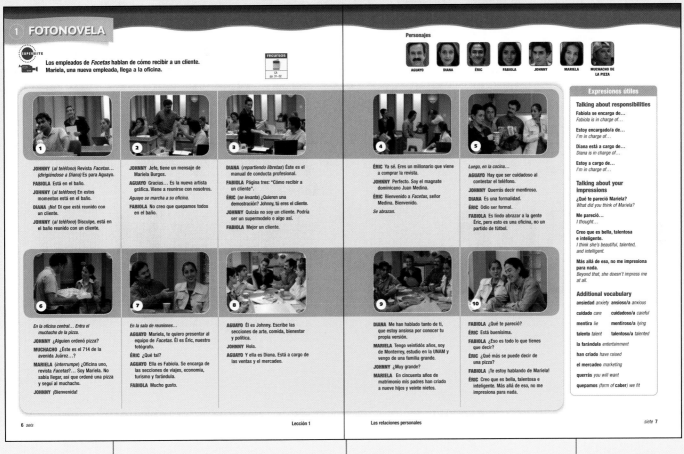

Fotonovela characters and contexts present grammar and vocabulary throughout the lesson.

Fotonovela Video is one of the three video programs that accompany **DESCUBRE, nivel 3**. For more information about the others, see pages T7 and T10.

Expresiones útiles are the **Fotonovela** conversation "bridge" that re-enters **Contextos** vocabulary and previews grammar concepts of the Estructura section.

The video story board builds student confidence for learning before, during, and after viewing.

DESCUBRE 3 at-a-glance

Comprensión & Ampliación
reinforce and expand upon the Fotonovela.

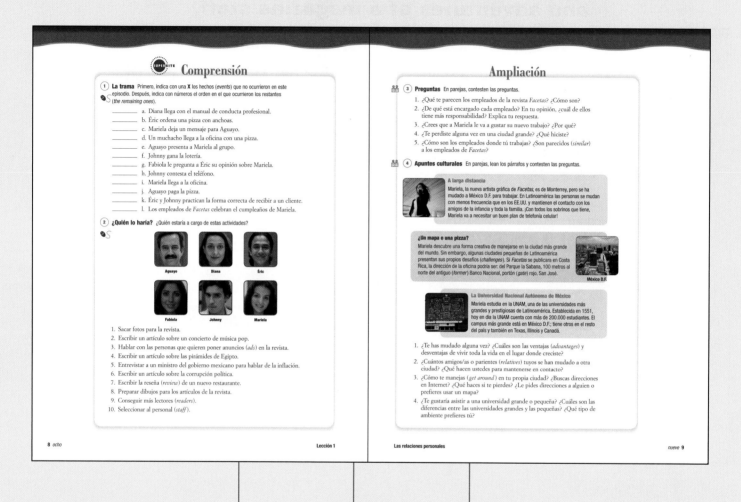

Comprensión

1. La trama Primero, indica con una **X** los hechos (*events*) que no ocurrieron en este episodio. Después, indica con números el orden en el que ocurrieron los restantes (*the remaining ones*).

_____ a. Diana llega con el manual de conducta profesional.
_____ b. Éric ordena una pizza con anchoas.
_____ c. Mariela deja un mensaje para Aguayo.
_____ d. Un muchacho llega a la oficina con una pizza.
_____ e. Aguayo presenta a Mariela al grupo.
_____ f. Johnny gana la lotería.
_____ g. Fabiola le pregunta a Éric su opinión sobre Mariela.
_____ h. Johnny contesta el teléfono.
_____ i. Mariela llega a la oficina.
_____ j. Aguayo paga la pizza.
_____ k. Éric y Johnny practican la forma correcta de recibir a un cliente.
_____ l. Los empleados de *Facetas* celebran el cumpleaños de Mariela.

2. ¿Quién lo haría? ¿Quién estaría a cargo de estas actividades?

Aguayo   Diana   Éric
Fabiola   Johnny   Mariela

1. Sacar fotos para la revista.
2. Escribir un artículo sobre un concierto de música pop.
3. Hablar con las personas que quieren poner anuncios (*ads*) en la revista.
4. Escribir un artículo sobre las pirámides de Egipto.
5. Entrevistar a un ministro del gobierno mexicano para hablar de la inflación.
6. Escribir un artículo sobre la corrupción política.
7. Escribir la reseña (*review*) de un nuevo restaurante.
8. Preparar dibujos para los artículos de la revista.
9. Conseguir más lectores (*readers*).
10. Seleccionar al personal (*staff*).

Ampliación

3. Preguntas En parejas, contesten las preguntas.

1. ¿Qué te parecen los empleados de la revista *Facetas*? ¿Cómo son?
2. ¿De qué está encargado cada empleado? En tu opinión, ¿cuál de ellos tiene más responsabilidad? Explica tu respuesta.
3. ¿Crees que a Mariela le va a gustar su nuevo trabajo? ¿Por qué?
4. ¿Te perdiste alguna vez en una ciudad grande? ¿Qué hiciste?
5. ¿Cómo son los empleados donde tú trabajas? ¿Son parecidos (*similar*) a los empleados de *Facetas*?

4. Apuntes culturales En parejas, lean los párrafos y contesten las preguntas.

A larga distancia
Mariela, la nueva artista gráfica de *Facetas*, es de Monterrey, pero se ha mudado a México D.F. para trabajar. En Latinoamérica las personas se mudan con menos frecuencia que en los EE.UU. y mantienen el contacto con los amigos de la infancia y toda la familia. ¡Con todos los sobrinos que tiene, Mariela va a necesitar un buen plan de telefonía celular!

¿Un mapa o una pizza?
Mariela descubre una forma creativa de manejarse en la ciudad más grande del mundo. Sin embargo, algunas ciudades pequeñas de Latinoamérica presentan sus propios desafíos (*challenges*). Si *Facetas* se publicara en Costa Rica, la dirección de la oficina podría ser: del Parque La Sabana, 100 metros al norte del antiguo (*former*) Banco Nacional, portón (*gate*) rojo, San José.

México D.F.

La Universidad Nacional Autónoma de México
Mariela estudia en la UNAM, una de las universidades más grandes y prestigiosas de Latinoamérica. Establecida en 1551, hoy en día la UNAM cuenta con más de 200.000 estudiantes. El campus más grande está en México D.F.; tiene otros en el resto del país y también en Texas, Illinois y Canadá.

1. ¿Te has mudado alguna vez? ¿Cuáles son las ventajas (*advantages*) y desventajas de vivir toda la vida en el lugar donde creciste?
2. ¿Cuántos amigos/as o parientes (*relatives*) tuyos se han mudado a otra ciudad? ¿Qué hacen ustedes para mantenerse en contacto?
3. ¿Cómo te manejas (*get around*) en tu propia ciudad? ¿Buscas direcciones en Internet? ¿Qué haces si te pierdes? ¿Le pides direcciones a alguien o prefieres usar un mapa?
4. ¿Te gustaría asistir a una universidad grande o pequeña? ¿Cuáles son las diferencias entre las universidades grandes y las pequeñas? ¿Qué tipo de ambiente prefieres tú?

Comprensión exercises check students' basic understanding of the **Fotonovela** conversations.

Ampliación communicative activities take a step further, asking students to apply or react to the content in a personalized way.

Apuntes culturales notes illustrated with photographs provide additional reading practice and important cultural information related to the **Fotonovela**.

Enfoques
explores cultural topics related to the lesson theme with a regional focus.

En detalle & Perfil give students an opportunity to read in-depth about the lesson's cultural theme, using comprehension-supporting photos. The **Flash cultura** video provides additional insights on the theme.

The **regional focus** provides complete coverage of the entire Spanish-speaking world.

El mundo hispanohablante & Así se dice are lexical and comparative features highlight traditions, customs, and trends throughout the Spanish-speaking world.

Comprehension, open-ended, and project-based activities in **¿Qué aprendiste?** check understanding of the material and lead to further exploration.

An **Internet icon** leads students to the **DESCUBRE Supersite**—and to the Spanish-speaking world. (**descubre3.vhlcentral.com**).

Ritmos presents a Hispanic musician or group from the region of focus, with follow-up activities.

DESCUBRE 3 at-a-glance

Estructura
presents grammar in clear, concise, and visually effective formats.

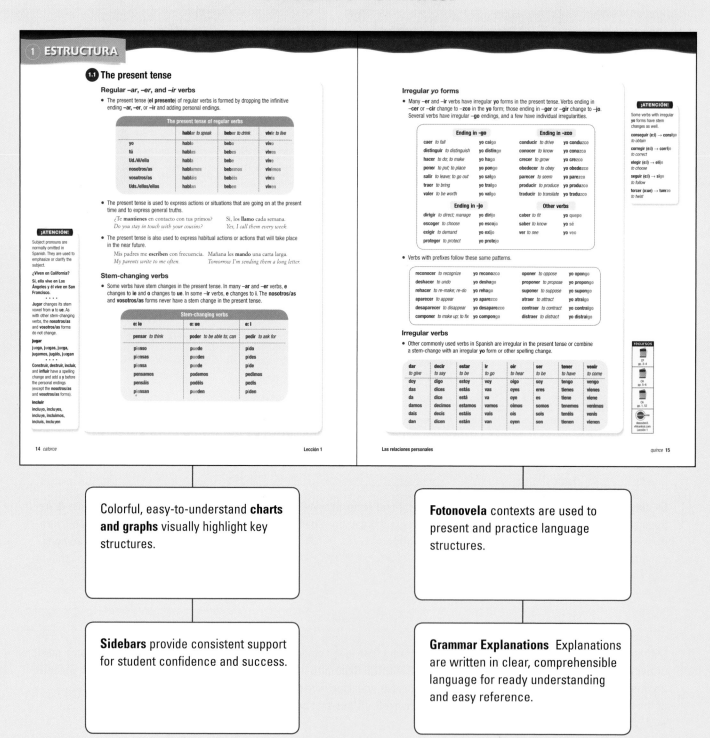

Colorful, easy-to-understand **charts and graphs** visually highlight key structures.

Fotonovela contexts are used to present and practice language structures.

Sidebars provide consistent support for student confidence and success.

Grammar Explanations Explanations are written in clear, comprehensible language for ready understanding and easy reference.

Estructura
provides activities for directed practice and communication.

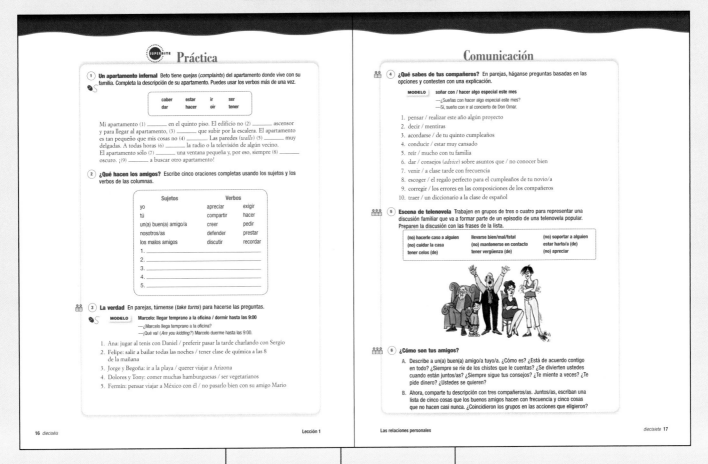

Práctica weaves vocabulary and grammar into a wide range of guided yet meaningful activities.

Comunicación activities prompt creative expression using the lesson's grammar and vocabulary. These activities take place with a partner, in small groups, or with the entire class.

The **Supersite** icon at the top of the page indicates that content is available on the **DESCUBRE** Supersite (**descubre3.vhlcentral.com**); the mouse icon next to certain activities signals that they are available with auto-grading on the Supersite.

Cinemateca

appears in every single lesson, integrating pre-viewing, viewing, and post-viewing activities for an authentic short film.

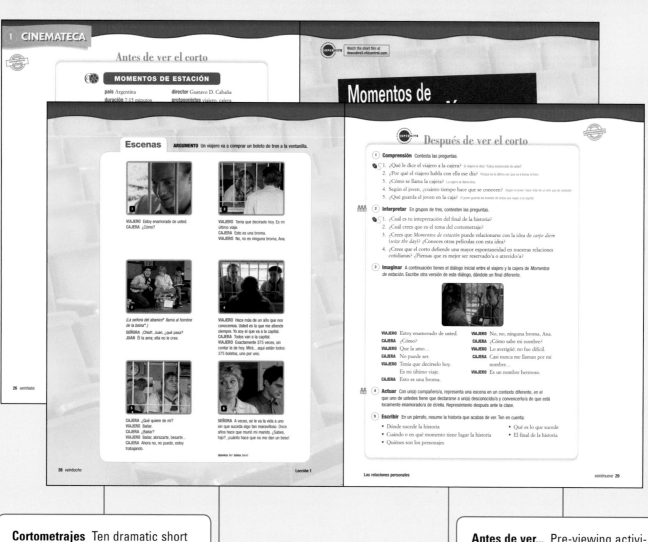

Cortometrajes Ten dramatic short films from the Spanish-speaking world provide authentic language input. The films are available on the **DESCUBRE, nivel 3, Film Collection DVD** (for teachers) and on the **Supersite** (for students).

Escenas Video stills with excerpts of the dialogue help students to focus on key events and ideas as they watch the film.

Después de ver... Post-viewing activities check your comprehension and guide you in interpreting the film and reacting to it.

Antes de ver... Pre-viewing activities prepare students to view the film. Active vocabulary key to understanding the film is called out in the **Vocabulario** section.

Lecturas
uses fine art for a visually dramatic opening.

Los enamorados, 1923.
Pablo Picasso, España.

"La única fuerza y la única verdad que
hay en esta vida es el amor."

— José Martí

30 *treinta*

Lección 1

A fine art piece by a Spanish-speaking artist illustrates an aspect of the lesson's theme and exposes students to a broad spectrum of works created by male and female artists from different areas of the Spanish-speaking world.

Quotations by Spanish speakers from around the world and across the ages provide thought-provoking insights into the lesson's theme.

DESCUBRE 3 at-a-glance

The first reading in Lecturas is a literary selection that expands on the lesson's theme.

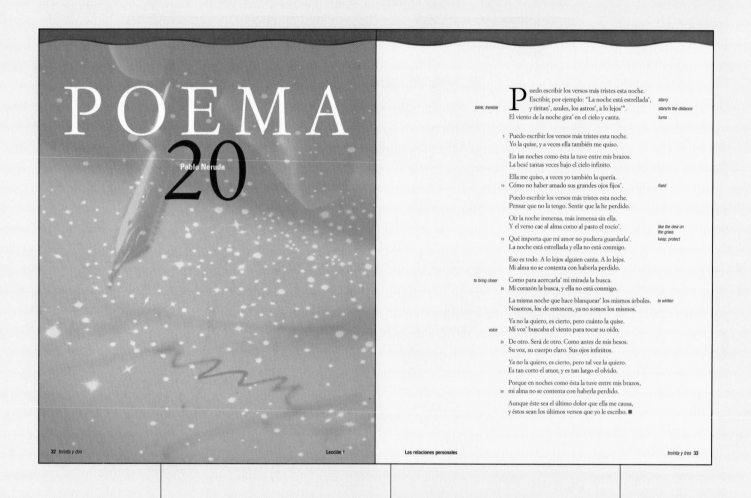

Sobre el autor Biographical information on the preceding page focuses students' attention on important information about the authors and their works.

Diverse Texts from high-profile authors offer different points of view on the lesson theme. Texts also expose students to a variety of genres, such as poetry, short stories, novel excerpts and more.

Open Design The type size, open space, numbered lines, and marginal glosses were specially designed to make the readings inviting and highly accessible.

Estrategia de lectura Reading strategies build student skills and confidence.

Análisis literario Explanations of literary techniques give students the support they need to analyze literature in Spanish.

Conexión personal Personalized questions prompt students to think about the theme of the reading as it relates to their own life and experiences.

The second reading in Lecturas presents an article on a contemporary or traditional topic related to the lesson theme.

Carlos Mencía

Políticamente incorrecto

El comediante **Carlos Mencía** tiene tanto éxito con su programa en *Comedy Central* que mantiene un *blog* para sus *fans*. Allí, se define a sí mismo como una persona que dice lo que piensa. Explica que no le importa "herir los sentimientos" de nadie; "lo que hiere aún más es quedarse callado y dejar que la gente estúpida siga siendo estúpida". También dice en su *blog* que "algunos pueden hacer chistes sobre otras personas, pero no pueden aceptar que se hagan chistes sobre ellos... bueno... si tú eres así... ¡entonces hazme el favor y CÁLLATE!"

36 *treinta y seis* Lección 1

Carlos Mencía integra una nueva generación de humoristas latinos que llegó para quedarse. Esta gran familia de comediantes también incluye nombres como Pablo Francisco, Liz Torres, Freddy Sotto, Mike Robles, Joey Medina, Ernie G y Shayla Rivera, entre otros. Además, hay que destacar al ya clásico John Leguizamo. Antes de saltar a la fama con su programa *Mind of Mencía* en *Comedy Central*, Carlos ya tenía una larga trayectoria artística.

Nació en Honduras en 1967 y es el penúltimo° de dieciocho hijos. Se crió en Los Ángeles en casa de sus tíos. Estudiaba ingeniería hasta que ganó una competencia° de comedia en el *Laugh Factory*. Le faltaba sólo un crédito para graduarse pero decidió dejar la universidad y dedicarse a la comedia. Aunque al principio su familia no estaba de acuerdo con el cambio, gracias a su perseverancia y al apoyo° de su hermano Joseph, Carlos logró convertirse° en un comediante profesional. Fue en *The Comedy Store* —un renombrado° club de comedia de Los Ángeles— donde adoptó el nombre artístico de Carlos Mencía. Durante la década de los noventa, Carlos participó como comediante y como anfitrión° en varios programas de televisión. En 2001, realizó una popular gira° titulada *The Three Amigos* con Freddy Soto y Pablo Francisco. Antes

second-to-last

competition

support

managed to become

renowned

host

tour

de su llegada a *Comedy Central*, también hizo dos especiales para HBO.

El humor de Carlos Mencía no perdona a nadie —ni siquiera a su propia familia— y, como consecuencia, Carlos tiene tanto admiradores como detractores. Hace chistes acerca de blancos, negros, minorías y sobre todo latinos. En su lenguaje abundan° las malas palabras. Algunos de sus temas preferidos son las cuestiones raciales, la política, la religión y los temas sociales. Muchos consideran que su estilo excede los límites de lo que es "políticamente correcto".

are plentiful

Cuando observamos las opiniones y reacciones que provoca, las aguas están divididas°. Para algunos, los chistes de Carlos Mencía son demasiado provocativos y perpetúan° estereotipos; para otros, sus chistes son un ejemplo de libre expresión°, un ejemplo de que los latinos ya no son una minoría que es víctima de los chistes de otras personas, sino una comunidad que se siente establecida y que es capaz de reírse de sí misma... y de los demás. ∎

there is disagreement

perpetuate

freedom of speech

El humor de Carlos Mencía

"El racismo significa exclusión. Por eso, yo me río de todos."

"Al igual que mi padre, yo también nací en América Central... Nebraska."

"En Texas, si te llamas Carlos, eres mexicano. En Florida, eres cubano. En Nueva York, eres puertorriqueño. Y luego vengo aquí (Canadá) y me entero de que soy esquimal."

Las relaciones personales *treinta y siete* 37

Appealing Topics The **Cultura** readings present a unique range of topics that expose students to the people, traditions, and accomplishments particular to the different cultures of the Spanish-speaking world.

Open Design The same open design used in the first selection, including numbered lines and marginal glosses, helps make the **Cultura** readings accessible to students.

Vocabulario A vocabulary box lists words and expressions key to the reading.

Contexto cultural The selection is introduced by culturally relevant background information about the theme of the reading.

Post-reading Activities check student understanding of key ideas and guide them in analyzing, interpreting, and reacting in a personalized way to the reading's content.

DESCUBRE 3 at-a-glance

Atando cabos
develops students' oral communication skills and writing skills.

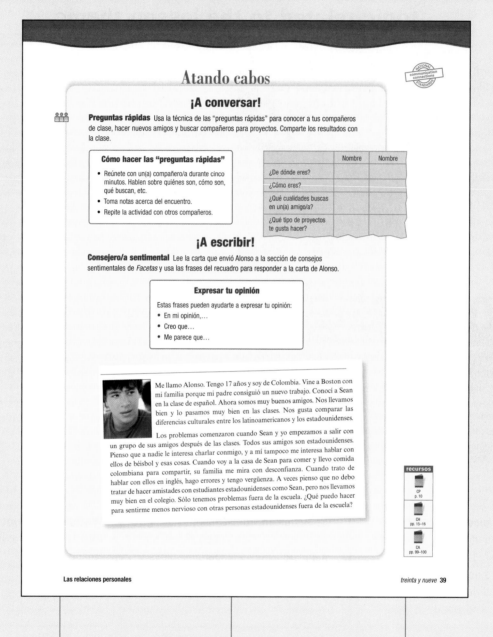

Atando cabos

¡A conversar!

Preguntas rápidas Usa la técnica de las "preguntas rápidas" para conocer a tus compañeros de clase, hacer nuevos amigos y buscar compañeros para proyectos. Comparte los resultados con la clase.

Cómo hacer las "preguntas rápidas"

- Reúnete con un(a) compañero/a durante cinco minutos. Hablen sobre quiénes son, cómo son, qué buscan, etc.
- Toma notas acerca del encuentro.
- Repite la actividad con otros compañeros.

	Nombre	Nombre
¿De dónde eres?		
¿Cómo eres?		
¿Qué cualidades buscas en un(a) amigo/a?		
¿Qué tipo de proyectos te gusta hacer?		

¡A escribir!

Consejero/a sentimental Lee la carta que envió Alonso a la sección de consejos sentimentales de *Facetas* y usa las frases del recuadro para responder a la carta de Alonso.

Expresar tu opinión

Estas frases pueden ayudarte a expresar tu opinión:
- En mi opinión,…
- Creo que…
- Me parece que…

Me llamo Alonso. Tengo 17 años y soy de Colombia. Vine a Boston con mi familia porque mi padre consiguió un nuevo trabajo. Conocí a Sean en la clase de español. Ahora somos muy buenos amigos. Nos llevamos bien y lo pasamos muy bien en las clases. Nos gusta comparar las diferencias culturales entre los latinoamericanos y los estadounidenses.

Los problemas comenzaron cuando Sean y yo empezamos a salir con un grupo de sus amigos después de las clases. Todos sus amigos son estadounidenses. Pienso que a nadie le interesa charlar conmigo, y a mí tampoco me interesa hablar con ellos de béisbol y esas cosas. Cuando voy a la casa de Sean para comer y llevo comida colombiana para compartir, su familia me mira con desconfianza. Cuando trato de hablar con ellos en inglés, hago errores y tengo vergüenza. A veces pienso que no debo tratar de hacer amistades con estudiantes estadounidenses como Sean, pero nos llevamos muy bien en el colegio. Sólo tenemos problemas fuera de la escuela. ¿Qué puedo hacer para sentirme menos nervioso con otras personas estadounidenses fuera de la escuela?

recursos

CP
p. 10

CH
pp. 15–16

CA
pp. 99–100

Las relaciones personales

treinta y nueve **39**

¡A conversar! Step-by-step tasks and problem-solving situations engage students in discussion in pairs, small groups, or with the entire class.

Thematic Readings and Realia These texts serve as springboards for discussion and writing while providing frameworks to use language creatively.

¡A escribir! This section provides an engaging, real-life writing task—letters, e-mails, anecdotes—built from the themes and ideas of the lesson.

DESCUBRE
provides everything you need to make sure your students succeed.

Teacher Materials

- **Teacher's Annotated Edition**
  The Teacher's Annotated Edition contains a wealth of teaching information designed to support teaching in the classroom and to save teachers time in preparation and class management.

- **Textbook Audio Program**
  This audio program, recorded by native Spanish speakers, integrates directly with the **Contextos** and **Vocabulario** sections of the textbook. It is available in a variety of formats to suit your classroom needs.

- **Video Program on DVD**
  Three separate video programs provide linguistic and cultural input. The **Fotonovela** program features a storyline closely integrated with the lesson's content. The thematically based **Flash cultura** program expands on the content presented in the **Enfoques** section of the textbook. **Cinemateca** features authentic short films from contemporary Hispanic filmmakers.

- **Audio Program**
  The Audio Program provides the recordings to be used in conjunction with the audio activities in the **DESCUBRE Cuaderno de actividades**. It is available in a variety of formats to suit your classroom needs.

- **Audio and Video Scripts ***
  The Audio and Video Scripts contain the Textbook Audio Program and the Audio Program scripts; the video scripts; and English translations of the video scripts.

- **Answer Keys ***
  This contains answers to all activities with discrete answers in the **Cuaderno de práctica** and the **Cuaderno de actividades**.

- **Overhead Transparencies ***
  The Overhead Transparencies include maps of the Spanish-speaking world and other useful illustrations for presenting or practicing instructional concepts. They are available as PDFs as well.

- **Testing Program ***
  The Testing Program consists of four versions of tests for each textbook lesson, a final exam, listening scripts, answer keys, and suggestions for oral tests. It is provided in ready-to-print PDFs, in RTF word-processing files, and in a Test Generator. Testing audio files are also available.

- **Teacher's Resource CD-ROM**
  The Teacher's Resource CD-ROM delivers the teacher materials marked with an * in the above descriptions, all on one convenient CD-ROM.

- **Supersite powered by MAESTRO™**
  The **DESCUBRE** Supersite utilizes the power of **MAESTRO™** to provide tracking, grading, and monitoring of student performance and to facilitate communication with the class. Teachers have access to the student site, as well as the entire Teacher Package.

Student Materials

- **Cuaderno de práctica**
  The **Cuaderno de práctica** provides additional practice and comprehension of the vocabulary, grammar, and cultural information presented in each textbook lesson. The **Cuaderno de práctica** is a practical homework option for your students.

- **Cuaderno para hispanohablantes**
  For classrooms that require differentiated instruction, this workbook focuses on the development of reading and writing skills for students who have grown up in a Spanish-speaking family environment but have had little or no formal Spanish language training.

- **Cuaderno de actividades**
  The **Cuaderno de actividades** offers audio activities that build listening comprehension, speaking, and pronunciation skills, as well as video activities for pre-, while-, and post-viewing of the video programs. It also provides worksheets for writing activities, making it an invaluable supplement for your classroom.

- **e-Cuaderno powered by MAESTRO™**
  The **e-Cuaderno** contains the **Cuaderno de práctica** and the audio and video activities from the **Cuaderno de actividades** in an online environment powered by the **MAESTRO™** engine.

- **Supersite powered by MAESTRO™**
  The **DESCUBRE** Supersite includes, in an auto-graded format, activities found in the textbook; additional, auto-graded activities with feedback for practice, expansion, and research; the complete audio and video programs; and much more!

- **Pocket Dictionary & Language Guide**
  The VHL Intro Spanish Pocket Dictionary & Language Guide is a portable reference for Spanish words, expressions, idioms, and more, created expressly to complement and expand the vocabulary in the student text.

The DESCUBRE Story

DESCUBRE is the deliberately different three-year Spanish program designed to take students to a higher level of learning and success. Since 2000, language textbooks and materials published by Vista Higher Learning have achieved exciting and effective learning outcomes in secondary schools throughout the country. **DESCUBRE** is a bold and appealing student-centered, teacher-friendly program that guides learners of all abilities in today's classrooms through the different stages of learning in order to become proficient and competent users of Spanish.

DESCUBRE will help you accomplish your instructional objectives, ensuring high levels of student skill and motivation through:

- Carefully structured lesson organization, built around easy-to-navigate, color-coded sections
- Instructional design that emphasizes language as a tool, not a topic
- Progressive communicative activities incorporated in every section of every lesson
- Unprecedented cultural coverage of the entire Spanish-speaking world
- Culturally accurate contexts that encourage communication and skill-building
- Compelling, visually striking photo and illustration programs that support and enhance students' understanding of the text
- Engaging video selections and storylines, integrated throughout all three levels of the program

DESCUBRE and the *Standards for Foreign Language Learning*

DESCUBRE promotes and enhances student learning and motivation through its instructional design, based on and informed by the best practices of the *Standards for Foreign Language Learning in the 21st Century* (American Council on the Teaching of Foreign Languages).

DESCUBRE blends the underlying principles of the five Cs (Communication, Cultures, Connections, Comparisons, Communities) with features and strategies tailored specifically to build students' speaking, listening, reading, and writing skills. As a result, right from the start students are given the tools to express themselves articulately, interact meaningfully with others, and become highly competent communicators in Spanish.

The Five Cs of Foreign Language Learning

Communication
Students:
1. Engage in conversation, provide and obtain information, express feelings and emotions, and exchange opinions. (Interpersonal mode)
2. Understand and interpret written and spoken language. (Interpretive mode)
3. Present information, concepts, and ideas to an audience of listeners or readers. (Presentational mode)

Cultures
Students demonstrate an understanding of the relationship between:
1. The practices and perspectives of the culture studied.
2. The products and perspectives of the culture studied.

Connections
Students:
1. Reinforce and further their knowledge of other disciplines through Spanish.
2. Acquire information and recognize distinctive viewpoints only available through Spanish language and cultures.

Comparisons
Students demonstrate understanding of:
1. The nature of language through comparisons of the Spanish language and their own.
2. The concept of culture through comparisons of the cultures studied and their own.

Communities
Students:
1. Use Spanish both within and beyond the school setting.
2. Show evidence of becoming life-long learners by using Spanish for personal enjoyment and enrichment.

Adapted from ACTFL's *Standards for Foreign Language Learning in the 21st Century*

Good Teaching Practices

The design and format of the presentations and activities in the **DESCUBRE** program incorporate research-based instructional principles to address thoroughly your instructional needs and goals.

Contextualized Vocabulary

Vocabulary concepts are explicitly presented, carefully organized, and frequently reviewed—always in context—to reinforce student understanding. Each lesson provides ample opportunities for students to practice and work with all the vocabulary they have learned up to that point. The **Contextos** section presents vocabulary in meaningful contexts and reinforces new words, phrases, and expressions through varied and engaging practice activities.

Ongoing Comprehensible Input

The *Fotonovela* Video Program features conversations that reinforce vocabulary from **Contextos**. The video storyboard—the companion script with accompanying visuals in the textbook—provides students with instructional reinforcement and preparation that ensures successful and confident use of Spanish.

Contextualized Grammar

Grammatical terms are clearly and concisely defined in the **Estructura** section. Grammatical structures are carefully called out and modeled with sample context sentences. Students are encouraged to apply their knowledge of English grammar to make comparisons with grammatical concepts in Spanish.

Communication

The language practice activities provided in the **Contextos** and **Estructura** sections are carefully designed to progress from directed to open-ended to fully communicative, all within context-based, personalized activities. The varied **Comunicación** and **Síntesis** activity formats include pair and small-group work, class interaction, and task-based, to name a few. The **DESCUBRE** program offers ample opportunities for all types of learners to demonstrate what they can do with the vocabulary and grammar they have learned.

Cultural Context for Learning

Students are frequently prompted to make cultural connections and comparisons as they learn about the Spanish-speaking world. The **Enfoques** sections present and explore interesting facets of cultures throughout the Spanish-speaking world and offer students ample opportunities to expand their cultural perspectives. The **Cinemateca** section and the **DESCUBRE, nivel 3,** Film Collection further support learning with award-winning short films from around the Spanish-speaking world, as does the *Flash cultura* Video, which expands on each lesson theme.

The sheer abundance and variety of practice exercises and activities featured in **DESCUBRE** provide you with a rich environment for lesson planning. You can choose assignments that suit your students' learning needs and tailor your lesson plans to accommodate the various learning styles represented in your classroom. See the Classroom Environment section for classroom management guidelines and tips on how to create and maintain a cooperative learning environment.

Universal Access

You can build a unique classroom community by engaging all students equally and encouraging them to participate regularly in class. To that end, knowing how to appeal to learners of different abilities and learning styles will allow you to foster a positive teaching environment and motivate all your students.

Here are some strategies for creating inclusive learning environments for students who are cognitively, emotionally, or physically challenged as well as for heritage language and advanced learners.

Learners with Special Needs

Learners with special needs include, but are not limited to, students with attention priority disorders, students with learning disabilities, slower-paced learners, at-risk learners, gifted students, and English-language learners. Some inclusion strategies that work well with the special needs of such students are:

Clear Structure By teaching concepts related to language in a predictable or understandable order, you can help students classify language in logical groups. For example, encourage students to keep outlines of materials they read, classify words under categories such as colors, shapes, etc., or follow prewriting steps.

Frequent Review and Repetition Regularly preview material to be taught and review material covered at the end of each lesson. Pair proficient learners with less proficient ones to practice and reinforce concepts. Help students memorize and retain concepts through continuous practice and review.

Multi-sensory Input and Output Use visual, auditory, and kinesthetic tasks and activities to add interest and motivation and facilitate long-term retention. For example, vary input with the use of tape recordings, video, guided visualization, rhymes, and mnemonics. Or use specially prepared displays for emphasizing key vocabulary and concepts. Encourage students to repeat words or mime responses to questions.

Sentence Completion Provide sentence starters for students who struggle to remember vocabulary or grammar. Emphasize different sentence structures. Write and encourage students to copy cloze sentences before filling in blanks.

Additional Time Consider how learners' physical limitations may affect participation in special projects or daily routines. Allow extra time for completing a task or moving around the classroom. Provide additional time and recommended accommodations for hearing-impaired or visually-impaired students.

Advanced Learners

Advanced learners have the potential to learn language concepts and complete assignments at an accelerated pace. They may be enrolled in school programs such as Advanced Placement or International Baccalaureate that require them to sharpen writing and problem-solving skills, study subjects in greater detail, and develop the study skills needed for tackling rigorous coursework.

As a result, advanced learners may benefit from assignments that are more challenging than the ones given to their peers. Examples include reading a variety of texts and sharing their perspectives with the class, retelling detailed stories, preparing analyses of texts, or adding to discussions. The key to differentiating for advanced learners is adapting or enriching existing activities by adding a layer of difficulty to a given task. Here are some strategies for engaging advanced learners:

Timed Answers Have students answer questions within a specified time limit.

Persuading Adapt activities so students have to write or present their points of view in order to persuade an audience. Pair or group advanced learners to form debating teams and have them present their opinions on a lesson topic to the rest of the class.

Circumlocution Prompt students to continue talking about a subject by using circumlocution or paraphrasing to discuss words or concepts they do not know in Spanish.

Identifying Cause and Effect After reading passages in the text or other types of writing, prompt students to explain why something happened and what followed as a result. Encourage them to vary vocabulary and use precise words and appropriate conjunctions to indicate sequence and the relation between events.

Heritage Language Learners

Heritage language learners are students who come from homes where a language other than English is spoken. Spanish heritage learners are likely to have adequate comprehension and conversation skills (although oral proficiency levels may vary widely), but they could require as much explicit instruction of reading and writing skills as their non-heritage peers. Because of their background, heritage language learners can attain, with instruction adapted to their needs, a high level of proficiency and literacy in Spanish. In addition to the suggestions provided in the Heritage Learner notes in the Teacher's Annotated Edition, you may want to incorporate some of the following strategies for harnessing bilingualism and biculturalism among this student population:

Support and Validate Experiences Acknowledge students' experiences with Spanish and their heritage culture and encourage them to share what they know with the class.

Focus on Accuracy Alert students to common spelling and grammatical errors made by native speakers, such as distinguishing between **c**, **s**, and **z** or **b** and **v** and appropriate use of irregular verb forms such as **hubo** instead of **hubieron**.

Develop Literacy and Writing Skills Help students focus on reading as well as grammar, punctuation, and syntax skills, but be careful not to assign a workload significantly greater than what is assigned to non-heritage learners.

For each level of the **DESCUBRE** program, the **Cuaderno para hispanohablantes** supports the two latter strategies with materials developed specifically for heritage learners. Each lesson of the **Cuaderno** focuses on the development of reading and writing skills, while also providing vocabulary, grammar, and spelling practice appropriate for heritage language learners.

All Learners

Use Technology to Reach All Learners No matter what their ability level or learning style, students are surrounded by technology. Many are adept at using it to understand their world. They use it enthusiastically, but they need your guidance in how to use it for learning Spanish. You can use technology to customize your students' learning experience by providing materials for visual, auditory, and kinesthetic learners, as well as for learners who need more time to accomplish certain tasks.

The **DESCUBRE** program provides a wide range of technology that is designed to make sure that all your students, no matter what their home or school environment, have equal access to all instructional materials—and to success.

Level of Computer Access			
	None	**Moderate**	**High**
Practice activities	Textbook	Textbook and Supersite	Textbook and Supersite
Audio	Audio CDs	Supersite	Supersite and **e-Cuaderno**
Audio activities	Textbook and **Cuaderno de actividades**	Supersite	Supersite and **e-Cuaderno**
Video	Video DVD	Supersite	Supersite and **e-Cuaderno**
Video activities	Textbook and **Cuaderno de actividades**	Supersite	Supersite and **e-Cuaderno**
Homework	**Cuaderno de práctica**	**Cuaderno de práctica**	**e-Cuaderno**

If your students have no access to computers, you can bring audio and video into your classroom with the Textbook and Audio Program CDs and the Video DVD. Accompanying activities are found in both the textbook and the **Cuaderno de actividades**. If you wish, you can use the **Cuaderno de práctica** for homework to reinforce concepts learned in class.

If students have access to computers through your classroom or a school language lab, they can complete activities on the **DESCUBRE** Supersite. Activities are motivating, as well as instructional, and include interactive flashcards, games, short self-quizzes, and more. Selected activities are connected to an online gradebook, so you can monitor student performance.

If all students have access to computers at home as well as at school, consider having them use the **e-Cuaderno**, which incorporates the **Cuaderno de práctica** with the audio and video activities from the **Cuaderno de actividades** in an online, auto-graded format, connected to a gradebook.

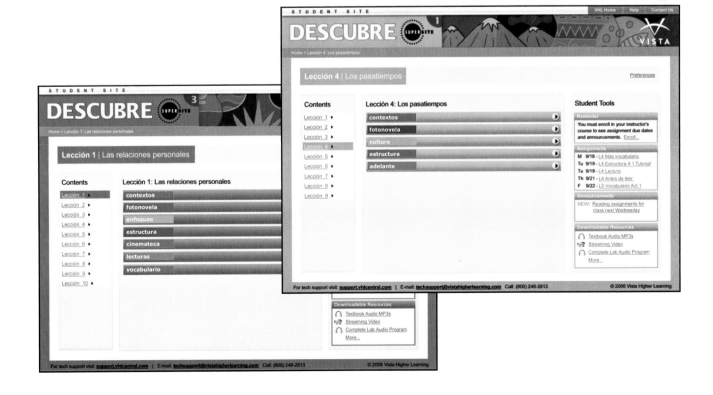

Classroom Environment

The creators of **DESCUBRE** understand that there are many different approaches to successful language teaching and that no one method works perfectly for all teachers or all learners. The strategies and tips provided in this Teacher's Annotated Edition take into account the many widely accepted language-teaching methods applied by practitioners today and can be differentiated for all types of learners.

Strategies for Creating a Communicative Learning Community

The aim of communicative learning is to develop oral and listening proficiency, literacy skills, and cultural knowledge in order to have meaningful exchanges with others through conversation, writing, listening, and viewing. Think of communicative interaction as being an instructional method as well as the ultimate reason for learning Spanish.

Apply the following strategies to address challenges commonly faced by Spanish-language learners. Good strategies will help your students gain confidence to communicate clearly, fully, accurately, personally, and confidently. Always focus on ways to engage students and increase meaningful interaction.

Maintain the Target Language

As much as possible, create an immersion environment by using Spanish to *teach* Spanish. Encourage the exclusive use of the target language in your classroom, employing instead visual aids, circumlocution, or gestures to convey meaning. Encourage students to perceive meaning directly through careful listening and observation, and by the use of cognates and familiar structures and patterns to deduce meaning. Use mnemonics, and encourage students to develop strategies to expand and retain their knowledge of Spanish.

Accommodate Different Learning Styles

Visual Learners learn best by seeing, so engage them in activities and projects that are visually creative. Encourage them to write down information and think in pictures as a long-term retention strategy; reinforce their learning through visual displays such as diagrams, videos, and handouts.

Auditory Learners best retain information by listening. Engage them in discussions, debates, and role-playing. Reinforce their learning by playing audio versions of texts or reading aloud passages and stories. Encourage them to pay attention to voice, tone, and pitch to infer meaning.

Kinesthetic Learners learn best through moving, touching, and doing hands-on activities. Involve such students in skits and dramatizations; to infer or convey meaning, have them observe or model gestures such as those used for greeting someone or getting someone's attention.

Cultivate Critical Thinking

Prompt students to reflect on meaning, observe and reason, and form judgments in Spanish. Engaging students in activities that require them to compare, contrast, predict, criticize, and estimate will compel them to internalize the language structures they have learned and use them to negotiate meaning.

Encourage Cooperative Learning

There are many reasons for encouraging cooperative learning among your students, particularly in the context of Spanish-language learning. Pair or group students of differing abilities and levels of proficiency to encourage peer coaching, promote student self-confidence, help enhance individual and group social skills and promote positive relations in your classroom.

Pair and group work can promote learning and achievement among students, create positive learning experiences, and improve students' abilities to retain information for longer periods of time.

Monitor group interactions and presentations regularly. Allow for flexible grouping and encourage movement within and among groups, so that group leaders and facilitators as well as group members are constantly changing. If possible, match students with common interests to encourage them to engage in conversation and share knowledge. You may want to allow for equal special needs or heritage learner representation among groups where possible to allow for different perspectives.

Consider the Affective Dimension

While many factors contribute to the quality and success rate of learning experiences, two factors are particularly important to language learning. One is students' beliefs about how language is learned; the other is language-learning anxiety.

As studies show, students often come to language classes either with a lack of knowledge about how to approach language learning or with mistaken notions about how to do so. For example, many students are convinced that learning another language is like learning any other academic subject: success is guaranteed, provided they learn the assigned vocabulary words and grammar rules, and study for exams. Mistaken and unrealistic beliefs can cause frustration, significantly undermining students' ability to achieve a successful language-learning experience.

Similarly, language learning anxiety can have a negative impact on students' language-learning experiences. The late Dr. Philip Redwine Donley, **DESCUBRE** co-author and author of articles on language-learning anxiety, spoke with many students who reported feeling nervous or apprehensive in their classes. They mentioned freezing when called on by their teachers or going inexplicably blank when taking tests. Some so dreaded their classes that they skipped them or dropped the course.

DESCUBRE contains several features designed to reduce students' language anxiety. Its structured, visually dramatic interior design was conceived as a learning tool to make students feel comfortable with the content and confident about navigating the lessons. The student text provides a wealth of helpful sidebars that assist students by making immediately relevant connections with new information or reminding them of previously learned concepts.

Student Sidebars	
¡Atención!	Provides active, testable information about the vocabulary or grammar point
Taller de Consulta	References related material introduced in previous or upcoming lessons

Learning Language Within a Cultural Context

Language learning, like any academic subject, requires a context. Without it, the vocabulary and grammar students learn lack real meaning. Culture is the framework that provides the necessary context to students. It adds depth and color to their linguistic landscape, and over time it becomes a powerful incentive for continued study.

Culture is a prominent feature of the **DESCUBRE** program. Students are continually prompted to use Spanish in different cultural contexts and to use critical thinking skills to make connections and comparisons. In particular, the **Enfoques** textbook sections, with their emphasis on culture from a thematic perspective, and the **Cultura** readings in the **Lecturas** sections provide opportunities for teaching Spanish in a cultural context. In addition to the cultural material in the textbook, you can enrich your students' learning experience with the *Flash cultura* Video and the **DESCUBRE, nivel 3,** Film Collection, as well as by bringing to the classroom authentic items from different Hispanic cultures, such as restaurant menus, songs, poetry, or podcasts.

Traditional fabrics
from Guatemala

La Sagrada Familia
in Barcelona (Spain)

Moai statues from
Easter Island (Chile)

The Four Skills and Grammar

Effective second-language teaching equips students with the ability to recognize, understand, and produce the target language. Think of listening and reading as forms of input, and focus on speaking and writing as student output.

Listening/Speaking Skills

As students begin to study Spanish, it is likely that they will expect to recognize every word they hear in order to understand. The audio and video materials in the **DESCUBRE** program build on what students have already learned but also introduce words, phrases, and structures to which they will be exposed later. It will be important for you to train students to listen for tone, the gist of the message, and cues that will help them situate meaning, such as **ayer** or **mañana** to distinguish between past and future.

The **DESCUBRE** audio program is adaptable to the method for developing listening skills that works best for you and your students. Remind students to look for the headset icons that appear throughout the lessons, but particularly those in **Contextos** and **Escuchar**. Remind students also to approach listening passages in stages in order to understand them and to become proficient listeners.

Three Stages of Listening In the first stage, students should read any pre-listening strategies and post-listening activity items before listening to a passage. This will help them anticipate the main ideas as they listen to the passage the first time. Encourage them to listen to it in its entirety while jotting down words and ideas and while keeping in mind what the activity items asked. Remind students that they should not expect to understand every word. As students listen to the passage a second time, they should attempt to answer as many of the activity items as they can, leaving the more challenging ones for the final time they listen to the passage. If you choose to do these activities as a class, modeling the various listening stages for them will establish constructive precedents for future listening situations, both in and out of the classroom.

Sequence of Speaking Activities DESCUBRE activities progress from guided to open-ended, with speaking opportunities becoming more numerous from one section to the next. In the **Contextos** and **Estructura** sections, the activities found in the **Comunicación** panel were specifically designed to elicit abundant oral production. Often, the activities in this panel require students to work in pairs to perform a common task. Students communicate orally with classmates in a fully open-ended context in order to complete the task.

Before starting open-ended speaking activities in any section, make sure students have practiced and understood any relevant lexical or grammatical forms by completing guided activities that precede the communicative ones. Practice circumlocution with your students on a regular basis as part of your curriculum so that it is always clear to them that talking their way around an unknown word or expression is a normal communication strategy in Spanish just as in their first language. This way, when students carry out the open-ended speaking activities in **DESCUBRE**, they should already feel comfortable expressing themselves and should feel less self-conscious as they do so. After any type of speaking activity, remember to recap what students have said in their groups and share the information with the entire class.

Reading/Writing Skills

As students develop reading comprehension skills in Spanish, encourage them to access texts by applying the reading strategies they learn both within and beyond your classroom. Remind them to predict or infer content by observing supporting information such as pictures and captions. Have them focus on text organization (main idea and details, order of events, and so on).

Every lesson of **DESCUBRE** contains ample reading opportunities, not only in sections with longer reading passages such as in the **Enfoques** and **Lecturas** sections, but also in the video still captions of **Fotonovela** and in reading passages for practicing grammar points in **Estructura** activities. As with listening practice, students should approach reading in stages.

Three Stages of Reading Remind students to look over pre-reading activities or strategies to familiarize themselves with the topic of the reading passage. They should also look at post-reading activities in order to anticipate the reading's theme. They should keep this information in mind as they read the selection through the first time. At this point, they should only stop to jot down notes, but they should strive to reach the end of the selection without looking up English translations since their focus should be on understanding the gist of the passage. Remind them that it is fine if they do not understand every word; this is part of the process of becoming a better reader in any language.

As students read the passage a second time, they should consult the glosses of unfamiliar words or phrases, and when finished, revisit post-reading activities in order to answer as many items as possible, leaving the more difficult ones for the time being, before beginning a third or subsequent reading of the passage. Most importantly, any reading assignment should be integrated into a broader framework of tasks consisting of all the language skills, giving students the opportunity to speak, listen, and write about the reading selection's topic. To this end, consider using the reading as a springboard for pair or group discussions or a short essay soliciting students' reactions to the reading's theme.

Writing Activities Writing skill development should focus on meaning and comprehensibility. As needed, remind students to take into account spelling, mechanics, and a logical structure to their paragraphs.

Differentiate assignments to allow for more accurate evaluation of individual students' abilities. For example, assign specific questions to different individuals or groups. Have each student or group answer the same number of questions, but vary the complexity of questions from group to group.

DESCUBRE offers many opportunities for writing practice. Most prominent of course is the **¡A escribir!** section of **Atando Cabos** and the writing activities in the **Cuaderno de actividades**, where students learn and practice strategies for becoming more proficient writers in Spanish. However, other activities in strands such as **Cultura** and **Estructura** provide writing practice via shorter tasks.

Grammar in a Communicative Environment

Help students understand that learning Spanish is about communication, that is, about understanding and expressing oneself. While vocabulary and grammar are the basic elements of language, rules and patterns in themselves are not the goal of Spanish study. Help students experience grammar—that is, effective form and usage—as a tool that permits them to engage in varied, meaningful, and broader written and spoken interactions in Spanish.

The **Estructura** section in **DESCUBRE** begins with clear, brief, and meaningful introductions to a limited number of concepts on which students are asked to focus. Examples (including photos) from the lesson **Fotonovela** episode reinforce the communicative context for the grammar point. After introducing the grammar point, the **Práctica**, **Comunicación**, and **Síntesis** activity sequences provide a fully-integrated, carefully-sequenced progression of practice activities, moving from directed to open-ended to fully communicative, all having a context-based, personalized focus.

Use a variety of methods to help students focus on meaning conveyed by different forms. For example, pair and group activities allow students to use Spanish in a communicative way. An implicit focus on grammar, especially when integrated into communicative activities, should increase motivation and allow students to express themselves relevantly, use an acceptable level of accuracy, and, most importantly, make themselves understood.

Assessment

As you use the **DESCUBRE** program, you can employ a variety of assessments to check for student comprehension and evaluate progress. You can also use assessment as a way to identify student needs and modify your instruction accordingly. The program provides both traditional assessments that are comprehensive in scope and elicit discrete answers, as well less traditional ones that offer a more communicative approach to testing by eliciting open-ended, personalized responses.

Diagnostic Testing

The **Recapitulación** section that follows the **Estructuras** sections in each lesson of Levels 1 and 2 provides you with an informal opportunity to assess students' readiness for the listening, reading, and writing activities in the **Adelante** section. If some students need additional practice or instruction in a particular area, you can identify this before students move on.

If students have moderate or high access to computers, they could complete the **Recapitulación** auto-graded quiz, also available for Level 3, on the **DESCUBRE** Supersite. After finishing the quiz, each student receives an evaluation of his or her progress, indicating areas where he or she needs to focus. The student is then presented with several options—viewing a summary chart, accessing an online tutorial, or completing some practice items—to reach an appropriate level before beginning the activities in the **Adelante** section. You will be able to monitor how well students have done through the **MAESTRO**™ gradebook and be able to recommend appropriate study paths until they develop as reflective learners and can decide on their own what works best for them.

Writing Assessment

In each lesson of Levels 1 and 2, the **Adelante** section includes an **Escritura** page that introduces a writing strategy, which students apply as they complete the writing activity. On the corresponding **Escritura** page in the Teacher's Annotated Edition, you will find suggested rubrics for evaluating students' written work.

You can apply these rubrics also to the process writing activities in the **Cuaderno de actividades** and the **Cuaderno para hispanohablantes** for all three levels of **DESCUBRE**. These activities also include suggestions for peer- and self-editing that will help students focus their attention on what is most important for attaining clarity in written communication, while at the same time helping them develop into reflective language learners.

Testing Program

The **DESCUBRE** Testing Program provides four tests for each lesson. All of the tests include listening, reading, and writing sections. There are additional sections about culture that you may choose to use, as well as oral test suggestions. **Pruebas A** and **B** are discrete-item tests that are effective measures of progress in contexts where you may want to stress a balance between form and usage as well as communication. **Pruebas C** and **D** use open-ended formats and can be effective in contexts where the focus is solidly on communication. The Testing Program also provides cumulative tests that allow you to assess students' spiraling knowledge of vocabulary and grammar and evaluate listening, speaking, reading, and writing abilities.

You can use the tests just as they appear in the printed Testing Program. They are also available on the Teacher's Resource CD-ROM and the Supersite so you can customize the tests as you wish, adding, eliminating, or moving items according to your classroom and student needs.

Portfolio Assessment

Portfolios can further provide valuable evidence of your students' learning. They are useful tools for evaluating students' progress in Spanish and also suggest to students how they are likely to be assessed in the real world. Since portfolio activities often comprise classroom tasks that you would assign as part of a lesson or as homework, you should think of the planning, selecting, recording, and interpreting of information about individual performance as a way of blending assessment with instruction.

You may find it helpful to refer to portfolio contents, such as drafts, essays, and samples of presentations, when writing student reports and conveying the status of a student's progress to his or her parents.

At the beginning of the school year, ask students to consider which pieces of their own work they would like to share with family and friends, and help them develop criteria for selecting representative samples of essays, stories, poems, recordings of plays or interviews, mock documentaries, and so on. Prompt students to choose a variety of media in their activities wherever possible to demonstrate development in all four language skills. Encourage them to seek peer and parental input as they generate and refine criteria to help them organize and reflect on their own work.

Throughout the school year, encourage each student to produce and collect work—written, recorded (video and/or audio), illustrated, photographed—that is representative of his or her proficiency in Spanish.

Strategies for Differentiating Assessment

Here are some strategies for modifying tests and other forms of assessment according to your students' needs and your own purposes for administering the assessment.

Adjust Questions Direct complex or higher-level questions to students who are equipped to answer them adequately and modify questions for students with greater needs. Always ask questions that elicit thinking, but keep in mind the students' proficiency and readiness.

Provide Tiered Assignments Assign tasks of varying complexity depending on individual student needs. Refer to the Universal Access section on page T19 for tips on making activities simpler or more challenging.

Promote Flexible Grouping Encourage movement among groups of students so that all learners are appropriately challenged. You may choose to group students according to interest, oral proficiency levels, or learning styles. Vary input according to student needs to check for comprehension and progress.

Adjust Pacing Pace the sequence and speed of assessments to suit your students' learning needs. Time advanced learners to challenge them and allow slower-paced learners more time to complete tasks or answer questions.

Block Scheduling and Pacing

Planning is essential to block scheduling, as it allows you to establish routines, pace instruction, integrate concepts thoroughly, and modify activities to respond to individual and group learning needs. Refer to the sample pacing guides on pages T29 and 469 for suggestions for sequencing and timing instruction. The guides have been generated to help you establish engaging routines (such as warm-ups and quick reviews) as well as use either 50- or 90-minute periods to cover lesson objectives effectively and keep students on task with receptive and productive oral and written communicative activities.

The sequence of instruction in each **DESCUBRE** lesson and accompanying activities (noted in teacher tips as well as student practice workbooks) provide you with an effective instructional progression that integrates all four language skills (listening, speaking, reading, and writing) within a single class period, whatever its length.

50-Minute / 18-Day Suggested Lesson Pacing Guide

Day 1	Present Communicative Goals Go over the contents of each section presented on the lesson opener page 5 min	Present **Contextos** vocabulary 25 min	Begin **Práctica** activities 20 min
Day 2	Review **Contextos** vocabulary 5 min	Complete **Práctica** and **Comunicación** activities 45 min	
Day 3	Review **Contextos** vocabulary 10 min	Present **Fotonovela** and **Expresiones útiles** 20 min	Begin reading the **Fotonovela** as a class 20 min
Day 4	Review the **Expresiones útiles** 10 min	Finish reading the **Fotonovela** as a class 15 min	Show the **Fotonovela** video episode 25 min
Day 5	Review the **Fotonovela** and **Expresiones útiles** 20 min	Complete the **Comprensión** activities 20 min Begin the **Ampliación** section 10 min	
Day 6	Complete the Ampliación section 10 min	Present and work through the **En detalle** reading in the **Enfoques** section 40 min	
Day 7	Present and work through the **Perfiles** reading in the **Enfoques** section 25 min	Have students complete the **¿Qué aprendiste?** questions 25 min	
Day 8	Present and work through the **Ritmos** reading 25 min Present and work through the first **Estructura** mini-lesson 25 min		
Day 9	Review the first **Estructura** mini-lesson 10 min Have students complete the **Práctica** activities 15 min Have students complete the **Comunicación** activities 25 min		
Day 10	Present and work through the second **Estructura** mini-lesson 25 min Have students complete the **Práctica** activities 15 min Have students begin the **Comunicación** activities 10 min		
Day 11	Review the second **Estructura** mini-lesson 10 min Have students complete the **Comunicación** activities 15 min Present and work through the third **Estructura** mini-lesson 25 min		
Day 12	Review the third **Estructura** mini-lesson 10 min Have students complete the **Práctica** activities 15 min Have students begin the **Comunicación** activities 25 min		
Day 13	Present and work through the **Antes de ver el corto** section 10 min	Read the **Escenas** as a class 20 min	Show the **Cinemateca** short film 20 min
Day 14	Work through the **Después de ver el corto** as a class 30 min	Present and work through the **Antes de leer** activities in the section 20 min	
Day 15	Present the **Literatura** reading 25 min	Present and work through the **Después de leer** activities as a class 25 min	
Day 16	Present and work through the **Antes de leer** activities preceding the **Cultura** reading 20 min	Present the **Cultura** reading 30 min	
Day 17	Review the **Cultura** reading 5 min	Work through the **Depués de leer** activities as a class 20 min	Review lesson vocabulary and grammar points as you work through the **Atando cabos** section 25 min
Day 18	Administer the lesson **Prueba** 30 min	Preview the next lesson theme 20 min	

See page 469 for the 90-Minute / 10-Day Suggested Lesson Pacing Guide.

Professional Resources

Printed Resources

- American Council on the Teaching of Foreign Languages (2006). *Standards for Foreign Language Learning in the 21st Century.* Third Edition. Yonkers, NY: ACTFL.

- Brown, H Douglas (2000). *Principles of Language Learning and Teaching.* Fourth Edition. White Plains, NY: Pearson Education.

- Crawford, L. W. (1993). *Language and Literacy Learning in Multicultural Classrooms.* Boston, MA: Allyn & Bacon.

- Hughes, Arthur (2002). *Testing for Language Teachers.* Second Edition. Cambridge, UK: Cambridge University Press.

- Kramasch, Claire (2004). *Context and Culture in Language Teaching.* Oxford, UK: Oxford University Press.

- Krashen, S.D., & Terrell, T.D. (1996). *The Natural Approach: Language Acquisition in the Classroom.* Highgreen, UK: Bloodaxe Books Ltd.

- Larsen-Freeman, D. (2000). *Techniques and Principles in Language Teaching.* Second Edition. Oxford, UK: Oxford University Press.

- Nunan, D. (1999). *Second Language Teaching and Learning.* Boston: Heinle & Heinle.

- O'Malley, J. Michael and Anna Uhl Chamot (1990). *Learning Strategies in Language Acquisition.* Cambridge, UK: Cambridge University Press.

- Ommagio Hadley, Alice (2000). *Teaching Language in Context.* Third Edition. Boston, MA: Heinle & Heinle.

- Richards, Jack C. and Rodgers, Theodore S (2001). *Approaches and Methods in Language Teaching.* Cambridge, UK: Cambridge University Press.

- Shrum, Judith L. and Glisan, Eileen W. (2005). *Teacher's Handbook: Contextualized Language Instruction.* Third Edition. Boston: Heinle & Heinle.

- Tomlinson, C. A. (1999). *The Differentiated Classroom: Responding to the Needs of Learners.* Alexandria, VA: Association for Curriculum and Supervision Development.

- Tomlinson, C.A. (2001). *How to Differentiate Instruction in Mixed-Ability Classrooms.* Alexandria, VA: Association for Curriculum and Supervision Development.

Online resources

American Council for the Teaching of Foreign Languages (ACTFL)
www.actfl.org

American Association of Teachers of Spanish and Portuguese (ATTSP)
www.aatsp.org

Modern Language Association (MLA)
www.mla.org

Center for Applied Linguistics (CAL)
www.cal.org

Computer Assisted Language Instruction Consortium (CALICO)
www.calico.org

The Center for Advanced Research on Language Acquisition (CARLA)
www.carla.acad.umn.edu

The Joint National Committee for Languages and National Council for Languages (JNCL/NCLIS)
www.languagepolicy.org

International Association for Language Learning Technology (IALLT)
http://iallt.org/

Linguistic Society of America Learning Technology (LSA)
www.lsadc.org/

National K-12 Foreign Language Resource Center (NFLRC K-12)
http://nflrc.iastate.edu/homepage.html

National Foreign Language Resource Center (NFLRC)
http://nflrc.hawaii.edu

National Capital Language Resource Center (NCLRC)
http://www.nclrc.org

Center for Advanced Language Proficiency Education and Research (CALPER)
http://calper.la.psu.edu/

Center for Applied Second Language Studies (CASLS)
http://casls.uoregon.edu/

NIVEL
3

DESCUBRE

Lengua y cultura del mundo hispánico

VISTA
HIGHER LEARNING

Boston, Massachusetts

Publisher: José A. Blanco

President: Janet Dracksdorf

Senior Vice President of Operations: Tom Delano

Vice President of Sales & Marketing: Scott Burns

Executive Marketing Manager: Benjamin Rivera

Senior Language Specialist: Norah Jones

Editorial Director: Beth Kramer

Director of Art & Design: Linda Jurras

Director of Production & Manufacturing: Lisa Perrier

Managing Editor: Sarah Kenney

Design Manager: Polo Barrera

Photo Researcher & Art Buyer: Rachel Distler

Project Managers: María Eugenia Corbo, Pamela Mishkin

Staff Editors: Daniel Finkbeiner, Gisela Aragón-LaCarrubba, Armando Brito, Kristen Odlum Chapron, Paola Ríos Schaaf

Contributing Writers and Editors: María Paula Cañón, Brendeign Covell, Rachel Dziallo, Maribel García, Martín L. Gaspar, Francisco de la Rosa, Lourdes Murray, Lida Rosenfelder

Production Team: Jason Velázquez, María Eugenia Castaño, Oscar Diez

Printed in the United States of America.

DESCUBRE Level 3 Student Edition Text ISBN-13: 978-1-60007-306-9
DESCUBRE Level 3 Student Edition Text ISBN-10: 1-60007-306-9
Library of Congress Control Number: 2006939626
1 2 3 4 5 6 7 8 9-VH-12 11 10 09 08 07

DESCUBRE

Lengua y cultura del mundo hispánico

Table of Contents

	CONTEXTOS	FOTONOVELA	ENFOQUES

LECCIÓN 1
Las relaciones personales

LECCIÓN 2
Las diversiones

LECCIÓN 3
La vida diaria

Table of Contents

	CONTEXTOS	**FOTONOVELA**	**ENFOQUES**

Table of Contents

	CONTEXTOS	**FOTONOVELA**	**ENFOQUES**

Consulta

El mundo

Países hispanohablantes

Países con alto número de hispanohablantes

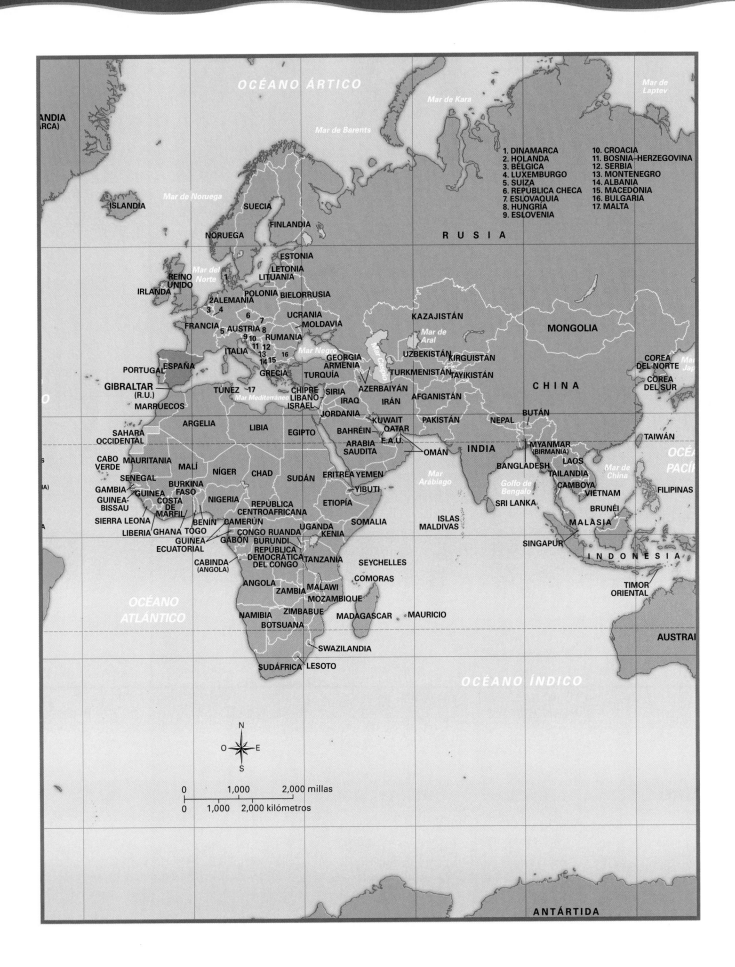

OCÉANO ÁRTICO

Mar de Kara

Mar de Laptev

Mar de Barents

ISLANDIA

Mar de Noruega

SUECIA

FINLANDIA

NORUEGA

1. DINAMARCA
2. HOLANDA
3. BÉLGICA
4. LUXEMBURGO
5. SUIZA
6. REPÚBLICA CHECA
7. ESLOVAQUIA
8. HUNGRÍA
9. ESLOVENIA
10. CROACIA
11. BOSNIA–HERZEGOVINA
12. SERBIA
13. MONTENEGRO
14. ALBANIA
15. MACEDONIA
16. BULGARIA
17. MALTA

RUSIA

ESTONIA
LETONIA
LITUANIA

Mar del Norte

REINO UNIDO
IRLANDA

POLONIA BIELORRUSIA

ALEMANIA

UCRANIA
MOLDAVIA

KAZAJISTÁN

MONGOLIA

Mar de Aral

FRANCIA
AUSTRIA

RUMANIA

ITALIA

UZBEKISTÁN
KIRGUISTÁN

Mar Negro

GEORGIA
ARMENIA

TURKMENISTÁN
TAYIKISTÁN

CHINA

COREA DEL NORTE

Mar Jap

PORTUGAL ESPAÑA

GRECIA

TURQUÍA

Mar Caspio

GIBRALTAR (R.U.)

TÚNEZ

CHIPRE
LÍBANO
ISRAEL

SIRIA
IRAQ

AZERBAIYÁN

IRÁN

AFGANISTÁN

COREA DEL SUR

MARRUECOS

Mar Mediterráneo

JORDANIA

PAKISTÁN

NEPAL

BUTÁN

TAIWÁN

ARGELIA

LIBIA

EGIPTO

KUWAIT
BAHRÉIN
QATAR
E.A.U.

OMÁN

INDIA

MYANMAR (BIRMANIA)

OCÉANO PACÍFICO

SAHARA OCCIDENTAL

ARABIA SAUDITA

BANGLADESH

LAOS

CABO VERDE

MAURITANIA

MALÍ

NÍGER

CHAD

SUDÁN

ERITREA YEMEN

Mar Arábiago

TAILANDIA

Mar de China

SENEGAL

BURKINA FASO

YIBUTI

CAMBOYA
VIETNAM

FILIPINAS

GAMBIA
GUINEA-BISSAU

GUINEA

COSTA DE MARFIL

NIGERIA

REPÚBLICA CENTROAFRICANA

ETIOPÍA

SRI LANKA

BRUNÉI

SIERRA LEONA

BENÍN

CAMERÚN

SOMALIA

ISLAS MALDIVAS

MALASIA

LIBERIA GHANA TOGO

GUINEA ECUATORIAL

GABÓN

CONGO RUANDA
BURUNDI

UGANDA
KENIA

SINGAPUR

INDONESIA

CABINDA (ANGOLA)

REPÚBLICA DEMOCRÁTICA DEL CONGO

TANZANIA

SEYCHELLES

TIMOR ORIENTAL

ANGOLA

ZAMBIA

MALAWI

COMORAS

MOZAMBIQUE

OCÉANO ATLÁNTICO

NAMIBIA

ZIMBABUE

MADAGASCAR

MAURICIO

BOTSUANA

AUSTRAL

SWAZILANDIA

SUDÁFRICA LESOTO

OCÉANO ÍNDICO

N
O E
S

0   1,000   2,000 millas

0   1,000   2,000 kilómetros

ANTÁRTIDA

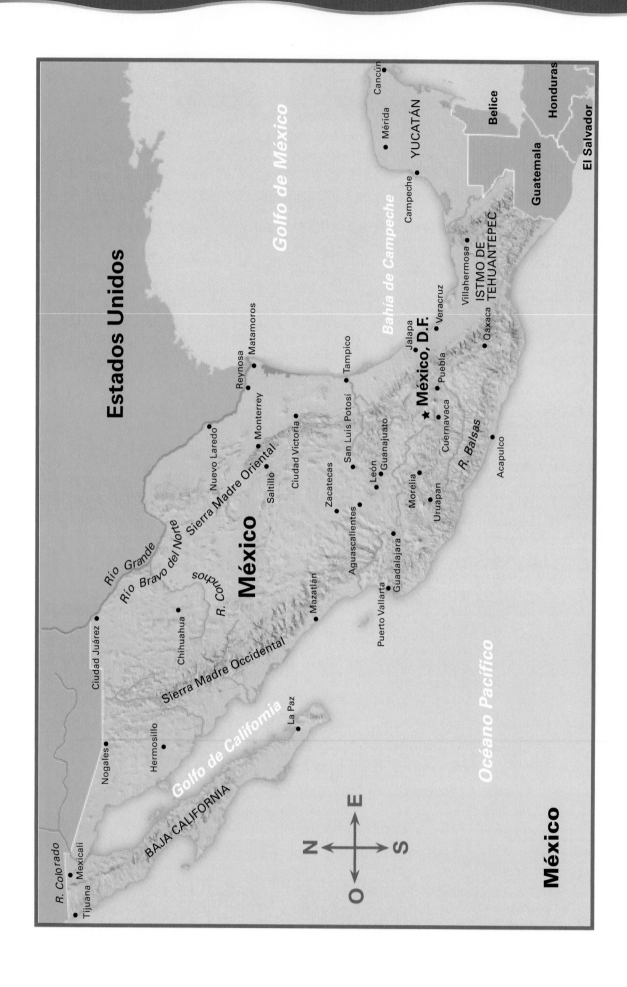

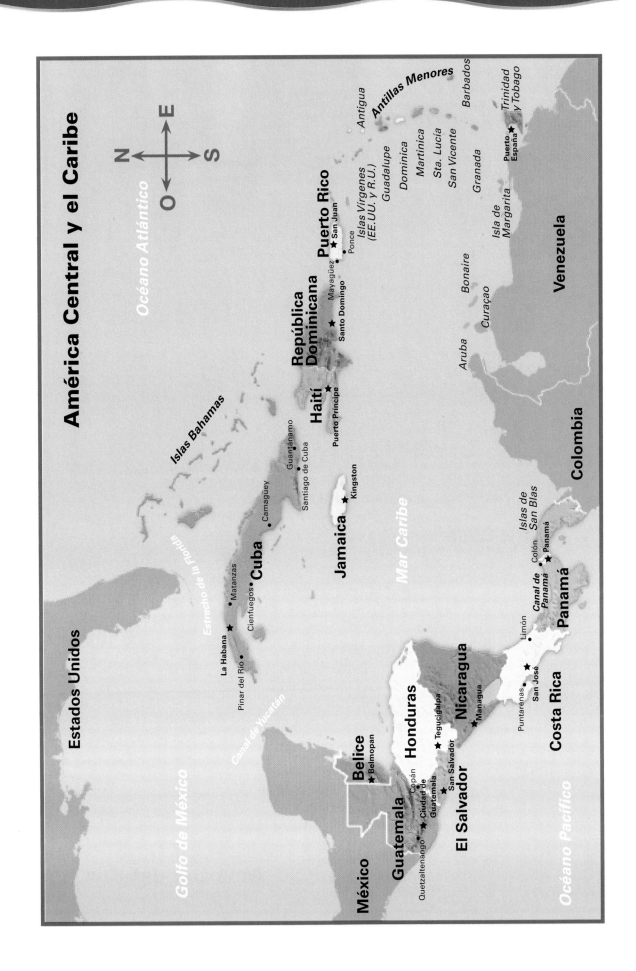

América Central y el Caribe

Estados Unidos

Golfo de México

Océano Atlántico

Islas Bahamas

Estrecho de la Florida

Canal de Yucatán

México

Guatemala

Quetzaltenango

Ciudad de Guatemala

Copán

El Salvador

San Salvador

Belice

Belmopan

Honduras

Tegucigalpa

Nicaragua

Managua

Costa Rica

Puntarenas

San José

Limón

Panamá

Canal de Panamá

Colón

Panamá

Islas de San Blas

Cuba

La Habana

Pinar del Río

Matanzas

Cienfuegos

Camagüey

Santiago de Cuba

Guantánamo

Jamaica

Kingston

Mar Caribe

Haití

Puerto Príncipe

República Dominicana

Santo Domingo

Mayagüez

Puerto Rico

San Juan

Ponce

Islas Vírgenes (EE.UU. y R.U.)

Antigua

Antillas Menores

Guadalupe

Dominica

Martinica

Sta. Lucía

San Vicente

Granada

Barbados

Isla de Margarita

Aruba

Bonaire

Curaçao

Trinidad y Tobago

Puerto España

Venezuela

Colombia

Océano Pacífico

N E S O

Mar Caribe

Barranquilla
Maracaibo
Caracas ★
Puerto España ★
Trinidad y Tobago
Venezuela
R. Orinoco

Medellín
Colombia
Georgetown ★
Paramaribo ★
Guyana
Cayena ★
Surinam
Guayana Francesa
★ Bogotá
Cali
R. Magdalena

Pasto

Ecuador
★ Quito
Guayaquil
Iquitos
R. Negro
R. Amazonas
Belém

Manaus

Perú
R. Madeira

Cordillera de los Andes

Recife

Lima ★
Cuzco

Lago Titicaca
Arequipa
La Paz ★
Bolivia
Brasil
★ Brasilia
Salvador

Arica
Sucre ★
R. Paraguay

Iquique

Océano Pacífico

R. Paraná
Belo Horizonte

Antofagasta

São Paulo
Río de Janeiro
Santos
Paraguay
Salta
Asunción ★

Chile
R. Paraná
R. Uruguay
Porto Alegre

Córdoba

Valparaíso
Mendoza
Rosario
Santiago ★
Buenos Aires ★
Uruguay
Montevideo
Océano Atlántico
Concepción
Argentina
Bahía Blanca

Puerto Montt

Cordillera de los Andes

Islas Galápagos
Océano Pacífico
Isla Pinta
Isla Marchena
Isla Genovesa
Isla Isabela
Línea Ecuatorial
Volcán Darwin
Isla Santiago (San Salvador)
ECUADOR
Isla Fernandina
Puerto Ayora
Isla San Cristóbal
Isla Santa Cruz
Santo Tomás
Puerto Barquerizo Moreno
Isla Santa María
Isla Española

N
O — E
S

Estrecho de Magallanes
Punta Arenas
Islas Malvinas

Tierra del Fuego

América del Sur

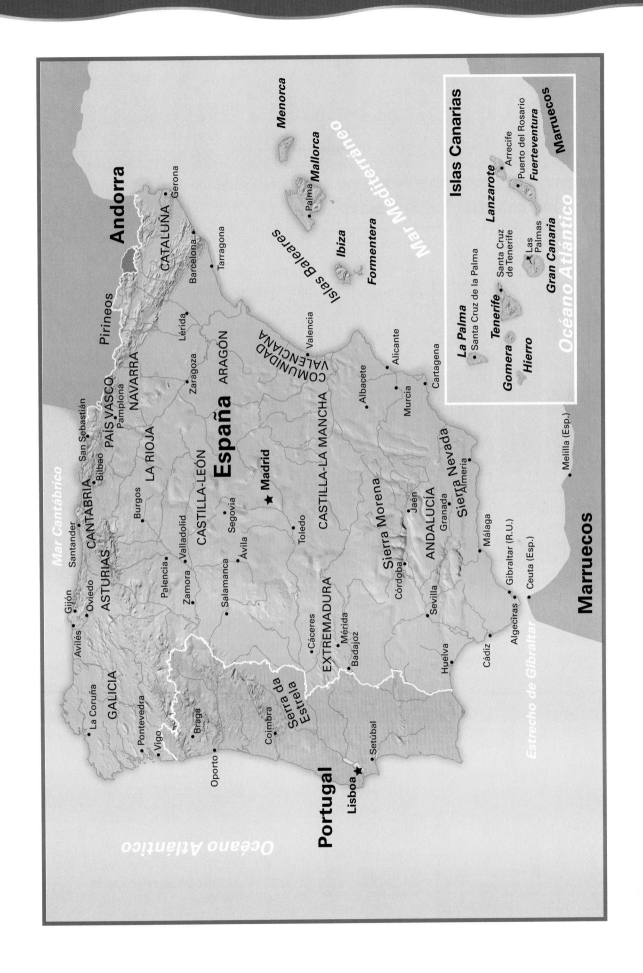

The Spanish-speaking World

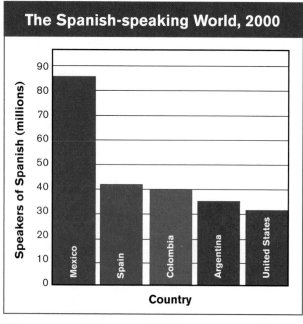

The Spanish-speaking World, 2000

Speakers of Spanish (millions)

Mexico | Spain | Colombia | Argentina | United States

Country

Thirty-one million people living in the U.S. speak Spanish; after English, it is the second most commonly spoken language in this country. It is the official language of twenty-two countries and an official language of the European Union and United Nations. Understanding others and communicating effectively in Spanish—in real life situations—is an important and practical goal of studying Spanish. Knowing Spanish can help you not only when traveling and/or studying abroad, but also within many contexts in the U.S. There may be internships, volunteer experiences, and work opportunities in your community that require the use of Spanish, which can help you develop your Spanish language skills.

The Growth of Spanish

The Spanish language as we know it today has its origins in a dialect called Castilian (**castellano** in Spanish). Castilian developed in the 9th century in north-central Spain, in a historic provincial region known as Old Castile. Castilian gradually spread towards the central region of New Castile, where it was adopted as the main language of commerce. By the 16th century, Spanish had become the official language of Spain and eventually, the country's role in exploration, colonization, and overseas trade led to the language spreading across Central and South America, North America, the Caribbean, parts of North Africa, the Canary Islands, and the Philippines.

Spanish in the United States

1500   **1600**   **1700**

16th Century
Spanish is the official language of Spain.

1565
The Spaniards arrive in Florida and found St. Augustine.

1610
The Spaniards found Santa Fe, today's capital of New Mexico, the state with the most Spanish-speakers in the U.S.

Spanish in the United States

Spanish came to North America in the 16th century with the Spaniards who settled in St. Augustine, Florida. Spanish-speaking communities flourished in several parts of the continent over the next few centuries. Then, in 1848, in the aftermath of the Mexican-American War, Mexico lost almost half its land to the United States, including portions of modern-day Texas, New Mexico, Arizona, Colorado, California, Wyoming, Nevada, and Utah. Overnight, hundreds of thousands of Mexicans became citizens of the United States, bringing with them their rich history, language, and traditions.

This heritage, combined with that of the other Hispanic populations who have immigrated to the United States over the years, has led to the remarkable growth of Spanish—and the rich, vibrant cultures associated with it—around the country. After English, Spanish is the most commonly spoken language in 43 states. More than 12 million people in California alone claim Spanish as their first or "home" language.

You've made an important investment in your future by taking Spanish in school. Not only is Spanish found and heard almost everywhere in the United States, but it is the most commonly taught foreign language in classrooms throughout the country! Chances are that you've come across an advertisement, menu, or magazine that is in Spanish. If you look around you'll find that Spanish can be found in some pretty common places. News agencies and television stations such as CNN and Telemundo provide Spanish-language broadcasts. Federal government agencies such as the Internal Revenue Service and the Department of State provide services in both languages. Even the White House has an official Spanish-language webpage! Learning Spanish can create opportunities within your everyday life. You may notice that many job postings require or prefer candidates with bilingual skills. Because many companies need workers who can use both English and Spanish in their daily business communications, knowing Spanish can help you be competitive in finding a job or in pursuing a career that you're interested in.

1800

1900

2000

1848
Mexicans who choose to stay in the U.S. after the Mexican-American War become U.S. citizens.

1959
After the Cuban Revolution, thousands of Cubans emigrate to the U.S.

2000
Spanish is the 2nd most commonly spoken language in the U.S. with 31 million speakers.

Why Study Spanish?

Learn an International Language

There are many reasons for learning Spanish, a language that has spread to many parts of the world and has along the way embraced the words and sounds of languages as diverse as Latin, Arabic, and Nahuatl. Spanish has evolved from a medieval dialect of north-central Spain into the fourth most commonly spoken language in the world. It is the second language of choice amongst most people in Europe and North America.

Understand the World Around You

Knowing Spanish can also open doors to communities within the United States, and it can broaden your understanding of the nation's history and geography. The very names Colorado, Montana, Nevada, and Florida are Spanish in origin. Just knowing their meanings can give you some insight into, of all things, the landscapes for which the states are renowned. Colorado means "colored red;" Montana means "mountain;" Nevada is derived from "snow-capped mountain;" and Florida means "flowered." You've already been speaking Spanish whenever you talk about some of these states!

State Name	Meaning in Spanish
Colorado	"colored red"
Florida	"flowered"
Montana	"mountain"
Nevada	"snow-capped mountain"

Connect With the World

Learning Spanish can change how you view the world. While you learn Spanish, you will also explore and learn about the origins, customs, art, music, and literature of people in close to two dozen countries. When you travel to a Spanish-speaking country, you'll be able to converse freely with the people you meet. And whether here in the U.S. or abroad, you'll find that speaking to people in their native language is the best way to bridge any culture gap.

Expand Your Skills

Studying a foreign language can improve your ability to analyze and interpret information and help you succeed in many other subject areas. When you begin learning Spanish, much of your studies will focus on reading, writing, grammar, listening, and speaking skills. You'll be amazed at how the skills involved with learning how a language works can help you succeed in your other areas of study. Many people who study a foreign language claim that they gained a better understanding of English and the structures it uses. Spanish can even help you understand the origins of many English words and expand your own vocabulary in English. Knowing Spanish can also help you pick up other related languages, such as Italian, Portuguese, and French. Spanish can really open doors for learning many other skills in your school career.

Explore Your Future

How many of you are already planning your future careers? Employers in today's global economy look for workers who know different languages and understand other cultures. Your knowledge of Spanish makes you a valuable candidate for careers abroad as well as in the United States. Doctors, nurses, social workers, hotel managers, journalists, businessmen, pilots, flight attendants, and many other kinds of professionals need to know Spanish or another foreign language to do their jobs well.

How to Learn Spanish

Start with the Basics !

As with anything you want to learn, start with the basics and remember that learning takes time! The basics are vocabulary, grammar, and culture.

Vocabulary Every new word you learn in Spanish will expand your vocabulary and ability to communicate. The more words you know, the better you can express yourself. Focus on sounds and think about ways to remember words. Use your knowledge of English and other languages to figure out the meaning of and memorize words like **conversación, teléfono, oficina, clase,** and **música.**

Grammar Grammar helps you put your new vocabulary together. By learning the rules of grammar, you can use new words correctly and speak in complete sentences. As you learn verbs and tenses you will be able to speak about the past, present, or future, express yourself with clarity, and be able to persuade others with your opinions. Pay attention to structures and use your knowledge of English grammar to make connections with Spanish grammar.

Culture Culture provides you with a framework for what you may say or do. As you learn about the culture of Spanish-speaking communities, you'll improve your knowledge of Spanish. Think about a word like **salsa,** and how it connects to both food and music. Think about and explore customs observed at **Nochevieja** (New Year's Eve) or a **quinceañera** (a girl's fifteenth birthday party). Observe customs. Watch people greet each other or say goodbye. Listen for idioms and sayings that capture the spirit of what you want to communicate!

Teenagers celebrating a quinceañera party.

Listen, Speak, Read, and Write

Listening Listen for sounds and for words you can recognize. Listen for inflections and watch for key words that signal a question such as **cómo** (*how*), **dónde** (*where*), or **qué** (*what*). Get used to the sound of Spanish. Play Spanish pop songs or watch Spanish movies. Borrow books on CD from your local library, or try to visit places in your community where Spanish is spoken. Don't worry if you don't understand every single word. If you focus on key words and phrases you'll get the main idea. The more you listen, the more you'll understand!

Speaking Practice speaking Spanish as often as you can. As you talk, work on your pronunciation, and read aloud texts so that words and sentences flow more easily. Don't worry if you don't sound like a native speaker, or if you make some mistakes. Time and practice will help you get there. Participate actively in Spanish class. Try to speak Spanish with classmates, especially native speakers (if you know any), as often as you can.

Reading Pick up a Spanish-language newspaper or a pamphlet on your way to school, read the lyrics of a song as you listen to it, or read books you've already read in English translated into Spanish. Use reading strategies that you know to understand the meaning of a text that looks unfamiliar. Look for cognates, or words that are related in English and Spanish, to guess the meaning of some words. Read as often as you can, and remember to read for fun!

Writing It's easy to write in Spanish if you put your mind to it. And remember that Spanish spelling is phonetic, which means that once you learn the basic rules of how letters and sounds are related, you can probably become an expert speller in Spanish! Write for fun—make up poems or songs, write e-mails or instant messages to friends, or start a journal or blog in Spanish.

Tips for Learning Spanish

- **Listen to Spanish radio shows.** Write down phrases and grammatical structures that you can't recognize or don't know and look up the meaning or the grammatical structure.

- **Watch Spanish TV shows or movies.** Try to rely on the subtitles to help you grasp the content only when necessary. See how much you can understand by using the context of the show or movie to help you understand what is being said.

- **Read Spanish-language newspapers, magazines, or blogs,** and respond to what you read by writing a letter to the editor, or responding to the blog. Use the newspaper or magazine articles you read as a model for writing your own article about a something that interests you.

- **Listen to Spanish songs** that you like —anything from a Shakira song to a traditional mariachi melody. Sing along and concentrate on your pronunciation. Print out the lyrics and find new vocabulary words that you can try using in future conversations, letters, or e-mails.

- **Seek out opportunities to practice conversation with Spanish speakers.** Look for neighborhoods, markets, or cultural centers where Spanish might be spoken in your community. Find ways to volunteer in a community where Spanish is used, as a way to learn Spanish and help others at the same time.

Practice, practice, practice!

Seize every opportunity you find to listen, speak, read, or write Spanish. Think of it like a sport or learning a musical instrument. The more you practice, the more you will become comfortable with the language and how it works. Look for new experiences where you can use Spanish, like volunteering in a community where Spanish is spoken, at work, or with Spanish speakers you meet. You can build on the Spanish you already know by looking for new ways to practice and learn. Using Spanish in real life situations can help you understand how the language is used authentically, which will help you learn how to get your ideas across clearly and be understood in another language.

- **Pursue language exchange opportunities** (**intercambio cultural**) in your school or community. Join or even start a language club, or help plan cultural events related to Spanish, its history, and its culture. Explore opportunities for studying abroad or hosting a student from a Spanish-speaking country in your home or school.

- **Connect your learning to everyday experiences.** Think about naming the ingredients of your favorite dish in Spanish, or try making a recipe written in Spanish. Try writing a grocery or "to do" list, or directions to somebody's house in Spanish.

- **Use poems or lyrics from songs in Spanish as language models** to help you remember grammatical rules. For example, memorize Juan Luis Guerra's song **Ojalá que llueva café en el campo,** to help you remember to use the subjunctive after the expression **Ojalá que.**

- **Set goals!** Try to have as much fun as you can learning Spanish, and set goals for what you would like to do with your language abilities as they grow. Keep track of how your Spanish improves by noticing how and what you are able to communicate as you continue to practice.

Icons and *RECURSOS* Boxes

Icons
Familiarize yourself with these icons that appear throughout **DESCUBRE**.

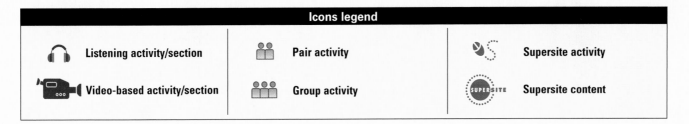

Icons legend		
🎧 Listening activity/section	👥 Pair activity	Supersite activity
🎥 Video-based activity/section	👥 Group activity	Supersite content

- You will see the listening icon in each lesson's **Contextos** section.

- The video icon appears in the **Fotonovela** and the **Cinemateca** sections of each lesson.

- Both Supersite icons appear in every strand of every lesson. Visit descubre3.vhlcentral.com

Recursos boxes
Recursos boxes let you know exactly what print and technology supplements you can use to reinforce and expand on every section of the lessons in your textbook. They even include page numbers when applicable.

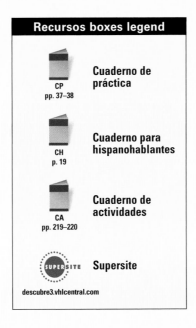

Recursos boxes legend

CP pp. 37–38 — **Cuaderno de práctica**

CH p. 19 — **Cuaderno para hispanohablantes**

CA pp. 219–220 — **Cuaderno de actividades**

SUPERSITE — **Supersite**

descubre3.vhlcentral.com

DESCUBRE 3 Video Programs

Sitcom Video

An episode in the format of a situational comedy accompanies each lesson in **DESCUBRE**. These episodes portray the everyday lives and adventures of the owner and five employees of the lifestyle magazine *Revista Facetas,* based in Mexico City.

The **Fotonovela** section in each textbook lesson is actually an abbreviated version of the dramatic episode featured in the video. Therefore, each **Fotonovela** section can be done before you see the corresponding video episode, after it, or as a stand-alone section.

Besides providing entertainment, the video serves as a useful learning tool. As you watch the episodes, you will observe the characters interacting in various situations and using real-world language that reflects the vocabulary and grammar you are studying. In addition, because language learning is an ongoing, cumulative process, you will find that the dramatic segments carefully combine new vocabulary and grammar with previously taught language as the video progresses.

Flash cultura

The dynamic **Flash Cultura** video provides an entertaining and humorous complement to the **Enfoques** section of each lesson. Correspondents from various Spanish-speaking countries share aspects of life in their countries with each other. The similarities and differences among Spanish-speaking countries that come up through their exchanges will challenge you to think about your own cultural practices and values.

The Cast

Here are the main characters you will meet when you watch the **DESCUBRE** video:

Mariela Burgos

JOSÉ RAÚL AGUAYO

Diana González

Éric Vargas

Juan (Johnny) Medina

Fabiola Ledesma

DESCUBRE 3 Film Collection

The **DESCUBRE** Film Collection contains the short films by Hispanic filmmakers that are the basis for the **Cinemateca** section of every lesson. These award-winning films offer entertaining and thought-provoking opportunities to build your listening comprehension skills and your cultural knowledge of the Spanish-speaking world.

Film Synopses

Lección 1 *Momentos de estación* (Argentina) A commuter purchases his train ticket every day, never once telling the ticket window employee about his feelings for her. He suddenly takes advantage of the moment and tells her... causing a spiraling effect for those around them.

Lección 2 *Espíritu deportivo* (México) At the funeral of a deceased soccer star, his teammates argue the lineup of their famous match against Brazil.

Lección 2 *Adiós mamá* (México) A man is grocery shopping alone on an ordinary day when a chance meeting makes him the focus of an elderly woman's existential conflict, with a surprising result.

Lección 4 *Éramos pocos* (España) After being abandoned by his wife, a father and son enlist the help of her mother to keep house.

Lección 5 *El anillo* (Puerto Rico) Every object has its own story to tell.

Lección 6 *El día menos pensado* (México) A city ends up without drinkable water; people must decide whether to flee or stand and guard what little water they have left.

Lección 7 *Happy Cool* (Argentina) A man decides to wait out a recession by having himself cryogenically frozen until better economic times.

Lección 8 *Clown* (España) Companies will go to any length to collect what is due to them... and to make sure they have hired the right person for the job.

Lección 9 *Sintonía* (España) Stuck in traffic, the only way a man can get the attention of a woman is to figure out which radio station she's listening to and call in.

Lección 10 *Las viandas* (España) In a restaurant where food is art, a customer learns whether it is possible to have too much of a good thing.

Thematic Vocabulary Lists

Saludos

Hola. *Hello; Hi.*
Buenos días. *Good morning.*
Buenas tardes. *Good afternoon.*
Buenas noches. *Good evening; Good night.*

Adiós. *Good-bye.*
Nos vemos. *See you.*
Hasta luego. *See you later.*
Hasta mañana. *See you tomorrow.*
Saludos a… *Greetings to…*

¿Cómo está usted? *How are you? (form.)*
¿Cómo estás? *How are you? (fam.)*
¿Qué tal? *How are you?; How is it going?*
(Muy) bien, gracias. *(Very) well, thanks.*
Regular. *So so; OK.*

Con permiso. *Pardon me; Excuse me.*
De nada. *You're welcome.*
Lo siento. *I'm sorry.*
(Muchas) gracias. *Thank you (very much); Thanks (a lot).*

Presentaciones

¿Cómo se llama usted? *What's your name? (form.)*
¿Cómo te llamas (tú)? *What's your name? (fam.)*
Me llamo… *My name is…*

¿De dónde es usted? *Where are you from? (form.)*
¿De dónde eres? *Where are you from? (fam.)*
Soy de… *I'm from…*

La clase y la escuela

el autobús *bus*
el chico *boy*
la chica *girl*
el/la compañero/a de clase *classmate*
la conversación *conversation*
la cosa *thing*
el día *day*
el escritorio *desk*
la escuela *school*
el/la estudiante *student*
el libro *book*
la mochila *backpack*
la papelera *wastebasket*
la pizarra *blackboard*
la pluma *pen*
la tiza *chalk*

la biblioteca *library*
la cafetería *cafeteria*
el laboratorio *laboratory*

el curso, la materia *course*
el examen *test, exam*
el horario *schedule*
la prueba *test; quiz*
la tarea *homework*

Pasatiempos

andar en patineta *to skateboard*
bucear *to scuba dive*
escalar montañas (f. pl.) *to climb mountains*
escribir un mensaje electrónico *to write an e-mail message*
esquiar *to ski*
nadar *to swim*
pasear *to take a walk; to stroll*
patinar (en línea) *to skate (in-line)*
practicar deportes (m. pl.) *to play sports*
ser aficionado/a (a) *to be a fan (of)*
tomar el sol *to sunbathe*
ver películas (f. pl.) *to see movies*

el fin de semana *weekend*
el tiempo libre *free time*

El tiempo libre

almorzar (o:ue) *to have lunch*
cenar *to have dinner*
comprar *to buy*
desayunar *to have breakfast*
dormir (o:ue) *to sleep*
escuchar la radio/música *to listen (to) the radio/music*
hablar *to talk; to speak*
jugar (u:ue) *to play*
llegar *to arrive*
mirar *to look (at); to watch*
necesitar (+ inf.) *to need*
tomar *to take; to drink*
viajar *to travel*

Los días de semana

lunes *Monday*
martes *Tuesday*
miércoles *Wednesday*
jueves *Thursday*
viernes *Friday*
sábado *Saturday*
domingo *Sunday*

La familia

el/la abuelo/a *grandfather/grandmother*
el/la cuñado/a *brother-in-law/sister-in-law*
el/la esposo/a *husband; wife; spouse*
el/la hermano/a *brother/sister*
el/la hijo/a *son/daughter*
la madre *mother*
el/la nieto/a *grandson/granddaughter*
la nuera *daughter-in-law*
el padre *father*
el/la primo/a *cousin*
el/la sobrino/a *nephew/niece*
el/la suegro/a *father-in-law/mother-in-law*
el/la tío/a *uncle/aunt*
el yerno *son-in-law*

Las personas

alto/a *tall*
antipático/a *unpleasant*
bajo/a *short (in height)*
bonito/a *pretty*
buen, bueno/a *good*
delgado/a *thin; slender*
feo/a *ugly*
gordo/a *fat*
guapo/a *handsome; good-looking*
inteligente *intelligent*
joven *young*
moreno/a *brunet(te)*
pelirrojo/a *red-hair*
rubio/a *blond(e)*
simpático/a *nice; likeable*
trabajador(a) *hard-working*
viejo/a *old*

Los viajes y las vacaciones

acampar *to camp*
hacer las maletas *to pack (one's suitcases)*
hacer un viaje *to take a trip*
ir de vacaciones *to go on vacation*

ir en autobús (m.), auto(móvil) (m.), avión (m.), barco (m.), motocicleta (f.), taxi (m.) *to go by bus, car, plane, boat, motorcycle, taxi*
sacar/tomar fotos (f. pl.) *to take photos*
—
el aeropuerto *airport*
el campo *countryside*
el equipaje *luggage*
el mar *sea*
el paisaje *landscape*
el pasaporte *passport*
la playa *beach*

La ropa

el abrigo *coat*
los bluejeans *jeans*
el calcetín *sock*
la camisa *shirt*
la camiseta *t-shirt*
la chaqueta *jacket*
el cinturón *belt*
la corbata *tie*
la falda *skirt*
los guantes *gloves*
el impermeable *raincoat*
los pantalones *pants*
los pantalones cortos *shorts*
la ropa interior *underwear*
la sandalia *sandal*
el sombrero *hat*
el suéter *sweater*
el traje *suit*
el traje (de baño) *(bathing) suit*
el vestido *dress*

Ir de compras

el almacén *department store*
la caja *cash register*
el centro comercial *shopping mall*
el/la dependiente/a *clerk*
el dinero *money*
(en) efectivo *cash*
un par de zapatos *a pair of shoes*
la rebaja *sale*
la tarjeta de crédito *credit card*
la tienda *shop; store*
—
costar (o:ue) *to cost*
gastar *to spend (money)*
hacer juego (con) *to match (with)*

Ir de compras *(cont.)*

llevar *to wear; to take*
pagar *to pay*
—
barato/a *cheap*
caro/a *expensive*
corto/a *short (in length)*
largo/a *long (in length)*

La rutina diaria

acostarse (o:ue) *to go to bed*
cepillarse los dientes *to brush one's teeth*
despertarse (e:ie) *to wake up*
ducharse *to shower; to take a shower*
lavarse las manos *to wash one's hands*
levantarse *to get up*
quitarse *to take off*
sentarse (e:ie) *to sit down*
vestirse (e:i) *to get dressed*

Las comidas

el/la camarero/a *waiter*
la comida *food; meal*
el menú *menu*
—
el almuerzo *lunch*
la cena *dinner*
el desayuno *breakfast*

Las frutas

las frutas *fruits*
el limón *lemon*
la manzana *apple*
la naranja *orange*
la pera *pear*
la sandía *watermelon*

Las verduras

las arvejas *peas*
la cebolla *onion*
el champiñón *mushroom*
la ensalada *salad*
los espárragos *asparagus*

Thematic Vocabulary Lists

Las verduras (cont.)

los frijoles *beans*
la lechuga *lettuce*
el tomate *tomato*
las verduras *vegetables*
la zanahoria *carrot*

La carne y el pescado

el atún *tuna*
el bistec *steak*
los camarones *shrimp*
la carne *meat*
la hamburguesa *hamburger*
los mariscos *shellfish*
el pavo *turkey*
el pescado *fish*
el pollo (asado) *(roast) chicken*
la salchicha *sausage*

Otras comidas

el aceite *oil*
el ajo *garlic*
el arroz *rice*
el azúcar *sugar*
los cereales *cereal; grains*
el huevo *egg*
la mantequilla *butter*
el queso *cheese*
la sal *salt*
el sándwich *sandwich*
la sopa *soup*
el yogur *yogurt*

Las bebidas

el agua (mineral) *(mineral) water*
la bebida *drink*
el jugo (de fruta) *(fruit) juice*
la leche *milk*
el refresco *soft drink*

Las celebraciones

la boda *wedding*
el cumpleaños *birthday*
el día de fiesta *holiday*
el/la invitado/a *guest*
la Navidad *Christmas*
la quinceañera *young woman's fifteenth birthday celebration*
la sorpresa *surprise*
—
celebrar *to celebrate*
invitar *to invite*
pasarlo bien/mal *to have a good/bad time*
regalar *to give (a gift)*
reírse (e:i) *laugh*

El cuerpo

la boca *mouth*
el brazo *arm*
la cabeza *head*
el corazón *heart*
el cuello *neck*
el cuerpo *body*
el dedo *finger*
el estómago *stomach*
la garganta *throat*
el hueso *bone*
la muela *molar*
la nariz *nose*
el oído *(sense of) hearing; inner ear*
el ojo *eye*
la oreja *(outer) ear*
el pie *foot*
la pierna *leg*
la rodilla *knee*
el tobillo *ankle*

La salud

el/la dentista *dentist*
el/la doctor(a) *doctor*
el dolor (de cabeza) *(head)ache; pain*
el examen médico *physical exam*
la farmacia *pharmacy*
la gripe *flu*
el medicamento *medication*
la pastilla *pill; tablet*
la receta *prescription*
el resfriado *cold (illness)*
la salud *health*
el síntoma *symptom*
la tos *cough*
—
caerse *to fall (down)*
doler (o:ue) *to hurt*
estar enfermo/a *to be sick*
estornudar *to sneeze*
romperse (la pierna) *to break (one's leg)*
sacar(se) una muela *to have a tooth removed*
ser alérgico/a (a) *to be allergic (to)*
tener fiebre *to have a fever*
toser *to cough*
—
congestionado/a *congested; stuffed-up*
mareado/a *dizzy; nauseated*
sano/a *healthy*

El bienestar

el bienestar *well-being*
—
aliviar el estrés *to reduce stress*
disfrutar (de) *to enjoy; to reap the benefits (of)*
(no) fumar *(not) to smoke*
llevar una vida sana *to lead a healthy lifestyle*
tratar de (+ inf.) *to try (to do something)*
—
activo/a *active*
fuerte *strong*
sedentario/a *sedentary; related to sitting*
entrenarse *to practice; to train*
estar en buena forma *to be in good shape*
hacer ejercicio *to exercise*

La tecnología

la calculadora *calculator*
la cámara digital, de video digital, *video camera*
el canal *(TV) channel*
el control remoto *remote control*
el disco compacto *compact disc*
el teléfono (celular) *(cell) telephone*
el televisor *television set*
—
apagar *to turn off*
funcionar *to work*
poner, prender *to turn on*
sonar (o:ue) *to ring*

La computadora

el archivo *file*
arroba *@ symbol*
el cederrón *CD-ROM*
la dirección electrónica *e-mail address*
la impresora *printer*
la página principal *home page*
la pantalla *screen*

el ratón *mouse*
la red *network; Web*
el reproductor de DVD *DVD player*
el sitio web *website*
el teclado *keyboard*
—
borrar *to erase*
descargar *download*
grabar *to record*
guardar *to save*
imprimir *to print*
navegar (en Internet) *to surf (the Internet)*

La vivienda

las afueras *suburbs; outskirts*
el alquiler *rent (payment)*
el barrio *neighborhood*
el/la vecino/a *neighbor*
la vivienda *housing*
—
la alcoba, el dormitorio *bedroom*
la cocina *kitchen*
el comedor *dining room*
el cuarto *room*
el garaje *garage*
el jardín *garden, yard*
el pasillo *hallway*
la sala *living room*
el sótano *basement; cellar*

Los quehaceres domésticos

cocinar *to cook*
hacer la cama *to make the bed*
hacer quehaceres domésticos *to do household chores*
lavar (el suelo, los platos) *to wash (the floor, the dishes)*
pasar la aspiradora *to vacuum*
planchar la ropa *to iron the clothes*
poner la mesa *to set the table*
quitar la mesa *to clear the table*
sacar la basura *to take out the trash*

La naturaleza

el árbol *tree*
el césped, la hierba *grass*
el cielo *sky*
el desierto *desert*
la estrella *star*
la flor *flower*
el lago *lake*
la luna *moon*
la nube *cloud*
la piedra *stone*
el río *river*
el sol *sun*
la tierra *land; soil*
el valle *valley*

El medio ambiente

la conservación *conservation*
la contaminación (del aire; del agua *(air; water) pollution*
la ecología *ecology*
la energía (nuclear, solar) *(nuclear, solar) energy*
el medio ambiente *environment*
el reciclaje *recycling*
el recurso natural *natural resource*

estar contaminado/a *to be polluted*
evitar *to avoid*
mejorar *to improve*
proteger *to protect*
reciclar *to recycle*
reducir *to reduce*
respirar *to breathe*

En la ciudad

el banco *bank*
la heladería *ice cream shop*
la lavandería *laundromat*
la panadería *bakery*
la peluquería, el salón de belleza *beauty salon*
el supermercado *supermarket*
la zapatería *shoe store*
—
hacer cola *to stand in line*
—
el cartero *mail carrier*
el correo *mail/post office*
la estampilla, el sello *stamp*
el sobre *envelope*
—
echar (una carta) al buzón *to put (a letter) in the mailbox; to mail*

Thematic Vocabulary Lists

En la ciudad (cont.)

enviar, mandar *to send; to mail*
—
el cajero automático *ATM*
la cuadra *(city) block*
la dirección *address*
la esquina *corner*
el letrero *sign*
—
cruzar *to cross*
dar direcciones *to give directions*
doblar *to turn*
quedar *to be located*
—
derecho *straight (ahead)*
enfrente de *opposite; facing*
hacia *toward*

Las ocupaciones

el/la abogado/a *lawyer*
el actor, la actriz *actor*
el/la arquitecto/a *architect*
el/la bombero/a *firefighter*
el/la carpintero/a *carpenter*
el/la científico/a *scientist*
el/la cocinero/a *cook, chef*
el/la corredor(a) de bolsa *stockbroker*
el/la diseñador(a) *designer*
el/la electricista *electrician*
el/la peluquero/a *hairdresser*
el/la pintor(a) *painter*
el/la político(a) *politician*
el/la psicólogo/a *psychologist*
el/la reportero/a *reporter; journalist*

La bellas artes

el baile, la danza *dance*
el boleto *ticket*
la canción *song*
la comedia *comedy; play*
el concierto *concert*
la escultura *sculpture*
el espectáculo *show*
la obra *work (of art, music, etc.)*
la ópera *opera*
la orquesta *orchestra*
el personaje (principal) *(main) character*
la pintura *painting*
el poema *poem*
la poesía *poetry*
el público *audience*
el teatro *theater*
—
aburrirse *to get bored*
aplaudir *to applaud*
apreciar *to appreciate*
dirigir *to direct*
esculpir *to sculpt*
hacer el papel (de) *to play the role (of)*
tocar (un instrumento musical) *to touch; to play (a musical instrument)*
—
el bailarín, la bailarina *dancer*
el/la cantante *singer*
el/la compositor(a) *composer*
el/la director(a) *director; (musical) conductor*
el/la dramaturgo/a *playwright*
el/la escritor(a) *writer*
el/la escultor(a) *sculptor*
la estrella (m., f.) de cine *movie star*
el/la músico/a *musician*
el/la poeta *poet*

La televisión

el concurso *game show; contest*
los dibujos animados *cartoons*
el documental *documentary*
el premio *prize; award*
el programa de entrevistas *talk show*
la telenovela *soap opera*

Los medios de comunicación

el acontecimiento *event*
el artículo *article*
el diario *newspaper*
el informe *report; paper (written work)*
el/la locutor(a) *(TV or radio announcer)*
los medios de comunicación *media; means of communication*
las noticias *news*
el noticiero *newscast*
la prensa *press*
el reportaje *report*
—
anunciar *to announce; to advertise*
durar *to last*
informar *to inform*

Las noticias

el crimen *crime; murder*
el desastre (natural) *(natural) disaster*
el desempleo *unemployment*
la discriminación *discrimination*
el ejército *army*
la guerra *war*
la huelga *strike*
el huracán *hurricane*
el incendio *fire*
la inundación *flood*
la libertad *liberty; freedom*
la paz *peace*
el racismo *racism*
el sexismo *sexism*
el terremoto *earthquake*
la violencia *violence*

Vista Higher Learning expresses its sincere appreciation to the educators nationwide who, through their review, helped us and our authors consolidate the concept and contents of **DESCUBRE, nivel 3**. Their insights, ideas, and comments were invaluable to the final product.

Raquel Aguilú de Murphy
Marquette University, WI

Elizabeth Allen
Harpeth Hall School, TN

Philip D. Ambard
United States Air Force Academy, CO

Engracia Angrill Schuster
Onondaga Community College, NY

Anselmo Arguelles
Portland Community College, OR

Lawrence Banducci
Cabrillo Collage, CA

Rosalba Bellen
Archmere Academy, DE

Ernesto Benítez Rodríguez
University of Calgary, AB

Pam Benítez
Niles North High School, IL

Juan Antonio Bernabeu
Laramie County Community College, WY

Suzanne Chávez
Rogue Community College, OR

María Córdoba
University of North Carolina, Greensboro, NC

Christine Cotton
Elon University, NC

Dale S. Crandall
Gainesville College, GA

Jodi Cusick-Acosta
Vernon Hills High School, IL

Nancy G. Díaz
Rutgers University, NJ

Consuelo España
Cabrillo College, CA

Ruston Ford
Indian Hills Community College, IA

María Antonieta Galván
Palo Alto College , TX

Luz Harshbarger
Wright State University, Lake Campus, OH

Hiltrud A. Heller
El Camino College & West L.A. College, LA

David Howard
Oak Grove School, CA

Harriet Hutchinson
Bunker Hill Community College, MA

Maureen Ihrie
Elon University, NC

Teresa M. Klocker
New Trier Township High School, IL

Carmen F. Klohe
St. John's University, NJ

Ernest J. Lunsford
Elon University, NC

Shannon Maddox
George Walton Academy, GA

Sonia Maruenda
University of Wisconsin, Green Bay, WI

Jane Mathias
Nardin Academy, NY

Libardo Mitchell
Portland Community College, OR

Maureen Murov
Centenary College, LA

Nela Navarro
Rutgers University, NJ

Perry Nigh
Milwaukee Area Technical College, WI

Bernice Nuhfer-Halten
SPSU, GA

Kevin J. O'Connor
Colorado College

César Paredes
Milwaukee Technical College , PA

Teresa Pérez-Gamboa
University of Georgia, Athens

Amalia Petrusha
Marquette University, WI

Cindy J. Phelps
Newberg High School, OR

Maribel Piñas-Espigule
Portland Community College, OR

April Post
Elon University, NC

Claire Reetz
Florida Community College, Jacksonville, FL

Katie Salgado
St. Mary's School, OR

Rosa Salinas Samelson
Palo Alto College, TX

Denise Saldivar
Diablo Valley College, CA

Susana Sandmann
University of St. Thomas, MN

Belinda A. Sauret
Gainesville College, GA

Timothy Scott
Onondaga Community College, NY

Gabriela Segal
Arcadia University, PA

Patricia Suppes
Elon University, NC

Sonia Torna
Bellarmine College Preparatory, CA

Sixto E. Torres
Gainesville College, GA

Teresa Vargas
Peace College, NC

Barry L. Velleman
Marquette University, WI

Miguel Verano
United States Air Force Academy, CO

Doug West
Sage Hill School, CA

Jennifer Wood
Scripps College, CA

Sheila Young
Butler University, IN

José A. Blanco founded Vista Higher Learning in 1998. A native of Barranquilla, Colombia, Mr. Blanco holds degrees in Literature and Hispanic Studies from Brown University and the University of California, Santa Cruz. He has worked as a writer, editor, and translator for Houghton Mifflin and D.C. Heath and Company and has taught Spanish at the secondary and university levels. Mr. Blanco is also co-author of several other Vista Higher Learning programs: **VISTAS, VIVA, AVENTURAS** and **PANORAMA** at the introductory level, **VENTANAS, FACETAS, IMAGINA,** and **SUEÑA** at the intermediate level, and **REVISTA** at the advanced conversation level.

Las relaciones personales

1

Contextos

páginas 2–5

- La personalidad
- Los estados emocionales
- Los sentimientos
- Las relaciones personales

Fotonovela

páginas 6–9

- *¡Bienvenida, Mariela!*

Enfoques

Los Estados Unidos

páginas 10–13

- **En detalle:** Parejas sin fronteras
- **Perfil:** Isabel Allende y Willie Gordon
- **Ritmos:** Bacilos

Estructura

páginas 14–25

- The present tense
- **Ser** and **estar**
- Progressive forms

Cinemateca

páginas 26–29

- **Cortometraje:** *Momentos de estación*

Lecturas

páginas 30–38

- **Literatura:** *Poema 20* de Pablo Neruda
- **Cultura:** *Carlos Mencía: Políticamente incorrecto*

Atando cabos

página 39

- ¡A conversar!
- ¡A escribir!

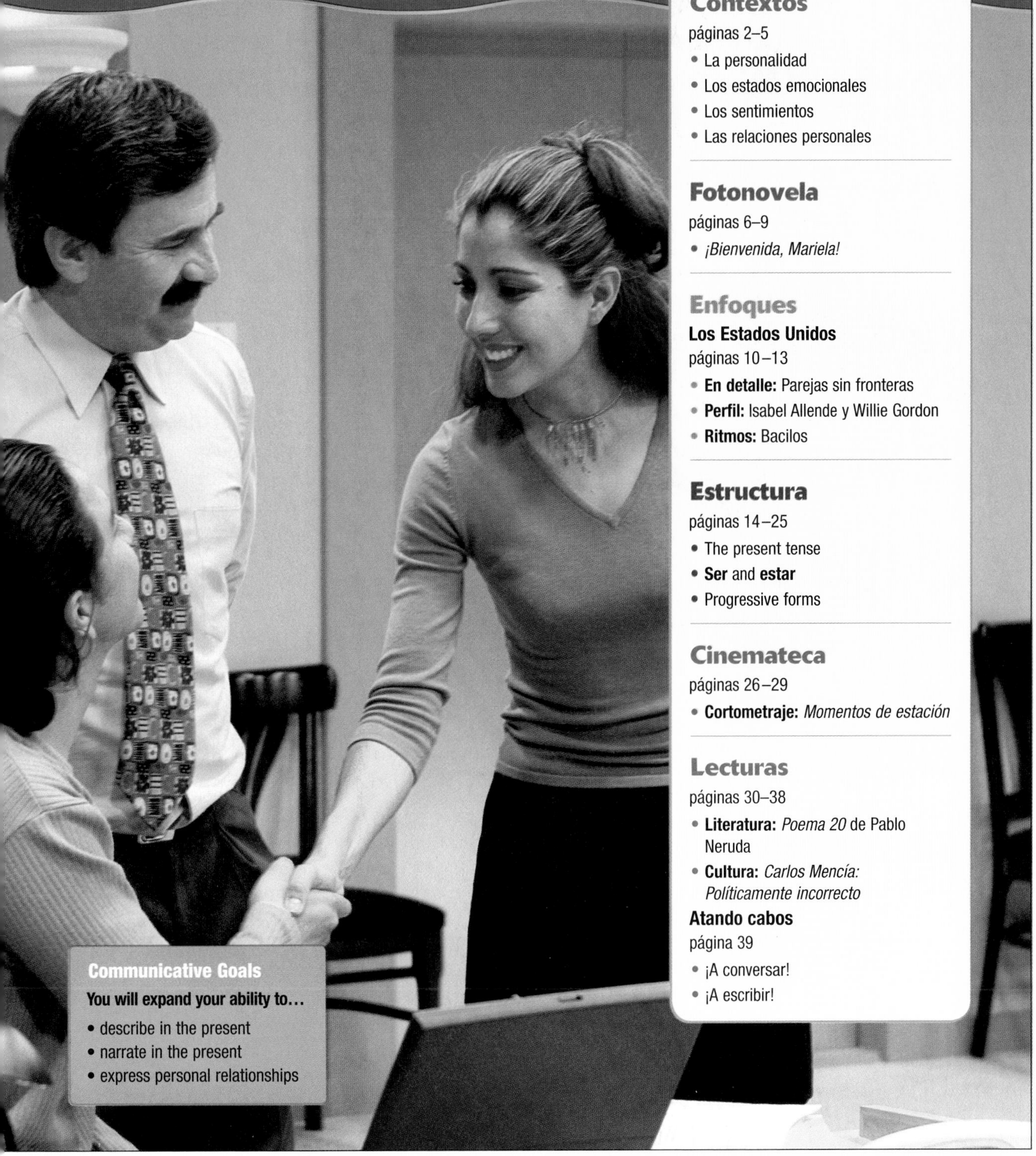

Communicative Goals

You will expand your ability to…

- describe in the present
- narrate in the present
- express personal relationships

Lesson Goals

In **Lección 1**, students will be introduced to the following:

- vocabulary for describing personality, emotional states, feelings, and relationships
- interpersonal relationships in an office setting
- intercultural relationships
- the present tense
- **ser** and **estar**
- present progressive tense
- short film ***Momentos de estación***
- **Pablo Neruda's *Poema 20***
- comedian **Carlos Mencía**

A primera vista Have students look at the photo; ask them:

1. **¿Dónde tiene lugar esta escena?**
2. **¿Por qué se dan la mano los personajes?**
3. **¿Cuándo das tú la mano?**
4. **Esta lección se titula *Las relaciones personales.* ¿Por qué se usa esta foto para empezar la lección?** (*Possible answer:* **para mostrar que hay varios tipos de relaciones personales, no sólo las que hay entre miembros de la familia o entre amigos.**)

INSTRUCTIONAL RESOURCES

Student Materials
Cuaderno de práctica, Cuaderno para hispanohablantes, Cuaderno de actividades
Student MAESTRO™ Supersite (descubre3.vhlcentral.com)
MAESTRO™ e-Cuaderno

Teacher's Resource CD-ROM and in print
*AnswerKeys, Audioscripts, Videoscripts
**PowerPoints*
Testing Program (**Pruebas,** Test Generator, MP3 Audio Files)
Vista Higher Learning *Cancionero*
*Also available on Supersite

Teacher's MAESTRO™ Supersite (descubre3.vhlcentral.com)
Learning Management System (Assignment Task Manager, Gradebook)
Also on DVD
***Fotonovela, Flash cultura,* Film Collection**

Las relaciones personales

La personalidad

autoritario/a *strict; authoritarian*
cariñoso/a *affectionate*

cuidadoso/a *careful*
falso/a *insincere*
gracioso/a *funny; pleasant*

inseguro/a *insecure*
(in)maduro/a *(im)mature*
mentiroso/a *lying*
orgulloso/a *proud*
permisivo/a *permissive; easy-going*
seguro/a *sure; confident*
sensato/a *sensible*
sensible *sensitive*
tacaño/a *cheap; stingy*
tímido/a *shy*
tradicional *traditional*

Los estados emocionales

agobiado/a *overwhelmed*
ansioso/a *anxious*
deprimido/a *depressed*
disgustado/a *upset*

emocionado/a *excited*
preocupado/a (por) *worried (about)*
solo/a *alone; lonely*
tranquilo/a *calm*

Los sentimientos

Carlos es un chico muy tímido, **tiene vergüenza de** hablar con los demás. Pero **se siente** seguro cuando habla con su amiga Marisa porque ella lo **aprecia** mucho.

adorar *to adore*
apreciar *to appreciate*
enamorarse (de) *to fall in love (with)*
estar harto/a (de) *to be fed up (with); to be sick (of)*
odiar *to hate*
sentirse (e:ie) *to feel*
soñar (o:ue) (con) *to dream (about)*
tener celos (de) *to be jealous (of)*
tener vergüenza (de) *to be ashamed/embarrassed (of)*

2 *dos*

Lección 1

Las relaciones personales

Llevan más de cincuenta años de casados. Dicen que los secretos de un buen **matrimonio** son la **confianza** y el **cariño**.

el/la amado/a *loved one; sweetheart*
el ánimo *spirit*
el cariño *affection*
la cita (a ciegas) *(blind) date*
el compromiso *commitment; responsibility*
la confianza *trust; confidence*
el desánimo *the state of being discouraged*
el divorcio *divorce*
la pareja *couple; partner*
el sentimiento *feeling; emotion*

atraer *to attract*
coquetear *to flirt*
cuidar *to take care of*
educar *to raise; to bring up*
dejar a alguien *to leave someone*
discutir *to argue*
hacerle caso a alguien *to pay attention to someone*
impresionar *to impress*
llevar... años de (casados) *to be (married) for... years*
llevarse bien/mal/fatal *to get along well/badly/terribly*
mantenerse en contacto *to keep in touch*
pasarlo bien/mal/fatal *to have a good/bad/terrible time*
proponer matrimonio *to propose (marriage)*
romper (con) *to break up (with)*
salir (con) *to go out (with)*
soportar a alguien *to put up with someone*

casado/a *married*
divorciado/a *divorced*
separado/a *separated*
soltero/a *single*
viudo/a *widowed*

Las relaciones personales

Práctica

1 **Escuchar**

 A. Después de una cita con Andrés, Paula le cuenta todo a su mejor amiga, Isabel. Escucha la conversación y decide si las oraciones son **ciertas** o **falsas**. Corrige las falsas.

1. Después de la cita con Andrés, Paula está muy emocionada. Cierto.
2. Según Paula, los dos se llevan mal.
   Falso. Según Paula, los dos se llevan muy bien.
3. Paula dice que Andrés es feo e inseguro.
   Falso. Paula dice que Andrés es guapo y seguro.
4. Paula quiere salir otra vez con Andrés. Cierto.

 B. Ahora escucha la conversación entre Andrés y su mejor amigo, José Luis, y decide si las oraciones son **ciertas** o **falsas**. Corrige las falsas.

1. Según Andrés, él y Paula lo pasaron bien.
   Falso. Según Andrés, lo pasaron fatal.
2. Andrés piensa que Paula es demasiado tímida.
   Cierto.
3. Andrés quiere salir otra vez con Paula.
   Falso. Andrés no quiere salir otra vez con Paula.
4. Andrés tiene celos porque José Luis quiere salir con Paula. Falso. Andrés no tiene nada de celos.

C. En parejas, imaginen que José Luis decide llamar a Paula y que Andrés decide llamar a Isabel. Inventen una de estas dos conversaciones telefónicas y compártanla con la clase.

2 **Analogías** Completa cada analogía con la palabra apropiada.

autoritario	cuidadoso	mentiroso
casados	discutir	romper con
cita	gracioso	tranquilo

1. estresado : ansioso :: falso : ___mentiroso___
2. generoso : tacaño :: permisivo : ___autoritario___
3. divorcio : divorciados :: matrimonio : ___casados___
4. amar : odiar :: salir con : ___romper con___
5. cariño : cariñoso :: cuidado : ___cuidadoso___
6. disgustado : contento :: emocionado : ___tranquilo___
7. casados : boda :: novio : ___cita___
8. casarse : comprometerse :: divorciarse : ___romper con___

recursos

CP
pp. 1–2

CH
pp. 1–2

CA
p. 51

descubre3.
vhlcentral.com
Lección 1

tres **3**

(A) Audio Script
ISABEL Paula, ¿qué me cuentas de tu cita con Andrés? ¡Quiero saberlo todo!
PAULA ¡Ay, Isabel, estoy tan emocionada! Andrés y yo nos llevamos muy bien.
ISABEL Pero dime, ¿cómo es él?
PAULA Es guapo, seguro y, sobre todo, cariñoso. Me impresiona muchísimo.
ISABEL ¿Así que piensas salir con él otra vez?
PAULA Espero que sí. ¡Creo que me estoy enamorando de él!
Textbook Audio

(B) Audio Script
JOSÉ LUIS Oye, Andrés, ¿cómo lo pasaste con Paula anoche?
ANDRÉS Hombre, ¡lo pasamos fatal!
JOSÉ LUIS ¿Por qué, Andrés? Ella es tan bonita, tan interesante…
ANDRÉS Bonita, sí, pero ¿interesante? Sabes, Paula es tan tímida que casi no habla. Y estaba tan ansiosa, tan… tan… insegura.
JOSÉ LUIS Andrés, el problema es que no sabes coquetear. ¡Tienes que ser más gracioso, hombre!
ANDRÉS José Luis, no te soporto. Mira, si adoras tanto a Paula, aquí está su número de teléfono. No voy a tener nada de celos si quieres salir con ella.
JOSÉ LUIS ¡Qué buen amigo eres, Andrés! Para agradecerte, te doy a ti el número de otra amiga. Se llama Isabel…
Textbook Audio

Teaching Tip Have students use flashcards on the **Supersite** to learn vocabulary.

DIFFERENTIATED LEARNING

Heritage Speakers Ask a heritage speaker to play the role of teacher. Supply flashcards for him or her to review vocabulary with the class. The first time through the flashcards, have the "teacher" say the word when showing each flashcard. This is a good opportunity for heritage speakers to share some of the richness of varied Hispanic accents with classmates.

For Inclusion Point to pictures on the transparency or hold up pictures from a magazine. Ask true-false questions about the pictures, using vocabulary from the chapter. Students indicate thumbs up if the answer is true; thumbs down if it is false.

Contextos **3**

③ **Definiciones** Indica las palabras que corresponden a cada definición.

<u>b</u> 1. Compromiso entre dos o más personas sobre el lugar, la fecha y la hora para encontrarse.

<u>d</u> 2. Que sufre de depresión, tristeza o desánimo.

<u>f</u> 3. Enseñar a una persona o a un animal a comportarse según ciertas normas.

<u>g</u> 4. Prestarle atención a alguien.

<u>h</u> 5. Conjunto formado por dos personas o cosas que se complementan o son semejantes como, por ejemplo, hombre y mujer.

<u>a</u> 6. Estimar o reconocer el valor de algo o de alguien.

a. apreciar
b. cita
c. cuidar
d. deprimido/a
e. discutir
f. educar
g. hacerle caso
h. pareja
i. viudo/a

④ **Contrarios** Don Paco y doña Paquita son gemelos (*twins*), pero tienen personalidades muy distintas. Completa las descripciones con el adjetivo correspondiente.

MODELO   Don Paco siempre es muy seguro, pero doña Paquita es… insegura.

1. Don Paco es un hombre sincero, pero doña Paquita es… falsa/mentirosa.

2. Doña Paquita es muy generosa con su dinero, pero don Paco es… tacaño.

3. No sabes lo sociable que es don Paco, pero doña Paquita es muy… tímida.

4. Doña Paquita es permisiva con sus hijos, pero don Paco es… autoritario.

5. A don Paco le gusta estar con gente, pero doña Paquita prefiere estar… sola.

6. Todos piensan que doña Paquita es moderna, pero don Paco es… tradicional.

7. Don Paco se porta (*behaves*) como un adulto, pero doña Paquita es muy… inmadura.

8. Doña Paquita es muy modesta, pero don Paco es muy… orgulloso.

Comunicación

5 **¿Cómo eres?** Trabaja con un(a) compañero/a.

A. Contesta las preguntas del test.

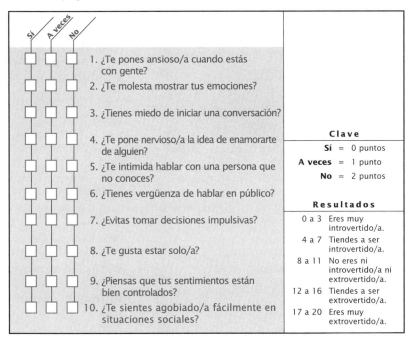

Sí	A veces	No	
□	□	□	1. ¿Te pones ansioso/a cuando estás con gente?
□	□	□	2. ¿Te molesta mostrar tus emociones?
□	□	□	3. ¿Tienes miedo de iniciar una conversación?
□	□	□	4. ¿Te pone nervioso/a la idea de enamorarte de alguien?
□	□	□	5. ¿Te intimida hablar con una persona que no conoces?
□	□	□	6. ¿Tienes vergüenza de hablar en público?
□	□	□	7. ¿Evitas tomar decisiones impulsivas?
□	□	□	8. ¿Te gusta estar solo/a?
□	□	□	9. ¿Piensas que tus sentimientos están bien controlados?
□	□	□	10. ¿Te sientes agobiado/a fácilmente en situaciones sociales?

Clave

Sí	=	0 puntos
A veces	=	1 punto
No	=	2 puntos

Resultados

0 a 3	Eres muy introvertido/a.
4 a 7	Tiendes a ser introvertido/a.
8 a 11	No eres ni introvertido/a ni extrovertido/a.
12 a 16	Tiendes a ser extrovertido/a.
17 a 20	Eres muy extrovertido/a.

B. Ahora suma (*add up*) los puntos. ¿Cuál es el resultado del test? ¿Estás de acuerdo? Comenta tu resultado y tu opinión con tu compañero/a.

6 **Problemas y consejos**

A. En grupos de cuatro, elijan una de estas situaciones. Inventen más detalles para describir la situación. ¿Cómo son los personajes? ¿Dónde se encuentran? ¿Desde cuándo se conocen? ¿Cuándo se originó el problema? ¿Cómo pueden resolverlo?

1. Son buenos amigos, pero discuten mucho. Quieren llevarse mejor y evitar problemas.

2. Tienen un buen matrimonio, pero cuando ella está hablando él no le hace mucho caso. A ella esto le parece una falta de respeto.

3. Su madre es muy autoritaria. Durante la semana no deja que sus hijos salgan por la noche. Los viernes y sábados, ellos tienen que estar en casa antes de las diez.

4. Tiene celos de su hermano, porque él es muy seguro y gracioso. Se siente muy tímido/a e inmaduro/a.

5. Se quieren, pero siempre están discutiendo por cualquier cosa.

B. Ahora, escriban un breve correo electrónico en el que el personaje describe su problema y le pide consejos a un(a) amigo/a. Lean la carta a la clase para que sus compañeros ofrezcan sus consejos.

Las relaciones personales

cinco **5**

Teaching Tips
5 Have students do this exercise in pairs as an interview and report the final results to the class.

5 Have students add at least two of their own questions using the lesson vocabulary, and revise the scoring.
• To simplify, have students brainstorm where they would usually find a questionnaire similar to this one.
• Ask students if their school has similar questionnaires that try to match students with their "perfect study partner."
• **Affective Dimension** Have students rehearse the role-plays in **Actividad 6** a few times, so that they will feel more comfortable with the material and less anxious when presenting before the class.

6 If class time is limited, have students exchange and discuss their e-mails with another group.

NATIONAL STANDARDS
Communities Have students find similar personality tests in magazines or online. Have them identify vocabulary from this chapter that is used in the self-tests. Are cultural differences apparent in the questions asked or in the personality traits described?

DIFFERENTIATED LEARNING

For Inclusion Provide sentence starters for students responding to open-ended questions such as those in **Actividad 6B**.

For Inclusion Remind students of the value of making their own flashcards to practice the vocabulary for each lesson. Hint: Recommend that they organize their flashcards by putting them in a hole-punched, heavy-duty, self-closing food storage bag, which they place in their Spanish binder to have on hand for later review.

SUPERSITE

recursos

CA
pp. 31–32

Section Goals

In *Fotonovela,* students will:
• practice listening to authentic dialogue
• learn functional phrases regarding professional life and first impressions of others

---

Instructional Resources
Cuaderno de actividades, pp. 31–32
e-Cuaderno
Supersite/DVD: *Fotonovela*
Supersite/TRCD/Print:
Fotonovela Videoscript & Translation, Answer Keys

Teaching Tips
Synopsis The *Facetas* magazine employees discuss appropriate ways of greeting clients. Mariela, the new graphic designer, arrives at the office. Éric gives Fabiola his impression of Mariela.

Preview Have students quickly scan the **Fotonovela** video stills and dialogue and make a list of the cognates they find. Ask them to predict what this episode is about based on the visuals and the cognates.
• Before showing the *Fotonovela*, write four or five of the **Expresiones útiles** and Additional Vocabulary on the board and go over meanings. In pairs, have students look at the pictures and scan the text to decide what the episode might be about.
• Tell students they are responsible for all **Expresiones útiles**.

Los empleados de *Facetas* hablan de cómo recibir a un cliente. Mariela, una nueva empleada, llega a la oficina.

① JOHNNY (*al teléfono*) Revista *Facetas*... (*dirigiéndose a Diana*) Es para Aguayo.
FABIOLA Está en el baño.
JOHNNY (*al teléfono*) En estos momentos está en el baño.
DIANA ¡No! Di que está reunido con un cliente.
JOHNNY (*al teléfono*) Disculpe, está en el baño reunido con un cliente.

② JOHNNY Jefe, tiene un mensaje de Mariela Burgos.
AGUAYO Gracias... Es la nueva artista gráfica. Viene a reunirse con nosotros.
Aguayo se marcha a su oficina.
FABIOLA No creo que quepamos todos en el baño.

③ DIANA (*repartiendo libretas*) Éste es el manual de conducta profesional.
FABIOLA Página tres: "Cómo recibir a un cliente".
ÉRIC (*se levanta*) ¿Quieren una demostración? Johnny, tú eres el cliente.
JOHNNY Quizás no soy un cliente. Podría ser un supermodelo o algo así.
FABIOLA Mejor un cliente.

En la oficina central... Entra el muchacho de la pizza.
⑥ JOHNNY ¿Alguien ordenó pizza?
MUCHACHO ¿Éste es el 714 de la avenida Juárez...?
MARIELA (*interrumpe*) ¿Oficina uno, revista *Facetas*?... Soy Mariela. No sabía llegar, así que ordené una pizza y seguí al muchacho.
JOHNNY ¡Bienvenida!

En la sala de reuniones...
⑦ AGUAYO Mariela, te quiero presentar al equipo de *Facetas*. Él es Éric, nuestro fotógrafo.
ÉRIC ¿Qué tal?
AGUAYO Ella es Fabiola. Se encarga de las secciones de viajes, economía, turismo y farándula.
FABIOLA Mucho gusto.

⑧ AGUAYO Él es Johnny. Escribe las secciones de arte, comida, bienestar y política.
JOHNNY Hola.
AGUAYO Y ella es Diana. Está a cargo de las ventas y el mercadeo.

6 *seis*

Lección 1

For Visual Learners Show the captioned version of the *Fotonovela* before showing the version without captions. Through this strategy, students have an additional opportunity to associate the sound of the word with the printed word and, by extension, to support their increased comprehension.

For Kinesthetic Learners On strips of paper, write questions and important statements from the *Fotonovela* script, and an equal number of the characters' answers/rejoinders. Put them in a bag and have each student draw one paper from the bag. Students circulate around the room to find the classmate whose script line completes theirs.

Personajes

 AGUAYO
 DIANA
 ÉRIC
 FABIOLA
JOHNNY
MARIELA
MUCHACHO DE LA PIZZA

4

5

ÉRIC Ya sé. Eres un millonario que viene a comprar la revista.

JOHNNY Perfecto. Soy el magnate dominicano Juan Medina.

ÉRIC Bienvenido a *Facetas*, señor Medina. Bienvenido.

Se abrazan.

Luego, en la cocina…

AGUAYO Hay que ser cuidadoso al contestar el teléfono.

JOHNNY Querrás decir mentiroso.

DIANA Es una formalidad.

ÉRIC Odio ser formal.

FABIOLA Es lindo abrazar a la gente Éric, pero esto es una oficina, no un partido de fútbol.

9

10

DIANA Me han hablado tanto de ti, que estoy ansiosa por conocer tu propia versión.

MARIELA Tengo veintidós años, soy de Monterrey, estudio en la UNAM y vengo de una familia grande.

JOHNNY ¿Muy grande?

MARIELA En cincuenta años de matrimonio mis padres han criado a nueve hijos y veinte nietos.

FABIOLA ¿Qué te pareció?

ÉRIC Está buenísima.

FABIOLA ¿Eso es todo lo que tienes que decir?

ÉRIC ¿Qué más se puede decir de una pizza?

FABIOLA ¡Te estoy hablando de Mariela!

ÉRIC Creo que es bella, talentosa e inteligente. Más allá de eso, no me impresiona para nada.

Expresiones útiles

Talking about responsibilities

Fabiola se encarga de…
Fabiola is in charge of…

Estoy encargado/a de…
I'm in charge of…

Diana está a cargo de…
Diana is in charge of…

Estoy a cargo de…
I'm in charge of…

Talking about your impressions

¿Qué te pareció Mariela?
What did you think of Mariela?

Me pareció…
I thought…

Creo que es bella, talentosa e inteligente.
I think she's beautiful, talented, and intelligent.

Más allá de eso, no me impresiona para nada.
Beyond that, she doesn't impress me at all.

Additional vocabulary

ansiedad *anxiety* **ansioso/a** *anxious*

cuidado *care* **cuidadoso/a** *careful*

mentira *lie* **mentiroso/a** *lying*

talento *talent* **talentoso/a** *talented*

la farándula *entertainment*

han criado *have raised*

el mercadeo *marketing*

querrás *you will want*

quepamos *(form of* **caber***) we fit*

Las relaciones personales

siete **7**

- **Expresiones útiles:** Call students' attention to the expressions **¿Qué te pareció…?** and **Me pareció…** that expand their repertoire of ways to talk about their impressions. Point out that they have already learned three of the **Additional vocabulary** words in the **Contextos** section of the chapter.

- **Successful Language Learning:** Tell students that their conversational skills will grow more quickly as they learn each lesson's **Expresiones útiles:** This feature is designed to teach phrases that will be useful in conversation, and it will also help students understand key phrases in each **Fotonovela**.

- Play the first half of this video module and ask the class to describe what they saw and what will happen in the second half. Play the entire video module and have the class summarize the plot.

NATIONAL STANDARDS
Connections: Journalism-Communication Arts Have students go through a variety of Spanish-language magazines and newspapers to identify the various sections. What are the sections called? What is their content? Have them personalize the **Fotonovela** with different section titles.

Fotonovela **7**

Teaching Tips

- Display a map of Mexico and a world map with Spanish-speaking countries highlighted.
- When talking about Mariela, have a student find Monterrey and México, D.F., on the map of the Spanish-speaking world.
- Have students use the legend on the map of Mexico to estimate the distance between Monterrey and México, D.F.
- Ask students the distance between the two coasts of the U.S. (Ex: New York to California or Maine to Florida).

① Have students imagine one or two additional events that might precede or follow those listed.

② To practice the present tense, tell students to respond in complete sentences.

Comprensión

① **La trama** Primero, indica con una **X** los hechos (*events*) que no ocurrieron en este episodio. Después, indica con números el orden en el que ocurrieron los restantes (*the remaining ones*).

3	a.	Diana llega con el manual de conducta profesional.
X	b.	Éric ordena una pizza con anchoas.
2	c.	Mariela deja un mensaje para Aguayo.
5	d.	Un muchacho llega a la oficina con una pizza.
7	e.	Aguayo presenta a Mariela al grupo.
X	f.	Johnny gana la lotería.
8	g.	Fabiola le pregunta a Éric su opinión sobre Mariela.
1	h.	Johnny contesta el teléfono.
6	i.	Mariela llega a la oficina.
X	j.	Aguayo paga la pizza.
4	k.	Éric y Johnny practican la forma correcta de recibir a un cliente.
X	l.	Los empleados de *Facetas* celebran el cumpleaños de Mariela.

② **¿Quién lo haría?** ¿Quién estaría a cargo de estas actividades?

Aguayo

Diana

Éric

Fabiola

Johnny

Mariela

1. Sacar fotos para la revista. Éric
2. Escribir un artículo sobre un concierto de música pop. Fabiola
3. Hablar con las personas que quieren poner anuncios (*ads*) en la revista. Diana
4. Escribir un artículo sobre las pirámides de Egipto. Fabiola
5. Entrevistar a un ministro del gobierno mexicano para hablar de la inflación. Fabiola
6. Escribir un artículo sobre la corrupción política. Johnny
7. Escribir la reseña (*review*) de un nuevo restaurante. Johnny
8. Preparar dibujos para los artículos de la revista. Mariela
9. Conseguir más lectores (*readers*). Diana
10. Seleccionar al personal (*staff*). Aguayo

LEARNING STYLES

For Visual Learners Based on **Actividad 2,** students brainstorm a list of possible careers in journalism while a notetaker writes the list on the board. Make a web to show aspects of the careers that overlap and aspects that are distinct.

For Auditory Learners Have students write a sentence about where they would like to attend college, work after college, or live in the future (Ex: **Quiero asistir a la universidad en...**, **Quiero trabajar en...**, or **Quiero vivir en...**). Students put their sentences in a bag. Read the sentences aloud to the class and have students guess who wrote each one.

Ampliación

3 **Preguntas** En parejas, contesten las preguntas.

1. ¿Qué te parecen los empleados de la revista *Facetas*? ¿Cómo son?

2. ¿De qué está encargado cada empleado? En tu opinión, ¿cuál de ellos tiene más responsabilidad? Explica tu respuesta.

3. ¿Crees que a Mariela le va a gustar su nuevo trabajo? ¿Por qué?

4. ¿Te perdiste alguna vez en una ciudad grande? ¿Qué hiciste?

5. ¿Cómo son los empleados donde tú trabajas? ¿Son parecidos (*similar*) a los empleados de *Facetas*?

4 **Apuntes culturales** En parejas, lean los párrafos y contesten las preguntas.

A larga distancia

Mariela, la nueva artista gráfica de *Facetas*, es de Monterrey, pero se ha mudado a México D.F. para trabajar. En Latinoamérica las personas se mudan con menos frecuencia que en los EE.UU. y mantienen el contacto con los amigos de la infancia y toda la familia. ¡Con todos los sobrinos que tiene, Mariela va a necesitar un buen plan de telefonía celular!

¿Un mapa o una pizza?

Mariela descubre una forma creativa de manejarse en la ciudad más grande del mundo. Sin embargo, algunas ciudades pequeñas de Latinoamérica presentan sus propios desafíos (*challenges*). Si *Facetas* se publicara en Costa Rica, la dirección de la oficina podría ser: del Parque la Sabana, 100 metros al norte del antiguo (*former*) Banco Nacional, portón (*gate*) rojo, San José.

México D.F.

La Universidad Nacional Autónoma de México

Mariela estudia en la UNAM, una de las universidades más grandes y prestigiosas de Latinoamérica. Establecida en 1551, hoy en día la UNAM cuenta con más de 200.000 estudiantes. El campus más grande está en México D.F.; tiene otros en el resto del país y también en Texas, Illinois y Canadá.

1. ¿Te has mudado alguna vez? ¿Cuáles son las ventajas (*advantages*) y desventajas de vivir toda la vida en el lugar donde creciste?

2. ¿Cuántos amigos/as o parientes (*relatives*) tuyos se han mudado a otra ciudad? ¿Qué hacen ustedes para mantenerse en contacto?

3. ¿Cómo te manejas (*get around*) en tu propia ciudad? ¿Buscas direcciones en Internet? ¿Qué haces si te pierdes? ¿Le pides direcciones a alguien o prefieres usar un mapa?

4. ¿Te gustaría asistir a una universidad grande o pequeña? ¿Cuáles son las diferencias entre las universidades grandes y las pequeñas? ¿Qué tipo de ambiente prefieres tú?

- Have students use the Internet to research popular magazines in the Spanish-speaking world and jot down notes about each magazine to share with the class.
- Ask students if they have older brothers or sisters who have moved far away from home to attend college or take a new job.
- Ask students if they know families who have moved long distances because a parent has accepted a new job or been transferred.
- Ask students who, like Mariela, want to be graphic artists or work for a magazine after graduation.

NATIONAL STANDARDS

Communities Have students research the UNAM campuses in the U.S. that are mentioned in the **Apuntes culturales**. What courses are offered? What public events or programs are available? Have students identify courses or events that they would like to participate in.

Connections: Social Sciences Have students locate additional census or demographic statistics about Latinos in the U.S., using either U.S. Census Bureau information or marketing information available to the public. Have them draw graphs and charts to present their findings to the class.

DIFFERENTIATED LEARNING

Heritage Speakers Ask heritage speakers to describe the close-knit family structure that may be typical in their families' home and ask if it may be a reason why people do not traditionally move great distances away. Inquire if they know of examples of that custom changing. Ask classmates who may have relatives living in distant communities to compare the customs.

ESTADOS UNIDOS

En detalle

PAREJAS SIN FRONTERAS

Es el año 2000. Ana Villegas está frente a su computadora en México jugando *online* **un juego de cartas.** Del otro lado está Frank Petersen, de Fairhaven, MA, también aficionado al mismo juego. Este simple juego los lleva a una amistad que luego se convierte en amor. A pesar de los temores y del escepticismo familiar, dos años después, Ana deja México y se muda a los Estados Unidos, donde hoy vive junto a su esposo Frank.

La historia de Ana no es un caso aislado°. El número de parejas interculturales está en marcado aumento°. Entre las causas más importantes están la globalización, la asimilación de los hijos de inmigrantes a la cultura estadounidense y el aumento en la edad promedio° de las parejas al casarse. En 1960, en los Estados Unidos, el promedio de edad al casarse era veintitrés para los hombres y veinte para las mujeres. Actualmente es veintisiete y veinticinco. ¿Qué tiene que ver° este cambio con el aumento de las parejas interculturales? Antes los jóvenes solían° casarse con personas de su comunidad. Ahora, muchos tienen la oportunidad de viajar, vivir solos o irse a vivir a otro país. Esta nueva independencia los expone° a otras culturas. Por lo tanto, es más común que formen parejas con personas de culturas diferentes.

Las parejas interculturales enfrentan° muchos desafíos° —problemas de comunicación, diferencias en valores y formas de pensar, falta de aceptación de algunos familiares— pero también tienen una oportunidad única de crecimiento° personal; además, la exposición a otras maneras de pensar nos ayuda a echar una mirada° crítica a nuestra propia cultura. ■

Consejos de Ana

• Esfuérzate° por conocer la cultura de tu pareja.
• Evita perpetuar los estereotipos.
• Pon énfasis en lo que los une y no en lo que los separa.
• Educa a tu familia y a tus amigos acerca de la cultura de tu pareja.
• Aprende a no dejarte llevar° por los comentarios y las miradas de las personas que no están a favor de las relaciones interculturales.

Matrimonios interculturales

De acuerdo con la Oficina del Censo, el número de parejas interraciales se cuadruplicó entre 1970 y 1995.

18% de las mujeres latinas casadas tienen un esposo no latino.

15% de los hombres latinos casados tienen una esposa no latina.

Fuente: Censo estadounidense – Año 2000

aislado *isolated* marcado aumento *marked increase* promedio *average* Qué tiene que ver *what does (it) have to do* solían *used to* expone *exposes* enfrentan *face* desafíos *challenges* crecimiento *growth* echar una mirada *take a look* Esfuérzate *make an effort* dejarte llevar *allow yourself to be influenced*

ASÍ LO DECIMOS

Las relaciones

enamorado/a (Pe.)   *boyfriend/girlfriend*

chavo/a (Méx.)   *boyfriend/girlfriend*

ponerse de novio/a (con)   *to start dating someone*

estar de novio/a   *to be dating someone*

estar en pareja con (Esp.)   *to be dating someone*

salir con   *to date informally*

romper (con) (Chi.)   *to break up (with)*

estar padre (Méx.)   *to be attractive*

estar bueno/a (Arg.)   *to be attractive*

EL MUNDO HISPANOHABLANTE

Las relaciones

Tendencias

- Aunque en la mayoría de los países hispanos ya no hay reglas fijas, es costumbre que el hombre invite en los primeros encuentros.

- En los Estados Unidos, cada vez más latinos participan en citas rápidas (*speed dating*) para encontrar pareja.

Costumbres

- En España, los catalanes celebran en la fiesta de San Jorge el día de los enamorados. En este día el hombre regala una rosa a su persona querida, y ésta le regala un libro.

- En algunos pueblos de México, como Zacatecas, es costumbre que las mujeres y los hombres solteros vayan a caminar solos o en grupos alrededor de la plaza los domingos. Las mujeres y los hombres caminan en dirección contraria para poder observarse mutuamente.

PERFIL

ISABEL Y WILLIE

La escritora chilena Isabel Allende y el abogado estadounidense Willie Gordon comparten el amor por el arte y la compañía de buenos amigos. Allende conoció a su esposo durante la presentación de su novela *De Amor y de Sombra* en California en 1988. Gordon admiraba la obra y el talento de esta escritora latinoamericana, y Allende, por su parte, no tardó° en enamorarse de él. Una vez, Gordon hizo un chiste° sobre el matrimonio en una cena con un grupo de personas. Dijo que nunca se volvería a casar a menos que no le quedara otro remedio. Allende se enojó y le dijo que ella había dejado todo por él —su cultura y su gente—, y que éste no le ofrecía ningún compromiso. Así, al día siguiente, Gordon le respondió: "Vale°, me caso." Isabel Allende y Willie Gordon se casaron ese mismo año y, desde entonces, viven en un tranquilo suburbio californiano.

❝ Echo de menos la familia y el idioma, el sentido del humor, porque nadie me tiene que explicar un chiste en Chile, mientras que acá no los entiendo. ❞ (Isabel Allende)

SUPERSITE Conexión Internet

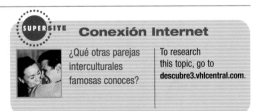

| ¿Qué otras parejas interculturales famosas conoces? | To research this topic, go to **descubre3.vhlcentral.com.** |

tardó *didn't take long* **chiste** *joke* **vale** *ok*

Teaching Tips

- Ask students to look at the picture at the top right-hand side of the page and compare this couple to the one on the previous page.

- **Perfil** Assign groups to research other famous intercultural couples. Have them write a short profile.

Culture Note Explain that Isabel Allende is a famous Chilean author and that her husband, Willie Gordon, is a highly respected California attorney.

Extra Practice Working in pairs, students imagine it is the day after Willie's joke about marriage. Have them write the e-mail correspondence between Isabel and Willie that might have made them decide to get married.

Expansion Students peer-edit one another's e-mails and share them with the class.

NATIONAL STANDARDS
Communities If any students know bicultural couples, have them interview the couples to learn about their history. What are the joys of being in a bicultural relationship? What are the challenges? Is one language used in particular situations? If there are children, are they being raised bilingually?

Connections: Literature
Have students research Isabel Allende. What are the Spanish-language titles of her most famous works? What are common themes in her novels? Have students prepare a short presentation for the class.

CRITICAL THINKING

Analysis Brainstorm some traditional ways of finding dates in both the U.S. and Spanish-speaking countries. Compare and contrast Internet dating with the traditional ways of dating.

Synthesis Have students construct a graphic organizer to illustrate how an intercultural couple with children, living in the U.S., could plan to raise their children according to the values and customs of both cultures.

Teaching Tips
- Remind students that they have already met Ana and Frank and they're going to jog their memory to see how much they can recall about **esta pareja joven**.
- Make **Actividad 1** into a contest. Have the same number of students seated in each row, insofar as possible. Give an index card to the last student in each row. The student holds the card vertically. Ask the first question. The student writes the answer and folds the card over, passing it to the student in front of him or her. Continue in this manner until one row finishes and the first person in that row takes the card to you. The team that finishes first and has the most correct answers is the winner.

¿Qué aprendiste?

recursos
CH p. 4

1 **¿Cierto o falso?** Indica si estas afirmaciones son **ciertas** o **falsas**. Corrige las falsas.

1. Al principio, las familias de Ana y Frank no confiaban en el éxito de la relación. Cierto.

2. El número de parejas interculturales está aumentando poco a poco. Falso. Está aumentando muy rápido.

3. Actualmente, la edad promedio al casarse es venticinco para los hombres y veintisiete para las mujeres. Falso. La edad promedio al casarse es veintisiete para los hombres y veinticinco para las mujeres.

4. En el pasado, era común entre los jóvenes casarse con gente de otras culturas. Falso. En el pasado, los jóvenes solían casarse con personas de su comunidad.

5. Oportunidades como viajar, vivir solos, estudiar o vivir lejos de casa permiten que los jóvenes expandan su círculo y conozcan a gente de otras culturas. Cierto.

6. La exposición a otras culturas puede afectar nuestra forma de pensar sobre nuestra propia cultura. Cierto.

7. El número de parejas interraciales se triplicó entre 1970 y 1995. Falso. El número de parejas interraciales se cuadruplicó.

8. Ana aconseja prestar mucha atención a las diferencias en la pareja. Falso. Aconseja poner énfasis en lo que los une y no en lo que los separa.

9. Según Ana, es importante que tu familia y tus amigos aprendan acerca de la cultura de tu pareja. Cierto.

10. Ana recomienda no dejarse llevar por las opiniones de las personas prejuiciosas (*prejudiced*). Cierto.

2 **Completar** Completa las oraciones.

1. Willie Gordon sentía ___admiración___ por las obras de Isabel Allende.
   a. cariño   b. indiferencia   c. admiración

2. Allende ___se enojó___ por una broma que Gordon hizo sobre el casamiento.
   a. se sintió feliz   b. se enojó
   c. se ofendió

3. En Chile se usa la palabra ___romper___ cuando las parejas se dejan.
   a. destrozarse   b. separarse   c. romper

4. Actualmente, es popular para los latinos en los EE.UU. participar en ___citas rápidas___ .
   a. citas rápidas   b. citas a ciegas
   c. citas en Internet.

3 **Preguntas** Contesta las preguntas.

1. ¿A qué grupo étnico o cultural pertenece tu familia? ¿Tienes amigos de otros países u otras culturas? Si no los tienes, ¿te gustaría tenerlos? ¿Por qué?

2. ¿Qué ventajas puede ofrecer una amistad intercultural? ¿Qué desventajas presenta?

3. En tu opinión, ¿cuáles son las cualidades más importantes que debe tener un(a) amigo/a? ¿Qué cualidades te importan menos? ¿Por qué?

4 **Opiniones** En parejas, escriban cuatro ventajas y cuatro desafíos (*challenges*) de las relaciones entre personas de distintas culturas. Traten de no repetir los del artículo.

PROYECTO

Buscar un amigo virtual

Siempre te interesó conocer a personas de otra cultura. Imagina que decides buscar un(a) amigo/a virtual con quien intercambiar mensajes electrónicos por Internet. En tus descripciones, usa el vocabulario de la sección **Contextos** y el vocabulario aprendido en esta sección. Tu perfil debe incluir como mínimo:

1. Una descripción de cómo eres.
2. Una descripción de lo que buscas en un(a) amigo/a.
3. Una explicación de por qué te interesa conocer a alguien de otra cultura.
4. Cualquier otra información que consideres importante.

AP PREPARATION

Informal Writing After students have read **Parejas sin fronteras** and worked through the related activities, have them write an e-mail. The boys can pretend to be Frank, and the girls can be Ana. This is at the beginning of their relationship. Tell students:
1. Saluda al otro/a la otra. 2. Haz una pregunta. 3. Describe a tu familia. 4. Despídete.

Informal Reading and Writing Give each student an e-mail from Frank or Ana. Correct grammatical errors before handing them out. Tell students:
1. Saluda al otro/a la otra y contesta la pregunta. 2. Describe a tu familia y hazle una pregunta adicional acerca de la suya. 3. Despídete.

BACILOS

El grupo **Bacilos** nace de la amistad de tres estudiantes universitarios latinoamericanos —**José Javier Freire** (puertorriqueño), **Jorge Villamizar** (colombiano) y **André Lopes** (brasileño)— que se conocieron cuando estudiaban en Miami. Motivados por la pasión y el entusiasmo por la música, decidieron formar una banda a principios de los noventa. Bacilos, que significa *bacterias*, originalmente se llamó Bacilos Búlgaros por un remedio casero de la abuela de Jorge. Las canciones de Bacilos fusionan rock y pop con reggae, rap y ritmos de toda Latinoamérica. Sus letras hablan de amor, inmigración, racismo, política y sociedad. La banda saltó a la fama con el álbum *Caraluna* y, en 2003, fue ganadora de un premio Grammy y dos Grammys Latinos por ese álbum y por la canción *Mi primer millón*.

Discografía

2005 Sinvergüenza **2003** Caraluna **2000** Madera

Canción

Éste es un fragmento de la canción que tu instructor te hará escuchar.

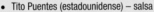

Mi primer millón
por Jorge Villamizar y Sergio George

Yo solo quiero pegar° en la radio,

Para ganar mi primer millón,

Para comprarte una casa grande,

En donde quepa° tu corazón.

Éstas son otras bandas y solistas latinos que, al igual que Bacilos, iniciaron sus carreras artísticas en los Estados Unidos:

- Tito Puentes (estadounidense) – salsa
- Carlos Santana (mexicano) – rock
- Selena (estadounidense) – música tejana
- **Julissa** (estadounidense) – pop latino
- Ozomatli (líder mexicano) – rock alternativo

 Preguntas En parejas, contesten las preguntas. Some answers will vary.

1. ¿Dónde se conocieron los integrantes de Bacilos? ¿De qué países vienen?
   Los integrantes de Bacilos se conocieron en Miami y vienen de Puerto Rico, Colombia y Brasil.
2. ¿Sobre qué temas tratan sus canciones?
   Sus canciones tratan sobre el amor, la inmigración, el racismo, etc.
3. ¿Cuál es el deseo de la persona que canta la canción *Mi primer millón*?
   El deseo es sonar en la radio y ganar mucho dinero.
4. ¿Qué otros músicos latinos conoces? ¿Te gusta su música?

pegar *have a hit* **quepa** *fit*

Las relaciones personales

trece **13**

Teaching Tips
- Provide a large world map or have students refer to the map in the front matter. Since **Bacilos** is made up of musicians from Puerto Rico, Colombia, and Brazil, have a student locate each of these areas of the world.
- Ask students why the combination of the musicians' countries of origin is especially interesting. (The language of Brazil is, of course, Portuguese.)
- **Music Connection** After reading the **lectura** and completing the questions, have students work in groups to read the song's lyrics. If you have a recording, play the song; students will appreciate the rhythms as well as the lyrics.

NATIONAL STANDARDS
Communities Have students ask Spanish speakers in your school to name their favorite contemporary Spanish-language singer or group. Have them identify one song from that singer or group that speaks of relationships or personality traits. Ask them to share the lyrics with the class.

CRITICAL THINKING

Analysis and Synthesis Ask students to analyze the following lyrics of *Mi primer millón*: "Yo sólo quiero pegar en la radio/ Para ganar mi primer millón/Para comprarte una casa/En donde quepa tu corazón." Have them comment on irony, on the song not only as a romantic song, but also as a reflection of socioeconomics.

Evaluation Divide the class into teams. One team plays the role of a couple's parents/extended family who are opposed to an intercultural relationship; the other plays the role of the couple and friends who are supportive of their relationship. The class debates the question of whether the couple should stay together.

1.1 The present tense

Regular –ar, –er, and –ir verbs

• The present tense (**el presente**) of regular verbs is formed by dropping the infinitive ending **–ar, –er,** or **–ir** and adding personal endings.

The present tense of regular verbs			
	hablar *to speak*	**beb**er *to drink*	**viv**ir *to live*
yo	**habl**o	**beb**o	**viv**o
tú	**habl**as	**beb**es	**viv**es
Ud./él/ella	**habl**a	**beb**e	**viv**e
nosotros/as	**habl**amos	**beb**emos	**viv**imos
vosotros/as	**habl**áis	**beb**éis	**viv**ís
Uds./ellos/ellas	**habl**an	**beb**en	**viv**en

• The present tense is used to express actions or situations that are going on at the present time and to express general truths.

¿Te **mantienes** en contacto con tus primos?
Do you stay in touch with your cousins?

Sí, los **llamo** cada semana.
Yes, I call them every week.

• The present tense is also used to express habitual actions or actions that will take place in the near future.

Mis padres me **escriben** con frecuencia.
My parents write to me often.

Mañana les **mando** una carta larga.
Tomorrow I'm sending them a long letter.

Stem-changing verbs

• Some verbs have stem changes in the present tense. In many **–ar** and **–er** verbs, **e** changes to **ie** and **o** changes to **ue**. In some **–ir** verbs, **e** changes to **i**. The **nosotros/as** and **vosotros/as** forms never have a stem change in the present tense.

Stem-changing verbs		
e: ie	**o: ue**	**e: i**
pensar *to think*	**poder** *to be able to; can*	**pedir** *to ask for*
p**ie**nso	p**ue**do	p**i**do
p**ie**nsas	p**ue**des	p**i**des
p**ie**nsa	p**ue**de	p**i**de
p**e**nsamos	p**o**demos	p**e**dimos
p**e**nsáis	p**o**déis	p**e**dís
p**ie**nsan	p**ue**den	p**i**den

Irregular *yo* forms

● Many **–er** and **–ir** verbs have irregular **yo** forms in the present tense. Verbs ending in **–cer** or **–cir** change to **–zco** in the **yo** form; those ending in **–ger** or **–gir** change to **–jo**. Several verbs have irregular **–go** endings, and a few have individual irregularities.

Ending in -go		Ending in -zco	
caer *to fall*	yo cai**go**	**conducir** *to drive*	yo condu**zco**
distinguir *to distinguish*	yo distin**go**	**conocer** *to know*	yo cono**zco**
hacer *to do; to make*	yo ha**go**	**crecer** *to grow*	yo cre**zco**
poner *to put; to place*	yo pon**go**	**obedecer** *to obey*	yo obede**zco**
salir *to leave; to go out*	yo sal**go**	**parecer** *to seem*	yo pare**zco**
traer *to bring*	yo trai**go**	**producir** *to produce*	yo produ**zco**
valer *to be worth*	yo val**go**	**traducir** *to translate*	yo tradu**zco**

Ending in -jo		Other verbs	
dirigir *to direct; manage*	yo diri**jo**	**caber** *to fit*	yo quepo
escoger *to choose*	yo esco**jo**	**saber** *to know*	yo sé
exigir *to demand*	yo exi**jo**	**ver** *to see*	yo veo
proteger *to protect*	yo prote**jo**		

● Verbs with prefixes follow these same patterns.

reconocer *to recognize*	yo recono**zco**	**oponer** *to oppose*	yo opon**go**
deshacer *to undo*	yo desha**go**	**proponer** *to propose*	yo propon**go**
rehacer *to re-make; re-do*	yo reha**go**	**suponer** *to suppose*	yo supon**go**
aparecer *to appear*	yo apare**zco**	**atraer** *to attract*	yo atrai**go**
desaparecer *to disappear*	yo desapare**zco**	**contraer** *to contract*	yo contrai**go**
componer *to make up; to fix*	yo compon**go**	**distraer** *to distract*	yo distrai**go**

Irregular verbs

● Other commonly used verbs in Spanish are irregular in the present tense or combine a stem-change with an irregular **yo** form or other spelling change.

dar *to give*	decir *to say*	estar *to be*	ir *to go*	oír *to hear*	ser *to be*	tener *to have*	venir *to come*
doy	digo	estoy	voy	oigo	soy	tengo	vengo
das	dices	estás	vas	oyes	eres	tienes	vienes
da	dice	está	va	oye	es	tiene	viene
damos	decimos	estamos	vamos	oímos	somos	tenemos	venimos
dais	decís	estáis	vais	oís	sois	tenéis	venís
dan	dicen	están	van	oyen	son	tienen	vienen

recursos

CP
pp. 3–4

CH
pp. 5–6

CA
pp. 1, 52

SUPERSITE
descubre3.
vhlcentral.com
Lección 1

Práctica

1 Un apartamento infernal Beto tiene quejas (*complaints*) del apartamento donde vive con su familia. Completa la descripción de su apartamento. Puedes usar los verbos más de una vez.

caber	estar	ir	ser
dar	hacer	oír	tener

Mi apartamento (1) __está__ en el quinto piso. El edificio no (2) __tiene__ ascensor y para llegar al apartamento, (3) __tengo__ que subir por la escalera. El apartamento es tan pequeño que mis cosas no (4) __caben__. Las paredes (*walls*) (5) __son__ muy delgadas. A todas horas (6) __oigo__ la radio o la televisión de algún vecino. El apartamento sólo (7) __tiene__ una ventana pequeña y, por eso, siempre (8) __está__ oscuro. ¡(9) __Voy__ a buscar otro apartamento!

2 ¿Qué hacen los amigos? Escribe cinco oraciones completas usando los sujetos y los verbos de las columnas.

Sujetos	Verbos	
yo	apreciar	exigir
tú	compartir	hacer
un(a) buen(a) amigo/a	creer	pedir
nosotros/as	defender	prestar
los malos amigos	discutir	recordar

1. _____
2. _____
3. _____
4. _____
5. _____

3 La verdad En parejas, túrnense (*take turns*) para hacerse las preguntas.

MODELO Marcelo: llegar temprano a la oficina / dormir hasta las 9:00
—¿Marcelo llega temprano a la oficina?
—¡Qué va! (*Are you kidding?*) Marcelo duerme hasta las 9:00.

1. Ana: jugar al tenis con Daniel / preferir pasar la tarde charlando con Sergio
2. Felipe: salir a bailar todas las noches / tener clase de química a las 8 de la mañana
3. Jorge y Begoña: ir a la playa / querer viajar a Arizona
4. Dolores y Tony: comer muchas hamburguesas / ser vegetarianos
5. Fermín: pensar viajar a México con él / no pasarlo bien con su amigo Mario

Comunicación

4 **¿Qué sabes de tus compañeros?** En parejas, háganse preguntas basadas en las opciones y contesten con una explicación.

> **MODELO** soñar con / hacer algo especial este mes
> —¿Sueñas con hacer algo especial este mes?
> —Sí, sueño con ir al concierto de Don Omar.

1. pensar / realizar este año algún proyecto
2. decir / mentiras
3. acordarse / de tu quinto cumpleaños
4. conducir / estar muy cansado
5. reír / mucho con tu familia
6. dar / consejos (*advice*) sobre asuntos que / no conocer bien
7. venir / a clase tarde con frecuencia
8. escoger / el regalo perfecto para el cumpleaños de tu novio/a
9. corregir / los errores en las composiciones de los compañeros
10. traer / un diccionario a la clase de español

5 **Escena de telenovela** Trabajen en grupos de tres o cuatro para representar una discusión familiar que va a formar parte de un episodio de una telenovela popular. Preparen la discusión con las frases de la lista.

(no) hacerle caso a alguien	llevarse bien/mal/fatal	(no) soportar a alguien
(no) cuidar la casa	(no) mantenerse en contacto	estar harto/a (de)
tener celos (de)	tener vergüenza (de)	(no) apreciar

6 **¿Cómo son tus amigos?**

A. Describe a un(a) buen(a) amigo/a tuyo/a. ¿Cómo es? ¿Está de acuerdo contigo en todo? ¿Siempre se ríe de los chistes que le cuentas? ¿Se divierten ustedes cuando están juntos/as? ¿Siempre sigue tus consejos? ¿Te miente a veces? ¿Te pide dinero? ¿Ustedes se quieren?

B. Ahora, comparte tu descripción con tres compañeros/as. Juntos/as, escriban una lista de cinco cosas que los buenos amigos hacen con frecuencia y cinco cosas que no hacen casi nunca. ¿Coincidieron los grupos en las acciones que eligieron?

Teaching Tips
- **Communities Connection** Have students brainstorm ideas for how reviewing regular, irregular, and stem-changing verbs—and learning the new vocabulary from **Lección 1**—can help to create connections to both the school community and the larger community.
- For **Extra Practice** and **Technology Connection** go to descubre3.vhlcentral.com.

4 Encourage students to add at least one topic to the list. Ask them to share their partner's statements with the class.

5 Ask volunteers to perform their role-plays for the class.

6 Part B: Ask each group to share its list with the class. Write their answers on the board and discuss.

LEARNING STYLES

For Visual Learners For whole-class correction of **Actividad 4** and **5**, make a transparency of these exercises as they appear in the book, i.e., without answers. Project it and fill in the answers as students say them. In this way, students obtain visual reinforcement of the spoken words, with the added benefit of being able to check their own spelling. This strategy also supports students who find spelling challenging.

For Auditory Learners Play **el juego de los rincones**. Post a sheet of chart paper in each corner. Label sheets consecutively: **Hago…, Conozco…, Escojo…,** and **Doy…** or **Digo…** Place a bag of prepared **yo** form sentences in each corner. Students choose a corner and a group member draws a sentence from the bag. Other group members take turns writing the sentences they hear. Award points for correct spelling.

Instructional Resources
Cuaderno de práctica, pp. 5–6
Cuaderno para hispanohablantes, pp. 7–8
Cuaderno de actividades, pp. 2, 53
e-Cuaderno
Supersite: Additional practice
Supersite/TRCD/Print:
PowerPoints (**Lección 1 Estructura** Presentation, Overheads #14, 15); Audio Activity Script, Answer Keys
Audio Activity CD

Teaching Tips
- Elicit from students the English meaning of **ser** and **estar**, and remind them that *to be* is the verb that is conjugated as *I am, you are, he is, she is,* etc.
- Remind students of the most basic difference they already know between **ser** and **estar:** **estar** is for location, health, and emotional states; **ser** is for almost everything else.
- Have volunteers offer sentences using the two verbs, or ask questions that prompt the use of **ser** and **estar** in their responses. Use the students' examples to help them deduce some specific rules that they have learned so far for uses of each verb.
- Say that, in this lesson, they will add to their knowledge of the differences between when to use **ser** and when to use **estar**.

1.2 *Ser* and *estar*

Revista Facetas...
Es para Aguayo.

En estos momentos está en el baño.

¡ATENCIÓN!

Ser and **estar** both mean *to be*, but they are not interchangeable. **Ser** is used to express the idea of permanence, such as inherent or unchanging qualities and characteristics. **Estar** is used to express temporality, including qualities or conditions that change with time.

Uses of *ser*

Nationality and place of origin	Mis padres **son** argentinos, pero yo **soy** de Florida.
Profession or occupation	El Sr. López **es** periodista.
Characteristics of people, animals, and things	El clima de Miami **es** caluroso.
Generalizations	Las relaciones personales **son** complejas.
Possession	La guitarra **es** del tío Guillermo.
Material of composition	El suéter **es** de pura lana.
Time, date, or season	**Son** las doce de la mañana.
Where or when an event takes place	La fiesta **es** en el apartamento de Carlos; **es** el sábado a las nueve de la noche.

Uses of *estar*

Location or spatial relationships	La clínica **está** en la próxima calle.
Health	Hoy **estoy** enfermo. ¿Cómo **estás** tú?
Physical states and conditions	Todas las ventanas **están** limpias.
Emotional states	¿Marisa **está** contenta con sus clases?
Certain weather expressions	¿**Está** nublado o **está** despejado hoy en Toronto?
Ongoing actions (progressive tenses)	Paula **está** escribiendo invitaciones para su boda.
Results of actions (past participles)	La tienda **está** cerrada.

LEARNING STYLES

For Auditory Learners Students work in pairs. Distribute a card with a written description of a scene to each student. The descriptions include several uses of **ser** and **estar**. Pairs sit back-to-back. One student reads the description to his or her partner, who draws the scene according to the oral description. Students reverse roles and compare their drawings with the written descriptions.

For Visual Learners and a **Technology Connection** go to the computer lab to access online practice at **descubre3.vhlcentral.com**.

Ser and estar with adjectives

● **Ser** is used with adjectives to describe inherent, expected qualities. **Estar** is used to describe temporary or variable qualities, or a change in appearance or condition.

¿Cómo **son** tus padres?
What are your parents like?

La casa **es** muy pequeña.
The house is very small.

¿Cómo **estás**, Miguel?
How are you Miguel?

¡**Están** tan enojados!
They're so angry!

● With most descriptive adjectives, either **ser** or **estar** can be used, but the meaning of each statement is different.

Julio **es alto**.
Julio is tall. (that is, a tall person)

Dolores **es alegre**.
Dolores is cheerful. (that is, a cheerful person)

Juan Carlos **es** un hombre **guapo**.
Juan Carlos is a handsome man.

¡Ay, qué **alta estás**, Adriana!
How tall you're getting, Adriana!

¡Uf! El jefe **está alegre** hoy. ¿Qué le pasa?
Wow! The boss is cheerful today. What's up?

¡Manuel, **estás** tan **guapo**!
Manuel, you look so handsome!

● Some adjectives have two different meanings depending on whether they are used with **ser** or **estar**.

ser + [adjective]	estar + [adjective]
La clase de contabilidad **es aburrida**. *The accounting class is **boring**.*	**Estoy aburrida** con la clase. *I am **bored** with the class.*
Ese chico **es listo**. *That boy is **smart**.*	**Estoy listo** para todo. *I'm **ready** for anything.*
No **soy rico**, pero vivo bien. *I'm not **rich**, but I live well.*	¡El pan **está** tan **rico**! *The bread is **delicious**!*
La actriz **es mala**. *The actress is **bad**.*	La actriz **está mala**. *The actress is **ill**.*
El coche **es seguro**. *The car is **safe**.*	Juan no **está seguro** de la noticia. *Juan isn't **sure** of the news.*
Los aguacates **son verdes**. *Avocados are **green**.*	Esta banana **está verde**. *This banana is **not ripe**.*
Javier **es** muy **vivo**. *Javier is very **sharp**.*	¿Todavía **está vivo** el autor? *Is the author still **living**?*
Pedro **es** un hombre **libre**. *Pedro is a **free** man.*	Esta noche no **estoy** libre. ¡Lo siento! *Tonight I am not **available**. Sorry!*

¡ATENCIÓN!

Estar, not **ser**, is used with **muerto/a**.

Bécquer, el autor de las *Rimas*, está muerto.

Bécquer, the author of Rimas, is dead.

recursos

CP
pp. 5–6

CH
pp. 7–8

CA
pp. 2, 53

SUPERSITE

descubre3.
vhlcentral.com
Lección 1

Teaching Tips

● Remember that adjectives must agree in gender and number with the person(s) or thing(s) that they modify.

● To help students remember the different meanings of these adjectives, say that, with **ser**, they describe inherent qualities and, when used with **estar**, they describe temporary or variable qualities (**muerto/a** is an exception).

● Ask the questions below; students answer in complete sentences. Other names can be substituted in the questions.

1. **¿Cuál es la profesión de Matt Damon?**
2. **¿Cómo es el señor Damon?**
3. **¿Cuál es su nacionalidad?**
4. **¿De dónde es?**
5. **¿Dónde está en este momento? (¡Adivina!)**
6. **¿Qué hora es en Hollywood?**
7. **¿Qué tiempo hace allá? ¿Está nublado?**
8. **¿Quién es la esposa de Matt?**
9. **¿Quién es el otro miembro de la familia de Matt?**
10. **¿Qué está haciendo Matt ahora?** The present progressive tense may be new for some students, but this sentence can serve as a brief introduction.

DIFFERENTIATED LEARNING

To Challenge Students Play **¿Quién es?** Students write a few sentences incorporating at least two different uses of **ser** and two of **estar** to describe a famous person, either real or fictitious. Students read their descriptions aloud and classmates guess who the person is.

For Inclusion Have students create a poster about a person—friend, relative, or celebrity. The content should be driven by the uses of **ser** and **estar**. Learners divide the poster in half, one half for each verb. On the left, students write sentences using **ser**, each with an accompanying picture (photo, original art, or art from the Internet); on the right they will write sentences using **estar**.

1 La boda de Emilio y Jimena Completa cada oración de la primera columna con la terminación más lógica de la segunda columna.

1. La boda es __f__
2. La iglesia está __c__
3. El cielo está __h__
4. La madre de Emilio está __e__
5. El padre de Jimena está __b__
6. Todos los invitados están __d__
7. El mariachi que toca en la boda es __a__
8. En mi opinión, las bodas son __g__

a. de San Antonio, Texas.
b. deprimido por los gastos.
c. en la calle Zarzamora.
d. esperando a que entren la novia (*bride*) y su padre.
e. contenta con la novia.
f. a las tres de la tarde.
g. muy divertidas.
h. totalmente despejado.

2 La luna de miel Completa el párrafo en el que se describe la luna de miel (*honeymoon*) que van a pasar Jimena y Emilio. Usa formas de **ser** y **estar**.

Emilio y Jimena van a pasar su luna de miel en Miami, Florida. Miami (1) __es__ una ciudad preciosa. (2) __Está__ en la costa este de Florida y tiene playas muy bonitas. El clima (3) __es__ tropical. Jimena y Emilio (4) __están__ interesados en visitar la Pequeña Habana. Julia (5) __es__ fanática de la música cubana. Y Emilio (6) __está__ muy entusiasmado por conocer el parque Máximo Gómez donde las personas van a jugar dominó. Los dos (7) __son__ aficionados a la comida caribeña. Quieren ir a todos los restaurantes que (8) __están__ en la Calle Ocho. Cada día van a probar un plato diferente. Algunos de los platos que piensan probar (9) __son__ el congrí, los tostones y el bistec de palomilla. Después de pasar una semana en Miami, la pareja va a (10) __estar__ cansada pero muy contenta.

Teaching Tips
• Remind students before beginning **Actividad 1** that there are clues in the sentences. Ex: If there is a **de** immediately after the blank, the verb must be a form of ___ (**ser**); if there is an **en** immediately after the blank, the verb must be a form of ___ (**estar**).

1 Go over student answers as a class to check comprehension. Ask students to explain why **ser** or **estar** is used in each case.

2 As a follow-up, have students write a different story about Emilio and Jimena using **ser** and **estar**.

NATIONAL STANDARDS
Communities Have students imagine that they are going on a date in Miami. Have them do research online—in Spanish—to plan a special day or evening. Have them choose a restaurant and an event to attend and report details about their outing to the class.

LEARNING STYLES

For Kinesthetic Learners Students work in pairs or groups of three. Distribute small white boards and a dry erase marker to each group (16"x16" is ideal). Say the English word; students write the Spanish translation. The first group to hold up the correct answer wins a point. Play for 10–15 points. Variation: All groups with the correct answer, within a specified time limit, win a point.

For Auditory Learners Students work in pairs. Each has a photo of a person doing an activity, paper, and markers. Students sit back to back. One describes the person in the photo and what the person is doing (including many uses of the verbs **ser** and **estar**). The other partner draws the scene being described. The two learners then reverse roles. Afterwards, they compare their drawings to the originals.

Comunicación

3 Ellos y ellas

A. En parejas, miren las fotos de cuatro personalidades latinas y lean las descripciones.

La actriz **Salma Hayek** nació en Coatzacoalcos, México, y actualmente vive en Los Ángeles. Sus abuelos paternos son libaneses y su mamá es mexicana. Sus más recientes películas incluyen *Al caer la noche* (*After the Sunset*), *Bandidas* y *Pregúntale al polvo* (*Ask the Dust*).

Enrique Iglesias nació en Madrid pero se crió en Miami. Aunque quería ser cantante desde los 16 años, nunca le confió su ambición a su padre, el cantante Julio Iglesias. Su primer disco tuvo un gran éxito, y ha ganado varios premios por sus siete álbumes, en los cuales canta tanto en inglés como en español.

El beisbolista dominicano **Manny Ramírez** debutó en las Grandes Ligas de Béisbol en 1993 con los Indians de Cleveland, y desde 2001 juega para los Red Sox en Boston. Fue nombrado el "Jugador Más Valioso" de la Serie Mundial al conseguir el título ante los Cardinals de St. Louis.

Jennifer López es una actriz y cantante de origen puertorriqueño. Desempeñó el papel principal en la película musical *Selena* (1997), y con *Monster-in-law* (2004) se convirtió en la actriz latina mejor pagada. Además de ser talentosa, tiene fama de ser ambiciosa y competitiva.

B. Ahora, preparen una entrevista con una de estas personalidades. Escriban diez preguntas usando los verbos **ser** y **estar** al menos cinco veces. Para la entrevista, pueden usar información que no está en las descripciones. Después de contestar las preguntas, presenten la entrevista a la clase, haciendo uno/a el papel de la personalidad y el/la otro/a el del/de la entrevistador(a).

Teaching Tips
• Ask students to name other Spanish-speaking celebrities.

③ Part A: Ask follow-up questions such as the following: **¿De dónde es?**, **¿Cuál es su profesión?** and, whenever possible, questions with **estar**. For example, ask if the celebrity is traveling now, or worried or calm now.

③ Part B: Model the activity using a different Spanish-speaking artist such as Benicio del Toro or Penélope Cruz. Move from left to right as you assume the two roles for the interview.

NATIONAL STANDARDS
Community Have students identify an interview show in Spanish-language television in your community. Ask them to watch a portion of a show to get interviews for Part B.

LEARNING STYLES

For Kinesthetic Learners Play **El juego de la búsqueda**. Give students a list of questions that incorporate the present progressive tense. They need to find someone in the class who is currently doing these things. When a student finds someone who answers **Sí...** that student signs the signature sheet next to the question.

For Visual Learners You need 14 large cards. Write Spanish sentences using **ser** and **estar** on seven cards and the translation on the others. Cover them and place them on the floor. Form teams. The first player uncovers two squares. If the uncovered squares reveal a match, the player earns a point for the team. If not, he or she covers the squares again and the other team takes a turn.

Instructional Resources
Cuaderno de práctica, pp. 7–8
Cuaderno para hispanohablantes, pp. 9–10
Cuaderno de actividades, pp. 3, 54
e-Cuaderno
Supersite: Additional practice
Supersite/TRCD/Print:
PowerPoints (**Lección 1 Estructura** Presentation, Overhead #16); Audio Activity Script, Answer Keys
Audio Activity CD

Teaching Tips
- Say that the present progressive is for talking about what you *are doing,* or are *in the process of doing;* for example: *Right now I am studying Spanish verbs.*
- Contrast this concept with the present tense—for things you do now—for example: *I speak Spanish in Spanish class, and I speak English in English class.*
- Ask the following questions and have students answer in complete sentences:
1. **¿Qué estás estudiando ahora en la clase de ciencias?**
2. **¿Qué estás estudiando ahora en la clase de historia?**
3. **¿Estás participando en otras actividades? ¿Cuáles?**
4. **¿Cuántos cursos estás tomando este semestre?**

1.3 Progressive forms

The present progressive

- The present progressive (**el presente progresivo**) narrates an action in progress. It is formed with the present tense of **estar** and the present participle (**el gerundio**) of the main verb.

Éric **está sacando** una foto.
Éric is taking a photo.

Aguayo **está bebiendo** café.
Aguayo is drinking coffee.

Fabiola **está escribiendo** el artículo.
Fabiola is writing the article.

¡Te estoy hablando de Mariela! ¿Qué te pareció?

Creo que es bella, talentosa e inteligente. Más que eso, no me impresiona para nada.

- The present participle of regular **–ar, –er,** and **–ir** verbs is formed as follows:

INFINITIVE	STEM	ENDING	PRESENT PARTICIPLE
bailar	**bail–**	–ando	**bail**ando
comer	**com–**	–iendo	**com**iendo
aplaudir	**aplaud–**	–iendo	**aplaud**iendo

- Stem-changing verbs that end in **–ir** also change their stem vowel when they form the present participle.

-ir stem-changing verbs	
Infinitive	**Present Participle**
decir	diciendo
dormir	durmiendo
mentir	mintiendo
morir	muriendo
pedir	pidiendo
sentir	sintiendo
sugerir	sugiriendo

- **Ir, poder, reír,** and **sonreír** have irregular present participles (**yendo, pudiendo, riendo, sonriendo**). **Ir** and **poder** are seldom used in the present progressive.

Marisa está **sonriendo** todo el rato.
Marisa is smiling all the time.

Maribel no está **yendo** a clase últimamente.
Maribel isn't going to class lately.

¡ATENCIÓN!

When progressive forms are used with reflexive verbs or object pronouns, the pronouns may either be attached to the present participle (in which case an accent mark is added to maintain the proper stress) or placed before the conjugated verb. See **2.1 Object pronouns, p. 54** and **2.3 Reflexive verbs, p. 62** for more information.

Se están enamorando.
Están enamorándose.
They are falling in love.

Te estoy hablando.
Estoy hablándote.
I am talking to you.

• • • •

Note that the present participle of **ser** is **siendo**.

DIFFERENTIATED LEARNING

For Inclusion Remind students that **hablo,** for example, means *I speak* and *I do speak.* Acknowledge that both translations express present time, but emphasize the difference between **hablo** and **estoy hablando,** which means *I am speaking* or *I am in the process of speaking.*

- When the stem of an **–er** or **–ir** verb ends in a vowel, the **–i–** of the present participle ending changes to **–y–**.

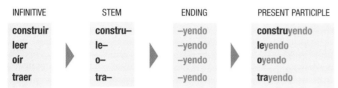

INFINITIVE	STEM	ENDING	PRESENT PARTICIPLE
construir	**constru–**	–yendo	**constru**yendo
leer	**le–**	–yendo	**le**yendo
oír	**o–**	–yendo	**o**yendo
traer	**tra–**	–yendo	**tra**yendo

- Progressive forms are used less frequently in Spanish than in English, and only when emphasizing that an action is *in progress* at the moment described. To refer to actions that occur over a period of time or in the near future, Spanish uses the present tense instead.

PRESENT TENSE	PRESENT PROGRESSIVE
Lourdes **estudia** economía en la UNAM.	Ahora mismo, Lourdes **está tomando** un examen.
Lourdes is studying economics at UNAM.	*Right now, Lourdes is taking an exam.*
¿**Vienes** con nosotros al Café Pamplona?	No, no puedo. Ya **estoy cocinando**.
Are you coming with us to Café Pamplona?	*No, I can't go. I'm already cooking.*

Other verbs with the present participle

- Spanish expresses various shades of progressive action by using verbs such as **seguir, ir, venir**, and **andar** with the present participle.

- **Seguir** with the present participle expresses the idea of *to keep doing something*.

Emilio **sigue hablando**.	Mercedes **sigue quejándose**.
Emilio keeps on talking.	*Mercedes keeps complaining.*

- **Ir** with the present participle indicates a gradual or repeated process. It often conveys the English idea of *more and more*.

Cada día que pasa **voy disfrutando** más de esta clase.	Ana y Juan **van acostumbrándose** al horario de clase.
I'm enjoying this class more and more every day.	*Ana and Juan are getting more and more used to the class schedule.*

- **Venir** with the present participle indicates a gradual action that accumulates or increases over time.

Hace años que **viene diciendo** cuánto le gusta el béisbol.	**Vengo insistiendo** en lo mismo desde el principio.
He's been saying how much he likes baseball for years.	*I have been insisting on the same thing from the beginning.*

- **Andar** with the present participle conveys the idea of *going around doing something* or of *always doing something*.

José siempre **anda quejándose** de eso.	Román **anda diciendo** mentiras.
José is always complaining about that.	*Román is going around telling lies.*

¡ATENCIÓN!

Other tenses may have progressive forms as well. These tenses emphasize that an action was/will be in progress.

PAST (pp. 94-105)
Estaba marcando su número justo cuando él me llamó. *I was dialing his number right when he called me.*

FUTURE (pp. 216-219)
No vengas a las cuatro, todavía estaremos trabajando. *Don't come at four o'clock; we will still be working.*

recursos

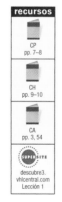

CP
pp. 7–8

CH
pp. 9–10

CA
pp. 3, 54

descubre3.
vhlcentral.com
Lección 1

Teaching Tips
- **El juego de dados:** Students work in groups of three: one "teacher" and two "players." Distribute a die and a list of verbs to each group, plus an answer sheet for the "teacher." The answer sheet should illustrate a model conjugation for a regular verb of each type: **–ar, –er,** and **–ir,** plus any irregular verbs you wish to include. Players throw the die to determine what verb form they should give:
  1 = **yo**
  2 = **tú**
  3 = **Ud./él/ella**
  4 = **nosotros**
  5 = **vosotros**
  6 = **Uds./ellos/ellas**
  Players follow the verb list in order when giving verb forms and receive a point for each correct answer. N.B. If you teach **vosotros** for recognition only, tell students that, if they throw a 5, they need to throw the die again.

LEARNING STYLES

For Visual Learners Display a collection of photos around the room. Students choose a picture and write a short description. They should use new vocabulary, present tense (include at least one stem-changing or irregular verb), and one verb in the present progressive tense. Put the descriptions into a bag and distribute them. Classmates find the picture that fits "their" description.

For Auditory Learners Play bingo. Photocopy a bingo card for each student, at the top of which you have listed infinitives of verbs and, next to the infinitive, spelled out the first, second, and third persons singular and plural of the verb in the present progressive tense. Call out the infinitive and the subject; students say the answer, and if they have the verb form on their bingo card, they write an "X" next to it.

Teaching Tips
① Model the activity by
having a volunteer complete
the first sentence.

1 Una conversación telefónica Daniel es nuevo en la ciudad y no sabe cómo llegar al estadio de fútbol. Decide llamar a su ex novia Alicia para que le explique cómo encontrarlo. Completa la conversación con la forma correcta del gerundio (*present participle*).

ALICIA ¿Aló?

DANIEL Hola Alicia, soy Daniel; estoy buscando el estadio de fútbol y necesito que me ayudes... Llevo (1) ___caminando___ (caminar) más de media hora por el centro y sigo perdido.

ALICIA ¿Dónde estás?

DANIEL No estoy muy seguro, no encuentro el nombre de la calle. Pero estoy (2) ___viendo___ (ver) un centro comercial a mi izquierda y más allá parece que están (3) ___construyendo___ (construir) un estadio de fútbol. (4) ___Hablando___ (hablar) de fútbol, ¿dónde tengo mis boletos? ¡He perdido mis entradas!

ALICIA Madre mía, ¡sigues (5) ___siendo___ (ser) un desastre! Algún día te va a pasar algo serio.

DANIEL ¡Siempre andas (6) ___pensando___ (pensar) lo peor!

ALICIA ¡Y tú siempre estás (7) ___olvidándote___ (olvidarse) de todo!

DANIEL ¡Ya estamos (8) ___discutiendo___ (discutir) otra vez!

② Use the present
progressive to ask open-ended
questions about the pictures:
**¿Con quién se está casando el
Sr. Soto?**

• More open-ended questions:
1. **¿Dónde está bailando Juliana
   Paredes?**
2. **¿Por qué está bailando
   Juliana Paredes?**
3. **¿Dónde se está casando el
   Sr. Soto?**
4. **¿Por qué está recogiendo un
   premio Aurora Gris?**
5. **¿Está ganando su partida
   de cartas Héctor Rojas?
   (¡Adivina!) ¿Por qué?**

2 Organizar un festival El señor Ramírez es un director de espectáculos muy despistado (*absent-minded*). Ahora quiere organizar un festival, y todos los artistas que quiere contratar están ocupados. Su asistente le cuenta lo que están haciendo. En parejas, dramaticen la situación utilizando el presente progresivo.

MODELO   Elga Navarro / descansar
—¿Qué está haciendo Elga Navarro?
—Elga Navarro está descansando en una clínica.

1. Juliana Paredes / bailar

2. Emilio Soto / casarse

3. Aurora Gris / recoger un premio

4. Héctor Rojas / jugar a las cartas

DIFFERENTIATED LEARNING

Heritage Speakers Ask heritage speakers to share a few sentences about what *is happening* (present progressive tense) in their families' countries at this very moment (festival, political event, etc.). You may want to ask the students to bring a newspaper or magazine article with photos to class. Have classmates compare these events with what *is happening* in the U.S. or in their community at this moment.

For Inclusion Ask students to write an e-mail to a friend telling what they *are doing* today. Give them a few model first-person singular verbs to begin with and encourage them to end the e-mail by asking the friend what he or she is doing today. Remind students that for the question to the friend, they should use the verb **hacer**, whereas, when talking about themselves, they probably will not.

Comunicación

 3 **Una cita** En parejas, representen una conversación en la que Alexa y Guille intentan buscar una hora del día para reunirse.

MODELO

ALEXA ¿Nos vemos a las diez de la mañana para estudiar?

GUILLE No puedo, voy a estar durmiendo. ¿Qué te parece a las 12?

GUILLE

DOMINGO
10:00 dormir
11:00 dormir
12:00
13:00 almuerzo con Rosa
14:00
15:00 llamar por teléfono a Aurora
16:00
17:00
18:00
19:00 ver película con Ana
20:00
21:00 cenar con Marta
22:00

ALEXA

DOMINGO
10:00
11:00 gimnasio
12:00 biblioteca
13:00
14:00 comer con mamá
15:00
16:00 dormir siesta
17:00
18:00
19:00 hacer un crucigrama
20:00
21:00 ver noticiero
22:00

 4 **Síntesis** Tu psicólogo utiliza la hipnosis para hacerte recordar los momentos más importantes de tu pasado. En parejas, dramaticen la conversación entre el doctor Felipe y su paciente, utilizando verbos en el presente y el presente progresivo. Elijan una situación de la lista o inventen otro tema. Sean creativos.

MODELO

DR. FELIPE Estás volviendo al momento de conocer a tu primer amor. ¿Qué están haciendo?

PACIENTE Estoy caminando por la calle… una mujer preciosa me está saludando…

DR. FELIPE Muy bien, muy bien. ¿Y qué estás pensando? ¿Cómo te sientes?

PACIENTE Estoy pensando que esto es el amor a primera vista. Me siento… ¡Ay, no! Me estoy cayendo en medio de la calle, ¡enfrente de ella!

tu primer amor	el nacimiento de un(a) hermano/a
un viaje importante	el mejor/peor momento de tu vida

SUPERSITE
For additional cumulative practice of all the grammar points in this lesson, go to **descubre3.vhlcentral.com**.

Teaching Tips

• Working in pairs, students complete a questionnaire, taking turns asking and answering the questions and taking brief notes on their partner's responses. The following are sample questions: **¿Qué está haciendo tu mejor amigo/a ahora? ¿Qué está haciendo tu hermanito/a?**

3 If students finish early, have them write down their own schedules for the next two days and repeat the activity with their partners.

4 For each situation listed, call on one or two pairs to perform their role-plays for the class.

NATIONAL STANDARDS
Connections: Mathematics
Remind students about the 24-hour clock that is used in much of the world. Give them practice with the clock by asking them to calculate how long various activities last, how long until an activity begins, or how long ago an activity ended.

Antes de ver el corto

MOMENTOS DE ESTACIÓN

país Argentina

duración 7:15 minutos

director Gustavo D. Cabaña

protagonistas viajero, cajera

Vocabulario

abrazar *to hug; to hold*	**enamorado/a (de)** *in love (with)*
el afiche *poster*	**la escena** *scene*
averiguar *to find out*	**meterse** *to break in (to a conversation)*
el boleto *ticket*	**el/la protagonista** *protagonist; main character*
la broma *joke*	**el recuerdo** *memento; souvenir*
el cortometraje/corto *short film*	**suceder** *to happen*

---

1 **Vocabulario** Completa este párrafo con las opciones correctas.

Estaba comprando (1) __un boleto__ (un recuerdo/un boleto) en la estación, cuando de repente (2) __sucedió__ (sucedió/se metió) algo. Mientras hablaba con el empleado, un hombre se acercó y (3) __se metió__ (se metió/averiguó) en la conversación e hizo (4) __una broma__ (una broma/un boleto). Esto me trajo a la mente (5) __el recuerdo__ (el recuerdo/la broma) de dos niños bromeando en una estación de trenes. ¡El hombre era mi primo Alberto, a quien no veía desde 1996!

2 **Comentar** Con un(a) compañero/a, intercambia opiniones sobre *Momentos de estación*.

1. La palabra **estación** tiene varios significados. ¿Los recuerdas? ¿Cuáles son las estaciones que conoces?
2. ¿Qué te sugiere el título de este cortometraje?
3. Observa el segundo fotograma e inventa tres rasgos diferentes para la personalidad de cada personaje.
4. ¿Crees que las personas del segundo fotograma se conocen?
5. Observa el afiche del cortometraje en la página opuesta. ¿Qué tipo de relación hay entre los dos personajes de la foto?
6. El afiche dice "Nada que perder". ¿Qué te sugiere esa frase sobre la historia que vas a ver?

Momentos de estación

1er Premio BA en Primer Plano y Festival Interuniversitario Cortos UdeSA, Argentina

Nada que perder

Una producción del CENTRO DE INVESTIGACIÓN CINEMATOGRÁFICA Guión y Dirección GUSTAVO D. CABAÑA

Jefe de Producción GUSTAVO SAMMARTINO Dirección de Fotografía GUSTAVO GÓMEZ OLIVERA

Cámara LUCAS CABALLERO Montaje FEDERICO CALDERÓN/GUSTAVO CABAÑA Edición MARTÍN BLASSI

Dirección de Arte NATALIA OBATTA Sonido FEDERICO CALDERÓN

Actores SANDRA VILLANI/CLAUDIO TOLCACHIR/CARLOS DONIGIAN/ELENA CÁNEPA/LUCAS SANTA ANA/

CAROLINA PAINCEIRA/LUCRECIA OVIEDO/RODOLFO ROCA

Las relaciones personales

veintisiete **27**

Teaching Tips
• Tell students to look carefully at the poster for the **cortometraje**. Ask: **¿Es una obra importante? ¿Por qué?**
• Ask students to look at the people in the ad. Ask what they are dancing in front of. (Answer: **la boletería**) Elicit from students the idea that the **boletería** has bars in front of it and what the bars might symbolize about the woman's life.

NATIONAL STANDARDS
Communities Have students do research to identify Spanish-language films that have taken recent prizes at international film festivals. Have students learn the resources available in your community (theaters, video rental services, cable, school events, etc.) for viewing such films.

CRITICAL THINKING

Synthesis Consider the train station as a metaphor for one of life's journeys or paths, as well as for a journey from one town to another. Choose a person pictured in the second **escena** on p. 28, or invent a character of your own, and create a paragraph about the journey that person may be making.

Evaluation Working in small groups, students discuss and predict how the woman's life might change, since she is pictured **bailando delante de las rejas, en vez de trabajando detrás de ellas**.

• **Synopsis** *Momentos de estación* proves that anything can happen at a train station. A commuter purchases his train ticket every day, never once telling the ticket window employee about his feelings for her. He suddenly takes advantage of the moment and tells her, causing a spiraling effect for those around them.

Previewing Strategy Ask students to describe the personalities of the principal characters based on the dialogue and photos.

• Have students look at the photos on this page and on page 27, noting how the **cajera** and the **viajero** are dressed. Ask what conclusions they can draw from the types of clothing they are wearing.

Escenas

ARGUMENTO Un viajero va a comprar un boleto de tren a la ventanilla.

VIAJERO Estoy enamorado de usted.
CAJERA ¿Cómo?

VIAJERO Tenía que decírselo hoy. Es mi último viaje.
CAJERA Esto es una broma.
VIAJERO No, no es ninguna broma, Ana.

(La señora del abanico° llama al hombre de la boina°.)
SEÑORA ¡Chist!, Juan, ¿qué pasa?
JUAN Él la ama; ella no le cree.

VIAJERO Hace más de un año que nos conocemos. Usted es la que me atiende siempre. Yo soy el que va a la capital.
CAJERA Todos van a la capital.
VIAJERO Exactamente 375 veces, sin contar la de hoy. Mirá... aquí están todos: 375 boletos, uno por uno.

CAJERA ¿Qué quiere de mí?
VIAJERO Bailar.
CAJERA ¿Bailar?
VIAJERO Bailar, abrazarte, besarte...
CAJERA Ahora no, no puedo, estoy trabajando.

SEÑORA A veces, se le va la vida a uno sin que suceda algo tan maravilloso. Once años hace que murió mi marido. ¿Sabes, hijo?, ¡cuánto hace que no me dan un beso!

abanico *fan* **boina** *beret*

CRITICAL THINKING

Analysis Discuss the potential of *Momentos de estación* as a possible modern-day version of *La Cenicienta*. Consider: the present-day life of **la Cenicienta** and that of **la cajera**, comparisons between the man who comes into their life, and also ways in which he could potentially change their life. In each story, is his arrival on the scene a positive development or a negative one?

Evaluation Write a short composition stating why you think **la cajera** does not seize the moment, as suggested by the expression *carpe diem*, but instead chooses to continue working dutifully at her job and to reject the offer of a relationship with someone who says he loves her.

Después de ver el corto

(1) Comprensión Contesta las preguntas.

1. ¿Qué le dice el viajero a la cajera? El viajero le dice: "Estoy enamorado de usted".
2. ¿Por qué el viajero habla con ella ese día? Porque es la última vez que va a tomar el tren.
3. ¿Cómo se llama la cajera? La cajera se llama Ana.
4. Según el joven, ¿cuánto tiempo hace que se conocen? Según el joven, hace más de un año que se conocen.
5. ¿Qué guarda el joven en la caja? El joven guarda los boletos de todos sus viajes a la capital.

 (2) Interpretar En grupos de tres, contesten las preguntas.

1. ¿Cuál es tu intepretación del final de la historia?
2. ¿Cuál crees que es el tema del cortometraje?
3. ¿Crees que *Momentos de estación* puede relacionarse con la idea de *carpe diem* (*seize the day*)? ¿Conoces otras películas con esta idea?
4. ¿Crees que el corto defiende una mayor espontaneidad en nuestras relaciones cotidianas? ¿Piensas que es mejor ser reservado/a o atrevido/a?

(3) Imaginar A continuación tienes el diálogo inicial entre el viajero y la cajera de *Momentos de estación*. Escribe otra versión de este diálogo, dándole un final diferente.

VIAJERO	Estoy enamorado de usted.	**VIAJERO**	No, no, ninguna broma, Ana.
CAJERA	¿Cómo?	**CAJERA**	¿Cómo sabe mi nombre?
VIAJERO	Que la amo…	**VIAJERO**	Lo averigüé; no fue difícil.
CAJERA	No puede ser.	**CAJERA**	Casi nunca me llaman por mi nombre…
VIAJERO	Tenía que decírselo hoy. Es mi último viaje.	**VIAJERO**	Es un nombre hermoso.
CAJERA	Esto es una broma.		

 (4) Actuar Con un(a) compañero/a, representa una escena en un contexto diferente, en el que uno de ustedes tiene que declararse a un(a) desconocido/a y convencerlo/a de que está locamente enamorado/a de él/ella. Represéntenlo después ante la clase.

(5) Escribir En un párrafo, resume la historia que acabas de ver. Ten en cuenta:

- Dónde sucede la historia
- Cuándo o en qué momento tiene lugar la historia
- Quiénes son los personajes
- Qué es lo que sucede
- El final de la historia

Las relaciones personales

veintinueve 29

Teaching Tips

(1) Point out the use of **usted** in the answer to Question 1: **Estoy enamorado de usted.** Ask students why they think the **viajero** uses **usted** in this context. Ask students why an English speaker might, at first, consider this use ironic.

(3) Have students work in pairs and then read or perform their dialogues for the class.

AP PREPARATION

Point of View and Informal Speaking, Part A Show students the video. Discuss how the class imagines what it would feel like to be the **cajera**, working day after day at the same job, seeing the same people constantly. Now say: **Tú eres la cajera y hablas con tu mejor amiga por teléfono sobre lo que te ha pasado. Escribe lo que le dirías.**
Point of View and Informal Speaking, Part B Now have students discuss in groups of 3 or 4 how they think the **viajero** feels. Can he really love the **cajera**? Why does he say what he does? Does this indicate something about his personality? Can anything happen at a train station? Tell them: **Ahora eres el viajero y estás hablando por teléfono con tu amigo. Escribe lo que le dices.** Show students the video. Now say: **Tú eres el viajero y hablas con tu mejor amigo por teléfono sobre lo que ha pasado. Escribe lo que le dirías.**

Cinemateca **29**

Section Goals

In **Lecturas**, students will:
• read about Pablo Neruda, then read and analyze his *Poema 20*
• read about Hispanic comedians, especially Carlos Mencía, and discuss humor and political correctness

Instructional Resources
Cuaderno de práctica, p. 9
Cuaderno para hispanohablantes, pp. 11–14
Supersite: Additional practice

Teaching Tips

• Ask students who Picasso was and why this particular painting of his (**Los enamorados**) is very appropriate for this chapter. (Answer: The overarching theme of the chapter is **Las relaciones personales**.)
• Ask who José Martí was.

NATIONAL STANDARDS

Connections: Art Have students do research in the library or online to identify other pieces of art by Spanish-speaking artists that show people in relationships. Ask them to share copies of the art with the class and to describe the people shown and their relationship.

Los enamorados, 1923.
Pablo Picasso, España.

"La única fuerza y la única verdad que hay en esta vida es el amor."

— José Martí

CRITICAL THINKING

Analysis *Poema 20* is part of Neruda's early work. Have students research the chronology of his poetry, either in books or online, and in examining the body of his work determine whether, later in his career, he also wrote poetry about relationships.

Evaluation Students discuss whether they agree with José Martí's quotation, **"La única fuerza y la única verdad que hay en esta vida es el amor,"** and defend their opinion.

Antes de leer

Poema 20

Sobre el autor

Ya de muy joven, el chileno Ricardo Eliecer Neftalí Reyes Basoalto —tal fue el nombre que sus padres dieron a **Pablo Neruda** (1904–1973) al nacer— mostraba inclinación por la poesía. En 1924, con tan sólo veinte años, publicó el libro que lo lanzó (*launched*) a la fama: *Veinte poemas de amor y una canción desesperada*. Además de poeta, fue diplomático y político. El amor fue sólo uno de los temas de su extensa obra: también escribió poesía surrealista y poesía con fuerte contenido histórico y político. Su *Canto general* lleva a los lectores en un viaje por la historia de América Latina, desde los tiempos precolombinos hasta el siglo veinte. En 1971, recibió el Premio Nobel de Literatura.

Vocabulario

el alma *soul*
amar *to love*
besar *to kiss*
contentarse con *to be contented, satisfied with*

el corazón *heart*
la mirada *gaze*
el olvido *forgetfulness; oblivion*
querer (e:ie) *to love; to want*

Vocabulario Completa este poema con las opciones correctas.

Quiero (1) __besarte__ (besarte/amarte) porque te (2) __quiero__ (quiero/olvido) pero tú te alejas y desde lejos me miras.

Mi (3) __corazón__ (corazón/olvido) no (4) __se contenta__ (quiere/se contenta) con una (5) __mirada__ (alma/mirada) triste.

Entonces me voy y sólo espero el (6) __olvido__ (corazón/olvido).

Conexión personal

¿Has estado enamorado/a alguna vez? ¿Te gusta leer poesía? ¿Has escrito alguna vez una carta o un poema de amor?

Análisis literario: la personificación

La personificación es una figura retórica (*figure of speech*) que consiste en atribuir cualidades humanas a seres inanimados (*inanimate objects*), ya sean animales, cosas o conceptos abstractos. Observa estos ejemplos de personificación: *me despertó el llanto* (crying) *del violín; tu silencio habla de dolores pasados.* En *Poema 20*, Pablo Neruda utiliza este recurso en varias ocasiones. Mientras lees el poema, prepara una lista de las personificaciones. ¿Qué cualidad humana atribuye el poeta al objeto?

Las relaciones personales

Teaching Tips
- **Vocabulario** As a variant, show students photographs related to the **Literatura** theme and have them describe the images using the new vocabulary.
- **Análisis literario** Supply other examples of personification with which students might be familiar, such as "the *angry* storm subsided."

Culture Note Ask students if they have seen or heard of the 1995 film **Il postino** (*The Postman*), which was a fictitious account of a relationship between a simple cartero and Neruda.

Extra Practice Have students do the **Análisis literario** in groups and report their answers back to the class.

NATIONAL STANDARDS Connections: History Neruda's work was profoundly influenced by his participation in major historical and political events of the 20th century, in particular the Spanish Civil War and the political struggles in Chile. Have students research some of this history and Neruda's part in it, and then read poems that reflect that experience.

Informal Writing Have students complete the following assignment. Tell them: **Como ya sabes, *Poema 20* es un poema de amor que fue escrito a principios del siglo XX. Imagina que eres el poeta y que estás vivo/a pero no tienes tiempo para escribir un poema. Escribe un correo electrónico a tu amada/o expresándole tus sentimientos. ¡No te olvides de usar vocabulario y un tono que utilizaría un(a) joven del siglo XXI!**

- Have students look at the title page of the poem. Discuss what they see pictured there.
- Remembering the discussion about personification on page 31, ask students why they think the picture of a starry sky is an appropriate introduction to the poem.

Previewing Strategy Before discussing the poem, give students a few minutes to read the poem aloud to a partner. Remind them that it is not necessary to understand every single word, especially during the first read-through.

POEMA 20

Pablo Neruda

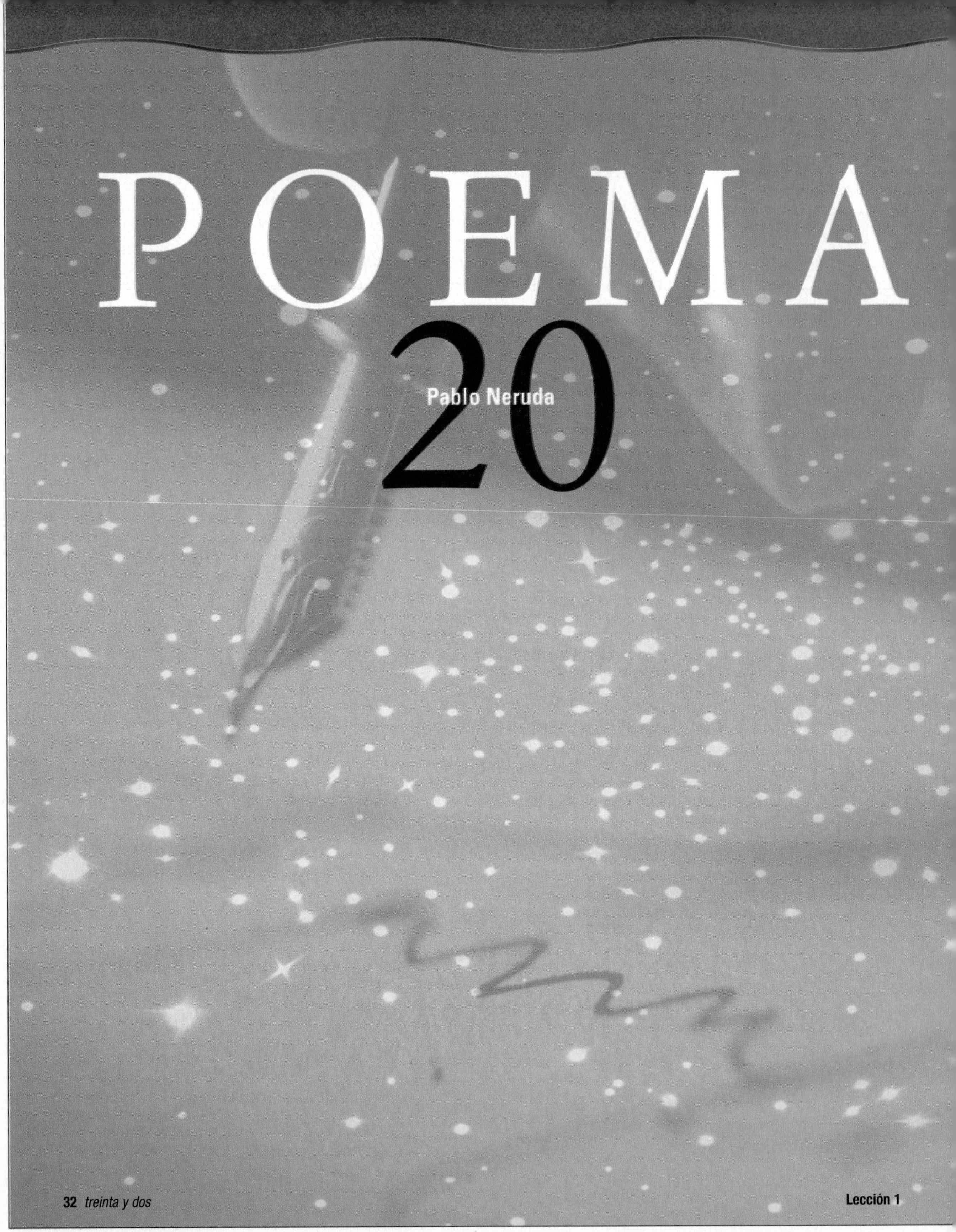

CRITICAL THINKING

Analysis Discussion topic: **¿Por qué se titula así el poema?** (Possible answer: **Neruda publicó el poema a los veinte años.**)

Synthesis Have students write a paragraph on the following topic: **¿Qué relación tiene el poeta con la naturaleza?**

P uedo escribir los versos más tristes esta noche.
　Escribir, por ejemplo: "La noche está estrellada°,　*starry*
　y tiritan°, azules, los astros°, a lo lejos°".　*blink; tremble* *stars/in the distance*
　El viento de la noche gira° en el cielo y canta.　*turns*

5　Puedo escribir los versos más tristes esta noche.
　Yo la quise, y a veces ella también me quiso.

　En las noches como ésta la tuve entre mis brazos.
　La besé tantas veces bajo el cielo infinito.

　Ella me quiso, a veces yo también la quería.
10　Cómo no haber amado sus grandes ojos fijos°.　*fixed*

　Puedo escribir los versos más tristes esta noche.
　Pensar que no la tengo. Sentir que la he perdido.

　Oír la noche inmensa, más inmensa sin ella.
　Y el verso cae al alma como al pasto el rocío°.　*like the dew on the grass*

15　Qué importa que mi amor no pudiera guardarla°.　*keep; protect*
　La noche está estrellada y ella no está conmigo.

　Eso es todo. A lo lejos alguien canta. A lo lejos.
　Mi alma no se contenta con haberla perdido.

　Como para acercarla° mi mirada la busca.　*to bring closer*
20　Mi corazón la busca, y ella no está conmigo.

　La misma noche que hace blanquear° los mismos árboles.　*to whiten*
　Nosotros, los de entonces, ya no somos los mismos.

　Ya no la quiero, es cierto, pero cuánto la quise.
　Mi voz° buscaba el viento para tocar su oído.　*voice*

25　De otro. Será de otro. Como antes de mis besos.
　Su voz, su cuerpo claro. Sus ojos infinitos.

　Ya no la quiero, es cierto, pero tal vez la quiero.
　Es tan corto el amor, y es tan largo el olvido.

　Porque en noches como ésta la tuve entre mis brazos,
30　mi alma no se contenta con haberla perdido.

　Aunque éste sea el último dolor que ella me causa,
　y éstos sean los últimos versos que yo le escribo. ■

Expansion Additional questions:

1. **Se repite varias veces la expresión "Puedo escribir". ¿Por qué usa el poeta la palabra "puedo"? ¿Qué indica?**
2. **¿Qué palabras y frases usa el poeta para describir la noche?**
3. **¿Por qué escribe el poeta de noche y no de día?**
4. **Señala las alusiones a la naturaleza que hay en el poema.**
5. **¿Hay repetición de sonidos —las vocales, por ejemplo? Si la hay, ¿qué efecto produce?**
6. **¿Qué palabras y frases usa el poeta para describir a su amada?**
7. **¿Qué palabra une claramente a la amada con la naturaleza?** (Answer: **infinito**—el cielo infinito, sus ojos infinitos)

AP PREPARATION

Synthesis of Skills Show students selected scenes from *Il Postino*. Explain that this film is based on the Chilean novel, *El cartero de Neruda*, by Antonio Skármeta. Explain the plot of the movie and that the postman is very naive and in love. Have them write the Spanish dialogue between Neruda and **el cartero** as they see the film excerpts. Read *Poema 20*, and brainstorm with the class as to what it means. Then say to students: **Explica con tus propias palabras qué significa el poema. Compara tus ideas con tu grupo. Luego escribe unas 100 palabras, resumiendo las ideas de tu grupo.**

Teaching Tips

(1) Have students work in pairs to write on a sheet of paper two more questions about the poem. They should exchange these questions with another pair, who will then mark their answers below the questions on the sheet. After the sheets are returned to the pair who wrote the original questions, they should correct the answers. If any are incorrect, they must inform the students who provided them and suggest correct answers.

(3) Ask students to work in small groups to discuss the answers to these questions. One student from each group will be responsible for summarizing the group's ideas about each question for the rest of the class.

(4) Ask students to imagine the same characteristics as they apply to the poet.
- Students who enjoy acting could act out a scene from **Actividad 5**, using a variation on a Cyrano de Bergerac balcony scene.
- Give students the option of writing a story from the point of view of the woman in the poem, explaining what happened in her own words. Was it an unrequited love, a fading love, a case of opposites attracting?

Después de leer

Poema 20
Pablo Neruda

(1) Comprensión Contesta las preguntas con oraciones completas.

1. ¿Quién habla en este poema?
Un hombre enamorado / Un poeta habla en este poema.
2. ¿De quién habla el poeta?
El poeta habla de su amada. / El poeta habla de su antigua novia.
3. ¿Cuál es el tema del poema?
El tema del poema es el amor.
4. ¿Qué momento del día es?
Es de noche.
5. ¿Sigue el poeta enamorado? Da un ejemplo del poema.
El poeta no lo sabe. Ejemplo: "Ya no la quiero, es cierto, pero tal vez la quiero."

(2) Analizar Lee el poema otra vez para contestar las preguntas con oraciones completas.

1. ¿Qué personificaciones hay en el poema y qué efecto transmiten? Explica tu respuesta.
2. ¿Tienen importancia las repeticiones en el poema? Explica por qué.
3. La voz poética habla sobre su amada pero no le habla directamente a ella. ¿A quién crees que le habla la voz poética en este caso?
4. ¿Qué sentimientos provoca el poema en los lectores?

(3) Interpretar Contesta las preguntas con oraciones completas.

1. ¿Cómo se siente el poeta? Da algún ejemplo del poema.
2. ¿Es importante que sea de noche? Razona tu respuesta.
3. Explica con tus propias palabras este verso: "Es tan corto el amor, y es tan largo el olvido".
4. En un momento dado el poeta afirma: "Yo la quise, y a veces ella también me quiso" y, un poco más adelante, escribe: "Ella me quiso, a veces yo también la quería". Explica el significado de estos versos y su importancia en el poema.

(4) Ampliar Trabajen en parejas para imaginar cómo es la mujer del poema. Hablen sobre:
- Su apariencia física
- Su personalidad
- Sus aficiones

(5) Imaginar En parejas, imaginen la historia de amor entre el poeta y su amada. Preparen una conversación en la que se despiden para siempre. Deben inspirarse en algunos de los versos del poema.

(6) Personificar Elige un objeto y escribe un párrafo breve en el que atribuyes (*attribute*) cualidades humanas al objeto.

MODELO Tengo en mi cuarto una estrella de mar. Me cuenta historias de piratas…

CRITICAL THINKING

Synthesis Give students the option of writing a haiku **poema de amor**. If they prefer to write something less personal, they may choose to write from the perspective of a fictitious character (Ex: Shrek, when he thinks his love is unrequited) or of a celebrity.

Evaluation On the Internet, have students research some other Spanish-speaking poets who were contemporaries of Pablo Neruda, such as Federico García Lorca, Octavio Paz, and Pedro Salinas. Students then work in groups to compare and contrast the poets, putting the information into a web, which they then share with the class.

Antes de leer

Vocabulario

el/la comediante *comedian*	**herir (e:ie)** *to hurt*
el chiste *joke*	**el nombre artístico** *stage name*
criarse *to grow up*	**quedarse callado/a** *to remain*
guardarse (algo) *to keep*	**silent**
(something) to yourself	**la trayectoria** *path; history*

Vocabulario Completa las oraciones con el vocabulario de la tabla.

1. John Leguizamo es mi _____comediante_____ favorito. Hace _____chistes_____ muy divertidos.
2. Cuando no quiero _____herir_____ los sentimientos de otra persona, me _____guardo_____ lo que quiero decir.
3. El _____nombre artístico_____ de Paul David Hewson es Bono.
4. Nací en Nueva York pero _____me crié_____ en Chicago.

Conexión personal ¿Tienes algún comediante favorito? ¿Sobre qué temas hace chistes tu comediante favorito? ¿Te sientes ofendido al escuchar los chistes de algunos comediantes?

Contexto cultural

Carlos Mencía causó controversia cuando, al lanzarse (*get started*) como comediante, se cambió el nombre. Su nombre original es Ned Holness, ya que su padre, Roberto Holness, es de origen alemán. Su madre, Magdalena Mencía, es de origen mexicano. Desde hace ya mucho tiempo usa el apellido Mencía, pero adoptó el nombre Carlos cuando se dedicó a la comedia. Algunas personas lo acusan de cambiarse el nombre para "sonar más latino". Otros lo acusan de ser un hondureño que se hace pasar por mexicano para triunfar en California. Carlos Mencía nació en Honduras pero se crió en Los Ángeles con sus tíos maternos y no con sus padres. ¿Qué piensas? ¿Tienen razón quienes lo critican? ¿O Carlos Mencía tiene derecho a usar el apellido de su madre y destacar (*highlight*) su origen mexicano?

✂ Please complete the form below and mail with your payment.

Juan Guillermo Pérez Echegoyen
FIRST NAME   M.I.   LAST NAME

STREET ADDRESS   CITY   STATE   ZIP CODE

Formal Writing Have students write a short composition on the topic of **Cómo y por qué los nombres de los comediantes hispanos en los Estados Unidos han evolucionado desde los primeros días de la carrera de Cheech (Richard Marín) durante** **la década de los setenta.** Before writing, students may want to research these comedians on the Internet: their country of origin and where they live now, their childhood experiences; they should consider societal changes as well.

Teaching Tips

- In Spain and other Spanish-speaking countries, it is common for people to have one or two names and two last names (father's last name plus mother's last name). Ask students what their names would be if they followed this naming convention. If there are any heritage speakers in the class whose families follow this convention, ask them to share any complication it causes in the United States.
- Extension to the **Contexto cultural:** You may have some non-heritage speakers in class who follow a small but growing trend of using both parents' last names. They might share reasons and experiences of complications with those of heritage speakers.
- Ask students if they have already heard of **Carlos Mencía**.
- Ask students to name other Hispanic comedians. (Possible answers: Carlos Alazraquí, George López, Joey Medina, Paul Rodríguez, and, of course, Cheech)
- Ask students why they think **Carlos Mencía** chooses to highlight his Mexican origin, instead of his European origin, represented by his father's last name, Holness.

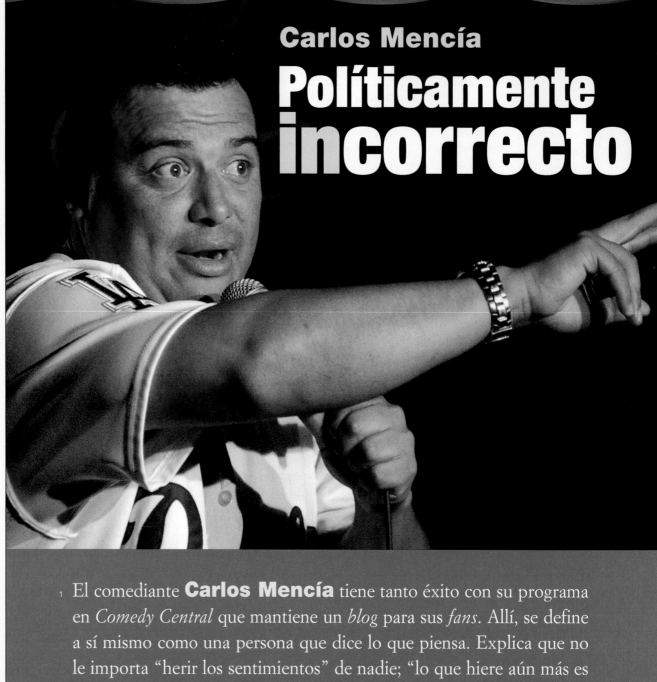

Carlos Mencía
Políticamente incorrecto

1   El comediante **Carlos Mencía** tiene tanto éxito con su programa en *Comedy Central* que mantiene un *blog* para sus *fans*. Allí, se define a sí mismo como una persona que dice lo que piensa. Explica que no le importa "herir los sentimientos" de nadie; "lo que hiere aún más es

5   quedarse callado y dejar que la gente estúpida siga siendo estúpida". También dice en su *blog* que "algunos pueden hacer chistes sobre otras personas, pero no pueden aceptar que se hagan chistes sobre ellos… bueno… si tú eres así… ¡entonces hazme el favor y CÁLLATE!"

36 *treinta y seis*   **Lección 1**

CRITICAL THINKING

Comprehension Tell students: **Van a hacer una investigación en Internet, en el sitio web de Carlos Mencía. Tomen apuntes, indiquen las categorías de chistes que hace Mencía y después trabajen en grupos para analizar por qué generalmente se aprecia el humor de Mencía aunque sea «políticamente incorrecto».**

Evaluation Students debate the topic of **El por y el contra del humor de Carlos Mencía**, que consiste en hacer chistes acerca de todos los grupos étnicos, sobre todo de su propio grupo, los latinos.

Carlos Mencía integra una nueva generación de humoristas latinos que llegó para quedarse. Esta gran familia de comediantes también incluye nombres como Pablo Francisco, Liz Torres, Freddy Sotto, Mike Robles, Joey Medina, Ernie G y Shayla Rivera, entre otros. Además, hay que destacar al ya clásico John Leguizamo. Antes de saltar a la fama con su programa *Mind of Mencía* en *Comedy Central*, Carlos ya tenía una larga trayectoria artística.

Nació en Honduras en 1967 y es el penúltimo° de dieciocho hijos. Se crió en Los Ángeles en casa de sus tíos. Estudiaba ingeniería hasta que ganó una competencia° de comedia en el *Laugh Factory*. Le faltaba sólo un crédito para graduarse pero decidió dejar la universidad y dedicarse a la comedia. Aunque al principio su familia no estaba de acuerdo con el cambio, gracias a su perseverancia y al apoyo° de su hermano Joseph, Carlos logró convertirse° en un comediante profesional. Fue en *The Comedy Store* —un renombrado° club de comedia de Los Ángeles— donde adoptó el nombre artístico de Carlos Mencía. Durante la década de los noventa, Carlos participó como comediante y como anfitrión° en varios programas de televisión. En 2001, realizó una popular gira° titulada *The Three Amigos* con Freddy Soto y Pablo Francisco. Antes

second-to-last

competition

support

managed to become

renowned

host

tour

de su llegada a *Comedy Central*, también hizo dos especiales para HBO.

El humor de Carlos Mencía no perdona a nadie —ni siquiera a su propia familia— y, como consecuencia, Carlos tiene tanto admiradores como detractores. Hace chistes acerca de blancos, negros, minorías y sobre todo latinos. En su lenguaje abundan° las malas palabras. Algunos de sus temas preferidos son las cuestiones raciales, la política, la religión y los temas sociales. Muchos consideran que su estilo excede los límites de lo que es "políticamente correcto".

are plentiful

Cuando observamos las opiniones y reacciones que provoca, las aguas están divididas°. Para algunos, los chistes de Carlos Mencía son demasiado provocativos y perpetúan° estereotipos; para otros, sus chistes son un ejemplo de libre expresión°, un ejemplo de que los latinos ya no son una minoría que es víctima de los chistes de otras personas, sino una comunidad que se siente establecida y que es capaz de reírse de sí misma... y de los demás. ∎

there is disagreement

perpetuate

freedom of speech

El humor de Carlos Mencía

❝ El racismo significa exclusión. Por eso, yo me río de todos. ❞

❝ Al igual que mi padre, yo también nací en América Central... Nebraska. ❞

❝ En Texas, si te llamas Carlos, eres mexicano. En Florida, eres cubano. En Nueva York, eres puertorriqueño. Y luego vengo aquí (Canadá) y me entero de que soy esquimal. ❞

Las relaciones personales

Teaching Tips
- Begin the pre-reading with **El humor de Carlos Mencía** to give the flavor of Mencía's humor. What makes his jokes funny?
- Remind students how helpful cognates can be. Ex: **integra, perseverancia, década, consecuencia, admiradores, detractores,** etc.
- Remind students that it's not necessary to understand every word—the gist of the **lectura** is what is important at first.
- Extra practice:
1. **¿Cómo se titula el programa de Carlos Mencía en *Comedy Central*?**
2. **¿Dónde nació Mencía?**
3. **¿Dónde vivió de pequeño?**
4. **¿Cómo se llama el club dónde empezó su carrera de comediante?**
5. **Después de haber dejado la universidad, trabajó en otro club donde tomó una decisión importante. ¿Cuál fue?** (Answer: **adoptar el nombre de Carlos Mencía.**)
- Ask students to read the three jokes in small groups and decide which is their favorite and why. Have them discuss what kind of jokes they prefer and how they feel about reading jokes that are meant to be performed. What happens to humor when you change its medium?

Expansion Discuss the question of identity that this change raises, particularly since his father's last name was Holness, and his own childhood name was Ned Holness.

Cultural Sensitivity Show students the third quotation from Carlos Mencía. Briefly discuss the distribution of Hispanic groups by nationality within the U.S. Say: **Comenta con tu compañero esta cita y escribe tu reacción personal en unas 100 palabras.**

Evaluation Level Have students read the article by Mencía. Next, give them an article by the "politically correct" reporter Jorge Ramos. Say: **Después de haber leído estos dos artículos, prepara con tu grupo una presentación oral para comparar los estilos de Mencía y de Ramos.**

Después de leer

Carlos Mencía: Políticamente incorrecto

1 **Comprensión** Responde a las preguntas con oraciones completas.

1. ¿Cómo se define a sí mismo Carlos Mencía en su *blog*?
Se define como una persona que dice lo que siente.
2. ¿Qué sucedió cuando a Carlos le faltaba poco para terminar la universidad?
Ganó una competencia de comedia y decidió abandonar la universidad y convertirse en comediante.
3. ¿Qué grupos son víctimas de los chistes de Carlos Mencía?
Blancos, negros, minorías y latinos son víctimas de los chistes de Carlos Mencía.
4. Para quienes lo critican, ¿cuál es el problema con el tipo de humor de Carlos Mencía?
Es demasiado provocativo y perpetúa estereotipos.
5. Para quienes lo apoyan, ¿por qué es importante el trabajo de comediantes como Carlos Mencía? Es importante porque demuestra que la comunidad latina ya no es una comunidad que tiene que defenderse de los chistes de otros. Es una comunidad establecida que es capaz de reírse de sí misma.

2 **Organizar** Ordena en forma cronológica la información sobre Carlos Mencía.

_6_ a. Adoptó el nombre artístico de Carlos Mencía.

_2_ b. Vivió con sus tíos maternos.

_7_ c. Realizó la gira *The Three Amigos* junto a Freddy Soto y Pablo Francisco.

_4_ d. Ganó una competencia de comedia.

_8_ e. Saltó a la fama en *Comedy Central*.

_1_ f. Se mudó a los Estados Unidos.

_5_ g. Decidió convertirse en comediante profesional.

_3_ h. Fue a la universidad.

3 **Comunicación** En parejas, respondan a las preguntas.

1. ¿Creen que está bien hacer chistes sobre temas raciales y sociales o creen que los humoristas deberían evitar ciertos temas? ¿Por qué?

2. ¿Qué opinan del uso de malas palabras en los espectáculos de comedia?

3. El artículo dice que para muchas personas el humor de Carlos Mencía es un ejemplo de que la comunidad latina pasó de ser víctima de chistes a ser una comunidad establecida que es capaz de reírse de sí misma. ¿Pueden dar otros ejemplos que demuestren que la comunidad latina se siente establecida?

4 **Adivinen quién soy** En parejas, preparen una entrevista con un comediante famoso. Incluyan información que permita adivinar quién es el comediante, sin mencionar su nombre. Luego actúen la entrevista delante de la clase. Sus compañeros deben adivinar quién es el personaje.

MODELO **PERIODISTA** ¿Qué sentiste al enterarte de que eras candidato para un premio Oscar?
ENTREVISTADO/A No lo podía creer. Cuando trabajaba en *In living color* nunca me imaginé que iba a ser candidato a un Oscar.

5 **Opinión** Imagina que el artículo que leíste se publicó en *Facetas*. Escribe a la sección Cartas de lectores expresando tu opinión sobre el tipo de chistes de comediantes como Carlos Mencía. Si te parece que este tipo de humor es aceptable, explica por qué. Si crees que excede los límites de lo aceptable, explica por qué.

recursos

CP p. 9

CH pp. 11–14

Teaching Tips
• After correcting **Actividad 1** and **Actividad 2**, write selected phases and events related to Mencía's life on a transparency or on the board. Then read aloud quotes from the **lectura**. Have students match each quote with the correct phase of Mencía's life or event.

2 After students finish sorting the statements, have them read the article again and add more facts to the chronology.

Expansion Assign small groups to research and write brief profiles of other famous Latino/a comedians. Ask each group to present its profile to the class.

NATIONAL STANDARDS
Communities Have students watch various comedians on Spanish-language television or video. What differences and similarities do they notice about comedy in English and in Spanish? Help them see that what we laugh at is conditioned by culture and context.

CRITICAL THINKING

Analysis Students choose a favorite Anglo comedian. Caveat: Provide a list of comedians or remind students that humor must be acceptable for the classroom. Students watch a brief comedy clip of the comedian. They list the humorous elements that they find and analyze why they are funny.
Expansion Students create a pie chart showing the percentage of the clip devoted to each topic and present their findings to

the class.
Evaluation As a follow-up activity to **Actividad 5**, have students hold a debate. Half the students should hold the position that politically incorrect humor is acceptable, while the other half should defend the opposite position. A heritage student or another student can act as moderator. You might even grade the debate according to a rubric and count it as an oral test.

Atando cabos

¡A conversar!

Preguntas rápidas Usa la técnica de las "preguntas rápidas" para conocer a tus compañeros de clase, hacer nuevos amigos y buscar compañeros para proyectos. Comparte los resultados con la clase.

Cómo hacer las "preguntas rápidas"

- Reúnete con un(a) compañero/a durante cinco minutos. Hablen sobre quiénes son, cómo son, qué buscan, etc.
- Toma notas acerca del encuentro.
- Repite la actividad con otros compañeros.

	Nombre	Nombre
¿De dónde eres?		
¿Cómo eres?		
¿Qué cualidades buscas en un(a) amigo/a?		
¿Qué tipo de proyectos te gusta hacer?		

¡A escribir!

Consejero/a sentimental Lee la carta que envió Alonso a la sección de consejos sentimentales de *Facetas* y usa las frases del recuadro para responder a la carta de Alonso.

Expresar tu opinión

Estas frases pueden ayudarte a expresar tu opinión:

- En mi opinión,…
- Creo que…
- Me parece que…

Me llamo Alonso. Tengo 17 años y soy de Colombia. Vine a Boston con mi familia porque mi padre consiguió un nuevo trabajo. Conocí a Sean en la clase de español. Ahora somos muy buenos amigos. Nos llevamos bien y lo pasamos muy bien en las clases. Nos gusta comparar las diferencias culturales entre los latinoamericanos y los estadounidenses.

Los problemas comenzaron cuando Sean y yo empezamos a salir con un grupo de sus amigos después de las clases. Todos sus amigos son estadounidenses. Pienso que a nadie le interesa charlar conmigo, y a mí tampoco me interesa hablar con ellos de béisbol y esas cosas. Cuando voy a la casa de Sean para comer y llevo comida colombiana para compartir, su familia me mira con desconfianza. Cuando trato de hablar con ellos en inglés, hago errores y tengo vergüenza. A veces pienso que no debo tratar de hacer amistades con estudiantes estadounidenses como Sean, pero nos llevamos muy bien en el colegio. Sólo tenemos problemas fuera de la escuela. ¿Qué puedo hacer para sentirme menos nervioso con otras personas estadounidenses fuera de la escuela?

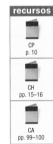

recursos

CP
p. 10

CH
pp. 15–16

CA
pp. 99–100

Instructional Resources
Cuaderno de práctica, p. 10
Cuaderno para hispanohablantes, pp. 15–16
Cuaderno de actividades, pp. 99–100

Teaching Tips

- Since students are "tying up ends" on this page, it might be helpful to review vocabulary of personality and emotions with students. Suggestion: Students choose three words from each category on page 2 of the chapter and write a sentence about each one.

- **A conversar** As a follow-up activity, have students answer these discussion questions in small groups.
1. ¿Participaron alguna vez en un evento de "preguntas rápidas" para conocer a gente?
2. ¿Qué oportunidades ofrece tu escuela para conocer a gente de otras culturas?
3. ¿Qué esperan cuando conocen a personas nuevas? ¿Les importa más que la personalidad sea compatible o que tengan pasatiempos similares?
4. ¿Qué consejos le darían a un(a) estudiante a quien le resulta difícil conocer a gente nueva?

- **A escribir** Before students begin writing, have them organize the information in two lists: things that Alonso should improve or change, and things that his friend should improve or change.

CRITICAL THINKING

Synthesis Have students do the following activity: During a class trip to Spain, you attend a **preguntas rápidas** session. With a partner, write out a conversation that you might have during a **preguntas rápidas** session. Rehearse it several times and then act it out for the class. Add costumes and props to make the situation more real.

Evaluation As a follow-up to the synthesis activity, have students assess the qualities they looked for in the person they "met." They should consider these questions: **¿Por qué buscaste esas características? ¿Por qué las consideras importantes? ¿Cómo se puede decidir en pocos minutos que uno quiere conocer mejor a la persona que acaba de conocer?**

Instructional Resource
Supersite/Audio CD:
Vocabulary

Teaching Tips
- Make flashcards or a vocabulary list with Spanish and English. (Helpful hint: Keep these flashcards or vocabulary lists for reviewing later in the year, especially for mid-year and final exams.)
- Working in pairs, students quiz each other on vocabulary. One gives the English meaning and the other answers with the Spanish word.
- Students choose ten words and write a paragraph using them, perhaps to describe an ideal relationship (Ex: a couple, friends, or family members).

La personalidad

autoritario/a	strict; authoritarian
cariñoso/a	affectionate
cuidadoso/a	careful
falso/a	insincere
gracioso/a	funny; pleasant
inseguro/a	insecure
(in)maduro/a	(im)mature
mentiroso/a	lying
orgulloso/a	proud
permisivo/a	permissive; easy-going
seguro/a	sure; confident
sensato/a	sensible
sensible	sensitive
tacaño/a	cheap; stingy
tímido/a	shy
tradicional	traditional

Los estados emocionales

agobiado/a	overwhelmed
ansioso/a	anxious
deprimido/a	depressed
disgustado/a	upset
emocionado/a	excited
preocupado/a (por)	worried (about)
solo/a	alone; lonely
tranquilo/a	calm

Los sentimientos

adorar	to adore
apreciar	to appreciate
enamorarse (de)	to fall in love (with)
estar harto/a (de)	to be fed up (with); to be sick (of)
odiar	to hate
sentirse (e:ie)	to feel
soñar (o:ue) (con)	to dream (about)
tener celos (de)	to be jealous (of)
tener vergüenza (de)	to be ashamed/ embarrassed (of)

Las relaciones personales

el/la amado/a	loved one; sweetheart
el ánimo	spirit
el cariño	affection
la cita (a ciegas)	(blind) date
el compromiso	commitment; responsibility
la confianza	trust; confidence
el desánimo	the state of being discouraged
el divorcio	divorce
la pareja	couple; partner
el sentimiento	feeling; emotion
atraer	to attract
coquetear	to flirt
cuidar	to take care of
educar	to raise; to bring up
dejar a alguien	to leave someone
discutir	to argue
hacerle caso a alguien	to pay attention to someone
impresionar	to impress
llevar… años de (casados)	to be (married) for… years
llevarse bien/mal/ fatal	to get along well/ badly/terribly
mantenerse en contacto	to keep in touch
pasarlo bien/mal/ fatal	to have a good/bad/ terrible time
proponer matrimonio	to propose (marriage)
romper (con)	to break up (with)
salir (con)	to go out (with)
soportar a alguien	to put up with someone
casado/a	married
divorciado/a	divorced
separado/a	separated
soltero/a	single
viudo/a	widowed

Más vocabulario

Expresiones útiles	Ver p. 7
Estructura	Ver pp. 14-15, 18-19 y 22-23

Cinemateca

el afiche	poster
el boleto	ticket
la broma	joke
el cortometraje/ corto	short film
la escena	scene
el/la protagonista	protagonist; main character
el recuerdo	memento; souvenir
abrazar	to hug; to hold
averiguar	to find out
meterse	to break in(to a conversation)
suceder	to happen
enamorado/a (de)	in love (with)

Literatura

el alma	soul
el corazón	heart
la mirada	gaze
el olvido	forgetfulness; oblivion
amar	to love
besar	to kiss
contentarse con	to be contented/ satisfied with
querer (e:ie)	to love; to want

Cultura

el/la comediante	comedian
el chiste	joke
el nombre artístico	stage name
la trayectoria	path; history
criarse	to grow up
guardarse (algo)	to keep (something) to yourself
herir (e:ie)	to hurt
quedarse callado/a	to remain silent

LEARNING STYLES

For Visual Learners Have students create a collage illustrating twenty words and expressions from the following categories of vocabulary, since these are the ones that may require additional practice: **Las relaciones personales, Más vocabulario, Cinemateca, Literatura,** and **Cultura**. To support the connection between the picture and the written word, have them write the Spanish word under each picture.

For Visual Learners Students choose a word from the lesson vocabulary and draw (a) stick figure(s) to illustrate it. The class guesses the word in the illustration. Added incentive: Students may earn a bonus point for each word they guess.

Las diversiones

Contextos

páginas 42–45

- La música y el teatro
- Los lugares de recreo
- Los deportes
- Las diversiones

Fotonovela

páginas 46–49

- *¡Tengo los boletos!*

Enfoques

México

páginas 50–53

- **En detalle:** El nuevo cine mexicano
- **Perfil:** Gael García Bernal
- **Ritmos:** Lila Downs

Estructura

páginas 54–65

- Object pronouns
- **Gustar** and similar verbs
- Reflexive verbs

Cinemateca

páginas 66–69

- **Cortometraje:** *Espíritu deportivo*

Lecturas

páginas 70–78

- **Literatura:** *Idilio* de Mario Benedetti
- **Cultura:** *El toreo: ¿cultura o tortura?*

Atando cabos

página 79

- ¡A conversar!
- ¡A escribir!

Communicative Goals

You will expand your ability to…

- avoid redundancy
- express personal likes and dislikes
- describe your daily routine and activities

Lesson Goals

In **Lección 2**, students will be introduced to the following:

- vocabulary related to music and theater, recreation, sports, and games
- functional phrases regarding humor and dating, concerts, and taking turns
- Mexican cinema, actor Gael García Bernal, and singer Lila Downs
- direct and indirect object pronouns
- **gustar** and similar verbs
- reflexive verbs
- short film *Espíritu deportivo*
- writer Mario Benedetti's short story *Idilio*
- bullfighting

A primera vista Have students look at the photo, ask them:

1. ¿Cómo se siente la chica?
2. ¿Por qué piensas así?
3. ¿Qué tiene en las manos?

INSTRUCTIONAL RESOURCES

Student Materials
 Cuaderno de práctica, Cuaderno para hispanohablantes, Cuaderno de actividades
Student MAESTRO™ Supersite
(descubre3.vhlcentral.com)
MAESTRO™ e-Cuaderno

Teacher's Resource CD-ROM and in print
 *AnswerKeys, Audioscripts, Videoscripts
 *PowerPoints
 Testing Program (**Pruebas,** Test Generator, MP3 Audio Files)
 Vista Higher Learning *Cancionero*
 *Also available on Supersite

Teacher's MAESTRO™ Supersite
(descubre3.vhlcentral.com)
 Learning Management System (Assignment Task Manager, Gradebook)
 Also on DVD
 Fotonovela, Flash cultura, **Film Collection**

Las diversiones

Section Goals

In **Contextos**, students will learn and practice:
• vocabulary related to music and theater, recreation, sports, and games
• listening to dialogue and an advertisement that contain the new vocabulary words

Instructional Resources

Cuaderno de práctica, pp. 11–12
Cuaderno para hispanohablantes, pp. 17–18
Cuaderno de actividades, p. 57
e-Cuaderno
Supersite/Textbook Audio CD: Textbook, Vocabulary, & Audio Activity Files
Supersite/TRCD/Print: PowerPoints (**Lección 2 Contextos** Presentation; Textbook Audio Script, Audio Activity Script, Answer Keys

Teaching Tip

• With books closed, hold up magazine pictures of teens spending free time together and name the activities each teen is doing. Have students repeat. Then point to the pictures asking, **¿Están en un concierto?**, etc. Follow up by asking students about what they do in their free time.

NATIONAL STANDARDS

Community Have students ask Spanish speakers in your school or community to name their favorite locations for entertainment. Are there Spanish-speaking sports leagues, either formal or informal? What sports are played?

La música y el teatro

Hoy Ligia dio su primer **concierto** como **cantante** solista. Después de la **función**, sus amigos la **aplaudieron** y le regalaron flores.

el álbum *album*
el asiento *seat*
el/la cantante *singer*
el concierto *concert*
el conjunto/grupo musical *musical group; band*
el escenario *scenery; stage*
el espectáculo *show*
el estreno *premiere; debut*
la función *performance (theater; movie)*
el/la músico/a *musician*
la obra de teatro *play*
la taquilla *box office*

aplaudir *to applaud*
conseguir (e:i) boletos/entradas *to get tickets*
hacer cola *to wait in line*
poner un disco compacto *to play a CD*

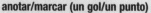

Los lugares de recreo

el cine *movie theater; cinema*
el circo *circus*
la discoteca *discotheque; dance club*

la feria *fair*
el festival *festival*
el parque de atracciones *amusement park*
el zoológico *zoo*

Los deportes

el/la árbitro/a *referee*
el campeón/la campeona *champion*
el campeonato *championship*
el club deportivo *sports club*
el/la deportista *athlete*
el empate *tie (game)*
el/la entrenador(a) *coach; trainer*
el equipo *team*
el/la espectador(a) *spectator*
el torneo *tournament*

anotar/marcar (un gol/un punto) *to score (a goal/a point)*
desafiar *to challenge*
empatar *to tie (games)*
ganar/perder (e:ie) un partido *to win/lose a game*
vencer *to defeat*

DIFFERENTIATED LEARNING

For Inclusion Label it! Give small groups of students each a magazine picture. Encourage them to use the vocabulary words to make labels for as many objects as possible in their picture. Then have them exchange labels and pictures with another group and work to place the labels correctly on the picture.

To Challenge Students Play **concentración**. Pairs place their flashcards Spanish-side down, English-side up. Set a timer on 1 minute. Say, "Student A, Go!" Student A points to a card, names the vocabulary, and flips the card over to check. If correct, A keeps the card. If incorrect, A returns the card to Spanish-side down. After 1 minute is up, set the timer for Student B. At the end of 6 minutes, pairs see who has the most cards.

Las diversiones

Ricardo y sus amigos **se reúnen** todos los sábados. Les **gustan el billar** y **el boliche**, y son verdaderos **aficionados** a **las cartas**.

el ajedrez *chess*
el billar *billiards*
el boliche *bowling*
las cartas/los naipes *(playing) cards*
los dardos *darts*
el juego de mesa *board game*
el pasatiempo *pastime*
la televisión *television*
el tiempo libre/los ratos libres *free time*
el videojuego *video game*

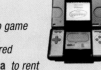

aburrirse *to get bored*
alquilar una película *to rent a movie*
brindar *to make a toast*
celebrar/festejar *to celebrate*
dar un paseo *to take a stroll/walk*
disfrutar (de) *to enjoy*
divertirse (e:ie) *to have fun*

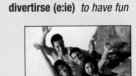

entretener(se) (e:ie) *to entertain, amuse (oneself)*
gustar *to like*
reunirse (con) *to get together (with)*
salir (a comer) *to go out (to eat)*

aficionado/a (a) *fond of; a fan (of)*
animado/a *lively*
divertido/a *fun*
entretenido/a *entertaining*

Las diversiones

recursos

CP pp. 11–12

CH pp. 17–18

CA p. 57

SUPERSITE
descubre3.
vhlcentral.com
Lección 2

 Práctica

1 **Escuchar**

 A. Mauricio y Joaquín están haciendo planes para el fin de semana. Quieren ir al cine pero no logran ponerse de acuerdo. Escucha la conversación y contesta las preguntas con oraciones completas.

1. ¿Cuándo planean ir al cine Mauricio y Joaquín?
   Planean ir al cine el sábado.
2. ¿Qué película quiere ver Joaquín?
   Joaquín quiere ver *Los invasores de la galaxia*.
3. ¿Por qué Mauricio no quiere verla? No quiere verla porque hay que hacer cola para los estrenos y no le gusta la ciencia ficción.
4. ¿Qué alternativa sugiere Mauricio?
   Mauricio sugiere ver un documental sobre el campeonato nacional de fútbol.
5. ¿Qué le pasa a Joaquín cuando mira documentales? Joaquín se aburre cuando mira documentales.

B. Ahora escucha el anuncio radial de *Los invasores de la galaxia* y decide si las oraciones son **ciertas** o **falsas**. Corrige las falsas.

1. *Los invasores de la galaxia* ya se estrenó en otros lugares. Cierto.
2. La película tuvo poco éxito en Europa.
   Falso. Fue un éxito de taquilla en Europa.
3. Si compras cuatro boletos, te regalan la banda sonora (*soundtrack*). Falso. Te regalan la banda sonora si compras cinco boletos.
4. Si te vistes de extraterrestre, te regalan un boleto para una fiesta exclusiva. Cierto.
5. El estreno de la película es a las nueve de la mañana. Falso. La taquilla abre a las nueve de la mañana.

C. En parejas, imaginen que, después de escuchar el anuncio radial, Joaquín trata de convencer a Mauricio para ir a ver *Los invasores de la galaxia*. Inventen la conversación entre Mauricio y Joaquín y compártanla con la clase.

2 **Relaciones** Escoge la palabra que no está relacionada.

1. película (estrenar / dirigir / empatar)
2. obra de teatro (boleto / campeonato / taquilla)
3. concierto (vencer / aplaudir / hacer cola)
4. juego de mesa (ajedrez / naipes / videojuego)
5. celebrar (divertirse / aburrirse / disfrutar)

---

(3) **¿Dónde están?** Indica en qué lugar están estas personas.

___e___ 1. Llegamos muy temprano, pero hay una cola enorme. No voy a comprar los boletos si los asientos están muy lejos del escenario.

___g___ 2. Hoy es el cumpleaños de mi hermana menor. En lugar de celebrarlo en casa, quiere pasar el día acá, con los tigres y los elefantes.

___d/a___ 3. Una red (*net*), una pelota amarilla y dos deportistas. ¿Cuál será la campeona?

___b___ 4. Hay máquinas que suben, bajan, dan vueltas hacia la derecha y hacia la izquierda. La más espectacular dibuja un laberinto de líneas en el aire.

___h___ 5. ¿Cómo puede ser que cuatro personas hagan tanto ruido en un campo de fútbol lleno de gente? Mi amiga se está dirvirtiendo mucho pero, ¡yo no entiendo nada de lo que cantan!

___a___ 6. Aquí casi toda la gente suda (*sweat*) y suda, menos yo. ¡Cómo me gusta nadar!

a. un club deportivo
b. un parque de atracciones
c. un cine
d. un torneo de tenis
e. una taquilla
f. una discoteca
g. un zoológico
h. un concierto de rock

(4) **Goles y fiestas** Completa la conversación.

aburrirte	celebrar	equipo
animadas	disfruten	espectadores
árbitro	divertidos	ganar
campeonato	empate	televisión

PEDRO Mario, ¿todavía estás mirando (1)___televisión___? ¿No ves que vamos a llegar tarde?

MARIO Lo siento, pero no puedo ir a la fiesta de tu amiga. Pasan un partido de fútbol.

PEDRO Pero las fiestas de mi amiga son más (2)___animadas___ y más entretenidas que cualquier partido de fútbol. Todos los partidos son iguales… Veintidós tontos corriendo detrás de una pelota, los (3)___espectadores___ gritando (*shouting*) como locos y el (4)___árbitro___ pitando (*whistling*) sin parar.

MARIO Hoy no me puedes convencer. Es la final del (5)___campeonato___ y estoy seguro de que mi (6)___equipo___ favorito va a (7)___ganar___.

PEDRO ¿Y no vas a (8)___aburrirte___, aquí solito, mientras todos tus amigos bailan?

MARIO ¡Jamás! ¡Todos vienen a ver el partido conmigo! Y después vamos a (9)___celebrar___ la victoria.

PEDRO Que (10)___disfruten___ del partido. Ya me voy… Espera, mi amiga me está llamando al celular… ¿Qué me dices, Rosa? ¿Que la fiesta es aquí en mi casa? ¿Que tú también quieres ver el partido? ¡Ay, que yo me rindo (*give up*)!

Lección 2

Comunicación

5 Diversiones

A. Sin consultar con tu compañero/a, prepara una lista de cinco actividades que crees que le gustan a él/ella. Escoge de la lista y añade tus propias ideas.

jugar al ajedrez	ir a la feria
practicar deportes en un club	jugar videojuegos
ir al estreno de una película	bailar en una discoteca
ver televisión	jugar al boliche
escuchar música clásica	salir a cenar con amigos

B. Ahora habla con tu compañero/a para confirmar tus predicciones. Sigue el modelo.

MODELO
—Creo que te gusta jugar al ajedrez.
—Es verdad, juego siempre que puedo. / —Te equivocas, me aburre. ¿Y a ti?

6 Lo mejor
En grupos de cuatro, imaginen que son editores/as de un periódico local y quieren publicar la lista anual de *Lo mejor de la ciudad*.

A. Primero, escojan las categorías que quieren premiar (*to award*).

Lo mejor de la ciudad

Mejor club deportivo _____

Mejor discoteca _____

Mejor espectáculo sobre hielo _____

Mejor lugar para jugar a los dardos _____

Mejor equipo deportivo _____

Mejor parque para pasear _____

Mejor festival de arte _____

Mejor restaurante para
celebrar un cumpleaños _____

Mejor grupo musical en vivo (*live*) _____

B. Luego preparen una encuesta (*survey*) y entrevisten a sus compañeros/as de clase. Anoten las respuestas.

C. Ahora compartan los resultados con la clase y decidan qué lugares y eventos recibirán el premio *Lo mejor*.

7 Un fin de semana extraordinario
Dos amigos/as con personalidades muy diferentes tienen que pasar un fin de semana juntos/as en una ciudad que nunca han visitado. Hacen muchas sugerencias interesantes, pero todo lo que una persona propone, la otra lo rechaza con alguna explicación absurda, y viceversa. En parejas, improvisen una conversación utilizando las palabras del vocabulario.

MODELO
—¿Vamos al circo? Todos dicen que es el espectáculo del año.
—No, me mareo (*get dizzy*) viendo a los acróbatas...

Las diversiones

LEARNING STYLES

For Auditory Learners Prepare mini-dialogues that people might have at each of the places in **Actividad 6**. (Ex: **–¿Me prestas tu raqueta? Se me olvidó la mía. –Sí, como no.**) Have pairs of students read the dialogues while the class listens and guesses where the dialogue takes place (Ex: **el club deportivo**).

For Kinesthetic Learners El teatro. Have students form groups of 5 and assign roles: 2 actors, 1 director, 1 student in charge of props, and 1 student in charge of scenery. Groups practice **Actividad 7** as a skit with props (brochures, computer printouts, etc.) and actions (gestures to show frustration, etc.). Then have groups present the skits to the class.

Teaching Tips

5 With a volunteer, model **Actividad 5** by reading the **Modelo** and then suggesting an activity that the volunteer then either accepts or rejects.

5 When students complete **Actividad 5**, ask individuals at random about their partners' favorite activities. Then ask if their initial guesses were correct.

6 To simplify, write the first few questions of the survey as a class. Encourage the class to propose questions and then write them on the board. Then have students return to their groups to create more questions for the survey.

7 During **Actividad 7**, walk around the room, pausing at each pair to listen to at least one exchange.

7 Help students to expand their responses in **Actividad 7** by having them ask each other, **¿Por qué?** after each suggestion. Ex: **–¿Vamos al circo? – ¿Por qué? –Porque todos dicen que es el espectáculo del año.**

NATIONAL STANDARDS
Communities Have students examine a local Spanish-language newspaper or one from another city. What sorts of events are advertised? What is featured in the articles? Have students choose an event they would like to attend and then invite a partner to attend with them. The partner can accept or refuse the invitation.

Contextos **45**

Section Goals

In *Fotonovela,* students will:
• practice listening to authentic dialogue
• learn functional phrases regarding humor and dating, concerts, and taking turns

Synopsis

• Johnny cheers Éric up by suggesting that he use humor to attract women.
• Mariela intends to remove the guitarist's shirt at a rock concert.
• Mariela rips open Éric's shirt and scatters buttons all over the floor.

Instructional Resources
Cuaderno de actividades,
pp. 33–34
e-Cuaderno
Supersite/DVD: *Fotonovela*
Supersite/TRCD/Print:
Fotonovela Videoscript & Translation, Answer Keys

Teaching Tips

• Pause the DVD after frames 1–5 and ask three or four comprehension questions, Ex: **¿Por qué está deprimido Éric?, ¿Qué quiere Éric?, ¿Qué le sugiere Johnny?,** etc. Proceed in the same way at the end of the episode.

---

2 FOTONOVELA

Los empleados de Facetas hablan de las diversiones. Johnny trata de ayudar a Éric. Mariela habla de sus planes.

recursos
CA
pp. 33–34

1

JOHNNY ¿Y a ti? ¿Qué te pasa?

ÉRIC Estoy deprimido.

JOHNNY Anímate, es fin de semana.

ÉRIC A veces me siento solo e inútil.

JOHNNY ¿Solo? No, hombre, yo estoy aquí; pero inútil…

2

JOHNNY Necesitas divertirte.

ÉRIC Lo que necesito es una chica. No tienes idea de lo que es vivir solo.

JOHNNY No, pero me lo estoy imaginando. El problema de vivir solo es que siempre te toca lavar los platos.

ÉRIC Las chicas piensan que soy aburrido.

3

JOHNNY No seas pesimista.

ÉRIC Soy un optimista con experiencia. Lo he intentado todo: el cine, la discoteca, el teatro… Nada funciona.

JOHNNY Tienes que contarles chistes. Si las haces reír, ¡*boom*! Se enamoran.

ÉRIC ¿De veras?

JOHNNY Seguro.

6

Mariela viene a hablar con ellos.

MARIELA ¡Los conseguí! ¡Los conseguí!

FABIOLA ¿Conseguiste qué?

MARIELA Los últimos boletos para el concierto de rock de esta noche.

FABIOLA ¿Cómo se llama el grupo?

MARIELA Distorsión. Aquí tengo el disco compacto. ¿Lo quieren oír?

FABIOLA (*mirando el reloj*) Uy, ¡qué tarde es!

7

Luego, en el escritorio de Diana…

ÉRIC Diana, ¿te puedo contar un chiste?

DIANA Estoy algo ocupada.

ÉRIC Es que se lo tengo que contar a una mujer.

DIANA Hay dos mujeres más en la oficina.

ÉRIC Temo que se rían cuando se lo cuente.

8

DIANA ¡Es un chiste!

ÉRIC Temo que se rían de mí y no del chiste.

DIANA ¿Qué te hace pensar que yo me voy a reír del chiste y no de ti?

ÉRIC No sé. Tú eres una persona seria.

DIANA ¿Y por qué se lo tienes que contar a una mujer?

ÉRIC Es un truco para conquistarlas.

Diana se ríe muchísimo.

46 *cuarenta y seis*

Lección 2

DIFFERENTIATED LEARNING

For Inclusion After showing the first half of the *Fotonovela*, encourage students to point to each still and say a phrase or sentence about the characters or scene. Affirm and then expand what each student says. Ex: **Se llama Johnny. Sí, ¿y cómo se llama su amigo? Éric está triste. Sí, ¿por qué está triste? La oficina. Sí, es la oficina. ¿Quién está en la oficina?**

For Inclusion Have groups of students read the **Fotonovela** script before viewing. Then as a class, summarize what happens in each scene.

Personajes

AGUAYO

DIANA

ÉRIC

FABIOLA

JOHNNY

MARIELA

Johnny dibuja muchos puntos en la pizarra.

JOHNNY ¿Te sabes el chiste de la fiesta de puntos? Es un clásico… Hay una fiesta de puntos… Todos están divirtiéndose y pasándola bien. Y entonces entra un asterisco… y todos lo miran asombrados. Y el asterisco les dice: —¿Qué? ¿Nunca han visto un punto despeinado?

Mariela entra con dos boletos en la mano y comienza a besarlos.

MARIELA Sí, sí. Me encanta, me encanta…

FABIOLA Te lo dije.

AGUAYO ¿Me dijiste qué?

FABIOLA Que ella no parecía muy normal.

MARIELA Deséenme suerte.

AGUAYO ¿Suerte? ¿En qué?

MARIELA Esta noche le voy a quitar la camisa al guitarrista de Distorsión.

JOHNNY No, no lo harás.

MARIELA Voy a intentarlo.

ÉRIC Si crees que es tan fácil quitarle la camisa a un tipo, ¿por qué no practicas conmigo?

Mariela intenta quitarle la camisa a Éric.

Al final del día, en la cocina…

AGUAYO ¿Alguien quiere café?

JOHNNY ¿Lo hiciste tú o sólo lo estás sirviendo?

AGUAYO Sólo lo estoy sirviendo.

JOHNNY Yo quiero una taza.

ÉRIC Yo quiero una taza.

Expresiones útiles

Talking about whose turn it is

Siempre te toca lavar los platos.
It's always your turn to wash the dishes.

A Johnny le toca hacer el café.
It's Johnny's turn to make coffee.

¿A quién le toca pagar la cuenta?
Whose turn is it to pay the bill?

¿Todavía no me toca?
Is it my turn yet?

Encouraging other people

¡Anímate! *Cheer up! (sing.)*
¡Anímense! *Cheer up! (pl.)*

No seas pesimista.
Don't be pessimistic. (sing.)

No sean pesimistas.
Don't be pessimistic. (pl.)

Wishing someone well

¡Buen fin de semana!
Have a nice weekend!

¡Pásalo bien!
Have a good time! (sing.)

¡Pásenlo bien!
Have a good time! (pl.)

¡Que te diviertas!
Have fun! (sing.)

¡Que se diviertan!
Have fun! (pl.)

Additional vocabulary

contar *to tell*
inútil *useless*
el punto *period*
el tipo *guy*
el truco *trick*

Teaching Tips

- **Expresiones útiles** Call students' attention to the expressions to encourage others and wish others well. Remind students how frequently they use these expressions and how useful they are. Then encourage students to suggest in which **Contextos** categories they might place the additional vocabulary.
- Tell students that they are responsible for all items in **Expresiones útiles** on page 47. Model the pronunciation of each item and have the class repeat. Also, practice the **Expresiones útiles** in short conversations with individual students.
- After showing the *Fotonovela* episode, divide the class into 6 groups. Assign each group a different character from the *Fotonovela*. Ask the groups to describe their character's personality and what he/she does in this episode. Then ask them to predict what types of activities their character enjoys.

LEARNING STYLES

For Auditory Learners After students watch the *Fotonovela*, shut off the television screen and play the episode a second time, so that only the auditory track plays. Then have students form small groups to summarize the episode.

For Kinesthetic Learners On strips of paper, write quotes from the **Fotonovela** script. Photocopy or draw pictures of each character and place them around the room. Give each student a strip of paper. Students read the quote and go to the picture of the character that they think said it. Then, together with the other students who arrive at that character's photo, they can use their books to check if they are correct.

1 **¿Cierto o falso?** Decide si estas oraciones son ciertas o falsas. Corrige las falsas.

Cierto Falso
- ☑ ☐ 1. Éric está deprimido.
- ☐ ☑ 2. A Éric le gusta vivir solo. A Éric no le gusta vivir solo.
- ☐ ☑ 3. Según Johnny, hay que ser serio para enamorar a las mujeres. Según Johnny, hay que contarles chistes.
- ☐ ☑ 4. Diana se ríe del chiste de Éric. Éric no logra contarle el chiste.
- ☐ ☑ 5. Fabiola quiere escuchar la música de Distorsión. Fabiola no la quiere escuchar.
- ☑ ☐ 6. Mariela quiere quitarle la camisa al guitarrista de Distorsión.
- ☐ ☑ 7. Aguayo preparó el café. Sólo lo sirve, no lo preparó él.
- ☑ ☐ 8. Johnny quiere beber café porque no lo preparó Aguayo.

2 **Seleccionar** Selecciona la respuesta que explica de qué hablan Johnny y Éric.

1. ¿Qué te pasa? → ¿Qué te pasa __c__?
   a. a Johnny   b. al fin de semana   c. a ti
2. Tienes que contarles chistes. → Les tienes que contar chistes __b__.
   a. a los amigos   b. a todas las chicas   c. a Mariela y Diana
3. Tengo que contárselo a una mujer. → Tengo que contarle a una mujer __a__.
   a. el chiste   b. el concierto de rock   c. el cuento
4. Temo que se rían cuando se lo cuente. → Temo que __b__ se rían cuando se lo cuente.
   a. Mariela y Aguayo   b. las mujeres   c. Diana, Fabiola y Mariela
5. No, pero me lo estoy imaginando. → No, pero me estoy imaginando __b__.
   a. el fin de semana   b. lo que es vivir solo   c. lavar los platos
6. ¿Lo hiciste tú o lo hizo Aguayo? → ¿Hiciste tú __c__ o lo hizo Aguayo?
   a. el boleto   b. la taza   c. el café

3 **Buscar** Busca en la Fotonovela las oraciones que expresan lo opuesto (*opposite*) a estas oraciones e indica con cuáles estás de acuerdo. Compara tus respuestas con las de un(a) compañero/a.

1. Si haces reír a las chicas, ellas creen que no eres serio.
   Si las haces reír, ¡boom! Se enamoran.
2. Las chicas piensan que soy divertido.
   Las chicas piensan que soy aburrido.
3. El problema de vivir solo es que nunca te toca lavar los platos.
   El problema de vivir solo es que siempre te toca lavar los platos.
4. Tú sí que sabes lo que es vivir solo.
   No tienes idea de lo que es vivir solo.
5. No tengo nada que hacer.
   Estoy algo ocupada.
6. Soy un pesimista con experiencia.
   Soy un optimista con experiencia.

Ampliación

④ Consejos

A. Un amigo le da consejos a Éric para salir con una chica, pero él no acepta ninguno. Lee los consejos y emparéjalos (*match them*) con las respuestas de Éric.

Consejos del amigo

- <u>d</u> 1. ¡Ve con ella al concierto de rock!
- <u>c</u> 2. Pregúntale si quiere ver el partido.
- <u>a</u> 3. Llévala al cine.
- <u>e</u> 4. Invítala al parque de atracciones.
- <u>b</u> 5. Puedes invitarla a bailar.

Respuestas de Éric

- a. Siempre me duermo viendo películas.
- b. No conozco ninguna discoteca.
- c. No me gustan los deportes.
- d. Va a mirar al guitarrista y no a mí.
- e. Las alturas (*heights*) me dan miedo.

B. En parejas, preparen cinco recomendaciones más para Éric y dramaticen la situación: uno/a de ustedes es Éric y la otra persona es su amigo/a. Luego intercambien los papeles.

⑤ Apuntes culturales En parejas, lean los párrafos y contesten las preguntas.

Piropos para enamorar

Johnny le asegura a Éric que para enamorar a las chicas hay que hacerlas reír. En el mundo hispano, los hombres suelen decirles a las mujeres 'piropos' (*compliments*) graciosos. ¿Piensas que Éric tendrá éxito con este piropo? *"Si la belleza fuera pecado (sin), tú ya estarías en el infierno."*

La mejor taza de café

A Éric y a Johnny no les gusta el café que prepara Aguayo. Ellos lo prefieren más intenso… ¡a lo cubano! En Cuba, el café se toma fuerte, con mucha azúcar y se sirve en pequeñas tazitas (*little cups*). No puede faltar en el desayuno, ni después de las comidas. No le vendría nada mal al jefe una receta de **café cubano**, ¿verdad?

El rock mexicano

Mariela está contenta porque consiguió boletos para un concierto de rock. El rock mexicano se caracteriza por la riqueza de estilos producida por la fusión con otros ritmos como boleros, corridos, rancheras, reggae y jazz. **Maldita Vecindad, Café Tacuba** y **Maná** son algunas de las bandas más populares en la actualidad.

Café Tacuba

1. ¿Existen expresiones similares a los piropos en tu cultura? Da ejemplos.
2. En tu país, ¿cómo se toma el café? ¿Cuándo se lo toma? ¿Cómo te gusta a ti?
3. ¿Conoces a otros músicos mexicanos y del mundo hispano? ¿A qué género pertenece su música?
4. ¿Fuiste alguna vez a un concierto de rock? ¿A qué banda o cantante viste?

For Auditory Learners Have students write a sentence about their favorite pastime (Ex: **Me gusta jugar al básquetbol todos los días. Me gusta escuchar al grupo Los Lonely Boys en mi auto.**). Ask students to put their sentences in a bag. Read the sentences aloud to the class and have students guess who wrote each one.

For Visual Learners After pairs complete **Actividad 5**, have them share their answers with the class. Encourage volunteers to come to the board to make charts and graphs for each answer (Ex: 1. a T-chart of **piropos** from different cultures; 2. a bar graph of how many students like coffee; 3. a T-chart of Hispanic musicians and their genres; 4. a bar graph of how many students have gone to rock concerts, etc.).

Teaching Tips
④ Part A: Have students make up **respuestas** for Éric.

⑤ Have students work in pairs to create a dialogue in which Éric tries to use **piropos** to pick up a girl he does not know. Have volunteers share their dialogues with the class. Here are other examples: **¿De qué juguetería te escapaste, muñeca? ¡Quién fuera reloj para ser dueño de tu tiempo!**

- Play a song or music video from a popular Mexican rock band. Encourage students to share their impressions of the music. Example: **¿Les gustaría ir a un concierto de este grupo? ¿Dónde se toca esta música? ¿Es parecida al rock de tu país? ¿Por qué?** If possible, download or write the lyrics to the song before playing it for the students. Then after they've listened and discussed, play the game **Letras desaparecidas**: Print the lyrics, leaving out a few words in each line. Give each student a copy. Play the song several times while students try to fill in the missing lyrics. Then as a class, read the lyrics aloud, having volunteers say the missing lyrics.

NATIONAL STANDARDS
Connections: Music Have students research the musical styles mentioned in the note on **el rock mexicano (boleros, corridos,** and **rancheras)**. Have them explain the characteristics of each style and, if possible, play samples of each.

Section Goals

In **Enfoques,** students will:
- read about important happenings in Mexican cinema
- learn about Mexican actor Gael García Bernal and singer Lila Downs
- be introduced to vocabulary from different Spanish-speaking countries

Instructional Resources
Cuaderno para hispanohablantes, p. 20
Vista Higher Learning
Cancionero
Supersite/DVD: *Flash cultura*
Supersite: *Flash cultura*
Videoscript & Translation

Teaching Tips
- To simplify, remind students to read the article three times, once for general comprehension, once slowly, looking up important unknown words, and once more for complete comprehension.
- If there are heritage speakers in the class, ask them if they are familiar with Mexican cinema and if they have any recommendations.

En detalle

MÉXICO

El nuevo CINE MEXICANO

Salma Hayek

México vivió la época dorada de su cine en los años cuarenta. Pasada esa etapa°, la industria cinematográfica mexicana perdió fuerza. Ha tardado casi medio siglo en volver a brillar, pero ahora ha vuelto al panorama internacional con gran vigor°.

Este resurgir°, en parte, se debe al apoyo que las instituciones gubernamentales han dado al mundo del cine; pero, en gran medida, se debe al trabajo de una nueva generación de creadores que ha logrado triunfar en las pantallas de todo el mundo.

En 1992, *Como agua para chocolate* de Alfonso Arau batió° récords de taquilla. Esta película, que puso en imágenes el realismo mágico que tanto éxito tenía en la literatura, despertó el interés por el cine mexicano. Las películas empezaron a disfrutar de una mayor distribución y muchos directores y actores se convirtieron en estrellas internacionales.

El éxito también se vio reflejado en el dinero recaudado° y en las nominaciones y los premios° recibidos. Hoy día, los rostros° de Salma Hayek, Gael García Bernal y Diego Luna, entre otros, pueden verse no sólo en el cine, sino también en revistas y programas de televisión de todo el mundo. Muchos artistas alternan su trabajo entre Estados Unidos y México. En el año 2000, el enorme éxito de *Amores perros* impulsó la carrera de su director, Alejandro González Iñárritu, que poco tiempo después dirigió *21 Grams* en tierras estadounidenses. Otro director que trabaja en los dos países es Alfonso Cuarón. Después del éxito alcanzado° con *Y tu mamá también,* dirigió la tercera película de *Harry Potter.* La nueva generación de artistas mexicanos está demostrando que está preparada para enfrentar los retos° del futuro y reclamar su puesto en el cine mundial. ∎

Alejandro González Iñárritu

Algunas películas premiadas

Como agua para chocolate Premio Ariel	**La ley de Herodes** Sundance – Premio al Cine Latinoamericano		**Y tu mamá también** Venecia–Mejor Guión	
1992	**1996**	**2000**	**2001**	**2003**
	El callejón de los milagros Premio Goya	**Amores perros** Chicago – Hugo de Oro a la Mejor Película		**El crimen del Padre Amaro** Premio Ariel a la Mejor Película

etapa *era* **vigor** *energy* **resurgir** *revival* **batió** *broke* **recaudado** *collected* **premios** *awards* **rostros** *faces* **alcanzado** *reached* **retos** *challenges*

AP PREPARATION

Formal Composition, Cultural Awareness Read **El nuevo cine mexicano** and then show a film clip from ***Como agua para chocolate***. Talk to students in Spanish about **el realismo mágico**. Explain that we can experience magic realism in literature, art, and film. Now say: **Hemos hablado del realismo** mágico en el arte. Basándote en lo que has aprendido, escribe un ensayo de unas 200 palabras para comentar los elementos del realismo mágico en las escenas que hemos visto de *Como agua para chocolate*.

ASÍ LO DECIMOS

Las diversiones

chido/a (Méx.) *cool*
copado/a (Arg.) *cool*
está que mola (Esp.) *cool*
bacanal (Nic.) *cool*

salir de parranda *go out and have fun*
rumbear (Ven.) *go out and have fun*
farandulear (Col.) *go out and have fun*

la rola (Nic. y Méx.) *song*
el tema (Arg.) *song*

EL MUNDO HISPANOHABLANTE

Los premios de cine

Cada año, distintos países hispanoamericanos premian las mejores películas nacionales y extranjeras.

En México, el premio **Ariel** es la máxima distinción otorgada° a los mejores trabajos cinematográficos mexicanos. La estatuilla° representa el triunfo del espíritu y el deseo de ascensión.

En España, el premio más prestigioso es el **Goya**. La Academia de Artes y Ciencias Cinematográficas de España entrega estos premios a producciones nacionales en un festival en Madrid. La estatuilla recibe ese nombre por el pintor Francisco de Goya.

Susana Zabaleta recibe el premio Ariel.

En Argentina, el Festival de Cine Internacional de Mar del Plata premia películas nacionales e internacionales. El galardón° se llama **Astor** en homenaje al compositor de tango Astor Piazzola, quien nació en la ciudad de Mar del Plata.

En Cuba, el Festival Internacional de La Habana entrega los premios **Coral**. Aunque predomina el cine latinoamericano, el festival también convoca a producciones de todas partes del mundo.

PERFIL

GAEL GARCÍA BERNAL

Gael García Bernal es una de las figuras más representativas del cine mexicano contemporáneo. Empieza a actuar en el teatro con tan sólo cinco años, de la mano de sus padres, también actores. Pasa pronto a trabajar en telenovelas°. Siendo adolescente, Gael entra en el mundo del cine. Su intuición y su talento lo llevan a renunciar a la fama fácil y, a los diecisiete años, se va a Londres para estudiar arte dramático. Tres años después, regresa a México lleno de confianza y no se asusta° a la hora de representar ningún papel, por controvertido o difícil que sea. A partir de ese momento, participa en algunas de las películas más emblemáticas del cine en español de los últimos años: *Amores perros*, *Y tu mamá también* y *Diarios de motocicleta*. Actualmente, Gael trabaja también del otro lado de las cámaras como director y productor, y participa activamente en la promoción del cine mexicano.

> « Es muy importante que el cine latino se mantenga muy específico, pero que al mismo tiempo sus temas sean universales. » (Alfonso Cuarón)

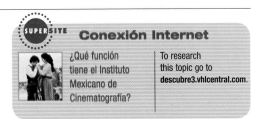

SUPERSITE Conexión Internet

¿Qué función tiene el Instituto Mexicano de Cinematografía?

To research this topic go to **descubre3.vhlcentral.com**.

telenovelas *soap operas* **no se asusta** *doesn't get scared*
otorgada *given* **estatuilla** *statuette* **galardón** *award*

Teaching Tips

① Ask students to write two more true/false statements and exchange them with a partner.

③ For an additional comprehension check, ask related questions about each activity item. Ex: 1. **¿En qué país se da el premio Goya? ¿Y el Ariel?** 2. **¿Qué premio de cine se da en Madrid (España)? ¿Y en Argentina?**

• To simplify, before students begin **Actividad 3**, have the class brainstorm a list of what to remember when writing complete sentences; Ex: subject/verb agreement, noun/adjective agreement, proper use of articles and objects, etc.

④ Before students begin **Actividad 4**, as a class, skim the article for traits of international films. List these on the board. Then ask volunteers to share other traits that they know from their own film-watching experience.

• **For Inclusion** To simplify the **Proyecto**, encourage students to download or draw images of an actor or actress and list important information about him/her in a collage-type presentation. Have students include at least 5 new vocabulary words in their biographies.

NATIONAL STANDARDS
Connections: Media Have students go to the Web site for the **Academia Mexicana de Artes y Ciencias Cinematográficas** to read biographies of other directors and actors in Mexican cinema. Have them make short presentations to the class about what they learn.

---

recursos
CH
p. 20

¿Qué aprendiste?

① ¿Cierto o falso? Indica si estas afirmaciones son **ciertas** o **falsas**. Corrige las falsas.

1. La época dorada del cine mexicano fue en los años cincuenta. **Falso.** La época dorada del cine mexicano fue en los años cuarenta.
2. El gobierno mexicano ha apoyado los nuevos proyectos de cine. **Cierto.**
3. El director de *Como agua para chocolate* es Diego Luna. **Falso.** El director de *Como agua para chocolate* es Alfonso Arau.
4. El éxito de *Como agua para chocolate* despertó el interés por el cine mexicano. **Cierto.**
5. Los artistas mexicanos van a Estados Unidos y no vuelven a trabajar en su país. **Falso.** Los artistas mexicanos normalmente alternan su trabajo entre Estados Unidos y México.
6. La película *Amores perros* es del año 2002. **Falso.** La película *Amores perros* es del año 2000.
7. Alfonso Cuarón dirigió *21 Grams*. **Falso.** González Iñárritu dirigió *21 Grams*.
8. *Amores Perros* y *El crimen del Padre Amaro* ganaron premios internacionales en el año 2000. **Falso.** *Amores perros* y *La ley de Herodes* ganaron premios internacionales en el año 2000.

② Completar Completa las oraciones.

1. Los premios del Festival Internacional de La Habana se llaman __Coral__.
2. Los premios Ástor se entregan en __Mar del Plata__.
3. El premio más prestigioso de España es el __Goya__.
4. A los jóvenes venezolanos les gusta salir a __rumbear__.

③ Preguntas Contesta las preguntas con oraciones completas.

1. ¿A qué se dedican los padres de Gael García Bernal? Los padres de Gael García Bernal también son actores.
2. ¿A qué edad comenzó a trabajar como actor Gael García Bernal? Comenzó a trabajar como actor cuando tenía cinco años.
3. ¿Qué hizo en Londres Gael García Bernal? Estudió arte dramático.
4. ¿Gael García Bernal evita los papeles controvertidos? No, no teme actuar en papeles controvertidos o difíciles.
5. ¿Qué otras actividades relacionadas con el cine realiza Gael García Bernal además de actuar? También es director y productor, y trabaja para promover el cine mexicano.
6. Según Alfonso Cuarón, ¿cómo deben ser los temas del cine latino? Los temas deben ser específicos y al mismo tiempo universales.
7. ¿Crees que es positivo que directores y actores de habla hispana se muden (*move*) a Hollywood? ¿Por qué? Answers will vary.
8. Cuando decides ver una película, ¿qué factor tienes en cuenta (protagonistas, premios recibidos, director, idioma, etc.)? ¿Por qué? Answers will vary.

④ Opiniones En parejas, escriban en qué se diferencian y en qué se parecen el cine de Hollywood y el cine internacional.

Diferente	Igual

PROYECTO

María Félix

Durante la época de oro del cine mexicano, actores como María Félix o Pedro Infante y directores como Emilio Fernández e Ismael Rodríguez —y también el español Luis Buñuel— llevaron el acento mexicano más allá de sus fronteras.

Busca información sobre uno de estos artistas y escribe una biografía de tres párrafos.

Debes incluir:

• datos biográficos

• trabajos principales de la artista

• contribución al cine mexicano

Siguiendo el estilo usado en el perfil de Gael García Bernal, escribe tu texto usando los tiempos del presente.

CRITICAL THINKING

Application and Analysis Have students who have seen the films mentioned in the article form a small group with students who have not seen the film. Groups write a 5–10 sentence summary of the film. Students who have seen the film dictate; the other members of the group record and correct the summary.

Synthesis and Evaluation Ask students to reread the paragraph about **premios**. Have student pairs name, set standards for, and award their own film prize to their favorite movie. Have a class sharing in the style of the Oscars.

Lila Downs

La popularidad en América Latina, Estados Unidos y Europa llevó a **Lila Downs** a la gran pantalla°. *Burn it blue*, de la banda de sonido de *Frida*, fue nominada para un Oscar como mejor canción en 2003. Downs nació en Oaxaca, un estado al sur de México, pero ha pasado su vida entre su país natal y los Estados Unidos. Downs, hija de una cantante indígena mixteca° y un profesor estadounidense de arte y cine, se mantiene fiel a sus raíces biculturales fusionando ritmos de sus dos mundos. De niña, cantaba canciones rancheras° sólo para su madre pero, más tarde, se dio cuenta de que necesitaba expresarse con el canto. Downs compone sus propias canciones aunque también son muy famosas sus interpretaciones de canciones tradicionales de la región mesoamericana: "Me siento comprometida con estas canciones porque son el alma de mi tierra".

Discografía

2006 La cantina   **2004** Una Sangre - One Blood   **2001** Border (La Línea)

Canción

Éste es un fragmento de la canción que tu instructor te hará escuchar.

La Bamba
Tradicional/Paul Cohen/Lila Downs

Para bailar la bamba se necesita,
Una poca de gracia y otra cosita,
Ay arriba, arriba y arriba iré,
Yo no soy marinero ni lo seré.
Se lo pido a mi amigo de compasión,
Que se acabe la bamba,
Y venga otro son°.

La Bamba es el 'son jarocho' más popular de Veracruz y es el resultado del profundo mestizaje de esta región mexicana. Se dice que los primeros versos se escribieron a finales del siglo XVII. Una versión dice que la palabra 'bamba' evoca una antigua región africana del Congo, de donde provenían muchos esclavos.

 Preguntas En parejas, contesten las preguntas.   Some answers will vary.

1. ¿Por qué Downs es considerada una artista bicultural? ¿Qué tipo de canciones canta?
Porque es hija de una indígena mixteca y un estadounidense y su música fusiona dos mundos.
2. ¿Qué se necesita para bailar La Bamba?
Se necesita una poca de gracia.
3. ¿Por qué la canción de La Bamba es tan popular? ¿De dónde proviene?
Proviene de Veracruz a finales del siglo XVII.
4. ¿Conocen otras canciones que sean tan populares como La Bamba?
¿Quiénes las interpretan?

pantalla *screen* **mixteca** *Mixtec* **rancheras** *popular music from Mexico* **son** *a type of song*

Comprehension and Synthesis Students make a word web of Lila Downs. Outer circles should include words and phrases from the article. Have a class sharing and record students' ideas in a giant word web on chart paper or the board.

Synthesis and Evaluation Pairs pick one of Lila Downs's songs to critique. As a class, determine standards for critiquing songs, such as **resumen de la canción, calidad de la música, calidad de las letras,** etc. Pairs then write a 5- to 10-sentence critique to share.

2.1 Object pronouns

• Pronouns are words that take the place of nouns. Direct object pronouns directly receive the action of the verb. Indirect object pronouns identify *to whom* or *for whom* an action is done.

Indirect object pronouns		Direct object pronouns	
me	nos	me	nos
te	os	te	os
le	les	lo/la	los/las

Position of object pronouns

• Direct and indirect object pronouns (**los pronombres de complemento directo e indirecto**) precede the conjugated verb.

INDIRECT OBJECT

Carla siempre **me** da entradas para el teatro.
Carla always gives me tickets to the theater.

No **le** compro más juegos de mesa.
I'm not buying him any more board games.

DIRECT OBJECT

Ella **las** consigue gratis.
She gets them for free.

Nunca **los** juega.
He never plays them.

• When the verb is an infinitive construction, object pronouns may either be attached to the infinitive or placed before the conjugated verb.

INDIRECT OBJECT

Necesitamos pedir**le** un favor.
Le necesitamos pedir un favor.

Tienes que hablar**nos** de la película.
Nos tienes que hablar de la película.

DIRECT OBJECT

Voy a hacer**lo** enseguida.
Lo voy a hacer enseguida.

Van a ver**la** mañana.
La van a ver mañana.

• When the verb is progressive, object pronouns may either be attached to the present participle or placed before the conjugated verb.

INDIRECT OBJECT

Pedro está cantándo**me** una canción.
Pedro **me** está cantando una canción.

DIRECT OBJECT

Está cantándo**la** muy mal.
La está cantando muy mal.

Double object pronouns

- The indirect object pronoun precedes the direct object pronoun when they are used together in a sentence.

  Me mandaron **los boletos** por correo.　▶　**Me los** mandaron por correo.

  Te exijo **una respuesta** ahora mismo.　▶　**Te la** exijo ahora mismo.

- **Le** and **les** change to **se** when they are used with **lo, la, los,** or **las**.

  Le da **los libros** a Ricardo.　▶　**Se los** da.

  Le enseña **las invitaciones** a Elena.　▶　**Se las** enseña.

Prepositional pronouns

Prepositional pronouns			
mí *me; myself*	**él** *him; it*	**nosotros/as** *us; ourselves*	**ellos** *them*
ti *you; yourself*	**ella** *her; it*		**ellas** *them*
Ud. *you; yourself*	**sí** *himself;*	**vosotros/as** *you; yourselves*	**sí** *themselves*
	herself; itself	**Uds.** *you; yourselves*	

¡ATENCIÓN!

When object pronouns are attached to infinitives, participles, or commands, a written accent is often required to maintain proper word stress.

Infinitive
cantármela

Present participle
escribiéndole

Command
acompáñeme

For more information on using object pronouns with commands, see **4.2, p. 140**.

- Prepositional pronouns function as the objects of prepositions. Except for **mí, ti**, and **sí**, these pronouns are the same as the subject pronouns.

  ¿Qué piensas de **ella**?　　　　¿**Lo** compraron para **mí** o para Javier?

  Ellos sólo piensan en **sí mismos**.　Lo compramos para **él**.

- The indirect object can be repeated with the construction **a** + *[prepositional pronoun]* to provide clarity or emphasis.

  ¿Te gusta aquel cantante?　　　¡**A mí** me fascina!

  ¿A quién se lo dieron?　　　　Se lo dieron **a ella**.

- When a third person subject refers to himself, herself, or itself, the pronoun **sí** is used. In this case, the adjective **mismo(s)/a(s)** is usually added to clarify the object.

  José se lo regaló a **él**.　　　　José se lo regaló a **sí mismo**.
  José gave it to him (someone else).　*José gave it to himself.*

- When **mí, ti**, and **sí** are used with **con**, they become **conmigo, contigo**, and **consigo**.

  ¿Quieres ir **conmigo** al parque de atracciones?
  Do you want to go to the amusement park with me?

  Laura siempre lleva su computadora portátil **consigo**.
  Laura always brings her laptop with her.

- These prepositions are used with **tú** and **yo** instead of **mí** and **ti**: **entre, excepto, incluso, menos, salvo, según**.

  Todos están de acuerdo **menos tú y yo**.　**Entre tú** y yo, Juan me cae mal.
  Everyone is in agreement except　　　*Between you and me, I can't*
  you and me.　　　　　　　　　*stand Juan.*

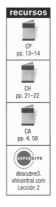

recursos

CP
pp. 13–14

CH
pp. 21–22

CA
pp. 4, 58

SUPERSITE
descubre3.
vhlcentral.com
Lección 2

Teaching Tips

- To simplify, write each example on the board. Then give two volunteers different colored chalk. Ask one volunteer to circle the indirect object and the other to circle the direct object. Then as a class, rewrite the examples using pronouns, having the volunteers return to the board to write the indirect and direct object pronouns in the corresponding colors. Continue with more examples until all students have had a turn at the board.

- **¡Atención!** Remind students: When object pronouns are attached to infinitives, participles, or commands, a written accent is often required to maintain proper word stress.
  Infinitive: **cantármela**
  Present participle: **escribiéndosela**
  Imperative: **acompáñeme**

- For more information on using object pronouns with commands, see **4.2**, p. 140.

- Teach students the mnemonic device "ID" in order to remember that indirect object pronouns always precede direct object pronouns.

- Point out that **mismo(s)/a(s)** may be used with any prepositional pronoun, not just the third person (Ex: **Hablo de mí misma.**).

LEARNING STYLES

For Visual Learners Ask pairs to choose 2–3 sentences from page 55 to illustrate in comic strip style with captions and/or dialogue. For example: **Me los mandaron por correo** could be illustrated with two scenes: 1. A ticket agent putting tickets into an envelope. 2. A student receiving tickets in the mail.

For Kinesthetic Learners If possible, go to the gymnasium or outside to play a game of soccer or basketball. If not, use a soft foam ball to play catch in the classroom. Students must say: **Tim, dámela / Lisa, pásamela**, etc. before they receive the ball.

SUPERSITE Práctica

1 Dos buenas amigas Dos mujeres, Rosa y Marina, están en un café hablando de unos conocidos. Selecciona las personas de la lista que corresponden a los pronombres subrayados (*underlined*).

a Antoñito	a mí
a Antoñito y Maite	a nosotras
a Maite	a ti
a ustedes	

ROSA Siempre lo veo bailando en la discoteca Club 49.
1. ___a Antoñito___

MARINA ¿Te saluda?
2. ___a ti___

ROSA Nunca. Yo creo que no me saluda porque tiene miedo de que se lo diga a su novia.
3. ___a mí___

MARINA ¿Su novia? Hace siglos que no sé nada de ella. Un día de éstos la tengo que llamar.
4. ___a Maite___

ROSA ¿Quieres que los invitemos a ir con nosotras a la fiesta del viernes?
5. ___a Antoñito y Maite___

MARINA Sí. Es una buena idea. A ver qué nos dice Antoñito de su afición a las discotecas.
6. ___a nosotras___

2 Entre hermanos Completa las oraciones con una de estas expresiones: **conmigo, contigo, consigo**.

FEDERICO Ya estamos otra vez, Sara. ¿Por qué siempre tengo que estar 1) ___contigo___ ? ¡Nunca lo pasamos bien juntos!

SARA ¿Y tú qué crees? ¿Que yo me divierto (2) ___contigo___ ?

FEDERICO ¡Pero eres tú la que siempre quieres salir (3) ___conmigo___ los fines de semana!

SARA Yo no quiero salir (4) ___contigo___ , ¡el problema es que papá no quiere que yo salga sola! Así que si no salgo (5) ___contigo___ , ¡no salgo nunca!

FEDERICO ¿Y si salieras con nuestra prima Olivia?

SARA ¿Olivia? A ella sólo le gusta estar (6) ___consigo___ misma. Se aburre con los demás.

3 Una fiesta muy ruidosa Martín y Luisa han organizado una fiesta muy ruidosa (*noisy*) en su casa y un vecino ha llamado a la policía. El policía les aconseja lo que deben hacer para evitar más problemas. Reescribe los consejos cambiando las palabras subrayadas por los pronombres de complemento directo e indirecto correctos.

1. Traten amablemente a la policía. Trátenla amablemente.
2. Tienen que pedirle perdón a sus vecinos. Tienen que pedírselo./Se lo tienen que pedir.
3. No pueden contratar a un grupo musical sin permiso. No pueden contratarlo sin permiso./No lo pueden contratar sin permiso.
4. Tienen que poner la música muy baja. Tienen que ponerla muy baja./La tienen que poner muy baja.
5. No deben servirles bebidas alcohólicas a los menores de edad. No deben servírselas./No se las deben servir.
6. No pueden organizar fiestas nunca más. No pueden organizarlas nunca más./No las pueden organizar nunca más.

Comunicación

 4 ¿En qué piensas? Piensa en algunos de los objetos típicos que ves en la clase o en tu casa (un cuadro, una maleta, un mapa, etc.). Tu compañero/a debe adivinar el objeto que tienes en mente haciéndote preguntas con pronombres.

> **MODELO** Tú piensas en: un libro
> —Estoy pensando en algo que uso para estudiar.
> —¿Lo usas mucho?
> —Sí, lo uso para aprender español.
> —¿Lo compraste?
> —Sí, lo compré en una librería.

 5 La fiesta En parejas, túrnense para contestar las preguntas usando pronombres de complemento directo o indirecto según sea necesario.

1. ¿Te gusta organizar fiestas? ¿Cuándo fue la última vez que organizaste una? ¿Por qué la organizaste?
2. ¿Invitaste a muchas personas? ¿A quiénes invitaste?
3. ¿Qué tipo de música escucharon? ¿Bailaron también?
4. ¿Qué les ofreciste de comer a los invitados en tu fiesta?
5. ¿Trajeron algo? ¿Qué trajeron? ¿Para quién?

 6 Fama María Estela Pérez es una actriz de cine que debe encontrarse con sus fans pero, como no sabe dónde dejó su agenda, no recuerda a qué hora es el encuentro. En grupos de cuatro, miren la ilustración e inventen una historia inspirándose en ella. Utilicen por lo menos cinco pronombres de complemento directo y/o indirecto.

 7 Una persona famosa En parejas, escriban una entrevista con una persona famosa. Utilicen estas cuatro preguntas y escriban cuatro más. Incluyan pronombres en las respuestas. Después, representen la entrevista delante de la clase.

> **MODELO** —¿Quién prepara la comida en tu casa?
> —Mi cocinero la prepara.

1. ¿Visitas frecuentemente a tus amigos/as?
2. ¿Ves mucho la televisión?
3. ¿Quién conduce tu auto?
4. ¿Preparas tus maletas cuando viajas?
5. ¿Evitas a los fotógrafos?

Las diversiones

Teaching Tips

4 To simplify, have a class brainstorming of sentence forms students can use to describe objects. Ex: **Estoy pensando en algo que uso para… Es algo que es grande/ pequeño/blanco/ negro…**

4 As a variant, divide the class into two teams and play the same game. You may wish to have students draw from a bag of names to ensure that masculine and feminine, singular and plural object pronouns are used.

Have students play the game again, but this time describing and guessing celebrities. Again, encourage students to choose males, females, couples, and musical groups so that they can practice all object pronoun forms.

5 Call on students to summarize their partners' responses.

5 Have students work in pairs to create three more questions with direct and indirect pronouns. Then have them trade questions with another pair and answer them.

7 Preview the exercise by asking students similar questions about their own life.

LEARNING STYLES

For Auditory Learners For **Actividad 7,** have students keep the identity of the celebrity a secret. Then have pairs read their interviews for the class. Students then try to guess the celebrity their classmates have interviewed.

For Visual Learners Share answers to **Actividad 5** as a class and then divide the class into five groups to record the answers to each question in bar graphs. For example, the vertical axis of the graph lists numbers of students. The horizontal axis lists **estudiantes que organizan fiestas, hace una semana, hace un mes, hace un año, nunca, para un cumpleaños, para divertirnos,** etc. Have a class sharing of the completed graphs.

Teaching Tips
• Elicit from students the English meaning of **gustar**, **encantar**, and **molestar**, and ask them to explain how they are used (with indirect object pronouns).
• Briefly review indirect object pronouns and remind students that they describe to whom or for whom an action is performed. See **2.1**, page 54.
• Explain that subject pronouns like **yo** are rarely used with verbs like **gustar**. Point out that *Yo* **me gusta** is never correct.

Extra Practice Ask students to each bring in one object for each of the five senses, Ex: a CD, pictures, food, a DVD, photos, books, etc. Have pairs of students take turns showing each other their objects and commenting on them using **Me gusta/encanta/molesta porque…** Have students change partners as often as time allows.

2.2 *Gustar* and similar verbs

Me encanta el grupo Distorsión.

No me gusta nada la música rock.

Using the verb *gustar*

• Though **gustar** is translated as *to like* in English, its literal meaning is *to please*. **Gustar** is preceded by an indirect object pronoun indicating *the person who is pleased*. It is followed by a noun indicating *the thing that pleases*.

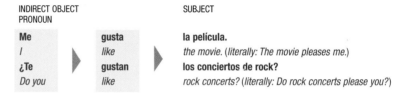

INDIRECT OBJECT PRONOUN		SUBJECT
Me *I*	**gusta** *like*	**la película.** *the movie. (literally: The movie pleases me.)*
¿Te *Do you*	**gustan** *like*	**los conciertos de rock?** *rock concerts? (literally: Do rock concerts please you?)*

• Because *the thing that pleases* is the subject, **gustar** agrees in person and number with it. Most commonly the subject is third person singular or plural.

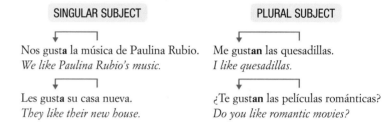

SINGULAR SUBJECT	PLURAL SUBJECT
Nos gust**a** la música de Paulina Rubio. *We like Paulina Rubio's music.*	Me gust**an** las quesadillas. *I like quesadillas.*
Les gust**a** su casa nueva. *They like their new house.*	¿Te gust**an** las películas románticas? *Do you like romantic movies?*

• When **gustar** is followed by one or more verbs in the infinitive, the singular form of **gustar** is always used.

No nos **gusta** llegar tarde.
We don't like to arrive late.

Les **gusta** cantar y bailar.
They like to sing and dance.

• **Gustar** is often used in the conditional (**me gustaría**, etc.) to soften a request.

Me **gustaría** un refresco con hielo, por favor.
I would like a soda with ice, please.

¿Te **gustaría** salir a cenar esta noche conmigo?
Would you like to go out to dinner with me tonight?

DIFFERENTIATED LEARNING

To Challenge Students Give pairs of students a children's book in Spanish. Have them read it and write a critique of it for the class. Their critiques should include a summary of the book, an analysis of the writing and illustration style, and recommendation for age and type of children who would enjoy it. Students should use **gustar** and similar verbs at least five times in their critiques.

For Inclusion Have students make three signs: **me gusta, no me gusta**, and one other of their choosing; Ex: **me molesta**, etc. Hold up magazine pictures of actors, actresses, movies, musicians, etc. Students respond by holding up their signs. Encourage students to read their signs as well.

Verbs like *gustar*

- Many verbs follow the same pattern as **gustar**.

aburrir *to bore*	**hacer falta** *to miss*
caer bien/mal *to (not) get along well with*	**importar** *to be important to; to matter*
disgustar *to upset*	**interesar** *to be interesting to; to interest*
doler *to hurt; to ache*	**molestar** *to bother; to annoy*
encantar *to like very much*	**preocupar** *to worry*
faltar *to lack; to need*	**quedar** *to be left over; to fit (clothing)*
fascinar *to fascinate; to like very much*	**sorprender** *to surprise*

¡Me fascina el álbum!
I love the album!

¿Te molesta si voy contigo?
Will it bother you if I come along?

A Sandra **le disgusta** esa situación.
That situation upsets Sandra.

Le duelen las rodillas.
Her knees hurt.

- The indirect object can be repeated using the construction **a** + [*prepositional pronoun*] or **a** + [*noun*]. This construction allows the speaker to emphasize who is pleased, bothered, etc.

A ella no le gusta bailar, pero **a él** sí.
She doesn't like to dance, but he does.

A Felipe le molesta ir de compras.
Shopping bothers Felipe.

- **Faltar** expresses what someone lacks and **quedar** what someone has left. **Quedar** is also used to talk about how clothing fits or looks on someone.

Le falta dinero.
He's short of money.

Me faltan dos pesos.
I need two pesos.

Nos quedan cinco libros.
We have five books left.

Esa falda **te queda** bien.
That skirt fits you well.

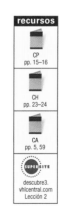

¿Qué te hace falta en la vida?

Discoteca Paladio

recursos
CP pp. 15–16
CH pp. 23–24
CA pp. 5, 59
SUPERSITE descubre3. vhlcentral.com Lección 2

Teaching Tips

- Ask the class to identify the verbs they already know. List them in one column on the board. Have volunteers go to the board to write sample sentences using the familiar verbs. Then ask the class to list the verbs that are new to them. Give examples using the unfamiliar verbs.
- Ask questions about students and have volunteers answer. Ex: **¿A quién le aburre bailar?** Student response: **A James le aburre bailar.** Continue until you have asked a question about each student or used all the verbs from the list.
- Point out that the reflexive verb **quedarse** (*to stay*) has a different meaning from **quedar** (*to fit, to arrange to meet*).
- **Extra Practice** and **Technology Connection** For additional practice with **gustar** and similar verbs, go to **descubre3.vhlcentral.com**.

LEARNING STYLES

For Auditory Learners Hold up an object (CD, food, book, DVD, picture, etc.) and ask, for example: **¿A quiénes les gusta la manzana?** Have students raise their hands to show that they like it. Be sure to use as many different verbs as possible.

For Kinesthetic Learners Play Charades. Divide the class into two teams. Each team sends one member to the front of the room. You secretly show each member a phrase to act out; Ex: **me aburre el libro**—the student pretends to be bored reading a book. The first team to guess the phrase wins a point. Play until all students have had a turn pantomiming. The team with the most points wins.

 **Práctica**

(1) Completar Los hermanos Miguel y César comparten un cuarto y tienen algunos problemas. Hoy se han reunido para discutirlos. Completa su conversación con la forma correcta de los verbos entre paréntesis.

MIGUEL Mira, César, a mí (1) _me encanta_ (encantar) compartir el cuarto contigo, pero la verdad es que (2) _me preocupan_ (preocupar) algunas cosas.

CÉSAR De acuerdo. A mí también (3) _me disgustan_ (disgustar) algunas cosas de ti.

MIGUEL Bueno, para empezar no (4) _me gusta_ (gustar) que pongas la música tan alta cuando vienen tus amigos. Tus amigos (5) _me caen_ (caer) muy bien pero, a veces, hacen mucho ruido y no me dejan estudiar.

CÉSAR Sí, claro, lo entiendo. Pues mira, Miguel, a mí (6) _me molesta_ (molestar) que traigas comida al cuarto y que luego dejes los platos sucios en el suelo.

MIGUEL Es verdad. Pues... vamos a intentar cambiar estas cosas. ¿Te parece?

CÉSAR ¡(7) _Me fascina_ (fascinar) la idea! Yo bajo el volumen de la música cuando vengan mis amigos y tú no comas en el cuarto ni dejes los platos sucios en el suelo. ¿De acuerdo?

(2) Preguntar Túrnense para hacerse preguntas sobre estos temas siguiendo el modelo.

MODELO a tu padre / fascinar

—¿Qué crees que le fascina a tu padre?
—Pues, no sé. Creo que le fascina dormir.

1. al presidente / preocupar
2. a tu hermano/a / encantar
3. a ti / faltar
4. a tus padres / gustar
5. a tu profesor(a) de español / disgustar
6. a tu mejor amigo/a / importar
7. a tus amigos / molestar
8. a tu compañero/a de clase / aburrir

(3) Conversar En parejas, pregúntense si les gustaría hacer las actividades relacionadas con las fotos. Utilicen los verbos **aburrir, disgustar, encantar, fascinar, interesar y molestar**. Sigan el modelo.

MODELO —¿Te molestaría ir al parque de atracciones?
—No, me encantaría.

Comunicación

4 Extrañas aficiones En grupos de cuatro, miren las ilustraciones e imaginen qué les gusta, interesa o molesta a estas personas.

5 ¿Qué te gusta? En parejas, pregúntense si les gustan o no las personas y actividades de la lista. Utilicen verbos similares a **gustar** y contesten las preguntas.

Cameron Diaz	dormir los fines de semana
salir con tus amigos	hacer bromas
las películas de misterio	los discos de Christina Aguilera
practicar algún deporte	ir a discotecas
Antonio Banderas	las películas extranjeras

6 ¿A quién le gusta? Trabajen en grupos de cuatro.

A. Preparen una lista de cinco pasatiempos y cinco lugares de recreo. Luego circulen por la clase para ver a quiénes les gustan los lugares y las actividades de la lista.

B. Ahora escriban un párrafo breve para describir los gustos de sus compañeros. Utilicen **gustar** y otros verbos similares. Compartan su párrafo con la clase.

MODELO A Luisa y a Simón les fascina el restaurante Acapulco, pero a Tonya le disgusta.
A todos nos gusta ir al cine, menos a Carlos, porque…

Las diversiones

sesenta y uno **61**

LEARNING STYLES

For Auditory Learners Post photos of celebrities on the board. Say a few sentences from the perspective of each celebrity. Examples: **Me gusta actuar en películas de Hollywood. Me fascina sacar fotos. Me aburre Jennifer Aniston. Me encanta Angelina Jolie. ¿Quién soy?** Student response: **Eres Brad Pitt.**

For Visual Learners For additional practice, have students repeat **Actividad 4** with pictures from magazines or newspapers. Encourage students to find, download, or draw their own pictures to use in the activity.

Teaching Tips
4 Model the activity by doing the first illustration as a class. Example: **A mi abuela Clotilde le fascina salir a pasear en su motocicleta, pero a ella le molesta cuando…**

4 Expansion Have students write silly sentences about the characters using: **doler, faltar, caer bien/mal, hacer falta, sorprender.** Examples: **Le duelen los pies porque lleva zapatos muy altos. Tiene un animal muy raro.** Classmates can then guess to whom they are referring.

5 Take a survey of students' answers and write the results on the board.

6 For Inclusion To simplify **Actividad 6**, help students list 2–3 pastimes and 2–3 recreation spots, using **Contextos** on pages 42–43. Then encourage them to ask the question: **¿Te gusta ___?** of each classmate and write a tally mark next to each item on the list. Finally, show students how to make a pie chart to display how many people liked the activities and places on their list.

6 Part B: Have partners do a peer-edit of each other's paragraphs before sharing them with the class.

Estructura **61**

Instructional Resources
Cuaderno de práctica, pp. 17–18
*Cuaderno para
hispanohablantes,* pp. 25–26
Cuaderno de actividades,
pp. 6, 60
e-Cuaderno
Supersite: Additional Practice
Supersite/TRCD/Print:
PowerPoints (**Lección 2
Estructura** Presentation,
Overheads #20, 21); Audio
Activity Script, Answer Keys
Audio Activity CD

Teaching Tips
- Remind students that the
English counterparts of most
Spanish reflexive verbs
do not require reflexive
pronouns (*myself, yourself,
etc.*). Ex: **Jaime se despertó.**
Jaime woke up. However,
English does make frequent
use of possessive adjectives
where in Spanish a definite
article would be used. Ex:
Me pongo los zapatos. *I'm
putting on my shoes.*
- **El bingo** Photocopy a bingo
card for each student, at
the top of which you have
listed the daily routine verbs.
Students illustrate each verb
in at least one box (some
verbs more than once) to
fill all the boxes. For the
first few rounds, pantomime
the action and call out the
infinitive. In later rounds, call
out conjugated forms of the
verb or sample sentences.

2.3 Reflexive verbs

- In a reflexive construction, the subject of the verb both performs and receives the action.
Reflexive verbs (**verbos reflexivos**) always use reflexive pronouns (**me, te, se, nos, os, se**).

Reflexive verbs   **Non-reflexive verb**

Elena **se lava** la cara.   Elena **lava** los platos.

Reflexive verbs	
lavarse *to wash (oneself)*	
yo	me lavo
tú	te lavas
Ud./él/ella	se lava
nosotros/as	nos lavamos
vosotros/as	os laváis
Uds./ellos/ellas	se lavan

- Many of the verbs used to describe daily routines and personal care are reflexive.

acostarse *to go to bed*	**dormirse** *to go to sleep*	**peinarse** *to comb (one's hair)*
afeitarse *to shave*	**ducharse** *to take a shower*	**ponerse** *to put on (clothing)*
bañarse *to take a bath*	**lavarse** *to wash (oneself)*	**secarse** *to dry off*
cepillarse *to brush (one's hair/teeth)*	**levantarse** *to get up*	**quitarse** *to take off (clothing)*
despertarse *to wake up*	**maquillarse** *to put on makeup*	**vestirse** *to get dressed*

¡ATENCIÓN!

A transitive verb is one
that takes a direct object.

**Mariela compró dos
boletos.**
*Mariela bought two
tickets.*

Johnny contó un chiste.
Johnny told a joke.

- In Spanish, most transitive verbs can also be used as reflexive verbs to indicate that the subject
performs the action to or for himself or herself.

Félix **divirtió** a los invitados con sus chistes.   Félix **se divirtió** en la fiesta.
Félix amused the guests with his jokes.   *Félix had fun at the party.*

Ana **acostó** a los gemelos antes de las nueve.   Ana **se acostó** muy tarde.
Ana put the twins to bed before nine.   *Ana went to bed very late.*

62 *sesenta y dos*   **Lección 2**

AP PREPARATION

Informal writing Students will write an e-mail to a friend
describing changes in their daily routine now that they are on
vacation. Review with them the forms of reflexive verbs. Tell
them they must ask at least two questions in the e-mail. They

should begin it with a proper salutation, and end it with a
closing such as: **Tu amigo, Hasta luego,** etc. Say: **Escribe un
correo electrónico a tu mejor amigo en el que describes los
cambios en tu rutina diaria. Usa 12 verbos de la página 62.**

- Many verbs change meaning when they are used with a reflexive pronoun.

aburrir *to bore*	**aburrirse** *to get bored*
acordar *to agree*	**acordarse (de)** *to remember*
comer *to eat*	**comerse** *to eat up*
dormir *to sleep*	**dormirse** *to fall asleep*
ir *to go*	**irse (de)** *to go away (from)*
llevar *to carry*	**llevarse** *to carry away*
mudar *to change*	**mudarse** *to move (change residence)*
parecer *to seem*	**parecerse (a)** *to resemble; to look like*
poner *to put*	**ponerse** *to put on (clothing)*
quitar *to take away*	**quitarse** *to take off (clothing)*

- Some Spanish verbs and expressions are used in the reflexive even though their English equivalents may not be. Many of these are followed by the prepositions **a**, **de**, and **en**.

acercarse (a) *to approach*	**fijarse (en)** *to take notice (of)*
arrepentirse (de) *to repent*	**morirse (de)** *to die (of)*
atreverse (a) *to dare (to)*	**olvidarse (de)** *to forget (about)*
convertirse (en) *to become*	**preocuparse (por)** *to worry (about)*
darse cuenta (de) *to realize*	**quejarse (de)** *to complain (about)*
enterarse (de) *to find out (about)*	**sorprenderse (de)** *to be surprised (about)*

- *To get* or *to become* is frequently expressed in Spanish by the reflexive verb **ponerse** + [*adjective*].

  Pilar **se pone** muy nerviosa antes del torneo.
  Pilar gets very nervous before the tournament.

  Si no duermo bien, **me pongo insoportable**.
  If I don't sleep well, I become unbearable.

- In the plural, reflexive verbs can express reciprocal actions done *to one another*.

  Los dos equipos **se saludan** antes de comenzar el partido.
  The two teams greet each other at the start of the game.

  ¡Los entrenadores **se están peleando** otra vez!
  The coaches are fighting again!

- The reflexive pronoun precedes the direct object pronoun when they are used together in a sentence.

  ¿**Te** comiste todo el pastel?
  Did you eat the whole cake?

  Sí, **me lo** comí todo.
  Yes, I ate it all up.

¡ATENCIÓN!

Hacerse and **volverse** can also mean *to become*.

Se ha hecho cantante.
He has become a singer.

¿**Te has vuelto** loco/a?
Have you gone mad?

recursos

CP
pp. 17–18

CH
pp. 25–26

CA
pp. 6, 60

descubre3.
vhlcentral.com
Lección 2

Teaching Tips
- To simplify, write several sentence pairs on the board to illustrate the differences in meaning. Examples: **Pareces cansado.** *You seem tired.* **Te pareces a tu madre.** *You look like your mother.*
- To challenge students, assign pairs of students a verb and its reflexive counterpart. Have them write sentences that show the verbs' different meanings. Then have them read and pantomime the sentences for the class.
- The use of **se** with indirect object pronouns to express unplanned events is covered in **11.1**, page 408. Ex: **Se me perdieron las llaves.**
- **¡Atención!** Remind students: When used with infinitives and present participles, reflexive pronouns follow the same rules of placement as object pronouns. See **2.1**, pages 54–55.

Extra Practice For additional practice with reflexive verbs, go to **descubre3.vhlcentral.com**.

DIFFERENTIATED LEARNING

Heritage Speakers Ask students to share about a typical teen's daily schedule in their families' home countries. **¿A qué hora se despierta? Y ¿a qué hora se levanta? ¿A qué hora desayuna? ¿Qué toma para desayunar? ¿A qué hora se duerme?**, etc. Ask heritage speakers to use the board or chart paper to draw a typical schedule as they share. Encourage other students to ask questions of their classmates.

To Challenge Students Ask students to sit in a circle. Say one sentence that begins a story and uses a reflexive verb. The student to the right continues the story, using a different reflexive verb. Encourage students to be creative and even silly as the story grows. See how many times around the circle you can go.

Teaching Tips

(1) For additional practice, ask students about their own schedules. Examples: **¿A qué hora te levantas? ¿Quién se maquilla?**

(2) To simplify, have a class brainstorming time before students complete part B of **Actividad 2**. Ask the class to suggest possible friends and family of Silvia. Ex: **su abuelo que tiene 100 años, su nieta que tiene un año, su ex-novio,** etc.

(2) Imagine that Sylvia's grandfather is 100 years old. Have students describe his Saturday schedule.

1 **Los lunes por la mañana** Completa el párrafo sobre lo que hacen Carlos y su esposa Elena los lunes por la mañana. Utiliza la forma correcta de los verbos reflexivos correspondientes.

acostarse	irse	ponerse
afeitarse	lavarse	quitarse
cepillarse	levantarse	secarse
ducharse	maquillarse	vestirse

Los domingos por la noche, Carlos y Elena (1) _se acuestan_ tarde y por la mañana tardan mucho en despertarse. Carlos es el que (2) _se levanta_ primero, (3) _se quita_ el pijama y (4) _se ducha_ con agua fría. Después de unos minutos, entra en el cuarto de baño Elena, y Carlos (5) _se afeita_ la barba. Mientras Elena termina de ducharse, de (6) _secarse_ el pelo y de (7) _maquillarse_, Carlos prepara el desayuno. Cuando Elena está lista, ella y Carlos desayunan, luego (8) _se cepillan_ los dientes y (9) _se lavan_ las manos. Después los dos van a la habitación, (10) _se visten_ con ropa elegante y (11) _se van_ al trabajo. Carlos (12) _se pone_ la corbata en el carro; Elena maneja.

2 **Todos los sábados**

A. En parejas, describan la rutina que sigue Silvia todos los sábados, según los dibujos.

Se levanta/despierta a las nueve.

Se baña a las diez.

Se viste a las once menos cuarto.

Se maquilla a las doce menos diez.

B. ¿Qué hacen los sábados por la mañana cuatro amigos y/o familiares de Silvia? Imaginen sus rutinas. Utilicen verbos reflexivos y sean creativos.

DIFFERENTIATED LEARNING

For Inclusion Download or photocopy a page from a daily planner. Model how to fill it in with your daily routine. Encourage students to fill in the planner with their own daily routine, using as many reflexive verbs as they can.

For Inclusion Play a game of **Simón dice** before students begin **Actividad 1**. Have the whole class stand up. Say, for example, **Simón dice: "pónganse la ropa."** Students pantomime getting dressed. Then say: **Váyanse.** Students stay still because Simón didn't say so.

Comunicación

3 **¿Y tú?** En parejas, túrnense para hacerse las preguntas. Contesten con oraciones completas y expliquen sus respuestas.

1. ¿A qué hora te despiertas normalmente los sábados por la mañana? ¿Por qué?
2. ¿Te duermes en las clases?
3. ¿A qué hora te acuestas normalmente los fines de semana?
4. ¿A qué hora te duchas durante la semana?
5. ¿Te despiertas y te levantas enseguida? ¿Por qué?

6. ¿Qué te pones para salir los fines de semana? ¿Y tus amigos/as?
7. ¿Cuándo te vistes elegantemente?
8. ¿Te diviertes cuando vas a una fiesta? ¿Y cuando vas a una reunión familiar?
9. ¿Te fijas en la ropa que lleva la gente?
10. ¿Te preocupas por tu imagen?

11. ¿De qué se quejan tus amigos/as normalmente? ¿Y tus hermanos u otros miembros de la familia?
12. ¿Conoces a alguien que se preocupe constantemente por todo?
13. ¿Te arrepientes a menudo de las cosas que haces?
14. ¿Te peleas con tus amigos/as? ¿Y con tus padres?
15. ¿Te sorprende alguna costumbre o hábito de tus amigos/as?

4 **Síntesis** Imagina que estás en un café y ves a un(a) amigo/a tuyo/a. Este/a amigo/a te dijo ayer que no podía salir contigo hoy porque tenía que ir a estudiar a la biblioteca... ¡pero ahora está en el café con un grupo de amigos! ¿Qué haces? Trabajen en grupos de tres para representar la escena. Utilicen por lo menos cinco verbos de la lista y cinco pronombres de complemento directo e indirecto.

acercarse	darse cuenta	interesar	olvidarse
arrepentirse	gustar	irse	preocuparse
caer bien/mal	hacer falta	molestar	sorprender

SUPERSITE

For additional cumulative practice of all the grammar points in this lesson, go to **descubre3.vhlcentral.com**.

Las diversiones

sesenta y cinco **65**

Estructura **65**

Antes de ver el corto

ESPÍRITU DEPORTIVO

país México

duración 11 minutos

director Javier Bourges

protagonistas futbolista muerto, esposa, amigos, grupo de jóvenes

Vocabulario

el ataúd *casket*	**mujeriego** *womanizer*
el balón *ball*	**el Mundial** *World Cup*
la cancha *field*	**patear** *to kick*
deber (dinero) *to owe (money)*	**la prueba** *proof*
enterrado/a *buried*	**la señal** *sign*
la misa *mass*	

1 **Comentaristas deportivos** Completa la conversación entre los comentaristas deportivos.

COMENTARISTA 1 Emocionante comienzo del (1) ____Mundial____ de fútbol. La (2) ____cancha____ está llena. El capitán patea el (3) ____balón____, el arquero (*goalie*) no logra frenarlo (*stop it*) y… ¡gooooool!

COMENTARISTA 2 ¡Muy emocionante el debut de Sánchez como capitán! Debemos contarle al público que sólo hace siete días murió el abuelo de Sánchez. El jugador casi no llega a tiempo para el primer partido porque no quiso dejar de ir a una (4) ____misa____ en el cementerio donde ahora está (5) ____enterrado____ su abuelo.

 2 **Comentar** En parejas, túrnense para hacerse las preguntas.

1. ¿Qué papel tiene el deporte en tu vida?
2. ¿Qué deporte practicabas cuando eras niño/a?
3. ¿Quién es tu deportista favorito? ¿Por qué?
4. Observa los fotogramas. ¿Qué está sucediendo en cada uno?
5. Piensa en el título del cortometraje. ¿Qué es para ti el "espíritu deportivo"?
6. Observen el afiche del cortometraje. ¿Creen que la historia será una comedia o un drama?

Section Goals

- Watch the short film *Espíritu deportivo*
- Hear and practice vocabulary related to sports and grammar that were learned in the chapter

Instructional Resources
Supersite/DVD: Film Collection
Supersite/TRCD: *Cortometraje* Transcript & Translation

Teaching Tips
- Tell students they are about to watch an example of **El nuevo cine mexicano** they learned on pp. 50–51.
- **Variación léxica**
  el Mundial → la Copa Mundial
  el balón → la pelota

1 Have different student volunteers read the commentaries aloud as if they were sports radio announcers. Then have the class vote on the best announcers.

2 Before beginning the activity, survey the class on their favorite sports to play and/or watch.

- Ask students who have been to a funeral to share how they feel when they go to a funeral. Encourage them to use words more than just **triste**. Ask: **¿Te sientes incómodo/a? ¿Te sientes nervioso/a?**

CRITICAL THINKING

Knowledge and Comprehension Before watching the film, ask pairs to describe the people and their actions in the stills on pages 66 and 68. Then have a class sharing.
Comprehension and Application Before watching the film, ask students to share their knowledge of and experience with soccer, the World Cup, and funerals. Record students' thoughts in three webs on the board.

Analysis and Synthesis Working in pairs, students write a paragraph about the symbolism of the soccer ball in the poster on the following page, predicting its significance in the film.
Synthesis and Evaluation KWL chart: Students fill in the chart with what they already know about the film and questions about what they want to know about the film, leaving space to record what they learned from the film after viewing.

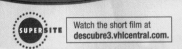

GANADOR DEL 3ER. CONCURSO NACIONAL DE PROYECTOS DE CORTOMETRAJE, MÉXICO 2004

espíritu deportivo

Una Producción de CONACULTA/INSTITUTO MEXICANO DE CINEMATOGRAFÍA Guión y Dirección JAVIER BOURGES
Fotografía SERGEI SALDÍVAR TANAKA Edición JAVIER BOURGES Diseño Sonoro AURORA OJEDA
Música EDUARDO GAMBOA Dirección de Arte ÁLVARO CHÁVEZ
Actores MAX KERLOW/MA. ELENA OLIVARES/PEPE URCELAY/FAMESIO DE BERNAL/JOSÉ L. AVENDAÑO/
RAFAEL G. MIYAGUI/VÍCTOR H. ARANA/JOSÉ L. HUERTA/BALTIMORE BELTRÁN/LUIS ÁVILA/RENÉ CAMPERO/
GEORGINA GONZÁLEZ/MA. FERNANDA GARCÍA

Las diversiones

sesenta y siete **67**

Teaching Tips
• Have a volunteer read the
subtitle. As a class, discuss
the significance of the film
having won a prize. Ask
students to suggest how
important they think the prize
is to the film itself.
• Have students look at the
movie poster. Ask: **En tu
opinión, ¿qué significa el
dibujo del balón con alas de
ángel y cuernos de diablo?
¿Tiene que ver con el título de
este cortometraje?**
• **Expansion** Ask students to
sketch an alternative poster
for the film before and after
viewing. Then have a class
sharing, commenting on
how the posters changed
after viewing.

AP PREPARATION

Informal Speaking Tell students to study the picture and to imagine the possible details of this film. What is the content, plot, where is it being shown, to whom, who wrote it, etc. Tell them to jot down their thoughts in a notebook to use in an informal speaking activity. They will write both parts of the conversation with their friend, Ana, and then practice role-playing various dialogues written by class members. Say: **Escribe una conversación telefónica completa, en la cual llamas a Ana para invitarla a ver la película *Espíritu deportivo*. Incluye las respuestas de Ana.**

Teaching Tips

Synopsis At the funeral of a former Mexican soccer star, the deceased's teammates argue over the line-up of the team that defeated Brazil. The proof is on the soccer ball signed by the players, which is about to be buried with the deceased.

Preview Divide the class into groups of five and assign a role to each student. Have students read the dialogue aloud, and then ask them to characterize "El Tacho." Ask: **¿Creen que es un hablador, como dice Maraca, o que realmente jugó en el famoso partido contra Brasil?** Keep a tally of students' opinions on the board, both before and after viewing the film.

- Allow time for students to study the pictures and read the dialogue under each one.
- **For Auditory Learners** Have volunteers take turns reading the dialogues aloud.
- **For Kinesthetic Learners** Divide the class into six groups and assign one of the scenes to each group. Have students improvise a skit of the scene and present it to the class.

Escenas

ARGUMENTO El futbolista Efrén "El Corsario" Moreno ha muerto de un ataque al corazón. Su familia y amigos lo están velando°.

REPORTERA Sin duda, extrañaremos al autor de aquel gran gol de chilena° con el que eliminamos a Brasil del Mundial de Honduras de 1957.

REPORTERA Don Tacho, ¿es cierto que usted dio el pase para aquel famoso gol?
TACHO Claro que sí, yo le mandé como veinte pases al área penal, pero él nada más anotó esa sola vez.

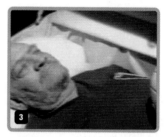

JUANITA Quiso ser enterrado con el balón de futbol con las firmas de todos los que jugaron con él en aquel partido con Uru... con... con Brasil. Se irá a la tumba° con sus trofeos° y con su uniforme, como un gran héroe.

MARACA Tacho, eres un hablador. Estás mal. Tú ni siquiera fuiste a ese Mundial. Es más, cien pesos a que te lo compruebo.
TACHO Y cien pesos más que estuve en el juego.

MARACA A ver, ¿dónde está tu firma?
TACHO Aquí debe estar... ¡Ya la borraron! *(Molesto porque no encuentra su firma y patea el balón.)*

(El balón cae sobre la guitarra de un grupo de jóvenes y la rompe.)
HUGO Si no le pagan la guitarra aquí a mi carnal°, no les regresamos° su balón. ¿Cómo ven?

° **velando** *holding a wake* ° **chilena** *scissors kick* ° **tumba** *grave* ° **trofeos** *trophies* ° **carnal** *buddy* ° **regresamos** *give back*

CRITICAL THINKING

Knowledge and Comprehension Ask students to write a paragraph summary of the film according to the stills. Have volunteers read their summaries to the class.

Synthesis and Evaluation Ask pairs of students to write a scene to follow scene 6. Their scenes should show what they predict will happen to all the characters after scene 6.

Después de ver el corto

1 **Comprensión** Contesta las preguntas con oraciones completas.

 1. ¿Quién es Efrén "El Corsario" Moreno? Es un jugador famoso del fútbol mexicano de los años 50.

2. ¿Cuándo y de qué murió "El Corsario" Moreno? Murió en la madrugada de un ataque al corazón.

3. ¿Cómo ganó México su partido contra Brasil en el Mundial de 1957? Ganó con un gol que metió el Corsario Moreno.

4. Según "El Tacho" Taboada, ¿cómo anotó "El Corsario" el gol de la victoria?
El Tacho dice que le mandó varios pases al Corsario, pero él solo anotó una vez.

5. ¿Qué hay en el balón de "El Corsario"? El balón tiene las firmas de todos los que jugaron en el partido contra Brasil.

6. ¿Cuánto apuestan los amigos sobre la firma de "El Tacho"? Apostaron doscientos pesos.

7. ¿Cuánto le cuesta la misa a Juanita? ¿Por qué? No le costó nada porque viene con el paquete.

8. ¿Qué pasa cuando "El Tacho" patea el balón? El balón cae en la guitarra de unos jóvenes y la rompe.

9. ¿Qué posición jugaba "El Tacho" en la selección nacional? El Tacho jugaba como delantero en la selección.

10. ¿Quién ayuda a ganar a "El Tacho" y sus amigos? El Corsario Moreno los ayuda a ganar el partido.

2 **Interpretación** En parejas, contesten las preguntas.

1. ¿Crees que "El Tacho" jugó en el partido contra Brasil?

2. ¿Piensas que el sacerdote admira a "El Corsario" Moreno? ¿Cómo lo sabes?

3. ¿Piensas que "El Corsario" era mujeriego?

4. ¿Quién se queda con el balón al final?

5. ¿Por qué crees que "El Corsario" regresa voluntariamente al ataúd?

6. ¿Crees que el cortometraje tiene un final feliz?

3 **Análisis** En grupos de tres, analicen las citas. Después, compartan sus opiniones con el resto de la clase.

> "La muerte es una vida vivida. La vida es una muerte que viene." *Jorge Luis Borges*

> "La muerte es algo que no debemos temer porque, mientras somos, la muerte no es y cuando la muerte es, nosotros no somos." *Antonio Machado*

4 **El Regreso de "El Corsario"** En parejas, imaginen que el fantasma de "El Corsario" regresa para hablar con un joven del grupo que se queda con el balón. "El Corsario" quiere pedirle al joven que repare el balón y lo use con sus amigos. ¿Por qué es esto importante para "El Corsario"? Ensayen la escena y represéntenla ante la clase. Pueden usar el vocabulario del corto y las palabras del recuadro.

homenaje *tribute*	**regalo** *gift*
recuerdo *memory; keepsake*	**tradición** *tradition*

1 To check comprehension, call on volunteers to answer the questions.

2 Have the groups write two additional interpretation questions for other groups to answer.

3 To simplify, ask pairs of students to translate the quotes and share their translations before the discussion.

3 **Expansion** Have students find quotes about death that they translate, share, and discuss with the class.

4 If time and resources permit, have students film their scenes outside of class. View the groups' recordings in class and discuss the different interpretations.

CRITICAL THINKING

Application and Analysis Ask students to discuss whether they believe in ghosts or not. Encourage volunteers to support their responses with stories or explanations.

Synthesis and Evaluation Have pairs of students write a movie critique of the short. Hand out model movie critiques from Spanish magazines, if possible. Before students begin, discuss the structure and important points of a critique.

Section Goals

In **Lecturas**, students will:

- read about writer Mario Benedetti, then read his *Idilio*, paying attention to the effect of the use of verb tenses
- learn about bullfighting and discuss implications of the sport

Instructional Resources
Cuaderno de práctica, p. 19
Cuaderno para hispanohablantes, pp. 27–30
Supersite: Additional practice

Teaching Tips

- **For Inclusion** Have students point to objects, people, and colors in the painting and name them in Spanish.
- **For Visual Learners** Encourage students to paint their own work in the same style of Aldo Severi that also would be appropriate for this chapter and/or this reading.
- Ask students to share how the painting makes them feel. Record their answers in a web on the board.

Calesita en la plaza, 1999.
Aldo Severi, Argentina.

"No está la felicidad en vivir, sino en saber vivir."

— Diego de Saavedra Fajardo

AP PREPARATION

Informal Writing Read the quotation on page 70, and teach a popular saying: **No te pueden quitar lo bailado.** In groups, have the students discuss what they think these sayings mean. Make a list of possible explanations on the board, after brainstorming with the entire class.

Now instruct students to write a brief note to a classmate who is feeling down: **Tu compañero/a está deprimido/a. Escríbele una carta para animarlo/a y menciona alguno de estos dichos.**

Antes de leer

Idilio

Sobre el autor

Mario Benedetti nació en Tacuarembó, Uruguay, en 1920. Su volumen de cuentos publicado en 1959, *Montevideanos*, lo consagró como escritor, y dos años más tarde alcanzó fama internacional con su segunda novela, *La tregua*, con fuerte contenido sociopolítico. Tras diez años de exilio en Argentina, Perú, Cuba y España, regresó a Uruguay en 1983. El exilio que lo alejó de su patria y de su familia dejó una profunda huella *(mark)* tanto en su vida personal como en su obra literaria. Benedetti ha incursionado en todos los géneros *(genres)*: poesía, cuento, novela y ensayo. El amor, lo cotidiano, la ausencia, el retorno y el recuerdo son temas constantes en la obra de este prolífico escritor. En 1999, ganó el Premio Reina Sofía de Poesía Iberoamericana.

Vocabulario

colocar *to place (an object)*	**por primera/última vez** *for the first/last time*
hondo/a *deep*	
la imagen *image; picture*	**redondo/a** *round*
la pantalla *(television) screen*	**señalar** *to point to; to signal*
	el televisor *television set*

 Oraciones Completa las oraciones con palabras o frases del vocabulario.

1. Voy a _____colocar_____ el televisor sobre la mesa.
2. Julio me _____señaló_____ la calle que debo tomar, pero no quiso ir conmigo.
3. En lo más _____hondo_____ de mi corazón, guardo el recuerdo de mi primera novela.
4. Ayer salí __por primera vez__ en la televisión y me invitaron a participar en otro programa la semana que viene.

Conexión personal

¿Cómo te entretenías cuando eras niño/a? ¿A qué jugabas? ¿Mirabas mucha televisión? ¿Tus padres establecían límites y horarios? ¿Qué harás tú cuando tengas hijos?

Análisis literario: las formas verbales

Las formas verbales son un factor muy importante a tener en cuenta al analizar obras literarias. La elección de formas verbales es una decisión deliberada del autor y afecta el tono del texto. El uso de registro formal o informal puede hacer el texto más o menos cercano al lector. La elección de tiempos verbales también puede tener efectos como involucrar o distanciar al lector, dar o quitar formalidad, hacer que la narración parezca más oral, etc. A medida que lees *Idilio*, presta atención a los tiempos verbales que usa Benedetti. ¿Qué tono dan a la historia estas elecciones deliberadas del autor?

Teaching Tips

- To simplify, demonstrate the concept of tone to students by saying something formally and asking a volunteer to say it informally. Ex: **Nos encantaría recibirles en casa para una fiesta.** Student responds: **¡Vengan a nuestra casa para una fiesta!**
- **Conexión personal** Ask: **¿Qué importancia tiene la televisión en la vida diaria? ¿Qué ventajas y desventajas tiene hoy la televisión para los niños? ¿Es realista prohibir que la vean?**
- **Análisis literario** Have students recall a work of fiction they have recently read. Ask: **¿Qué tono utiliza el autor en su obra de ficción? ¿Les parece formal o informal? ¿Por qué? ¿Cómo afecta el tono al lector?**

Expansion Photocopy and distribute several examples of Spanish writing that have very different tones, such as an advertisement, a comic strip, an essay, and a children's book. Ask students to point out how tone is established in each piece.

NATIONAL STANDARDS
Connections: History Benedetti was exiled from Uruguay during the period of military dictatorship that lasted from 1973 to 1984. Have students research the events that led up to the military takeover in that country.

- With books closed, tell students that you will display an image and you want them to shout out their impressions. Show the image on page 72 and record all the students' responses. Then discuss how the picture might relate to the reading.
- Discuss the tone of the picture. Share with students that colors have tones just like words. Blue and green are generally considered cool tones, whereas red and yellow are considered warm tones. Invite students to create another version of the image on page 72 with a different tone.

IDILIO

Mario Benedetti

CRITICAL THINKING

Analysis, Synthesis, and Evaluation Based on the information on page 71 and the picture on page 72, ask students to predict what the short story will be about.

Synthesis and Evaluation Working in pairs, students write a poem in response to the image on page 72. Display the finished poems around the room and allow time for students to walk around to read each one.

Application and Synthesis The boy in the story is three years old when he watches TV for the first time. He watches several hours of TV. Ask students to survey the class about how old they were when they first watched TV and how many hours they now watch on an average weekday and on an average weekend. Have them tally the responses and present them in a chart or graph for the class.

La noche en que colocan a Osvaldo (tres años recién cumplidos) por primera vez frente a un televisor (se exhibe un drama británico de hondas resonancias), queda hipnotizado, la boca entreabierta°, los ojos redondos de estupor.

La madre lo ve tan entregado al sortilegio° de las imágenes que se va tranquilamente a la cocina. Allí, mientras friega ollas y sartenes°, se olvida del niño. Horas más tarde se acuerda, pero piensa: "Se habrá dormido". Se seca las manos y va a buscarlo al living.

La pantalla está vacía°, pero Osvaldo se mantiene en la misma postura y con igual mirada extática.

—Vamos. A dormir —conmina° la madre.

—No —dice Osvaldo con determinación.

—¿Ah, no? ¿Se puede saber por qué?

—Estoy esperando.

—¿A quién?

—A ella.

Y señaló el televisor.

—Ah. ¿Quién es ella?

—Ella.

Y Osvaldo vuelve a señalar la pantalla. Luego sonríe, candoroso°, esperanzado, exultante.

—Me dijo: "querido". ■

half-opened
surrendered to the magic 5
washes pots and pans

empty; blank

10

orders

15

20

innocent; naïve

Teaching Tips
- Remind students of the triple read method for reading comprehension: 1. read once to gain general comprehension; 2. read carefully a second time, listing and looking up important, unknown words; 3. read a third time for complete comprehension and enjoyment.
- **Preview** Ask students to think about this question before reading the text: **¿Creen que es posible confundir la ficción con la realidad al ver la televisión?**
- Before reading the selection, have students find all the verbs and identify the most common verb tense (present tense). After reading the text, ask how the author's use of present tense affects the tone of the story.
- **For Kinesthetic Learners** Working in small groups, students dramatize the short story, performing their version for the class.
- **For Inclusion** After viewing their classmates' dramatizations of the story, students create a poster that shows what the story is about and what it is saying about TV and children.

AP PREPARATION

Synthesis of Skills Students will read the story *Idilio*. They will think about a childhood experience they remember that concerned television viewing. Have them share their memories of these experiences with their group. After having spoken of the memory, tell them to write it down, and to compare their recollection with *Idilio*. Tell students: **Comparte una anécdota con tu grupo. Usa el imperfecto y en el pretérito. Después escribe un párrafo sobre tu experiencia. ¿Se parece al cuento *Idilio*?**

Después de leer

Idilio
Mario Benedetti

1 **Comprensión** Contesta las preguntas con oraciones completas.

1. ¿Cómo se llama el protagonista de esta historia?
   El protagonista se llama Osvaldo.
2. ¿Cómo se queda el niño cuando está por primera vez delante del televisor? El niño se queda hipnotizado, con la boca entreabierta y los ojos redondos de estupor.
3. ¿Qué hace la madre mientras Osvaldo mira la televisión?
   La madre va tranquilamente a la cocina y friega (lava) ollas y sartenes.
4. Cuando la madre va a buscarlo horas más tarde, ¿cómo está la pantalla?
   Cuando la madre vuelve, la pantalla está vacía.
5. ¿Qué piensa Osvaldo que le dice la televisión?
   Osvaldo piensa que la televisión le dice "querido".

2 **Interpretación** Contesta las preguntas.

1. Según Osvaldo, ¿quién le dijo "querido"? ¿Qué explicación lógica le puedes dar a esta situación?
2. En el cuento, la madre se olvida del hijo por varias horas. ¿Crees que este hecho es importante en la historia? ¿Crees que el final sería distinto si se tratara sólo de unos minutos frente al televisor?
3. ¿Crees que la televisión puede ser adictiva para los niños? ¿Y para los adultos? ¿Qué consecuencias crees que tiene la adicción a la televisión?

3 **Programación** En grupos de cuatro, imaginen que un grupo de padres de familia solicita una audiencia con el/la director(a) de programación infantil de una popular cadena de televisión. Los padres quieren sugerir cambios en la programación del canal. Miren la programación y decidan: ¿Qué programas quieren pedir que cambien y por qué? ¿Qué programas deben seguir en la programación? ¿Qué otros tipos de programas se pueden incluir? ¿Harían cambios en los horarios?

CANAL 7					
6:00	**6:30**	**7:00**	**8:00**	**9:15**	**10:00**
Trucos para la escuela Cómo causar una buena impresión con poco esfuerzo.	**Naturaleza viva** Documentales.	**Mi familia latina** Divertida comedia sobre un joven estadounidense que va a México como estudiante de intercambio.	**Historias policiales** Ladrones, crímenes, accidentes.	**Buenas y curiosas** Noticiero alternativo que presenta noticias buenas y divertidas de todo el mundo.	**Dibujos animados clásicos** Conoce los dibujos animados que miraban tus padres.

4 **Anécdota** Piensa en alguna anécdota divertida de cuando eras niño/a. Cuenta la anécdota en un párrafo usando el tiempo presente.

MODELO Un día estoy con mi hermano en el patio de mi casa jugando a la pelota. De repente, …

Teaching Tips

1 **Expansion** Ask additional comprehension questions. Ex: **¿Por qué dice Osvaldo que no quiere irse a dormir? ¿Qué expresión tiene Osvaldo cuando señala la pantalla?**

2 As an alternative, ask students to complete the questions in pairs. Then have a class sharing in which you vote on the yes/no questions.

3 Before completing the activity, have students list several popular children's programs.

3 If students have trouble coming up with ideas for **Actividad 3**, suggest they think of a time they might have believed something they saw on TV.

4 Have students read their anecdotes aloud to the class and encourage classmates to ask detailed questions.

NATIONAL STANDARDS

Community Have students look at Spanish-language TV listings for your community to identify programs for children and young people. Have them watch portions of various shows and write their own descriptions like those in **Actividad 3**.

CRITICAL THINKING

Comprehension and Synthesis In groups, have students draw a plot map of the story, summarizing the important events, but also explaining the significance of the story.
Application and Evaluation Students discuss the following questions: **Hoy en día hay muchos programas que se llaman telerealidad ¿Por qué son tan populares? ¿Son realistas? En tu opinión, ¿cuál es la función principal de la televisión?**

Analysis and Evaluation Debate! After completing **Actividad 2**, choose one topic for debate. Divide the class into two teams—**A favor** and **En contra**. Encourage each team to write and rehearse 3–5 points and counterpoints. To determine counterpoints, students must consider what the other side is most likely to say. Allow each team two minutes to state their points, listen to the other team, and state counterpoints.

Antes de leer

Vocabulario

la corrida *bullfight*	**el ruedo** *bull ring*
lidiar *to fight bulls*	**torear** *to fight bulls in the bullring*
el/la matador(a) *bullfighter who kills the bull*	**el toreo** *bullfighting*
	el/la torero/a *bullfighter*
la plaza de toros *bullfighting stadium*	**el traje de luces** *bullfighter's outfit (lit. costume of lights)*

El toreo Completa las oraciones con palabras y frases del vocabulario.

1. Ernest Hemingway era un aficionado al ____toreo____. Asistió a muchas ____corridas____ y las describió en detalle en sus obras.

2. El ____matador____ es la persona que mata al toro al final. Siempre lleva un ____traje de luces____ de colores brillantes.

3. Manolete fue un ____torero____ español muy famoso que fue herido por un toro y que murió al poco tiempo.

4. No se permite que el público baje al ____ruedo____ porque los toros pueden ser muy peligrosos.

Conexión personal ¿Conoces alguna costumbre local o una tradición estadounidense que cause mucha controversia? ¿Hay deportes que son muy problemáticos o controvertidos para alguna gente? ¿Por qué? ¿Cuál es tu opinión al respecto?

Contexto cultural

En Fresnillo, México, en 1940 una mujer tomó una espada y se puso un traje de luces —una blusa y falda bordadas de adornos brillantes —para promover la causa de la igualdad en un terreno casi completamente dominado por los hombres: el toreo. **Juanita Cruz** había nacido en Madrid en 1917, cuando aún no se permitía a las mujeres torear a pie en el ruedo. En batalla constante contra obstáculos legales, Cruz consiguió lidiar en múltiples novilladas (*bullfights with young bulls*) en su país. Pero cuando terminó la guerra civil, al ver que Franco imponía estrictamente las leyes de prohibición del toreo a las mujeres, Cruz dejó España con rumbo a (*headed for*) México y se convirtió en torera oficial. Fue todo un fenómeno, la primera gran matadora de la historia, y en el proceso abrió camino para otras mujeres, como la española Cristina Sánchez, que han cruzado fronteras para llegar al ruedo. Hoy día la presencia de toreras añade sólo un nivel más a la controversia constante y a veces apasionada que marca el toreo. ¿Cuál es tu impresión? ¿Cambia la imagen del toreo con toreras lidiando junto a toreros?

Teaching Tips
- **Preview** Ask Heritage Speakers and other students to share what they know about bullfighting. To encourage students to use the vocabulary, ask: **¿Qué saben de los toros en la cultura hispana a través del cine y/o la literatura?** Make a web on the board, recording all students' responses around the words **el toreo**. Then invite students to answer these questions: **¿Qué controversia presenta el toreo en general? ¿Les parece un acto de cultura o de tortura?**
- **Contexto cultural** Ask questions to spark discussion: **¿Les sorprende que haya mujeres que se dediquen al toreo? En tu opinión, ¿qué tipo de mujer se dedicaría al toreo?**
- To expand the **Contexto cultural**, share with students these two stories that illustrate the chauvinism of the time: In 1908, the Spanish **"La Reverte,"** María Salomé Rodríguez, pretended to be a man in order to bullfight. And in Peru, Conchita Cintrón was allowed to bullfight only on horseback since the laws of the time prohibited women from bullfighting on foot.

CRITICAL THINKING

Application and Analysis Ask students to consider a time when they have been forbidden from doing something. Then ask them to consider how female bullfighters might have felt.

Evaluation Have students research and write a brief profile about a female bullfighter mentioned in **Contexto cultural** or in another source. Students can use the library or Internet. Allow time for students to present their findings to the class.

- To simplify, suggest that students read the passage once, finding all the cognates. Discuss as a class the meanings of the words and determine if they're true or false cognates.
- Alternative Reading Method: Divide the class into six groups. Assign each group a paragraph of the reading. Have the groups read their paragraph several times for complete comprehension. Then have them write a summary to present to the class.

Expansion Encourage students to research **trajes de luces: ¿Cuánto tiempo/dinero cuesta hacerlos? ¿Tienen importancia los diseños? ¿Los colores? Parecen muy pequeños; ¿cómo se los ponen? ¿Deben ser muy flacos/as los/ las toreros/as?**

- In countries where bullfighting is popular, bullfighters constitute an elite group. They enjoy celebrity status alongside movie stars, models, musicians, etc.

El toreo:
¿Cultura o tortura?

1 Hay pocas cosas tan emblemáticas en el mundo hispano, y a la vez tan polémicas, como el toreo. Los días de corrida, hasta cuarenta mil aficionados se sientan en la Plaza Monumental de México, la plaza de toros más grande de la Tierra. Sin embargo, la opinión
5 pública está profundamente dividida: algunos defienden con orgullo esta tradición que sobrevive desde tiempos antiguos y otros se levantan en protesta antes del final.

CRITICAL THINKING

Comprehension and Synthesis Have pairs of students find the topic sentence of the paragraph, and then record the supporting details. Hold a class sharing and demonstrate how to use a Main Idea Supporting Details organizer to record student responses.

Evaluation After completing the above exercise, as a class, determine if the paragraph on page 76 is well written. Ask the students to determine criteria and then evaluate the paragraph according to the criteria.

origins Las raíces° del toreo son diversas. Los celtibéricos han dejado en España restos de
10 templos circulares, precursores de las plazas actuales, donde sacrificaban animales. Los
slaughter griegos y romanos practicaban la matanza° ritual de toros en ceremonias públicas sagradas. Sin embargo, fue en la España del
developed 15 siglo XVIII donde se desarrolló° la corrida que conocemos y se introdujeron la muleta, una capa muy fácil de manejar, y el estoque, la espada del matador.

El aficionado de hoy
20 considera que el toreo es más
rite; ceremony un rito° que un espectáculo, ciertamente no un deporte. Es una lucha desigual, a muerte, entre una persona
25 —armada con sólo la capa la mayor parte del tiempo— y el toro, bestia
weighs que pesa° hasta más de media tonelada. El torero se prepara para el duelo como para una ceremonia: se viste con el traje de luces
30 tradicional y actúa dirigido por la música. Se enfrenta contra el animal con su arte y su inteligencia y generalmente gana, aunque no
risk/goring siempre. El riesgo° de una cornada° grave forma parte de la realidad del torero, que
35 en su baile peligroso muestra su talento y su belleza. Para el defensor de las corridas, no matar al toro al final es como jugar con él,

> **"El toreo es cabeza y plasticidad, porque a fuerza siempre gana el toro."**

una falta de respeto al animal, al público y a la tradición.

Quienes se oponen a las corridas dicen 40
unjust que es una lucha injusta° y cruel. Hay gente
savagery que piensa que el toreo es una barbarie° similar a la de los juegos de los romanos, una costumbre primitiva que no tiene sentido en una sociedad moderna y civilizada. Protestan 45 contra la crueldad de una muerte lenta y prolongada, dedicada al entretenimiento. En respuesta a las protestas, en algunos países ha aparecido una alternativa, la "corrida sin 50
bloodless bullfight sangre°", donde no se permite
to hurt hacer daño físico° al toro. Pero otros sostienen que esta corrida tortura igualmente a la bestia y, por tanto, han 55 prohibido el toreo por completo. En abril de 2004, el ayuntamiento de Barcelona dio el
step primer paso° hacia la prohibición al declarar
anti-bullfighting a la ciudad oficialmente "auntitaurina°".

Por último, a algunas personas les indigna 60 la idea machista de que sólo un hombre tiene la fuerza y el coraje para lidiar. Las toreras pioneras como Juanita Cruz tuvieron que
to sew coserse° su propio traje de luces, con falda en vez de pantalón, y cruzar océanos para poder 65 ejercer su profesión. Incluso en tiempos recientes, algunos toreros célebres como el
have refused español Jesulín de Ubrique se han negado° a lidiar junto a una mujer.

La torera más famosa de nuestra época, 70 Cristina Sánchez, sostiene que no es necesario ser hombre para lidiar con éxito: "El toreo
suppleness es cabeza y plasticidad°, porque a fuerza siempre gana el toro." En su opinión, el derecho de torear es incuestionable, una 75 parte de la cultura hispana. No obstante, su profesión provoca tanta división que a veces el duelo entre la bestia y la
dwarfed persona es empequeñecido° por la batalla entre las personas. ■ 80

¿Dónde hay corridas?

Toreo legalizado: España, México, Colombia, Ecuador, Perú, Venezuela

Corridas sin sangre: Bolivia, Nicaragua, Estados Unidos

Toreo ilegalizado: Argentina, Chile, Cuba, Uruguay

¡Olé! ¡Olé! ¡Olé!

El público también tiene su papel en las corridas: evalúa el talento del torero. La interjección "¡olé!" se oye frecuentemente para celebrar una acción particularmente brillante y expresar admiración. De origen árabe, contiene la palabra "alá" (Dios) y significa literalmente "¡por Dios!".

- After students complete the reading, help them take notes on the board under the three column headings: **El torero / El toro / La torera**. Ask volunteers to come to the board to list, under each column, the points that support the subject.
- Write on the board the following quote from the article: **El toreo es cabeza y plasticidad, porque a fuerza siempre gana el toro.** Ask students to write a paragraph explaining their interpretation of the quote as it relates to women's role in bullfighting.

Expansion Ask students to research an aspect of bullfighting raised by this passage: **el porcentaje de toros que ganan, el porcentaje de toreras, el coste de una corrida, la crianza de los toros, etc.**

AP PREPARATION

Synthesis and Formal Writing Discuss bullfighting with students. Ask them what they already know about it. Is it a sport they usually associate with a certain gender? Then briefly discuss roles of men and women in traditional societies. Read the **Lectura** on page 77 and tell the class: **Eres Cristina. Escribe una carta formal al editor del periódico _La Nación_ sobre tu derecho a ser torera. Recuerda que es una carta formal y que tienes que usar un saludo apropiado.**

Después de leer

El toreo: ¿cultura o tortura?

(1) Comprensión Responde a las preguntas con oraciones completas.

1. ¿En qué país se encuentra la plaza de toros más grande del mundo?
   Se encuentra en México.
2. ¿Qué hacían los celtibéricos en sus templos circulares?
   Sacrificaban animales.
3. ¿Qué es el toreo según un aficionado?
   Es un rito, una lucha a muerte entre la bestia y el torero.
4. ¿Cómo se prepara el torero para la corrida?
   Se pone el traje de luces y actúa dirigido por la música.
5. Para quienes se oponen al toreo, ¿cuáles son algunos de los problemas?
   Es una lucha injusta y cruel. Se prolonga la muerte del toro para el entretenimiento de las personas.
6. ¿Qué es una "corrida sin sangre"?
   Es una corrida en que no se hace daño al toro.
7. ¿Qué sucedió en Barcelona en abril de 2004?
   El ayuntamiento declaró a Barcelona oficialmente antitaurina.
8. Según Cristina Sánchez, ¿sólo los hombres pueden lidiar bien?
   No, no es necesario ser hombre para lidiar con éxito.

(2) Opinión Responde a las preguntas con oraciones completas.

1. ¿Te gustaría asistir a una corrida? ¿Por qué sí o por qué no?

2. ¿Qué opinas del duelo entre toro y torero/a? ¿Hay un aspecto especialmente problemático para ti?

3. ¿Qué piensas de las alternativas al toreo tradicional como la "corrida sin sangre"? ¿Es una solución adecuada para proteger a los animales?

4. En tu opinión, ¿es más cruel la vida de un toro destinado al toreo o la de una vaca destinada a una carnicería?

(3) ¿Qué piensan? Trabajen en parejas para contestar las preguntas. Luego compartan sus respuestas con la clase.

1. Un eslogan conocido en las protestas antitaurinas es: "Tortura no es arte ni cultura". ¿Qué significa esta frase?

2. ¿Hay acciones cuestionables que se justifiquen porque son parte de una costumbre o tradición? ¿Cuál es tu postura en el debate? ¿Por qué?

3. ¿Es apropiado tener una opinión sobre las tradiciones de culturas diferentes a la tuya o es necesario aceptar sin criticar?

4. ¿Creen que el gobierno tiene derecho a reglamentar (*regulate*) o prohibir tradiciones o costumbres? Da ejemplos.

(4) Entrevista Trabajen en parejas para preparar una entrevista con un(a) torero/a. Uno de ustedes será el/la torero/a y el otro el/la periodista. Cuando terminen, presenten la entrevista a la clase.

(5) Postales Imagina que viajaste a algún país donde son legales las corridas de toros y tus amigos te invitaron a una corrida. Escribe una postal a tu familia para contarles qué sucedió. Usa estas preguntas como guía: ¿Aceptaste la invitación o no? ¿Por qué? Si fuiste a la corrida, ¿qué te pareció? ¿Te sentiste obligado/a a asistir por respeto a la cultura local?

MODELO
> Querida familia:
> Les escribo desde Guadalajara, una ciudad al noroeste de México. No saben dónde me llevaron mis amigos este fin de semana...

recursos

CP
p. 19

CH
pp. 27–30

78 *setenta y ocho*

Lección 2

Teaching Tips

(1) Ask additional comprehension questions. Examples: **¿Por qué la gente compara el toreo con los juegos romanos? ¿Qué torero español se negó a lidiar junto a una mujer?**

(2) For item 2, divide the class into two groups to debate the cultural merits of bullfighting. One group should defend traditional bullfighting as a necessary component of Hispanic culture. The other group should criticize it and propose the **corridas sin sangre** as an alternative.

(4) Have students research a specific **torero/a** whom they would like to interview. Encourage them to gear their interview questions and answers to that **torero/a**.

(5) Review related vocabulary with the class before assigning the writing activity.

(5) Have students exchange postcard messages and write responses to their classmates.

CRITICAL THINKING

Analysis Ask students to choose one sentence from the reading that stands out to them. Have them write the sentence on a piece of paper and an explanation of its significance in a paragraph.

Evaluation Ask the class if they think the article is unbiased and well balanced. Ask: **¿Representa todas las opiniones? ¿Da información suficiente sobre cada tema?**

Application Say: **Imagina que eres Cristina Sánchez y Jesulín de Ubrique se ha negado a lidiar junto a ti. Escríbele una carta. Cuéntale tus pensamientos y sentimientos.**

Evaluation Students consider what they've learned and prepare three questions that they still have regarding **la corrida**, animal rights, or the chauvinism of bullfighting. The class shares. For homework, they research their questions.

78 Teacher's Annotated Edition • Lesson Two

Atando cabos

¡A conversar!

La música y el deporte Trabajen en grupos de cuatro o cinco para preparar una presentación sobre un(a) cantante o deportista latino/a famoso/a.

Presentaciones

Tema: Pueden preparar una presentación sobre Lila Downs o pueden elegir un(a) cantante o deportista famoso/a que les guste.

Investigación: Busquen información en Internet o en la biblioteca. Una vez reunida la información necesaria, elijan los puntos más importantes y seleccionen material audiovisual. Informen a su profesor(a) acerca de estos materiales para contar con los medios necesarios el día de la presentación.

Organización: Hagan un esquema (*outline*) que los ayude a planear la presentación.

Presentación: Traten de promover la participación a través de preguntas y alternen la charla con los materiales audiovisuales. Recuerden tener a mano los materiales de la investigación para responder a las preguntas adicionales de sus compañeros.

¡A escribir!

Correo electrónico Imagina que tus abuelos vienen a visitar a tu familia por una semana. Llevas varios días planeando una fiesta donde presentarás tus amigos a tus abuelos. Manda un correo electrónico a tus amigos para recordarles los planes para la fiesta y lo que deben y no deben hacer para causar una buena impresión.

Plan de redacción

Un saludo informal: Comienza tu mensaje con un saludo informal, como: **Hola, Qué tal, Qué onda**, etc.

Contenido: Organiza tus ideas para no olvidarte de nada.

1. Escribe una breve introducción para recordarles a tus amigos qué cosas les gustan a tus abuelos y qué cosas les molestan. Puedes usar estas expresiones: **(no) les gusta, les fascina, les encanta, les aburre, (no) les interesa, (no) les molesta**.

2. Diles que tus abuelos son formales y elegantes, y explícales que tienen que arreglarse un poco para la ocasión. Usa expresiones como: **quitarse el arete, afeitarse, vestirse mejor, peinarse**, etc.

3. Recuérdales dónde van a encontrarse.

Despedida: Termina el mensaje con un saludo informal de despedida.

recursos

CP
p. 20

CH
pp. 31–32

CA
pp. 101–102

Instructional Resources
Cuaderno de práctica, p. 20
Cuaderno para hispanohablantes, pp. 31–32
Cuaderno de actividades, pp. 101–102

Teaching Tips

- **¡A conversar!** Brainstorm a list of famous singers and sports players from the Hispanic world. Encourage heritage speakers to add to the list.
- As a class, discuss the major components that should be covered in the presentation. Then give students the rubric sheet you will use to evaluate their presentation so that you and they are aware upfront what is expected of them.
- **¡A escribir!** Review the use of verbs like **gustar** before assigning the activity. Help students create a list on the board of common phrases to begin and end informal letters and e-mails.

CRITICAL THINKING

Application Allow time for students to practice their presentations in front of a small group. Encourage the group members to make suggestions and comments after each practice.

Evaluation Encourage students to exchange e-mail drafts with each other, correcting errors and making comments about content.

Instructional Resource
Supersite/Audio CD:
Vocabulary

Teaching Tips

- Flashcards: Students will learn the vocabulary much better if they incorporate it into their long-term memory. One way to do this is to reinforce the meaning visually or kinesthetically. Many of the vocabulary words lend themselves to visual images, so encourage students to make flashcards with a picture on one side and the word on the other. For vocabulary that doesn't lend itself to pictures, have students write a cloze sentence on the other side of the vocabulary card.
- Encourage students to pick 20 of the most useful words—words that they think they will have to know or that apply to subjects that interest them. Have them write sentences using those words. They can write several words in one sentence, but sentences should convey the meanings of the words.
- Play a game of Win, Lose, or Draw. Divide the class into two teams. Have a member from each team come to the board. Secretly give them a vocabulary word that can be represented visually. Then the members draw a picture that represents the word. The first team to guess the word gets a point.

Las diversiones

el ajedrez	chess
el billar	billiards
el boliche	bowling
las cartas/los naipes	(playing) cards
los dardos	darts
el juego de mesa	board game
el pasatiempo	pastime
la televisión	television
el tiempo libre/los ratos libres	free time
el videojuego	video game
aburrirse	to get bored
alquilar una película	to rent a movie
brindar	to make a toast
celebrar/festejar	to celebrate
dar un paseo	to take a stroll/walk
disfrutar (de)	to enjoy
divertirse (e:ie)	to have fun
entretener(se) (e:ie)	to entertain, amuse (oneself)
gustar	to like
reunirse (con)	to get together (with)
salir (a comer)	to go out (to eat)
aficionado/a (a)	fond of; a fan (of)
animado/a	lively
divertido/a	fun
entretenido/a	entertaining

Los lugares de recreo

el cine	movie theater; cinema
el circo	circus
la discoteca	discotheque; dance club
la feria	fair
el festival	festival
el parque de atracciones	amusement park
el zoológico	zoo

Los deportes

el/la árbitro/a	referee
el campeón/la campeona	champion
el campeonato	championship
el club deportivo	sports club
el/la deportista	athlete
el empate	tie (game)
el/la entrenador(a)	coach; trainer
el equipo	team
el/la espectador(a)	spectator
el torneo	tournament
anotar/marcar (un gol/un punto)	to score (a goal/a point)
desafiar	to challenge
empatar	to tie (games)
ganar/perder (e:ie) un partido	to win/lose a game
vencer	to defeat

La música y el teatro

el álbum	album
el asiento	seat
el/la cantante	singer
el concierto	concert
el conjunto/grupo musical	musical group; band
el escenario	scenery; stage
el espectáculo	show
el estreno	premiere; debut
la función	performance (theater; movie)
el/la músico/a	musician
la obra de teatro	play
la taquilla	box office
aplaudir	to applaud
conseguir (e:i) boletos/entradas	to get tickets
hacer cola	to wait in line
poner un disco compacto	to play a CD

Cinemateca

el ataúd	casket
el balón	ball
la cancha	field
la misa	mass
el Mundial	World Cup
la prueba	proof
la señal	sign
deber (dinero)	to owe (money)
patear	to kick
enterrado/a	buried
mujeriego	womanizer

Literatura

la imagen	image; picture
la pantalla	(television) screen
el televisor	television set
colocar	to place (an object)
señalar	to point to; to signal
hondo/a	deep
redondo/a	round
por primera/ última vez	for the first/last time

Cultura

la corrida	bullfight
el/la matador(a)	bullfighter who kills the bull
la plaza de toros	bullfighting stadium
el ruedo	bullring
el toreo	bullfighting
el/la torero/a	bullfighter
el traje de luces	bullfighter's outfit (lit. costume of lights)
lidiar	to fight bulls
torear	to fight bulls in the bullring

Más vocabulario

Expresiones útiles	Ver p. 47
Estructura	Ver pp. 54-55, 58-59 y 62-63

LEARNING STYLES

For Visual Learners Have students create a collage illustrating 20 words and expressions from the vocabulary list. Display the collages around the room. Then give each student a pad of sticky notes. Have each student choose a collage and try labeling the pictures.

For Auditory Learners Students form five groups. Assign each one a vocabulary category: **las diversiones, los lugares de recreo, los deportes, la música y el teatro,** and **el toreo.** Groups make signs for their category. Read the vocabulary list out of order, allowing time for groups to raise their card when they hear a word associated with their category. If two groups raise their cards, discuss if the word can be in both categories.

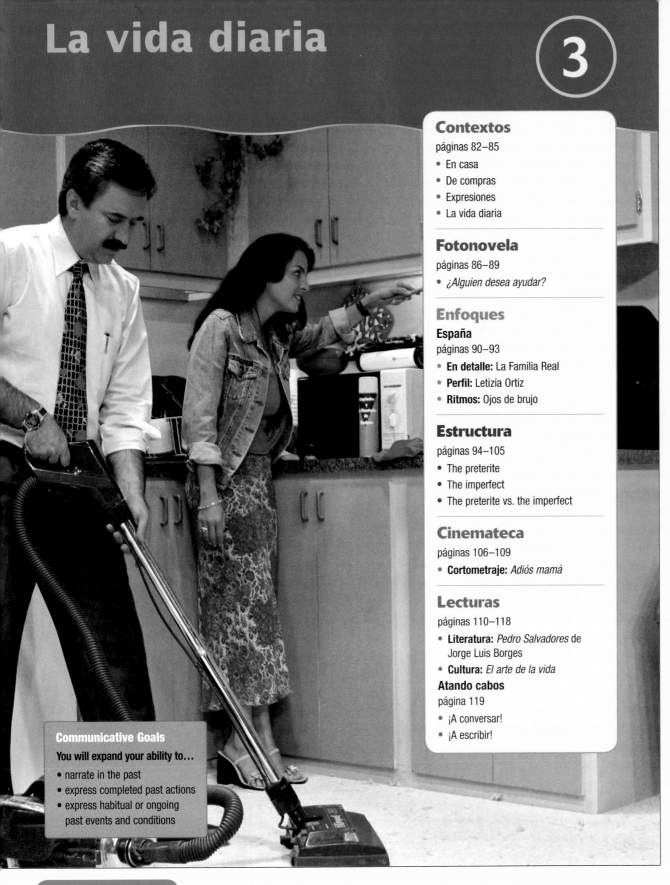

La vida diaria

3

Lesson Goals

In **Lección 3**, students will be introduced to the following:

- vocabulary related to household tasks, shopping, expressions of frequency, daily life
- agreeing or disagreeing with an opinion, showing strong dislikes
- Spain's royal family
- daily life in Spanish-speaking countries
- musical group **Ojos de Brujo**
- the preterite, focusing on irregulars
- the imperfect tense
- the preterite vs. the imperfect
- short film *Adiós mamá*
- Jorge Luis Borges's *Pedro Salvadores*
- Diego Velázquez

A primera vista Have students look at the photo; ask them:

1. **¿Dónde tiene lugar esta escena?**
2. **¿Quiénes son las personas que se ven en la foto?**
3. **¿De qué hablan? (¡Adivina!)**
4. **Según la foto, ¿quién suele hacer la limpieza? ¿Crees que la misma persona hace todo el trabajo?**
5. **En tu familia, ¿quién hace las tareas de la casa? Si varias personas hacen el trabajo, ¿cómo se lo reparten?**
6. **Esta lección se titula** *La vida diaria.* **¿Cómo se relaciona el título con la foto?**

Communicative Goals

You will expand your ability to...

- narrate in the past
- express completed past actions
- express habitual or ongoing past events and conditions

INSTRUCTIONAL RESOURCES

Student Materials
Cuaderno de práctica, Cuaderno para hispanohablantes, Cuaderno de actividades
Student MAESTRO™ Supersite
(descubre3.vhlcentral.com)
MAESTRO™ e-Cuaderno

Teacher's Resource CD-ROM and in print
*AnswerKeys, Audioscripts, Videoscripts
*PowerPoints
Testing Program (**Pruebas,** Test Generator, MP3 Audio Files)
Vista Higher Learning *Cancionero*
*Also available on Supersite

Teacher's MAESTRO™ Supersite
(descubre3.vhlcentral.com)
Learning Management System (Assignment Task Manager, Gradebook)
Also on DVD
Fotonovela, Flash cultura, **Film Collection**

La vida diaria

En casa

el balcón *balcony*

la escalera *staircase*
el hogar *home; fireplace*
la limpieza *cleaning*
los muebles *furniture*
los quehaceres *chores*

apagar *to turn off*
barrer *to sweep*
calentar (e:ie) *to warm up*
cocinar *to cook*
encender (e:ie) *to turn on*
freír (e:i) *to fry*
hervir (e:ie) *to boil*
lavar *to wash*
limpiar *to clean*
pasar la aspiradora *to vacuum*
quitar el polvo *to dust*
tocar el timbre *to ring the doorbell*

De compras

el centro comercial *mall*
el dinero en efectivo *cash*
la ganga *bargain*
el probador *dressing room*
el reembolso *refund*
el supermercado *supermarket*
la tarjeta de crédito/débito *credit/debit card*

devolver (o:ue) *to return (items)*
hacer mandados *to run errands*
ir de compras *to go shopping*
probarse (o:ue) *to try on*
seleccionar *to select; to pick out*

auténtico/a *real; genuine*
barato/a *cheap; inexpensive*
caro/a *expensive*

Camila **fue de compras** al **supermercado**, decidida a gastar lo menos posible. **Seleccionó** los productos más **baratos** y pagó con **dinero en efectivo**.

Expresiones

a menudo *frequently; often*
a propósito *on purpose*
a tiempo *on time*
a veces *sometimes*
apenas *hardly; scarcely*
así *like this; so*
bastante *quite; enough*
casi *almost*
casi nunca *rarely*
de repente *suddenly*
de vez en cuando *now and then; once in a while*
en aquel entonces *at that time*
en el acto *immediately; on the spot*
enseguida *right away*
por casualidad *by chance*

Emilia trabaja en un restaurante durante los veranos. Ha tenido que acostumbrarse al horario de una asistente de cocina. ¡La nueva rutina no es fácil! Suele levantarse cada día a las seis de la mañana para llegar al restaurante a las siete.

la agenda *datebook*
la costumbre *custom; habit*
el horario *schedule*
la rutina *routine*
la soledad *solitude; loneliness*

acostumbrarse (a) *to get used to; to grow accustomed*
arreglarse *to get ready*
averiguar *to find out; to check*
probar (o:ue) (a) *to try*
soler (o:ue) *to be in the habit of; to be used to*

atrasado/a *late*
cotidiano/a *everyday*
diario/a *daily*
inesperado/a *unexpected*

recursos

CP
pp. 21–22

CH
pp. 33–34

CA
p. 63

descubre3.
vhlcentral.com
Lección 3

 Práctica

1 **Escuchar**

A. Escucha lo que dice Julián y luego decide si las oraciones son **ciertas** o **falsas**. Corrige las falsas.

1. Julián está en un supermercado.
   Falso. Julián está en su casa.
2. Julián tiene que limpiar la casa.
   Cierto.
3. Él siempre sabe dónde está todo.
   Falso. Él nunca sabe dónde deja las cosas.
4. Él encuentra su tarjeta de crédito debajo de la escalera. Cierto.
5. Julián recibe una visita inesperada. Cierto.

B. Escucha la conversación entre Julián y la visita inesperada y después contesta las preguntas con oraciones completas.

1. ¿Quién está tocando el timbre?
   María está tocando el timbre.
2. ¿Qué tiene que hacer ella?
   Tiene que ir al centro comercial.
3. ¿Qué quiere devolver?
   Quiere devolver unos pantalones.
4. ¿Eran caros los pantalones?
   No. Los pantalones eran una ganga.
5. ¿Qué hace Julián antes de ir al centro comercial con ella? Julián se arregla.

2 **Sopa de letras** Busca ocho palabras y expresiones del vocabulario de **Contextos**. Después, escribe un párrafo usando al menos cuatro de las palabras que encontraste.

K	J	A	N	T	I	C	P	S	A
C	A	L	E	N	T	A	R	U	U
Í	O	S	A	S	V	R	E	C	T
A	G	S	I	Ó	E	S	H	N	É
B	E	R	T	C	A	S	I	M	N
A	S	U	B	U	V	E	B	D	T
L	A	T	I	E	M	P	O	A	I
C	A	I	O	L	Z	B	L	R	C
Ó	L	N	N	Í	N	U	R	P	O
N	B	A	Q	U	S	O	L	E	R

(A) Audio Script
Tengo tantas cosas que hacer. Antes de ir a hacer mandados tengo que quitar el polvo de los muebles y pasar la aspiradora. *(ruido de pasos)* Mira, aquí está mi tarjeta de crédito. Tanto tiempo buscándola y estaba debajo de la escalera. Por fin voy a poder ir de compras. Qué costumbre tengo de no saber dónde dejo las cosas. *(a doorbell rings)* ¿El timbre? ¿Quién puede ser a estas horas? Apenas son las ocho de la mañana… *(pasos que se alejan y una puerta que se abre).*
Textbook Audio

(B) Audio Script
JULIÁN ¡María, qué sorpresa! ¿Qué haces aquí a estas horas?
MARÍA Perdona que venga así, de repente, pero tengo que ir al centro comercial antes de ir a la oficina y quería preguntarte si quieres venir conmigo.
JULIÁN ¿Sueles ir siempre a estas horas?
MARÍA Sabes que no. Es que tengo que devolver estos pantalones que compré.
JULIÁN ¿No te gustan?
MARÍA No. Eran una ganga y el probador estaba ocupado. Los compré sin probármelos. ¿Vienes conmigo? Necesito que me lleves en carro.
JULIÁN No te preocupes. Sí que voy contigo. Me arreglo y nos vamos enseguida. Recuerda que a veces no te dan reembolsos. Quizá tengas que cambiar los pantalones por otra cosa.
MARÍA Sí, lo sé.
Textbook Audio

Teaching Tip To review the vocabulary on page 83, ask questions such as:

1. ¿Qué cosas escribes en tu agenda?
2. Háblame de tu horario de hoy por la mañana. ¿Cómo es el de la tarde?
3. ¿Sueles participar en actividades extraescolares?
4. ¿Qué necesitas averiguar hoy?

Pairs For **Actividad 3**, to check grammar and vocabulary use, ask students to exchange their paragraphs for peer-editing.

Extra Practice Tell students to imagine that they have to cook dinner that night because their parents are working late. Ask them to write sentences using eight expressions from the box to say what they do after school that day and how they adjust their schedule to have dinner ready by 7:00. Then have students share their sentences with the class.

Expansion Ask students to discuss their experiences of rearranging their after-school schedules to prepare the family's evening meal or baby-sit a younger sibling.

---

(3) Julián y María Completa el párrafo con las palabras o expresiones lógicas de la lista.

a diario	cotidiano	horario	soledad
a tiempo	en aquel entonces	por casualidad	soler

Julián y María se conocieron un día (1) __por casualidad__ en el supermercado. Julián estaba muy contento por haber conocido a María porque, (2) __en aquel entonces__, él era nuevo en el barrio y no conocía a nadie. A él no le gusta la (3) __soledad__. Desde aquel día, se ven casi (4) __a diario__. Durante la semana, ellos (5) __suelen__ quedar para tomar un café después del trabajo, pues los dos tienen (6) __horarios__ similares.

(4) Una agenda muy llena Milena tiene mucho que hacer antes de su cita con Willy esta noche. Ha apuntado todo en su agenda, pero está muy atrasada.

A. En parejas, comparen el horario de Milena con la hora en que realmente logra hacer (*accomplishes*) cada actividad.

VIERNES, 15 DE OCTUBRE

1:00 ¡Hacer mandados!	5:00 Hacer la limpieza
2:00 Banco: nueva tarjeta de débito	6:00 Cocinar, poner (*set*) la mesa
3:00 Centro comercial: comprar vestido	7:00 Arreglarme
4:00 Supermercado: pollo, arroz, verduras	8:00 Cita con Willy ♡

MODELO
—¿A qué hora recoge (*picks up*) la nueva tarjeta de débito?
—Milena quiere recogerla a las dos, pero no logra hacerlo hasta las dos y media.

2:30

1. 4:00   2. 6:30   3. 6:45

4. 7:30   5. 7:45   6. 8:00

B. Ahora improvisen una conversación entre Willy y Milena. ¿Creen que los dos lo pasan bien? ¿Creen que van a tener otra cita?

Comunicación

 (5) Los quehaceres

A. En grupos de cuatro, túrnense para preguntar con qué frecuencia sus compañeros hacen los quehaceres de la lista. Combinen palabras de cada columna en sus respuestas y añadan sus propias ideas.

barrer	almuerzo	todos los días
cocinar	aspiradora	a menudo
lavar	balcón	a veces
limpiar	cuarto	de vez en cuando
pasar	polvo	casi nunca
quitar	ropa	nunca

MODELO —¿Con qué frecuencia barres el balcón?
—Lo barro de vez en cuando, especialmente si vienen invitados.

B. Ahora compartan la información con la clase y decidan quién es la persona más ordenada y la más desordenada.

(6) Agendas personales

A. Primero, escribe tu horario para esta semana. Incluye algunas costumbres de tu rutina diaria y también actividades inesperadas de esta semana.

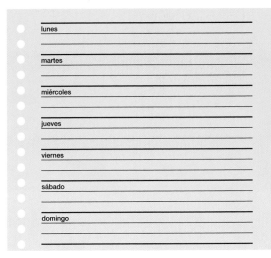

lunes

martes

miércoles

jueves

viernes

sábado

domingo

 B. En parejas, pregúntense sobre sus horarios. Comparen sus rutinas diarias y los sucesos (*events*) de esta semana. ¿Tienen costumbres parecidas? ¿Tienen algunas actividades en común?

C. Utiliza la información para escribir un párrafo breve sobre la vida cotidiana de tu compañero/a. ¿Le gusta la rutina? ¿Disfruta de lo inesperado? ¿Llena su agenda con actividades sociales o prefiere estar en casa? Comparte tu párrafo con la clase.

La vida diaria

---

(5) Teaching Tip Have students pretend to disagree with their classmates. Have them refute the statements, using opposite adverbs. Ex: **¡Qué va! Casi nunca barres el balcón.**

(6) Teaching Tip Part B: To help students compare the schedules, have pairs create two columns with the headings **Similitudes** and **Diferencias**.

(6) Expansion Bring in a school calendar with social events. Using the schedules created in Part A, have the students discuss which events they could or could not attend. Point out that students should use **asistir a** for *to attend*.

DIFFERENTIATED LEARNING

For Inclusion Write these expressions on the board: **todos los días, a menudo, a veces, de vez en cuando, casi nunca,** and **nunca**. Ask students how often they do certain activities: **¿Con qué frecuencia limpias tu cuarto? ¿Con qué frecuencia cuidas niños? ¿Con qué frecuencia participas en actividades extraescolares?** Students give thumbs up to an expression that applies and thumbs down for any that do not.

To Challenge Students For a **math connection**, have students take information from the "Inclusion" survey and draw a pie chart showing the percentage of the class that do a particular activity: **todos los días, a menudo, a veces, de vez en cuando, casi nunca,** or **nunca**.

recursos

CA
pp. 35–36

Section Goals

In **Fotonovela,** students will:
- practice listening to authentic dialogue
- learn functional phrases to show agreement or disagreement with an opinion, and to show strong dislikes

Instructional Resources
Cuaderno de actividades, pp. 35–36
e-Cuaderno
Supersite/DVD: *Fotonovela*
Supersite/TRCD/Print:
Fotonovela Videoscript & Translation, Answer Keys

Teaching Tips

- Before showing the *Fotonovela*, write four or five of the **Expresiones útiles** on a transparency or on the board and go over their meanings. Then have students work in pairs to look at the pictures and scan the text in order to determine what they think the episode will be about.
- Pause the DVD after frames 1–3 and ask a few comprehension questions. Ex: **¿Quién odia los fines de semana? ¿Con quién va a ir de compras Diana? ¿Qué pasó recientemente con la tarjeta de crédito de Fabiola?** Proceed this way to the end of the episode.
- Tell students that they are responsible for all **Expresiones útiles**. Model pronunciation and practice the expressions by engaging students in short conversations.

Diana y Fabiola conversan sobre la vida diaria. Aguayo pide ayuda con la limpieza, pero casi todos tienen excusas.

1

FABIOLA Odio los lunes.

DIANA Cuando tengas tres hijos, un marido y una suegra, odiarás los fines de semana.

FABIOLA ¿Discutes a menudo con tu familia?

DIANA Siempre tenemos discusiones. La mitad las ganan mis hijos y mi esposo. Mi suegra gana la otra mitad.

2

FABIOLA ¿Te ayudan en las tareas del hogar?

DIANA Ayudan, pero casi no hay tiempo para nada. Hoy tengo que ir de compras con la mayor de mis hijas.

FABIOLA ¿Y por qué no va ella sola?

DIANA Hay tres grupos que gastan el dinero ajeno, Fabiola: los políticos, los ladrones y los hijos… Los tres necesitan supervisión.

3

FABIOLA Tengan cuidado en las tiendas. Hace dos meses andaba de compras y me robaron la tarjeta de crédito.

DIANA ¿Y fuiste a la policía?

FABIOLA No.

DIANA ¿Lo dices así, tranquilamente? Te van a arruinar.

FABIOLA No creas. El que me la robó la usa menos que yo.

6

Más tarde en la cocina…

AGUAYO El señor de la limpieza dejó un recado diciendo que estaba enfermo. Voy a pasar la aspiradora a la hora del almuerzo. Si alguien desea ayudar…

FABIOLA Tengo una agenda muy llena para el almuerzo.

DIANA Yo tengo una reunión con un cliente.

7

ÉRIC Tengo que… Tengo que ir al banco. Sí. Voy a pedir un préstamo.

JOHNNY Yo tengo que ir al dentista. No voy desde la última vez… Necesito una limpieza.

Aguayo y Mariela se quedan solos.

8

Diana regresa del almuerzo con unos dulces.

DIANA Les traje unos dulces para premiar su esfuerzo.

AGUAYO Gracias. Los probaría todos, pero estoy a dieta.

DIANA ¡Qué bien! Yo también estoy a dieta.

MARIELA ¡Pero si estás comiendo!

DIANA Sí, pero sin ganas.

For Auditory Learners After watching the *Fotonovela*, write the names of the characters on a transparency or the board and read quotes from the script aloud. Have students match each quote with the correct speaker.

For Kinesthetic Learners Tell students to close their books. Distribute large cards on which you have written twelve events from the **Fotonovela**. Students should recall the order in which the events occur and line up in that order, holding their cards and facing the class. Each student steps forward to read his or her card. This activity also benefits **auditory learners**.

Personajes

 AGUAYO
 DIANA
 ÉRIC
 FABIOLA
 JOHNNY
MARIELA

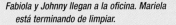

En la oficina de Aguayo…

MARIELA ¿Necesita ayuda?

AGUAYO No logro hacer que funcione.

MARIELA Creo que Diana tiene una pequeña caja de herramientas.

AGUAYO ¡Cierto!

Aguayo sale de la oficina. Mariela le da una patada a la aspiradora.

AGUAYO ¡Aceite lubricante y cinta adhesiva! ¿Son todas las herramientas que tienes?

DIANA ¡Claro! Es todo lo que necesito. La cinta para lo que se mueva y el aceite para lo que no se mueva.

Se escucha el ruido de la aspiradora encendida.

AGUAYO Oye… ¿Cómo lo lograste?

MARIELA Fácil… Me acordé de mi ex.

Fabiola y Johnny llegan a la oficina. Mariela está terminando de limpiar.

JOHNNY ¡Qué pena que no llegué a tiempo para ayudarte!

FABIOLA Lo mismo digo yo. Y eso que almorcé tan de prisa que no comí postre.

MARIELA Si gustan, quedan dos dulces en la cocina. Están riquísimos… (*habla sola mirando el aerosol*) Y no hubiera sido mala idea echarles un poco de esto.

Johnny y Fabiola vuelven de la cocina.

JOHNNY Qué descortés eres, Fabiola. Si yo hubiera llegado primero, te habría dejado el dulce grande a ti.

FABIOLA ¿De qué te quejas, entonces? Tienes lo que querías y yo también. Por cierto, ¿no estuviste en el dentista?

JOHNNY Los dulces son la mejor anestesia.

Expresiones útiles

Agreeing or disagreeing with a prior statement

Lo mismo digo yo. *The same here.*

¡Cierto! *Sure!*

¡Claro! *Of course!*

¡Cómo no! *Of course!*

¡Por supuesto! *Of course!*

No creas. *Don't you believe it.*

¡Qué va! *Of course not!*

¡Ni modo! *No way!*

Expressing strong dislikes

¡Odio… !
I hate…!

¡No me gusta nada… !
I don't like . . . at all!

Detesto…
I detest…

No soporto…
I can't stand…

Estoy harto/a de…
I am fed up with…

Additional vocabulary

acordarse *to remember*
ajeno/a *somebody else's*
andar *to be (doing something); to walk*
la caja de herramientas *toolbox*
el ladrón/la ladrona *thief*
lograr *to manage to; to achieve*
la mitad *half*
la patada *kick*
premiar *to give a prize*
¡Qué pena! *What a shame!*

Teaching Tip
• Make flashcards to introduce the **Expresiones útiles** and Additional Vocabulary.

Extra Practice Ask questions using the expressions and vocabulary. Ex: **¿De qué estás harto/a? ¿Qué no soportas? ¿Pagas siempre con tu propio dinero o pagas con dinero ajeno? ¿Qué lograste hacer ayer?**

Expansion Suggest several situations, some likely and others unlikely. Have students react to each situation with appropriate expressions. Ex: **Es verano y estamos en Arizona. Está nevando.** Possible answers: **¡Qué va! ¡Ni modo!**

DIFFERENTIAED LEARNING

For Inclusion Write a few key words—including some from the **Expresiones útiles** list—on the board. Then play the episode without sound and have students focus on the actions and gestures of the characters. Ask them to guess what is happening in each scene. Then replay the episode with sound and ask students to revise their guesses. This activity also benefits **visual learners**.

To Challenge Students Have students write and act out a skit about who is going to clean the classroom after a party, using lesson vocabulary. They should emphasize the **Expresiones útiles**. Variation: Students may record their skit for the class.

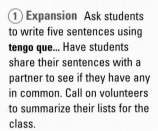

① Expansion Ask students to write five sentences using **tengo que…** Have students share their sentences with a partner to see if they have any in common. Call on volunteers to summarize their lists for the class.

② Expansion Have students create questions based on **Actividad 2**. Point out the difference between **¿Por qué?** and **porque**. Ex: **¿Por qué odia Diana los fines de semana? Porque Diana discute mucho con su familia.**

Extra Practice Have pairs role-play a situation between an employer and employee in which they must negotiate a work schedule. The company is understaffed and the employee is involved in many extracurricular activities.

Comprensión

① ¿Quién lo dijo? Decide quién dice estas oraciones.

Aguayo   Diana   Éric

Fabiola   Johnny   Mariela

Mariela	1. ¿Necesita ayuda?
Aguayo	2. Si alguien desea ayudar…
Fabiola	3. Tengo una agenda muy llena.
Diana	4. Tengo una reunión con un cliente.
Éric	5. Tengo que ir al banco.
Johnny	6. Tengo que ir al dentista.

② Relacionar Escribe oraciones que conecten las frases de las dos columnas usando **porque**.

f   1. Diana odia los fines de semana…   a. está a dieta.

e   2. Diana quiere ir de compras con su hija…   b. el ladrón usa la tarjeta de crédito menos que ella.

c   3. Fabiola dice que tengan cuidado en las tiendas…   c. hace dos meses le robaron la tarjeta de crédito.

b   4. Fabiola no fue a la policía…   d. el señor que limpia está enfermo.

d   5. Aguayo pasará la aspiradora…   e. no quiere que gaste mucho dinero.

a   6. Aguayo no prueba los dulces…   f. discute mucho con su familia.

③ Seleccionar Selecciona la opción que expresa la misma idea.

1. Odio los lunes.
   a. No soporto los lunes.   b. No detesto los lunes.   c. Me gustan los lunes.

2. Tengo una agenda muy llena para el almuerzo.
   a. Tengo planeado un almuerzo.   b. Tengo muchas tareas a la hora del almuerzo.   c. No tengo mi agenda aquí.

3. Tienes lo que quieres.
   a. Tu deseo se cumplió.   b. Tienes razón.   c. Te quiero.

4. Lo mismo digo yo.
   a. ¡Ni modo!   b. No creas.   c. Estoy de acuerdo.

DIFFERENTIATED LEARNING

Heritage Speakers Ask heritage speakers to share synonyms from their families' countries of origin for new expressions such as **¡Ni modo!, ¡Qué va!** and **No soporto**. Ask classmates to give appropriate English-language equivalents and have the class compare them.

For Inclusion In **Actividad 3**, ask students if **[se] cumplió** reminds them of another word or expression that they know (**cumpleaños, ¡Feliz cumpleaños!**). Elicit a connection between the two (the idea of fulfilling or completing years).

Ampliación

 (4) Excusas falsas Aguayo pide ayuda para limpiar la oficina, pero sus compañeros le dan excusas. ¿Qué preguntas puede hacerles Aguayo para descubrir sus mentiras? Escribe las preguntas. Después, en grupos de cinco, dramaticen la situación: uno/a de ustedes es Aguayo y los/las demás son los/las compañeros/as. Sean creativos.

 (5) Opiniones En grupos de tres, contesten las preguntas. Si es posible, den ejemplos de la vida cotidiana.

1. ¿Es necesario a veces dar excusas falsas? ¿Por qué?

2. Describe una situación reciente en la que usaste una excusa falsa. ¿Por qué lo hiciste? ¿Se enteraron los demás?

3. ¿Es mejor decir la verdad siempre? ¿Por qué?

 (6) Apuntes culturales En parejas, lean los párrafos y contesten las preguntas.

La agenda diaria
¡Diana se queja de que no hay tiempo para nada! En muchos países hispanos, las horas del día se expresan utilizando números del 0 al 23. Muchas agendas en español usan este modelo horario, es decir que **10 p.m.** se indica **22:00** ó **22h**. ¡Pobre Diana! ¡Con tanto trabajo, necesita que el día tenga más horas!

La hora del almuerzo
Fabiola tiene una agenda muy ocupada para el almuerzo. En España y pueblos de Latinoamérica este descanso suele ser de 13 a 16. Los que trabajan cerca vuelven a sus casas pero, en las grandes ciudades españolas, algunas personas lo aprovechan además para hacer mandados, compras o ir al gimnasio. ¿Qué tendrá que hacer Fabiola que sea más importante que limpiar la oficina?

En el banco
Éric tiene que ir al banco a pedir un préstamo. En Hispanoamérica, la mayoría de los préstamos y los pagos de servicios se realizan en el banco. No obstante, en países como Argentina, Costa Rica y Perú, las cuentas de gas, electricidad y teléfono también se pueden pagar en el supermercado.

1. ¿Cómo se puede expresar *8 a.m.* y *12 a.m.* en español?

2. En tu país, ¿cuántas horas se toman normalmente los empleados para almorzar? ¿Qué hacen durante ese descanso?

3. ¿Cuáles son los horarios comerciales de la ciudad en donde vives? ¿Te parecen suficientes?

4. ¿A qué hora sueles almorzar? ¿Dónde?

5. ¿Sabes cómo pagan tus padres los recibos (*bills*) de la luz y el teléfono? ¿Les resulta conveniente este método de pago?

---

(4) Teaching Tip Model the activity by having students invent situations in which they might need to make excuses. Ex: **Prometí cuidar a los niños de la vecina hoy. ¿Quién puede hacerlo por mí?**

(6) Expansion Extend the discussion with additional questions. Ex: **¿Es importante hacer un descanso al mediodía? ¿Qué opinas de la siesta española? ¿Utilizas el servicio de mensajes instantáneos para comunicarte con los amigos? ¿Crees que eso te ahorra tiempo?**

Culture Note Point out the purposes for which the 24-hour clock is typically used in Spanish-speaking countries. Ex: schedules for movies, concerts, planes, trains.

NATIONAL STANDARDS
Community Have students look through Spanish-language newspapers or Web pages from the U.S. to find examples of times for public events, broadcasts, or opening and closing times for businesses. What do they notice about how times are given? Are the times on the 24-hour clock or the 12-hour clock? Are there patterns to the use of one clock or the other (Ex: national origin of the Spanish-speakers in question, age of the readers, etc.)?

AP PREPARATION

Informal Speaking Have students practice informal commands and household task vocabulary by role-playing parent and child situations. Then have them record themselves as if they were a parent leaving a message on the child's cell phone, using at least eight of the verbs on page 82. Tell students to imagine that Aunt Bettina is coming for a visit, and she is very fussy. Students should use expressive voices, and be able to use negative as well as affirmative commands. Say: **Ahora vas a grabar un mensaje en un celular. Has llamado a tu hijo/a para decirle que la Tía Bettina, una perfeccionista, llega hoy. Dale a tu hijo/a por lo menos ocho mandatos diferentes, usando el vocabulario de la página 82.**

ESPAÑA

En detalle

LA FAMILIA REAL

El rey Juan Carlos I y la reina Sofía vuelven de visitar a su nieta recién nacida.

En 1948, el general Francisco Franco tomó bajo su tutela° al niño Juan Carlos de Borbón, que entonces tenía sólo diez años. Su plan era formarlo ideológicamente para que fuera su sucesor°. En 1975, tras la muerte del dictador y en contra de todas las predicciones, lo primero que hizo Juan Carlos I fue trabajar para implantar° la democracia en España.

La Familia Real española es una de las más queridas de las diez que todavía quedan en Europa. Juan Carlos I es famoso por su simpatía y su facilidad para complacer° a los ciudadanos españoles. Don Juan Carlos y doña Sofía llevan una vida sencilla, sin excesivos protocolos. Su vida diaria está llena de compromisos° sociales y políticos, pero siempre tienen un poco de tiempo para dedicarse a sus pasatiempos. La gran pasión del Rey son los deportes, especialmente el esquí y la vela, y participa en competiciones anuales, donde se destaca° por su destreza°. La Reina, por su parte, colabora en muchos proyectos de ayuda social y cultural.

Sus tres hijos, las Infantas° Elena y Cristina y el príncipe Felipe, están casados y han formado sus propias familias. Mantienen las mismas costumbres sencillas de los Reyes. No es raro verlos de compras en los centros comerciales que están cerca de sus viviendas. Apasionados del deporte, como su padre, han participado en las más importantes competiciones y llevan una vida relativamente discreta. Don Juan Carlos y doña Sofía van de vacaciones todos los veranos a la isla de Mallorca y se los puede ver, como si se tratara de una familia más, comiendo en las terrazas de la isla junto a sus hijos y nietos. En esas ocasiones, los paseantes° no dudan en acercarse y saludarlos. Esta cercanía de los monarcas con los ciudadanos ha conseguido que la Corona° sea una de las instituciones más valoradas por los españoles. ∎

Rey Juan Carlos I   Reina Sofía

Infanta Elena   Infanta Cristina   Príncipe Felipe

Regatas reales

El rey Juan Carlos da nombre a la regata **Copa del Rey**, que tiene lugar todos los años en Palma de Mallorca. Su esposa da nombre a la **Regata Princesa Sofía**. La realeza no sólo presta su nombre para estas competencias: el rey Juan Carlos participa en ambas con su yate llamado Bribón.

tutela *protection* **sucesor** *successor* **implantar** *to establish* **complacer** *to please* **compromisos** *engagements* **destaca** *stands out* **destreza** *skill* **Infantas** *Princesses* **paseantes** *passers-by* **Corona** *Crown*

90 *noventa*   **Lección 3**

La familia

mima (Cu.)	*mom*	
pipo (Cu.)	*dad*	
amá (Col.)	*mom*	
apá (Col.)	*dad*	
tata (Arg. y Chi.)	*grandpa*	
carnal (Méx.)	*brother or friend*	
carnala (Méx.)	*sister or friend*	
carnalita (Méx.)	*little sister*	
m'hijo/a (Amér. L.)	*exp. to address a son or daughter*	
chavalo/a (Amér. C.)	*boy/girl*	
chaval(a) (Esp.)	*boy/girl*	

EL MUNDO HISPANOHABLANTE

Las compras diarias

- En España, las grandes tiendas y también muchas tiendas pequeñas cierran los domingos. Así, los españoles realizan todas sus compras durante el resto de la semana. En algunos casos, las grandes tiendas, como el Corte inglés, abren un domingo al mes.

- En el pueblo salvadoreño de Colonia la Sultana, el señor del pan pasa todos los días a las siete de la mañana con una canasta en la cabeza repleta de pan fresco. Cuando las personas lo escuchan llegar, salen a la calle para comprarle pan. Los que se quedan dormidos, si quieren pan fresco, tienen que ir al pueblo de al lado.

- En Argentina es muy común tomar soda (agua carbonada). El sodero pasa una vez por semana por las casas que solicitan entrega a domicilio. Se lleva los sifones° vacíos y deja sifones llenos.

PERFIL

LETIZIA ORTIZ

Letizia Ortiz nació en Oviedo el 15 de septiembre de 1972 en el seno de una familia trabajadora. Si alguien les hubiera dicho a sus padres que su hija iba a ser princesa, seguramente lo habrían tomado por loco. Esta joven inteligente y emprendedora° estudió periodismo y ejerció su profesión en algunos de los mejores medios españoles: el periódico *ABC*, y los canales CNN plus y TVE. Cuando se formalizó el compromiso° con el príncipe Felipe, Letizia tuvo que dejar de trabajar y empezó un entrenamiento particular para ser princesa, ya que al casarse se convertiría en Princesa de Asturias. Su relación con el Príncipe se distingue por no haber respondido a la formalidad que se espera en estos casos. Poco antes de la boda, un periodista le preguntó: "¿Y cómo se declara un príncipe?", a lo que Letizia contestó: "Como cualquier hombre que quiere a una mujer".

> " …a partir de ahora y de forma progresiva voy a integrarme y a dedicarme a esta nueva vida con las responsabilidades y obligaciones que conlleva. " (Letizia Ortiz)

SUPERSITE Conexión Internet

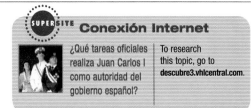

¿Qué tareas oficiales realiza Juan Carlos I como autoridad del gobierno español?

To research this topic, go to **descubre3.vhlcentral.com**.

emprendedora *enterprising* **compromiso** *engagement* **sifones** *siphons*

¿Qué aprendiste?

① Teaching Tip For additional practice, have students answer questions about their own leader. Examples: **¿La vida del presidente o del primer ministro se caracteriza por la formalidad? ¿Él/Ella es aficionado/a al deporte? ¿Dónde pasa las vacaciones de verano?**

② Expansion For additional practice with the readings, have students create three more **cloze** sentences. Then have them exchange their sentences with a partner on completion.

③ Teaching Tip Remind students to answer in complete sentences.

④ Expansion Ask students to list at least one question they have after reading page 91. Then encourage students to research the answers to their questions and present both questions and answers to the class.

Proyecto To challenge students, have them do short presentations about their service.

NATIONAL STANDARDS Connections: History Have students research General Franco, the Spanish Civil War, and fascism in Spain. Have them create a timeline of major events in the Civil War and the rise to power and reign of Franco to share with the class.

① Comprensión Indica si las oraciones son **ciertas** o **falsas**. Corrige las falsas.

1. El general Francisco Franco quería que Juan Carlos de Borbón fuera su sucesor. Cierto.
2. El general Franco trabajó mucho para implantar la democracia en España. Falso. El rey Juan Carlos I trabajó mucho para implantar la democracia.
3. La vida de los Reyes se caracteriza por la formalidad y el protocolo. Falso. Los Reyes llevan una vida sencilla, sin excesivos protocolos.
4. El rey Juan Carlos es muy aficionado a los deportes. Cierto.
5. La Reina participa en competiciones de esquí. Falso. La Reina colabora en muchos proyectos de ayuda social y cultural.
6. La infanta Cristina es soltera. Falso. La Infanta Cristina está casada.
7. La Familia Real pasa las vacaciones de verano en Mallorca. Cierto.
8. A la mayoría de los españoles les gusta la Familia Real. Cierto.

② Oraciones incompletas Completa las oraciones.

1. Los padres de Letizia Ortiz son ___de clase trabajadora___.
2. Letizia estudió ___periodismo___.
3. La infanta Cristina es la ___hermana___ del príncipe Felipe.
4. Felipe es el Príncipe de ___Asturias___.
5. En España, las grandes tiendas abren ___un domingo por mes___.
6. En México, usan la palabra **carnala** para referirse a ___una hermana o una amiga___.

③ Preguntas Contesta las preguntas. Answers may vary.

1. ¿Cuál es una forma cariñosa de referirse al padre en Cuba? Una forma cariñosa de referirse al padre en Cuba es *pipo.*
2. ¿Por qué crees que Letizia Ortiz tuvo que dejar de trabajar como periodista al convertirse en Princesa?
3. ¿A qué eventos deportivos dan nombre el rey Juan Carlos y la reina Sofía? Dan nombre a la Copa del Rey y a la Regata Princesa Sofía.
4. ¿Crees que es positivo o frívolo que el Rey de España participe en eventos deportivos? ¿Por qué?
5. Vuelve a leer la cita de Letizia Ortiz. ¿A qué responsabilidades y obligaciones crees que se refiere?
6. Muchos supermercados abren las 24 horas. ¿Crees que esto es necesario o crees que la gente está muy "malcriada" (*spoiled*)?

④ Opiniones En parejas, preparen dos listas. En una lista, anoten los elementos positivos de ser príncipe o princesa heredero/a y, en la otra, los elementos negativos que creen que puede tener. ¿Vale la pena ser rico y famoso si pierdes la vida privada?

Positivo	Negativo

PROYECTO **A domicilio**

Existen muchos servicios a domicilio que facilitan la vida diaria. Además del ejemplo del sodero en Argentina, están los paseadores de perros, los supermercados con entrega a domicilio y las empresas que nos permiten recibir libros o ropa por correo en casa.

Imagina que vas a crear una empresa para ofrecer un servicio a domicilio.

Usa esta guía para preparar un folleto (*brochure*) sobre tu empresa. Describe:

1. El servicio que vas a ofrecer y cómo se llama.
2. Las principales características de tu servicio.
3. Cómo va a facilitar la vida diaria de tus clientes.

92 noventa y dos Lección 3

CRITICAL THINKING

Analysis and Synthesis Ask students to convert their charts from **Actividad 4** to Venn diagrams, showing how some aspects of being royalty are both positive and negative. Ask students to share and explain their choices to the class.

Comprehension and Evaluation Encourage students not making the presentations in the **Proyecto** section to ask at least one question of each presenter about his or her service.

92 Teacher's Annotated Edition • Lesson Three

RITMOS

OJOS DE BRUJO

Ojos de Brujo surge cuando el guitarrista Ramón Jiménez y el bajista Juanlu empiezan a juntarse para hacer sesiones improvisadas de música en 1990. Poco a poco, Ojos de Brujo se ha ido consolidando hasta formar una banda de seis integrantes a los que no sólo los une la pasión por el flamenco, sino también el gusto por otros géneros musicales. Así, la música de este grupo barcelonés se caracteriza por la continua experimentación de géneros que mezcla el *hip hop*, el *reggae*, el *funk* y la salsa con el característico sonido del flamenco. Según los músicos, el resultado artístico —híbrido y ecléctico— se produce en ellos mismos y "no es nada forzado". La continua investigación musical ha llevado a Ojos de Brujo a crear su propio sello discográfico: Fábrica de Colores.

Discografía

2002 Bari   **2001** Vengue

Canción

Éste es un fragmento de la canción que tu instructor te hará escuchar.

Tiempo de soleá

Rodeá° de tanta gente y yo me siento tan sola
Mi corazón es como una bomba ¡pum, pum! Una bomba
De relojería fina a punto de estallar°
Y extranjera y con papela caducá°
Y es que no hay son ni guaguancó que me consuele
El tiempo es de soleá y a mí me duele.

SOLEÁ

La palabra **soleá** viene de **soledad**. La soleá es un tipo de tonada andaluza. En el flamenco, es común no pronunciar la letra "d" de la última sílaba de algunas palabras. Así, alguien que baila flamenco es un(a) **bailaor(a)**. Al escuchar flamenco, presta atención a este uso peculiar del español de Andalucía.

Preguntas Contesta las preguntas con oraciones completas.

1. ¿Quiénes fueron los dos primeros integrantes de la banda Ojos de Brujo? Los primeros integrantes de la banda fueron el guitarrista Ramón Jiménez y el bajista Juanlu.
2. ¿Qué tienen en común los seis integrantes de la banda? Tienen en común la pasión por el flamenco y el gusto por otros géneros.
3. ¿Por qué se caracteriza la música de Ojos de Brujo? Se caracteriza por la experimentación de géneros.
4. Según el fragmento de la letra de Tiempo de soleá, ¿cómo se siente la protagonista? ¿Por qué? La protagonista se siente sola./Answers will vary.
5. Lee el recuadro titulado *Soleá*. ¿Cómo se escribe normalmente la palabra "rodeá" que aparece en el fragmento de la canción? Se escribe "rodeada".

rodeá *surrounded* **estallar** *to explode* **caducá** *expired papers*

AP PREPARATION

Informal Writing and Culture Discuss the article with students. Ask them to relate their experiences with music. What do they know about flamenco? About hip hop? If there are any musicians in the class, ask them to share their music. Then play *Tiempo de soleá*, and ask for comments. Say: **Ahora vas a fingir que estás estudiando en Barcelona. Has conocido a un(a)** catalán/ana en tu clase y decides invitarlo/a a ir a un concierto esta noche. Escribe una invitación en la que le propones la idea de ir a un concierto de Ojos de Brujo. No te olvides de saludar y despedirte de tu amigo/a en el correo electrónico y de darle los detalles del concierto.

Previewing Strategy
Before reading, ask the class to translate the name of the band and guess what significance it might have.

Teaching Tip Remind students to triple read the passage: once for general comprehension, once slowly—looking up any unknown and important words, and once more for complete comprehension.

Culture Note Point out that dropping the **d** in the last syllable is also common in Caribbean Spanish and in some parts of South America. Ask the class if they have heard different Spanish accents in movies or songs. Then ask heritage speakers if they know of any other typical pronunciation changes similar to **soleá**. Ex: **Para** is often cut short to **pa**.

NATIONAL STANDARDS
Connections: Music Ask students who study or are interested in music to obtain audio samples of traditional flamenco music to play for the class alongside the sample recommended in **DESCUBRE**. Have them analyze the rhythms and instrumentation of the different samples.

Section Goals

In **Estructura**, students will:
- review formation of the preterite, focusing on irregulars
- go over formation of the imperfect tense
- practice these tenses and their contrasting differences

Instructional Resources

Cuaderno de práctica, pp. 23–24
Cuaderno para hispanohablantes, pp. 37–38
Cuaderno de actividades, pp. 7, 64
e-Cuaderno
Supersite: Additional practice
Lección 3 Supersite/TRCD/
Print: *PowerPoints* (**Estructura** Presentation, Overheads #23–25); Audio Activity Script, Answer Keys
Audio Activity CD

Teaching Tips

- To preview the preterite, share an anecdote about something funny or embarrassing that happened in the past. Write the preterite verbs you use on the board as you tell the story.
- Remind students that **c** and **g** change to **qu** and **gu** to maintain the hard consonant sounds.
- Remind students that **–ar** and **–er** stem-changing verbs do not change the stem in the preterite.
- Note the need for written accents in order to avoid the diphthongs. Ask students how these verbs would sound without the accent marks.
- Point out that **–uir** verbs require written accents only in the **yo** and **él/ella/Ud.** forms.
- Remind students what third-person forms are.

3.1 The preterite

- Spanish has two simple tenses to indicate actions in the past: the preterite and the imperfect. The preterite is used to describe actions or states that began or were completed at a definite time in the past.

The preterite of regular -ar, -er, and -ir verbs		
comprar	**vender**	**abrir**
compré	vendí	abrí
compraste	vendiste	abriste
compró	vendió	abrió
compramos	vendimos	abrimos
comprasteis	vendisteis	abristeis
compraron	vendieron	abrieron

- The preterite tense of regular verbs is formed by dropping the infinitive ending (**-ar**, **-er**, **-ir**) and adding the preterite endings. Note that the endings of regular **-er** and **-ir** verbs are identical in the preterite tense.

- The preterite of all regular and some irregular verbs requires a written accent on the preterite endings in the **yo, usted, él**, and **ella** forms.

  Ayer **empecé** un nuevo trabajo.   Mi mamá **preparó** una cena deliciosa.
  Yesterday I started a new job.   *My mom prepared a delicious dinner.*

- Verbs that end in **-car, -gar**, and **-zar** have a spelling change in the **yo** form of the preterite. All other forms are regular.

buscar	▶	busc–	▶	–qu–	▶	yo busqué
llegar		lleg–		–gu–		yo llegué
empezar		empez–		–c–		yo empecé

- **Caer, creer, leer**, and **oír** change **-i-** to **-y-** in the **usted, él**, and **ella** forms and in the **ustedes, ellos**, and **ellas** forms (third person forms) of the preterite. They also require a written accent on the **-i-** in all other forms.

caer	▶	caí, caíste, cayó, caímos, caísteis, cayeron
creer		creí, creíste, creyó, creímos, creísteis, creyeron
leer		leí, leíste, leyó, leímos, leísteis, leyeron
oír		oí, oíste, oyó, oímos, oísteis, oyeron

- Verbs with infinitives ending in **-uir** change **-i-** to **-y-** in the third-person forms of the preterite.

construir	▶	construí, construiste, construyó, construimos, construisteis, construyeron
incluir		incluí, incluiste, incluyó, incluimos, incluisteis, incluyeron

---

DIFFERENTIATED LEARNING

To Challenge Students Using **Juego de dados**, review the preterite of **caer, creer, leer, oír, construir, incluir:** Players throw the die to determine the verb form to give: 1=**yo**; 2=**tú**; 3=**él, ella, Ud.**; 4=**nosotros**; 5=**vosotros**; 6=**ellos, ellas, Uds.** They follow the verb list in order when giving verb forms, and receive points for correct answers. Students learning **vosotros** for recognition only should throw the die again if they get a 5.

For Inclusion Have students work in pairs or groups of three to practice the preterite of stem-changing –ir verbs and of irregular verbs. Distribute small whiteboards and a dry erase marker to each group. Say the Spanish verb and subject; students write the Spanish translation. The first group to hold up the correct answer wins a point.

- Stem-changing **-ir** verbs also have a stem change in the third-person forms of the preterite. Stem-changing **-ar** and **-er** verbs are regular.

Preterite of *-ir* stem-changing verbs			
pedir		**dormir**	
pedí	pedimos	dormí	dormimos
pediste	pedisteis	dormiste	dormisteis
pidió	pidieron	durmió	durmieron

- A number of **-er** and **-ir** verbs have irregular preterite stems. Note that none of these verbs takes a written accent on the preterite endings.

Les traje unos dulces para premiar su esfuerzo.

Por cierto, ¿no estuviste en el dentista?

Preterite of irregular verbs		
Infinitive	**u-stem**	**preterite forms**
andar	anduv-	anduve, anduviste, anduvo, anduvimos, anduvisteis, anduvieron
estar	estuv-	estuve, estuviste, estuvo, estuvimos, estuvisteis, estuvieron
poder	pud-	pude, pudiste, pudo, pudimos, pudisteis, pudieron
poner	pus-	puse, pusiste, puso, pusimos, pusisteis, pusieron
saber	sup-	supe, supiste, supo, supimos, supisteis, supieron
tener	tuv-	tuve, tuviste, tuvo, tuvimos, tuvisteis, tuvieron
Infinitive	**i-stem**	**preterite forms**
hacer	hic-	hice, hiciste, hizo, hicimos, hicisteis, hicieron
querer	quis-	quise, quisiste, quiso, quisimos, quisisteis, quisieron
venir	vin-	vine, viniste, vino, vinimos, vinisteis, vinieron
Infinitive	**j-stem**	**preterite forms**
conducir	conduj-	conduje, condujiste, condujo, condujimos, condujisteis, condujeron
decir	dij-	dije, dijiste, dijo, dijimos, dijisteis, dijeron
traer	traj-	traje, trajiste, trajo, trajimos, trajisteis, trajeron

- Note that the stem of **decir (dij-)** not only ends in **j**, but the stem vowel **e** changes to **i**. In the **usted**, **él**, and **ella** form of **hacer (hizo)**, **c** changes to **z** to maintain the pronunciation. Most verbs that end in **-cir** have **j**-stems in the preterite.

¡ATENCIÓN!

Other **-ir** stem-changing verbs include:

conseguir	repetir
consentir	seguir
hervir	sentir
morir	servir
preferir	

¡ATENCIÓN!

Ser, ver, ir, and **dar** also have irregular preterites. The preterite forms of **ser** and **ir** are identical.

ser/ir
fui, fuiste, fue, fuimos, fuisteis, fueron

dar
di, diste, dio, dimos, disteis, dieron

ver
vi, viste, vio, vimos, visteis, vieron

The preterite of **hay** is **hubo**.

Hubo dos conciertos el viernes.
There were two concerts on Friday.

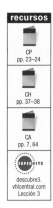

recursos

CP
pp. 23–24

CH
pp. 37–38

CA
pp. 7, 64

descubre3.
vhlcentral.com
Lección 3

Teaching Tips
- Have students conjugate **deshacer, oponer,** and **atraer**. Remind them that all verbs ending in **hacer, poner,** and **traer** are also irregular in the preterite.
- Ask a volunteer to conjugate **producir** and **traducir**.

Extra Practice Go to **descubre3.vhlcentral.com** for additional practice with the preterite.

LEARNING STYLES

For Kinesthetic Learners To practice verbs in the preterite, throw a soft, foam ball to a student and call out a verb and a subject. The student must conjugate the verb in the preterite, then throw the ball to a classmate, and name a different verb and subject.

For Kinesthetic Learners Play **Pasa la tiza**. Form small teams of six. Give the first student in each team a piece of chalk. Write a verb on the board and say: **¡Vayan!** The first students run to the board and write the **yo** preterite form of the verb, run back to their team, pass the chalk to the next players who run to the board to conjugate the **tú** form. The chalk is passed until a team conjugates the verb first and correctly.

1 Teaching Tip
Have students exchange papers and correct each other's work. They should refer to the verb lists on the previous pages.

1 **Quehaceres** Escribe la forma correcta del pretérito de los verbos indicados.

1. El sábado pasado mi familia y yo ___hicimos___ (hacer) la limpieza semanal.
2. Mi hermano Jorge ___barrió___ (barrer) el suelo de la cocina.
3. Yo ___pasé___ (pasar) la aspiradora por el salón.
4. Mis padres ___quitaron___ (quitar) los sillones para limpiarlos y después los ___volvieron___ (volver) a poner en su lugar.
5. Yo ___lavé___ (lavar) toda la ropa sucia y la ___puse___ (poner) en el armario.
6. Nosotros ___terminamos___ (terminar) con todo en menos de una hora.
7. Luego, mi madre ___abrió___ (abrir) el refrigerador.
8. Ella ___vio___ (ver) que no había nada de comer.
9. Mi padre ___dijo___ (decir) que iría al supermercado. Todos nosotros ___decidimos___ (decidir) acompañarlo.
10. Yo ___apagué___ (apagar) las luces y nos ___fuimos___ (ir) al supermercado.

2 Teaching Tip
Have students orally conjugate the verbs from the activity.

2 **¿Qué hicieron?** Combina elementos de cada columna para narrar lo que hicieron las personas.

anoche	yo	conversar	?
anteayer	mi compañero/a	dar	?
ayer	de clase	decir	?
la semana	mis amigos/as	ir	?
pasada	el/la profesor(a)	leer	?
una vez	de español	pedir	?
dos veces	mi hermano/a	tener que	?

3 Expansion
Ask students to convert the exercise into a questionnaire. Partners take turns asking and answering each other's questions and taking notes on the answers.

3 **La última vez** Con oraciones completas, indica cuándo fue la última vez que hiciste cada una de estas actividades. Utiliza detalles en tus respuestas. Después comparte la información con la clase.

MODELO   llorar viendo una película
La última vez que lloré viendo una película fue en 2005. La película fue *Mar adentro…*

1. hacer mandados
2. decir una mentira
3. andar atrasado/a
4. olvidar algo importante
5. devolver un regalo
6. ir de compras
7. oír una buena/mala noticia
8. encontrar una ganga increíble
9. ver tres programas de televisión seguidos
10. comprar algo muy caro

DIFFERENTIATED LEARNING

For Inclusion Ask students to think of a funny thing that happened to them in the past. Ask them to make a comic-strip presentation of the story—one scene to represent each part of the event. Then, as they are able, students can label the scenes with phrases or verbs in the preterite. This activity would also be appropriate for **visual learners**.

Heritage Speakers For **Actividad 2**, ask heritage speakers to brainstorm at least three more words or phrases that indicate the past, such as **hace ___ años que, el mes pasado, en el año ___, etc.** Ask students to share and explain these phrases to their classmates.

Comunicación

 4 **La semana pasada** Pasea por el salón de clases y averigua lo que hicieron tus compañeros durante la semana pasada. Anota el nombre del primero que conteste que sí a las preguntas.

> **MODELO** **ir al cine**
> —¿Fuiste al cine durante la semana pasada?
> —Sí, fui al cine y vi la última película de Almodóvar./No, no fui al cine.

Actividades	Nombre
asistir a un partido de fútbol	_____
cocinar para los amigos	_____
conseguir una buena nota en una prueba	_____
dar un consejo (*advice*) a un(a) amigo/a	_____
dormirse en clase o en el laboratorio	_____
estudiar toda la noche para un examen	_____
enojarse con un(a) amigo/a	_____
hacer una tarea dos veces	_____
ir a la oficina del/de la director(a)	_____
ir al centro comercial	_____
pedir dinero prestado	_____
perder algo importante	_____
probarse un vestido/un traje elegante	_____

 5 **Una fiesta** En parejas, túrnense para comentar la última fiesta que dieron o a la que asistieron.

- cuál fue la ocasión
- cuándo fue
- quiénes fueron y quiénes no pudieron ir
- qué se sirvió
- quién lo preparó
- qué tipo de música escucharon
- qué hicieron los invitados

 6 **Los mandados** Escribe una lista de diez mandados que hiciste el mes pasado.

A. En parejas, túrnense para preguntarse si hicieron los mismos mandados.

B. Compartan la información con la clase y decidan quién es la persona más trabajadora.

4 **Expansion** For faster-paced classes, ask the students which errands they usually run every month, using the verb **soler**. Ex: **¿Suelen ir de compras?** Then preview the imperfect tense with **soler** to express habitual actions in the past. Ex: **Solía ir de compras todos los meses.**

5 **Expansion** Ask students what they like to do when hosting a party.

6 **Teaching Tip For Inclusion** shorten the list of chores to five and model Part A with a volunteer.

Teaching Tips
• Remind students that
progressive forms are less
common in Spanish than in
English. Examples: **Camino**
al banco. *I'm walking to the*
bank. **Caminaba al banco.** *I*
was walking to the bank.
• Challenge students to
translate the captions in
the film clips under the first
bulleted point.
• Ask a volunteer to read
the fourth bulleted point
aloud. Then have students
share with partners where
they lived when they were
young, what that house,
city, or country looked like,
and something special they
remember often doing there.
Then have a class sharing in
which students present what
their partner shared, using
the third person singular of
the imperfect.

3.2 The imperfect

• The imperfect tense in Spanish is used to narrate past events without focusing
on their beginning, end, or completion.

El recado decía
que él estaba
enfermo.

Siempre tenía
problemas con
la aspiradora.

• The imperfect tense of regular verbs is formed by dropping the infinitive ending
(**-ar**, **-er**, **-ir**) and adding personal endings. **-Ar** verbs take the endings **-aba, -abas,**
-aba, -ábamos, -abais, -aban. -Er and **-ir** verbs take **-ía, -ías, -ía, -íamos, -íais, -ían.**

The imperfect of regular *-ar*, *-er*, and *-ir* verbs		
caminar	**deber**	**abrir**
camin**aba**	deb**ía**	abr**ía**
camin**abas**	deb**ías**	abr**ías**
camin**aba**	deb**ía**	abr**ía**
camin**ábamos**	deb**íamos**	abr**íamos**
camin**abais**	deb**íais**	abr**íais**
camin**aban**	deb**ían**	abr**ían**

• **Ir, ser**, and **ver** are the only verbs that are irregular in the imperfect.

The imperfect of irregular verbs		
ir	**ser**	**ver**
iba	era	veía
ibas	eras	veías
iba	era	veía
íbamos	éramos	veíamos
ibais	erais	veíais
iban	eran	veían

• The imperfect tense narrates what was going on at a certain time in the past. It often
indicates what was happening in the background.

> Cuando yo **era** joven, **vivía** en una ciudad muy grande. Todas las semanas, mis
> padres y yo **íbamos** al centro comercial.
> *When I was young, I lived in a big city. Each week, my parents and I went to*
> *the mall.*

- The imperfect of **hay** is **había**.

  Había tres cajeros en el supermercado.
  There were three cashiers in the supermarket.

  Sólo **había** un mesero en el café.
  There was only one waiter in the café.

- These words and expressions are often used with the imperfect because they express habitual or repeated actions: **de niño/a** (*as a child*), **todos los días** (*every day*), **mientras** (*while*), **siempre** (*always*).

  De niño vivía en un suburbio de Madrid.
  As a child, I lived in a suburb of Madrid.

  Todos los días iba a la casa de mi abuela.
  Every day I went to my grandmother's house.

  Siempre escuchaba música **mientras corría** en el parque.
  I always listened to music while I ran in the park.

Siempre dormía muy mal.
Nunca podía relajarme.
Estaba desesperado; no sabía qué hacer.
Ahora, mis problemas están resueltos con mi nueva cama.

DORMALUX
LA CAMA DE TUS SUEÑOS

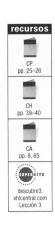

recursos

CP
pp. 25–26

CH
pp. 39–40

CA
pp. 8, 65

SUPERSITE
descubre3.
vhlcentral.com
Lección 3

Teaching Tip Teach students the expression: **Había una vez** as it is commonly used to begin fairytales.

Extra Practice Ask pairs of students to write a list of 5–10 first lines of familiar fairytales. Then have them exchange the lists with another pair and write the title of the fairytale next to the opening line. Have a class sharing.

Heritage Speakers Ask heritage speakers to list other expressions that indicate the imperfect form. If students have trouble doing so, suggest they consider synonyms for the expressions already given.

Expansion Have students search the Internet for a biography of a famous person and find out what his or her life was like in the past. Have them report results to the class.

NATIONAL STANDARDS Connections: Civics Have students use Spanish-language resources to learn about and compare the forms of government under **Franco** and under today's constitutional monarchy. Have them describe **Franco's** government in simple sentences using the imperfect and the government of **Juan Carlos I** using the present.

DIFFERENTIATED LEARNING

To Challenge Students Ask students to study the advertisement and think of another product to sell. Have them create a visual with magazine clippings, downloaded images, or drawings. Ask them to then write a caption that uses the imperfect to sell the product. Encourage students to display their work around the room and allow time for the class to walk around and enjoy the ads.

For Inclusion Give groups of students each a different copy of familiar fairy tales in Spanish. Ask them to read the fairy tales aloud as a group once. Then a second time slowly, identifying all the imperfect verbs. Finally have a class presentation in which groups share all the sentences that contain imperfect verbs.

Teaching Tips
- Point out that the imperfect is usually used to give someone's age in the past.
- Ask students: **¿Cuando eran niños, vivían en otra ciudad? ¿Cómo era su vida diaria allá?**

① Expansion Ask students to research **Granada** in the library or on the Internet and discover popular tourist destinations there. Then have them add 3–5 sentences in the imperfect about a site that they visited frequently while in **Granada**.

② Teaching Tip Point out that since the expression **los lunes** implies repetition of an action, the imperfect must be used.

② Expansion Have students share what their partner's responses were, practicing the third person singular form of the imperfect.

Extra Practice
- List a series of infinitives on the board. Have students orally conjugate the verbs in all forms and then create a sentence using the imperfect.
- Go to **descubre3.vhlcentral. com** for additional practice with the imperfect.

---

① **Granada** Escribe la forma correcta del imperfecto de los verbos indicados.

Granada, en el sur de España

Cuando yo (1) ___tenía___ (tener) quince años, estuve en España por seis meses. (2) ___Vivía___ (vivir) con una familia española en Granada, una ciudad en Andalucía. (3) ___Era___ (ser) estudiante en un programa de español para estudiantes de colegios extranjeros. Entre semana los otros estudiantes y yo (4) ___estudiábamos___ (estudiar) español por las mañanas. Por las tardes, (5) ___visitábamos___ (visitar) los lugares más interesantes de la ciudad para conocerla mejor. Los fines de semana, nosotros (6) ___íbamos___ (ir) de excursión con los profesores del programa. (Nosotros) (7) ___Visitábamos___ (visitar) ciudades y pueblos nuevos. Los paisajes (8) ___eran___ (ser) maravillosos. Quiero volver pronto.

② **Antes** En parejas, túrnense para hacerse preguntas usando estas frases. Sigan el modelo.

> **MODELO** levantarse tarde los lunes
> —¿Te levantas tarde los lunes?
> —Ahora sí, pero antes nunca me levantaba tarde los lunes./Ahora no, pero antes siempre me levantaba tarde los lunes.

1. hacer los quehaceres del hogar
2. usar una agenda
3. ir de compras al centro comercial
4. tener tarjeta de crédito
5. trabajar por las tardes
6. preocuparse por el futuro

③ **La cocina de Juan** La cocina de Juan era siempre un desastre. Escribe un párrafo sobre el estado de la cocina. Describe lo que Juan hacía y lo que nunca hacía.

> **MODELO** Juan siempre freía comida pero nunca lavaba los platos.

DIFFERENTIATED LEARNING

For Inclusion For **Actividad 3**, encourage students to draw a picture of **Juan's** kitchen. Display the pictures around the room. Then give each student a pad of sticky notes and have each one choose a picture to label with words or phrases in the imperfect.

Heritage Speakers Encourage heritage speakers to bring in a picture of their families' countries of origin. In the imperfect, students describe what they or their family members did at the place in the photo. Encourage others to ask questions in the imperfect.

Comunicación

 4 De niños

A. Busca en la clase compañeros/as que hacían estas cosas cuando eran niños/as. Escribe el nombre de la primera persona que conteste afirmativamente cada pregunta.

> **MODELO** ir mucho al parque
> —¿Ibas mucho al parque?
> —Sí, iba mucho al parque.

¿Qué hacían?	Nombre
1. tener miedo de los monstruos	_____
2. llorar todo el tiempo	_____
3. siempre hacer su cama	_____
4. ser muy travieso/a (*mischievous*)	_____
5. romper los juguetes (*toys*)	_____
6. darles muchos regalos a sus padres	_____
7. comer muchos dulces	_____
8. creer en fantasmas	_____

B. Ahora, comparte con la clase los resultados de tu búsqueda.

 **5 Antes y ahora** En parejas, comparen cómo ha cambiado la vida de Andrés en los últimos años. ¿Cómo era antes? ¿Cómo es ahora? Preparen una lista de por lo menos seis diferencias.

antes   ahora

6 En aquel entonces

A. Utiliza el imperfecto para escribir un párrafo breve sobre la vida diaria de un(a) pariente/a tuyo/a que creció (*grew up*) en otra época. Puede ser tu padre/madre, un(a) abuelo/a, o incluso un(a) antepasado/a (*ancestor*). ¿Cómo era su vida cotidiana? ¿Qué solía hacer para divertirse?

 B. Ahora comparte tu párrafo con un(a) compañero/a. Pregúntense sobre los personajes y comparen la vida diaria de aquel entonces con la de hoy. ¿En qué aspectos era mejor la vida diaria hace veinte años? ¿Hace cincuenta años? ¿Hace dos siglos (*centuries*)? ¿En qué aspectos era peor?

La vida diaria

④ Teaching Tip Have students also state how old they were at the time. Ex: **Cuando tenía cinco años, iba mucho al parque.**

⑤ Expansion Ask volunteers to bring "then and now" photos of themselves (or famous celebrities). Have them use the imperfect and the present tense to describe themselves (or the celebrities) in the past and present.

⑥ Heritage Speakers Ask heritage speakers to include details about their families' countries of origin.

Extra Practice Find news articles in Spanish on the Internet. Have students work in pairs to identify the verbs in the imperfect tense.

TEACHING OPTIONS

For Visual Learners Have students bring in or create visuals for their paragraphs from **Actividad 6** (Ex: poster with family tree, poster with drawings of past activities, photographs, images from the Internet, graphs that show data from the time period). Encourage them to share their paragraphs and present their visuals, explaining them in the imperfect.

For Auditory Learners Read aloud descriptions in the imperfect of people students know (famous or not). Have students listen to the whole description then identify the person.

Instructional Resources
Cuaderno de práctica, pp. 27–28
Cuaderno para hispanohablantes, pp. 41–42
Cuaderno de actividades, pp. 9, 66
e-Cuaderno
Supersite: Additional Practice
Supersite/TRCD/Print:
PowerPoints (**Lección 3 Estructura** Presentation); Audio Activity Script, Answer Keys
Audio Activity CD

Teaching Tips
• Ask volunteers to explain the captions of the video clips.
• Ask a volunteer to explain what **soler** means. Point out that **soler** is used in the imperfect because its meaning implies repetition. Ask personalized questions to practice the use of **soler** with infinitives.

Extra Practice Ask volunteers to add a sentence to each model. Examples: **Compraste los muebles hace un mes. Fuiste a la tienda del centro.**

Expansion Give students copies of children's books in Spanish that narrate past events. In pairs, have them identify verbs in the preterite and imperfect, and match them to the uses described throughout this grammar point.

3.3 The preterite vs. the imperfect

• Although the preterite and imperfect both express past actions or states, the two tenses have different uses and, therefore, are not interchangeable.

¿Cómo lograste encender la aspiradora? Antes no funcionaba.

Fácil… Me acordé de mi ex.

Uses of the preterite

• To express actions or states viewed by the speaker as completed

Compraste los muebles hace un mes.
You bought the furniture a month ago.

Mis amigas **fueron** al centro comercial ayer.
My friends went to the mall yesterday.

• To express the beginning or end of a past action

La telenovela **empezó** a las ocho.
The soap opera began at eight o'clock.

El café **se acabó** enseguida.
The coffee ran out right away.

• To narrate a series of past actions

Me levanté, **me arreglé** y **fui** a clase.
I got up, got ready, and went to class.

Se sentó, tomó el bolígrafo y escribió.
He sat down, grabbed the pen, and wrote.

Uses of the imperfect

• To describe an ongoing past action without reference to beginning or end

Se acostaba muy temprano.
He went to bed very early.

Juan **tenía** pesadillas constantemente.
Juan constantly had nightmares.

• To express habitual past actions

Me **gustaba** jugar al fútbol los domingos por la mañana.
I used to like to play soccer on Sunday mornings.

Solían comprar las verduras en el mercado.
They used to shop for vegetables in the market.

• To describe mental, physical, and emotional states or conditions

José Miguel sólo **tenía** quince años en aquel entonces.
José Miguel was only fifteen years old back then.

Estaba tan hambriento que quería comerme un pollo entero.
I was so hungry that I wanted to eat a whole chicken.

• To tell time

Eran las ocho y media de la mañana.
It was eight-thirty a.m.

Era la una en punto.
It was exactly one o'clock.

LEARNING STYLES

For Visual Learners Draw a time line on the board. Read the models and make marks in one color to show completed actions in the past. Then shade the areas in between with a different color and point out that the imperfect describes ongoing action in the past.

For Auditory Learners Ask students to make two cards, one that reads **pretérito** and another that reads **imperfecto**. At first, slowly say sentences in either the preterite or the imperfect and encourage students to raise the appropriate sign. Gradually increase speed and difficulty by having two verbs in different tenses in one sentence.

Uses of the preterite and imperfect together

- When narrating in the past, the imperfect describes what *was happening*, while the preterite describes the action that *interrupts* the ongoing activity. The imperfect provides background information, while the preterite indicates specific events that advance the plot.

Mientras **estudiaba**, **sonó** la alarma contra incendios. Me **levanté** de un salto y **miré** el reloj. **Eran** las 11:30. **Salí** corriendo de mi cuarto. En el pasillo **había** más estudiantes. La alarma **seguía** sonando. **Bajamos** las escaleras y, al llegar a la calle, la alarma **dejó** de sonar. No **había** ningún incendio.

*While I **was studying**, the fire alarm **went off**. I **jumped up** and **looked** at the clock. It **was** 11:30. I **ran out** of my room. In the hall **there were** more students. The alarm **continued** to blare. We **rushed** down the stairs and, upon getting to the street, the alarm **stopped**. **There was** no fire.*

Different meanings in the imperfect and preterite

Quise encender la aspiradora, pero no pude.

Supe que el señor que limpia está enfermo.

- The verbs **querer, poder, saber**, and **conocer** have different meanings when they are used in the preterite. Notice also the meanings of **no querer** and **no poder** in the preterite.

INFINITIVE	IMPERFECT	PRETERITE
querer	**Quería acompañarte.** *I wanted to go with you.*	**Quise acompañarte.** *I tried to go with you (but failed).*
		No quise acompañarte. *I refused to go with you.*
poder	**Ana podía hacerlo.** *Ana could do it.*	**Ana pudo hacerlo.** *Ana succeeded in doing it.*
		Ana no pudo hacerlo. *Ana could not do it.*
saber	**Ernesto sabía la verdad.** *Ernesto knew the truth.*	**Por fin Ernesto supo la verdad.** *Ernesto finally discovered the truth.*
conocer	**Yo ya conocía a Andrés.** *I already knew Andrés.*	**Yo conocí a Andrés en la fiesta.** *I met Andrés at the party.*

¡ATENCIÓN!

Here are some useful sequencing expressions.

primero *first*
al principio *in the beginning*
antes (de) *before*
después (de) *after*
mientras *while*
entonces *then*
luego *then; next*
siempre *always*
al final *finally*
la última vez *the last time*

Teaching Tips
- Stress that the imperfect of **poder** describes what a person *was capable of*, whether or not he or she tried. The preterite of **poder** describes what someone *did (not) manage or succeed to do*.
- Point out that the verb **enterarse** also means to *find out*, just like **saber** in the preterite. Example: **Por fin Ernesto se entera/se enteró de la verdad.**

recursos

CP pp. 27–28

CH pp. 41–42

CA pp. 9, 66

SUPERSITE
descubre3.
vhlcentral.com
Lección 3

AP PREPARATION

Informal Speaking After explaining the difference between the preterite and the imperfect, have students write questions for their classmates: one question for each classmate, using at least one of the past tenses appropriately. They should make up a question for the teacher as well. Ex: **Juana, ¿cuántos años tenías cuando conociste a tu mejor amigo/a?** They should then circulate around the room, asking their questions and recording the answers. Tell students: **Esta noche, como tarea, deben escribir las respuestas de los compañeros en tercera persona. Mañana en clase, leeremos todas las respuestas para cada persona.**

① Teaching Tip Model the activity by having a volunteer complete the first sentence.

① Expansion For advanced learners, discuss why each sentence takes the preterite or imperfect. Discuss how changing the past tense from preterite to imperfect, and vice versa, changes the meaning of the sentence.

② Expansion Have students ask questions of their classmates based on the exercise. Ex: **¿Qué hacías cuando llamó el médico?**

③ Teaching Tip Remind students how to write dates in Spanish.

Extra Practice Write **Iba a ___, pero al final ___**, on the board. Have volunteers create sentences about what they were going to do and what really happened. Ex: **Iba a limpiar mi cuarto, pero al final decidí salir con mis amigos.**

---

① Una cena especial Las primas Elena y Francisca tenían invitados a cenar y lo estaban preparando todo. Completa las oraciones con el imperfecto o el pretérito de estos verbos. Puedes usar los verbos más de una vez.

averiguar	haber	ofrecer	salir
decir	levantar	pasar	ser
estar	limpiar	preparar	terminar
freír	llamar	quitar	tocar

1. ___Eran___ las ocho cuando Francisca y Elena se ___levantaron___ para preparar todo.
2. Elena ___pasaba___ la aspiradora cuando Felipe la ___llamó___ para preguntar la hora de la cena. Le ___dijo___ que ___era___ a las diez y media.
3. Francisca ___preparaba___ las tapas en la cocina. Todavía ___era___ temprano.
4. Mientras Francisca ___freía___ las papas en aceite, Elena ___limpiaba___ la sala.
5. Elena ___quitaba___ el polvo de los muebles cuando su madre ___tocó___ la puerta. ¡___Fue___ una visita sorpresa!
6. Su madre se ___ofreció___ a ayudar. Elena ___dijo___ que sí.
7. Cuando Francisca ___terminó___ de hacer las tapas, ___averiguó___ si ___había___ suficientes refrescos. No había. Francisca ___salió___ al supermercado.
8. Cuando por fin ___terminaron___, ya ___eran___ las nueve. Todo ___estaba___ listo.

② Interrupciones Combina palabras y frases de cada columna para contar lo que hicieron estas personas. Usa el pretérito y el imperfecto.

> **MODELO** Ustedes miraban la tele cuando el médico llamó.

yo	dormir	usted	llamar por teléfono
tú	comer	el médico	salir
Marta y Miguel	escuchar música	la policía	sonar la alarma
nosotros	mirar la tele	el/la profesor(a)	recibir el mensaje
Paco	conducir	los amigos	ver el accidente
ustedes	ir a...	Juan Carlos	

③ Las fechas importantes

A. Escribe cuatro fechas importantes en tu vida y explica qué pasó.

> **MODELO**

Fecha	¿Qué pasó?	¿Dónde y con quién estabas?	¿Qué tiempo hacía?
el 6 de agosto de 2006	Conocí a Dave Navarro.	Estaba en el gimnasio con un amigo.	Llovía mucho.

B. Intercambia tu información con tres compañeros/as. Ellos te van a hacer preguntas sobre lo que te pasó.

AP PREPARATION

Formal Speaking Tell students to bring in a childhood photo from when they were less than seven years old. They should share the photo with a small group, and classmates will ask several questions about what was going on in the picture. Tell students to use the imperfect to set the scene or to describe the background, and then to give five actions that took place sequentially at the event in the picture. (They may have to invent some things that are not there.) Now students will make a two-minute recording or speak to the teacher for two minutes about the picture, without reading anything. Say: **Vas a narrar lo que pasaba en esta foto. Habla durante dos minutos sin leer tus apuntes. Usando el pretérito y el imperfecto.**

Comunicación

4 La mañana de Esperanza

A. En parejas, observen los dibujos. Escriban lo que le pasó a Esperanza después de abrir la puerta de su casa. ¿Cómo fue su mañana? Utilicen el pretérito y el imperfecto en la narración.

1.

2.

3.

4.

B. Con dos parejas más, túrnense para presentar las historias que han escrito. Después, combinen sus historias para hacer una nueva.

5 Síntesis
Con la participación de toda la clase, escriban un cuento breve sobre un día extraordinario en el que la rutina diaria se vio interrumpida por una serie de acontecimientos (*events*) inesperados y maravillosos. Un(a) estudiante inventará la primera oración de la historia. Después, por turnos, cada compañero/a debe añadir una oración a la historia. Utilicen el pretérito, el imperfecto y el vocabulario de esta lección. ¡Inventen!

> **MODELO**
> —El día empezó como cualquier otro día…
> —Me levanté, me arreglé y salí para la clase de las nueve…
> —Caminaba por la avenida central como siempre, cuando de repente, en medio de la calle, vi algo horroroso, algo que me hizo temblar de miedo…

SUPERSITE

For additional cumulative practice of all the grammar points in this lesson, go to **descubre3.vhlcentral.com.**

La vida diaria

ciento cinco **105**

4 Teaching Tip Remind students that the imperfect is used to tell time in the past.

4 Suggested answers:
1. **Abrió la puerta. Salió a la calle. Estaba nublado. Eran las diez y media de la mañana.**
2. **Mientras caminaba por la calle, empezó a llover. Eran casi las once menos cuarto.**
3. **Cuando llegó al supermercado, estaba lloviendo mucho. Eran las once.**
4. **Llegó a casa a las once y media. Empezó a preparar el almuerzo.**

5 Teaching Tip Before completing the activity, review transition words and their corresponding past tenses with the class.

Extra Practice Go to **descubre3.vhlcentral.com** for additional cumulative practice with the preterite and the imperfect.

NATIONAL STANDARDS
Community Ask an older adult Spanish-speaker from your community (perhaps one from a different country) to speak briefly to the class about his or her childhood and adolescence. Allow students to ask questions that use the imperfect. Help students see that knowing Spanish will allow them to learn about the lives of others.

DIFFERENTIATED LEARNING

To Challenge Students Have students form pairs. Give each pair a different comic strip or series of photos with the captions removed. Have students use the preterite and imperfect to describe what happened in the pictures and write the dialogue and captions. Display their work around the room and allow time for the class to walk around and enjoy the work.

For Inclusion Have students form four small groups. Assign each group one of the pictures from **Actividad 4**. Encourage students to write verbs and phrases in the preterite and imperfect to describe what is happening in their picture. Work closely with students to help them conjugate the verbs. Have a class sharing in which the group assigned to picture 1 presents first, the group for picture 2 second, etc.

Estructura **105**

Section Goals

In **Cinemateca**, students will:
- watch the short film *Adiós Mamá*
- practice aural skills
- hear some vocabulary from this chapter used, as well as learn some new words

Instructional Resources
Supersite/DVD: Film Collection
Supersite/TRCD: Cortometraje
Transcript & Translation

① **Teaching Tip** Encourage students to read the sentences aloud to make sure the words rhyme. When students have completed the activity, ask volunteers to read the sentences in rhythm and rhyme.

Extra Practice Ask pairs of students to write a story, using all of the words from the vocabulary box. Then have them exchange their stories with another pair and read them for enjoyment.

② **Expansion** Expand the dialogue by asking additional questions. Examples: **¿Puede ser peligroso hablar con un desconocido? ¿En qué situación hablarían con un desconocido? ¿Creen que es más fácil hablar con un desconocido en una gran ciudad o en un pueblo pequeño?**

Antes de ver el corto

ADIÓS MAMÁ

país México   **director** Ariel Gordon
duración 7 minutos   **protagonistas** hombre joven, señora

Vocabulario

afligirse *to get upset*   **parecerse** *to look like*
el choque *crash*   **repentino/a** *sudden*
despedirse *to say goodbye*   **el timbre** *tone of voice*
las facciones *facial features*   **titularse** *to graduate*

① **Practicar** Completa cada una de las rimas usando el vocabulario del corto.

1. Cuando Anabel tiene un problema, ___se aflige___ pero nunca lo corrige.
2. ¡Qué buen actor! Sus ___facciones___ siempre reflejan sus acciones.
3. ¡Pobre don Roque! Compró carro nuevo y a los dos días tuvo un ___choque___.
4. No me gusta el ___timbre___ de la voz de ese hombre.
5. ¡Qué estilos tan variados! Las pinturas son trece y ninguna ___se parece___.
6. Le faltan muchos cursos. Si no decide apurarse (*hurry up*), nunca va a ___titularse___.

② **Comentar** En parejas, intercambien opiniones sobre las preguntas.

1. ¿Creen que es una buena idea hablar con desconocidos en algunas ocasiones? ¿En qué situaciones?
2. Según su título, ¿de qué creen que va a tratar el corto?
3. ¿En qué lugares es más fácil o frecuente hablar con gente que no conocen? Den dos o tres ejemplos.
4. ¿A veces son ingenuos? ¿Se creen historias falsas? Den ejemplos.
5. ¿Alguna vez les sucedió algo interesante o divertido en un supermercado? ¿Qué sucedió?
6. Observen los fotogramas. ¿Qué creen que va a pasar en este cortometraje?

CRITICAL THINKING

Application and Synthesis Ask students to make a pamphlet that explains safety rules about **desconocidos**. Tell them that their audience is elementary-school-aged children. With that in mind, their language and their ideas should be appropriate for young children. As a class, determine the rubric you will use to evaluate the pamphlets. Students may want to include visuals in the pamphlet. Have a class sharing of the finished pamphlets.

Evaluation Ask students to evaluate their partner's pamphlet. Give each student a copy of the rubric the class made. Have partners exchange their pamphlets and evaluate them according to the rubric. Then ask students to join with their partners and explain their evaluations. Allow time for students to correct their pamphlets according to their partners' suggestions.

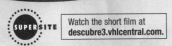

Adiós Mamá

Premio especial del Jurado, Semana Internacional de Cine Experimental de Valladolid 1997, España

Una producción de CONACULTA/INSTITUTO MEXICANO DE CINEMATOGRAFÍA Guión y Dirección ARIEL GORDON
Producción JAVIER BOURGES Producción ejecutiva PATRICIA RIGGEN
Fotografía SANTIAGO NAVARRETE Edición CARLOS SALCES Música GERARDO TAMEZ
Sonido SANTIAGO NÚÑEZ/NERIO BARBERIS
Arte FERNANDO MERI/AARÓN NIÑO CÁMARA
Actores DANIEL GIMÉNEZ CACHO/DOLORES BERISTAIN/PATRICIA AGUIRRE/PACO MORAYTA

Teaching Tip Ask students to read carefully the film poster. Then ask: **¿Qué premio ganó este corto? ¿Quiénes son los actores? ¿Quién es el director? ¿Conocen a los actores o al director? ¿En qué otra película han trabajado?**

Affective Dimension Ask pairs of students to discuss how they feel when talking with strangers. Ask them to consider what makes them feel the way they do. Are there certain situations or types of people that make them feel certain ways? Then have a class sharing and record student ideas in a web on the board, filling in the circles around the phrase **Me siento ___ cuando hablo con desconocidos.**

CRITICAL THINKING

Comprehension and Analysis Ask pairs of students to describe the man in the poster. Then ask them to predict the content of the short based on the title, the poster, and the previewing activities. Their responses should be at least five sentences long. Have a class sharing of the paragraphs.

Evaluation After pairs have shared their paragraphs, have a class discussion about which predictions are most probably and why. Pairs may defend their own paragraphs or after hearing other may choose to support another pair's ideas. As the discussion winds down, vote on the paragraph that students think is the most probable. Save the paragraphs to read and compare again after the class has seen the film.

Escenas

ARGUMENTO Un hombre está en el supermercado. En la fila para pagar, la señora que está delante de él le habla.

SEÑORA Se parece a mi hijo. Realmente es igual a él.
HOMBRE Ah, pues no, no sé qué decir.

SEÑORA Murió en un choque. El otro conductor iba borracho. Si él viviera, tendría la misma edad que usted.
HOMBRE Por favor, no llore.

SEÑORA ¿Sabe? Usted es su doble. Bendito sea el Señor que me ha permitido ver de nuevo a mi hijo. ¿Le puedo pedir un favor?
HOMBRE Bueno.

SEÑORA Nunca tuve oportunidad de despedirme de él. Su muerte fue tan repentina. ¿Al menos podría llamarme "mamá" y decirme adiós cuando me vaya?

SEÑORA ¡Adiós hijo!
HOMBRE ¡Adiós mamá!
SEÑORA ¡Adiós querido!
HOMBRE ¡Adiós mamá!

CAJERA No sé lo que pasa, la máquina desconoce el artículo. Espere un segundo a que llegue el gerente.
(El gerente llega y ayuda a la cajera.)

Después de ver el corto

(1) Comprensión Contesta las preguntas con oraciones completas.

1. ¿Dónde están los personajes? Están en un supermercado.

2. ¿Qué relación hay entre el hombre y la señora? Ninguna. Ellos no se conocen.

3. ¿A quién se parece físicamente el hombre? Se parece el hijo de la señora.

4. ¿Por qué no pudo despedirse la señora de su hijo? Porque el hijo murió en un accidente de tráfico.

5. ¿Qué favor le pide la señora al hombre? Le pide que le diga "adiós mamá" al salir.

6. ¿Cuánto dinero tiene que pagar el hombre? ¿Por qué? Tiene que pagar tres mil cuatrocientos ochenta pesos porque tiene que pagar por lo que compró la señora.

(2) Ampliación En parejas, háganse las preguntas.

1. ¿Les pasó a ustedes o a alguien que conocen algo similar alguna vez?

2. Si alguien se les acerca (*approach*) en el supermercado y les pide este tipo de favor, ¿qué hacen?

3. ¿Qué creen que sucedió realmente al final? ¿Tuvo que pagar la cuenta completa el hombre? ¿Tuvo que intervenir la policía?

4. Después de lo que sucedió, ¿qué consejos puede darle el hombre a sus amigos?

(3) Imaginar En parejas, describan la vida de uno de los personajes del corto. Escriban por lo menos cinco oraciones usando como base las preguntas.

- ¿Cómo es?
- ¿Dónde vive?
- ¿Con quién vive?
- ¿Qué le gusta? ¿Qué no le gusta?
- ¿Tiene dinero?

(4) Detective El joven está contándole a un(a) detective lo que pasó en el supermercado. En parejas, uno/a de ustedes es el/la detective y el/la otro/a es el hombre. Preparen el interrogatorio (*interrogation*) y represéntenlo delante de la clase.

(5) Notas Ahora, imagina que eres el/la detective y escribe un informe (*report*) de lo que pasó. Tiene que ser un informe lo más completo posible. Puedes inventar los datos que tú quieras.

---

(1) Expansion Ask students to write a brief summary of the film, based on their answers.

(2) Teaching Tip Ask the class to think about strangers in modern-day society. Ex: **¿Cómo distingues a una persona que necesita ayuda de un impostor? ¿Se puede confiar en un desconocido?**

(3) Teaching Tip Have students make a list of the qualities that they associate with each character.

(3) Expansion Ask students to be creative and invent a background story for the characters. Ex: **¿Cómo eran de jóvenes? ¿Pasó algo que cambió la vida de estas personas?**

(5) Teaching Tip Encourage students to use active vocabulary from the film.

CRITICAL THINKING

Analysis and Synthesis Ask students to reread aloud the scene 7s they made with their groups during the critical thinking activity on page 108. Determine as a class which scene is closest to the **corto**. Ask students to defend their choice with support from the scene and the **corto**.

Evaluation Ask pairs of students to write a review of the **corto**. In the first few lines they summarize the film and give the actors' and director's names. In the middle of the paragraph, students should give their opinion of the film. In the final few lines, students should recommend the film to certain types of people for specific reasons.

Section Goals

In **Lectura**, students will:
- read about **Jorge Luis Borges**, then read *Pedro Salvadores*
- learn about **Diego Velázquez** and his art

Instructional Resources
Cuaderno de práctica, p. 29
Cuaderno para hispanohablantes, pp. 43-46

Teaching Tips
- Ask students to form small groups to study and describe the picture. Encourage students to use a **Rueda de qu-**. Model on the board by drawing a wheel or web that has at its center circle the words: **La siesta**. Then each spoke has a question word: **Qué, Quién, Dónde, Cuándo, Por qué,** and **Cómo**. Model filling in the first few spokes with your observations and ideas about the picture. Ex: **Qué: un hombre durmiendo la siesta, su perro también, vive en un hogar muy humilde, etc.**
- Ask pairs of students to translate the **Machado** quote. Then ask volunteers to write different versions of the translation on the board. Finally have a discussion about what the quote means.

La siesta, 1943.
Antonio Berni. Argentina.

"Tras el vivir y el soñar, está lo que
más importa: el despertar."

— Antonio Machado

AP PREPARATION

Formal Writing Talk to the students about **Antonio Machado**, and have them read several of his poems. Ask them to discuss what a metaphor is, and to look for the metaphors in some of **Machado's** poems: for example, in *Caminante, no hay camino*, **Proverbios y Cantares, XXIX**. Ask them what it is to dream, and to wake up. They should talk to a partner about a recent dream. Then have them read *Pedro Salvadores*, page 112. Have them discuss images in the story. Is this a dream, or is it real? Give students this assignment: **Comenta la cita de Machado en relación con el cuento que has leído de Borges. Debes escribir por lo menos 250 palabras y explicar por lo menos dos metáforas.**

Antes de leer

Pedro Salvadores

Sobre el autor

Jorge Luis Borges nació en Buenos Aires en 1899. En el comienzo fue poeta y en 1923 publicó *Fervor de Buenos Aires*, al que seguiría una importante obra de cuentos y ensayos breves; nunca escribió una novela. Alguna vez afirmó: "El hecho central de mi vida ha sido la existencia de las palabras y la posibilidad de entretejer (*interweave*) y transformar las palabras en poesía". Sus obras fundamentales son *Ficciones* (1944) y *El Aleph* (1949). Sus temas principales son la muerte, el tiempo, el "yo", el mundo como sueño y Buenos Aires, y sus símbolos recurrentes son el laberinto, la biblioteca, los libros, los espejos y el ajedrez. Muchas obras de Borges desafían los límites entre la ficción y la realidad. En 1961 compartió el Premio del Congreso Internacional de Escritores con Samuel Beckett y en 1980 recibió el prestigioso Premio Cervantes. Murió en Ginebra en 1986. Se lo considera uno de los escritores más importantes del siglo XX.

Vocabulario

amenazar *to threaten*   **ocultarse** *to hide*

delatar *to denounce*   **la servidumbre** *servants; servitude*

el hecho *fact*   **el sótano** *basement*

huir *to flee; to run away*   **vedado/a** *forbidden*

la madriguera *burrow; den*   **el zaguán** *entrance hall; vestibule*

Sinónimos Escribe el sinónimo de cada palabra.

1. vestíbulo: __zaguán__   3. esconder: __ocultar__   5. intimidar: __amenazar__   7. cueva: __madriguera__

2. prohibido: __vedado__   4. denunciar: __delatar__   6. escapar: __huir__   8. evento: __hecho__

Conexión personal

Todo el mundo sueña; a veces podemos recordar qué soñamos y a veces no. Cuando los sueños son espantosos se llaman pesadillas (*nightmares*) y sentimos alivio (*relief*) al despertar. ¿Recuerdas alguna pesadilla que hayas tenido?

Análisis literario: la metáfora

La metáfora consiste en nombrar una cosa con el nombre de otra, con la que tiene semejanza real o ficticia. En la metáfora, una cosa se equipara con otra sin usar la palabra **como**: "tus labios son como rubíes" es una comparación, pero "tus labios son rubíes" es una metáfora. Éste es un recurso que Borges usa a menudo. Cuando leas el cuento, presta atención para buscar algún ejemplo.

Sobre el autor Ask students to discuss possible meanings behind literary symbols such as labyrinths, mirrors, or chess. Have students think of examples of art or literature that contain these symbols.

Affective Dimension Ask students to consider if they feel **"despierto/a"** in how they live their lives. Then ask them to explain why or why not. Allow time for students to record their personal responses on paper. Ask volunteers to share their thoughts with the class.

NATIONAL STANDARDS
Connections: Language Arts Have students work in pairs or small groups to come up with 3–5 simple metaphors. Ask each group to share its metaphors with the class. When everyone has shared, have the class select its favorites. Write them on the board and ask students for homework to create a simple poem using one or more of the metaphors.

CRITICAL THINKING

Application and Synthesis Encourage students to write their own poems in Spanish, using metaphor. Remind students that poems do not have to rhyme, but they do convey powerful images and emotions. Ask students to consider an experience or person that is important to them. Then have them brainstorm a list of images and emotions about that person or event. Finally, like **Borges**, they can weave words to make a poem.

Evaluation Have students form small groups. Each student takes a turn sharing their poem for their group. Have the other members of the group identify the metaphor(s). Encourage each member of the group to also make a comment or ask a question about each member's poem. Allow time for students to make changes to their poems. Then have volunteers read their poems for the class.

Pedro Salvadores

Jorge Luis Borges

Litografía de *Usos y Costumbres del Río de la Plata,* 1845, Carlos Morel.

Quiero dejar escrito, acaso por primera vez, uno de los hechos más raros y más tristes de nuestra historia. Intervenir lo menos posible en su narración, prescindir de adiciones pintorescas y de conjeturas° aventuradas es, me parece, la mejor manera de hacerlo.

    Un hombre, una mujer y la vasta sombra de un dictador son los tres personajes. El hombre se llamó Pedro Salvadores; mi abuelo Acevedo lo vio, días o semanas después de la batalla de Caseros. Pedro Salvadores, tal vez, no difería del común de la gente, pero su destino y los años lo hicieron único. Sería un señor como tantos otros de su época. Poseería (nos cabe suponer) un establecimiento de campo y era unitario°. El apellido de su mujer era Planes; los dos vivían en la calle Suipacha, no lejos de la esquina del Temple. La casa en que los hechos ocurrieron sería igual a las

conjectures (line 6)

opposer of the regime (line 17)

storm door/depth

otras: la puerta de calle, el zaguán, la puerta cancel°, las habitaciones, la hondura° de los patios. Una noche, hacia 1842, oyeron el

dull; low/hooves

25 creciente y sordo° rumor de los cascos° de los caballos en la calle de tierra y los vivas y mueras

cries of "long live" and "die" from the horsemen/ supporter of the regime/knocked down

de los jinetes°. La mazorca°, esta vez, no pasó de largo. Al griterío sucedieron los repetidos golpes; mientras los hombres derribaban° la puerta, Salvadores pudo correr la mesa del

lift

30 comedor, alzar° la alfombra y ocultarse en el sótano. La mujer puso la mesa en su lugar. La mazorca irrumpió, venían a llevárselo a Salvadores. La mujer declaró que éste había huido a Montevideo. No le creyeron; la

to whip/table service

35 azotaron°, rompieron toda la vajilla° celeste, registraron la casa, pero no se les ocurrió levantar la alfombra. A la medianoche se

sworn

fueron, no sin haber jurado° volver.

Aquí principia verdaderamente la historia

40 de Pedro Salvadores. Vivió nueve años en el sótano. Por más que nos digamos que los años están hechos de días y los días de horas y que nueve años es un término abstracto y una suma imposible, esa historia es atroz. Sospecho

45 que en la sombra que sus ojos aprendieron

to decipher

a descifrar°, no pensaba en nada, ni siquiera

hatred

en su odio° ni en su peligro. Estaba ahí, en el sótano. Algunos ecos de aquel mundo que le estaba vedado le llegarían desde arriba:

50 los pasos habituales de su mujer, el golpe del

rbstone of a well/bucket

brocal° y del balde°, la pesada lluvia en el patio. Cada día, por lo demás, podía ser el último.

La mujer fue despidiendo a la servidumbre, que era capaz de delatarlos.

55 Dijo a todos los suyos que Salvadores estaba

Uruguay

en la Banda Oriental°. Ganó el pan de los dos

sewing/course of time

cosiendo° para el ejército. En el decurso° de

to repudiate, to reject

los años tuvo dos hijos; la familia la repudió°, atribuyéndolos a un amante. Después de la caída

tyrant

60 del tirano°, le pedirían perdón de rodillas.

CONTEXTO HISTÓRICO

Juan Manuel de Rosas

(1793–1877), gobernador de la Provincia de Buenos Aires desde 1829, controló la Confederación Argentina desde 1835 hasta 1852. En ese período la población quedó dividida en dos bandos: **unitarios**, que querían un gobierno centralizado, y **federales**, que apoyaban (*supported*) la federación de estados. El grupo federal, "**la Mazorca**", que apoyaba a Rosas, aterrorizaba a los unitarios con gritos de "¡Vivan los federales!" y "¡Mueran los salvajes (*wild*) unitarios!"

¿Qué fue, quién fue, Pedro Salvadores? ¿Lo encarcelaron el terror, el amor, la invisible presencia de Buenos Aires y, finalmente, la costumbre? Para que no la dejara sola, su mujer

65 le daría inciertas° noticias de conspiraciones — *uncertain* y de victorias. Acaso era cobarde° y la mujer — *coward* lealmente° le ocultó que ella lo sabía. Lo — *loyally* imagino en su sótano, tal vez sin un candil°, sin — *oil lamp* un libro. La sombra lo hundiría° en el sueño. — *would sink*

70 Soñaría, al principio, con la noche tremenda en que el acero° buscaba la garganta, con — *steel* las calles abiertas, con la llanura°. Al cabo — *plain* de los años no podría huir y soñaría con el sótano. Sería, al principio, un acosado°, un — *harassed*

75 amenazado; después no lo sabremos nunca, un animal tranquilo en su madriguera o una suerte de oscura divinidad.

Todo esto hasta aquel día del verano de 1852 en que Rosas huyó. Fue entonces

80 cuando el hombre secreto salió a la luz del día; mi abuelo habló con él. Fofo° y obeso, — *soft, spongy* estaba del color de la cera° y no hablaba en — *wax* voz alta. Nunca le devolvieron los campos que le habían sido confiscados; creo que murió en

85 la miseria.

Como todas las cosas, el destino de Pedro Salvadores nos parece un símbolo de algo que estamos a punto de comprender. ∎

CRITICAL THINKING

Analysis Discuss with students the metaphors they noticed in the story thus far. Ask them to describe the object and tell what it stands for. Ex: **¿Qué cosa equivale a otra cosa?** If students need help identifying a metaphor, suggest that they consider the references to **la sombra**.

Evaluation Ask students to consider whether the narrator succeeded in his or her goal. Write these questions on the board: **¿Intervino el narrador? ¿Cómo? ¿De qué lado está el narrador, del lado del dictador o del de Pedro? ¿Admira el narrador a Pedro? ¿Por qué piensan así?** After students have had time to write responses to the questions individually, have a class discussion.

- **Expansion** Have students read the last line of the story. Ask the students: **El narrador dice que el destino de Pedro es un símbolo. ¿Por qué? ¿De qué es un símbolo? ¿Por qué dice el narrador que estamos "a punto de comprender"?** If students have trouble answering, tell them briefly about Argentina's military dictatorship. Ask students to consider first how **Pedro** is a symbol for the **argentinos** of **Borges'** time. Then ask students to consider how/if **Pedro** is a symbol of people in our time. Ex: **¿Cómo vivimos en una sombra? ¿Qué es nuestra sombra?**
- **For Kinesthetic Learners** Have students form small groups to write skits based on the story. Students play the roles of **Pedro**, his wife, and the soldiers. Then have groups perform their skits for the class.

Después de leer

Pedro Salvadores
Jorge Luis Borges

(1) Comprensión Indica si las oraciones son **ciertas** o **falsas**. Corrige las falsas.

 1. El apellido de la esposa de Pedro es Acevedo. **Falso.** Acevedo es el nombre del abuelo del narrador.

2. De acuerdo con el narrador, Pedro Salvadores es un hombre común. **Cierto.**

3. El sótano de la casa está debajo del comedor. **Cierto.**

4. Los perseguidores no ven la alfombra. **Falso.** No se les ocurrió levantar la alfombra.

5. La esposa trabajaba haciendo pan para el ejército. **Falso.** Trabajaba cosiendo para el ejército.

6. Ella dice que su marido huyó a Montevideo. **Cierto.**

7. Pedro Salvadores pasó ocho años en el sótano. **Falso.** Pasó nueve años en el sótano.

8. El narrador vio a Pedro cuando salió del sótano. **Falso.** Su abuelo Acevedo lo vio.

(2) Historia Contesta las preguntas con oraciones completas. Answers may vary slightly.

1. ¿En qué siglo se desarrolla la acción? La acción se desarrolla en el siglo XIX.

2. ¿Dónde transcurre el relato? El relato transcurre en Buenos Aires.

3. ¿A qué bando pertenecía Pedro Salvadores? ¿Y el narrador? Pedro Salvadores era unitario. El narrador también lo fue.

4. ¿En qué año terminó el gobierno del dictador? Terminó en 1852.

(3) Análisis En parejas, respondan a las preguntas.

1. El narrador imagina a Salvadores en el sótano, y usa dos metáforas: "un animal tranquilo en su madriguera o una suerte de oscura divinidad". ¿Qué características puedes atribuir a una cosa y a otra?

2. ¿Qué significa la frase "el acero (*steel*) buscaba la garganta (*throat*)"?

3. Borges usa palabras entre paréntesis, comas o guiones para expresar vacilación. También usa expresiones como "tal vez" y "me parece". Busca ejemplos. ¿Qué función tienen?

(4) Interpretación Responde a las preguntas con oraciones completas.

1. ¿Qué importancia tiene la hora del día en este cuento?

2. ¿Por qué piensas que Salvadores permaneció encerrado en el sótano?

3. ¿Cómo era Pedro cuando se escondió? ¿Cómo es ahora? ¿Por qué?

4. El narrador menciona "el destino de Pedro Salvadores". ¿Crees en el destino?

(5) Imaginar En grupos de tres preparen un *talk show* en el que un presentador entrevista a Pedro y a su esposa sobre cómo eran sus días durante el tiempo de encierro.

(6) Escribir Resume brevemente la historia de Pedro Salvadores en un artículo periodístico, publicado después de su aparición.

Extra Practice Have students work in pairs to write ten events from the story on separate strips of paper. Then have pairs exchange papers and put the events in chronological order.

(3) Ask students to work in small groups to discuss their answers. Have one student take notes and report the group's ideas to the class.

(4) Expansion After students answer each question, help them relate the story to their own lives. Ex: **1. ¿Qué importancia tiene la hora del día para ti? 2. ¿Qué harías? ¿Te esconderías en el sótano? ¿Por qué?**

(5) Teaching Tip To review vocabulary, have the class brainstorm a list of adjectives that might describe **Pedro** during his hiding.

(6) Teaching Tip As a variation, have students write a letter from the point of view of **Pedro** or his wife.

AP PREPARATION

Formal Writing and Synthesis of Skills Students will write an analysis of the story *Pedro Salvadores*. First they must listen to an interview with **Jorge Luis Borges** and take notes on it. (You may want to look for a podcast that would be appropriate.) They will then review their notes from the informal writing activity from page 112. Have students discuss analysis and interpretation questions from page 114 in small groups. Using their notes, ask students to write 200 words about this topic: **Comenta los temas que presenta Borges en el cuento *Pedro Salvadores*. Menciona aspectos de la vida de Borges que tienen relación con el cuento.**

Antes de leer

Vocabulario

el cansancio *exhaustion*	**pintar** *to paint*
el cuadro *painting*	**el/la pintor(a)** *painter*
fatigado/a *exhausted*	**previsto/a** *planned*
imprevisto/a *unexpected*	**retratar** *to portray*
la obra maestra *masterpiece*	**el retrato** *portrait*

Guernica, Pablo Picasso

Pablo Picasso Completa las oraciones con el vocabulario de la tabla.

1. De todo el arte del Museo Reina Sofía, yo prefiero los ____cuadros____ de Pablo Picasso.

2. De muy joven, el ____pintor____ español creaba arte realista.

3. Al poco tiempo, este gran artista empezó a experimentar y a ____pintar____ obras de otros estilos; incluso inventó el cubismo.

4. Su obra más famosa, el "Guernica", quiere ____retratar____ el horror de un día cuando los alemanes bombardearon un pueblo español.

5. Según mucha gente, el "Guernica" es su creación más importante, la ____obra maestra____ de Picasso.

Conexión personal ¿Qué haces para no olvidar los eventos y las personas que son importantes para ti? ¿Sacas fotos o mantienes un diario? ¿Cuentas historias? ¿Cuáles son algunos de los recuerdos que quieres atesorar (*treasure*)?

Contexto cultural

Niños comiendo uvas y un melón, Bartolomé Esteban Murillo.

Del siglo XVI al siglo XVII, España pasó de ser una enorme potencia política a un imperio en camino de extinción. Donde antes había victorias militares, riqueza (*wealth*) y expansión ahora había derrota (*defeat*), crisis económica y decadencia. Sin embargo, estos problemas formaron un contraste extremo con el arte del momento, que estaba en su época cumbre (*peak*), el Siglo de Oro. A pesar de su éxito, se consideraba a los pintores más artesanos que artistas y, por lo tanto, no eran de alta posición social. Muchos artistas trabajaban por encargo; la realeza (*royalty*) y la nobleza eran sus mecenas (*patrons*). Con sus obras, contribuían a la educación cultural, y frecuentemente religiosa, de la sociedad.

Teaching Tips
- **Variación léxica**
  imprevisto/a = inesperado/a
  el cansancio = el agotamiento
- **Contexto cultural** Have students research paintings from 16th- or 17th-century Spain on the Internet or at the library and identify common themes.

Previewing Strategy Ask the class to discuss art as an imitation of life. **¿Qué importancia tenía la pintura antes de inventarse de la cámara fotográfica? ¿Sigue teniendo la misma importancia hoy día?**

Extra Practice Encourage pairs to make flashcards of the new vocabulary with the word on one side and a picture or cloze phrase on the other. Allow time for pairs to play a game of **Concentración** with the cards before beginning the reading.

NATIONAL STANDARDS
Community Have students use the Internet, printed travel guides, or brochures to research the museums of Madrid, focusing especially on **El Prado** and **El Museo Reina Sofía**. Students might then use presentation software to create a virtual tour that highlights the collections of a given museum.

CRITICAL THINKING

Application and Analysis Ask students to consider what they would do if they had to live in their basement for nine years. Have them brainstorm a list of what they would do and what they would need to survive physically and emotionally.

Comprehension, Application, and Evaluation Ask students to reread the phrase from **Contexto cultural**: **"A pesar de su éxito, se consideraba a los pintores más artesanos que artistas y, por lo tanto, no eran de clase alta."** Then ask the class to discuss whether artists today are considered artisans and whether artists have high social status in our society.

Teaching Tips
- **For Visual Learners** Ask students to examine the painting carefully. Have volunteers name at least one detail they notice in the painting.
- **For Kinesthetic Learners** Have the class make a living model of the painting. Assign two or three "painters" to help position volunteers to represent the people (and animals) in the painting. If possible, take a digital picture of the living model, print it out and compare it to the painting. Use a Venn diagram to compare and contrast the living model and the painting.
- Divide the class into groups of five. Assign each group one paragraph of the reading. First, groups read their paragraph three times for complete comprehension. Then they write a summary of the paragraph together. Finally, have a class sharing of the paragraphs, in order. Have volunteers from each group help you record the summaries on the board in outline form.

La vieja friendo huevos

El **arte** de la **vida diaria**

Diego Velázquez es importante no sólo por su mérito artístico, sino también por lo que nos cuentan sus cuadros. Conocido sobre todo como pintor de retratos, Velázquez se interesaba también por temas mitológicos y escenas cotidianas.
5 En todo su arte, examinaba y reproducía en minucioso detalle sólo aquello que veía. Su imitación de la naturaleza, de lo inmediatamente observable, era lo que daba vida a su arte y a la vez creaba un arte de la vida diaria.

AP PREPARATION

Formal Writing After a class discussion of the **lectura,** explain that the issue of states' rights vs. a strong central government were once an important concern in U.S. life. Give reasons (Ex: many colonists had fled a country governed by a monarchy, many had been soldiers in the American Revolution, or had immediate family members who had fought). Give examples of the emphasis on states' rights that remain today. Ex: county governments, a constitutional limit on the number of senators from each state, no matter how populous. Give this assignment: **Escribe una redacción de unas 250 palabras en la cual finges vivir durante la época colonial de los EE.UU. y defiendes tu punto de vista sobre la importancia de los derechos de los estados en contra de los derechos del gobierno federal.**

Antes de mudarse° a la Corte del rey°, Velázquez pintó cuadros de temas cotidianos. *before moving/king's court* Un ejemplo célebre es "La vieja friendo huevos" (1618). El cuadro capta un momento sin aparente importancia: una mujer vieja cocina mientras un niño trae aceite° y un *oil* melón. Varios objetos de la casa, reproducidos con precisión, llenan el lienzo°, dignos de *canvas* nuestra atención, por ejemplo: la cuchara, un plato blanco en el que descansa un cuchillo, jarras°, una cesta de paja°. Junto *jugs/wicker basket* con la comida que prepara —no hay carne ni variedad— la ropa típica de pobre sugiere que la mujer es humilde. Con el cuadro, Velázquez interrumpe un momento que podría ser de cualquier día. No es una naturaleza muerta°, *still life* sino un instante de la vida.

Incluso cuando pintaba temas mitológicos, Velázquez tomaba como modelo gente de la calle. Por eso, se pueden percibir escenas diarias en temas distanciados de la época. Un ejemplo es "El triunfo° de Baco" (1628-9). En *triumph* este cuadro, el dios romano del vino se sienta en un campo abierto no con otros dioses, sino con campesinos°, cuyas caras fatigadas *peasants* reflejan a la vez el cansancio de una vida de trabajo —la vida del plebeyo° español era *common person* entonces especialmente dura— y la alegría de poder descansar un rato.

En los cuadros de la Corte, Velázquez nos da una imagen rica y compleja del mundo del

El triunfo de Baco

palacio. En vez de retratar exclusivamente a la familia real y los nobles, incluye también toda la tropa de personajes° que los servía y *characters* entretenía. En este grupo numeroso entraban enanos° y bufones°, a quienes Velázquez pinta *little people/jesters* con dignidad. En "Las Meninas" (c.1656), su cuadro más famoso y misterioso, la princesa Margarita está rodeada° por sus damas, *surrounded* enanos y un perro. A la izquierda, el mismo Velázquez pinta detrás de un lienzo inmenso. En el fondo° se ve al rey y a la reina. *background*

Sin embargo, el cuadro sugiere más preguntas que respuestas. ¿Dónde están exactamente el rey y la reina? ¿La imagen de ellos que vemos es un reflejo de espejo°? *mirror* ¿Qué pinta el artista y por qué aparece en el cuadro? ¿Qué significa? Tampoco se sabe por qué se detiene aquí el grupo: puede ser por una razón prevista, como posar para un cuadro; o puede ser algo totalmente imprevisto, un momento efímero° de la vida *fleeting* de una princesa y su grupo. ¿Es un momento importante? "Las Meninas" invita el debate sobre un instante que no se pierde sólo porque un pintor lo capta y lo rescata° del *rescues* olvido. Paradójicamente es su enfoque en lo momentáneo y en el detalle de la vida común lo que eleva a Velázquez por encima de otros grandes artistas. ∎

Las Meninas

Biografía breve

1599 Diego Velázquez nace en Sevilla
1609 Empieza sus estudios formales de arte
1623 Nombrado pintor oficial del rey Felipe IV en Madrid
1660 Muere después de una breve enfermedad

La vida diaria

Teaching Tip For Visual Learners Ask pairs of students to find and download or photocopy two of **Velázquez's** paintings (one from before he went to live at court and one from after). Distribute chart or poster paper to each pair. Have them draw Venn diagrams on the paper and compare and contrast the two paintings. Display the copies of the paintings and the Venn diagrams around the room. Allow time for students to walk around, looking at the pictures and reading the diagrams.

Expansion Have students do additional research about **Velázquez's** biography. Have a class sharing of all the information students found. Then together write a more thorough biography of **Velázquez**.

CRITICAL THINKING

Application and Evaluation Ask students to give their opinions of the painting. Encourage them to use the verbs like **gustar** and the vocabulary from page 115. Challenge students to explain their reasons for liking or not liking the painting. Ex: **¿Por qué te gusta el cuadro? ¿Qué te molesta de su estilo? ¿Qué tipo de arte prefieres? ¿Por qué?**

Analysis, Synthesis, and Evaluation Ask pairs of students to choose another Spanish artist from the 1600s. Then ask them to compare and contrast their artist with **Velázquez**. Ask them to consider: **los estilos, los temas, los colores, los materiales** of each artist. Then have them write a compare and contrast paragraph of 5–10 sentences.

Después de leer

El arte de la vida

① Comprensión Después de leer el texto, decide si las oraciones son **ciertas** o **falsas**. Corrige las falsas.

1. Velázquez es conocido sobre todo como pintor religioso.
   Falso. Velázquez es conocido sobre todo como pintor de retratos.
2. Velázquez era un pintor impresionista que transformaba su sujeto en la imaginación.
   Falso. Reproducía en minucioso detalle sólo aquello que veía.
3. Por lo general, Velázquez tomaba como modelo gente de la calle.
   Cierto.
4. En "El triunfo de Baco", el dios romano del vino se sienta con campesinos españoles.
   Cierto.
5. Velázquez retrataba exclusivamente a la Familia Real y a los nobles.
   Falso. También retrataba a la tropa de personajes, como los bufones y los enanos, que los servían y entretenían.
6. Velázquez se autorretrata en "Las Meninas".
   Cierto.

② Interpretación Contesta las preguntas con oraciones completas. Answers will vary.

1. ¿Se puede encontrar evidencia de la crisis económica del siglo XVII en los cuadros de Velázquez? Menciona detalles específicos en tu respuesta.
2. ¿Qué puedes aprender de "La vieja friendo huevos" que posiblemente no puedas leer en un libro de historia?
3. ¿Es "El triunfo de Baco" un cuadro realista? Explica tu respuesta.
4. ¿Te sorprende que Velázquez represente a los sirvientes de la Corte? ¿Por qué?
5. ¿En qué sentido es "Las Meninas" un cuadro misterioso?

③ Análisis En parejas, respondan a las preguntas.

1. A través de pequeños detalles, "El triunfo de Baco" revela mucho sobre la posición social de los hombres del cuadro. Estudien, por ejemplo, la ropa y el aspecto físico para describir y analizar su situación económica. ¿Cuál es su conclusión?
2. ¿Qué o quién es el verdadero sujeto de "Las Meninas"? ¿El grupo de la princesa? ¿Los reyes? ¿El mismo Velázquez? ¿El arte? Discutan la múltiples posibilidades y presenten una teoría sobre la historia que cuenta el cuadro.

④ Reflexión Reflexionen sobre la vida de las personas que entretenían a los nobles en la Corte de Felipe IV. Algunos nobles consideraban que los bufones eran sagrados y por eso los protegían y les daban trabajo. ¿Qué piensas de la situación social de los bufones (*jesters*) de la Corte? ¿Es ético utilizar a las personas para la diversión?

⑤ Recuerdos Imagina que "La vieja friendo huevos" capta, como una fotografía, un momento de tu propio pasado cuando ayudabas a tu abuela en la cocina. Inspirándote en el cuadro de Velázquez, inventa una historia. ¿Qué hacía tu abuela? ¿Cómo pasaba los días? Y tú, ¿por qué llegaste a la cocina aquel día? ¿Te mandó tu madre o tenías hambre? Utilizando los tiempos del pasado que conoces, describe esta escena de tu infancia.

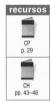

recursos

CP
p. 29

CH
pp. 43–46

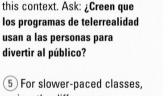

① Expansion Ask pairs of students to create three more true-false statements about **Velázquez** based on the reading. Then have them exchange them with another pair to complete. Finally have pairs join together to review the answers to the six new statements.

② Expansion Have students research different representations of *Las Meninas* painted by **Picasso**. Ask: **¿Por qué creen que Picasso pintó sus propias versiones de esa pintura? ¿Qué significado tenía para él?**

④ Have students debate modern-day reality shows in this context. Ask: **¿Creen que los programas de telerrealidad usan a las personas para divertir al público?**

⑤ For slower-paced classes, review the differences between preterite and imperfect when narrating in the past.

AP PREPARATION

Formal Presentation and Synthesis of Skills In small groups, have students discuss their experiences with fine art. If possible, present a video about **El Prado** that discusses **Velázquez**, and explain **el realismo**. Discuss the painting *Las meninas*. Ask students to imagine themselves as one of the characters in the painting. Students will then present a formal oral presentation in which they discuss **Diego Velázquez**, his life, and his art. They should quote from at least three sources and provide a visual. Allow them to work in groups to ready themselves for this type of presentation for the AP exam.

Atando cabos

¡A conversar!

Un día en la historia Trabajen en grupos pequeños para preparar una presentación sobre un día en la vida de un personaje histórico hispano.

Presentaciones

Tema: Elijan un personaje histórico hispano. Algunos personajes que pueden investigar son: Moctezuma, Sor Juana Inés de la Cruz, Simón Bolívar, José de San Martín, Emiliano Zapata, Catalina de Erauso, Álvar Núñez Cabeza de Vaca, Fray Bartolomé de las Casas. Pueden elegir también un personaje que no esté en la lista.

Investigación y preparación: Busquen información en Internet o en la biblioteca. Recuerden buscar o preparar materiales visuales. Una vez reunida la información necesaria sobre el personaje, imagínense un día en su vida cotidiana, desde que se levantaba hasta que se acostaba. Al imaginar los detalles, tengan en cuenta la época en la que vivió el personaje.

Organización: Hagan un esquema (*outline*) que los ayude a planear la presentación.

Presentación: Utilicen el pretérito y el imperfecto para las descripciones. Traten de promover la participación a través de preguntas y alternen la charla con materiales visuales.

Emiliano Zapata

¡A escribir!

Una anécdota del pasado Sigue el plan de redacción para contar una anécdota que te haya ocurrido en el pasado. Piensa en una historia divertida, dramática o interesante relacionada con uno de estos temas:

- un regalo especial que recibiste
- una situación en la que usaste una excusa falsa y las cosas no te salieron bien
- una situación en la que fuiste muy ingenuo/a

Plan de redacción

Título: Elige un título breve que sugiera el contenido de la historia pero que no dé demasiada información.

Contenido: Explica qué estaba pasando cuando ocurrió el acontecimiento, dónde estabas, con quién estabas, qué pasó, cómo pasó, etc. Usa expresiones como: **al principio, al final, después, entonces, luego, todo empezó/comenzó cuando**, etc. Recuerda que debes usar el pretérito para las acciones y el imperfecto para las descripciones.

Conclusión: Termina la historia explicando cuál fue el resultado del acontecimiento y cómo te sentiste.

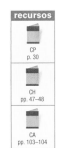

recursos

CP
p. 30

CH
pp. 47–48

CA
pp. 103–104

Instructional Resources
Cuaderno de práctica, p. 30
Cuaderno para hispanohablantes, pp. 47–48
Cuaderno de actividades, pp. 103–104

Teaching Tips
¡A conversar!

- As a class, draw up a list of expectations for the presentations. Add your own expectations to make it clear what you are hoping to see in their presentations and how you are going to grade them.
- Ask students to explain why they chose their **personaje**. Encourage students to also discuss the historical significance of each character.
- To facilitate organization of their ideas, brainstorm important elements and key questions the group should answer throughout the presentation.
- Assign a time limit for all presentations and explain that all group members must have an equal share in the presentation.

NATIONAL STANDARDS
Connections: Language Arts
Have students create simple outlines of their anecdotes before they write. Have them work in pairs to review one another's outlines and to make suggestions for improving the stories. You might ask your colleagues if there is a model for outlines or paragraph development that students are using in their English classes that you could reinforce in the Spanish class.

CRITICAL THINKING

Application and Synthesis Ask students to create their own artwork (painting or magazine clipping collage) influenced by **Velázquez**. Display the finished artwork around the room. Allow time for students to walk around and admire the work. Then ask students to choose one picture and write 3–5 sentences about how it is similar to **Velázquez's** work.

Analysis and Evaluation Before the beginning of each presentation, give each student a copy of the list of expectations you drew up as a class. As students listen to the presentations, encourage them to evaluate how their classmates fulfill the expectations. Also, ask students to take notes on questions they have about their classmates' subjects. Allow time for questions and answers after each presentation.

Instructional Resource
Supersite/Audio CD:
Vocabulary

Teaching Tips

- Have students make flashcards or a vocabulary list with Spanish and English. (Helpful hint: Keep these flashcards or vocabulary lists for reviewing later in the year, especially for midyear and final exams.)
- Ask students to write a 20-question vocabulary quiz for their classmates. Encourage them to vary the style of questions. Ex: multiple choice, fill-in, sentence writing, picture identification. Then have students exchange their quiz with another student. Once students have completed their quizzes, they return them to the person who designed it for correction.
- Give students blank bingo cards with large squares. List 20-30 vocabulary words that lend themselves to being represented through pictures. Have students illustrate a vocabulary word in each square. Then give each student a small handful of playing pieces (beans, coins, pieces of paper, etc.) Play several rounds of bingo, allowing students to win horizontally, or vertically, diagonally.

En casa

el balcón	balcony
la escalera	staircase
el hogar	home; fireplace
la limpieza	cleaning
los muebles	furniture
los quehaceres	chores
apagar	to turn off
barrer	to sweep
calentar (e:ie)	to warm up
cocinar	to cook
encender (e:ie)	to turn on
freír (e:i)	to fry
hervir (e:ie)	to boil
lavar	to wash
limpiar	to clean
pasar la aspiradora	to vacuum
quitar el polvo	to dust
tocar el timbre	to ring the doorbell

De compras

el centro comercial	mall
el dinero en efectivo	cash
la ganga	bargain
el probador	dressing room
el reembolso	refund
el supermercado	supermarket
la tarjeta de crédito/ débito	credit/debit card
devolver (o:ue)	to return (items)
hacer mandados	to run errands
ir de compras	to go shopping
probarse (o:ue)	to try on
seleccionar	to select; to pick out
auténtico/a	real; genuine
barato/a	cheap; inexpensive
caro/a	expensive

La vida diaria

la agenda	datebook
la costumbre	custom; habit
el horario	schedule
la rutina	routine
la soledad	solitude; loneliness
acostumbrarse (a)	to get used to; to grow accustomed
arreglarse	to get ready
averiguar	to find out; to check
probar (o:ue) (a)	to try
soler (o:ue)	to be in the habit of; to be used to
atrasado/a	late
cotidiano/a	everyday
diario/a	daily
inesperado/a	unexpected

Expresiones

a menudo	frequently; often
a propósito	on purpose
a tiempo	on time
a veces	sometimes
apenas	hardly; scarcely
así	like this; so
bastante	quite; enough
casi	almost
casi nunca	rarely
de repente	suddenly
de vez en cuando	now and then; once in a while
en aquel entonces	at that time
en el acto	immediately; on the spot
enseguida	right away
por casualidad	by chance

Más vocabulario

Expresiones útiles	Ver p. 87
Estructura	Ver pp. 94-95, 98-99 y 102-103

Cinemateca

el choque	crash
las facciones	facial features
el timbre	tone of voice
afligirse	to get upset
despedirse	to say goodbye
parecerse	to look like
titularse	to graduate
repentino/a	sudden

Literatura

el hecho	fact
la madriguera	burrow; den
la servidumbre	servants; servitude
el sótano	basement
el zaguán	entrance hall; vestibule
amenazar	to threaten
delatar	to denounce
huir	to flee; to run away
ocultarse	to hide
vedado/a	forbidden

Cultura

el cansancio	exhaustion
el cuadro	painting
la obra maestra	masterpiece
el/la pintor(a)	painter
el retrato	portrait
pintar	to paint
retratar	to portray
fatigado/a	exhausted
imprevisto/a	unexpected
previsto/a	planned

DIFFERENTIATED LEARNING

For Inclusion Have students choose twenty words and expressions from the vocabulary list. Encourage students to choose words that they think they will use or need to know later. Then have them create a collage with magazine clippings, downloaded images, or their own drawings, illustrating the words and expressions.

Heritage Speakers Ask heritage speakers to review the vocabulary list and identify words that they feel are most commonly used in their homes. Ask volunteers to share their lists with the class. Encourage other students to tally the words that are mentioned by more than one heritage speaker.

La salud y el bienestar

Communicative Goals
You will expand your ability to…

- express will and emotion
- express doubt and denial
- give orders, advice, and suggestions

Lesson Goals
In **Lección 4**, students will be introduced to the following:

- vocabulary for talking about health and illness
- giving advice and recommendations
- Colombian herbal medicine, the **Chocó** community, and **Marta Gómez**
- subjunctive in noun clauses
- commands
- **por** and **para**
- short film *Éramos pocos*
- Ángeles Mastretta's *Mujeres de ojos grandes*
- la **Expedición Humana** in Chimila, Colombia

A primera vista Have students look at the photo, and ask them:
1. ¿Qué le explica Johnny a Fabiola?
2. ¿Comes muchas verduras?
3. ¿Qué hacen los estudiantes para vivir una vida sana?

INSTRUCTIONAL RESOURCES

Student Materials
Cuaderno de práctica, Cuaderno para hispanohablantes, Cuaderno de actividades
Student MAESTRO™ Supersite
(descubre3.vhlcentral.com)
MAESTRO™ e-Cuaderno

Teacher's Resource CD-ROM and in print
*AnswerKeys, Audioscripts, Videoscripts
*PowerPoints
Testing Program (**Pruebas**, Test Generator, MP3 Audio Files)
Vista Higher Learning *Cancionero*
*Also available on Supersite

Teacher's MAESTRO™ Supersite
(descubre3.vhlcentral.com)
Learning Management System (Assignment Task Manager, Gradebook)
Also on DVD
Fotonovela, Flash cultura, Film Collection

La salud y el bienestar

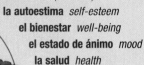

Section Goals

In **Contextos**, students will learn and practice:

- vocabulary for describing illness, symptoms, health and wellness, and medicines and treatments
- listening to audio dialogue using new vocabulary

Instructional Resources
Cuaderno de práctica,
pp. 31–32
Cuaderno para hispanohablantes, pp. 49–51
Cuaderno de actividades, p. 69
e-Cuaderno
Supersite/Textbook Audio CD:
Textbook, Vocabulary, Audio Activity Files
Supersite/TRCD/Print:
PowerPoints (**Lección 4**
Contextos Presentation,
Textbook Audio Script, Audio Activity Script, Answer Keys

Teaching Tips

- Ask students about their health and well-being. Ex: **¿Qué haces cuando te pones enfermo/a durante el año escolar?** Follow up by asking students about their eating habits and emotional state. Ex: **¿Llevas una alimentación sana?** Ask the class: **¿Qué hacen para relajarse?**
- Ask students to write a short paragraph about what they do to stay healthy and active. Encourage them to recycle vocabulary about sports and activities from **Lección 2.**

Los síntomas y las enfermedades

Inés pensaba que tenía sólo un **resfriado**, pero no paraba de **toser** y estaba **agotada**. El médico le confirmó que era una **gripe** y que debía **permanecer** en cama.

la depresión *depression*
la enfermedad *disease; illness*
la gripe *flu*
la herida *injury*
el malestar *discomfort*
la obesidad *obesity*
el resfriado *cold*
la respiración *breathing*
la tensión (alta/baja) *(high/low)* blood pressure
la tos *cough*
el virus *virus*
___

contagiarse *to become infected*
desmayarse *to faint*
empeorar *to deteriorate; to get worse*
enfermarse *to get sick*
estar resfriado/a *to have a cold*
lastimarse *to get hurt*
permanecer *to remain; to last*
ponerse bien/mal *to get well/sick*
sufrir (de) *to suffer (from)*
tener buen/mal aspecto *to look healthy/sick*
tener fiebre *to have a fever*
toser *to cough*
trasnochar *to stay up all night*
___

agotado/a *exhausted*
inflamado/a *inflamed*
mareado/a *dizzy*

La salud y el bienestar

la alimentación *diet (nutrition)*
la autoestima *self-esteem*
el bienestar *well-being*
el estado de ánimo *mood*
la salud *health*
___

adelgazar *to lose weight*
dejar de fumar *to quit smoking*

descansar *to rest*
engordar *to gain weight*
estar a dieta *to be on a diet*
mejorar *to improve*
prevenir (e:ie) *to prevent*
relajarse *to relax*
___

sano/a *healthy*

Los médicos y el hospital

la cirugía *surgery*
el/la cirujano/a *surgeon*
la consulta *doctor's appoinment*

el consultorio *doctor's office*
la operación *operation*
los primeros auxilios *first aid*
la sala de emergencias *emergency room*

AP PREPARATION

Informal Speaking, Part A Review with students the vocabulary related to health and wellness. Also review the formation of familiar and formal commands. Working in pairs, students will first write a conversation that would take place between a student and his or her mother. Each person should speak at least five times, and the mother should give at least five informal commands. Tell students: **Te levantas esta mañana, le dices a tu madre que estás enfermo/a y que no puedes ir a la escuela. Describe por lo menos tres quejas y hazle dos preguntas a ella. Escribe lo que dices y cómo reacciona tu madre, usando el vocabulario de la salud.**

Las medicinas y los tratamientos

A Ignacio no le gusta tomar medicinas. Nunca toma **pastillas** ni **jarabes**. Sin embargo, para ir a la selva, tuvo que ponerse varias **vacunas**. ¡Qué dolor cuando la enfermera le **puso la inyección**!

la aspirina *aspirin*
el calmante *painkiller; tranquilizer*
el jarabe *syrup*
la pastilla *pill*
la receta *prescription*
el tratamiento *treatment*
la vacuna *vaccine*
la venda *bandage*
el yeso *cast*

curarse *to heal; to be cured*
poner una inyección *to give a shot*
recuperarse *to recover*
sanar *to heal*
tratar *to treat*

curativo/a *healing*

recursos

CP
pp. 31–32

CH
pp. 49–50

CA
p. 69

SUPERSITE
descubre3.
vhlcentral.com
Lección 4

Práctica

1 Escuchar

A. Escucha la conversación entre Sara y su hermano David. Después completa las oraciones y decide quién dijo cada una.

1. No sé lo que me pasa, la verdad. Estoy siempre muy ___agotada___ . ___Sara___

2. Creo que ___estás adelgazando___ demasiado. ¿Has ido al ___médico___ ? ___David___

3. No he ido porque no tenía ___fiebre___ , sólo era un ligero ___malestar___ . ___Sara___

4. Deja de ser una niña. Tienes que ___ponerte bien___ . ___David___

5. Por eso te llamo. No se me va el dolor de estómago ni con ___pastillas___ . ___Sara___

6. Ahora mismo llamo al doctor Perales para hacerle una ___consulta___ . ___David___

B. A Sara le diagnosticaron apendicitis. Escucha lo que le dice la cirujana a la familia después de la operación y luego contesta las preguntas.

1. ¿Qué tiene que tomar Sara cada ocho horas?
   Sara tiene que tomar calmantes cada ocho horas.
2. ¿Cómo se puede sentir al principio?
   Al principio se puede sentir un poco mareada.
3. ¿Va a tomar mucho tiempo su recuperación?
   No, Sara va a recuperarse rápidamente.
4. ¿Puede comer de todo?
   No, los dos primeros días tiene que estar a dieta de líquidos.

2 A curarse
Indica qué tiene que hacer una persona a la que le ocurre lo siguiente:

__d__ 1. Se lastimó con un cuchillo.

__e__ 2. Tiene fiebre.

__c__ 3. Su estado de ánimo es malo.

__f__ 4. Quiere prevenir la gripe.

__b__ 5. Le falta la respiración.

__a__ 6. Está obeso.

a. empezar una dieta
b. dejar de fumar
c. hablar con un(a) amigo/a
d. ponerse una venda
e. tomar aspirinas y descansar
f. ponerse una vacuna

(A) Audio Script
DAVID ¿Hola?
SARA Hola, David. Habla Sara.
DAVID ¡Hola, Sara! ¿Cómo andas, hermanita?
SARA No muy bien… No sé lo que me pasa últimamente, la verdad. Estoy siempre muy agotada.
DAVID Sí, lo he notado. Y Sara, creo que estás adelgazando demasiado. ¿Has ido al médico?
SARA No he ido porque no tenía fiebre, sólo era un ligero malestar. Y ya sabes que no me gustan los médicos.
DAVID Por favor, Sara, deja de ser una niña. Tienes que ponerte bien.
SARA Por eso te llamo: quiero ir al médico. Es que estos últimos días me duele todo y el malestar ha empeorado. No se me va el dolor de estómago ni con pastillas.
DAVID Esta tarde vamos al médico. Ahora mismo llamo al doctor Perales para hacerle una consulta.

(B) Audio Script
La operación ha ido muy bien. Tenía toda la zona inflamada, pero ya les digo: todo ha ido sin problemas. Ahora le hemos dado unos calmantes. Los tiene que tomar cada ocho horas. Seguramente, al principio esté un poco mareada, pero va a recuperarse rápidamente. En cuanto a la comida, pues los dos primeros días tiene que estar a dieta de líquidos como jugos y sopas, pero al tercer día ya puede empezar a comer normalmente. Lo importante ahora es que ella descanse y que todos se relajen. ¿Tienen alguna pregunta?

AP PREPARATION

Informal Speaking, Part B Working with the same partner as in **Part A** (page 122), have students act out a conversation between the student and the doctor. This time, the student who played the role of parent should play the role of patient, and the other student should be the doctor. Remind students to use the **usted** command in their dialogues. Tell them: **Tu madre piensa que tal vez tengas que ir al médico / a la médica. Escribe la conversación que tienes con él/ella. El/La médico/a te va a hacer tres preguntas y darte dos consejos.**

Teaching Tips

- Review reflexive verb formation by conjugating **enfermarse** as a class.

③ **Acróstico** Completa el acróstico. Al terminarlo, se formará una palabra de **Contextos**.

1. V I R U S
2. T E N S I Ó N
3. Y E S O
4. T R A S N O C H A R
5. C I R U G Í A
6. D E S M A Y A R S E

(vertical: A U T O S T I A / AUTOSTIA)

1. Organismo invisible que transmite enfermedades.
2. Si la tienes alta, puedes tener problemas del corazón.
3. Material blanco que se usa para inmovilizar fracturas.
4. No dormir en toda la noche.
5. Es sinónimo de *operación*.
6. Caerse y perder el conocimiento.

④ **Amelia está enferma** Completa las oraciones con la opción lógica.

1. Amelia está tosiendo continuamente. No se le cura (la gripe/la depresión).
2. Sus compañeros de trabajo no se enfermaron este año porque se pusieron (la herida/la vacuna).
3. Su madre siempre le había dicho que es mejor (mejorar/prevenir) las enfermedades que curarlas.
4. El médico le dio una receta para (un jarabe/un consultorio).
5. Su jefe le ha dicho que no vaya a trabajar. Ella tiene que volver a la oficina cuando esté (agotada/recuperada).

⑤ Call on volunteers to perform this dialogue for the class.

⑤ **Expansion** Ask true-false questions about the dialogue. Ex: **Al señor Méndez le gusta hacer ejercicio. (Falso.)**

⑤ **Malos hábitos** El señor Méndez tiene hábitos que no son buenos para la salud. Completa la conversación entre el señor Méndez y su doctor con las palabras de la lista. Haz los cambios necesarios.

ánimo	descansar	mejorar	sano
dejar de fumar	empeorar	pastillas	trasnochar
deprimido	engordar	salud	vacuna

SR. MÉNDEZ Doctor, a mí me gusta pasar muchas horas comiendo y viendo tele.

DOCTOR Por eso usted está (1) __engordando__ tanto. Debe hacer ejercicio y (2) __mejorar__ su alimentación.

SR. MÉNDEZ También me gusta salir y acostarme tarde.

DOCTOR No es bueno (3) __trasnochar__ todo el tiempo. Es importante (4) __descansar__.

SR. MÉNDEZ ¡Pero, doctor! ¿Puedo fumar un poco, por lo menos?

DOCTOR No, señor Méndez. Usted debe (5) __dejar de fumar__ cuanto antes.

SR. MÉNDEZ ¡No puede ser, doctor! ¿Todo lo que me gusta hacer es malo para la (6) __salud__ ? Si hago lo que me dice usted, voy a estar (7) __sano__ pero deprimido.

DOCTOR No es así. Si usted mejora su forma física, su estado de (8) __ánimo__ va a mejorar también. Recuerde: "Mente sana en cuerpo sano".

NATIONAL STANDARDS

Community A local pharmacist may be able to provide you with Spanish-language package inserts or warning labels for over-the-counter or prescription medications or health items. Bring these in and have students identify words that they recognize. Ask students to tell you what each of the items would be used for and what the risks might be in using the items, based on the inserts or labels.

Lección 4

DIFFERENTIATED LEARNING

To Challenge Students Have students work in pairs, and give each pair one sheet of graph paper. Ask each pair to create its own **acróstico** using six vocabulary words from **Contextos**. Use **Actividad 3** as a model. Then have pairs exchange papers with their neighbors and solve each other's **acróstico**.

Heritage Speakers Ask heritage speakers if there are different attitudes about health in their families' home countries. Encourage classmates to ask heritage speakers questions using vocabulary from **Contextos**. Have the class compare and contrast attitudes toward health, medical care, and folk medicine in Spanish-speaking countries and in North America.

Comunicación

6 Vida sana

A. En parejas, háganse las preguntas de la encuesta.

	Siempre	A menudo	De vez en cuando	Nunca
1. ¿Trasnochas más de dos veces por semana?	☐	☐	☐	☐
2. ¿Practicas algún deporte?	☐	☐	☐	☐
3. ¿Consumes vitaminas y minerales diariamente?	☐	☐	☐	☐
4. ¿Comes mucha comida frita?	☐	☐	☐	☐
5. ¿Tienes dolores de cabeza?	☐	☐	☐	☐
6. ¿Te enfermas?	☐	☐	☐	☐
7. ¿Desayunas sin prisa?	☐	☐	☐	☐
8. ¿Pasas muchas horas del día sentado/a?	☐	☐	☐	☐
9. ¿Te pones de mal humor?	☐	☐	☐	☐
10. ¿Tienes problemas para dormir?	☐	☐	☐	☐

B. Imagina que eres un médico. ¿Tiene tu compañero/a una vida sana? ¿Qué debe hacer para mejorar su salud? Utiliza la conversación entre Martín y su médico de la Actividad 5 como modelo.

7 Citas célebres

A. En grupos de cuatro, elijan las citas (*quotations*) que les parezcan más interesantes y expliquen por qué las eligieron.

La salud

"La salud no lo es todo pero sin ella, todo lo demás es nada".
A. Schopenhauer

"El ser humano pasa la primera mitad de su vida arruinando la salud y la otra mitad intentando recuperarla".
Joseph Leonard

"Come poco y cena más poco, que la salud de todo el cuerpo se decide en la oficina del estómago".
Miguel de Cervantes

La medicina

"Antes que al médico, llama a tu amigo".
Pitágoras

"Los médicos no están para curar, sino para recetar y cobrar; curarse o no es cuenta del enfermo".
Molière

"La esperanza es el mejor médico que yo conozco".
Alejandro Dumas, hijo.

La enfermedad

"El peor de todos los males es creer que los males no tienen remedio".
Francisco Cabarrus

"La investigación de las enfermedades ha avanzado tanto que cada vez es más difícil encontrar a alguien que esté completamente sano".
Aldous Huxley

"De noventa enfermedades, cincuenta las produce la culpa y cuarenta la ignorancia".
Anónimo

B. Utilicen el vocabulario de **Contextos** para escribir una cita original sobre la salud. Compártanla con la clase. ¿Cuál es la cita más original?

Teaching Tips

- In order to help students to begin using the lesson vocabulary, have pairs flip the photos and drawings in this lesson. Then, have them create sentences describing what they see, using vocabulary from **Contextos**.

6 Preview the activity by asking students about their study habits. Tell them to respond using the adverbs from the survey. Ex: **¿Estudias siempre en la biblioteca? ¿Estudias a menudo en tu cuarto?**

6 Have pairs identify which items are healthful and unhealthful. Call on volunteers to share their partners' responses.

7 Tell students to take turns reading the quotes aloud in their groups.

7 For faster-paced classes, have students write an anecdote that ends in one of these quotes.

Technology and Interdisciplinary Connection Have students work in small groups to create an animated video titled **Una cita con el/la médico/a**. Tell groups to write **la narración** and **la descripción** for each **imagen**. They should make play dough-type figures and paint scenery on a paper background. Begin the project in class; perhaps an art or photography teacher will share filmmaking expertise. Have students complete the project at home.

AP PREPARATION

Informal Writing Starting with this chapter, give each student a small notebook. This will be a **diario** for their informal writing. It should be a form of communication between student and teacher. Students should write in it once or twice per chapter. Teachers will reflect on the content of student writing, NOT on the grammar, and will write a response, with a question. Students will briefly answer the question the next time, as well as write about the next topic. For this first entry, read and discuss the quotations on page 125. Students may discuss them in small groups. Now give them ten minutes to give a personal reflection about one of the quotations. Say: **Ahora escoge una de las citas y escribe tus pensamientos personales. Puedes explicar lo que significa en general, o en tu vida personal.**

4 FOTONOVELA

Los empleados de Facetas se preocupan por mantenerse sanos y en forma.

DIANA ¿Johnny? ¿Qué haces aquí tan temprano?

JOHNNY Madrugué para ir al gimnasio.

DIANA ¿Estás enfermo?

JOHNNY ¿Qué? ¿Nunca haces ejercicio?

DIANA No mucho... A veces me dan ganas de hacer ejercicio, y entonces me acuesto y descanso hasta que se me pasa.

En la cocina...

JOHNNY *(habla con los dulces)* Los recordaré dondequiera que esté. Sé que esto es difícil, pero deben ser fuertes... No pongan esa cara de "cómeme". Por mucho que insistan, los tendré que tirar. Ojalá me puedan olvidar.

FABIOLA ¿Empezaste a ir al gimnasio? Te felicito. Para ponerse en forma hay que trabajar duro.

JOHNNY No es fácil.

FABIOLA No es difícil. Yo, por ejemplo, no hago ejercicio, pero trato de comer cosas sanas.

JOHNNY Nada de comidas rápidas.

FABIOLA ¡Cómo me gustaría tener tu fuerza de voluntad!

En la cocina...

DON MIGUEL ¡Válgame! Aquí debe haber como mil pesos en dulces. ¡Mmm! Y están buenos.

JOHNNY ¿Qué tal, don Miguel? ¿Cómo le va?

DON MIGUEL *(sonríe sin poder decir nada porque está comiendo.)*

JOHNNY ¡Otro que se ha quedado sin voz! ¿Qué es esto? ¿Una epidemia?

FABIOLA ¿Qué compraste?

JOHNNY Comida bien nutritiva y baja en calorías. Juré que jamás volvería a ver un dulce.

FABIOLA ¿Qué es eso?

JOHNNY Esto es tan saludable que con sólo tocar la caja te sientes mejor.

FABIOLA ¿Y sabe bien?

JOHNNY Claro, sólo hay que calentarlo.

En la oficina de Aguayo...

DIANA Los nuevos diseños están perfectos. Gracias.

AGUAYO Mariela, insisto en que veas a un doctor. Vete a casa y no vuelvas hasta que no estés mejor. Te estoy dando un consejo. No pienses en mí como tu jefe.

DIANA Piensa en él como un amigo que siempre tiene razón.

Personajes

  AGUAYO   **DIANA**   **ÉRIC**   **FABIOLA**   **JOHNNY**   **MARIELA** **DON MIGUEL**

4

En la sala de conferencias…

AGUAYO *(dirigiéndose a Mariela)* Quiero que hagas unos cambios a estos diseños.

DIANA Creemos que son buenos y originales, pero tienen dos problemas.

ÉRIC Los que son buenos no son originales, y los que son originales no son buenos.

AGUAYO ¿Qué crees? *(Mariela no contesta)*

5

Mariela escribe "perdí la voz" en la pizarra.

AGUAYO ¿Perdiste la voz?

DIANA Gracias a Dios… Por un momento creí que me había quedado sorda.

AGUAYO Estás enferma. Deberías estar en cama.

ÉRIC Sí, podías haber llamado para decir que no venías.

9

AGUAYO Por cierto, Diana, acompáñame a entregar los diseños ahora mismo. Tengo que volver enseguida. Estoy esperando una llamada muy importante.

DIANA Vamos.

Se van. Suena el teléfono. Mariela se queda horrorizada porque no puede contestarlo.

10

FABIOLA ¿No ibas a mejorar tu alimentación?

JOHNNY Si no puedes hacerlo bien, disfruta haciéndolo mal. Soy feliz.

FABIOLA Los dulces no dan la felicidad, Johnny.

JOHNNY Lo dices porque no has probado la *Chocobomba*.

Expresiones útiles

Giving advice and making recommendations

Insisto en que veas/vea a un doctor.
I insist that you go see a doctor. (fam./form.)

Te aconsejo que vayas a casa.
I advise you to go home. (fam.)

Le aconsejo que vaya a casa.
I advise you to go home. (form.)

Sugiero que te pongas a dieta.
I suggest you go on a diet. (fam.)

Sugiero que se ponga usted a dieta.
I suggest you go on a diet. (form.)

Asking about tastes

¿Y sabe bien?
And does it taste good?

¿Cómo sabe?
How does it taste?

Sabe a ajo/menta/limón.
It tastes like garlic/mint/lemon.

¿Qué sabor tiene? ¿Chocolate?
What flavor is it? Chocolate?

Tiene un sabor dulce/agrio/ amargo/agradable.
It has a sweet/sour/bitter/pleasant taste.

Additional vocabulary

la comida rápida *fast food*
dondequiera *wherever*
la epidemia *epidemic*
la fuerza de voluntad *willpower*
madrugar *to wake up early*
mantenerse en forma *to stay in shape*
nutritivo/a *nutritious*
ponerse en forma *to get in shape*
quedarse sordo/a *to go deaf*
saludable *healthy*

Teaching Tips

- Model the pronunciation of the **Expresiones útiles**.
- Preview the subjunctive by pointing out examples from **Expresiones útiles**.
- Tell students that **saber** (*to taste*) has the same conjugation as **saber** (*to know*).
- As students watch the video, encourage them to jot down any health-related information that they learn about the characters. Ex: **A Johnny le gusta comer dulces**.
- List twelve key words on the board. Have students work in pairs and use these words in writing a short summary of the **Fotonovela** episode. Pairs then exchange summaries and peer-edit one another's work.
- **Expansion** Display large magazine photos. To help students become used to hearing the subjunctive with the **Expresiones útiles** presented, point to photos and say a sentence about each. Ex: **Le aconsejo al presidente que hable con los reporteros**. Distribute a card to each student on which is written a sentence using an **Expresión útil** and the subjunctive. Students match their card with the photo.

La salud y el bienestar

DIFFERENTIATED LEARNING

Heritage Speakers Ask heritage speakers about eating habits in their families' home countries. Have the class compare and contrast them with eating habits in the U.S. Create a Venn diagram on the board to illustrate the comparisons and contrasts.

For Inclusion Have students scan the **Comprensión** activities on page 128 before watching the video. Have them preview the content to improve comprehension. Then call on students, asking each for one piece of information about the content. This is a good strategy to assess preparedness informally.

Teaching Tips

① Have volunteers write the corrected statements on the board.

② For item 1, explain that the phrase **hay que** + *infinitive* is similar to *you have to*. For practice, have students write three sentences using that structure.

③ Working in pairs, students create two more categories from the **Contextos** vocabulary and make a list of related words. Possible categories that students may create include **síntomas**, **enfermedades**, and **tratamientos**.

④ Before completing the activity, have pairs quickly summarize the events from the video. To support students' efforts, first write some vocabulary on the board that students should include and provide some sequencing vocabulary. Ex: **primero, luego, finalmente**.

④ Have a class discussion in which students share their own opinions about health.

---

① **¿Cierto o falso?** Decide si las oraciones son **ciertas** o **falsas**. Corrige las **falsas**.

Cierto	Falso	
☑	☐	1. Johnny llegó temprano porque madrugó para ir al gimnasio.
☐	☑	2. Cuando Diana va al gimnasio se queda dormida.
		Diana no va al gimnasio, se va a dormir cuando tiene ganas de ir al gimnasio.
☐	☑	3. Los primeros diseños de Mariela están perfectos.
		Los nuevos diseños de Mariela están perfectos.
☐	☑	4. Diana se quedó sorda.
		Diana no escuchó a Mariela porque Mariela se quedó sin voz.
☑	☐	5. Don Miguel probó los dulces.
☑	☐	6. Johnny no continuó con su dieta.

② **Oraciones incompletas** Completa las oraciones de la **Fotonovela** con la opción correcta.

1. Para ponerse en __c__ hay que trabajar duro.
   a. cama   b. dieta   c. forma

2. ¡Cómo me gustaría tener tu fuerza __b__!
   a. física   b. de voluntad   c. de carácter

3. ¡Otro que se ha quedado __b__!
   a. sordo   b. sin voz   c. dormido

4. Piensa en él como un amigo que siempre __a__.
   a. tiene razón   b. se mantiene en forma   c. se preocupa

③ **Títulos** Busca en la **Fotonovela** la palabra adecuada para poner un título a cada lista.
Answers may vary slightly.

dulces	ejercicio	comida rápida	comida nutritiva
chocolates	correr	salchicha	sopa de verduras
caramelos	saltar	hamburguesa	ensalada
pastel de chocolate	caminar	papas fritas	pollo asado
postre	nadar	sándwich	frutas

④ **Opiniones**

A. Los empleados de *Facetas* tienen opiniones distintas sobre la salud y el bienestar. En parejas, escriban una descripción breve de la actitud de cada personaje. Utilicen las frases de la lista y añadan sus propias ideas.

comer comidas sanas	ir al gimnasio	descansar
permanecer en cama	ir al médico	probar los dulces

MODELO Diana casi nunca va al gimnasio. Cree que es más importante descansar para mantenerse sana...

B. ¿Con qué opinión te identificas más? ¿Qué haces tú para mantenerte en forma?

128 *ciento veintiocho*

LEARNING STYLES

For Auditory Learners Have students work in pairs to create five statements about healthy living. Call on volunteers to read one of their statements aloud, and have the rest of the class raise their hands if they agree with the statement, and remain still if they do not agree. Ex: **Hay que dormir por lo menos diez horas por noche para vivir sano.**

For Visual Learners Gather pictures of people eating different foods, performing activities, or showing different emotional states from health magazines or brochures. Show each picture and call on volunteers to make a statement or two describing what they see.

Ampliación

5 Comidas rápidas

A. Para ponerse en forma, Johnny decide evitar las comidas rápidas. En parejas, háganse las preguntas y comparen sus propias opiniones acerca de la comida rápida.

1. ¿Con qué frecuencia comes en restaurantes de comida rápida?
2. ¿Crees que la comida rápida es mala para la salud?
3. ¿Buscas opciones saludables cuando necesitas comer de prisa?
4. ¿Crees que las personas obesas tienen derecho a demandar (*sue*) a los restaurantes de comida rápida?

B. Ahora, en dos grupos, organicen un debate sobre los beneficios y desventajas de la comida rápida. Un grupo representa a los dueños y ejecutivos de los restaurantes, y el otro grupo representa a la gente que ha sufrido problemas de salud por comer demasiadas comidas rápidas.

6 Apuntes culturales En parejas, lean los párrafos y contesten las preguntas.

Los dulces

"Los recordaré dondequiera que esté", dice Johnny despidiéndose de los dulces. ¡A los hispanos les encantan los dulces! Un postre muy popular de la cocina colombiana, venezolana, mexicana y centroamericana es el postre de **las tres leches**. Este postre se prepara con leche fresca, leche condensada y crema de leche. ¡Un verdadero manjar (*delicacy*)!

El deporte colombiano

Fabiola dice que para ponerse en forma hay que trabajar duro. La colombiana **María Isabel Urrutia Ocoró** sabe mucho de esto, pues su gran dedicación a la halterofilia (levantamiento de pesas) la convirtió en estrella del deporte colombiano. Ganó numerosos premios mundiales, entre ellos, la medalla de oro en las Olimpiadas de Sydney en 2000.

Las comidas rapidas

Fabiola y Johnny conversan sobre las comidas rápidas. En los países hispanos, las cadenas estadounidenses adaptan los menús a los sabores típicos de esos países. En Chile, McDonald's ofrece la **McPalta**, hamburguesa con palta (*avocado*), y los **McCafé** sirven postres tradicionales como la **rellenita de manjar** (*caramel*). ¿Podrá resistirse Johnny?

1. ¿Conoces otros postres típicos de los países hispanos? ¿De qué países o regiones son? ¿Cuáles son los ingredientes principales?
2. Menciona postres o platos típicos de tu cultura. ¿Cuál es tu preferido?
3. ¿Qué deportistas hispanos juegan en equipos de los EE.UU.?
4. ¿Probaste comidas rápidas de otras culturas? ¿Cuáles? ¿Cuál es tu favorita?

Section Goals

In **Enfoques**, students will:
- learn about Colombian herbal medicine, the influence of other cultures on the **Chocó** community, and health systems in various Spanish-speaking countries
- read about Colombian singer-songwriter **Marta Gómez**

Instructional Resources
Cuaderno para hispanohablantes, p. 52
Vista Higher Learning
Cancionero
Supersite/DVD: *Flash cultura*
Supersite: *Flash cultura*
Videoscript & Translation

Teaching Tips
- Preview the reading by asking students if there are any home remedies they grew up with. Ex: **¿Usas remedios caseros? ¿De dónde vienen?**
- Point out that the diminutive is used in the passage (frasco → frasquito, agua → agüita). See **Estructura 7.3.**

NATIONAL STANDARDS
Community If there is a Hispanic pharmacy or grocery near you, you might ask students to visit the store to see what natural or traditional remedies are available. Have them do research to learn what the remedies are said to be for. Stress to students that they should never try such remedies without the advice of their physician and the permission of their parents or guardians.

En detalle

COLOMBIA

DE ABUELOS Y CHAMANES

Sentada en su cocina en Bogotá, Marcela Uribe destapa frasquitos° de hierbas y describe las "agüitas°" que le enseñó a preparar su abuela: "agüita de toronjil°" para calmar los nervios, "agüita de paico°" para los cólicos° y muchas más.

Muchos de estos remedios caseros° son más que simples "recetas de la abuela". Su uso proviene de los conocimientos milenarios que los curanderos° y chamanes° han ido pasando de generación en generación. Colombia, segundo país en el mundo en diversidad de especies vegetales, desarrolló una medicina tradicional muy rica, que aún hoy subsiste en todos los niveles de la sociedad. A pesar de la llegada de la medicina científica, muchas comunidades indígenas siguen practicando su medicina tradicional. Cuanto más aislada está la comunidad, mejor mantiene sus tradiciones.

En la cultura indígena americana, lo espiritual y lo corporal se funden° con la naturaleza. Los curanderos y chamanes son los responsables de mantener estos mundos en equilibrio. Para ello, combinan las propiedades medicinales de las plantas con ritos sagrados. En Colombia, al igual que en otros países, hay un renovado interés por conocer las propiedades medicinales de las plantas que se han usado durante siglos. Instituciones gubernamentales, universidades y organizaciones ecologistas intentan recuperar y conservar estos conocimientos. En sólo siete años, el Instituto Nacional de Vigilancia de Alimentos y Medicamentos aumentó de 17 a 95 el número de plantas medicinales aprobadas para usos curativos.

El deseo de las empresas farmacéuticas de apropiarse de las plantas y patentarlas ha hecho que el gobierno colombiano controle el derecho a sacarlas del país. Esto es importante porque algunas están en peligro de extinción y porque estas plantas forman parte indeleble° de la identidad indígena. ■

Algunas plantas curativas

 Chuchuguaza Árbol que crece en la región amazónica de Colombia, Ecuador y Perú. Se usa como diurético y también contra el reumatismo, la gota° y la anemia.

 Gualanday Árbol originario del Valle del Cauca y que crece en las regiones colombianas de Putumayo y Amazonas. La corteza°, la hoja y la flor se usan contra neuralgias, dolores de huesos, várices° y afecciones del hígado°.

 Sauco Árbol proveniente de cultivos en la sabana° de Bogotá. La hoja, la corteza, el fruto y la flor se usan para tratar afecciones bronquiales.

destapa frasquitos *uncovers little jars* **agüitas** *herbal teas* **toronjil** *lemon balm* **paico** *Mexican tea (plant)* **cólicos** *cramps* **caseros** *homemade* **curanderos** *folk healers* **chamanes** *shamans* **se funden** *merge* **indeleble** *indelible* **gota** *gout* **corteza** *bark* **várices** *varicose veins* **afecciones del hígado** *liver conditions* **sabana** *savannah*

CRITICAL THINKING

Comprehension and Synthesis To help students understand the reading, encourage them to divide the passage into sections. For each section, have students write down two or three main ideas. Tell students to refer to these ideas for class discussion.

Knowledge Have students define these terms in their own words, based on the reading: **el curandero** (*folk healer*), **el chamán** (*shaman or priest-doctor*), **la chuchuguaza, el gualanday, el saúco, la agüita de toronjil** (*lemon balm tea*). Ex: **Un chamán es alguien que cura las enfermedades del pueblo utilizando métodos naturales**.

Teaching Tips
- Practice new vocabulary by asking questions. Ex: **¿Qué harías para curar el empacho? ¿Qué significa si un amigo te dice que está depre?**
- For **El mundo hispanohablante,** call on volunteers to tell what they know about the healthcare system in the U.S. Have them compare it to the information from the passage.
- Read the quote by **Donato Ayma** aloud. Call on volunteers to explain the meaning in their own words.

NATIONAL STANDARDS
Community Much health information in Spanish is available from the federal, state, and local governments in the U.S. Have students obtain such information (either from websites or by requesting brochures) to share with the class. You might ask them to create their own brochures or informational posters based on the governmental models.

ASÍ LO DECIMOS

La salud y el bienestar

el/la buquí (R. Dom.)   *glutton*

cachucharse (Chi.)   *to hit yourself*

caer bien/mal   *to sit well/bad*

curar el empacho (Arg.)   *to cure indigestion*

estar constipado/a (Esp.)   *to be congested*

estar constipado/a (Amér. L.)   *to be constipated*

estar depre (Arg., Esp. y Pe.)   *to feel down*

estar funado/a (Chi.)   *to feel demotivated*

estar pachucho/a (Arg y Esp.)   *to be under the weather*

el/la matasanos (Esp.)   *bad doctor; quack*

¡se me parte la cabeza! (Arg.)   *I have a splitting headache!*

EL MUNDO HISPANOHABLANTE

La salud y el bienestar públicos

Los gobiernos hispanoamericanos suelen brindar servicios de salud pública gratuitos a todos los ciudadanos. Algunos países, como Cuba, han desarrollado un **sistema de salud universalista** en el cual todos los servicios son gratuitos. Otros países, como Chile, tienen un modelo mixto, que combina el sector público con el privado.

En el **ránking de calidad de vida** del año 2005 realizado por *The Economist Intelligence Unit,* España aparece en el décimo lugar sobre un total de 111 países. Este ránking considera no sólo los ingresos económicos, sino también otros indicadores como el bienestar y la satisfacción individual de las personas.

Entre los médicos latinoamericanos, se destaca **Carlos Finlay**, médico y biólogo cubano nacido en 1833. Su mayor contribución científica fue el descubrimiento del mecanismo de transmisión de la fiebre amarilla (*yellow fever*) que había sido un enigma desde sus primeros registros en el siglo XV. Recibió numerosos premios en Estados Unidos y Europa.

PERFIL

COMUNIDAD DE CHOCÓ

En ciertas zonas de Colombia, se han establecido comunidades de origen africano que han desarrollado tradiciones muy diferentes de las que se encuentran en el resto del país. Entre todas ellas, se destacan las comunidades afrocolombianas del Pacífico, como la de Chocó (ver mapa en la página anterior), por su particular sentido de la religiosidad, en la que la magia tiene un papel predominante. Esta visión religiosa le da una especial importancia a la salud y a la enfermedad. Además de conocer y aprovechar las propiedades curativas de las plantas, Chocó mantiene los conjuros (*spells*) de sus ancestros africanos y las oraciones católicas de los conquistadores españoles. Esta mezcla de culturas tiene como resultado una tradición curandera diferente en la que se puede ver claramente la influencia europea, africana e indígena. En la actualidad, muchos miembros de esta comunidad acuden a (*resort to*) la medicina científica pero no dudan en usar sus métodos curativos tradicionales cuando lo consideran necesario.

> ❝ Los conocimientos de la medicina tradicional son conocimientos adquiridos de nuestros antepasados y mantienen vivas las más ricas culturas de América Latina. ❞
> (Donato Ayma, político boliviano)

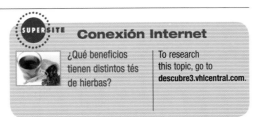

SUPERSITE   **Conexión Internet**

¿Qué beneficios tienen distintos tés de hierbas?

To research this topic, go to **descubre3.vhlcentral.com.**

AP PREPARATION

Formal Oral Presentation and Integrated Skills Read the article on page 130. Have students heard of **curanderos**? Discuss alternative medicine, and have students research this on the Internet. Refer them to the site listed on page 131 regarding herbal teas. They will present a "talk show" to the class on the subject of alternative medicine. In groups of three, one student will be the host, one will be the **curandero,** or medical practitioner, and one will be the patient. Give them time in class to prepare their presentation and then present it to the class. Tell students: **Cada grupo debe presentar durante diez minutos. El anfitrión del programa debe presentar formalmente al curandero y al paciente y debe hacerle a cada uno por lo menos cuatro preguntas.**

③ For variation, divide the class into two groups for a class debate. Have one group argue for patents on nature and genetic modification, and the other against. Give students ten minutes to prepare their arguments. Beforehand, brainstorm a list of pertinent vocabulary on the board for reference during the debate.

• For **Proyecto**, help students organize the information by creating an outline. Encourage them to find a map of the area on the Internet and some statistics or facts about the local population.

NATIONAL STANDARDS
Connections: Science
A number of medications have been derived from plants found in Latin America. Have students do research to identify some of these discoveries. Have them create short presentations for the class on the plants, where they were located, and the uses they have been put to in medical care.

¿Qué aprendiste?

recursos
CH p. 52

① Comprensión Indica si estas afirmaciones son **ciertas** o **falsas**. Corrige las falsas.

1. Marcela aprendió a usar infusiones en un viaje a Colombia, la tierra de su abuela.
Falso. Marcela vive en Colombia.
2. Colombia es uno de los países con mayor diversidad de especies vegetales.
Cierto.
3. En las prácticas curativas tradicionales, se combinan las propiedades curativas de las plantas con el poder curativo de los animales. **Falso.** Se combinan las propiedades curativas de las plantas con ritos sagrados.
4. Los conocimientos sobre los poderes curativos de las plantas han pasado de padres a hijos a través de los siglos.
Cierto.
5. En Colombia, el uso de plantas curativas es popular sólo entre las comunidades indígenas. **Falso.** Es común en todos los niveles de la sociedad colombiana.
6. A pesar de la llegada de la medicina científica, muchas comunidades mantuvieron sus prácticas medicinales tradicionales.
Cierto.
7. Las comunidades que mejor conservaron las tradiciones fueron las que estaban más cerca de la costa. **Falso.** Las comunidades que mejor conservaron las tradiciones fueron las que estaban más aisladas.
8. En Colombia, las instituciones no se preocupan por recuperar las tradiciones curativas. **Falso.** En Colombia, instituciones gubernamentales, universidades y organizaciones ecologistas intentan recuperar las tradiciones curativas.
9. Las empresas farmacéuticas quieren apropiarse de las plantas.
Cierto.
10. Colombia ha empezado a controlar las exportaciones de plantas curativas.
Cierto.

② Oraciones incompletas Completa las oraciones con la información correcta.

1. Las costumbres de las comunidades afrocolombianas del/de ___Pacífico___ son muy diferentes de las del resto del país.
   a. Pacífico   b. Atlántico   c. Cauca
2. Estas comunidades mantienen costumbres que mezclan la cultura africana, indígena y ___europea___.
   a. caribeña   b. americana   c. europea
3. En Chile, el sistema de salud sigue el modelo ___mixto___.
   a. mixto   b. universalista   c. privado
4. Carlos Finlay colaboró para descubrir cómo se transmite ___la fiebre amarilla___.
   a. la malaria   b. la fiebre amarilla
   c. la gripe
5. En Chile, usan **estar funado** para decir que alguien tiene ___poca energía___.
   a. indigestión   b. gripe
   c. poca energía

③ Opiniones En parejas, hablen sobre estas preguntas: ¿Se puede patentar la naturaleza? ¿Tienen derecho las empresas farmacéuticas a patentar plantas? ¿Tienen derecho a hacerlo si modifican la estructura genética de la planta? ¿Qué consecuencias tiene el patentamiento de plantas y organismos vivos? Compartan su opinión con la clase.

PROYECTO

Las plantas curativas

Como hemos visto, muchas comunidades latinoamericanas usan las plantas para curar diferentes enfermedades. Busca información en Internet o en la biblioteca sobre alguna de estas plantas.

Usa las preguntas como guía para tu investigación.

• ¿Para qué se usa la planta?
• ¿En qué comunidad(es) se usa?
• ¿Qué enfermedades específicas cura?
• ¿Cómo se usa según la tradición?
• ¿Se comprobaron científicamente las propiedades de la planta?
• ¿Es común su uso en la medicina científica?

CRITICAL THINKING

Application Tell students to scan quickly the **En detalle** and **Perfil** readings. Then have them compare and contrast the information presented in the two articles. Ask: **¿Cómo se distingue la comunidad de Chocó de las otras comunidades indígenas de Colombia?**

Evaluation Have students create a commercial for a new natural product and act it out for the class. Encourage students to include a testimonial from a satisfied customer about how he or she felt before taking the product and how he or she feels now. Remind students to use the imperfect tense for describing feelings in the past.

Marta Gómez

Marta Gómez es una de esas personas que siempre supo lo que quería. A los cuatro años, comenzó a cantar en un coro de su Cali natal. Más tarde, cursó sus estudios universitarios de música en la Pontificia Universidad Javeriana de Bogotá, y en 1999 ganó una beca° para estudiar en el Berklee College of Music en Boston, Estados Unidos. Allí, conoció a unos músicos argentinos con quienes formó una banda bajo su nombre. Así, Gómez pasó de la música clásica a cantar música folclórica latinoamericana con influencias de jazz. Hoy, la voz de esta cantautora° colombiana se escucha en toda Latinoamérica, Europa, Canadá y los Estados Unidos, donde actualmente vive. En 2005, su álbum *Cantos de agua dulce* fue nominado a los premios *Billboard* de la música latina como mejor álbum de jazz latino.

Discografía

2006 Entre cada palabra   **2004** Cantos de agua dulce   **2003** Sólo es vivir

Canción

Éste es un fragmento de la canción que tu instructor te hará escuchar.

Canta

Canta cuando hay que cantar
y llora cuando hay que llorar
y es que cantando lloras de todas formas
te da igual.

Y cuando quieras llorar yo te doy mi llanto
y en mí traigo a un país que sabe llorar
y si a eso le voy sumando a todos los
que sufren de soledad
entonces vamos llorando ya todo un mar.

Estos son otros músicos hispanos famosos que estudiaron en el **Berklee College of Music**:
Pedro Aznar músico y cantautor (Argentina)
Juan Luis Guerra guitarrista y cantautor
(Rep. Dominicana)
Beto Hale baterista y compositor (México)
Danilo Pérez pianista y compositor (Panamá)
Néstor Torres flautista de jazz (Puerto Rico)

Juan Luis Guerra

Preguntas En parejas, contesta las preguntas con oraciones completas.   Some answers will vary.

1. ¿Cómo se compone la banda de Marta Gómez? ¿Qué tipo de música tocan?
   La banda se compone de Marta Gómez y músicos argentinos. Tocan música folclórica con influencias de jazz.
2. ¿Qué otros hispanos estudiaron música en la misma universidad?
   Pedro Aznar, Juan Luis Guerra, Beto Hale, Danilo Pérez, Néstor Torres.
3. ¿Qué significa este verso de la canción: "y en mí traigo a un país que sabe llorar"?
4. ¿Es popular la música folclórica en sus países? Den ejemplos.

beca *scholarship* **cantautora** *singer-songwriter*

- Have students interpret the chorus of the song. Ask: **¿Por qué dice la cantante que cantar es igual que llorar?** Answers will vary. Ex: **Cantar y llorar son dos formas de expresar las emociones.**
- After reading about **Marta Gómez** and completing the questions, distribute copies of the lyrics of **Canta** and have students work in groups to read them. If you have a recording, play the song; students will appreciate the rhythms as well as the lyrics.
- Have students work in pairs to think of a movie in which this song might be featured. Pairs should support their decision by giving a movie synopsis and the scene where they think the song should be featured. Have pairs share their ideas with the class.

AP PREPARATION

Informal Writing and Integrated Skills Read the information about **Marta Gómez** with the class. In pairs, discuss the students' favorite groups and talk about what music schools they know about in the U.S. Find out if any of your students intend to study music. Now each one will pretend to be a student at the Berklee College of Music in Boston, writing an e-mail to his or her parents about all the famous people who have studied there. Students should spend ten minutes writing the e-mails in class. Say: **Ahora vamos a imaginar que Marta Gómez estudió en tu escuela. Escribe un mensaje eléctrónico a tus padres en el cual compartes esta información.**

Section Goals

In **Estructura**, students will learn:

- the present subjunctive and its use in noun clauses
- formal, familiar, and **nosotros** commands
- uses of **por** and **para**

Instructional Resources
Cuaderno de práctica, pp. 33–34
Cuaderno para hispanohablantes, pp. 53–54
e-Cuaderno
Supersite: Additional practice
Supersite/TRCD/Print:
PowerPoints (**Lección 4**
Estructura Presentation,
Overheads #28, #29); Audio
Activity Script, Answer Keys
Audio Activity CD

Teaching Tips

- Explain that the subjunctive is a mood and is used more frequently in Spanish than in English. Give them an example in English. Ex: *I wish you were here.*
- Review the video stills and **Expresiones útiles** in the **Fotonovela** section for examples of the subjunctive.
- Preview the material by writing three sentences using the subjunctive of regular –ar, –er, and –ir verbs on the board. Have volunteers circle the subjunctive verb forms and draw conclusions about how their endings differ from the indicative. (Answer: –ar verb endings usually include **e**, whereas –er and –ir verb endings usually include **a**, so they typically use the opposite vowel).

4.1 The subjunctive in noun clauses

Forms of the present subjunctive

- The subjunctive (**el subjuntivo**) is used mainly in multiple clause sentences which express will, influence, emotion, doubt, or denial. The present subjunctive is formed by dropping the –**o** from the **yo** form of the present indicative and adding the subjunctive endings.

The present subjunctive		
hablar	**comer**	**escribir**
hable	coma	escriba
hables	comas	escribas
hable	coma	escriba
hablemos	comamos	escribamos
habléis	comáis	escribáis
hablen	coman	escriban

- Verbs with irregular **yo** forms show that same irregularity throughout the forms of the present subjunctive.

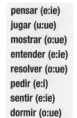

conocer	conozca	seguir	siga
decir	diga	tener	tenga
hacer	haga	traer	traiga
oír	oiga	venir	venga
poner	ponga	ver	vea

- Verbs that have stem changes in the present indicative have the same changes in the present subjunctive. Remember that only –**ir** verbs undergo stem changes in the **nosotros/as** and **vosotros/as** forms.

pensar (e:ie)	piense, pienses, piense, pensemos, penséis, piensen
jugar (u:ue)	juegue, juegues, juegue, juguemos, juguéis, jueguen
mostrar (o:ue)	muestre, muestres, muestre, mostremos, mostréis, muestren
entender (e:ie)	entienda, entiendas, entienda, entendamos, entendáis, entiendan
resolver (o:ue)	resuelva, resuelvas, resuelva, resolvamos, resolváis, resuelvan
pedir (e:i)	pida, pidas, pida, pidamos, pidáis, pidan
sentir (e:ie)	sienta, sientas, sienta, sintamos, sintáis, sientan
dormir (o:ue)	duerma, duermas, duerma, durmamos, durmáis, duerman

- The following five verbs are irregular in the present subjunctive.

dar	dé, des, dé, demos, deis, den
estar	esté, estés, esté, estemos, estéis, estén
ir	vaya, vayas, vaya, vayamos, vayáis, vayan
saber	sepa, sepas, sepa, sepamos, sepáis, sepan
ser	sea, seas, sea, seamos, seáis, sean

¡ATENCIÓN!

The indicative is used to express actions, states, or facts the speaker considers to be certain. The subjunctive expresses the speaker's attitude toward events, as well as actions or states that the speaker views as uncertain.

• • • •

Verbs that end in –**car**, –**gar**, and –**zar** undergo spelling changes in the present subjunctive.

sacar: saque

jugar: juegue

almorzar: almuerce

• • • •

The present subjunctive form of **hay** is **haya**.

No creo que haya una solución.
I don't think there is a solution.

LEARNING STYLES

For Auditory Learners Orally conjugate subjunctive forms of regular –**ar**, –**er**, and –**ir** verbs as a class. Emphasize the pronunciation of these verb endings. Then call on volunteers to conjugate stem-changing verbs, correcting pronunciation as needed.

For Visual Learners Visual learners will benefit from the online practice with the subjunctive by going to **descubre3.vhlcentral.com**.

Verbs of will and influence

- A clause is a group of words that contains both a conjugated verb and a subject (expressed or implied). In a subordinate (dependent) noun clause (**oración subordinada sustantiva**), a group of words function together as a noun.

Quiero que hagas unos cambios en estos diseños.

- When the subject of the main clause of a sentence exerts influence or will on the subject of the subordinate clause, the verb in the subordinate clause must be in the subjunctive.

MAIN CLAUSE	CONNECTOR	SUBORDINATE CLAUSE
Yo quiero	**que**	**tu** vayas **al médico.**

Verbs and expressions of will and influence

aconsejar *to advise*	**gustar** *to like*	**preferir** *to prefer*
desear *to desire;*	**hacer** *to make*	**prohibir** *to prohibit*
to wish	**importar** *to be important*	**proponer** *to propose*
es importante	**insistir (en)** *to insist (on)*	**querer** *to want; to wish*
it's important	**mandar** *to order*	**recomendar**
es necesario	**necesitar** *to need*	*to recommend*
it's necessary	**oponerse a** *to oppose*	**rogar** *to beg; to plead*
es urgente *it's urgent*	**pedir** *to ask for;*	**sugerir** *to suggest*
exigir *to demand*	*to request*	

Necesito que **consigas** estas pastillas en la farmacia.
I need you to get these pills at the pharmacy.

Insisto en que **vayas** a la sala de emergencias.
I insist that you go to the emergency room.

El médico siempre me **recomienda** que **haga** más ejercicio.
The doctor always recommends that I exercise more.

Se oponen a que **salgas** si estás enfermo.
They object to your going out if you're sick.

- The infinitive, not the subjunctive, is used with verbs and expressions of will and influence if there is no change of subject in the sentence.

Quiero **ir** a Bogotá en junio.
I want to go to Bogota in June.

Prefiero que **vayas** en agosto.
I prefer that you go in August.

¡ATENCIÓN!

Pedir is used with the subjunctive to ask someone to do something. **Preguntar** is used to ask questions, and is not followed by the subjunctive.

Teaching Tips
- Explain that subordinate clauses are called *dependent* clauses because their verb forms *depend* on the main clause. A subordinate clause will be in the subjunctive only if the verb or expression in the main clause requires it.
- Emphasize the idea that impersonal expressions are followed by the infinitive unless a new subject is introduced in the dependent clause. In order to use the subjunctive, two different subjects are necessary: one in the main clause and the other in the dependent clause. Examples: **Es importante hacer ejercicio. Es importante que tú hagas ejercicio.**
- Call on volunteers to read the sample sentences on page 135 aloud.

Extra Practice and Technology Connection Go to **descubre3.vhlcentral.com** for extra practice with the subjunctive in noun clauses.

DIFFERENTIATED LEARNING

To Challenge Students Have students change the sample sentences into sentences that use an infinitive instead of a subordinate clause. Ex: **Necesito conseguir estas pastillas en la farmacia**. Ask how the meaning changes in each case.

For Inclusion Explain that the subjunctive is an integral part of communicating in Spanish. Encourage students to create a subjunctive section in the back of their notebooks where they will jot down any important class notes, hints, or examples.

Teaching Tips

- Explain that, while the subjunctive is sometimes used with **quizá(s)** and **tal vez**, it is never used with **a lo mejor** (*maybe, perhaps*).
- Tell students that the subjunctive can be used in sentences beginning with **que** when the main clause is implied. Ex: **(Espero) Que te vaya bien.** See **Estructura 4.2**.
- Explain that, whereas the word *that* is usually optional in English, **que** is required in Spanish.
- Play a subjunctive game with groups of three students. Give each group cards on which are written subjects, verb stems, and verb endings. Group members divide up the cards. You call: **comer, tú**; students hold up **que tú comas; pensar, yo**; students hold up **que yo piense**. The first group to hold up the correct answer wins the point.

Affective Dimension Tell students that the subjunctive can seem tricky at first. Encourage students to practice, but also to be patient and give themselves time to grasp its nuances.

Extra Practice Add cards with expressions like **Es una lástima que**. Say: It's a shame that he is sick. Students hold up, **Es una lástima que (él) esté enfermo**. Continue in this manner.

¡ATENCIÓN!

The subjunctive is also used with expressions of emotion that begin with **¡Qué...** (*What a...!/It's so...!*)

¡Qué pena que él no vaya!
What a shame he's not going!

• • • •

The expression **ojalá** (*I hope; I wish*) is always followed by the subjunctive. The use of **que** with **ojalá** is optional.

Ojalá (que) no llueva.
I hope it doesn't rain.

Ojalá (que) no te enfermes.
I hope you don't get sick.

¡ATENCIÓN!

The subjunctive is also used after **quizá(s)** and **tal vez** (*maybe; perhaps*) when they signal uncertainty, even if there is no change of subject in the sentence.

Quizás vengan a la fiesta.
Maybe they'll come to the party.

recursos

CP
pp. 33–34

CH
pp. 53–54

CA
pp. 10, 70

descubre3.
vhlcentral.com
Lección 4

Verbs of emotion

- When the main clause expresses an emotion like hope, fear, joy, pity, or surprise, the verb in the subordinate clause must be in the subjunctive if its subject is different from that of the main clause.

Espero que te **recuperes** pronto.
I hope you recover quickly.

Qué pena que **necesites** una operación.
What a shame you need an operation.

Verbs and expressions of emotion

alegrarse (de) *to be happy (about)*
es bueno *it's good*
es extraño *it's strange*
es malo *it's bad*
es mejor *it's better*
es ridículo *it's ridiculous*

es terrible *it's terrible*
es una lástima *it's a shame*
es una pena *it's a pity*
esperar *to hope; to wish*
gustar *to like; to be pleasing*

molestar *to bother*
sentir *to be sorry; to regret*
sorprender *to surprise*
temer *to fear*
tener miedo (de) *to be afraid (of)*

- The infinitive, not the subjunctive, is used with verbs and expressions of emotion if there is no change of subject in the sentence.

No me gusta **llegar** tarde.
I don't like to be late.

Es mejor que lo **hagas** ahora.
It's better that you do it now.

Verbs of doubt or denial

- When the main clause implies doubt, uncertainty, or denial, the verb in the subordinate clause must be in the subjunctive if its subject is different from that of the main clause.

No cree que él nos **quiera** engañar.
She doesn't believe that he wants to deceive us.

Dudan que eso **sea** un buen tratamiento.
They doubt that would be a good treatment.

Verbs and expressions of doubt and denial

dudar *to doubt*
es imposible *it's impossible*
es improbable *it's improbable*
es poco seguro *it's uncertain*
(no) es posible *it's (not) possible*
(no) es probable *it's (not) probable*

negar *to deny*
no creer *not to believe*
no es evidente *it's not evident*
no es seguro *it's not certain*
no es verdad/cierto *it's not true*
no estar seguro (de) *not to be sure (of)*

- The infinitive, not the subjunctive, is used with verbs and expressions of doubt or denial if there is no change in the subject of the sentence.

Es imposible **viajar** hoy.
It's impossible to travel today.

Es improbable que él **viaje** hoy.
It's unlikely that he would travel today.

136 *ciento treinta y seis*

Lección 4

LEARNING STYLES

For Kinesthetic Learners Make a set of statements about health and well–being, using impersonal expressions and the subjunctive. Ask students to pretend they are doctors and to give a thumbs-up if they like what they hear and a thumbs-down if they do not. Example: **Es importante que comas cinco frutas y verduras al día.** (thumbs-up)

For Visual Learners Have groups of three write nine sentences using different verbs and expressions and the subjunctive. Ask volunteers to write some of their group's best sentences on the board. Work with the whole class to read the sentences and check for accuracy.

 **Práctica**

1 **Opiniones contrarias** Escribe la oración que expresa lo opuesto en cada ocasión.

> **MODELO** **Dudo que la comida rápida sea buena para la salud.**
> —No dudo que la comida rápida es buena para la salud.

1. Están seguros de que Pedro puede dejar de fumar.
   No están seguros de que Pedro pueda dejar de fumar.
2. Es evidente que estás agotado.
   No es evidente que estés agotado.
3. No creo que las medicinas naturales sean curativas.
   Creo que las medicinas naturales son curativas.
4. Es verdad que la cirujana no quiere operarte.
   No es verdad que la cirujana no quiera operarte.
5. No es seguro que este médico sepa el mejor tratamiento.
   Es seguro que este médico sabe el mejor tratamiento.

2 **Siempre enferma** Últimamente, Ana María se enferma demasiado y sus amigas están preocupadas por ella. Completa la conversación con el infinitivo, el indicativo o el subjuntivo de los verbos entre paréntesis.

MARTA Es una pena que Ana María (1) __esté__ (estar / está / esté) enferma otra vez.

ADRIANA El problema es que no le gusta (2) __tomar__ (tomar / toma / tome) vitaminas. Además, ella casi nunca (3) __come__ (comer / come / coma) verduras.

MARTA Y no creo que Ana María (4) __haga__ (hacer / hace / haga) ejercicio. Yo siempre le (5) __pido__ (pedir / pido / pida) que (6) __venga__ (venir / viene / venga) conmigo al gimnasio, pero ella prefiere (7) __quedarse__ (quedarse / se queda / se quede) en casa.

ADRIANA Y cuando ella se enferma, no (8) __sigue__ (seguir / sigue / siga) los consejos del médico. Si él le recomienda que (9) __permanezca__ (permanecer / permanence / permanezca) en cama, ella dice que no es necesario (10) __descansar__ (descansar/ descansa / descanse). Si él le da una receta, ella ni (11) __compra__ (comprar / compra /compre) las medicinas. ¿Qué vamos a hacer, Marta?

MARTA Es necesario que (12) __hablemos__ (hablar / hablamos / hablemos) con ella. Si no, ¡temo que un día de estos ella nos (13) __llame__ (llamar / llama / llame) para llevarla a la sala de emergencias!

ADRIANA Bueno, creo que (14) __tienes__ (tener / tienes / tengas) razón. ¡Sólo espero que ella nos (15) __escuche__ (escuchar / escucha / escuche)!

3 **Consejos** Adriana y Marta le dan consejos a Ana María. Combina los elementos de cada columna para escribir cinco oraciones completas. No olvides usar el presente del subjuntivo.

> **MODELO** —Te recomendamos que hagas más ejercicio.

aconsejar		comer frutas y verduras
es importante		descansar
es necesario	que	hacer más ejercicio
querer		ir al gimnasio
recomendar		seguir las recomendaciones del médico
sugerir		tomar las medicinas

La salud y el bienestar

Estructura **137**

Práctica

4 **Ojalá** Para muchos, el amor es una enfermedad. El cantante Silvio Rodríguez sugiere en esta canción una cura para el amor.

A. Utiliza el presente del subjuntivo de los verbos entre paréntesis para completar la estrofa *(verse)* de la canción.

> Ojalá que las hojas no te (1) ___toquen___ (tocar) el cuerpo cuando (2) ___caigan___ (caer) para que no las puedas convertir en cristal.
> Ojalá que la lluvia (3) ___deje___ (dejar) de ser milagro que baja por tu cuerpo.
> Ojalá que la luna (4) ___pueda___ (poder) salir sin ti.
> Ojalá que la tierra no te (5) ___bese___ (besar) los pasos.

B. Escribe tu propia estrofa para la canción de Silvio Rodríguez.

1. Ojalá que los sueños _____.
2. Ojalá que la noche _____.
3. Ojalá que la herida _____.
4. Ojalá una persona _____.

5 **El hombre ideal** Roberto está enamorado de Lucía, pero ella no le presta atención. Roberto está dispuesto a hacer cualquier cosa para ganar su amor. Mira el dibujo del hombre ideal de Lucía y escribe cinco recomendaciones para Roberto. Utiliza el presente del subjuntivo.

Roberto

hombre ideal

MODELO	**Es necesario que...**
	Roberto se vista mejor.

1. Le aconsejo que _____.
2. Es importante que _____.
3. Es mejor que _____.
4. Sugiero que _____.
5. Le propongo que _____.

Teaching Tips

4 **Culture Note** Point out that Spanish contains over 2,000 words of Arabic origin. **Ojalá** is one of them and means **si Dios quiere** (*God willing*). It is used when there is a strong desire for something to happen.

4 Have students substitute **ojalá** with other subjunctive phrases that work in context. Ex: **Espero que las hojas no te toquen**...

5 Preview the activity by having students write a personal ad as if they were **Lucía** or **Roberto**. Encourage students to be creative.

5 As an optional writing activity, brainstorm a list of possible problems about which someone might write to an advice columnist. Then have students use the present subjunctive to write a response letter giving advice. Recycle vocabulary from past lessons.

AP PREPARATION

Informal Writing and Speaking Relationships between friends or couples can bring joy or sorrow. Students will describe a real or fictional problem to their group. They will then write a letter of the *Dear Abby* type in which they will describe the problem. The teacher will read the letters, making suggestions for grammatical corrections. Students will rewrite the letters and then exchange them with classmates. Each person should respond to the letter he or she has received. Tell students: **Ahora eres Abi. Vas a contestar la carta, dando por lo menos tres consejos. Empieza con frases como "Es aconsejable que" y "Te sugiero que". Empieza y termina tu carta con saludos apropiados.**

Comunicación

 6 **El doctor Sánchez responde** Los lectores de una revista de salud envían sus consultas al doctor Sánchez. En la columna de la izquierda están las preguntas y, a la derecha, algunas notas del médico para responder a esas preguntas. Trabajen en parejas para decidir qué notas corresponden a cada pregunta. Utilicen las expresiones de la lista. Luego redacten la respuesta para cada lector.

Los lectores preguntan. El Dr. Sánchez responde.

1. Estimado Dr. Sánchez:
   Tengo 55 años y quiero bajar 10 kilos. Mi médico insiste en que mejore mi alimentación. Probé varias dietas, pero no logro bajar de peso. ¿Qué puedo hacer? b
   Ana J.

2. Querido Dr. Sánchez:
   Tengo 38 años y sufro fuertes dolores de espalda (*back*). Trabajo en una oficina y estoy muchas horas sentada. Después de varios análisis, mi médico dijo que todo está bien en mis huesos (*bones*). Me recetó unas pastillas para los músculos, pero no quiero tomar medicinas. ¿Hay otra solución? c
   Isabel M.

3. Dr. Sánchez:
   Siempre me duele mucho el estómago. Soy muy nervioso y no puedo dormir. Mi médico me aconseja que trabaje menos. Pero eso es imposible.
   Andrés S. a

A. No comer con prisa.
   Pasear mucho.
   No tomar café.
   Practicar yoga.

B. Caminar mucho.
   Practicar natación.
   No comer las cuatro "p":
   papas, pastas, pan y postres.
   Tomar dos litros de agua
   por día.

C. No permanecer sentada más
   de dos horas seguidas.
   Hacer cincuenta minutos
   de ejercicio por día.
   Adoptar una buena postura
   al estar sentada.
   Elegir una buena cama.
   Usar una almohada delgada
   y dura.

es importante que	le aconsejo que
es improbable que	le propongo que
es necesario que	le recomiendo que
es poco seguro que	le sugiero que
es urgente que	no es seguro que

7 **Estilos de vida** En parejas, cada uno debe elegir una de estas dos personalidades. Después, dense consejos mutuamente para cambiar su estilo de vida. Utilicen el subjuntivo en la conversación.

1. Voy al gimnasio tres veces al día. Lo más importante en mi vida es mi cuerpo.

2. Me gusta salir por las noches. Trasnocho casi todos los días.

Teaching Tips

6 Have students work in pairs to write a letter to **el doctor Sánchez**. Have them exchange letters and write responses.

6 Ask volunteers to read their letters and answers to the class. Encourage students to concentrate on pronunciation.

7 **Expansion**
Give students additional descriptions. Ex: **3. Odio ir al médico porque me pongo nervioso/a. Me siento mal y no sé qué hacer. 4. Siempre como comida rápida porque es fácil y mucho más barata. 5. Quiero entrenar para un maratón.**

4.2 Commands

Formal (*Ud.* and *Uds.*) commands

• Formal commands (**mandatos**) are used to give orders or advice to people you address as **usted** or **ustedes**. Their forms are identical to the present subjunctive forms for **usted** and **ustedes**.

Formal commands		
Infinitive	**Affirmative command**	**Negative command**
tomar	**tome** Ud.	**no tome** Ud.
	tomen Uds.	**no tomen** Uds.
volver	**vuelva** Ud.	**no vuelva** Ud.
	vuelvan Uds.	**no vuelvan** Uds.
salir	**salga** Ud.	**no salga** Ud.
	salgan Uds.	**no salgan** Uds.

Familiar (*tú*) commands

• Familar commands are used with people you address as **tú**. Affirmative **tú** commands have the same form as the **él, ella**, and **usted** form of the present indicative. Negative **tú** commands have the same form as the **tú** form of the present subjunctive.

Piensa en él como un amigo que tiene siempre razón.

No pienses en mí como tu jefe.

Familiar commands		
Infinitive	**Affirmative command**	**Negative command**
viajar	viaja	no viajes
empezar	empieza	no empieces
pedir	pide	no pidas

• Eight verbs have irregular affirmative **tú** commands. Their negative forms are still the same as the **tú** form of the present subjunctive.

decir	di		salir	sal
hacer	haz	▶	ser	sé
ir	ve		tener	ten
poner	pon		venir	ven

Nosotros/as commands

- **Nosotros/as** commands are used to give orders or suggestions that include yourself as well as other people. In Spanish, **nosotros/as** commands correspond to the English *let's* + [*verb*]. Affirmative and negative **nosotros/as** commands are generally identical to the **nosotros/as** forms of the present subjunctive.

Nosotros/as commands		
Infinitive	**Affirmative command**	**Negative command**
bailar	bailemos	no bailemos
beber	bebamos	no bebamos
abrir	abramos	no abramos

- The **nosotros/as** commands for **ir** and **irse** are irregular: **vamos** and **vámonos**. The negative commands are regular: **no vayamos** and **no nos vayamos.**

Using pronouns with commands

- When object and reflexive pronouns are used with affirmative commands, they are always attached to the verb. When used with negative commands, the pronouns appear after **no** and before the verb.

  Levántense temprano.
  Wake up early.

  No se levanten temprano.
  Don't wake up early.

  Dime todo.
  Tell me everything.

  No me digas.
  Don't tell me.

- When the pronouns **nos** or **se** are attached to an affirmative **nosotros/as** command, the final **s** of the command form is dropped.

  Sentémonos aquí.
  Let's sit here.

  No nos sentemos aquí.
  Let's not sit here.

  Démoselo mañana.
  Let's give it to him tomorrow.

  No se lo demos mañana.
  Let's not give it to him tomorrow.

Indirect (*él, ella, ellos, ellas*) commands

- The construction **que** + [*verb*] in the third-person subjunctive can be used to express indirect commands that correspond to the English *let someone do something*. If the subject of the indirect command is expressed, it usually follows the verb.

  Que pase el siguiente.
  Let the next person pass.

  Que lo haga ella.
  Let her do it.

- As with other uses of the subjunctive, pronouns are never attached to the conjugated verb, regardless of whether the indirect command is affirmative or negative.

  Que se lo den los otros.
  Que lo vuelvan a hacer.

  Que no se lo den.
  Que no lo vuelvan a hacer.

¡ATENCIÓN!

When one or more pronouns are attached to an affirmative command, an accent mark may be necessary to maintain the original stress. This usually happens when the combined verb form has three or more syllables.

decir

di, dile, dímelo

diga, dígale, dígaselo

digamos, digámosle, digámoselo

---

recursos

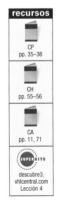

CP
pp. 35–36

CH
pp. 55–56

CA
pp. 11, 71

descubre3.
vhlcentral.com
Lección 4

Teaching Tips
- Indicate that **nosotros/as** commands can also be expressed with **vamos a** + *infinitive.* Ex: **¡Vamos a comer!** *Let's eat!*
- Have auditory learners read through the sample pronouns with commands. Reiterate the importance of the written accent mark for maintaining the original stress in affirmative commands with pronouns.
- Explain that the main clause is implicit in indirect commands. Ex: **[Es necesario] Que pase el siguiente**.

Culture Note Ask students how they might use **nosotros/as** commands when they are out with a group of Spanish speakers, depending on the country. Ex: **¡Visitemos el Zócalo! ¡Vamos al parque del Retiro! ¡Escuchemos a la Tuna en la calle! ¡Probemos las brochetas!**

LEARNING STYLES

For Kinesthetic Learners Brainstorm active vocabulary from past lessons. At random, call out **nosotros/as** commands. All students should perform the appropriate gesture. Keep a brisk pace. Ex: **Hagamos la tarea. Hablemos por teléfono. Estudiemos para el examen. Tomemos el medicamento.**

For Auditory Learners Create sentences with **vamos a** + *infinitive.* After reviewing two or three examples on the board with the class, say a sentence, have students repeat it, and then call on individual students to change it to a **nosotros/as** command form. Ex: **Vamos a entrar en la farmacia. → Entremos en la farmacia.** Continue in the same way with more sentences.

(1) **Mandatos** Cambia estas oraciones para que sean mandatos.

1. Te conviene descansar. <small>Descansa.</small>
2. Deben relajarse. <small>Relájense.</small>
3. Es hora de que usted tome su pastilla. <small>Tome su pastilla.</small>
4. ¿Podría usted describir sus síntomas? <small>Describa sus síntomas.</small>
5. ¿Y si mejoramos nuestra alimentación? <small>Mejoremos nuestra alimentación.</small>
6. ¿Podrías consultar con un especialista? <small>Consulta con un especialista.</small>
7. Ustedes necesitan comer bien. <small>Coman bien.</small>
8. Le pido que se vaya de mi consultorio. <small>Váyase de mi consultorio.</small>

(2) **El cuidado de los dientes**

A. Un dentista visita una escuela para hablar a los estudiantes sobre el cuidado de los dientes. Escribe los consejos que dio el dentista. Usa el imperativo formal de la segunda persona del plural.

1. prevenir las caries (*cavities*) <small>Prevengan las caries.</small>
2. cepillarse los dientes después de cada comida <small>Cepíllense los dientes después de cada comida.</small>
3. no comer dulces <small>No coman dulces.</small>
4. poner poco azúcar en el café o el té <small>Pongan poco azúcar en el café o el té.</small>
5. comer o beber alimentos que tengan calcio <small>Coman o beban alimentos que tengan calcio.</small>
6. consultar al dentista periódicamente <small>Consulten al dentista periódicamente.</small>

B. Un estudiante estuvo ausente el día de la charla con el dentista. Al día siguiente, sus compañeros le contaron sobre la charla y le dieron los mismos consejos. Reescribe los consejos usando el imperativo informal.

(3) **El doctor de Felipito** Felipito es un niño muy inquieto. A cada rato tiene pequeños accidentes. Su doctor decide explicarle cómo evitarlos y cómo cuidar su salud. Utiliza mandatos informales para escribir las indicaciones del médico.

1.   2.   3.

4.   5.   6.

Comunicación

 4 **Que lo hagan ellos** Carlos está tan entretenido con su nuevo videojuego que no quiere hacer nada más. En parejas, preparen una conversación entre Carlos y su madre en la que ella le da mandatos y Carlos sugiere que otras personas la ayuden. Utilicen mandatos indirectos en la conversación.

> **MODELO**
> **MARTA** Limpia tu cuarto, Carlos.
> **CARLOS** Que lo limpie mi hermano. ¡Estoy a punto de alcanzar el próximo nivel!

ayudarme en la cocina	mis amigos
cortar cebollas	mi hermana
pasear al perro	mi hermano
llamar a la abuela	mi padre
ir a la farmacia	tú/Ud.

5 **Hasta el siglo XXII**

A. ¿Qué consejos le darías a un(a) amigo/a para que viva hasta el siglo XXII? En grupos pequeños, escriban ocho recomendaciones utilizando mandatos informales afirmativos y negativos. Sean creativos.

> **MODELO** No tomes mucho café. Toma sólo agua y jugos naturales.

B. Ahora reúnanse con otro grupo y lean las dos listas. ¿En qué se parecen y en qué se diferencian sus recomendaciones?

6 **Anuncios** En grupos, elijan tres de estos productos y escriban un anuncio (*commercial*) de televisión para promocionar cada uno de ellos. Utilicen los mandatos formales para convencer al público de que lo compre.

> **MODELO** El nuevo perfume "Enamorar" de Rita Ferrero le va a encantar. Cómprelo en cualquier perfumería de su ciudad. Pruébelo y…

perfume "Enamorar"	computadora portátil "Digitex"
chocolate sin calorías "Deliz"	crema hidratante "Suave"
raqueta de tenis "Rayo"	todo terreno "4 X 4"
pasta de dientes "Sonrisa Sana"	cámara digital "Flimp"

La salud y el bienestar

Teaching Tips
4 Recycle household vocabulary by adding these chores to the list: **hacer la cama, poner la mesa, lavar las ventanas, pasar la aspiradora**.

5 Have volunteers read their sentences aloud and write the commands on the board in two columns: **mandatos afirmativos** and **mandatos negativos**.

6 Ask groups to read their commercial scripts aloud. Then have the class vote on whether or not they were convinced to buy the product. Call on volunteers from the class to say why they voted as they did.

NATIONAL STANDARDS
Connections: Health/ Physical Education
Encourage students to use information they have learned in their health or physical education classes as they work on **Actividad 5**.

LEARNING STYLES

For Auditory Learners Here are five sentences to use as dictation. Read each twice, pausing after the second time for students to write. **1. Ve al consultorio si te sientes resfriado. 2. Pónganse los abrigos antes de salir de casa. 3. No tomes estas pastillas. 4. Leamos las instrucciones del medicamento. 5. Llame al médico para pedir la receta.**

For Visual Learners Display large pictures around the room. Have students work in pairs to write a short description of each picture. Ex: **La cocina está sucia. No quedan ni platos ni cubiertos limpios. No hay comida en la nevera. Mis amigos y yo tenemos hambre.** Then have students write responses in the form of commands. (**Límpiela. Lávenlos. Compren comida. Hagan la cena.**)

4.3 *Por* and *para*

• **Por** and **para** are both translated as *for*, but they are not interchangeable.

Madrugué para
ir al gimnasio.

Por mucho que
insistan, los tendré
que tirar.

Uses of *para*

Destination *(toward; in the direction of)*	El cirujano sale de su casa **para** la clínica a las ocho. *The surgeon leaves his house at eight to go to the clinic.*
Deadline or a specific time in the future *(by; for)*	El resultado del análisis va a estar listo **para** mañana. *The results of the analysis will be ready by tomorrow.*
Purpose or goal + [*infinitive*] *(in order to)*	El doctor usó un termómetro **para** ver si el niño tenía fiebre. *The doctor used a thermometer to see if the boy had a fever.*
Purpose + [*noun*] *(for; used for)*	El investigador descubrió una cura **para** la enfermedad. *The researcher discovered a cure for the illness.*
Recipient *(for)*	La enfermera preparó la cama **para** doña Ángela. *The nurse prepared a bed for doña Ángela.*
Comparison with others or opinion *(for; considering)*	**Para** su edad, goza de muy buena salud. *For her age, she enjoys very good health.*
	Para mí, lo que tienes es gripe y no un resfriado. *To me, what you have is the flu, not a cold.*
Employment *(for)*	Mi hijo trabaja **para** una empresa farmacéutica. *My son works for a pharmaceutical company.*

Expressions with *para*

no estar para bromas *to be in no mood for jokes*	**para colmo** *to top it all off*
no ser para tanto *to be not so important*	**para que sepas** *just so you know*
	para siempre *forever*

DIFFERENTIATED LEARNING

For Inclusion Have students focus on the most important
uses of **por** and **para.** Ex: **Para** for deadlines, purposes, and
recipients; **por** for *through, on behalf of, means by which,*
and *agency.* At first, all explanations and exercises should be
based on those uses, particularly on the uses of **para.** The finer
distinctions can be emphasized later.

To Challenge Students Assign different pairs of students
reading passages from **Lecciones 1–3.** Tell them to analyze
the use of **para,** identifying the uses explained above.

Para ponerse en forma hay que trabajar duro.

Yo, por ejemplo, trato de comer cosas sanas.

Uses of *por*

Motion or a general location *(along; through; around; by)*	Me quebré la pierna corriendo **por** el parque. *I broke my leg running through the park.*
Duration of an action *(for; during; in)*	Estuvo en cama **por** dos meses. *He was in bed for two months.*
Reason or motive for an action *(because of; on account of; on behalf of)*	Rezó **por** su hijo enfermo. *She prayed for her sick child.*
Object of a search *(for; in search of)*	El enfermero fue **por** un termómetro. *The nurse went for a thermometer.*
Means by which *(by; by way of; by means of)*	Consulté con el doctor **por** teléfono. *I consulted with the doctor by phone.*
Exchange or substitution *(for; in exchange for)*	Cambiamos ese tratamiento **por** uno nuevo. *We changed from that treatment to a new one.*
Unit of measure *(per; by)*	Tengo que tomar las pastillas cinco veces **por** día. *I have to take the pills five times per day.*
Agent (passive voice) *by*	La nueva política de salud pública fue anunciada **por** la prensa. *The new public health policy was announced by the press.*

¡ATENCIÓN!

In many cases it is grammatically correct to use either **por** or **para** in a sentence. However, the meaning of each sentence is different.

Trabajó por su tío.
He worked for (in place of) his uncle.

Trabajó para su tío.
He worked for his uncle('s company).

Expressions with *por*

por ahora *for the time being*	**por lo menos** *at least*
por allí/aquí *around there/here*	**por lo tanto** *therefore*
por casualidad *by chance/accident*	**por lo visto** *apparently*
por cierto *of course; by the way*	**por más/mucho que** *no matter how much*
por ejemplo *for example*	**por otro lado/otra parte** *on the other hand*
por eso *therefore; for that reason*	**por primera vez** *for the first time*
por fin *finally*	**por si acaso** *just in case*
por lo general *in general*	**por supuesto** *of course*

recursos

CP
pp. 37–38

CH
pp. 57–58

CA
pp. 12, 72

SUPERSITE
descubre3.
vhlcentral.com
Lección 4

Práctica

Teaching Tips

① Have students identify the use of **por** or **para** for each item. Tell students that identifying the use of **por** and **para** for each item will take the guesswork out of these prepositions.

② As an optional writing assignment, have students draft a response letter from **Catalina** to **Mateo**, using **por** and **para** at least three times each. Make certain that students have the correct answers for the activity before beginning their own letter.

③ For additional practice, tell students to add at least two more verbs and nouns to the list. Call on volunteers to write their answers on the board. Review the uses of **por** and **para** for each sentence.

• Hand out a brief article in Spanish from a newspaper, magazine, or the Internet. Have students work in groups to read the paragraph together, find the words **por** and **para** in the text, and determine the reason for the words' use in each instance. Afterward, check the answers as a class.

---

① **Otra manera** Lee la primera oración y completa la segunda versión con **por** o **para**.

1. Mateo pasó el verano en Colombia con su abuela.
   Mateo fue a Colombia ___para___ visitar a su abuela.

2. Ella estaba enferma y quería la compañía de su nieto.
   Ella estaba enferma; ___por___ eso, Mateo decidió ir.

3. La familia le envió muchos regalos a la abuela.
   La famila envió muchos regalos ___para___ la abuela.

4. La abuela se alegró mucho de la visita de Mateo.
   La abuela se puso muy feliz ___por___ la visita de Mateo.

5. Mateo pasó tres meses allá.
   Mateo estuvo en Colombia ___por___ tres meses.

Cartagena, Colombia

② **Carta de amor** Completa la carta con **por** y **para**.

> Mi amada Catalina:
>
> (1) ___Por___ fin encuentro un momento (2) ___para___ escribirte. Es que mi abuela me tiene a su lado (3) ___por___ horas y horas cada día, contándome historias de su niñez aquí en Cartagena. Poquito a poco va recuperándose, pero no sé de dónde saca tantas fuerzas (4) ___para___ hablar. Pero estoy aquí sólo (5) ___por/para___ ella, así que no me quejo de nada. En las tardes ella descansa y yo suelo caminar (6) ___por___ la playa y, (7) ___por___ supuesto, pienso en ti…
>
> Hoy mi abuelita me pidió llamar (8) ___por___ teléfono a la clínica, pues le duele mucho el estómago y cree que es (9) ___por___ las otras medicinas que le recetó el cirujano. Mientras tío Javi la lleva a la clínica, yo iré al centro (10) ___para___ hacer unas compras. Ya sé lo que voy a comprar (11) ___para___ ti.
>
> ☺ Ya pronto nos veremos…
>
> Te amaré (12) ___para/por___ siempre…
>
> Mateo

③ **Oraciones** Utiliza palabras de cada columna para formar oraciones lógicas.

MODELO   Mi hermana preparó una cena especial para la fiesta.

caminar		él
comprar		la fiesta
jugar	por	mi mamá
hacer	para	su hermana
preparar		el parque

DIFFERENTIATED LEARNING

For Inclusion Encourage students to create a mnemonic device, like a story or a chant, in order to remember the different uses of **por** and **para**. Ex: **Vine por la tarde y busqué por el parque, por el río y por el centro. Viajé por carro, por tren y por avión.** Then do the same for **para**.

To Challenge Students Have students create a television advertisement for a new health food product using **por** and **para**. Students should describe the item, tell why the customer should buy it, and say how much it costs.

Comunicación

4 Soluciones En parejas, comenten cuáles son las mejores maneras de lograr los objetivos de la lista. Sigan el modelo y utilicen **por** y **para**.

> **MODELO** —Para tener buena salud, lo mejor es comer cinco frutas o verduras por día porque tienen muchas vitaminas.

concentrarse al estudiar	relajarse
divertirse	ser famoso/a
hacer muchos amigos	ser organizado/a
mantenerse en forma	tener buena salud

5 Conversación En parejas, elijan una de las situaciones y escriban una conversación. Utilicen **por** y **para** y algunas de las expresiones de la lista.

A. Don Horacio, tu vecino millonario, está escribiendo la versión final de su testamento (*will*). Él no tiene herederos y quiere dejar toda su fortuna a una sola persona. Está pensando en ti y en el alcalde (*mayor*) del pueblo. Convence a don Horacio de que te deje toda su fortuna a ti y no al alcalde.

B. Todo el verano has trabajo en una librería local y no has tomado ni un día libre. Habla con tu jefe/a y dile que quieres tomarte unas vacaciones de dos semanas antes de regresar a las clases. Tu jefe/a dice que no necesitas tomarte vacaciones y te da algunas razones. Explícale tus razones.

no es para tanto	por casualidad	por lo menos
para colmo	por eso	por lo tanto
para siempre	por fin	por supuesto

6 Síntesis En grupos de cuatro, miren la foto e inventen una conversación que incluya a todos los miembros de la familia. Deben usar por lo menos tres verbos en el subjuntivo, tres mandatos y tres expresiones con por o para. Dramaticen la conversación para el resto de la clase.

For additional cumulative practice of all the grammar points in this lesson, go to **descubre3.vhlcentral.com**.

Teaching Tips

4 Have students share their responses with the class. Tell them also to identify the uses of **por** and **para** in their sentences.

5 Call on pairs to act out their dialogues for situations A and B in front of the class. Give students five minutes to run through their dialogues and work through any pronunciation problems. Encourage the rest of the class to offer alternative ways to convince the **vecino** or **jefe/a**.

6 Have students create three columns on a sheet of paper: **subjuntivo, imperativo,** and **por/para**. While each group performs its scene, have the rest of the students take notes in the correct column—writing the verb form they hear or **por/para**. Then have volunteers write the sentences or phrases they heard on the board.

LEARNING STYLES

For Kinesthetic Learners Get students out of their seats. Hand each student a strip of paper on which you have written one of the uses of **por** or **para,** or a sentence that is an example of one of the uses. Have students circulate around the room until they find the person who has the match for their use or sentence. After everyone has found a partner, pairs should read their sentences and uses aloud.

For Visual Learners Have students make two flashcards. On one they write **por** and on the other, they write **para**. Call out one of the uses for either word. Students show the appropriate card. Then call on a volunteer to write a sentence illustrating that use on the board. The class determines whether the sentence is grammatically accurate.

Antes de ver el corto

ÉRAMOS POCOS

país España

duración 16 minutos

director Borja Cobeaga

protagonistas Joaquín (padre), Fernando (hijo), Lourdes (abuela)

Vocabulario

el álbum (de fotos) *(photo) album*	**enseguida** *right away*
apañar *to mend; to fix*	**largarse** *to take off*
apañarse *to manage*	**el marco** *frame*
el asilo (de ancianos) *nursing home*	**la paella** *(Esp.) traditional rice and seafood dish*
descalzo/a *barefoot*	**la tortilla** *(Esp.) potato omelet*
el desorden *mess*	**el trastero** *storage room*

1 Oraciones incompletas Completa las oraciones con las palabras apropiadas.

1. Pones las fotos en un ___marco___ para colocarlas en la pared.
2. Te vas a vivir a un ___asilo___ cuando eres un anciano.
3. Guardas los muebles antiguos en un ___trastero___.
4. Cuando no llevas zapatos, vas ___descalzo/descalza___.
5. La ___tortilla___ es un plato que se cocina con huevos y patatas.

2 Preguntas En parejas, contesten las preguntas.

1. ¿Crees que los hombres ayudan en las tareas del hogar más que hace unos años?
2. ¿Conoces a alguna mujer que sea ama de casa? ¿Le gusta serlo?
3. ¿Cuáles son las ventajas y las desventajas de vivir en un asilo o vivir con la familia cuando una persona es anciana? ¿Qué vas a preferir tú: vivir en un asilo o vivir con la familia? ¿Por qué?
4. ¿Crees que la situación de los ancianos va a mejorar dentro de unos años? ¿Por qué?

3 ¿Qué sucederá? En parejas, miren el fotograma e imaginen lo que va a ocurrir en la historia. Compartan sus ideas con la clase.

Section Goals

In **Cinemateca**, students will:
- watch the short film *Éramos pocos*
- practice listening for vocabulary and structures learned in this lesson

Instructional Resources
Supersite/DVD: Film Collection
Supersite/TRCD: *Cortometraje* Transcript & Translation

Teaching Tips

1 **Expansion** Ask students if they have ever tried **paella** or a Spanish **tortilla**. If any students have traveled to Spain, ask them to share any thoughts or stories involving Spanish food.

2 For item 1, have students share how their family approaches housework.

3 Once students have watched the film, ask them if they were correct in their predictions.

NATIONAL STANDARDS
Community For item 3 of **Actividad 2**, have heritage speakers discuss nursing homes versus living with the family in their culture of origin. Have other students discuss their own families' or culture's approach to dealing with this issue.

CRITICAL THINKING

Knowledge and Comprehension Give students additional cultural context for the short film. Explain that in Spain, the number of elderly is increasing while the birth rate is decreasing. As a class, discuss what issues might arise due to these trends.

Comprehension and Application Before showing the film, explain to students that they do not need to understand every word they hear. Tell them to rely on visual cues and to listen for cognates and words from **Vocabulario**.

Teaching Tips

- **Preview** Tell students that the **cortometraje** features characters ranging in age from young to very old, and that their ages are very important to the plot.
- Ask students to name other movies about relationships between young and older people. (Possible answers: *Lord of the Rings, Home Alone, About Schmidt, About a Boy*)

Culture Note Tell students that because this film is from Spain, they will hear the **vosotros** form of verbs. Remind them that it is the plural of **tú**. Also say that the accent is such that **z, ce**, and **ci** are pronounced similarly to the *th* sound in the word *think*.

Comprehension and Analysis Discuss how young people and the elderly in the U.S. perceive each other in daily life. Discuss whether these perceptions are depicted in movies and, if so, explain how these perceptions are conveyed, based on films students have seen.

Synthesis Issues surrounding ageism are increasingly common in many parts of the world, as the percentage of middle-aged and elderly people grows compared with the number of young people. Working in groups, propose a plan to foster inter-generational understanding, such as plans that already exist to promote understanding between ethnic groups, between people who do not have health issues and those who do, etc.

Video Synopsis A father and his son are incapable of taking care of housework. When the wife leaves and does not return, they decide to bring Grandma back from the nursing home so she will cook and clean for them.

Video Synopsis A father and his son are incapable of taking care of housework. When the wife leaves and does not return, they decide to bring Grandma back from the nursing home so she will cook and clean for them.

Previewing Strategy In pairs, ask students to cover the captions and look only at the photos. Have them invent their own captions based on the video stills.

Escenas

ARGUMENTO Tras ser abandonado por su mujer, Fernando decide traer a su suegra a casa para que haga las labores del hogar.

FERNANDO ¿Por qué estás descalzo?
JOAQUÍN Porque no encuentro mis zapatillas.
FERNANDO ¿Y estás seguro de que se ha ido sin más°?
JOAQUÍN Eso parece.

JOAQUÍN Cuánto tiempo sin verte.
LOURDES Mucho tiempo.
JOAQUÍN Mira papá, es la abuela.
LOURDES Hola.
JOAQUÍN Hola, soy tu yerno Joaquín. No sé si te acuerdas de mí.

LOURDES ¿Y mi habitación?
JOAQUÍN Esto se arregla en un momento. Desde que te fuiste usamos este cuarto como un trastero, pero en seguida lo apañamos. ¡Fernando!
LOURDES No te preocupes, no pasa nada.
JOAQUÍN ¡Fernando!

JOAQUÍN Creo que se ha dado cuenta. Que sabe a qué la hemos traído.
FERNANDO ¿Qué dices?
JOAQUÍN ¿No la notas demasiado... contenta?

ABUELA ¿Qué? ¿No coméis?
JOAQUÍN Que te diga esto a lo mejor te parece desproporcionado, Lourdes. Pero es que Julia lleva mucho tiempo de viaje.
FERNANDO Mucho, mucho.
JOAQUÍN No sabes lo que esta tortilla significa para nosotros.

JOAQUÍN Julia, soy yo. No me cuelgues°, ¿eh? Es importante. Es sobre tu madre. Ya sé que fui yo el que insistió en meterla en un asilo pero ahora está aquí, con nosotros. Es para pedirte perdón y para que veas que puedo cambiar.

sin más *just like that* **cuelgues** *hang up*

CRITICAL THINKING

Application and Analysis Working in small groups, students write a summary of the events of the video in their own words. Have groups share their summaries with the class.

Synthesis and Evaluation Students divide a sheet of paper into two columns, and title one column **Llevarse bien** and the other **No llevarse bien**. Watch the **cortometraje** a second time and, in the two columns, list the words and actions that reveal something about the relationships between and among the characters. Discuss the notes and analyze the benefits and disadvantages of the new arrangement for each character.

Después de ver el corto

1 Comprensión Contesta las preguntas con oraciones completas.

 1. ¿Dónde está Julia?
Julia se ha ido de casa.
2. ¿Qué ha pasado con las zapatillas de Joaquín?
Julia tiró las zapatillas por la ventana.
3. ¿Por qué van a recoger a la abuela?
Van a recoger a la abuela para que ayude en la casa.
4. ¿Por qué cree Joaquín que la abuela se ha dado cuenta del plan?
Joaquín cree que la abuela se ha dado cuenta del plan porque ella está demasiado contenta.
5. ¿Para qué llama Joaquín a su mujer?
Joaquín llama a su mujer para pedirle perdón y decirle que ha cambiado.
6. ¿Qué le dice su mujer?
Le dice que ella está con su madre.
7. ¿Para qué mira Joaquín el álbum de fotos?
Para ver si la mujer que está en su casa es Lourdes.
8. ¿Qué descubre Joaquín?
Joaquín descubre que la mujer que vive con ellos no es Lourdes.

2 Ampliación Contesta las preguntas.

1. ¿Por qué piensas que Joaquín y Fernando son incapaces de vivir sin una mujer?
2. Según Joaquín, ¿por qué es importante la tortilla?
3. ¿Por qué está tan contenta Lourdes a pesar de trabajar tanto?
4. ¿Por qué crees que Joaquín no dice que la mujer no es su suegra?
5. ¿Qué opinas del final del corto? ¿Te parece que los personajes se están engañando unos a otros o se están ayudando? ¿Por qué?
6. ¿Cómo se relaciona el título con lo que sucede en el corto?

3 Julia En parejas, imaginen cómo es la esposa de Joaquín y cómo es su vida.

- ¿Cómo es?
- ¿Por qué se fue de casa?
- ¿Dónde está ahora?
- ¿Crees que sigue haciendo las labores del hogar?
- ¿Volverá con su familia?

 4 Salud mental Imaginen que un día Julia llama a su hijo para explicarle por qué se fue. Según ella, era necesario para su salud mental y su bienestar. Piensen en estas preguntas y ensayen la conversación telefónica entre Fernando y Julia. Represéntenla delante de la clase.

- ¿Está Fernando de acuerdo con la explicación de su madre?
- ¿Perdona Fernando a su madre?
- ¿Le importa realmente que su madre se haya ido?
- ¿Está arrepentida Julia?
- ¿Estaba realmente enferma Julia cuando se fue de la casa?

5 Cartas Elige una de estas dos situaciones y escribe una carta.

1. Eres la anciana que se hace pasar por Lourdes y decides escribirle una carta a tu verdadera familia explicando por qué te fuiste del asilo con otra familia.
2. Eres un(a) anciano/a que acaba de irse a un asilo. Escribe una carta a tu familia describiendo qué cosas extrañas de vivir en casa y qué te gusta acerca del asilo.

Teaching Tips

2 Ask additional questions about the film. Ex: **¿Crees que Lourdes sabía desde el primer momento que Joaquín y Fernando no eran su yerno y su nieto, o sólo se dio cuenta más tarde? ¿Está bien engañar a otras personas si al hacerlo las estamos ayudando? Explica tus respuestas.**

2 For item 6, see what students come up with on their own. Then explain that the title of the film comes from the saying **Éramos pocos y parió la abuela**. Explain that this saying roughly translates as *As if we didn't have enough problems* or *That was the last straw*. It describes a difficult situation that becomes even more complicated. Ask: **¿Crees que este título refleja bien el contenido del cortometraje? ¿Cómo?**

- When discussing mental health, be sure to keep the conversation on general terms. Avoid asking personal questions about this topic.

CRITICAL THINKING

Synthesis Write a series of sentences about the plot on strips of paper. Then have volunteers draw sentences and put them in chronological order. For kinesthetic learners, have students stand up and arrange themselves so they are standing with the sentences in chronological order.

Evaluation Brainstorm a list of themes evident in the short film. Then divide the class into small groups and have them discuss the themes, drawing from their own experiences. Example: **¿Crees que evadir un problema es una forma de solucionarlo?**

Section Goals

In **Lecturas,** students will:

• read about **Ángeles Mastretta,** then read her *Mujeres de ojos grandes*

• learn about the indigenous Chimila people in Colombia and **La Expedición Humana** researchers' use of science to treat a skin disease

---

Instructional Resources

Cuaderno de práctica, p. 39
Cuaderno para hispanohablantes, pp. 59–62
Supersite: Additional practice

Teaching Tips

• Call on a volunteer to read the **Isabel Allende** quote aloud. Remind students that she is a popular Chilean author. (See **Lección 1, DESCUBRE 3.**) Then ask: **Según esta cita, ¿crees que Allende es optimista o pesimista? ¿Por qué?**

• Tell students to look at the artwork. Ask: **¿Qué está pensando la persona de este cuadro? ¿Qué significado puede tener la planta?**

Vegetal Life, 1984.
Hector Giuffre. Argentina.

"Cuando sientes que la mano de la muerte se posa sobre el hombro, la vida se ve iluminada de otra manera…"

— Isabel Allende

CRITICAL THINKING

Analysis Have students list a variety of themes they see in the Hector Giuffre painting, Ex: life, death, solitude, peace. Once students have read *Mujeres de ojos grandes,* have them connect the story's themes to the themes they listed in the painting. This activity will help students to reflect on the story and revise their interpretation of the plot and characters.

Evaluation Have students take another look at the picture by Hector Giuffre. Ask: **¿Para ti este cuadro representa una imagen femenina? ¿Cuáles son los elementos que sugieren vida? ¿Y muerte?**

Antes de leer

Mujeres de ojos grandes

Sobre la autora

Ángeles Mastretta nació en Puebla, México, en 1949. Estudió periodismo y colaboró en periódicos y revistas: "Escribía de todo: de política, de mujeres, de niños, de lo que veía, de lo que sentía, de literatura, de cultura, de guerra". Su primer libro fue de poemas: *La pájara pinta* (1978), pero *Arráncame la vida* (1985), su primera novela, le dio fama y reconocimiento. En su obra se destaca el pensamiento femenino. *Mujeres de ojos grandes* está compuesto de relatos sobre mujeres que muestran "el poder que tienen en sus cosas y el poder que tienen para hacer con sus vidas lo que quieran, aunque no lo demuestren. Son mujeres poderosas que se saben poderosas pero no lo ostentan (*boast*)".

Vocabulario

el adelanto *improvement*	**el/la enfermero/a** *nurse*	**el ombligo** *navel*
la aguja *needle*	**el hallazgo** *finding; discovery*	**la pena** *sorrow*
la cordura *sanity*	**la insensatez** *folly*	**el regocijo** *joy*
desafiante *challenging*	**latir** *to beat*	**la terapia intensiva** *intensive care*

La historia de Julio Completa el párrafo con las palabras apropiadas.

Julio prefería una vida (1) ___desafiante___ que no lo aburriera. Sin embargo al perder todo por la caída de la bolsa (*stock exchange*), Julio —siempre una persona tan sensata— perdió la (2) ___cordura___. Después de unos meses, los síntomas desaparecieron para gran (3) ___regocijo___ de la familia. Sin embargo, pensar en su trabajo lo llenaba de (4) ___pena/___ ___insensatez___ y en su corazón latía el deseo de hacer algo nuevo. Tan agradecido estaba con los médicos que decidió estudiar para ser (5) ___enfermero___.

Conexión personal

Cuando te sientes enfermo, ¿intentas curarte por tus propios medios? ¿Alguna vez estuviste en un hospital? ¿Confías en la medicina tradicional o has probado la medicina alternativa? ¿Crees que la ciencia puede resolverlo todo?

Análisis literario: el símil o comparación

El símil o comparación es un recurso literario que consiste en comparar una cosa con otra por su semejanza, parecido o relación. De esa manera, se logra mayor expresividad. Implica el uso del término comparativo explícito: **como**. Por ejemplo: "*ojos* grandes **como** *lunas*". Crea algunas comparaciones con estos pares de palabras o inventa tus propias comparaciones: muerte/noche, rostro/fantasma, mejillas/manzanas, hombre/ratón, lugar/cementerio.

CRITICAL THINKING

Comprehension Read **Mastretta's** quote about the female characters in her stories: "...el poder que tienen en sus cosas y el poder que tienen para hacer con sus vidas lo que quieran, aunque no lo demuestren. Son mujeres poderosas que se saben poderosas pero no lo ostentan." As a class, discuss why it is important that the women she describes do not boast about their power.

Analysis Have students think about their favorite authors. Ask: **¿Quién es tu autor(a) preferido/a? ¿Por qué te gusta su estilo? ¿Cómo describe las cosas? ¿Utiliza mucho el símil y la comparación?**

Teaching Tips

Teaching Tips
- Explain to students that the name **Jose**, without an accent and stressed on the first syllable (**Jo**), is sometimes a woman's name. It is short for **Josefina**.
- Call on a volunteer to read the first paragraph aloud. Have students identify the similes and metaphors.

Mujeres de ojos grandes

Último cuento; sin título

Ángeles Mastretta

Tía Jose Rivadeneira tuvo una hija con los ojos grandes como dos lunas, como un deseo. Apenas colocada en su abrazo, todavía húmeda y vacilante°, la niña mostró los ojos y algo en las alas° de sus labios que parecía pregunta.

—¿Qué quieres saber? —le dijo tía Jose jugando a que entendía ese gesto.

Como todas las madres, tía Jose pensó que no había en la historia del mundo una criatura tan hermosa como la suya. La deslumbraban° el color de su piel, el tamaño de sus pestañas° y la placidez con que dormía. Temblaba de orgullo imaginando lo que haría con la sangre y las quimeras° que latían en su cuerpo.

Se dedicó a contemplarla con altivez° y regocijo durante más de tres semanas. Entonces la inexpugnable° vida hizo caer sobre la niña una enfermedad que en cinco horas convirtió su extraordinaria viveza° en un sueño extenuado° y remoto° que parecía llevársela de regreso a la muerte.

Cuando todos sus talentos curativos no lograron mejoría alguna, tía Jose, pálida de terror, la cargó hasta el hospital. Ahí se la quitaron de los brazos y una docena de médicos y enfermeras empezaron a moverse agitados y confundidos en torno a la niña. Tía Jose la vio irse tras una puerta que le prohibía la entrada y se dejó caer al suelo incapaz de cargar consigo misma y con aquel dolor como un acantilado°.

Ahí la encontró su marido, que era un hombre sensato y prudente como los hombres acostumbran fingir° que son. La ayudó a levantarse y la regañó° por su falta de cordura y esperanza. Su marido confiaba en la ciencia

Margin glosses: hesitating · wings · dazzled · eyelashes · fancy ideas · arrogance; pride · impregnable · liveliness · exhausted/remote; far off · cliff · to feign · scolded

AP PREPARATION

Comparative Literature and Formal Writing Read and discuss with students the story *Mujeres de ojos grandes*. In groups, have them discuss post-reading activities that are in the text. Give them a copy of the poem *Yo no tengo soledad* by **Gabriela Mistral**. Have them research the lives of **Mistral** and **Mastretta**. Assign the following formal essay to be done in class. Tell

students: **Escriban 200 palabras sobre este tema: Analicen la importancia de un hijo en la vida de su madre. Comparen y contrasten el tratamiento de este tema en las dos obras que hemos leído. Intenten usar el vocabulario que hemos aprendido sobre las comparaciones y los términos literarios.**

médica y hablaba de ella como otros hablan de
Dios. Por eso lo turbaba° la insensatez en que
se había colocado su mujer, incapaz de hacer
otra cosa que llorar y maldecir° al destino.

Aislaron a la niña en una sala de terapia
intensiva. Un lugar blanco y limpio al que las
madres sólo podían entrar media hora diaria.
Entonces se llenaba de
oraciones y ruegos. Todas
las mujeres persignaban°
el rostro de sus hijos, les
recorrían el cuerpo con
estampas y agua bendita°,
pedían a todo Dios que los
dejara vivos. La tía Jose
no conseguía sino llegar
junto a la cuna° donde su
hija apenas respiraba para
pedirle: "no te mueras".
Después lloraba y lloraba
sin secarse los ojos ni
moverse hasta que las
enfermeras le avisaban
que debía salir.

Entonces volvía a
sentarse en las bancas
cercanas a la puerta,
con la cabeza sobre las
piernas, sin hambre
y sin voz, rencorosa°
y arisca°, ferviente° y desesperada. ¿Qué
podía hacer? ¿Por qué tenía que vivir su
hija? ¿Qué sería bueno ofrecerle a su cuerpo
pequeño lleno de agujas y sondas° para
que le interesara quedarse en este mundo?
¿Qué podría decirle para convencerla de
que valía la pena hacer el esfuerzo en vez
de morirse?

Una mañana, sin saber la causa, iluminada
sólo por los fantasmas de su corazón, se
le acercó a la niña y empezó a contarle las
historias de sus antepasadas°. Quiénes habían
sido, qué mujeres tejieron° sus vidas con qué
hombres antes de que la boca y el ombligo
de su hija se anudaran° a ella. De qué estaban
hechas, cuántos trabajos°
habían pasado, qué penas
y jolgorios° traía ella
como herencia. Quiénes
sembraron con intrepidez°
y fantasías la vida que le
tocaba prolongar.

Durante muchos
días recordó, imaginó,
inventó. Cada minuto
de cada hora disponible
habló sin tregua° en
el oído de su hija. Por
fin, al atardecer de un
jueves, mientras contaba
implacable alguna historia,
su hija abrió los ojos y la
miró ávida° y desafiante,
como sería el resto de su
larga existencia.

El marido de tía
Jose dio las gracias a los
médicos, los médicos
dieron gracias a los adelantos de su ciencia,
la tía abrazó a su niña y salió del hospital sin
decir una palabra. Sólo ella sabía a quiénes
agradecer la vida de su hija. Sólo ella supo
siempre que ninguna ciencia fue capaz
de mover tanto, como la escondida en los
ásperos° y sutiles° hallazgos de otras mujeres
con los ojos grandes. ∎

Glosses (left margin):
turbed; embarrassed 40
to damn; to curse
crossed
holy
cradle 55
spiteful
churlish/fervent
probes; catheters

Glosses (right margin):
ancestors
wove 80
tied
hardships
boisterous frolic 85
bravery
relentlessly
avid, eager 100
rough; harsh /subtle

Line numbers (left): 45, 50, 60, 65, 70, 75
Line numbers (right): 90, 95, 105, 110

Teaching Tips
• As students read the story, have them take notes about **Jose's** thoughts and feelings as her daughter's condition progresses. Then have them work in small groups to compare notes.

NATIONAL STANDARDS
Community Many hospitals offer Spanish-language services and information to patients and their families. Have students research this and report to the class. What are some of the helping professions in which knowledge of Spanish would be helpful?

CRITICAL THINKING

Comprehension In order to guide students' understanding of the story, have them write one or two sentences about each of the following elements: narrator, characters, setting, and tone.

Synthesis Have students read the text through line 53. Before reading the final part of the story, ask them to predict what will happen. Tell them to draw on details from the story in order to formulate their predictions.

Mujeres de ojos grandes
Ángeles Mastretta

1 Comprensión Contesta las siguientes preguntas con oraciones completas.

 1. ¿Quiénes son los personajes de este relato?
Los personajes son la tía Jose, su marido y su hija.

2. ¿Tía Jose lleva inmediatamente a su hija al hospital?
No. Sólo cuando sus talentos curativos no logran mejoría, tía Jose la lleva al hospital.

3. ¿Qué piensa el marido de la ciencia de los médicos y del comportamiento de su esposa?
El marido confía en la ciencia médica y lo turba la insensatez de su esposa que está desesperada.

4. ¿Qué historias le cuenta tía Jose a su hija? ¿Son todas reales?
Tía Jose le cuenta historias de sus antepasadas. No todas son reales porque también imagina e inventa.

5. Para el padre de la niña, ¿qué o quién le salvó la vida? ¿Y para tía Jose?
Para el padre, los médicos y la ciencia salvaron a su hija. Para tía Jose fueron las historias sobre las mujeres que ella le contó.

2 Análisis Lee el relato nuevamente y contesta las preguntas.

1. Los ojos de la hija de tía Jose son "grandes como dos lunas, como un deseo". ¿Por qué se eligen estos dos términos para la comparación? ¿Puedes encontrar otras comparaciones en el cuento?

2. La expresión "las alas de sus labios" es un recurso ya analizado. ¿Cómo se llama?

3. En el hospital, la niña es llevada lejos de su madre, "tras una puerta que le prohibía la entrada". ¿A qué lugar se refiere?

4. Tía Jose comienza a contarle historias a su hija "iluminada por los fantasmas de su corazón". Reflexiona: ¿los fantasmas se asocian con la luz o con la oscuridad? ¿A quiénes se refiere la palabra "fantasmas" en el relato?

3 Interpretación En parejas, respondan las preguntas.

1. El personaje de la tía Jose pierde la voz ante la enfermedad de su hija. ¿Cómo recupera la voz y por qué?

2. La hija de tía Jose tiene ojos grandes al igual que las mujeres de los relatos que le cuenta su madre. ¿Qué creen que simboliza esto?

3. El padre agradece a los médicos por haber salvado a la niña; los médicos agradecen a la ciencia. ¿Por qué tía Jose "salió del hospital sin decir una palabra"?

4. ¿Qué creen que salvó la vida de la niña? ¿Conocen algún caso de recuperación asombrosa en la vida real?

4 Debate Formen dos grupos: uno debe hacer una lista de los argumentos que usó el marido de tía Jose para tranquilizarla en el hospital; el otro grupo debe imaginar cuáles eran las razones de las mujeres que rezaban (*prayed*) para sanar a sus hijos. Cuando hayan terminado la lista, organicen un debate para discutir las alternativas defendiendo el argumento que les tocó y señalando las debilidades del argumento contrario.

5 Historias Redacta una de las historias que la tía Jose le contó a su hija. Utiliza algunos de los usos de **por** y **para**. Incluye por lo menos dos comparaciones.

CRITICAL THINKING

Application Ask students to give their interpretations of the end of the story. Then relate the story to students' own experiences. Ex: **¿Qué crees que le salvó la vida a la niña? ¿Conoces algún caso de una recuperación asombrosa en la vida real?**

Evaluation Ask students to compare and contrast **Jose** and her husband. Tell them to make inferences about how her husband would have reacted to the child's recovery based on details from the story.

Antes de leer

Vocabulario

afligir *to afflict*	**el/la investigador(a)** *researcher*
descubrir *to discover*	**la lesión** *wound*
la dolencia *illness; condition*	**la población** *population*
la genética *genetics*	**el pueblo** *people*
el/la indígena *indigenous person*	**recetar** *to prescribe*

Oraciones incompletas Completa las oraciones con la palabra apropiada. No repitas palabras.

1. La diversidad cultural de Latinoamérica es un efecto del contacto entre múltiples ___pueblos/indígenas___.

2. La ___genética___ es la ciencia que estudia la herencia de las enfermedades.

3. La ___investigadora___ de este laboratorio trabaja para ___descubrir___ un tratamiento nuevo para el cáncer.

4. Cuando los españoles llegaron a Suramérica se encontraron con los ___indígenas/pueblos___ que estaban allí.

5. Los doctores trabajan para curar las ___dolencias/lesiones___ que ___afligen___ a los enfermos.

6. Debido a la epidemia, toda la ___población___ debe ponerse la vacuna.

Conexión personal ¿Puedes pensar en alguna enfermedad o dolencia que afecta a tu comunidad o a un grupo que conoces? ¿Ha recibido la comunidad alguna ayuda?

Contexto cultural

Situada en una zona de tránsito entre Norteamérica y Suramérica, Colombia presenta un lugar ideal para la convergencia de múltiples culturas. La mayoría de los habitantes son mestizos, es decir, descendientes de europeos y amerindios. Hay también más de diez millones de afrocolombianos —casi el veinte por ciento de la nación entera— y una población indígena que cuenta con más de 700.000 mil habitantes. De esta diversidad étnica han surgido (*arisen*) costumbres variadas, una riquísima tradición musical y la multiplicidad lingüística. El lenguaje oficial del país es el español, pero todavía se hablan más de sesenta lenguas indígenas.

Teaching Tips
- **Variación léxica**
  la lesión → la herida
- For **Conexión personal**, continue the discussion with related questions. Ex: **Aparte del tratamiento médico, ¿de qué manera se puede ayudar a una persona que está enferma?**
- For **Contexto cultural**, ask heritage speakers if they are familiar with any indigenous populations from their families' home countries. If so, discuss how this population enriches the national culture. Include the rest of the class by asking about any social issues they know about that have arisen as a result of the interaction of two cultures.

Culture Note To give students context, remind them that Latin American countries are former colonies and typically have a history of slavery from Africa.

CRITICAL THINKING

Synthesis As an optional assignment, have students choose a Latin American country and research the different indigenous and ethnic communities there. Encourage them to make a presentation, including a map and important facts (population, language, brief history).

Evaluation In groups, students discuss circumstances that have brought settlers to the Americas—both Latin America and the U.S.—throughout the years. Name some contributions the various groups, both indigenous and newcomers, have made. Have there been negative effects in the past? Have newcomers continued to arrive throughout the Americas since colonial times?

La ciencia: la nueva arma en una guerra antigua

1 Famoso por su talento especial con el arco y la flecha°, el pueblo   *bow and arrow*
indígena Chimila tiene una historia larga de rebelión y resistencia
contra los españoles de la época colonial. Estos valientes guerreros°   *warriors*
formaron una sorprendente potencia militar que parecía imposible
5 de conquistar. Ahora, en nuestra época, los indígenas Chimila hacen
guerra a° unos enemigos muy distintos: la pobreza, la falta de recursos°   *wage war against /lack of resources*
médicos y enfermedades endémicas sin solución.

CRITICAL THINKING

Comprehension Call on a volunteer to read the title. Discuss the idea of science as a weapon against poverty and disease. Ask students what other elements are important in achieving a higher standard of public health (volunteers, investment in research).

Evaluation After a close reading of the first paragraph, have students predict what kinds of challenges the Chimila face as a result of their poverty and limited medical resources.

Teaching Tips
• Have students scan the activities in **Después de leer** before reading the passage.
• Tell students to summarize each paragraph as they read.

allies/fight

Por fortuna, tienen aliados° en su lucha°. La Expedición Humana es una organización tries 10 que identifica y trata° de resolver los afflict problemas que afligen° particularmente a las comunidades indígenas y afrocolombianas.

En los últimos quince años, varios grupos de la Expedición Humana se han integrado with the aim of 15 en numerosas comunidades con el fin de° determinar sus verdaderas necesidades. De esta manera, los investigadores han descubierto° discovered que los Chimila tienen una incidencia sorprendentemente alta de una enfermedad a chronic skin 20 dermatológica llamada prurigo actínico°. Esta disorder enfermedad ataca a varios grupos indígenas en toda Latinoamérica y se considera incurable. appears Aparece° normalmente en niños pequeños wounds en forma de lesiones° y, en situaciones 25 graves, puede afectar los ojos y la vista. A pesar de su potencial gravedad, el prurigo actínico ha recibido muy poca atención por parte de la comunidad médica mundial.

Al estudiar el caso desde muchos ángulos, 30 el equipo de la Expedición Humana encontró sources información en varias fuentes° interesantes, pre-Columbian incluyendo los artefactos precolombinos°. De las cerámicas con dibujos de enfermos que dug up desenterraron° los arqueólogos, aprendieron 35 que problemas similares han afectado a las poblaciones colombianas desde hace 2.500 años. Los investigadores sabían que la exposición al sol provoca la aparición del prurigo actínico, pero tenían muchas 40 preguntas. ¿Por qué afecta especialmente a ciertas comunidades? En una población como los indígenas Chimila, ¿por qué aflige sólo a ciertas personas? ¿Qué tienen en común estos pacientes?

45 Los científicos decidieron explorar la base genética de la enfermedad. Después de años de investigación, el equipo de la Expedición Humana confirmó que existe una predisposición genética que, en combinación

con la exposición al sol, causa las lesiones. 50 Gracias a la cooperación de los Chimila en los estudios, los investigadores pudieron desarrollar tratamientos° más efectivos que to develop utilizan medicamentos con menos efectos treatments secundarios que los que habitualmente 55 recetaban° los médicos. Estos medicamentos prescribed alternativos, asimismo, son de fácil adquisición y de bajo costo.

Según los Centros para el Control y la Prevención de Enfermedades° del 60 Centers for gobierno de los Estados Unidos, la mayoría Disease Control de las dolencias más comunes son el and Prevention resultado de la interacción entre genes y (CDC) ciertos factores medioambientales°. Los environmental estudios que ha realizado la Expedición 65 Humana son un modelo de cooperación entre personas de diferentes comunidades y de integración de muchas maneras de investigar. Nos ofrecen un ejemplo a imitar en la gran batalla° contra las enfermedades 70 battle del mundo. ◼

Detalles de la investigación

- El prurigo actínico afecta principalmente a poblaciones indígenas y mestizas de países como México, Guatemala, Honduras, Colombia, Perú, Bolivia y el norte de Argentina, así como Canadá y Estados Unidos.

- Entre 704 habitantes de la comunidad Chimila, se diagnosticaron 56 casos.

- Fundada por el Instituto de Genética Humana de la Pontificia Universidad Javeriana de Bogotá, la Expedición Humana reúne a profesores, científicos y estudiantes con el propósito de servir a los pueblos colombianos que viven aislados de la capital y que tradicionalmente están menos representados en los estudios científicos del país.

- En la etapa llamada la Gran Expedición Humana (1992-3), los investigadores realizaron 17 viajes en los que participaron 320 personas, que visitaron 35 comunidades y atendieron alrededor de 8.000 pacientes en los lugares más apartados de Colombia.

CRITICAL THINKING

Application As students read, have them consider their previous knowledge of other impoverished groups and the diseases affecting them. Possible answers include malnutrition, tuberculosis, and AIDS. What are the similarities and differences between those groups and the Chimila? What measures can wealthier countries take to aid these areas?

Synthesis Call on volunteers to write on the board different statistics from the reading. Then ask students if any of these facts are surprising to them. Ask them why they were surprised.

Después de leer

La ciencia: nueva arma en una guerra antigua

(1) Comprensión Responde a las preguntas con oraciones completas.

1. ¿Contra quiénes lucharon los Chimila durante la época colonial?
   Lucharon contra los españoles.
2. ¿Qué han descubierto los investigadores de la Expedición Humana?
   Los investigadores han descubierto que los Chimila tienen una incidencia sorprendentemente alta de prurigo actínico.
3. ¿Qué es el prurigo actínico?
   El prurigo actínico es una enfermedad dermatológica.
4. ¿Ha recibido el prurigo actínico mucha atención por parte de la comunidad
   médica mundial? No. Ha recibido muy poca atención.
5. ¿Qué descubrimiento por parte de unos arqueólogos ayudó a la Expedición
   Humana? Los arqueólogos desenterraron cerámicas con dibujos de enfermos.
6. ¿Qué decidieron explorar los científicos de la Expedición Humana?
   Los científicos decidieron explorar la base genética de la enfermedad.

(2) Interpretación Contesta las preguntas con oraciones completas.

1. ¿Cuál es la fama de los indígenas Chimila?
   Los indígenas Chimila tienen fama de valientes guerreros.
2. ¿Cuáles son algunos de los problemas que afectan al pueblo Chimila?
   Algunos de los problemas son la pobreza, la falta de recursos médicos y enfermedades endémicas.
3. ¿Por qué es importante el desarrollo de nuevos tratamientos?
   Es importante buscar tratamientos más efectivos, con menos efectos secundarios y de bajo costo.
4. ¿Cuáles son los dos factores principales relacionados con la aparición de
   la enfermedad? Los dos factores principales son la predisposición genética y la exposición al sol.
5. ¿Cuál es el objetivo de la Expedición Humana? El objetivo es servir a los pueblos colombianos que
   viven en lugares apartados y suelen tener poca representación en los estudios científicos.
6. Según la perspectiva de los Centros para el Control y la Prevención de
   Enfermedades, ¿es el prurigo actínico una enfermedad inusual? Explica
   tu respuesta. No. Se produce por la misma combinación de factores que muchas enfermedades comunes.

(3) Los peligros del sol En parejas, imaginen que son médicos y que están hablando con un grupo de niños que no comprenden los peligros de la exposición al sol. ¿Qué preguntas deben hacerles? ¿Qué consejos pueden darles? Usen el imperativo para los consejos.

(4) Debate Considerando el dinero y el tiempo que se necesitan para curar o combatir una enfermedad como el prurigo actínico, ¿es aceptable utilizar gran cantidad de recursos para investigar los productos de belleza? Divídanse en grupos de cuatro para debatir el tema. Compartan sus conclusiones con la clase.

(5) Opiniones Uno de los objetivos de la Expedición Humana es ayudar a comunidades particulares. En tu opinión, ¿es bueno que una universidad gaste dinero en la investigación de una enfermedad poco estudiada aunque afecte a pocas personas? O bien, ¿es más importante que los científicos piensen en los problemas de la mayor parte de la población? Utilizando expresiones con el subjuntivo, describe en tres párrafos lo que piensas de los objetivos de la Expedición Humana y defiende tu posición.

MODELO No pienso que sea una buena idea gastar tanto dinero en investigar enfermedades que afectan a pocas personas./Creo que es fundamental que la Expedición Humana trabaje para ayudar a comunidades pequeñas con pocos recursos económicos.

recursos

CP
p. 39

CH
pp. 59–62

Teaching Tips

(1) To help gauge students' comprehension of the text, have them write a one-paragraph summary of the article.

(3) Have students create a public service announcement about the dangers of sun exposure. Encourage them to use the subjunctive in noun clauses in the ad.

(4) Prepare the debate by brainstorming potential criteria: **el número de personas afectadas por la enfermedad, la gravedad de la enfermedad.**

(5) Variation Have students write a letter to the head of **Expedición Humana** expressing his or her opinion on the matter. You may wish to review how to open and close a formal letter with the class.

CRITICAL THINKING

Synthesis Have students work in pairs. One student should role-play a representative of the **Expedición Humana**. The other should imagine he or she is a news reporter interviewing the representative to talk about the Chimila people. Give pairs 15 minutes to prepare their dialogue and then perform it for the class. Encourage students to prepare index cards with notes to guide them along.

Comprehension If some students had trouble understanding the text the first time through, tell them to reread it on their own. Encourage them not to get flustered by words they do not know. Have them rely on cognates and familiar words to help them work through the passage.

Atando cabos

¡A conversar!

La nueva cafetería Trabajen en grupos de cuatro. Imaginen que son consultores/as contratados/as por una escuela para diseñar una nueva cafetería que cumpla con los objetivos del recuadro. Presenten su plan a la clase.

Objetivos de la nueva cafetería

- brindar a los estudiantes un espacio para socializar y relajarse
- ofrecer una selección de alimentos que sea atractiva pero que al mismo tiempo sea saludable y lo más natural posible
- informar a los estudiantes acerca de temas relacionados con la salud, la alimentación y el bienestar a través de afiches y otros elementos visuales

¡A escribir!

Un decálogo Imagina que eres un(a) médico/a. Sigue el **Plan de redacción** para escribir un decálogo en el que das diez consejos generales a tus pacientes para que lleven una vida sana.

Plan de redacción

Preparación: Prepara un esquema (*outline*) con los diez consejos más importantes.

Título: Elige un título para el decálogo.

Contenido: Escribe los diez consejos. Utiliza el subjuntivo o el imperativo en todos los consejos. Puedes incluir la siguiente información.

- qué alimentos se deben comer y cuáles se deben evitar
- cuántas comidas se deben tomar al día
- horas que se deben dormir
- hábitos que se deben evitar

Cuídese:

1. Haga ejercicio tres veces a la semana como mínimo.
2. Es importante que no consuma muchas grasas.
3. Es esencial que...

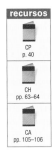

recursos

CP
p. 40

CH
pp. 63–64

CA
pp. 105–106

Instructional Resources
Cuaderno de práctica, p. 40
Cuaderno para hispanohablantes, pp. 63–64
Cuaderno de actividades, pp. 105–106

Teaching Tips
¡A conversar!

- Encourage students to use examples from their own school.
- Have students research statistics or facts about student health on the Internet.
- Review vocabulary about food as a class.
- Encourage students to make a list of healthy foods they would offer at the cafeteria.
- Students should also discuss the possible challenges of creating a new cafeteria (budget, space, student appeal).

¡A escribir!

- In addition to the list of ten **consejos**, have students also create a list of **posibles riesgos** if the advice is not followed. Ex: **Haga ejercicio tres veces a la semana como mínimo. Posible riesgo si no hace ejercicio: Es posible que engorde o tenga la tensión alta.**

NATIONAL STANDARDS
Connections: Health/ Physical Education Have students research healthful foods to recommend for the new cafeteria in the activity. For example, they might want to obtain from the U.S. government or from other sources the Spanish version of the food pyramid that gives recommended types of foods to eat daily.

CRITICAL THINKING

Synthesis For additional practice with the lesson themes, have students work in small groups to create surveys for their classmates to complete. The surveys can deal with daily habits, health attitudes, cultural knowledge about public health, etc. Encourage students to be creative and use new vocabulary and grammar.

Evaluation Students debate the topic of **El por qué de una vida sana**. One group defends the necessity for fast food, lack of sleep, etc., in order to meet all the demands on today's teenager. Ex: getting good grades, playing sports, working or helping at home, spending time with friends. The other group defends the advice given by the doctor in **¡A escribir!**

Los síntomas y las enfermedades

la depresión	depression
la enfermedad	disease; illness
la gripe	flu
la herida	injury
el malestar	discomfort
la obesidad	obesity
el resfriado	cold
la respiración	breathing
la tensión (alta/baja)	(high/low) blood pressure
la tos	cough
el virus	virus
contagiarse	to become infected
desmayarse	to faint
empeorar	to deteriorate; to get worse
enfermarse	to get sick
estar resfriado/a	to have a cold
lastimarse	to get hurt
permanecer	to remain; to last
ponerse bien/mal	to get well/sick
sufrir (de)	to suffer (from)
tener buen/mal aspecto	to look healthy/sick
tener fiebre	to have a fever
toser	to cough
trasnochar	to stay up all night
agotado/a	exhausted
inflamado/a	inflamed
mareado/a	dizzy

Los médicos y el hospital

la cirugía	surgery
el/la cirujano/a	surgeon
la consulta	doctor's appointment
el consultorio	doctor's office
la operación	operation
los primeros auxilios	first aid
la sala de emergencias	emergency room

Las medicinas y los tratamientos

la aspirina	aspirin
el calmante	painkiller; tranquilizer
el jarabe	syrup
la pastilla	pill
la receta	prescription
el tratamiento	treatment
la vacuna	vaccine
la venda	bandage
el yeso	cast
curarse	to heal; to be cured
poner una inyección	to give a shot
recuperarse	to recover
sanar	to heal
tratar	to treat
curativo/a	healing

La salud y el bienestar

la alimentación	diet (nutrition)
la autoestima	self-esteem
el bienestar	well-being
el estado de ánimo	mood
la salud	health
adelgazar	to lose weight
dejar de fumar	to quit smoking
descansar	to rest
engordar	to gain weight
estar a dieta	to be on a diet
mejorar	to improve
prevenir	to prevent
relajarse	to relax
sano/a	healthy

Más vocabulario

Expresiones útiles	Ver p. 127
Estructura	Ver pp. 134–136, 140–141 y 144–145

Cinemateca

el álbum (de fotos)	(photo) album
el asilo (de ancianos)	nursing home
el desorden	mess
el marco	frame
la paella	(Esp.) traditional rice and seafood dish
la tortilla	(Esp.) potato omelet
el trastero	storage room
apañar	to mend; to fix
apañarse	to manage
largarse	to take off
enseguida	right away
descalzo/a	barefoot

Literatura

el adelanto	improvement
la aguja	needle
la cordura	sanity
el/la enfermero/a	nurse
el hallazgo	finding; discovery
la insensatez	folly
el ombligo	navel
la pena	sorrow
el regocijo	joy
la terapia intensiva	intensive care
latir	to beat
desafiante	challenging

Cultura

la dolencia	illness; condition
la genética	genetics
el/la indígena	indigenous person
el/la investigador(a)	researcher
la lesión	wound
la población	population
el pueblo	people
afligir	to afflict
descubrir	to discover
recetar	to prescribe

Los viajes

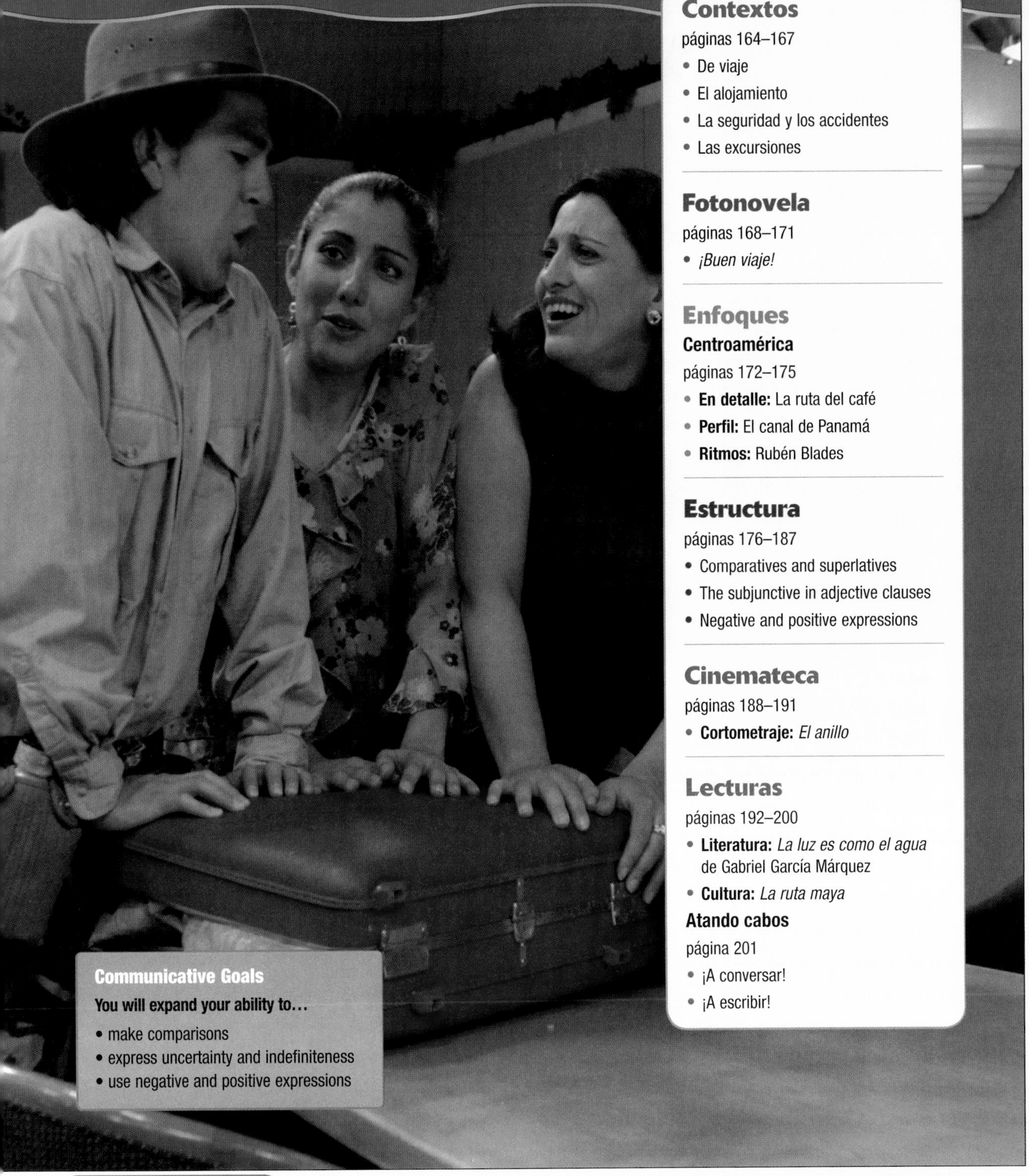

Communicative Goals

You will expand your ability to...

- make comparisons
- express uncertainty and indefiniteness
- use negative and positive expressions

5

Lesson Goals

In **Lección 5**, students will be introduced to the following:

- vocabulary relating to trips, lodging, security and accidents, and touring
- **la Ruta del Café** and the spread of vegetables indigenous to Central America
- Panama Canal and travel vocabulary related to specific countries
- musician **Rubén Blades**
- comparatives and superlatives
- the subjunctive in adjective clauses
- negative and positive expressions
- short film *El anillo*
- **Gabriel García Márquez, el realismo mágico**, and short story *La luz es como el agua*
- **la ruta maya**

A primera vista Have students look at the photo. Ask:

1. **¿Ibas de vacaciones con tu familia cuando eras niño/a?**
2. **¿Qué tipo de viajes te gusta hacer?**
3. **¿Cuál fue tu viaje preferido? ¿Por qué?**

INSTRUCTIONAL RESOURCES

Student Materials
Cuaderno de práctica, Cuaderno para hispanohablantes, Cuaderno de actividades
Student MAESTRO™ Supersite
(descubre3.vhlcentral.com)
MAESTRO™ e-Cuaderno

Teacher's Resource CD-ROM and in print
*AnswerKeys, Audioscripts, Videoscripts
*PowerPoints
Testing Program (**Pruebas,** Test Generator, MP3 Audio Files)
Vista Higher Learning *Cancionero*
*Also available on Supersite

Teacher's MAESTRO™ Supersite
(descubre3.vhlcentral.com)
Learning Management System (Assignment Task Manager, Gradebook)
Also on DVD
Fotonovela, Flash cultura, **Film Collection**

Los viajes

De viaje

Para sus vacaciones, Cecilia y Juan **hicieron un viaje** al Caribe. El último día decidieron descansar en la piscina antes de **hacer las maletas**. Se durmieron... ¡y **perdieron el vuelo**! De todos modos, no querían **regresar**.

la bienvenida *welcome*
la despedida *farewell*
el destino *destination*
el itinerario *itinerary*
la llegada *arrival*
el pasaje (de ida y vuelta) *round trip ticket*
el pasaporte *passport*
la temporada alta/baja *high/low season*
el/la viajero/a *traveler*

hacer las maletas *to pack*
hacer un viaje *to take a trip*
ir(se) de vacaciones *to take a vacation*
perder (e:ie) (el vuelo) *to miss (the flight)*
regresar *to return*

a bordo *on board*
retrasado/a *delayed*
vencido/a *expired*
vigente *valid*

El alojamiento

el albergue *hostel*
el alojamiento *lodging*
la habitación individual/doble *single/double room*
la recepción *front desk*
el servicio de habitación *room service*

alojarse *to stay*
cancelar *to cancel*
estar lleno/a *to be full*
quedarse *to stay*
reservar *to reserve*

de buena categoría *high quality*
incluido/a *included*
recomendable *recommendable; advisable*

La seguridad y los accidentes

el accidente (automovilístico) *(car) accident*
el/la agente de aduanas *customs agent*
el aviso *notice; warning*
el cinturón de seguridad *seatbelt*
el congestionamiento *traffic jam*
las medidas de seguridad *security measures*
la seguridad *safety; security*
el seguro *insurance*

ponerse/quitarse (el cinturón) *to fasten/to unfasten (the seatbelt)*
reducir (la velocidad) *to reduce (speed)*

peligroso/a *dangerous*
prohibido/a *prohibited*

Después de **recorrer** el Canal de Panamá, el **crucero navegó** hasta **Puerto** Limón, donde los viajeros pudieron disfrutar de dos días de **ecoturismo** en Costa Rica.

la aventura *adventure*
el/la aventurero/a *adventurer*
la brújula *compass*
el buceo *scuba diving*
el campamento *campground*
el crucero *cruise ship*
el (eco)turismo *(eco)tourism*
la excursión *excursion; tour*
la frontera *border*
el/la guía turístico/a *tour guide*
la isla *island*

las olas *waves*
el puerto *port*
las ruinas *ruins*
la selva *jungle*
el/la turista *tourist*
_____
navegar *to sail*
recorrer *to go across; to travel*
_____
lejano/a *distant*
turístico/a *tourist (adj.)*

recursos

CP
pp. 41–42

CH
pp. 65–66

CA
p. 75

SUPERSITE
descubre3.
vhlcentral.com
Lección 5

Los viajes

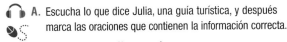

Práctica

1 **Escuchar**

A. Escucha lo que dice Julia, una guía turística, y después marca las oraciones que contienen la información correcta.

1. a. Los turistas llegaron hace una semana.
   b. La guía turística les da la bienvenida. *(b marcada)*

2. a. Los turistas se van a alojar en un campamento. *(a marcada)*
   b. Los turistas van a ir a un albergue.

3. a. El destino es una isla.
   b. El destino es la selva. *(b marcada)*

4. a. Les van a dar el itinerario mañana. *(a marcada)*
   b. El itinerario se lo darán la semana que viene.

B. Dos aventureros se separaron del grupo y tuvieron problemas. Escucha la conversación telefónica entre Mariano y el agente de viajes, y después contesta las preguntas.

1. ¿Qué les ha pasado a Mariano y a su novia?
   Mariano y su novia han tenido un choque de carro.
2. ¿Adónde iban ellos cuando tuvieron el accidente?
   Ellos iban a visitar unas ruinas.
3. ¿Tienen que pagar mucho por los médicos?
   No. El seguro estaba incluido en el precio del viaje.
4. ¿Qué ha decidido la pareja?
   La pareja ha decidido cancelar el resto del viaje.

2 **Adivinanzas** Completa las palabras con la ayuda de las definiciones y de las letras que se dan.

1. documento necesario para ir a otro país
2. las forma el movimiento del agua del mar
3. vacaciones a bordo de un barco
4. instrumento que ayuda a saber dónde está el Polo Norte
5. línea que separa dos países
6. lugar del hotel donde te dan las llaves de la habitación

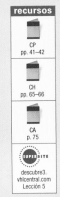

p a s a p o r t e
o l a s
c r u c e r o
b r ú j u l a
f r o n t e r a
r e c e p c i ó n

(A) Audio Script
Primero, les quiero dar la bienvenida a todos y darles las gracias por visitar nuestro país. Ahora los vamos a llevar en autobús al campamento donde se van a alojar durante los próximos días. El campamento, como saben, está en la selva. A su llegada al destino, les servirán el almuerzo, y después van a hacer una pequeña excursión para que conozcan la zona. Es recomendable que lleven pantalones largos y camisa de manga larga para protegerse de los insectos y del cambio de temperatura. El itinerario de toda la semana se lo damos mañana. Sólo me queda desearles un feliz viaje y que disfruten de la aventura.

(B) Audio Script
MARIANO Verá, lo que ocurrió fue que mi novia y yo íbamos a visitar unas ruinas de la zona y entonces tuvimos un accidente de carro.
AGENTE ¿Un accidente? ¿Están bien? ¿Han ido al médico?
MARIANO Sí, estamos bien, no se preocupe. Habíamos alquilado un carro y tuvimos un choque contra un árbol. Yo estoy bien, pero mi novia se ha roto una pierna. Hemos decidido cancelar el resto del viaje. Por eso lo llamo.
AGENTE ¿Han ido a la policía?
MARIANO Por supuesto. Yo fui responsable del accidente. Había un aviso que decía que teníamos que reducir la velocidad, pero no lo vi. La ruta por la que íbamos era un poco peligrosa. Pero ya le digo, estamos bien.

DIFFERENTIATED LEARNING

Heritage Speakers Ask heritage speakers to talk about any trips they have taken to their families' home countries. Encourage classmates to ask questions using vocabulary from **Contextos**. If time permits, have heritage speakers bring in photos to share with the class. If classmates have traveled to any Spanish-speaking countries, have them share their experiences using travel vocabulary they may have heard there.

For Inclusion In order to aid students' comprehension for **Actividad 1**, have students read the questions before listening to the conversation. This will help students focus their listening and catch words or phrases they otherwise might have missed.

3 **Oraciones incompletas** Completa las oraciones con las palabras apropiadas de **Contextos**.

1. Si vas a estar solo en el hotel, tomas una habitación ___individual___.

2. Cuando hay muchos coches en la calle al mismo tiempo, se producen ___congestionamientos___.

3. Los barcos, cuando llegan a tierra, se amarran (*dock*) en los ___puertos___.

4. Si vas a viajar a otro país, tienes que comprobar que tu pasaporte no esté ___vencido___.

5. El deporte que se practica debajo del agua del mar es el ___buceo___.

4 **Planes** Haz los cambios que sean necesarios para completar la conversación.

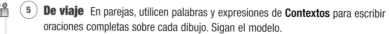

a bordo	navegar	reservar
lleno	recorrer	retrasado

MAR ¿Qué quieres hacer hoy? ¿Quieres ir al crucero que (1) ___recorre___ las islas de la zona?

PEDRO ¿No hay que llamar antes para (2) ___reservar___ las plazas (*seats*)?

MAR No creo que el barco esté (3) ___lleno___. Espera, llamo por teléfono…

MAR ¡Tenemos suerte! El barco está (4) ___retrasado___, ahora sale a las diez y media. Tenemos que estar (5) ___a bordo___ a las diez. ¡En marcha!

PEDRO Perfecto, me gusta la idea. Hoy es un buen día para (6) ___navegar___.

5 **De viaje** En parejas, utilicen palabras y expresiones de **Contextos** para escribir oraciones completas sobre cada dibujo. Sigan el modelo.

MODELO Primero Eva hizo las maletas. Metió camisetas, un traje de baño y…

1.

2.

3.

4.

5.

6.

(B) Audio Script (continued)

AGENTE ¿Saben ustedes que el seguro está incluido en el precio del viaje?

MARIANO Sí, no hemos tenido ningún tipo de problema. Nuestra guía, Julia, nos ayudó con todo, y lo llamo simplemente porque hemos decidido regresar a casa lo antes posible y queremos ver cuándo sale el primer avión.

AGENTE Un momento, por favor, ahora voy a ver si podemos cambiar la fecha de regreso en su pasaje de ida y vuelta. Creo que los podemos ayudar.

Teaching Tips

3 Help students put the vocabulary words in context. Have pairs write three additional fill-in-the-blank sentences and read them aloud. Call on volunteers to provide the correct answers.

4 **Expansion** Have students write a continuation of **Mar** and **Pedro's** conversation, using lesson vocabulary.

5 Ask students to close their books, and project Overhead #37. Have them work with the same partner to restate other pairs' descriptions of each scene.

5 For slower-paced classes, provide a word bank: **agente de aduanas, despedida, hacer las maletas, isla, pasaje de ida y vuelta, ponerse el cinturón.**

NATIONAL STANDARDS

Community If there are travel agencies in your area that cater to Spanish speakers, you might ask them for brochures about their travel packages and the various destinations they recommend to their clients. Have students use this information as they work in groups to plan an imaginary trip for the class.

LEARNING STYLES

For Visual Learners Write several nouns from **Contextos** on index cards. On another set of cards, draw or paste pictures to match each term. Tape them face down on the board in random order. Divide the class into two teams and have students match words and pictures. When a match is made, that player's team collects those cards. When pairs have been matched, the team with the most cards wins.

For Auditory Learners Use the following sentences for dictation. **1. Aunque salimos temprano para el aeropuerto, perdimos el vuelo por el congestionamiento. 2. Mi madre prefiere quedarse en un hotel de buena categoría. 3. El precio de los pasajes sube mucho durante la temporada alta. 4. Hay que mostrar el pasaporte en la frontera.** Assess informally via a whole-class correction of the dictation.

Comunicación

6 **Problemas** En parejas, representen una de estas situaciones. Den detalles, excusas y razones y traten de buscar una solución al problema. Luego representen la situación para el resto de la clase.

1. **ESTUDIANTE 1** Eres un(a) huésped en un hotel que está muy sucio. No te gusta el servicio de habitación y además hace demasiado calor en tu cuarto.

   ESTUDIANTE 2 Tu tío te ha dejado a cargo de su hotel. No sabes qué hacer. Es temporada alta y, como el hotel está lleno, tienes mucho que hacer.

2. **ESTUDIANTE 1** Eres un(a) agente del gobierno apostado/a (*assigned to*) en la frontera. Nadie puede cruzar sin su pasaporte.

   ESTUDIANTE 2 Después de viajar por muchas horas, llegas con tu hermano/a a la frontera. Aunque traes identificación, olvidaste tu pasaporte.

3. **ESTUDIANTE 1** Ibas manejando y has tenido un accidente. Te bajas del carro para hablar con el/la otro/a conductor(a). No tienes los papeles del seguro.

   ESTUDIANTE 2 Ibas manejando y has tenido un accidente. No llevabas el cinturón de seguridad puesto y te has roto una pierna.

7 **¡Bienvenidos!**

A. En grupos de cuatro, imaginen que trabajan en la Secretaría de Turismo de su ciudad. Tienen que organizar una visita turística de tres días. Conversen sobre las preguntas de la lista y luego preparen un itinerario detallado para los turistas.

- ¿Quiénes son los/las turistas y a qué aeropuerto/puerto/estación llegan?
- ¿En qué hotel se alojan?
- ¿Qué excursiones pueden hacer?
- ¿Hay lugares exóticos para visitar?
- ¿Adónde pueden ir con un guía turístico?
- ¿Pueden navegar en algún mar/río?
- ¿Hay algún museo/parque/edificio para visitar?
- ¿Pueden practicar algún deporte?

Tres días en Antigua Guatemala

B. Ahora reúnanse con otro grupo y túrnense para explicar sus itinerarios. Un grupo representa a los empleados de la Secretaría de Turismo y el otro a los turistas. Háganse preguntas específicas.

Teaching Tips

6 Give students this additional situation. **Estudiante 1: Llegas al aeropuerto y te das cuenta de que dejaste los pasajes en casa. Estudiante 2: Trabajas para una nueva línea aérea que tiene buenas ofertas de última hora.**

7 Have students answer logistical questions as well, such as: **¿Necesitas pasaporte y visa? ¿Cuánto dinero debes llevar para la visita?**

7 **Expansion** Have students write ads for places they have visited. You may want to have them look at tourist websites on the Internet for ideas.

NATIONAL STANDARDS
Community As part of **Actividad 7**, ask students to include contacts with the local Hispanic community as part of the trip. What organizations or sites of interest would students include?

Section Goals

In **Fotonovela**, students will:
- practice listening to authentic dialogue
- learn functional phrases for making comparisons, and positive and negative expressions

Instructional Resources
Cuaderno de actividades, pp. 39–40
e-Cuaderno
Supersite/DVD: *Fotonovela*
Supersite/TRCD/Print:
Fotonovela Videoscript & Translation, Answer Keys

Video Synopsis
- **Fabiola** and **Éric** compare passports for their trip to Venezuela.
- **Éric** arrives dressed like Indiana Jones.
- **Fabiola** reminds **Éric** that they are traveling to write a story on ecotourism.
- **Diana** and **Aguayo** wrap **Éric's** suitcase in adhesive tape with the passport inside.

Teaching Tips
Preview Have students read the dialogue in class and take note of any travel-related words or expressions. Review numbers and telling time before showing the video.

- Before viewing the video episode, have pairs of students make a list of things some might say when preparing for a trip.

---

⑤ FOTONOVELA

SUPERSITE

Fabiola y Éric se preparan para un viaje de ecoturismo a la selva amazónica.

recursos
CA
pp. 39–40

DIANA Aquí están los boletos para Venezuela, la guía de la selva amazónica y los pasaportes… Después les doy la información del hotel.

ÉRIC Gracias.

FABIOLA Gracias.

ÉRIC ¿Me dejas ver tu pasaporte?

FABIOLA No me gusta como estoy en la foto. Me hicieron esperar tanto que salí con cara de enojo.

ÉRIC No te preocupes… Ésa es la cara que vas a poner cuando estés en la selva.

DIANA Es necesario que memoricen esto. A ver, repitan: tenemos que salir por la puerta 12.

FABIOLA, ÉRIC Y JOHNNY Tenemos que salir por la puerta 12.

DIANA El autobús del hotel nos va a recoger a las 8:30.

FABIOLA Y ÉRIC El autobús del hotel nos va a recoger a las 8:30.

ÉRIC Sí, pero en el Amazonas, Fabiola. ¡Amazonas!

MARIELA Es tan arriesgado que van a tener un guía turístico y el alojamiento más lujoso de la selva.

ÉRIC Mientras ella escribe su artículo en la seguridad del hotel, yo voy a estar explorando y tomando fotos. Debo estar protegido.

FABIOLA Según parece, de lo único que debes estar protegido es de ti mismo.

Juegan que están en la selva.

JOHNNY *(con la cara pintada)* ¿Cuál es el chiste? Los soldados llevan rayas… Lo he visto en las películas.

ÉRIC Intentémoslo nuevamente.

JOHNNY Esta vez soy un puma que te ataca desde un árbol.

ÉRIC Mejor.

Antes de despedirse, Éric guarda cosas en su maleta.

AGUAYO Por la seguridad de todos creo que debes dejar tu machete, Éric.

ÉRIC ¿Por qué debo dejarlo? Es un machete de mentiras.

DIANA Pero te puede traer problemas reales.

AGUAYO Todos en la selva te lo van a agradecer.

Lección 5

LEARNING STYLES

For Visual Learners Ask students to read the title, glance at the video stills, and predict what the episode will be about. Record their predictions. After students have watched the video, review the predictions and ask which ones were correct.

For Auditory Learners Photocopy the videoscript, and white-out words related to travel. Distribute the scripts to pairs or groups to complete as cloze paragraphs as they watch the video. This activity will support students' understanding of the episode.

Personajes

 AGUAYO

 DIANA

 ÉRIC

 FABIOLA

 JOHNNY

MARIELA

4

5

DIANA El último número que deben recordar es cuarenta y ocho dólares con cincuenta centavos.

FABIOLA Y ÉRIC Cuarenta y ocho dólares con cincuenta centavos.

JOHNNY Y ese último número, ¿para qué es?

DIANA Es lo que van a tener que pagar por llegar en taxi al hotel si olvidan los dos números primeros.

ÉRIC (*Entra vestido de explorador.*) Fuera, cobardes, la aventura ha comenzado.

MARIELA ¿Quién crees que eres? ¿México Jones?

ÉRIC No. Soy Cocodrilo Éric, el fotógrafo más valiente de la selva. Listo para enfrentar el peligro.

FABIOLA ¿Qué peligro? Vamos a hacer un reportaje sobre ecoturismo… ¡Ecoturismo!

9

10

ÉRIC ¿Alguien me puede ayudar a cerrar la maleta?

JOHNNY ¿Qué rayos hay acá dentro?

AGUAYO Es necesario que dejes algunas cosas.

ÉRIC Imposible. Todo lo que llevo es de primerísima necesidad.

JOHNNY ¿Cómo? ¿Esto?

Johnny saca un látigo de la maleta.

Diana cierra la maleta con cinta adhesiva.

DIANA Listo… ¡Buen viaje!

AGUAYO Espero que disfruten y que traigan el mejor reportaje que puedan.

JOHNNY Y es importante que no traten de mostrarse ingeniosos, ni cultos; sólo sean ustedes mismos.

DIANA Y no olviden sus pasaportes.

ÉRIC Ahora que me acuerdo… ¡lo había puesto en la maleta!

Expresiones útiles

Making comparisons

Soy el fotógrafo más valiente de la selva.
I am the bravest photographer in the jungle.

Van a tener el alojamiento más lujoso de la selva.
You're going to have the finest accommodations in the jungle.

Es el hotel menos costoso de la región.
It's the least expensive hotel in the region.

Ir en autobús es menos caro que ir en taxi.
It's less expensive to take a bus than a taxi.

El hotel es tan caro como el boleto.
The hotel is as expensive as the ticket.

Using negative and positive expressions

¿Alguien me puede ayudar?
Can somebody help me?

No hay nadie que te pueda ayudar.
There is no one who can help you.

Hay que dejar algunas cosas.
I/we/etc. have to leave some things behind.

No hay nada que pueda dejar.
There is nothing I can leave behind.

Additional vocabulary

arriesgado/a *risky*
de mentiras *pretend*
enfrentar *to confront*
lujoso/a *luxurious*
protegido/a *protected*
la puerta de embarque *(airline) gate*
¿Qué rayos…? *What on earth…?*
la raya *war paint; stripe*

Teaching Tips

- Model the pronunciation of the sentences in **Expresiones útiles** and have students repeat them after you.
- Preview **Estructura** by drawing attention to the comparative and subjunctive forms in **Expresiones útiles**.
- Before showing the DVD, write five of the **expresiones útiles** and Additional Vocabulary items on the board and go over meanings. In pairs, students look at the video stills and scan the text to decide what the episode might be about.
- Review the subjunctive in noun clauses (**Lección 4**) by having students identify examples in the dialogue.
- Have students work in pairs to create a short dialogue containing the negative and positive expressions shown in **Expresiones útiles**.

DIFFERENTIATED LEARNING

For Inclusion Reinforce video content by having volunteers ad-lib the episode. Assure them it is not necessary to memorize the episode. They should convey the general meaning via the vocabulary and expressions they know, and they should be creative. Give them time to prepare, or have them do the activity for homework. Build in accountability for classmates with a comprehension check of the presentations.

Heritage Speakers Ask heritage speakers if they know of any ecotourism or popular tourist sites in their families' home countries. Possible answers include: Mexico: Copper Canyon (**Barranca del Cobre**); Costa Rica: rain forests, Carara National Park. Ask classmates the same question about the U.S. Possible answers: national forests and parks, wildlife sanctuaries, fish ladders and hatcheries. Have students compare these sites.

Comprensión

1 Comprensión
Contesta las preguntas con oraciones completas.

1. ¿Adónde van Éric y Fabiola?
Van a la selva amazónica.
2. ¿Por qué a Fabiola no le gusta la foto del pasaporte?
Salió con cara de enojo.
3. ¿A qué hora los recoge el autobús del hotel?
Los recoge a las ocho y media.
4. ¿Por qué van de viaje?
Van a hacer un reportaje sobre el ecoturismo.
5. ¿Será realmente un viaje arriesgado?
No, no será arriesgado porque tendrán un guía turístico y el alojamiento más lujoso de la selva.
6. ¿Por qué Éric tiene que dejar algunas cosas?
No cabe todo en la maleta.

2 Preguntas y respuestas
Une las preguntas de la **Fotonovela** con las respuestas apropiadas. Luego identifica quién dice cada oración.

AGUAYO DIANA ÉRIC FABIOLA JOHNNY MARIELA

c 1. ¿Me dejas ver tu pasaporte? Éric

a 2. Y ese último número, ¿para qué es? Johnny

d 3. ¿Quién crees que eres? ¿México Jones? Mariela

e 4. ¿Por qué debo dejarlo? Es un machete de mentiras. Éric

b 5. ¿Alguien me puede ayudar a cerrar la maleta? Éric

a. Es lo que van a tener que pagar por llegar en taxi. Diana

b. Es necesario que dejes algunas cosas. Aguayo

c. No me gusta como estoy en la foto. Fabiola

d. No, soy el fotógrafo más valiente de la selva. Éric

e. Sí, pero te puede traer problemas reales. Diana

3 Consejos

A. Diana y Aguayo les dan varios consejos a Fabiola y Éric antes de su viaje a la selva. Utiliza el subjuntivo o el infinitivo para completar las sugerencias que les dan.

1. Es necesario que _memoricen_ esto.
2. El último número que deben _recordar_ es cuarenta y ocho dólares.
3. Es lo que van a tener que _pagar_ por llegar en taxi.
4. Creo que debes _dejar_ tu machete.
5. Es necesario que _dejen_ algunas cosas.
6. Espero que _disfruten_ y que _traigan_ el mejor reportaje que puedan.

B. ¿Qué sugerencias les darían ustedes? En parejas, escriban una lista de seis o siete consejos, órdenes y sugerencias para que disfruten de sus vacaciones y eviten problemas.

MODELO
Creo que deben probar la comida típica de Venezuela.
Espero que no hagan nada arriesgado y que tengan cuidado con los animales de la selva.

170 *ciento setenta*

Lección 5

Ampliación

 (4) **¿Te gusta hacer ecoturismo?** En parejas, háganse las preguntas. Luego, recomienden un viaje ideal para su compañero/a según los resultados.

	Más o		
Sí	menos	No	
☐	☐	☐	1. ¿Te gusta ir de campamento?
☐	☐	☐	2. ¿Sabes prender fuego?
☐	☐	☐	3. ¿Sabes cocinar?
☐	☐	☐	4. ¿Te gusta ver animales salvajes?
☐	☐	☐	5. ¿Te gusta caminar mucho?
☐	☐	☐	6. ¿Puedes estar una semana sin bañarte?

Clave

Sí	=	2 puntos
Más o menos	=	1 punto
No	=	0 puntos

Resultados

0 a 4	No intentes hacer ecoturismo.
5 a 8	Puedes hacer ecoturismo.
9 a 12	¿Qué esperas para hacer ecoturismo?

(5) **Apuntes culturales** En parejas, lean los párrafos y contesten las preguntas.

El felino más temido

Johnny juega a ser un puma listo para atacar a Éric. El puma habita en todo el continente americano, especialmente en montañas y bosques (*forests*). Por su fortaleza y agilidad, los incas lo consideraron el símbolo supremo de poder y fuerza. ¿Podrá Éric contra la astucia (*shrewdness*) de este felino?

Ecoturismo en Centroamérica

Fabiola y Éric van a realizar un reportaje sobre ecoturismo. En Centroamérica, el ecoturismo constituye no sólo una fuente importante de trabajo, sino también una forma de obtener recursos económicos para la administración de las áreas protegidas. Actualmente existen más de 550 áreas protegidas, lo que representa aproximadamente un 25% del territorio de la región.

El pulmón del planeta

La selva amazónica es la reserva ecológica generadora de oxígeno más grande del planeta. Comprende, entre otros países, Brasil, Venezuela y Perú. Es el hogar de numerosas comunidades indígenas, como los piaroas en Venezuela. ¿Qué pensarán los piaroas de las rayas de chocolate de Johnny?

1. ¿Qué animales fueron considerados sagrados en el pasado?, ¿y en la actualidad?
2. ¿Hay áreas protegidas en la región donde vives? ¿Cuál es su importancia para los habitantes de la zona? ¿Contienen especies amenazadas (*threatened*)?
3. ¿Conoces otros lugares en donde se puede hacer ecoturismo? ¿Cuáles son?
4. ¿Qué significa la expresión "el pulmón del planeta" (*the world's lung*)? ¿Qué otros "pulmones" existen? ¿Por qué es importante preservarlos?

Teaching Tips

(4) Have students share their results with the class. Call on a volunteer to keep track of the results on the board.

(5) To encourage discussion, ask what students do in their personal lives to protect the environment.

Teaching Tips If students are not up-to-date on environmental issues in their community, share local news or information about active community organizations. Then ask students to give their opinions on these matters. You may need to create a word bank with new vocabulary about the environment. Tell students they will further explore the environment in **Lección 6**.

NATIONAL STANDARDS
Connections: Science Have students locate on the Internet Spanish-language information on the rain forests and their ecological impact. Have them draw maps or graphs that illustrate the loss of the rainforest over the past 25 years or so and do short presentations for the class.

AP PREPARATION

Informal Speaking, Part A Students pretend they have received a scholarship to go on an ecotourism trip to Costa Rica. They will call a friend who has been there to ask questions and explain the details of the trip. The friend is not home, so they must leave a message. Students will have two minutes to write their message; then they will record themselves. Say: **Ahora van a grabar su mensaje. Hay que hablar durante dos minutos.**

Informal Speaking and Listening, Part B Students exchange tapes or CDs and listen to the messages. Now they will pretend to be the experienced student and will answer the questions and offer two suggestions. Say: **Escuchen el mensaje de su compañero. Graben una respuesta en la cual contestan las preguntas y dan dos consejos.**

En detalle

CENTROAMÉRICA

LA RUTA DEL CAFÉ

Los turistas que llegan al "ecoalbergue" Finca° Esperanza Verde, ubicado a 1.200 metros (4.000 pies) de altura en la selva tropical nicaragüense, descubren un paraíso natural con bosques, montañas exuberantes y aves tropicales. En este paraíso, los turistas pueden visitar un cafetal° y conocer los aspectos humanos y ecológicos que se conjugan° para que podamos disfrutar de algo tan simple como una taza de café.

El café, ese compañero de las mañanas, es el protagonista de la vida social, cultural y económica de Centroamérica. Para el visitante, esto salta a la vista apenas llega a estas tierras: el paisaje está cubierto de cafetales. Hoy día dos de las terceras partes del café de todo el mundo son de origen americano.

Esta popular bebida llegó a América en el siglo XVIII. Pocos años después, su cultivo° se había extendido por México y Centroamérica. Los precios bajos del café de los últimos años han llevado a los productores centroamericanos a diversificar sus actividades: han iniciado el cultivo de café orgánico, han creado cooperativas de comercio justo° que buscan alcanzar° precios más equitativos° para productores y consumidores y se ha empezado a promocionar el turismo ecológico.

El país pionero fue Costa Rica, que organizó la primera Ruta del Café, pero ya todos los países centroamericanos han creado sus rutas. Un día por la Ruta del Café suele constar° de una visita a las plantaciones de café, donde no sólo se conoce el proceso de cultivo y producción, sino que también se pueden tomar unas tazas de café. Después, se organizan almuerzos con platos típicos y, para terminar la jornada°, se visitan rutas históricas y pueblos cercanos donde los turistas pueden disfrutar del folklore local y comprar artesanías°. ▪

La primera ruta del café

Venecia 1615
Europa
Estambul 1555
Santo Domingo 1731
Marsella 1644
Persia
África
El Cairo (1510)
Caribe
Martinica 1730
Etiopía

finca *farm* **cafetal** *coffee plantation* **se conjugan** *are combined* **cultivo** *growing* **justo** *fair* **alcanzar** *to reach* **equitativos** *equal; fair* **constar** *to consist of* **jornada** *day* **artesanías** *handicrafts*

ASÍ LO DECIMOS

Los viajes

el turismo sostenible   *sustainable tourism*

el turismo sustentable (Arg.)   *sustainable tourism*

el billete (Esp.)   *ticket*

el boleto (Amér. L.)   *ticket*

el boleto redondo (Méx.)   *round trip ticket*

la autopista (Esp.)   *highway; toll road*

la autovía (Esp.)   *highway*

la carretera (Esp.)   *road*

la burra (Gua.)   *bus*

la guagua (Dom.)   *bus*

EL MUNDO HISPANOHABLANTE

De América al mundo

El tomate Su nombre deriva de la palabra náhuatl° tomatl. Entró en Europa por la región de Galicia en el noroeste de España y se extendió luego a Francia e Italia. Los españoles y portugueses lo difundieron por Oriente Medio, África, Estados Unidos y Canadá.

El maíz Es uno de los cereales de mayor producción mundial junto con el trigo y el arroz. A pesar de controversias acerca de su origen exacto, los investigadores coinciden en que indígenas de América Central y México lo difundieron° por el continente, los conquistadores lo introdujeron a Europa y los comerciantes lo llevaron a Asia y África.

La papa o patata Estudios científicos ubican el origen de la papa en el Perú. En la actualidad, la papa se consume por todo el mundo, pero Bielorrusia (Europa Oriental) es el mayor consumidor mundial con un promedio anual de 169 kg (372 libras) por persona.

PERFIL

EL CANAL DE PANAMÁ

El Canal de Panamá, una de las obras arquitectónicas más extraordinarias del planeta, une° los océanos Atlántico y Pacífico a través del istmo° de Panamá. Es, a su vez, una ruta importantísima para la economía mundial, pues lo cruzan° más de 12.000 barcos por año, es decir, unos 230 barcos por semana. La monumental obra, construida por los Estados Unidos entre 1904 y 1914, consta de dos lagos artificiales, varios canales, tres estructuras de compuertas° y una represa°. Como no todo el canal se encuentra al nivel del mar, la finalidad de las esclusas° es subir y bajar los barcos entre los niveles de los dos océanos y el nivel del canal. Dependiendo del tránsito, la travesía° por este atajo° de 80 km (50 millas) puede demorar hasta 10 horas. Panamá y Estados Unidos negociaron la entrega del canal a Panamá en 1977, que pasó a estar bajo control panameño el 31 de diciembre de 1999.

❝ Viajar es imprescindible y la sed de viaje, un síntoma neto de inteligencia. ❞ (Enrique Jardiel Poncela, escritor español)

SUPERSITE Conexión Internet

¿Qué otras opciones de turismo sostenible hay en América Central?

To research this topic, go to **descubre3.vhlcentral.com**.

une *links* **istmo** *isthmus* **cruzan** *cross* **compuertas** *lockgates* **represa** *dam* **esclusas** *locks* **travesía** *crossing (by boat)* **atajo** *shortcut* **náhuatl** *Uto-Aztec language* **difundieron** *spread*

CRITICAL THINKING

Analysis Read the quote by Enrique Jardiel Poncela aloud. Then ask students to explain what it might mean. Examples: **¿Qué quiere decir "la sed de viaje"? ¿Por qué dice que viajar es un síntoma de inteligencia? ¿Estás de acuerdo?**

Comprehension Ask students to summarize in their own words what the importance of the Panama Canal has been for U.S.-Central American relations and for international trade and commerce.

Teaching Tips

- For **El mundo hispanohablante**, preview the subjunctive in adjective clauses by asking: **¿Conocen otros productos que sean de América?** (el chocolate, los frijoles, el cacahuete, la banana)
- For **Así lo decimos**, ask heritage speakers which words they are accustomed to using.

NATIONAL STANDARDS
Connections: History Ask students to research the history of the Panama Canal, paying special attention to the impact that it had not only on the U.S. but also on the countries of Latin America. What were the benefits? What were the negative consequences?

Connections: History The arrival of Europeans in the Americas unleashed a world-altering exchange that is sometimes referred to as "the Columbian Exchange." This exchange of goods, ideas, technology, and even disease had effects—both positive and negative—that continue today. Have students research the objects and ideas that crossed between cultures and the effects of that exchange.

Teaching Tips

① Call on volunteers to write the corrected statements on the board. As a class, correct any spelling, syntactical, or grammatical errors.

② Give students time to write out their answers to these questions. Then ask volunteers to write them on the board. Preview **Estructura** by comparing and contrasting class answers.

• Point out that the tourist in the photograph is actually Prince Albert of Monaco.
• To help students get started with **Proyecto**, give them a list of searchable terms for their investigation.

NATIONAL STANDARDS
Community As an optional writing activity, have students describe a place that has changed because of tourism. **¿Cómo era antes? ¿Cómo es ahora?** Remind them to use the imperfect for describing in the past.

recursos

CH
p. 68

NATIONAL
communication
cultures
STANDARDS

¿Qué aprendiste?

1 **¿Cierto o falso?** Indica si estas afirmaciones sobre son **ciertas** o **falsas**. Corrige las falsas.

1. Finca Esperanza Verde se encuentra en una zona montañosa de Costa Rica.
   Falso. Se encuentra en una zona montañosa de Nicaragua.

2. Los turistas que van a Finca Esperanza Verde pueden visitar un cafetal que se encuentra allí mismo. **Cierto.**

3. La mitad del café mundial se produce en América. **Falso.** Las dos terceras partes del café mundial son de origen americano.

4. El café es originario del continente americano. **Falso.** El café llegó al continente americano en el siglo XVIII.

5. El café entró en América a través de México. **Falso.** El café entró en América por Martinica/Santo Domingo.

6. Los productores tuvieron que diversificar sus actividades debido a los precios bajos del café. **Cierto.**

7. La finalidad de las cooperativas de comercio justo es ayudar a que los productores reciban un pago justo y los consumidores paguen precios razonables. **Cierto.**

8. El primer país en crear una Ruta del Café fue Honduras. **Falso.** El primer país en crear una Ruta del Café fue Costa Rica.

9. Los turistas pueden visitar las plantaciones pero no pueden presenciar el proceso de producción. **Falso.** Los turistas pueden conocer el proceso de cultivo y producción.

10. Los turistas que van a la Ruta del Café suelen visitar también las rutas históricas de la zona. **Cierto.**

2 **Oraciones incompletas** Completa las oraciones con la información correcta.

1. El Canal de Panamá está en manos panameñas ___desde fines de 1999___.

2. El Canal de Panamá tiene ___dos lagos artificiales___.

3. Se usa un sistema de esclusas porque ___no todo el canal se encuentra al nivel del mar___.

4. En la República Dominicana, **guagua** significa ___autobús___.

5. ___Los españoles y los portugueses___ difundieron el tomate por Oriente Medio.

3 **Preguntas** En parejas, contesten las preguntas.

1. ¿Qué papel tiene el café en tu cultura? ¿Tiene la misma importancia que en la cultura centroamericana?

2. ¿Prefieres productos ecológicos y los productos que garantizan el comercio justo o compras productos comunes?

3. ¿Qué tipo de turismo sueles hacer? ¿Hiciste alguna vez turismo ecológico?

4. ¿Qué alimentos provenientes de otros continentes forman parte de tu dieta?

4 **Opiniones** En grupos de tres, hablen sobre estas preguntas: ¿Es bueno para los países recibir turismo? ¿Por qué? ¿Qué consecuencias tiene la llegada del turismo a ciertas zonas? ¿Qué beneficios tiene viajar?

PROYECTO

Un viaje por la Ruta del Café

Busca información sobre una excursión organizada por una Ruta del Café. Imagina que vas a la excursión y escribe una pequeña descripción de un día de visita, basándote en la información que has encontrado.

Incluye información sobre:
• los platos típicos que comiste
• los pueblos que visitaste
• lo que aprendiste sobre el café
• qué fue lo más interesante de la visita
• lo que compraste para llevar a casa

AP PREPARATION

Application Tell students to demonstrate what they have learned by creating a brochure of their **Proyecto** destination. Try to create groups with a mix of Spanish language levels and have each student work on a different aspect of the brochure. Assign each student a role, such as: "idea person," note taker, artist, writer, and proofreader.

Synthesis Have students work in pairs to discuss the advantages and disadvantages of tourism. You might have them choose a popular tourist destination (brainstorm some examples!) to illustrate their points.

RITMOS

RUBÉN BLADES

Rubén Blades es quizás el artista más famoso en la historia de la música panameña. Heredó la pasión musical de sus padres: su madre tocaba el piano y su padre era percusionista. Blades, no es sólo artista; también es abogado y político. Estudió derecho° en Panamá y luego en los Estados Unidos, adonde él y su familia emigraron por problemas políticos.

Allí, Blades encontró el espacio para desarrollar su talento musical: con canciones como *Pedro Navaja* transformó para siempre la salsa, género que hasta ese entonces no solía hablar de la problemática social latinoamericana. Incursionó además en otros géneros musicales: en *El capitán y la sirena*, explora ritmos asiáticos. Blades ha recibido incontables reconocimientos, entre ellos varios premios Grammy y en 2000 el título de Embajador Mundial contra el Racismo otorgado por la ONU.

Discografía selecta

2002 Mundo   **1999** Tiempos   **1978** Siembra

Canción

Éste es un fragmento de la canción que tu instructor te hará escuchar.

El capitán y la sirena

Una vez, un barco en plena alta mar
se hundió° en una fiera° tormenta.
Una bella sirena° salvó al capitán
y lo devolvió hasta la arena°.
Y el capitán de ella se enamoró,
y aunque también lo amó la sirena,
venían de mundos distintos los dos,
y su amor les sería una condena°.

La música de Blades se caracteriza por la gran experimentación musical. Estos son algunos de los instrumentos que ha empleado en sus canciones.

 el bongó (Cuba)

 el chekere (África)

la clave (Cuba)

el didgeridoo (Australia)

 Preguntas En parejas, contesten las preguntas. Some answers will vary.

1. ¿Dónde y cuándo descubre Blades la pasión por la música?
   Blades descubre la pasión por la música de pequeño en su país natal Panamá.
2. ¿Por qué se caracteriza la música de Blades? ¿Qué instrumentos utiliza? ¿Los has tocado alguna vez? Su música se caracteriza por la gran experimentación musical. Utiliza el didgeridoo, la clave, el chekere, el bongó.
3. En la canción, ¿qué le ocurrió al capitán? ¿Quién lo ayudó? ¿Cómo? El barco se hundió en el mar y la sirena salvo al capitán.
4. ¿Qué historia cuenta la canción? ¿Por qué Blades habla de "mundos distintos"?
   Cuenta una historia de amor entre un capitán y una sirena.

derecho *law* **otorgado** *awarded* **hundió** *sank* **fiera** *fierce* **sirena** *mermaid* **arena** *sand* **condena** *sentence; condemnation*

Teaching Tips
- Review object pronouns. Have students point them out in the song and identify which nouns are replaced. Ex: **lo devolvió hasta la arena**: direct object pronoun = **lo** (replaces **el capitán**)
- If any of the instruments pictured are available from your school music department, bring them in for show and tell.
- Have students read the paragraph about **Rubén Blades** in pairs.
- Distribute copies of the lyrics of *El capitán y la sirena* and have students work in groups to read them. If you have a recording, play the song twice. The second time, encourage students to sing along with the music.

NATIONAL STANDARDS
Connection: Music Ask students to tell what they know about world music. In what ways does this contemporary blending of musical styles and instruments reflect a continuing exchange between cultures? What are the benefits of this blending? What are the disadvantages?

AP PREPARATION

Formal Presentation and Integration of Skills Students listen to the song by **Rubén Blades**. On the Internet, have them find one other song by **Blades**, and bring it to class, along with the script. Then they will research on the Internet the life of **Blades**. Using the information they have obtained, tell them to present a two-minute talk for the class in which they discuss the themes, as well as some information about **Blades's** life. They may work in groups, and you may choose to have them do research about other performers as well. Say: **Tienen dos minutos cada uno para hablar; deben incluir información sobre la vida y los temas.**

5.1 Comparatives and superlatives

Comparisons of inequality

- With adjectives, adverbs, nouns, and verbs, these constructions are used to make comparisons of inequality (*more than/less than*).

$$\text{más/menos} + \begin{bmatrix} \textit{adjective} \\ \textit{adverb} \\ \textit{noun} \end{bmatrix} + \text{que} \qquad \begin{bmatrix} \textit{verb} \end{bmatrix} + \text{más/menos que}$$

ADJECTIVE

Este hotel es **más elegante que** el otro.
This hotel is more elegant than the other one.

NOUN

Franco tiene **menos tiempo que** Clementina.
Franco has less time than Clementina does.

ADVERB

¡Llegaste **más tarde que** yo!
You arrived later than I did!

VERB

Mi hermano **viaja menos que** yo.
My brother travels less than I do.

- Before a number (or equivalent expression), more/less than is expressed with **más/menos de.**

Un pasaje de ida y vuelta va a costar **más de** quinientos dólares.
A round-trip ticket will cost more than five hundred dollars.

Te consigo una respuesta en **menos de** media hora.
I'll get you an answer in less than half an hour.

Comparisons of equality

- These constructions are used to make comparisons of equality.

$$\text{tan} + \begin{bmatrix} \textit{adjective} \\ \textit{adverb} \end{bmatrix} + \text{como} \qquad \text{tanto/a(s)} + \begin{bmatrix} \textit{singular noun} \\ \textit{plural noun} \end{bmatrix} + \text{como}$$

$$\begin{bmatrix} \textit{verb} \end{bmatrix} + \text{tanto como}$$

ADJECTIVE

El vuelo de regreso no parece **tan largo como** el de ida.
The return flight doesn't seem as long as the flight over.

NOUN

Cuando viajo a la ciudad, tengo **tantas maletas como** tú.
When I travel to the city, I have as many suitcases as you do.

ADVERB

Se puede ir de Madrid a Sevilla **tan rápido** en tren **como** en avión.
You can get from Madrid to Seville as quickly by train as by plane.

VERB

Guillermo **disfrutó tanto como** yo en las vacaciones.
Guillermo enjoyed our vacation as much as I did.

¡ATENCIÓN!

Tan and **tanto** can also be used for emphasis, rather than to compare:

tan *so*
tanto *so much*
tantos/as *so many*

¡El viaje es **tan** largo!
The trip is so long!

¡Viajas **tanto**!
You travel so much!

¿Siempre traes **tantas** maletas?
Do you always bring so many suitcases?

Section Goals

In **Estructura**, students will learn:

- comparatives and superlatives, including irregulars
- the subjunctive in adjective clauses
- negative and positive expressions

Instructional Resources
Cuaderno de práctica, pp. 43–44
Cuaderno para hispanohablantes, pp. 69–70
Cuaderno de actividades, pp. 13, 76
e-Cuaderno
Supersite: Additional practice
Supersite/TRCD/Print:
PowerPoints (**Lección 5 Estructura** Presentation, Overheads #38, #39); Audio Activity Script, Answer Keys
Audio Activity CD

Teaching Tips

- Remind students that adjectives (like **tanto/a(s)**) agree in gender and number with the nouns they modify.
- Point out that **que** and what follows it are optional if the items being compared are evident. Ex: **Los pasajes de avión son más caros (que los pasajes de tren).**
- Practice the structures by asking volunteers questions about classroom objects. Ex: **¿Esa mochila es más grande que ésta? (No, es más pequeña.)**

LEARNING STYLES

For Visual Learners Provide photos from magazines or newspapers to present and practice the comparative form. Make sure that the photos represent obvious similarities and differences between the objects or scenes. If new vocabulary is needed, provide a word bank on the board.

For Auditory Learners Ask questions that make comparisons of inequality, using adjectives, adverbs, and nouns. Examples: **¿Qué es más divertido que un día en playa? ¿Quién tiene más tiempo libre que yo?** Then ask questions that use verbs in the same construction. Ex: **¿Quién viaja más que yo?**

Superlatives

- This construction is used to form superlatives (**superlativos**). The noun is preceded by a definite article, and **de** is the equivalent of *in* or *of*.

el/la/los/las + ⌈ *noun* ⌉ + más/menos + ⌈ *adjective* ⌉ + de

Ésta es **la playa más bonita de** todas.
This is the prettiest beach of them all.

Es **el hotel menos caro del** pueblo.
It is the least expensive hotel in town.

- The noun may also be omitted from a superlative construction.

¿Conoce usted un buen restaurante en Sevilla?

Do you know a good restaurant in Seville?

Las Dos Palmas es **el más elegante de** la ciudad.

Las Dos Palmas is the most elegant one in the city.

Irregular comparatives and superlatives

Adjective	Comparative form	Superlative form
bueno/a *good*	**mejor** *better*	**el/la mejor** *best*
malo/a *bad*	**peor** *worse*	**el/la peor** *worst*
grande *big*	**mayor** *bigger*	**el/la mayor** *biggest*
pequeño/a *small*	**menor** *smaller*	**el/la menor** *smallest*
joven *young*	**menor** *younger*	**el/la menor** *youngest*
viejo/a *old*	**mayor** *older*	**el/la mayor** *oldest*

- When **grande** and **pequeño/a** refer to size and not age or quality, the regular comparative and superlative forms are used.

Ernesto es **mayor** que yo.
Ernesto is older than I am.

Ese edificio es **el más grande** de todos.
That building is the biggest one of all.

- When **mayor** and **menor** refer to age, they follow the noun they modify.

María Fernanda es mi hermana **menor**.
María Fernanda is my younger sister.

Hubo un **menor** número de turistas.
There was a smaller number of tourists.

- The adverbs **bien** and **mal** also have irregular comparatives, **mejor** and **peor**.

Mi padre maneja muy mal.
  ¿Y el tuyo?
*My father is a bad driver.
  How about yours?*

¡Mi padre maneja **peor** que los turistas!
My father drives worse than the tourists!

Tú puedes hacerlo bien por ti mismo.
You can do it well by yourself.

Ayúdame, que tú lo haces **mejor** que yo.
Help me; you do it better than I do.

¡ATENCIÓN!

Absolute superlatives

The suffix **–ísimo/a** is added to adjectives and adverbs to form the *absolute superlative*.

This form is the equivalent of *extremely* or *very* before an adjective or adverb in English.

malo → malísimo

mucha → muchísima

difícil → dificilísimo

fácil → facilísimo

Adjectives and adverbs with stems ending in **c**, **g**, or **z** change spelling to **qu**, **gu**, and **c** in the absolute superlative.

rico → riquísimo

larga → larguísima

feliz → felicísimo

Adjectives that end in **–n** or **–r** form the absolute by adding **–císimo/a**.

joven → jovencísimo

---

recursos

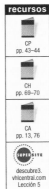

CP
pp. 43–44

CH
pp. 69–70

CA
pp. 13, 76

descubre3.
vhlcentral.com
Lección 5

Teaching Tips

- Write additional adjectives on the board and call on volunteers to change them into absolute superlatives. Ex: **feo/a → feísimo/a.**
- Encourage students to make flashcards to learn the irregular comparative and superlative forms. On one side, students should write the adjective. On the other, have them write both the comparative and superlative forms and sample sentences for each.
- Students may be inclined to say **más mayor** or **más menor.** Explain that these forms are never correct; **mayor** and **menor** do not require **más** to convey their comparative and superlative meanings.
- Ask questions about students' ages relative to those of friends and family members. Ex: **¿Cuántos años tienes? ¿Eres menor o mayor que tu hermana?**

Extra Practice and Technology Connection
Go to **descubre3.vhlcentral. com** for more practice with comparatives and superlatives.

DIFFERENTIATED LEARNING

Heritage Speakers Ask heritage speakers to talk about their families, both in the U.S. and abroad. Have them give four or five sentences in which they compare themselves to members of their families. Then ask the other students in the class to report what the heritage speakers said to verify comprehension.

For Inclusion Have students work in pairs and give them five minutes to write as many sentences as possible comparing vacation sites or countries. Ex: **Disneyworld es más divertido que las Cataratas del Niágara. En México hace más calor que en España.** Call on volunteers to write some of their sentences on the board. Correct any errors.

Teaching Tips

1 Before assigning the activities, write three columns on the board and label them Adjective, Comparative form, and Superlative form. Call out an adjective and have a volunteer write the appropriate forms on the board. Ex: **grande, mayor, el/la mayor.** This is a good opportunity for students to use the flashcards they made.

2 Ask students what constitutes their idea of the worst possible trip. Write short statements on the board based on students' answers.

3 Expansion Have students work in pairs to create additional nouns and adjectives. Then have them exchange papers with another pair of students and create additional comparative and superlative sentences.

• Students might learn the comparative and superlative forms more quickly if they use them in a personal context. Have them think of original sentences about themselves. Encourage them to consider friends and family members and the different aspects in which they are similar or different. Remind students to be kind in their descriptions.

1 **Demasiados gastos** Elena comparte sus inquietudes sobre el dinero con su tía Juana. Completa la conversación con las palabras de la lista.

carísimos	más	menor	muchísimos
como	mejor	menos	que

ELENA Tengo (1) _muchísimos_ gastos y necesito ganar (2) _más_ dinero.

JUANA ¿Por qué no tratas de gastar (3) _menos_ y estudiar un poco más? Tú sabes que la mayoría de los adolescentes no llevan una vida (4) _como_ la tuya.

ELENA Bueno, el problema no está en mis gastos, sino en mi salario. Mi hermana (5) _menor_ trabaja menos horas (6) _que_ yo, pero gana más.

JUANA Puede ser, pero recuerda que es (7) _mejor_ asistir a una universidad buena que poder comprar unos zapatos (8) _carísimos_.

ELENA Puede ser.

2 **El peor viaje de su vida** Conecta las frases de la izquierda con las correspondientes de la derecha para formar oraciones lógicas.

_h_ 1. El sábado pasado Alberto y yo hicimos el peor

_f_ 2. Yo llegué al aeropuerto más temprano

_g_ 3. Pero él pasó por seguridad más rápido

_c_ 4. Luego anunciaron que el vuelo estaba retrasado más

_a_ 5. Por fin salimos, tan cansados

_d_ 6. De repente, hubo un olor

_b_ 7. Alberto gritaba tanto

_e_ 8. Al final pasamos las vacaciones en casa, lo cual fue

a. como enojados.

b. como yo hasta que logramos aterrizar.

c. de tres horas a causa de un problema mecánico.

d. malísimo. ¡El motor se había prendido fuego!

e. menos interesante pero mucho más seguro.

f. que Alberto y no lo podía encontrar.

g. que yo y por fin nos encontramos en la puerta de embarque.

h. viaje de nuestra vida.

3 **Oraciones** Mira la información del cuadro y escribe cinco oraciones con superlativos y cinco con comparativos. Sigue el modelo.

MODELO *Harry Potter es más popular que El señor de los anillos. Harry Potter es el libro más vendido de la década.*

Harry Potter	libro	menor
Jennifer López	cantante y actriz	famosa
Donald Trump	hombre de negocios	rico
El Nilo	río	largo
Disneyland	lugar	feliz

LEARNING STYLES

For Kinesthetic Learners Place the names of twenty famous people into a hat. Select two students to stand in front of the class and have them each draw a name and show it to the class. Call on a volunteer and give him or her ten seconds to compare those two famous people. Classmates should clap if they agree with the statement.

For Auditory Learners Have students work with a partner to read the story from aloud. Then have them write a dialogue between Alberto and his friend based on the information from the story. Call on volunteers to perform their dialogue for the class. Assess classmates' comprehension informally.

Comunicación

4 Un viaje inolvidable

A. Habla con un(a) compañero/a sobre el viaje más inolvidable de tu vida. Puede ser un viaje buenísimo o un viaje malísimo, e incluso puede ser un viaje imaginario. Debes hacer por lo menos siete u ocho oraciones usando comparativos y superlativos y algunas de las palabras de la lista. Túrnense.

mejor/peor que	tan
más/menos que	como
de los mejores/peores	buenísimo/malísimo

B. Ahora describe el viaje de tu compañero/a al resto de la clase. Traten de adivinar qué viajes son verdaderos y cuáles son ficticios.

5 Las vacaciones ideales
En grupos de cuatro, imaginen que son miembros de una familia que ganó un viaje de tres semanas a cualquier país del mundo. El único problema es que tienen que llegar a una decisión unánime para ganar su premio.

A. Primero, cada uno/a debe decidir cuál es el país ideal para sus vacaciones y escribir una descripción breve con las razones para escogerlo. Utiliza comparativos y superlativos en tu descripción.

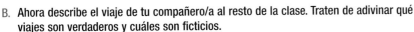

B. Luego, túrnense para presentar sus opiniones y traten de convencer a los demás de que su país ideal es el mejor de todos. Deben usar comparativos y superlativos para comparar las atracciones de cada país. Compartan su decisión final con la clase.

MODELO   Es obvio que Venezuela es el mejor país para nuestras vacaciones. Venezuela tiene la catarata más alta del mundo y unas playas tan bonitas como las de la República Dominicana. Leí en un libro que en la selva amazónica hay mayor cantidad de aves que en Costa Rica. Además, ¡las arepas venezolanas son más ricas que las tortillas mexicanas!

Teaching Tips

4 For slower-paced classes, review lesson vocabulary and create a word bank on the board. This is a good way to reinforce new words and aid visual learners.

4 To facilitate discussion, have students work individually to prepare a list of questions for their partners about the trip. You might assign this as homework.

4 Ask students to close their books, and project Overhead #39. In pairs, have them use comparatives and superlatives to talk about how the characters in the illustration spent their vacation. Encourage them to be as creative as they can, and have pairs share their stories with the class.

5 **Part A:** This activity lends itself to the use of authentic materials. If time and resources permit, bring in travel brochures or magazines for students to consult.

Part B: Tell students that in addition to their word choice, the inflections in their voice and in their body language can also be good tools used for convincing an audience. Encourage them to practice reading their opinions on their own before presenting them to their groups.

5 If necessary, have students do additional research on the Internet about tourism in their chosen country.

AP PREPARATION

Informal Writing Students will write two pages in their diary (blue book) about either the best or the worst trip they have ever taken. They should practice with the use of superlatives that they have learned in the chapter.

Tell students: **Ahora van a escribir dos páginas sobre su mejor o su peor viaje, dando muchos detalles e incluyendo razones que apoyan su opinión. Imaginen que hablan con alguien que no está de acuerdo con ustedes.**

Instructional Resources
Cuaderno de práctica, pp.45–46
Cuaderno para hispanohablantes, pp. 71–72
Cuaderno de actividades, pp. 14, 77
e-Cuaderno
Supersite: Additional practice
Supersite/TRCD/Print:
PowerPoints (**Lección 5**
Estructura Presentation,
Overhead #40); Audio Activity
Script, Answer Keys
Audio Activity CD

Teaching Tips
• Extra Practice and
Technology Connection
Go to **descubre3.vhlcentral.**
com for more practice with
the subjunctive in adjective
clauses.
• Remind students that one of
the main characteristics of
the subjunctive mood is the
idea of uncertainty.
• Preview the idea of
uncertainty by asking
questions using **buscar**. Ex:
¿Buscan una universidad para
estudiar una carrera? ¿De
qué tipo?
• Point out that while **que** is
the most common connector,
conjunctions like **donde** and
en que can also be used
before adjective clauses.
Ex: **¿Hay algún restaurante**
por aquí donde se pueda
comer pasta?

5.2 The subjunctive in adjective clauses

- When the subordinate clause of a sentence refers to something (the antecedent) that is known to exist, the indicative is used. When the antecedent is uncertain or indefinite, the subjunctive is used.

¡ATENCIÓN!

An adjective clause
(**oración subordinada**
adjetiva) is one that
modifies or describes
the noun or direct object
in the main clause.

MAIN CLAUSE	CONNECTOR	SUBORDINATE CLAUSE
Busco un trabajo	**que**	**pague bien.**

ANTECEDENT CERTAIN → INDICATIVE

Necesito el libro que **tiene** información sobre las ruinas mayas.
I need the book that has information about Mayan ruins.

Buscamos los documentos que **describen** el itinerario del viaje.
We're looking for the documents that describe the itinerary for the trip.

Tenemos un guía que **conoce** muy bien la zona.
We have a guide who knows the area very well.

ANTECEDENT UNCERTAIN → SUBJUNCTIVE

Necesito un libro que **tenga** información sobre las ruinas mayas.
I need a book that has information about Mayan ruins.

Buscamos documentos que **describan** el itinerario del viaje.
We're looking for (any) documents that (may) describe the itinerary for the trip.

Queremos un guía que **conozca** muy bien la zona.
We want a guide who knows the area very well.

- When the antecedent of an adjective clause is a negative pronoun (**nadie, ninguno/a**), the subjunctive is used in the subordinate clause.

ANTECEDENT CERTAIN → INDICATIVE

Elena tiene tres parientes que **viven** en San Salvador.
Elena has three relatives who live in San Salvador.

Para su viaje, hay dos países que **requieren** una visa.
For your trip, there are two countries that require visas.

Hay muchos viajeros que **quieren** quedarse en el hotel.
There are many travelers who want to stay at the hotel.

ANTECEDENT UNCERTAIN → SUBJUNCTIVE

Elena no tiene **ningún** pariente que **viva** en La Palma.
Elena doesn't have any relatives who live in La Palma.

Para su viaje, no hay **ningún** país que **requiera** una visa.
For your trip, there are no countries that require a visa.

No hay **nadie** que **quiera** alojarse en el albergue.
There is nobody who wants to stay at the hostel.

LEARNING STYLES

For Visual Learners Write three columns on the board: Main clause, Connector, and Subordinate clause. Have groups of three students create sentences. The first student should write a main clause with **necesitar, buscar,** or **querer**. The next student should write a connector. The last should finish with a subordinate clause in the subjunctive.

For Auditory Learners Create sentences that follow the pattern of the sentences in the examples. Say a sentence, have students repeat it, and then change the main clause. Have students say the sentence with the new clause, changing the subordinate clause as necessary. Ex: **Conozco una agencia donde tienen... Busco una agencia de viajes donde...**

- The personal **a** is not used with direct objects that represent hypothetical persons.

ANTECEDENT UNCERTAIN → SUBJUNCTIVE	ANTECEDENT CERTAIN → INDICATIVE
Busco un guía que **hable** inglés. *I'm looking for a guide who speaks English.*	Conozco **a** un guía que **habla** inglés. *I know a guide who speaks English.*

- The personal **a** is maintained before **nadie** and **alguien**, even when their existence is uncertain.

ANTECEDENT UNCERTAIN → SUBJUNCTIVE	ANTECEDENT CERTAIN → INDICATIVE
No conozco **a nadie** que **se queje** tanto como mi abuela. *I don't know anyone who complains as much as my grandmother.*	Yo conozco **a alguien** que **se queje** aún más... ¡la mía! *I know someone who complains even more... mine!*

- The subjunctive is commonly used in questions with adjective clauses when the speaker is trying to find out information about which he or she is uncertain. If the person who responds knows the information, the indicative is used.

ANTECEDENT UNCERTAIN → SUBJUNCTIVE	ANTECEDENT CERTAIN → INDICATIVE
¿Me recomienda usted un hotel que **esté** cerca de la costa? *Can you recommend a hotel that is near the coast?*	Sí, el hotel Flamingo **está** justo en la playa. *Yes, the Flamingo Hotel is right on the beach.*
¿Tiene otra brújula que **sea** más fácil de usar? *Do you have another compass that is easier to use?*	Vea ésta y, si no, tengo tres más que **son** muy fáciles de usar. *Look at this one, and if not I have three others that are very easy to use.*

Hotel Tucán

En el hotel Tucán su satisfacción es lo más importante. Si hay alguna cosa que podamos hacer para mejorar nuestros servicios, no dude en informarnos.

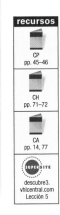

recursos

CP
pp. 45–46

CH
pp. 71–72

CA
pp. 14, 77

descubre3.
vhlcentral.com
Lección 5

Teaching Tips

1 Expansion Have students create additional items for each column. Then have them exchange papers with a classmate and complete the sentences.

2 As a homework project, have students research Nicaragua and prepare an itinerary for **Carmen**, complete with photographs and detailed descriptions of the areas she will visit. This is a good assignment for group work.

3 Have students use the indicative to change the mood of the sentences. Ex: **Enrique conoce un peluquero que da cortes de pelo modernos**. For visual learners, have students write both sentences on the board under the headings **Indicativo** and **Subjuntivo**. Then call on volunteers to explain the different meanings for each pair of sentences.

1 Oraciones Combina las frases de las dos columnas para formar oraciones lógicas. Recuerda que a veces vas a necesitar el subjuntivo y a veces no.

_c_ 1. Luis tiene un hermano que   a. sea alta e inteligente.

_d_ 2. Tengo dos primos que   b. sean respetuosos y estudiosos.

_e_ 3. No conozco a nadie que   c. canta cuando se ducha.

_a_ 4. Jorge busca una novia que   d. hablan español.

_b_ 5. Quiero tener hijos que   e. hable más de cinco lenguas.

2 El agente de viajes Carmen va a ir de vacaciones a Montelimar, en Nicaragua, y le escribe un correo electrónico a su agente de viajes explicándole cuáles son sus planes. Completa el correo electrónico con el subjuntivo o el indicativo.

De:	Carmen <Carmen@micorreo.com>
Para:	Jorge <Jorge@micorreo.com>
Asunto:	Viaje a Montelimar

Querido Jorge:

Estoy muy contenta porque el mes que viene voy a viajar a Montelimar para tomar unas vacaciones. He estado pensando en el viaje y quiero decirte qué me gustaría hacer. Quiero ir a un hotel que (1)__sea__ (ser) de cinco estrellas, que (2)__tenga__ (tener) vista al mar. Me gustaría hacer una excursión que (3)__dure__ (durar) varios días y que me (4)__permita__ (permitir) ver el famoso lago Nicaragua. ¿Qué te parece?

Mi hermano me dice que hay un guía turístico que (5)__conoce__ (conocer) algunos lugares exóticos y que me puede llevar a verlos. También dice que el guía es un hombre que (6)__tiene__ (tener) el pelo muy rubio y (7)__es__ (ser) muy alto. ¿Tú lo conoces? Creo que se llama Ernesto Montero.

Espero tu respuesta.
Carmen

3 Aniversario Enrique y Julia se preparan para celebrar su aniversario de bodas. Completa las oraciones con la opción más lógica de la lista. Haz los cambios necesarios.

gustarle a Enrique	ser muy rápido
hacer cortes de pelo modernos	tener arena blanca
	tocar jazz

1. Para la fiesta, Julia quiere contratar a la banda "Armonías" que __toca jazz__.

2. Enrique busca un peluquero que __haga cortes de pelo modernos__.

3. Julia prepara las comidas que __le gustan a Enrique__.

4. Enrique quiere comprarle a Julia un carro que __sea muy rápido__.

5. Después de la fiesta, Julia quiere hacer un viaje a alguna playa que __tenga arena blanca__.

LEARNING STYLES

For Auditory Learners Use these four sentences as dictation. Read each twice, pausing the second time for students to write. **1. ¿Conoces un albergue estudiantil donde haya servicio de habitaciones? 2. No, los albergues que conozco no tienen este tipo de servicio. 3. Busco un alojamiento que sea barato pero con comida incluida. 4. El Hotel Tucán es la mejor opción.** For an informal assessment, correct in class.

For Kinesthetic Learners Read a series of main clauses that take the subjunctive or the indicative mood. Ex. **Hay muchas personas que...; No existe ninguna person que...** If the main clause takes the subjunctive, have students raise one hand. If the sentence takes the indicative, students should raise both hands. Call on volunteers to complete with a subordinate clause the main clause you provide.

Comunicación

4 **El ideal** En parejas, imaginen cómo es el/la compañero/a ideal en cada una de estas situaciones. Si ya conocen a una persona que tiene las características ideales, también pueden hablar de él/ella. Utilicen el subjuntivo o el indicativo de acuerdo a la situación.

> **MODELO** Lo ideal es hablar con alguien que escuche con mucha atención.

- alguien con quien hablar
- alguien con quien comprar ropa
- alguien con quien estudiar
- alguien con quien hacer ejercicio
- alguien con quien ver películas de amor o de aventura
- alguien con quien viajar por el desierto del Sahara

5 **Anuncios** En parejas, imaginen que trabajan para el diario El País escribiendo anuncios. El jefe les ha dejado algunos mensajes indicándoles qué anuncios deben escribir. Escriban anuncios detallados sobre lo que se busca usando el indicativo o el subjuntivo. Después inventen dos anuncios originales para enseñárselos a la clase.

La familia Pérez busca a su perro Tomás quien se perdió en el parque. Aquí tienen una foto de él.

Miguel y Carlos Solís buscan un guía turístico para su viaje a los volcanes de Guatemala.

6 **Sueños y realidad** En grupos de cuatro, hagan comparaciones sobre lo que ustedes tienen y lo que sueñan tener. Usen las palabras de la lista y añadan sus propias ideas. Recuerden utilizar el indicativo o el subjuntivo según el caso.

yo	buscar	hermano/a
tú	conocer	mascota (*pet*)
nosotros	necesitar	trabajo
ustedes	querer	vecino/a

Los viajes

Teaching Tips

4 Explain that **lo ideal** means *the ideal thing.* Other common phrases using **lo** are **lo mejor** (*the best thing*), **lo peor** (*the worst thing*), and **lo importante** (*the important thing*). The neuter **lo** is covered in detail in **Estructura 9.3**.

5 Students can also do **Actividad 5** wth their books closed. Project Overhead #40, and have them work in pairs.

5 **Culture Note** Have students log in to *El País* online. Explain that it is a prominent newspaper in Spain and the Spanish-speaking world.

6 Record students' answers on the board. Ask students if they notice any similarities or differences in the answers.

NATIONAL STANDARDS
Community Have students go through classified ads from Spanish-language newspapers. What do they notice about the ads? In what ways are they similar to or different from ads in English-language papers?

Informal Writing, Part A Students write a pretend personal ad for a date for the prom. Have them write eight sentences using the subjunctive in adjective clauses to describe the kind of date they are seeking. Tell them: **Ahora van a escribir un anuncio en el cual usan cláusulas con antecedentes inciertos. Por ejemplo, "Prefiero un chico que sepa bailar bien."**

Informal Writing, Part B Read the ads to students, and have them correct any errors. Now students will exchange ads and answer them, pretending to be the ideal date. Say: **Ahora contesten el anuncio, demostrando por qué son la persona ideal. "Soy un chico que baila bien."**

Teaching Tips
• Say several sentences aloud
that use negative or positive
words and have volunteers
change each sentence into
its opposite. Examples: **1.
Siempre estudio para los
exámenes. / No estudio nunca
para los exámenes. 2. No veo
a nadie. / Veo a alguien.**
• Write **alguien** and **nadie**
on the board and survey
students about their travels.
Examples: **¿Alguien ha
viajado a México? No, nadie
ha viajado a México.**
• Use magazine pictures
to compare and contrast
positive and negative words.
Ex: **La señora de la foto tiene
algo en la mano.
¿El señor tiene algo en la
mano también? No, el señor
no tiene nada en la mano.**

**Extra Practice and
Technology Connection**
Go to **descubre3.vhlcentral.
com** for more practice
with negative and positive
expressions.

5.3 Negative and positive expressions

Cocodrilo Éric no le
tiene miedo a nada.

• Negative words (**palabras negativas**) deny something's existence or contradict statements.

Positive expressions	Negative expressions
algo *something; anything*	**nada** *nothing; not anything*
alguien *someone; somebody; anyone*	**nadie** *no one; nobody; not anyone*
alguno/a(s), algún *some; any*	**ninguno/a, ningún** *no; none; not any*
o. . . o *either. . . or*	**ni. . . ni** *neither. . . nor*
siempre *always*	**nunca, jamás** *never; not ever*
también *also; too*	**tampoco** *neither; not either*

• In Spanish, double negatives are perfectly acceptable.

¿Dejaste **algo** en la mesa?
Did you leave something on the table?

No, **no** dejé **nada**.
No, I didn't leave anything.

Siempre tuvimos ganas de viajar
a Costa Rica.
*We always wanted to travel
to Costa Rica.*

Hasta ahora, **no** tuvimos **ninguna**
oportunidad de ir.
*Until now, we had no chance
to go there.*

• Most negative statements use the pattern **no** + [verb] + [negative word]. When the negative
word precedes the verb, **no** is omitted.

No lo extraño **nunca**.
I never miss him.

Nunca lo extraño.
I never miss him.

Su opinión **no** le importa a **nadie**.
His opinion doesn't matter to anyone.

A **nadie** le importa su opinión.
Nobody cares about his opinion.

• Once one negative word appears in an English sentence, no other negative word may be used.
In Spanish, however, once a negative word is used, all other elements must be expressed in the
negative if possible.

No le digas **nada** a **nadie**.
Don't say anything to anyone.

Tampoco hables **nunca** de esto.
Don't ever talk about this either.

No quiero **ni** pasta **ni** pizza.
I don't want pasta or pizza.

Tampoco quiero **nada** para tomar.
I don't want any anything to drink either.

DIFFERENTIATED LEARNING

For Inclusion Give students the opportunity to learn about a
classmate they do not usually work with. Have them take turns
asking one another what they know and do not know about
different parts of the world. Examples: **¿Sabes algo de la cultura
china? Sí, sé algo de la cultura china. / No, no sé nada de la
cultura china.**

To Challenge Students Write negative and positive expressions
on index cards and put them in a hat. Call on volunteers to draw
a card and say a sentence using that expression. Ex: (on the
card) **ni siquiera: Ni siquiera me avisaron de que no venían a
la fiesta.**

- The personal **a** is used before negative and indefinite words that refer to people when they are the direct object of the verb.

Nadie me comprende. ¿Por qué será?
No one understands me. Why is that?

Porque tú no comprendes **a nadie**.
Because you don't understand anybody.

Algunos pasajeros prefieren no desembarcar en los puertos.
Some passengers prefer not to disembark at the ports.

Pues, no conozco **a ninguno** que se quede en el crucero.
Well, I don't know of any who stay on the cruise ship.

- Before a masculine, singular noun, **alguno** and **ninguno** are shortened to **algún** and **ningún**.

¿Ha sufrido **algún** daño en el choque?
Have you suffered any harm in the accident?

Me había puesto el cinturón de seguridad, por lo que no sufrí **ningún** daño.
I had fastened my seatbelt, and so I suffered no injuries.

- **Tampoco** means *neither or not either*. It is the opposite of **también**.

Mi novia no soporta los congestionamientos en el centro, ni yo **tampoco**.
My girlfriend can't stand the traffic jams downtown, and neither can I.

Por eso toma el metro, y yo **también**.
That's why she takes the subway, and so do I.

¿Esto también es de primerísima necesidad?

- The conjunction **o. . . o** (*either. . . or*) is used when there is a choice to be made between two options. **Ni. . . ni** (*neither. . . nor*) is used to negate both options.

Debo hablar **o** con el gerente **o** con la dueña.
I have to speak with either the manager or the owner.

El precio del pasaje **ni** ha subido **ni** ha bajado en los últimos días.
The price of the ticket has neither risen nor fallen in the past days.

- The conjunction **ni siquiera** (*not even*) is used to add emphasis.

Ni siquiera se despidieron antes de salir.
They didn't even say goodbye before they left.

La señora Guzmán no viaja nunca, **ni siquiera** para visitar a sus nietos.
Mrs. Guzmán never travels, not even to visit her grandchildren.

¡ATENCIÓN!

Cualquiera can be used to mean *any, anyone, whoever, whatever, or whichever*. When used before a singular noun (masculine or feminine) the **–a** is dropped.

Cualquiera haría lo mismo.
Anyone would do the same.

Llegarán en cualquier momento.
They will arrive at any moment.

recursos

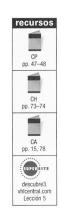

CP
pp. 47–48

CH
pp. 73–74

CA
pp. 15, 78

descubre3.
vhlcentral.com
Lección 5

Teaching Tips
- Point out the use of **ni yo tampoco** after a negative statement. Ex: **Gustavo no pudo ir al cine, ni yo tampoco.**
- Review the use of **también** with **gustar** and similar verbs. Ex: **Me gusta viajar.** ➔ **A mí también.**
- Reiterate that there is no limit to the number of negative words that can be strung together in a sentence in Spanish. Ex: **No hablo con nadie nunca de ningún problema, ni con mi familia ni con mis amigos.**

Los viajes

LEARNING STYLES

For Auditory Learners Write the names of four vacation spots on four large cards and post them on different corners of the room. Ask students to pick their vacation preference by going to one of the corners. Then have each group write five reasons for their choice as well as one complaint about each of the other places using positive and negative words.

For Visual Learners Write sentences like the following on the board and have students complete them with a positive or negative word: **Los vegetarianos no comen carne ___ (nunca). Las madres ___ (siempre) se preocupan por sus hijos. En las fiestas, ella no se divierte, ____ (ni) baila ___ (ni) habla con ____ (nadie).**

Teaching Tips

① Before assigning this activity, go around the room and read each student a sentence using a positive or negative expression. Each student must contradict it, using the opposite expression. Ex: **Nadie de esta clase toma café. Alguien toma café.**

② Point out that students may need to change more than just one word. Encourage them to read each item aloud to themselves to ensure they have made all of the correct changes.

② Remind students that plural forms might change to singular in the negative. Ex: **Algunos** and **todos** change to **ningún** and **nadie.**

③ In pairs, ask students to write brief dialogues for each of the responses shown. Call on volunteers to read their dialogues to the class. Encourage them to be creative.

1 **Comidas típicas** Marlene acaba de regresar de un viaje a Madrid y le fascinó la comida española. Completa su conversación con Frank usando expresiones negativas y positivas. Ten en cuenta que vas a usar dos veces una de ellas.

alguna	ni... ni	o... o
nadie	ningún	tampoco
	nunca	

MARLENE Frank, ¿(1) __alguna__ vez has probado las tapas españolas?

FRANK No, (2) __nunca__ he probado la comida española.

MARLENE ¿De veras? ¿No has probado (3) __ni__ la tortilla de patata (4) __ni__ la paella?

FRANK No, no he comido (5) __ningún__ plato español. (6) __Tampoco__ conozco los ingredientes típicos de la cocina española.

MARLENE Entonces tenemos que salir a comer juntos. ¿Conoces el restaurante llamado Carmela?

FRANK No, no conozco (7) __ningún__ restaurante con ese nombre.

MARLENE (8) __Nadie__ lo conoce. Es nuevo pero es muy bueno. A mí me viene bien que vayamos (9) __o__ el lunes (10) __o__ el jueves que viene.

FRANK El jueves también me viene bien.

2 **El viajero** Imagina que eres un(a) viajero/a un poco especial y estás hablando de lo que no te gusta hacer en los viajes. Cambia las oraciones de positivas a negativas usando las expresiones negativas correspondientes. Sigue el modelo.

> **MODELO** Yo siempre como la comida del país.
> *Nunca como la comida del país.*

1. Cuando voy de viaje, siempre compro algunos regalos típicos.
   Cuando voy de de viaje, nunca compro ningún regalo típico.
2. A mí también me gusta visitar todos los lugares turísticos.
   A mí tampoco me gusta visitar ningún lugar turístico.
3. Yo siempre hablo el idioma del país con todo el mundo.
   Yo nunca hablo el idioma del país con nadie.
4. Normalmente, o alquilo un coche o alquilo una motocicleta.
   Normalmente, ni alquilo un carro ni alquilo una motocicleta.
5. Siempre intento visitar a algún conocido de mi familia.
   Nunca intento visitar a ningún conocido de mi familia.
6. Cuando visito un lugar nuevo, siempre hago algunos amigos.
   Cuando visito un lugar nuevo, nunca hago amigos.

3 **Argumento** En parejas, escriban los argumentos que provocarían estas respuestas.

For Inclusion Give small groups five minutes to write a description of **un(a) señor(a) muy, pero muy antipático/a.** Tell students to use as many positive and negative words as possible to describe what makes this person so unpleasant. Suggest that students use one minute to discuss how they will approach their description.

Heritage Speakers Ask heritage speakers to talk about any regular trips they take with their family to their family's home country. Have them use negative and positive expressions. Ex: **Siempre vamos a la casa de mi abuela para las Navidades.**

Comunicación

4 **Escena** En grupos de tres, miren la foto y escriban una conversación entre un(a) hijo/a adolescente y sus padres usando expresiones positivas y negativas. Luego representen la conversación que escribieron ante la clase.

MODELO

> **HIJA** ¿Por qué siempre desconfían de mí?
> No soy ninguna mentirosa y mis amigos tampoco lo son.
> No tienen ninguna razón para preocuparse.
> **MAMÁ** Sí hija, muy bien, pero recuerda que....

5 **Síntesis** La tormenta tropical Alberto azota (*is hitting*) las costas de Florida. Tú y un(a) compañero/a deben cubrir esta noticia para un programa de televisión. Uno/a de ustedes es el/la corresponsal y la otra persona es el/la conductor(a) del programa. Siguiendo el modelo, escriban una conversación sobre el alcance del desastre y las consecuencias para el turismo y para la gente local. Usen comparativos/superlativos, subjuntivos en oraciones subordinadas adjetivas y expresiones negativas y positivas.

MODELO

> **CONDUCTOR** Cuéntanos, Juan Francisco, ¿cómo es la tormenta?
> **CORRESPONSAL** ¡Nunca he visto una tormenta tan destructiva! ¡No hay casas que puedan soportar vientos tan fuertes!
> **CONDUCTOR** ¡Pero no es posible que el viento sea más fuerte que durante la tormenta Ximena en 1996!
> **CORRESPONSAL** Siempre dicen que esa tormenta fue la más fuerte, pero les aseguro que ésta es peor.

For additional cumulative practice of all the grammar points in this lesson, go to **descubre3.vhlcentral.com**.

Teaching Tips

4 As a follow-up activity, have students describe an argument they had with their own parents. What was the fight about? How was it resolved?

5 Have students work in pairs to prepare a mock interview with a resident of the Florida coast. Then have students perform their interviews for the class. Encourage them to bring in props and other visual aids (an umbrella, a rain jacket, a microphone).

• Hand out a copy of an article from a Spanish newspaper travel section. Have students use two different color pens and underline examples of negative expressions in one color and positive expressions in another. Then, with a partner, have them compare what they have found.

LEARNING STYLES

For Kinesthetic Learners For homework, have students create a survey regarding their classmates' travel preferences. In their survey, students should create a series of statements to which their classmates may answer **siempre, a veces,** or **nunca**. Ex: **Me quedo en un hotel de buena categoría.** Have students circulate around the room and discuss the responses.

For Auditory Learners Create sentences using positive expressions. Say the sentence and have students repeat it. Then state the counterpart negative expression. Have students say the new sentence, making all of the necessary changes. Ex: **Alguien me robó el pasaporte. (nadie) Nadie me robó el pasaporte.**

Antes de ver el corto

EL ANILLO

país Puerto Rico
duración 8 minutos
director Coraly Santaliz Pérez

protagonistas la prometida, Arnaldo (su novio), el vagabundo, el dueño del restaurante, el empleado del restaurante, la novia del empleado, la anfitriona, la senadora

Vocabulario

el anillo *ring*	**echar** *to throw away*
el azar *chance*	**enganchar** *to get caught*
botar *to throw… out*	**la manga** *sleeve*
botarse *(P. Rico; Cuba) to outdo oneself*	**la sortija** *ring*
la casualidad *chance; coincidence*	**el tapón** *traffic jam*
el diamante *diamond*	**tirar** *to throw*

1 **Definiciones** Conecta cada oración con la palabra correspondiente.

<u>d</u> 1. Forma parte de una camisa.
<u>e</u> 2. Sucede cuando hay mucho tráfico o cuando hay un accidente.
<u>g</u> 3. Es un sinónimo de anillo.
<u>a</u> 4. Es un conjunto de acontecimientos que ocurren por casualidad.
<u>b</u> 5. Puede pasar esto si andas en bicicleta con pantalones muy anchos (*wide*).

a. azar
b. enganchar
c. diamante
d. manga
e. tapón
g. sortija
h. tirar

2 **Preguntas** En parejas, contesten las preguntas.
1. ¿Alguna vez perdieron algo de mucho valor? ¿Lo encontraron?
2. ¿Encontraron algo valioso en alguna ocasión? ¿Qué hicieron?
3. ¿Pierden cosas a menudo?
4. Imaginen que encuentran tirado un anillo de diamantes. ¿Qué hacen?

3 **Un anillo** En parejas, miren la fotografía del cortometraje e imaginen lo que va a ocurrir en la historia. Compartan sus ideas con la clase.

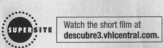

SUPERSITE Watch the short film at
descubre3.vhlcentral.com.

El Anillo

Premio al mejor guión en First Short Film Competition, patrocinado por The Film Foundation, Inc.

Producción Ejecutiva LUIS J. CRUZ ESPINETA "THE FILM FOUNDATION, INC."
Guión, Edición y Dirección CORALY SANTALIZ PÉREZ Producción CORALY SANTALIZ PÉREZ / JAN G. SANTIAGO ECHANDI
Dirección de Fotografía CARLOS J. ZAYAS PLAZA Música WALTER MORCIGLIO
Diseño de Sonido WALTER SANTALIZ Actores GERARDO ORTIZ / ANNETTE SANTALIZ / JOSÉ JORGE MEDINA /
SASHA BETANCOURT / ANDRÉS SANTIAGO / VIVIANA FUSARO / ELIA ENID CADILLA

Los viajes

Teaching Tips
Previewing Strategy Tell students that the cortometraje deals with the theme of chance and coincidence.
• Ask students to name other movies where things happen by chance. (Possible answers: *Sliding Door; Run, Lola, Run; Groundhog Day; Magnolia*)
• Have students look carefully at the poster for the **cortometraje**. Ask: **¿Cómo se siente el hombre en la foto? ¿En qué está pensando? ¿De quién es el anillo? ¿Quién es la pareja?** Answers will vary.

CRITICAL THINKING

Knowledge Have students define *coincidence* (**la casualidad**) in their own words (**la combinanción de circunstancias, eventos inesperados o imprevistos**). Call on volunteers to write their definitions on the board. Then ask how it might be different from *fate* (**el destino; los acontecimientos que no cambian por una fuerza desconocida**).

Comprehension Have students work in small groups to discuss the role of coincidence and fate in their lives. Ask: **¿Crees en la casualidad o en el destino? Da ejemplos de tu vida personal para justificar tu respuesta.**

Video Synopsis A woman leaves her diamond ring at a party and it ends up in the hands of many people: a homeless person, a restaurant employee, and a senator. After a series of mishaps, the original owner gets it back without ever realizing it had been missing.

Previewing Strategy In pairs, ask students to cover the captions and look only at the photos. Have them invent their own captions based on the visual clues. After they have watched the short film, ask the same pairs to explain how their own captions were accurate and how they were not.

Escenas

ARGUMENTO Una prometida pierde su anillo de compromiso que va pasando de persona a persona por azar.

INVITADA Nena, ¡qué bello ese anillo! Arnaldo se botó.
PROMETIDA Sí, lo sé. Permiso. Voy al baño.
(La prometida olvida el anillo que termina en manos de un vagabundo por azar.)

DUEÑO ¿Cuántas veces te tengo que botar? ¿Eh?
VAGABUNDO Quiero algo de comer. Además me encontré una sortija de diamantes. Deja que la veas. Pero si estaba aquí. Pero, ¡te lo juro que estaba aquí!

(El vagabundo pierde el anillo. Lo encuentra el empleado del restaurante, que se lo lleva a su casa. Su novia cree que le está pidiendo matrimonio.)
NOVIA ¡No lo puedo creer, mi amor! ¡Te botaste! Sí, sí. ¡Me caso contigo! Tengo que llamar a mami.

EMPLEADO Yo no la compré. No, no. Yo estaba limpiando en el restaurante y me la encontré, ¿sabes? Esto nos resuelve porque vale, ¡vale pesos! La podemos vender.

NOVIA ¿Eso es todo lo que a ti te importa?
EMPLEADO Pero mi amor, no te pongas así, chica. ¿Qué tú estás haciendo? ¡No! ¿Qué tú haces?

(La senadora llega a una fiesta con el anillo enganchado en el bolso.)
ANFITRIONA ¡Senadora!
SENADORA Buenas noches.
ANFITRIONA ¡Al fin llegó!
SENADORA Es que había un tapón terrible.

190 *ciento noventa*

Lección 5

CRITICAL THINKING

Application Divide the class into small groups. Have students use their own experiences to infer how each of the characters from the film might be feeling when they find the ring. You may want to replay the film, pausing at key scenes to stimulate class discussion.

Analysis Have students work in pairs to write on separate strips of paper ten sentences summarizing the events of the video. Then have them give the strips of paper to other pairs to put in chronological order.

Después de ver el corto

1 **Comprensión** Contesta las preguntas con oraciones completas.

1. ¿Quién compró el anillo y para quién?
   Arnaldo compró el anillo para su prometida.
2. ¿Cómo llega el anillo por primera vez a la calle?
   El anillo se engancha en la manga de una invitada y se le cae en la calle.
3. ¿Adónde va el vagabundo cuando encuentra el anillo?
   El vagabundo va a un restaurante para comer.
4. ¿Quién encuentra el anillo cuando lo pierde el vagabundo?
   Lo encuentra el empleado del restaurante.
5. ¿Qué piensa la novia del empleado al ver el anillo?
   Piensa que su novio le está pidiendo que se case con él.
6. ¿Qué quiere hacer el empleado del restaurante con el anillo?
   El quiere venderlo para tener dinero. Ella lo tira por la ventana.
7. ¿Qué hace la novia al ver que no era un anillo comprado para ella?
   Ella lo tira por la ventana.
8. ¿Dónde cae el anillo esta vez?
   El anillo cae sobre el carro de una senadora.
9. ¿Adónde va la senadora?
   La senadora va a la fiesta.
10. ¿Dónde encuentra la prometida su anillo?
    La prometida encuentra su anillo en el cuarto de baño.

2 **Ampliación** Contesta las preguntas con oraciones completas.

1. En tu opinión, ¿cómo es la prometida? ¿Por qué?
2. ¿Por qué crees que el dueño del restaurante no deja entrar al vagabundo?
3. ¿Crees que realmente había un tapón de tráfico o crees que la senadora llegó tarde a propósito?
4. Imagina que la prometida vuelve a dejar el anillo en el cuarto de baño. ¿Qué sucede esta vez?
5. ¿Crees en las casualidades? ¿Por qué?

3 **Cita** Al principio del corto, aparece una cita de Fernando Galiano. En parejas, lean la traducción de la cita. ¿Están de acuerdo con lo que dice? ¿Por qué? Den ejemplos de situaciones que apoyen su postura.

> "Si el mundo realmente estuviera regido por el azar,
> no habría injusticias porque el azar es justo."
>
> — Fernando Galiano

4 **Me encontré un anillo** En parejas, imagínense que uno de estos dos personajes se queda con (*keeps*) el anillo. Imaginen cómo cambia la vida del personaje durante los próximos seis meses. Luego compartan la historia con la clase.

VAGABUNDO   **EMPLEADO DEL RESTAURANTE**

Teaching Tips

1 Ask additional comprehension questions. Examples: **¿Cómo reacciona el empleado del restaurante al ver al vagabundo? ¿La senadora sabía que tenía un anillo enganchado en la bolsa?**

2 For item 3, ask volunteers to describe excuses they have used in order to avoid a commitment. If students have trouble thinking of examples, share one of your own.

3 Explain to students that this quote contains the past subjunctive and the conditional tense. These grammar points will be covered in **Estructura 8.1** and **8.2**.

4 Have pairs create two columns (**antes** and **después**) under which they list different characteristics. Remind students to use the imperfect tense to describe how the characters used to be.

CRITICAL THINKING

Synthesis Ask students to work in pairs and rewrite the story's ending. Have students share their alternative endings with the class. Then take a class vote. You might want to create categories: most creative, most realistic ending, most absurd, etc.

Evaluation Have students assess the tone and genre of *El anillo* compared to their original predictions and previous films viewed in class. This will help students make connections among films as well as practice comparative forms taught in **Estructura 5.1**.

192

Section Goals

In **Lecturas**, students will:
• learn about **Gabriel García Márquez** and **el realismo mágico** and read his short story **La luz es como el agua**
• learn about **la ruta maya**

Instructional Resources
Cuaderno de práctica, p. 49
Cuaderno para hispanohablantes, pp. 75–78
Supersite: Additional practice

Teaching Tips

• For **Sobre el autor,** ask: **¿Los viajes de un(a) artista influyen en sus obras? ¿Cómo?** Have students give examples.
• For **Palabras relacionadas,** have students explain what the three remaining words have in common.
• For **Conexión personal,** ask questions like: **¿Viajabas mucho cuando eras niño/a? ¿Cómo crees que tu percepción de un lugar cambia con la edad?**

NATIONAL STANDARDS

Connections: Literature
For advanced classes, have students read and analyze additional examples of magical realism by **García Márquez** or other writers.

Antes de leer

La luz es como el agua

Sobre el autor

Nacido en 1928 en Aracataca, un pequeño pueblo cerca del Mar Caribe, **Gabriel García Márquez** fue criado por sus abuelos entre mitos, leyendas y libros fantásticos. Eso fue construyendo la base de su futura obra narrativa. Comenzó a estudiar derecho pero lo abandonó para dedicarse al periodismo. Como corresponsal en Italia, viajó por toda Europa. Vivió en diferentes lugares y escribió guiones (*scripts*) cinematográficos, cuentos y novelas. En 1967 publicó su novela más famosa, *Cien años de soledad,* cuya acción transcurre en el mítico pueblo de Macondo. En 1982 se le concedió el premio Nobel de Literatura. De su libro *Doce cuentos peregrinos* (al que pertenece el cuento *La luz es como el agua*) dijo que surgió (*came about*) porque quería escribir "sobre las cosas extrañas que les suceden a los latinoamericanos en Europa".

Vocabulario

ahogado/a *drowned*	el faro *lighthouse; beacon*	la popa *stern*
la bahía *bay*	flotar *to float*	la proa *bow*
el bote *boat*	el muelle *pier*	el remo *oar*
la cascada *cascade; waterfall*	la pesca *fishing*	el tiburón *shark*

 Palabras relacionadas Indica la palabra que no pertenece al grupo.

1. bote	2. brújula	3. pesca	4. popa	5. muelle
remo	(servidumbre)	buceo	(penas)	flotar
(sótano)	puerto	tiburones	cascada	(zaguán)
navegar	proa	(agujas)	bahía	ahogado

Conexión personal Cuando eras niño, ¿te gustaba soñar con viajes a lugares imposibles? ¿Sigues soñando o imaginando viajes a lugares fantásticos o imposibles? ¿Alguna vez viviste en un país extranjero? ¿Qué cosas extrañabas?

Análisis literario: el realismo mágico

El realismo mágico es una síntesis entre el realismo y la literatura fantástica. Muchos escritores latinoamericanos, como Gabriel García Márquez y Carlos Fuentes, incorporan elementos fantásticos al mundo cotidiano de los personajes, que aceptan la magia y la fantasía como normales. En el realismo mágico, lo real se torna mágico, lo maravilloso es parte de lo cotidiano y no se cuestiona la lógica de lo fantástico. Uno de los precursores del género, Alejo Carpentier, explicó que "En América Latina, lo maravilloso se encuentra en vuelta de cada esquina, en el desorden, en lo pintoresco de nuestras ciudades, ... en nuestra naturaleza y... también en nuestra historia". Presta atención a la representación de la realidad en el cuento.

CRITICAL THINKING

Application and Analysis Ask students to think back to their childhood. Ask: **¿Qué importancia tiene la fantasía para los niños? ¿Tenían amigos imaginarios de niños/as? ¿Creaban mundos ficticios?** Tell them to jot down their answers. Once students have read *La luz es como el agua,* have them make personal connections with the story.

Knowledge and Comprehension Have students research the respective climates and landscapes of Cartagena de Indias and Madrid on the Internet. Ask students to guess how this information might be important to the story. This preview activity will help guide students' reading and comprehension of the story.

Altamar, 2000.
Graciela Rodo Boulanger. Bolivia.

La luz es como el agua

Gabriel García Márquez

En Navidad los niños volvieron a pedir un bote de remos.

—De acuerdo —dijo el papá, lo compraremos cuando volvamos a Cartagena.

⁵ Totó, de nueve años, y Joel, de siete, estaban más decididos de lo que sus padres creían.

—No —dijeron a coro—. Nos hace falta ahora y aquí.

—Para empezar —dijo la madre—, aquí no ¹⁰ hay más aguas navegables que la que sale de la ducha°.

Tanto ella como el esposo tenían razón. En la casa de Cartagena de Indias había un patio con un muelle sobre la bahía, y un refugio para dos yates grandes. En cambio aquí en Madrid ¹⁵ vivían apretados° en el piso quinto del número 47 del Paseo de la Castellana. Pero al final ni él ni ella pudieron negarse, porque les habían prometido un bote de remos con su sextante y su brújula si se ganaban el laurel del tercer ²⁰ año de primaria, y se lo habían ganado. Así que el papá compró todo sin decirle nada a su esposa, que era la más reacia° a pagar deudas de juego. Era un precioso bote de aluminio con un hilo dorado en la línea de flotación. ²⁵

—El bote está en el garaje —reveló el papá

shower (line 11)

tight (line 15)

reluctant (line 23)

Los viajes

ciento noventa y tres **193**

Analysis Tell students to look at the artwork. Ask them what the relationship between the figures on the boat might be to the figures in the water. (Possible answers: *The figures in the boat are rescuing those in the water; the figures swimming are experiencing the water in a more intimate way than those in the boat.*)

Synthesis Have students work in small groups to create personalities for the different figures represented in the painting. Then have them write a dialogue in which the characters discuss their points of view on the importance of travel. Have groups perform their dialogues for the class.

Teaching Tips
• Tell students to look at the artwork. Ask: **¿Cómo son los personajes de este cuadro? ¿Qué crees que opina el artista sobre los viajes?**
• Ask students what the memories of trips they have taken mean to them. Ask: **¿Crees que un viaje puede cambiar la vida? ¿Conocer otro lugar te hace apreciar más tu casa?**

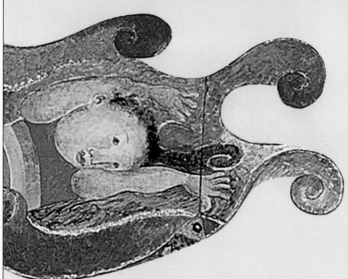

en el almuerzo—. El problema es que no hay cómo subirlo ni por el ascensor ni por la escalera, y en el garaje no hay más espacio 30 disponible.

Sin embargo, la tarde del sábado siguiente los niños invitaron a sus condiscípulos° para subir el bote por las escaleras, y lograron llevarlo hasta el cuarto de servicio.

35 —Felicitaciones —les dijo el papá—, ¿ahora qué?

—Ahora nada —dijeron los niños—. Lo único que queríamos era tener el bote en el cuarto, y ya está.

40 La noche del miércoles, como todos los miércoles, los padres se fueron al cine. Los niños, dueños y señores de la casa, cerraron puertas y ventanas, y rompieron la bombilla encendida de una lámpara de la sala. Un chorro° de luz dorada y fresca como el agua empezó a salir de la bombilla° rota, y lo dejaron correr hasta que el nivel llegó a cuatro palmos. Entonces cortaron la corriente°, sacaron el bote, y navegaron a placer° por 50 entre las islas de la casa.

Esta aventura fabulosa fue el resultado de una ligereza° mía cuando participaba en un seminario sobre la poesía de los utensilios domésticos. Totó me preguntó cómo era que 55 la luz se encendía con sólo apretar un botón, y

schoolmates

spurt
electric light bulb

current
at one's pleasure

lightness

yo no tuve el valor de pensarlo dos veces.

—La luz es como el agua —le contesté: uno abre el grifo°, y sale.

faucet

De modo que siguieron navegando los miércoles en la noche, aprendiendo el 60 manejo del sextante y la brújula, hasta que los padres regresaban del cine y los encontraban dormidos como ángeles de tierra firme. Meses después, ansiosos de ir más lejos, pidieron un equipo de pesca submarina. Con todo: 65 máscaras, aletas, tanques y escopetas de aire comprimido.

—Está mal que tengan en el cuarto de servicio un bote de remos que no les sirve para nada —dijo el padre—. Pero está peor que quieran 70 tener además equipos de buceo.

—¿Y si nos ganamos la gardenia de oro del primer semestre? —dijo Joel.

—No —dijo la madre, asustada—. Ya no más. 75

El padre le reprochó su intransigencia.

—Es que estos niños no se ganan ni un clavo por cumplir con su deber —dijo ella—, pero por un capricho son capaces de ganarse hasta la silla del maestro. 80

Los padres no dijeron al fin ni que sí ni que no. Pero Totó y Joel, que habían sido los últimos en los dos años anteriores, se ganaron en julio las dos gardenias de oro y el reconocimiento público del rector. Esa misma tarde, sin que 85 hubieran vuelto a pedirlos, encontraron en el dormitorio los equipos de buzos en su empaque original. De modo que el miércoles siguiente, mientras los padres veían *El último tango en París*, llenaron el apartamento hasta 90 la altura de dos brazas, bucearon como tiburones mansos° por debajo de los muebles y las camas, y rescataron del fondo° de la luz las cosas que durante años se habían perdido en la oscuridad. 95

En la premiación° final los hermanos fueron aclamados como ejemplo para la escuela, y les

tame
bottom

award ceremony

dieron diplomas de excelencia. Esta vez no
100 tuvieron que pedir nada, porque los padres
les preguntaron qué querían. Ellos fueron
tan razonables, que sólo quisieron una fiesta
to entertain en casa para agasajar° a los compañeros de
curso.
105 El papá, a solas con su mujer, estaba radiante.
—Es una prueba de madurez —dijo.
—Dios te oiga —dijo la madre.
El miércoles siguiente, mientras los padres
veían *La Batalla de Argel*, la gente que pasó
110 por la Castellana vio una cascada de luz que
caía de un viejo edificio escondido entre los
árboles. Salía por los balcones, se derramaba
poured out in a raudales° por la fachada°, y se encauzó° por
abundance/ la gran avenida en un torrente dorado que
façade/channeled
115 iluminó la ciudad hasta el Guadarrama.
Llamados de urgencia, los bomberos forzaron
la puerta del quinto piso, y encontraron la casa
overflowed rebosada° de luz hasta el techo. El sofá y los
sillones forrados en piel de leopardo flotaban
120 en la sala a distintos niveles, entre las botellas
del bar y el piano de cola y su mantón de
Manila que aleteaba a media agua como una
mantarraya de oro. Los utensilios domésticos,
en la plenitud de su poesía, volaban con sus
125 propias alas por el cielo de la cocina. Los
instrumentos de la banda de guerra, que los
adrift niños usaban para bailar, flotaban al garete°
entre los peces de colores liberados de la
pecera de mamá, que eran los únicos que

flotaban vivos y felices en la vasta ciénaga° 130 *marsh*
iluminada. En el cuarto de baño flotaban los
cepillos de dientes de todos, los preservativos
de papá, los pomos° de cremas y la dentadura *flasks*
de repuesto de mamá, y el televisor de la
alcoba° principal flotaba de costado, todavía 135 *bedroom*
encendido en el último episodio de la película
de media noche prohibida para niños.
Al final del corredor, flotando entre dos
aguas, Totó estaba sentado en la popa del
bote, aferrado a los remos y con la máscara 140
puesta, buscando el faro del puerto hasta
donde le alcanzó el aire de los tanques, y Joel
flotaba en la proa buscando todavía la altura
de la estrella polar con el sextante, y flotaban
por toda la casa sus treinta y siete compañeros 145
de clase, eternizados en el instante de hacer
pipí° en la maceta° de geranios, de cantar el *to pee/flowerpot*
himno de la escuela con la letra cambiada por
versos de burla contra el rector, de beberse
a escondidas un vaso de brandy de la botella 150
de papá. Pues habían abierto tantas luces al
mismo tiempo que la casa se había rebosado,
y todo el cuarto año elemental de la escuela de
San Julián el Hospitalario se había ahogado en
el piso quinto del número 47 del Paseo de la 155
Castellana. En Madrid de España, una ciudad
remota de veranos ardientes y vientos helados,
sin mar ni río, y cuyos aborígenes° de tierra *natives*
firme nunca fueron maestros en la ciencia de
navegar en la luz. ■ 160

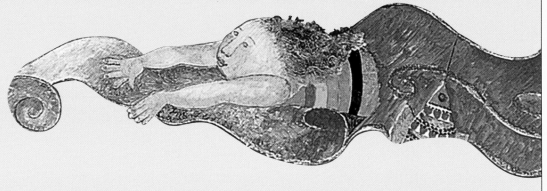

Expansion
• Break the story into sections.
Have students write the main
ideas of one section at a
time, including references to
real and magical elements.
• To guide students'
comprehension, have them
scan the **Después de leer**
activities before they begin
reading the story. This
will help them know what
elements to look for as
they read.
• Tell students to look for
temporal markers to guide
them through the story;
e.g., **en Navidad, al fin, el
miércoles siguiente**, etc.
• Have students create two
columns in their notebook.
In the right-hand column,
have them take notes about
the text (setting, characters,
questions, etc.). In the left-
hand column, have them
make personal connections
with the text (moments
when they empathize with
characters, anecdotes,
illustrations). This is a great
way for visual learners to
approach a difficult text.

CRITICAL THINKING

Comprehension Once students have read the story, have
them work with a classmate. Tell them to describe each of the
different "trips" that **Totó** and **Joel** took sailing on the light. Have
them explain in their own words how each trip differs from the
next, and how the final "trip" may have changed the characters'
lives.

Application and Analysis Have students read the last line of the
story to themselves. Then have them share their interpretations
and opinions. Is it open ended? What does the narrator mean by
the **"ciencia de navegar en la luz"**? Can a fantastical idea also
be considered a science? Tell students to apply their knowledge
of magical realism.

Después de leer

La luz es como el agua
Gabriel García Márquez

Teaching Tips

① Call on volunteers to write the corrected statements on the board.

② Before completing the activity, review and discuss the concept of magical realism. Reiterate that the mixture of real and magical elements is often used in Latin American literature to reflect the notion that exotic landscapes and forces of nature are present in everyday life.

③ Ask additional questions, such as: **¿Qué importancia tiene el hecho de que los padres van al cine cuando los niños se quedan solos en casa? ¿Por qué creen que el autor nos da los títulos de las películas?** (Possible answers: **Los padres también entran en su propio mundo fantástico, a través del cine. Los títulos reflejan el realismo.**)

④ Expansion Have students write the official report issued by the fire department explaining what happened to the children.

① **Comprensión** Indica si las oraciones son **ciertas** o **falsas**. Corrige las falsas.

1. La acción transcurre en Cartagena.
   Falso. La acción transcurre en Madrid.
2. Totó y Joel dicen que quieren el bote para pasear con sus compañeros en el río.
   Falso. Los niños dicen que lo único que quieren es tener el bote en el cuarto.
3. Los padres van todos los miércoles a la noche al cine.
   Cierto.
4. Los niños inundan la casa con agua del grifo.
   Falso. Inundan la casa con luz de la bombilla de una lámpara de la sala.
5. Los únicos que sobreviven a la inundación son los peces de colores.
   Cierto.
6. El que le sugiere a Totó la idea de que la luz es como el agua es su papá.
   Falso. El que le dice eso es el narrador.

② **Análisis** En parejas, relean la definición de realismo mágico y luego respondan las preguntas.

1. Los niños navegan "entre las islas de la casa". ¿Qué son las islas del apartamento?
2. ¿Qué significa la frase "rescataron del fondo de la luz las cosas que durante años se habían perdido en la oscuridad"? En la realidad, ¿les parece que la luz tiene fondo? En este relato, ¿cuál es el fondo de la luz?
3. Repasa el significado de **comparación (Lección 4)**. ¿Se usan comparaciones en este relato? Escríbanlas y expliquen cómo proporcionan mayor expresividad.

③ **Interpretación** Responde las preguntas con oraciones completas.

1. ¿Por qué te parece que teniendo una gran casa en Cartagena viven en Madrid en un pequeño apartamento? ¿Cuáles crees que podrían ser las causas?
2. El narrador señala que toda la aventura de los niños es consecuencia de una "ligereza" suya, porque "no tuvo el valor de pensarlo dos veces". ¿Por qué te parece que dice eso? ¿Qué opinas tú de su respuesta? ¿Crees que él es culpable de lo que ocurre después?
3. Los niños aprovechan que sus padres no están para inundar el apartamento y guardan el secreto; sólo se lo cuentan a sus compañeros. ¿Por qué hacen eso? ¿Puedes establecer algún paralelo entre ir al cine y navegar con la luz?

④ **Entrevista** En grupos de cuatro, preparen una entrevista con el primer bombero que entró en el apartamento inundado. Un(a) de ustedes es el/la reportero/a y el resto son bomberos. Hablen sobre las causas y consecuencias del accidente y usen lenguaje objetivo y preciso. Luego representen la entrevista frente a la clase.

⑤ **Bitácoras de viaje** Utilizando el realismo mágico, describe en una bitácora de viaje (*travel log*) un día de un viaje especial. Describe adónde fuiste, qué hiciste, con quién fuiste y por qué fue especial. Describe elementos maravillosos de tu viaje y presenta detalles mágicos como si fueran normales.

196 *ciento noventa y seis*

Lección 5

Synthesis Have students consider how this story might be different if Totó and Joel's parents knew about their magical trips. Would these trips have been possible? What qualities do children possess that allow them to access the fantasy world more easily than adults? You might divide the class into small groups to discuss these topics, circulating around the room to ask additional questions or make suggestions.

Evaluation Tell students to choose three quotes or descriptions from the story that are representative of magical realism. Students should be able to support how these passages combine fantasy and daily life based on their understanding of this literary tool. It may be helpful for students to think of other art that combines these elements.

Antes de leer

Vocabulario

el apogeo *height; highest level*	**el mito** *myth*
el artefacto *artifact*	**la pared** *wall*
el campo *ball field*	**la piedra** *stone*
el/la dios(a) *god/godess*	**la pirámide** *pyramid*
el juego de pelota *ball game*	**la ruta maya** *the Mayan Trail*
la leyenda *legend*	

Tikal Completa las oraciones con las palabras apropiadas.

1. Tikal, antiguamente una gran ciudad, es ahora una impresionante colección de ruinas que se encuentra en la ___ruta maya___ de Guatemala.

2. Hay seis ___pirámides___ en el centro de la ciudad. Son los edificios más grandes de Tikal.

3. En la misma zona hay varios ___campos___ donde se jugaba al ___juego de pelota___.

4. Durante sus excavaciones, los arqueólogos han encontrado ___artefactos___ fascinantes, como esculturas y monumentos de ___piedra___.

Conexión personal ¿Cuál es la ruta más interesante que has recorrido? ¿Fue un viaje organizado o lo planeaste con tu familia?

Contexto cultural

Campo de pelota en Chichén Itzá

En la cultura maya, el deporte era a veces cuestión de vida y muerte. El juego de pelota se jugó durante más de 3.000 años en un campo entre muros (*stone walls*) con una pelota de goma (*rubber*) dura y mucha protección para el cuerpo de los jugadores. Era un juego muy violento y acababa a veces en un sacrificio ritual, posiblemente la decapitación (*beheading*) de algunos jugadores. Cuenta la leyenda que los hermanos gemelos (*twins*) Ixbalanqué y Hunahpú eran tan aficionados al juego que enojaron a los dioses de la muerte, los señores de Xibalbá, con el ruido (*noise*) que hacían con las pelotas. Los señores de Xibalbá controlaban un mundo subterráneo, al que se llegaba por una cueva (*cave*). Todo individuo que entraba en Xibalbá pasaba por una serie de pruebas y trampas (*traps*) peligrosas como cruzar (*cross*) un río de escorpiones, entrar en una casa llena de cuchillos en movimiento y participar en un juego mortal de pelota. Los gemelos usaron su habilidad atlética, su inteligencia y la magia para vencer (*defeat*) a los dioses y transformarse en el sol y la luna. Por eso, entre los mayas el juego era una competencia entre fuerzas enemigas como el bien y el mal o la luz y la oscuridad.

- Use a classroom map to point out the modern-day countries the Mayans inhabited (Mexico, Guatemala, Belize, El Salvador, and Honduras). Explain that Belize is a former English colony and not a Spanish-speaking country.
- Encourage students to keep a list of key words and phrases as they read. If they have any questions as they read, have them note the line numbers for later reference.
- After students read the first paragraph, ask them to identify the main idea of the article. (Possible answer: **La ruta maya de hoy en día incluye los restos de los campos de pelota, una representación de la cultura y el deporte de esta civilización antigua.**)
- Find out if any students have visited Mayan ruins. If so, have them share details about their trip and experience.

APOGEO MAYA

Uxmal
600-900 d.C.

Chichén Itzá
967-987 d.C.

Tikal
250-800 d.C.

Copán
300-900 d.C.

La ruta maya

Los mayas, investigadores de ciencias y matemáticas y destacados° — *outstanding*
arquitectos de espacios monumentales, han dejado evidencia de
un mundo ilustre e intelectual que todavía brilla hoy día. En su
momento de mayor extensión, el territorio maya incluía partes
de lo que ahora es México, Guatemala, Belice, El Salvador y ⁵
Honduras. Una imaginaria ruta maya une estos lugares dispersos,
atravesando° siglos y países, y revela restos de una gran civilización. — *crossing*
La ruta pasa por selva y ciudad, por vegetación exuberante y por

198 *ciento noventa y ocho*

Lección 5

CRITICAL THINKING

Analysis Before reading, have students look at the map entitled **Apogeo maya**. Ask students to predict what the different points might represent. (Answer: the locations and dates of different Mayan ball courts where the **juego de pelota** was played.)

Synthesis Call on volunteers to complete a timeline on the board, based on the reading and illustration. The timeline should include the different ball courts and the dates when each type of ball court was at its height. Explain that **a.C.** is the abbreviation for **antes de Cristo,** or B.C. or B.C.E. in English, also known as Before the Common Era.

ruinas que resisten y también muestran el
10 paso del tiempo. El viajero puede lugares
y numerosos caminos. Sin embargo, hay
un itinerario particular que conecta la
arquitectura, la cultura y el deporte a través
del tiempo y el espacio: la ruta de los campos
due to 15 de pelota. Debido al° enorme valor cultural
del juego, se construyeron canchas en casi
todas las poblaciones importantes, incluyendo
las espléndidas construcciones de Copán y
Chichén Itzá. La ruta que pasa por algunos
unearths 20 de los 700 campos de pelota desentierra°
maravillas arqueológicas.

En la densa selva en el oeste de Honduras,
arises cerca de la frontera con Guatemala, surge°
Copán, donde gobernaron varias dinastías
stands 25 de reyes. Entre las ruinas permanece° un
elegantísimo campo de pelota, una cancha
dressing room que tenía hasta vestuarios° para los jugadores.
Grandes paredes, adornadas de esculturas
parrots/surround de loros°, rodean° el campo más artístico de
30 Mesoamérica. En Copán vivía una élite de
sculpted artesanos y nobles que esculpían° y escribían
stone en piedra°. Por eso, se concentran en Copán
sculptures/steles la mayor cantidad de esculturas° y estelas°
stone tablets —monumentos de figuras y lápidas° con

Chichén Itzá

El más impresionante de los campos
de pelota se encuentra en Chichén Itzá
en Yucatán, México. En su período de
esplendor, Chichén Itzá era el centro de
poder de Mesoamérica. Actualmente es uno 45
de los sitios arqueológicos más importantes
del mundo. La gran pirámide, conocida con
el nombre *El Castillo*, era un rascacielos° *skyscraper*
en su época. Con escaleras que suben a la
cumbre° por los cuatro lados, El Castillo 50 *peak*
sirvió de templo del dios Kukulcán. Hay
varias canchas de pelota en Chichén Itzá,
pero la más grandiosa y espectacular se llama
el Gran Juego de Pelota. A pesar de medir° *measuring*
166 por 68 metros (181 por 74 yardas), la 55
acústica es tan magnífica que sirve de modelo
para teatros: un susurro° se puede oír de un *whisper*
extremo al otro. Mientras competían, los
jugadores sentían la presión de las esculturas
que adornaban las paredes, las cuales 60
muestran a unos jugadores decapitando a
otros. El peligro era un recordatorio° de que *reminder*
el juego era también una ceremonia solemne
y el campo, un templo.

Esta ruta maya continúa por campos 65
como el de Uxmal en Yucatán, México,
donde se pueden apreciar grandes logros° *achievements*
arquitectónicos. En todos ellos, se oyen las
voces lejanas de la civilización maya, ecos que
nos hacen viajar por el tiempo y despiertan 70
la imaginación. ∎

Mesoamérica

La región de Mesoamérica empieza en el centro de
México y llega hasta la frontera entre Nicaragua y
Costa Rica. Aquí vivían sociedades agrarias que se
destacaron por sus avances en la arquitectura, el
arte y la tecnología en los 3.000 años anteriores a la
llegada de Cristobal Colón al continente americano.
Entre las culturas de Mesoamérica se incluyen la
maya, azteca, olmeca y tolteca. Los mayas tomaron
la escritura y el calendario mesoamericanos y los
desarrollaron hasta su mayor grado de sofisticación.

35 jeroglíficos— de la ruta maya. En las famosas
stairways escalinatas° de la ciudad se pueden examinar
jeroglíficos que contienen todo un árbol
genealógico y que cuentan la historia de los
reyes de Copán. Estas inscripciones forman el
40 texto maya más largo que se preserva hoy día.

Los viajes

Teaching Tips
• As students read, tell
them they will understand
the material better if
they write a question or
summary statement for
every paragraph or section.
This activity is especially
important for slower-paced
readers who need help
synthesizing the main ideas
of paragraphs.
• Students should take
advantage of lesson
readings to develop
approaches that work best
for them. Throughout the
school year, students will
want to experiment with
different reading strategies
that you suggest.

CRITICAL THINKING

Analysis Previous readings in this lesson have described or
referred to the diverse landscape of Latin America. Ask students
to compare what they have already read to the information in *La
ruta maya* and explain how nature has shaped Latin American
history and culture.

Synthesis Have students create a mind map to capture key
concepts from the reading. Have them write a central idea
from the reading (Ex: **el juego de pelota**) and link ideas radially
around this concept. This is an especially useful activity for
visual learners.

Lecturas **199**

Después de leer

La ruta maya

 (1) **Comprensión** Decide si las oraciones son **ciertas** o **falsas**. Corrige las falsas.

1. En su momento de mayor extensión, el territorio maya empezaba en lo que hoy se llama México y terminaba en lo que hoy se llama Guatemala.
   Falso. El territorio maya incluía partes de lo que ahora es México, Guatemala, Belice, El Salvador y Honduras.
2. Los mayas construyeron muy pocas canchas de pelota.
   Falso. Construyeron canchas en casi todas las poblaciones importantes.
3. En Copán vivía una élite de artesanos y nobles que escribían en piedra.
   Cierto.
4. Los jeroglíficos de Copán cuentan la leyenda de los gemelos Ixbalanqué y Hunahpú.
   Falso. Los jeroglíficos de Copán contienen un árbol genealógico y cuentan la historia de los reyes de Copán.
5. Chichén Itzá fue el centro de poder de Mesoamérica.
   Cierto.
6. El Castillo es la cancha de pelota más grande.
   Falso. El Castillo es la gran pirámide y templo del dios Kukulcán. El Gran Juego de Pelota es la cancha masiva.

(2) **Interpretación** Contesta las preguntas con oraciones completas.

1. ¿Qué significado tenía el juego de pelota en la cultura maya?
2. ¿Cuáles eran algunos de los peligros del juego?
3. ¿Qué tienen de extraordinario las ruinas de Copán?
4. ¿Qué detalles indican que Chichén Itzá había sido una ciudad importantísima?
5. ¿Cuál es un ejemplo de la importancia de los dioses para los mayas?

 (3) **Itinerarios** En grupos, preparen el itinerario para un recorrido por una de estas rutas. Luego compartan el itinerario con el resto de la clase.

- la ruta de los campos de béisbol
- Norteamérica de punta a punta
- las mansiones de los famosos en Hollywood

(4) **Leyendas** Imagina que los gemelos de la leyenda maya, Ixbalanqué y Hunahpú, vuelven al mundo subterráneo de los señores de Xibalbá. Los dioses de la muerte quieren que los hermanos pasen por una serie de pruebas y trampas. Inventa un capítulo de su historia en tres párrafos. Utiliza los tiempos del pasado que conoces.

MODELO Una madrugada de un día frío y oscuro, los hermanos Ixbalanqué y Hunahpú decidieron volver a desafiar a los señores de Xibalbá...

recursos

CP
p. 49

CH
pp. 75–78

Teaching Tips (left column)

Teaching Tips

- When students complete the **Después de leer** activities, survey the class to find out if the notes they took while reading helped them complete the comprehension activities.

(1) Have students write two more true or false statements about the reading. Ask classmates to answer **cierto** or **falso**.

(2) For item 1, spark discussion by asking: **¿Qué opinan del juego de pelota?**

(3) Preview this activity by asking students if they have traveled to different baseball stadiums or to Hollywood mansions. Similarly, if you have traveled to these sites, talk about your own experiences. Then ask: **¿Están de acuerdo que estos lugares son símbolos de la cultura estadounidense? ¿Por qué?**

(3) Brainstorm other possible routes students could follow. Ex: **los parques nacionales, los monumentos nacionales.**

CRITICAL THINKING

Application Have heritage speakers talk about famous routes in their families' home countries. As a variant, have students relate the **ruta maya** to the **ruta del café**. Ask students which of these routes would be more appealing to them as tourists and why.

Application Have students share the traps and tests they invented for their story in **Actividad 4**. Then have the class vote on the most creative one. The winner should read his or her three paragraphs to the class.

Atando cabos

¡A conversar!

 Viajeros interesantes Trabajen en grupos de cuatro. Imaginen adónde viajaron y qué hicieron allí estas personas.

a   b   c   d

A. Primero, hablen acerca del viaje de cada grupo de personas: ¿adónde fueron? ¿qué cosas empacaron? ¿qué hicieron? ¿por qué eligieron ese lugar? ¿cómo son ellos? ¿lo pasaron bien?

B. Luego, comparen los viajes usando comparativos y expresiones negativas y positivas. Escriban por lo menos tres oraciones.

C. Por último, compartan sus comparaciones con la clase y escuchen las comparaciones de sus compañeros/as. Entre todos, realicen algunas comparaciones sobre todas las parejas usando comparativos y superlativos.

¡A escribir!

Consejos de viaje Sigue el **Plan de redacción** para escribir unos consejos de viaje. Imagina que trabajas en una agencia de viajes y tienes que organizar un tour para unos/as amigos/as tuyos/as que van a visitar una ciudad o un país que tú conoces bastante bien. Haz una lista de los lugares y cosas que les recomiendas que hagan. Ten en cuenta la personalidad de tus amigos/as y elige bien qué sitios crees que les van a gustar más.

Plan de redacción

Contenido: Recuerda que tienes que tener en cuenta el clima del lugar, la ropa que deben llevar, el hotel donde pueden alojarse y los espectáculos culturales a los que pueden asistir. También es importante que les recomiendes algún restaurante o alguna comida típica del lugar. No olvides utilizar oraciones con subjuntivo en todas tus recomendaciones. Puedes usar estas expresiones:

- Es importante que...
- Les recomiendo que...
- Busquen un hotel que…
- Es probable que…
- Es mejor que…
- Visiten lugares que…

Conclusión: Termina la lista de consejos deseándoles a tus amigos/as un buen viaje.

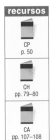

recursos

CP
p. 50

CH
pp. 79–80

CA
pp. 107–108

Instructional Resources
Cuaderno de práctica, p. 50
Cuaderno para hispanohablantes, pp. 79–80
Cuaderno de actividades, pp. 107–108

Teaching Tips
- Bring in travel magazines for possible honeymoon destinations.
- Have students give each couple two recommendations about their honeymoons, using the subjunctive.
- Write columns a, b, c, and d on the board. As students describe the couples, record the adjectives they use under the appropriate column.

¡A escribir!
- Have students write a brief introduction about their expertise on their chosen location.
- Students should exchange their lists with a partner for peer editing.
- As a variation, have students think about pieces of travel advice for different travel groups, such as: **un grupo de ancianos, un grupo de estudiantes universitarios, una familia con niños pequeños.**

AP PREPARATION

Informal Speaking Two sets of friends recently returned from their respective honeymoons. One student and spouse were camping in Bolivia and had many adventures in the outdoors. The other couple had a very elegant vacation in the Ritz of Madrid. Have the students work in pairs to act out the dialogue, in which they compare the two trips. Remind them to ask questions and react with much drama and expression. Say: **Trabajando en parejas, van a hablar sobre estas lunas de miel tan diferentes. Cada persona debe dar por lo menos cinco detalles del viaje y hacer por lo menos cinco preguntas.**

Teaching Tips
- Have students work in pairs to quiz each other on the lesson vocabulary. You may consider making this part of the class routine by using the last ten minutes of class twice a week for this purpose.
- Play "Hangman." Have a volunteer represent a lesson vocabulary word on the board by a row of dashes (according to the number of letters). Call on classmates to suggest different letters. Correct letters are written in the word blanks; otherwise, one element is drawn in a hangman diagram. The game is over when the word is guessed or the diagram is complete.
- Have students create a collage illustrating twenty words and expressions from the **De viaje** and **Las excursiones** categories.

De viaje

la bienvenida	welcome
la despedida	farewell
el destino	destination
el itinerario	itinerary
la llegada	arrival
el pasaje (de ida y vuelta)	(round trip) ticket
el pasaporte	passport
la temporada alta/ baja	high/low season
el/la viajero/a	traveler
hacer las maletas	to pack
hacer un viaje	to take a trip
ir(se) de vacaciones	to take a vacation
perder (e:ie) (el vuelo)	to miss (the flight)
regresar	to return
a bordo	on board
retrasado/a	delayed
vencido/a	expired
vigente	valid

El alojamiento

el albergue	hostel
el alojamiento	lodging
la habitación individual/doble	single/double room
la recepción	front desk
el servicio de habitación	room service
alojarse	to stay
cancelar	to cancel
estar lleno/a	to be full
quedarse	to stay
reservar	to reserve
de buena categoría	high quality
incluido/a	included
recomendable	recommendable; advisable

La seguridad y los accidentes

el acciendete (automovilístico)	(car) accident
el/la agente de aduanas	customs agent
el aviso	notice; warning
el cinturón de seguridad	seatbelt
el congestionamiento	traffic jam
las medidas de seguridad	security measures
la seguridad	safety; security
el seguro	insurance
ponerse/quitarse (el cinturón)	to fasten/to unfasten (the seatbelt)
reducir (la velocidad)	to reduce (speed)
peligroso/a	dangerous
prohibido/a	prohibited

Las excursiones

la aventura	adventure
el/la aventurero/a	adventurer
la brújula	compass
el buceo	scuba diving
el campamento	campground
el crucero	cruise ship
el (eco)turismo	(eco)tourism
la excursión	excursion; tour
la frontera	border
el guía turístico	tour guide
la isla	island
las olas	waves
el puerto	port
las ruinas	ruins
la selva	jungle
el/la turista	tourist
navegar	to sail
recorrer	to go across; to travel
lejano/a	distant
turístico/a	tourist (adj.)

Más vocabulario

Expresiones útiles	Ver p. 169
Estructura	Ver pp. 176–177, 180–181 y 184–185

Cinemateca

el anillo	ring
el azar	chance
la casualidad	chance; coincidence
el diamante	diamond
la manga	sleeve
la sortija	ring
el tapón	traffic jam
botar	to throw… out
botarse	(P.Rico; Cuba) to outdo oneself
echar	to throw away
enganchar	to get caught
tirar	to throw

Literatura

la bahía	bay
el bote	boat
la cascada	cascade; waterfall
el faro	lighthouse; beacon
el muelle	pier
la pesca	fishing
la popa	stern
la proa	bow
el remo	oar
el tiburón	shark
flotar	to float
ahogado/a	drowned

Cultura

el apogeo	height; highest level
el artefacto	artifact
el campo	ball field
el/la dios(a)	god/godess
el juego de pelota	ball game
la leyenda	legend
el mito	myth
la pared	wall
la piedra	stone
la pirámide	pyramid
la ruta maya	the Mayan Trail

DIFFERENTIATED LEARNING

For Inclusion Divide the class into different groups according to the vocabulary categories: **De viaje, El alojamiento, La seguridad y los accidentes,** and **Las excursiones.** Call out lesson vocabulary and have students from the corresponding group raise their hands. Then have one student from that group stand up and create a sentence using that word.

To Challenge Students Students choose fifteen words from the above list and write a paragraph incorporating them, being sure to include one positive or negative expression from **Lección 5,** one comparative or superlative expression, and one use of the subjunctive with an uncertain antecedent.

La naturaleza

6

Contextos
páginas 204–207
- La naturaleza
- Los animales
- Los fenómenos naturales
- El medio ambiente

Fotonovela
páginas 208–211
- *Cuidando a Bambi*

Enfoques
El Caribe
páginas 212–215
- **En detalle:** Los bosques del mar
- **Perfil:** Parque Nacional Submarino La Caleta
- **Ritmos:** Gilberto Santa Rosa

Estructura
páginas 216–227
- The future
- The subjunctive in adverbial clauses
- Prepositions: **a**, **hacia**, and **con**

Cinemateca
páginas 228–231
- **Cortometraje:** *El día menos pensado*

Lecturas
páginas 232–240
- **Literatura:** *El eclipse* de Augusto Monterroso
- **Cultura:** *La conservación de Vieques*

Atando cabos
página 241
- ¡A conversar!
- ¡A escribir!

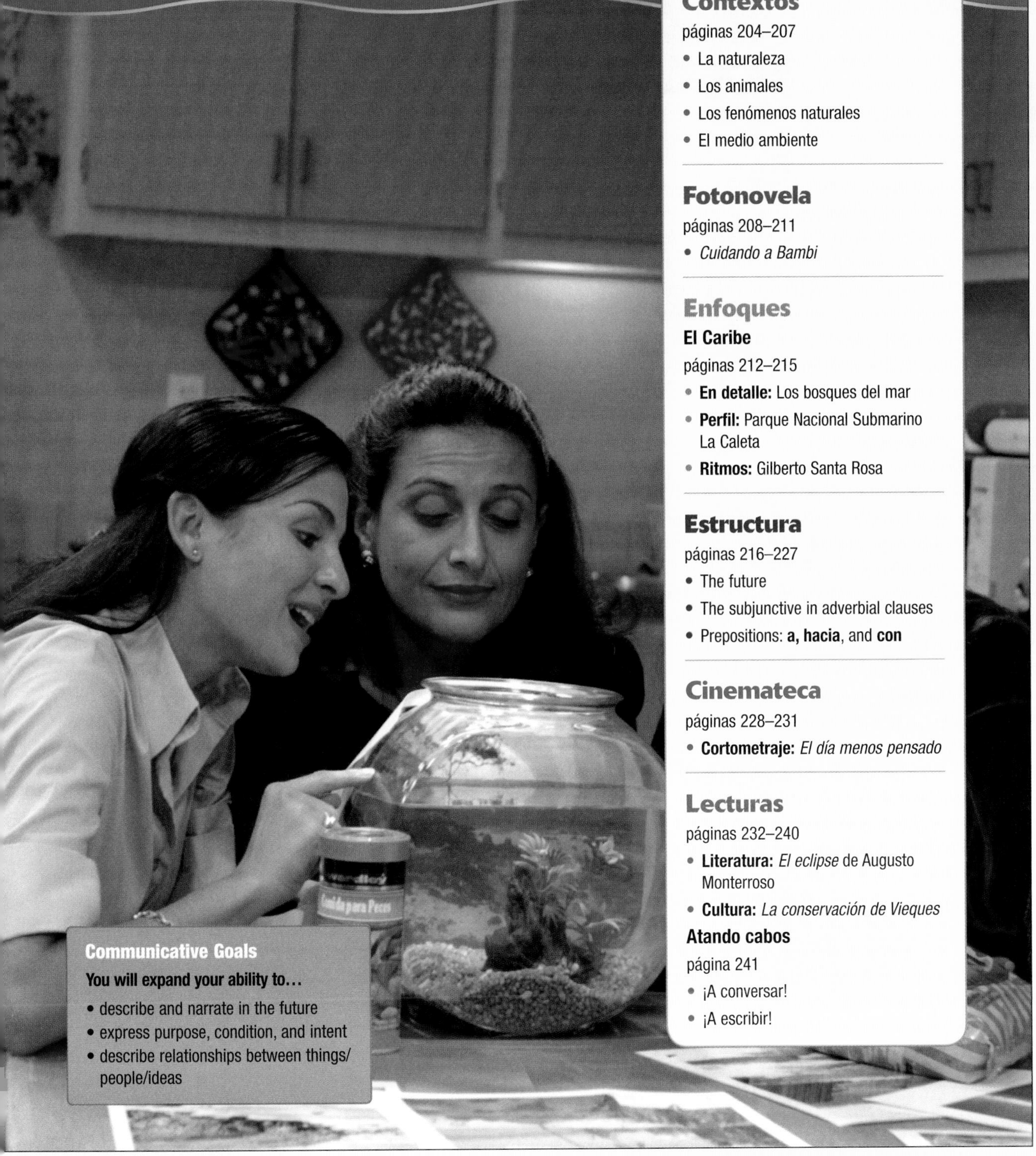

Communicative Goals

You will expand your ability to…
- describe and narrate in the future
- express purpose, condition, and intent
- describe relationships between things/ people/ideas

Lesson Goals
In **Lección 6,** students will be introduced to the following:
- vocabulary related to nature, animals, natural phenomena, and the environment
- talking about the future and expressing perceptions
- coral reefs and submarine parks in the Caribbean
- animal sayings
- Caribbean salsa musician **Gilberto Santa Rosa**
- formation and uses of the future tense
- the subjunctive in adverbial clauses, including conjunctions of time and concession
- the prepositions **a, hacia,** and **con**
- the short film ***El día menos pensado***
- **Augusto Monterroso's microcuento *El eclipse***
- environmental conservation on the Puerto Rican island of Vieques

A primera vista Have students look at the photo. Ask:
1. **¿Qué miran ellas?**
2. **¿A la chica le gustan los peces? ¿Cómo lo sabes?**
3. **¿A la mujer le interesan los peces? ¿Cómo lo sabes?**

INSTRUCTIONAL RESOURCES

Student Materials
Cuaderno de práctica, Cuaderno para hispanohablantes, Cuaderno de actividades
Student MAESTRO™ Supersite (descubre3.vhlcentral.com)
MAESTRO™ e-Cuaderno

Teacher's Resource CD-ROM and in print
*AnswerKeys, Audioscripts, Videoscripts
**PowerPoints*
Testing Program (**Pruebas,** Test Generator, MP3 Audio Files)
Vista Higher Learning *Cancionero*
*Also available on Supersite

Teacher's MAESTRO™ Supersite (descubre3.vhlcentral.com)
Learning Management System (Assignment Task Manager, Gradebook)
Also on DVD
***Fotonovela, Flash cultura,* Film Collection**

La naturaleza

La naturaleza

El Caribe presenta **costas** infinitas con palmeras **a orillas del mar**, aguas cristalinas y extensos **arrecifes** de coral con un **paisaje** submarino sin igual.

el árbol *tree*
el arrecife *reef*
el bosque (lluvioso) *(rain) forest*
el campo *countryside; field*
la cordillera *mountain range*

la costa *coast*
el desierto *desert*
el mar *sea*
la montaña *mountain*
el paisaje *landscape; scenery*
la tierra *land; earth*

húmedo/a *humid; damp*
seco/a *dry*
_____
a orillas de *on the shore of*
al aire libre *outdoors*

Los animales

el ave (*f.*)/el pájaro *bird*
el cerdo *pig*
el conejo *rabbit*
el león *lion*
el mono *monkey*
la oveja *sheep*
el pez *fish*
la rana *frog*

la serpiente *snake*
el tigre *tiger*
la vaca *cow*
_____
atrapar *to trap; to catch*
cazar *to hunt*
dar de comer *to feed*
extinguirse *to become extinct*
morder (o:ue) *to bite*
_____
en peligro de extinción *endangered*
salvaje *wild*
venenoso/a *poisonous*

Los fenómenos naturales

el huracán *hurricane*
el incendio *fire*
la inundación *flood*
el relámpago *lightning*
la sequía *drought*
el terremoto *earthquake*
la tormenta (tropical) *(tropical) storm*
el trueno *thunder*

El medio ambiente

Eugenia le explica a Jorge que el **reciclaje** de botellas es muy importante para evitar **malgastar** el plástico y **proteger** el **medio ambiente**.

el calentamiento global *global warming*
la capa de ozono *ozone layer*
el combustible *fuel*
la contaminación *pollution; contamination*

la deforestación *deforestation*
el desarrollo *development*
la erosión *erosion*
la fuente de energía *energy source*
el medio ambiente *environment*
los recursos naturales *natural resources*

agotar *to use up*
conservar *to conserve; to preserve*
contaminar *to pollute; to contaminate*
contribuir (a) *to contribute*
desaparecer *to disappear*
destruir *to destroy*
malgastar *to waste*
proteger *to protect*
reciclar *to recycle*

resolver (o:ue) *to solve*

dañino/a *harmful*
desechable *disposable*
renovable *renewable*
tóxico/a *toxic*

La naturaleza

recursos

CP
pp. 51–52

CH
pp. 81–82

CA
p. 79

SUPERSITE
descubre3.
vhlcentral.com
Lección 6

Práctica

1 Escuchar

A. Escucha el informativo de la noche y después completa las oraciones con la opción correcta.

1. Hay ___b___.
   a. una inundación   b. un incendio

2. Las causas de lo que ha ocurrido ___b___.
   a. se conocen   b. se desconocen

3. En los últimos meses, ha habido ___a___.
   a. mucha sequía   b. muchas tormentas

4. Las autoridades temen que ___b___.
   a. los animales salvajes vayan a los pueblos
   b. el incendio se extienda

5. Los pueblos de los alrededores ___a___.
   a. están en peligro   b. están contaminados

B. Escucha la conversación entre Pilar y Juan y después contesta las preguntas con oraciones completas.

1. ¿Dónde hay un incendio?
   Hay un incendio en la Cordillera del Este.
2. Según lo que escuchó Pilar, ¿qué puede suceder?
   El incendio se puede extender a otras zonas.
3. ¿Qué animales tenían los abuelos de Juan?
   Los abuelos de Juan tenían ovejas.
4. ¿Qué hacía Pilar con los peces que veía?
   Pilar a veces les daba de comer a los peces.
5. ¿Qué ha pasado con los peces que había antes en la costa?   Los peces que había antes en la costa han desaparecido.

C. En parejas, hablen de los cambios que han visto ustedes en la naturaleza a lo largo de los años. Hagan una lista y compártanla con la clase.

2 ¡A Emparejar! Conecta las palabras de forma lógica.

MODELO	fenómeno natural: terremoto

___d___ 1. proteger   a. león
___e___ 2. tormenta   b. serpiente
___c___ 3. destrucción   c. incendio
___f___ 4. campo   d. conservar
___a/b___ 5. salvaje   e. trueno
___b___ 6. venenosa   f. aire libre

(A) Audio Script
Buenas tardes y bienvenidos al informativo de las nueve de la noche.
Acaba de llegar una noticia de última hora: Se ha declarado un grave incendio en la Cordillera del Este. Todavía no se conocen las causas del fuego, pero se sospecha que puede haber sido un rayo de la tormenta de esta tarde que ha caído en un árbol seco. Las autoridades temen que la sequía de los últimos meses contribuya a extender el incendio a otros bosques de la zona.
El responsable del gobierno ha afirmado que se está haciendo todo lo posible para acabar con el incendio en pocas horas y así proteger los pueblos de los alrededores y los animales salvajes que viven en estas montañas.
En unos minutos, les volveremos a informar del tema, ahora pasamos a presentarles las noticias del día.
El precio de…
Textbook Audio

(B) Audio Script
JUAN ¿Has oído el informativo? Hay un incendio en la Cordillera del Este. La gente ha tenido que dejar sus casas.
PILAR Sí, han dicho que es posible que se extienda a otras zonas. Es una pena, se está desforestando todo. No sé qué vamos a hacer en el futuro.
JUAN Todo es tan diferente ahora. ¿Sabes? Cuando yo era niño, íbamos a la casa de campo de mis abuelos.

AP PREPARATION

Informal Writing, Part B Students will exchange the e-mails about nature and camping (see page 204) with one another. Have them read the email from their classmate and reply. In the reply, they will react to the description of the camping trip, and describe why they prefer their current vacation in a five-star hotel. Instruct students: **Ahora que has leído el mensaje de tu amigo, vas a fingir que trabajas en la recepción de un hotel elegante. Reacciona y describe por qué prefieres las vacaciones de lujo.**

(B) Audio Script (continued)

La pasábamos muy bien, ellos tenían ovejas y jugábamos con ellas. Además, cuando salíamos a pasear por el campo veíamos conejos por todas partes, y no sólo conejos, sino también animales de todo tipo; pero ahora todo está sucio y contaminado. PILAR Sí, se está destruyendo todo. Sé de lo que hablas. Yo pasaba los veranos en la costa. Nosotros alquilábamos una casa a orillas del mar. Era tan divertido y, ¿sabes? el agua estaba muy limpia y había peces por todas partes; a veces les dábamos de comer. Si vas ahora, no ves nada, todos los peces han desaparecido. Estamos perdiendo todo, espero que no pase lo mismo con los bosques de la Cordillera del Este.
JUAN Oye, pongamos la televisión para ver si se ha extinguido el incendio.
PILAR Tienes razón, pongamos las noticias.
Textbook Audio

NATIONAL STANDARDS
Community Have students do research to identify some of the major environmental organizations working to protect the biodiversity of the Caribbean. Ask them to write very brief paragraphs describing an organization they have learned about and to report to the class.

Connections: Biology Have students explore information about biodiversity in the Caribbean. Some students may wish to create a digital presentation for the class using maps and photos to highlight the flora and fauna of the region.

Práctica

3 **¿Cierto o falso?** Indica si estas afirmaciones son **ciertas** o **falsas**. Corrige las falsas.

Cierto	Falso	
☑	☐	1. Un relámpago es un fenómeno natural que ilumina el cielo cuando hay tormenta.
☐	☑	2. Cuando algo es desechable, se debe reciclar. *Cuando algo es desechable, se debe tirar.*
☐	☑	3. Algunas vacas son venenosas. *Algunas serpientes son venenosas.*
☑	☐	4. Un producto tóxico es dañino para el medio ambiente.
☐	☑	5. La sequía es un largo período de tiempo con lluvias. *La sequía es un largo período de tiempo sin lluvias.*
☑	☐	6. Un desierto es una extensión de tierra donde no suele llover.
☐	☑	7. Una inundación es un fenómeno natural que se produce cuando se mueve la tierra. *Un terremoto es un fenómeno natural que se produce cuando se mueve la tierra.*
☐	☑	8. Dicen que el conejo es el rey de la selva. *Dicen que el león es el rey de la selva.*

4 **¿Qué es la biodiversidad?** Completa el artículo de la revista *Facetas* con la palabra o expresión correspondiente.

animales	costas	paisaje
arrecifes de coral	mar	proteger
bosques	medio ambiente	recursos naturales
conservar	montañas	tierra

El término biodiversidad se refiere a la gran variedad interdependiente de todas las formas de vida — (1) _animales_, vegetales y humanas— que conviven en el (2) _medio ambiente_, no sólo en la superficie de la tierra sino también bajo el (3) _mar_. Esta interdependencia significa que ninguna especie está aislada o puede vivir por sí sola. A pesar de que el Caribe comprende menos de 11 por ciento de la superficie total del planeta, su territorio contiene una vasta riqueza de vida silvestre (*wild*) que se encuentra a lo largo de sus (4) _bosques_ tropicales húmedos, (5) _montañas_ altas, extensas costas, y del increíble (6) _paisaje_ submarino de los (7) _arrecifes de coral_. Se estima que en la actualidad hay más de 65 organizaciones ambientalistas que trabajan para (8) _conservar/proteger_ y (9) _conservar/proteger_ los valiosos (10) _recursos naturales_ de las islas caribeñas.

DIFFERENTIATED LEARNING

Heritage Speakers Ask students to find pictures in magazines or on the Internet, or to draw pictures of animals that are indigenous to their families' home countries. Allow time for each student to present his or her pictures, name the animals, and have classmates repeat. After the presentations, display the pictures around the room for students to enjoy and reference throughout the unit.

To Challenge Students Discuss biodiversity in other regions. Then assign geographical regions to small groups and have them prepare presentations on the flora and fauna of their region. Encourage them to include visuals. Have other students ask questions about the region and its animals and plants. After the presentations, display the pictures around the room, also for students to enjoy and reference throughout the unit.

Comunicación

⑤ Preguntas En parejas, túrnense para contestar las preguntas.

1. Cuando vas de vacaciones, ¿qué tipo de lugar prefieres? ¿El campo, la costa, la montaña? ¿Por qué?

2. ¿Tienes un animal preferido? ¿Cuál es? ¿Por qué te gusta? ¿Y qué animales no te gustan? ¿Por qué?

3. ¿Qué opinas de la práctica de cazar animales salvajes? ¿Es cruel? ¿Es necesario controlar la población para el bien de la especie?

4. ¿Qué opinas del uso de abrigos de piel (*fur*)? ¿Hay alguna diferencia entre usar zapatos de cuero (*leather*) y usar un abrigo de piel de zorro (*fox*)?

5. ¿Qué fenómenos naturales son comunes en tu área? ¿Los huracanes, las sequías? ¿Qué efectos o consecuencias tienen para el medio ambiente?

6. En tu opinión, ¿cuál es el problema más grave que afecta al medio ambiente? ¿Qué podemos hacer para mejorar la situación?

⑥ ¿Qué es mejor? En parejas, hablen sobre las ventajas y las desventajas de las alternativas de la lista. Consideren el punto de vista práctico y el punto de vista ambiental. Utilicen el vocabulario de **Contextos**.

- usar servilletas de papel o de tela (*fabric*)
- tirar restos de comida a la basura o en el triturador del fregadero (*garbage disposal*)
- acampar en un parque nacional o alojarse en un hotel
- imprimir (*print*) el papel de los dos lados o simplemente imprimir menos

⑦ Asociaciones Compara tu personalidad con las cualidades de estos animales, elementos y/o fuerzas de la naturaleza. ¿Con cuáles te identificas? ¿Con cuáles crees que se identifica tu compañero/a? ¿Por qué? Comparen sus respuestas. Utilicen el vocabulario de **Contextos**.

árbol	fuente de energía	mar	relámpago
bosque	huracán	montaña	serpiente
conejo	incendio	pájaro	trueno
desierto	león	pez	terremoto

MODELO

terremoto
Soy como un terremoto. No me quedo quieta un instante.

pájaro
Yo me identifico con los pájaros. Soy libre y soñador.

La naturaleza

doscientos siete **207**

Teaching Tips

⑤ Review the subjunctive with **conocer** by asking questions about the environment. Ex: **¿Conoces a alguien que tenga un vehículo eléctrico o híbrido? ¿Conoces alguna organización cuya meta sea proteger el medio ambiente?**

⑥ Ask students about environmental practices at your school. Ex: **¿Qué medidas toma nuestra escuela para conservar papel o reducir la cantidad de basura? ¿Qué más se puede hacer? ¿Te interesa organizar un programa así? ¿A los estudiantes de esta escuela les interesa conservar el medio ambiente? ¿Por qué?**

⑦ Review similes from **Literatura, Lección 4**. Remind students to use **como** when making comparisons.

NATIONAL STANDARDS
Communities Have students find similar personality tests in magazines or online. Have them identify vocabulary from this chapter that is used in the self-tests. Are there cultural differences in the questions asked or in the personality traits described?

AP PREPARATION

Formal Presentation Practice Remind students that many natural disasters have occurred in the Caribbean, in Mexico, in Los Angeles and other areas of California, and in Florida. Have them do an online search in Spanish for news about hurricanes, earthquakes, and floods in these areas, specifically about disasters and relief efforts. Tell them to take notes on their reading. In groups of three or four, they will prepare a newscast.

One student can be the interviewer, one can be a victim, and one can be a firefighter or police officer present at the rescue. Point out to students the importance of having firefighters and police officers who speak Spanish. Say: **En tu grupo, vas a presentar un programa de noticias en el cual das detalles del rescate de unos hispanos durante un desastre natural.**

Aguayo se va de vacaciones, dejando su pez al cuidado de los empleados *Facetas*.

recursos

CA
pp. 41–42

MARIELA ¡Es una araña gigante!

FABIOLA No seas miedosa.

MARIELA ¿Qué haces allá arriba?

FABIOLA Estoy dejando espacio para que la atrapen.

DIANA Si la rocías con esto (*muestra el matamoscas en spray*), la matas bien muerta.

AGUAYO Pero esto es para matar moscas.

FABIOLA ¡Las arañas jamás se van a extinguir!

MARIELA Las que no se van a extinguir son las cucarachas. Sobreviven la nieve, los terremotos y hasta los huracanes, y ni la radiación les hace daño.

FABIOLA ¡Vaya! Y... ¿tú crees que sobrevivirían al café de Aguayo?

AGUAYO Mariela, ¿podrías hacer el favor de tomar mis mensajes? Voy a casa por mi pez. Diana se ofreció a cuidarlo durante mis vacaciones.

MARIELA ¡Cómo no, jefe!

AGUAYO Mañana por la tarde estaremos en el campamento.

FABIOLA ¿Cómo pueden llamarle "vacaciones" a eso de dormir en el suelo y comer comida enlatada?

AGUAYO Ésta es su comida. Sólo una vez al día. No le des más aunque ponga cara de perrito... Bueno, debo irme.

MARIELA ¿Cómo sabremos si pone cara de perrito?

AGUAYO En vez de hacer así (*hace gestos con la cara*)..., hace así.

JOHNNY Última llamada.

FABIOLA Nos quedaremos cuidando a Bambi.

ÉRIC Me encanta el pececito, pero me voy a almorzar. Buen provecho.

Los chicos se marchan.

DIANA ¡Ay! No sé ustedes, pero yo lo veo muy triste.

FABIOLA Claro. Su padre lo abandonó para irse a dormir con las hormigas.

MARIELA ¿Por qué no le damos de comer?

FABIOLA ¡Ya le he dado tres veces!

MARIELA Ya sé. Podríamos darle el postre.

Personajes

AGUAYO

DIANA

ÉRIC

FABIOLA

JOHNNY

MARIELA

AGUAYO La idea es tener contacto con la naturaleza, Fabiola. Explorar y disfrutar de la mayor reserva natural del país.

MARIELA Debe ser emocionante.

AGUAYO Lo es. Sólo tengo una duda. ¿Qué debo hacer si veo un animal en peligro de extinción comerse una planta en peligro de extinción?

FABIOLA Tómale una foto.

AGUAYO Chicos, les presento a Bambi.

MARIELA ¿Qué? ¿No es Bambi un venadito?

AGUAYO ¿Lo es?

JOHNNY ¿No podrías ponerle un nombre más original?

FABIOLA Sí, como *Flipper*.

FABIOLA Miren lo que encontré en el escritorio de Johnny.

MARIELA ¡Galletitas de animales!

DIANA ¿Qué haces?

MARIELA Hay que encontrar la ballenita. Es un pez y está solo. Supongo que querrá compañía.

DIANA Pero no podemos darle galletas.

FABIOLA ¿Y qué vamos a hacer? Todavía se ve tan triste.

MARIELA ¡Ya sé! Tenemos que hacerlo sentir como si estuviera en su casa. (*Pegan una foto de la playa en la pecera.*) ¿Qué tal ésta con el mar?

DIANA ¡Perfecta! Se ve tan feliz.

FABIOLA Míralo.

Llegan los chicos.

ÉRIC ¡Bambi! Maldito pez. En una playa tropical con tres mujeres.

Expresiones útiles

Taking about the future

¡Las arañas jamás se van a extinguir!
Spiders will never go exinct!

¿Y qué vamos a hacer?
What are we going to do?

Mañana por la tarde estaremos en el campamento.
Tomorrow afternoon we will be in the campground.

Nos quedaremos cuidando a Bambi.
We will stay and look after Bambi.

Expressing perceptions

Yo lo/la veo muy triste.
He/She looks very sad to me.

Se ve tan feliz.
He/She looks so happy.

Parece que está triste/contento/a.
It looks like he/she is sad/happy.

Al parecer, no le gustó.
It looks like he/she didn't like it.

¡Qué guapo/a te ves!
How attractive you look!

¡Qué elegante se ve usted!
How elegant you look!

Additional vocabulary

la araña *spider*
Buen provecho. *Enjoy your meal.*
la comida enlatada *canned food*
la cucaracha *cockroach*
la hormiga *ant*
la mosca *fly*
rociar *to spray*

La naturaleza

doscientos nueve **209**

Teaching Tips
- Review affirmative and negative commands (**Estructura 4.2**) by having students find examples in the dialogue.
- Pause the DVD after frames 1–5 and ask three or four comprehension questions. Ex: **¿Quién tiene miedo de la araña? ¿Quién va a cuidar los peces de Aguayo? ¿Por qué? ¿Adónde va Aguayo?** Proceed in the same way at the end of the episode.
- Tell students that all items in **Expresiones útiles** on page 209 are active vocabulary for which they are responsible. Review all the expressions and have the class repeat. Then have pairs write a summary of the episode using at least five of the **Expresiones útiles** or additional vocabulary.

LEARNING STYLES

For Auditory Learners After students watch the *Fotonovela*, shut off the television screen and play the episode a second time, so that only the audio track plays. Then have students form small groups to summarize the episode.

For Kinesthetic Learners Divide the class into small groups. With their books closed, ask students to recall the **Fotonovela** episode. Then have them practice and present a skit of the episode to the class. Tell students that they will be evaluated on their accuracy with respect to the episode. Have a class voting for the teams that remembered the most details, vocabulary, or **Expresiones útiles**.

 **Comprensión**

Teaching Tips

① Ask volunteers to choose a character from the **Fotonovela** and recount the episode from his or her point of view. Be sure all characters are represented.

② To simplify, have students illustrate the words in the box (except **un nombre original**) before completing the exercise.

③ Ask why the subjunctive is required in the model sentence. Have a volunteer supply another verb that would also require the subjunctive.

④ For additional practice, have students ask each other **¿Por qué…?** for each item. Ex: **¿Por qué se va Aguayo de campamento? Se va de campamento porque le gusta tener contacto con la naturaleza.**

Technology Connection

Have students conduct Internet research on different topics introduced by the **Fotonovela**. Ex: **¿Dónde se puede ir de campamento en tu estado? las cucarachas: ¿pueden sobrevivir todo? Cómo cuidar los peces del acuario.** Ask students to share what they discovered.

① **¿Quién lo dijo?** Identifica lo que dijo cada personaje.

1. No podemos darle galletas. *Diana*
2. Mañana por la tarde, estaremos en el campamento. *Aguayo*
3. Tómale una foto. *Fabiola*
4. Me encanta el pececito, pero me voy a almorzar. *Éric*
5. Podríamos darle el postre. *Mariela*

AGUAYO
DIANA
ÉRIC
FABIOLA
MARIELA

② **¿Qué falta?** Completa las oraciones con las frases de la lista.

las cucarachas	un nombre original
el pez	denle de comer
de comer	tener contacto con la naturaleza

1. **FABIOLA** ¿Tu crees que __las cucarachas__ pueden sobrevivir al café de Aguayo?
2. **MARIELA** Debe ser emocionante __tener contacto con la naturaleza__.
3. **FABIOLA** Sí, __un nombre original__ como "Flipper".
4. **AGUAYO** __Denle de comer__ sólo una vez al día.
5. **MARIELA** ¿Cómo sabremos si __el pez__ pone cara de perrito?
6. **FABIOLA** Ya le he dado tres veces __de comer__.

③ **¿Qué dijo?** Comenta lo que dijeron los personajes. Utiliza los verbos entre paréntesis.

MODELO JOHNNY ¿No podrías ponerle un nombre más original? (sugerir a Aguayo)
Johnny le sugiere a Aguayo que le ponga un nombre más original.

AGUAYO Mariela, ¿podrías hacer el favor de tomar mis mensajes? (pedir a Mariela)
Aguayo le pide a Mariela que tome sus mensajes.
FABIOLA Toma una foto. (aconsejar a Aguayo)
Fabiola le aconseja a Aguayo que tome una foto.
AGUAYO No le des más aunque ponga cara de perrito… (ordenar a Mariela)
Aguayo le ordena a Mariela que no le dé más aunque ponga cara de perrito.
MARIELA ¿Por qué no le damos de comer? (sugerir a Diana)
Mariela le sugiere a Diana que le den de comer.

④ **Preguntas y respuestas** En parejas, háganse preguntas sobre estos temas.

MODELO irse de campamento
—¿Quién se va de campamento?
—Aguayo se va de campamento.

- tenerle miedo a las arañas
- Aguayo y su esposa / comer
- cuidar a la mascota
- irse a almorzar
- dar de comer
- sentirse feliz

210 *doscientos diez*

Lección 6

DIFFERENTIATED LEARNING

To Challenge Students Have students do the technology connection activity in Spanish. Demonstrate or explain how to search the Internet in Spanish: Go to a search engine site and select the Spanish language option. If there is not a language option, then move on to the next step. In Spanish, type in your topic, using quotes and any other search aids. Look at the addresses of websites before selecting them (.org and .edu are best).

Heritage Speakers Ask students to share information about the camping customs in their families' countries of origin. For example, ask: **En general, ¿la gente va de campamento? ¿Por qué? ¿Qué se suele hacer para tener contacto con la naturaleza?**

210 Teacher's Annotated Edition • Lesson Six

Ampliación

 ⑤ Carta a Aguayo Aguayo dejó a su pececito al cuidado de los empleados de *Facetas*, pero ocurrió algo terrible: Bambi se murió. Ahora, ellos deben contarle a Aguayo lo sucedido. En parejas, escriban la carta que los empleados le enviaron a Aguayo.

> *Querido jefe:*
>
> *Esperamos que esté disfrutando de sus vacaciones y de la comida enlatada. Nosotros estamos bien, pero tenemos que darle una mala noticia. El otro día…*

 ⑥ Apuntes culturales En parejas, lean los párrafos y contesten las preguntas.

Las mascotas

Aguayo dejará su mascota Bambi al cuidado de Diana. Otro tipo de mascota con hábitos acuáticos es el carpincho (*capybara*), común a orillas de ríos en Sudamérica. Este simpático "animalito" fácil de domesticar es el roedor (*rodent*) más grande del planeta, ¡con un peso de hasta 100 libras! Un poquito grande para la oficina de *Facetas*, ¿no?

De campamento

Según Aguayo, la idea de acampar es estar en contacto con la naturaleza. Un sitio emocionante para acampar es la comunidad boliviana de **Rurrenabaque**, puerta de entrada al **Parque Nacional Madidi**. Este parque, una de las reservas más importantes del planeta, comprende cinco pisos (*floors*) ecológicos, desde llanuras (*plains*) amazónicas hasta cordilleras nevadas.

El alacrán

Fabiola y Mariela les tienen miedo a las arañas. ¡Y no es para menos! Algunos arácnidos (*arachnids*) son muy peligrosos. En la República Dominicana, los alacranes (*scorpions*) son temidos (*feared*) por su veneno mortal. Se los puede encontrar debajo de los muebles, en los zapatos… ¿Sobrevirían los alacranes al matamoscas de Diana?

1. ¿Qué mascotas exóticas conoces? Menciona como mínimo tres o cuatro. ¿Cuáles son sus hábitos? ¿Son fáciles o difíciles de domesticar? ¿Son peligrosos/as?

2. ¿Has acampado alguna vez? ¿Dónde? ¿Por cuántos días? ¿Qué hiciste?

3. ¿Qué significa la expresión "piso ecológico"? ¿Has estado alguna vez en una región con distintos "pisos ecológicos"? ¿Cómo es la geografía de la región en donde vives?

4. ¿Has visto un alacrán alguna vez? ¿Qué otros insectos peligrosos conoces? ¿Te han picado (*bitten*)? ¿Les tienes miedo?

Teaching Tips

⑤ Ask students to predict **Aguayo's** response to the letter.

⑤ As a variation, have students imagine that Bambi has babies while under **Diana's** care. Students can write a letter from the workers with this good news.

⑥ **Expansion** Have students research an exotic animal in print or online and present their findings to the class. Then have students vote according to different categories, such as **el animal más peligroso, el animal más fácil de domesticar,** etc.

Heritage Speakers Ask students what kinds of domestic animals are common in their families' countries of origin.

NATIONAL STANDARDS
Community Ask students to use the Internet or travel brochures to identify national parks and ecotourism sites in Latin America and the Caribbean that they would like to visit. Have them create brochures to "sell" others on the site they have selected.

Connections: Geography
Piso ecológico, which can be translated as ecological "floor" or "belt," refers to areas that share the same characteristics within an altitude range. This term is typically used to describe the geography of Peru, Bolivia, and other Andean countries. Have students choose one of the Andean countries and create a map that illustrates the various ecological zones.

EL CARIBE

En detalle

Los bosques DEL MAR

¿Te sumergiste alguna vez en el más absoluto de los silencios para contemplar los majestuosos arrecifes de coral? En el Caribe hay más de 26.000 kilómetros cuadrados de arrecifes, también llamados *bosques tropicales del mar* por la inmensa biodiversidad que se encuentra en ellos. Sus extravagantes formas de intensos colores proporcionan el ecosistema ideal para las más de 4.000 especies de peces y miles de especies de plantas que en ellos habitan.

Nuestras vidas también dependen de estas formaciones: los arrecifes del Caribe protegen las costas de Florida y de los países caribeños de los huracanes. Sus inmensas estructuras aplacan° la fuerza de las tormentas antes de que lleguen a las costas, cumpliendo la función de barreras° naturales. También protegen las playas de la erosión y son un refugio para muchas especies animales en peligro de extinción.

3200 Km de arrecifes
María La Gorda
Cuba
166 Km de arrecifes
República Dominicana
237 especies de coral
Puerto Rico
Parque Nacional Submarino La Caleta

En Cuba se destacan° los arrecifes de María la Gorda, en el extremo occidental de la isla. En esta área altamente protegida, más de 20 especies de corales forman verdaderas cordilleras, grutas° y túneles subterráneos.

Lamentablemente, los arrecifes están en peligro por culpa de la mano del hombre. La construcción desmedida° en las costas y la contaminación de las aguas por los desechos° de las alcantarillas° provocan una sedimentación que enturbia° el agua y mata el coral porque le quita la luz que necesita. La pesca descontrolada, el exceso de turismo y la recolección de coral por parte de los buceadores son otros de sus grandes enemigos. De hecho, algunos expertos dicen que el 70% del coral desaparecerá en unos 40 años. Así que, si eres uno de los afortunados que pueden visitarlos cuídalos, no los toques y avisa si ves que alguien los está dañando. Su futuro depende de todos nosotros. ■

> Los **arrecifes de coral** son uno de los más antiguos hábitats de la Tierra; algunos de ellos llegan a tener más de 10.000 años. Muchos los confunden con plantas o con rocas, pero los arrecifes de coral son, en realidad, estructuras formadas por pólipos° de coral, unos animales diminutos° que al morir dejan unos residuos de piedra caliza°. Los arrecifes son el refugio ideal para muchos tipos de animales, tales como esponjas, pescados y tortugas.

aplacan *placate* **barreras** *barriers* **se destacan** *stand out* **grutas** *caves* **desmedida** *excessive* **desechos** *waste*
alcantarillas *sewers* **enturbia** *clouds* **pólipos** *polyps* **diminutos** *minute* **piedra caliza** *limestone*

Section Goals

In **Enfoques**, students will:
- read about coral reefs and submarine parks in the Caribbean
- learn some animal expressions
- read about Caribbean salsa musician **Gilberto Santa Rosa**

Instructional Resources
Cuaderno para hispanohablantes, p. 84
Vista Higher Learning
Cancionero
Supersite/DVD: *Flash cultura*
Supersite: *Flash cultura*
Videoscript & Translation

Preview Ask introductory questions such as: **¿Has buceado alguna vez? ¿Dónde? ¿Viste arrecifes de coral? ¿Cómo eran?**

Teaching Tips
- Remind students of the triple-read method for reading comprehension:
  1. read once to gain general comprehension;
  2. read carefully a second time, circling and looking up important, unknown words;
  3. read a third time for complete comprehension and enjoyment.
- If students have not yet made flashcards of the vocabulary from this lesson (pages 204–205), have them do so now. If the vocabulary word does not lend itself to a visual image, encourage students to write a cloze sentence. These types of flashcards will better aid students in learning the vocabulary because students will be using visual cues or the Spanish language rather than translation to learn the word.

CRITICAL THINKING

Knowledge and Comprehension Before reading, ask pairs to create an SQA chart: In the first column they record all they already know (**saber**) about **los bosques del mar**. In the second column, they record all that they want (**querer**) to know or their questions about **los bosques del mar**. Then after they read the articles, have them record all that they learned (**aprender**) in the third column. When students have completed their charts, have a class sharing about **los bosques del mar**.

Analysis and Evaluation If possible, show film clips of nature show presentations of **los bosques del mar**. Select either the Spanish dubbing or subtitles. Then ask students to use a Venn diagram to compare and contrast what they learned in the film clips with what they learned in the article.

ASÍ LO DECIMOS

Frases de animales

andar como perro sin pulga° (Méx.) *to be carefree*

comer como un chancho *to eat like a pig*

¡el mono está chiflando!° (Cu.) *how windy!*

estar como una cabra (Esp.) *to be as mad as a hatter*

marca perro (Arg., Chi. y Uru.) *(of an object) by an unknown brand*

¡me pica el bagre!° (Arg.) *I'm getting hungry!*

¡qué búfalo/a! (Nic.) *fantastic!*

¡qué tortuga! (Col.) *(of a person) how slow!*

ser (una) rata *to be stingy*

EL MUNDO HISPANOHABLANTE

Organizaciones ambientales

Protección de la biosfera El Parque Nacional Yasuní, declarado Reserva Mundial de la Biosfera por la UNESCO en 1989, está ubicado en la Amazonia ecuatoriana. En la actualidad, varias organizaciones ambientales intentan frenar el avance de empresas petroleras que operan en el 60% del territorio del parque.

Campañas contra transgénicos En 2004, Greenpeace comenzó una campaña en Chile con el objetivo de lograr que el gobierno obligue a las empresas alimenticias a identificar los alimentos elaborados con ingredientes de origen transgénico mediante el etiquetado de los envases°.

Protección de aves amenazadas Gracias al Fondo Peregrino de Panamá, las aves arpías° están siendo rescatadas y protegidas. Se calcula que Panamá es el único país de América Latina que protege esta ave. En 2002 y 2003 se estima que nacieron un promedio de siete aves por año, cifra que en otros países lleva años alcanzar.

PERFIL

PARQUE NACIONAL SUBMARINO LA CALETA

En 1984, por obra y gracia del Grupo de Investigadores Submarinos, el buque de rescate Hickory se hundió en el Parque Nacional Submarino La Caleta, a unos 17 kilómetros de Santo Domingo. No fue un accidente, sino que el objetivo de los especialistas era sumergir el buque intacto para que sirviera de arrecife artificial para las especies en peligro. Con el paso de los años, el barco se cubrió de esponjas y corales, y por él pasean miles de peces. El Hickory, que está a unos 20 metros de profundidad, es hoy día una de las mayores atracciones del Parque. Por cierto, el Hickory no es el único atractivo del Parque Nacional. Tiene otro barco-museo hundido para el buceo y en sus aguas, que llegan a una profundidad de 180 metros (590 pies), se pueden contemplar tres terrazas de arrecifes. Los corales forman verdaderas alfombras de tonos rojos, amarillos y anaranjados que impresionan al buceador más exigente.

> **❝ El hombre no sólo es un problema para sí, sino también para la biosfera en que le ha tocado vivir. ❞**
> (Ramón Margalef, ecólogo español)

SUPERSITE **Conexión Internet**

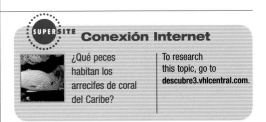

| ¿Qué peces habitan los arrecifes de coral del Caribe? | To research this topic, go to **descubre3.vhlcentral.com**. |

---

andar como... *(lit.)* to be like a dog without a flea **el mono...** *(lit.)* the monkey is whistling **estar como...** *(lit.)* to be like a goat **me pica...** *(lit.)* my catfish is itching/tickling me **etiquetado...** container labeling **aves arpías** harpy eagles

---

- Have heritage speakers give other common expressions or idioms that use animals from their families' home countries. Ex: **tener pájaros en la cabeza (Esp.)** *(to be a scatterbrain)*
- **El mundo hispanohablante** Ask: **De estas tres actividades, ¿cuál te parece la más importante? ¿Por qué? ¿Es importante que la comida no contenga ingredientes transgénicos? ¿Por qué?**
- **Perfil** Ask students if they can think of other environmental preservation projects that serve as tourist attractions. Ex: rainforests, Machu Picchu, ecotourism sites in various countries
- Read the quote aloud to the class and ask: **¿Crees que este ecólogo es optimista, pesimista o realista? ¿Por qué?**

NATIONAL STANDARDS

Connections: Biology Have students identify a bird sanctuary in Latin America and report to the class on the various birds one finds there.

AP PREPARATION

Formal Writing Students will write a formal job application letter to Greenpeace, in which they apply to work in Chile. Review with them the proper letter format. Discuss the issue on page 213, **Campañas contra transgénicos**. Make sure that students understand what it means to genetically alter food items. Talk with them about food labels. Practice writing a food label in Spanish. Give them an article in Spanish about the work of Greenpeace in Chile. Tell students: **Escribe una carta de solicitud a Greenpeace. Diles que eres estudiante de ciencias naturales, que estudias español y que quieres trabajar de voluntario/a este verano en Chile en el programa contra transgénicos.**

recursos

CH p. 84

¿Qué aprendiste?

(1) ¿Cierto o falso? Indica si estas afirmaciones son **ciertas** o **falsas**. Corrige las falsas.

1. Los arrecifes de coral son unas plantas de intensos colores. **Falso.** Los arrecifes no son plantas, son estructuras formadas por animales diminutos.

2. Los arrecifes de coral también son conocidos como los *bosques tropicales del mar*. Cierto.

3. Los huracanes se hacen más fuertes cuando pasan por los arrecifes. **Falso.** Los huracanes pierden fuerza porque los arrecifes cumplen la función de barreras naturales.

4. Estas estructuras son un ecosistema ideal para las especies en peligro de extinción. Cierto.

5. Las formaciones de coral necesitan luz. Cierto.

6. Está permitido que los turistas tomen un poco de coral para llevárselo. **Falso.** Uno de los grandes enemigos de los arrecifes es la recolección de coral por parte de los turistas.

7. María la Gorda se encuentra en el extremo occidental de Puerto Rico. **Falso.** Se encuentra en el extremo occidental de Cuba.

8. En María la Gorda, los arrecifes forman túneles y cordilleras. Cierto.

9. La construcción de casas cerca de las playas no afecta al desarrollo de los arrecifes. **Falso.** La construcción de casas y la contaminación por los desechos de las alcantarillas afectan a su desarrollo.

10. Los arrecifes de coral son uno de los hábitats más antiguos del planeta. Cierto.

11. En los arrecifes no viven tortugas porque no encuentran su alimento. **Falso.** En los arrecifes viven tortugas.

12. Los expertos están preocupados por el futuro de los arrecifes. Cierto.

(2) Opciones Elige la opción correcta.

1. El Grupo de Investigadores Submarinos hundieron el Hickory para crear (un parque nacional/un arrecife artificial).

2. El Parque Nacional Submarino La Caleta está ubicado en (Puerto Rico/la República Dominicana).

3. ¿No quieres contribuir para el regalo de Juan? ¡Eres (una rata./un chancho.)

4. Si estás en Argentina y tienes hambre, dices que (te pica el bagre/estás como una cabra).

(3) Preguntas Contesta las preguntas. Some answers will vary.

1. ¿Qué quieren frenar las organizaciones ambientales en el Parque Nacional Yasuní? Las organizaciones ambientales quieren frenar el avance de las empresas petroleras.

2. ¿Qué animales protege el Fondo Peregrino de Panamá? El Fondo Peregrino de Panamá protege las aves arpías.

3. ¿Qué busca Greenpeace con la campaña contra transgénicos? Greenpeace busca que obliguen a las empresas alimenticias a identificar los alimentos que contienen ingredientes transgénicos.

4. En tu opinión, ¿a qué se refiere Ramón Margalef cuando dice que el hombre es un problema para la biosfera?

(4) Opiniones ¿Les preocupa a ustedes la contaminación del mar? ¿Creen que tienen algún hábito en su vida diaria que perjudica nuestros mares? ¿Están dispuestos a cambiar su estilo de vida para conservar los mares sin contaminación? ¿Qué cambiarían? Compartan su opinión con la clase.

PROYECTO

Arrecifes del Caribe

Busquen información sobre los arrecifes de coral de Cuba, Puerto Rico y la República Dominicana. Elijan una zona de arrecifes y preparen una presentación para la clase. La presentación debe incluir:

- datos sobre la ubicación y la extensión
- datos sobre turismo

- datos sobre las especies de coral y otras especies de los arrecifes
- información sobre el estado de los arrecifes. ¿Están en peligro? ¿Alguna organización los protege?

¡No olviden incluir un mapa con la ubicación exacta para presentarlo en la clase!

214 *doscientos catorce*

Lección 6

GILBERTO SANTA ROSA

Gilberto Santa Rosa, más conocido como el Caballero de la Salsa, es considerado el heredero de la tradición salsera caribeña y el puente hacia los nuevos tiempos de este género musical. Comenzó su carrera de pequeño cuando, siendo adolescente, fue invitado a participar en bandas famosas, entre ellas, la orquesta *La Grande* junto al destacado° trompetista Elías López. Hoy este puertorriqueño es una figura consagrada en su país y en el mundo. Santa Rosa se convirtió en el primer cantante de música tropical en actuar en el Carnegie Hall en Nueva York. Su éxito artístico radica en su talento como sonero° en la interpretación de música tropical y también de boleros. En su producción *Directo al corazón* (2006), que incluye *Isla del encanto*, Santa Rosa coquetea con el reggaetón y la balada y, fiel a su estilo, da justo en el blanco°.

Discografía

2006 Directo al corazón   **2002** Intenso   **1995** En vivo desde el Carnegie Hall

Canción

Éste es un fragmento de la canción que tu instructor te hará escuchar.

Isla del encanto

Cuando la luna cae sobre tus palmeras
Y en tus playas el mar agita sus olas
El firmamento brinda su mejor estrella
Para darle la luz a tu preciosa arena.

Por la mañana siempre sale el sol primero
Y se llena de luz el paraíso mío
Y en la verde montaña el jibarito° canta
Un lelolay° que es signo en el mundo entero.

La **Rueda de Casino** es una de las variantes más llamativas de salsa surgida en los años cincuenta en Cuba. Las parejas bailan en forma circular y, cuando el líder del grupo hace un llamado° con el nombre de un tipo de vuelta°, las mujeres deben cambiar de pareja. Existen muchísimos llamados, algunos de ellos muy graciosos como por ejemplo: *pa'arriba, ¡dile que no!* y *Juana la cubana*.

Preguntas En parejas, contesten las preguntas. Some answers will vary.

1. ¿Cuándo comenzó la formación artística de Gilberto Santa Rosa? Comenzó cuando, siendo adolescente, fue invitado a participar en bandas famosas.

2. ¿Por qué el título de la canción es *Isla del encanto*? ¿A qué se refiere? La canción se refiere a Puerto Rico.

3. ¿Qué es la Rueda de Casino? Es un estilo de baile en forma circular en el que las parejas cambian al llamado de un líder.

4. ¿Qué otros cantantes de salsa conocen? ¿Bailan salsa?

destacado *renowned* **sonero** *improvising singer* **blanco** *target* **jibarito** *little Puerto Rican farmer* **lelolay** *exclamation typical of jíbaros* **llamado** *call* **vuelta** *turn*

- Point out the use of possessive adjectives in the song (**tu preciosa arena, el paraíso mío**) Ask: **¿Cómo es la relación entre el cantante y la isla?**
- After students listen to *Isla del encanto* once, have them form small groups. Give each group a recording of a different type of music that influences **Gilberto Santa Rosa's** music (reggaetón, salsa, balada, etc.). Ask the groups to listen to their recording and list the qualities of the music and lyrics. Then ask them to make a Venn diagram comparing their genre of music to **Santa Rosa's**. Have a volunteer from each group draw and explain the group's Venn diagram for the class.
- As students listen to the music, encourage them to take notes or draw pictures showing their personal response to the music and lyrics. Ask volunteers to share what they wrote or drew and why.

NATIONAL STANDARDS
Connections: Music/ Physical Education Have students bring in samples of salsa music that they find on the Internet. Some students may want to demonstrate and teach the class some of the dance steps associated with salsa.

AP PREPARATION

Informal Speaking Read the information about **Santa Rosa**, and play *Isla del encanto* for the class. In pairs, have students discuss their mental images of Puerto Rico as they listen. Then ask pairs to create a dialogue to role-play for the class, in which one of them is **Gilberto Santa Rosa**, and another is a young North American student of Spanish, who knows nothing about salsa. In the dialogue **Gilberto** should explain his music, students should ask and answer at least five questions, and they should refer to the song. Tell them: **En grupos de dos, van a representar un diálogo entre Gilberto y un joven estadounidense que no sabe nada de su música.**

6.1 The future

Forms of the future tense

Mañana por la tarde estaremos en el campamento.

Nos quedaremos cuidando a Bambi.

- The future tense (**el futuro**) uses the same endings for all **–ar, –er,** and **–ir** verbs. For regular verbs, the endings are added to the infinitive.

The future tense		
hablar	**deber**	**abrir**
hablaré	deberé	abriré
hablarás	deberás	abrirás
hablará	deberá	abrirá
hablaremos	deberemos	abriremos
hablaréis	deberéis	abriréis
hablarán	deberán	abrirán

¡ATENCIÓN!

Note that all of the future tense endings carry a written accent mark except the **nosotros** form.

- For irregular verbs, the same future endings are added to the irregular stem.

Infinitive	stem	preterite forms
caber	cabr-	cabré, cabrás, cabrá, cabremos, cabréis, cabrán
haber	habr-	habré, habrás, habrá, habremos, habréis, habrán
poder	podr-	podré, podrás, podrá, podremos, podréis, podrán
querer	querr-	querré, querrás, querrá, querremos, querréis, querrán
saber	sabr-	sabré, sabrás, sabrá, sabremos, sabréis, sabrán
poner	pondr-	pondré, pondrás, pondrá, pondremos, pondréis, pondrán
salir	saldr-	saldré, saldrás, saldrá, saldremos, saldréis, saldrán
tener	tendr-	tendré, tendrás, tendrá, tendremos, tendréis, tendrán
valer	valdr-	valdré, valdrás, valdrá, valdremos, valdréis, valdrán
venir	vendr-	vendré, vendrás, vendrá, vendremos, vendréis, vendrán
decir	dir-	diré, dirás, dirá, diremos, diréis, dirán
hacer	har-	haré, harás, hará, haremos, haréis, harán

Uses of the future tense

- In Spanish, as in English, the future tense is one of many ways to express actions or conditions that will happen in the future.

PRESENT INDICATIVE

conveys a sense of certainty that the action will occur

Llegan a la costa mañana.

They arrive at the coast tomorrow.

ir a + [infinitive]

expresses the near future; is commonly used in everyday speech

Van a llegar a la costa mañana.

They are going to arrive at the coast tomorrow.

PRESENT SUBJUNCTIVE

refers to an action that has yet to occur: used after verbs of will and influence.

Prefiero que lleguen a la costa mañana.

I prefer that they arrive at the coast tomorrow.

FUTURE TENSE

expresses an action that will occur; often implies more certainty than *ir a* + [infinitive]

Llegarán a la costa mañana.

They will arrive at the coast tomorrow.

¡ATENCIÓN!

The future tense is used less frequently in Spanish than in English.

Te llamo mañana.
I'll call you tomorrow.

- The English word *will* can refer either to future time or to someone's willingness to do something. To express willingness, Spanish uses the verb **querer** + [*infinitive*], not the future tense.

¿**Quieres contribuir** a la protección del medio ambiente?

Will you contribute to the protection of the environment?

Quiero ayudar, pero no sé por dónde empezar.

I'm willing to help, but I don't know where to begin.

- In Spanish, the future tense may be used to express conjecture or probability, even about present events. English expresses this sense in various ways, such as *wonder, bet, must be, may, might,* and *probably.*

¿Qué hora **será**?
I wonder what time it is.

¿**Lloverá** mañana?
Do you think it will rain tomorrow?

Ya **serán** las dos de la mañana.
It must be two a.m. by now.

Probablemente **tendremos** un poco de sol y un poco de viento.
It'll probably be sunny and windy.

TALLER DE CONSULTA

For a detailed explanation of the subjunctive with conjunctions of time, see 6.2.

- When the present subjunctive follows a conjunction of time like **cuando, después (de) que, en cuanto, hasta que,** and **tan pronto como,** the future tense is often used in the main clause of the sentence.

Nos **quedaremos** lejos de la costa **hasta que pase** el huracán.
We'll stay far from the coast until the hurricane passes.

En cuanto termine de llover, **regresaremos** a casa.
As soon as it stops raining, we'll go back home.

recursos

CP
pp. 53–54

CH
pp. 85–86

CA
pp. 16, 80

descubre3.
vhlcentral.com
Lecciónn 6

Teaching Tips

- Remind students that the auxiliary verb *will* does not have a single-word Spanish equivalent.
  yo iré = *I will go*
  ella hablará = *she will speak*
- To simplify for students, break the class into six groups. Assign each group one of the bullet points on pages 216 and 217. Ask groups to study their bullet point, practice explaining it to each other, and write new, easier examples. Then have each group present its point to the class. Allow time after each presentation for the class to ask questions.
- To continue the activity, consider having groups design an exercise (five questions) that quizzes the class on their understanding of their point.

AP PREPARATION

Informal Writing and Conjecture Review with students the idea of *wondering* about something in the present by using the future tense. Now tell them to pretend that they have lost their most precious possession. They are to write an e-mail to a friend, describing their favorite possession, and hypothesizing about where it *could* be, by using the future tense. Tell students to write such sentences as: ¿**Dónde estará mi anillo?** They will now exchange e-mails, and *guess* where the item could be, again using the future of probability. Ex: **Tu anillo estará en el baño.**

1 **Catástrofe** Hay muchas historias que cuentan el fin del mundo. Aquí tienes una de ellas.

A. Primero, lee la historia y subraya las expresiones del futuro. Después cambia esas expresiones por verbos en futuro.

> Los videntes (*fortune tellers*) aseguran que van a llegar catástrofes. El clima va a cambiar. Va a haber huracanes y terremotos. Vamos a vivir tormentas permanentes. Una gran niebla va a caer sobre el mundo. El suelo del bosque va a temblar. El mundo que conocemos también va a acabarse. En ese instante, la tierra va a volver a sus orígenes.

1. _llegarán_
2. _cambiará_
3. _habrá_
4. _viviremos_
5. _caerá_
6. _temblará_
7. _se acabará_
8. _volverá_

B. Ahora, en parejas, escriban su propia historia del futuro del planeta. Pueden inspirarse en el párrafo anterior o pueden escribir una versión más optimista.

2 **Horóscopo chino** En el horóscopo chino cada signo es un animal. Lee las predicciones del horóscopo chino para la serpiente. Conjuga los verbos en paréntesis usando el futuro.

Trabajo: Esta semana (1) _tendrás_ (tener) que trabajar duro. (2) _Saldrás_ (salir) poco y no (3) _podrás_ (poder) divertirte, pero (4) _valdrá_ (valer) la pena. Muy pronto (5) _conseguirás_ (conseguir) el puesto que estás esperando.

Dinero: (6) _Vendrán_ (venir) tormentas económicas. No malgastes tus ahorros.

Salud: (7) _Resolverás_ (resolver) tus problemas respiratorios, pero (8) _deberás_ (deber) cuidarte la garganta.

Amor: (9) _Recibirás_ (recibir) una noticia muy buena. Una persona especial te (10) _dirá_ (decir) que te ama. (11) _Vendrán_ (venir) días felices.

3 **El vidente** En parejas, imaginen que uno/a de ustedes es un(a) vidente (*fortuneteller*). La otra persona quiere saber qué le sucederá en el futuro cuando hable español fluidamente. El/la vidente deberá contestar preguntas sobre estos temas.

- viajes
- relaciones
- trabajo
- estudios

MODELO

ESTUDIANTE ¿Seguiré estudiando español en el futuro?

VIDENTE Sí, dentro de diez años harás un doctorado en español.

Teaching Tips

1 Before beginning the activity, discuss different predictions that have been or could be made about the end of the world.

1 For Part B, have volunteers describe recent films or novels that make predictions about the future of our planet.

1 **Research Project** Ask pairs to research in the library or on the Internet end-of-the-world stories from different cultures. Then have students share with the class the stories they researched.

2 Remind students to watch for irregular verbs as they complete the activity.

2 Give pairs of students a copy of a horoscope from a Spanish newspaper. Have them read it once for comprehension, once circling the future verbs, and a last time for full comprehension and enjoyment.

3 To simplify for students, model the conversation with a volunteer. Then write sentence frames on the board for students to refer to as they make their own conversations.

3 Have several pairs of volunteers re-enact the conversations as a skit for the class.

LEARNING STYLES

For Visual Learners Show pictures of future events both cataclysmic (ice age, nuclear war, etc.) and not (personal flying machines, colonies on Mars, etc.). Ask volunteers to look at the photos and call out a future sentence that describes it. Then ask students to form small groups. Give each group one picture. Have the group write five future statements about the picture.

For Auditory Learners Divide the class into two teams. Indicate one team member at a time, alternating between teams. Call out an infinitive and a subject pronoun and have the team member give the correct future form. Award one point for each correct answer. The team with the most points wins.

Comunicación

 4 **Viaje ecológico** Tú y tu compañero/a tienen que planear un viaje ecológico. Decidan a qué país irán, en qué fechas y qué harán allí. Usen ocho verbos en futuro.

ECOTURISMO

Puerto Rico	República Dominicana
● acampar en la costa y disfrutar de las playas	● ir en kayak por los ríos tropicales
● visitar el Viejo San Juan	● bucear por los arrecifes
● montar a caballo por la Cordillera Central	● ir de safari por La Descubierta y ver los cocodrilos del Lago Enriquillo
● ir en bicicleta por la costa	● disfrutar del paisaje de Barahona
● viajar en barco por Isla Culebra	● observar las aves en el Parque Nacional del Este

 5 **¿Qué será de...?** Todo cambia con el paso del tiempo. En parejas, conversen sobre lo que sucederá en el futuro en relación con estos temas y lugares.

- las ballenas (*whales*) en 2200
- Venecia en 2035
- los libros tradicionales en 2105
- la televisión en 2056
- Internet en 2050

- las hamburguesas en 2020
- los Polos Norte y Sur en 2300
- el Amazonas en 2100
- Los Ángeles en 2245
- el petróleo en 2025

 6 **¿Dónde estarán en 20 años?** La fama es, en muchas ocasiones, pasajera (*fleeting*). En grupos de tres, hagan una lista de cinco personas famosas y anticipen lo que será de ellas dentro de veinte años.

 7 **Situaciones** En parejas, seleccionen uno de estos temas e inventen una conversación usando el tiempo futuro.

1. Dos jóvenes han terminado sus estudios y hablan sobre lo que harán para convertirse en millonarios.
2. Dos ladrones acaban de robar todo el dinero de un banco internacional. Piensa en lo que harán para escapar de la policía.
3. Los/as hermanos/as Rondón han decidido convertir su granja (*farm*) en un centro de ecoturismo. Deben planear algunas atracciones para los turistas.
4. Dos científicos se reúnen para participar en un intercambio (*exchange*) de ideas. El objetivo es controlar, reducir e, idealmente, eliminar la contaminación del aire en las grandes ciudades. Cada uno/a dice lo que hará o inventará para conseguirlo.

La naturaleza

Teaching Tips

4 If time and resources permit, bring in tourist materials about different Spanish-speaking countries.

5 Ask pairs to come up with their own predictions about things that will happen 25, 50, and 100 years from now.

6 Model the activity by talking about one celebrity first as a class.

6 As an alternative, ask students to make predictions about a classmate. Then ask each student to share their predictions and have the class guess who is being described. Be sure to encourage only positive predictions.

7 Have pairs perform their conversations for the class. For listening comprehensions, ask students to jot down the verbs used in the future.

DIFFERENTIATED LEARNING

Heritage Speakers Ask students to share about **el ecoturismo** in their families' home countries. **¿Sabes algo del ecoturismo en _____? ¿En qué lugares se ofrece el ecoturismo? ¿Te parece que el ecoturismo es bueno para el país? ¿Por qué?** Allow time for other students to ask questions about ecotourism in other countries.

To Challenge Students Ask pairs of students to consider and then research the places in their hometown or city where tourists could experience ecotourism. Then encourage them to make a brochure advertising the local options to Hispanic tourists. Display the brochures around the room, and allow time for the class to walk around and read each one. Consider sending them to the local tourism bureau.

Estructura **219**

Instructional Resources
Cuaderno de práctica,
pp. 55–56
*Cuaderno para
hispanohablantes,* pp. 87–88
Cuaderno de actividades,
pp. 17, 81
e-Cuaderno
Supersite: Additional practice
Supersite/TRCD/Print:
PowerPoints (**Lección 6
Estructura** Presentation,
Overhead #45); Audio Activity
Script, Answer Keys
Audio Activity CD

Teaching Tips
• To simplify for students,
explain that a clause
is a part of a sentence.
Independent clauses are
parts of the sentence that
can be a whole sentence
on their own (they are a
complete thought). Ex: **Las
chicas se preparan.** The girls
are getting ready. Dependent
clauses are not complete
thoughts. Ex: **antes de que
empiece el baile**
• Also explain that conjunctions
are connecting words such
as: **y** (*and*), **pero** (*but*), and
a menos que (*unless*).
• Point out that, while English
often uses subordinate
clauses when there is no
change of subject, Spanish
uses the infinitive instead.
Ex: **Tomé la medicina para
curarme.** (*I took the medicine
so that I would get better.*)

**Extra Practice and
Technology Connection**
Go to **descubre3.vhlcentral.
com** for more practice with
the subjunctive in adverbial
clauses.

6.2 The subjunctive in adverbial clauses

• In Spanish, adverbial clauses are commonly introduced by conjunctions. Certain
conjunctions require the subjunctive, while others can be followed by the subjunctive
or the indicative, depending on the context in which they are used.

¡Estoy dejando
espacio para que la
atrapen!

No le des
más comida aunque
ponga cara
de perrito.

Conjunctions that require the subjunctive

• Certain conjunctions are always followed by the subjunctive because they introduce
actions or states that are uncertain or have not yet happened. These conjunctions
commonly express purpose, condition, or intent.

MAIN CLAUSE	CONNECTOR	SUBORDINATE CLAUSE
Se acabará el petróleo en pocos años	a menos que	busquemos **energías alternativas.**

> **Conjunctions that require the subjunctive**
>
> | | |
> |---|---|
> | **a menos que** *unless* | **en caso (de) que** *in case* |
> | **antes (de) que** *before* | **para que** *so that* |
> | **con tal (de) que** *provided that* | **sin que** *without; unless* |

El gobierno se prepara **en caso de que haya** una gran sequía el verano que viene.
The government is getting ready in case there is a big drought in the coming summer.

Iremos a las montañas el próximo miércoles **a menos que haga** mal tiempo.
We will go to the mountains next Wednesday unless the weather is bad.

Debemos proteger a los animales salvajes **antes de que se extingan**.
We should protect wild animals before they become extinct.

• If there is no change of subject in the sentence, a subordinate clause is not necessary.
Instead, the prepositions **antes de, con tal de, en caso de, para**, and **sin** can be used,
followed by the infinitive. Note that the connector **que** is not necessary in this case.

Las organizaciones ecologistas trabajan **para proteger** los arrecifes de coral.
Environmental organizations work to protect coral reefs.

Tienes que pedir permiso **antes de darles de comer** a los monos del zoológico.
You have to ask permission before feeding the monkeys at the zoo.

¡ATENCIÓN!

An adverbial clause
(**oración adverbial**) is one
that modifies or describes
verbs, adjectives, or other
adverbs. It describes how,
why, when, or where an
action takes place.

DIFFERENTIATED LEARNING

For Inclusion Write the examples from the grammar
presentation on the board. Then use pantomime or illustrations
to convey the meaning of each sentence. For example, write:
**Se acabará el petróleo en pocos años a menos que busquemos
energías alternativas.** Then sketch a gas tank with little gas, an
arrow and a stick figure looking at windmills and solar panels.
Ask volunteers to do the same for the other examples.

To Challenge Students Give other examples in English of
the subjunctive in adverbial clauses and ask volunteers to
translate into Spanish, using the future. Record your English
examples and the students' Spanish translations. After the class
understands the exercise, challenge all students to participate
by suggesting either English phrases or Spanish translations.

Conjunctions followed by the subjunctive or the indicative

- If the action in the main clause has not yet occurred, then the subjunctive is used after conjunctions of time or concession. Note that adverbial clauses often come at the beginning of a sentence.

Conjunctions of time or concession	
a pesar de que *despite*	**hasta que** *until*
aunque *although; even if*	**luego que** *as soon as*
cuando *when*	**mientras que** *while*
después (de) que *after*	**siempre que** *as long as*
en cuanto *as soon as*	**tan pronto como** *as soon as*

La excursión no saldrá **hasta que estemos** todos.
The excursion will not leave until we all are here.

Dejaremos libre al pájaro **en cuanto** el veterinario nos **diga** que puede volar.
We will free the bird as soon as the vet tells us it can fly.

Aunque me **digan** que es inofensivo, no me acercaré al perro.
Even if they tell me he's harmless, I'm not going near the dog.

Cuando Pedro vaya a cazar, tendrá cuidado con las serpientes venenosas.
When Pedro goes hunting, he will be careful of the poisonous snakes.

- If the action in the main clause has already happened, or happens habitually, then the indicative is used in the adverbial clause.

Tan pronto como paró de llover, Matías salió a jugar al parque.

As soon as the rain stopped, Matías went out to play in the park.

Mi padre y yo siempre nos peleamos **cuando hablamos** del calentamiento global.

My father and I always fight when we talk about global warming.

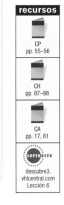

recursos

CP
pp. 55–56

CH
pp. 87–88

CA
pp. 17, 81

SUPERSITE
descubre3.
vhlcentral.com
Lección 6

Informal Speaking Review the adverbial conjunctions, making distinctions about when to use the subjunctive. In pairs, have students discuss vacation trips that people typically take. Ex: **En cuanto viene agosto, todos salen de vacaciones. Siempre que hace buen tiempo, van a la playa.** Now have them discuss vacations that have not yet occurred, in which they use the subjunctive with these same expressions: **En cuanto llegue** mi amigo, voy a salir para Madrid. After making sure that students understand the difference, instruct them to do a role-play involving an upcoming trip. Say: **Tu hermano Juan te llama desde la universidad. Te dice que va a estudiar en el extranjero el semestre que viene. Hazle cinco preguntas en las cuales usas el subjuntivo con conjunciones adverbiales. Juan las contesta.**

Teaching Tips
- Clarify that, when possible, Spanish uses *preposition + infinitive* instead of *conjunction + subjunctive* when there is no change of subject. Ex: **Voy a acostarme después de ver las noticias.** (*I'm going to go to sleep after I watch the news.*) For many conjunctions of time, however, a corresponding preposition does not exist. In these cases, [*conjunction*] + [*subjunctive*] is used even when there is no change of subject. Ex: **Lo haré en cuanto tenga un momento.**
- To simplify, list the conjunctions on the board. Then next to them and in a different color, list the prepositions that mean nearly the same thing (Ex: **después de que** and **después de**).

Teaching Tips

① ② **For inclusion,** tell students which tense to use in each item.

① ② Suggest students list the independent clause, its subject, the dependent clause, its subject, and the conjunction before completing each sentence. Model with the first item on the board.

① ② To challenge students, have them rewrite the sentences changing the indicative to the subjunctive and vice versa. Remind students to make all necessary subject and conjunction/preposition changes. Ask students to indicate which items were impossible to change and why.

③ Have volunteers perform the conversation as a skit. Encourage them to use hand gestures and facial and verbal expressions.

Expansion Give three volunteers each a different piece of colored chalk. On the board, write a sample sentence. Ex: **Se acabará el petróleo en pocos años a menos que busquemos energías alternativas.** Then ask the first volunteer to come to the board and underline the independent clause and circle its subject. Have the second volunteer come to the board to underline the dependent clause and circle its subject. Finally, have the third volunteer come to the board to circle the conjunction. Then pointing out the different subjects and the conjunction, explain why the subjunctive is used. Repeat with several more examples until all students have had a turn to volunteer.

---

1 **Reunión** Completa las oraciones con el indicativo (presente o pretérito) o el subjuntivo de los verbos entre paréntesis.

1. Los ecologistas no apoyarán al alcalde (*mayor*) a menos que éste __cambie__ (cambiar) su política de medio ambiente.

2. El alcalde va a hablar con su asesor (*advisor*) antes de que __lleguen__ (llegar) los ecologistas.

3. Los ecologistas entraron en la oficina del alcade tan pronto como __supieron__ (saber) que los esperaban.

4. El alcalde les asegura que siempre piensa en el medio ambiente cuando __da__ (dar) permisos para construir edificios nuevos.

5. Los ecologistas van a estar preocupados hasta que el alcade __responda__ (responder) todas sus preguntas.

2 **¿Infinitivo o subjuntivo?** Completa las oraciones con el verbo en infinitivo o en subjuntivo.

1. Compraré un carro híbrido con tal de que no __sea__ (ser) muy caro. Compraré un carro híbrido con tal de __conservar__ (conservar) los recursos naturales.

2. Los biólogos viajan para __estudiar__ (estudiar) la biodiversidad. Los biólogos viajan para que la biodiversidad se __conozca__ (conocer).

3. Él se preocupará por el calentamiento global después de que los científicos le __demuestren__ (demostrar) que es una realidad. Él se preocupará por el calentamiento global después de __ver__ (ver) lo que ocurre con sus propios ojos.

4. No podremos continuar sin __tener__ (tener) un mapa. No podremos continuar sin que alguien nos __dé__ (dar) un mapa.

3 **Declaraciones** Elige la conjunción adecuada para completar la conversación entre un periodista y la señora Corbo, encargada de relaciones públicas de un zoológico.

PERIODISTA Señora Corbo, ¿qué le parece el artículo que se ha publicado en el que se dice que el zoológico no trata bien a los animales?

SRA. CORBO Lo he leído, y (1) __aunque__ (aunque / cuando) yo no estoy de acuerdo con el artículo, hemos iniciado una investigación. (2) __Tan pronto como__ (Hasta que / Tan pronto como) terminemos la investigación, se lo comunicaremos a la prensa. Queremos hablar con todos los empleados (3) __para que__ (en cuanto / para que) no haya ninguna duda.

PERIODISTA ¿Es verdad que limpian las jaulas sólo cuando va a haber una inspección (4) __para que__ (para que / sin que) el zoológico no tenga problemas con las autoridades?

SRA. CORBO Le aseguro que todo se limpia diariamente hasta el último detalle. Y si no me cree, lo invito a que nos visite mañana mismo.

PERIODISTA ¿Cuándo cree que sabrán lo que ha ocurrido?

SRA. CORBO (5) __En cuanto__ (En cuanto / Aunque) termine la investigación.

LEARNING STYLES

For Auditory Learners Have each student make two signs—one that reads **Subjuntivo** and another that reads **Indicativo**. Say a sentence and have students raise the appropriate sign. After several examples, challenge volunteers to give examples for the class to identify.

For Kinesthetic Learners Divide the class into two teams: **Subjuntivo** and **Indicativo**. Write a conjunction on the board. Ex: **con tal de que, hasta que**, etc. Have a member of team **Subjuntivo** run to the board to create an original sentence using the subjunctive; have a team member from team **Indicativo** use the same construction with the indicative in the adverbial clause. Award one point for each correct answer.

Comunicación

 4 **Instrucciones** Javier va a salir de viaje por el país, así que le ha dejado una lista de instrucciones a su compañero de casa. En parejas, túrnense para preparar las instrucciones usando oraciones adverbiales con subjuntivo y las conjunciones de la lista.

> **MODELO** No uses mi computadora a menos que sea una emergencia.

a menos que
a pesar de que
con tal de que
cuando
en caso de que
en cuanto
para que
siempre que
tan pronto como

Instrucciones
- Darles de comer a los peces
- Comprar productos ecológicos
- No pasear el perro si hay tormenta
- Usar sólo papel reciclado
- No usar mucha agua excepto para regar (to water) las plantas
- Llamarme por cualquier problema

 5 **Situaciones** En parejas, túrnense para completar las oraciones.

1. Terminaré mis estudios a tiempo, a menos que…
2. Me iré a vivir a otro país en caso de que…
3. Ahorraré (*I will save*) mucho dinero para que…
4. Yo cambiaré de carrera en cuanto…
5. Me jubilaré (*will retire*) cuando…

6 **Huracán** En grupos de cuatro, imaginen que son compañeros/as de casa y que un huracán se acerca a la zona donde viven. Escriban un plan para explicar qué harán en diferentes situaciones hipotéticas o futuras. Usen el subjuntivo y las conjunciones adverbiales. Consideren estas posibles situaciones.

- las bombillas de luz se queman
- las ventanas se rompen
- las líneas de teléfono se cortan
- el sótano se inunda (*flood*)
- los vecinos ya se han ido
- no hay suficiente alimento

Teaching Tips

4 Have students recycle vocabulary about the household (**Lección 3**) to create additional instructions. Ex: **lavar los platos, apagar el televisor.**

5 Call on students to share their partners' responses. Record their responses on the board to help visual learners benefit from the review.

6 Ask students to create two sentences using superlatives (**Estructura 5.1**) Ex: **Si las ventanas se rompen, lo más importante es quedarse dentro de la casa.**

6 To continue the activity or as an alternative, ask students to make their suggestions into a news broadcast that they practice then perform for the class.

NATIONAL STANDARDS
Community Have students locate and bring in disaster preparedness information in Spanish. Sources for this might be found online, from local or state government agencies, and even from hotels and hospitals that need to instruct people in what to do in the event of emergency. What verb forms are used for giving this sort of instruction?

To Challenge Students and For Inclusion Form small, multi-leveled groups of students. Ask each group to produce a pamphlet for hurricane readiness, based on **Actividad 6**. First, students should determine their roles. One student in each group should facilitate or organize the group. One or two students should record the group's ideas. Another student or two should edit the pamphlet. Another should recopy or type the final pamphlet. Finally, several other students can illustrate the pamphlet. Display the pamphlets around the room. Allow time for the class to walk around and read each pamphlet.

Instructional Resources
Cuaderno de práctica,
pp. 57–58
Cuaderno para
hispanohablantes, pp. 89–90
Cuaderno de actividades,
pp. 18, 82
e-Cuaderno
Supersite: Additional practice
Supersite/TRCD/Print:
PowerPoints (**Lección 6**
Estructura Presentation);
Audio Activity Script, Answer
Keys
Audio Activity CD

Teaching Tips
• Remind students that
a + el = al.
• Remind students not to
confuse the direct object
that follows the **personal**
a with the indirect object that
responds to **¿A quién?** Ex:
Llamemos a la directora. / Le
dimos el guión a la directora.
• To challenge students, ask
volunteers to give other
sentences with **a**. Have other
volunteers translate the
sentences into English.

Extra Practice and
Technology Connection
Go to **descubre3.vhlcentral.**
com for more practice with the
prepositions **a, hacia,** and **con**.

6.3 Prepositions: *a*, *hacia*, and *con*

The preposition *a*

¡ATENCIÓN!

Some verbs require **a** before
an infinitive, such as **ir a,**
comenzar a, volver a,
enseñar a, aprender a,
ayudar a.

Aprendí a manejar.
I learned to drive.

Me ayudó a arreglar
el coche.
He helped me fix the car.

• The preposition **a** can mean *to, at, for, upon, within, of, from,* or *by*, depending on the context.
Sometimes it has no direct translation in English.

Terminó **a** las doce.
It ended at midnight.

Lucy estaba **a** mi derecha.
Lucy was on my right.

El mar Caribe está **a** doce millas
de aquí.

The Caribbean Sea is twelve miles
from here.

Le compré un pájaro exótico **a** Juan.
I bought an exotic bird from/for Juan.

Al *llegar a casa, me sentí feliz.*
Upon returning home, I felt happy.

Fui **a** casa de mis padres para
ayudarlos después de la inundación.

I went to my parents' house to
help them after the flood.

• The preposition **a** introduces indirect objects.

Le prometió **a** su hijo que irían a navegar.
He promised his son they would go sailing.

Hoy, en el zoo, le di de comer **a** un conejo.
Today, in the zoo, I fed a rabbit.

• The preposition **a** can be used in commands.

¡**A** comer!
Let's eat!

¡**A** dormir!
Time for bed!

• When a direct object noun is a person (or a pet), it is preceded by the personal **a**, which has no
equivalent in English. The personal **a** is also used with the words **alguien, nadie,** and **alguno**.

¿Viste **a** tus amigos en el parque?
Did you see your friends in the park?

No, no he visto **a** nadie.
No, I haven't seen anyone.

• The personal **a** is not used when the person in question is not specific.

La organización ambiental
busca voluntarios.

The environmental organization
is looking for volunteers.

Sí, necesitan voluntarios para limpiar
la costa.

Yes, they need volunteers to clean
the coast.

The preposition *hacia*

¡ATENCIÓN!

There is no accent mark
on the **i** in the preposition
hacia. The stress falls on
the first **a**. The word **hacía**
is a form of the verb **hacer**.

• With movement, either literal or figurative, **hacia** means *toward* or *to*.

La actitud de Manuel **hacia** mí
fue negativa.

Manuel's attitude toward me
was negative.

El biólogo se dirige **hacia** Puerto Rico
para la entrevista.

The biologist is headed to Puerto Rico for
the interview.

• With time, **hacia** means *approximately, around, about,* or *toward*.

El programa que queremos ver
empieza **hacia** las 8.

The show that we want to watch
will begin around 8:00.

La televisión se hizo popular **hacia**
la segunda mitad del siglo XX.

Television became popular toward
the second half of the twentieth century.

LEARNING STYLES

For Auditory Learners Slowly read aloud a children's story that
includes prepositions, with at least one example of **a, hacia,**
and **con**. Ask students to raise one hand when they hear a
preposition. Ask them to raise both hands when they hear
a, hacia, and **con**.

For Visual Learners To simplify, use a box to review the definition
of a preposition: Hold the box in front of the class. List some
prepositions on the board, including **a, hacia,** and **con**. Say and
pantomime: **Estoy detrás de la caja. Estoy enfrente de la caja.**
Estoy caminando hacia la caja. Use your voice to emphasize
the preposition.

The preposition *con*

La idea es tener contacto con la naturaleza.

¡Maldito pez! En una playa tropical con tres mujeres.

- The preposition **con** means *with*.

  Me gustaría hablar **con** el director del departamento.

  I would like to speak with the director of the department.

  Es una organización ecológica **con** muchos miembros.

  It's an environmental organization with lots of members.

- Many English adverbs can be expressed in Spanish with **con** + [*noun*].

  Habló del tema **con** cuidado.

  She spoke about the issue carefully.

  Hablaba **con** cariño.

  He spoke affectionately.

- The preposition **con** is also used rhetorically to emphasize the value or the quality of something or someone, contrary to a given fact or situation. In this case, **con** conveys surprise at an apparent conflict between two known facts. In English, the words *but*, *even though*, and *in spite of* are used.

  Los turistas tiraron los envoltorios al suelo.

  The tourists threw wrappers on the ground.

  ¡**Con** lo limpio que estaba todo!

  But the place was so clean!

- If **con** is followed by **mí** or **ti**, it forms a contraction: **conmigo**, **contigo**.

con + mí	conmigo
con + ti	contigo

  ¿Quieres venir **conmigo** al campo?
  Do you want to come with me to the countryside?

  Por supuesto que quiero ir **contigo**.
  Of course I want to go with you.

- **Consigo** is the contraction of **con** + **usted/ustedes** or con + **él/ella/ellos/ellas**. **Consigo** is equivalent to the English *with himself/herself/yourself* or *with themselves/yourselves*, and is commonly followed by **mismo**. It is only used when the subject of the sentence is the same person referred to after **con**.

  Están satisfechos **consigo mismos**.

  La sequía trajo **consigo** muchos problemas.

  Fui al cine **con él**.

  Prefiero ir al parque **con usted**.

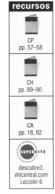

recursos

CP
pp. 57–58

CH
pp. 89–90

CA
pp. 18, 82

SUPERSITE
descubre3.
vhlcentral.com
Lección 6

Teaching Tips

- After teaching the second bullet point, tell students that friendly letters often close with **Con cariño** or some variation. Ask students to write quick notes to each other closing with **Con cariño** or a similar expression.
- Point out that it is never correct to say **con mí** or **con ti**. Also remind students that while the personal pronoun **mí** carries an accent to distinguish it from the possessive adjective **mi**, **ti** never has an accent.
- **For Kinesthetic Learners**, ask volunteers to pantomime going somewhere with someone or something. The class guesses where they are going and with whom or what.

DIFFERENTIATED LEARNING

For Inclusion Play the game **Vamos de picnic**. Choose a location in nature rather than a picnic (such as **las montañas** or **el campamento**). Have students sit in a circle. Write the phrase on the board: **Vamos a las montañas. Vamos con…** Begin the game by saying the phrases and adding one thing or person that you will take to the mountains. The student to your right repeats the phrases, then adds your object and one of his or her own.

Play continues until all students have added something to the list. If students are having trouble remembering the items on the list, write them on the board.

Heritage Speakers Ask students to share about whether their family members use **consigo** or **consigo mismo** and with what frequency. Students may want to ask at home before sharing.

Teaching Tips

① To simplify, remind students of the **a + el = al** rule so they can eliminate some of the items in the exercise.

① **For Inclusion**, when reviewing the answers, invite volunteers to illustrate or pantomime some of the items.

② Pair slower-paced learners with advanced learners and ask them to identify the reasons, according to the explanation in **Estructura 6.3**, for the times they chose to use **a** in the exercise.

② **For Kinesthetic and Visual Learners**, ask three volunteers to pantomime the scene as you read it slowly.

③ **Expansion** Have students write a conversation among **María, Emilio**, and his little brother to make plans for their next visit to the mountain. Have students use at least five examples of **con** contractions.

③ **Auditory Learners** Ask volunteers to read the completed conversation aloud. Invite other volunteers to add to the dialogue, using any of the three prepositions.

① **¿Cuál es?** Elige entre las preposiciones **a**, **hacia** y **con** para completar cada oración.

1. El león caminaba __hacia__ el árbol.
2. Dijeron que la tormenta empezaría __hacia/a__ las dos de la tarde.
3. Le prometí que iba __a__ ahorrar combustible.
4. Ellos van a tratar de ser responsables __con__ el medio ambiente.
5. Contribuyó a la campaña ecológica __con__ mucho dinero.
6. El depósito de combustible estaba __a__ mi izquierda.

② **Amigos** Primero, completa los párrafos con las preposiciones **a** y **con**. Marca los casos que no necesitan una preposición con una **X**.

Emilio invitó (1) __a__ María (2) __a__ ir de excursión. Él quería ir al bosque (3) __con__ ella porque quería mostrarle un paisaje donde se podían ver (4) __X__ muchos pájaros. Él sabía que (5) __a__ ella le gustaba observar (6) __X__ las aves.
María le dijo que sí (7) __a__ Emilio. Ella no conocía (8) __a__ nadie más (9) __con__ quien compartir su interés por la naturaleza. Hacía poco que había llegado (10) __a__ la ciudad y buscaba (11) __X__ amigos (12) __con__ sus mismos intereses.

③ **Conversación** Completa la conversación de Emilio y María con la opción correcta de la preposición **con**. Puedes usar las opciones de la lista más de una vez.

con	contigo	con nosotros
conmigo	consigo	con ustedes

EMILIO Gracias por haber venido (1) ___conmigo___ a la montaña. Ha sido una tarde divertida.

MARÍA No, Emilio. Gracias a ti por haberme invitado a venir (2) ___contigo___. No conocía este sitio y es maravilloso. ¡(3) ___Con___ lo que me gustan las montañas! Echo de menos venir más a menudo.

EMILIO Pues ya lo sabes, puedes venir (4) ___conmigo___ cuando quieras. ¿Qué te parece si lo repetimos la próxima semana?

MARÍA Me encantaría volver. La próxima vez, vendré (5) ___con___ mis prismáticos (*binoculars*) para ver los pájaros.

EMILIO A veces, vengo (6) ___con___ con mi hermano pequeño. Tiene once años, seguro que te cae bien. Si quieres, la semana que viene puede venir (7) ___con nosotros___. Él siempre se trae una cámara (8) ___consigo___. Él dice que va a ser un director famoso.

MARÍA Perfecto, la semana que viene venimos los tres. Estoy segura de que me gustará venir (9) ___con ustedes___.

DIFFERENTIATED LEARNING

To Challenge Students For additional practice, write **a, hacia**, and **con** on three index cards and shuffle them. Have volunteers pick a card and create a sentence using that preposition. As a variation, have students base their sentences on the previous student's answer. Appoint one student to record the sentences and read them back to the class to create an absurd story.

For Inclusion Play an oral game of *Mad Libs*. On the board, write sentence frames such as **Voy 1. _____ 2. _____. Voy 3. _____ las 4. _____ de la tarde. Necesito ir 5. _____ 6. _____.** Under each respective blank, write: **1. una preposición 2. un lugar 3. una preposición 4. una hora 5. una preposición 6. una cosa**. Model filling in the blanks. Then read the story. Invite pairs to do the same, creating silly stories to share with the class.

Comunicación

4 Safari En parejas, escriban un artículo periodístico breve sobre lo que le sucedió a un grupo de turistas durante un safari. Usen por lo menos cuatro frases de la lista. Sean imaginativos. Después, compartan el informe periodístico con la clase.

hacia el león	con la cámara digital	con la boca abierta
al guía	a tomar una foto	a correr
hacia el carro	a nadie	hacia el tigre

5 Noticias En grupos de cuatro o cinco, lean los titulares e inventen la noticia. Formen un círculo. El primero debe leer el titular al segundo, añadiendo (*adding*) algo. El estudiante repite la noticia al tercero y añade otra cosa, y así sucesivamente (*and so-on*). Las partes que añadan a la noticia deben incluir las preposiciones **a, con** o **hacia.**

> **MODELO** Acusaron a Petrosur de contaminar el río.
>
> **ESTUDIANTE 1:** Acusaron a Petrosur de contaminar el río con productos químicos.
> **ESTUDIANTE 2:** Acusaron a Petrosur de contaminar el río con productos químicos. A diario se ven horribles manchas que flotan en el agua.
> **ESTUDIANTE 3:** Acusaron a Petrosur de contaminar el río con productos químicos. A diario se ven horribles manchas que flotan en el agua hacia la bahía.

1. Inventaron un combustible nuevo.
2. El presidente felicitó (*congratulated*) a los bomberos.
3. Inauguran hoy una nueva reserva.
4. Se acerca una tormenta.

6 Síntesis

A. En parejas háganse estas preguntas sobre la naturaleza. Deben usar el futuro, el subjuntivo y las preposiciones **a, hacia** y **con** en sus respuestas.

1. ¿Conoces a alguien que contribuya a cuidar el medio ambiente?
2. ¿Te gusta cazar? ¿Conoces a mucha gente que cace?
3. ¿Crees que reciclar es importante? ¿Por qué? ¿Qué sucederá si no reciclamos?
4. ¿Qué actitud tienes hacia el uso de productos desechables?
5. ¿Crees que el calentamiento global empeorará a menos que cambiemos el estilo de vida?
6. ¿Qué medidas debe tomar el gobierno para que no se agoten los recursos naturales?

B. Informen a la clase de lo que han aprendido de su compañero/a usando las preposiciones correspondientes. Sigan el modelo.

> **MODELO** Juana, mi compañera, dice que no conoce a nadie que contribuya a cuidar el medio ambiente. Ella dice que si no reciclamos, tendremos problemas con la cantidad de basura...

For additional cumulative practice of all the grammar points in this lesson, go to **descubre3.vhlcentral.com**.

La naturaleza

Teaching Tips

4 To help students prepare their articles, encourage them to create a time line of events before they begin writing.

6 Review the subjunctive with conocer, if necessary **(Estructura 5.2).**

For Expansion To challenge students, have them find a paragraph or article and analyze the use of **a, hacia,** and **con**. Ask volunteers to present some examples to the class. Then discuss what one of the three was most commonly used.

NATIONAL STANDARDS Community As a variation for **Actividad 5,** have students find authentic **titulares** (*headlines*) from Spanish-language news sites on the Internet.

LEARNING STYLES

For Auditory Learners Have students bring in news articles about an environmental problem or natural disaster. First students should read their own article. Then they should explain it to their partner without letting the partner read the article. Partners should rely on their listening skills to understand the gist of the article. Finally, partners should share their questions, thoughts, and opinions on the article.

For Kinesthetic Learners Display pictures of the environment. On slips of paper, write two environmental problems for each picture. Ex: picture of endangered animal with these slips: **la polución contamina su agua/la construcción quita tierra de su hogar.** Each student gets a slip of paper and goes to the matching picture to talk with the other student, using future, subjunctive, and prepositions.

6 CINEMATECA

Antes de ver el corto

Section Goals

In **Cinemateca**, students will:

• watch the short film *El día menos pensado*

• practice listening for and using vocabulary and grammar learned in this lesson

---

Instructional Resources
Supersite/DVD: Film collection
Supersite/TRCD: *Cortometraje*
Transcript & Translation

Teaching Tips

① **Expansion** Ask students to create sentences with the vocabulary words not used in the activity.

① Play a game of Charades with this vocabulary. Divide the class into two teams. Each team sends one member to the front of the room. You show the elected member a word or phrase which he or she acts out for the team. Ex: **acabarse**—the students pretend to run out of gas or money. The first team to guess the word or phrase wins a point. Play until all students have had a turn pantomiming. The team with the most points at the end wins.

② Continue the discussion by asking students additional questions: **¿Te preocupas mucho por el futuro del planeta? ¿Por qué? ¿Crees que es fácil vivir sin pensar tanto en los problemas del medio ambiente? ¿Por qué?**

 EL DÍA MENOS PENSADO

país México

duración 13 minutos

director Rodrigo Ordóñez

protagonistas Julián, Inés, Ricardo (vecino), Esther (esposa de Ricardo)

Vocabulario

acabarse *to run out; to come to an end*

la cisterna *cistern; underground tank*

descuidar(se) *to get distracted; to neglect*

disculparse *to apologize*

envenenado/a *poisoned*

quedarse sin *to run out of*

resentido/a *resentful*

la salida *exit*

sobre todo *above all*

el tanque *tank*

la tubería *piping*

el/la vándalo/a *vandal*

---

1 **El carpincho Pedro** Completa el párrafo con las palabras o las frases apropiadas.

Noticia de último momento: un grupo de (1) ___vándalos___ causó graves daños (*harm*) en la Reserva Ecológica. Aparentemente, los guardias nocturnos (2) ___se descuidaron___ y no los vieron entrar por una de las (3) ___salidas___. Los delincuentes hicieron un agujero (*hole*) en la (4) ___tubería___ que lleva agua para llenar los (5) ___tanques___ en la zona donde se encuentran los baños. Pero eso no fue todo. Por la mañana, los guardaparques se encontraron con una triste escena. Además de encontrar el parque inundado (*flooded*) y de (6) ___quedarse sin___ agua en la (7) ___cisterna___, encontraron muy enfermo al carpincho (*capybara*) Pedro, el animalito más querido de la reserva. Le habían dado comida (8) ___envenenada___. Afortunadamente, los veterinarios aseguran que el carpincho se va a recuperar.

2 **Preguntas** En parejas, contesten las preguntas.

1. ¿Qué tipos de contaminación hay en su comunidad? Mencionen dos o tres.

2. ¿Creen que algún día se puede acabar el agua? ¿Qué pasará si eso sucede?

3. Observen el afiche del cortometraje. ¿Qué está mirando el hombre?

4. Observen los fotogramas. ¿Qué está sucediendo en cada uno?

5. El corto se titula *El día menos pensado* (*When you least expect it*). ¿Qué catástrofes ecológicas pueden ocurrir el día menos pensado?

CRITICAL THINKING

Comprehension and Synthesis Ask pairs of students to describe what is happening in each picture of **Actividad 2**. Encourage students to write short stories based on the pictures and share them with the class.

Application and Analysis In small groups, have students discuss films they have seen that involve an environmental crisis or natural disaster. **¿Fue realista la representación del problema? ¿Cómo afectó la situación a los personajes, al gobierno y a la sociedad?**

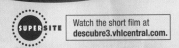

Watch the short film at
descubre3.vhlcentral.com.

El día menos pensado

Una producción de FONDO NACIONAL PARA LA CULTURA Y LAS ARTES/INSTITUTO MEXICANO DE CINEMATOGRAFÍA/ GUERRILLA FILMS con apoyo de MEXATIL INDUSTRIAL, S.A. DE C.V./EQUIPMENT & FILM DESIGN (EFD)/CALABAZITAZ TIERNAZ/KODAK DE MÉXICO/CINECOLOR MÉXICO Guión y Dirección RODRIGO ORDÓÑEZ Basada en un cuento de SERGIO FERNÁNDEZ BRAVO Fotografía EVERARDO GONZÁLEZ Productor Ejecutivo GABRIEL SORIANO Dirección de Arte AMARANTA SÁNCHEZ Música Original CARLOS RUIZ Diseño Sonoro LENA ESQUENAZI Edición JUAN MANUEL FIGUEROA Actores FERNANDO BECERRIL/MARTA AURA/BRUNO BICHIR/CLAUDIA RÍOS

La naturaleza

doscientos veintinueve **229**

Teaching Tips

- **For Visual Learners** Ask students to design an alternate poster for the short. Display the posters around the room with a comment sheet next to each one. Allow time for the class to walk around the room, making comments on at least three posters. Join them in making comments.
- Allow time for students to read the information at the bottom of the poster. Then have a class sharing in which volunteers tell one thing they find interesting or important in the information.
- Ask heritage speakers to share what environmental issues are important in their families' countries of origin.

CRITICAL THINKING

Comprehension and Analysis Ask students to translate the title of the short film. Have them share their translations with the class, and write all the different translations on the board. Then ask the class to discuss which translation(s) seem to be the most accurate why.

Evaluation Ask pairs to orally describe the photo to each other. As you have them share their descriptions with the class, record the student responses in a web on the board. Then ask pairs to write a paragraph evaluating the image according to standards determined by the class, such as: **interesante, pertinente, bien realizado**. Ask pairs to exchange their final paragraphs with another pair and read for enjoyment.

Cinemateca **229**

Video Synopsis A town has run out of water. **Inés** and **Julián** decide they must leave, despite the danger of vandals. **Ricardo** and his wife decide to join them, bringing along their infant. While driving, they come upon a group of desperate people.

Previewing Strategy Ask students: **¿Algunos de ustedes han vivido en un lugar donde hay riesgo de escasez o de contaminación del agua? ¿Toman agua del grifo (tap)?**

Teaching Tips

• **To Challenge Students**, ask them to translate the film synopsis into Spanish and share it with the class. Encourage others to ask questions about the synopsis.

• Ask **Visual Learners** to point to each still and describe what is happening, what each character is thinking, feeling, and doing.

• Ask pairs of **Kinesthetic Learners** to practice the stills as skits. Then ask volunteers to perform the stills in chronological order with stage movement, gestures, and facial expressions.

• **For Inclusion** Ask students to choose a picture and, using small sticky flags, label it with words, phrases, and quotes from the dialogue below the still.

ARGUMENTO Una ciudad se ha quedado sin agua. Mucha gente se ha ido. Algunos se quedan vigilando la poca agua que les queda.

JULIÁN Inés, nos tenemos que ir.
INÉS Dicen que todo se va a arreglar. Que si no, es cuestión de esperar hasta que lleguen las lluvias.
JULIÁN Sí, pero no podemos confiar en eso. No a estas alturas°.

INÉS ¿Cómo vamos a salir de la ciudad? Dicen que en todas las salidas hay vándalos. Y que están muy resentidos porque ellos fueron los primeros que se quedaron sin agua.
JULIÁN Si no digo que no sea peligroso. Pero cuando se nos acabe el agua nos tenemos que ir de todos modos.

INÉS ¿Pasa algo?
JULIÁN Ya no tenemos agua.
INÉS En la tele dijeron que...
JULIÁN ¡Qué importa lo que hayan dicho! ¡Se acabó!

JULIÁN Aunque lograran° traer agua a la ciudad, no pueden distribuirla. Las tuberías están contaminadas desde el accidente. Ninguna ayuda llegará a tiempo, y menos aquí.
INÉS Pero no quiero dejar mi casa.

JULIÁN Y a ustedes, ¿cuándo se les acabó el agua?
RICARDO Antier° en la noche nos dimos cuenta.
JULIÁN Ricardo, ¿quieren venir con nosotros?

JULIÁN No nos va a pasar nada, Inés. ¿Qué nos pueden hacer? Todos estamos igual.

a estas alturas *at this stage* lograran *managed to* antier *the day before yesterday*

CRITICAL THINKING

Comprehension and Synthesis Ask students to write a paragraph summarizing the film according to the stills. Then ask them to write a paragraph that predicts what will happen in Scene 7. Have volunteers read their paragraph for the class. Vote on the most likely ending to the film.

Analysis and Evaluation Ask small groups of students to create a still for Scene 7. First, the group discusses what they think will happen. They can base this discussion on the previous activity. Then, they will draw the still. Finally, the group should write a conversation between the characters in Scene 7. Display the stills around the room. Evaluate them after watching the whole short film.

Después de ver el corto

1 **Comprensión** Contesta las preguntas con oraciones completas.

1. ¿Qué hace el hombre en el techo de su casa? ¿Por qué?
   Está vigilando el tanque de agua porque no hay agua en la ciudad.
2. ¿Qué le dice el hombre a su esposa cuando está desayunando?
   Le dice que se tienen que ir de la ciudad.
3. ¿Qué hay en las salidas de la ciudad?
   En las salidas de la ciudad hay vándalos.
4. ¿Qué pasa con las tuberías?
   Las tuberías están contaminadas.
5. ¿Por qué deciden irse de la ciudad? ¿Quiénes van con ellos en el coche?
   Deciden irse de la ciudad porque se han quedado sin agua. Los vecinos, Ricardo, Esther y su bebé, van con ellos en el coche.
6. ¿Por qué quieren los vándalos atacar a las personas que van en el carro?
   Suggested answer: Los quieren atacar para robarles el carro y escaparse.

2 **Ampliación** En parejas, contesten las preguntas.

1. ¿Qué creen que ocurre al final?
2. El agua está envenenada por un accidente. ¿Qué tipo de accidente creen que hubo?
3. ¿Creen que Ricardo es una mala persona porque intentó robar agua? ¿Por qué?
4. ¿Quiénes son las personas que aparecen al final del corto? ¿Qué quieren?
5. Imaginen que son los protagonistas de este corto. ¿Qué opciones tienen?

3 **¿El agua en peligro?** En grupos de tres, lean el texto y respondan las preguntas.

Construimos nuestras ciudades cerca del agua; nos bañamos en el agua; jugamos en el agua; trabajamos con el agua. Nuestras economías están en gran parte basadas sobre la fuerza de su corriente, el transporte a través de ella, y todos los productos que compramos y vendemos están vinculados, de una u otra manera, al agua. Nuestra vida diaria se desarrolla y se configura en torno al agua. Sin el agua que nos rodea nuestra existencia sería inconcebible. En las últimas décadas, nuestra estima por el agua ha decaído. Ya no es un elemento digno de veneración y protección, sino un producto de consumo que hemos descuidado enormemente. El 80% de nuestro cuerpo está compuesto de agua y dos tercios de la superficie del planeta están cubiertos por agua: el agua es nuestra cultura, nuestra vida.

Declaración de la UNESCO con motivo del Día Mundial del Agua 2006.

1. ¿Creen que realmente estamos descuidando el agua, o el aumento del consumo es una consecuencia normal del aumento de la población?
2. Algunos expertos opinan que en el futuro se puede desencadenar una guerra mundial por el agua. ¿Creen que esto es una exageración? ¿Por qué?
3. ¿Creen que es posible cuidar el agua y otros recursos naturales sin tener que hacer grandes cambios en nuestro estilo de vida?
4. ¿Creen que hay naciones que son más responsables que otras por el consumo excesivo de recursos naturales? Expliquen su respuesta.

La naturaleza

doscientos treinta y uno **231**

Section Goals

In **Lecturas**, students will:
- read about Guatemalan author **Augusto Monterroso** then read his short story *El eclipse,* paying attention to the style and structure
- learn about bomb testing and environmental conservation on the Puerto Rican island of Vieques

Instructional Resources
Cuaderno de práctica, p. 59
Cuaderno para hispanohablantes, pp. 91–94
Supersite: Additional practice

Teaching Tip For Inclusion
Ask students to point to, name, and describe everything they see in the painting. Encourage them to share their opinions of the painting as well. Ask: **¿Te gusta el cuadro? ¿Por qué?**

Expansion Ask students who have seen the film *Frida* with **Salma Hayek** to summarize it for the class. Then discuss how this painting illustrates the information students mentioned about the film. If possible, show some of the film in the class to compare and contrast **Salma Hayek's** portrayal with this portrait.

Autorretrato con mono, 1938.
Frida Kahlo. México.

"Quien rompe una tela de araña,
a ella y a sí mismo daña."

— Anónimo

Lección 6

Comprehension and Application Ask pairs to translate the quote. Have a class sharing and record all responses. Then discuss which translation is best and why. Finally, ask students to respond to the quote. Ask: **¿Estás de acuerdo con esta oración? ¿Por qué? ¿Has roto una telaraña? ¿Has oído otras supersticiones sobre las arañas? ¿Cuáles? ¿Crees en estas supersticiones? ¿Por qué?**

Analysis and Evaluation Ask groups of students to discuss how the painting, quote, and story relate. Challenge them to use vocabulary from the chapter, future and present tenses, and prepositions in their discussions. After a few minutes, open up the discussion to the class.

Antes de leer

El eclipse

Sobre el autor

Augusto Monterroso nació en Honduras en 1921, pero pasó su infancia y juventud en Guatemala. En 1944 se radicó (*settled*) en México tras dejar Guatemala por motivos políticos. A pesar de su origen y de haber vivido su vida adulta en México, siempre se consideró guatemalteco. Monterroso tuvo acceso desde pequeño al mundo intelectual de los adultos. Fue prácticamente autodidacta: abandonó la escuela a los 11 años y con sólo 15 años fundó una asociación de artistas y escritores. Considerado padre y maestro del microcuento latinoamericano, Monterroso recurre (*resorts to*) en su prosa al humor inteligente con el que presenta su visión de la realidad. Entre sus obras se destacan *La oveja negra y demás fábulas* (1969) y la novela *Lo demás es silencio* (1978). Recibió numerosos premios, incluso el Premio Príncipe de Asturias en 2000.

Vocabulario

aislado/a *isolated*	**florecer** *to flower*	**sacrificar** *to sacrifice*
digno/a *worthy*	**oscurecer** *to darken*	*to sacrifice*
disponerse a *to be about to*	**prever** *to foresee*	**salvar** *to save*
la esperanza *hope*	**la prisa** *hurry; rush*	**valioso/a** *valuable*

Exploradores Completa la introducción de este cuento con las palabras apropiadas.

Los exploradores salieron rumbo a la ciudad perdida sin (1) __prever__ ninguno de los peligros de la selva. El viejo mapa indicaba que la ciudad escondía un (2) __valioso__ tesoro. Cuando (3) __se disponían__ a iniciar la marcha, se dieron cuenta de que iba a (4) __oscurecer__ antes de que llegaran, por lo que decidieron avanzar con (5) __prisa__. Tenían la (6) __esperanza__ de llegar antes de la medianoche.

Conexión personal

¿Alguna vez viste un eclipse? ¿Cómo fue la experiencia? ¿Hay algún fenómeno natural al que le tengas miedo? ¿Cuál? ¿Por qué?

Análisis literario: el microcuento

El microcuento es un relato breve, pero no por eso se trata de un relato simple. En estos cuentos, el lector participa activamente porque debe compensar los recursos utilizados (economía lingüística, insinuación, elipsis) a través de la especulación o haciendo uso de sus conocimientos previos. A medida que lees *El eclipse,* haz una lista de los conocimientos previos y también las especulaciones que sean necesarias para comprender el relato.

Knowledge and Comprehension Ask pairs to read the biography and make a web of **Augusto Monterroso's** life and work. Then, as a class, discuss his life and work, using as much chapter vocabulary as possible. Example: **Me parece que en algunas épocas de su juventud, Monterroso se sintió aislado por ser más inteligente que sus compañeros.**

Application and Synthesis Write on the board **Monterroso's** famous seven-word **microcuento**: **"Cuando despertó, el dinosaurio todavía estaba allí."** Ask students to speculate about what happened before the beginning of the story. What prior knowledge do they need to resort to in order to make sense of the story?

Teaching Tips
- Point out that **microcuentos** are sometimes called **microrrelatos** or **minicuentos**.
- **Análisis literario** Survey the class to see if any students write creatively in their free time. Then ask: **¿Crees que el autor siempre tiene que pensar en las experiencias previas del lector? ¿El lector puede ser pasivo? Explica tu respuesta.**

Affective Dimension Have a volunteer talk about a natural disaster he or she has experienced. **¿Dónde ocurrió? ¿Cómo te sentiste? ¿Fue una situación grave?**

- **Science or Social Studies Connection** Have students form small groups to research eclipses. Groups may want to focus on the scientific phenomenon or the sociological aspect of what eclipses have meant to people throughout history. Encourage groups to make SQA charts: in the first column they record all they already know (**saber**) about **el eclipse**. In the second column, they record all that they want (**querer**) to know or their questions about **el eclipse**. Then, after they research in the library or on the Internet, have them record all that they learned (**aprender**) in the third column. When students have completed their charts, have a class sharing about eclipses.
- **Technology Connection** Remind students who use the Internet for their research of eclipses to go to their favorite search engine site, select Spanish as the language, and type in **eclipse**. Also caution students to choose only reliable .edu or .org sites for their research.
- **For Inclusion,** students can illustrate a story with pictures or magazine cutouts and label it with words and phrases.
- **To Challenge Students**, ask them to write the shortest, but most interesting story possible.

Affective Dimension If possible, show a film clip of an eclipse (available at most libraries). Ask students to describe what they see. Also ask them to share what they felt while watching an eclipse.

EL ECLIPSE

Augusto Monterroso

234 *doscientos treinta y cuatro*

Lección 6

CRITICAL THINKING

Application and Analysis Ask students to form pairs. Have them reread the vocabulary from page 233. Based on the words, pairs predict what the story will be about. Ask them to record their predictions in a story map. Ask volunteers to share their prediction story maps with the class.

Synthesis and Evaluation Share **Monterroso's** famous seven-word **microcuento** again. Then ask students to write their own **microcuento**.

Previewing Strategy Ask
students to think about the title
and predict what an eclipse
might symbolize in the story.

friar

captured

zeal
redemptive

face
bed
fears

command (of a language)

blossomed

deepest recesses/to take
advantage of

counsel/disdain

was gushing

Cuando fray° Bartolomé Arrazola se sintió perdido,
aceptó que ya nada podría salvarlo. La selva
poderosa de Guatemala lo había apresado°,
implacable y definitiva. Ante su ignorancia topográfica se
5 sentó con tranquilidad a esperar la muerte. Quiso morir allí,
sin ninguna esperanza, aislado, con el pensamiento fijo en
la España distante, particularmente en el convento de Los
Abrojos, donde Carlos Quinto condescendiera una vez a
bajar de su eminencia para decirle que confiaba en el celo°
10 religioso de su labor redentora°.

Al despertar se encontró rodeado por un grupo de indígenas
de rostro° impasible que se disponían a sacrificarlo ante un
altar, un altar que a Bartolomé le pareció como el lecho° en que
descansaría, al fin, de sus temores°, de su destino, de sí mismo.

15 Tres años en el país le habían conferido un mediano
dominio° de las lenguas nativas. Intentó algo. Dijo algunas
palabras que fueron comprendidas.

Entonces floreció° en él una idea que tuvo por digna de su
talento y de su cultura universal y de su arduo conocimiento
20 de Aristóteles. Recordó que para ese día se esperaba un eclipse
total de sol. Y dispuso, en lo más íntimo°, valerse de° aquel
conocimiento para engañar a sus opresores y salvar la vida.

—Si me matáis —les dijo— puedo hacer que el sol se
oscurezca en su altura.

25 Los indígenas lo miraron fijamente y Bartolomé sorprendió
la incredulidad en sus ojos. Vio que se produjo un pequeño
consejo°, y esperó confiado, no sin cierto desdén°.

Dos horas después el corazón de fray Bartolomé Arrazola
chorreaba° su sangre vehemente sobre la piedra de los
30 sacrificios (brillante bajo la opaca luz de un sol eclipsado),
mientras uno de los indígenas recitaba sin ninguna inflexión
de voz, sin prisa, una por una, las infinitas fechas en que se
producirían eclipses solares y lunares, que los astrónomos de
la comunidad maya habían previsto y anotado en sus códices
35 sin la valiosa ayuda de Aristóteles. ■

Teaching Tips
• To simplify, give each student
a copy of a story map. Read
the first paragraph aloud
slowly. Pause and ask
volunteers to summarize
what you have read. Then
model filling in the story
map to record the setting,
character attributes, and
problem. Then ask the
class to suggest some
solutions to fray Bartolomé's
problem. Continue reading
in this manner, pausing to
summarize, take notes in the
story map, and then predict
what will happen.
• To Challenge Students As
students read the story, have
them take notes on how the
author depicts the passing of
time. Then ask students what
effect the author's treatment
of time has on the pace and
flow of the story.

NATIONAL STANDARDS
Connections: History/
Science Ask students to tell
anything that they already
know about the scientific
knowledge the Maya
possessed at the time of
the European conquest. You
might ask them to do further
research about such topics as
Mayan astronomy, medicine,
and engineering.

Formal Writing and Literary Analysis Discuss with students
the idea of **microcuento**. After reading the story, ask them to
analyze the attitude of **fray Bartolomé** towards the **indígenas**.
How did he try to trick them, and why was he not able to do so?
Now give the students several pages from **Rigoberto Menchú's**
autobiography. Have them read the pages and discuss them

in their small groups. They will now compare the writings of
Monterroso and **Menchú** in a formal essay of 200 words. Tell
them: **Compara y contrasta las ideas y las imágenes en "El
eclipse" con la escritura de Menchú. Menciona la actitud del
español hacia la gente indígena.**

Teaching Tips

(1) Ask students to write a one-paragraph summary of the story, based on their answers to the exercise.

(2) Ask questions for students to reflect on their reaction to the story: **¿Creías que fray Bartolomé iba a sobrevivir? ¿En qué momento de la historia te diste cuenta de que iba a morir? ¿Te identificas con el protagonista? ¿Por qué?**

(3) Suggest that students divide the research tasks among their group. Appoint one person to research the history of the phenomenon or disaster, another to find visual aids, and a third to find news stories or anecdotes.

(3) For Part B, as students read their **microcuento** aloud, have the rest of the class jot down any questions they have.

(4) Encourage students to use comparatives and superlatives in their letters.

(4) Expansion Have students write a response letter from the point of view of King Charles V.

Después de leer

El eclipse
Augusto Monterroso

(1) Comprensión Contesta las preguntas con oraciones completas.

1. ¿Dónde se encontraba fray Bartolomé?
Él se encontraba en la selva de Guatemala.
2. ¿Conocía el protagonista la lengua de los indígenas?
Sí, conocía varias lenguas nativas.
3. ¿Qué querían hacer los indígenas con fray Bartolomé?
Ellos querían sacrificarlo.
4. ¿Qué les advirtió fray Bartolomé a los indígenas?
Él les advirtió que si lo mataban iba a hacer que el sol se oscureciera.
5. ¿Qué quería fray Bartolomé que los indígenas creyeran?
Él quería que los indígenas creyeran que tenía poderes sobrenaturales.
6. ¿Qué recitaba un indígena mientras el corazón del fraile sangraba?
Un indígena recitaba las fechas en que se producirían eclipses solares y lunares.

(2) Interpretación Contesta las siguientes preguntas.

1. ¿Por qué crees que fray Bartolomé pensaba en el convento de Los Abrojos antes de morir?

2. ¿Cuál había sido la misión de fray Bartolomé en Guatemala?

3. ¿Quién le había encomendado esa misión?

4. A pesar de los conocimientos de Aristóteles, ¿por qué el protagonista no consiguió salvarse?

(3) Fenómenos naturales En la historia de la humanidad, los fenómenos y los desastres naturales y otros acontecimientos han sido motivo de muchos temores (*fears*) y supersticiones. A veces, esos temores tenían fundamento, pero otras veces eran supersticiones sin fundamento alguno.

A. En grupos de tres, investiguen acerca de un fenómeno o desastre natural o un acontecimiento que haya despertado grandes temores y supersticiones antes de suceder. ¿Se cumplieron los temores o eran supersticiones sin fundamento? Pueden elegir fenómenos o desastres de la lista o pensar en otros. Presenten la investigación al resto de la clase.

- el cometa Halley
- la llegada del año 2000
- la amenaza nuclear durante la guerra fría
- la erupción del volcán Vesubio en Pompeya

B. Escriban un microcuento sobre uno de los fenómenos o acontecimientos presentados. Lean el microcuento al resto de la clase. Sus compañeros/as deben adivinar de qué fenómeno o acontecimiento se trata.

(4) Escribir En la selva guatemalteca, fray Bartolomé seguramente observó gran cantidad de plantas silvestres y animales salvajes que no conocía hasta entonces. Investiga acerca de la flora y la fauna de la selva guatemalteca. Luego, imagina que eres fray Bartolomé y tienes que escribirle una carta al Rey Carlos V contándole acerca de lo que observaste en la selva. Usa el vocabulario de la lección.

MODELO Estimado Rey Carlos V: Como Su Majestad sabe, le escribo desde la selva de Guatemala adonde llegué hace ya cinco años. En esta carta, quiero contarle...

CRITICAL THINKING

Comprehension and Synthesis Ask students to create a graphic novel version of the story. Show examples of graphic novels/short stories so that students know how to frame their versions. Students should then draw pictures and write captions and dialogue. Collect the graphic novels and redistribute them to other students, allowing time for students to read at least two versions.

Evaluation Have students invent an alternate ending to the story and share it with the rest of the class. Challenge students to use the same style and structure as **Monterroso**. Then have students vote on the best ending.

Antes de leer

Vocabulario

ambiental *environmental*	el monte *mountain*
el bombardeo *bombing*	la pureza *purity*
el ecosistema *ecosystem*	el refugio *refuge*
la especie *species*	el terreno *land*
el/la manifestante *protester*	el veneno *poison*

El Yunque Completa las oraciones con el vocabulario de la tabla.

1. Puerto Rico es una isla de __terreno__ muy variado: hay montañas, playas y hasta un bosque tropical, el Bosque Nacional del Caribe, también llamado El Yunque.

2. El Yunque tiene una diversidad de vegetación impresionante, que incluye casi 250 __especies__ de árboles.

3. También es un __refugio__ natural para los animales, ya que en el bosque están protegidos de la caza (*hunting*).

4. El __monte__ más alto de El Yunque es El Toro, con una altura de 1.077 metros (3.533 pies).

5. Hay grupos dedicados a la protección __ambiental__ de El Yunque. Buscan preservar la __pureza__ de este paraíso tropical.

Conexión personal ¿Qué significa la naturaleza para ti? ¿Es una fuente de trabajo o de comida? ¿O es un lugar de diversión y belleza? ¿Qué haces para proteger la naturaleza?

Contexto cultural

Situada en el agua transparente del Mar Caribe, la pequeña isla de Vieques es un refugio de lagunas, bahías y playas que forman un hábitat ideal para varias clases de tortugas marinas (*sea turtles*), el manatí antillano (*manatee*) y arrecifes de coral. La gente de Vieques comparte los pequeños montes y las aguas cristalinas (*crystal clear*) de la isla con una rica variedad de flora y fauna, entre ellas cinco especies de plantas y diez especies de animales en peligro de extinción.

La isla de Vieques, de 33 kilómetros de largo por 7,2 de ancho (20,5 por 4,3 millas), es un municipio de Puerto Rico y tiene 9.000 habitantes. Puerto Rico es un Estado Libre Asociado de los Estados Unidos. Los habitantes de Puerto Rico, también llamados **boricuas**, son ciudadanos (*citizens*) estadounidenses.

CRITICAL THINKING

Comprehension and Synthesis Ask students to create a **Cuento curioso** using the vocabulary from this page, and if necessary, from page 233. Have the class sit in a circle. Say one sentence that begins a story and uses a vocabulary word. The student to your right continues the story, using a different vocabulary word. Encourage students to be creative and even silly as the story grows. See how many times you can go around the circle.

Application and Analysis Have groups of students research the flora and fauna of your area. Ask them to try to discover how humans impact the local flora and fauna. Then have a class discussion about this and about what animals and plants are in danger of extinction in your area.

Affective Dimension
Ask students about the first time they experienced a particular aspect of nature. Ex: **¿Recuerdas la primera vez que viste el mar? ¿Cómo te sentiste?**

Previewing Strategy
Ask students to discuss the link between tourism and nature conservation. **¿Crees que se puede aumentar el turismo de una zona y proteger las riquezas naturales del lugar al mismo tiempo? ¿Por qué? ¿El turismo puede dañar la naturaleza? ¿Cómo?**

NATIONAL STANDARDS
Community Have pairs of students research tourism in Vieques today on the Internet. **¿Cuáles son las playas, los hoteles y las actividades más populares en la isla? ¿Cómo ha cambiado el turismo en los últimos diez años?**

La conservación de Vieques

1 **"¡Vieques renace!"°** anuncia el gobierno de este municipio puertorriqueño, que busca estimular la economía de una isla rica en naturaleza, pero pobre en economía. Vieques dispone de° sitios arqueológicos importantes, playas espectaculares, un fuerte° 5 histórico y una bahía bioluminiscente, la Bahía Mosquito, que es una maravilla de la naturaleza. Sus arrecifes de coral contienen un ecosistema de enorme productividad y diversidad biológica. Forman un pequeño paraíso que alberga y protege una inmensa variedad de especies de plantas y animales acuáticos.

Vieques is reborn

boasts

fort

238 *doscientos treinta y ocho*

Lección 6

Sin embargo, en vez de tener una tradición de alto turismo, la isla ha padecido° graves problemas. Vieques fue utilizada para prácticas de bombardeo desde 1941. En esa época muchas personas fueron desalojadas° cuando la Armada° de los Estados Unidos ocupó dos áreas en los extremos de la isla. Las prácticas continuaron por varias décadas, pero en abril de 1999 un guardia de seguridad murió cuando una bomba cayó fuera de la zona de tiro°. La muerte de David Sanes encolerizó° a los viequenses° y dio origen° a una campaña de desobediencia civil.

El presidente Clinton prometió cesar el entrenamiento° de bombardeo en Vieques, pero éste continuó con bombas inertes a pesar de que los viequenses habían exigido "¡Ni una bomba más!". Los manifestantes entraban en la zona de tiro y establecían campamentos; otros se manifestaban° en Puerto Rico y en los Estados Unidos, y pronto captaron° la atención internacional. Robert Kennedy, Jr., Jesse Jackson, Rigoberta Menchú y el Dalai Lama, entre otros, hicieron declaraciones a favor de° Vieques y muchas personas fueron a la cárcel° después de ser arrestadas en la zona de tiro.

La protesta se centró en gran parte en los problemas que las bombas habían causado al medioambiente y a la economía de Vieques y a la salud de los viequenses. Las décadas de prácticas de bombardeo dejaron un nivel muy alto de contaminación, que incluye la presencia de uranio reducido (un veneno muy peligroso). Algunos piensan que la incidencia de cáncer de Vieques —25% más alta que la de todo Puerto Rico— se debe a la exposición de los habitantes a elementos tóxicos. Estas acusaciones han provocado controversia ya que la Armada negó los efectos sobre la salud de los viequenses. Finalmente, después de una dura campaña de protesta y lucha°, las prácticas de bombardeo terminaron para siempre en 2003. Los terrenos de la Armada pasaron al Departamento de Caza y Pesca, y la Agencia de Protección Ambiental (EPA) declaró en 2005 que la limpieza ambiental de Vieques sería una de las prioridades nacionales.

Los extremos este y oeste de la isla ahora constituyen una reserva ambiental, la más grande del Caribe. Los viequenses esperan que la isla pueda, en su renacimiento, volver a un estado de mayor pureza natural y al mismo tiempo desarrollar su economía. Vieques sigue siendo un símbolo de resistencia y es un lugar cada día más popular para el turismo local y extranjero. ■

suffered
evicted
Navy 15
live-fire range
angered
abitants of Vieques
gave rise to
training

demonstrated 35
captured
supporting 40
jail

45
50
55
struggle
60
65
70
75

¿Qué es la bioluminiscencia?

Es un efecto de fosforescencia verdeazul, causado por unos microorganismos que, al agitarse, dan un brillo extraordinario a las aguas durante la noche. El pez o bañista que se mueve bajo el agua emite una luz radiante. Para que se produzca este fenómeno extraordinario, se requiere una serie de condiciones muy especiales de temperatura, ambiente y poca contaminación.

Teaching Tips
- Ask students to note their feelings as they read this page. Ask: **En general, y en esta situación, ¿qué opinas de la Armada de los Estados Unidos? ¿Cómo te sentirías como residente de Vieques? ¿Por qué?**
- **For Auditory Learners** Read the article aloud. Ask students to raise their hands when they hear a cognate. Pause to identify the word as a true or false cognate.
- **For Kinesthetic Learners** Ask students to form small groups. Have them reread paragraph 2. Then have them create a skit based on the details surrounding **David Sanes'** death. Have groups role-play their skits for class.

NATIONAL STANDARDS
Connections: Biology
Have students research to find out more about **la bioluminiscencia**. What is the process involved? (Possible answer: *Single-celled algae are mechanically excited by movement of ships, people, or even by movement of porpoises or small fish.*) Where are there other places in the world where this occurs? (*It is very common, but only occurs in salt water.*) How is it threatened by ecological changes? (*Vieques has a Bioluminescent Bay, which requires special conditions, including nutrients from surrounding trees, protection of lands in the watershed to avoid pollution and ensure enough forest cover to hold back sediment, and cool temperature of the water.*)

CRITICAL THINKING

Comprehension and Analysis Ask students to discuss whether the article was written with bias. Have students research the U.S. Naval's explanation of their operations in Vieques. Suggest they search the U.S. Naval website and newspaper articles that quote the U.S. Navy spokespeople. This activity will help them see with perspective and prepare them for the debate.

Synthesis and Evaluation Ask the class to debate the naval operations in Vieques. Divide the class into two teams— **A favor** and **En contra**. Encourage each team to write and rehearse three to five points and counterpoints. To determine counterpoints, students must consider what the other side is most likely to say. Allow each team two minutes to state their points, listen to the other team, and state counterpoints.

Después de leer

La conservación de Vieques

(1) Comprensión Elige la respuesta correcta.

 1. Vieques es un municipio de
(la República Dominicana/Puerto Rico).

2. Entre los atractivos de la isla se encuentra
(un pico altísimo/una bahía bioluminiscente).

3. Los arrecifes de coral son importantes para la biodioversidad porque
(albergan una inmensa variedad de especies/protegen la capa de ozono).

4. La protesta en contra de la presencia de la Armada se produjo después
(de la muerte de un guardia de seguridad/del uso de bombas inertes).

5. Las prácticas de bombardeo dejaron
(problemas de erosión/un nivel alto de contaminación).

6. Muchas personas fueron arrestadas
(por robar uranio reducido/por ingresar en la zona de prácticas de bombardeo).

7. Los extremos de la isla ahora contienen
(una zona de tiro/una reserva ambiental).

8. La bioluminiscencia es un efecto causado por
(microorganismos/la contaminación).

(2) Interpretación Responde a las preguntas.

1. ¿Qué potencial turístico tiene Vieques? Da ejemplos. Vieques tiene mucho potencial turístico. Tiene sitios arqueológicos importantes, playas espectaculares, un fuerte histórico y una bahía bioluminiscente.
2. ¿Qué hacía la Armada en Vieques? La Armada realizaba prácticas de bombardeo.
3. ¿Cuál era el deseo de los manifestantes de Vieques? El deseo de los manifestantes era terminar con las prácticas de bombardeo.
4. ¿Por qué creen que la Armada de los Estados Unidos estaba autorizada a hacer prácticas de bombardeo en Vieques? Porque Puerto Rico es parte de los Estados Unidos.
5. ¿Qué ocurre cuando una persona o un pez nada en la bahía bioluminiscente? La persona o el pez emite una luz radiante.

(3) Ampliación En parejas, contesten las preguntas.

1. ¿Por qué es importante conservar una isla como Vieques?
2. ¿Qué efectos puede tener la declaración de la EPA? ¿Cómo puede mejorar la vida de los viequenses si se limpia la contaminación?

(4) Reunión con el presidente En grupos de cuatro, inventen una conversación sobre las prácticas de la Armada. Por una parte hablan dos manifestantes y por otra el Presidente Clinton y un representante de la Armada. Utilicen los tiempos verbales que conocen, incluyendo el futuro. Después representen la conversación delante de la clase.

recursos

CP
p. 59

CH
pp. 91–94

(5) El futuro de Vieques Imagina que eres un habitante de Vieques. Escribe una carta a un amigo contándole cómo crees que cambiarán las cosas en Vieques. Explica cómo se resolverán los problemas de contaminación y cómo se va a promover el turismo. Usa las formas de referirte al futuro que conoces.

Teaching Tips

(1) Ask pairs to write three additional items. Then have them exchange papers with another pair and complete their sentences. Finally, ask the two pairs to join together to correct the six items.

(2) Expansion Ask questions such as: **¿Qué efectos tuvo la presencia de la Armada sobre la salud de los habitantes? ¿Conoces otros lugares donde los habitantes hayan sufrido problemas de salud a causa de la contaminación?** Give examples, such as Agent Orange in Vietnam; the company depicted in a John Travolta movie in the late 90s, *A Civil Action; An Inconvenient Truth.*

(3) Math Connection After pairs answer the questions, have a class sharing. Record student responses on the board. Then challenge the class to determine the best kind of graph to represent the class's thoughts about Vieques (pie chart, bar graph) and have pairs make a graph of the collected data. When pairs are done, ask volunteers to present their graphs on the board.

(4) In order to help students prepare the dialogue, have groups make a two-column chart listing the important supporting arguments for the protestors and for the U.S. government.

(5) As an optional writing expansion, have students include a paragraph in which they try to convince their friend to visit Vieques.

CRITICAL THINKING

Analysis and Evaluation Ask pairs to research the current status of contamination in Vieques. **¿Cómo se ha mejorado en estos años? ¿Se ha mejorado la salud de los habitantes en estos años?** After pairs research these questions, have a class sharing and discuss whether life in Vieques has improved or not since the U.S. Navy left.

Application and Evaluation Based on the information students discover in their research on current contamination and health levels in Vieques, ask them to write a letter to their congressman or woman, urging him or her to help Vieques' cause (further). Provide sample Spanish letters to Congress for students to use as models. Consider sending the finished letters if appropriate.

Atando cabos

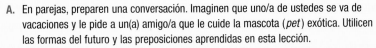

¡A conversar!

Mascotas exóticas

A. En parejas, preparen una conversación. Imaginen que uno/a de ustedes se va de vacaciones y le pide a un(a) amigo/a que le cuide la mascota (*pet*) exótica. Utilicen las formas del futuro y las preposiciones aprendidas en esta lección.

B. Hablen sobre las preguntas y luego compartan sus opiniones con el resto de la clase. Usen las frases y expresiones del recuadro para expresar sus opiniones.

- ¿Creen que está bien tener mascotas exóticas? ¿Por qué?
- ¿Creen que está bien tener animales en exhibición en los zoológicos? ¿Por qué?

No estoy (muy) de acuerdo.	Para mí, ...
No es así.	En mi opinión...
No comparto esa opinión.	(Yo) creo que...
No coincido.	Estoy convencido/a de que...

¡A escribir!

Patrimonio mundial Una de las misiones de la UNESCO es promover la protección del patrimonio mundial, cultural y natural de la humanidad. Para ello, ha creado una lista de áreas protegidas por su valor histórico o natural. Varias áreas naturales de Cuba se encuentran en este listado. En grupos de cuatro, elijan una de las áreas de la lista para preparar un afiche informativo.

Valle de Viñales
Parque Nacional Alejandro de Humboldt
Parque Nacional Desembarco del Granma

A. Investiguen acerca del sitio elegido. Usen estas preguntas como guía: ¿Dónde está el lugar que eligieron? ¿Cómo se caracteriza? ¿Por qué fue declarado Patrimonio Mundial? ¿Tiene sólo valor natural o es importante por su cultura e historia?

B. Preparen un afiche informativo sobre el lugar elegido. Incluyan un título, recuadros con texto, mapas e imágenes con epígrafes (*captions*).

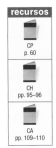

recursos

CP
p. 60

CH
pp. 95–96

CA
pp. 109–110

Instructional Resources
Cuaderno de práctica, p. 60
Cuaderno para hispanohablantes, pp. 95–96
Cuaderno de actividades, pp. 109–110

Teaching Tips
¡A conversar!
- For Part A, have students write a list of recommendations for how to care for their pet. Ex: **Es importante que saques a pasear al perro cada día. Dale de comer a las cinco de la tarde.**
- Ask students to list the qualities their friend should have in order to care for his or her pet properly. Ex: **Tiene que ser paciente y responsable.**
- For Part B, ask the expansion question: **¿Existen animales domésticos que requieran más atención que otros? Da ejemplos.** (Possible answers: **dálmata, hurón, conejo,** etc.)

¡A escribir!
- Before students begin writing, have them visit the **UNESCO** website and read the criteria for choosing World Heritage sites.
- In preparation for creating the poster, encourage students to map their ideas.

CRITICAL THINKING

Analysis and Evaluation After completing Part B of **Actividad 1**, ask students to choose one topic about which to write a persuasive paragraph. Model the structure of presenting two or three points with supportive information and refuting counterpoints also with supportive information.

Application and Synthesis As an alternative to the **¡A escribir!** activity, assign each of three student groups one of the Cuban parks. Then ask the other groups to choose a different location from the UNESCO website. When students complete their posters, display them in the room and allow time for members of the groups to take turns explaining their poster and viewing others' posters.

Teaching Tips

- **Flashcards** Ask students to find the flashcards they made at the beginning of the unit. Then ask them to add any new words they have learned throughout the unit.
- Once students have their flashcards made, encourage pairs to play the game **¡Guerra!** in which each partner holds his or her deck of flashcards. On the count of three, each partner flips one card over, picture side up. The first person to say both Spanish words wins both cards. If no one says the words correctly, both people take their cards back and put them at the bottom of their pile, noting the vocabulary words they missed for next time.
- Encourage students to pick 20 of the most useful words—words that they think they will have to know or that apply to subjects that interest them. Have them write sentences using those words. They can write several words in one sentence, but sentences should convey the meanings of the words.
- Play a game of Win, Lose, or Draw. Divide the class into two teams. Have a member from each team come to the board. Secretly give them a vocabulary word that can be represented visually. Then the members draw a picture that represents the word. The first team to guess the word gets a point.

La naturaleza

el árbol	tree
el arrecife	reef
el bosque (lluvioso)	(rain) forest
el campo	countryside; field
la cordillera	mountain range
la costa	coast
el desierto	desert
el mar	sea
la montaña	mountain
el paisaje	landscape; scenery
la tierra	land; earth
húmedo/a	humid; damp
seco/a	dry
a orillas de	on the shore of
al aire libre	outdoors

Los animales

el ave (f.)/ el pájaro	bird
el cerdo	pig
el conejo	rabbit
el león	lion
el mono	monkey
la oveja	sheep
el pez	fish
la rana	frog
la serpiente	snake
el tigre	tiger
la vaca	cow
atrapar	to trap; to catch
cazar	to hunt
dar de comer	to feed
extinguirse	to become extinct
morder (o:ue)	to bite
en peligro de extinción	endangered
salvaje	wild
venenoso/a	poisonous

Los fenómenos naturales

el huracán	hurricane
el incendio	fire
la inundación	flood
el relámpago	lightning
la sequía	drought
el terremoto	earthquake
la tormenta (tropical)	(tropical) storm
el trueno	thunder

El medio ambiente

el calentamiento global	global warming
la capa de ozono	ozone layer
el combustible	fuel
la contaminación	pollution; contamination
la deforestación	deforestation
el desarrollo	development
la erosión	erosion
la fuente de energía	energy source
el medio ambiente	environment
los recursos naturales	natural resources
agotar	to use up
conservar	to conserve; to preserve
contaminar	to pollute; to contaminate
contribuir (a)	to contribute
desaparecer	to disappear
destruir	to destroy
malgastar	to waste
proteger	to protect
reciclar	to recycle
resolver (o:ue)	to solve
dañino/a	harmful
desechable	disposable
renovable	renewable
tóxico/a	toxic

Más vocabulario

Expresiones útiles	Ver p. 209
Estructura	Ver pp. 216–217, 220–221 y 224–225

Cinemateca

la cisterna	cistern; underground tank
la salida	exit
el tanque	tank
la tubería	piping
el/la vándalo/a	vandal
acabarse	to run out; to come to an end
descuidar(se)	to get distracted; to neglect
disculparse	to apologize
quedarse sin	to run out of
envenenado/a	poisoned
resentido/a	resentful
sobre todo	above all

Literatura

la esperanza	hope
la prisa	hurry; rush
disponerse a	to be about to
florecer	to flower
oscurecer	to darken
prever	to foresee
sacrificar	to sacrifice
salvar	to save
aislado/a	isolated
digno/a	worthy
valioso/a	valuable

Cultura

el bombardeo	bombing
el ecosistema	ecosystem
la especie	species
el/la manifestante	protester
el monte	mountain
la pureza	purity
el refugio	refuge
el terreno	land
el veneno	poison
ambiental	environmental

For Inclusion Give small groups of students each a pile of pictures from the **Contextos** opening activity. Encourage them to sort the pictures according to categories, and then label the categories and the pictures. Students can use the categories provided in the **Vocabulario** section or make up their own. Ask each group to share its pictures, categories, and labels with the class.

To Challenge Students Ask discussion and summary questions about nature and the environment. Ex: **¿Qué importancia tiene la naturaleza en tu vida diaria? ¿Crees que a veces se exageran los problemas del medio ambiente? ¿O que no se presta atención suficiente? ¿Por qué piensas así?**

La tecnología y la ciencia

Lesson Goals

In **Lección 7**, students will be introduced to the following:
- vocabulary for talking about technology, astronomy and the universe, science professions, and scientific inventions
- phrases for expressing size and what has happened
- Argentine technological inventions
- technology terms from different countries
- Argentine rock band **Bersuit Vergarabat**
- the present perfect tense
- diminutives and augmentatives
- the short film *Happy Cool*
- **Arturo Pérez-Reverte's** article *Ese bobo del móvil*
- **Hernán Casciari's** blogonovelas

A primera vista Have students look at the photo.
Ask: **¿Dónde están estas personas? ¿Qué hacen? ¿Piensas que están en línea?** Tell students: **En Argentina, igual que en los Estados Unidos, los estudiantes utilizan Internet para estudiar y buscar información.**
Ask: **¿Qué efecto podría tener Internet sobre el trabajo científico mundial?**

Communicative Goals
You will expand your ability to...
- describe past events and conditions
- emphasize the size of objects and people
- express affection or scorn

INSTRUCTIONAL RESOURCES

Student Materials
Cuaderno de práctica, Cuaderno para hispanohablantes, Cuaderno de actividades
Student MAESTRO™ Supersite
(descubre3.vhlcentral.com)
MAESTRO™ e-Cuaderno

Teacher's Resource CD-ROM and in print
*AnswerKeys, Audioscripts, Videoscripts
*PowerPoints
Testing Program (**Pruebas,** Test Generator, MP3 Audio Files)
Vista Higher Learning *Cancionero*
*Also available on Supersite

Teacher's MAESTRO™ Supersite
(descubre3.vhlcentral.com)
Learning Management System (Assignment Task Manager, Gradebook)
Also on DVD
Fotonovela, Flash cultura, **Film Collection**

La tecnología y la ciencia

SUPERSITE

La tecnología

Gisela se pasa largas horas frente a su **computadora portátil** navegando la red, leyendo **blogs** y **descargando** su música preferida.

la arroba *@ symbol*
el blog *blog*
el buscador *search engine*
la computadora portátil *laptop*
la contraseña *password*
el corrector ortográfico *spell checker*
la dirección de correo electrónico *e-mail address*
la informática *computer science*
Internet *Internet*
el mensaje (de texto) *(text) message*
la página web *web page*
el programa (de computación) *software*
el reproductor de CD/DVD/MP3 *CD/DVD/MP3 player*
el teléfono celular *cell phone*

adjuntar (un archivo) *to attach (a file)*
borrar *to erase*
descargar *to download*
guardar *to save*
navegar la red *to surf the web*

avanzado/a *advanced*
digital *digital*
en línea *online*
inalámbrico/a *wireless*

La astronomía y el universo

el agujero negro *black hole*
el cohete *rocket*
el cometa *comet*
el espacio *space*
la estrella (fugaz) *(shooting) star*
el/la extraterrestre *alien*
la gravedad *gravity*
el ovni *UFO*

el telescopio *telescope*
el transbordador espacial *space shuttle*

Las profesiones de la ciencia

el/la astronauta *astronaut*
el/la astrónomo/a *astronomer*
el/la biólogo/a *biologist*
el/la científico/a *scientist*
el/la físico/a *physicist*
el/la ingeniero/a *engineer*
el/la matemático/a *mathematician*
el/la químico/a *chemist*

La ciencia y los inventos

Los científicos han realizado incontables **experimentos** sobre el **ADN** humano, los cuales han sido esenciales para los **avances revolucionarios** de esta década, como la clonación.

el ADN (ácido desoxirribonucleico) *DNA*
el avance *advance; breakthrough*
la célula *cell*
el desafío *challenge*
el descubrimiento *discovery*
el experimento *experiment*
el gen *gene*
el invento *invention*
la patente *patent*
la teoría *theory*

clonar *to clone*
comprobar (o:ue) *to prove*
crear *to create*
fabricar *to manufacture; to make*
formular *to formulate*
inventar *to invent*

investigar *to investigate; to research*

(bio)químico/a *(bio)chemical*
especializado/a *specialized*
ético/a *ethical*
innovador(a) *innovative*
revolucionario/a *revolutionary*

recursos

CP
pp. 61–62

CH
pp. 97–98

CA
p. 83

SUPERSITE
descubre3.
vhlcentral.com
Lección 7

La tecnología y la ciencia

---

1 Escuchar

A. Escucha lo que dice Mariana Serrano y luego decide si las oraciones son **ciertas** o **falsas**. Corrige las falsas.

1. Mariana Serrano reflexiona sobre los desafíos del futuro. Cierto.
2. No hay dinero para investigar nuevas medicinas. Falso. Hay bastante dinero para investigar nuevas medicinas.
3. Mariana Serrano cree que la ciencia y la ética deben ir unidas. Cierto.
4. Carlos Obregón es astrónomo. Falso. Carlos Obregón es biólogo.

B. Escucha la conversación entre Carlos Obregón y Mariana Serrano y contesta las preguntas.

1. ¿Qué le ha pasado a Carlos? A Carlos se le cayó la computadora portátil y perdió los documentos de la conferencia.
2. ¿Dónde escribe Mariana casi todos los días? Mariana escribe en un blog casi todos los días.
3. ¿Qué le tiene que dar Mariana a Carlos? Mariana le tiene que dar la dirección de la página web.
4. ¿Cómo se lo va a dar Mariana? Mariana le va a dar la dirección en un mensaje de texto.

2 Sopa de letras Busca seis palabras del vocabulario.

1. Se utiliza en las direcciones de correo electrónico.
2. Un objeto extraterrestre.
3. Reproducir un ser vivo exactamente igual.
4. Se utiliza para investigar cosas en Internet.
5. El vehículo que se utiliza para ir al espacio.
6. Se utiliza para ver las estrellas.

K	J	A	N	T	I	C	P	S	T
C	A	L	A	N	T	A	R	U	E
O	X	S	A	R	V	R	E	C	L
H	G	T	I	Ó	R	S	H	N	E
E	E	R	T	C	R	O	I	M	S
T	S	U	B	A	V	V	B	D	C
E	C	T	N	O	M	N	R	A	O
C	A	O	O	L	Z	I	L	R	P
Ó	L	N	N	Í	N	U	R	P	I
C	B	U	S	C	A	D	O	R	O

(A) Audio Script
Con todos ustedes Mariana Serrano, la presidenta de la Asociación Científica de Mar del Plata.
Bienvenidos a la Quinta Conferencia de Genética de Mar del Plata. Antes de iniciar la conferencia quiero hacer unas reflexiones sobre los desafíos que todos los científicos tenemos por delante. La comunidad científica ha hecho algunos descubrimientos revolucionarios en el campo del ADN que cambian totalmente la visión que teníamos del gen humano. Estos últimos años también hemos hecho muchos avances en el estudio de algunas enfermedades genéticas y hemos conseguido bastante dinero para investigar nuevas medicinas. Se han publicado algunos artículos muy interesantes en revistas especializadas sobre todos estos temas. Todos estos éxitos nos deben alegrar y estimular para seguir trabajando, pero también nos deben recordar que tenemos una gran responsabilidad en nuestras manos, que el futuro de la ciencia nunca debe separarse de la ética. Hoy empezamos la Quinta Conferencia de Genética con la presencia del famoso biólogo Carlos Obregón, que va a tratar este tema con más detalle…
Textbook Audio

(B) Audio Script
MARIANA Me ha gustado mucho tu conferencia.
CARLOS ¿De verdad? Pues he tenido muchos problemas. ¿Sabes lo que me ha pasado? Ayer por la tarde, se me cayó al suelo la computadora portátil y así perdí todos los documentos para la conferencia.

DIFFERENTIATED LEARNING

To Challenge Students In small groups, have students log on to a science site, such as the Cold Spring Harbor Lab's Dolan DNA Learning Center, choose a DNA summer camp program that interests them, and write a short description of it in Spanish. Refer them to an online Spanish-English dictonary to look up new terms, as needed. Have them peer-edit one another's work, then present their findings to the class.

Heritage Speakers Ask heritage speakers to review the vocabulary lists for terms that are different from those used in their families' countries of origin. For expansion, have pairs of sudents choose a scientist from one of their families' home countries and use print or online resources to find out what subject that scientist is currently researching. Have them share their findings with the class.

(B) Audio Script (continued)

MARIANA ¿Y qué hiciste?
CARLOS Menos mal que tengo un amigo que sabe mucho de informática y me ayudó. Él pudo recuperar el documento porque yo lo había guardado en la computadora de mi laboratorio. Le di mi contraseña y me adjuntó el archivo en un correo electrónico. He estado nerviosísimo.
MARIANA Pues no te preocupes, que has estado muy bien. No sé qué haríamos hoy día sin Internet. ¿Te imaginas? Yo ya no recuerdo cómo era mi vida antes. Yo incluso tengo un blog en el que escribo casi todos los días.
CARLOS ¿Sí? Me tienes que dar la dirección de la página web. Me encantaría leer lo que escribes.
MARIANA De acuerdo, mira te mando la dirección en un mensaje de texto. ¿Hablamos después? Podemos quedar para tomar un café, ahora tengo que hablar con los demás invitados.
CARLOS Nos vemos después, entonces. ¡Chau!

Textbook Audio

Práctica

3 No pertenece Identifica la palabra que no pertenece al grupo.

1. ADN–célula–buscador–gen
2. astronauta–red–cohete–espacio
3. descargar–adjuntar–guardar–clonar
4. descubrimiento–gravedad–avance–invento
5. bioquímico–avanzado–revolucionario–innovador
6. científico–biólogo–extraterrestre–ingeniero

4 Para... se necesita... ¿Qué se necesita para hacer lo siguiente? Añade el artículo correcto: **un** o **una**.

computadora portátil	desafío	matemático	teléfono celular
contraseña	estrella fugaz	patente	telescopio
corrector ortográfico	experimento	reproductor	teoría

1. Para pedir un deseo se necesita ver ___una estrella fugaz___.
2. Para ver un DVD se necesita ___un reproductor___.
3. Para navegar la red en la playa se necesita ___una computadora portátil___.
4. Para hacer una llamada en un autobús se necesita ___un teléfono celular___.
5. Para escribir sin errores en la computadora se necesita ___un corrector ortográfico___.
6. Para proteger la información de la computadora se necesita ___una contraseña___.
7. Para obtener el derecho de comercializar un invento se necesita ___una patente___.
8. Para observar la Luna y las estrellas desde la Tierra se necesita ___un telescopio___.

 5 Definiciones Primero, elige cinco palabras de la lista y escribe una definición para cada una. Luego, en parejas, túrnense para leerse las definiciones y adivinar de qué palabra se trata.

astronauta	digital	invento
astrónomo/a	en línea	navegar la red
biólogo/a	experimento	patente
borrar	físico/a	teléfono celular
descargar	gen	teoría

Comunicación

6 **Actualidad científica** Algunos piensan que la biotecnología no tiene límites. ¿Qué opinas tú sobre el tema? Marca las afirmaciones con las que estás de acuerdo y comparte tus opiniones con un(a) compañero/a. ¿Cuáles son los aspectos positivos y negativos de la manipulación genética?

☐ 1. La clonación de seres humanos es una herramienta importante para luchar contra las enfermedades genéticas.

☐ 2. La genética ha ido demasiado lejos. El hombre no puede jugar a alterar la naturaleza humana. No es ético y sólo producirá sufrimiento.

☐ 3. Es injusto gastar dinero en experimentos genéticos cuando hay gente que muere de hambre y de enfermedades que se pueden curar fácilmente.

☐ 4. La clonación es una respuesta al problema de la infertilidad.

☐ 5. La clonación de seres humanos disminuirá (*will diminish*) nuestro respeto por la vida humana.

☐ 6. Clonar seres humanos en un mundo superpoblado (*overpopulated*) no tiene sentido.

7 **Soluciones** En grupos de tres, encuentren soluciones a las difíciles situaciones de estas personas. Cada uno de ustedes debe dar al menos dos consejos para cada caso. Utilicen la imaginación y tantas palabras del vocabulario como puedan.

● Un astrónomo ha detectado una tormenta espacial y piensa que puede ser peligroso mandar un cohete al espacio. No quiere que los astronautas estén en peligro. Sus jefes, sin embargo, no quieren cancelarlo porque, de lo contrario, saben que recibirán críticas en los periódicos.

● Una astronauta descubre extraterrestres en un viaje al espacio. Estos seres son muy pacíficos e inofensivos y le ruegan que no diga nada a su regreso a la Tierra, porque temen que los humanos los destruyan.

8 **Observaciones de la galaxia** Inspirándose en el dibujo, trabajen en parejas para escribir una historia breve. Utilicen por lo menos ocho palabras de Contextos. ¡Dejen volar la imaginación!

¿Quién era el hombre?

¿Dónde estaba?

¿Qué quería hacer?

¿Qué sorpresa inesperada encontró?

La tecnología y la ciencia

Teaching Tips

6 In groups of five, have students choose a moderator and divide themselves into two teams to debate the topic of biotechnology. One team should argue in favor of biotechnology and what it can do for society, and the other should argue against it. The moderator may use the items in **Actividad 6** to guide the debates. Ask students to use impersonal expressions with the subjunctive in their arguments. Ex: **Es malo que, es mejor que, es importante que…** After a specific amount of time, have the moderator conclude the debate, summarizing the two positions.

7 **Expansion** In pairs, have students choose one of the situations in **Actividad 7** and role-play a conversation between the astronomer or astronaut and his or her manager. For added drama, encourage them to make the manager cold-hearted and calculating.

8 Have pairs exchange their stories with another pair. Then ask: **¿En qué se parecen y en qué se diferencian las dos historias? ¿Son creíbles o fantásticas?**

Technology Connection

Have the pairs make a video or DVD of their story. The recording should contain the text, a reading of the text, and any visuals and music they would like to add.

AP PREPARATION

Formal Presentation and Integrated Skills Discuss some controversial issues involving technology. Ex: cloning, stem cell research, genetic engineering. Ask students to list more. Have them search online for two articles about one of these topics. Have students find and listen to a podcast in Spanish related to their areas of interest. Log on to **descubre3.vhlcentral.com** for links to appropriate websites. Students will take notes and present a two-minute talk, defending their position. If possible, another student takes the opposite side, so that the class can have a debate. If this is not possible, have a panel discussion in which each student speaks for two minutes. Say: **Ustedes van a hablar durante dos minutos, citando los dos artículos y el podcast. Tienen que decir si apoyan el tema escogido o no, y por qúe.**

Section Goals

In **Fotonovela,** students will:
- practice listening to authentic dialogue
- learn functional phrases for expressing size and talking about what has happened

Instructional Resources
Cuaderno de actividades,
pp. 43–44
e-Cuaderno
Supersite/DVD: *Fotonovela*
Supersite/TRCD/Print:
Fotonovela Videoscript &
Translation, Answer Keys

Video Synopsis
- An LCD screen is delivered to the office.
- **Johnny** faints and everyone attempts to revive him.
- **Johnny** and **Fabiola** attempt to install the screen, causing a short circuit.
- Everyone contemplates the shortcomings of technology in the candle-lit conference room.

Previewing Strategy Have students scan the text for technology-related vocabulary. Then have them predict what is happening and what the characters are discussing in the episode.

Teaching Tips Before showing the episode, write the four **Expresiones útiles** for expressing size on the board and go over meanings. In pairs, have students take turns using each expression in a sentence. Ask students to share any sentences they thought were exaggerated or funny.

recursos

CA
pp. 43–44

La oficina de la revista *Facetas* recibe una pantalla líquida.

HOMBRE 1 Aquí está la pantalla líquida que pidieron. Pues, tiene imagen digital, sonido de alta definición, control remoto universal y capacidad para conexión de satélite e Internet desde el momento de la instalación.

JOHNNY ¿Y está en esa caja tan grandota?

HOMBRE 1 Si es tan amable, me da su firmita en la parte de abajo, por favor.

Johnny está en el suelo desmayado.

HOMBRE 2 ¿Por qué no piden una ambulancia?

MARIELA No se preocupe. Fue sólo una pequeñísima sobredosis de euforia.

HOMBRE 1 ¡Esto es tan emocionante! Nunca se había desmayado nadie.

FABIOLA No conocían a Johnny.

HOMBRE 2 Eso es lo que yo llamo "el poder de la tecnología".

ÉRIC Jefe, pruebe con esto a ver si despierta. *(Le entrega un poco de sal.)*

AGUAYO ¿Qué se supone que haga?

ÉRIC Ábralo y páseselo por la nariz.

AGUAYO Esto no funciona.

DIANA Ay, yo conozco un remedio infalible.

ÉRIC ¡¿Qué haces?!

*Diana le pone sal en la boca a Johnny.
Johnny se despierta.*

Más tarde... Johnny y Fabiola van a poner la pantalla en la pared.

AGUAYO Johnny, ¿estás seguro de que sabes lo que haces?

JOHNNY Tranquilo, jefe, no es tan difícil.

FABIOLA Es sólo un agujerito en la pared.

El teléfono suena.

MARIELA Revista *Facetas*, buenas tardes. Jefe, tiene una llamada de su esposa en la línea tres.

AGUAYO Pregúntale dónde está y dile que la llamo luego.

MARIELA Un segundito.

AGUAYO Estaré en mi oficina. No quiero ver este desorden.

Mientras trabajan, se va la luz.

FABIOLA ¡Johnny!

JOHNNY ¿Qué pasó?

FABIOLA ¡Johnny! ¡Johnny!

JOHNNY Está bien, está bien. Ahí viene el jefe.

AGUAYO No es tan difícil. Es sólo un agujerito en la pared... ¡No funciona ni el teléfono!

JOHNNY *(a Aguayo)* Si quiere puede usar mi celular.

Personajes

 AGUAYO
 DIANA
 ÉRIC
 FABIOLA
JOHNNY
MARIELA
 HOMBRE 1
HOMBRE 2

JOHNNY ¿Sabían que en el transbordador espacial de la NASA tienen este tipo de pantallas?

MARIELA Espero que a ningún astronauta le dé por desmayarse.

AGUAYO ¿Dónde vamos a instalarla?

DIANA En esta pared, pero hay que buscar quien lo haga porque nosotros no tenemos las herramientas.

JOHNNY ¿Qué? ¿No tienes una caja (de herramientas)?

ÉRIC A menos que quieras pegar la pantalla con cinta adhesiva y luego ponerle aceite lubricante, no.

FABIOLA Hay una construcción allá abajo.

Johnny y Fabiola se van a buscar las herramientas.

Más tarde, en la sala de conferencias...

AGUAYO Rodeados de la mejor tecnología para terminar alumbrados por unas velas.

DIANA Nada ha cambiado desde los inicios de la humanidad.

MARIELA Hablando de cosas profundas... ¿Alguna vez se han preguntado adónde se va la luz cuando se va?

Expresiones útiles

Expressing size

Si es tan amable, ¿me da su firmita?
Would you please sign? (Lit. If you were so kind, would you give me your little signature?)

Fue sólo una pequeñísima sobredosis de euforia.
It was just a tiny overdose of euphoria.

Un segundito.
Just a second. (Lit. a tiny second)

¿Y está en esa caja tan grandota?
And is it in that really big box?

Talking about what has/had happened

Nada ha cambiado.
Nothing has changed.

Nada había cambiado.
Nothing had changed.

¿Alguna vez se han preguntado…?
Have you ever asked yourselves…?

Nunca se había desmayado nadie.
No one had ever fainted before.

Additional vocabulary

el agujerito *small hole*
alta definición *high definition*
la conexión de satélite *satellite connection*
el control remoto universal *universal remote control*
el desorden *disorder; mess*
funcionar *to work*
la herramienta *tool*
la imagen *image*
instalar *to install*
la luz *power; electricity*
la pantalla líquida *LCD screen*
rodeado/a *surrounded*

La tecnología y la ciencia

doscientos cuarenta y nueve **249**

Teaching Tips

- **Variación léxica**
  la conexión de satélite →
  la conexión satelital;
  el control remoto universal
  → el mando universal (Esp.);
  el desorden → el caos, el desbarajuste
- Ask students their opinions on the latest LCD technology and on the ideal screen sizes and resolutions for individual computers.
- Have students, in pairs, write two or more alternatives to the final sentence in the video: **¿Alguna vez se han preguntado…?**

NATIONAL STANDARDS

Connections: Science/ Technology Have interested students research and compile lists of additional scientific and technological terms that correspond to ones they are learning in their science classes. Ask them to compare the terms between the two languages and analyze the differences and similarities. How many of the terms are cognates with English? How many are different? What else do students notice?

Community Have students locate Spanish-language advertisements for electronic devices on the Internet or in print. Encourage them to identify sources from different countries or regions. Have them create map posters that indicate which terms are used in which region or country.

DIFFERENTIATED LEARNING

Heritage Speakers Ask heritage learners to review the **Expresiones útiles** and share other words and expression used in their families' countries of origin. Have the class decipher the literal meaning of each expression. Then have classmates offer equivalent English-language expressions they might use. You may wish to give extra credit to students who research the orgin of the expression.

For Inclusion Remind students how helpful cognates can be when they preview the **Fotonovela**. Point out a few, such as **líquida, digital, definición, control remoto, satélite, instalación**. Have students work in pairs to list all the cognates they can find in the script with a set period of time, such as five minutes. Then, have them share and compare their lists.

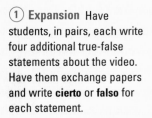

Comprensión

1 **¿Cierto o falso?** Indica si las oraciones son **ciertas** o **falsas**.

1. Johnny se desmayó debido a la euforia del momento. cierto
2. La nueva tecnología no impresiona a nadie. falso
3. Aguayo está preocupado por lo que hace Johnny. cierto
4. A pesar de los avances de la tecnología, las velas son prácticas. cierto
5. Según Diana, sus remedios nunca funcionan. falso

2 **Razones** Elige el final lógico para cada oración.

__e__ 1. Alguien propone pedir una ambulancia porque

__c__ 2. Éric le explica a Aguayo cómo despertar a Johnny porque

__a__ 3. Diana propone buscar a alguien para instalar la pantalla porque

__d__ 4. Aguayo se encierra en su oficina porque

__b__ 5. Los empleados alumbran la oficina con velas porque

a. no tienen herramientas.
b. no hay luz.
c. Aguayo no sabe cómo hacerlo.
d. no quiere ver el desorden.
e. Johnny se desmayó.

3 **Definiciones** Busca en la **Fotonovela** la palabra que corresponda a cada definición.

__control remoto universal__ 1. Aparato que permite centralizar y controlar a distancia distintos equipos electrónicos.

__pantalla líquida__ 2. Aparato de televisión que transmite una imagen de alta definición.

__transbordador espacial__ 3. Vehículo que viaja por el espacio.

__herramientas__ 4. Instrumentos que generalmente se usan para instalar o para arreglar algo.

__Internet__ 5. Red Informática Mundial formada por la conexión directa entre las computadoras.

__conexión de satélite__ 6. Sistema inalámbrico de televisión que incluye acceso a gran variedad de películas, eventos deportivos y noticias internacionales.

4 **¿Por qué lo dicen?** En parejas, expliquen a qué se refieren los personajes de la **Fotonovela** en cada cita (*quote*).

1. **HOMBRE** Eso es lo que yo llamo "el poder de la tecnología".
2. **MARIELA** Fue sólo una pequeñísima sobredosis de euforia.
3. **AGUAYO** ¿Estás seguro de que sabes lo que haces?
4. **DIANA** Nada ha cambiado desde los inicios de la humanidad.
5. **AGUAYO** ¡No funciona ni el teléfono!
6. **DIANA** Yo conozco un remedio infalible.

---

1 **Expansion** Have students, in pairs, each write four additional true-false statements about the video. Have them exchange papers and write **cierto** or **falso** for each statement.

Teaching Tips

2 In pairs, have students take turns rephrasing each statement as a question using **¿Por qué?** Ex: **¿Por qué alguien propone pedir una ambulancia?** The other student should respond with the correct answer.

3 **Technology Connection** In groups of four, have students divide themselves into two pairs. One pair should research satellite offerings, while the other researches cable offerings in their community (what companies offer in terms of service, costs, and programming choices). Then, as a group, have them create a Venn diagram that a prospective customer could use to decide which service to order.

DIFFERENTIATED LEARNING

For Inclusion For **Actividad 4**, have students work in pairs and take turns reading each statement and finding the answer in the script on pages 248–249. Then, have them view the episode again and take notes on the tone of voice used in each statement. Have them repeat the statements, imitating the intonation.

To Challenge Students Have groups of four divide themselves into two pairs. Each team of two should review the script on pages 248–249, find four other expressions, and write a definition for each on a card. Then, have the teams exchange cards and write the answer for each expression. The team that finishes—and has the greatest number of correct answers—wins.

Ampliación

 5 **¿Adicto a Internet?** Conversa con tu compañero/a sobre estas preguntas y luego decide si él/ella es adicto/a a Internet.

1. ¿Tienes una cuenta de correo electrónico? ¿Con qué frecuencia la chequeas?

2. ¿Dejas de hacer las tareas de clase o trabajo por pasar más tiempo navegando en Internet? ¿Por qué? Explica con ejemplos.

3. ¿Visitas sitios de *chat*? ¿Cuáles? ¿Con quién(es) te encuentras? ¿Piensan que es más divertido chatear que charlar en persona?

4. Si se corta la conexión de Internet por más de tres días, ¿cómo te sientes?, ¿te pones ansioso/a?, ¿permaneces indiferente? Explica con ejemplos.

5. Si necesitas hablar con un(a) amigo/a que vive cerca, ¿prefieres chatear o ir directamente a su cuarto o a su casa?

 6 **Apuntes culturales** En parejas, lean los párrafos y contesten las preguntas.

Los cibercafés

¡Johnny podrá navegar por Internet desde la pantalla líquida! En Hispanoamérica, fuera de la casa y el trabajo, los **cibercafés** son sitios muy populares para acceder a Internet. Además de este servicio, venden café, comida y son puntos de encuentro con amigos. ¿Seguirá yendo Johnny a los cibercafés, o ahora llevará a sus amigos a la oficina?

Los mensajes de texto

Johnny le prestó el celular a Aguayo para que se comunicara con su esposa. Si viviera en Argentina, seguramente haría como la mayoría de los argentinos y le enviaría un **mensaje de texto** a su esposa diciendo: "tamos sin luz n l ofi. dsps t llamo" (Estamos sin luz en la oficina. Después te llamo). ¡Ojalá que el jefe no le gaste todos los minutos a Johnny!

La conexión satelital

Con conexión satelital, Johnny podrá acceder a canales de todo el mundo. De igual modo, muchos inmigrantes hispanos en los EE.UU. pueden seguir en contacto con sus países de origen gracias a este servicio: los ecuatorianos pueden mirar **ECUAVISA Internacional** y los peruanos, **Perú Sur**.

1. ¿Has estado en algún cibercafé? ¿Cuándo y dónde? ¿Son comunes los cibercafés en donde tú vives? ¿Dónde navegas habitualmente?

2. Muchos jóvenes prefieren enviar mensajes de texto en lugar de llamar por teléfono. ¿Tú mandas mensajes de texto? ¿A quiénes? ¿Cuántos por día?

3. ¿Existe en tu cultura un lenguaje especial para los mensajes de texto? Explica con varios ejemplos.

4. ¿Prefieres la televisión por cable o por satélite? ¿Hay alguna diferencia?

Teaching Tips

5 Expansion Hold a class discussion about the use of cell phones.

Extra Practice Ask students to write about how communicating online affects the way they act, compared to face-to-face communication.

Expansion In groups of five, have students role-play a talk show on **La influencia del Internet sobre nuestros niños: ¿mala o buena?** The student playing the talk show host can use questions in **Actividad 5** to direct the conversation.

Extra Practice Review the imperfect (**Estructura 3.2**). Ask: **¿Cómo era la vida antes de Internet? ¿Antes de los teléfonos celulares?**

NATIONAL STANDARDS

Communities Have students search the Internet for sites advertising **cibercafés**. Have them compare the services and prices offered, then ask them to rate the **cibercafés** on categories such as price, hours open, and services.

Communities Have students do research to learn about current abbreviations used in text messages. Have them design a handout for classmates to teach them to send text messages in Spanish.

Communities Ask students to obtain information from local cable and satellite companies about their Spanish-language programming. Many will have brochures or web pages in Spanish for their Spanish-speaking customers. Have students study the information and explain it to the class.

Section Goals

In **Enfoques**, students will:
- learn about inventions in technology, especially from Argentina
- learn technology terms from different countries
- read about Argentine rock band **Bersuit Vergarabat**

Instructional Resources
Cuaderno para hispanohablantes, p. 100
Vista Higher Learning
Cancionero
Supersite/DVD: *Flash cultura*
Supersite: *Flash cultura*
Videoscript & Translation

NATIONAL STANDARDS
Connections: Art Have students learn more about **Cristiani** and other animation artists from the Spanish-speaking world, and prepare brief presentations for the class.

En detalle

ARGENTINA

Pioneros

Hay algo que llena de orgullo a los argentinos y que pocos conocen fuera de su país: Argentina es tierra de inventores. El sistema de huellas° digitales, el *bypass* coronario y el bolígrafo, entre muchos otros inventos, han nacido allí. Quirino Cristiani, creador de cine de animación de principios del siglo XX., forma parte de la larga lista de pioneros argentinos.

Indudablemente°, todos pensamos en Walt Disney como el gran creador y el pionero del cine de animación, pero no estuvo solo durante esos primeros años; artistas de muchos países experimentaron con nuevas técnicas cinematográficas. Cristiani

El Apóstol, 1917.

fue uno de ellos y, aparte de ser el primero en crear un largometraje de animación, *El Apóstol* (1917), inventó y patentó una cámara especial para este tipo de cine. Ésta tenía forma de torre° y se manejaba con los pies, hecho que le permitía usar las manos para crear el movimiento de los dibujos. Cristiani fue, también, el primero en poner sonido a una cinta animada de larga duración, *Peludópolis* (1931).

Lo que en un principio surgió como un arte minoritario, vivió un gran *boom* después de la Segunda Guerra Mundial. En esos años, se perfeccionó enormemente la tecnología, pero la verdadera revolución no surgió hasta la llegada de las computadoras. Éstas no sólo han facilitado la creación de imágenes, sino que han democratizado el acceso a este arte pues lo han puesto al alcance de todos, gracias a Internet y a programas como *Flash*. Así que aprovecha° que vives en el siglo XXI y, si te gusta el cine de animación, ponte manos a la obra y realiza tu propia película. Seguro que tienes todas las herramientas que necesitas. ■

Diferentes técnicas del cine de animación

Dibujos animados. Cada fotograma de la película es un dibujo diferente. Se combinan los dibujos para crear la idea de movimiento.

Stop-motion, **también llamada claymation.** Los escenarios y personajes están hechos en tres dimensiones, normalmente con plastilina°. Se van moviendo los objetos y se toman fotos de esos movimientos.

Animación por computadora. Se generan imágenes en diferentes programas de computadora.

Cinco inventos argentinos destacables

1. Sistema para tomar huellas digitales. 1891 *Juan Vucetich*
2. Instrumentos para la transfusión sanguínea. 1914 *Luis Agote*
3. Primer helicóptero eficaz en la historia de la aviación. 1916 *Raúl Pateras de Pescara*
4. Sistema de navegación nocturno de aviones. 1925 *Vicente Almandos Almonacid*
5. Semáforo para ciegos°. 1983 *Mario Dávila*

huellas *fingerprints* **indudablemente** *undoubtedly* **torre** *tower* **aprovecha** *take advantage* **plastilina** *clay* **Semáforo para ciegos** *streetlight for the blind*

Formal Writing and Synthesis of Skills Have students research two of the inventors mentioned on pages 252–253. As they read, they should take notes regarding the lives of these two individuals. Finally, they will prepare an essay of 200 words in which they compare and contrast the lives of these two people.

Correct the essay according to the most recent AP rubrics. Tell them: **Ustedes van a escribir una composición de 200 palabras en la cual comparan y contrastan las vidas y los hechos de los dos inventores que han escogido.**

EL MUNDO HISPANOHABLANTE

Otros inventores y pioneros

- La televisión de hoy no sería lo mismo sin la contribución de Guillermo González Camarena. Este ingeniero mexicano, nacido en 1917 en Guadalajara, recibió a los 22 años de edad una patente estadounidense por el primer **televisor color** de la historia.

- Ellen Ochoa, una mujer nacida en California de ascendencia mexicana que de niña soñó con ser flautista, se ha convertido en **la primera astronauta hispana** en trabajar para la NASA. También, ha obtenido tres patentes por inventos relacionados con **sistemas ópticos de análisis**.

- Durante la década de los 50, el ingeniero chileno Raúl Ramírez inventó y patentó una pequeña máquina manual llamada **CINVA–RAM** que permitía a las familias pobres levantar los muros° de sus casas. Hoy, esta máquina se utiliza en programas de "viviendas autosustentables" en donde familias construyen° sus propias casas.

PERFIL

JUAN PABLO ZARAMELLA

Juan Pablo Zaramella, nacido en Buenos Aires, es un joven creador con una enorme proyección internacional. Se inició trabajando como humorista gráfico, como muchos de los maestros del cine de animación. Su trayectoria como director independiente comenzó alrededor de 2000. Realiza sus películas usando la plastilina° como material principal para crear los personajes y los escenarios de sus obras, y crea la animación con el método de *stop-motion*. Según palabras de Juan Pablo, esta técnica le hace disfrutar de una total libertad para crear universos maravillosos que combina con historias de gran riqueza narrativa. El corto *Viaje a marte*, que tomó dos años para su realización, lo ha dado a conocer en el extranjero. Con más de cuarenta premios hasta el momento, este cortometraje de género fantástico ha cautivado° a audiencias culturalmente diversas, desde Argentina y Alemania hasta Rumania e Irán.

> ❝ Los inventos han alcanzado ya su límite, y no veo esperanzas de que se mejoren en el futuro. ❞
> (Julius Sextus Frontinus, ingeniero romano, siglo I)

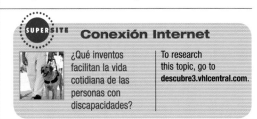

SUPERSITE **Conexión Internet**

| ¿Qué inventos facilitan la vida cotidiana de las personas con discapacidades? | To research this topic, go to **descubre3.vhlcentral.com.** |

plastilina *clay* cautivado *captivated* muros *walls* construyen *build*

¿Qué aprendiste?

recursos

CH
p. 100

(1) ¿Cierto o falso? Indica si las oraciones son **ciertas** o **falsas**. Corrige las falsas.

1. Hay muchos inventores en Argentina. Cierto.

2. El sistema de huellas digitales lo inventó un argentino. Cierto.

3. Walt Disney fue el primer director que realizó un largometraje de animación. Falso. Quirino Cristiani fue el primero en crear un largometraje de animación.

4. La cámara que inventó Cristiani sólo le permitía trabajar con las manos. Falso. La cámara que inventó Cristiani le permitía trabajar con las manos y con los pies.

5. La primera película de animación con sonido fue *El Apóstol*. Falso. La primera película de animación con sonido fue *Peludópolis*.

6. Después de la Segunda Guerra Mundial, hubo una crisis en el cine de animación y se hicieron menos películas. Falso. El cine de animación vivió un boom después de la Segunda Guerra Mundial.

7. La verdadera revolución en el mundo de la animación surgió con la llegada de las computadoras. Cierto.

8. Las computadoras han facilitado que más personas tengan la posibilidad de hacer películas de animación. Cierto.

9. En el sistema de *stop-motion*, los escenarios y personajes se dibujan en programas de computadora. Falso. Los escenarios y personajes están hechos en tres dimensiones.

10. Jorge Weber inventó el semáforo para ciegos en 1983. Falso. Mario Dávila inventó el semáforo para ciegos en 1983.

(2) Oraciones Completa las oraciones.

1. Juan Pablo Zaramella trabaja con dibujos/plastilina.

2. Juan Pablo Zaramella utiliza el método de dibujitos/*stop-motion* porque le da más libertad creativa.

3. El mexicano Guillermo González Camarena patentó una cámara de cine/el primer televisor en color.

4. Ellen Ochoa es flautista y astronauta/astronauta e inventora.

5. Si estás en Colombia y quieres ver animación dices que quieres ver dibujitos/caricaturas.

(3) Preguntas En parejas, contesten las preguntas.

1. ¿Qué invento es más importante: el semáforo para ciegos o el televisor color? ¿Por qué?

2. ¿Por qué crees que en muchos países hispanos se usan términos de computación en inglés, como *mouse* o *laptop*? ¿Está bien usarlos o deben usarse términos en español?

3. ¿Qué significa la afirmación de que las computadoras "han democratizado el acceso al arte de la animación"?

(4) Opiniones Muchos inventos han cambiado nuestras vidas. En parejas, hagan una lista con los cinco inventos más importantes de los siglos XX y XXI. ¿Por qué los han elegido? Compartan su opinión con la clase. ¿Hay algún invento que esté en todas las listas? ¿Cuál es el más importante? ¿Están de acuerdo?

PROYECTO

Inventores

Busca información sobre un(a) inventor(a) argentino/a (o de otro país latinoamenicano) y prepara una presentación para la clase sobre su vida y su invento más importante. Debes incluir:

• una breve biografía del inventor

• una descripción del invento

• el uso de su invento

• una foto o una ilustración del invento

• tu opinión acerca de la importancia del invento en la época en la que vivió el/la inventor(a) y en la actualidad.

RITMOS

Bersuit Vergarabat

La Bersuit, como la llaman sus fanáticos, es actualmente la banda más influyente y de mayor éxito del rock argentino. La banda compuesta por ocho integrantes está liderada por **Gustavo Cordera**, quien a finales de los 80 decidió abandonar sus estudios de comunicación para dedicarse por entero a la música. Con el álbum *Libertinaje* lanzado° en 1998, la Bersuit logró despegar hacia escenarios internacionales. Realizó giras° por España, Estados Unidos y gran parte de Latinoamérica. Su reciente trabajo discográfico *Testosterona* (2005) ganó el premio argentino **Gardel de oro**. Según Cordera, la canción *Madre hay una sola* de ese mismo álbum es "una autocrítica del hombre ciudadano que advierte el inexorable deterioro del medio ambiente por el rumbo del mundo actual y su propia forma de vida".

Discografía

2005 Testosterona   **2004** De la cabeza con Bersuit Vergarabat   **1998** Libertinaje

Canción

Éste es un fragmento de la canción que tu instructor te hará escuchar.

Madre hay una sola

Yo te agradezco porque aquí estoy,

Vos° sos mi única madre,

con alma y vida yo venero tu jardín...

Te agradezco aunque me voy

avergonzado° por ser parte de la especie,

que hoy te viola° en un patético festín...

> **Banda de pijamas** La Bersuit Vergarabat ha hecho de la locura y la rebeldía su sello° artístico. En todos sus conciertos, los integrantes de la banda aparecen vestidos con sus característicos pijamas. Se dice que es un homenaje al prestigioso hospital psiquiátrico José Tiburcio Borda en Buenos Aires.

 Preguntas En parejas, contesten las preguntas. Some answers will vary.

1. ¿Dónde y cuándo se conocieron los integrantes de la banda?
   Se conocieron a finales de los 80 en la Casa de las Artes de la Vieja Avellaneda.
2. ¿Cuál es el tema central de la canción?
   El deterioro de la naturaleza causado por el hombre.
3. ¿A quién le habla el cantante? ¿Qué le dice? Expliquen.
   Le habla a la naturaleza y le dice que es su única madre y que se siente avergonzado.
4. ¿Cuál es tu opinión sobre la ropa que generalmente se ponen los músicos para los conciertos? ¿Te parece divertido o ridículo que hagan esto?

lanzado *launched* **giras** *tours* **despegar** *take off* **vos** *tú* **avergonzado** *ashamed* **viola** *rapes* **sello** *stamp*

- Point out the use of **voseo** in the song. Explain that **vos** is the second-person singular pronoun commonly used in Argentina in place of **tú**, and that it has its own verb forms.
- Ask students what they think of the band, based on the photo on page 255. Ask them to comment on the visuals that the band presents to the public: their dress, hairstyles, posture, how they are standing together. Encourage them to compare **La Bersuit** to other musical or performance groups they know.

Technology Connection

In small groups, have students visit **La Bersuit's** website and write a press release about the group. Have them share their write-ups with the class. Then ask the class to analyze the different releases to identify what aspect(s) everyone thought important, and what details they found most compelling.

AP PREPARATION

Informal Writing and Integrated Skills Have students listen to the song and then reflect on the song lyrics in small groups. Do they agree that we are abusing the earth? Have them write for 20 minutes in their blue books about this topic:

Muchos expertos se preocupan hoy por el futuro de nuestra planeta, la Tierra. Escribe tus ideas sobre esto y sobre lo que tú personalmente puedes hacer para ayudar con los problemas ecológicos.

Section Goals

In **Estructura**, students will learn:

- the use and formation of the present perfect tense
- the use and formation of the past perfect tense
- about using diminutives and augmentatives

Instructional Resources
Cuaderno de práctica, pp. 63–64
Cuaderno para hispanohablantes, pp. 101–102
e-Cuaderno
Supersite: Additional practice
Supersite/TRCD/Print:
PowerPoints (Lección 7
Estructura Presentation,
Overhead #47); Audio Activity
Script, Answer Keys
Audio Activity CD

Teaching Tips

- Tell students that there are important differences between how English speakers and Spanish speakers use the present progressive. Point out that many English speakers tend to use the present perfect to express actions that continue into the present time, as in *I have studied Spanish for two years.* In contrast, Spanish speakers use the phrase **hace** + [*period of time*] + **que** + [*present tense*] to express actions continuing from the past: **Hace dos años que estudio español.**
- Point out that the present perfect is more commonly used in Spain than in Latin America for describing recent events.

Extra Practice and Technology Connection

Go to **descubre3.vhlcentral. com** for extra practice with the present perfect.

7.1 The present perfect

Nada ha cambiado desde los inicios de la humanidad.

TALLER DE CONSULTA

While English speakers often use the present perfect to express actions that continue into the present time, Spanish uses the phrase **hace** + [*period of time*] + **que** + [*present tense*].

Hace dos años que estudio español.

I have studied Spanish for two years.

- In Spanish, as in English, the present perfect tense (**el pretérito perfecto**) expresses what *has happened*. It generally refers to recently completed actions or to a past that still bears relevance in the present.

  Mi jefe **ha decidido** que a partir de esta semana hay que comunicarse por Internet y no gastar en llamadas internacionales.
  My boss has decided that as of this week we have to communicate through the Internet rather than spend money on international calls.

  Juan **ha terminado** la carrera de ingeniería, pero aún no ha decidido qué va a hacer a partir de ahora.
  Juan has graduated as an engineer, but he still hasn't decided what to do from now on.

- The present perfect is formed with the present tense of the verb **haber** and a past participle. Regular past participles are formed by adding **–ado** to the stem of **–ar** verbs and **–ido** to the stem of **–er** and **–ir** verbs.

The present perfect		
comprar	**beber**	**recibir**
he comprado	he bebido	he recibido
has comprado	has bebido	has recibido
ha comprado	ha bebido	ha recibido
hemos comprado	hemos bebido	hemos recibido
habéis comprado	hebéis bebido	habéis recibido
han comprado	han bebido	han recibido

- Note that past participles do not change form in the present perfect tense.

  Todavía no **hemos comprado** la computadora nueva.
  We still haven't bought the new computer.

  La bióloga aún no **ha terminado** su trabajo de investigación.
  The biologist hasn't finished her research work yet.

- To express that something *has just happened*, **acabar de** + [*infinitive*], not the present perfect, is used. **Acabar** is a regular **-ar** verb.

  Acabo de recibir un mensaje de texto.
  I've just received a text message.

  ¡**Acabamos de ver** un ovni!
  We just saw a UFO!

- When the stem of an **–er** or **–ir** verb ends in **a, e,** or **o**, the past participle requires a written accent (**ído**) to maintain the correct stress. No accent mark is needed for stems ending in **u**.

ca-er → ca**í**do   le-er → le**í**do

o-ír → o**í**do   constru-ir → constru**i**do

- Several verbs have irregular past participles.

abrir	abierto	morir	muerto
cubrir	cubierto	poner	puesto
decir	dicho	resolver	resuelto
descubrir	descubierto	romper	roto
escribir	escrito	ver	visto
hacer	hecho	volver	vuelto

> Perdón, es que **he escrito** cuatro mensajes por correo electrónico y no me **han resuelto** el problema.
> *Excuse me, but I have written four e-mails and you still haven't solved my problem.*

> El ingeniero me asegura que ya **ha visto** sus mensajes y dice que muy pronto lo llamará.
> *The engineer assures me that he has seen your e-mails and says he will call you soon.*

- In the present perfect, pronouns and the word **no** always precede the verb **haber**, which cannot be separated from the past participle by any other word.

> ¿Por qué **no has patentado** todavía tu invento?
> *Why haven't you patented your invention yet?*

> ¡Todavía **no lo he terminado** de perfeccionar!
> *I haven't finished perfecting it yet!*

¿Alguna vez se han preguntado adónde se va la luz cuando se va?

recursos

CP pp. 63–64

CH pp. 101–102

CA p. 19, 84

SUPERSITE descubre3. vhlcentral.com Lección 7

- Note that, when a past participle is used as an adjective, it must agree in number and gender with the noun it modifies. Past participles are often used as adjectives with **estar** or other verbs to describe physical or emotional states.

Las fórmulas matemáticas ya están **preparadas**.
The mathematical equations are already prepared.

Los laboratorios están **cerrados** hasta el lunes.
The laboratories are closed until Monday.

- Remind students that, when learning a foreign language, certain words simply need to be memorized, then used repeatedly in sentences before they become second nature. Write the list of irregular past participles on the board and have students copy them. Then have them, in pairs, take turns quizzing each other, one student looking at the list and saying the infinitive, and the other not looking at the list and giving the past participle. Then have them give the past participle, while the other says the infinitive.
- Emphasize that the helping verb **haber** cannot be separated from the past participle. Point out that, in English, adverbs are often inserted between the helping verb and the past participle, as in *She has already arrived. He has always eaten late.* Contrast this with Spanish: **Ya ha llegado. / Ha llegado ya. Siempre ha comido tarde. / Ha comido tarde siempre.**

DIFFERENTIATED LEARNING

Heritage Speakers Ask heritage speakers to help their classmates understand the rule about not separating the helping verb from the past participle. Ask them each to give two examples of statements that include the past perfect and one or two pronouns—one affirmative and the other negative.

For Inclusion In pairs, have students write at least six sentences about what they have done today, using six irregular past participles. Then, have them switch partners with another pair and turn their sentences into questions. Ex: **He visto a mi mejor amigo esta mañana. / ¿Has visto a tu mejor amigo?**

Teaching Tips

1 Ask volunteers to identify the irregular past participles.

• Ask volunteers to act out the dialogue for the class. Encourage them to overact.

1 El asistente de laboratorio La directora del laboratorio está enojada porque el asistente ha llegado tarde. Completa la conversación con las formas del pretérito perfecto.

DIRECTORA ¿Dónde (1) _has estado_ (estar) tú toda la mañana y qué (2) _has hecho_ (hacer) con mi computadora portátil?

ASISTENTE Ay, (yo) (3) _he tenido_ (tener) la peor mañana de mi vida... Resulta que ayer llevé su computadora conmigo para seguir con el análisis del experimento y...

DIRECTORA ¿Pero por qué no usaste la tuya?

ASISTENTE Porque usted todavía no (4) _ha descargado_ (descargar) todos los programas que necesito. Pues, hacía unas compras en la tarde, y la dejé en alguna parte.

DIRECTORA Me estás mintiendo, en realidad la (5) _has roto_ (romper), ¿no?

ASISTENTE No, no la (6) _he roto_ (romper); la (7) _he perdido_ (perder). Por eso esta mañana (8) _he vuelto_ (volver) a todas las tiendas y les (9) _he preguntado_ (preguntar) a todos si la (10) _han visto_ (ver).

2 Oraciones Combina los elementos para formar oraciones completas. Utiliza el pretérito perfecto y añade elementos cuando sea necesario.

MODELO yo / siempre / querer / teléfono celular / con reproductor de MP3
Yo siempre he querido un teléfono celular con reproductor de MP3.

1. nosotros / comprar / cámara digital / más innovadora
Nosotros hemos comprado una cámara digital más innovadora.
2. tú / nunca / pensar / en ser / matemático
Tú nunca has pensado en ser matemático.
3. los científicos / ya / descubrir / cura
Los científicos ya han descubierto una cura.
4. el profesor / escribir / fórmulas / en la pizarra
El profesor ha escrito las fórmulas en la pizarra.
5. mis padres / siempre / creer / en los ovnis
Mis padres siempre han creído en los ovnis.

3 Have students work in groups of three. Encourage them to come up with the most outrageous claims for what they have done. Ex: **No he ido al Polo Sur pero he viajado al Polo Norte.**

3 ¿Qué has hecho? Indica si has hecho o experimentado lo siguiente.

MODELO Ir al Polo Sur
No he ido al Polo Sur pero he viajado a Latinoamérica.

1. Viajar a la luna
2. Ganar la lotería
3. Ver a un extraterrestre
4. Inventar algo
5. Conocer al presidente del país
6. Estar despierto/a por más de dos días
7. Hacer algo revolucionario
8. Soñar con ser astronauta

4 Have students work in pairs and interview each other about what they have done today (**¿Qué has hecho hoy?**) Model the response by describing things you have done and writing them on the board. Example: **He tomado tres tazas de café. He escrito unos mensajes electrónicos a mis amigos.**

• Have volunteers share interesting facts they learned about their classmates.

4 Preguntas personales Busca un(a) compañero/a de clase a quien no conozcas bien y hazle preguntas sobre su vida usando el pretérito perfecto.

MODELO —¿Has tomado clases de informática?
—Sí, he tomado muchas clases de informática. ¡Siempre me ha fascinado la tecnología!

conocer a una persona famosa	practicar algún deporte
escribir poemas	visitar un país hispano
participar en una obra de teatro	vivir en el extranjero

Extra Practice Do a rapid-response drill. Call out a verb and subject, and have students respond with a complete sentence using the present perfect.

Comunicación

5 **¿Eres tecnofóbico?** Utiliza el pretérito perfecto para completar las oraciones. Luego, en parejas, conviertan las oraciones de la encuesta en preguntas para descubrir si son tecnomaníáticos/as o tecnofóbicos/as. Comparen los resultados. ¿Están de acuerdo?

¿Eres tecnofóbico?

No parece haber punto intermedio: la gente ama la tecnología o la odia. Contesta las preguntas para saber si eres tecnomaníático o tecnofóbico.

1. Yo _he comprado_ (comprar) ___ aparatos tecnológicos durante el último año.
   a. más de diez   b. entre cinco y diez
   c. menos de cinco   d. cero

2. Yo _he tratado_ (tratar) de aprender ___ sobre los avances tecnológicos de los últimos meses.
   a. todo lo posible   b. lo suficiente
   c. un poco   d. muy poco

3. Para escribirles a los amigos, siempre _he preferido_ (preferir) ___.
   a. los mensajes de texto
   b. los mensajes instantáneos
   c. el correo electrónico
   d. las cartas escritas a mano

4. Los recursos que _he utilizado_ (utilizar) más este año para hacer investigaciones son ___.
   a. buscadores
   b. las bases de datos de la biblioteca
   c. enciclopedias *online*
   d. enciclopedias tradicionales

5. Para las noticias diarias, mi fuente favorita esta semana _ha sido_ (ser) ___.
   a. Internet   b. la televisión
   c. la radio   d. el periódico

6. Para conseguir música, _he dependido_ (depender) más que todo de ___.
   a. descargar archivos MP3   b. comprar los CD en línea
   c. comprar los CD en las tiendas d. escuchar los cassettes de mis padres

7. El teléfono que _he usado_ (usar) más este año es ___.
   a. un celular nuevo con cámara digital   b. el celular que compré hace tres años
   c. el teléfono de casa   d. ninguno — prefiero hablar en persona

8. Siempre _he creído_ (creer) que los avances tecnológicos ___ la calidad de vida.
   a. son esenciales para   b. mejoran
   c. pueden empeorar   d. arruinan

Clave

a. = 3 puntos
b. = 2 puntos
c. = 1 punto
d. = 0 puntos

Resultados

19 - 24 ¡Eres **tecnomaníático!**

13 - 18 Te sientes cómodo en un mundo tecnológico.

7 - 12 No te has mantenido al día con los avances recientes.

0 - 6 ¡Eres **tecnofóbico**!

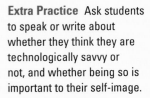

---

6 **Celebridades** En grupos de tres, cada miembro debe pensar en una persona famosa, sin decir quién es. Las otras dos personas deben hacer preguntas. Utilicen el pretérito perfecto para dar pistas hasta que hayan adivinado el nombre de cada celebridad.

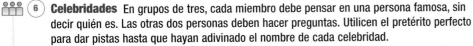

MODELO

ESTUDIANTE 1 Este hombre ha ganado muchísimo dinero y ha creado una compañía influyente y poderosa.

ESTUDIANTE 2 ¿Es Donald Trump?

ESTUDIANTE 1 No. Él ha cambiado para siempre el mundo tecnológico.

ESTUDIANTE 3 ¿Es Bill Gates?

La tecnología y la ciencia

Extra Practice Ask students to speak or write about whether they think they are technologically savvy or not, and whether being so is important to their self-image.

Teaching Tip Ask students to speak or write about why some people they know are afraid of technology.

5 **Expansion** Divide the class into two groups: **tecnomaníáticos** and **tecnofóbicos.** Ask the first group to give recommendations to the **tecnofóbicos** to help them overcome their fears of technology. Have the other group give advice to the **tecnomaníáticos** about how to depend less on technology. Remind students to use subjunctive or command forms.

Teaching Tip

6 For visual learners, bring in magazines to help students choose a famous person.

6 For additional practice with the present perfect, have students also choose famous couples. Ex: **Han actuado juntos en una película y han adoptado a una niña de África. (¿Son Brad Pitt y Angelina Jolie?)**

6 Part B: Ask each group to share its list with the class. Write their answers on the board and discuss.

LEARNING STYLES

For Visual Learners Ask visual learners to redesign the survey. Tell them they can totally change the layout and add any graphics they like—but all the information must appear on one page. Then, display their pages in a corner of the room.

For Kinesthetic Learners Have students do the survey in **Actividad 5** in groups of five. One student should read the questions, and the others should respond by raising their hands and repeating the answer choice. Have them tally the results and physically form one to four groups, according to how they scored.

Instructional Resources
Cuaderno de práctica, pp. 65–66
Cuaderno para hispanohablantes, pp. 103–104
Cuaderno de actividades, pp. 20, 85
e-Cuaderno
Supersite: Additional practice
Supersite/TRCD/Print:
PowerPoints (**Lección 7** **Estructura** Presentation, Overheads #48, #49); Audio Activity Script, Answer Keys
Audio Activity CD

Teaching Tips
• Point out that, unlike the present perfect, the past perfect is used the same way in Spanish as it is in English. Ex: **Después de mandar el mensaje, recordé que no lo había firmado.**
• Draw a time line on the board to compare and contrast the preterite, present perfect, and past perfect tenses.

Extra Practice and Technology Connection Go to **descubre3.vhlcentral.com** for extra practice with the past perfect.

7.2 The past perfect

• The past perfect tense (**el pluscuamperfecto**) is formed with the imperfect of **haber** and a past participle. As with other perfect tenses, the past participle does not change form.

The past perfect		
viajar	**perder**	**incluir**
había viajado	había perdido	había incluido
habías viajado	habías perdido	habías incluido
había viajado	había perdido	había incluido
habíamos viajado	habíamos perdido	habíamos incluido
habíais viajado	habíais perdido	habíais incluido
habían viajado	habían perdido	habían incluido

• In Spanish, as in English, the past perfect expresses what someone *had done* or what *had occurred* before another action or condition in the past.

Decidí comprar una cámara digital nueva porque la vieja se me **había roto** varias veces.
I decided to buy a new digital camera because the old one had broken on me several times.

Cuando por fin les dieron la patente, otros ingenieros ya **habían inventado** una tecnología mejor.
When they were finally given the patent, other engineers had already invented a better technology.

• **Antes, nunca, todavía**, and **ya** are often used with the past perfect to indicate that one action occurred before another. Note that adverbs, pronouns, and the word **no** may not separate **haber** from the past participle.

¡Nunca se había desmayado nadie!

recursos

CP
pp. 65–65

CH
pp. 103–104

CA
p. 20, 85

SUPERSITE
descubre3.
vhlcentral.com
Lección 7

Cuando apagué la computadora, **aún no había guardado** el documento; ¡lo perdí!
When I shut off the computer, I hadn't yet saved the document; I lost it!

Ya me había explicado la teoría, pero no la entendí hasta que vi el experimento.
He had already explained the theory to me, but I didn't understand it until I saw the experiment.

María Eugenia y Gisela **nunca habían visto** una estrella fugaz tan luminosa antes.
María Eugenia and Gisela had never seen such a bright shooting star before.

Los ovnis **todavía no habían aterrizado**, pero los terrícolas ya estaban corriendo asustados.
The UFOs hadn't yet landed but the earthlings were already running scared.

DIFFERENTIATED LEARNING

For Inclusion Have students work in pairs and take turns creating sentences about things they had seen and done prior to last year. Have them name one thing they had done, and one thing they had not done, said, or seen. Give an Ex: **Antes del año pasado, había viajado a San Francisco. No había nadado en el mar.**

To Challenge Students In groups of three, have one student state something in the past, the second mentions a related event, and the third combines both into a single statement using the past perfect.

Práctica y comunicación

1 Discurso Jorge Báez, un médico dedicado a la genética, ha recibido un premio por su trabajo. Completa su discurso de agradecimiento con el pluscuamperfecto.

Muchas gracias por este premio. Recuerdo que antes de cumplir 12 años ya
(1) _había decidido_ (decidir) ser médico. Desde pequeño, mi madre siempre me
(2) _había llevado_ (llevar) al hospital donde ella trabajaba y recuerdo que la primera
vez me (3) _habían fascinado_ (fascinar) esos médicos vestidos de blanco. Luego, al cumplir
26 años, ya (4) _había pasado_ (pasar) tres años estudiando las propiedades de los genes
humanos, en especial desde que (5) _había visto_ (ver) un programa en la televisión
sobre la clonación. Cuando terminé mis estudios de posgrado, ya se (6) _habían hecho_
(hacer) grandes adelantos científicos…

2 Explicación Reescribe las oraciones usando el pluscuamperfecto. Sigue el modelo.

> **MODELO** Me duché a las 7:00. Antes de ducharme hablé con mi hermano.
> Ya había hablado con mi hermano antes de ducharme.

1. Yo salí de casa a las 8:00. Antes de salir de casa miré mi correo electrónico.
   Ya había mirado mi correo electrónico antes de salir de casa.
2. Llegué a la oficina a las 8:30. Antes de llegar a la oficina tomé un café.
   Ya había tomado un café antes de llegar a la oficina.
3. Se apagó la computadora a las 10:00. Yo guardé los archivos a las 9:55.
   Ya había guardado los archivos cuando se apagó la computadora.
4. Fui a tomar un café. Antes, comprobé que todo estaba bien.
   Ya había comprobado que todo estaba bien cuando fui a tomar un café.

 3 Informe En grupos de tres, imaginen que son policías y deben preparar un informe sobre un accidente entre tres autos. Inventen una historia de lo que ha ocurrido de acuerdo al dibujo. Usen el pluscuamperfecto y las palabras **antes, nunca, todavía** y **ya**.

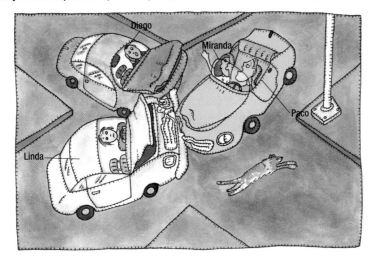

Teaching Tips

3 To reinforce the difference between the present perfect and past perfect tenses, ask students to include at least two examples of each in their reports. Ex: **Hemos concluido las investigaciones del accidente…La mujer ya había doblado cuando…**

• After students complete the activity, call on volunteers to act out the scene. Involve the entire class by having everyone play a role: drivers, police officers, and witnesses. Remind students to use the past perfect in their questions and answers.

LEARNING STYLES

For Auditory Learners As an expansion of **Actividad 1**, have students work in groups of four. Students take turns playing the role of someone making an acceptance speech, and the others decide what award is being given, and for what. The speaker must use the past perfect, and try to use adverbs of time (**aún, ya, todavía, nunca**).

For Visual Learners Have students create a storyboard of the events leading up to the accident pictured in **Actividad 3**. Then, have them share their visuals with a small group. Ask the group to comment on similarities and differences between the stories.

7.3 Diminutives and augmentatives

- Diminutives and augmentatives (**diminutivos y aumentativos**) are frequently used in conversational Spanish. They emphasize size or express shades of meaning like affection, amazement, scorn, or ridicule. Diminutives and augmentatives are formed by adding a suffix to the root of nouns, adjectives (which agree in gender and number), and occasionally adverbs. Because formation and use of diminutives and augmentatives varies greatly from one region to another, there are very few established rules about this aspect of the Spanish language. In this section, you will learn to recognize the most commonly used suffixes and their uses.

Diminutives

Tranquilo, jefe, es sólo un agujerito en la pared.

- Here are the most common diminutive suffixes.

Diminutive endings		
-ito/a	-cito/a	-ecito/a
-illo/a	-cillo/a	-ecillo/a

Pedrito, ¿me traes un **cafecito** con un **panecillo**?
Little Pedro, would you bring me a little cup of coffee with a roll?

Ahorita, **abuelita**, se los preparo **rapidito**.
Right away, Granny, I'll have them ready in a jiffy.

- Most words form the diminutive by adding **–ito/a**. However, the suffix **–illo/a** is also common in some regions. For words ending in vowels (except **–e**), the last vowel is dropped before the suffix.

bajo → bajito *very short; very softly*	**libro → libr**illo *booklet*
ahora → ahorita *right now; very soon*	**ventana → ventan**illa *plane/car/bus window*
Miguel → Miguelito *Mikey*	**campana → campan**illa *hand bell*

- Most words that end in **–e, -n,** or **-r** use the forms **–cito/a** or **cillo/a**. However, one-syllable words often use **–ecito/a** or **ecillo/a**.

hombre → hombrecillo *funny little man*	**pan → pan**ecillo *roll*
Carmen → Carmencita *little Carmen*	**flor → flor**ecita *little flower*
amor → amorcito *sweetheart*	**pez → pec**ecito *little fish*

- Note these spelling changes.

chico → chiquillo *little boy; very small*	**agua → ag**üita *little bit of water*
amigo → amiguito *little friend*	**luz → luc**ecita *little light*

Augmentatives

¿Y está en esa caja tan **grandota**?

- The most common augmentative suffixes are forms of **–ón/-ona**, **–ote/-ota**, and **–azo/-aza**.

Augmentative endings		
-ón	-ote	-azo
-ona	-ota	-aza

Hijo, ¿por qué tienes ese **chichonazo** en la cabeza?
Son, why do you have that huge bump on your head?

Jorge se gastó un **dinerazo** en una **pantallota** enorme, ¡sólo para ver partidos de fútbol!
Jorge spent a ton of money on an humongous TV screen, just to watch the soccer games!

- Most words form the augmentative by simply adding the suffix to the word. For words ending in vowels, the final vowel is usually dropped.

soltero → solterón *confirmed bachelor*   **casa → casona** *big house; mansion*

grande → grandote/a *really big*   **palabra → palabrota** *swear word*

perro → perrazo *big, scary dog*   **manos → manazas** *big hands (clumsy)*

- You may notice a tendency to change a feminine word to a masculine one when the suffix **–ón** is used, unless it refers specifically to someone's gender.

la silla → el sillón *armchair*   **la mujer → la mujerona** *big woman*

la mancha → el manchón *large stain*   **mimosa → mimosona** *very affectionate*

Regional use of diminutives and augmentatives

- Both diminutive and augmentative suffixes may vary from one region to another and sometimes convey different meanings or connotations.

¡Ay, qué **perrito** más lindo!   ¡Ay, qué **perrillo** más feo!
Oh, what a cute little puppy!   *Oh, what an ugly little mutt!*

¡Qué **hombretote**!   ¡Qué **hombrón**!
What a big man!   *What a strong/brave man!*

- In regions where diminutives and augmentatives are used heavily in conversational Spanish, double endings are frequently used for additional emphasis.

chico/a → chiquito/a → chiquitito/a   **grande → grandote/a → grandotote**

¡ATENCIÓN!

The letters –t- or –et- are occasionally added to the beginning of augmentative endings.

guapa → guapetona

golpe → golpetazo

• • • •

The masculine suffix **–azo** can also mean *blow* or *shot*.

flecha → flechazo
arrow wound; love at first sight

rodilla → rodillazo
a blow to the knee

recursos

CP
pp. 67–68

CH
pp. 105–106

CA
p. 21, 86

descubre3.
vhlcentral.com
Lección 7

Teaching Tips

- Explain that diminutives are much more common in Spanish than in English. They are used, among other things, to express affection and to soften a request.
- Point out that Costa Ricans and Colombians use the diminutive **–ico/–ica**. In fact, Costa Ricans are known as **ticos/as** because of their fondness for this diminutive.

LEARNING STYLES

For Visual Learners Divide students into groups of five or six and have them each create two to three word cards, each containing a noun with an augmentative ending. Then, have them take turns choosing a card and drawing a picture of it, while the others try to guess the word. If they choose a card they created, they should replace it and choose another.

For Auditory Learners Have students work in groups of four and each write a short description of someone they know (famous or not) using diminutives and augmentatives. Then, have them take turns reading their descriptions to the group. The others should guess who the person is.

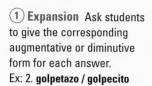

Práctica

1 **La carta** Completa el párrafo con la forma indicada de cada palabra. Haz los cambios que creas necesarios.

> Querido (1) ___Pablito___ (Pablo, –ito):
>
> Tu mamá me contó lo del (2) ___golpetazo___ (golpe, –tazo) que te dio
> Lucas en la escuela. Pues, cuando yo era (3) ___pequeñito___ (pequeño,
> –ito), como tú, jugaba siempre en la calle. Mi (4) ___abuelita___ (abuela,
> –ita) me decía que no fuera con los (5) ___amigotes___ (amigos, –ote) de
> mi hermano porque ellos eran mayores que yo y eran (6) ___hombrones___
> (hombres, –ón). Yo entonces, era muy (7) ___cabezón___ (cabeza, –ón) y
> nunca hacía lo que ella decía. Una tarde, estaba jugando al fútbol, y uno
> de ellos me dio un (8) ___rodillazo___ (rodilla, –azo) que me rompió la
> (9) ___narizota___ (nariz, –ota). Nunca más jugué con ellos, y desde
> entonces, sólo salí con mis (10) ___amiguitos___ (amigos, –ito). Espero que
> me vengas a visitar (11) ___prontito___ (pronto, –ito). Un (12) ___besito___
> (beso, –ito) de
>
> Tu abuelo César

2 **Oraciones incompletas** Completa las oraciones con el aumentativo o diminutivo que corresponde a la definición entre paréntesis. Suggested answers.

1. ¿Por qué no les gusta a los profesores que los estudiantes digan ___palabrotas___ (palabras feas y desagradables)?
2. El ___perrito___ (perro pequeño) de mi novia es muy lindo y amistoso.
3. Ese abogado tiene una buena ___narizota___ (nariz grande) para adivinar los problemas de sus clientes.
4. Mis abuelos viven en una ___casona___ (mansión) muy vieja.
5. La cantante Samantha siempre lleva una ___florecita___ (flor pequeña) en el cabello.
6. A mi ___hermanita___ (hermana menor) le fascinan los libros de ciencia-ficción.

3 **¿Qué palabra es?** Reemplaza cada una de estas frases con el aumentativo o diminutivo que exprese la misma idea. Suggested answers.

1. muy grande ___grandote/grandota___
2. agujero pequeño ___agujerito___
3. cuarto grande y amplio ___cuartote___
4. sillas para niños ___sillitas___
5. libro grande y grueso ___librote___
6. estrella pequeña ___estrellita___
7. hombre alto y fuerte ___hombrón___
8. muy cerca ___cerquita___
9. abuelo querido ___abuelito___
10. hombres que piensan que siempre tienen la razón ___cabezones___

---

① **Expansion** Ask students to give the corresponding augmentative or diminutive form for each answer. Ex: 2. **golpetazo / golpecito**

Teaching Tip Tell students that diminutives and augmentatives reflect the inherent quality of something, the speaker's attitude toward something, or a combination of the two. Ask volunteers to analyze the use of each diminutive and augmentative in César's letter using these criteria.

② **Extra Practice** Ask follow-up questions. Ex: **¿Tienes hermanitos? ¿Conoces a alguien que vive en una casona? ¿Quién tiene un perrito en casa?**

② **Expansion** Ask students to give the opposite of each definition and each corresponding diminutive or augmentative.

Extra Practice Have pairs of students take turns creating definitions and supplying the appropriate diminutive or augmentative as an answer.

LEARNING STYLES

For Auditory Learners Divide the class into two teams: **Aumentativo** and **Diminutivo**. Call out a word and have one team member give a corresponding form. Ex: **perro; perrito** (dim.), **perrazo** (aug.). Take turns. Award one point for correct answers, and an extra point for complete sentences. The team with the most points wins.

For Visual Learners Have students work in pairs. Each student should make a list of ten nouns. Have students exchange lists and draw the diminutive or augmentative for each word, then return the list to their partner. They should then take turns looking at the drawings and identifying what each drawing represents.

Comunicación

 4 En el parque Todas las mañanas el señor Escobar sale a correr al parque. En parejas, miren los dos dibujos y túrnense para describir las diferencias entre lo que vio ayer y lo que ha visto hoy. Utilicen oraciones completas con diminutivos y/o aumentativos.

MODELO —Ayer el señor Escobar vio un perrito lindo en el parque, pero esta mañana un perrazo feroz lo está persiguiendo.

Pistas (clues)			
abuelo	cerca	grande	pan
alto	delgado	lejos	pequeño
avión	galleta	libro	perro
bajo	gordo	nieto	taza

5 Síntesis Es el año 2500. Junto con dos amigos/as, has decidido pasar un semestre en el extranjero... ¡en el espacio! Para compartir la experiencia con los amigos que no pudieron ir, han creado un blog para contar lo que han visto y han hecho cada día. Escriban cinco entradas del blog. Deben incluir por lo menos tres verbos en el pretérito perfecto, tres en el pluscuamperfecto y tres diminutivos y/o aumentativos. Utilicen algunas frases y palabras de la lista y añadan sus propias ideas.

MODELO Lunes, 13 de marzo
Hemos pasado el día entero orbitando la Luna. De niños, siempre habíamos querido ser astronautas, y este viaje es un sueño hecho realidad. Desde aquí, la Tierra es sólo una pelotita, como el globo que habíamos estudiado de chiquitos...

Esta mañana hemos...	Antes del viaje, habíamos...	cerquita — estrellita
Aún no hemos...	Cuando llegamos a la Luna,	chiquito — grandote
Los astronautas nos han...	el profesor ya había...	cohetazo — rapidito
	En el pasado,	
	los astrónomos habían...	

SUPERSITE
For additional cumulative practice of all the grammar points in this lesson, go to **descubre3.vhlcentral.com**.

La tecnología y la ciencia

---

4 Teaching Tip Have students work in groups of three. Ask each student to add two to three new elements to the **ayer** and **hoy** drawings. Students should take turns showing their drawings to the group. The group identifies the new differences between the two images.

4 Expansion Ask students to describe what **el señor Escobar** will see tomorrow. Encourage them to be creative in their responses.

NATIONAL STANDARDS
Community As an extension of the Conexión personal, ask students to identify Spanish-language web sites that fit each of the categories listed in the chart. Ask them to analyze the sites and compare and contrast them with the English-language sites that they visit. What do they notice?

DIFFERENTIATED LEARNING

For Inclusion For **Actividad 5,** have students work in pairs to prepare a time line of events. Tell them to refer to the time expressions in the exercise to assist them in generating statements and adding others, as needed. Remind them that they should have a concluding/summarizing statement. Then, have them present their reports to another pair.

7 CINEMATECA

Section Goals

In **Cinemateca**, students will:
- watch the short film *Happy Cool*
- practice listening for and using vocabulary and structures learned in this lesson

Instructional Resources
Supersite/DVD: *Film Collection*
Supersite/TRCD: *Cortometraje*
Transcript & Translation

Teaching Tips

- Ask students if they have heard the rumor that Walt Disney was cryogenically frozen, and if they know whether it is true or not. (No.) Discuss why someone might want to be frozen if, in fact, he or she could awaken at a future date.
- **Variación léxica**
  al final de cuentas ➔
  al fin y al cabo

① **Extra Practice** Ask students to create sentences with the unused words from the list.

② **Teaching Tip For Inclusion** Review the future tense before assigning this activity. Encourage students to use the future tense in their answers.

¡ATENCIÓN!

La palabra **voseo** se refiere al uso de **vos** en lugar de **tú** y se utiliza en casi toda la Argentina y también en otras partes de América del Sur y América Central. En este uso, los verbos en presente en la segunda persona del singular se acentúan en la última sílaba. Los verbos irregulares se conjugan como si fueran regulares. Por ejemplo:

vos tenés = tú tienes vos querés = tú quieres

Antes de ver el corto

HAPPY COOL

país Argentina
duración 14 minutos
director Gabriel Dodero

protagonistas Julio, Mabel (esposa), Pablito (hijo), suegro, Daniel (amigo)

Vocabulario

al alcance de la mano *within reach*	**duro/a** *hard; difficult*	**hacer clic** *to click*
al final de cuentas *after all*	**descongelar(se)** *to defrost*	**la guita** *cash; dough (Arg.)*
congelar(se) *to freeze*	**el/la vago/a** *slacker*	**la plata** *money (L. Am.)*
derretir(se) (i:e) *to melt*	**el interrogante** *question; doubt*	**vos** *tú (Arg.)*

① **Oraciones incompletas** Completa las oraciones con las palabras o las frases apropiadas.

1. Hoy día, gracias a Internet, todo parece estar __al alcance de la mano__. Sólo hay que escribir un par de palabras en un buscador, __hacer clic__ y listo.
2. Mi hermana es una __vaga__. Quiere ganar __plata/guita__ sin trabajar.
3. Los científicos no pueden prever con exactitud cuánto tiempo tardarán en __derretirse__ los glaciares (*glaciers*).
4. Para preparar la cena esta noche, no quiero trabajar mucho. Simplemente voy a __descongelar__ la pasta que sobró (*was left over*) del otro día. __Al final de cuentas__, Juan Carlos llega a casa tan cansado del trabajo que no disfruta de la comida, así que no vale la pena que yo me pase horas cocinando.

② **Preguntas** En parejas, contesten las preguntas y expliquen sus respuestas.

1. ¿Creen que la vida en el futuro va a ser mejor?
2. ¿Qué avances tecnológicos creen que existirán para el año 2050? Mencionen tres.
3. ¿De qué manera pueden la ciencia y la tecnología ayudar a resolver problemas sociales? Den tres ejemplos.
4. Observen el afiche del cortometraje. ¿Qué está mirando la mujer? ¿Dónde está?
5. Observen los fotogramas. ¿Qué sucede en cada uno? ¿Creen que las imágenes son de la misma época?
6. Imaginen que se puede viajar en el tiempo. ¿Qué consecuencias puede tener esto?

266 *doscientos sesenta y seis*

Lección 7

CRITICAL THINKING

Knowledge and Comprehension Before watching the film, ask pairs to describe the people and what they think may be happening in the stills on pages 266–268.
Comprehension cind Application State that during an economic downturn, many people can lose their jobs. Ask volunteers to talk about people they know who have been affected in this way.

Analysis Ask students to analyze the photo of the two women and the man (page 266) and the photo on page 267. Ask them to comment on similarities between the photos. Ask them to comment on why, in many movies, a distant-in-time, technologically advanced culture is often portrayed as being devoid of human feelings.

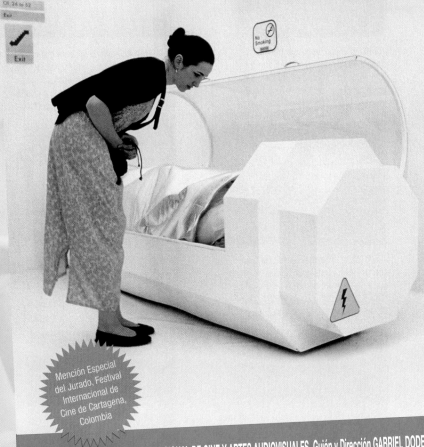

Happy Cool

Mención Especial
del Jurado, Festival
Internacional de
Cine de Cartagena,
Colombia

Una producción del INSTITUTO NACIONAL DE CINE Y ARTES AUDIOVISUALES Guión y Dirección GABRIEL DODERO
Producción Ejecutiva ANDRÉS "Gato" MARTÍNEZ CANTÓ Dirección de Fotografía LEANDRO MARTÍNEZ
Dirección de Arte PATRICIA IBARRA Montaje LEANDRO PATRONELLI Dirección de Sonido FERNANDO VEGA
Actores CARLOS BERRAYMUNDO/CECILIA ROCHE/JORGE OCHOA/NORBERTO ARCUSÍN/GONZALO SAN MARTÍN/
NORBERTO FERNÁNDEZ/GISELLE CHEWELLE

La tecnología y la ciencia

doscientos sesenta y siete 267

Cinemateca 267

Teaching Tips
• Have a volunteer read the
  credits. Ask: ¿Se mencionian
  muchas mujeres? Ask what
  difference it might make if
  Andrés Martínez Cantó's
  nickname were "Gatito" or
  "Gatón" instead of "Gato."
• Ask students to comment
  on what they think the
  relationship might be
  between the woman in
  the photo on page 267
  and whoever is inside the
  machine. Then, ask them
  to comment on what the
  woman might be like as a
  person and what she might
  do with her life. Encourage
  them to support their
  opinions with details
  and examples.

CRITICAL THINKING

Knowledge and Analysis Ask students to comment on why a
Latin American film might have an English title. Ask: **¿Es la frase
"Happy Cool" un ejemplo de inglés formal? ¿Qué quiere decir?**
Ask them to think of other movies made outside an English-
speaking country that have English titles, and ask them to
comment on the significance of those titles.

Analysis and Evaluation Ask students whether they think the
movie is going to be a tragedy, comedy, drama, or documentary.
Ask them to support their opinions with concrete details.

Video Synopsis

After endless months of searching for work, **Julio** agrees to try out "Happy Cool," a new service with an innovative solution to Argentina's economic crisis: **"Congélese."** When he finally awakens from his deep-freeze, the economic situation remains unchanged, but the future is still full of surprises...

Previewing Strategy

Ask students: **¿Conoces alguna película o libro que trate sobre el futuro? ¿Tiene un punto de vista optimista o pesimista?**

Teaching Tips

- **For Auditory Learners** Have volunteers take turns reading the dialogues aloud.
- **For Kinesthetic Learners** Divide the class into six groups and assign one of the scenes to each group. Have students improvise a skit of the scene and present it to the class.
- **For Visual Learners** Ask students to pay close attention when viewing the film to the characters' facial expressions and to their own reactions to the characters' emotions. Then, ask them to share a few observations with the class.

Escenas

ARGUMENTO En Buenos Aires, el desempleo ha obligado a la gente a buscar un futuro mejor en la tecnología.

JULIO Yo vengo de buscar trabajo y no consigo nada, y encima tengo que ver esto. El chico me pierde el respeto a mí, yo ya no sé qué decirle a tu papá que nos está bancando° acá en su casa.

LOCUTOR No hay trabajo, pero hay una empresa que piensa en usted. *Happy Cool*, la tecnología que lo ayuda a esperar los buenos tiempos. [...] ¡Congélese!, y viva el resto de su vida en el momento oportuno.

JULIO Mirá°, Mabel, yo quizá me tenga que congelar. Un tiempito nomás. Yo creo que esto en uno o dos años se soluciona.
MABEL Pero, Julio, ¿qué decís°? ¿Cómo podés° pensar en una cosa así?

DANIEL ¿Vos te acordás° cuando éramos pibes° que pensábamos que en el 2000 la tecnología iba a ser tan poderosa que no iba a hacer falta laburar°?

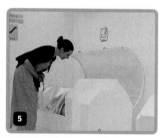

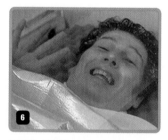

MABEL Ay, Julio, ¡qué tecnología!
JULIO Sí, sí... se ve que es gente seria... hay mucha plata invertida acá.
MABEL Ah... no sé qué voy a hacer. No sé si traerte flores como si estuvieras en un cementerio o qué.

MABEL Volvé° pronto.
JULIO Ojalá que la situación económica mejore...
MABEL Ojalá...
JULIO Sí, así me descongelan cuanto antes.
MABEL Cuidáte°... te voy a extrañar.

nos... *he is putting us up* **mirá** *mira* **decís** *dices* **podés** *puedes* **acordás** *acuerdas* **pibes** *kids* **laburar** *work* **volvé** *vuelve* **cuidáte** *cuídate*

268 *doscientos sesenta y ocho*

Lección 7

AP PREPARATION

Synthesis of Skills, Creative Writing Students will watch the corto, and then summarize it in a small group. With the class, brainstorm the titles of recent films that give either a positive or a negative view of the future. Students will now write a brief skit with their group, using the vocabulary from the chapter.

Tell them to use the present perfect and past perfect tense to talk about things that have happened, and other things that had occurred prior. They will present their skits to the rest of the class. Tell students: **Su *sketch* debe durar por lo menos tres minutos y deben memorizar lo que van a decir.**

Después de ver el corto

(1) Comprensión Contesta las preguntas con oraciones completas.

1. ¿De quién es la casa donde viven Julio y su familia? La casa es del suegro de Julio.
2. ¿Cuánto tiempo lleva desempleado Julio? Julio lleva dos años y medio desempleado.
3. ¿Qué opina al principio Julio de la congelación? Al principio Julio no está de acuerdo con la congelación.
4. ¿Qué promete la empresa *Happy Cool*? La empresa promete congelar a las personas hasta que la situación económica mejore.
5. ¿Quién paga por la congelación de Julio? El suegro de Julio paga por su congelación.
6. ¿En qué año se descongela Julio? Julio se descongela en el año 2001.
7. ¿Qué pasó en su familia mientras él estaba congelado? Su esposa se casó con otro hombre.
8. ¿Cómo soluciona Mabel la situación al final? Mabel pone a Julio en el congelador de su casa.

(2) Interpretación En parejas, contesten las preguntas y expliquen sus respuestas.
1. ¿Para quiénes se destinan los servicios de *Happy Cool*? ¿Por qué?
2. ¿Por qué creen que Julio decide finalmente que sí quiere ser congelado?
3. ¿Es el regreso de Julio como él lo imaginaba? ¿Por qué?
4. ¿Por qué resulta irónico el comentario de Mabel: "Al final, lo casero es lo mejor"?

(3) Ampliación En parejas, contesten las preguntas.
1. ¿Por qué piensan que la gente cree en la publicidad de *Happy Cool*?
2. Imaginen que están desempleados desde hace tres años. ¿Qué harían?
3. ¿Confían en las publicidades de productos o servicios que parecen demasiado buenos o demasiado baratos? Den ejemplos.
4. ¿Creen que en el futuro la ciencia y la tecnología van a estar tan avanzadas que no va a ser necesario trabajar?

(4) Viajeros En el sueño de Julio hay una máquina para viajar en el tiempo. En grupos de tres, imaginen que ustedes la usaron tres veces. Escriban lo que hicieron en cada viaje y luego compartan sus viajes con la clase.

Fecha	Lugar	Actividades

(5) El regreso Imagina que la congelación ha sido un éxito y Julio despierta en un futuro mejor. Escribe un párrafo explicando qué es lo que ocurre.
- ¿Cómo ha sido la vida de su esposa?
- ¿Cómo es su hijo y qué hace?
- ¿Cómo está su suegro? ¿Qué piensa ahora de su yerno?
- ¿Cómo es la situación económica?
- ¿Qué tipo de trabajo consigue Julio?
- ¿Son ahora todos más felices?
- ¿Fue una buena idea congelarse?

La tecnología y la ciencia

Cinemateca **269**

Section Goals

In **Lecturas**, students will:
- learn about Spanish writer **Arturo Pérez-Reverte** and read his article *Ese bobo del móvil*
- read about **Hernán Casciari's** blogonovelas

Instructional Resources
Cuaderno de práctica, p. 69
Cuaderno para hispanohablantes, pp. 107–110
Supersite: Additional practice

Teaching Tips

- **For Visual Learners** Ask students to comment on the painting by **Joaquín Torres García**. Ask: ¿Qué símbolos ves? ¿Por qué se llama *Composición Constructiva*?
- Ask students to share how the painting makes them feel. Record their answers in a web on the board.
- Ask students to comment on different ways in which people react to ignorance in others.

Composición Constructiva, 1938.
Joaquín Torres García. Uruguay.

"Ninguna ciencia, en cuanto a ciencia, engaña; el engaño está en quien no sabe."

— Miguel de Cervantes

CRITICAL THINKING

Knowledge and Comprehension Tell student that **Cervantes** was the son of a surgeon. Have pairs of students research and write a short report about the state of scientific knowledge during **Cervantes's** lifetime. Ask them to postulate what about science at that time might have been considered deceiving.

Synthesis and Evaluation Tell students that there are numerous famous quotes from **Cervantes**. Have pairs of students research and compile a list of at least ten of these. Have them share these with the class, explaining whether they agree or disagree with each, and why.

Antes de leer

Ese bobo del móvil

Sobre el autor

Arturo Pérez-Reverte nació en Cartagena (España) en 1951. Comenzó su carrera como corresponsal de guerra en prensa, radio y televisión, y durante veinte años vivió la mayor parte de los conflictos internacionales prácticamente en la línea de fuego. Comenzó a escribir ficción en 1986 y a partir de 1994 se dedicó de lleno (*fully*) a la literatura, especialmente a la novela de aventuras. Ha publicado gran cantidad de novelas que se tradujeron a varios idiomas, y algunas fueron llevadas al cine, como *La tabla de Flandes, El Club Dumas* (dirigida por Roman Polanski con el título de *La Novena Puerta*) y *Alatriste*, basada en su serie de novelas de *El Capitán Alatriste*. Desde 1991 escribe una página de opinión en *El Semanal* que se ha convertido en una de las más leídas de España.

Vocabulario

ahorrarse *to save oneself*	**el/la bobo/a** *silly; stupid person*	**el móvil** *cell phone*
apagado/a *turned off*	**el/la navegante** *navigator*	**sonar (o:ue)** *to ring*
el auricular *telephone receiver*	**la motosierra** *power saw*	**el vagón** *carriage; coach*

Oraciones incompletas Completa las oraciones utilizando las palabras del vocabulario.

1. En España al teléfono celular lo llaman ____móvil____.

2. Antes, los aventureros eran ____navegantes____ y viajaban de puerto en puerto.

3. Esperé durante horas una llamada, pero el teléfono nunca ____sonó____. Más tarde recordé que lo había dejado ____apagado____. ¡Qué ____bobo/boba____ que soy!

4. Al llegar a la estación, el tren ya partía y apenas pude subir al último ____vagón____.

Conexión personal

¿Te gusta estar siempre conectado con tus amigos? ¿Tienes teléfono celular? ¿Lo usas mucho? Cuando hablas con alguien, ¿buscas tener un poco de privacidad, o no te importa que la gente te escuche?

Análisis literario: la ironía

La ironía consiste en un uso figurativo del lenguaje en el que se expresa lo contrario de lo que se piensa. Para eso se utiliza una palabra o frase que tiene la intención de sugerir el significado opuesto al enunciado. Por ejemplo, se puede señalar la avaricia (*greed*) de alguien con el comentario: "¡Qué generosidad!" Inventa el comentario irónico que podrías hacer en estas circunstancias.

- Regresas a tu casa y te encuentras con mucho ruido y problemas.
- Te das cuenta de que la fila en la que estás avanza lentamente.
- Tenías planes de pasar el día al aire libre y de repente empieza a llover.

Ese bobo del móvil

Arturo Pérez-Reverte

Mira, Manolo, Paco, María Luisa o
como te llames. Me vas a perdonar
que te lo diga aquí, por escrito,
de modo más o menos público; pero así me
5 ahorro decírtelo a la cara el próximo día
que nos encontremos en el aeropuerto, o en
el AVE°, o en el café. Así evito coger yo el
teléfono y decirle a quien sea, a grito pelado°,
aquí estoy, y te llamo para contarte que tengo
10 al lado a un imbécil que cuenta su vida y no me
deja vivir. De esta manera soslayo° incidentes.

Spanish fast train

*shouting at the top
of one's voice*

to elude; to evade

Y la próxima vez, cuando en mitad de tu
impúdica° cháchara° te vuelvas casualmente
hacia mí y veas que te estoy mirando, sabrás
lo que tengo en la cabeza. Lo que pienso de
ti y de tu teléfono parlanchín°. Que también 15
puede ocurrir que, aparte de mí, haya más
gente alrededor que piense lo mismo; lo que
pasa es que la mayor parte de esa gente no
puede despacharse a gusto° cada semana en
una página como ésta, y yo tengo la suerte de 20
que sí. Y les brindo el toro°.

*immodest/chit-chat,
idle talk*

chattering

to speak one's mind

*to dedicate the bull
(in bullfight)*

272 *doscientos setenta y dos*

Lección 7

Estoy hasta la glotis° de tropezarme contigo y con tu teléfono. Te lo juro, chaval°. O chavala. El otro día te vi por la calle, y al principio creí que estabas majareta°, imagínate, un fulano° que camina hablando solo en voz muy alta y gesticulando° furioso con una mano arriba y abajo. Ése está para los tigres, pensé. Hasta que vi el móvil que llevaba pegado a la oreja, y al pasar por tu lado me enteré, con pelos y señales, de que las piezas de PVC° no han llegado esta semana, como tú esperabas, y que el gestor de Ciudad Real es un indeseable. A mí, francamente, el PVC y el gestor° de Ciudad Real me importan un carajo°; pero conseguiste que, a mis propias preocupaciones, sumara las tuyas. Vaya a cuenta de la solidaridad, me dije. Ningún hombre es una isla. Y seguí camino.

A la media hora te encontré de nuevo en un café. Lo mismo° no eras tú, pero te juro que tenías la misma cara de bobo mientras le gritabas al móvil. Yo había comprado un libro maravilloso, un libro viejo que hablaba de costas lejanas y antiguos navegantes, e intentaba leer algunas páginas y sumergirme en su encanto. Pero ahí estabas tú, en la mesa contigua, para tenerme al corriente° de que te hallabas en Madrid y en un café, cosa que por otra parte yo sabía perfectamente porque te estaba viendo, y de que no volverías a Zaragoza hasta el martes por la noche. Por qué por la noche y no por la mañana, me dije, interrogando inútilmente a Alfonso el cerillero°, que se encogía de hombros° como diciendo: a mí que me registren°. Tal vez tiene motivos poderosos o inconfesables, deduje tras cavilar° un rato sobre el asunto: una amante, un desfalco°, un escaño° en el Parlamento. Al fin despejaste la incógnita diciéndole a quien fuera que Ordóñez llegaba de La Coruña a mediodía, y eso me tranquilizó

Marginal glosses, left column:
I've had it — glotis
dude — chaval (line 25)
loony; nutty — majareta
so-and-so — fulano
gesticulating — gesticulando
(line 30)
plastic — PVC (line 35)
solicitor — gestor
I couldn't care less — un carajo
(line 40)
maybe — Lo mismo
(line 45)
keep me up-to-date — al corriente (line 50)
(line 55)
match-seller/shrugged — cerillero/se encogía de hombros
search — me registren
to ponder — cavilar
embezzlement/seat — desfalco/escaño (line 60)

bastante. Estaba claro, tratándose de Ordóñez. Entonces decidí cambiar de mesa. (65)

Al día siguiente estabas en el aeropuerto. Lo sé porque yo era el que se encontraba detrás en la cola de embarque, cuando le decías a tu hijo que la motosierra estaba estropeada°. No sé para qué diablos quería tu hijo, a su (70) edad, usar la motosierra; pero durante un rato obtuve de ti una detallada relación° del uso de la motosierra y de su aceite lubricante. Me volví un experto en la maldita motosierra, en cipreses y arizónicas. El regreso lo hice en (75) tren a los dos días, y allí estabas tú, claro, un par de asientos más lejos. Te reconocí por la musiquilla del móvil, que es la de Bonanza. Sonó quince veces y te juro que nunca he odiado tanto a la familia Cartwright. Para (80) la ocasión te habías travestido de ejecutiva madura, eficiente y agresiva; pero te reconocí en el acto cuando informabas a todo el vagón sobre pormenores° diversos de tu vida profesional. Gritabas mucho, la verdad, tal vez (85) para imponerte a las otras voces y musiquillas de tirurí tirurí que pugnaban° con la tuya a lo largo y ancho del vagón. Yo intentaba corregir las pruebas de una novela, y no podía concentrarme. Aquí hablabas del partido de (90) fútbol del domingo, allá saludabas a la familia, acullá comentabas lo mal que le iba a Olivares en Nueva York. Me sentí rodeado°, como checheno° en Grozni. Horroroso. Tal vez por eso, cuando me levanté, fui a la plataforma (95) del vagón, encendí el móvil que siempre llevo apagado e hice una llamada, procurando hablar bajito° y con una mano cubriendo la voz sobre el auricular, la azafata del vagón me miró de un modo extraño, con sospecha. (100) Si habla así pensaría, tan disimulado° y clandestino, algo tiene que ocultar (…). ∎

Publicado en El Semanal, 5 de marzo de 2000

Marginal glosses, right column:
damaged — estropeada
narration; account — relación
details — pormenores
fought; struggled — pugnaban
surrounded — rodeado
Chechnyan — checheno
trying to talk in a low voice — hablar bajito
hidden; concealed — disimulado

Teaching Tips

- **For Inclusion** Have students work in pairs or groups of three. Ask them to read each paragraph and complete a 4W chart (who/what/where/when) that summarizes what happens in each paragraph. Then, have them exchange charts with another group and compare and contrast their findings.
- **For Heritage Speakers** Ask heritage speakers to read through the article and identify terms that are used in Spain but not in their families' countries of origin (unless, of course, it is Spain). Ask them to share equivalent terms they use.
- Ask heritage speakers to discuss cell phone use in their families' countries of origin. Ask: **¿Es muy común tener celular? Y los servicios celulares, ¿son similares a los de aquí?**

CRITICAL THINKING

Analysis and Evaluation Ask: **¿Crees que el autor habla de una sola persona?** Ask them to analyze the difference between an author citing various examples of actual people and using one, fictional person as the cell phone user.

Knowledge, Comprehension, and Analysis Ask: **¿Qué porcentaje de lo que escribe el autor es una representación precisa de la vida real?** Ask them to identify images that seem accurate as well as ones that might be purely ironic. Ask them to summarize the author's opinion about the "social intelligence" of cell phone users.

Después de leer

Ese bobo del móvil

Arturo Pérez-Reverte

1 Comprensión Responde a las preguntas con oraciones completas.

1. ¿Qué sentimientos le provocan al narrador los que hablan por teléfono?
   El dice que está hasta la glotis (harto) con esas personas y sus teléfonos.
2. ¿En qué lugares se encuentra con estas personas?
   Se encuentra con estas personas en todas partes: el aeropuerto, el AVE, el café, la calle.
3. ¿La gente que habla por teléfono celular está loca?
   No, él cree que está loco un hombre porque habla solo por la calle, pero después se da cuenta de que está hablando por teléfono.
4. ¿Qué otras "musiquillas" escucha el narrador en el tren?
   Las otras musiquillas son de otros móviles.
5. Además del teléfono, ¿qué tienen en común estas personas según
   el narrador? Según el narrador, estas personas tienen la misma cara de bobo.

2 Análisis Lee el relato nuevamente y responde.

1. El narrador utiliza la segunda persona (tú) en este relato; ¿se dirige sólo
   a personas que se llaman Manolo, Paco y María Luisa?
2. El autor comienza el artículo con el pedido: "me vas a perdonar que te
   lo diga aquí". ¿Crees que el autor realmente se está disculpando?
3. Busca ejemplos de expresiones o palabras que indican o se relacionan con
   la forma de hablar por teléfono de estas personas. ¿Cómo contribuyen estas
   expresiones al tono del relato? ¿Qué dicen acerca de la opinión del autor?

3 Interpretación Responde a las preguntas con oraciones completas.

1. ¿Por qué crees que al narrador le molestan tanto las personas que hablan por
   su móvil? ¿Te parece que su reacción es exagerada?
2. Las personas del relato, ¿discuten de cosas importantes en sus móviles? ¿Qué
   te parece que los motiva a utilizar el teléfono celular?
3. ¿Crees que es cierto que todos los que hablan por su móvil tienen "la misma
   cara de bobo"? ¿Qué otras características encuentra el narrador en ellos?
4. ¿Te parece que el narrador se resiste a los avances tecnológicos? ¿Por qué?
5. ¿Crees que podría hablarse de "contaminación de ruido en un espacio
   público"? ¿Crees que es legítimo protestar contra eso?

4 Opiniones En parejas, lean estas afirmaciones y digan si están de acuerdo o no, y por
qué. Después, compartan su opinión con la clase:

- El teléfono celular nos ayuda a mantenernos en contacto.
- En nuestra sociedad existe una dependencia obsesiva del teléfono celular
  que puede llegar a la adicción.

5 Escribir Elige uno de los temas y redacta una carta de opinión para un periódico. Tu carta debe
tener por lo menos diez oraciones. Elige un tono irónico marcadamente a favor o en contra y explica
tus razones.

- Responde al artículo de Pérez-Reverte.
- Escribe sobre el avance de algún otro objeto de la vida diaria.

Antes de leer

Vocabulario

a la vanguardia *at the forefront*	**el enlace** *link*
actualizar *to update*	**el/la novelista** *novelista*
la bitácora *travel log; weblog*	**el sitio web** *website*
la blogonovela *blognovel*	**el/la usuario/a** *user*
la blogosfera *blogosphere*	**la web** *the web*

Mi amigo periodista Completa las oraciones. No puedes usar la misma palabra más de una vez.

1. Mi amigo periodista entiende mucho de tecnología y prefiere utilizar la ____web____ para informarse y para publicar sus ideas.

2. Él no compra periódicos, sino que consulta varios ___sitios web___ de noticias.

3. Después escribe sus comentarios sobre la política argentina en una ___bitácora___ con ___enlaces___ que conectan al lector a periódicos electrónicos.

4. Muchos ___novelistas___ contemporáneos están interesados en incursionar en el nuevo fenómeno literario conocido como la ___blogonovela___.

Conexión personal ¿Con qué frecuencia te conectas a Internet? ¿Es fundamental para ti o podrías vivir sin estar conectado? ¿Para qué navegas Internet?

	siempre	con frecuencia	casi nunca	nunca
comunicación				
diversión				
estudios				
noticias				
trabajo				

Contexto cultural

"¿Qué hacía la gente antes de la existencia de Internet?" Muchos nos hacemos esta pregunta en situaciones cotidianas como resolver un debate entre amigos con una búsqueda rápida en una base de datos (*database*) de cine, pagar una factura por medio de la banca electrónica o hablar con alguien a mil kilómetros de distancia con el mensajero instantáneo. Internet ha transformado la vida moderna, abriendo paso (*paving the way*) a múltiples posibilidades de comunicación, comercio, investigación y diversión. ¿Hay algo que siga igual después de la revolución informática? ¿Qué ha pasado, por ejemplo, con el arte? ¿Cómo ha sido afectado por las innovaciones tecnológicas?

Teaching Tips
- Ask volunteers to give specific examples of their Internet use for each category. Model an example: **Noticias: Todos los días leo la página web del periódico local.**
- **Preview** Ask students about reading online. **¿Crees que la calidad de la escritura en línea es tan buena como lo que se publica en los libros, las revistas o los periódicos? ¿Es posible que algún día se termine la publicación de libros y leamos todo en Internet?**

NATIONAL STANDARDS
Connections As an extension of the **Conexión personal**, ask students to identify Spanish-language websites that fit each of the categories listed in the chart. Ask them to analyze the sites and compare and contract them with the English-language sites that they visit. What do they notice?

CRITICAL THINKING

Knowledge and Analysis Brainstorm different art forms, such as music, poetry, and painting and write them on the board. Have students comment on how the Internet has affected each type of art. Ex: **Antes la gente compraba discos compactos, pero ahora se puede descargar toda la música de Internet y guardarla en un reproductor de mp3.**

Synthesis Have students work in groups of three or four. Ask them to choose one art form and design a home page for a web site dedicated to supporting that art. Encourage them to include any graphics, sound, or videos they like. Then ask them to share their page with the class.

Teaching Tips

- **For Inclusion** Before reading the selection, have students preview the glossed vocabulary.
- Have students preview the **Lectura** by reading the first line of each paragraph.
- Remind students of the triple method for reading comprehension:

1. Read once to gain general comprehension.
2. Read carefully a second time, listing and looking up important, unknown words.
3. Read a third time for complete comprehension and enjoyment.

- **For Visual Learners** Ask students to comment on the cartoon on page 276. Ask them to predict what the content and the tone of the article might be, based on this visual.
- Ask students to describe their experiences with blogs. Ask: **¿Cuáles te gustan, y cuáles no te gustan? ¿Por qué? ¿Crees que hay gente que crea nuevas formas de arte en Internet? ¿Qué son?**

Hernán Casciari:

arte en la blogosfera

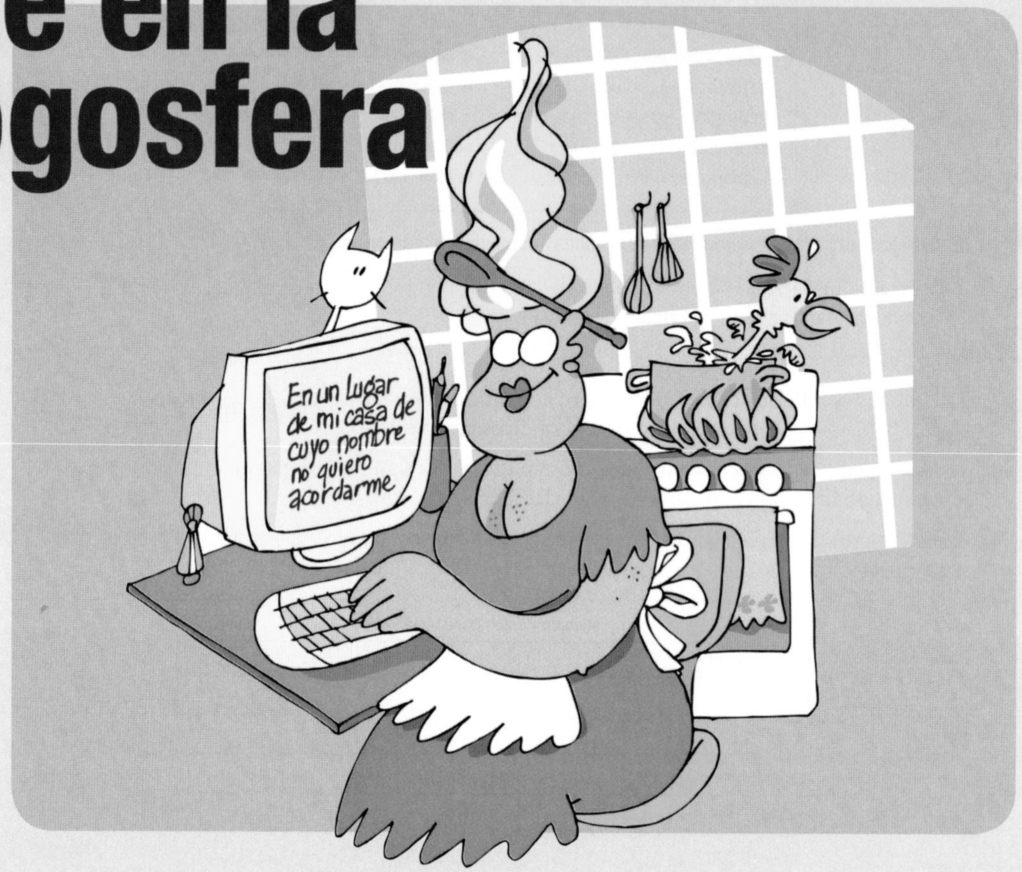

Si el medio artístico° del siglo XX fue el cine, ¿cuál será el nuevo medio del siglo XXI? El trabajo innovador del argentino Hernán Casciari sugiere la posibilidad de la blogonovela. Casciari ha desarrollado el nuevo género con creatividad, humor y una buena dosis de ironía. Las blogonovelas imitan el formato del blog —un diario electrónico, también llamado bitácora— pero los "autores" son o personajes de ficción o versiones apócrifas° de individuos reales. El uso de Internet permite que Casciari incorpore imágenes

artistic medium

fictitious

AP PREPARATION

Informal Writing Discuss this article with students. With another class on the same level, start an e-mail exchange. Students in one class will begin a story, write about 10 sentences, and then e-mail it to a partner in another class, preferably someone whom they do not know. The other class will write Part 2 of the story they receive, and send it back. Do this several times, creating a "story blog." Then arrange for the students of the two classes to meet one another. Say: **Van a crear blogonovelitas con los estudiantes de otro curso (escuela). Van a intercambiar ideas y al final, se van a conocer personalmente.**

para que la lectura sea también una
10 experiencia visual. Explica el escritor:
"Vale más ilustrar un rostro con una
fotografía o un dibujo, en lugar de
hacer una descripción literaria".
Sus sitios web incluyen enlaces para
15 que la lectura sea activa. También
invitan comentarios para que lectura y
escritura sean interactivas.

La blogonovela rompe con varios
alters various esquemas° tradicionales y se hace
patterns/categorize 20 difícil de clasificar°. Si Casciari prefiere a
veces la fotografía a la descripción, ¿es la
blogonovela literatura o arte visual? ¿Aspira a
ser un arte serio o cultura popular? Si el autor
es argentino pero vive en España, ¿la obra se
25 debe considerar española o argentina? Por
otra parte, si aparece primero en Internet,
¿sería realmente un arte global?

Los blogs de Hernán Casciari

El diario de Letizia Ortiz
Weblog de una mujer gorda
Juan Dámaso, vidente
Klikowsky. El día a día de un argentino en Euskadi

Además, las blogonovelas juegan con
rules niveles de realidad y con las reglas° de la
30 ficción. El diario falso seduce al lector, que
cree leer confesiones íntimas. Sin embargo,
el autor de una blogonovela mantiene una
relación inusual con su lector. La persona que
abre una novela tradicional recibe información
according to the 35 según el orden° de las páginas de un libro.
order Pero el usuario informado de un sitio web
beginning crea su propio orden. ¿Cuál es el comienzo° y
cuál es el final de un blog? En *Weblog de una
mujer gorda*, Casciari incluye muchos enlaces,
40 que a veces introducen información antes de
la bitácora. ¿Pero qué pasa si un individuo
decide no abrir un enlace? El lector de una
blogonovela es autor de su propio camino en
zigzag, una lectura animada por ilustraciones
45 gráficas y fotos.

Weblog de una mujer gorda es la
blogonovela más célebre de Casciari.
La autora ficticia es Mirta Bertotti,
una mujer de poca educación pero
con aptitud tecnológica y facilidad 50
con las palabras. Esta madre sufrida°, *long-suffering*
pero de actitud optimista, decide un
día crear un blog sobre su familia
desestructurada°. Mirta actualiza su *dysfunctional*
bitácora frecuentemente, narrando las 55
particularidades de los Bertotti, los
problemas de los hijos adolescentes y otros
relatos° sobre los retos° de su vida. Mirta *stories/challenges*
parece quejarse de su mala suerte, pero
sus palabras revelan humor, cariño y fuerza 60
interior°, una resistencia a los problemas muy *inner strength*
modernos que afectan su vida.

Casciari desafía° nuestras expectativas, *challenges*
pero más que reírse del lector, le provoca
risa y sorpresa. Sus experimentos de ficción 65
y realidad —como solicitar comentarios
auténticos en blogs de ficción— nos divierten;
pero además nos introducen a un nuevo y
amplio° mundo creativo posible ahora debido *wide*
al encuentro entre el arte e Internet. ■ 70

Datos biográficos

Hernán Casciari
nació en Buenos Aires
en 1971. Además de
estar a la vanguardia
de las blogonovelas,
Casciari es también periodista. En los días
inmediatamente anteriores y posteriores a
la boda del príncipe Felipe de España en
mayo de 2005, Casciari creó la blogonovela
El diario de Letizia Ortiz, donde inventaba
los pensamientos más íntimos de la novia.
También en 2005, la exitosa blogonovela
Weblog de una mujer gorda fue publicada en
España en forma de novela tradicional con el
título *Más respeto, que soy tu madre*. Desde
el año 2000 Casciari reside en Barcelona.

CRITICAL THINKING

Analysis and Application Write this line from the article on the board: **El lector de una blogonovela es autor de su propio camino en zigzag.** Ask students to analyze the path(s) a reader's mind follows when reading a **blogonovela** as compared with a paper novel. Have them express their thoughts either in writing or with visuals as well.

Evaluation Write this line from the article on the board: **Vale más ilustrar un rostro con una fotografía o un dibujo, en lugar de hacer una descripción literaria.** Have students indicate whether they agree or disagree with this statement by a show of hands. Divide them into two teams, appoint a moderator, and have them debate the issue.

Teaching Tips
- As students read, have them take notes on the different characteristics of the **blogonovela**.
- Ask students to write down several expressions they enjoy as they read the article. Then, have them share those expressions with a partner.
- Ask students to look at and comment on the drawing of the man on page 277. Elicit that he is wearing sandals, and ask if that gives them any important information about who and where the man is, or not.

Después de leer

Hernán Casciari: arte en la blogosfera

(1) Comprensión Responde a las preguntas con oraciones completas.

1. ¿De dónde es Hernán Casciari? Hernán Casciari nació en Argentina pero vive en Barcelona, España.

2. ¿Qué es una blogonovela? Una blogonovela es una obra de un autor de ficción que imita el formato de un diario electrónico.

3. ¿Además de ser blogonovelista, que profesión tiene Casciari? Casciari es también periodista.

4. ¿Por qué el autor a veces prefiere usar una foto en vez de una descripción? Prefiere usar una foto porque cree que vale más ilustrar un rostro con una foto que hacer una descripción literaria.

5. ¿Qué incluyen los sitios web de Casciari para que la lectura sea activa e interactiva? Los sitios web incluyen enlaces e invitan comentarios.

6. ¿Cómo es la autora ficticia del *Weblog de una mujer gorda*? Mirta Bertotti es una mujer de poca educación pero con aptitud tecnológica y talento con la palabra. Es una madre sufrida, pero de actitud optimista.

(2) Interpretación Contesta las preguntas utilizando oraciones completas

1. ¿Cuáles son las diferencias entre un blog y una blogonovela? ¿Cuáles son las semejanzas?

2. ¿Cuáles son algunas de las novedades artísticas de la blogonovela?

3. ¿Cómo cambia la experiencia de un lector que lee una obra en Internet en vez de abrir un libro? ¿Qué prefieres tú? Explica tus razones.

4. ¿Estás de acuerdo con Casciari que a veces es mejor "ilustrar un rostro con una fotografía o un dibujo"? ¿Por qué?

(3) Comunicación En parejas, respondan a las preguntas y compartan sus respuestas con la clase.

1. Muchos de los problemas de la familia Bertotti son muy actuales, por ejemplo, las situaciones difíciles en las que se encuentran los adolescentes de hoy día. ¿Prefieren un arte que represente la realidad contemporánea? ¿O les gusta un arte que introduzca otras épocas o temas lejanos?

2. Cuando en 2005 salió *El diario de Letizia Ortiz*, algunos lectores pensaron que el blog era el diario auténtico de la futura princesa. ¿Qué piensan de esta situación? ¿Conoces otros ejemplos de este tipo de confusión entre el arte y la realidad?

3. ¿De qué manera ha cambiado el arte debido a las innovaciones tecnológicas de las últimas décadas? ¿Pueden pensar en ejemplos del mundo de la música?

4. ¿Qué actividades hacen ustedes en Internet que sus padres de jóvenes hacían de otra manera? ¿Cómo reaccionan las generaciones mayores (como sus padres y abuelos) frente a los avances tecnológicos?

5. *Klikowsky. El día de un argentino en Euskadi* es el blog que acompaña a un programa de TV español y permite que los seguidores lean los pensamientos de los personajes, envíen comentarios y organicen debates. ¿Qué programa de televisión puede mejorar con un blog? ¿Por qué?

recursos

CP p. 69

CH pp. 107–110

(4) Escribir Elige un personaje público, que aparece frecuentemente en la prensa, como la princesa española Letizia Ortiz en los días anteriores a su boda. Imagina los pensamientos íntimos de esta persona —las cosas que no pueden saber los periódicos o las revistas— y narra un día de su vida en forma de blogonovela. Escribe como mínimo diez oraciones.

278 *doscientos setenta y ocho*

Lección 7

Atando cabos

¡A conversar!

Inventores de robots En grupos pequeños, imaginen que son un grupo de científicos. Tienen que diseñar un robot que pueda realizar una tarea normalmente hecha por seres humanos. Preparen una presentación sobre su robot para compartir con la clase. Al finalizar, realicen una votación para elegir el mejor robot.

Elegir el tema: Reúnanse y elijan la tarea que realizará su robot. Pueden elegir una tarea de la lista u otra que deseen.

- Pasear el perro
- Sacar la basura todos los día
- Preparar el desayuno

- Jugar juegos de mesa con un ser humano
- Entrenar a niños para jugar al béisbol
- Poner la mesa y lavar los platos

Preparar: Decidan cómo va a ser el robot. Usen las preguntas como guía. También pueden preparar un afiche con un dibujo del robot.

- ¿Qué nombre le pondrían y por qué?
- ¿Cómo va a ser el robot? (descripción, tamaño, etc.)

- ¿Cómo va a realizar la tarea elegida? Describan un día en la vida del robot.
- ¿Quién se va a beneficiar con la creación del robot?

Organizar: Organicen la información en un esquema. Asignen distintas partes de la presentación a cada integrante del grupo.

Presentación: Durante la presentación, inviten al resto de la clase a participar haciendo preguntas acerca del robot. Sean convincentes. Expliquen por qué su robot es un avance importante. Recuerden que la clase elegirá el mejor robot.

¡A escribir!

Robots futbolistas

En 2006, mientras 32 naciones se disputaban la Copa Mundial de Fútbol en Alemania, un número aún mayor de equipos de todo el mundo participaban de otra copa, la RoboCup. Los organizadores de este mundial de fútbol de robots aspiran a desarrollar (*develop*) para el año 2050 "robots humanoides completamente autónomos que puedan ganarle al equipo de fútbol humano que sea campeón del mundo".

El blog del robot Imagina que eres un robot participante de la RoboCup o el robot que diseñó tu grupo en la actividad anterior. Escribe una entrada en tu blog sobre el primer día en que trabajas para los seres humanos. Usa el pretérito perfecto y el pluscuamperfecto.

MODELO Hoy es el primer día que me toca acompañar a los niños a la escuela. Mi memoria y mis circuitos no han podido descansar de tantos nervios. Nunca había estado tan nervioso. A último momento mi diseñador ha decidido que...

recursos

CP
p. 70

CH
pp. 111–112

CA
pp. 111–112

Instructional Resources
Cuaderno de práctica, p. 70
Cuaderno para hispanohablantes, pp. 111–112
Cuaderno de actividades, pp. 111–112

Teaching Tips
¡A conversar!
- As students prepare, have them also consider where they would sell their robot, how they would market it, and what kind of people would be interested in it.
- To help students convince the audience about their robot, have them invent testimonials from satisfied customers explaining how the robot has changed their lives. Encourage students to use the present and past perfect. Examples: **Antes de comprar el robot, nunca había pensado en… Pues, me ha ayudado mucho este robot porque…**
- Come up with categories for the best robot. Ex: **El mejor robot para la vida doméstica, El mejor robot para los niños.**
¡A escribir!
- Before students begin writing, have them list adjectives to describe the robot's feelings on its first day on the job.

CRITICAL THINKING

Synthesis Have students take notes on the presentations made for the **Inventores de robots** activity. Ask them to write a blog entry in Spanish that includes both factual material and commentary. Have them share their blog with the class or post it on a website that others can then access.

Application Have pairs of students research Spanish-language blogs about robots, choose one site, and prepare a podcast in Spanish to post on the site.

La tecnología

la arroba	@ symbol
el blog	blog
el buscador	search engine
la computadora portátil	laptop
la contraseña	password
el corrector ortográfico	spell checker
la dirección de correo electrónico	e-mail address
la informática	computer science
Internet	Internet
el mensaje (de texto)	(text) message
la página web	web page
el programa (de computación)	software
el reproductor de CD/DVD/MP3	CD/DVD/MP3 player
el teléfono celular	cell phone
adjuntar (un archivo)	to attach (a file)
borrar	to erase
descargar	to download
guardar	to save
navegar la red	to surf the web
avanzado/a	advanced
digital	digital
en línea	online
inalámbrico/a	wireless

La astronomía y el universo

el agujero negro	black hole
el cohete	rocket
el cometa	comet
el espacio	space
la estrella (fugaz)	(shooting) star
el/la extraterrestre	alien
la gravedad	gravity
el ovni	UFO
el telescopio	telescope
el transbordador espacial	space shuttle

La ciencia y los inventos

el ADN (ácido desoxirribonucleico)	DNA
el avance	advance; breakthrough
la célula	cell
el desafío	challenge
el descubrimiento	discovery
el experimento	experiment
el gen	gene
el invento	invention
la patente	patent
la teoría	theory
clonar	to clone
comprobar (o:ue)	to prove
crear	to create
fabricar	to manufacture; to make
formular	to formulate
inventar	to invent
investigar	to investigate; to research
(bio)químico/a	(bio)chemical
especializado/a	specialized
ético/a	ethical
innovador(a)	innovative
revolucionario/a	revolutionary

Las profesiones de la ciencia

el/la astronauta	astronaut
el/la astrónomo/a	astronomer
el/la biólogo/a	biologist
el/la científico/a	scientist
el/la físico/a	physicist
el/la ingeniero/a	engineer
el/la matemático/a	mathematician
el/la químico/a	chemist

Más vocabulario

Expresiones útiles	Ver p. 249
Estructura	Ver pp. 256–257, 260 y 262–263

Cinemateca

la guita	cash; dough
el interrogante	question; doubt
la plata	money
el/la vago/a	slacker
vos	tú
congelar(se)	to freeze
derretir(se)	to melt
descongelar(se) (e:i)	to defrost
hacer clic	to click
duro/a	hard; difficult
al alcance de la mano	within reach
al final de cuentas	after all

Literatura

el auricular	telephone receiver
el/la bobo/a	silly, stupid person
la motosierra	power saw
el móvil	cell phone
el/la navegante	navigator
el vagón	carriage; coach
ahorrarse	to save oneself
sonar (o:ue)	to ring
apagado/a	turned off

Cultura

la bitácora	travel log; weblog
la blogonovela	blognovel
la blogosfera	blogosphere
el enlace	link
el/la novelista	novelist
el sitio web	website
el/la usuario/a	user
la web	the web
actualizar	to update
a la vanguardia	at the forefront

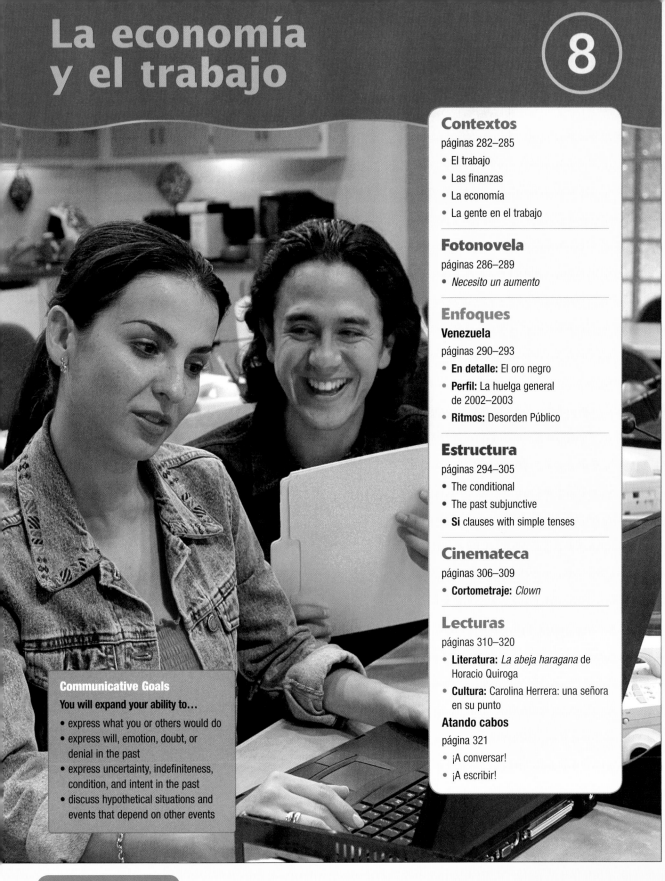

La economía y el trabajo

(8)

Contextos

Fotonovela

Enfoques

Estructura

Cinemateca

Lecturas

Atando cabos

Lesson Goals

In **Lección 8**, students will be introduced to the following:
- vocabulary related to jobs, finances, and the economy
- giving a toast
- Venezuelan oil, and a strike against **Chávez** affecting oil prices in the rest of the world
- alternatives to natural gas
- country-specific vocabulary related to money
- Venezuelan ska group **Desorden Público**
- the conditional
- the past subjunctive, both forms
- **si** clauses with simple tenses for hypotheses in the present and habitual conditions in the past
- short film *Clown*
- **Horacio Quiroga's** fable *La abeja haragana*
- fashion designer **Carolina Herrera**

A primera vista Have students look at the photo. Ask:
1. ¿Cómo se siente la chica?
2. ¿Por qué piensas así?
3. ¿Por qué se ríe el chico?
4. ¿Dónde están?

Communicative Goals

You will expand your ability to...
- express what you or others would do
- express will, emotion, doubt, or denial in the past
- express uncertainty, indefiniteness, condition, and intent in the past
- discuss hypothetical situations and events that depend on other events

---

INSTRUCTIONAL RESOURCES

Student Materials
Cuaderno de práctica, Cuaderno para hispanohablantes, Cuaderno de actividades
Student MAESTRO™ Supersite
(descubre3.vhlcentral.com)
MAESTRO™ e-Cuaderno

Teacher's Resource CD-ROM and in print
*AnswerKeys, Audioscripts, Videoscripts
*PowerPoints
Testing Program (**Pruebas,** Test Generator, MP3 Audio Files)
Vista Higher Learning *Cancionero*
*Also available on Supersite

Teacher's MAESTRO™ Supersite
(descubre3.vhlcentral.com)
Learning Management System (Assignment Task Manager, Gradebook)
Also on DVD
Fotonovela, Flash cultura, **Film Collection**

La economía y el trabajo

Section Goals

In **Contextos**, students will:
- learn and practice vocabulary related to jobs, finances, and the economy
- listen to an audio dialogue containing the new vocabulary

Instructional Resources
Cuaderno de práctica, pp. 71–72
Cuaderno para hispanohablantes, pp. 113–115
Cuaderno de actividades, p. 87
e-Cuaderno
Supersite/Textbook Audio CD:
Textbook, Vocabulary, Audio Activity Files
Supersite/TRCD/Print:
PowerPoints (**Lección 8 Contextos** Presentation, Overhead #52); Textbook Audio Script, Audio Activity Script, Answer Keys

Previewing Strategy Survey students' work and financial experience. **¿Ya has preparado tu currículum vitae? ¿Te has presentado alguna vez a una entrevista de trabajo? ¿Quién se ocupa de tus finanzas, tú o tus padres?**

Teaching Tip Have pairs of students make flashcards, writing the vocabulary word on one side, and on the other drawing a picture, writing a cloze sentence, or giving an illustrative example. Pairs can then quiz each other using the flashcards.

El trabajo

el aumento de sueldo *raise in salary*
la compañía *company*
la conferencia *conference*
el contrato *contract*
el currículum vitae *résumé*
el empleo *employment; job*
la entrevista de trabajo *job interview*

En la **entrevista de trabajo**, Eugenia presentó su **currículum vitae** e hizo preguntas sobre **la compañía**, las tareas del **puesto** y las condiciones de **empleo**.

el puesto *position; job*
la reunión *meeting*
el sueldo mínimo *minimum wage*

administrar *to manage; to run*
ascender (e:ie) *to rise; to be promoted*
contratar *to hire*
despedir (e:i) *to fire*
exigir *to demand*
ganar bien/mal *to be well/poorly paid*
ganarse la vida *to earn a living*
jubilarse *to retire*
renunciar *to quit*
solicitar *to apply for*

capaz *competent; capable*
desempleado/a *unemployed*
empleado/a *employed*
exitoso/a *successful*
incapaz *incompetent; incapable*

Empleado del mes

José

Las finanzas

el ahorro *savings*
la bancarrota *bankruptcy*
el cajero automático *ATM*
la cuenta corriente *checking account*
la cuenta de ahorros *savings account*
la deuda *debt*
el presupuesto *budget*

ahorrar *to save*
cobrar *to charge; to receive*
depositar *to deposit*
financiar *to finance*
gastar *to spend*
invertir (e:ie) *to invest*
pedir (e:i) prestado *to borrow*
prestar *to lend*

a corto/largo plazo *short/long-term*
fijo/a *permanent; fixed*
financiero/a *financial*

La economía

la bolsa de valores *stock market*
el comercio *commerce; trade*
el desempleo *unemployment*
la empresa multinacional *multinational company*
la globalización *globalization*
la huelga *strike*
el impuesto (de ventas) *(sales) tax*
la inversión (extranjera) *(foreign) investment*
el mercado *market*
la pobreza *poverty*
la riqueza *wealth*
el sindicato *labor union*

exportar *to export*
importar *to import*

282 *doscientos ochenta y dos*

Lección 8

Informal Speaking Have students review the vocabulary related to the world of work. Provide them with some want ads from a recent Spanish language newspaper. They are to choose a job, write out why they think they are qualified, and write questions they would ask a future employer. Now tell them to imagine they are calling the office number, and leaving a message on the answering machine with all pertinent dates. They should speak for at least one minute and ask two questions. Tell students: **Vas a llamar a tu futuro empleador, diciéndole tus cualidades. Haz por lo menos dos preguntas sobre el trabajo. Usa la forma de usted.**

La Sra. Bonilla comenzó su carrera profesional como **vendedora**, luego pasó a ser **gerente** y ahora es una alta **ejecutiva**. Espera que le ofrezcan ser **socia** este año.

el/la asesor(a) *consultant; advisor*
el/la contador(a) *accountant*
el/la dueño/a *owner*
el/la ejecutivo/a *executive*
el/la empleado/a *employee*
el/la gerente *manager*
el hombre/la mujer de negocios
    businessman/woman
el/la socio/a *partner; member*
el/la vendedor(a) *salesperson*

recursos

CP
pp. 71–72

CH
pp. 113–114

CA
p. 87

SUPERSITE
descubre3.
vhlcentral.com
Lección 8

 SUPERSITE
Práctica

1 Escuchar

A. Escucha el anuncio de *Creditinstant* y luego decide si las oraciones son **ciertas** o **falsas**. Corrige las falsas.

1. *Creditinstant* ofrece un puesto de trabajo con un buen sueldo. Falso. *Creditinstant* es una empresa que presta dinero.

2. Los clientes tienen que devolver el dinero a corto plazo. Falso. Los clientes pueden devolver el dinero a corto o largo plazo.

3. Los clientes pueden solicitar el dinero llamando por teléfono. Cierto.

4. *Creditinstant* deposita el dinero en la cuenta de ahorros en veinticuatro horas. Falso. *Creditinstant* deposita el dinero en la cuenta corriente en cuarenta y ocho horas.

5. Los clientes pueden gastar el dinero en lo que quieran. Cierto.

B. Escucha la conversación entre un cliente y un representante de *Creditinstant* y contesta las preguntas con oraciones completas.
Answers will vary slightly.

1. ¿Qué necesita la clienta?
Necesita que le presten dos mil dólares.
2. ¿En qué trabaja la clienta?
Ella es dueña de una pequeña tienda de ropa.
3. ¿Qué puesto de trabajo tiene su esposo?
Su esposo es ejecutivo de una empresa multinacional.
4. ¿Para qué necesita la clienta el dinero?
La clienta necesita el dinero para financiar su viaje de vacaciones.

2 Crucigrama Lee las definiciones y coloca las palabras en el lugar correspondiente del cuadro.

Horizontales
2. organización de trabajadores
5. vender productos a otros países

Verticales
1. poner dinero en el banco
2. sinónimo de salario
3. alguien que no es capaz
4. dinero que se debe

doscientos ochenta y tres **283**

(A) Audio Script
¿Necesita dinero para comprar una computadora, para hacer un viaje o para comprar un regalo? En Creditinstant le prestamos tres mil dólares para que los gaste en lo que quiera. Puede financiar el dinero prestado a corto o largo plazo sin problemas. Sólo necesita solicitar el dinero llamando por teléfono al número 800-900-900. Le depositamos los tres mil dólares en su cuenta corriente en cuarenta y ocho horas. Creditinstant: el dinero al instante. Llámenos.

(B) Audio Script
REPRESENTANTE Buenos días. Gracias por llamar a Creditinstant. ¿En qué le puedo ayudar?
CLIENTA Buenos días. Estoy interesada en sus servicios. Necesito que me presten dos mil dólares.
REPRESENTANTE Muy bien. Sólo va a tener que contestar algunas preguntas. ¿Tiene un puesto de trabajo?
CLIENTA Sí, soy dueña de una pequeña tienda de ropa.
REPRESENTANTE ¿Está casada? Y si está casada, ¿en qué trabaja su esposo?
CLIENTA Sí, estoy casada. Mi esposo es un ejecutivo en una empresa multinacional. No tenemos problemas de dinero, pero queremos irnos de vacaciones y he pensado que podíamos ponernos en contacto con ustedes para financiar el viaje.
REPRESENTANTE No creo que haya ningún problema. Ahora mismo le voy a pasar con un compañero para completar la solicitud con sus datos.
CLIENTA ¿Cuánto tiempo tardarían en depositar el dinero en nuestra cuenta del banco?
REPRESENTANTE Normalmente tarda dos días, pero en ocasiones podemos hacerlo con más rapidez, depende de las circunstancias personales de cada cliente.
CLIENTA Perfecto, porque tenemos que preparar el presupuesto para el viaje lo antes posible. Muchas gracias.

LEARNING STYLES

For Visual Learners Ask students to form pairs to read aloud the lists of words on pages 282 and 283. As they read, encourage students to identify cognates. Ask pairs to make a list of all the cognates they found. Then have a class discussion and compile a list on the board or on butcher paper.

For Auditory Learners Play the commercial and dialogue twice, encouraging students to listen for new vocabulary words. When students hear a word, they make a tally mark on a piece of paper. You should do the same. Then after listening to the dialogue a second time, discuss how many vocabulary words the class identified.

Expansion

③ Write these additional items on the board: **un hombre/una mujer de negocios de 65 años, un(a) vendedor(a) de carros, el/la gerente de un banco multinacional**, and **un(a) ejecutivo/a de una empresa que va a la bancarrota.** Ask volunteers: **¿Qué buscan?**

Teaching Tips

③ ④ Remind students to read the answer choices first and then each item carefully. Also, after they complete the activity, they should make sure they have used each answer choice only once and then reread the items to check that the answers fit.

④ For each item, ask: **¿Quién diría esta frase?** Ex: **un abuelo de 70 años**

④ Ask students to provide a related word for five of the correct answers. Ex: **financieros → finanzas**

③ **¿Qué buscan?** Indica qué es lo que busca cada una de estas personas.

_b_ 1. un(a) contador(a)

_f_ 2. el/la ministro/a de trabajo

_c_ 3. un(a) empleado/a que lleva mucho tiempo en la empresa

_a_ 4. una persona desempleada

_e_ 5. el/la dueño/a de una empresa

_d_ 6. un(a) gerente que entrevista a un(a) solicitante

a. conseguir un trabajo, aunque le paguen el sueldo mínimo

b. que sus clientes paguen lo mínimo posible de impuestos

c. un aumento de sueldo

d. hacerle preguntas sobre el currículum vitae

e. que sus ejecutivos administren bien su dinero

f. que baje el desempleo y vengan inversiones del extranjero

④ **Cosas que dice la gente** Completa las oraciones con los términos de la lista.

administrar	empleo	inversiones
ahorros	financieros	jubilar
bolsa de valores	incapaces	sindicatos

1. "Ya me quiero _____jubilar_____. Estoy cansado y quiero disfrutar de mis nietos."

2. "Si no mejoramos nuestra forma de _____administrar_____, esta empresa fracasará."

3. "¿Quiere usted reducir sus deudas, invertir en la _____bolsa de valores_____ y ahorrar para la jubilación? Nuestros asesores _____financieros_____ lo pueden ayudar."

4. "He gastado todos mis _____ahorros_____. Necesito un _____empleo_____."

5. "Se deben recibir más _____inversiones_____ para salvar la compañía."

6. "Los _____sindicatos_____ sólo dan problemas."

⑤ **Definiciones**

A. En parejas, definan brevemente las palabras.

ascender	contrato	exigir	importar	riqueza
cobrar	despedir	huelga	mercado	socio

B. Improvisen una historia utilizando al menos seis palabras de la lista. Compartan su historia con la clase.

MODELO Ayer, a las cuatro de la tarde, el sindicato que organizaba la huelga exigió una reunión con los socios…

DIFFERENTIATED LEARNING

To Challenge Students Have students form pairs. Ask them to prepare a conversation using at least ten words from **Contextos**. Ask volunteers to perform their conversations for the class.

For Inclusion Ask students to choose six words from **Contextos**. The words should be ones students relate to or think they will use the most. Then ask them to make flashcards with those words. Encourage students to review their flashcards throughout the day until they know all six words.

Comunicación

 6 **¿Qué opinas?** En parejas, contesten las preguntas y después compartan su opinión con la clase.

1. ¿Piensas que el dinero es lo más importante en tu vida? Razona tu respuesta.

2. ¿Sigues la información de la bolsa de valores? ¿Crees que es buena idea invertir todos los ahorros en la bolsa de valores?

3. ¿Crees que la economía del país afecta tu vida personal? ¿Cómo?

4. ¿Piensas que se podrá acabar con la pobreza en el futuro?

5. ¿Tú sacrificarías algo para conseguir que no hubiera pobreza en el mundo?

6. ¿Crees que la economía norteamericana va a ser la más fuerte dentro de veinte años? Razona tu respuesta.

7. ¿Qué consecuencias piensas que va a tener la globalización?

8. ¿La globalización va a ser positiva para los países ricos? ¿Y para los pobres?

 7 **El consejero de trabajo** En parejas, imaginen que uno/a de ustedes está a punto de graduarse y no sabe qué trabajo lo/la hará feliz. La otra persona es un(a) consejero/a de trabajo. Túrnense para hacerse preguntas y darse consejos sobre cuál sería el mejor trabajo para cada uno/a. Utilicen y expandan las preguntas e ideas de la lista.

Pregunta	**Debes trabajar en...**
a. ¿Eres capaz de trabajar bajo presión?	• los negocios
b. ¿Te gusta administrar?	• las ciencias
c. ¿Qué te importa más: ganar bien o disfrutar del trabajo?	• la política
	• una empresa multinacional
d. ¿Te gusta trabajar en equipo o prefieres trabajar solo/a?	• las finanzas
e. ¿Qué clases te han gustado más?	• la tecnología
f. ¿Te gusta viajar?	• las artes
g. ¿Es importante que tu trabajo sea creativo?	• una organización humanitaria
h. ¿Esperas que tu empleo ayude a mejorar la sociedad?	• la educación
i. ¿Quieres ser dueño/a de tu propia compañía?	• el turismo
j. ¿Qué tipos de conferencias te interesan más: de tecnología, de música, de educación?	• un restaurante
	• la medicina
k. ¿En qué puesto anterior has sido más exitoso/a?	• el comercio
l. ¿...?	• ...

La economía y el trabajo

AP PREPARATION

Informal Writing Tell students to follow up their phone call about a job (see page 282) with an e-mail. This time they will remind the employer of the message they left and ask two more questions. Ask them to use the vocabulary from **Actividad 5** on page 284 as much as possible. Again, remind them that they should use the formal register of **usted**, in spite of the fact that this is an e-mail. Tell them: **El jefe no ha contestado tu llamada. Escríbele un mensaje electrónico en el cual le pides que te conteste lo antes posible.**

Teaching Tips

6 Encourage students to support their opinions with examples or personal anecdotes.

6 To help students' discussions for items 7 and 8, have them brainstorm a list of the advantages and disadvantages of globalization.

• **For Heritage Speakers** Ask students to share what kinds of summer or after-school jobs teens do in their families' countries of origin. Encourage other students to ask questions after each heritage speaker shares.

NATIONAL STANDARDS

Community Bring in Spanish-language brochures from local banks and Spanish-language employment applications from local businesses and ask students to locate and identify any of the vocabulary words presented in **Contextos**.

Community Have pairs of students look at classified ads from online newspapers in Spanish to find an ideal job. They should describe their qualifications, ask any questions they have about the job, and express their hope to be given an interview.

Contextos **285**

Section Goals

In **Fotonovela**, students will:
- practice listening to authentic dialogue
- learn functional phrases for giving a toast and talking about what someone would or would not do

Instructional Resources
Cuaderno de actividades, pp. 45–46
e-Cuaderno
Supersite/DVD: *Fotonovela*
Supersite/TRCD/Print:
Fotonovela Videoscript & Translation, Answer Keys

Video Synopsis
- *Facetas* celebrates its second anniversary.
- Everyone recalls Fabiola's interview and Johnny's first day of work.
- The employees talk about a gift for Aguayo.
- Fabiola asks Aguayo for a raise.

Previewing Strategy Have students look at the video stills and brainstorm a list of adjectives that describe how the characters might feel in each scene. After students watch the video, have them revise their lists.

Teaching Tip Before showing the **Fotonovela**, write 4–5 of the **Expresiones útiles** and Additional Vocabulary on the board and review their meanings. Then have students work in pairs to look at the pictures and scan the text to find the new vocabulary.

recursos

CA
pp. 45–46

El equipo de *Facetas* celebra el segundo aniversario de la revista. Es un momento lleno de recuerdos.

1

En la sala de conferencias…

TODOS ¡Cumpleaños feliz!

AGUAYO Antes de apagar las velas de nuestro segundo aniversario, quiero que cada uno cierre los ojos y luego pida un deseo.

JOHNNY Lo estoy pensando…

TODOS Uno, dos, tres…

Apagan las velas.

2

DIANA Ahh… ¿Quién lo diría? Dos años y tantos recuerdos.

AGUAYO ¿Recuerdas cuando viniste a tu entrevista de trabajo y Éric pensó que tu padre era millonario?

FABIOLA Sí. Recuerdo que puso esa cara.

Fabiola recuerda…

3

AGUAYO Éric, te presento a Fabiola Ledesma, nuestra nueva escritora.

ÉRIC ¿No eres tú la hija del banquero y empresario millonario Ledesma?

FABIOLA No. Mi padre es ingeniero y no es millonario.

ÉRIC Perdona. Por un momento pensé que me había enamorado de ti.

6

De vuelta en el presente…

AGUAYO Ahora de vuelta al trabajo. (*Se marcha.*)

MARIELA ¡Aposté que nos darían la tarde libre!

DIANA Chicos, he estado pensando en hacerle un regalo de aniversario a Aguayo.

FABIOLA Siento no poder ayudarte, pero estoy en crisis económica.

DIANA Por lo menos ayúdenme a escoger el regalo.

7

FABIOLA Debe ser algo importado. Algo pequeño, fino y divertido.

ÉRIC ¿Qué tal un pececito de colores?

TODOS ¡Pobre Bambi!

FABIOLA Me refiero a algo de corte ejecutivo, Éric. Algo exclusivo.

ÉRIC Mariela, ¿qué le darías a un hombre que lo tiene todo?

MARIELA Mi número de teléfono.

8

En la oficina de Aguayo…

FABIOLA Jefe, ¿tiene un minuto?

AGUAYO ¿Sí?

FABIOLA Usted sabe que tengo un gran currículum y que soy muy productiva en lo mío.

AGUAYO ¿Sí?

FABIOLA Y que mis artículos son bien acogidos, y ello le ha traído a la revista…

LEARNING STYLES

For Kinesthetic Learners Ask students to form groups of two or three and prepare one of the video stills from pages 286–287 as a skit. As each group performs its skit, the rest of the class guesses which still they had selected.

For Auditory Learners Pause the DVD after frames 1–5 and orally review the **Fotonovela** with 3–4 comprehension questions. Ex: **¿Qué pensó Éric de Fabiola cuando ella vino a su entrevista? ¿Qué dijo ella? ¿A qué hora iba Johnny a su trabajo anterior?** Proceed in the same way until the end of the episode.

Personajes

AGUAYO

DIANA

ÉRIC

FABIOLA

JOHNNY

MARIELA

4

De vuelta en el presente...

AGUAYO Brindo por nuestra revista, por nuestro éxito y, en conclusión, brindo por quienes trabajan duro... ¡Salud!

TODOS ¡Salud!

DIANA Eso me recuerda el primer día que Johnny trabajó en la oficina.

Diana recuerda...

5

DIANA Se supone que estuvieras aquí hace media hora y sin embargo, llegas tarde. Los empleados en esta empresa entran a las nueve de la mañana y trabajan duro todo el día. Sabes lo que es el trabajo duro, ¿verdad?

JOHNNY En mi trabajo anterior entraba a las cuatro de la mañana y jamás llegué tarde.

DIANA A esa hora nunca se sabe si llegas demasiado tarde o demasiado temprano.

9

AGUAYO ¿Qué es lo que quieres, Fabiola?

FABIOLA Un aumento de sueldo.

AGUAYO ¿Qué pasa contigo? Te aumenté el sueldo hace seis meses.

FABIOLA Pero hay tres compañías que andan detrás de mí. Por lo tanto, merezco otro aumento.

AGUAYO ¿Qué empresas son?

FABIOLA *(avergonzada)* La del teléfono, la del agua y la de la luz.

10

Más tarde...

DIANA Ya sé qué regalarle a Aguayo... un llavero.

(Éric y Fabiola ponen cara de repugnancia.)

DIANA ¿Qué?

FABIOLA No lo culpo si lo cambia por un pez.

Expresiones útiles

Proposing a toast

Brindo por nuestra revista.
I toast our magazine.

Brindemos por nuestro éxito.
Let's toast our success.

¡Salud!
Cheers!

¡A tu salud!
To your health!

Talking about what someone would or wouldn't do

¡Pensé que nos darían la tarde libre!
I thought they would give us the afternoon off!

¿Qué le darías a un hombre/una mujer que lo tiene todo?
What would you give to a man/woman who has everything?

Le daría...
I would give him/her...

Additional vocabulary

anterior *previous*
apagar las velas *to blow out the candles*
bien acogido/a *well-received*
la crisis económica *economic crisis*
de corte ejecutivo *of an executive nature*
el/la empresario/a *entrepeneur*
importado/a *imported*
merecer *to deserve*
No lo/la culpo. *I don't blame him/her.*
pedir un deseo *to make a wish*
¿Quién lo diría? *Who would have thought?*
ser productivo/a *to be productive*
trabajar duro *to work hard*

La economía y el trabajo

Teaching Tips

- **Expresiones útiles** Call students' attention to the expressions and vocabulary on page 287. As a class, read through the list and discuss which words and phrases are most useful to students and why. Then encourage students to suggest in which **Contextos** categories they might place the additional vocabulary.

- Ask pairs to discuss the question: **¿Qué le darías a un hombre/una mujer que lo tiene todo?** Then have pairs share their answers. List all responses on the board. Finally, have the whole class vote on the best gift idea.

- After showing the *Fotonovela* DVD, divide the class into six groups. Assign each group a different character from the **Fotonovela**. Ask the groups to describe their character's personality and what he or she does in this episode. Then ask them to describe what their character does at this office. Have each group introduce and describe its character for the class.

DIFFERENTIATED LEARNING

Heritage Speakers Ask students to evaluate whether the behavior and situations in the *Fotonovela* are realistic according to their parents' home culture. Ask heritage speakers to support their opinions with evidence from the video and their parents' culture.

For Inclusion After showing the *Fotonovela*, encourage students to point to each still and say a phrase or sentence about the characters or scene. Affirm and then expand what each student says. Ex: —**Éric está loco.** —**Sí, es un poco raro. ¿Qué le dice a Fabiola?** —**Fabiola quiere dinero.** —**Sí, ¿por qué quiere dinero?**, etc.

Comprensión

1 **¿Pasado o presente?** En la **Fotonovela** los personajes recuerdan algunos sucesos (*events*) del pasado. Indica si estas oraciones describen sucesos del **pasado** o del **presente**. Luego completa las oraciones con la forma adecuada del verbo.

	Pasado	Presente
1. Éric ___creyó___ (creer) que Fabiola era hija de un millonario.	☑	☐
2. Los empleados de la revista ___brindan___ (brindar) por el aniversario.	☐	☑
3. Éric ___pensó___ (pensar) que se había enamorado de Fabiola.	☑	☐
4. Diana ___propone___ (proponer) hacerle un regalo a Aguayo.	☐	☑
5. Johnny ___llegó___ (llegar) tarde a la oficina.	☑	☐
6. Fabiola le ___pide___ (pedir) a Aguayo un aumento de sueldo.	☐	☑

2 **La trama** Indica con números el orden en que ocurrieron los hechos (*events*) de este episodio.

___2___ a. Brindan por la revista.
___1___ b. Cantan cumpleaños feliz.
___5___ c. Fabiola pide un aumento de sueldo.
___6___ d. Diana piensa regalarle a Aguayo un llavero.
___4___ e. Éric sugiere regalarle a Aguayo un pececito de colores.
___3___ f. Fabiola dice que está en crisis económica.

3 **¿Quién lo diría?** ¿Qué empleado de *Facetas* diría cada una de estas oraciones?

___Diana___ 1. Hace ya dos años que trabajamos aquí. ¡Quién lo diría!
___Aguayo___ 2. ¡Pidan todos un deseo!
___Fabiola___ 3. Jefe, usted sabe que trabajo muy duro.
___Fabiola___ 4. Mi padre no es empresario.
___Mariela___ 5. Yo pensaba que nos dejarían irnos más temprano del trabajo.

4 **Preguntas** Contesta las preguntas con oraciones completas.

1. ¿Qué celebran los empleados de *Facetas*?
2. ¿Por qué creía Éric que se había enamorado de Fabiola? Explica tu respuesta.
3. ¿Por qué Fabiola no puede ayudar con el regalo?
4. ¿Le gusta a Fabiola la idea de regalarle un llavero a Aguayo?

5 **Lo tiene todo** ¿Qué le darías tú a alguien que lo tiene todo? Trabajen en grupos de cinco para inventar una conversación entre los empleados de *Facetas*. Tendrán que ponerse de acuerdo sobre un regalo para Aguayo. Utilicen la frase **Yo le daría...** y expliquen sus razones.

MODELO **FABIOLA** ¡Ese llavero no es de corte ejecutivo, Diana! Yo le daría un reloj porque él siempre insiste en que lleguemos a tiempo a la oficina.

JOHNNY ¡Pero Aguayo ya tiene un Rolex! Yo le daría...

LEARNING STYLES

For Kinesthetic Learners After students complete **Actividad 3**, use TPR (Total Physical Response) with the items. Examples: Say: **Brindan por la revista.** Students and you: mime toasting. Say: **Cantan "cumpleaños feliz".** Students and you: sing Cumpleaños feliz... Say: **Fabiola pide un aumento de sueldo.** Students and you: tap your pockets, clutch your hands to your chest as if begging, etc.

For Auditory Learners For additional practice with identifying the past and present verb forms, have students make signs that read: **Pasado** and **Presente.** Then slowly read a list of verbs in either the present or the past. Students listen and raise the appropriate sign. As students become accustomed to the game, use present continuous, irregular, and imperfect verb forms.

Ampliación

6 Preguntas Conversen sobre estas preguntas y compartan sus respuestas con la clase.

1. ¿Qué le darías tú a Aguayo? ¿Alguna vez le diste un regalo a un jefe?

2. ¿Conoces tú a alguien que lo tiene todo? ¿Cómo es? ¿Trabaja duro? ¿Crees que él/ella merece todo lo que tiene?

3. ¿Alguna vez tuviste que comprarle un regalo a esa persona? ¿Qué escogiste?

4. ¿Cuál es el mejor regalo que has recibido en tu vida? ¿Por qué?

5. ¿Cuáles son los mejores regalos por menos de $10? ¿Por menos de $25? ¿Por menos de $100?

7 Apuntes culturales En parejas, lean los párrafos y contesten las preguntas.

El currículum vitae

Fabiola tiene mucha experiencia laboral. Seguramente, cuando presentó su **currículum vitae** a *Facetas*, además de la información profesional, incluyó datos personales que son comunes en el mundo laboral hispano: fecha de nacimiento, estado civil, una foto color, si tiene carro... ¿Habrá salido en la foto con la misma cara de enojo con que salió en el pasaporte?

El millonario ingeniero

El padre de Fabiola no es millonario, sino un modesto ingeniero, pero el venezolano Lorenzo Mendoza es ingeniero y millonario. Dueño del **Grupo Polar**, que además financia la fundación más grande del país, Mendoza construyó la tercera (*third largest*) fortuna de Latinoamérica con empresas que fundó su abuelo. Sin embargo, lleva una vida modesta junto a su esposa e hijos.

Facetas y Caretas

¡Facetas cumple dos años! Otra revista importante en el mundo hispano es **Caretas**. Comenzó a publicarse en 1950 en una pequeña oficina de Lima, Perú. Hoy es la revista más leída del país y trata temas como política, cultura, eventos sociales y viajes. Ojalá que **Facetas** tenga el mismo éxito y... ¡agrande la oficina!

1. ¿Sabías que en algunos países hispanos es común poner en el currículum el estado civil y la cantidad de hijos? ¿Qué piensas sobre dar datos personales en el currículum? ¿Estás de acuerdo? En tu cultura, ¿qué información contienen los currículums?

2. ¿Qué otros millonarios conoces? ¿Qué ventajas y desventajas hay en ser millonario? Explica.

3. ¿Lees revistas? ¿Qué tipos de revistas te interesan más? ¿Por qué? ¿Estás suscrito a alguna? ¿A cuál?

4. En tu opinión, ¿son más populares las revistas tradicionales o las revistas por Internet? ¿Por qué? ¿Qué ventajas tiene cada tipo de revista? ¿Cuál prefieres tú?

Expansion

6 Ask additional questions about gift-giving. Ex: **¿Cuál es el peor regalo que has recibido en tu vida? Si fueras a otro país a vivir con una familia, ¿qué llevarías de regalo?**

Teaching Tips

7 Have students draw two intersecting circles (a Venn diagram), labeling on one circle **currículum estadounidense** and the other **currículum hispano**. Have them list the standard information included in each résumé, writing the common items in the center.

• **For Auditory Learners** Ask volunteers to read the paragraphs and questions aloud to support strong listeners' comprehension.

NATIONAL STANDARDS

Connections: Career Education Students may not have direct knowledge of how résumés are constructed and what information they contain. Share with them typical examples from the U.S. and the Spanish-speaking world and discuss differences and similarities among the various cultures.

Heritage Speakers After completing **Actividad 7**, ask heritage speakers to describe other popular magazines they know of in the Spanish-speaking world. List all their responses on the board. Then ask students to share their opinions of the magazines.

To Challenge Students Have students find a job posting in a Spanish-speaking newspaper and prepare a one-page résumé. Encourage students to look at sample résumés in Spanish on the Internet.

En detalle

VENEZUELA

EL ORO NEGRO

Mira a tu alrededor: el carro, las lámparas, los objetos de plástico, las pinturas, las telas, en fin, casi todo lo que tienes proviene del petróleo. Si hacemos caso a las estadísticas, parte de ese petróleo puede ser venezolano. Venezuela es el cuarto país exportador de petróleo° del mundo, sólo aventajado° por los países árabes. El 80% de los ingresos° del país provienen de la exportación de petróleo. Aproximadamente el 70% del petróleo se exporta a los EE.UU.

La primera explotación petrolífera se inició en 1914, cuando se descubrió un enorme yacimiento° en la costa oriental del lago de Maracaibo. Este acontecimiento inició una nueva etapa en la historia venezolana, pues abrió su economía a los mercados internacionales. Durante las primeras décadas, la explotación estaba en manos extranjeras, lo que hacía que la riqueza petrolífera no se tradujera en una mejora de la situación económica del país. La crisis internacional de 1973, que provocó la subida del precio del crudo°, le dio al gobierno venezolano la oportunidad de nacionalizar la empresa petrolera.

En 1976 entró en efecto la Ley de Nacionalización del Petróleo. Desde entonces, la extracción, la refinación y la exportación están en manos de la empresa estatal° Petróleos de Venezuela, SA (PDVSA). Gracias a la subida de los precios petroleros de los últimos años, la empresa ha podido aumentar drásticamente la cantidad de dinero que destina a programas sociales dedicados a la educación, salud y a infraestructuras del país. Hoy día, PDVSA tiene una gran presencia internacional, con refinerías en el Caribe, Estados Unidos y Europa. En 1986, PDVSA adquirió° el cincuenta por ciento de CITGO y, cuatro años más tarde, se convirtió en única propietaria° de la empresa. ∎

Historia del petróleo en Venezuela

			Crisis internacional del petróleo. La OPEP reduce la producción y aumenta el precio del barril°. Se raciona el uso del crudo en los países occidentales.	
Se descubre el importante yacimiento en la costa este del lago de Maracaibo.		La Ley de Impuesto sobre la Renta obliga a las compañías extranjeras a pagar impuestos por la explotación del petróleo.		Se inicia la huelga general.
1914	**1922**	**1943**	**1960**	**1973**	**1976**	**2002**
	Comienza la explotación petrolera a gran escala.		Se funda la OPEP (Organización de Países Exportadores de Petróleo) por iniciativa venezolana.		El primero de enero empieza la nacionalización petrolera.	

exportador de petróleo *oil-exporting* **aventajado** *surpassed* **ingresos** *income* **yacimiento** *oilfield*
crudo *crude oil* **empresa estatal** *state company* **adquirió** *purchased* **propietaria** *owner* **barril** *barrel*

Section Goals

In **Enfoques**, students will read about:
• oil, **el oro negro**, from Venezuela, and how a strike against **Chávez** affected oil prices in the rest of the world
• alternatives to natural gas
• country-specific vocabulary related to money
• Venezuelan ska group **Desorden Público**

Instructional Resources
Cuaderno para hispanohablantes, p. 116
Vista Higher Learning
Cancionero
Supersite/DVD: *Flash cultura*
Supersite: *Flash cultura*
Videoscript & Translation

Previewing Strategy
Ask students to discuss the importance of oil: **¿Dependemos del petróleo? ¿De qué manera? Da ejemplos.**

Teaching Tips
• Remind students to read the article three times, once for general comprehension, once slowly, looking up important unknown words, and once more for complete comprehension.
• **For Inclusion** Read the articles aloud, pausing after each paragraph to record all the cognates and summarize the content as a class.

AP PREPARATION

Formal Presentation and Integrated Skills Working in groups of three, have students prepare a formal presentation for the class about a country in Latin America or about Spain. They should investigate the following: a current leader of the country, information on the economy of the country, and information on an energy product that is used or produced by the country.

Among the three, students should research at least four sources on the Internet. Help students as needed to find podcasts related to their country. After taking notes on the sources, each student will speak for two minutes, synthesizing at least two sources.
Say: **Les voy a dar tiempo para ensayar. No olviden que hay que citar todas las fuentes.**

ASÍ LO DECIMOS

El dinero

los chavos (P. R.)   *money*

la lana (Méx.)

las pelas (Esp.)

la peseta (P. R.)   *quarter (American coin)*

comer cable (Ven.)   *to be broke; to have no money*

estar pelado (Col.)

no tener guano (Cu.)

estar forrado/a en billete (Col. y Méx.)   *to be loaded*

tener una pila de dinero

ser gasolero/a (Arg.)   *to have frugal taste*

EL MUNDO HISPANOHABLANTE

Otras alternativas

- Argentina es el mayor consumidor de **gas natural comprimido°** en el mundo según estadísticas de 2005. Este **combustible alternativo** abastece° no sólo gran parte del transporte público, sino también carros particulares que han sido adaptados para usar esta alternativa limpia y económica. En 2005, el número de vehículos convertidos alcanzaba el millón y medio.

- **El biodiesel**, un combustible elaborado a partir de **aceite de cocina usado,** constituye una fuente de energía renovable, biodegradable y económica. En Uruguay, por ejemplo, una empresa de transporte de Montevideo mueve sus autobuses combinando aceite usado y metanol.

- Ecuador ha comenzado a producir **gasolina de caña de azúcar°.** El proyecto comenzó en Guayaquil con el uso del excedente de azúcar producida en el país. A largo plazo este biocombustible ayudará a reducir la contaminación de la ciudad.

PERFIL

LA HUELGA GENERAL DE 2002-2003

El 2002 fue un año de gran convulsión política y social en Venezuela. La controvertida personalidad de su presidente, Hugo Chávez, creó una enorme división en el país. Las grandes empresas, entre ellas PDVSA, temerosas° de la política económica del gobierno, convocaron° una huelga para el 2 de diciembre. En un principio, el paro°, que buscaba la renuncia de Chávez, era de veinticuatro horas pero ante su negativa a renunciar, se alargó de forma indefinida. Durante esos días, había una gran escasez° y era común ver a la gente haciendo cola en las gasolineras y en los supermercados.

Muchos empresarios y comerciantes se fueron a la ruina, el desempleo aumentó y, a nivel internacional, los precios del petróleo subieron. La huelga, una de las más largas de la historia, terminó el 3 de febrero, después de que el gobierno de Chávez retomara el control de PDVSA.

> **" Mira si será malo el trabajo, que deben pagarte para que lo hagas. "**
> (Facundo Cabral, cantautor argentino)

 SUPERSITE   Conexión Internet

| En muchos países, el día del trabajador es el primero de mayo. ¿Cuál es el origen de esta celebración? | To research this topic, go to **descubre3.vhlcentral. com.** |

temerosas *fearful* **convocaron** *called* **paro** *strike* **escasez** *shortage*
comprimido *compressed* **abastece** *supplies* **caña de azúcar** *sugar cane*

Teaching Tips
- **For Inclusion** Ask students to look at the pictures on pages 290–291. Slowly say simple sentences about one of the pictures. Ask students to point to the picture about which you are speaking.
- **Así lo decimos** Ask heritage speakers for other names for and expressions with money.
- **Perfil** Ask students: **¿Por qué dicen que Hugo Chávez es una persona controvertida? ¿Cómo es su relación con los EE.UU.?** Encourage students to search the Internet for this information.
- **El mundo hispanohablante** Discuss alternative energy sources with the class. **¿Cuáles son las ventajes de utilizar fuentes de energía alternativas? ¿Hay desventajas?**

NATIONAL STANDARDS
Connections: Economics Have students research data on the oil and natural gas production of the countries of Latin America and create a graph comparing the production levels. What conclusions can they draw from the information?

Community Ask students to do additional research on the **Día del trabajador** as observed in other countries and in the U.S. What similarities and differences do they see? Have them report back to the class.

CRITICAL THINKING

Comprehension and Synthesis After students have completed the readings, ask them to form four small groups. Assign each group one of the articles to summarize for the class. Summaries should simplify and explain the information in the passage, not just repeat it.

Application and Evaluation Ask pairs of students to choose another Hispanic country to research its primary exports. Ask: **¿Cuál es la exportación más importante para el país? ¿Adónde se manda la mayoría de ese producto?** Ask students to create a poster of their findings. Display them around the room and allow time for the class to walk around and read the posters.

recursos
CH
p. 116

¿Qué aprendiste?

① Comprensión Indica si estas afirmaciones son **ciertas** o **falsas**. Corrige las falsas.

1. Venezuela es el cuarto país exportador de petróleo del mundo. Cierto.

2. Venezuela exporta el 80% del petróleo que produce. Falso. El 80% de los ingresos del país provienen de la exportación de petróleo.

3. Estados Unidos no compra petróleo venezolano. Falso. Estados Unidos compra mucho petróleo venezolano.

4. En 1914 se fundó la OPEP. Falso. En 1914 se inició la primera explotación petrolera.

5. Hay un yacimiento muy grande en la costa este del lago Maracaibo. Cierto.

6. Durante los primeros años, la explotación de la riqueza petrolera estaba en manos venezolanas. Falso. La explotación de la riqueza petrolera estaba en manos extranjeras.

7. En las primeras décadas, el dinero del petróleo ayudó a mejorar la economía venezolana. Falso. Durante las primeras décadas el dinero del petróleo no mejoró la economía venezolana.

8. La crisis de 1973 provocó una subida del precio del petróleo. Cierto.

9. En 1976, PDVSA fue comprada por una empresa norteamericana. Falso. En 1976, PDVSA se convirtió en una empresa estatal venezolana.

10. PDVSA tiene refinerías en países extranjeros. Cierto.

11. La empresa de petróleo estatal ha aumentado la cantidad que destina a programas sociales. Cierto.

12. PDVSA es dueña del cincuenta por ciento de CITGO. Falso. PDVSA es dueña del ciento por ciento de CITGO.

② Oraciones incompletas Completa las oraciones con la información correcta.

1. La huelga venezolana fue convocada por las grandes empresas.

2. En un principio, la huelga iba a durar un día/veinticuatro horas.

3. Durante la huelga, era común ver gente haciendo cola en gasolineras y supermercados.

4. En Argentina, muchos carros funcionan con gas natural.

5. Si estás en Venezuela y no tienes dinero, se dice que comes cable.

③ Opiniones En parejas, contesten las preguntas.

1. ¿Las empresas de combustible y de servicios (como gas, luz, transporte) deben ser públicas o privadas? ¿Por qué?

2. ¿Tendrías un carro híbrido? ¿Por qué?

3. ¿Crees que el petróleo se acabará durante tu vida? ¿Con qué se reemplazará?

4. En América Latina, las universidades tienen Centros de estudiantes, que funcionan en forma parecida a los sindicatos. A veces incluso realizan huelgas. ¿Cómo se organizan los estudiantes en tu escuela/universidad?

5. ¿Son necesarias las huelgas? ¿Conocen alguna en la que se haya conseguido el objetivo?

PROYECTO

Fuentes de energía alternativas

La foto muestra a dos trabajadores mexicanos modificando una camioneta para que funcione con gas natural comprimido o propano. Investiga cuáles son otros combustibles o fuentes de energía alternativos utilizados en Latinoamérica y elige cuál te parece mejor. Prepara una presentación sobre este combustible o fuente de energía y la posibilidad de que sea utilizado masivamente en el futuro.

• ¿Cómo se obtiene o se produce?
• ¿Cuáles son sus ventajas?
• ¿Cuáles son sus desventajas?
• ¿Cómo se puede promover su uso?

DESORDEN PÚBLICO

Rebeldes, irónicos, llenos de energía y comprometidos° con su pueblo: así se puede definir a los ocho integrantes de la banda de ska **Desorden Público**. Sus creadores **Horacio Blanco** y **José Luis "Caplís" Chacín** comenzaron como DJs de música punk, ska británico, *new wave* y reggae jamaiquino en Caracas, Venezuela. En 1985, inspirados en la segunda etapa de ska conocida como *Two-Tone*, que tuvo su centro en Inglaterra, los músicos decidieron formar una banda con un nombre que satirizara los camiones de Orden Público de la Guardia° Nacional Venezolana (*Venezuelan National Guard*). Recurriendo al humor negro, sus letras reflejan la realidad política, económica y social de Venezuela y otros países en desarrollo°. En la actualidad, Desorden Público representa el más importante proyecto de ska latinoamericano con multitudinarios conciertos por todo el mundo en los que han llegado a convocar° hasta 40 mil personas.

Discografía

2000 Diablo   **1997** Plomo Revienta   **1988** Desorden Público

Canción

Éste es un fragmento de la canción que tu instructor te hará escuchar.

El Clon

En un futuro cercano me mandaré a hacer un clon
Perfecto gemelo idéntico nacido en el laboratorio
Para reponer° mi inversión lo reventaré trabajando°
Yo su amo°, su creador, ahora tendré un esclavo.
(...) Me daré la buena vida, me mudaré a la Florida
Mientras mi clon trabaja en América latina.

Curiosidades:
- El ska, precursor del reggae, comenzó en Jamaica en los años 30 y se desarrolló en Inglaterra a fines de los 70.
- Desorden Público fusiona ska con ritmos latinos y afrovenezolanos.
- Sus canciones tienen un alto contenido político.
- Cada vez que Horacio Blanco escucha sus canciones en la radio, cambia de estación.

Preguntas En parejas, contesten las preguntas. Some answers will vary.

1. Las canciones de Desorden Público contienen altas dosis de humor negro. ¿Pueden encontrar ejemplos en el fragmento? El autor/cantante quiere tener un clon para tenerlo como esclavo y quiere reponer la inversión haciéndolo trabajar mucho.
2. ¿En qué se diferencia Desorden Público de las típicas bandas de ska británicas? Su música fusiona ska con ritmos latinos y afrovenezolanos.
3. ¿Conocen otras bandas de ska? ¿De dónde son? ¿Les gustan?
4. La canción cuenta la historia de un hombre y su clon. ¿Cómo es la relación entre ellos?

comprometidos *engaged* **Guardia** *Venezuelan National Guard* **en desarrollo** *developing* **convocar** *gather* **reponer** *regain; recover* **lo reventaré trabajando** *will exploit him* **amo** *master*

Teaching Tips
- **Ritmos** To preview the grammar of **Lección 8**, ask: **¿Qué harías tú si tuvieras la oportunidad de clonarte?**
- If possible, play a song from each genre mentioned in the article: punk, **ska británico**, new wave, and **reggae jamaiquino**. As a class, make a chart that lists the attributes of each song: **tema, instrumentos, ritmos, música eléctronica**, etc. Then play *El Clon* again. List its attributes in the chart and highlight the similarities.

AP PREPARATION

Informal Writing Students will listen to *El Clon*. Discuss the lyrics in small groups. Have them talk about types of music that they listen to, and ask them to tell you about **el ska**. Now ask them to reflect about the last two lines and write about them for 10 minutes in their blue books. Tell students: **¿Por qué piensas que el artista quiere que su clon trabaje en América Latina?**

Section Goals

In **Estructura**, students will learn:

- how to form and use the conditional
- the two ways of forming the past subjunctive and how to use it
- how to use **si** clauses with simple tenses for expressing hypothesis in the present, and for habitual conditions and actions in the past

---

Instructional Resources
Cuaderno de práctica, pp. 73–74
Cuaderno para hispanohablantes, pp. 117–118
Cuaderno de actividades, pp. 22, 88
e-Cuaderno
Supersite: Additional practice
Supersite/TRCD/Print:
PowerPoints (**Lección 8 Estructura** Presentation, Overheads #53, #54, #55); Audio Activity Script, Answer Keys
Audio Activity CD

Teaching Tips

- To help students remember the written accent, compare the pronunciation of **María** and **farmacia**.
- Before teaching the conditional of irregular forms, ask students to list all the irregular future stems they can remember in three minutes. Then have them count up and shout out how many they remembered. Finally, as a class, list the irregular stems on the board.
- Point out that the conditional is formed with the same stem as the future tense.

8.1 The conditional

- To express the idea of what *would* happen, use the conditional tense.

¿Qué le darías a un hombre que lo tiene todo?

- The conditional tense (**el condicional**) uses the same endings for all –**ar**, –**er**, and –**ir** verbs. For regular verbs, the endings are added to the infinitive.

¡ATENCIÓN!

Note that all of the conditional endings carry a written accent mark.

The conditional		
dar	**ser**	**vivir**
daría	sería	viviría
darías	serías	vivirías
daría	sería	viviría
daríamos	seríamos	viviríamos
daríais	seríais	viviríais
darían	serían	vivirían

- Verbs with irregular future stems have the same irregular stem in the conditional.

Infinitive	stem	conditional
caber	cabr–	cabría, cabrías, cabría, cabríamos, cabríais, cabrían
haber	habr–	habría, habrías, habría, habríamos, habríais, habrían
poder	podr–	podría, podrías, podría, podríamos, podríais, podrían
querer	querr–	querría, querrías, querría, querríamos, querríais, querrían
saber	sabr–	sabría, sabrías, sabría, sabríamos, sabríais, sabrían
poner	pondr–	pondría, pondrías, pondría, pondríamos, pondríais, pondrían
salir	saldr–	saldría, saldrías, saldría, saldríamos, saldríais, saldrían
tener	tendr–	tendría, tendrías, tendría, tendríamos, tendríais, tendrían
valer	valdr–	valdría, valdrías, valdría, valdríamos, valdríais, valdrían
venir	vendr–	vendría, vendrías, vendría, vendríamos, vendríais, vendrían
decir	dir–	diría, dirías, diría, diríamos, diríais, dirían
hacer	har–	haría, harías, haría, haríamos, haríais, harían

LEARNING STYLES

For Visual Learners As you teach the conditional, draw the chart from page 294 on the board. Write the verbs and their stems in one color. Then using another color, write the conditional endings for **dar**. Invite volunteers to come to the board, choose a different piece of chalk, and write the endings for **ser** and **vivir**.

For Kinesthetic Learners Play **Pasa la tiza**. Form teams of six. Give the first student in each team a piece of chalk. Write a verb on the board and say: **¡Vayan!** The first students run to the board and write the **yo** conditional form of the verb, run back to their team, and pass the chalk to the next players who run to the board to conjugate the **tú** form. The chalk is passed until a team conjugates the verb first and correctly, earning a point.

Uses of the conditional

- The conditional is used to express what would occur under certain circumstances.

  En Venezuela, ¿qué lugar **visitarías** primero?
  In Venezuela, which place would you visit first?

  Iría primero a Caracas y después a Isla Margarita.
  First I would go to Caracas and then to Isla Margarita.

¿No sería ahora el momento justo para ir de vacaciones a **la Isla Margarita?**

Teaching Tip

- Point out that like *will*, the auxiliary *would* does not have a single-word Spanish equivalent.
  yo iría → *I would go*
  ella hablaría → *she would speak*

¡ATENCIÓN!

The English *would* is often used to express the conditional, but it can also express what *used to happen.* To express habitual past actions, Spanish uses the imperfect, not the conditional.

Cuando era pequeña, iba a la playa durante los veranos.
When I was young, I would go to the beach in the summer.

- The conditional is also used to make polite requests.

  Me **gustaría** cobrar este cheque.
  I would like to cash this check.

  ¿**Podría** firmar aquí, en el reverso?
  Would you please sign here, on the back?

- In subordinate clauses, the conditional is often used to express what *would happen* after another action took place. To express what *will happen* after another action takes place, the future tense is used instead.

CONDITIONAL	FUTURE
Creía que hoy **haría** mucho viento.	**Creo** que mañana **hará** mucho viento.
I thought it would be very windy today.	*I think it will be very windy tomorrow.*

- In Spanish, the conditional may be used to express conjecture or probability about a past condition or event. English expresses this sense with expressions such as *wondered, must have been,* and *was probably.*

  ¿Qué hora **era** cuando regresó?
  What time did he return?

  Serían las ocho.
  It must have been eight o'clock.

  ¿Cuánta gente **había** en la fiesta?
  How many people were at the party?

  Habría como veinte personas.
  There must have been about twenty people.

- The conditional is also used to report statements made in the future tense.

  Iremos a la fiesta.
  We'll go to the party.

  Dijeron que **irían** a la fiesta.
  They said they'd go to the party.

recursos

CP
pp. 73–74

CH
pp. 117–118

CA
pp. 22, 88

SUPERSITE
descubre3.
vhlcentral.com
Lección 8

DIFFERENTIATED LEARNING

To Challenge Students Discuss the use of the conditional in the ad on this page. If time permits, have students search Spanish websites or magazines for other ads that use the conditional. Then display the ads around the room.

For Inclusion Play a game of Oral Mad Libs. On the board, write sentence frames such as **Me gustaría 1. _____ a 2. _____.**

Primero, yo haría 3. _____ . Después, visitaría 4. _____ . Al final, podría 5. _____ . ¿Te gustaría 6. _____? Under each respective line, write 1. **un infinitivo** 2. **un lugar** 3. **una actividad** 4. **un lugar** 5. **un infinitivo** 6. **un infinitivo**. Model filling in the lines. Then read the story. Invite pairs to do the same, creating silly stories to share with the class.

Práctica

1 **La entrevista** Alberto sueña con trabajar para una agencia medioambiental y estaría dispuesto a hacer cualquier cosa para que la directora lo contrate. Utiliza el condicional de los verbos entre paréntesis para completar la entrevista.

ALBERTO Si yo pudiera formar parte de esta organización (1) ___estaría___ (estar) dispuesto (*ready*) a ayudar en todo lo posible.

ELENA Sí, lo sé, pero tú no (2) ___podrías___ (poder) hacer mucho. No tienes la preparación necesaria. Tú (3) ___necesitarías___ (necesitar) estudios de biología.

ALBERTO Bueno, yo (4) ___ayudaría___ (ayudar) con las cosas menos difíciles. Por ejemplo, (5) ___haría___ (hacer) el café para las reuniones.

ELENA Estoy segura de que todos (6) ___agradecerían___ (agradecer) tu colaboración. Les preguntaré para ver si necesitan ayuda.

ALBERTO Eres muy amable, Elena. (7) ___Daría___ (dar) cualquier cosa por trabajar con ustedes. Y (8) ___consideraría___ (considerar) la posibilidad de volver a la universidad para estudiar biología. (9) ___Tendría___ (tener) que trabajar duro, pero lo (10) ___haría___ (hacer) porque no (11) ___sabría___ (saber) qué hacer sin un trabajo significativo. Sé que el esfuerzo (12) ___valdría___ (valer) la pena.

2 **El primer día** La agencia contrató a Alberto y hoy fue su primer día como asistente administrativo. Utiliza el condicional para cambiar estos mandatos directos por los mandatos indirectos que la directora le dio a Alberto. Sigue el modelo.

Mandatos directos	Mandatos indirectos
Hazme un café.	¿Me harías un café, por favor?
Saca estas fotocopias.	1. ¿Sacarías estas fotocopias, por favor?
Pon los mensajes en mi escritorio.	2. ¿Pondrías los mensajes en mi escritorio, por favor?
Manda este fax.	3. ¿Mandarías este fax, por favor?
Diles a los voluntarios que vengan también.	4. ¿Les dirías a los voluntarios que vengan también, por favor?
Sal a almorzar con nosotros.	5. ¿Saldrías a almorzar con nosotros, por favor?

3 **Lo que hizo Juan** Utilizamos el condicional para expresar el futuro en el contexto de una acción pasada. Explica lo que quiso hacer Juan y lo que al final pudo hacer, usando las claves dadas.

MODELO pensar / llegar

Juan pensó que llegaría temprano a la oficina, pero el metro tardó media hora.

1. pensar / comer Juan pensó que comería…
2. decir / poner Juan dijo que pondría…
3. imaginar / tener Juan imaginó que tendría…
4. escribir / venir Juan escribió que vendría…
5. contarles / querer Juan les contó que querría…
6. suponer / hacer Juan supuso que haría…
7. explicar / salir Juan explicó que saldría…
8. creer / terminar Juan creyó que terminaría…
9. decidir / viajar Juan decidió que viajaría…
10. opinar / ser Juan opinó que sería…

Teacher's Annotated Edition notes (left margin)

1 Have students change the dialogue into a narrative.

1 Ask students who have been on a job interview to critique the dialogue as realistic or not and tell why.

Teaching Tips

1 Ask students to discuss how Alberto feels at each point in the interview. Then ask them to use the subjunctive to express how they would feel in his place.

2 Model these additional polite expressions: **¿Serías tan amable de…? / ¿Me harías el favor de…? / ¿Te importaría…?**

Expansion

2 Have pairs create a dialogue based on one of the pairs of **mandatos directos** and **mandatos indirectos**.

Teaching Tips

3 List possible completions for each sentence so that students can concentrate on forming the verbs.

3 Ask students to list the completions to help the inclusion students in the previous activity.

For Visual Learners After students have completed **Actividad 1**, ask them to turn it into a comic strip. Show examples of Spanish comic strips for students to use as a model. Then ask pairs to plan the frames, sketch drawings, and write dialogue and captions. Display the comic strips around the room for the class to walk around and read.

For Kinesthetic Learners Ask students to think of their dream job and share it with a partner, then role-play an interview. Encourage them to use their bodies, faces, and voices to convey meaning. Ask volunteers to perform their role-plays for the class.

Comunicación

4 ¿Qué pasaría? En parejas, completen estas oraciones utilizando verbos en el condicional. Luego compartan sus oraciones con la clase.

> **MODELO** **Si yo trabajara para una empresa multinacional, ...**
>
> —Si yo trabajara para una empresa multinacional, viajaría por el mundo entero. Aprendería cinco idiomas y...

1. Si hubiera una recesión económica en el país, ...
2. Si yo ganara mucho dinero, ...
3. Si mi novio/a decidiera trabajar en otro país, ...
4. Si todos mis profesores estuvieran en huelga, ...
5. Si mi jefe/a me despidiera, ...
6. Si no tuviera que ganarme la vida, ...

5 El trabajo de tus sueños Imagina que puedes escoger cualquier profesión del mundo. Explícale a un(a) compañero/a cuál sería tu trabajo ideal, por qué te gustaría esa profesión y qué harías en tu empleo. Háganse preguntas y utilicen por lo menos cuatro verbos en el condicional.

> **MODELO** Mi trabajo ideal sería jugar al baloncesto en la NBA. Me gustaría porque soy adicto a este deporte, pero también porque ganaría millones y podría...

6 ¿Qué harías? Piensa en lo que harías en estas situaciones. Usa el condicional. Luego compártelo con tres compañeros/as.

TALLER DE CONSULTA

The first part of each sentence uses the past subjunctive, which will be covered in **8.2, p. 298.**

Teaching Tips

4 Ask students to change the sentences to the present/future. Item 1: **Si hay una recesión económica en el país, habrá menos trabajo y más desempleo.**

6 Continue the activity by having volunteers invent situations to which other students can respond with the conditional. Ex: **Te encuentras con el presidente. / Te das cuenta de que no queda nada en tu cuenta de ahorros.**

Expansion Have students invent dilemmas; then have volunteers give advice using the conditional. Teach students the phrases: **Yo que tú** and **Yo en tu lugar** (*If I were you*). Ex: **Tengo dos citas la misma noche.** → **Yo que tú cancelaría una de las citas.**

Informal Speaking, Writing, and Listening After teaching the contrary-to-fact construction, have students write down five hypothetical situations such as **Si fueras un animal, ¿qué animal serías?** After writing down five questions, they are to circulate in the classroom, asking each other (and the teacher) what they would do in these cases. They are to listen to the response, write it down, and then share the answers with the class, in the third person. Tell students: **Vas a responder a situaciones hipotéticas usando esta construcción gramatical: Si Miguel tuviera un millón de euros, compraría un castillo en España.**

Instructional Resources
Cuaderno de práctica, pp. 75–76
Cuaderno para hispanohablantes, pp. 119–120
Cuaderno de actividades, pp. 23, 89
e-Cuaderno
Supersite: Additional practice
Supersite/TRCD/Print:
PowerPoints (**Lección 8 Estructura** Presentation, Overhead #56, #57); Audio Activity Script, Answer Keys
Audio Activity CD

Teaching Tips
• Have students identify which verbs have stem changes and irregular conjugations from the verbs listed to the right. Ask volunteers to add more verbs of each type to the list.
• Point out that both conjugations for the **nosotros/as** form have a written accent. Ex: **fuéramos, fuésemos.**
• The alternate endings are presented for recognition only; their forms are not included in the Testing Program.

Extra Practice and Technology Connection
Go to **descubre3.vhlcentral.com** for more practice with the past subjunctive.

8.2 The past subjunctive

Forms of the past subjunctive

• The past subjunctive (*el imperfecto del subjuntivo*) of all verbs is formed by dropping the **–ron** ending from the **ustedes/ellos/ellas** form of the preterite and adding the past subjunctive endings.

TALLER DE CONSULTA

See **3.1, pp. 94–95** for the preterite forms of regular, irregular, and stem-changing verbs.

¡ATENCIÓN!

The **nosotros/as** form of the past subjunctive always has a written accent.

The past subjunctive		
caminar	**perder**	**vivir**
camina**ra**	perdie**ra**	vivie**ra**
camina**ras**	perdie**ras**	vivie**ras**
camina**ra**	perdie**ra**	vivie**ra**
caminá**ramos**	perdié**ramos**	vivié**ramos**
camina**rais**	perdie**rais**	vivie**rais**
camina**ran**	perdie**ran**	vivie**ran**

Estela dudaba de que su madre la **ayudara** a financiar un carro nuevo.
Estela doubted that her mother would help her finance a new car.

A los dueños les sorprendió que **vendieran** más en enero que en diciembre.
The owners were surprised that they sold more in January than in December.

Ya hablé con el recepcionista y me recomendó que le **escribiera** al gerente.
I already spoke to the receptionist and he recommended that I write to the manager.

• Verbs that have stem changes, spelling changes, or irregularities in the **ustedes/ellos/ellas** form of the preterite also have them in all forms of the past subjunctive.

infinitive	preterite form	past subjunctive forms
pedir	pidieron	pidiera, pidieras, pidiera, pidiéramos, pidierais, pidieran
sentir	sintieron	sintiera, sintieras, sintiera, sintiéramos, sintierais, sintieran
dormir	durmieron	durmiera, durmieras, durmiera, durmiéramos, durmierais, durmieran
influir	influyeron	influyera, influyeras, influyera, influyéramos, influyerais, influyeran
saber	supieron	supiera, supieras, supiera, supiéramos, supierais, supieran
ir/ser	fueron	fuera, fueras, fuera, fuéramos, fuerais, fueran

• In Spain and some other parts of the Spanish-speaking world, the past subjunctive is commonly used with another set of endings (**–se, –ses, –se, –semos, –seis, –sen**). You will also see these forms in literary selections.

La señora Medina exigió que le **mandásemos** el contrato para el viernes.
Ms. Medina demanded that we send her the contract by Friday.

La señora Medina exigió que le **mandáramos** el contrato para el viernes.
Ms. Medina demanded that we send her the contract by Friday.

DIFFERENTIATED LEARNING

Heritage Speakers Ask students to research or ask at home (if necessary) and share with the class which subjunctive endings their families' country of origin uses. As a class, make a chart and display it in the room for reference throughout the unit.

For Inclusion Ask students to fold a blank piece of paper to make eight squares. Then ask them to choose eight of the sample sentences from pages 298–299 that they can illustrate with a sketch. Allow time for students to illustrate the examples and label them with the English and Spanish sentences. Have students share the completed illustrations with the class.

Uses of the past subjunctive

- The past subjunctive is required in the same situations as the present subjunctive, except that the point of reference is always in the past. When the verb in the main clause is in the past, the verb in the subordinate clause is in the past subjunctive.

Te pedí que llegaras a las nueve, Johnny.

PRESENT TIME	PAST TIME
El jefe sugiere que **vayas** a la reunión. *The boss recommends that you go to the meeting.*	El jefe sugirió que **fueras** a la reunión. *The boss recommended that you go to the meeting.*
Espero que ustedes no **tengan** problemas con el nuevo sistema. *I hope you won't have any problems with the new system.*	Esperaba que no **tuvieran** problemas con el nuevo sistema. *I was hoping you wouldn't have any problems with the new system.*
Buscamos a alguien que **conozca** bien el mercado. *We are looking for someone who knows the market well.*	Buscábamos a alguien que **conociera** bien el mercado. *We were looking for someone who knew the market well.*
Les mando mi currículum en caso de que **haya** un puesto disponible. *I'm sending them my résumé in case there is a position available.*	Les mandé mi currículum en caso de que **hubiera** un puesto disponible. *I sent them my résumé, in case there were a position available.*

- The expression **como si** (*as if*) is always followed by the past subjunctive.

    Alfredo gasta dinero **como si fuera** millonario.
    Alfredo spends money as if he were a millionaire.

    El presidente habló de la economía **como si** no **hubiera** una recesión.
    The president talked about the economy as if there were no recession.

    Ella rechazó mi opinión **como si** no **importara**.
    She rejected my opinion as if it didn't matter.

- The past subjunctive is also commonly used with **querer** to make polite requests or to soften statements.

    Quisiera que me llames hoy.
    I would like you to call me today.

    Quisiera hablar con usted.
    I would like to speak with you.

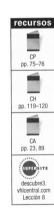

recursos

CP
pp. 75–76

CH
pp. 119–120

CA
pp. 23, 89

SUPERSITE
descubre3.
vhlcentral.com
Lección 8

Teaching Tips
- To review uses of the subjunctive, ask students to identify the noun clauses, adjective clauses, and adverbial clauses in the sample sentences.
- On the board or on chart paper, make a three-column chart. In the first column, write the following parts of speech: noun, adjective, adverb, clause, independent clause, and dependent clause. Invite volunteers to the board to define each part of speech in the second column. Then invite more volunteers to the board to give an example of each part of speech. Once the chart is completed, use it to review the uses of the past subjunctive.

DIFFERENTIATED LEARNING

For Kinesthetic Learners Play **¡Pasa la hoja!** Form teams of six. Give the first student in each team a piece of paper and a pen. Write an infinitive on the board and say: **¡Ya!** The first students write the **yo** past subjunctive form of the verb and pass the paper to the next players, who conjugate the **tú** form. The paper is passed until a team finishes conjugating the verb correctly, earning a point.

For Auditory Learners Try to read each example aloud in both Spanish and English so that auditory learners can use their strong listening skills to comprehend.
For Visual Learners For any examples you write on the board, try to use different colors and symbols (circles, underlines, stars, etc.) to emphasize the different parts of speech or different verb endings.

Estructura **299**

Teaching Tips

1 To simplify, before students complete the activity, ask volunteers to tell the class which verb forms they should use for each item.

2 As a variant, have students think of some famous couples and make up sentences about what each spouse asked the other to do.

3 Have students repeat the activity, describing a difficult person they have lived with and the things they asked each other to do. Ex: **Le dije a mi hermano que no tocara el saxofón a las tres de la mañana.**

Expansion For additional practice, write the following drill on the board and have students change each verb to the past subjunctive according to each subject. **1. estar: él/nosotros/tú 2. emplear: yo/ella/Ud. 3. insistir: ellos/Uds./él 4. poder: ellas/yo/nosotros 5. obtener: nosotros/tú/ella**

• **For Kinesthetic Learners** Change the above activity to a game in which groups of three send one member to the board to write the verb in the first form, a second member to write the second form, and the third member to the board to write the third form. Award points for groups that finish first and correctly.

---

1 **El peor día** Completa el mensaje electrónico que Jessica le mandó a su hermano mayor después de su primer día como pasante (*intern*) de verano. Utiliza el imperfecto del subjuntivo.

De:	jessica8@email.com
Para:	luismiguel@email.com
Asunto:	el peor día de mi vida

Luis Miguel:

Sé que te pedí el otro día que no me (1)___dieras___ (dar) más consejos sobre qué hacer este verano pero, ¡ahora sí necesito tus consejos! Hoy fue el peor día de mi vida, ¡te lo juro! Me aconsejaste que no (2)___solicitara___ (solicitar) un puesto como pasante, pero a mí no me puesto como pasante, pero a mí no me importaba que ellos me (3)___pagaran___ (pagar) el sueldo mínimo. No creía que (4)___existiera___ (existir) ninguna oportunidad mejor que ésta. ¡Pero hoy el jefe me trató como si yo (5)___fuera___ (ser) su esclava! Primero exigió que yo (6)___preparara___ (preparar) el café para toda la oficina. Después me dijo que (7)___saliera___ (salir) a comprar más tinta (*ink*) para la impresora. Luego, como si eso no (8)___fuera___ (ser) poco, insistió en que yo (9)___ordenara___ (ordenar) su escritorio. ¡Como si toda mi experiencia del verano pasado no (10)___valiera___ (valer) ni un centavo! Hablando de dinero... cuando le pedí que (11)___depositara___ (depositar) el sueldo en mi cuenta corriente, él me dijo, "¿Qué sueldo? Nuestros pasantes trabajan gratis". ¡Renuncié y punto!

2 **¿Qué le pidieron?** María Laura Santillán es directora de una escuela privada. En parejas, usen la tabla y preparen una conversación en que ella le cuenta a un amigo todo lo que le pidieron que hiciera el primer día de clases.

MODELO
— ¿Qué te pidió tu secretaria?
— Mi secretaria me pidió que le diera menos trabajo.

Personajes	Verbo	Actividad
los profesores		construir un gimnasio nuevo
los estudiantes		hacer menos ruido
el club que protege el medio ambiente	me pidió que	plantar más árboles
los vecinos de la escuela	me pidieron que	dar más días de vacaciones
el entrenador del equipo de fútbol		comprar más computadoras

3 **Dueño** El dueño del apartamento donde vivían tú y tu familia era muy estricto. Con un(a) compañero/a, túrnense para comentar las reglas que tenían que seguir, usando el imperfecto del subjuntivo.

MODELO
El dueño de nuestro apartamento nos dijo/pidió/ordenó que no cocináramos comidas aromáticas.

1. no usar la calefacción en abril
2. limpiar los pisos dos veces al día
3. no tener visitas en el apartamento después de las 10 de la noche
4. hacer la cama todos los días
5. sacar la basura todos los días
6. no encender las luces antes de las 8 de la noche

DIFFERENTIATED LEARNING

To Challenge Students Have students write Luis Miguel's response to Jessica using the past and present subjunctive, as well as the conditional. Then ask them to exchange their letters with a partner to correct. Finally, allow time for partners to regroup to explain their suggested corrections.

For Inclusion Ask students to complete **Actividades 2** and **3** in the present subjunctive first. Have volunteers write each sentence on the board. Then with the first item, model how to change both verbs to the past. Ask volunteers to come to the board to change all the other verbs to the past as well. As a class, reread the sentences to make sure they were formed and changed correctly.

Comunicación

4 **De niño** En parejas, háganse estas preguntas y contesten con detalles. Luego, utilicen el imperfecto del subjuntivo para hacerse cinco preguntas más sobre su niñez.

> **MODELO**   — ¿Esperabas que tus padres fueran perfectos?
> — Sí, esperaba que mis padres fueran mejores que los padres de mis amigos...

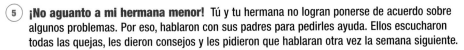

La imaginación ✳	Las relaciones ♡	La escuela
¿Esperabas que tus padres fueran perfectos?	¿Querías que tu primer amor durara toda la vida?	¿Soñabas con que el/la maestro/a cancelara la clase todos los días?
¿Dudabas que los superhéroes existieran?	¿Querías que tus padres te compraran todo lo que pedías?	¿Esperabas que tus amigos de la infancia siguieran siendo tus amigos toda la vida?
¿Esperabas que Santa Claus te trajera los regalos que le pedías?	¿Querías que tus familiares pasaran menos o más tiempo contigo?	¿Deseabas que las vacaciones de verano se alargaran *(were longer)*?
¿Qué más esperabas?	¿Qué más querías?	¿Qué más deseabas?

5 **¡No aguanto a mi hermana menor!** Tú y tu hermana no logran ponerse de acuerdo sobre algunos problemas. Por eso, hablaron con sus padres para pedirles ayuda. Ellos escucharon todas las quejas, les dieron consejos y les pidieron que hablaran otra vez la semana siguiente.

A. Primero, escribe cinco oraciones para describir lo que le pediste a tu hermana menor. Usa el imperfecto del subjuntivo.

B. Ahora, en grupos de cuatro, preparen una conversación entre los padres y los/las hermanos/as. Cada persona debe usar el imperfecto del subjuntivo. Luego representen la conversación para la clase. ¿Habrá solución?

> **MODELO**   **MADRE** Bueno, les pedimos que trataran de resolver los problemas. ¿Cómo les fue?
> **ESTUDIANTE 1** Le dije a Isabel que no usara la ropa mía sin pedir permiso. ¡Pero el día siguiente salió para la escuela con mi camiseta favorita!
> **ESTUDIANTE 2** Y yo le pedí a Celia que no escuchara música cuando estoy durmiendo. ¡Pero sigue poniendo el estéreo a todo volumen!
> **PADRE** ¿Es verdad Isabel?

Expansion
4 Have small groups describe things they believed when they were children. Each group should then select one story to present to the class. Encourage volunteers to ask clarifying questions.

Teaching Tips
5 Have students recycle household vocabulary (**Lección 3**).

5 For Part B, encourage volunteers to give solutions for this conflict, using the present subjunctive.

Expansion Have students form small groups. Provide each group with a children's book in Spanish. Ask the group to read the story and identify all the uses of the conditional and subjunctive. Have groups summarize their story for the class and share examples of the conditional and subjunctive.

AP PREPARATION

Informal Speaking, Listening, and Writing To give students practice with the past subjunctive, ask them to discuss a problem they had in junior high and the advice they received. If they choose not to talk about themselves, they can make up a situation or talk about a friend. They are to use the past subjunctive in several sentences. Ex: **Mi padre me aconsejó que no fumara.** After they have discussed the situation in their small groups, they will write about it in their blue books. Say: **Ahora vas a explicar la situación en tu librito azul.**

Instructional Resources
Cuaderno de práctica, pp. 77–78
Cuaderno para hispanohablantes, pp. 121–122
Cuaderno de actividades, pp. 24, 90
e-Cuaderno
Supersite: Additional practice
Supersite/TRCD/Print:
PowerPoints (**Lección 8 Estructura** Presentation, Overhead #58, #59, #60); Audio Activity Script, Answer Keys
Audio Activity CD

Teaching Tips
• Remind students that **si** (if) does not carry an accent mark.
• Have a volunteer read the ad aloud. Then ask students to brainstorm alternate tag lines using si clauses.
• **For Inclusion** Review the concepts of clause, subordinate, and main. Write an English sentence on the board: *If you have time, come with us.* Ask students to identify the subject of the sentence (*you*). Ask if there are any other subjects (no). Circle the subject. Then ask students to identify the two clauses (*If you have time* and *come with us*). Next ask students to decide which is the main clause, i.e., the clause that is a sentence all by itself (*come with us*). Label both clauses. Repeat the process with a Spanish example.

NATIONAL STANDARDS
Community Have students search online or in magazines for ads from training schools or programs such as the one shown here. What sorts of careers would these schools or programs prepare one for?

8.3 *Si* clauses with simple tenses

• **Si** (*if*) clauses express a condition or event upon which another condition or event depends. Sentences with **si** clauses are often hypothetical statements. They contain a subordinate clause (**si** clause) and a main clause (result clause).

No lo culpo si lo cambia por un pez.

• The **si** clause may be the first or second clause in a sentence. Note that a comma is used only when the **si** clause comes first.

Si tienes tiempo, ven con nosotros.
If you have time, come with us.

Iré con ustedes **si** no trabajo.
I'll go with you if I don't work.

Hypothetical statements about the future

• In hypothetical statements about possible or probable *future* events, the **si** clause uses the present indicative. The result clause may use the present indicative, the future indicative, **ir a** + [*infinitive*], or a command.

Si clause: PRESENT INDICATIVE		Main clause
Si salgo temprano del trabajo, *If I finish work early,*	PRESENT TENSE	**voy** al cine con Andrés. *I'm going to the movies with Andrés.*
Si usted no mejora su currículum, *If you don't improve your résumé,*	FUTURE TENSE	nunca **conseguirá** empleo. *you'll never get a job.*
Si la jefa me pregunta, *If the boss asks me,*	IR A + [INFINITIVE]	no le **voy a mentir**. *I'm not going to lie to her.*
Si hay algún problema, *If there is a problem,*	COMMAND	**háganos** saber de inmediato. *let us know right away.*

INSTITUTO TECNOLÓGICO ANDINO
PROGRAMA DE INFORMÁTICA

En sólo seis meses usted puede aprender a administrar los sistemas informáticos de cualquier tipo de empresa, grande o pequeña, nacional o extranjera.

Si busca una nueva carrera, llámenos hoy.

ita.ve
tel. 260-4349

Hypothetical statements about the present

- In hypothetical statements about improbable or contrary-to-fact *present* situations, the **si** clause uses the past subjunctive. The result clause uses the conditional.

Si clause: PAST SUBJUNCTIVE	Main clause: CONDITIONAL
¡**Si** ustedes no **fueran** tan incapaces, *If you weren't all so incapable,*	ya lo **tendrían** listo! *you'd already have this ready!*
Si sacaras un préstamo a largo plazo, *If you took out a long-term loan,*	**pagarías** menos por mes. *you'd pay less each month.*
Si no **estuviera** tan cansada, *If I weren't so tired,*	**saldría** a cenar contigo. *I'd go out to dinner with you.*

Si no estuviera en crisis económica, te ayudaría.

Si yo fuera él, les daría la tarde libre.

Habitual conditions and actions in the past

- In statements that express habitual past actions that are not contrary-to-fact, both the **si** clause and the result clause use the imperfect.

Si clause: IMPERFECT	Main clause: IMPERFECT
Si Milena **tenía** tiempo libre, *If Milena had free time,*	siempre **iba** a la playa. *she would always go to the beach.*
Si mi papá **salía** de viaje de negocios, *If my dad went on a business trip,*	siempre me **traía** un regalito. *he always brought back a little present.*

Si no me levantaba a las tres de la mañana, llegaba tarde al trabajo.

Informal speaking To teach the difference between **si clauses** that are habitual in the past and the ones that take the subjunctive, have students describe things that would always occur on their birthdays. Tell them to imagine: *If I invited my friends to the party, they would always come.* Now have them share with their group things that always used to happen on a given occasion. Walk around the room to listen to them and monitor their use of verb tenses. Tell them: **Vas a describir lo que pasaba siempre cuando dabas una fiesta con toda la familia.**

① For additional practice, have volunteers read again the complete sentences, inverting the two clauses. Item. 1: **Tendremos que ir sin Teresa si ella no viene pronto.**

① Encourage auditory learners to read each item aloud before trying to complete it.

② In pairs, have students write a similar dialogue about what they would do if they had only one class per semester.

② Ask pairs of kinesthetic learners to rewrite the monologues as a phone conversation, including verbal pauses and exchanges. Then encourage volunteers to perform them back-to-back holding real or imaginary phone receivers.

③ **For Inclusion** Have students identify the appropriate verb tense for each item before completing the activity.

Práctica

① Situaciones Completa las oraciones con el tiempo verbal adecuado.

A. Situaciones probables o futuras

1. Si Teresa no viene pronto, nosotros ___tendremos/ vamos a tener___ (tener) que ir sin ella.
2. Si tú no ___trabajas___ (trabajar) hoy, vámonos al cine.

B. Situaciones hipotéticas sobre el presente

3. Si Carla tuviera más experiencia, yo la ___contrataría___ (contratar).
4. Si Gabriel ___ganara___ (ganar) más, podría ir de viaje.

C. Situaciones habituales en el pasado

5. Si llegaba tarde en mi trabajo anterior, la gerente me ___gritaba___ (gritar).
6. Si nosotros no ___hacíamos___ (hacer) la tarea, el profesor Cortijo nos daba una prueba sorpresa.

② Si trabajara menos Carolina y Leticia trabajan cuarenta horas por semana y se imaginan qué harían si trabajaran menos horas. Completa la conversación con el condicional o el imperfecto del subjuntivo.

CAROLINA Estoy todo el día en la oficina, pero si (1) ___trabajara___ (trabajar) menos, tendría más tiempo para divertirme. Si sólo viniera a la oficina algunas horas por semana, (2) ___practicaría___ (practicar) el alpinismo más a menudo.

LETICIA ¿Alpinismo? ¡Qué aburrido! Si yo tuviera más tiempo libre, (3) ___haría___ (hacer) todas las noches lo mismo: (4) ___iría___ (ir) al cine, luego (5) ___saldría___ (salir) a cenar y, para terminar la noche, (6) ___haría___ (hacer) una fiesta para celebrar que ya no tengo que ir a trabajar por la mañana. Si nosotras (7) ___tuviéramos___ (tener) la suerte de no tener que trabajar nunca más, nos pasaríamos todo el día sin hacer absolutamente nada.

CAROLINA ¿Te imaginas? Si la vida fuera así, nosotros (8) ___seríamos___ (ser) mucho más felices, ¿no crees?

③ Situaciones Completa las oraciones. Answers may vary.

1. Si salimos esta noche, _____.
2. Si me llama el jefe, _____.
3. Saldré contigo después del trabajo si _____.
4. Si mis padres no me prestan dinero, _____.
5. Si tuviera el coche este sábado, _____.
6. Tendría más dinero si _____.
7. Si íbamos de vacaciones, _____.
8. Si peleaba con mis hermanos, _____.
9. Te prestaría el libro si _____.
10. Si mis amigos no tienen otros planes, _____.

DIFFERENTIATED LEARNING

Heritage Speakers Ask students to share what teens do in their free time in their families' home countries. Encourage speakers to share, using the conditional and/or the subjunctive.

To Challenge Students Ask students to make a 20-question quiz of the **si** clauses, including all types and uses. Encourage students to be creative, writing multiple choice, short answer, fill-ins, and so on. Then ask them to exchange their quizzes with a partner, complete it, and regroup to correct it. Be available to settle any disputes over answers.

Comunicación

(4) **Si yo fuera...** En parejas, háganse preguntas sobre quiénes serían y cómo serían sus vidas si fueran estas personas.

 un(a) cantante famoso/a

—¿Si fueras una cantante famosa, quién serías?

—Si fuera una cantante famosa, sería Christina Aguilera. Pasaría el tiempo haciendo videos, dando conciertos...

1. un(a) cantante famoso/a
2. un personaje histórico famoso
3. un personaje de un libro
4. un(a) actor/actriz famoso/a
5. un(a) empresario/a
6. un(a) deportista exitoso/a

(5) **¿Qué harías?** En parejas, miren los dibujos y túrnense para preguntarse qué harían si les ocurriera lo que muestra cada dibujo. Sigan el modelo y sean creativos.

Sample answers.

MODELO
—¿Qué harías si alguien te invitara a bailar tango?
—Si alguien me invitara a bailar tango, seguramente yo me pondría muy nervioso/a y saldría corriendo.

1.

Si mi abuelo viniera a verme, yo lo recibiría con mucho gusto y lo invitaría a comer.

2.

Si estuviera en una playa donde hay tiburones, no nadaría.

3.

Si mi carro se descompusiera en el desierto, yo llamaría a mi padre con mi teléfono celular.

4.

Si me quedara atrapado en un ascensor, me pondría muy nervioso y apretaría todos los botones hasta que alguno funcionara.

(6) **Síntesis** En grupos de cuatro, conversen sobre qué harían en estas situaciones. Luego cada persona debe inventar una situación más y preguntarle al grupo. Utilicen oraciones con **si**, el condicional y el imperfecto del subjuntivo.

1. ver a alguien intentando robar un carro
2. quedar atrapado en una tormenta de nieve
3. tener ocho hijos
4. despertarse tarde la mañana del examen final
5. descubrir que tienes el poder de ser invisible
6. enamorarse de alguien a primera vista

For additional cumulative practice of all the grammar points in this lesson, go to **descubre3.vhlcentral.com**.

La economía y el trabajo

Teaching Tips

(4) As a variant, bring in magazines and have students in pairs ask each other questions based on pictures of various celebrities.

(5) For an optional writing activity, have students write a short story in pairs based on one of these drawings. Then have pairs exchange short stories for peer editing.

(6) Give students these additional items: **7. romper la computadora portátil de tu mejor amigo 8. enterarte de que sólo te queda una semana de vida 9. inventar una máquina del tiempo 10. perder tu pasaporte en un país extranjero**

LEARNING STYLES

For Visual Learners Ask students to choose one of the illustrations from **Actividad 5** and turn it into a comic strip, illustrating and providing dialogue or captions for each frame. Display the comics around the room and allow time for the class to walk around and enjoy them.

For Auditory Learners For additional practice, ask students to make a three-column chart on a piece of paper. The headers of the columns should be: **si** clauses / conditional / subjunctive. Read aloud an article from a Spanish newspaper or magazine that would be of interest to students. Ask them to make a tally mark each time they hear one of the forms. Then, have students share their totals and examples.

Estructura **305**

Antes de ver el corto

Video Synopsis A young man starts his first day on the job as a debt collector. His job requires that he dress up like a clown and humiliate people into paying their debts.

Teaching Tips
• **Variación léxica:**
cumplir → realizar
tozudo/a → cabezota;
cabezón/cabezona
el/la moroso/a → el/la
deudor(a)

① For additional practice, have students form sentences with the remaining words and read their sentences aloud.

② Continue the discussion by asking additional questions. Ex. **¿Qué se necesita para que un trabajo sea divertido? ¿Prefieres trabajar solo o en equipo? ¿Te gustaría tener un trabajo que te permitiera viajar mucho?**

③ After watching the film, ask students if their initial impressions were correct.

CLOWN

país España   **director** Stephen Lynch
duración 11 minutos   **protagonistas** el payaso, Luisa, el jefe

Vocabulario

la amenaza *threat*	**humillar** *to humiliate*
el/la cobrador(a) *debt collector*	**moroso/a** *debtor*
cumplir *to carry out*	**el/la payaso/a** *clown*
deber *to owe*	**el sueldo fijo** *base salary*
dejar en paz *to leave alone*	**tozudo/a** *stubborn*

① Oraciones incompletas Completa las oraciones con las palabras apropiadas.

1. Alguien que no paga sus deudas es un ___moroso___.
2. Además del ___sueldo fijo___, la empresa me paga comisiones.
3. Una persona ___tozuda___ nunca quiere cambiar de opinión.
4. Un ___payaso___ trabaja en el circo.
5. Cuando alguien no paga, algunas empresas contratan a un ___cobrador___.

② Preguntas En parejas, contesten las preguntas.

1. ¿Has tenido alguna vez un trabajo que no te gustaba? ¿Cuál?
2. Imagina que necesitas trabajar con urgencia. ¿Dónde buscarías trabajo? ¿Por qué?
3. ¿Eres capaz de hacer cosas que no te gustan por ganar dinero? Razona tu respuesta.
4. ¿Qué empleo crees que nunca harías? ¿Por qué?
5. Cuando eras niño/a, ¿qué trabajo soñabas con tener de grande?

③ ¿Qué sucederá? En parejas, miren el fotograma e imaginen lo que va a ocurrir en la historia. Preparen una lista de adjetivos que podrían usarse para describir la personalidad del payaso. Compartan sus ideas con la clase.

CRITICAL THINKING

Knowledge and Synthesis Ask students to remember all their experiences with clowns. Then have them brainstorm a list of their impressions of clowns. Encourage them to include how clowns make them feel. Finally, have have students share their impressions with the class while you record the responses in a web on the board.

Analysis and Synthesis Students make a three-column **A-D-D** chart with the headings, **Antes, Durante** and **Después**. In the **Antes** column, students record predictions of the content of the film based on its title and the vocabulary. While watching, they take notes in the **Durante** column on what they hear and see. After viewing, they write in the **Después** column comparisons and contrasts between their **Antes** and **Durante** notes.

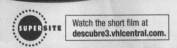

con **ROGER CASAMAJOR** y **LUCÍA DEL RÍO**
THE LIFT presenta una película de **STEPHEN LYNCH**
montaje **GABRIEL JORGES** • fotografía **PABLO CRUZ**
dirección de arte **ANJA MAYER** • diseño de vestuario **ANA LAURA SOLIS**
música **MARVIN PONTIAC / LOS CHICHOS**
guión **STEPHEN LYNCH** • producida por **JUAN CARLOS POLANCO**
dirigida por **STEPHEN LYNCH**

LIFT

Teaching Tips
- Ask students for the Spanish word for *clown* (**payaso**). Then ask the class to consider and discuss why the film is titled in English.
- **For Visual Learners** Ask students to describe all the details of the poster, using complete sentences, strong verbs, and colorful adjectives.
- **For Inclusion** Challenge students to write an English translation of the credits on the bottom of the poster. Have volunteers read aloud their translations, practicing Spanish pronunciations of the names. If students make a translation or pronunciation error, let them finish, praise them, then go back and give them the correct word or pronunciation, having them repeat it until they have done it correctly.

CRITICAL THINKING

Application and Synthesis Ask pairs of students to create alternate posters for the film, based on their predictions and impressions thus far. Display the posters at the front of the room and ask the class to vote on different categories for: **El mejor dibujo**, **El mejor contenido**, **El más gracioso**, **El más profundo**, etc. Pin home-made ribbons on the winners and display all posters around the room during the film.

Application and Evaluation Ask students to form nine groups. Assign each group one of the members of cast and crew (as listed at the bottom of the poster). Have each group research the biographies and other works of their cast or crew member, write a short report, and present it to the class.

Escenas

ARGUMENTO Un hombre comienza su primer día como cobrador vestido de payaso.

PAYASO ¿Luisa River? ¿Luisa River?
LUISA Sí.
PAYASO Debe usted 771 euros a Telefónica. Vengo a cobrar.
LUISA ¿Y tú quién eres?
PAYASO Soy de los cobradores del circo.

LUISA No tengo teléfono. Ni trabajo. Así que les dices a tus clientes que o me encuentran trabajo o que me dejen en paz.
PAYASO Mire Luisa, se lo voy a explicar para que lo entienda. Mi trabajo consiste en humillarla y seguirla hasta que nos pague.

LUISA Llega tarde tu amenaza. Debo tres meses de alquiler, y ya he vendido el coche, y la tele y todo, y tengo dos hijos y su padre no pasa un duro°. Así que tu factura me la suda° en este momento. Lo siento, payaso, me encantaría pagarte, pero esto es lo que hay°.

PAYASO ¿Estás orgullosa? ¿No te avergüenza? ¿No tienes vergüenza, Luisa? Yo llevo la nariz roja, ¿pero quién hace aquí el payaso?
LUISA ¿Quieres una respuesta? Pues sí, estoy orgullosa de no tener que ganarme la vida humillando a la gente.

PAYASO ¿Tú crees que yo me quería dedicar a esto? Pues no. Pero si tengo que hacerlo para mantener a mi mujer y a mi bebé, pues lo haré. Es patético, pero lo haré.
LUISA ¿Tienes un bebé?
PAYASO Una niña, de siete meses.

JEFE ¿Y cómo ha ido?
PAYASO Bueno, pues… bien.
JEFE ¿Pero cobraste o no?
PAYASO No, cobrar, cobrar no, pero…
JEFE ¿Fuiste tozudo?
PAYASO ¡Muy tozudo!

duro *five-peseta coin* **me la suda** *I don't give a damn*
esto es lo que hay *take it or leave it*

Después de ver el corto

1 **Comprensión** Contesta las preguntas con oraciones completas.

1. ¿En qué consiste el trabajo del payaso? Tiene que cobrar deudas.

2. ¿Por qué sigue a Luisa? Luisa debe dinero a la compañía de teléfono.

3. ¿Qué razones le da Luisa al payaso para no pagar? Luisa le dice al payaso que tiene dos hijos y que no tiene trabajo.

4. ¿Adónde van después de bajar del autobús? Van a una cafetería.

5. ¿Tiene familia el payaso? El payaso está casado y tiene una niña de siete meses.

6. ¿Qué razones le da el payaso a su jefe para explicar que Luisa no puede pagar? Le dice que tiene dos hijos y que uno de ellos necesita un transplante.

7. ¿Qué le dice el jefe al payaso? Le dice que todo era una prueba.

8. ¿Por qué se enoja el payaso con Luisa? Ella le había mentido y él pierde el trabajo.

2 **Ampliación** Contesta las preguntas con oraciones completas.

1. ¿Por qué está nervioso el payaso al principio?

2. ¿Piensas que le gusta su trabajo? ¿Por qué?

3. Explica qué ocurre al final del corto.

4. ¿Crees que Luisa actuó bien? ¿Por qué? Explica tu respuesta.

5. Imagina que no tienes dinero y te ofrecen este puesto de trabajo: ¿lo tomarías? Razona tu respuesta.

3 **Opiniones** En parejas, lean la cita. ¿Están de acuerdo con lo que se expresa en ella? Compartan su opinión con la clase.

> **❝ Pues sí, estoy orgullosa de no tener que ganarme la vida humillando a la gente como haces tú. No tengo nada, muy bien, pero tengo mi dignidad. ❞**

4 **Entrevistas de trabajo** En parejas, imaginen la entrevista de trabajo entre el hombre y el jefe de la empresa de cobradores.

A. Conversen acerca de estas preguntas.

- ¿Qué preguntas hizo el jefe antes de ofrecerle el trabajo?

- ¿Qué contestó el hombre?

- ¿Cómo reaccionó cuando le dijeron que tenía que vestirse de payaso?

B. Ensayen la entrevista de trabajo entre el hombre y el jefe. Luego, actúen la entrevista frente a la clase.

Teaching Tips

1 After students have finished, have them work in pairs to write a brief summary of the film.

2 For item 1, have students write what Luisa and the clown are thinking when they first meet.

2 Ask additional discussion questions. Ex: **En un contexto diferente, ¿crees que Luisa y el payaso podrían ser amigos? ¿Por qué?**

4 For Part A, ask additional discussion questions. Ex: **¿Qué experiencia laboral tenía el hombre antes de solicitar este puesto? ¿Qué opina su familia de su nuevo trabajo?**

CRITICAL THINKING

Analysis and Synthesis Ask students to complete their **Antes / Durante / Después** charts, recording their impressions of and reactions to the film in the **Después** column. Have volunteers share their charts with the class.

Evaluation Display the scene 7 stills that groups created from the Application and Evaluation activity on page 308. Ask students to discuss which group's prediction was closest to the ending and why. If there is a dispute, have volunteers present their points, then have a class vote between the disputed posters.

Section Goals

In **Lecturas**, students will:
- read the fable *La abeja haragana* by Uruguayan author **Horacio Quiroga**
- learn about Venezuelan fashion designer **Carolina Herrera**

Instructional Resources
Cuaderno de práctica, p. 79
Cuaderno para hispanohablantes, pp. 123–126
Supersite: Additional practice

Teaching Tips

- **For Visual Learners** Ask students to study the picture for three minutes. Then ask them to close their books and brainstorm a list of everything they remember seeing. Have volunteers share their answers with the class. List all responses in a web on chart paper.
- **To Challenge Students** Ask students to come to the board and translate the **Picasso** quote. Allow time and space for all students to record their translations. Then read them aloud and have the class discuss which translation they prefer and why.
- **Analysis and Synthesis** Ask pairs to write a paragraph that relates the painting with the quote. The beginning of the paragraph should describe the painting and summarize or restate the quote. The middle and end of the paragraph should explain the connection. Have pairs exchange their paragraphs and allow time for them to read at least two other paragraphs.

Mercado de flores, 1949.
Diego Rivera. México.

"Cuando llegue la inspiración, que
me encuentre trabajando."

— Pablo Picasso

310 *trescientos diez*

Lección 8

CRITICAL THINKING

Analysis and Synthesis If possible, show other **Rivera** paintings using an overhead projector or PowerPoint presentation. Ask pairs to choose one of these alternate paintings and make a Venn diagram to compare and contrast the two paintings. Ask volunteers to share their diagrams with the class by recreating them on the board.

Evaluation Based on the painting on page 310 and others you may have shown, ask students to evaluate **Rivera** as a painter. **To Challenge Students**, ask them to write a minimum of one paragraph, describing **Rivera's** style, subjects, and their opinions of his work. You may wish to give students some sentence starters such as **Me gusta su estilo porque…** for students to fill in.

Antes de leer

La abeja haragana

Sobre el autor

Horacio Quiroga nació en Salto, Uruguay, el 31 de diciembre de 1878. En su juventud practicó ciclismo, fotografía, mecánica y carpintería. Fue un trabajador compulsivo y pionero de la escritura profesional. En 1898 viajó a Argentina y allí se quedó. Vivió en San Ignacio, Misiones, donde cultivaba orquídeas y vivía en estrecho (*close*) contacto con la naturaleza en la selva, de clima favorable para sus problemas de salud. Su interés por la literatura comenzó por la poesía y su primer libro fue *Los arrecifes de coral* (1901), al que siguieron, entre otros, *Cuentos de amor, de locura y de muerte* (1917) y la colección de relatos para niños titulada *Cuentos de la selva* (1918).

Vocabulario

la advertencia *warning*	**el descanso** *rest*	**la miel** *honey*
el aprendizaje *learning*	**la experiencia** *experience*	**el polen** *pollen*
la colmena *beehive*	**la fatiga** *fatigue; weariness*	**trabajador(a)** *industrious; hard-working*
el deber *duty*	**haragán/haragana** *lazy; idle*	**volar** *to fly*

El valor del trabajo Un abuelo da a su nieto consejos sobre el valor del trabajo. Completa el párrafo con las palabras correctas.

La persona (1) ___haragana___ no llega a ningún lado en este mundo: se necesita mucho esfuerzo para lograr algo en la vida, sin hacerle caso a la (2) ___fatiga___ que uno pueda sentir. El (3) ___descanso___ llegará después. Esta (4) ___advertencia___ proviene de mi propia (5) ___experiencia___. Es un largo (6) ___aprendizaje___ que se hace durante toda la vida pero, al final, la persona (7) ___trabajadora___ puede estar satisfecha de haber cumplido con su (8) ___deber___.

Conexión personal

¿Crees que las cosas con esfuerzo valen más? ¿O es mejor cuando se obtienen por buena suerte o ingenio? ¿Qué te parece más justo?

Análisis literario: la fábula

La fábula es un breve relato dialogado que suele incluir una moraleja (*moral*) extraída de los eventos relatados. La conducta de las personas se equipara con el comportamiento típico de ciertos animales que son los protagonistas de las fábulas y encarnan (*embody*) vicios y virtudes humanas. Por ejemplo: la hormiga (*ant*) representa la laboriosidad (*hard work*) y la previsión (*foresight*). ¿Qué virtudes representan estos animales?

la serpiente   el perro   el gato   el caballo

Previewing Strategy Have students look at the **Rivera** painting on page 310, and ask: **¿Qué actitud parece tener el pintor hacia el trabajo en este cuadro? ¿De qué forma lo representa?**

Teaching Tips
- **To Challenge Students** Call on a volunteer to read and interpret the **Picasso** quote on page 310. Ask: **¿Qué efecto piensas que tiene el uso del subjuntivo en esta cita?**
- Have volunteers talk about two personal experiences: a time they worked hard to achieve something and a time they achieved something by luck. Ask: **¿Qué aprendiste de cada experiencia?**

Reading Strategy Ask about who reads fables: **¿Las fábulas son para niños, adultos o ambos? Explica tu respuesta.**

NATIONAL STANDARDS
Connections: Literature Ask students to recount fables that they know from their literature classes or even from childhood. What are the characteristics of a fable? Bring in Spanish-language children's books of illustrated fables, particularly ones with ties to ancient cultures. What similarities do students see? What differences?

CRITICAL THINKING

Comprehension and Application Ask students to form small groups. Have groups write a fable using the vocabulary on page 311. Once students have a final draft of the fable, they should write or copy it into a homemade book and illustrate the pages. Display the fables around the room for the class to enjoy.

Analysis and Synthesis Based on **Quiroga's** biography, the vocabulary, and the questions, ask pairs of students to predict what the fable will be about. Provide each pair with two copies of a story map. The first map they fill out now to predict the characters, setting, plot, problem, solution, etc. The second they can fill out as they read the fable.

Horacio Quiroga

La abeja haragana

Había una vez en una colmena una abeja que no quería trabajar, es decir, recorría los árboles uno por uno para tomar el jugo de las flores; pero en vez 5 de conservarlo para convertirlo en miel, se lo tomaba del todo.

Era, pues, una abeja haragana. Todas las mañanas, apenas el sol calentaba el aire, la
stuck her abejita se asomaba° a la puerta de la colmena,
head out 10 veía que hacía buen tiempo, se peinaba con las patas, como hacen las moscas, y echaba entonces a volar, muy contenta del lindo día.
buzzed Zumbaba° muerta de gusto de flor en flor, entraba en la colmena, volvía a salir, y así se 15 lo pasaba todo el día mientras las otras abejas se mataban trabajando para llenar la colmena de miel, porque la miel es el alimento de las
newborn abejas recién nacidas°.

Como las abejas son muy serias, comenzaron a disgustarse con el proceder° 20 *behavior* de la hermana haragana. En la puerta de las colmenas hay siempre unas cuantas abejas que están de guardia° para cuidar que no entren *on duty* bichos° en la colmena. Estas abejas suelen ser *bugs* muy viejas, con gran experiencia de la vida y 25 tienen el lomo° pelado° porque han perdido *back / hairless* todos los pelos de rozar° contra la puerta de *rub* la colmena.

Un día, pues, detuvieron a la abeja haragana cuando iba a entrar, diciéndole: 30

—Compañera: es necesario que trabajes, porque todas las abejas debemos trabajar.

La abejita contestó:

—Yo ando todo el día volando, y me canso mucho. 35

—No es cuestión de que te canses mucho

—respondieron—, sino de que trabajes un poco. Es la primera advertencia que te hacemos.

Y diciendo así la dejaron pasar.

40 Pero la abeja haragana no se corregía. De modo que a la tarde siguiente las abejas que estaban de guardia le dijeron:

—Hay que trabajar, hermana.

45 Y ella respondió en seguida:

—¡Uno de estos días lo voy a hacer!

—No es cuestión de que lo hagas uno de 50 estos días —le respondieron— sino mañana mismo.

Y la dejaron pasar.

Al anochecer siguiente se repitió la misma cosa. Antes de que le dijeran nada, la abejita 55 exclamó:

—¡Sí, sí hermanas! ¡Ya me acuerdo de lo que he prometido!

—No es cuestión de que te acuerdes de lo prometido —le respondieron—, sino de que 60 trabajes. Hoy es 19 de abril. Pues bien: trata de que mañana, 20, hayas traído una gota° *drop* siquiera de miel. Y ahora, pasa.

Y diciendo esto, se apartaron para dejarla entrar.

65 Pero el 20 de abril pasó en vano como todos los demás. Con la diferencia de que al caer el sol el tiempo se descompuso y comenzó a soplar° un viento frío. *to blow*

La abejita haragana voló apresurada° *in a hurry*
70 hacia su colmena, pensando en lo calentito que estaría allá dentro. Pero cuando quiso entrar, las abejas que estaban de guardia se lo impidieron.

—¡No se entra!—le dijeron fríamente.

75 —¡Yo quiero entrar!—clamó° la abejita—. *cried out* Ésta es mi colmena.

—Ésta es la colmena de unas pobres abejas trabajadoras —le contestaron las otras—. No hay entrada para las haraganas.

80 —¡Mañana sin falta voy a trabajar!— insistió la abeja.

—No hay mañana para las que no trabajan —respondieron las abejas. Y esto diciendo la empujaron° afuera. *pushed*

La abejita, sin saber qué hacer, voló 85 un rato aún; pero ya la noche caía y se veía apenas. Quiso cogerse° de una hoja°, y cayó al *to hold on to/ leaf* suelo. Tenía el cuerpo entumecido° por el aire *numb* frío, y no podía volar más.

Arrastrándose° entonces por el suelo, 90 *Crawling* trepando° y bajando de los palitos° y *climbing/little sticks* piedritas°, que le parecían montañas, llegó *little stones* a la puerta de la colmena, a tiempo que comenzaban a caer frías gotas de lluvia.

—¡Perdón!—gimió° la abeja—. ¡Déjenme 95 *groaned* entrar!

—Ya es tarde —le respondieron.

—¡Por favor, hermanas! ¡Tengo sueño!

—Es más tarde aún.

—¡Compañeras, por piedad! ¡Tengo frío! 100

—Imposible.

—¡Por última vez! ¡Me voy a morir!

Entonces le dijeron:

—No, no morirás. Aprenderás en una sola noche lo que es el descanso 105 ganado con el trabajo. Vete.

Y la echaron.

Entonces, temblando de frío, con las alas mojadas° y tropezando°, la abeja se arrastró, *wet/stumbling* se arrastró hasta que de pronto rodó° por un 110 *rolled* agujero°; cayó rodando, mejor dicho, al fondo *hole* de una caverna°. *cave*

Creyó que no iba a concluir nunca de bajar. Al fin llegó al fondo, y se halló° 115 *found itself* bruscamente ante una víbora°, una culebra° *viper/snake* verde de lomo color ladrillo°, que la miraba *brick* enroscada° y presta a lanzarse° sobre ella. *curled up; throw itself*

En verdad, aquella caverna era el hueco° *hollow; hole* de un árbol que habían trasplantado hacía 120 tiempo, y que la culebra había elegido de guarida°. *lair*

Las culebras comen abejas, que les gustan mucho. Por esto la abejita, al encontrarse ante su enemiga°, murmuró cerrando los ojos: 125 *enemy*

—¡Adiós mi vida! Ésta es la última hora que yo veo la luz.

Pero con gran sorpresa suya, la culebra no solamente no la devoró sino que le dijo:

—¿Qué tal, abejita? No has de ser° muy 130 *You must not be*

Teaching Tips
- **To Challenge Students** Ask students to choose 20 of the glossed words in the fable. They should try to commit these new words to memory in a way that best suits their learning style. Ask students to consider making flashcards, writing sentences, illustrating the words, etc.
- **For Inclusion** Continue reading the fable aloud with exaggerated facial expressions and pantomime, but pause at important sections and have students repeat both your words and expressions or movements.

CRITICAL THINKING

Analysis and Synthesis Encourage students to complete their story maps as they read this page. To help students fill in the new points for **personajes**, ask: **¿Te parecen justas las guardias? ¿Por qué? ¿Cómo es la abeja haragana? ¿Por qué?** For **problema**, ask: **¿Qué pasó el 20 de abril? ¿Por qué? ¿Qué piensas que va a pasar con la abeja?**

Analysis and Evaluation Ask pairs of students to begin to focus on the deeper meaning of the story. Ask: **¿A qué o quién representa la abeja haragana? ¿Por qué? ¿Piensas que la colmena representa algo? ¿Qué?**

Teaching Tips

- **For Visual Learners** If you are reading the fable aloud, be sure students know what part you are reading. Periodically walk around the room and point to the line you are reading to refocus students, as needed.
- **For Inclusion** Ask pairs to summarize the story thus far. They can draw pictures and label them with words and phrases. They can make a comic strip, time line, story map, etc. Have a class sharing with at least one of each kind of summary being presented.
- **To Challenge Students** Ask students to make a two-column chart. In the first column, they list the attributes of a fable. Then in the second column, they write an example from *La abeja haragana*. Ask volunteers to share their charts by recording them on the board.

trabajadora para estar aquí a estas horas.

—Es cierto —murmuró la abejita—. No trabajo, y yo tengo la culpa°.

blame

—Siendo así —agregó° la culebra, burlona°—, voy a quitar del mundo a un mal bicho como tú. Te voy a comer, abeja.

added
jokingly 135

—¡No es justo eso, no es justo! No es justo que usted me coma porque es más fuerte que yo. Los hombres saben lo que es justicia.

140

—¡Ah, ah!—exclamó la culebra, enroscándose° ligero°—. ¿Tú conoces bien a los hombres? ¿Tú crees que los hombres, que les quitan la miel a ustedes, son más justos, grandísima tonta?

coiling up/fast

145

—No, no es por eso que nos quitan la miel —respondió la abeja.

—¿Y por qué, entonces?

—Porque son más inteligentes.

Así dijo la abejita. Pero la culebra se echó a reír, exclamando:

150

—¡Bueno! Con justicia o sin ella, te voy a comer; apróntate°.

get ready

Y se echó atrás, para lanzarse sobre la abeja. Pero ésta exclamó:

155

—Usted hace eso porque es menos inteligente que yo.

—Pues bien— dijo la culebra—, vamos a verlo. Vamos a hacer dos pruebas. La que haga la prueba más rara, ésa gana. Si gano yo, te como.

160

—¿Y si gano yo?— preguntó la abejita.

—Si ganas tú —repuso su enemiga—, tienes el derecho de pasar la noche aquí, hasta que sea de día. ¿Te conviene°?

Does that work for you? 165

—Aceptado— contestó la abeja.

La culebra se echó a reír de nuevo, porque se le había ocurrido una cosa que jamás podría hacer una abeja. Y he aquí lo que hizo:

Salió un instante afuera, tan velozmente que la abeja no tuvo tiempo de nada. Y volvió trayendo una cápsula° de semillas° de eucalipto, de un eucalipto que estaba al lado de la colmena y que le daba sombra.

170

capsule/seeds

Los muchachos hacen bailar como trompos° esas cápsulas, y les llaman trompitos de eucalipto.

spinning top 175

—Esto es lo que voy a hacer— dijo la culebra—. ¡Fíjate bien, atención!

Y arrollando° vivamente la cola alrededor del trompito como un piolín° la desenvolvió a toda velocidad, con tanta rapidez que el trompito quedó bailando y zumbando como un loco.

coiling up
180 strip

La culebra reía, y con mucha razón, porque jamás una abeja ha hecho ni podrá hacer bailar a un trompito. Pero cuando el trompito, que se había quedado dormido zumbando, como les pasa a los trompos de naranjo, cayó por fin al suelo, la abeja dijo:

185

—Esa prueba es muy linda, y yo nunca podré hacer eso.

190

—Entonces, te como —exclamó la culebra.

—¡Un momento! Yo no puedo hacer eso; pero hago una cosa que nadie hace.

—¿Qué es eso?

195

—Desaparecer.

—¿Cómo? —exclamó la culebra, dando un salto de sorpresa—. ¿Desaparecer sin salir de aquí?

—Sin salir de aquí.

200

—Pues bien, ¡hazlo! Y si no lo haces, te como en seguida —dijo la culebra.

El caso es que mientras el trompito bailaba, la abeja había tenido tiempo de examinar la caverna y había visto una plantita que crecía allí. Era un arbustillo°, casi un yuyito°, con grandes hojas del tamaño de una moneda de dos centavos.

205
shrub
weed

La abeja se arrimó° a la plantita, teniendo cuidado de no tocarla, y dijo así:

came closer to
210

—Ahora me toca a mí, señora Culebra. Me va a hacer el favor de darse vuelta, y contar hasta tres. Cuando diga "tres" búsqueme por todas partes, ¡ya no estaré más!

Y así pasó, en efecto. La culebra dijo rápidamente: "uno..., dos..., tres", y se volvió y abrió la boca cuan grande era, de sorpresa: allí no había nadie. Miró arriba, abajo, a todos lados, recorrió los rincones°, la plantita, tanteó° todo con la lengua. Inútil: la abeja había desaparecido.

215

corners, nooks
220 felt out

La culebra comprendió entonces que si su

Analysis and Synthesis Encourage students to work on their story maps. To help students fill in the new points for **personajes**, ask: **¿Cómo es la culebra? ¿Por qué se ríe mucho? ¿Te gusta la culebra? ¿Por qué?** For **lugar**, ask : **¿Dónde se cayó la abeja? ¿Cómo es el lugar?**, etc.
Analysis and Evaluation Ask pairs of students to predict how the fable will end.

To Challenge Students Have students complete the story in the same style as **Quiroga**.
For Inclusion Have students dictate the story to you or another student, using facial expressions and pantomime when they do not have words to describe their predictions.

prueba del trompito era muy buena, la prueba de la abeja era simplemente extraordinaria.

225 ¿Qué se había hecho? ¿Dónde estaba?

Una voz que apenas se oía —la voz de la abejita— salió del medio de la cueva.

—¿No me vas a hacer nada? —dijo la voz—. ¿Puedo contar con tu juramento?

230 —Sí —respondió la culebra—. Te lo juro. ¿Dónde estás?

—Aquí —respondió la abejita, apareciendo *suddenly* súbitamente° de entre una hoja cerrada de la plantita.

235 ¿Qué había pasado? Una cosa muy sencilla: la plantita en cuestión *mimosa pudica* era una sensitiva°, muy *or sensitive plant* común también en Buenos 240 Aires, y que tiene la particularidad de que sus hojas se cierran al menor contacto. Solamente que esta aventura pasaba *province in* 245 en Misiones°, donde la *Argentina* vegetación es muy rica, y por lo tanto muy grandes las hojas de las sensitivas. De aquí que al contacto de la abeja, las *hiding* hojas se cerraron, ocultando° completamente 250 al insecto.

La inteligencia de la culebra no había alcanzado nunca a darse cuenta de este fenómeno; pero la abeja lo había observado, y se aprovechaba de él para salvar su vida.

255 La culebra no dijo nada, pero quedó muy *defeat* irritada con su derrota°, tanto que la abeja pasó toda la noche recordando a su enemiga la promesa que había hecho de respetarla.

Fue una noche larga, interminable, que las *close to* 260 dos pasaron arrimadas contra° la pared más alta de la caverna, porque la tormenta se había *had broken out* desencadenado°, y el agua entraba como un río adentro.

Hacía mucho frío, además, y adentro 265 reinaba la oscuridad más completa. De cuando en cuando la culebra sentía impulsos de lanzarse sobre la abeja, y ésta creía entonces llegado el término de su vida.

Nunca jamás creyó la abejita que una noche podría ser tan fría, tan larga, 270 tan horrible. Recordaba su vida anterior, durmiendo noche tras noche en la colmena, bien calentita, y lloraba entonces en silencio.

Cuando llegó el día, y salió el sol, porque el tiempo se había compuesto, la abejita voló 275 y lloró otra vez en silencio ante la puerta de la colmena hecha por el esfuerzo° de la familia. *effort* Las abejas de guardia la dejaron pasar sin decirle nada, porque comprendieron que la que volvía no era la paseandera°

haragana, sino una abeja que había hecho *wanderer* en sólo una noche un duro aprendizaje de la vida.

Así fue, en efecto. En adelante, ninguna como ella recogió tanto polen ni fabricó tanta miel. Y cuando el otoño llegó, y llegó también 285 el término de sus días, tuvo aún tiempo de dar una última lección antes de morir a las jóvenes abejas que la rodeaban°: *surrounded her*

—No es nuestra inteligencia, sino nuestro trabajo quien nos hace tan fuertes. Yo usé una 290 sola vez mi inteligencia, y fue para salvar mi vida. No habría necesitado de ese esfuerzo, si hubiera trabajado como todas. Me he cansado tanto volando de aquí para allá, como trabajando. Lo que me faltaba era la noción 295 del deber, que adquirí aquella noche.

Trabajen, compañeras, pensando que el fin a que tienden° nuestros esfuerzos —la *work towards* felicidad de todos— es muy superior a la fatiga de cada uno. A esto los hombres llaman 300 ideal, y tienen razón. No hay otra filosofía en la vida de un hombre y de una abeja. ∎

Teaching Tips
• **Heritage Speakers** Ask heritage speakers to share another fable from their parents' countries of origin.
• Using one of the fables heritage speakers shared or another fable with which students are familiar, have pairs of students make a Venn diagram, comparing and contrasting the attributes with *La abeja haragana*. Have volunteers share their Venn diagrams with the class by recreating them on the board or chart paper.
• Reread the last paragraph and ask students to consider whether they agree or not and why. Ask: **¿Estás de acuerdo con que la gente debe trabajar muy duro todos los días? ¿Por qué? ¿Hay otra opción entre trabajar duro y no trabajar para nada?**

AP PREPARATION

Formal Writing, Synthesis of Skills, Part B After students have read **La abeja haragana**, discuss it with the whole class; students should take notes on the discussion. Then ask them to write a formal essay of 200 words in which they discuss the fable, and compare it with the painting's message and one other fable with whihc they are familiar. Tell them to use the notes they took during the class discussion and quote from the story. Use the current AP rubrics to grade the essay. Tell them: **Vas a escribir una composición comparando las actitudes hacia el trabajo en el cuadro Mercado de flores, en el cuento La abeja haragana y en otra fábula que has leído.**

La abeja haragana

Horacio Quiroga

① Comprensión Enumera los acontecimientos en el orden en que aparecen en el cuento.

<u>8</u> a. La abeja haragana gana la prueba.

<u>1</u> b. Las guardianas dejan que la abeja haragana entre en la colmena pero le advierten que será la última vez.

<u>5</u> c. Una culebra le anuncia que la va a devorar.

<u>10</u> d. Las guardianas dejan pasar a la abeja que ya no es haragana.

<u>2</u> e. La abeja promete cambiar pero no cumple.

<u>7</u> f. La culebra hace su prueba con éxito.

<u>9</u> g. La abeja regresa a la colmena después de pasar la noche afuera.

<u>3</u> h. Las guardianas le prohíben entrar en la colmena.

<u>6</u> i. La culebra le propone hacer dos pruebas.

<u>4</u> j. La abeja cae por un hoyo en un árbol.

② Análisis Lee el relato nuevamente y responde las preguntas.

1. ¿Qué características podrías señalar de la abeja haragana? ¿En qué se diferenciaba de las otras abejas?
2. ¿Qué te parece que puede representar la víbora?
3. En el relato, ¿qué es lo que salva a la abeja de la víbora?
4. ¿Cuál es la moraleja de la fábula?

③ Interpretación En parejas, respondan las preguntas.

1. En el relato se contraponen claramente dos lugares: la colmena y el exterior. ¿Puedes encontrar una palabra que caracterice a cada uno?
2. Las guardianas advierten a la abeja varias veces antes de impedirle la entrada. ¿Te parece bien lo que hacen? ¿Crees que tienen razón?
3. ¿Por qué es tan importante que todas colaboren con polen? ¿Para qué sirve la miel que hacen las abejas? ¿Qué sentido tiene eso para la comunidad?
4. ¿Qué crees que hizo recapacitar a la abeja haragana?
5. ¿Estás de acuerdo con la moraleja de la fábula?
6. ¿Te parece que la abeja fue feliz al aceptar las reglas de la colmena?

④ Tu propia fábula Elige una de las comparaciones de la lista y escribe una fábula breve sobre el animal y la cualidad o vicio. Si lo prefieres, puedes elegir otro animal y otra cualidad o vicio. No olvides concluir el relato con una moraleja.

- inocente como un cordero (*lamb*)
- astuto (*sly*) como un zorro (*fox*)
- fuerte como un león
- terco (*stubborn*) como una mula

Márgenes laterales

Expansion

① Have students write a paragraph describing the events of the fable using the sentences in the activity.

Teaching Tips

② Ask additional questions. Ex: **¿Cómo crees que se sintió la abeja cuando no le permitieron entrar en la colmena? ¿Y cuando volvió a la colmena?**

③ Point out that the snake addresses the bee in the **tú** form, while the bee answers back in the **usted** form. Ask: **¿Por qué crees que sucede esto?**

Expansion

③ Ask: **Si escribieras otra fábula con la misma moraleja pero con otros protagonistas, ¿qué animales elegirías? ¿Cómo cambiaría la historia? Explica tu respuesta.**

Teaching Tips

④ Before students begin writing, encourage them to map out their fables. Have students include the characters, the setting, the basic plot, and the moral in their outlines.

④ **For Inclusion** Encourage students to create comic strip fable with a picture for every frame, and words and phrases of dialogue or captions.

- **For Evaluation** Ask students to reread their prediction pieces from page 314 and discuss which were most accurate and why.

CRITICAL THINKING

Analysis and Synthesis Encourage students to complete their story maps as they finish reading the story. To help students fill in the new points for **personajes**, ask: **¿Cómo es la culebra? ¿Por qué se ríe tanto? ¿Te gusta la culebra? ¿Por qué?** For **lugar**, ask : **¿Dónde se cayó la abeja? ¿Cómo es el lugar?**, etc.

Evaluation Ask students to review their first prediction story maps (from the activity on page 311) with these final ones (from the activity at left). Pairs should determine how close they were to predicting the elements of the fable. Ask pairs to share how close they were and why, using evidence from the fable and their story maps.

Antes de leer

Vocabulario

adinerado/a *wealthy*	**la huella** *trace; mark*
el anfitrión/la anfitriona *host(ess)*	**el lujo** *luxury*
diseñar *to design*	**el privilegio** *privilege*
enérgico/a *energetic*	**tomar en serio** *to take seriously*

Balenciaga Completa el párrafo usando una vez cada palabra y frase.

Cristóbal Balenciaga nació en España en 1895. Ya de joven, comenzó a
(1) ___diseñar___ ropa. Para él la moda era algo que había que (2) ___tomar en serio___. En 1937 abrió
una tienda en París donde atendía a una clientela exclusiva y (3) ___adinerada___. Tuvo el
(4) ___privilegio___ de vestir a muchos famosos. Jacky Kennedy lució (*wore*) sus diseños como
(5) ___anfitriona___ de elegantes cenas y eventos. El estilo de este (6) ___enérgico___ y creativo
diseñador se caracterizaba por la discreción y la elegancia. En 1968 el (7) ___lujo___ y la
elegancia del estilo Balenciaga casi desaparecen. El diseñador cerró su tienda porque
se sentía desilusionado con la nueva moda *prêt-à-porter* (*ready-to-wear*). Sin embargo,
el estilo Balenciaga dejó su (8) ___huella___ para siempre en el mundo de la moda, y
actualmente el Grupo Gucci sigue produciendo la línea Balenciaga.

Conexión personal ¿Tu gusta vestirte a la moda o no te importa mucho la ropa? Llena la
encuesta personal y después compara tus respuestas con las de un(a) compañero/a.

	Siempre	A veces	Nunca
1. Voy a las tiendas de ropa.			
2. Todos los años cambio mi vestuario.			
3. Mis accesorios hacen juego con mi ropa.			
4. Salgo bien vestido/a de casa.			
5. Me compro ropa que veo en las revistas.			
6. Me gusta comprar ropa cara.			

Contexto cultural

Cuando pensamos en la moda, solemos pensar en Milán, París o
Nueva York. Sin embargo, gracias a diseñadores como la venezolana
Carolina Herrera o el dominicano **Oscar de la Renta**, los diseñadores
latinoamericanos comenzaron a dejar su huella en el mundo de la moda.

Por iniciativa de Herrera, se estableció en 1999 el Consejo de
Diseñadores de Moda Latinoamericanos. Esta organización sin fines
de lucro (*nonprofit*) promueve a los diseñadores latinoamericanos y
organiza la Semana de la Moda de las Américas, evento muy popular entre celebridades,
empresarios de la moda y periodistas.

Previewing Strategy Ask volunteers to share what they know about fashion, fashion design, and the fashion industry. Then ask volunteers to describe the clothing of **Carolina Herrera** and **Oscar de la Renta**. Encourage them to talk about color, fabric, style, and price.

Teaching Tip Have students to make a **SQA** three-column chart. The headings should be: **Saber, Querer,** and **Aprender.** In the first column students record all they already know (**Saber**) about **Carolina Herrera**. In the second column, they record all that they want (**Querer**) to know or their questions about **Carolina Herrera**. Then after they read, they will record all that they learned (**Aprender**) in the third column. When students have completed their charts, have them share what they learned with the class.

CRITICAL THINKING

Knowledge and Comprehension Ask students to use the vocabulary in sentences that convey the meaning. Then ask them to rewrite the statements as cloze sentences and exchange papers with a partner. Finally, have pairs regroup to correct the sentences.

Application and Synthesis Ask students to summarize the **Balenciaga** paragraph. Then challenge them to add at least three more sentences to the paragraph. The sentences do not necessarily have to fall at the end of the paragraph, but may be added throughout. Have volunteers reread the paragraphs with their new sentences in place.

Carolina Herrera
una señora en su punto

Isabel Piquer

Carolina Herrera, 1979.
Andy Warhol, 1928-1987.

1 Cuando cumplió los 40, Carolina Herrera decidió hacer algo inaudito°: empezar a trabajar. No tenía por qué. Vivía en Caracas *unheard of* en un mundo de lujo y privilegio. Pertenecía a una de las familias más antiguas y adineradas de Venezuela. Estaba felizmente casada,

5 tenía cuatro hijos. Llevaba casi diez años en la lista de las mujeres más elegantes del mundo. Era la perfecta anfitriona, la reina de las fiestas de sociedad. Nadie se lo tomó muy en serio.

De eso hace 22 años. "Nunca hubiera podido anticipar este éxito. Cuando empiezas, creo que nunca sabes muy bien adónde vas ni si vas a gustar, porque tampoco lo estás pensando. Y de repente llega. Luego, si tienes un poquito de éxito, es imposible parar porque es como una droga". Sentada en uno de los sillones de su oficina de la Séptima Avenida, en el Garment District de Nueva York, Herrera habla con la voz melosa° de su acento natal. Está perfecta. Ni una arruga°. Es la imagen de la distinción que ha sabido crear y vender desde su primer desfile, en un apartamento prestado de Park Avenue.

Carolina Herrera tiene la pose y la elegancia de una mujer de mundo. En Caracas vivió las legendarias fiestas de su suegra, Mimi Herrera, amiga de Greta Garbo y de la duquesa de Windsor. En Nueva York fue la diseñadora de Jackie Kennedy en los últimos 12 años de su vida. Warhol le hizo tres retratos, todos iguales salvo por el color de la sombra de ojos. Y cuando Vanity Fair sacó el pasado abril una portada plegable° sobre estrellas y leyendas de Hollywood, no encontró mejor decorado que una réplica del salón victoriano de su casa del Upper East Side.

Tenía 13 años cuando su abuela la llevó a París, a un desfile de Cristóbal Balenciaga. Fue su primera introducción a la alta costura°. Le gustó, pero no lo bastante como para pensar en dedicarse a la moda. "Yo no era de las que jugaban a vestir a sus muñecas°". Sin embargo, aquella experiencia dejó huella. Aún ahora asegura inspirarse en las líneas claras y sencillas del español que triunfó en Francia.

Esta imagen elitista también ha jugado en su contra. A menudo se ha relegado a Carolina Herrera a la categoría de diseñadora para las ladies who lunch (las damas que almuerzan). "Si yo sólo hubiera hecho colecciones para mis amigas habría cerrado hace veinte años, porque una compañía no se puede basar en eso. Es imposible. En aquel momento decidieron ponerme esa etiqueta°, pero mi moda no sólo ha sido para ellas".

El tiempo le ha dado la razón. El Park Avenue chic, las faldas por debajo de la rodilla, lo clásico, lo caro llenan las páginas de las revistas. Todo el mundo quiere parecerse a la adinerada minoría neoyorquina. "La moda es algo que cambia, pero ciertos elementos son constantes: la sofisticación, la elegancia y, por supuesto, el lujo", dice la diseñadora. "La moda es una fantasía, una locura, un misterio.

Carolina Herrera, hija, sigue la huella de su famosa madre. Además de trabajar junto a su madre en el negocio de la moda, es quien se encarga de los perfumes que llevan la marca Carolina Herrera. También es portavoz (*spokesperson*) de la marca CH Carolina Herrera, línea de tono más informal lanzada en 2005 que incluye ropa y accesorios para hombres y mujeres.

¿Qué es la moda? Es algo que necesitas todos los días porque te vistes todos los días. Cuando la gente está combinando lo que se va a poner por las mañanas, ya está haciendo moda. Moda es historia, es civilización, es arte, es un negocio".

"Cuando empecé, tenía 40 años. Acababa de nacer mi primer nieto. A menudo me han preguntado por qué se me ocurrió meterme en esta aventura. Creo que hay un momento en la vida de todo el mundo en el que debes hacer lo que realmente quieres". ∎

Publicado en El País (España) el 28 de septiembre de 2001.

soft
wrinkle

foldout

haute couture

dolls

label

Teaching Tips
• **For Visual Learners** As students read, have them create a web of adjectives that are used in the article to describe **Carolina Herrera**.
• **For Auditory Learners** Allow time and space for these students to read the article aloud to themselves.
• **Carolina Herrera** says that success is addictive. Ask students if they agree with this statement and discuss their experience with success. Ask: ¿**Crees que el éxito puede servir como incentivo? ¿El éxito puede tener consecuencias negativas? ¿Qué queremos decir con la expresión "el éxito se le subió a la cabeza"?**

CRITICAL THINKING

Comprehension and Analysis Ask pairs to choose one sentence from the article that strikes them. Then ask them to write a paragraph explaining its significance to the article and to the student. Ask volunteers to share their paragraphs with the class.

Evaluation Ask students to evaluate the life's work and achievement of **Carolina Herrera**. Ask: ¿**Fue importante lo que logró ella? ¿Por qué? ¿Qué palabras de admiración le dirías? ¿Qué palabras de crítica le dirías?**

Después de leer

Carolina Herrera

1 Comprensión Decide si las oraciones son **ciertas** o **falsas**. Corrige las oraciones **falsas**.

Cierto	Falso	
☑	☐	1. Carolina Herrera comenzó a diseñar ropa a los cuarenta años.
☐	☑	2. Carolina Herrera vive ahora en París. *Ella vive en Nueva York.*
☐	☑	3. De pequeña, Carolina Herrera vestía a sus muñecas. *Ella no jugaba a vestir a sus muñecas.*
☑	☐	4. Carolina Herrera viene de una familia muy rica.
☑	☐	5. Según Carolina, la moda es arte y negocio.
☐	☑	6. Carolina siempre recibe muy buenas críticas. *Su moda recibió críticas negativas.*
☐	☑	7. Jackie Kennedy sólo le encargó algunos vestidos. *Carolina Herrera diseñó para ella por 12 años.*
☑	☐	8. Andy Warhol hizo tres retratos de Carolina Herrera.

2 Interpretación Contesta las preguntas con oraciones completas.

1. ¿Era común que las mujeres de la clase social de Carolina trabajaran? ¿Ha cambiado esto con el paso de los años?

2. ¿Pensaba Carolina que iba a tener un gran éxito cuando empezó a diseñar ropa? Razona tu respuesta.

3. ¿Crees que Carolina es una buena mujer de negocios? Explica tu respuesta y cita ejemplos del texto.

4. ¿Cómo describe la moda Carolina? ¿Con qué cosas la compara? ¿Qué opinas sobre esta definición de la moda?

3 Diseñadores En grupos, imaginen que van a montar un negocio como diseñadores (de ropa, de interiores o de jardines). ¿Qué necesitarían para comenzarlo? Preparen una lista de cinco cosas que tendrían que tener para comenzar. Usen verbos en condicional y oraciones con **si**.

> **MODELO** Necesitaríamos dos diseñadores/as de moda.

4 La moda Elige una de las afirmaciones y escribe un párrafo para expresar tu opinión a favor o en contra. Usa el condicional, el imperfecto del subjuntivo y oraciones con **si**.

> **MODELO** Se puede rechazar a un(a) candidato/a para un puesto de trabajo si se presenta mal vestido/a para una entrevista.
>
> No estoy de acuerdo. Si no estuvieras capacitado para el puesto, te podrían rechazar; pero si no les gusta tu ropa, ése no es un buen motivo para rechazarte.

- La moda promueve la superficialidad y es responsable de muchos trastornos de la alimentación (*eating disorders*) entre las mujeres jóvenes.

- Para tener éxito en el mundo empresarial, hay que lucir (*appear*) siempre elegante.

- En otros países la gente se viste mejor para ir a trabajar.

- Se puede rechazar a un(a) candidato/a para un puesto de trabajo si se presenta mal vestido/a para una entrevista.

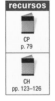

recursos

CP
p. 79

CH
pp. 123–126

320 *trescientos veinte*

Lección 8

Expansion

1 Ask students to write two more true–false statements about the reading. Have them ask classmates to answer **cierto** or **falso** and correct any false statements.

Teaching Tip

2 For item 4, have students create their own definition of fashion.

Expansion

2 Talk about age in the context of work. **¿Sería difícil montar tu propia empresa a los 40 años? ¿Cuáles serían las ventajas y desventajas de hacerlo a esa edad? ¿De qué manera afectaría la edad a los planes para el futuro de la empresa?**

Teaching Tips

3 Before students begin, have them decide what kind of product they intend to design. Have them create a slogan for their product using a **si** clause.

4 Add this sentence to the activity: **La moda es lo que nos define, lo que nos permite ser únicos/as.**

4 Have students exchange drafts for peer editing.

Expansion
Bring in several clothing catalogues. Practice the conditional and **si** clauses by asking: **¿Cuándo te pondrías esto?** (e.g., *a running outfit*) **Si corriera una carrera, me pondría un chándal.**

AP PREPARATION

Informal Speaking and Reading After reading the article about **Carolina Herrera**, have students work in pairs. They will create an interview between a TV personality and **Herrera**, in which the program host asks her a series of questions about her life.

Students will write out the questions and answers together, and then enact them for the class. Say: **Van a escribir una entrevista para Carolina con por lo menos diez preguntas y respuestas.**

Atando cabos

¡A conversar!

Proyecto publicitario

A. Formen grupos de cuatro. Imaginen que deben presentar un proyecto publicitario al directorio de una empresa. Elijan uno de estos proyectos.

- camisas que nunca se arrugan
- un programa para aprender a hablar español mientras duermes
- un servicio de tutores de estudio por Internet
- una peluquería para humanos y mascotas

B. Para preparar el proyecto, respondan a estas preguntas.

1. ¿Qué quieren vender con su publicidad?
2. ¿Cómo son las personas que comprarían el producto o servicio? ¿Qué edad tienen? ¿De qué sexo son? ¿Qué cosas les gustan?
3. ¿Qué tipo(s) de publicidad harían (afiches, en radio, en televisión, en Internet)?
4. ¿Qué necesitarían para hacer la publicidad?
5. ¿Cuál será el eslogan del producto o servicio?

C. Preparen la presentación de su proyecto para el resto de la clase. Decidan quién presentará cada punto. Practiquen la presentación varias veces. Pueden usar elementos visuales como ayuda (afiches, etc). Para ordenar su presentación, pueden utilizar estas expresiones:

- Este proyecto es para...
- En primer / segundo lugar...
- Sabemos que el público...
- Además / También / Igualmente...
- Por eso hemos decidido...
- Finalmente / Por último...

D. Presenten el proyecto. Den las razones de lo que han decidido hacer. Sus compañeros pueden hacerles preguntas sobre el proyecto.

E. Cuando cada grupo haya terminado su presentación, voten para elegir la mejor idea publicitaria.

¡A escribir!

Pasantía de verano Imagina que quieres solicitar un puesto para una pasantía (*internship*) de verano en una de las empresas de la actividad anterior. Escribe una carta de tres párrafos para solicitar un puesto como pasante de verano. Usa cláusulas con **si** en tu carta.

- Primer párrafo: explica por qué estás escribiendo.
- Segundo párrafo: da detalles sobre tus estudios y experiencia laboral.
- Tercer párrafo: explica por qué crees que eres el/la mejor candidato/a para el puesto.

recursos

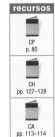

CP
p. 80

CH
pp. 127–128

CA
pp. 113–114

Instructional Resources
Cuaderno de práctica, p. 80
Cuaderno para hispanohablantes, pp. 127–128
Cuaderno de actividades, pp. 113–114

Teaching Tips
¡A conversar!
- Encourage students to invent their own product line.
- Ask students to think of a famous person to be their spokesperson. Have them create a tagline or testimonial from that person about the product.
- Encourage students to assign each group member a different task. Ex: creating a magazine ad, developing market research (with graphs or other visuals), inventing slogans, etc.

¡A escribir!
- Give the class sample cover letters in Spanish as a reference.
- Have students outline the purpose and audience of their letter. Ask: **¿Quién va a leer la carta y qué información busca esa persona? Al escribir tu carta, ten en cuenta tus cualidades sobresalientes, es decir las que te diferencian de los otros candidatos.**
- Before students begin writing, have them invent a short ad for the internship for which they are applying then encourage them to refer to this ad throughout their letter.

CRITICAL THINKING

Application and Analysis For the presentation, ask the class to develop rubrics for evaluating their projects. Consider categories such as: **participación del grupo, contenido, el lenguaje apropiado**, etc. Once the rubrics are finalized, be sure each student has a copy of each to refer to as he or she is working on the presentation.

Synthesis and Evaluation Before students finalize either presentation, ask them to find a partner (another group for **¡A conversar!** and another person for **¡A escribir!**). Using the rubrics, the partners evaluate the presentations and make suggestions for the improvement. Partners share and explain their responses; students decide how best to change their drafts and then do so.

El trabajo

el aumento de sueldo	raise in salary
la compañía	company
la conferencia	conference
el contrato	contract
el currículum vitae	résumé
el empleo	employment; job
la entrevista de trabajo	job interview
el puesto	position; job
la reunión	meeting
el sueldo mínimo	minimum wage
administrar	to manage; to run
ascender (e:ie)	to rise; to be promoted
contratar	to hire
despedir (e:i)	to fire
exigir	to demand
ganar bien/mal	to be well/poorly paid
ganarse la vida	to earn a living
jubilarse	to retire
renunciar	to quit
solicitar	to apply for
(des)empleado/a	(un)employed
exitoso/a	successful
(in)capaz	(in)competent; (in)capable

La gente en el trabajo

el/la asesor(a)	consultant; advisor
el/la contador(a)	accountant
el/la dueño/a	owner
el/la ejecutivo/a	executive
el/la empleado/a	employee
el/la gerente	manager
el hombre/la mujer de negocios	businessman/woman
el/la socio/a	partner; member
el/la vendedor(a)	salesperson

La economía

la bolsa de valores	stock market
el comercio	commerce; trade
el desempleo	unemployment
la empresa multinacional	multinational company
la globalización	globalization
la huelga	strike
el impuesto (de ventas)	(sales) tax
la inversión (extranjera)	(foreign) investment
el mercado	market
la pobreza	poverty
la riqueza	wealth
el sindicato	labor union
exportar	to export
importar	to import

Las finanzas

el ahorro	savings
la bancarrota	bankruptcy
el cajero automático	ATM
la cuenta corriente	checking account
la cuenta de ahorros	savings account
la deuda	debt
el presupuesto	budget
ahorrar	to save
cobrar	to charge; to receive
depositar	to deposit
financiar	to finance
gastar	to spend
invertir (e:ie)	to invest
pedir (e:i) prestado	to borrow
prestar	to lend
a corto/largo plazo	short/long-term
fijo/a	permanent; fixed
financiero/a	financial

Más vocabulario

Expresiones útiles	Ver p. 287
Estructura	Ver pp. 294–295, 298–299 y 302–303

Cinemateca

la amenaza	threat
el/la cobrador(a)	debt collector
el/la moroso/a	debtor
el/la payaso/a	clown
el sueldo fijo	base salary
cumplir	to carry out
deber	to owe
dejar en paz	to leave alone
humillar	to humiliate
tozudo/a	stubborn

Literatura

la advertencia	warning
el aprendizaje	learning
la colmena	beehive
el deber	duty
el descanso	rest
la experiencia	experience
la fatiga	fatigue; weariness
la miel	honey
el polen	pollen
volar	to fly
haragán/haragana	lazy; idle
trabajador(a)	industrious; hard-working

Cultura

el anfitrión/la anfitriona	host(ess)
la huella	trace; mark
el lujo	luxury
el privilegio	privilege
diseñar	to design
tomar en serio	to take seriously
adinerado/a	wealthy
enérgico/a	energetic

La cultura popular y los medios de comunicación

Communicative Goals
You will expand your ability to...
- express will, emotion, doubt, or denial in the past
- express uncertainty, indefiniteness, condition, and intent in the past
- create longer, more informative sentences
- reference general ideas

Lesson Goals
In **Lección 9**, students will be introduced to the following:
- vocabulary for television, radio, cinema, popular culture, and the media
- functional phrases for general concepts and opinions
- **mate** and other drinks from the Spanish-speaking world, and **el Carnaval de Montevideo**
- Uruguayan actress and singer **Natalia Oreiro**
- the present perfect subjunctive
- the relative pronouns **que** and **cual** with definite articles, the relative pronouns **quien** and **quienes**, and the relative adjective **cuyo**
- the neuter article **lo** with adjectives and relative pronouns
- short film *Sintonía*
- **Edmundo Paz Soldán's** *Sueños digitales*
- indigenous language **guaraní** of Paraguay

A primera vista Have students look at the photo. Ask:
1. ¿Qué tiene la mujer en las manos? Y el hombre, ¿qué tiene puesto sobre las orejas?
2. ¿Te gusta sacar fotos? ¿Por qué?
3. ¿Cuándo escuchas música? ¿Qué tipo de música te gusta?

INSTRUCTIONAL RESOURCES

Student Materials
 Cuaderno de práctica, Cuaderno para hispanohablantes, Cuaderno de actividades
Student MAESTRO™ Supersite
(descubre3.vhlcentral.com)
MAESTRO™ e-Cuaderno

Teacher's Resource CD-ROM and in print
 *AnswerKeys, Audioscripts, Videoscripts
 *PowerPoints
 Testing Program (**Pruebas,** Test Generator, MP3 Audio Files)
 Vista Higher Learning *Cancionero*
 *Also available on Supersite

Teacher's MAESTRO™ Supersite
(descubre3.vhlcentral.com)
 Learning Management System (Assignment Task Manager, Gradebook)
 Also on DVD
 Fotonovela, Flash cultura, Film Collection

La cultura popular y **los medios de comunicación**

La televisión, la radio y el cine

La **locutora** anunció a los **oyentes** de la **radioemisora** que iba a presentar una canción de la **banda sonora** del nuevo éxito de Almodóvar.

la banda sonora *soundtrack*
la cadena *network*
el canal *channel*
el/la corresponsal *correspondent*
el/la crítico/a de cine *film critic*
el documental *documentary*
los efectos especiales *special effects*
el episodio (final) *(final) episode*
el/la locutor(a) de radio *radio announcer*
el/la oyente *listener*
la (radio)emisora *radio station*
el reportaje *news report*
el/la reportero/a *reporter*
los subtítulos *subtitles*
la telenovela *soap opera*
el/la televidente *television viewer*
el video musical *music video*

grabar *to record*
rodar (o:ue) *to film*
transmitir *to broadcast*

doblado/a *dubbed*
en directo/vivo *live*

La cultura popular

la celebridad *celebrity*
el chisme *gossip*
la estrella (pop) *(pop) star [m/f]*
la fama *fame*
la moda pasajera *fad*
la tendencia/la moda *trend*

hacerse famoso/a *to become famous*
tener buena/mala fama
    to have a good/bad reputation

actual *current*
de moda *popular; in fashion*
influyente *influential*
pasado/a de moda *out-of-date; no longer popular*

Los medios de comunicación

el acontecimiento *event*
la actualidad *current events*
el anuncio *advertisement; commercial*
la censura *censorship*
la libertad de prensa *freedom of the press*
los medios de comunicación *media*
la parcialidad *bias*
la publicidad *advertising*

el público *public; audience*

enterarse (de) *to become informed (about)*
estar al tanto/al día *to be informed, up-to-date*

actualizado/a *up-to-date*
controvertido/a *controversial*
de último momento *up-to-the-minute*
destacado/a *prominent*
(im)parcial *(un)biased*

Siempre dormía muy mal
Nunca podía relajarme.
Estaba desesperado; no sabía qué hacer.
Ahora, mis problemas están
resueltos con mi nueva cama.

DORMALUX
LA CAMA DE TUS SUEÑOS

La prensa

María lee el **periódico** todas las mañanas. Prefiere leer primero los **titulares** de la **portada** y las **tiras cómicas**. Después lee las **noticias internacionales**.

el/la lector(a) *reader*
las noticias locales/nacionales/internacionales
  local/domestic/international news
el periódico/el diario *newspaper*
el/la periodista *journalist*

la portada *front page; cover*

la prensa *press*
la prensa sensacionalista *tabloid(s)*
el/la redactor(a) *editor*
la revista (electrónica) *(online) magazine*
la sección de sociedad *lifestyle section*
la sección deportiva *sports page/section*
la tira cómica *comic strip*
el titular *headline*

imprimir *to print*
publicar *to publish*
suscribirse (a) *to subscribe (to)*

recursos

CP
pp. 81–82

CH
pp. 129–130

CA
p. 91

descubre3.
vhlcentral.com
Lección 9

La cultura popular y los medios de comunicación

 Práctica

1 **Escuchar**

A. La famosa periodista Laura Arcos está esperando la llegada de famosos al Teatro Nacional, donde se van a entregar unos premios. Escucha lo que dice Laura y después elige la opción correcta.

1. a. Es un programa de radio.
   b. Es un programa de televisión.

2. a. Se van a entregar premios al mejor teatro hispano.
   b. Se van a entregar premios al mejor cine hispano.

3. a. El programa se grabó la noche anterior.
   b. El programa se transmite en directo.

4. a. Augusto Ríos es un reportero de la sección de sociedad.
   b. Augusto Ríos es un famoso crítico de cine.

5. a. Augusto Ríos no sabe mucho de moda.
   b. Augusto Ríos está al tanto de la última moda.

B. Laura Arcos entrevista a la actriz Ángela Vera. Escucha su conversación y después contesta las preguntas.
Answers will vary. Possible answers.

1. ¿Es importante para la actriz Ángela Vera seguir las tendencias de la moda?
   No, para la actriz Ángela Vera no es importante seguir la moda.

2. ¿Ha tenido buenas críticas su última película?
   Sí, todos los críticos piensan que es una película excelente.

3. ¿Es el director de la película una celebridad?
   No, el director de la película no es famoso.

4. ¿A qué género pertenecía la primera película de Juan Izaguirre y de qué se trataba?
   Era un documental; se trataba de la prensa sensacionalista.

2 **Analogías** Completa cada analogía.

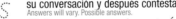

actual	destacado	imprimir
chisme	emisora	lector

1. radio : oyente :: revista : ___lector___
2. televisión : cadena :: radio : ___emisora___
3. parcialidad : parcial :: actualidad : ___actual___
4. periódico : noticia :: prensa sensacionalista : ___chisme___
5. cine : rodar :: prensa : ___imprimir___
6. influyente : importante :: prominente : ___destacado___

trescientos veinticinco **325**

(A) Audio Script
Buenas tardes a todos los televidentes. Aquí estamos, como todos los años, en las puertas del Teatro Nacional donde se van a entregar los premios más importantes del cine hispano. Aquí, desde el Canal 4, les vamos a transmitir en directo la entrada de todas las estrellas al teatro. Como pueden ver, hay una gran cantidad de público esperando la llegada de sus actores y actrices favoritos. Para ayudarme a comentarles este acontecimiento, va a estar con nosotros el famoso periodista Augusto Ríos, quien todas las semanas, en la sección de sociedad, nos informa acerca de lo actual y lo influyente en el mundo de las celebridades. Él nos va a dar su opinión sobre el estilo de las estrellas y nos va a explicar cuáles son las tendencias de moda.

(B) Audio Script
LAURA ARCOS Hola, buenas tardes. ¿Puedes hablar con nosotros un momento?
ÁNGELA VERA Sí, claro.
LAURA ARCOS Te veo muy elegante. ¿Has comprado el vestido especialmente para esta ceremonia?
ÁNGELA VERA Oh, no, no. Para mí no es importante seguir la moda. Sólo me pongo lo que me gusta.
LAURA ARCOS Pues estás muy guapa. Te quiero preguntar sobre tu último trabajo. Todos los críticos opinan que *Star* es una película excelente. ¿No te dio miedo trabajar en la película de un director que no era famoso?

LEARNING STYLES

For Visual Learners In small groups, have students read and discuss all the questions from **Actividades 1** and **2** before listening to the audio. Then, after they listen to the audio, distribute chart paper to each group. Ask the groups to draw a scene that represents the content of the audio clip they have just listened to.

For Auditory Learners As students listen to the news report and interview on page 325, have them jot down notes and key words.

Práctica

3 Definiciones
Indica las palabras que corresponden a cada definición.

_a_ 1. Dice si una película es buena o no.   a. crítico de cine

_e_ 2. Escucha la radio.   b. estrella pop

_d_ 3. Habla en la radio.   c. lector

_c_ 4. Se suscribe a sus revistas y periódicos favoritos.   d. locutor

_b_ 5. Aparece en videos musicales y conciertos.   e. oyente

_f_ 6. Revisa artículos y mejora la calidad de la revista.   f. redactor

4 El acontecimiento del año
Completa el texto con las palabras correctas de la lista.

acontecimiento	destacado	mala fama	sensacionalista
anuncios	enterarme	periodista	tira cómica
cadena	estrella	público	transmitieron

No quise perderme el (1) ___acontecimiento___ del año y al final me lo perdí. La (2) ___estrella___ de cine asistió al estreno de su última película y una (3) ___periodista___ famosa la entrevistó. Fotógrafos de buena y (4) ___mala fama___ sacaban fotos para venderlas a las revistas de prensa (5) ___sensacionalista___. Algunos reporteros entrevistaban a un (6) ___destacado___ crítico de cine. El (7) ___público___ se entretenía viendo escenas de la película en una pantalla gigante. Varios canales de televisión (8) ___transmitieron___ el acontecimiento en directo. Al final, no sé qué pasó. Cambié de canal durante los (9) ___anuncios___ y me dormí. Mañana voy a leer la sección de sociedad para (10) ___enterarme___ de todos los detalles.

5 Los medios de comunicación
Di si estás de acuerdo o no con cada afirmación. Después, comparte tus opiniones con la clase.

	Sí	No
1. Hoy día es más fácil enterarse de lo que pasa en el mundo.	☐	☐
2. Gracias a la información que transmiten los medios de comunicación, la gente tiene menos prejuicios que antes.	☐	☐
3. La libertad de prensa es un mito.	☐	☐
4. La publicidad quiere entretener al público.	☐	☐
5. El único objetivo de la prensa sensacionalista es informar.	☐	☐
6. Gracias a Internet, es fácil encontrar información imparcial.	☐	☐
7. La imagen tiene mucho poder en el mundo de la comunicación.	☐	☐
8. Hoy día los reporteros son vendedores de opiniones.	☐	☐
9. Tenemos demasiada información. Es imposible asimilarla.	☐	☐
10. El mundo es un sitio mejor gracias a los medios de comunicación.	☐	☐

DIFFERENTIATED LEARNING

Heritage Speakers Ask students to talk about the press in their families' countries of origin. If possible, ask them to bring in some samples (a newspaper, magazine, radio or television clip) to share with the class. Encourage other students to ask at least one question or make a comment about each presentation.

For Inclusion Ask students to turn to pages 324–325. On the board, write the words: **radio, cine, periódico, televisión,** and **revista.** For each media form, have students call out related words from **Contextos.** Examples: **radio: emisora, locutor, oyente, estrella pop.** After one pass through the list, challenge students to repeat the activity with their books closed.

Comunicación

 6 Preguntas En parejas, háganse las preguntas y comparen sus intereses y opiniones.

1. Si tuvieras la oportunidad de hacerlo, ¿trabajarías en una telenovela?

2. Si fueras un(a) corresponsal político/a, ¿crees que podrías ser imparcial?

3. ¿Crees que la censura de la prensa es necesaria en algunas ocasiones? ¿En cuáles?

4. ¿Qué periodista piensas que es el/la más controvertido/a? ¿Por qué?

5. ¿Te interesa leer noticias de actualidad? ¿Por qué?

6. ¿Qué secciones del periódico te interesan más? ¿Qué programas de radio y de televisión?

7. ¿Cuáles son las características de un buen locutor? ¿Es mejor si entretiene al público o si habla lo mínimo posible?

8. ¿Te interesan más las noticias locales, nacionales o internacionales? ¿Por qué?

9. Cuando ves una película, ¿qué te importa más: la trama (*plot*), la actuación, los efectos especiales o la banda sonora?

10. Si pudieras suscribirte gratis a cinco revistas, ¿cuáles escogerías? ¿Por qué?

 7 Escritores

A. En parejas, escriban por lo menos tres oraciones que podrían aparecer en cada uno de estos medios. ¡Sean creativos!

- la portada de un periódico
- el episodio final de una comedia
- un documental
- un *talk show* de radio controvertido
- un artículo de una revista sensacionalista
- una tira cómica

B. Ahora, lean sus oraciones a otra pareja y traten de adivinar el medio en el que aparece cada oración.

 8 Nueva revista En grupos de tres, imaginen que trabajan en una agencia de publicidad y los han contratado para realizar la publicidad de una revista que va a salir al mercado. Hagan el anuncio y después compártanlo con la clase. Usen las preguntas como guía.

- ¿Cuál es el nombre?
- ¿En qué es diferente esta revista?
- ¿Qué secciones va a tener?
- ¿Cómo son los periodistas y reporteros que van a trabajar en ella?
- ¿Qué tipo de lectores busca?

Teaching Tips

6 For item 3, divide the class into two groups and organize a debate about censorship and freedom of the press.

7 Part A: For expansion, add these items to the list: **un anuncio de servicio público, un noticiero de 24 horas, el primer episodio de una telenovela, la sección de sociedad de un periódico.**

8 Have students also describe the primary market for their magazine. Ask: **¿Quién leería esta revista? ¿Qué tipo de anuncios encontrarías en la revista?**

- For an optional writing activity, ask students to write an original news item (weather report, movie review, sports article). Have the class vote on the most original, funniest, most realistic, etc.

NATIONAL STANDARDS

Community Have students compile lists of locally available Spanish-language media outlets. These can include broadcast, cable, or satellite television channels, radio stations, newspapers, magazines, or even websites of local interest. Each listing should include a short description of the outlet. Consolidate the lists into a media guide pamphlet that could be distributed to the community.

AP PREPARATION

Informal Writing Give students the opportunity to peruse a wide variety of Spanish-language magazines. Then ask them to write their reactions to the magazines. Have them write for ten minutes, describing these, as well as some of their favorite magazines in English. They can include the answers to some of the questions under **Actividad 8**. Instruct the class: **Imagina que vas a dar sugerencias sobre una revista que te gusta. Describe el tipo de artículos que contiene.**

Fabiola consigue su primer papel como doble de
una estrella de telenovelas.

Section Goals

In **Fotonovela,** students will:
• practice listening to
  authentic dialogue
• learn functional phrases
  used to refer to general
  concepts and opinions

Instructional Resources
Cuaderno de actividades,
pp. 47–48
e-Cuaderno
Supersite/DVD: *Fotonovela*
Supersite/TRCD/Print:
Fotonovela Videoscript &
Translation, Answer Keys

Video Synopsis
• Fabiola announces that she
  will make an appearance on
  a soap opera.
• It becomes apparent that
  Aguayo is a soap opera fan.
• Fabiola rehearses her scene
  in the office.
• After learning what an
  actor's double does, Fabiola
  prepares to rehearse a fall.

Teaching Tip Assign each
of the ten video stills to a
student. Then, without reading
the dialogue, the first student
should predict what might
be happening in the first
video still. The next student
continues based on the
previous student's answers,
until all video stills have
been described.

Preview Before showing
the *Fotonovela*, write four
or five of the **Expresiones
útiles** on the board. Say each
word or phrase and have
volunteers repeat them. Then
have students work in pairs
to look at the pictures and
scan the dialogues for these
expressions.

JOHNNY ¿Qué tal te fue?

FABIOLA Bien.

AGUAYO ¿Es todo lo que tienes que
decir de una entrevista con Patricia
Montero, la gran actriz de telenovelas?
Pensé que estarías más emocionada.

FABIOLA Lo estoy. Tengo que hacer mi
gran escena en la telenovela y quiero
concentrarme.

AGUAYO Y JOHNNY ¿Qué?

FABIOLA Al terminar la entrevista,
cuando salí del camerino un señor me
preguntó si yo era la doble de Patricia
Montero.

MARIELA ¿Y qué le dijiste?

FABIOLA Dije, bueno... sí.

AGUAYO ¡No puedo creer que hayas
hecho eso!

FABIOLA Fue una de esas situaciones
en las que uno, aunque realmente no
quiera, tiene que mentir.

ÉRIC Y, ¿qué pasó después?

FABIOLA Me dio estos papeles.

JOHNNY ¡Es el guión de la telenovela!

FABIOLA Mañana tengo que estar
muy temprano en el canal, lista para
grabar.

JOHNNY ¡Aquí hay escenas bien
interesantes!

Más tarde, ensayando la escena...

FABIOLA Éric será el director.

JOHNNY ¿Por qué no puedo ser yo
el director?

ÉRIC No tienes los juguetitos.

FABIOLA Tú serás Fernando y Mariela
será Carla.

ÉRIC Comencemos. Página tres.
La escena en donde Valeria sorprende
a Fernando con Carla. Tú estarás aquí
y tú aquí. *(Los separa.)*

JOHNNY ¿Qué? ¿No sabes leer? *(Lee.)*
"Sorprende a Fernando en los *brazos*
de Carla". *(Se abrazan.)*

ÉRIC Está bien. Fabiola, llegarás por
aquí y los sorprenderás. ¿Listos?
¡Acción!

FABIOLA ¡Fernando Javier! Tendrás
que decidir. ¡O estás con ella o
estás conmigo!

JOHNNY ¡Valeria... ! *(Pausa.)*

JOHNNY *(Continúa.)* Ni la amo a ella,
ni te amo a ti... *(Diana entra.)*
Las amo a las dos.

Diana se queda horrorizada.

Personajes

 AGUAYO   **DIANA**   **ÉRIC**   **FABIOLA**   **JOHNNY** MARIELA

AGUAYO *(Lee.)* "Valeria entra a la habitación y sorprende a Fernando en brazos de…" ¿Carla? *(Pausa.)*

AGUAYO *(Continúa.)* "Sorprende a Fernando en brazos de Carla." ¡Lo sabía! Sabía que el muy idiota la engañaría con esa estúpida. Ni siquiera es lo suficientemente hombre para…

Aguayo se va. Los demás se quedan sorprendidos.

AGUAYO Me alegro que hayas conseguido ese papel. El otro día pasé frente al televisor y vi un pedacito. Mi esposa no se la pierde.

FABIOLA Hablando de eso, quería pedirle permiso para tomarme el resto del día libre. Necesito ensayar las escenas de mañana.

AGUAYO Las puedes practicar en la oficina. A los chicos les encanta ese asunto de las telenovelas.

FABIOLA *(Explica la situación.)* Y por eso estamos ensayando mis escenas.

DIANA Gracias a Dios… pero yo creo que están confundidos. Los dobles no tienen líneas. Sólo hacen las escenas en donde la estrella está en peligro.

MARIELA Cierto. *(Lee.)* Página seis: "Valeria salta por la ventana".

Más tarde…

ÉRIC ¡Acción!

FABIOLA Sé que decidieron casarse. Espero que se hayan divertido a mis espaldas. Adiós mundo cruel. *(Grita pero no salta.)* ¡Aaahhhggg!

ÉRIC Muy bien. Ahora, ¡salta!

FABIOLA Ni loca. Primero, mi maquillaje.

Expresiones útiles

Referring to general ideas and concepts

¡Lo sabía!
I knew it!

¿Es todo lo que tienes que decir?
Is that all you have to say?

Lo difícil/interesante/triste es…
The hard/interesting/sad thing is…

¡No puedo creer que hayas hecho eso!
I can't believe what you've done!

Les encanta ese asunto de las telenovelas.
They love all that soap opera stuff.

Introducing an idea or opinion

Hablando de eso…
Speaking of that . . .

Ahora que lo dices…
Now that you mention it . . .

Estando yo en tu lugar…
If I were you . . .

Por mi parte… *As for me . . .*

A mi parecer… *In my opinion . . .*

Additional vocabulary

a mis espaldas *behind my back*
el actor/la actriz *actor/actress*
el camerino *star's dressing room*
el/la doble *double*
engañar *to deceive; to trick*
ensayar *to rehearse*
el guión *screenplay; script*
¡Ni loco/a! *No way!*
el papel *role*

La cultura popular y los medios de comunicación

trescientos veintinueve **329**

Teaching Tips

• Pause the episode after frames 1–5 and ask three or four comprehension questions. Ex: **¿A quién entrevistó Fabiola? ¿Qué ocurrió después de la entrevista? ¿Estás de acuerdo en que hay unas situaciones en las que uno, aunque realmente no lo desee, tiene que mentir? ¿Por qué? ¿En qué situaciones?** Proceed in the same way at the end of the episode.

• Tell students that all items in **Expresiones útiles** on page 329 are active vocabulary for which they are responsible. Review all the expressions and have the class repeat them after you. Then have pairs write a summary of the episode using at least five of the **Expresiones útiles** or additional vocabulary.

NATIONAL STANDARDS
Connections Have students ask Spanish-speaking friends or acquaintances to recommend a favorite **telenovela.** Have students watch episodes and analyze the differences and the similarities between these soap operas and ones with which students may be familiar.

DIFFERENTIATED LEARNING

To Challenge Students After showing the *Fotonovela*, ask students to write five comprehension questions about the second half of the episode. Collect their questions and choose five of the best to ask the class. Select the best according to a rubric that you have shared with the class before the activity.

For Inclusion After viewing the whole episode, students should use the stills to summarize the **Fotonovela** in a Question Sun form (each ray of the sun has a different question word on it: **qué, quién, dónde,** etc.). Model describing and recording who is on the first ray of the sun. Ask volunteers to continue explaining what happened, where, when, why, and how.

Comprensión

1 **Comprensión** Respondan las preguntas con oraciones completas.

1. ¿Por qué Fabiola dice que necesita concentrarse?
   Lo dice porque tiene que ensayar su escena en la telenovela.
2. ¿Cómo consiguió Fabiola el papel?
   Un señor le preguntó si era la doble de Patricia Montero y ella le dijo que sí.
3. ¿Cuál es el personaje de la telenovela que no le gusta a Aguayo?
   A Aguayo no le gusta Fernando.
4. ¿Qué ve Valeria, la protagonista, cuando entra a la habitación?
   Valeria ve a Fernando en brazos de Carla.
5. ¿A quién ama Fernando?
   Fernando ama a las dos mujeres.
6. ¿Por qué cree Diana que sus compañeros están confundidos?
   Diana cree que están confundidos porque los dobles no tienen líneas.

2 **¿Quién es?** Todos quieren ayudar a Fabiola a ensayar las escenas de la telenovela.

A. ¿Quién representa cada papel?

1. Valeria ___Fabiola___
2. Fernando ___Johnny___
3. Carla ___Mariela___
4. el director de la telenovela ___Éric___

Aguayo   **Diana**   **Éric**

Johnny   **Mariela**   **Fabiola**

B. ¿Cuál de los empleados de *Facetas* haría uno de estos comentarios?

1. ¡Uy! ¿Se habrán dado cuenta de que yo veo telenovelas? Aguayo
2. Este papel es aburridísimo. ¡No logro decir ni una palabra! Mariela
3. Soy el más preparado para dirigir a los actores. Éric
4. Mis compañeros no saben nada sobre los dobles. Diana
5. Este papel es más peligroso de lo que pensaba. Fabiola
6. ¡Este director no sabe nada! Voy a hacer lo que dice el guión. Johnny

3 **Opiniones** En parejas, pregúntense si están de acuerdo con estas afirmaciones. Razonen sus respuestas y compartan sus opiniones con la clase.

Sí	No	
☐	☐	1. Hay ciertas situaciones en las que, aunque uno no quiera, es mejor mentir que decir la verdad.
☐	☐	2. Ser actor/actriz es más interesante que ser director(a).
☐	☐	3. Es posible estar enamorado/a de dos personas a la vez.
☐	☐	4. Si pudiera escoger, preferiría ser una estrella de tele que ser el/la doble.
☐	☐	5. Si descubriera a mi novio/a en los brazos de otra persona, rompería con él/ella.
☐	☐	6. Para hacerse famoso/a, es más importante ser bello/a que talentoso/a.

LEARNING STYLES

For Kinesthetic Learners Place photocopies of the **Fotonovela** characters around the room. Then, when you say **¡Vayan!**, students go to the picture of their favorite character and share their reasoning with the others there. Then have a class discussion in which students remain where they are and tell the class why they like their character.

For Auditory Learners For **Actividad 3**, ask volunteers to explain why they voted as they did. Then repeat their reasons and ask the class to raise their hands if they agree or disagree with this reason. Ask volunteers to share as many reasons for each item as possible.

Ampliación

4 **Los productores** En grupos de cinco, diseñen su propia telenovela. Primero, asignen papeles a estos cinco actores y expliquen la relación entre ellos. Luego, inventen un título para la telenovela y escriban el diálogo para una de las escenas. Cada personaje debe decir por lo menos una línea. Finalmente, representen la escena con todos los personajes.

5 **Apuntes culturales** En parejas, lean los párrafos y contesten las preguntas.

Camino a las estrellas

¡Fabiola consiguió su primer papel en una telenovela! Las telenovelas latinoamericanas se pueden comparar al cine de Hollywood por su importancia social y económica. Megaestrellas mexicanas como **Thalía**, **Salma Hayek** y **Gael García Bernal (lección 2)**, que iniciaron sus carreras artísticas en telenovelas, no habrían alcanzado (*would not have reached*) su fama actual sin ellas. ¿Tendrá la misma suerte Fabiola?

La (anti)estrella

Fabiola daría todo por ser una estrella de telenovela, pues ellas son mujeres muy bellas…excepto Yo soy *Betty, la fea*. La estrella de esta producción colombiana, que rompió con todos los estereotipos de belleza femenina, logró conquistar corazones con frenillos (*braces*), gafas con marcos gruesos y ropa pasada de moda. ¿Qué tal se vería Fabiola como la doble de Betty en la versión estadounidense de la cadena ABC?

La radionovela

Aguayo es un gran aficionado a las telenovelas. Otro género muy popular en todo el mundo hispano es la **radionovela**. Este tipo de novela transmitida por radio entretiene a audiencias tanto como las telenovelas, y en Centroamérica también cumple la función de educar a los habitantes sobre los desastres naturales y sus medidas de prevención.

1. ¿Qué otras megaestrellas latinas conoces? ¿Cómo comenzaron su carrera?
2. ¿En qué se diferencian las telenovelas latinoamericanas de las de los EE.UU.?
3. ¿Conoces otras antiestrellas? ¿Cómo se hicieron famosas?
4. ¿Qué programas de radio escuchas? ¿Escuchas radionovelas?
5. ¿Te gustan las telenovelas o prefieres las series semanales?

La cultura popular y los medios de comunicación

Teaching Tips

4 To help students write their soap operas, encourage them to make a diagram of the relationship between the characters before they begin writing.

5 Ask additional discussion questions. Ex: **¿Crees que las radionovelas pueden captar la atención de los oyentes de la misma manera que las telenovelas captan la atención de los televidentes? Si fueras un(a) actor/actriz, ¿qué preferirías: actuar en una radionovela o en una telenovela? ¿Por qué?**

5 Ask students to imagine themselves in the different characters' shoes. Ask: **Si fueras Fabiola, ¿cómo te sentirías? ¿Por qué? Si fueras un(a) actor/actriz elegido/a por ser feo/a, ¿cómo te sentirías? ¿Aceptarías el papel? ¿Por qué?** When listening to responses to the last question, be particularly sensitive to students' feelings.

NATIONAL STANDARDS
Connections: Drama/Theater Arts Students might enjoy staging "auditions" for their own telenovela. Have students prepare character descriptions, plot outlines, and short scripts for the actors to use in the try-outs. Ask volunteers to read for the parts and allow the class to select the cast based on the performances. Encourage overacting!

DIFFERENTIATED LEARNING

Heritage Speakers For **Actividad 5**, item 2, have students talk about soap operas that their families or friends may watch on Spanish television channels. Ask each student to describe a family member's or friend's favorite show. Encourage other students to ask questions of, or make comments for, each presenter.

For Inclusion For **Actividad 4**, have students form multi-leveled groups to support inclusion. Encourage more advanced students to dictate the script for inclusion students to write. Have all students in the group participate in the performance.

Section Goals

In **Enfoques**, students will:
- learn about **mate** and other drinks found in the Spanish-speaking world, and **el Carnaval de Montevideo**
- read about Uruguayan actress and singer **Natalia Oreiro**

Instructional Resources
Cuaderno para hispanohablantes, p. 132
Vista Higher Learning
Cancionero
Supersite/DVD: *Flash cultura*
Supersite: *Flash cultura*
Videoscript & Translation

Teaching Tips

- Preview the reading by asking students about the role of food and drinks in bringing people and cultures together. Examples: **¿De qué manera las comidas y las bebidas unen a la gente? ¿Hay comidas o bebidas que tengan este efecto de unión más que otras? Da ejemplos.**
- Ask students to share whether they have tried **mate** before. If possible, bring in **mate** (available in many grocery stores) and prepare it for students to taste. Simply brew it like tea and serve it in separate cups. Tell students that, in Argentina, **mate** brewed as tea is called **mate cocida**. Ask students to describe the taste using vivid adjectives and comparisons.
- **For Inclusion** Read each paragraph aloud and ask the class to summarize it before moving onto the next. Record the summaries on the board, and encourage students to record them in their notes.

En detalle

EL MATE

URUGUAY Y PARAGUAY

Si visitas Montevideo algún día, seguro que vas a presenciar° una de las escenas cotidianas° más llamativas°: gente que bebe de un extraño recipiente (el mate) del que sobresale° un tubito de metal (la bombilla). Dentro del curioso recipiente, generalmente hecho con una calabaza° seca, está la famosa **yerba mate**. Aunque Uruguay no produce yerba mate, es el principal consumidor per cápita del mundo. Millones de personas consumen esta infusión, que se ha convertido en el distintivo° cultural del Uruguay, el Paraguay y la Argentina. También se consume en el sur del Brasil y en Chile.

Cuenta la leyenda que el dios Tupá bajó del cielo y les enseño a los guaraníes° cómo preparar y tomar la yerba mate. En tiempos de la conquista, los jesuitas cultivaban yerba mate pero preparaban la bebida como té porque creían que la forma tradicional (usando una calabaza y una bombilla) era obra del demonio. Sin embargo, los intentos de prohibición no tuvieron éxito y la bebida se expandió rápidamente entre los gauchos° y los esclavos° africanos.

Tal vez el mate se haya convertido en un ritual debido a su efecto energizante. La yerba contiene **mateína**, una sustancia similar a la cafeína pero que no tiene los mismos efectos negativos sobre los patrones° de sueño. Además de ser antioxidante, aporta vitaminas y minerales importantes como potasio, fósforo y magnesio.

Sin embargo, el mate se toma más por tradición que por sus propiedades. La bebida se ha arraigado° tanto en el día a día del Uruguay y el Paraguay que ya forma parte del imaginario° cultural. Más que una bebida, es un símbolo de la identidad popular. Según el renombrado antropólogo Daniel Vidart, "tras el ademán litúrgico° de preparar, cebar y tomar mate hay una concepción del mundo y de la vida... el mate vence las tendencias aislacionistas° del criollo°... empareja° las clases sociales". ■

Cómo preparar o "cebar" mate

- Calentar agua (¡No tan caliente como para el té!)
- Llenar ¾ del mate con yerba
- Verter° agua caliente
- Colocar la bombilla
- ¡Comenzar la mateada!

La "mateada"

- Todos toman del mismo mate.
- La persona que ceba el mate —el cebador— va pasando el mate lleno a cada persona y toma último.

presenciar *witness* **cotidianas** *everyday* **llamativas** *striking* **sobresale** *sticks out* **calabaza** *gourd* **distintivo** *sign* **guaraníes** *Guarani (indigenous group)* **gauchos** *first inhabitants of European origin in the flatlands of Uruguay and Argentina* **esclavos** *slaves* **patrones** *patterns* **arraigado** *rooted deeply* **imaginario** *imagery* **ademán litúrgico** *liturgical gesture* **aislacionistas** *isolationist* **criollo** *descendants of European settlers in Latin America* **empareja** *makes even* **Verter** *To pour*

332 *trescientos treinta y dos*

Lección 9

AP PREPARATION

Formal Presentation Practice After reading the article about **mate**, discuss several aspects of culture (**carnaval**, dances, etc.) and how they represent a people. Divide the class into pairs. Have each pair choose a different Spanish-speaking country, and research one cultural topic from that country. Tell students to use at least three sources, one of which should be a podcast. After taking notes, each pair should present its findings to the class in a short presentation. Remind students to keep a list of the sources they consulted.

ASÍ LO DECIMOS

El mate y otras bebidas

jugo (Amér. L.) *juice*

zumo (Esp.) *juice*

refresco (Esp. y Méx.) *soda*

fresco (Hon.) *soda*

infusión *herbal tea*

mate (Bol.) *any kind of tea*

tereré (Par. y Arg.) *cold mate*

ser un(a) matero/a *(of a person) to drink a lot of mate*

ser un mate amargo (Arg. y Uru.) *to have no sense of humor / to be moody*

EL MUNDO HISPANOHABLANTE

Bebidas y bailes

Otras bebidas típicas

- Introducida en 1910, **Inca Kola** es la gaseosa° más popular del Perú. Es de color amarillo brillante y se hace con **hierba luisa**. Eslóganes como "Es nuestra" la convirtieron en un símbolo nacional capaz de imponerse ante la Coca-Cola.

- La **horchata** es una bebida típica salvadoreña y de otros países de Centroamérica. Elaborada a base de arroz y agua, se puede saborear con azúcar, canela°, vainilla o lima.

Otros bailes típicos

- Hoy la **cumbia** se escucha por toda Latinoamérica. Su origen proviene de ritmos bailados por esclavos africanos llevados a Colombia. Este ritmo contagioso se baila en discotecas, bailes y fiestas.

- Comúnmente se asocia la **salsa** con el Caribe y Centroamérica, pero este género nació en barrios hispanos neoyorquinos como resultado de una mezcla de influencias puertorriqueñas, cubanas, africanas, españolas y estadounidenses.

PERFIL

LAS MURGAS Y EL CANDOMBE

La fusión de tradiciones españolas, africanas y americanas se convierte en protagonista del Carnaval de Montevideo a través de las **murgas** que participan en él. La murga uruguaya, un género músico-teatral surgido a finales del siglo XIX, es el principal atractivo del carnaval. Sus representaciones, en las que participan normalmente unas quince personas, suelen centrarse en dos temas: el propio carnaval y la crítica social. Hoy es una de las expresiones con mayor poder de identidad, pues combina un fuerte mensaje político con la influencia de músicas populares más antiguas, como el **candombe**. Éste es un estilo musical, nacido en Uruguay, que proviene de los ritmos africanos traídos por los esclavos de la época colonial. Los grupos que tocan candombe se llaman **comparsas** y durante el carnaval toman las calles de Montevideo en el conocido **desfile de llamadas**, una celebración de la herencia mestiza y mulata de Uruguay. El Carnaval de Montevideo se inicia en enero y termina a principios de marzo.

❝ Un pueblo sin tradición es un pueblo sin porvenir. ❞
(Alberto Lleras Camargo)

SUPERSITE Conexión Internet

¿Cómo se festeja el carnaval en otros países hispanos?

To research this topic, go to **descubre3.vhlcentral.com.**

gaseosa *soda* **canela** *cinnamon*

Teaching Tips
- **Así lo decimos** Ask discussion questions to activate the vocabulary. Examples: **Si vivieras en Argentina, ¿serías matero/a? ¿Cuál es tu refresco preferido?**
- **Perfil** Have students give examples of various musical genres that incorporate sounds from other cultures (jazz, ska, blues).
- **El mundo hispanohablante** Point out that **horchata** (**orxata**) also exists in Valencia (Spain), where it is made from tiger nuts (**chufas**), water, and sugar.
- Have a volunteer read aloud the quote by **Alberto Lleras Camargo**. Explain that **porvenir** means *future*. Then ask: **¿Es posible que los pueblos pierdan sus tradiciones? ¿Quién es el responsable de mantener la cultura de un pueblo?**

NATIONAL STANDARDS
Communities Ask students to reflect upon the traditions of their own culture. What are the drinks or foods that symbolize in some way the culture? What are the values that lie behind the symbols? (e.g., apple pie = family, tradition, rural past). Can students identify dances or musical genres that symbolize the U.S.?

CRITICAL THINKING

Analysis Ask pairs to list all the cognates from pages 332–333. Then discuss which cognates are true cognates and which are false. Finally, have students copy the cognates into their notes and put an asterisk next to the ones they think are most useful. Encourage students to explain their reasoning for each asterisk.

Application and Evaluation Ask small groups of students to discuss and then choose national drinks and dances for the U.S. Each group should write a paragraph describing these cultural aspects and explain their reasons for choosing them as the national drink and dance. After the groups share their choices, have the class vote on the drink and dance they think is most typical of the U.S.

Teaching Tips

① As a variant, read the statements aloud. Have students raise one hand if the statement is true and both hands if it is false. Call on volunteers to correct the false statements.

② In pairs, have students create additional cloze sentences. Then ask them to exchange their papers with another pair and correct each other's sentences.

③ If you have brought in **mate** for the students to try, modify item 4 to read: **¿Qué te pareció el mate? ¿Por qué? ¿Has probado algo así antes? ¿Lo volverías a tomar? ¿Por qué?**

④ Encourage students to expand the activity to include music, pastimes, and other important cultural expressions.

④ For follow-up, have volunteers write their lists on the board. Encourage students to explain why each of the traditions is important.

• **Proyecto** Brainstorm a list of adjectives that might be used to describe music, Ex: **el ritmo lento/rápido, la melodía triste/alegre.** Encourage students to bring in an example of the music they have chosen to present.

• **Technology Connection** For the **Proyecto,** encourage students to use Internet search engines with the Spanish language option selected so that they can search on Spanish-language websites.

 ¿Qué aprendiste?

recursos
CH
p. 132

① **Comprensión** Indica si estas afirmaciones sobre el mate son **ciertas** o **falsas**. Corrige las falsas.

1. Es muy frecuente ver a gente bebiendo mate en el Uruguay. Cierto.

2. El recipiente para el mate suele ser de metal. Falso. El recipiente para el mate suele ser una calabaza seca.

3. La bombilla es el tubo que se utiliza para beber el mate. Cierto.

4. El mate se bebe principalmente en la Argentina, el Uruguay y el Paraguay. Cierto.

5. Los primeros en consumir la yerba mate como infusión fueron los indígenas guaraníes. Cierto.

6. La bebida se hizo popular muy rápidamente entre la población no indígena. Cierto.

7. Los jesuitas intentaron prohibir todo tipo de infusiones hechas con yerba mate. Falso. Intentaron prohibir la forma tradicional.

8. La mateína altera los patrones del sueño más que la cafeína. Falso. La mateina no altera los patrones del sueño como la cafeina.

9. Cuando un grupo de personas toma mate, cada persona toma de un recipiente distinto. Falso. Todos toman del mismo mate.

10. El mate tiene minerales pero no vitaminas. Falso. El mate tiene minerales y vitaminas.

11. La persona que sirve el mate se llama "cebador". Cierto.

12. El mate es popular por sus propiedades para la salud y, sobre todo, por su larga tradición. Cierto.

② **Oraciones incompletas** Completa las oraciones.

1. La murga uruguaya es _____.
   a. un grupo de teatro clásico   b. un ritmo africano   c. un género músico-teatral

2. El Carnaval de Montevideo empieza en _____.
   a. enero   b. febrero   c. marzo

3. La horchata se prepara con _____.
   a. trigo   b. café   c. arroz

4. En España, le dicen **zumo** al _____.
   a. té frío   b. tereré   c. jugo

③ **Preguntas** Contesta las preguntas.

1. ¿Hay radioemisoras o discotecas en tu comunidad que ponen salsa? ¿Qué bailes son populares en tu ciudad?

2. En tu opinión, ¿cuál es el mensaje del eslogan "Es nuestra", usado para promocionar Inca Kola?

3. ¿Alguna vez tomaste mate? ¿Lo harías?/ ¿Lo volverías a tomar?

4. En tu cultura, ¿es común que varias personas tomen del mismo recipiente?

④ **Opiniones** El candombe y la murga forman parte de la identidad cultural de Uruguay. En parejas, hagan una lista de cinco tradiciones norteamericanas que son parte imprescindible de su cultura popular. Después, compartan su lista con la clase.

PROYECTO

Raíces africanas

El candombe uruguayo tiene sus raíces en los ritmos que tocaban los esclavos africanos. Muchos otros ritmos populares de América Latina también provienen de África o tienen fuerte influencia africana. La lista incluye la cumbia, el merengue, la salsa, el mambo y hasta el tango. Elige e investiga uno de estos ritmos y prepara un afiche informativo para presentar en clase.

Tu investigación debe incluir:

• el nombre del ritmo, su origen e historia

• dónde es popular y cuáles son sus características

• qué importancia/papel tiene el ritmo que elegiste en la cultura popular local

• otros datos importantes

CRITICAL THINKING

Synthesis and Application As part of the **Proyecto**, ask students to create an activity or write discussion questions to include the class in experiencing the music. Possible activities include a **letras desaparecidas** activity or a short-answer quiz. Encourage students to be creative and to make sure that the activity engages the whole class.

Evaluation As a final step in the **Proyecto**, ask students to include an evaluation section of their **afiche**. As a class, draw up a rubric by which students may judge the music. Students should give their opinion of the music, but also have strong reasons to support their opinion.

RITMOS

NATALIA OREIRO

La actriz y cantante pop **Natalia Oreiro** nació en el Uruguay en 1977. Después de un sinnúmero° de audiciones, para las cuales gastaba todos sus ahorros, su gran perseverancia y esfuerzo le permitieron ganarse un lugar en el mundo de la actuación. A los diecisiete años se radicó° en Argentina donde comenzó a grabar telenovelas. En 1998 le llegó la consagración artística con la telenovela *Muñeca° Brava* —vendida a más de cincuenta países— y con su primer papel cinematográfico. Al poco tiempo, la joven actriz logró cumplir el deseo de incursionar en el canto y, a partir de allí, se sucedieron tres álbumes. *Río de la Plata*, del álbum *Tu veneno°*, cuenta cómo de niña creció entre tamboriles y murgas. El éxito de esta uruguaya no sabe de barreras culturales ni lingüísticas: sus canciones hacen furor° tanto en Suramérica como en Grecia, Israel, India y toda Europa Oriental.

Discografía

2002 *Turmalina*   **2001** *Tu veneno*   **1999** *Natalia Oreiro*

Canción

Éste es un fragmento de la canción que tu instructor te hará escuchar.

Río de La Plata
por Facundo Monti

Soy del Río de la Plata
Corazón latino
Soy bien candombera
Llevo siempre una sonrisa
Con mi sueño a cuestas°
No tengo fronteras.
Soy del Río de la Plata
Que viva el candombe de sangre caliente
Ritmo que me enciende el alma
Que brilla en los ojos de toda mi gente.

En su último trabajo televisivo, *Sos° mi vida*, **Natalia Oreiro** encarna° el personaje de **Monita**, una boxeadora que vive en un barrio humilde de Buenos Aires llamado La Boca. Para este papel, la artista debió aprender boxeo y entrenar todas las noches. "Yo no había visto ni **Rocky**", confesó un día la actriz.

 Preguntas En parejas, contesten las preguntas. Some answers will vary.

1. ¿Qué significa la afirmación de que el éxito de Oreiro no sabe de "barreras culturales ni lingüísticas"? Significa que Oreiro es popular en muchos países.

2. ¿Por qué Oreiro dice en la canción: "Soy bien candombera"?
Lo dice porque es uruguaya y el candombe es un ritmo popular del Uruguay.

3. ¿Cuál es el personaje de su última novela? ¿Es un personaje fácil o difícil de interpretar?
Oreiro encarna el personaje de una boxeadora.

4. La canción *Río de la Plata* cuenta la historia de Oreiro. ¿Cómo ha sido su historia?

sinnúmero *countless* **se radicó** *settled* **Muñeca** *Doll* **veneno** *poison* **hacen turor** *are all the rage* **a cuestas** *on one's shoulders* **Sos** *Eres* **encarna** *personifies*

La cultura popular y los medios de comunicación

trescientos treinta y cinco **335**

Teaching Tips

- **Bell Activity** As students enter the room, play one of **Natalia Oreiro's** albums. Ask them to sit quietly for the first few minutes of class and listen to the music. Then ask them to share their immediate thoughts, feelings, and opinions. Challenge students to share what words, subjects, and concepts they understood from the lyrics.
- Have a volunteer read the lyrics aloud. Ask: **En tu opinión, ¿cómo es una persona que no tiene fronteras?**
- If possible, find the full recording of *Río de la Plata.* Then download or write the lyrics to the song before playing it for the students. After a discussion about the lyrics, play a game of **Letras desaparecidas.** Print the lyrics, leaving out a few words in each line, and give each student a copy. Play the song several times while students fill in the missing lyrics. Then, as a class, read the lyrics aloud, having volunteers fill in the blanks.

NATIONAL STANDARDS
Comparisons Students may not be aware of the fact that young people in other countries frequently listen to music from around the world, even when the songs are in languages they do not understand. Ask students to consider and speculate upon why this is not common in the United Staes.

CRITICAL THINKING

Application and Analysis If possible, find several of **Natalia Oreiro's** songs. Ask students to form small groups to listen to and analyze one of the songs. Students should make Venn diagrams to compare and contrast **Oreiro's** song with one by another artist they have listened to in this class. If necessary, allow time for students to listen to the other artist's song again.

Synthesis and Evaluation If possible find a clip of one of **Natalia Oreiro's telenovelas.** Play it for the class. Ask students to form small groups to summarize the clip, evaluate **Natalia Oreiro's** performance, and relate their overall opinion of the **telenovela** based on this clip. Encourage volunteers to read their evaluations to the class.

Enfoques **335**

Section Goals

In **Estructura**, students will:

- learn how to use the present perfect subjunctive
- learn how to use the relative pronouns **que** and **cual** with definite articles, the relative pronouns **quien** and **quienes**, and the relative adjective **cuyo**
- learn how to use the neuter article **lo** with adjectives and relative pronouns

---

Instructional Resources

Cuaderno de práctica, pp. 83–84
Cuaderno para hispanohablantes, pp. 133–134
Cuaderno de actividades, pp. 25, 92
e-Cuaderno
Supersite: Additional practice
Supersite/TRCD/Print:
PowerPoints (**Lección 9 Estructura** Presentation, Overhead #51); Audio Activity Script, Answer Keys
Audio Activity CD

Teaching Tips

- Point out that all perfect tenses are formed with the verb **haber** and a past participle.
- Review uses of the subjunctive and verbs that convey will, emotion, doubt, or uncertainty. Ex: **querer, alegrarse, dudar**.
- Review irregular past participles. Ex. **dicho, escrito, hecho, muerto, puesto, roto, visto,** and **vuelto**.
- Point out that, in a multiple-clause sentence, the present perfect subjunctive is used primarily when the action of the main clause is in the present tense, but the action in the subordinate clause is in the past.

9.1 The present perfect subjunctive

Me alegro de que hayas conseguido ese papel.

Espero que se hayan divertido a mis espaldas.

TALLER DE CONSULTA

To review the present and past subjunctive, see **4.1, 5.2,** and **6.2.** The past perfect subjunctive is covered in **10.3.**

- The present perfect subjunctive (**el pretérito perfecto de subjuntivo**) is formed with the present subjunctive of **haber** and a past participle.

The present perfect subjunctive		
cerrar	**perder**	**asistir**
haya cerrado	haya perdido	haya asistido
hayas cerrado	hayas perdido	hayas asistido
haya cerrado	haya perdido	haya asistido
hayamos cerrado	hayamos perdido	hayamos asistido
hayáis cerrado	hayáis perdido	hayáis asistido
hayan cerrado	hayan perdido	hayan asistido

- Like the present perfect indicative, the present perfect subjunctive is used to refer to recently completed actions or past actions that still bear relevance in the present. It is used mainly in multiple-clause sentences that express will, emotion, doubt, or uncertainty.

PRESENT PREFECT INDICATIVE	PRESENT PERFECT SUBJUNCTIVE
Luis me dijo que **ha dejado** de ver ese programa.	Me alegro de que Luis **haya dejado** de ver ese programa.
Luis told me that he has stopped watching that show.	*I'm glad that Luis has stopped watching that show.*

- Note the difference in meaning between the three subjunctive tenses you have learned so far.

PRESENT SUBJUNCTIVE	PRESENT PERFECT SUBJUNCTIVE	PAST SUBJUNCTIVE
Las cadenas nacionales **buscan** corresponsales que **hablen** varios idiomas.	**Prefieren** contratar a los que **hayan trabajado** en el extranjero.	Antes, **insistían** en que los solicitantes **tuvieran** cinco años de experiencia.
The national networks look for correspondents who speak several languages.	*They prefer to hire those who have worked abroad.*	*In the past, they insisted that applicants have five years' experience.*

recursos

CP
pp. 83–84

CH
pp. 133–134

CA
p. 92

SUPERSITE
descubre3.
vhlcentral.com
Lección 9

AP PREPARATION

Speaking and Writing To practice the present perfect subjunctive, have students work in pairs. Tell each student to write five sentences in the present perfect indicative, following this model: **Creo que mi madre no ha desayunado hoy.** Then ask them to share their sentences with one another, contradicting each other. Tell students: **Vas a decirle a tu compañero/a: "No creo que tu madre no haya desayunado hoy."**

Práctica y comunicación

1 **¿Indicativo o subjuntivo?** Elige entre el pretérito perfecto del indicativo y el pretérito
perfecto del subjuntivo para completar las oraciones.

1. Necesito contratar un corresponsal que (ha / **haya**) estado en el Paraguay. *haya*
2. Quiero conocer al actor que (**ha** / haya) trabajado en *Amores Perros*. *ha*
3. Hasta que no (has / **hayas**) conocido a las personas que leen la prensa
   sensacionalista no sabrás por qué la leen. *hayas*
4. Estoy seguro de que todos los actores (**han** / hayan) estudiado el guión. *han*
5. Cuando ustedes (han / **hayan**) leído esta noticia estarán de acuerdo conmigo. *hayan*

2 **Opuestas** Escribe la oración que expresa lo opuesto en cada ocasión. En algunos casos debes
usar el pretérito perfecto del subjuntivo y en otros el pretérito perfecto del indicativo.

> **MODELO** Dudo que ese actor haya aprendido a actuar bien.
>
> No dudo que ese actor ha aprendido a actuar bien.

1. El canal cree que sus periodistas han hablado con el dictador.
   El canal no cree que sus periodistas hayan hablado con el dictador.
2. No creo que el director les haya dado pocas órdenes a sus actores.
   Creo que el director les ha dado pocas órdenes a sus actores.
3. Estoy seguro de que la mayoría del público ha leído la noticia.
   No estoy seguro de que la mayoría del público haya leído la noticia.
4. No es seguro que la prensa sensacionalista haya publicado esa noticia.
   Es seguro que la prensa sensacionalista ha publicado esa noticia.
5. Pienso que ese actor ha sido el protagonista de *El año de la bestia*.
   No pienso que ese actor haya sido el protagonista de *El año de la bestia*.

3 **Competencia** Julieta y Marcela han estado juntas en una audición y Julieta ha conseguido el
papel de la protagonista. En parejas, combinen los elementos de la lista y añadan detalles para
escribir cinco quejas (*complaints*) de Marcela. Utilicen el pretérito perfecto de subjuntivo. Luego,
dramaticen una conversación entre las dos actrices.

Dudo que	conseguir el papel
Me molesta que	tener suficiente experiencia
Me sorprende que	trabajar con ese director
No creo que	darme otra oportunidad
No es justo que	escoger la mejor actriz

4 **¡Despedido!** Hoy el dueño de la emisora ha despedido a Eduardo Storni, el famoso y
controvertido locutor del programa *Storni, ¡sin censura!* En parejas, escriban su conversación,
utilizando por lo menos cinco oraciones con el pretérito perfecto del indicativo y del subjuntivo.
Luego represéntenla para la clase.

> **MODELO** **DUEÑO** Es una lástima que usted no haya escuchado nuestras advertencias.
> Usted ha violado casi todas las reglas de la cadena.
>
> **STORNI** Pero mi público siempre me ha apoyado. Mis oyentes estarán furiosos de que
> usted no haya respetado la libertad de prensa.

La cultura popular y los medios de comunicación

trescientos treinta y siete **337**

Teaching Tips

1 For follow-up, have
students explain why they
chose the indicative or
subjunctive for each item.

2 For additional practice,
ask students to create two
new items and have a partner
provide the opposite sentence.

3 Encourage volunteers to
perform the conversations for
the class.

3 **For Inclusion,** ask students
to guess what student is
playing each role.

4 As a variant, have
students choose a famous
news anchor or talk show
host and create a dialogue.

• **To Challenge Students** Have
individuals invent three true
statements and three false
statements about things
they have done this year and
share them in random order
with a partner. Partners
should respond with the
present perfect indicative if
they believe the statement
is true and the present
perfect subjunctive if they
think it is false. Examples:
**Creo que has hecho un curso
de informática. No creo que
hayas aprendido tres idiomas.**

Instructional Resources
Cuaderno de práctica, pp. 85–86
Cuaderno para hispanohablantes, pp. 135–136
Cuaderno de actividades, pp. 26, 93
e-Cuaderno
Supersite: Additional practice
Supersite/TRCD/Print:
PowerPoints (**Lección 9**
Estructura Presentation), Audio
Activity Script, Answer Keys
Audio Activity CD

Teaching Tips
- Before presenting relative pronouns in Spanish, briefly review the difference between *who* (subject pronoun) and *whom* (object pronoun).
- **For Visual Learners** Write the sample sentences in one color on the board. Give volunteers each a different color marker or chalk and ask them to circle the relative pronouns.

9.2 Relative pronouns

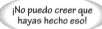

¡No puedo creer que hayas hecho eso!

Fue una de esas situaciones en las que uno tiene que mentir.

The relative pronoun *que*

- **Que** (*that, which, who*) is the most frequently used relative pronoun (**pronombre relativo**). It can refer to people or things, subjects or objects, and can be used in restrictive clauses (no commas) or nonrestrictive clauses (with commas). Note that while some relative pronouns may be omitted in English, they must always be used in Spanish.

  El reportaje **que** vi ayer me hizo cambiar de opinión.
  The report (that) I saw last night made me change my opinion.

  Las primeras diez personas **que** respondan correctamente ganarán una suscripción gratuita.
  The first ten people who respond correctly will win a free subscription.

  El desastre fue causado por la lluvia, **que** ha durado más de dos semanas.
  The disaster was caused by the rain, which has lasted over two weeks.

El/La que

- After prepositions, **que** is used with the definite article: **el que, la que, los que**, or **las que**. The article must agree in gender and number with the thing or person it refers to (the antecedent). When referring to *things* (but not *people*), the article may be omitted after short prepositions, such as **en, de**, and **con**.

  Los periódicos **para los que** escribo son independientes.
  The newspapers I write for are independent. (Lit.: for which I write)

  El edificio **en** (**el**) **que** viven es viejo.
  The building they live in is old.

  La fotógrafa **con la que** trabajo ganó varios premios.
  The photographer with whom I work won several awards.

- **El que, la que, los que**, and **las que** are also used for clarification in nonrestrictive clauses (with commas) when it might be unclear to what or whom the clause refers.

  Hablé con los empleados de la compañía, **los que** están contaminando el río.
  I spoke with the employees of the company, the ones who are polluting the river.

  Hablé con los empleados de la compañía, **la que** está contaminando el río.
  I spoke with the employees of the company, (the one) which is polluting the river.

¡ATENCIÓN!

Relative pronouns are used to connect short sentences or clauses in order to create longer, smoother sentences. Unlike the interrogative words **qué**, **quién(es)**, and **cuál(es)**, relative pronouns never have accent marks.

¡ATENCIÓN!

In everday Spanish, **en que** and **en cual** are often replaced by **donde**.

La casa **donde** vivo es muy grande.

La universidad **donde** estudio es muy prestigiosa.

DIFFERENTIATED LEARNING

To Challenge Students Ask students to write additional examples on the board to be used for the visual and auditory activities listed above. Encourage each student to write at least three more examples of sentences with relative pronouns.

For Kinesthetic Learners Write the examples on slips of paper. Then separate the slips at the end of the first clause. Ex: **El reportaje que vi ayer / me hizo cambiar de opinión.** Give each student a slip of paper. When you say **¡Vayan!**, students should get up and walk around the room, reading their clause aloud, trying to find the other half of their sentence. Then have one of the two students read complete sentence.

El/La cual

- **El cual, la cual, los cuales,** and **las cuales** are generally interchangeable with **el que, la que, los que,** and **las que.** They are often used in more formal speech or writing. Note that when **el cual** and its forms are used, the definite article is never omitted.

  El edificio **en el cual** se encuentra la emisora de radio es viejo.
  The building in which the radio station is located is old.

  La revista **para la cual** trabajo es muy influyente.
  The magazine for which I work is very influential.

Quien/Quienes

- **Quien** (*singular*) and **quienes** (*plural*) are used to refer only to people, not to things. **Quien(es)** is generally interchangeable with forms of **el que** and **el cual**.

  Los investigadores, **quienes (los que/los cuales)** estudian los medios de comunicación, son del Ecuador.
  The researchers, who are studying mass media, are from Ecuador.

  El investigador **de quien (del que/del cual)** hablaron era mi profesor.
  The researcher about whom they spoke was my professor.

- Although **que** and **quien(es)** may both refer to people, their use depends on the structure of the sentence.

- In restrictive clauses (no commas) that refer to people, **que** is used if no preposition is present. If a preposition or the personal **a** is present, **quien** (or **el que/el cual**) is used instead. Below, **que** is equivalent to *who*, while **quien** expresses *whom*.

  La gente **que** mira televisión está harta de las cadenas sensacionalistas.
  The people who watch TV are tired of sensationalist networks.

  Esperamos la respuesta de los políticos **a quienes (a los que/a los cuales)** queremos entrevistar.
  We're waiting for a response from the politicians (whom) we want to interview.

- In nonrestrictive clauses (with commas) that refer to people, **quien** (or **el que/el cual**) is generally used, not **que**.

  Juan y María, **quienes** trabajan conmigo, escriben la sección deportiva.
  Juan and María, who work with me, write the sports section.

The relative adjective *cuyo*

- The relative adjective **cuyo (cuya, cuyos, cuyas)** means *whose* and agrees in number and gender with the noun it precedes. Remember that **de quién(es)**, not **cuyo**, is used in questions to express *whose*.

  El equipo periodístico, **cuyo** proyecto aprobaron, viajará en febrero.
  The team of reporters, whose project they approved, will travel in February.

  La fotógrafa Daniela Pérez, **cuyas** fotos anteriores ganaron muchos premios, los acompañará.
  Photographer Daniela Pérez, whose earlier photos won many awards, will go with them.

TALLER DE CONSULTA

The neuter forms **lo que** and **lo cual** are used when referring to a whole situation or idea. See **9.3, p. 342**.

¿Qué es lo que te molesta?
What is it that's bothering you?

Ella habla sin parar, lo cual me enoja mucho.
She won't stop talking, which is making me really angry.

¡ATENCIÓN!

When used with **a** or **de**, the contractions **al que/cual** and **del que/cual** are formed.

---

recursos

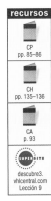

CP
pp. 85–86

CH
pp. 135–136

CA
p. 93

descubre3.
vhlcentral.com
Lección 9

Teaching Tips

- **For Auditory Learners** Ask volunteers to read each example aloud, saying the relative pronouns with exaggerated emphasis.
- **Extra Practice** and **Technology Connection** Go to **descubre3.vhlcentral. com** for more practice with relative pronouns.

LEARNING STYLES

For Auditory Learners After teaching relative pronouns, ask students to close their books. Slowly read aloud sample sentences. Ask students to raise their hands when they hear a relative pronoun.

For Kinesthetic Learners Ask pairs to write five sample sentences of their own on slips of paper. Ask them to separate the slips at the end of the first clause, cutting the slip in half in a pattern. Then ask them to mix up their ten slips of paper and exchange them with another pair, using the Spanish and the pattern to reassemble the puzzle-piece sentences.

Teaching Tips

(1) For slower-paced classes, have students circle the word to which the relative pronoun refers in each item. Ex: 1. **revista**.

(2) For expansion, have partners follow up the activity by asking each other questions about the paragraph. Encourage them to use relative pronouns in their questions and responses.

(3) Have students read their definitions aloud; the class should guess what item is being described.

• Bring in pictures from magazines or find pictures on the Internet and ask questions that use relative pronouns or elicit them in student answers. Example: **¿Quién está leyendo el periódico? (La rubia que está sentada en el banco está leyendo el periódico.)**

• **For Visual Learners** When reviewing the activities, record the answers on the board or on an overhead so that students can see the completed sentences.

---

(1) Oraciones incompletas Selecciona la palabra o expresión adecuada para completar las oraciones.

1. El señor Castillo, __a__ revista se dedica a la moda, está de viaje a París.
   a. cuya   b. cuyo   c. cuyos

2. Los músicos __b__ conociste ayer han grabado la banda sonora de la película.
   a. a quien   b. a quienes   c. quien

3. El corto __a__ te hablé no está doblado.
   a. del que   b. de quien   c. el cual

4. El reportaje de anoche, __a__ se transmitió en el canal 7, me pareció muy parcial.
   a. el cual   b. la cual   c. los que

5. Los artículos __c__ se publican en esa revista son puro chisme.
   a. los cuales   b. los que   c. que

(2) El tereré Completa este artículo sobre el tereré con los pronombres relativos de la lista. Algunos pronombres pueden repetirse.

EL TERERÉ

que
en el que
con quien
cuyo
en la que

Existe un país (1) __en el que__ el mate tuvo (2) __que__ adaptarse a su clima: el Paraguay. En este país, (3) __cuyo__ clima subtropical presenta calurosos veranos, el tradicional mate caliente debió convertirse en una bebida fría y refrescante (4) __que__ ayudara a atenuar el clima. Así, el tereré, (5) __cuyo__ nombre proviene del guaraní, es la bebida más popular de los paraguayos.

Para prepararlo, se coloca yerba en el recipiente llamado mate. En lugar de agua caliente, en un termo o pava, se usa una jarra (6) __en la que__ se coloca agua y/o jugo de limón con mucho hielo. La bebida se bebe con una bombilla (straw) (7) __que__ generalmente es de metal. En el Paraguay, se dice (8) __que__ el tereré es como un amigo (9) __con quien__ se comparten alegrías y tristezas, momentos cotidianos y toda una vida.

(3) Definiciones Escribe una definición para cada término, usando pronombres relativos.
Answers may vary. Suggested answers given.

MODELO   el redactor
         Es la persona cuyo trabajo es preparar artículos para publicación.

1. la prensa sensacionalista   Son periódicos, programas de noticias, etc. en los cuales se exageran las noticias.
2. los subtítulos   Son palabras sin las cuales/que no entendemos las películas extranjeras.
3. la portada   Es la página del periódico en la cual/que aparecen las noticias más importantes.
4. el titular   Es la frase con la cual/que comienza un artículo.
5. los televidentes   Son las personas para quienes se transmite un programa de televisión.
6. la fama   Es el hecho de que una persona sea reconocida por mucha gente.

DIFFERENTIATED LEARNING

Heritage Speakers After completing **Actividad 2**, ask heritage speakers to share information about the climate and crops in their families' countries of origin. If time allows, have them create a mural depicting the different climates and crops grown in all the countries represented in the room. Encourage other students to contribute to the mural, adding the climate and crops of their families' countries of origin (whether the U.S. or another country or region).

For Inclusion Once the class has completed **Actividad 3**, list the terms in one column and the definitions in another column, in random order. Then invite students to come to the board to draw a line between each term and its definition.

Comunicación

 4 **Tendencias** Piensa sobre las tendencias actuales y completa el recuadro con tus preferencias. En parejas, compartan esta información. Informen a sus compañeros/as lo que han aprendido sobre la otra persona usando pronombres relativos. Sigan el modelo.

> **MODELO** Ana Sofía mira todo el tiempo videos musicales en su iPod. Es una persona a quien le encanta llevar su iPod a todos lados.

	Sí	No	Depende
1. Me aburren los videos musicales en la tele. Prefiero verlos en un iPod.	☐	☐	☐
2. Siempre escucho música alternativa y pienso que el *hip-hop* no es arte.	☐	☐	☐
3. Yo sólo compro ropa cara a la que se le ve el logotipo impreso en grande.	☐	☐	☐
4. ¿Documentales? ¿Qué es eso? Sólo miro los éxitos de taquilla de Hollywood.	☐	☐	☐
5. ¡Puaj! Los *reality shows* son horribles y deberían prohibirse.	☐	☐	☐
6. Me puedo pasar horas leyendo revistas de moda y de chismes sobre famosos.	☐	☐	☐
7. ¡Qué chévere (*how cool*)! ¡Un restaurante con platos innovadores! Los restaurantes de comidas tradicionales ya pasaron de moda.	☐	☐	☐
8. ¡Salsotecas jamás! No me gusta la música latina. Prefiero escuchar los 40 principales (*top 40*) de la radio.	☐	☐	☐

 5 **¿Quién es quién?** La clase se divide en dos equipos. Un integrante del equipo A piensa en un(a) compañero/a y da tres pistas. El equipo B tiene que adivinar de quién se trata. Si adivina con la primera pista, obtiene 3 puntos; con la segunda, obtiene 2 puntos; con la tercera, obtiene 1 punto.

> **MODELO** Estoy pensando en alguien con quien almorzamos.
> Estoy pensando en alguien cuyos ojos son marrones.
> Estoy pensando en alguien que lleva pantalones azules.

6 **Fama** Preparen una entrevista entre un reportero y una estrella. Utilicen por lo menos seis pronombres relativos.

> **MODELO** **REPORTERO** Díganos, ¿dónde encontró este vestido tan divino?
> **ESTRELLA** Gracias, me lo regaló un amigo muy talentoso, cuya tienda siempre tiene lo mejor de la moda.
> **REPORTERO** Y me he enterado de que está usted con un nuevo amor, quien trabajó con usted en su última telenovela…

La cultura popular y los medios de comunicación

trescientos cuarenta y uno **341**

Teaching Tips

4 For expansion, have students explain those items for which they answered **Depende**.

4 **Heritage Speakers** Ask heritage speakers to share what they think teens in their families' countries of origin would most likely vote and why.

5 Encourage students to use a different relative pronoun for each clue.

5 For more advanced classes, have students include three uses of the present perfect subjunctive.

6 **For Inclusion** Divide the class into pairs. Create a simple dialogue with blanks for the relative pronouns and give each pair a copy. Then ask students to complete the dialogue. Have pairs share the completed dialogues with the class.

6 As a variant, encourage students to choose a real reporter and a real star for the interview.

LEARNING STYLES

For Visual Learners As the class reviews **Actividad 4**, have students give a show of hands for each item. Students should count and record the number of respondents for each item. Then ask students to make a bar graph, representing the class' responses to the questions. This activity also can be used as a **Math Connection**.

For Auditory Learners Ask volunteers to act out or read their conversations aloud for the class. Have the students raise their hands each time they hear a relative pronoun.

9.3 The neuter *lo*

• The definite articles **el, la, los,** and **las** modify masculine or feminine nouns. The neuter article **lo** is used to refer to concepts that have no gender.

¿Es todo lo que tienes que decir?

¡Lo sabía! Ni es lo suficientemente hombre para...

• In Spanish, the construction **lo** + [*masculine singular adjective*] is used to express general characteristics and abstract ideas. The English equivalent of this construction is *the* + [*adjective*] + *thing*.

Cuando leo las noticias, **lo difícil** es diferenciar entre el hecho y la opinión.
When I read the news, the difficult thing is to differentiate between fact and opinion.

Lo bueno de ser famosa es que me da la oportunidad de cambiar el mundo.
The good thing about being famous is that it gives me the chance to change the world.

• To express the idea of *the most* or *the least,* **más** and **menos** can be added after **lo. Lo mejor** and **lo peor** mean *the best/worst* (*thing*).

Para ser un buen reportero, **lo más importante** es ser imparcial.
To be a good reporter, the most important thing is to be unbiased.

¡Aún no te he contado **lo peor** del artículo!
I still haven't told you about the worst part of the article!

• The construction **lo** + [*adjective or adverb*] + **que** is used to express the English *how* + [*adjective*]. In these cases, the adjective agrees in number and gender with the noun it modifies.

lo + [*adjective*] + que	lo + [*adverb*] + que
¿No te das cuenta de **lo bella que** eres, María Fernanda?	Recuerda **lo bien que** te fue el año pasado en su clase.
María Fernanda, don't you realize how beautiful you are?	*Remember how well you did last year in his class.*

• **Lo que** is equivalent to the English *what, that,* or *which.* It is used to refer to an abstract idea, or to a previously mentioned situation or concept.

¿Qué fue **lo que** más te gustó de tu viaje a Uruguay?
What was the thing that you enjoyed most about your trip to Uruguay?

Lo que más me gustó fue el Carnaval de Montevideo.
The thing I liked best was the Carnival of Montevideo.

¡ATENCIÓN!

The phrase **lo** + [*adjective or adverb*] + **que** may be replaced by **qué** + [*adjective or adverb*].

No sabes *qué difícil* es hablar con él.
You don't know how difficult it is to talk to him.

Fíjense en *qué pronto* se entera la prensa.
Just think about how soon the press will find out.

---

recursos

CP
pp. 87–88

CH
pp. 137–138

CA
p. 94

SUPERSITE
descubre3.
vhlcentral.com
Lección 9

Práctica y comunicación

1 **Chisme** La gran estrella pop, Estela Moreno, responde a las críticas que han aparecido en medios periodísticos sobre su súbita (*sudden*) boda con Ricardo Rubio. Completa las oraciones con **lo, lo que** o **qué**.

"Repito que es completamente falso (1) _____lo que_____ ha salido en la prensa sensacionalista. Siempre habíamos querido una ceremonia pequeña y privada, para mantener (2) _____lo_____ romántico de la ocasión. El lugar, la fecha, los pocos invitados, pues todo (3) _____lo_____ tuvimos planeado desde hace meses. ¡Ay, (4) _____qué_____ difícil fue guardar el secreto, para que el público no se diera cuenta de (5) _____lo que_____ estábamos planeando! (6) _____Lo que_____ más me molesta es que la prensa nos acuse de un romance súbito. (7) _____Lo_____ nuestro es un amor que comenzó hace dos años y que durará para toda la vida. ¡Ya (8) _____lo_____ verán!"

2 **Reacciones** Combina las frases para formar oraciones que tengan **lo** + [adjetivo/adverbio] + **que**.

> **MODELO** parecer mentira / qué poco Juan se preocupa por el chisme
> Parece mentira lo poco que Juan se preocupa por el chisme.

1. asombrarme / qué lejos está el centro comercial Me asombra lo lejos que está el centro comercial.
2. sorprenderme / qué obediente es tu gato Me sorprende lo obediente que es tu gato.
3. no poder creer / qué influyente es la publicidad No puedo creer lo influyente que es la publicidad.
4. ser una sorpresa / qué bien se vive en este pueblo Es una sorpresa lo bien que se vive en este pueblo.
5. ser increíble / qué rápido se hizo famoso aquel cantante Es increíble lo rápido que se hizo famoso aquel cantante.

3 **Ser o no ser** En grupos de cuatro, conversen sobre las ventajas y desventajas de cada una de estas profesiones. Luego escriban oraciones completas para describir **lo bueno, lo malo, lo mejor** o **lo peor** de cada profesión. Compartan sus ideas con la clase.

actor/actriz	crítico/a de cine	redactor(a)
cantante	locutor(a) de radio	reportero/a

4 **Síntesis** En parejas, escriban una carta para la sección editorial del periódico escolar dando su opinión sobre un acontecimiento o tema de actualidad. Utilicen por lo menos tres verbos en el pretérito perfecto de subjuntivo, tres oraciones con **lo** o **lo que** y tres oraciones con pronombres relativos. Utilicen algunas frases de la lista o inventen sus propias ideas. Lean su carta a la clase y debatan el tema.

me molesta que...	lo importante...	que
me alegra que...	lo que más/menos...	el/la cual
no puedo creer que...	lo que pienso sobre...	quien(es)

SUPERSITE
For additional cumulative practice of all the grammar points in this lesson, go to **descubre3.vhlcentral.com**.

Teaching Tips

1 **To Challenge Students** Ask students to write their own paragraph based on the marriage of two real pop stars. Encourage students to use at least five examples of the neuter **lo**.

2 Give students additional items. Examples: **frustrarme / qué difícil es encontrar trabajo; molestarme / qué exagerada que es esta actriz; ser imposible / qué tonto es el crítico de cine.**

2 Ask volunteers to form corresponding questions, Ex: for each item. 1. **¿Te asombra lo lejos que está el centro comercial?**

3 Have students share their opinions about other professions using the neuter **lo**. Recycle vocabulary about jobs and work (**Lección 8**).

• Write a series of adjectives and adverbs on pieces of paper and put them in a hat. Have volunteers choose a word and make a sentence using **lo** + [*adjective*] + **que**.

LEARNING STYLES

For Kinesthetic Learners Before beginning **Actividad 3**, have students play Charades with the words in the boxes. Ask students to close their books. Divide the class into two teams. Call a member of each team to the front of the room. Secretly tell these team members a profession to pantomime for classmates to guess. The first team to guess correctly wins a point.

For Auditory Learners Divide the class into small groups. Give each group a children's book in Spanish. Ask them to read the book aloud and find examples of relative pronouns, neuter **lo** expressions, and the present perfect. Then have groups share a summary of the book and the examples they found.

Estructura **343**

Teaching Tips

(1) Have pairs create cloze sentence definitions for the remaining vocabulary words and exchange them with another pair to solve.

(2) Continue the discussion by asking additional questions. Example for item 2: **¿Qué riesgos corres al contar tus problemas por la radio o la televisión? ¿Crees que los locutores de radio y los presentadores de televisión pueden dar buenos consejos?**

• Have students use **darse cuenta** to write a brief anecdote about a time they suddenly realized something. Remind students to follow the phrase with **de.** Example: **Un día estaba cenando con un amigo cuando me di cuenta de que alguien me había robado el bolso...**

Antes de ver el corto

SINTONÍA

país España
duración 9 minutos

director Jose Mari Goenaga
protagonistas el hombre, la mujer, el locutor

Vocabulario

aclarar *to clarify*
dar la gana *to feel like*
darse cuenta (de) *to realize*
darse por aludido/a *to realize or assume that one is being referred to*
embalarse *to go too fast*

fijarse *to notice*
el maletero *trunk*
la nuca *nape*
parar el carro *to hold your horses*
pillar *to get (catch)*
la sintonía *synchronization; tuning; connection*

---

(1) **Definiciones** Escribe la palabra adecuada para cada definición.

1. la parte del carro en la que guardas las compras: ___maletero___
2. la parte de atrás de la cabeza: ___nuca___
3. el hecho de explicar algo para evitar confusiones: ___aclarar___
4. comprender o entender algo: ___darse cuenta___
5. ir demasiado deprisa: ___embalarse___

(2) **Preguntas** Contesta las preguntas.

1. ¿Prefieres escuchar programas de radio o sólo música cuando vas en autobús o en carro?
2. Si tuvieras un problema que no supieras solucionar, ¿llamarías a un programa de radio o de televisión? ¿Por qué?
3. Si escuchas a dos personas que parecen hablar de ti sin decir tu nombre, ¿te das por aludido/a enseguida o tardas en darte cuenta?

(3) **¿Qué sucederá?** En parejas, miren los fotogramas e imaginen lo que va a ocurrir en la historia. ¿Cuál es la relación entre el locutor y las personas que esperan para pagar el peaje (*toll*)? Compartan sus ideas con la clase. Incluyan tres o cuatro datos o especulaciones sobre cada fotograma.

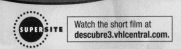

Watch the short film at descubre3.vhlcentral.com.

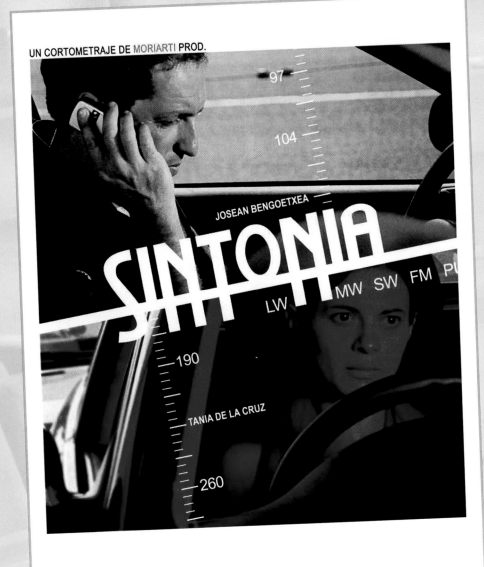

UN CORTOMETRAJE DE MORIARTI PROD.

JOSEAN BENGOETXEA

SINTONIA

LW MW SW FM P

TANIA DE LA CRUZ

moriarti produkzioak PRESENTA A JOSEAN BENGOETXEA TANIA DE LA CRUZ UNAI GARCÍA
FOTOGRAFÍA RITA NORIEGA MÚSICA PASCAL GAIGNE SONIDO IÑAKI DÍEZ MEZCLAS AURELIO MARTÍNEZ MONTAJE RAÚL
LÓPEZ DIRECCIÓN ARTÍSTICA MENÓ VESTUARIO LEIRE ORELLA MAQUILLAJE MARI RODRÍGUEZ
PRODUCCIÓN AITOR ARREGI GUIÓN Y DIRECCIÓN JOSE MARI GOENAGA

   DOLBY IN SELECTED THEATRES moriarti prod

Teaching Tips

- **For Visual Learners** Ask pairs to describe everything they see in the poster, using adjectives and verbs.
- **For Auditory Learners** If possible, play a clip of a radio advice show in Spanish. Ask students to tell what the caller's complaint and the radio host's suggestion are.
- **For Kinesthetic Learners** Ask students to form small groups to write a skit of a radio advice show. Have a class sharing and ask students to identify the caller's problem and the radio host's solution.
- **For Heritage Speakers** Ask students to talk about whether people listen to radio advice shows in their families' countries of origin. Also ask: **¿De qué otras maneras recibe consejos la gente?**
- **For Inclusion** Give each student some sticky tabs and ask them to label the poster with as many nouns, verbs, and adjectives as they can.

NATIONAL STANDARDS
Connections: Drama/Theater Arts Direct students' attention to the credits at the bottom of the poster. Help them translate any professions they do not recognize. Students who are interested in stage and film may want to research additional vocabulary associated with these arts.

CRITICAL THINKING

Knowledge and Comprehension Ask students to study the words on the poster. Have a class discussion about the literal and figurative meaning meanings of the word **sintonía**. Then ask students to read the small print at the bottom of the poster and explain in Spanish what each person's title means.

Analysis and Synthesis Based on the activities and vocabulary from page 344 and the poster on page 345, ask students to predict the plot of the film in a story map form. Have a class sharing and then on the board draw a story map of what the class votes to be the most likely plot.

Sintonía

ARGUMENTO Un joven, atrapado en un atasco en la carretera, se siente atraído por la chica que maneja el carro de al lado.

LOCUTOR Última oportunidad para llamar… No os cortéis° y decidle a quien queráis lo que os dé la gana y no lo dejéis para otro momento. El número, el número es el 94365482… Tenemos una nueva llamada. Hola, ¿con quién hablamos?

HOMBRE Manuel Ezeiza. Manolo, Manolo de Donosti.
LOCUTOR Muy bien, Manolo de Donosti. ¿Y a quién quieres enviar tu mensaje?
HOMBRE La verdad es que no lo sé, pero sé que nos está oyendo.

LOCUTOR Bueno, igual el mensaje puede darnos alguna pista°.
HOMBRE Sí, bueno, llamaba porque me he fijado que te has dejado parte del vestido fuera del coche. Y, bueno, yo no te conozco pero… te he visto cantando y querría quedar contigo…o tomar algo…

LOCUTOR Bueno, para el carro… Esto es un poco surrealista. Le estás pidiendo una cita a una cantante que va en un coche con el abrigo fuera. ¿Y cómo sabe que te diriges a ella?
HOMBRE Todavía no lo sabe. Está sonriendo, como si esto no fuera con ella.

LOCUTOR Pues dale una pista para que se aclare. ¿Cómo es ella? ¿Qué hace?
HOMBRE Pues lleva algo rojo… ahora se toca la nuca con su mano y ahora el pelo... que es muy oscuro. Y ahora parece que empieza a darse cuenta. Sí, sí, definitivamente se ha dado cuenta.

LOCUTOR A ver, ¿quién le dice a ella que tú no eres, no sé, un psicópata?
HOMBRE ¿Y quién me dice a mí que no es ella la psicópata? Se trata de asumir riesgos. Yo tampoco te conozco. Pensaba que estaría bien quedar contigo.

cortéis get shy *pista clue*

346 *trescientos cuarenta y seis* · Lección 9

Después de ver el corto

1 **Comprensión** Contesta las preguntas con oraciones completas.

1. ¿Dónde está el hombre?
   El hombre está en su carro.
2. ¿A quién llama por teléfono?
   El hombre llama por teléfono a un programa de radio.
3. ¿Qué tipo de programa de radio es?
   Es un programa que recibe llamadas de personas que quieren enviarle un mensaje a alguien.
4. ¿Por qué llama el hombre al programa de radio?
   Quiere decirle a la chica que se ha pillado el vestido en la puerta del carro.
5. ¿Cómo sabe que la mujer está oyendo esa cadena de radio?
   Sabe que está oyendo ese programa de radio porque la ha visto cantando la canción de la radio.
6. ¿Por qué le dice el locutor al hombre que la mujer a lo mejor no quiere salir con él?
   Le dice que tiene que convencer a la chica porque ella puede pensar que es un psicópata.
7. ¿Dónde se conocen el hombre y la mujer en persona?
   Se conocen en una gasolinera.
8. ¿Qué le dice la mujer al hombre?
   Le dice que se quedó sin gasolina.

2 **Ampliación** Contesta las preguntas con oraciones completas.

1. ¿El hombre le habla siempre al locutor o le habla también a la mujer directamente? Explica tu respuesta.

2. En un momento la mujer apaga la radio pero después la vuelve a encender. ¿Qué crees que está pensando en ese momento?

3. ¿Crees que es verdad que la mujer se queda sin gasolina? ¿Por qué?

4. ¿Crees que la mujer hace bien en parar en la gasolinera? Explica tu respuesta.

5. ¿Qué harías tú si vieras que alguien en el carro de al lado se ha pillado la ropa en la puerta?

3 **Imagina**

A. En parejas, preparen la conversación entre el hombre y la mujer en la gasolinera. Cada uno debe tener por lo menos tres intervenciones en el diálogo. Luego, representen el diálogo frente a la clase.

B. Imaginen qué ocurre después. ¿Siguen en contacto? ¿Tienen una/otra cita? ¿Qué ocurre en sus vidas? Compartan su final con la clase.

4 **Relaciones mediáticas** Hoy en día, muchas parejas se conocen gracias a los medios de comunicación. En parejas, inventen una historia de amor sobre dos personas que se conocen a través de uno de los medios de la lista. Incluyan detalles sobre cómo se conoció la pareja, por qué fue a través de ese medio específico y cuál fue el desenlace (*outcome*) de la historia. Después, cuenten su historia a la clase.

una revista	un programa de radio
un programa de televisión	Internet

Teaching Tips

1 To test students' comprehension further, write a series of sentences about the plot on separate strips of paper. Place the paper strips in a large bag. Then have volunteers draw out sentences and put them in chronological order.

2 Ask additional discussion questions. Examples: **¿Qué harías si estuvieras en el lugar de esta mujer? ¿Irías a la gasolinera? ¿Qué sucedería si este hombre y esta mujer se cono-cieran en otra situación?**

3 To help students with their dialogues, replay the last scene of the film without sound and have them pay extra attention to the body language of the characters.

4 **Expansion** Have students work in pairs to create an ad for a new dating service offered through a magazine, television show, radio show, or online. Encourage students to be creative with the service's title and slogan.

CRITICAL THINKING

Comprehension and Synthesis Divide the class into small groups. Ask some groups to write a dialogue in which the woman from the film tells her best friend what happened. The other groups should write a similar dialogue from the man's viewpoint. Have volunteers role-play their dialogues for the class.

Analysis and Evaluation Hold a class discussion about dating. Ask students: **¿Conocen a parejas que se hayan conocido por Internet o por un anuncio en el periódico? ¿Les parece raro conocer a alguien por estos medios? ¿Tendrían vergüenza de contarle a un(a) amigo/a que conocieron a su novio/a a través de estos medios?**

Section Goals

In **Lecturas,** students will:
- read about **Edmundo Paz Soldán's** emphasis on urban culture and read a section of his *Sueños digitales*
- read about the indigenous language **guaraní** and its predominance in Paraguay

Instructional Resources
Cuaderno de práctica, p. 89
Cuaderno para hispanohablantes, pp. 139–142
Supersite: Additional practice

Teaching Tips

- **For Visual Learners** Ask students to create their own **Dalí**-like painting that connects to this one and/or the **Campo Vidal** quote.
- **For Inclusion** Ask students to identify all the cognates in the quote.
- **To Challenge Students** Ask students if they agree with the quote. Tell students: **Si estás de acuerdo, ¿por qué? Si no, ¿qué piensas de la televisión? ¿Cuál es el papel de la televisión en nuestra sociedad?**
- **To Challenge Students** Find other quotes about the role of television in our society and assign one to each pair. Ask pairs to express them in Spanish and then share them with the class.

NATIONAL STANDARDS

Community Have students discuss some of the dangers that television is accused of. What are some of its benefits? Do they agree with the quote from **Campo Vidal?**

Autómovil vestido, 1941.
Salvador Dalí. España.

"Modestamente, la televisión no es culpable de nada. Es un espejo en el que nos miramos todos, y al mirarnos nos reflejamos."

— Manuel Campo Vidal

CRITICAL THINKING

Comprehension and Synthesis Ask pairs to translate the **Campo Vidal** quote. Then have each pair write their translation on the board. Read all responses and vote for the best, based on a rubric. Then ask pairs to connect the quote with the painting. Have volunteers share their ideas.

Analysis and Synthesis Ask students to describe the car in each picture and explain the changes. Then ask students to analyze what **Dalí** coulud be saying in these pictures. Have a class discussion in which all students offer a guess about the interpretation of the painting. If possible, find an art critique of the painting and share it with the class.

Antes de leer

Sueños digitales (fragmento)

Edmundo Paz Soldán

Sobre el autor

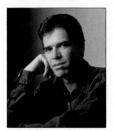

Edmundo Paz Soldán nació en 1967 en Cochabamba, Bolivia; estudió Ciencias Políticas y más tarde se doctoró en Lengua y Literatura Hispanas en Berkeley. Actualmente vive en los EE.UU., donde enseña literatura latinoamericana en la Universidad de Cornell. Su novela *El delirio de Turing* recibió el Premio Nacional de Novela 2002 de Bolivia. Paz Soldán forma parte de una nueva corriente narrativa latinoamericana que hace hincapié (*lays emphasis*) en la cultura urbana, con constantes referencias a los medios de comunicación y a las nuevas tecnologías, lejos ya de los rasgos mágicos característicos de la generación anterior de narradores. Según explicó el autor en una entrevista: "Aquí no se trata tanto de reemplazar el realismo mágico como de mostrar otro lado en el que no se concentró, que es la cultura urbana".

Vocabulario

el/la columnista *columnist*	**la oferta** *offer; proposal*
denunciar *to denounce*	**el organismo público** *government agency*
el informativo *news bulletin*	**el/la periodista** *journalist*
manipular *to manipulate*	**la propaganda** *advertisement*

Sinónimos Busca en el vocabulario sinónimos para estas palabras.

1. acusar ____denunciar____
2. programa de noticias ____informativo____
3. reportero ___periodista/columnista___
4. aviso publicitario ____propaganda____
5. propuesta ____ofesta____
6. institución del gobierno ___organismo público___

Conexión personal

¿Te has encontrado en alguna situación en la que no estabas de acuerdo con algo pero lo hiciste igual porque no tenías otra opción? ¿Cómo te sentiste?

Análisis literario: la cultura urbana

Una nueva generación de narradores latinoamericanos, que incluye nombres como Rodrigo Fresán, Edmundo Paz Soldán y Naief Yehya, entre otros, quiere romper con el realismo mágico: prefieren ocuparse de criaturas urbanas de clase media alta que se mueven en un mundo globalizado y comparten los mismos códigos de todas las grandes ciudades del mundo. Al leer este relato, presta atención para ver si logras encontrar alguno de los aspectos que crees que son típicos de Latinoamérica. Al terminar, responde: ¿resulta obvio que la historia transcurre en Latinoamérica o podría desarrollarse (*take place*) en algún otro lugar del mundo? ¿Por qué?

Comprehension and Application Ask volunteers to summarize the biography on **Edmundo Paz Soldán**. Then ask students: **¿Haz leído una novela sobre la cultura urbana con referencias constantes a los medios de communicación? ¿Te gustó? ¿Por qué?**

Analysis and Synthesis On the board, write **Soldán's** quote: **"Aquí no se trata tanto de reemplazar el realismo mágico como de mostrar otro lado en el que no se concentró, que es la cultura urbana."** Ask a volunteer to translate the quote. Then ask the class: **¿Qué es el realismo mágico? ¿Has leído o visto algo del estilo del realismo mágico? ¿Qué es la cultura urbana? ¿En qué se diferencian la cultura urbana y el realismo mágico?**

Previewing Strategy
Ask about the relationship between art and urban culture. Encourage students to compare the two images in the **Dalí** painting and comment on how both the image and its meaning are manipulated by the artist. Ask: **¿Puedes dar otro ejemplo de una pintura o escultura que refleje la cultura urbana?**

Teaching Tips
- **Conexión personal** Ask additional questions to spark discussion: **Aunque lo hiciste, ¿dijiste que no estabas de acuerdo? Si fueras el/la jefe/a de una empresa, ¿exigirías que tus empleados hicieran todo lo que tú les dijeras? ¿Querrías que ellos te dieran sus opiniones?**
- Discuss globalization. **¿Cuáles son los efectos de la globalización en la vida…?**
- **Análisis literario** Read the quote on page 348 aloud and discuss. Examples: **Dicen que el arte es un reflejo de la sociedad. ¿Crees que es cierto? ¿La televisión y el Internet son medios artísticos? Explica tus respuestas.**

- Ask students to consider how the man in the picture is feeling. Then ask students to relate it to the information in the summary: **¿El hombre de la foto es Sebastián? ¿Cómo lo sabes? Según la introducción, ¿cómo se siente Sebastián?**
- To help students understand urban culture in this story, have them identify and list any references to art and pop culture. Examples: CorelDraw, **De Chirico, Hola,** Pac-Man.
- **For Visual Learners** Ask students to describe what they see in the image, using vivid adjectives and verbs.
- **For Inclusion** Ask students to identify and list in Spanish all that they see in the image. Have a class sharing and make a list of all students' responses on the board.
- Point out to students the word **fragmento**. Ask a volunteer to explain what it means and its significance on this page.
- **To Challenge Students** Help students find the full version of the story and read it. Then have them share with the class the parts that were omitted.
- Give each student a blank story map (graphic organizer that lists characters, settings, problems, solutions, etc.) Then ask students to fill in all the information they can, based on the introduction.

Sebastián es un talentoso diseñador gráfico que trabaja para un periódico en la capital boliviana. Es conocido en el ambiente del diseño por su especial talento para la manipulación de imágenes digitales. Está a punto de recibir una visita inesperada en su oficina cuyas consecuencias pueden cambiar el curso de la historia de su país.

Sueños digitales

(fragmento)

Edmundo Paz Soldán

Lección 9

CRITICAL THINKING

Knowledge Ask volunteers to explain what graphic artists do. If students know a graphic artist or do their own graphic artwork, then ask them to bring in samples to share with the class.
Comprehension and Application Ask students to summarize the introduction in their own words to make sure that they understand all of it.

Analysis and Evaluation Ask students to write a paragraph that connects the image with the summary and the title. Have volunteers share their paragraphs with the class.

Un jueves por la mañana, sonó el teléfono en el Cuarto Iluminado y una mujer pidió hablar con Sebastián. Braudel, que dibujaba con CorelDraw en la computadora (una plaza desierta y llena de restos de columnas, un obvio homenaje a Chirico para ser utilizado en una propaganda de una compañía de seguros°), le dijo que esperara. Le preguntó a Píxel si había visto a Sebastián. —¿De parte de quién?

—De una revista de La Paz. Queremos entrevistarlo.

—Está por ahí. Lo vi hace un rato.

Sebastián apareció con una Hola en la mano. Píxel lo miró moviendo la cabeza de arriba a abajo, impresionado. Había creado un monstruo: no pasaba mucho tiempo desde aquel día en que Sebastián había aparecido en la oficina con la petulancia° de sus años, quejándose de alguna tontería. Tampoco pasaba mucho tiempo desde que la cabeza del Che y el cuerpo de la Welch se habían impreso en el imaginario citadino como partes inseparables de un todo. Ahora a Sebastián lo buscaba la fama, mientras él, sin cuya imaginación visionaria los Seres Digitales no hubieran abandonado una computadora y comenzado a adquirir vida propia, era ignorado sin misericordia. Había creado un monstruo que creaba monstruos.

¿Algo interesante? —preguntó con tono casual, apenas Sebastián colgó.

—Nada —respondió Sebastián—. Le dije que no quería publicidad.

Lo cierto era que la llamada lo había intrigado. La mujer le dijo que no se trataba de una entrevista, sino de una «oferta muy interesante». Había quedado° en encontrarse con ella esa misma tarde, en un café alejado del centro°. No perdería nada escuchándola.

Píxel se dijo que hasta los monstruos podían terminar siendo devorados. Eso lo había aprendido jugando Pac-Man.

Al salir, Sebastián se cruzó con Alissa y Valeria Rosales. Discutían. La Rosales era una columnista que tenía la costumbre de meterse en líos° por pasársela denunciando la corrupción de las juntas vecinales, el comité cívico, los sindicatos, la alcaldía y la prefectura, todos los organismos públicos susceptibles° de corrupción (que eran todos los organismos públicos).

A Sebastián se le había ocurrido pedirle a Alissa un aumento de sueldo. Ella podría convencer a Junior. La vio tan metida en su discusión°, que siguió su camino sin decir nada.

El Mediterráneo tenía las paredes llenas de fotos de artistas de la época dorada de Hollywood. Era pequeño, y se respiraba un olor a granos frescos de café y a cigarrillo. Había poca gente, y Sebastián supo quién era la mujer apenas entró. Se acercó a su mesa en el fondo.

—Isabel Andrade —dijo ella extendiendo la mano. Tenía una minifalda° negra y botines° de gamuza°, un agitado escote en ve en la camisa azul marino. Sebastián percibió que tenía las mismas cejas finas y oblicuas de Nikki°. Ella se levantó y le extendió la mano.

—Bond. James Bond —dijo él con una mueca° burlona, no había podido evitar la broma. El pelo rubio recogido en un moño, el pañuelo en el cuello: azafata o ejecutiva de cuentas. Otros la hubieran encontrado linda; él no, o sí, pero de manera inofensiva.

Sebastián resopló —a veces le faltaba aire, era raro, no fumaba mucho y de vez en cuando iba al gimnasio, debía hacerse chequear—, y tomó asiento. Pidió una limonada al mozo°. Isabel pidió un café con leche.

—Usted dirá —dijo Sebastián.

Isabel miró alrededor suyo, como cerciorándose° de que no la espiaban°. Sacó

insurance

petulance

to agree to

downtown

to get into trouble

liable

argument

miniskirt

ankle boots /suede

Sebastián's wife

grimace

guy

making sure of/was spying

- Because this is a relatively long passage, you will need to allow extra time for the triple-read method to ensure reading comprehension:
  1. read once to gain general comprehension;
  2. read carefully a second time, identifying and looking up important, unknown words;
  3. read a third time for complete comprehension and enjoyment.
- **For Visual Learners** As students list each reference to pop culture, ask them to sketch a quick image of the reference.
- **For Inclusion** Read the story aloud, pantomiming to convey meaning. Pause after each paragraph to ask volunteers to summarize what you have read.
- **For Auditory Learners** Encourage students to read the story aloud in pairs, taking turns. This will help them rely on their auditory strengths to understand the story.
- **Heritage Speakers** Draw on students' knowledge to explain Hispanic pop culture references. At the beginning of each page, ask students to explain the references. Ex: **Chirico, Che**.

CRITICAL THINKING

Knowledge and Comprehension Encourage students to pause after each page or paragraph to record in their story map organizers. Challange them to include descriptions and complete sentences rather than just a list of responses.

Analysis and Evaluation To help students analyze the characters, ask: **Según Píxel, ¿cómo era Sebastián hace poco tiempo? ¿Cómo es ahora? En tu opinión, ¿por qué ha cambiado? ¿Qué significa la frase: "Había creado un monstruo que creaba monstruos"?, etc.**

• **To Challenge Students**
Assign each student one
paragraph from page 351.
Ask students to write two
to three comprehension
questions for their
paragraph. Then collect the
questions and ask them to
the class. This will help the
class recall the story up to
this point before continuing
the reading.

• **For Inclusion** Ask students
to list all the cognates they
find in the story. Have a class
discussion about whether
the words they have found
are true or false cognates.

• To reinforce new grammar
concepts, ask students to
identify and list examples
of relative pronouns and the
present perfect tense. Have
a class sharing.

• Pause after reading the
first full paragraph on page
352. Ask volunteers to
explain the significance of
the photograph. Encourage
them to use background
knowledge of the drug
industry and the U.S.'s
related involvement in
Latin America.

• **For Auditory Learners**
Encourage volunteers to
read the dialogues on this
and other pages aloud. As
an informal comprehension
check, have students
complete a multiple choice
activity based on the
dialogues they have heard.

handbag 85 unas fotos de su cartera° y las puso sobre
barbecue la mesa. Eran las fotos de una parrillada°.
Sebastián vio rostros satisfechos de políticos
conocidos, las cervezas en la mano y las mesas
fresh cheese llenas de platos de asados con papas y soltero°
salad with 90 y llajwa°. Se le abrió el apetito, pediría un
onion, tomatoes, sandwich de jamón y queso. ¿Lo estaría
etc./hot sauce esperando en su computadora un email de
from Bolivia Nikki? Jugueteó° con la rosa de plástico en
played with el florero al centro de la mesa. ¿Soñaban los
95 androides con rosas artificiales?
—¿Y?
Isabel tenía una foto en la mano. Se la
letting go of it mostró con cuidado, sin soltarla°. Había
sido tomada en la misma ocasión. En ella,
100 el presidente Montenegro brindaba con
slave trader/ Ignacio Santos, alias el Tratante° de Blanca.°
cocaine/bulging Los ojos saltones°, la nariz como rota por un
blow with the puñetazo°, la mandíbula° de Pepe Cortisona,
fist/jaw/belly la barriga° del ejecutivo sin tiempo para
105 hacer ejercicios y con el poder suficiente
para no importarle. Era él, era el Tratante. Y
ésa era la famosa foto de la que hablaban los
periódicos y los informativos en la tele: la foto
del Narcogate (los periodistas eran la gente
110 menos creativa del planeta; desde Watergate
que habían entrado en una parálisis mental
a la hora de bautizar crisis políticas). La foto
ties que probaba los vínculos° entre Montenegro
drug trafficking y el narcotráfico°, la que confirmaba que
115 él había financiado su campaña con el
dinero de las arcas del Tratante, y que le
servía a Willy Sánchez, dirigente máximo
de los Cocaleros, para montar una campaña
acusando al presidente de hipócrita, con una
coke plantations 120 mano erradicando cocales° para complacer
Yankees (amer- a los yanquis° y con la otra abrazándose con
icans)/short for los narcos°.
narcotraficantes Sebastián la tocó como si se tratara de una
relic reliquia°: ésa era la foto original. Pero no, en
125 realidad lo que debía tocar era el negativo, sólo
los negativos eran únicos, era suficiente uno

para permitir la multiplicación de los panes.
Isabel jugaba con una hebra° suelta de su *strand*
cabello.—¿Podría... —dijo—, podría hacer
que el General desapareciera? 130
—De poder, puedo. Claro que sí, es lo más
fácil del mundo. Es más, es tan fácil que no
veo por qué se toma la molestia de buscarme.
—No crea que no lo hemos intentado.
Hemos conseguido una que otra muy buena, 135

Comprehension and Analysis As students read about the new
setting: **El Mediterráneo** (the café) and the new characters:
Isabel, el presidente Montenegro e Ignacio Santos, ask them
to describe the places and characters in their story maps, using
vivid words as **Soldán** does. Then ask students to analyze the
significance of the places and characters.

Analysis and Synthesis Ask students to choose one quote from
pages 351 and 352 and write it at the top of a piece of paper.
Underneath, they should write a paragraph that explains the
quote and its significance in the story.

match exactly

pero en general hay colores que no cuajan°, o se nota la sombra que deja la figura desaparecida. Entonces se nos ocurrió, hay que darle al César lo que es del César. Si podemos contratar a Picasso, ¿para que conformarnos con un pintor de brocha gorda°?

painter's brush

Isabel sonrió. Sebastián debía reconocer que cualquier persona que elogiara° su arte le caía bien y podía llegar lejos con él (así lo había conquistado Nikki). Y era muy cierto que cualquiera podía manipular una imagen en la computadora, pero eran los mínimos detalles los que separaban al verdadero artista-técnico de la multitud. Las expresiones y las capas de colores que uno manipulaba en la pantalla debían definirse con números para cuya precisión a veces se necesitaban hasta seis decimales. Y el juego de luces y sombras, la forma en que éstas caían en la imagen... Parecía fácil, pero no lo era.

to praise

—¿Quiénes me quieren contratar?

—Todo esto es confidencial, por supuesto.

—No se preocupe.

—El Ministerio de Informaciones. Trabajo en la Ciudadela.

Así que era cierto que la Ciudadela se había vuelto a poner en marcha, y que ahora estaba en manos del gobierno.

Se le ocurrió que esa mujer le estaba pidiendo de manera inocente algo nada inocente. La desfachatez° de los tiempos, la corrupción no explicada a los niños. Acaso la culpa la tenía Elizalde: todos sabían que era un asalariado° del Ministro de la Presidencia —el Salmón Barrios—, que éste le pagaba una mensualidad para defender su política agresiva de erradicación° de cocales en sus mediocres editoriales en Fahrenheit 451. Junior lo sabía, pero decía que no podía hacer nada porque los periodistas eran muy mal pagados y a veces no les quedaba otro recurso que la corrupción.

cheek, nerve

salaried employee

eradication

Prometía que apenas pudiera pagarle mejor a Elizalde, lo despediría. Y esta mujer que trabajaba para el gobierno seguro sabía de Elizalde y compañía y pensaba que cualquiera que trabajaba en el periódico estaba al alcance de las arcas del gobierno, siempre abiertas cuando se trataba de ese tipo de cosas.

Isabel dijo una cifra° y Sebastián, molesto, debió reconocer que le atraía la idea. ¿O debía pensarlo un poco más? Era un trabajo muy fácil para el Picasso de la fotografía digital. Nadie se enteraría, y tendría unos pesos extra para pagar algo de sus deudas, para sorprender a Nikki con una ida a un restaurante de lujo y ropa interior y perfumes. ¿O debía pensarlo un poco más?

number

—Esto, por supuesto —dijo ella—, queda entre usted y yo.

—¿Y qué va a hacer con la foto?

—Usted ocúpese de su trabajo, yo del mío.

—¿Y el negativo? Por más que yo haga mil cosas con la foto, mientras exista el negativo...

—Ocúpese de su trabajo, yo del mío.

—Veré que hago.

—Ya comenzamos a entendernos. Volveré mañana a esta misma hora.

— No le prometí nada. Sólo le dije que lo vería.

La mujer dejó unos pesos en la mesa y se levantó.

Sebastián se quedó con la foto entre las manos, pensando sin querer pensarlo que había corrupciones y corrupciones, que lo suyo no se comparaba a lo de Elizalde, sería una sola vez, pensando sin querer hacerlo que de ese encuentro ya desvanecido en el tiempo —pero no en ese rectángulo— no quedaría rastro alguno una vez que él lo manipulara con talento y cariño y perfidia°. ■

treachery

- **For Evaluation** Allow time for students to express their opinions of the story. Ask: **¿Te gustó el cuento? ¿Por qué? ¿Has leído alguna vez un cuento así?**
- **To Challenge Students** Ask students to consider the moral implications of the story. Ask: **¿Es cierto que algunas personas están muy mal pagadas y a veces el único recurso que les queda es la corrupción? ¿Puedes darme un ejemplo? ¿Qué opina Sebastián? ¿Cómo lo sabes?**
- Ask students to consider what they would do in **Sebastián's** shoes. Have volunteers share their feelings.
- **For Visual Learners** Ask students to use magazine clippings or a graphic design program on the computer to illustrate their favorite scene in the story. The illustration should be in the style of the one on page 350.

AP PREPARATION

Application Ask students to write a letter to the author, summarizing their impressions of the story. Then, ask them to exchange the letter with a partner to edit the content and grammar. Finally, ask students to write a final copy for you to review. Consider sending the letters to **Edmundo Paz Soldán**.

Synthesis Ask students to form small groups to choose a scene from the story. Next, ask them to create a skit of the scene. Students should begin by designating roles: director, actors, set and props maker. Then they should write the skit and practice it. Have a class sharing of the scenes in chronological order.

Después de leer

Sueños digitales (fragmento)

Edmundo Paz Soldán

1. **Comprensión** Decide si las oraciones son **ciertas** o **falsas**. Corrige las falsas.

1. El apellido de Sebastián es Píxel. Falso. Píxel es un compañero de trabajo.

2. La acción se desarrolla en Bolivia. Cierto.

3. Sebastián cree que la mujer quiere hacerle una entrevista para una revista.
   Falso. La mujer le dice que no se trata de una entrevista sino de una oferta muy interesante.

4. Las fotos prueban la corrupción del presidente Montenegro.
   Cierto.

5. Isabel le propone algo inocente.
   Falso. Isabel le pide de manera inocente algo nada inocente.

6. Sebastián dice que no acepta la propuesta.
   Falso. Aunque le dice a Isabel que no le promete nada, parece que ya ha decidido manipular la foto.

2. **Interpretación** En parejas, respondan las preguntas.

1. ¿En qué época piensas que se desarrolla el relato?

2. La mujer cita a Sebastián en un café alejado del centro. ¿Les parece que lo hace por alguna razón?

3. ¿Cuáles crees que pueden ser las tareas específicas del Ministerio de Informaciones?

4. ¿Qué prueban las fotos que le muestra Isabel?

5. ¿Qué factores piensas que lo impulsan a tomar la decisión de hacer o no el trabajo? ¿Crees que hará el trabajo?

3. **Análisis** Lee el relato nuevamente y responde las preguntas.

1. ¿Qué características podrías señalar de Sebastián? ¿Podría ser un joven profesional de otro lugar? ¿O es, para ti, un típico latinoamericano?

2. En el relato se mencionan el programa CorelDraw, el pintor De Chirico, la revista ¡Hola!, Raquel Welch, el Che Guevara, el juego de Pac-Man y James Bond. ¿Qué tienen en común? ¿Qué te dicen acerca del punto de vista del autor?

3. Relee la descripción del café. ¿Piensas que podrías encontrarlo en cualquier lugar del mundo o sólo en una ciudad de América del Sur?

4. ¿Te parece que la historia podría estar basada en eventos reales? ¿Por qué?

4. **Situaciones éticas** En grupos de tres, lean estas situaciones y decidan si lo que hizo el personaje es ético o no y expliquen por qué.

- Juan va por la calle y encuentra tirado un reloj. Decide quedárselo.

- Una persona sale en carro del estacionamiento de un supermercado y María observa que la persona olvidó una caja de latas de refresco. María espera unos diez minutos y, como la persona no regresa, se lleva la caja de latas.

5. **La verdad** Imagina que eres un(a) periodista que logra apoderarse de las fotos y escribe un artículo exponiendo el complot del Ministerio de Informaciones para ocultar la verdad. Escribe un titular y un artículo de tres párrafos.

Teaching Tips

① Have students write two more true-false statements about the reading. Then ask classmates to answer **cierto** or **falso** and correct any false statements.

③ For item 1, ask: **¿Cómo cambiaría el tono de la historia si el autor no hiciera ninguna referencia a la cultura popular?** Point out that many of these references are relevant to a specific time period. **¿Qué efecto tendrán estas referencias en un lector que lea esta historia en el siglo XXII?**

④ Give students an additional dilemma: **Alguien sale en carro del estacionamiento de un supermercado y María observa que a la persona se le ha olvidado una caja de refrescos. María espera unos diez minutos y, como la persona no regresa, se lleva la caja.**

④ Ask volunteers to share a personal anecdote in which they were faced with an ethical dilemma. Encourage classmates to ask questions.

⑤ Encourage students to invent quotes from **Sebastián**, **Isabel**, and **Pixel** to include in their articles.

⑤ Before students begin writing, brainstorm a list of questions the readers of this article will want answered. Examples: **¿Cuándo sucedió? ¿Quién tomó la decisión de no revelar la verdad?**

Reading, Speaking, and Literary Analysis Read **Sueños digitales** and discuss it with the class. Divide the class into groups of four. Tell each group to prepare one of the questions from **Actividad 3**. Group members should take careful notes, and then form new groups, so that there is one student from each question in each new group. This is a cooperative learning technique known as Jigsaw. In the new groups, each student will share his or her information. Explain to students: **Una vez que hayan compartido su información con el grupo nuevo, van a hacer una "mesa redonda" delante de toda la clase.**

Antes de leer

Vocabulario

aislar *to isolate*	**el idioma** *language*
bilingüe *bilingual*	**la lengua** *language; tongue*
el guaraní *Guarani*	**monolingüe** *monolingual*
el/la hablante *speaker*	**vencer** *to conquer*

Idiomas de Bolivia Completa las oraciones con el vocabulario de la tabla.

1. Gran parte de los ciudadanos de Bolivia son ___hablantes___ de español.
2. Aunque los conquistadores españoles trataron de imponer el ___idioma___ de su tierra, no se puede decir que los habitantes de Bolivia son ___monolingües___.
3. La ___lengua___ materna de muchos bolivianos no viene de los españoles, sino de los indígenas que son nativos del lugar.
4. Hay muchos bolivianos ___bilingües___ que se comunican en español y quechua o en español y aymara.

Conexión personal ¿De dónde vienen tus antepasados? ¿Han preservado algo de otra cultura? ¿Qué cosas? ¿Te identificas con esa(s) cultura(s)?

Contexto cultural

Los ríos, las montañas y la historia se han juntado (*come together*) para aislar a algunos pueblos de Latinoamérica y, en el proceso, permitir la supervivencia (*survival*) de cientos de idiomas indígenas. Suramérica manifiesta una diversidad lingüística casi incomparable. De hecho, en la época anterior a la conquista europea, existían más de 1.500 idiomas. En la actualidad, suramericanos bilingües y monolingües conversan en más de 350 lenguas de raíces (*roots*) no relacionadas. Entre las más de 500 lenguas que se calcula que existen en Latinoamérica, se encuentran 56 familias lingüísticas y 73 idiomas aislados, es decir, idiomas sin relación aparente. En comparación, los idiomas de Europa provienen (*come from*) de tres familias lingüísticas y hay sólo un idioma aislado, el vasco.

Algunas lenguas indígenas disponen de pocos hablantes y están en peligro de extinción, pero muchas otras prosperan y mantienen un papel central. Por ejemplo, el quechua, idioma de los incas, tiene diez millones de hablantes, sobre todo en el Perú y Bolivia y también en zonas de Colombia, el Ecuador, la Argentina y Chile. En Bolivia, el Paraguay y el Perú, por lo menos una lengua indígena comparte con el español el puesto (*position*) de lengua oficial del país.

AP PREPARATION

Formal Writing Compare *Sueños digitales*, by **Edmundo Paz Soldán** with a short story that is from Spain, from a different historical period, and written from a different perspective. You could suggest *Lo que queda enterrado* by **Carmen Martín Gaite**. Tell students to take notes on plot, style, narrator, cultural references, and themes, as well as biographical notes about the author. Give them this assignment, and grade it according to the current AP rubrics. Tell students: **Escribe un ensayo de 200–250 palabras para comparar estos dos cuentos. Debes comparar por lo menos tres de estos aspectos: contenido histórico, referencias históricas, perspectiva del autor, actitud del narrador u otros aspectos que hayas descubierto.**

Sidebar

Previewing Strategy
Ask: **¿El idioma puede ser un símbolo de poder para una cultura? Da ejemplos.**

Teaching Tips
- **Conexión personal** Have students write brief statements about their origin, traditions, and habits. Ex: **Hablo otro idioma con mis padres y mis parientes. Nací en otro país. Soy estadounidense. Viví mucho tiempo en otro país.** Then have students go around the room and find one person who matches each statement.
- Ask students to make flashcards for the additional vocabulary words in the box. Students should draw pictures for the few words that lend themselves to visual presentation and write cloze sentences or definitions in Spanish for the rest.

NATIONAL STANDARDS
Community Encourage students to think about the characteristics of a bilingual society. Ask: **¿Crees que la sociedad estadounidense es bilingüe? ¿El español debe ser un idioma oficial en los EE.UU.? Justifica tus respuestas.**

Teaching Tips

• **For Heritage Speakers**
Ask students to name any languages other than Spanish that their families speak or that are spoken in their families' countries of origin. Then ask students to share words they know in these languages. Record the languages and words on chart paper and display the list in the room.

• **For Inclusion** Ask students to list the cognates they see in the first paragraph. Then, ask them to write the English meaning, since students could very likely miss a word such as **comience**, which they are more likely to use begins than commence. This strategy also supports vocabulary building in English.

• **For Auditory Learners** Read the first paragraph aloud, encouraging students to raise their hands when they hear words in languages other than Spanish. Pause to allow auditory learners to repeat these new sounds.

• **For Kinesthetic Learners**
Ask two pairs of volunteers to come to the front of the room. Have the first pair greet each other, using the Spanish words: **¿Qué tal? Bien, ¿y tú?** Then ask the second pair to greet each other, using the **guaraní** words: **Mba' éichapa reiko? Iporânte ha nde?**

Reading Strategy Ask the class to form five small groups. Assign each group one of the paragraphs from the article. Ask the group to read, summarize, and present the paragraph to the class.

Guaraní: la lengua vencedora

ÑE'ÊMYESAKÃHA DICCIONARIO
lexicológico Guaraní–Guaraní

Instituto Superior de Educación "Dr. Raúl Peña".
Decreto de creación del 16 de enero de 1968.
Ley de Autonomía Institucional N°1692 del 7 de mayo de 2001.

Diccionario
GUARANÍ-CASTELLANO
CASTELLANO-GUARANÍ

"AVAÑE'Ê POTY"

Selección lexicográfica de
FÉLIX DE GUARANIA

Es más probable que un habitante de Asunción, capital del Paraguay, salude a un amigo con las palabras **Mba'éichapa reiko?** que con la pregunta *¿Qué tal?* Lo más lógico es que el compañero responda **Iporânte ha nde?** en vez de *Bien, ¿y tú?* También es más probable que un niño paraguayo comience la escuela (o **mbo'ehao**) sin hablar español que sin saber comunicarse en guaraní.

CRITICAL THINKING

Knowledge and Analysis Ask pairs to describe what they see in the images on page 356. Then ask them to connect the image with the reading. Have volunteers share their impressions with the class.

Application and Synthesis Ask students to choose a language from their heritage and trace its roots as far back as possible. Students should use the Internet or the library for their research. Then ask them to present their findings in a tree form (similar to a family tree, but with language parents rather than people). Display the trees around the room.

Hay cientos de idiomas en Latinoamérica pero el caso del guaraní en el Paraguay es único. Más que una lengua oficial, el guaraní

10 es la lengua del pueblo paraguayo. Cuando los españoles invadieron lo que ahora se conoce como Latinoamérica, trajeron e *imposed* impusieron° su lengua como parte de la conquista cultural. Aunque muchas personas

15 se resistieron a aprenderlo, el español se *became* convirtió° en lengua del gobierno y de las instituciones oficiales en casi todas partes. En la actualidad, el hecho de conversar en español o en uno de los múltiples idiomas

20 indígenas depende frecuentemente del origen de un individuo, de su contexto social, de sus raíces familiares y de muchos factores más. *native* El uso de una lengua autóctona° típicamente se limita a las poblaciones indígenas, sobre

25 todo a las que viven aisladas. En el Paraguay, aunque la mayoría de la población es mestiza°, *of Spanish and Native American descent* actualmente las comunidades indígenas de origen guaraní son una minoría sumamente° *extremely* pequeña. Sin embargo, el guaraní se ha

30 adoptado universalmente como lengua oral de todas las personas y en todos los lugares.

El conocido escritor uruguayo Eduardo Galeano afirma que no hay otro país más que Paraguay en el que "la lengua de los

35 vencidos se haya convertido en lengua de los vencedores". Las estadísticas cuentan una historia impresionante: casi el 40% de la población paraguaya es monolingüe en guaraní, más del 50% es bilingüe y sólo el

40 5% es monolingüe en español. Es decir, la lengua de la minoría nativa ha conquistado el país. Casi todos los hablantes del guaraní se expresan en *jopara*, una versión híbrida *borrows* del idioma que toma prestadas° palabras del

45 español.

importance Aunque la predominancia° del guaraní *undeniable* es innegable°, los defensores de la lengua han observado que el español ha mantenido hasta hace poco una posición privilegiada

50 en el gobierno y en la educación. La falta de equilibrio se debe a una variedad de razones complejas incluyendo algunos factores sociales, diferentes oportunidades económicas

y el uso del español para comunicarse con la comunidad global. No obstante, en las

55 últimas décadas se reconoce cada vez más la importancia del guaraní y su prestigio *is growing* aumenta°. En 1992 se cambió la constitución paraguaya para incluir la declaración: "El Paraguay es un país pluricultural y bilingüe.

60 Son idiomas oficiales el castellano y el guaraní". El guaraní prospera también en las artes y en los medios de comunicación. Existe una larga tradición popular de narrativa oral que en las últimas décadas se está incorporando

65 a la escritura e inspirando a jóvenes poetas. El célebre novelista paraguayo Augusto Roa Bastos (1917–2005) ha introducido expresiones y sonidos del guaraní en sus cuentos. Aunque la presencia en los medios

70 escritos aún es escasa, los nuevos medios de comunicación del siglo XX y XXI contribuyen a la promoción del idioma, y permite, por ejemplo, que se estudie guaraní y que se publiquen narrativas en Internet.

75 ¿Cómo logró una lengua indígena superar al español y convertirse en el idioma más hablado de Paraguay? ¿Se debe a alguna particularidad del lenguaje? ¿O es la consecuencia de factores históricos, como

80 la decisión de los Jesuitas de predicar° el *preach* catolicismo en guaraní? ¿Qué papel tiene el aislamiento de Paraguay, ubicado en el corazón del continente y sin salida al mar? Nunca se podrá identificar una sola razón,

85 pero es evidente que con su capacidad de supervivencia y adaptación a los nuevos tiempos, el guaraní comienza a conquistar el

El guaraní

- En Paraguay más del 90% de la población se comunica en guaraní. Junto con el español, es lengua oficial del país.

- También se habla guaraní en partes de Brasil, Bolivia y Argentina.

- La moneda de Paraguay se llama guaraní.

Teaching Tips

- As students read, have them create a list of facts about the **guaraní** language that catch their attention. After they finish reading, have them share the list with the class and explain why they picked those particular facts.

- **For Visual Learners** Ask pairs to present the information in the article in a graphic organizer such as a pie chart, time line, or graph. Have a class sharing and then display the organizers around the room.

- **To Challenge Students** Ask students to research the history of another indigenous language of Latin America or Spain that is still spoken today, for example, **quechua, aymara;** also perhaps **catalán, gallego.** Have a class sharing of each language's history.

- **For Inclusion** Encourage students to take notes as you read and summarize the article aloud. Have a class sharing of the notes to review the reading and make sure that all students understand it.

- **For Auditory Learners** Encourage volunteers to read a paragraph aloud so that auditory learners may use their listening skills to aid in comprehension.

NATIONAL STANDARDS

Community Do students recognize that there are indigenous languages spoken in the U.S.? Have students research and report on the linguistic families of Native American languages and on the number of speakers of these languages.

CRITICAL THINKING

Application and Synthesis Ask groups of students to choose one aspect of **guaraní** culture (music, art, rituals, food, etc.). Then have them research that aspect of **guaraní** culture on the Internet or in the library. Using visuals or samples (like music, film clips, or food), students present their findings to the class.

Application and Evaluation On the board, write the **Eduardo Galeano** quotation: **"No hay otro país más que Paraguay en el que la lengua de los vencidos se haya convertido en lengua de los vencedores."** Ask pairs to write a paragraph which states the meaning of the quote and then analyzes how the quote summarizes the whole article. Encourage students to use evidence from the article to support their opinion.

Teaching Tips

(1) Have students work in pairs to write three more true-false statements, and then exchange them with another pair. Pairs should determine whether their neighbors' statements are true or false and correct the false statements.

(2) Have students give other examples of bilingual communities.

(3) Ask volunteers to give an example of a situation in which these phrases might be used.

(4) Have students free-write their essays without crossing out or worrying about spelling and grammar. Once they have completed a rough draft, ask them to revise with a different color pen.

• Ask students to reread the passage and identify all the uses of relative pronouns, the neuter **lo**, and the present perfect. Have a class sharing.

• Ask students to say one word in English that comes from another language and identify the language it comes from. Record the words on the board.

NATIONAL STANDARDS

Community: For advanced classes, have students write a brief comparative essay about bilingualism in Paraguay and the United States. Ask them to consider language use at work, at school, and in popular culture. Encourage students to use comparative forms (**Estructura 5.1**) and expressions with **lo**.

Después de leer

(1) Comprensión Después de leer el texto, decide si las oraciones son **ciertas** o **falsas**. Corrige las falsas.

Cierto	Falso	
☐	☑	1. Suramérica manifiesta poca variedad lingüística.

Falso. Suramérica manifiesta una diversidad lingüística casi incomparable.

| ☑ | ☐ | 2. Por lo general, en Suramérica sólo las poblaciones indígenas hablan una lengua indígena. Cierto. |

| ☐ | ☑ | 3. La mayoría de la población paraguaya es de origen guaraní. |

Falso. La mayoría de la población paraguaya es mestiza.

| ☐ | ☑ | 4. El 50% de la población de Paraguay es monolingüe en español. Falso. El 40% de la población es monolingüe en guaraní, más del 50% es bilingüe y sólo el 5% es monolingüe en español. |

| ☑ | ☐ | 5. La Constitución de 1992 declaró que Paraguay es un país pluricultural y bilingüe. Cierto. |

| ☑ | ☐ | 6. Existe una larga tradición popular de narrativa oral en guaraní. Cierto. |

(2) Análisis Contesta las preguntas utilizando oraciones completas. Some answers will vary.

1. ¿Cuáles son algunas de las señales de que una lengua prospera?

2. ¿De qué manera es especial el caso del guaraní?
El idioma de una minoría étnica se convirtió en el idioma de la mayoría.

3. ¿Por qué se dice que el guaraní es el lenguaje del pueblo paraguayo?
La mayoría de los paraguayos se comunican en guaraní.

4. ¿A quiénes se refiere Eduardo Galeano cuando habla de los "vencedores" y los "vencidos"?
Los vencedores son los españoles que colonizaron Paraguay y los vencidos son las minorías indígenas.

5. ¿Qué es el *jopara* y quién lo utiliza?
Es una versión híbrida del guaraní que usa palabras del español. Lo utilizan casi todos los paraguayos.

(3) Reflexión Un ejemplo de la tradición de narrativa oral en guaraní son los dichos populares. En grupos de tres, expliquen el significado y el posible contexto de los tres dichos del recuadro. ¿Hay algún dicho en español o en inglés que tenga un mensaje similar? ¿Qué elementos característicos de la cultura local se hacen evidentes en los dichos?

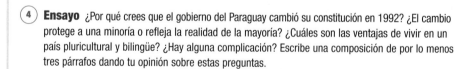

Dichos populares en guaraní

Hetárõ machu kuéra, mbaipy jepe nahatãi.
Si hay muchas cocineras, ni la polenta se puede hacer.

Ñande rógape mante japytu'upa.
Sólo descansamos bien en nuestra casa.

Ani rerovase nde ajaka ava ambue akã ári.
No pongas tu canasto en la cabeza de otra persona.

RECURSOS

CP
p. 89

CH
pp. 139–142

(4) Ensayo ¿Por qué crees que el gobierno del Paraguay cambió su constitución en 1992? ¿El cambio protege a una minoría o refleja la realidad de la mayoría? ¿Cuáles son las ventajas de vivir en un país pluricultural y bilingüe? ¿Hay alguna complicación? Escribe una composición de por lo menos tres párrafos dando tu opinión sobre estas preguntas.

AP PREPARATION

Comprehension Have students listen to a podcast about bilingualism. Read the article on this page as well as another article in Spanish about Paraguay and the **guaraní** language. Have them take notes on the three sources. They will then have one class period to prepare a two-minute talk individually on the use of **guaraní** in Latin America. Students will record their talks in a language laboratory, and should be graded according to current AP rubrics. Tell them: **Esto es una práctica para el examen AP. Hay que hablar por lo menos durante dos minutos citando las tres fuentes y resumiendo la información.**

Atando cabos

¡A conversar!

¿Telenovelas educativas?

A. Lean la cita y, en grupos de tres, compartan sus respuestas a estas preguntas.

> "Todo programa educa, sólo que —lo mismo que la escuela, lo mismo que el hogar— puede educar bien o mal." (Mario Kaplún, periodista argentino-uruguayo)

1. ¿Están de acuerdo con esta cita? ¿O creen que sólo los programas explícitamente educativos pueden enseñar algo al público?

2. Si "educar" significa "aumentar los conocimientos", ¿de qué manera un programa de televisión puede educar "mal"? ¿Están de acuerdo con esa definición?

B. Los participantes de un debate tuvieron que dar su opinión sobre el valor de las telenovelas teniendo en cuenta lo dicho por Mario Kaplún. Lean las dos opiniones y decidan con cuál están más de acuerdo. Agreguen más argumentos para defender la postura que tomaron. Usen los pronombres relativos **que**, **cual** y **cuyo**.

El *debate* de hoy: las telenovelas

En la cita, Mario Kaplún se refiere a la televisión en general. ¿Qué pasa en el caso particular de las telenovelas? ¿Creen que las telenovelas educan "bien" o "mal"?

Carlos Moreira (52)
Colonia, Uruguay

¡Estoy de acuerdo! Incluso las peores telenovelas pueden educar "bien". En primer lugar, siempre educan indirectamente. Los personajes suelen ser estereotipos, lo cual es importante porque permite que los televidentes se identifiquen con los deseos y los temores de personajes que se muestran como modelos positivos. Además, en países como México se producen telenovelas con fines específicamente educativos, los cuales incluyen enseñar al público acerca de enfermedades, problemas sociales, etc.

Sonia Ferrero (37)
Ciudad del Este, Paraguay

¡Las telenovelas siempre educan mal, lo que es igual que decir que no educan. ¿Qué puede tener de educativo un melodrama exagerado con personajes que se engañan constantemente? ¿Qué pueden tener de positivo historias que muestran relaciones personales retorcidas (*twisted*)? Yo no veo nada educativo en melodramas que perpetúan estereotipos sobre buenos, malos, ricos y pobres. Me gustaría ver telenovelas más realistas, cuyos personajes sean personas comunes.

¡A escribir!

Televisión en guaraní

Imagina que vives en el Paraguay y tu telenovela favorita sólo se transmite en español. Escribe una carta al periódico paraguayo *La Nación* pidiendo que se haga una versión doblada al guaraní o que se incluyan subtítulos en guaraní. Explica por qué crees que es importante que haya una versión en guaraní. Debes incluir también tu opinión sobre estas preguntas: ¿Quiénes se beneficiarían? ¿Por qué? ¿Quién debería cubrir el costo de la versión en guaraní: los productores de la telenovela o el gobierno? ¿Debería ser obligatorio ofrecer versiones de programas en los dos idiomas?

recursos

CP
p. 90

CH
pp. 143–144

CA
pp. 115–116

Instructional Resources
Cuaderno de práctica, p. 90
Cuaderno para hispanohablantes, pp. 143–144
Cuaderno de actividades, pp. 115–116

Teaching Tips

¡A conversar!

- Point out that some elementary and high schools have access to student news channels and other informational programming. Ask: **¿Te parece bien que haya televisión en las aulas? ¿Cuáles son las ventajas y desventajas?**

- Ask students to think of famous news channels. **¿Quiénes son los dueños de las grandes cadenas? ¿Es posible que tengan algún tipo de influencia sobre el contenido de sus programas?**

- For Part B, have students make arguments about the educational value of talk shows, reality shows, and cartoons.

¡A escribir!

- For slower-paced classes, review how the subjunctive can be useful for persuasion. Example: **Es necesario que… Me gustaría que… Aunque…**

- As an additional writing exercise, have students exchange their letters with classmates and write a response letter from the television network officials.

AP PREPARATION

Informal Speaking Tell students to pretend that they are exchange students in Paraguay. They arrived there expecting to use Spanish exclusively, but find themselves living with a family that speaks Spanish as well as **guaraní**. In pairs, have students write a dialogue between themselves and the mother or father of the host family, in which the exchange student asks about the **guaraní** language. Instruct them: **Con tu pareja, vas a escribir un diálogo en el cual tu madre paraguaya o tu padre paraguayo te explica los aspectos del bilingüismo del país. Luego, presenten la conversación a la clase.**

Lecturas **359**

La televisión, la radio y el cine

la banda sonora	soundtrack
la cadena	network
el canal	channel
el/la corresponsal	correspondent
el/la crítico/a de cine	film critic
el documental	documentary
los efectos especiales	special effects
el episodio (final)	(final) episode
el/la locutor(a) de radio	radio announcer
el/la oyente	listener
la (radio)emisora	radio station
el reportaje	news report
el/la reportero/a	reporter
los subtítulos	subtitles
la telenovela	soap opera
el/la televidente	television viewer
el video musical	music video
grabar	to record
rodar (o:ue)	to film
transmitir	to broadcast
doblado/a	dubbed
en directo/vivo	live

La cultura popular

la celebridad	celebrity
el chisme	gossip
la estrella (pop)	(pop) star [m/f]
la fama	fame
la moda pasajera	fad
la tendencia/ la moda	trend
hacerse famoso/a	to become famous
tener buena/ mala fama	to have a good/ bad reputation
actual	current
de moda	popular; in fashion
influyente	influential
pasado/a de moda	out-of-date; no longer popular

Los medios de comunicación

el acontecimiento	event
la actualidad	current events
el anuncio	advertisement; commercial
la censura	censorship
la libertad de prensa	freedom of the press
los medios de comunicación	media
la parcialidad	bias
la publicidad	advertising
el público	public; audience
enterarse (de)	to become informed (about)
estar al tanto/al día	to be informed, up-to-date
actualizado/a	up-to-date
controvertido/a	controversial
de último momento	up-to-the-minute
destacado/a	prominent
(im)parcial	(un)biased

La prensa

el/la lector(a)	reader
las noticias locales/ nacionales/ internacionales	local/domestic/ international news
el periódico/ el diario	newspaper
el/la periodista	journalist
la portada	front page; cover
la prensa	press
la prensa sensacionalista	tabloid(s)
el/la redactor(a)	editor
la revista (electrónica)	(online) magazine
la sección de sociedad	lifestyle section
la sección deportiva	sports page/section
la tira cómica	comic strip
el titular	headline
imprimir	to print
publicar	to publish
suscribirse (a)	to subscribe (to)

Cinemateca

el maletero	trunk
la nuca	nape
la sintonía	synchronization: tuning; connection
aclarar	to clarify
dar la gana	to feel like
darse cuenta (de)	to realize
darse por aludido/a	to realize/assume that one is being referred to
embalarse	to go too fast
fijarse	to notice
parar el carro	to hold your horses
pillar	to get (catch)

Literatura

el/la columnista	columnist
el informativo	news bulletin
la oferta	offer; proposal
el organismo público	government agency
el/la periodista	journalist
la propaganda	advertisement
denunciar	to denounce
manipular	to manipulate

Cultura

el guaraní	Guaraní
el/la hablante	speaker
el idioma	language
la lengua	language; tongue
aislar	to isolate
vencer	to conquer
bilingüe	bilingual
monolingüe	monolingual

Más vocabulario

Expresiones útiles	Ver p. 329
Estructura	Ver pp. 336, 338–339 y 342

La literatura y el arte

Contextos

Fotonovela

Enfoques
Chile

Estructura

Cinemateca

Lecturas

Atando cabos

Communicative Goals
You will expand your ability to…

- say what will have happened
- say what would have happened
- make contrary-to-fact statements about the past

Lesson Goals

In **Lección 10**, students will be introduced to the following:

- vocabulary for talking about literature, literary genres, artists, art, and artistic trends
- functional phrases for speculating about the past and reacting to an opinion or idea
- Chilean poet **Pablo Neruda's** homes and work
- **Frida Kahlo, Santiago Calatrava**, and chef **Ariel Lacayo Argueñal**
- Chilean folklore musician **Violeta Parra**
- the future perfect
- the conditional perfect
- the past perfect subjunctive
- the short film *Las viandas*
- **el realismo mágico** and **Julio Cortázar's** *Continuidad de los parques*
- Latin American writer **Julio Cortázar**
- the writers of **McOndo**

A primera vista Have students look at the photo. Ask:

1. ¿Qué miran Fabiola y Johnny?
2. ¿Dónde están?
3. ¿Te gusta mirar arte? ¿Qué te gusta más, contemplar el arte o crearlo? ¿Por qué?

INSTRUCTIONAL RESOURCES

Student Materials
Cuaderno de práctica, Cuaderno para hispanohablantes, Cuaderno de actividades
Student MAESTRO™ Supersite
(descubre3.vhlcentral.com)
MAESTRO™ e-Cuaderno

Teacher's Resource CD-ROM and in print
*AnswerKeys, Audioscripts, Videoscripts
*PowerPoints
Testing Program (**Pruebas,** Test Generator, MP3 Audio Files)
Vista Higher Learning *Cancionero*
*Also available on Supersite

Teacher's MAESTRO™ Supersite
(descubre3.vhlcentral.com)
Learning Management System (Assignment Task Manager, Gradebook)
Also on DVD
Fotonovela, Flash cultura, Film Collection

La literatura y el arte

La literatura

Después de **hojear** un atlas para consultar unos mapas, María Cecilia sigue trabajando en el **argumento** de su nueva novela **humorística**, que **narra** con humor la historia de un náufrago.

la caracterización   *characterization*
la estrofa   *stanza*
el/la narrador(a)   *narrator*
el personaje   *character*
el/la protagonista   *protagonist*
el punto de vista   *point of view*
la rima   *rhyme*
el argumento   *plot*
el verso   *line (of poetry)*

desarrollarse   *to take place*
hojear   *to skim*
narrar   *to narrate*
tratarse de   *to be about;
   to deal with*

didáctico/a   *educational*
humorístico/a   *humorous*
satírico/a   *satirical*
trágico/a   *tragic*

Los géneros literarios

la (auto)biografía   *(auto)biography*
la ciencia ficción   *science fiction*
la literatura infantil/juvenil
   children's literature
la novela rosa   *romance novel*
la poesía   *poetry*
la prosa   *prose*

clásico/a   *classic*
de terror   *horror (story/novel)*

histórico/a   *historical*
policíaco/a   *detective (story/novel)*

Los artistas

el/la artesano/a   *artisan*
el/la dramaturgo/a   *playwright*
el/la ensayista   *essayist*
el/la escultor(a)   *sculptor*
el/la muralista   *muralist*
el/la novelista   *novelist*
el/la pintor(a)   *painter*
el/la poeta   *poet*

362 *trescientos sesenta y dos*

Lección 10

En la clase de **bellas artes**, Mario y Lucía tienen que pintar una **naturaleza muerta**. Mario eligió usar **óleo** pero Lucía prefiere la **acuarela**.

la acuarela *watercolor*
el autorretrato *self-portrait*
las bellas artes *fine arts*
el cuadro *painting*
la escultura *sculpture*
la naturaleza muerta *still life*
la obra (de arte) *work (of art)*
el óleo *oil painting*
el pincel *paintbrush*
la pintura *paint; painting*
la tela *canvas*

dibujar *to draw*
diseñar *to design*
esculpir *to sculpt*
reflejar *to reflect; to depict*

abstracto/a *abstract*
contemporáneo/a *contemporary*
inquietante *disturbing; unsettling*
intrigante *intriguing*
llamativo/a *striking*
luminoso/a *bright*
realista *realistic; realist*

al estilo de *in the style of*
de buen/mal gusto *in good/bad taste*

Las corrientes artísticas

la corriente/el movimiento *movement*
el cubismo *cubism*
el expresionismo *expressionism*
el impresionismo *impressionism*
el realismo *realism*
el romanticismo *romanticism*
el surrealismo *surrealism*

La literatura y el arte

 **Práctica**

(1) Escuchar

A. Escucha el programa de televisión y después completa las oraciones con la opción correcta.

1. Se ha organizado una exposición en el Museo de Arte Clásico.
   Falso. Se ha organizado una exposición en el Museo de Arte Contemporáneo.
2. La exposición trata exclusivamente de arte cubista. Falso. La exposición recorre los diferentes movimientos artísticos desde el Romanticismo.
3. En la exposición se pueden ver las obras de escultores y pintores del país. Cierto.
4. Todos creen que la obra de José Ortiz es de buen gusto.
   Falso. Muchos creen que su obra es de mal gusto.
5. El presentador del programa encuentra la obra de José Ortiz muy intrigante. Cierto.

B. Escucha la entrevista que el presentador del programa ArteDifusión le hace a la escritora Mayka Ledesma.

1. ¿A qué género literario pertenece la novela *El viento*?
   La novela *El viento* pertenece al género de novela histórica.
2. ¿De qué otros géneros tiene elementos?
   La novela tiene elementos humorísticos y de novela rosa.
3. ¿Desde qué punto de vista se ha escrito esta novela?
   La novela se ha escrito desde el punto de vista de un protagonista masculino.
4. ¿Qué personajes son los más frecuentes en la obra de Mayka Ledesma?
   En la obra de Mayka Ledesma son más frecuentes los personajes femeninos.
5. ¿Qué tienen que hacer los lectores para darse cuenta de que es una obra divertida?
   Los lectores sólo tienen que hojear la obra para darse cuenta de que es divertida.

C. En parejas, inventen una entrevista a un(a) escritor(a) o artista famoso/a y represéntenla para la clase.

(2) Relaciones Conecta las palabras de forma lógica.

_f_ 1. estrofa.	a. corriente artística
_a_ 2. cubismo.	b. teatro
_c_ 3. tela.	c. pincel
_e_ 4. esculpir	d. artesano
_b_ 5. dramaturgo.	e. escultor
_h_ 6. novela policíaca.	f. verso
_d_ 7. artesanía.	g. realismo
_g_ 8. realista	h. género literario

recursos

CP pp. 91–92

CH pp. 145–146

CA p. 95

descubre3.
vhlcentral.com
Lección 10

Audio Script (A)
Buenas noches. Empieza el programa ArteDifusión, el único programa de televisión especializado en el mundo del arte. Gracias por estar con nosotros. Esta noche tenemos una visita excepcional: la escritora Mayka Ledesma, que viene a hablarnos de su último trabajo; pero antes tenemos preparado un pequeño reportaje sobre la maravillosa exposición que se ha organizado en el Museo de Arte Contemporáneo. La exposición recorre los diferentes movimientos artísticos desde el romanticismo hasta nuestros días. Hay obras de los escultores y pintores más reconocidos del país. En esta exposición, es visita obligatoria la sala de arte realista, donde se pueden admirar las controvertidas pinturas al óleo de José Ortiz. Muchos las encuentran de mal gusto, pero a otros, entre los que me incluyo, nos resultan muy intrigantes. Quédese con nosotros y vea el reportaje que hemos preparado sobre el tema.
Textbook Audio

Audio Script (B)
PRESENTADOR Mayka, muchas gracias por venir a nuestro programa.
MAYKA LEDESMA Es siempre un placer estar aquí.
PRESENTADOR Lo primero que tengo que preguntarte es de qué se trata la novela *El viento*.
MAYKA LEDESMA Es una novela histórica. El argumento se desarrolla en los primeros años de la Conquista, pero no es una obra didáctica. Tiene muchos elementos de novela rosa y también se pueden encontrar muchos elementos humorísticos.

AP PREPARATION

Speaking and Informal Writing Once again, go over vocabulary related to art on page 363. In class, have a discussion about Spanish and Latin American painters with whom students are acquainted. Bring in prints by **Goya, Velázquez, El Greco, Frida Kahlo, Dalí, Rivera**, and others. In small groups, have students discuss their reactions to the works. Once students have practiced the vocabulary in their groups, have them write about their favorite painting, or a recent trip to an art museum. **Say: Ahora vas a escribir sobre tu cuadro favorito o sobre una experiencia personal en un museo de arte.**

(B) Audio Script (continued)

PRESENTADOR ¿Te fue difícil escribir una obra tan larga? ¿Cuánto tiempo te llevó escribir la novela *El viento?*

MAYKA LEDESMA Verás, la verdad es que he tardado casi dos años en escribirla. Fue para mí un proceso difícil escribir la obra desde el punto de vista de un protagonista masculino. Como sabes, normalmente mis obras están llenas de personajes femeninos, pero en esta novela, *El viento,* quería hacer algo diferente..

PRESENTADOR ¿Por qué un personaje masculino en esta ocasión?

MAYKA LEDESMA Quería mostrar las luchas de poder de aquella época y pensé que un narrador masculino iba a reflejar mejor la política de aquellos tiempos; y la historia de aquella época, no hay que olvidarla, está escrita mayoritariamente por hombres.

PRESENTADOR ¿Qué le dirías al lector que ve una novela con este argumento y piensa que no le interesan estos temas políticos o históricos?

MAYKA LEDESMA Los lectores sólo tienen que hojear la obra para darse cuenta en seguida de que es una novela divertida que simplemente se desarrolla en otra época.

Textbook Audio

Expansion

④ As an optional writing assignment, have students invent plot fragments for these additional literary genres: **una novela de terror, una novela histórica, una novela juvenil.**

⑤ Ask students to talk about the last book they read: **¿Quién es el autor? ¿A qué género pertenece el libro? ¿De qué trata?**

Práctica

③ **Un crítico sin inspiración** Un crítico de arte y literatura dejó oraciones a medio completar porque no se le ocurría qué palabras utilizar. Completa sus oraciones con algunos de los términos de la lista.

acuarela	de mal gusto
al estilo de	inquietante
argumento	llamativo

1. Sus obras son demasiado ___llamativas___; en todas usa muchos colores brillantes.

2. La ___inquietante___ escena en la que aparece el fantasma del padre está inspirada en su novela anterior.

3. Vi un par de óleos bellos en su nueva exhibición, pero lo que más impresiona son las ___acuarelas___.

4. El ___argumento___ de la novela es tan confuso que ni se puede comprender.

5. Tan admirada es, que todos en la nueva generación desean también pintar ___al estilo de___ su maestra.

④ **Géneros** En parejas, lean los fragmentos de estas obras e indiquen a qué género literario pertenecen. Luego, elijan uno de los fragmentos y desarrollen brevemente el argumento.

1. María Fernanda del Olmo estaba locamente enamorada de Roberto Castro, pero vivía su amor en silencio. ___novela rosa___

2. Una intensísima luz lo despertó. ¿Qué podía ser? Extrañado, se acercó a la ventana. Estaba confundido, ¿era un sueño? El cielo estaba cubierto de pequeñas luces que se movían de un lado a otro, sin sentido. ___ciencia ficción___

3. Harry estaba en su despacho, aburrido. Hacía días que buscaba sin éxito al único testigo del crimen. ___novela policíaca___

4. Sólo tenía doce años cuando nos fuimos a vivir a Chile. Todavía lo recuerdo como uno los momentos más importantes de mi vida. ___autobiografía___

⑤ **Preferencias** Contesta las preguntas con oraciones completas. Después, comparte tus respuestas con un(a) compañero/a. Answers will vary.

1. ¿Cuál es tu género literario favorito? ¿Y tu personaje favorito? ¿Por qué?

2. ¿Crees que hay arte de mal gusto? Razona tu respuesta.

3. Imagina que eres artista. ¿Qué serías: muralista, poeta, escultor(a), otro?

4. ¿Qué estilo te interesa más, el realista o el abstracto?

5. ¿Qué influye más en la sociedad: la pluma *(pen)* o el pincel? ¿Por qué?

6. ¿Qué corriente artística te parece más innovadora? ¿Por qué?

DIFFERENTIATED LEARNING

For Inclusion For additional practice after **Actividad 3**, have students work in pairs to create five more sentences with missing vocabulary words. Then have them exchange sentences with another pair and complete them.

To Challenge Students After completing **Actividad 5**, ask additional discussion questions about art. Ex: **¿Te gusta el arte en los espacios públicos? ¿Crees que el gobierno local debe invertir en las artes? ¿Qué importancia tiene el arte para los habitantes de una ciudad? Explica tus respuestas.**

Comunicación

6 Corrientes artísticas En grupos de tres, describan estos cuadros y respondan las preguntas. Utilicen algunos términos de la lista en sus respuestas.

- ¿A qué corriente artística pertenece la obra?
- ¿Cómo es el estilo del/de la pintor(a)?
- ¿Qué adjetivos usarías para describir el cuadro?
- ¿Hay otras obras u otros artistas que sean comparables?

abstracto	cubismo
contemporáneo	expresionismo
intrigante	impresionismo
llamativo	realismo
luminoso	romanticismo
realista	surrealismo

Stacks of Wheat
Claude Monet

Soft Watch
Salvador Dalí

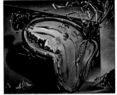

The Red Armchair
Pablo Picasso

Marilyn 1967 (on blue)
Andy Warhol

7 Críticas literarias En parejas, escojan un texto que hayan leído. Escriban una breve crítica de la obra, incluyendo todos los puntos de análisis de la lista. Luego presenten su análisis a la clase y ofrezcan su opinión sobre el valor artístico de la obra. ¿La recomendarían?

Género	¿A qué género literario pertenece la obra?
Caracterización	¿Es adecuada la caracterización de los personajes? ¿Te sentiste identificado/a con el/la protagonista?
Punto de vista	¿Quién narra la historia: uno/a de los personajes o un(a) narrador(a) omnisciente?
Argumento	¿Hay sorpresas? ¿Hay acción sin sentido? ¿Se hace lento el desarrollo?
Ambiente	¿En qué época se desarrolla la historia y en qué lugar? ¿Son realistas las descripciones del ambiente (*setting*)?
Tono	¿Cuál es el tono de la obra? ¿Es humorística? ¿Trágica? ¿Didáctica? ¿Qué quiere lograr el/la autor(a) a través del tono?
Tema	¿Cuál es el tema de la obra? ¿Estás de acuerdo con el/la autor(a)?

Teaching Tips

6 Have students vote for their favorite painting. If time permits, bring in additional artwork for groups to critique.

6 For slower-paced classes, review comparatives and superlatives (**Estructura 5.1**) to help students make comparisons.

7 Expansion, ask: **¿Cómo es la portada de tu libro preferido?** Have students explain how the art or designs on the cover correspond to the story.

Expansion Divide the class into two groups. Ask each group to create surveys for the other group to fill out. One group should survey student opinions on literature, and the other should survey their opinions on art.

NATIONAL STANDARDS Connections: Math Ask students to present their findings from the surveys in a graph or chart. Have groups present their graphs/charts to the class.

Literature Explain to students that they may choose either Spanish- or English-language works for **Actividad 7**. If they have trouble getting inspired, refer them back to readings they have seen in this course. Encourage them to go beyond the questions shown here. Ask volunteers to share their analyses with the class.

Section Goals

In **Fotonovela**, students will:
- practice listening to authentic dialogue
- learn functional phrases regarding professional life and first impressions of others

Instructional Resources
Cuaderno de actividades,
pp. 49–50
e-Cuaderno
Supersite/DVD: *Fotonovela*
Supersite/TRCD/Print:
Fotonovela Videoscript & Translation, Answer Keys

Video Synopsis
- **Johnny** brings in a few paintings that **Mariela** and **Éric** find ugly.
- **Johnny** teaches **Éric** and **Mariela** the "right" way to appreciate art.
- **Fabiola** wishes to buy one of the paintings, but wants some yellow added.
- **Johnny** imagines himself as an art auctioneer who sells **Fabiola** the *Mona Lisa.*
- **Aguayo** thinks **Fabiola's** painting is awful.

Teaching Tips
- Before showing the **Fotonovela**, write four or five of the **Expresiones útiles** and *Additional vocabulary* on a transparency or on the board and go over their meanings. Then have students work in pairs to look at the pictures and scan the text to identify the new vocabulary and expressions.

10 FOTONOVELA

recursos

CA
pp. 49–50

Johnny enseña a sus compañeros de trabajo cómo criticar una obra de arte.

1

JOHNNY Chicos, ésas son las pinturas de las que les hablé. Las conseguí muy baratas. Voy a escribir un artículo sobre ellas. ¿Les dicen algo?

MARIELA Sí, me dicen *iahhgg*!

JOHNNY ¿Cómo que son feas? Es arte. No pueden criticarlo así.

MARIELA Es lo que la gente hace con el arte. Sea modernismo, surrealismo o cubismo, si es feo es feo.

2

JOHNNY Les mostraré cómo se critica una obra de arte correctamente. Hagamos como si estuviésemos observando las pinturas en una galería. ¿Quieren?

ÉRIC Bien.

Fingiendo que están en una galería…

JOHNNY Me imagino que habrán visto toda la exposición. ¿Qué les parece?

ÉRIC Habría preferido ir al cine. Estas pinturas son una porquería.

3

JOHNNY No puedes decir eso en una exposición. Si las obras no te gustan, tú debes decir algo más artístico como que son primitivas o son radicales.

MARIELA Si hubiera pensado que son primitivas o que son radicales lo habría dicho. Pero son horribles.

JOHNNY Mariela, *horrible* ya no se usa.

Diana pasa y ve las pinturas.

DIANA Esas pinturas son… ¡horribles!

6

Luego, en la cocina…

JOHNNY El artista jamás cambiará los colores. ¿Por qué me hiciste decirle que sí?

MARIELA No hubieras vendido ni una sola pieza.

JOHNNY No quiero venderlas, tengo que escribir sobre ellas.

MARIELA No está de más. Podrías llegar a ser un gran vendedor de arte.

7

JOHNNY (*imaginando…*) Nadie hubiera imaginado un final mejor para esta subasta. Les presento una obra maestra: La Mona Lisa.

AGUAYO Quinientos millones de pesos.

JOHNNY ¿Quién da más?

FABIOLA Mil millones de pesos.

JOHNNY Se lo lleva la señorita.

FABIOLA ¿Podría hablar con el artista para que le acentúe un poco la sonrisa?

8

Más tarde, en la oficina…

JOHNNY Me alegra que hayas decidido no cambiar la obra.

FABIOLA Hubiera sido una falta de respeto.

JOHNNY Claro. Bueno, que la disfrutes.

To Challenge Students Pause the DVD after frames 1–5 and allow time for students to write down three or four questions about the **Fotonovela** to ask their classmates. Then have the class work in small groups, with one of the more advanced students in each group. This student acts as group leader: he or she asks a question and the group works together to reply. The group leader may help classmates and correct their answers.

For Inclusion Have students look at the video stills and brainstorm a list of adjectives that describe how the characters might feel in each scene. After students watch the video, have them revise their lists as necessary.

Personajes

 AGUAYO   **DIANA**   **ÉRIC**   **FABIOLA**   **JOHNNY**   **MARIELA**

4

5

Fabiola llega a la oficina...

FABIOLA ¡Qué hermoso! Es como el verso de un poema. Habré visto arte antes pero esto es especial. ¿Está a la venta?

MARIELA ¡Claro!

FABIOLA Hay un detalle. No tiene amarillo. ¿Podrías hablar con el artista para que le cambie algunos colores?

JOHNNY ¡Imposible!

FABIOLA Son sólo pinceladas.

JOHNNY Está bien. Voy a hablar con el artista para que le haga los cambios.

FABIOLA Gracias. Pero recuerda que es ésta. Las otras dos son algo...

MARIELA ¿Radicales?

ÉRIC ¿Primitivas?

FABIOLA No, horribles.

9

10

En el escritorio de Mariela...

ÉRIC Perdiste la apuesta. Págame.

MARIELA Todavía no puedo creer que haya comprado esa pintura.

ÉRIC Oye, si lo prefieres, en vez de pagar la apuesta, puedes invitarme a cenar.

MARIELA *(sonriendo)* Ni que me hubiera vuelto loca.

Entra Aguayo...

AGUAYO ¿Son las obras para tu artículo?

JOHNNY Sí. ¿Qué le parecen, jefe?

AGUAYO Diría que éstas dos son... primitivas. Pero la del medio *(mirando el cuadro de Fabiola)* definitivamente es... horrible.

Expressing speculation

Speculating about the past

Me imagino que habrán visto toda la exposición.
I gather you've seen the whole exhibition.

Habrás visto arte surrealista antes, pero esto es especial.
You may have looked at surrealist art before, but this is really something special.

Nadie hubiera imaginado un final mejor.
No one could have imagined a better ending.

Reacting to an idea or opinion

¿Cómo que son feos?
What do you mean they're ugly?

Habría preferido...
I would have preferred...

Si hubiera pensado que..., lo habría dicho.
If I had thought that..., I would have said so.

¡Ni que me hubiera vuelto loco/a!
As if I'd gone mad!

Additional vocabulary

acentuar *to accentuate*
criticar *to critique; to criticize*
estar a la venta *to be for sale*

la galería *gallery*
la pieza *piece*
la pincelada *brushstroke*
la porquería *garbage; poor quality*
la subasta *auction*

La literatura y el arte

trescientos sesenta y siete **367**

Teaching Tips

(1) Ask students to invent two events that happened before the sequence and another two that happen after.

(1) Have visual learners present their answers to **Actividad 1** in a time line on the board.

(2) For slower-paced classes, replay the video, pausing at key scenes.

(2) **Expansion** Ask students to correct the **Fantasía** responses, rewriting complete sentences.

Teaching Tips

(3) Have students invent five more statements. Then have them exchange papers with a partner and answer: **¿Quién lo diría?**

(4) Call on volunteers to perform their improvisations for the class. Before they begin, have them describe the setting for each sequence.

(4) **For Visual Learners** Give students the option of presenting their dialogues in comic book form. Display the completed comic strip conversations around the room.

• If time permits, bring in examples of artwork and tell students to imagine the artist has offered to change the piece according to their suggestions. Ask: **¿Qué cambios harías?**

1 **¿Qué pasó?** Indica con números el orden en el que ocurrieron estos hechos.

   2   a. Diana dice que los cuadros son horribles.

   6   b. Aguayo opina sobre las pinturas de Johnny.

   1   c. Johnny les enseña a sus compañeros cómo criticar una obra de arte.

   5   d. Mariela y Éric hablan de su apuesta (*bet*).

   3   e. Fabiola quiere comprar una de las pinturas de Johnny.

   4   f. Johnny sueña con ser un gran vendedor de arte.

2 **¿Realidad o fantasía?** Indica cuáles de estos acontecimientos verdaderamente ocurrieron y cuáles fueron imaginados.

Realidad	Fantasía	
☐	☑	1. Los empleados de *Facetas* fueron a una galería de arte.
☑	☐	2. Fabiola compró un cuadro que a Mariela le parecía horrible.
☐	☑	3. El pintor agregó amarillo a su cuadro para que Fabiola lo comprara.
☐	☑	4. Johnny vendió la *Mona Lisa* en una subasta.
☐	☑	5. Mariela y Éric salieron a cenar.
☑	☐	6. Aguayo pensó que dos de las piezas eran primitivas.

3 **¿Quién?** Decide quién dijo o posiblemente diría estas oraciones.

ÉRIC   **JOHNNY**   **FABIOLA**   **MARIELA**

1. No pueden criticar el arte diciendo que es *feo*. __Johnny__

2. A esta pintura le falta color amarillo. __Fabiola__

3. Todavía no puedo creer que Fabiola haya comprado la pintura. __Mariela__

4. ¿Por qué no me invitas a cenar, Mariela? __Éric__

5. Podrías llegar a ser un gran vendedor de arte. __Mariela__

4 **Conversaciones** En parejas, improvisen una de estas situaciones. Answers will vary.

• Mariela y Éric hacen la apuesta. ¿Qué dicen?

• Johnny le pide al pintor que cambie los colores del cuadro. ¿Cómo reacciona el pintor?

• Fabiola le muestra el cuadro a su novio. ¿Qué opina él?

DIFFERENTIATED LEARNING

To Challenge Students Ask students to write a paragraph describing their favorite character from the *Fotonovela* and explaining why he or she is their favorite. Encourage students to use information about the characters from multiple episodes of the *Fotonovela*.

For Inclusion For **Actividades 1, 2**, and **3**, encourage students to flip back to the stills on pages 366–367 to find the answers. Model doing so with the first three items of **Actividad 1**.

Ampliación

 5 **Sueños** Johnny tiene un sueño en que llega a ser un famoso vendedor de arte. En parejas, escojan a otros dos personajes de la **Fotonovela** e inventen sus sueños y fantasías.

> **MODELO** Éric sueña con ser Cocodrilo Éric, el fotógrafo más valiente de la selva. En sus fantasías sobre el Amazonas…

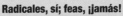 **6** **Apuntes culturales** En parejas, lean los párrafos y contesten las preguntas.

¿Una exposición o una película?

Según Éric, el cine es más divertido que una exposición surrealista. Uno de los máximos íconos del surrealismo fue **Salvador Dalí**, artista excéntrico español que incursionó en la pintura (ver la **Lección 7**) y el cine, entre otros. En *Un perro andaluz*, película clásica del cine español de Luis Buñuel y Salvador Dalí, no hay idea ni imagen que tenga explicación lógica. ¡Quizás Éric la encuentre interesante!

Radicales, sí; feas, ¡jamás!

Para Johnny, hay pinturas radicales, primitivas, pero ¡jamás feas! Por ejemplo, si Johnny criticara la obra del famoso pintor figurativo chileno **Gonzalo Cienfuegos** diría: "Como se observa en su obra *El trofeo*, su arte es radical aunque las figuras aparezcan con cierto realismo. El pintor crea su propio lenguaje con humor e ironía…" ¿Entenderán Éric y Mariela lo que quiere decir Johnny?

El trofeo, Gonzalo Cienfuegos

Por amor al arte

Fabiola se enamoró de una pintura y decidió comprarla. Como ella, el argentino **Eduardo Constantini** decidió comprar dos pinturas en 1970. Su colección privada fue creciendo hasta transformarse en el **MALBA**, Museo de Arte Latinoamericano de Buenos Aires, que posee 130 obras de su colección permanente.

Museo MALBA, Buenos Aires

1. El surrealismo fue un movimiento de vanguardia. ¿Sabes de otros movimientos artísticos? ¿Cómo son?

2. ¿Qué tipo de arte te gusta más: el arte clásico como la *Mona Lisa* de Leonardo Da Vinci o el arte moderno como el de Dalí o el de Gonzalo Cienfuegos?

3. ¿Has visitado museos recientemente? ¿Cuáles? Cuenta lo que viste.

4. ¿Cuál es tu opinión sobre los coleccionistas de arte? ¿Piensas que malgastan su dinero o, por el contrario, realizan una inversión?

5. ¿Qué opinas del arte digital?

6. ¿Una obra de qué artista te gustaría tener en la sala de tu casa? ¿Por qué?

Teaching Tip

5 As a variant, break students into groups according to the characters from the video. As a group, have them discuss their assigned character's personality traits, dreams, and fantasies.

Expansion

5 Have students discuss their own dreams and aspirations. Encourage them to use the conditional and the past subjunctive.

6 Ask additional discussion questions: **¿Crees que los museos han perdido su popularidad? ¿Qué papel juegan los museos en la preservación de la cultura? ¿Tú te consideras artista? ¿Por qué?**

- Bring in additional examples of artwork by **Gonzalo Cienfuegos**, or have students research his life and work.
- Ask volunteers to share how the images of **Gonzalo Cienfuegos** make them feel. Encourage them to explain their response to his art.

NATIONAL STANDARDS
Connections: Fine Arts
For an optional outside project, have students gather information about surrealist art and its relationship to dreams. If time and resources permit, show the movie *Un perro andaluz* and have students write a short critique.

Informal Writing Tell students to imagine that they are visiting Buenos Aires. They have been to **MALBA**, and are very excited about the works of **Eduardo Constantini**. Tell them to write an e-mail to you, their teacher, including information about the artist, the museum, and the works they have seen. Remind them to use appropriate forms for greeting and closure. They will actually send this e-mail to you, and you will respond. Tell students: **Ahora vas a mandarme un correo electrónico sobre el MALBA y yo te contestaré. Incluye la información que hayas encontrado en la red sobre Constantini.**

Section Goals

In **Enfoques**, students will:
- learn about Chilean poet **Pablo Neruda's** homes and work
- read about Mexican artist **Frida Kahlo**, Spanish architect **Santiago Calatrava**, and Nicaraguan chef **Ariel Lacayo Argueñal**
- learn more vocabulary related to art
- read about Chilean folklore musician **Violeta Parra**

Instructional Resources
Cuaderno para hispanohablantes, p. 148
Vista Higher Learning
Cancionero
Supersite/DVD: *Flash cultura*
Supersite: *Flash cultura*
Videoscript & Translation

Teaching Tip
- **En detalle Pablo Neruda** said that his houses were reflections of his poetic universe. Ask students if they believe that the home is a reflection of one's inner self. **¿Crees que una casa puede transmitir el espíritu de las personas que viven en ella? ¿Cómo? ¿Refleja tu casa el espíritu de tu familia? ¿Refleja tu habitación tu espíritu? ¿Cómo?**

Reading Strategy Option
Assign each paragraph to a small group of students to read, summarize, and present to the class.

NATIONAL STANDARDS
Connections: History/ Literature Have students research the life and works of **Pablo Neruda**. Have them create a time line of life events and works

---

 En detalle

CHILE

LAS CASAS DE NERUDA

Isla Negra

Muchos de nosotros hemos visto la maravillosa película *Il Postino*. En ella, un cartero se hacía amigo del gran poeta chileno. La película reproducía los años que Pablo Neruda vivió en el sur de Italia, por razones políticas. Sus continuos viajes como cónsul y el posterior exilio político fueron factores importantísimos en la vida de Neruda y marcaron, sin duda, su eterno deseo de crear refugios personales en sus casas de Chile. A lo largo de los años, Neruda compró o mandó remodelar o construir tres casas en su país natal: "La Sebastiana" en Valparaíso, "La Chascona" en Santiago y la "Isla Negra" en la ciudad costera del mismo nombre. Para él, estas construcciones eran mucho más que simples casas; eran, como su poesía, creaciones personales y, muchas veces, una proyección de sus universos poéticos. Las iba construyendo sin prisa, con gran dedicación y eligiendo hasta el más mínimo detalle.

Isla Negra era la favorita del poeta, y allí fue enterrado° junto con Matilde Urrutia, su gran amor. Hoy día, las tres residencias se han convertido en casas-museo y reciben más de 100.000 visitantes al año. Son administradas por la Fundación Pablo Neruda, creada por voluntad expresa del poeta, la cual, aparte de conservar su patrimonio artístico y encargarse del mantenimiento° de las casas, organiza actividades culturales y exposiciones.

Hoy día, gracias al deseo de Neruda de mantener las casas como un legado para el pueblo chileno, todos los admiradores del escritor y de su obra podemos hacer una visita a una de sus casas y sentir, por un momento, que formamos parte de su particular mundo creativo. ∎

Isla Negra
Neruda compró una pequeña cabaña en 1938 y la fue ampliando a lo largo de los años. La reconstruyó de tal manera que pareciera el interior de un barco. Su tumba y la de Matilde Urrutia están ubicadas en una terraza de la casa con una impresionante vista del Pacífico.

La Chascona
Está situada en un terreno vertical en Santiago de Chile. Se inició su construcción en 1953 y fue bautizada "La Chascona" en honor a Matilde Urrutia. *Chascona*, en Chile, significa "despeinada".

La Sebastiana
La casa, llamada así en honor al arquitecto Sebastián Collado, está en la ciudad de Valparaíso. Se inauguró el 18 de septiembre de 1961. Desde ella se disfruta de vista privilegiada, en este caso sobre la bahía. Era el lugar favorito de Neruda para pasar la Nochevieja (*New Year's Eve*).

enterrado *buried* **mantenimiento** *maintenance*

CRITICAL THINKING

Application and Synthesis Ask the students to form three groups. Assign each group one of **Neruda's** houses. Then ask them to research the house in the library or on the Internet and present their findings to the class, using as many downloaded, photocopied, or hand-drawn illustrations as possible.

Analysis and Evaluation Ask students to form small groups; give each group a **Neruda** poem. Ask students to read it three times: once for comprehension; once slowly, identifying and looking up important and unknown words; and a third time for complete comprehension and enjoyment. Then ask them to evaluate the poem according to its imagery, sounds, feelings, etc. Have groups read and analyze their poems for the class.

Artes visuales

el arte digital *digital art*

el arte gráfico *graphic art*

el videoarte *video art*

la cerámica *pottery*

el dibujo *drawing; sketching*

el grabado *engraving*

el grafiti *graffiti*

el mural *mural painting*

la orfebrería *goldwork*

el tapiz *tapestry*

Otros creadores

Frida Kahlo es una de las figuras más representativas de la pintura introspectiva mexicana del siglo XX. Su vida estuvo marcada por enfermedades y un matrimonio tortuoso con el muralista Diego Rivera. Es conocida principalmente por sus autorretratos en los que expresa el dolor de su vida personal. (Ver un ejemplo en la **Lección 6**.)

Santiago Calatrava es el arquitecto español de más fama internacional en la actualidad. En sus creaciones predomina el color blanco. El Palacio de las Artes, el Museo de las Ciencias y el Hemisférico en Valencia (España) son tres de sus obras más destacadas.

Ariel Lacayo Argueñal es un famoso chef nicaragüense. Estudió administración y cursó una maestría en enología en los Estados Unidos. En el restaurante neoyorquino **Patria** cocinó para celebridades como los Clinton, Nicole Kidman y los príncipes de Mónaco. Hoy, junto a su padre, deleita paladares° en un restaurante criollo en Nicaragua.

NERUDA EN LA PINTURA

En el año 2002, la Fundación Neruda y la Fundación Amigos del Arte organizaron una particular exposición para conmemorar el centenario del poeta chileno más universal, Pablo Neruda. Al mismo tiempo querían celebrar los ochenta años del libro de poemas en español más leído de la historia, *Veinte poemas de amor y una canción desesperada.* Participaron en el proyecto veintiún pintores chilenos. Su labor: elegir un poema de Neruda, interiorizarlo y plasmar° su proceso de lectura en una pintura. El resultado de la exposición fue un estimulante diálogo entre palabra e imagen, en el que todos los participantes reflexionaron sobre la palabra poética y, al mismo tiempo, sobre su propio proceso creativo. Entre los pintores que colaboraron estaba el internacionalmente reconocido Guillermo Núñez, que publicó un libro en el que contó la experiencia de pintar la obra de Neruda, llevando la conexión entre literatura y pintura a un nivel todavía más complejo.

> **❝** La eternidad es una de las raras virtudes de la literatura. **❞**
> (Adolfo Bioy Casares, escritor argentino)

SUPERSITE Conexión Internet

¿Qué papel tuvo el arquitecto catalán Germán Rodríguez Arias en las casas de Neruda?

To research this topic go to **descubre3.vhlcentral.com.**

plasmar *give expression to*
deleita paladares *pleases the taste buds*

Comprehension Ask pairs to make a crossword puzzle with the new vocabulary under **Así lo decimos**. Challenge them to write their clues in Spanish, giving an example, a cloze sentence, or a definition. Then have pairs exchange their puzzles with another pair and solve them.

Analysis Challenge small groups of students to find one of the paintings from the 2002 exhibit described in **Perfil** and the poem that corresponds to the image. Then have them discuss how the image illustrates the poem. Have a class discussion of the images, the poems, and the analyses.

Teaching Tips

- **Así lo decimos** Give students additional vocabulary words. Ex: **el mosaico** *(mosaic)*, **la pintura al fresco/el fresco** *(fresco painting)*, **el cómic** *(comic)*, **la artesanía** *(crafts)*.
- **Perfil** Encourage students to reread *Poema 20* from **Lección 1**. For advanced classes, have small groups read another of **Neruda's** poems. Then have them discuss how they might visually represent the poem.
- **Perfil: For Visual and Kinesthetic Learners** Encourage students to represent the poem visually either according to their group's suggestions or their own ideas. Students can use any medium they want (paint, magazine clippings, drawings, etc.).
- **Heritage Speakers** Ask heritage speakers to share how teens experience and express art and literature in their families' countries of origin.
- Call on a volunteer to read the quote aloud. Ask: **Además de la literatura, ¿crees que las otras formas de arte también son eternas? Da ejemplos.**

NATIONAL STANDARDS
Connections: Art/ Architecture Have students learn more about **Frida Kahlo** or **Santiago Calatrava** and report to the class. Have them bring in copies of **Kahlo's** works or photos of **Calatrava's** buildings for the class to review and critique.

Teaching Tips

- **For Inclusion** Encourage students to look back at pages 370–371 to respond to the activities.

① After completing the activity, have students create corresponding questions for each item. Ex: **¿De qué trata la película *Il Postino*?**

② Ask pairs to write more cloze sentences to exchange with another pair. Challenge them to write two more for each section on page 371.

③ For item 2, ask students to bring in and share their works, first identifying them according to the new vocabulary words. Then ask the class to ask questions or comment on each work.

③ For item 3, ask students to create their own definition of art. Then call on volunteers to share their definitions with the class.

③ **Expansion** Discuss the nature of art itself. Ask: **¿Qué es arte? ¿Quién determina si una obra es arte o no? ¿Cómo?**

Teaching Tips

④ For additional discussion, have volunteers share the first time they experienced the works of their favorite artists.

- **Proyecto** Encourage students to make their presentations interactive by beginning with a thought-provoking question.

¿Qué aprendiste?

recursos

CH
p. 148

1 ¿Cierto o falso? Indica si estas afirmaciones sobre Neruda y sus casas son **ciertas** o **falsas**. Corrige las falsas.

1. La película *Il Postino* reproduce los años de exilio de Neruda en Italia. Cierto.

2. Neruda no salió casi nunca de Chile. Falso.
Neruda viajó mucho como cónsul y luego estuvo en el exilio por razones políticas.

3. Neruda tenía dos casas en Chile: Isla Negra y La Chascona. Falso. Neruda tenía tres casas en Chile: La Sebastiana, Isla Negra y La Chascona.

4. La casa La Chascona se llama así porque está ubicada en un pueblo que también tiene ese nombre.
Falso. La casa La Chascona se llama así en honor a Matilde Urrutia.

5. Neruda intervenía muy activamente en la construcción y decoración de sus casas. Cierto.

6. El poeta está enterrado en La Sebastiana.
Falso. El poeta está enterrado en Isla Negra.

7. Hoy día, las tres casas son museos. Cierto.

8. La Fundación Pablo Neruda se creó por deseo e iniciativo de los admiradores del poeta.
Falso. La Fundación Pablo Neruda se creó por deseo expreso del poeta.

9. La casa Isla Negra está decorada como si fuera un barco. Cierto.

10. A Pablo Neruda le gustaba pasar la Nochevieja en la casa La Sebastiana. Cierto.

11. La Chascona está ubicada en un terreno vertical. Cierto.

12. La Sebastiana, ubicada en Santiago, tiene una vista privilegiada de la ciudad. Falso.
La Sebastiana está ubicada en Valparaíso y tiene una vista privilegiada sobre la bahía.

2 Oraciones incompletas Completa las oraciones con la información correcta.

1. La Fundación Neruda y la Fundación Amigos del Arte organizaron una exposición para conmemorar _el centenario del poeta_.

2. Los veintiún artistas que participaron tenían que _pintar un cuadro inspirado en un poema_.

3. En las creaciones de Santiago Calatrava predomina _el color blanco_.

4. Diego Rivera se hizo famoso por _sus murales_.

3 Preguntas Contesta las preguntas.

1. ¿Crees que la cerámica y la orfebrería son artes u oficios (*trades*)?

2. ¿Alguna vez hiciste alguna obra usando una de las técnicas de la lista de **Así lo decimos**? ¿Qué hiciste?

3. ¿Crees que una obra arquitectónica o el trabajo de un chef se pueden considerar obras de arte? Explica tu respuesta.

4 Opiniones En parejas, hagan una lista de cinco artistas o creadores hispanos que no hayan sido mencionados en esta lección y elijan cuál es su preferido/a. Luego, compartan su lista y su favorito/a con la clase y expliquen por qué les gusta ese artista o sus obras.

PROYECTO

Artistas

Elige una obra en particular de uno de los artistas que se han presentado en **El mundo hispanohablante**. Busca información y prepara una presentación breve para la clase. No olvides llevar una fotografía o ilustración de la obra. Usa las preguntas como guía.

- ¿Quién es el/la artista?
- ¿Cómo se llama la obra?
- ¿Cuáles son las características de la obra?
- ¿Por qué es famosa la obra y por qué la elegiste?

AP PREPARATION

Formal Oral Presentation Have each student research the life of an artist or writer from Spain or Latin America. Following the requirements of the AP exam, they should use two sources: one auditory and one written. Tell them to take notes on the sources, organize their notes, and prepare to talk to the class for two minutes about the life of the person they have researched. You should grade these presentations according to the most current AP rubrics on AP Central. Once all students have presented, hold a **tertulia**, where students come dressed as their artist and enact the role. Two classes could combine, and students from one class could try to guess the identity of those in the other class. Tell students: **Vas a vestirte como si fueras la persona que investigaste y luego, durante la tertulia, vas a representar el papel de ese/a artista.**

Violeta Parra

"Yo me llamo **Violeta Parra**, pero no estoy muy segura. Tengo cincuenta años a disposición del viento fuerte. En mi vida me ha tocado muy seco todo y muy salado, pero así es la vida exactamente…" Así se describe la mayor artista chilena del siglo XX, nacida en 1917 en el pueblo de San Carlos. Tuvo una difícil infancia que compartió con ocho hermanos. Despertó su afición musical de niña cuando comenzó cantando en circos y sitios públicos. Su hermano **Nicanor** la impulsó para que rescatara la música folclórica chilena. Con su actuación en la casa de Pablo Neruda en 1953, su voz comenzó a popularizarse. Siguieron conciertos por Europa y Latinoamérica y su música fundó las bases para la "Nueva canción". Además del canto; también incursionó en el tapiz, el bordado°, la escultura y la pintura. En su arte, se evidencia un profundo contenido humano que la define como una artista universal más allá del tiempo y de las fronteras.

Discografía

1966 Las últimas composiciones de Violeta Parra por Violeta Parra, *El Folklore de Chile Vol. IV*

1957 La tonada presentada

1956 Violeta Parra, Canto y guitarra

Canción

Éste es un fragmento de la canción que tu instructor(a) te hará escuchar.

Gracias a la vida

Gracias a la vida que me ha dado tanto

Me ha dado la risa y me ha dado el llanto

Así yo distingo dicha° de quebranto°

Los dos materiales que forman mi canto

Y el canto de ustedes que es el mismo canto

Y el canto de todos que es mi propio canto.

¿Sabías que la canción **Gracias a la vida** fue interpretada por un sinnúmero de artistas?

Ésta es una pequeña lista:

- **Joan Baez** (Estados Unidos)
- **Mariette Bodier** (Holanda)
- **David Byrne** (Escocia)
- **Danilo Pérez** (Panamá)
- **Mercedes Sosa** (Argentina)
- **Pedro Vargas** (México)

 Preguntas En parejas, respondan estas preguntas. Some answers will vary.

1. Me ha tocado muy seco todo y muy salado." ¿Qué quiere decir Violeta Parra con esto?
   Quiere decir que ha tenido una vida difícil.
2. ¿Qué personas influyeron en su vida artística?
   Su hermano Nicanor Parra y el poeta Pablo Neruda influyeron en su vida artística.
3. En la actualidad, Parra es considerada una artista influyente y universal. ¿Por qué?
   Su arte contiene un profundo contenido humano.
4. En esta canción, Violeta Parra le agradece a la vida. ¿Qué le agradece? ¿Por qué?
   Le agradece por la risa y el llanto, porque le permiten distinguir la dicha del quebranto, que son dos elementos importantes en su canto.

bordado *embroidery* **dicha** *happiness* **quebranto** *pain; suffering*

Teaching Tips

- **Bell Activity** As students arrive, play a **Violeta Parra** album and ask them to identify words, phrases, and subjects they hear. Also ask them to share their initial impression of the artist.
- **Ritmos** Explain that the **La Nueva Canción** movement emerged in Chile in the mid-sixties and spread throughout Latin America. Concerned with the problems of injustice and poverty, it revived traditional Latin American folk music and incorporated political and reactionary statements in its lyrics.
- **Comprehension and Analysis** Ask students to paraphrase *Gracias a la vida* in their own words. Then ask them to analyze its meaning. Ask: **¿A quién está dirigida la canción? ¿Cómo lo sabes?**
- Divide the class into groups according to the number of *Gracias a la vida* versions you have from other artists. Ask groups to listen to their version and then make a Venn diagram to compare and contrast their version with that of **Violeta Parra**. Ask a volunteer from each group to replicate their diagram on the board. Then have another volunteer explain it to the class.

NATIONAL STANDARDS
Connections: Music
Can students identify other musicians influenced by folk traditions? Have students discuss and list characteristics that mark folk-influenced music.

AP PREPARATION

Listening, Speaking, and Writing Play several versions of *Gracias a la vida*. Discuss the songs in small groups. Which singer, and which version, do students prefer? Why? Now have them write a letter to a friend, recommending (or not recommending) one of the versions. Tell students to use the subjunctive in their letters. Say: **Vas a escribirle una carta a tu amigo/a para recomendarle una de las canciones.**

10 ESTRUCTURA

10.1 The future perfect

• The future perfect tense (**el futuro perfecto**) is formed with the future of **haber** and a past participle.

The future perfect		
pintar	**vender**	**salir**
habré pintado	habré vendido	habré salido
habrás pintado	habrás vendido	habrás salido
habrá pintado	habrá vendido	habrá salido
habremos pintado	habremos vendido	habremos salido
habréis pintado	habréis vendido	habréis salido
habrán pintado	habrán vendido	habrán salido

• The future perfect is used to express what *will have happened* at a certain point. The phrase **para** + [*time expression*] is often used with the future perfect.

Ya **habré leído** la novela para el lunes.
I will already have read the novel by Monday.

Para el año que viene, los arquitectos **habrán diseñado** el nuevo museo.
By next year, the architects will have designed the new museum.

• **Antes de (que), cuando, dentro de**, and **hasta (que)** are also used with time expressions or other verb forms to indicate when the action in the future perfect will have happened.

Cuando lleguemos al teatro, ya **habrá empezado** la obra.
When we get to the theater, the play will have already started.

Lo **habré terminado dentro de** dos horas.
I will have finished it within two hours.

• The future perfect may also express supposition or probability regarding a past action.

¿Habrá tenido éxito la exposición de este fin de semana?
I wonder if this weekend's exhibition was a success.

No lo sé, pero **habrá ido** mucha gente a verla.
I don't know, but I suppose a lot of people have gone to see it.

Me imagino que habrán visto toda la exposición.

Habré visto arte antes, pero esto es especial.

Práctica y comunicación

1 Artes y letras Completa las oraciones con el futuro perfecto de los verbos entre paréntesis.

1. Me imagino que ustedes _habrán leído_ (leer) el poema para mañana.
2. ¿_Habrá conocido_ (conocer) Juan a la famosa autora?
3. Para la próxima semana, Ana y yo _habremos terminado_ (terminar) de leer el cuento.
4. Le dije al pintor que yo _habré conseguido_ (conseguir) una modelo para el jueves.
5. Me imagino que las obras ya se _habrán vendido_ (vender).

2 Planes Tú y tus amigos habían planeado encontrarse a las seis de la tarde para ir al ballet, pero nadie ha venido y tú no sabes por qué. Escribe suposiciones con la información del cuadro. Sigue el modelo.

MODELO   **Entendí mal los planes.**
          Habré entendido mal los planes.

Me dejaron un mensaje telefónico.	1. Me habrán dejado un mensaje telefónico.
Uno de mis amigos tuvo un accidente.	2. Uno de mis amigos habrá tenido un accidente.
Me equivoqué de día.	3. Me habré equivocado de día.
Fue una broma.	4. Habrá sido una broma.
Lo soñé.	5. Lo habré soñado.

3 Excusas Cada vez que la profesora hace preguntas, Mónica responde con excusas. En parejas, utilicen el futuro perfecto para completar la conversación.

PROFESORA Buenos días. ¿Todos (1) _habrán entregado_ (entregar) el ensayo para el final del día?

MÓNICA Yo lo (2) _habré escrito_ (escribir) para el viernes, profesora.

PREFESORA Pero me imagino que tú ya (3) _habrás visto_ (ver) la exposición del escultor, ¿verdad?

MÓNICA Pues... estaba con fiebre... todo el fin de semana. Pero voy mañana.

PROFESORA Por lo menos (4) _habrás ido_ (ir) a la biblioteca a hacer las investigaciones necesarias, ¿no?

MÓNICA Pues, fui, pero otro estudiante ya había sacado los libros que necesitaba. Según la bibliotecaria, él los (5) _habrá devuelto_ (devolver) para mañana.

4 El futuro Hazles estas preguntas a tres de tus compañeros/as.

- Cuando terminen las próximas vacaciones de verano, ¿qué habrás hecho?
- Antes de terminar la escuela secundaria, ¿qué aventuras habrás tenido?
- Dentro de diez años, ¿dónde habrás estado y a quién habrás conocido?
- Cuando tengas cuarenta años, ¿qué decisiones importantes habrás tomado?
- Cuando seas abuelo/a, ¿qué lecciones habrás aprendido de la vida?

DIFFERENTIATED LEARNING

For Auditory Learners Read aloud sample sentences, some in the future perfect, some not. Ask students to raise their hands when they hear the future perfect.

For Kinesthetic Learners Ask volunteers to present **Actividad 3** as a skit with appropriate actions and gestures, as well as facial and vocal expressions.

Teaching Tips

1 For Inclusion Have students identify the subject in each sentence.

2 For Inclusion As a class, identify the subject of each sentence before students attempt to complete the activity.

2 As a variant, ask students to imagine that the professor did not come to class on the day of the final exam. Have them brainstorm possible reasons using the future perfect.

3 To Challenge Students Ask students to write another dialogue between a parent and a teen, in which the parent is scolding the teen and the teen is making excuses.

4 Ask groups to make anonymous lists of each member's responses using complete sentences. Then have groups exchange lists and try to identify each student based on the responses.
- Play **Pasa la hoja**. Divide the class into teams of six. Call out an infinitive in Spanish and have the first representative write the **yo** future perfect form of the verb on a piece of paper and pass it to the second member, who writes the **tú** form, and so forth. The first group to finish the entire paradigm correctly wins a point.

Instructional Resources
Cuaderno de práctica, pp. 95–96
Cuaderno para hispanohablantes, pp. 151–152
Cuaderno de actividades, pp. 29, 97
e-Cuaderno
Supersite: Additional practice
Supersite/TRCD/Print:
PowerPoints (**Lección 10 Estructura** Presentation, Overhead #53, 54); Audio Activity Script, Answer Keys
Audio Activity CD

Teaching Tips
- Remind students that the past participle does not change form in any perfect tense.
- Write several sentences on the board and ask volunteers to conjugate the verbs, choosing the correct *perfect* tense. Examples:
1. Julián _____ (hacer) los quehaceres, pero llegó Luisa y lo invitó al cine. (habría hecho)
2. Cuando lleguen mis amigos, yo ya _____ (terminar) el trabajo para la clase de español. (habré terminado)

- **For Kinesthetic Learners** On slips of paper write cloze sentence examples in the conditional perfect (with the verbs blanked out). On other strips of paper, write the conditional perfect answers for each cloze sentence. Give each student a slip of paper and have him or her walk around the room, read the slip aloud, and try to find the slip's mate. Once all students are matched, have pairs read their sentence for the class.

10.2 The conditional perfect

- The conditional perfect tense (**el condicional perfecto**) is formed with the conditional of **haber** and a past participle.

Estas pinturas son una porquería. Habría preferido ir al cine.

TALLER DE CONSULTA

To review irregular past participles, see **7.1, p. 256**.

The conditional perfect is frequently used after **si** clauses that contain the past perfect subjunctive. See **Manual de gramática, 10.4, p. 538**.

The conditional perfect		
pensar	**tener**	**sentir**
habría pensado	habría tenido	habría sentido
habrías pensado	habrías tenido	habrías sentido
habría pensado	habría tenido	habría sentido
habríamos pensado	habríamos tenido	habríamos sentido
habríais pensado	habríais tenido	habríais sentido
habrían pensado	habrían tenido	habrían sentido

- The conditional perfect tense is used to express what *would have occurred* but did not.

Juan **habría ido** al museo, pero ya tenía otros planes.
Juan would have gone to the museum, but he had other plans.

Otros actores **habrían representado** mejor esta obra.
Other actors would have performed this play better.

Seguramente, habrías ganado la apuesta.
You probably would have won the bet.

Creo que Andrés **habría sido** un gran pintor.
I think Andrés would have been a great painter.

recursos

CP
pp. 95–96

CH
pp. 151–152

CA
pp. 29, 97

SUPERSITE
descubre3.
vhlcentral.com
Lección 10

Habría dicho que es... horrible.

- The conditional perfect may also express probability or conjecture about the past.

¿**Habrían apreciado** los críticos su gran creatividad?
I wonder if the critics had appreciated her great creativity.

Los **habría sorprendido** con su talento.
She must have surprised them with her talent.

DIFFERENTIATED LEARNING

To Challenge Students First, have students write two more examples under each point; then have them write their examples on the board. Review the examples with the class.
For Inclusion Play **El juego de dados.** Students are in groups of three: one "teacher" and two "players." Give a die and verb list to each group, plus an answer sheet to the "teacher." The answer sheet should illustrate a model conjugation for a regular

–ar, –er, and –ir conditional perfect verb, plus any irregular verbs you wish to include. Players throw the die to determine which verb form they should give: 1 = **yo**; 2 = **tú**; 3 = **Ud./él/ella**; 4 = **nosotros/as**; 5 = **vosotros/as**; 6 = **Uds./ellos/ellas**. Players follow the verb list in order when giving verb forms, and receive a point for each correct answer. If you are teaching **vosotros** for recognition only, students rolling a 5 should roll the die again.

Práctica y comunicación

1 **Lo que habrían hecho** Completa las oraciones con el condicional perfecto de los verbos entre paréntesis.

1. No me gustó para nada. Otro autor <u>habría imaginado</u> (imaginar) un protagonista más interesante.

2. Yo, en su lugar, lo <u>habría dibujado</u> (dibujar) de modo más abstracto.

3. A la autora le <u>habría gustado</u> (gustar) escribir ficción histórica, pero el público sólo quería más novelas rosas.

4. Nosotros <u>habríamos escrito</u> (escribir) ese cuento desde otro punto de vista.

5. ¿Tú <u>habrías hecho</u> (hacer) lo mismo con otra oportunidad?

2 **Otro final** En parejas, conecten las historias con sus finales. Luego utilicen el condicional perfecto para inventar otros finales. Sigan el modelo.

> **MODELO** **Titanic / El barco se hunde (*sinks*).**
>
> En nuestra historia, el barco no se habría hundido. Los novios se habrían casado y...

Beauty and the Beast → El monstruo mata a su creador.
Frankenstein → Se casa con el príncipe.
The Lord of the Rings → Frodo destruye el anillo.
Romeo and Juliet → Regresa a su hogar en Kansas.
The Wizard of Oz → Los novios se mueren.

3 **¿Y ustedes?** En parejas, miren los dibujos y túrnense para decir lo que habrían hecho en cada situación. Utilicen el condicional perfecto y sean creativos.

1.

2.

3.

4.

4 **Autobiografías** Utiliza el condicional perfecto para escribir un párrafo de tu autobiografía. Incluye descripciones de tres cosas que no cambiarías nunca y tres cosas que habrías hecho distinto en tu vida.

La literatura y el arte

trescientos setenta y siete 377

LEARNING STYLES

For Visual Learners Before completing **Actividad 3**, ask these students to describe for the class what is happening in each picture. Using their visual strengths, visual learners will be able to help the class prepare for the activity.

For Auditory Learners For **Actividad 4**, have students share the autobiographies with the class. As volunteers read their work, encourage auditory learners to raise their hands each time they hear the conditional perfect form.

Teaching Tips

1 Before beginning the activity, point out that **yo en su lugar** and similar phrases take the conditional or the conditional perfect.

2 For expansion, give students additional stories or have them brainstorm their own. Ex: *E.T.*, *Lo que el viento se llevó* (*Gone with the Wind*), **Titanic**.

3 For additional practice, continue the activity with photos from magazines and newspapers.

4 **For Inclusion** Encourage students to write their autobiography in a time line form with phrases and sentences describing important events. Challenge them to use at least one conditional perfect phrase in their time line.

4 As a variant, have students write a paragraph of the autobiography of a famous person, either real or fictitious.

• Ask students to state what these people would have done if they had had more money: **mis padres, yo, mi mejor amigo, los estudiantes de la universidad.** Ex: **Con más dinero, mis padres habrían comprado una pintura de Picasso.**

Estructura **377**

NATIONAL STANDARDS
comparisons

10.3 The past perfect subjunctive

Me molestó que hubieras pedido ese cambio.

Quizás hubiera sido una falta de respeto.

- The past perfect subjunctive (**el pluscuamperfecto del subjuntivo**) is formed with the past subjunctive of **haber** and a past participle.

The past perfect subjunctive		
cambiar	**poder**	**influir**
hubiera cambiado	hubiera podido	hubiera influido
hubieras cambiado	hubieras podido	hubieras influido
hubiera cambiado	hubiera podido	hubiera influido
hubiéramos cambiado	hubiéramos podido	hubiéramos influido
hubierais cambiado	hubierais podido	hubierais influido
hubieran cambiado	hubieran podido	hubieran influido

- The past perfect subjunctive is used in subordinate clauses under the same conditions for other subjunctive forms, and in the same way the past perfect is used in English (*I had talked, you had spoken,* etc.). It refers to actions or conditions that had taken place before another past occurence.

Le molestó que los escritores no **hubieran asistido** a su conferencia.
It annoyed her that the writers hadn't attended her lecture.

No era cierto que la galería **hubiera cerrado** sus puertas definitivamente.
It was not true that the gallery had closed its doors permanently.

- When the action in the main clause is in the past, both the past subjunctive and the past perfect subjunctive can be used in the subordinate clause. However, the meaning of each sentence maybe different.

PAST SUBJUNCTIVE	PAST PERFECT SUBJUNCTIVE
Esperaba que me **llamaras.** ¡Qué bueno oír tu voz!	Esperaba que me **hubieras llamado.** ¿Qué pasó?
I was hoping you would call me. It's great to hear your voice!	*I wished that you had called me. What happened?*
Deseaba que me **ayudaras.**	Deseaba que me **hubieras ayudado.**
I wished that you would help me.	*I wished that you had helped me.*

DIFFERENTIATED LEARNING

For Inclusion Ask volunteers to reproduce the past perfect subjunctive box on the board, with different sample verbs such as **pintar, querer,** and **escribir.**

To Challenge Students Ask each student to write an example for each of the new verbs their classmates have conjugated in the chart on the board (**pintar, querer,** and **escribir**). Then, have volunteers write their examples on the board, under or next to the conjugated verb. Finally, have other volunteers read and translate the examples.

Práctica y comunicación

1 **Hubiera...** Completa las oraciones con el pluscuamperfecto del subjuntivo.

1. Habría ido a la tertulia si no _hubiera llovido_ (llover).
2. Si yo _hubiera logrado_ (lograr) publicar mi libro, habría sido un superventas.
3. Me molestó que ellos no _hubieran dado_ (dar) el premio al otro poeta.
4. Si nosotros _hubiéramos pensado_ (pensar) eso, lo habríamos dicho.
5. Si ella _hubiera pedido_ (pedir) más por sus cuadros, habría ganado millones.
6. ¡Qué lástima que sus padres no _hubieran apoyado_ (apoyar) su interés por las artes!

2 **Oraciones** Une los elementos de las columnas para crear cinco oraciones con el pluscuamperfecto del subjuntivo.

Dudaba de que	yo	escribir cuentos policíacos
Esperábamos que	tú	ganar un premio literario
Me sorprendió que	el artista	tener talento
Ellos querían que	nosotros	venir a la exposición
No creías que	los poetas	vender ese autorretrato

3 **¡A quejarse!** Paulino es escritor y Graciela es pintora. Son muy buenos amigos, pero ninguno de los dos ha tenido éxito. En parejas, utilicen el pluscuamperfecto del subjuntivo para escribir una conversación en la cual los dos se quejan de las oportunidades que habían perdido.

MODELO **GRACIELA** No fue justo que le hubieran dado ese premio literario a García Márquez. Tienes mucho más talento que él...

> No fue justo que....
> No podía creer que...
> Si hubiera logrado...
> Si tú sólo hubieras...

4 **Síntesis** En grupos de cuatro, dramaticen esta situación: uno/a de ustedes va a entrevistar a los tres finalistas del concurso de televisión *El ídolo de la música*. Uno/a acaba de ganar el concurso. Utilicen por lo menos tres usos del futuro perfecto, del condicional perfecto, y del pluscuamperfecto del subjuntivo. Luego representen su entrevista para la clase.

MODELO **REPORTERO** A Carolina, la nueva ídola de la música: ¡el año que viene será increíble! ¿Qué crees que habrá pasado para esta fecha, un año para adelante?
GANADORA Pues, seguramente habré grabado mi primer disco y...
REPORTERO Christopher, tus aficionados no habrán creído lo que pasó esta noche. Si hubieras tenido otra oportunidad, ¿que habrías hecho distinto?
FINALISTA Quizás si hubiera cantado algo más clásico, los jueces no me habrían criticado tanto. O si hubiera..

For additional cumulative practice of all the grammar points in this lesson, go to **descubre3.vhlcentral.com**.

La literatura y el arte

trescientos setenta y nueve **379**

Teaching Tips

1 For expansion, write four additional cloze sentences on the board, leaving blanks for the verbs. Have pairs complete them with the verbs of their choice and then read their sentences aloud. Vote on the most creative sentences.

3 Before completing the activity, review **si** clauses in all tenses.

4 To help groups get started, have them list verbs and vocabulary words to use in their interviews.

Extra practice Make a series of statements using the past perfect indicative, then begin reactions to the statements using the past perfect subjunctive. Have students complete the reactions.
Ex: **Jorge había esculpido una estatua para el festival. Fue maravilloso que... (Jorge hubiera esculpido una estatua para el festival.)**

DIFFERENTIATED LEARNING

For Visual Learners Before completing **Actividad 1**, ask volunteers to scan each item to find the subject of the dependent (second) clause and read it aloud to the class. Then as students rewrite the sentence, they can circle the subject before trying to insert the verb.

For Kinesthetic Learners After students have completed **Actividad 2**, review the answers by playing **Rompecabezas**. Ask students to write their answers on slips of paper. Then ask the students to separate the slips between clauses cutting each one in a different puzzle pattern. Then ask students to exchange their puzzle pieces with a partner and try to reassemble the phrases using their knowledge of past perfect subjunctive and the puzzle pattern clues.

Section Goals

In **Cinemateca**, students will:
- watch the short film *Las Viandas*
- practice listening for and using vocabulary and structures learned in this chapter

---

Instructional Resources
Supersite/DVD: Film Collection
Supersite/TRCD: *Cortometraje*
Transcript & Translation

Teaching Tips

① For additional practice, have students form sentences with the remaining words and read their sentences aloud.

② Continue the discussion by asking additional questions. **Ex: Dicen que crear arte puede ser terapéutico. ¿Estás de acuerdo? Da ejemplos de alguna situación en la cual el arte te ayudó a superar una situación difícil.**

③ Have students write down their predictions. After students have watched the film, call on them to read their predictions and see if they were correct.

- **For Heritage Speakers** Ask students to share about the food in their families' countries of origin. **¿Cuáles son las comidas típicas de tu país? ¿Sigues comiéndolas aquí en los Estados Unidos? ¿Cuándo? ¿Por qué?**

Antes de ver el corto

LAS VIANDAS

país España
duración 19 minutos
director José Antonio Bonet

protagonistas Papandreu (chef), el comensal, empleados del restaurante otros comensales

Vocabulario

acompañar *to come with*	**el compromiso** *awkward situation*
la barbaridad *outrageous thing*	**contundente** *filling; heavy*
el cochinillo *suckling pig*	**el jabalí** *wild boar*
el/la comensal *dinner guest*	**la ofensa** *insult*

① **Definiciones** Completa las oraciones con las palabras apropiadas.

1. Cuando sucede algo atroz (*atrocious*), se dice que es una ___barbaridad___.
2. Si un plato te llena inmediatamente, significa que es un plato ___contundente___.
3. Alguien que está invitado a comer es un ___comensal___.
4. Un ___jabalí___ es una especie de cerdo salvaje.
5. En algunas culturas, rechazar la comida es una ___ofensa___.
6. Meter a alguien en un ___compromiso___ significa ponerlo en una situación incómoda.

② **Preguntas** En parejas, contesten las preguntas.

1. ¿Te gusta cocinar? ¿Crees que cocinar es un arte?
2. ¿Qué profesiones consideras que son arte? ¿Por qué?
3. ¿Conoces a alguien que sea o que se considere un(a) artista? ¿Cómo es?
4. Según tu opinión, ¿tienen los artistas una personalidad diferente a las personas que no son artistas? Razona tu respuesta.

③ **¿Qué sucederá?** En parejas, miren el fotograma e imaginen lo que va a ocurrir en la historia. Compartan sus ideas con la clase.

CRITICAL THINKING

Comprehension and Application Ask students to form small groups to discuss the following questions: **¿Cuál es tu comida favorita? ¿Cuál es tu restaurante favorito? ¿Cómo es? ¿Hay camareros? ¿Cómo son? ¿Conoces al chef del restaurante? ¿Cómo es?** Encourage students to use the new vocabulary whenever possible.

Application and Analysis Ask students to prepare a meal—real or imaginary—for their family. Then ask them to share with the class: **¿Qué preparaste? ¿Cómo presentaste la comida? ¿Le gustó la comida a tu familia? ¿Cómo te sentiste al final de la cena?** This activity will not only help students use new vocabulary they have learned, but will help them empathize with the chef in the film.

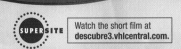

Affective Dimension Ask volunteers to share any experience they have had eating in a fancy restaurant like the one pictured in the poster. Ask them how they felt, how they liked the food, and how they enjoyed the experience overall.

Teaching Tips

- **For Inclusion** Give all students some sticky tabs and ask them to label the poster using new and old vocabulary. Have volunteers read their tabs.
- **For Auditory Learners** Say phrases describing the different people in the image and ask students to point to the person being described.
- **To Challenge Students** Ask students to create more examples for the auditory learning activity above and read them aloud for the class to identify.
- **For Kinesthetic Learners** Ask volunteers to strike poses like one of the people in the image and have the class guess which person they are imitating.
- Ask pairs to choose two people in the poster and create a scene that begins with the pose from the image. Have a class sharing and ask the class to guess which people the pairs are representing.
- **For Heritage Speakers** Have students ask family members whether they have seen this film or another with one of the actors or the director in it.

CRITICAL THINKING

Comprehension and Synthesis Ask students to form small groups to write a descriptive paragraph about the poster. Ask them to include a description of the image and a summary of any important written information.

Application and Analysis Ask students to form pairs to create an image of what they imagine to be happening inside the kitchen or outside the restaurant at the same moment the poster photo was taken. Students can use magazine clippings, downloaded photos, or sketches in their images. Display the images around the room during the viewing and discussion of the film.

Video Synopsis A man goes to a restaurant in the mountains and orders the daily special. The world-renowned chef presents him with a veritable feast of haute cuisine, but when the customer is unable to clear his plate, the waiter insists that the chef must not be offended. The situation becomes so desperate that the customer tries to escape through a bathroom window.

Previewing Strategy Ask students their views on proper etiquette when eating a meal at a restaurant. **¿Alguna vez te has sentido obligado/a a comer algo que no te haya gustado? ¿Te parece de mala educación no acabarte la comida en un restaurante?**

Teaching Tips
• Explain that the chef in the film is foreign. He speaks Spanish with an accent and tends to omit words (denoted by brackets in the video stills dialogue).
• Ask students to discuss other "eating" or "chef" movies or television shows they have seen. Have volunteers summarize the movie and express their opinions of it.

NATIONAL STANDARDS
Communities Have students research table etiquette in various countries. Ask them to compare and contrast the rules of etiquette in different cultures. You may want to review some of the rules of formal etiquette in U.S. culture in case students are not familiar with them.

Escenas

ARGUMENTO Un hombre va a un restaurante perdido en las montañas donde probará los platos de un chef extranjero muy especial.

COMENSAL Buenas tardes. ¿Todavía se puede comer?
MAITRE Por supuesto. Leonora, el abrigo del señor… ¿Me acompaña, por favor?

MAITRE El primer plato del menú: sopa de judiones°, con tocino° y salchicha vienesa. El señor Papandreu, nuestro chef, ganó un premio con este plato.
COMENSAL ¿No le parece un poco contundente?

(Murmullos)
CHEF ¿El nuevo devuelve [la] comida?
CAMARERO Sí, sí, sí.
CHEF ¡Esto es una ofensa!¡ Nadie devuelve nunca [la] comida a Papandreu! ¡Papandreu es un artista! ¡Papandreu es [el] número uno! *(gritos)* Un artista.

(Después de varios platos más, no puede seguir comiendo.)
MAITRE Señor, nos está poniendo a todos en un serio compromiso. Debe comerse el cochinillo de inmediato.
COMENSAL ¿Pero es que no lo entiende? ¡No puedo más!

COMENSAL Perdóneme, señor, pero tengo que pedirle ayuda! Bueno usted mismo lo está viendo. ¡Quieren que me coma un cochinillo! ¿Pero están locos?
HOMBRE No se preocupe. Lo he visto todo y tiene razón. Le comprendo. Confíe en mí. Hablaré con Papandreu.

COMENSAL *(gritando)* ¡No quiero comer más! ¡No quiero comer este jabalí!
CHEF ¡Quieto! ¡Vas a comer jabalí como [un] niño bueno! ¡Come!
(Después de que el cliente come el jabalí.)
CHEF ¡El postre! ¡Papandreu artista genial!

judiones *butter beans* **tocino** *bacon*

Comprehension and Analysis Ask pairs of volunteers to read the dialogue below the video stills aloud. Then, as a class, summarize what the film based on the content of the stills. You may want to use a story map or a graphic organizer to record the class's summary of the film.

Application and Synthesis Ask small groups to write a "scene 7," predicting the end of the film. Students should write the dialogue and then practice it aloud. When ready, the groups should present their scenes to the class. You might take a survey of which ending students consider to be most likely.

Después de ver el corto

1 **Comprensión** Contesta las preguntas con oraciones completas.

1. ¿Dónde está el restaurante?
   El restaurante está en las montañas.
2. ¿Por qué pregunta el comensal si el primer plato es contundente?
   Pregunta si el primer plato es contundente porque no tiene mucha hambre.
3. ¿Qué ocurre cuando el cliente dice que no puede comer más sopa?
   La camarera le sirve más.
4. ¿Por qué se enoja el chef cuando regresa el camarero a la cocina?
   El chef se enoja porque dice que nadie devuelve sus platos.
5. ¿Para qué va el comensal al servicio (restroom)?
   El cliente va al servicio para escaparse por la ventana.
6. En el servicio, ¿qué le promete el otro comensal al protagonista?
   Le promete que va a ayudarle y que va a hablar con el chef.
7. ¿Qué hace el protagonista al ver que el otro comensal no le ha ayudado?
   El protagonista intenta ir a su carro.
8. ¿Qué hacen los camareros y el chef cuando lo detienen?
   Los camareros y el chef lo obligan a comer.

2 **Ampliación** Contesta las preguntas con oraciones completas.

1. ¿Por qué dice el chef que todo el mundo debe probar su comida?
2. ¿Por qué creen que los otros clientes no ayudan al protagonista?
3. Expliquen qué ocurre al final del corto.
4. ¿Qué temas se tratan en *Las viandas* además de la cocina?
5. ¿Creen que Papandreu es un artista? ¿Por qué? ¿Es común que los artistas se comporten así?
6. ¿Qué sucede al final de la historia? ¿Podrá el protagonista irse del restaurante? ¿Y los demás comensales?

3 **Los comensales** En parejas, elijan un fotograma y describan la vida del personaje o los personajes. Escriban por lo menos cinco oraciones. Usen las preguntas como guía.

- ¿Cómo son?
- ¿Por qué están en el restaurante?
- ¿Cómo es su vida?
- ¿Qué opinan de Papandreu?

4 **¡Soy un artista!** En parejas, imaginen que se encuentran con un artista un poco especial, como el protagonista de *Las viandas*. La escena, sin embargo, se desarrolla en otro ambiente. Elijan uno de los lugares y personajes sugeridos, u otro que prefieran, y escriban un párrafo contando la historia. Después, compartan la historia con la clase.

- un quirófano (*operating room*) y un cirujano de gran renombre
- una pasarela (*runway*) y una supermodelo
- un estudio de diseño y un diseñador premiado
- una peluquería y un estilista famoso

La literatura y el arte

trescientos ochenta y tres **383**

CRITICAL THINKING

Analysis As a class, discuss what genre the film should be categorized as: **acción, comedia, drama,** etc. Ask students to provide examples from the film to support their opinions. **Comprehension, Synthesis, and Evaluation** Ask pairs of students to write a 1–2 paragraph review of the film. If possible, provide a sample film review from a Spanish-language newspaper or magazine. Students' introduction should summarize the film. The middle should give their opinion with supporting examples from the film. Their endings should recommend the film (or not) and summarize why. Have pairs exchange their paragraph with at least one other pair.

Teaching Tips

1 2 For Inclusion Ask students to look back at the film dialogue for the answers given there. Then replay the film, pausing at key times to allow students to take notes.

1 To further test students' comprehension, call on students to create a timeline of the film's events on the board.

2 Ask additional questions about the end of the film. **¿Crees que este cortometraje tiene un final abierto? ¿Por qué? ¿Cómo habría terminado esta historia si el cliente hubiera podido escapar?**

3 Expansion Have students describe what these characters' first experience at **Chef Papandreu's** restaurant was like.

Teaching Tips

4 To help students get started, ask them to map out the main events in their stories before they begin writing.
4 To Challenge Students Encourage them to write a whole story rather than just a paragraph. Display the stories around the room for the class to enjoy during free time.

Expansion Ask students to imagine that the client in *Las viandas* made a phone call to a friend or family member upon leaving the restaurant. Have pairs create a dialogue and perform it for the class.

Section Goals

In **Lecturas**, students will:
- learn about **Julio Cortázar** and **el realismo mágico**
- read **Cortázar's** *Continuidad de los parques*
- learn about the young Latin American group of writers **McOndo** and contrast their style with magical realism

Instructional Resources
Cuaderno de práctica, p. 99
Cuaderno para hispanohablantes, pp. 155–158
Supersite: Additional practice

Affective Dimension Ask the class to discuss the feeling the painting conveys: **¿Cómo se sienten los músicos? ¿Cómo lo sabes? ¿Todos se sienten igual? ¿Qué efecto, o efectos, tienen los colores en los sentimientos de las personas? ¿Cómo te sientes cuando miras la imagen?**

Teaching Tips

- **For Inclusion** Point to objects and people in the image and ask volunteers to name them.
- **For Visual and Kinesthetic Learners** Ask students to create a different image that better accompanies the quote. Have them share their image with the class and explain why it complements the quote.
- **To Challenge Students** Ask students to write a statement that expresses what they believe about literature. Their statement can begin the same way as **Llosa's:** "**La literatura nace…**" Display the quotes around the room.

Cantata, 1985.
Armando Barrios. Venezuela.

"La literatura nace del paso entre lo que el hombre es y lo que quisiera ser."

— Mario Vargas Llosa

CRITICAL THINKING

Knowledge and Comprehension Ask volunteers to describe the painting. Teach the names for the instruments if necessary. Then ask volunteers to explain the quote in Spanish. Ask several students to give examples to support the explanation of the quote. **Synthesis** Ask the class to connect the poem with the painting. Accept all reasonable responses, but ask volunteers to support their ideas with details from the image and the quote.

Analysis and Evaluation Ask pairs to discuss their opinion of the painting and support their opinions with specifics from the image. If possible, show other paintings by **Armando Barrios** and ask students to consider the style and subject of his paintings. Then ask them to evaluate him as an artist.

Antes de leer

Continuidad de los parques

Sobre el autor

A pesar de vivir muchos años fuera de la Argentina, **Julio Cortázar** siempre se mostró interesado en la realidad sociopolítica de Latinoamérica. En sus textos, representa al mundo como un gran laberinto del que el ser humano debería escapar. Julio Cortázar nació en Bruselas, Bélgica, en 1914. Llegó a la Argentina cuando tenía cuatro años. En 1932 se graduó como maestro de escuela y comenzó sus estudios en la Universidad de Buenos Aires, los cuales no pudo terminar por motivos económicos. Desde 1951 hasta su muerte en 1984 vivió en París. Su obra, en la que se destacan la novela *Rayuela* (1963) y libros de cuentos como *Historias de cronopios y fantasmas* (1962), se caracteriza por el uso magistral del lenguaje y el juego constante entre la realidad y la fantasía. Por esta última característica se lo considera uno de los creadores del "realismo fantástico".

Vocabulario

acariciar *to caress*	**el pecho** *chest*	**la coartada** *alibi*
al alcance *within reach*	**el repaso** *revision; review*	**la mejilla** *cheek*
el arroyo *stream*	**el/la testigo** *witness*	**la trama** *plot*

Oraciones incompletas Completa las oraciones con la palabra apropiada.

1. Antes del examen hicimos un ___repaso___.
2. La niña ___acarició___ la ___mejilla___ de su hermanito.
3. Decidimos acampar junto al ___arroyo___.
4. El otro día fui ___testigo___ de un hecho extraordinario.

Conexión personal

¿Leíste alguna vez un libro tan interesante y fascinante que simplemente no la podías dejar de leer? ¿Cuál? ¿Tuviste una experiencia similar con una película o serie de televisión?

Análisis literario: el realismo fantástico

Entretejer la ficción y la realidad se ha convertido en un recurso recurrente en la literatura latinoamericana. Este recurso es particularmente común en la obra de escritores argentinos como Jorge Luis Borges y Julio Cortázar. A diferencia del realismo mágico, que se caracteriza por mostrar lo maravilloso como normal, en el realismo fantástico se confunden realidad y fantasía, se presenta un hecho real y se le agrega un elemento ilusorio o fantástico sin nunca marcar claramente los límites entre uno y otro. Esto lleva a historias dentro de historias y el lector debe darse cuenta, o a veces elegir conscientemente, en qué historia está o qué está sucediendo. A medida que leas *Continuidad de los parques,* busca elementos del realismo fantástico.

Reading and Informal Writing Read and discuss with the class the information about fantastic realism on this page. Provide them with another source, an explanation in Spanish of magical realism. After discussing the differences between **realismo mágico** and **realismo fantástico**, they should write about it in their blue books. Tell students: **Vas a describir por lo menos dos diferencias que hay entre el realismo mágico y el realismo fantástico.**

Teaching Tips

- **Conexión personal** Ask additional questions to spark discussion. Ex: **¿Por qué es importante identificarse con los personajes de una novela o película? ¿Crees que las experiencias personales influyen en la manera en que una persona interpreta una historia?**

- **Análisis literario** Discuss fantastic realism. **¿Qué dificultades presenta la lectura de una historia de realismo fantástico?**

- Read the quote on page 384 aloud and discuss. Ex: **¿Es verdad que la literatura siempre representa lo que querríamos ser? ¿Prefieres que la literatura sea optimista o pesimista?**

- Ask students to make flashcards of the new vocabulary and play a game of **Concentración**.

Expansion Ask pairs to make a crossword puzzle of all of the vocabulary words and exchange them with another pair to complete.

NATIONAL STANDARDS
Connections: Literature Have students discuss the relationship between fantasy and reality and give examples from other literature or art.

Teaching Tips

• **Visual and Kinesthetic Learners** Display several large pictures around the room that could also accompany the title of the story. Ask students to walk around to look at the pictures, then stand next to the one they think best suits the story's title. Using vocabulary of literary analysis, have each student briefly explain his or her choice to the class.

Reading Strategy:

• Help students make a graphic organizer on which to record their notes while reading. On the board, model making a four-column chart with these headings: **Los personajes, El escenario, La acción, La fantasía.**

• **For Inclusion** Read the story aloud to the class. Pause after each paragraph and ask volunteers to summarize. Then model filling in the chart before moving onto the next paragraph.

• **To Challenge Students** Ask students to triple read the story silently: once quickly for cursory comprehension; once slowly identifying and looking up important, unknown words; and once more for complete comprehension. Then have students take notes and compare charts with a partner.

• **Auditory Learners** Ask groups of three to take turns triple-reading the story aloud. Then, together, the small groups should complete their charts.

Continuidad

Julio Cortázar

386 *trescientos ochenta y seis*

Lección 10

CRITICAL THINKING

Knowledge and Application Ask pairs to define the word **continuidad**. Then ask them to explain its importance in their lives. Remind students to give examples to support their ideas. Have pairs share with the class definitions and opinions of **continuidad**.

Synthesis and Analysis Ask volunteers to describe the image on page 386 and explain how it relates to the title, **Continuidad de los parques**. Record their ideas on chart paper; later, type up the list and distribute copies after reading the selection. Students should keep these lists in their notebook to refer to when studying for the exam.

de los parques

Había empezado a leer la novela unos días antes. La abandonó por negocios urgentes, volvió a abrirla cuando regresaba en tren a la finca°; se dejaba interesar lentamente por la trama, por el dibujo de los personajes. Esa tarde, después de escribir una carta a su apoderado° y discutir con el mayordomo° una cuestión de aparcerías°, volvió al libro en la tranquilidad del estudio que miraba hacia el parque de los robles°. Arrellanado° en su sillón favorito, de espaldas a la puerta que lo hubiera molestado como una irritante posibilidad de intrusiones, dejó que su mano izquierda acariciara una y otra vez el terciopelo° verde y se puso a leer los últimos capítulos. Su memoria retenía sin esfuerzo los nombres y las imágenes de los protagonistas; la ilusión novelesca lo ganó casi enseguida. Gozaba del placer casi perverso de irse desgajando° línea a línea de lo que lo rodeaba, y sentir a la vez que su cabeza descansaba cómodamente en el terciopelo del alto respaldo°, que los cigarrillos seguían al alcance de la mano, que más allá de los ventanales danzaba el aire del atardecer bajo los robles. Palabra a palabra, absorbido por la sórdida disyuntiva° de los héroes, dejándose ir hacia las imágenes que se concertaban y adquirían color y movimiento, fue testigo del último encuentro en la cabaña del monte°.

Primero entraba la mujer, recelosa°; ahora llegaba el amante, lastimada la cara por el chicotazo° de una rama°. Admirablemente restañaba° ella la sangre con sus besos, pero él rechazaba sus caricias, no había venido para repetir las ceremonias de una pasión secreta, protegida por un mundo de hojas secas y senderos furtivos. El puñal° se entibiaba° contra su pecho y debajo latía° la libertad agazapada°. Un diálogo anhelante° corría por las páginas como un arroyo de serpientes, y se sentía que todo estaba decidido desde siempre. Hasta esas caricias que enredaban° el cuerpo del amante como queriendo retenerlo y disuadirlo, dibujaban abominablemente la figura de otro cuerpo que era necesario destruir. Nada había sido olvidado: coartadas, azares, posibles errores. A partir de esa hora cada instante tenía su empleo minuciosamente atribuido. El doble repaso despiadado° se interrumpía apenas para que una mano acariciara una mejilla. Empezaba a anochecer.

Sin mirarse ya, atados rígidamente a la tarea que los esperaba, se separaron en la puerta de la cabaña. Ella debía seguir por la senda° que iba al norte. Desde la senda opuesta él se volvió un instante para verla correr con el pelo suelto. Corrió a su vez, parapetándose° en los árboles y los setos°, hasta distinguir en la bruma malva del crepúsculo° la alameda° que llevaba a la casa. Los perros no debían ladrar°, y no ladraron. El mayordomo no estaría a esa hora, y no estaba. Subió los tres peldaños° del porche y entró. Desde la sangre galopando° en sus oídos le llegaban las palabras de la mujer: primero una sala azul, después una galería, una escalera alfombrada°. En lo alto, dos puertas. Nadie en la primera habitación, nadie en la segunda. La puerta del salón, y entonces el puñal en la mano, la luz de los ventanales, el alto respaldo de un sillón de terciopelo verde, la cabeza del hombre en el sillón leyendo una novela. ■

Glosses (left margin):
- farm — finca
- agent — apoderado
- foreman — mayordomo
- sharecroppers — aparcerías
- oak trees/Settled — robles/Arrellanado
- velvet — terciopelo
- tearing off — desgajando
- [b]ack (of chair or sofa) — respaldo
- dilemma — disyuntiva
- [th]e cabin in the woods — cabaña del monte
- suspicious(ly) — recelosa
- lash/branch — chicotazo/rama
- staunched — restañaba
- dagger — puñal

Glosses (right margin):
- 40 — was becoming warm/was beating/crouched (in wait)/yearning
- 45 — were entangling
- 50 — pitiless
- 55 — trail
- 60 — taking cover / hedges / violet mist of twilight/cottonwood-lined path/bark
- 65 — steps
- pounding
- 70 — carpeted

Teaching Tips
- Before reading, explain to students that the story begins *in medias res*, a Latin expression that means "in the middle of things." In other words, there is no introduction. The reader jumps right into the main character's life and has to figure out what is going on along the way.
- After students read the first paragraph, stop them and ask: **¿Qué hace en este momento el personaje? ¿Cuál es su profesión? ¿Cómo lo sabes? ¿Qué pistas hay?** Students should respond that he is the owner of a farm, reading a novel.

CRITICAL THINKING

Comprehension and Synthesis After students complete their reading and their charts, have volunteers share their charts with the class. Focus on the action and fantasy columns. Make sure the class understands what happened in the story. Then ask them to decide what is fantasy and what is reality and why they think that, supporting their ideas with information from the story.

Application and Evaluation Ask students to tell whether they liked the story or not. Ask them to support their opinions with information from the story and their own lives. Then ask volunteers to share a time when they imagined they were part of a book or a movie (perhaps when they were a child). Ask the class to relate these experiences to that of the **dueño** in the story.

Después de leer

Continuidad de los parques

Julio Cortázar

 1 Comprensión Ordena de forma cronológica lo que sucede en el cuento.

 _2_ a. Sentado en su sillón de terciopelo verde, volvió al libro en la tranquilidad del estudio.

_5_ b. Finalmente, ella se fue hacia el norte y él llegó hasta la casa del bosque.

_1_ c. Un hombre regresó a su finca después de haber terminado unos negocios urgentes.

_8_ d. Llegó hasta el salón y apuñaló al hombre que, sentado en el sillón de terciopelo verde, estaba leyendo una novela.

_6_ e. Ese día los perros no ladraron y el mayordomo no estaba.

_3_ f. En la novela, una mujer y su amante se encontraban en una cabaña.

_7_ g. Él subió los tres peldaños del porche y entró en la casa.

_4_ h. Se habían reunido allí para terminar de planear un asesinato.

2 Interpretación Contesta las preguntas.

1. Según se deduce de sus costumbres, ¿cómo crees que es la personalidad del hombre que estaba sentado en el sillón? Presenta ejemplos del cuento.

2. ¿Quiénes se reúnen en la cabaña del monte y para qué?

3. ¿Por qué crees que el mayordomo no trabajaba ese día?

4. ¿Qué relación hay entre la pareja de la cabaña y el hombre que está leyendo la novela?

5. ¿Quién crees que es la víctima? Haz una lista de las claves que hay en el cuento.

6. ¿Cómo logra el escritor mantener la atención de sus lectores?

 3 Análisis En *Continuidad de los parques*, Julio Cortázar mezcla la realidad con la ficción. En parejas, contesten las siguientes preguntas.

1. ¿Qué habría pasado si el hombre del sillón hubiera cerrado el libro antes?

2. Imaginen que la novela que está leyendo el hombre es de otro género: humor, romance, ciencia ficción, etc. ¿Cuál hubiera sido el final en ese caso? Escríbanlo y luego, compártanlo con la clase.

3. Expliquen por qué creen que este cuento se titula *Continuidad de los parques*.

4 Un nuevo final Escribe un párrafo que describa lo que sucede después del final del cuento. ¿Sobre cuál de las dos historias vas a escribir? ¿La historia del hombre que lee la novela o la segunda historia dentro de la primera?

Formal Writing Students should write a formal essay of 200 words, discussing the life of **Cortázar** and how it is reflected in *Continuidad de los parques*. Read and discuss the story in class. Give them another source in Spanish about the author's life. Now give them this assignment, which will be corrected according

to the AP rubrics. Tell students: **Tienen 45 minutos para escribir un análisis del cuento. Hagan referencia a la vida del autor y el uso del surrealismo fantástico en la obra. Deben citar el cuento y la fuente biográfica.**

• **Analysis and Evaluation** After reading and discussing the story, ask students to discuss and evaluate the title and the image on page 386. Ask: **¿Dónde hay continuidad en el cuento? ¿Quién está en el parque? ¿Quién está en la imagen?**

1 For Inclusion Encourage students to find cognates to help them read the items.

2 For item 4, have students make a list of similarities and differences between the couple and the man reading the novel.

3 Before beginning the activity, ask: **¿Cuál es el punto de vista? ¿Quién narra la historia?**

4 Before students begin writing, have them reread the text and take notes on the adjectives used to describe the characters. Encourage them to recycle these words when writing their new ending.

• Ask students to share experiences with other stories or films in which the lines between reality and fantasy are blurred. Ex: *The Matrix, The Wizard of Oz, Alice in Wonderland, The Neverending Story.* Ask small groups to choose one of the titles and compare and contrast it with *Continuidad de los parques*. Groups should use a Venn diagram to compare and contrast the two works.

Antes de leer

Vocabulario

la alusión *allusion*	**el relato** *story; account*
el canon *literary canon*	**transcurrir** *take place*
el estereotipo *stereotype*	**tratar (sobre/acerca de)**
editar *to publish*	*to be about; to deal with*
la narrativa *narrative work*	

La muerte y la doncella Completa las oraciones con el vocabulario de la tabla.

1. El argentino-chileno Ariel Dorfman se considera miembro del ____canon____ literario de Latinoamérica en parte por el éxito de su obra de teatro *La muerte y la doncella*.

2. La ____narrativa____ de Dorfman incluye géneros como la novela y el ensayo.

3. *La muerte y la doncella* ____trata acerca de/ trata sobre____ los efectos de la tortura en una mujer, que cree encontrarse con su torturador.

4. La obra es interesante porque ninguno de los personajes es un ____estereotipo____, sino un individuo complejo.

5. La acción ____transcurre____ en un lugar que no se identifica, pero podría ser el Chile de Pinochet.

Conexión personal ¿Puede haber estereotipos positivos? ¿O son todos, por definición, negativos? ¿Cómo puede un estereotipo aparentemente positivo limitar a un individuo?

Contexto cultural

En 1967, Gabriel García Márquez escribió una obra que ha dejado una huella (*mark*) profunda en la literatura de América Latina. *Cien años de soledad* es uno de los ejemplos mayores del *realismo mágico* y nos transporta al pueblo mítico de Macondo, donde objetos comunes como el hielo se presentan como maravillosos mientras las cosas más sorprendentes —como una lluvia de flores que caen del cielo— se narran como si fueran normales. Incluso en el siglo XXI las obras de García Márquez dominan el mercado literario y se siguen estudiando como ejemplos de un género creativo y comprometido (*politically engaged*). Más notable aún, han conseguido definir un estilo que se reconoce mundialmente como latinoamericano y que todavía inspira a nuevos escritores. Isabel Allende y Laura Esquivel son dos escritoras destacadas que en los años 80 iniciaron una vuelta, que continúa hasta el día de hoy, al mundo del realismo mágico con las muy exitosas novelas *La casa de los espíritus* (1982) y *Como agua para chocolate* (1989).

Teaching Tips

- Ask pairs of students to write cloze sentences with the remaining vocabulary and then exchange them with another pair to solve.
- Ask students to make flashcards with the new vocabulary and play a game in which each partner holds a deck of flashcards in his or her hands. On the count of three, they each flip one card over, picture/sentence/ definition side up. The first person to say both Spanish words wins both cards. If no one says the words correctly, both people take their cards back and put them at the bottom of their pile, noting the vocabulary words they missed for next time.

Culture Note Discuss the effects of globalization. Encourage students who have traveled or lived in other countries to talk about their experiences abroad. Ask: **¿Qué elementos son "globales" hoy en día? ¿La comida? ¿Las telecomunicaciones? ¿Crees que la globalización hace que las personas vayan perdiendo su cultura?**

NATIONAL STANDARDS

Community: Call on volunteers to give their own definition of a stereotype. Then have students tell anecdotes about their personal experiences with stereotypes. Ask: **¿Has tratado alguna vez a alguien de forma diferente a causa de algún estereotipo? ¿Cuál es la mejor forma de acabar con los estereotipos?**

Knowledge and Comprehension Ask groups of students to research the life of **Gabriel García Márquez**. Then have them present their findings in a time line to be displayed around the room during the reading and discussion of the article.

Application and Synthesis Ask pairs to summarize the **Contexto cultural**. Then ask volunteers to share with the class any knowledge or prior experience they have had with *Cien años de soledad, La casa de los espíritus,* or *Como agua para chocolate*. If possible, show clips from the latter two movies that particularly illustrate magical realism. Then discuss magical realism and its purpose in literature.

De Macondo a McOndo

En Santiago de Chile, ¿es típico observar una tormenta de flores? ¿Es sorprendente encontrar un cubito de hielo° en una Coca-Cola en Buenos Aires? Un grupo de jóvenes escritores, encabezado° por el chileno Alberto Fuguet, responde rotundamente° que no. Estos
5 escritores afirman que tienen más en común con la generación estadounidense que creció con los videojuegos y MTV que con el mundo mágico y mítico de Macondo. Por eso, transformando el nombre del pueblo ficticio de las novelas García Márquez, el grupo tomó el

ice cube

led

emphatically

390 *trescientos noventa*

Lección 10

wink 10 nombre McOndo en un guiño° del ojo al omnipresente McDonald's, a las pioneras computadoras Macintosh y a los condos, casas urbanas en las que viven.

15 El grupo McOndo escribe una literatura intensamente personal, urbana y llena de alusiones a la cultura popular. Fuguet describe a su grupo como apolítico, adicto a la televisión por cable y aficionado a Internet. La

20 televisión, la radio, el cine e Internet infiltran sus obras e introducen temas

modern globales y muy corrientes°. Las obras de Fuguet revelan más huellas de Hollywood que de García Márquez o

25 Borges, y mayor influencia de vídeos musicales estadounidenses que de *Cien años de soledad.*

¿Qué hay de latinoamericano en las obras de McOndo?, se preguntan

30 algunos lectores que identifican América Latina con el realismo mágico. ¿No podrían transcurrir en cualquier sitio?, es otra pregunta habitual. Justamente, esta pregunta le hizo a Fuguet el editor

35 de una revista literaria estadounidense

rejected muy prestigiosa que rechazó° uno de sus cuentos. Las novelas de Isabel Allende y Laura Esquivel, por ejemplo, llevan al lector a un lugar exótico cuyos olores y

40 colores son a la vez extraños y familiares para el lector, que los ha conocido en otras novelas y cuentos. ¿Pueden tener éxito en el mercado literario relatos en los que nada es exótico para los lectores

45 acostumbrados a la vida urbana de la gran ciudad?

Los escritores de McOndo tampoco se identifican con los productos de sus contemporáneos más realistas como,

50 por ejemplo, Sandra Cisneros, Julia Álvarez y Esmeralda Santiago, que cuentan la difícil experiencia de los latinos en los Estados Unidos. Los

personajes de McOndo son latinos en un mundo globalizado y esto se ve 55 como un hecho normal y no como una experiencia especial o traumática. Según los jóvenes de McOndo, su literatura es tan latinoamericana como las otras porque sus obras tratan acerca 60 de la realidad de muchas personas: una existencia moderna, comercial y confusa que no conoce fronteras. En su opinión, la noción de que la realidad latinoamericana está constituida por 65

Los escritores de McOndo

Algunos escritores que se identifican con Alberto Fuguet y el mundo de McOndo son: Rodrigo Fresán y Martín Rejtman de Argentina, Jaime Bayly del Perú, Sergio Gómez de Chile, Edmundo Paz Soldán de Bolivia y Naief Yehya de México. En 1997 Sergio Gómez y Alberto Fuguet editaron una antología de cuentos titulada *McOndo*, que incluye relatos de escritores latinoamericanos menores de treinta y cinco años.

hombres de fuerza descomunal°, *massive*
tormentas de flores y muchachas que suben al cielo no sólo es estereotípica sino empobrecedora°. Escribe Fuguet en *damaging*
un ensayo muy conocido de salon.com 70 que se ha convertido en el manifiesto de los escritores de McOndo: "Es una injusticia reducir la esencia de América Latina a hombres con ponchos y sombreros, zares de la droga° que 75 *drug lords*
portan armas° y señoritas sensuales *gun-toting*
que se menean° al ritmo de la salsa." *swinging*
Fuguet prefiere representar el mundo reconocible de los videoclubes, la comida rápida y la música popular. Sólo 80 con el tiempo sabremos si su propuesta estética° tendrá la presencia duradera°, *aesthetic proposal/long-lasting*
la influencia y la importancia indiscutida que tiene el realismo mágico. ∎ 85

- As students read, have them jot down a list of pop culture elements that are mentioned in the reading. Have them put a star next to those elements with which they strongly identify.
- **To Challenge Students** Assign each student or pair of students one of the writers mentioned in the insert on page 391. Have them research their lives and writing and present them to the class.
- **Debate** Ask the class to debate whether the **McOndo** works are Latin American. Divide the class into two teams—**Sí** and **No**. Encourage each team to write and rehearse 3–5 points and counterpoints. To determine counterpoints, students must consider what the other side is most likely to say. Allow each team two minutes to state their points, listen to the other team, and state counterpoints.
- **For Heritage Speakers** Ask students to speak about the influence of American popular culture in their families' countries of origin. Ask them to share what stores, fads, music, movies, shows, and people are known and liked in the country.

Expansion Find an example of **McOndo** writing that is appropriate for the class to read. Photocopy it and ask small groups to read it aloud. Have a class discussion of the plot summary, pop culture references, and students' opinions on what makes this writing Latin American.

Speaking, Writing, and Literary Analysis Have students conduct a panel discussion in which they talk about contemporary writing. Each student should discuss a different writer. Possibilities include: **Sandra Cisneros, Julia Álvarez,** **Gabriel García Márquez, Alberto Fuguet, Edmundo Paz Soldán,** or any member of **McOndo**. Tell each student to describe the style of his or her writer. Then tell students: **Al final, ustedes van a crear una lista de libros que les gustaría leer.**

Teaching Tips

① **For Inclusion** Encourage students to refer back to the article to answer the questions. Model with item 1, identifying key words in the item and the appropriarte passage(s) in the reading.

② **For Visual Learners** Allow time for these students to jot down responses to each item before having to discuss them with a partner.

② For item 2, have students share examples of stereotypes in literature they have read or movies they have seen.

③ To help students organize their thoughts, have them make two columns and take notes about the quotes under each.

③ Ask students these additional questions: **¿Cuál es el propósito de estos autores? ¿Qué estilo prefieres? ¿Por qué?**

④ Brainstorm additional situations. Ex: **Tu reproductor de mp3 guarda toda la música del mundo; tu cámara digital puede pintar retratos.**

NATIONAL STANDARDS

Communities In groups of four, ask students to discuss how the digital era and increased mobility have increased cultural exchange. Ask students to group their examples in two columns: the first should list examples of U.S. influence on Latin American popular culture, and the second should provide examples of Latin American influence on U.S. popular culture.

recursos

CP
p. 99

CH
pp. 155–158

Después de leer

① **Comprensión** Responde las preguntas con oraciones completas. *Some answers will vary.*

1. En el siglo XXI, ¿tienen éxito las obras de realismo mágico?
   Sí, las obras de García Márquez dominan el mercado literario y también son populares las novelas de Isabel Allende y Laura Esquivel.
2. ¿De dónde viene el nombre McOndo? Es una transformación de Macondo, el nombre del pueblo de
   García Márquez, y una referencia a McDonald's, a las computadoras Macintosh y a los condos.
3. ¿Cuáles son algunas de las influencias importantes en la literatura de Fuguet?
   La televisión, la radio, el cine e Internet son algunas influencias importantes.
4. ¿Cuáles son algunas de las críticas que reciben los escritores de McOndo?
   Sus obras podrían transcurrir en cualquier lugar; los personajes no son típicamente latinoamericanos.
5. ¿Por qué se identifican más los escritores de McOndo con algunos jóvenes estadounidenses que con García Márquez u otros escritores?
   El estilo de vida de estos escritores se parece al de los jóvenes estadounidenses.

② **Reflexión** En parejas, respondan las preguntas.

1. ¿Qué opinan los jóvenes de McOndo de las representaciones de hombres con ponchos y de las señoritas sensuales que bailan salsa?

2. ¿Qué opinan ustedes del uso de estereotipos en la literatura y en el cine?

3. ¿Crees que el estilo de los escritores de McOndo es incompatible con el realismo mágico? ¿Se podrían combinar en una obra? ¿Cuál sería el resultado?

③ **Comparación** En grupos de tres, comparen las dos citas. La primera es de la lectura de García Márquez de la **Lección 5** y la segunda de la lectura de Paz Soldán de la **Lección 9**. Las dos narran un momento o una posibilidad de transformación que señala un cambio clave dentro de cada historia.

> Un chorro (*spurt*) de luz dorada y fresca como el agua empezó a salir de la bombilla (*light bulb*) rota, y lo dejaron correr hasta que el nivel llegó a cuatro palmos. Entonces cortaron la corriente (*current*), sacaron el bote, y navegaron a placer (*at their pleasure*) por entre las islas de la casa.

> Y era muy cierto que cualquiera podía manipular una imagen en la computadora, pero eran los mínimos detalles los que separaban al verdadero artista-técnico de la multitud. Las expresiones y las capas de colores que uno manipulaba en la pantalla debían definirse con números para cuya precisión a veces se necesitaban hasta seis decimales.

¿Qué es lo que puede suceder después de cada una de las citas? ¿Cuál de los sucesos que pueden ocurrir es más "maravilloso"? ¿Qué diferencias pueden observar en el estilo de los dos escritores? ¿Cuál es más directo? ¿Cuál usa más recursos como metáforas? ¿Qué estilo prefieren y por qué?

④ **Realismo mágico tecnológico** Elige una de las situaciones y escribe el primer párrafo de un cuento en el que el autor decide recurrir al realismo mágico para describir objetos y situaciones que se relacionan con la tecnología, la vida urbana y la cultura pop.

- un virus infectó la computadora
- tu celular hace llamadas por sí solo
- no recuerdas dónde estacionaste el carro nuevo

Lección 10

CRITICAL THINKING

Comprehension and Analysis As an alternative to **Actividad 3**, encourage students to record their ideas in a Venn diagram. To challenge students, encourage them to go back and read again the whole **García Márquez** reading from **Lección 5** and the whole **Paz Soldán** reading from **Lección 9**. Then groups can compare and contrast the complete stories.

Application and Synthesis Challenge students to create their own **McOndo** story. Remind students that their story should be **"intensamente personal, urbana y llena de alusiones a la cultura popular."** Also, students should consider the influences of **Fuguet**, the founder of **McOndo**: **"la televisión, la radio, el cine e Internet."**

Atando cabos

Instructional Resources
Cuaderno de práctica, p. 100
Cuaderno para hispanohablantes, pp. 159–160
Cuaderno de actividades, pp. 117–118

¡A conversar!

Literatura y arte Trabajen en grupos de cuatro para preparar una presentación sobre un escritor, un escultor o un pintor que les interese.

Tema: Preparen una presentación sobre alguno de los artistas famosos de esta lección o elijan otro.

Preparación: Investiguen en Internet o en la biblioteca. Una vez que tengan la información sobre el/la artista, elijan los puntos más importantes a tratar. Busquen o preparen material audiovisual para ofrecer una visión más amplia del tema.

Organización Escriban un esquema que les ayude a organizar su presentación. Pueden guiarse respondiendo las siguientes preguntas.

1. ¿Dónde nació este personaje?
2. ¿A qué se dedicó o dedica?
3. ¿Cómo llegó a ser conocido?
4. ¿Qué logros alcanzó con su obra?

Estrategia de comunicación

Cómo hablar de arte

1. No habríamos elegido a este artista si su obra no fuera...

2. Se hizo famoso/a gracias a...

3. A veces, los temas que trata son...

4. Uno de los rasgos que caracteriza a este/a artista es...

5. En esta obra podemos ver ciertos rasgos del movimiento cubista surrealista/indigenista...

6. Actualmente, sus obras...

¡A escribir!

Obras maestras culinarias Imagina que eres un(a) chef, que al igual que el chef de *Las viandas,* se considera un(a) verdadero/a artista. Todas las semanas escribes una columna con recetas de cocina y críticas de restaurantes para una sofisticada y exclusiva revista de arte. Elige un plato que te guste cocinar o que siempre comas en tu restaurante favorito y escribe un párrafo en el que describes el plato como si fuera una obra de arte. Usa el vocabulario que aprendiste en esta lección.

recursos

CP
p. 100

CH
pp. 159–160

CA
pp. 117–118

MODELO

Hoy quiero presentarles mi obra más radical: ravioles de cochinillo con salsa Dalí. Es un verdadero festival estético para los ojos y el paladar.

Teaching Tips

¡A conversar!

• Have students form multi-leveled groups and divide the work according to individual strengths. Heritage Speakers can recommend artists from their families' countries of origin. Everyone researches, while a student with leadership strengths coordinates the tasks. Advanced students lead writing the **esquema**, while other students dictate information they have researched. Visual Learners lead making visuals, while Auditory Learners lead the group's presentation to the class.

• Before students begin their projects, bring in an art piece and model the five phrases listed for talking about art.

• Give students additional questions to consider in organizing their presentation, Ex: **¿Cuál es el contexto histórico del artista? ¿Qué representa en sus obras? ¿Su arte ha cambiado a lo largo de su vida? ¿Dónde pueden ver sus obras?**

¡A escribir!

• Have students look at Spanish-language cooking magazines or websites to get ideas for dishes and food vocabulary.

CRITICAL THINKING

Evaluation Before students begin the **¡A conversar!** or the **¡A escribir!** projects, review the rubrics by which you will assess their work. For the presentation, you may want to consider assessing: **la habilidad de trabajar en grupo; la división equitativa de las tareas; la investigación completa; el material audiovisual; la organización del esquema; la presentación oral,** etc. For the article, you may want to assess: **la receta completa,** **la gramática, las ideas, la organización, la originalidad,** etc.

Application Try to find ways to publish students' work. You may want to invite parents and other school personnel to the presentations. Have students make invitations in Spanish. You may want to include well-written articles on your school's website, or print a class cookbook.

La literatura

el argumento	plot
la caracterización	characterization
la estrofa	stanza
el/la narrador(a)	narrator
el personaje	character
el/la protagonista	protagonist
el punto de vista	point of view
la rima	rhyme
el verso	line (of poetry)
desarrollarse	to take place
hojear	to skim
narrar	to narrate
tratarse de	to be about; to deal with
didáctico/a	educational
humorístico/a	humorous
satírico/a	satirical
trágico/a	tragic
rodar (o:ue)	to film

Los géneros literarios

la (auto)biografía	(auto)biography
la ciencia ficción	science fiction
la literatura infantil / juvenil	children's literature
la novela rosa	romance novel
la poesía	poetry
la prosa	prose
clásico/a	classic
de terror	horror (story/novel)
histórico/a	historical
policíaco/a	detective (story/novel)

Los artistas

el/la artesano/a	artisan
el/la dramaturgo/a	playwright
el/la ensayista	essayist
el/la escultor(a)	sculptor
el/la muralista	muralist
el/la novelista	novelist
el/la pintor(a)	painter
el/la poeta	poet

El arte

la acuarela	watercolor
el autorretrato	self-portrait
las bellas artes	fine arts
el cuadro	painting
la escultura	sculpture
la naturaleza muerta	still life
la obra (de arte)	work (of art)
el óleo	oil painting
el pincel	paintbrush
la pintura	paint; painting
la tela	canvas
dibujar	to draw
diseñar	to design
esculpir	to sculpt
reflejar	to reflect; to depict
abstracto/a	abstract
contemporáneo/a	contemporary
inquietante	disturbing; unsettling
intrigante	intriguing
llamativo/a	striking
luminoso/a	bright
realista	realistic; realist
al estilo de	in the style of
de buen/mal gusto	in good/bad taste

Las corrientes artísticas

la corriente/el movimiento	movement
el cubismo	cubism
el expresionismo	expressionism
el impresionismo	impressionism
el realismo	realism
el romanticismo	romanticism
el surrealismo	surrealism

Más vocabulario

Expresiones útiles	Ver p. 367
Estructura	Ver pp. 374, 376 y 378

Cinemateca

la barbaridad	outrageous thing
el cochinillo	suckling pig
el/la comensal	dinner guest
el compromiso	awkward situation
el jabalí	wild boar
la ofensa	insult
acompañar	to come with
contundente	filling; heavy

Literatura

el arroyo	stream
la coartada	alibi
la mejilla	cheek
el pecho	chest
el repaso	revision; review
el testigo	witness
la trama	plot
acariciar	to caress
al alcance	withing reach

Cultura

la alusión	allusion
el canon	literary canon
el estereotipo	stereotype
la narrativa	narrative work
el relato	story; account
editar	to publish
transcurrir	to take place
tratar (sobre/acerca de)	to be about; to deal with
estético/a	aesthetic

Consulta

Verb Conjugation Tables

Guide to the Verb List and Tables

Below you will find the infinitive of the verbs introduced as active vocabulary in **DESCUBRE**. Each verb is followed by a model verb conjugated according to the same pattern. The number in parentheses indicates where in the verb tables, pp. 398-405, you can find the conjugated forms of the model verb.

abrazar (z:c) like cruzar (37)

aburrir(se) like vivir (3)

acabar(se) like hablar (1)

acariciar like hablar (1)

acentuar (acentúo) **like** graduar (40)

acercarse (c:qu) like tocar (43)

aclarar like hablar (1)

acompañar like hablar (1)

aconsejar like hablar (1)

acordar(se) (o:ue) like contar (24)

acostar(se) (o:ue) like contar (24)

acostumbrar(se) like hablar (1)

actualizar (z:c) like cruzar (37)

adelgazar (z:c) like cruzar (37)

adjuntar like hablar (1)

adorar like hablar (1)

afeitar(se) like hablar (1)

afligir(se) (g:j) like proteger (42)
  for spelling change only

agotar like hablar (1)

ahorrar like hablar (1)

aislar (aíslo) like enviar (39)

alojar(se) like hablar (1)

amar like hablar (1)

amenazar (z:c) like cruzar (37)

anotar like hablar (1)

apagar (g:gu) like llegar (41)

aparecer (c:zc) like conocer (35)

aplaudir like vivir (3)

apreciar like hablar (1)

arreglar(se) like hablar (1)

arrepentirse (e:ie) like sentir (33)

ascender (e:ie) like entender (27)

atraer like traer (21)

atrapar like hablar (1)

atreverse like comer (2)

averiguar like hablar (1)

bailar like hablar (1)

bañar(se) like hablar (1)

barrer like comer (2)

beber like comer (2)

bendecir (e:i) like decir (8)

besar like hablar (1)

borrar like hablar (1)

botar like hablar (1)

brindar like hablar (1)

caber (4)

caer (y) (5)

calentar (e:ie) like pensar (30)

cancelar like hablar (1)

cazar (z:c) like cruzar (37)

celebrar like hablar (1)

cepillar(se) like hablar (1)

clonar like hablar (1)

cobrar like hablar (1)

cocinar like hablar (1)

colocar (c:qu) like tocar (43)

colonizar (z:c) like cruzar (37)

comer(se) (2)

componer like poner (15)

comprobar (o:ue) like contar (24)

conducir (c:zc) (6)

congelar(se) like hablar (1)

conocer (c:zc) (35)

conquistar like hablar (1)

conseguir (e:i) (gu:g) like seguir
  (32)

conservar like hablar (1)

contagiar(se) like hablar (1)

contaminar like hablar (1)

contar (o:ue) (24)

contentarse like hablar (1)

contraer like traer (21)

contratar like hablar (1)

contribuir (y) like destruir (38)

convertirse (e:ie) like sentir (33)

coquetear like hablar (1)

crear like hablar (1)

crecer (c:zc) like conocer (35)

creer (y) (36)

criar(se) (crío) like enviar (39)

criticar (c:qu) like tocar (43)

cruzar (z:c) (37)

cuidar like hablar (1)

cumplir like vivir (3)

curarse like hablar (1)

dar(se) (7)

deber like comer (2)

decir (e:i) (8)

delatar like hablar (1)

denunciar like hablar (1)

depositar like hablar (1)

derretir(se) (e:i) like pedir (29)

derribar like hablar (1)

derrocar (c:qu) like tocar (43)

derrotar like hablar (1)

desafiar (desafío) like enviar (39)

desaparecer (c:zc) like conocer
  (35)

desarrollar(se) like hablar (1)

descansar like hablar (1)

descargar (g:gu) like llegar (41)

descongelar(se) like hablar (1)

descubrir like vivir (3) *except*
  past participle is descubierto

descuidar(se) like hablar (1)

desear like hablar (1)

deshacer like hacer (11)

despedir(se) (e:i) like pedir (29)

despertar(se) (e:ie) like pensar
  (30)

destruir (y) (38)

devolver (o:ue) like volver (34)

dibujar like hablar (1)

dirigir (g:j) like proteger (42) for
  spelling change only

disculpar(se) like hablar (1)

discutir like vivir (3)

diseñar like hablar (1)

disfrutar like hablar (1)

disgustar like hablar (1)

disponer(se) like poner (15)

distinguir (gu:g) like seguir (32)
  for spelling change only

distraer like traer (21)

divertirse (e:ie) like sentir (33)

doler (o:ue) like volver (34)
  except past participle is
  regular

dormir(se) (o:ue) (25)

ducharse like hablar (1)

echar like hablar (1)

editar like hablar (1)

educar (c:qu) like tocar (43)

elegir (e:i) (g:j) like pedir (29) for
  stem change, like proteger (42)
  for spelling change only

embalar(se) like hablar (1)

emigrar like hablar (1)

empatar like hablar (1)

empeorar like hablar (1)

empezar (e:ie) (z:c) (26)

enamorarse like hablar (1)

encabezar (z:c) like cruzar (37)

encantar like hablar (1)

encargar(se) (g:gu) like llegar (41)

encender (e:ie) like entender (27)

enfermarse like hablar (1)

enganchar like hablar (1)

engañar like hablar (1)

engordar like hablar (1)

ensayar like hablar (1)

entender (e:ie) (27)

enterarse like hablar (1)

enterrar (e:ie) like pensar (30)

entretener(se) (e:ie) like tener
  (20)

enviar (envío) (39)

esclavizar (z:c) like cruzar (37)

escoger (g:j) like proteger (42)

esculpir like vivir (3)

establecer(se) (c:zc) like conocer
  (35)

estar (9)

exigir (g:j) like proteger (42) for
  spelling change only

explotar like hablar (1)

exportar like hablar (1)

expulsar like hablar (1)

extinguir(se) (gu:g) like seguir (32) for spelling change only

fabricar (c:qu) like tocar (43)

faltar like hablar (1)

fascinar like hablar (1)

festejar like hablar (1)

fijar(se) like hablar (1)

financiar like hablar (1)

florecer (c:zc) like conocer (35)

flotar like hablar (1)

formular like hablar (1)

freír (e:i) (frío) like reír (31)

funcionar like hablar (1)

gastar like hablar (1)

gobernar (e:ie) like pensar (30)

grabar like hablar (1)

graduar(se) (gradúo) (40)

guardar(se) like hablar (1)

gustar like hablar (1)

haber (10)

habitar like hablar (1)

hablar (1)

hacer(se) (11)

herir (e:ie) like sentir (33)

hervir (e:ie) like sentir (33)

hojear like hablar (1)

huir (y) like destruir (38)

humillar like hablar (1)

importar like hablar (1)

impresionar like hablar (1)

imprimir like vivir (3)

inscribirse like vivir (3)

insistir like vivir (3)

instalar like hablar (1)

integrar(se) like hablar (1)

interesar like hablar (1)

invadir like vivir (3)

inventar like hablar (1)

invertir (e:ie) like sentir (33)

investigar (g:gu) like llegar (41)

ir (12)

jubilarse like hablar (1)

jugar (u:ue) (g:gu) (28)

jurar like hablar (1)

lastimarse like hablar (1)

latir like vivir (3)

lavar(se) like hablar (1)

levantar(se) like hablar (1)

liberar like hablar (1)

lidiar like hablar (1)

limpiar like hablar (1)

llegar (g:gu) (41)

llevar(se) like hablar (1)

lograr like hablar (1)

luchar like hablar (1)

madrugar (g:gu) like llegar (41)

malgastar like hablar (1)

manipular like hablar (1)

maquillarse like hablar (1)

meditar like hablar (1)

mejorar like hablar (1)

merecer (c:zc) like conocer (35)

meter(se) like comer (2)

molestar like hablar (1)

morder (o:ue) like volver (34) *except* past participle is regular

morirse (o:ue) like dormir (25) *except* past participle is muerto

mudar(se) like hablar (1)

narrar like hablar (1)

navegar (g:gu) like llegar (41)

necesitar like hablar (1)

obedecer (c:zc) like conocer (35)

ocultar(se) like hablar (1)

odiar like hablar (1)

oír (y) (13)

olvidar(se) like hablar (1)

opinar like hablar (1)

oponerse like poner (15)

oprimir like vivir (3)

oscurecer (c:zc) like conocer (35)

parar like hablar (1)

parecer(se) (c:zc) like conocer (35)

patear like hablar (1)

pedir (e:i) (29)

peinar(se) like hablar (1)

pensar (e:ie) (30)

permanecer (c:zc) like conocer (35)

pertenecer (c:zc) like conocer (35)

pillar like hablar (1)

pintar like hablar (1)

poblar (o:ue) like contar (24)

poder (o:ue) (14)

poner(se) (15)

preferir (e:ie) like sentir (33)

preocupar(se) like hablar (1)

prestar like hablar (1)

prevenir (e:ie) like venir (22)

prever like ver (23)

probar(se) (o:ue) like contar (24)

producir (c:zc) like conducir (6)

prohibir (prohíbo) like enviar (39) for spelling change only

proponer like poner (15)

proteger (g:j) (42)

protestar like hablar (1)

publicar (c:qu) like tocar (43)

quedar(se) like hablar (1)

quejarse like hablar (1)

querer (e:ie) (16)

quitar(se) like hablar (1)

recetar like hablar (1)

rechazar (z:c) like cruzar (37)

reciclar like hablar (1)

reclamar like hablar (1)

recomendar (e:ie) like pensar (30)

reconocer (c:zc) like conocer (35)

recorrer like comer (2)

recuperar(se) like hablar (1)

reducir (c:zc) like conducir (6)

reflejar like hablar (1)

regresar like hablar (1)

rehacer like hacer (11)

reír(se) (e:i) (31)

relajarse like hablar (1)

rendirse (e:i) like pedir (29)

renunciar like hablar (1)

reservar like hablar (1)

resolver (o:ue) like volver (34)

retratar like hablar (1)

reunir(se) (reúno) like graduar (40) for spelling change only

rezar (z:c) like cruzar (37)

rociar like hablar (1)

rodar (o:ue) like contar (24)

rogar (o:ue) (g:gu) like contar (24) for stem changes; like llegar (41) for spelling change

romper like comer (2) *except* past participle is roto

saber (17)

sacrificar (c:qu) like tocar (43)

salir (18)

salvar like hablar (1)

sanar like hablar (1)

secar(se) (c:qu) like tocar (43)

seguir (e:i) (gu:g) (32)

seleccionar like hablar (1)

sentir(se) (e:ie) (33)

señalar like hablar (1)

sepultar like hablar (1)

ser (19)

soler (o:ue) like volver (34) *except* past participle is regular

solicitar like hablar (1)

sonar (o:ue) like contar (24)

soñar (o:ue) like contar (24)

sorprender(se) like comer (2)

subsistir like vivir (3)

suceder like comer (2)

sufrir like vivir (3)

sugerir (e:ie) like sentir (33)

suponer like poner (15)

suprimir like vivir (3)

suscribirse like vivir (3)

tener (e:ie) (20)

tirar like hablar (1)

titularse like hablar (1)

tocar (c:qu) (43)

torear like hablar (1)

toser like comer (2)

traducir (c:zc) like conducir (6)

traer (21)

transcurrir like vivir (3)

transmitir like vivir (3)

trasnochar like hablar (1)

tratar(se) like hablar (1)

valer like salir (18) for irreg. endings, *except* imperative tú is vale

vencer (c:z) (44)

venerar like hablar (1)

venir (e:ie) (22)

ver(se) (23)

vestir(se) (e:i) like pedir (29)

vivir (3)

volar (o:ue) like contar (24)

volver (o:ue) (34)

votar like hablar (1)

Regular verbs: simple tenses

Infinitive	INDICATIVE					SUBJUNCTIVE		IMPERATIVE
	Present	Imperfect	Preterite	Future	Conditional	Present	Past	
hablar	hablo	hablaba	hablé	hablaré	hablaría	hable	hablara	
Participles:	hablas	hablabas	hablaste	hablarás	hablarías	hables	hablaras	habla tú (no hables)
hablando	habla	hablaba	habló	hablará	hablaría	hable	hablara	hable Ud.
hablado	hablamos	hablábamos	hablamos	hablaremos	hablaríamos	hablemos	habláramos	hablemos
	habláis	hablabais	hablasteis	hablaréis	hablaríais	habléis	hablarais	hablad (no habléis)
	hablan	hablaban	hablaron	hablarán	hablarían	hablen	hablaran	hablen Uds.
comer	como	comía	comí	comeré	comería	coma	comiera	
Participles:	comes	comías	comiste	comerás	comerías	comas	comieras	come tú (no comas)
comiendo	come	comía	comió	comerá	comería	coma	comiera	coma Ud.
comido	comemos	comíamos	comimos	comeremos	comeríamos	comamos	comiéramos	comamos
	coméis	comíais	comisteis	comeréis	comeríais	comáis	comierais	comed (no comáis)
	comen	comían	comieron	comerán	comerían	coman	comieran	coman Uds.
vivir	vivo	vivía	viví	viviré	viviría	viva	viviera	
Participles:	vives	vivías	viviste	vivirás	vivirías	vivas	vivieras	vive tú (no vivas)
viviendo	vive	vivía	vivió	vivirá	viviría	viva	viviera	viva Ud.
vivido	vivimos	vivíamos	vivimos	viviremos	viviríamos	vivamos	viviéramos	vivamos
	vivís	vivíais	vivisteis	viviréis	viviríais	viváis	vivierais	vivid (no viváis)
	viven	vivían	vivieron	vivirán	vivirían	vivan	vivieran	vivan Uds.

All verbs: compound tenses

PERFECT TENSES

INDICATIVE								SUBJUNCTIVE			
Present Perfect		Past Perfect		Future Perfect		Conditional Perfect		Present Perfect		Past Perfect	
he	hablado	había	hablado	habré	hablado	habría	hablado	haya	hablado	hubiera	hablado
has	comido	habías	comido	habrás	comido	habrías	comido	hayas	comido	hubieras	comido
ha	vivido	había	vivido	habrá	vivido	habría	vivido	haya	vivido	hubiera	vivido
hemos		habíamos		habremos		habríamos		hayamos		hubiéramos	
habéis		habíais		habréis		habríais		hayáis		hubierais	
han		habían		habrán		habrían		hayan		hubieran	

PROGRESSIVE TENSES

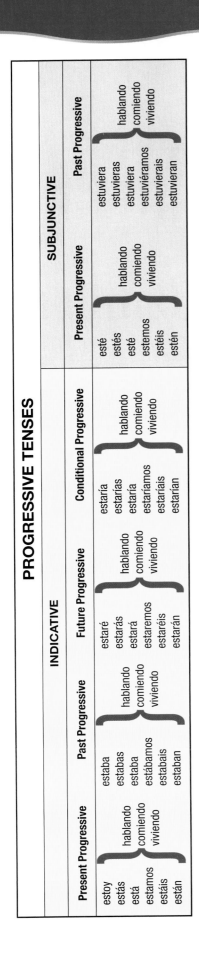

	INDICATIVE				SUBJUNCTIVE	
Present Progressive	**Past Progressive**	**Future Progressive**	**Conditional Progressive**		**Present Progressive**	**Past Progressive**
estoy	estaba	estaré	estaría		esté	estuviera
estás	estabas	estarás	estarías		estés	estuvieras
está } hablando	estaba } hablando	estará } hablando	estaría } hablando		esté } hablando	estuviera } hablando
estamos comiendo	estábamos comiendo	estaremos comiendo	estaríamos comiendo		estemos comiendo	estuviéramos comiendo
estáis viviendo	estabais viviendo	estaréis viviendo	estaríais viviendo		estéis viviendo	estuvierais viviendo
están	estaban	estarán	estarían		estén	estuvieran

Irregular verbs

	INDICATIVE					SUBJUNCTIVE		IMPERATIVE
Infinitive	**Present**	**Imperfect**	**Preterite**	**Future**	**Conditional**	**Present**	**Past**	
4 caber	**quepo**	cabía	**cupe**	**cabré**	**cabría**	**quepa**	**cupiera**	
	cabes	cabías	**cupiste**	**cabrás**	**cabrías**	**quepas**	**cupieras**	cabe tú (no **quepas**)
	cabe	cabía	**cupo**	**cabrá**	**cabría**	**quepa**	**cupiera**	**quepa** Ud.
Participles:	cabemos	cabíamos	**cupimos**	**cabremos**	**cabríamos**	**quepamos**	**cupiéramos**	**quepamos**
cabiendo	cabéis	cabíais	**cupisteis**	**cabréis**	**cabríais**	**quepáis**	**cupierais**	cabed (no **quepáis**)
cabido	caben	cabían	**cupieron**	**cabrán**	**cabrían**	**quepan**	**cupieran**	**quepan** Uds.
5 caer(se)	**caigo**	caía	caí	caeré	caería	**caiga**	**cayera**	
(y)	caes	caías	**caíste**	caerás	caerías	**caigas**	**cayeras**	cae tú (no **caigas**)
	cae	caía	**cayó**	caerá	caería	**caiga**	**cayera**	**caiga** Ud. (no **caiga**)
Participles:	caemos	caíamos	**caímos**	caeremos	caeríamos	**caigamos**	**cayéramos**	**caigamos**
cayendo	caéis	caíais	**caísteis**	caeréis	caeríais	**caigáis**	**cayerais**	caed (no **caigáis**)
caído	caen	caían	**cayeron**	caerán	caerían	**caigan**	**cayeran**	**caigan** Uds.
6 conducir	**conduzco**	conducía	**conduje**	conduciré	conduciría	**conduzca**	**condujera**	
(c:zc)	conduces	conducías	**condujiste**	conducirás	conducirías	**conduzcas**	**condujeras**	conduce tú (no **conduzcas**)
	conduce	conducía	**condujo**	conducirá	conduciría	**conduzca**	**condujera**	**conduzca** Ud. (no **conduzca**)
Participles:	conducimos	conducíamos	**condujimos**	conduciremos	conduciríamos	**conduzcamos**	**condujéramos**	**conduzcamos**
conduciendo	conducís	conducíais	**condujisteis**	conduciréis	conduciríais	**conduzcáis**	**condujerais**	conducid (no **conduzcáis**)
conducido	conducen	conducían	**condujeron**	conducirán	conducirían	**conduzcan**	**condujeran**	**conduzcan** Uds.

7. dar — Participles: dando, dado

	INDICATIVE					SUBJUNCTIVE		IMPERATIVE
	Present	Imperfect	Preterite	Future	Conditional	Present	Past	
	doy	daba	di	daré	daría	dé	diera	
	das	dabas	diste	darás	darías	des	dieras	da tú (no des)
	da	daba	dio	dará	daría	dé	diera	dé Ud.
	damos	dábamos	dimos	daremos	daríamos	demos	diéramos	demos
	dais	dabais	disteis	daréis	daríais	deis	dierais	dad (no deis)
	dan	daban	dieron	darán	darían	den	dieran	den Uds.

8. decir (e:i) — Participles: diciendo, dicho

	INDICATIVE					SUBJUNCTIVE		IMPERATIVE
	Present	Imperfect	Preterite	Future	Conditional	Present	Past	
	digo	decía	dije	diré	diría	diga	dijera	
	dices	decías	dijiste	dirás	dirías	digas	dijeras	di tú (no digas)
	dice	decía	dijo	dirá	diría	diga	dijera	diga Ud.
	decimos	decíamos	dijimos	diremos	diríamos	digamos	dijéramos	digamos
	decís	decíais	dijisteis	diréis	diríais	digáis	dijerais	decid (no digáis)
	dicen	decían	dijeron	dirán	dirían	digan	dijeran	digan Uds.

9. estar — Participles: estando, estado

	INDICATIVE					SUBJUNCTIVE		IMPERATIVE
	Present	Imperfect	Preterite	Future	Conditional	Present	Past	
	estoy	estaba	estuve	estaré	estaría	esté	estuviera	
	estás	estabas	estuviste	estarás	estarías	estés	estuvieras	está tú (no estés)
	está	estaba	estuvo	estará	estaría	esté	estuviera	esté Ud.
	estamos	estábamos	estuvimos	estaremos	estaríamos	estemos	estuviéramos	estemos
	estáis	estabais	estuvisteis	estaréis	estaríais	estéis	estuvierais	estad (no estéis)
	están	estaban	estuvieron	estarán	estarían	estén	estuvieran	estén Uds.

10. haber — Participles: habiendo, habido

	INDICATIVE					SUBJUNCTIVE		IMPERATIVE
	Present	Imperfect	Preterite	Future	Conditional	Present	Past	
	he	había	hube	habré	habría	haya	hubiera	
	has	habías	hubiste	habrás	habrías	hayas	hubieras	
	ha	había	hubo	habrá	habría	haya	hubiera	
	hemos	habíamos	hubimos	habremos	habríamos	hayamos	hubiéramos	
	habéis	habíais	hubisteis	habréis	habríais	hayáis	hubierais	
	han	habían	hubieron	habrán	habrían	hayan	hubieran	

11. hacer — Participles: haciendo, hecho

	INDICATIVE					SUBJUNCTIVE		IMPERATIVE
	Present	Imperfect	Preterite	Future	Conditional	Present	Past	
	hago	hacía	hice	haré	haría	haga	hiciera	
	haces	hacías	hiciste	harás	harías	hagas	hicieras	haz tú (no hagas)
	hace	hacía	hizo	hará	haría	haga	hiciera	haga Ud.
	hacemos	hacíamos	hicimos	haremos	haríamos	hagamos	hiciéramos	hagamos
	hacéis	hacíais	hicisteis	haréis	haríais	hagáis	hicierais	haced (no hagáis)
	hacen	hacían	hicieron	harán	harían	hagan	hicieran	hagan Uds.

12. ir — Participles: yendo, ido

	INDICATIVE					SUBJUNCTIVE		IMPERATIVE
	Present	Imperfect	Preterite	Future	Conditional	Present	Past	
	voy	iba	fui	iré	iría	vaya	fuera	
	vas	ibas	fuiste	irás	irías	vayas	fueras	ve tú (no vayas)
	va	iba	fue	irá	iría	vaya	fuera	vaya Ud.
	vamos	íbamos	fuimos	iremos	iríamos	vayamos	fuéramos	vamos (no vayamos)
	vais	ibais	fuisteis	iréis	iríais	vayáis	fuerais	id (no vayáis)
	van	iban	fueron	irán	irían	vayan	fueran	vayan Uds.

13. oír (y) — Participles: oyendo, oído

	INDICATIVE					SUBJUNCTIVE		IMPERATIVE
	Present	Imperfect	Preterite	Future	Conditional	Present	Past	
	oigo	oía	oí	oiré	oiría	oiga	oyera	
	oyes	oías	oíste	oirás	oirías	oigas	oyeras	oye tú (no oigas)
	oye	oía	oyó	oirá	oiría	oiga	oyera	oiga Ud.
	oímos	oíamos	oímos	oiremos	oiríamos	oigamos	oyéramos	oigamos
	oís	oíais	oísteis	oiréis	oiríais	oigáis	oyerais	oíd (no oigáis)
	oyen	oían	oyeron	oirán	oirían	oigan	oyeran	oigan Uds.

14 poder (o:ue) — Participles: pudiendo, podido

	INDICATIVE					SUBJUNCTIVE		IMPERATIVE
	Present	Imperfect	Preterite	Future	Conditional	Present	Past	
	puedo	podía	pude	podré	podría	pueda	pudiera	
	puedes	podías	pudiste	podrás	podrías	puedas	pudieras	puede tú (no puedas)
	puede	podía	pudo	podrá	podría	pueda	pudiera	pueda Ud.
	podemos	podíamos	pudimos	podremos	podríamos	podamos	pudiéramos	podamos
	podéis	podíais	pudisteis	podréis	podríais	podáis	pudierais	poded (no podáis)
	pueden	podían	pudieron	podrán	podrían	puedan	pudieran	puedan Uds.

15 poner — Participles: poniendo, puesto

	INDICATIVE					SUBJUNCTIVE		IMPERATIVE
	Present	Imperfect	Preterite	Future	Conditional	Present	Past	
	pongo	ponía	puse	pondré	pondría	ponga	pusiera	
	pones	ponías	pusiste	pondrás	pondrías	pongas	pusieras	pon tú (no pongas)
	pone	ponía	puso	pondrá	pondría	ponga	pusiera	ponga Ud.
	ponemos	poníamos	pusimos	pondremos	pondríamos	pongamos	pusiéramos	pongamos
	ponéis	poníais	pusisteis	pondréis	pondríais	pongáis	pusierais	poned (no pongáis)
	ponen	ponían	pusieron	pondrán	pondrían	pongan	pusieran	pongan Uds.

16 querer (e:ie) — Participles: queriendo, querido

	INDICATIVE					SUBJUNCTIVE		IMPERATIVE
	Present	Imperfect	Preterite	Future	Conditional	Present	Past	
	quiero	quería	quise	querré	querría	quiera	quisiera	
	quieres	querías	quisiste	querrás	querrías	quieras	quisieras	quiere tú (no quieras)
	quiere	quería	quiso	querrá	querría	quiera	quisiera	quiera Ud.
	queremos	queríamos	quisimos	querremos	querríamos	queramos	quisiéramos	queramos
	queréis	queríais	quisisteis	querréis	querríais	queráis	quisierais	quered (no queráis)
	quieren	querían	quisieron	querrán	querrían	quieran	quisieran	quieran Uds.

17 saber — Participles: sabiendo, sabido

	INDICATIVE					SUBJUNCTIVE		IMPERATIVE
	Present	Imperfect	Preterite	Future	Conditional	Present	Past	
	sé	sabía	supe	sabré	sabría	sepa	supiera	
	sabes	sabías	supiste	sabrás	sabrías	sepas	supieras	sabe tú (no sepas)
	sabe	sabía	supo	sabrá	sabría	sepa	supiera	sepa Ud.
	sabemos	sabíamos	supimos	sabremos	sabríamos	sepamos	supiéramos	sepamos
	sabéis	sabíais	supisteis	sabréis	sabríais	sepáis	supierais	sabed (no sepáis)
	saben	sabían	supieron	sabrán	sabrían	sepan	supieran	sepan Uds.

18 salir — Participles: saliendo, salido

	INDICATIVE					SUBJUNCTIVE		IMPERATIVE
	Present	Imperfect	Preterite	Future	Conditional	Present	Past	
	salgo	salía	salí	saldré	saldría	salga	saliera	
	sales	salías	saliste	saldrás	saldrías	salgas	salieras	sal tú (no salgas)
	sale	salía	salió	saldrá	saldría	salga	saliera	salga Ud.
	salimos	salíamos	salimos	saldremos	saldríamos	salgamos	saliéramos	salgamos
	salís	salíais	salisteis	saldréis	saldríais	salgáis	salierais	salid (no salgáis)
	salen	salían	salieron	saldrán	saldrían	salgan	salieran	salgan Uds.

19 ser — Participles: siendo, sido

	INDICATIVE					SUBJUNCTIVE		IMPERATIVE
	Present	Imperfect	Preterite	Future	Conditional	Present	Past	
	soy	era	fui	seré	sería	sea	fuera	
	eres	eras	fuiste	serás	serías	seas	fueras	sé tú (no seas)
	es	era	fue	será	sería	sea	fuera	sea Ud.
	somos	éramos	fuimos	seremos	seríamos	seamos	fuéramos	seamos
	sois	erais	fuisteis	seréis	seríais	seáis	fuerais	sed (no seáis)
	son	eran	fueron	serán	serían	sean	fueran	sean Uds.

20 tener (e:ie) — Participles: teniendo, tenido

	INDICATIVE					SUBJUNCTIVE		IMPERATIVE
	Present	Imperfect	Preterite	Future	Conditional	Present	Past	
	tengo	tenía	tuve	tendré	tendría	tenga	tuviera	
	tienes	tenías	tuviste	tendrás	tendrías	tengas	tuvieras	ten tú (no tengas)
	tiene	tenía	tuvo	tendrá	tendría	tenga	tuviera	tenga Ud.
	tenemos	teníamos	tuvimos	tendremos	tendríamos	tengamos	tuviéramos	tengamos
	tenéis	teníais	tuvisteis	tendréis	tendríais	tengáis	tuvierais	tened (no tengáis)
	tienen	tenían	tuvieron	tendrán	tendrían	tengan	tuvieran	tengan Uds.

21 · traer — Participles: **trayendo**, **traído**

	INDICATIVE					SUBJUNCTIVE		IMPERATIVE
Infinitive	Present	Imperfect	Preterite	Future	Conditional	Present	Past	
traer	**traigo**	traía	**traje**	traeré	traería	**traiga**	**trajera**	
	traes	traías	**trajiste**	traerás	traerías	**traigas**	**trajeras**	trae tú (no **traigas**)
	trae	traía	**trajo**	traerá	traería	**traiga**	**trajera**	**traiga** Ud.
	traemos	traíamos	**trajimos**	traeremos	traeríamos	**traigamos**	**trajéramos**	**traigamos**
	traéis	traíais	**trajisteis**	traeréis	traeríais	**traigáis**	**trajerais**	traed (no **traigáis**)
	traen	traían	**trajeron**	traerán	traerían	**traigan**	**trajeran**	**traigan** Uds.

22 · venir (e:ie) — Participles: **viniendo**, venido

	INDICATIVE					SUBJUNCTIVE		IMPERATIVE
Infinitive	Present	Imperfect	Preterite	Future	Conditional	Present	Past	
venir (e:ie)	**vengo**	venía	**vine**	**vendré**	**vendría**	**venga**	**viniera**	
	vienes	venías	**viniste**	**vendrás**	**vendrías**	**vengas**	**vinieras**	**ven** tú (no **vengas**)
	viene	venía	**vino**	**vendrá**	**vendría**	**venga**	**viniera**	**venga** Ud.
	venimos	veníamos	**vinimos**	**vendremos**	**vendríamos**	**vengamos**	**viniéramos**	**vengamos**
	venís	veníais	**vinisteis**	**vendréis**	**vendríais**	**vengáis**	**vinierais**	venid (no **vengáis**)
	vienen	venían	**vinieron**	**vendrán**	**vendrían**	**vengan**	**vinieran**	**vengan** Uds.

23 · ver — Participles: viendo, **visto**

	INDICATIVE					SUBJUNCTIVE		IMPERATIVE
Infinitive	Present	Imperfect	Preterite	Future	Conditional	Present	Past	
ver	**veo**	**veía**	**vi**	veré	vería	**vea**	viera	
	ves	**veías**	viste	verás	verías	**veas**	vieras	ve tú (no **veas**)
	ve	**veía**	**vio**	verá	vería	**vea**	viera	**vea** Ud.
	vemos	**veíamos**	vimos	veremos	veríamos	**veamos**	viéramos	**veamos**
	veis	**veíais**	visteis	veréis	veríais	**veáis**	vierais	ved (no **veáis**)
	ven	**veían**	vieron	verán	verían	**vean**	vieran	**vean** Uds.

Stem-changing verbs

24 · contar (o:ue) — Participles: contando, contado

	INDICATIVE					SUBJUNCTIVE		IMPERATIVE
Infinitive	Present	Imperfect	Preterite	Future	Conditional	Present	Past	
contar (o:ue)	**cuento**	contaba	conté	contaré	contaría	**cuente**	contara	
	cuentas	contabas	contaste	contarás	contarías	**cuentes**	contaras	**cuenta** tú (no **cuentes**)
	cuenta	contaba	contó	contará	contaría	**cuente**	contara	**cuente** Ud.
	contamos	contábamos	contamos	contaremos	contaríamos	contemos	contáramos	contemos
	contáis	contabais	contasteis	contaréis	contaríais	contéis	contarais	contad (no contéis)
	cuentan	contaban	contaron	contarán	contarían	**cuenten**	contaran	**cuenten** Uds.

25 · dormir (o:ue) — Participles: **durmiendo**, dormido

	INDICATIVE					SUBJUNCTIVE		IMPERATIVE
Infinitive	Present	Imperfect	Preterite	Future	Conditional	Present	Past	
dormir (o:ue)	**duermo**	dormía	dormí	dormiré	dormiría	**duerma**	**durmiera**	
	duermes	dormías	dormiste	dormirás	dormirías	**duermas**	**durmieras**	**duerme** tú (no **duermas**)
	duerme	dormía	**durmió**	dormirá	dormiría	**duerma**	**durmiera**	**duerma** Ud.
	dormimos	dormíamos	dormimos	dormiremos	dormiríamos	**durmamos**	**durmiéramos**	**durmamos**
	dormís	dormíais	dormisteis	dormiréis	dormiríais	**durmáis**	**durmierais**	dormid (no **durmáis**)
	duermen	dormían	**durmieron**	dormirán	dormirían	**duerman**	**durmieran**	**duerman** Uds.

26 · empezar (e:ie) (z:c) — Participles: empezando, empezado

	INDICATIVE					SUBJUNCTIVE		IMPERATIVE
Infinitive	Present	Imperfect	Preterite	Future	Conditional	Present	Past	
empezar (e:ie) (z:c)	**empiezo**	empezaba	**empecé**	empezaré	empezaría	**empiece**	empezara	
	empiezas	empezabas	empezaste	empezarás	empezarías	**empieces**	empezaras	**empieza** tú (no **empieces**)
	empieza	empezaba	empezó	empezará	empezaría	**empiece**	empezara	**empiece** Ud.
	empezamos	empezábamos	empezamos	empezaremos	empezaríamos	**empecemos**	empezáramos	**empecemos**
	empezáis	empezabais	empezasteis	empezaréis	empezaríais	**empecéis**	empezarais	empezad (no **empecéis**)
	empiezan	empezaban	empezaron	empezarán	empezarían	**empiecen**	empezaran	**empiecen** Uds.

27 · entender (e:ie)
Participles: entendiendo, entendido

	INDICATIVE					SUBJUNCTIVE		IMPERATIVE
	Present	Imperfect	Preterite	Future	Conditional	Present	Past	
	entiendo	entendía	entendí	entenderé	entendería	entienda	entendiera	
	entiendes	entendías	entendiste	entenderás	entenderías	entiendas	entendieras	entiende tú (no entiendas)
	entiende	entendía	entendió	entenderá	entendería	entienda	entendiera	entienda Ud.
	entendemos	entendíamos	entendimos	entenderemos	entenderíamos	entendamos	entendiéramos	entendamos
	entendéis	entendíais	entendisteis	entenderéis	entenderíais	entendáis	entendierais	entended (no entendáis)
	entienden	entendían	entendieron	entenderán	entenderían	entiendan	entendieran	entiendan Uds.

28 · jugar (u:ue) (g:gu)
Participles: jugando, jugado

	INDICATIVE					SUBJUNCTIVE		IMPERATIVE
	Present	Imperfect	Preterite	Future	Conditional	Present	Past	
	juego	jugaba	jugué	jugaré	jugaría	juegue	jugara	
	juegas	jugabas	jugaste	jugarás	jugarías	juegues	jugaras	juega tú (no juegues)
	juega	jugaba	jugó	jugará	jugaría	juegue	jugara	juegue Ud.
	jugamos	jugábamos	jugamos	jugaremos	jugaríamos	juguemos	jugáramos	juguemos
	jugáis	jugabais	jugasteis	jugaréis	jugaríais	juguéis	jugarais	jugad (no juguéis)
	juegan	jugaban	jugaron	jugarán	jugarían	jueguen	jugaran	jueguen Uds.

29 · pedir (e:i)
Participles: pidiendo, pedido

	INDICATIVE					SUBJUNCTIVE		IMPERATIVE
	Present	Imperfect	Preterite	Future	Conditional	Present	Past	
	pido	pedía	pedí	pediré	pediría	pida	pidiera	
	pides	pedías	pediste	pedirás	pedirías	pidas	pidieras	pide tú (no pidas)
	pide	pedía	pidió	pedirá	pediría	pida	pidiera	pida Ud.
	pedimos	pedíamos	pedimos	pediremos	pediríamos	pidamos	pidiéramos	pidamos
	pedís	pedíais	pedisteis	pediréis	pediríais	pidáis	pidierais	pedid (no pidáis)
	piden	pedían	pidieron	pedirán	pedirían	pidan	pidieran	pidan Uds.

30 · pensar (e:ie)
Participles: pensando, pensado

	INDICATIVE					SUBJUNCTIVE		IMPERATIVE
	Present	Imperfect	Preterite	Future	Conditional	Present	Past	
	pienso	pensaba	pensé	pensaré	pensaría	piense	pensara	
	piensas	pensabas	pensaste	pensarás	pensarías	pienses	pensaras	piensa tú (no pienses)
	piensa	pensaba	pensó	pensará	pensaría	piense	pensara	piense Ud.
	pensamos	pensábamos	pensamos	pensaremos	pensaríamos	pensemos	pensáramos	pensemos
	pensáis	pensabais	pensasteis	pensaréis	pensaríais	penséis	pensarais	pensad (no penséis)
	piensan	pensaban	pensaron	pensarán	pensarían	piensen	pensaran	piensen Uds.

31 · reír(se) (e:i)
Participles: riendo, reído

	INDICATIVE					SUBJUNCTIVE		IMPERATIVE
	Present	Imperfect	Preterite	Future	Conditional	Present	Past	
	río	reía	reí	reiré	reiría	ría	riera	
	ríes	reías	reíste	reirás	reirías	rías	rieras	ríe tú (no rías)
	ríe	reía	rió	reirá	reiría	ría	riera	ría Ud.
	reímos	reíamos	reímos	reiremos	reiríamos	riamos	riéramos	riamos
	reís	reíais	reísteis	reiréis	reiríais	riáis	rierais	reíd (no riáis)
	ríen	reían	rieron	reirán	reirían	rían	rieran	rían Uds.

32 · seguir (e:i) (gu:g)
Participles: siguiendo, seguido

	INDICATIVE					SUBJUNCTIVE		IMPERATIVE
	Present	Imperfect	Preterite	Future	Conditional	Present	Past	
	sigo	seguía	seguí	seguiré	seguiría	siga	siguiera	
	sigues	seguías	seguiste	seguirás	seguirías	sigas	siguieras	sigue tú (no sigas)
	sigue	seguía	siguió	seguirá	seguiría	siga	siguiera	siga Ud.
	seguimos	seguíamos	seguimos	seguiremos	seguiríamos	sigamos	siguiéramos	sigamos
	seguís	seguíais	seguisteis	seguiréis	seguiríais	sigáis	siguierais	seguid (no sigáis)
	siguen	seguían	siguieron	seguirán	seguirían	sigan	siguieran	sigan Uds.

33 · sentir (e:ie)
Participles: sintiendo, sentido

	INDICATIVE					SUBJUNCTIVE		IMPERATIVE
	Present	Imperfect	Preterite	Future	Conditional	Present	Past	
	siento	sentía	sentí	sentiré	sentiría	sienta	sintiera	
	sientes	sentías	sentiste	sentirás	sentirías	sientas	sintieras	siente tú (no sientas)
	siente	sentía	sintió	sentirá	sentiría	sienta	sintiera	sienta Ud.
	sentimos	sentíamos	sentimos	sentiremos	sentiríamos	sintamos	sintiéramos	sintamos
	sentís	sentíais	sentisteis	sentiréis	sentiríais	sintáis	sintierais	sentid (no sintáis)
	sienten	sentían	sintieron	sentirán	sentirían	sientan	sintieran	sientan Uds.

34

Infinitive	INDICATIVE					SUBJUNCTIVE		IMPERATIVE
	Present	Imperfect	Preterite	Future	Conditional	Present	Past	
volver (o:ue)	**vuelvo**	volvía	volví	volveré	volvería	**vuelva**	volviera	
	vuelves	volvías	volviste	volverás	volverías	**vuelvas**	volvieras	**vuelve** tú (no **vuelvas**)
	vuelve	volvía	volvió	volverá	volvería	**vuelva**	volviera	**vuelva** Ud.
Participles:	volvemos	volvíamos	volvimos	volveremos	volveríamos	volvamos	volviéramos	volvamos
volviendo	volvéis	volvíais	volvisteis	volveréis	volveríais	volváis	volvierais	volved (no volváis)
vuelto	**vuelven**	volvían	volvieron	volverán	volverían	**vuelvan**	volvieran	**vuelvan** Uds.

Verbs with spelling changes only

35

Infinitive	INDICATIVE					SUBJUNCTIVE		IMPERATIVE
	Present	Imperfect	Preterite	Future	Conditional	Present	Past	
conocer	**conozco**	conocía	conocí	conoceré	conocería	**conozca**	conociera	
(c:zc)	conoces	conocías	conociste	conocerás	conocerías	**conozcas**	conocieras	conoce tú (no **conozcas**)
	conoce	conocía	conoció	conocerá	conocería	**conozca**	conociera	**conozca** Ud.
Participles:	conocemos	conocíamos	conocimos	conoceremos	conoceríamos	**conozcamos**	conociéramos	**conozcamos**
conociendo	conocéis	conocíais	conocisteis	conoceréis	conoceríais	**conozcáis**	conocierais	conoced (no **conozcáis**)
conocido	conocen	conocían	conocieron	conocerán	conocerían	**conozcan**	conocieran	**conozcan** Uds.

36

Infinitive	INDICATIVE					SUBJUNCTIVE		IMPERATIVE
	Present	Imperfect	Preterite	Future	Conditional	Present	Past	
creer (y)	creo	creía	creí	creeré	creería	crea	**creyera**	
	crees	creías	**creíste**	creerás	creerías	creas	**creyeras**	cree tú (no creas)
	cree	creía	**creyó**	creerá	creería	crea	**creyera**	crea Ud.
Participles:	creemos	creíamos	**creímos**	creeremos	creeríamos	creamos	**creyéramos**	creamos
creyendo	creéis	creíais	**creísteis**	creeréis	creeríais	creáis	**creyerais**	creed (no creáis)
creído	creen	creían	**creyeron**	creerán	creerían	crean	**creyeran**	crean Uds.

37

Infinitive	INDICATIVE					SUBJUNCTIVE		IMPERATIVE
	Present	Imperfect	Preterite	Future	Conditional	Present	Past	
cruzar (z:c)	cruzo	cruzaba	**crucé**	cruzaré	cruzaría	**cruce**	cruzara	
	cruzas	cruzabas	cruzaste	cruzarás	cruzarías	**cruces**	cruzaras	cruza tú (no **cruces**)
	cruza	cruzaba	cruzó	cruzará	cruzaría	**cruce**	cruzara	**cruce** Ud.
Participles:	cruzamos	cruzábamos	cruzamos	cruzaremos	cruzaríamos	**crucemos**	cruzáramos	**crucemos**
cruzando	cruzáis	cruzabais	cruzasteis	cruzaréis	cruzaríais	**crucéis**	cruzarais	cruzad (no **crucéis**)
cruzado	cruzan	cruzaban	cruzaron	cruzarán	cruzarían	**crucen**	cruzaran	**crucen** Uds.

38

Infinitive	INDICATIVE					SUBJUNCTIVE		IMPERATIVE
	Present	Imperfect	Preterite	Future	Conditional	Present	Past	
destruir (y)	**destruyo**	destruía	destruí	destruiré	destruiría	**destruya**	**destruyera**	
	destruyes	destruías	destruiste	destruirás	destruirías	**destruyas**	**destruyeras**	**destruye** tú (no **destruyas**)
	destruye	destruía	**destruyó**	destruirá	destruiría	**destruya**	**destruyera**	**destruya** Ud.
Participles:	destruimos	destruíamos	destruimos	destruiremos	destruiríamos	**destruyamos**	**destruyéramos**	**destruyamos**
destruyendo	destruís	destruíais	destruisteis	destruiréis	destruiríais	**destruyáis**	**destruyerais**	destruid (no **destruyáis**)
destruido	**destruyen**	destruían	**destruyeron**	destruirán	destruirían	**destruyan**	**destruyeran**	**destruyan** Uds.

39

Infinitive	INDICATIVE					SUBJUNCTIVE		IMPERATIVE
	Present	Imperfect	Preterite	Future	Conditional	Present	Past	
enviar	**envío**	enviaba	envié	enviaré	enviaría	**envíe**	enviara	
	envías	enviabas	enviaste	enviarás	enviarías	**envíes**	enviaras	**envía** tú (no **envíes**)
	envía	enviaba	envió	enviará	enviaría	**envíe**	enviara	**envíe** Ud.
Participles:	enviamos	enviábamos	enviamos	enviaremos	enviaríamos	enviemos	enviáramos	enviemos
enviando	enviáis	enviabais	enviasteis	enviaréis	enviaríais	enviéis	enviarais	enviad (no enviéis)
enviado	**envían**	enviaban	enviaron	enviarán	enviarían	**envíen**	enviaran	**envíen** Uds.

Infinitive	INDICATIVE					SUBJUNCTIVE		IMPERATIVE
	Present	Imperfect	Preterite	Future	Conditional	Present	Past	
40 graduar(se)	gradúo	graduaba	gradué	graduaré	graduaría	gradúe	graduara	
	gradúas	graduabas	graduaste	graduarás	graduarías	gradúes	graduaras	gradúa tú (no gradúes)
Participles:	gradúa	graduaba	graduó	graduará	graduaría	gradúe	graduara	gradúe Ud.
graduando	graduamos	graduábamos	graduamos	graduaremos	graduaríamos	graduemos	graduáramos	graduemos
graduado	graduáis	graduabais	graduasteis	graduaréis	graduaríais	graduéis	graduarais	graduad (no graduéis)
	gradúan	graduaban	graduaron	graduarán	graduarían	gradúen	graduaran	gradúen Uds.
41 llegar (g:gu)	llego	llegaba	llegué	llegaré	llegaría	llegue	llegara	
	llegas	llegabas	llegaste	llegarás	llegarías	llegues	llegaras	llega tú (no llegues)
	llega	llegaba	llegó	llegará	llegaría	llegue	llegara	llegue Ud.
Participles:	llegamos	llegábamos	llegamos	llegaremos	llegaríamos	lleguemos	llegáramos	lleguemos
llegando	llegáis	llegabais	llegasteis	llegaréis	llegaríais	lleguéis	llegarais	llegad (no lleguéis)
llegado	llegan	llegaban	llegaron	llegarán	llegarían	lleguen	llegaran	lleguen Uds.
42 proteger (g:j)	protejo	protegía	protegí	protegeré	protegería	proteja	protegiera	
	proteges	protegías	protegiste	protegerás	protegerías	protejas	protegieras	protege tú (no protejas)
	protege	protegía	protegió	protegerá	protegería	proteja	protegiera	proteja Ud.
Participles:	protegemos	protegíamos	protegimos	protegeremos	protegeríamos	protejamos	protegiéramos	protejamos
protegiendo	protegéis	protegíais	protegisteis	protegeréis	protegeríais	protejáis	protegierais	proteged (no protejáis)
protegido	protegen	protegían	protegieron	protegerán	protegerían	protejan	protegieran	protejan Uds.
43 tocar (c:qu)	toco	tocaba	toqué	tocaré	tocaría	toque	tocara	
	tocas	tocabas	tocaste	tocarás	tocarías	toques	tocaras	toca tú (no toques)
	toca	tocaba	tocó	tocará	tocaría	toque	tocara	toque Ud.
Participles:	tocamos	tocábamos	tocamos	tocaremos	tocaríamos	toquemos	tocáramos	toquemos
tocando	tocáis	tocabais	tocasteis	tocaréis	tocaríais	toquéis	tocarais	tocad (no toquéis)
tocado	tocan	tocaban	tocaron	tocarán	tocarían	toquen	tocaran	toquen Uds.
44 vencer (c:z)	venzo	vencía	vencí	venceré	vencería	venza	venciera	
	vences	vencías	venciste	vencerás	vencerías	venzas	vencieras	vence tú (no venzas)
	vence	vencía	venció	vencerá	vencería	venza	venciera	venza Ud.
Participles:	vencemos	vencíamos	vencimos	venceremos	venceríamos	venzamos	venciéramos	venzamos
venciendo	vencéis	vencíais	vencisteis	venceréis	venceríais	venzáis	vencierais	venced (no venzáis)
vencido	vencen	vencían	vencieron	vencerán	vencerían	venzan	vencieran	venzan Uds.

405

Guide to Vocabulary

Contents of the glossary

This glossary contains the words and expressions listed on the **Vocabulario** page found at the end of each lesson in **DESCUBRE** as well as other useful vocabulary. The number following an entry indicates the **DESCUBRE** level and lesson where the word or expression was introduced. Check the **Estructura** sections of each lesson for words and expressions related to those grammar topics.

Abbreviations used in this glossary

adj.	adjective	*f.*	feminine	*m.*	masculine	*pron.*	pronoun
adv.	adverb	*fam.*	familiar	*pl.*	plural	*sing.*	singular
conj.	conjunction	*form.*	formal	*prep.*	preposition	*v.*	verb

Note on alphabetization

In the Spanish alphabet **ñ** is a separate letter following **n**. Therefore in this glossary you will find that **añadir** follows **anuncio**.

Spanish-English

A

a *prep.* at; to 1.1
  ¿A qué hora...? At what time...? 1.1
  a bordo aboard 1.1
  a dieta on a diet 2.6
  a la derecha to the right 1.2
  a la izquierda to the left 1.2
  a la plancha grilled 1.8
  a la(s) + *time* at + time 1.1
  a menos que unless 2.4
  a menudo *adv.* often 2.1
  a nombre de in the name of 1.5
  a plazos in installments 2.5
  A sus órdenes. At your service. 2.2
  a tiempo *adv.* on time 2.1
  a veces *adv.* sometimes 2.1
  a ver let's see 1.2
¡Abajo! *adv.* Down! 2.6
abeja *f.* bee
abierto/a *adj.* open 1.5, 2.5
abogado/a *m., f.* lawyer 2.7
abrazar *v.* to hug; to hold 3.1
abrazar(se) *v.* to hug; to embrace (each other) 2.2
abrazo *m.* hug
abrigo *m.* coat 1.6
abril *m.* April 1.5
abrir *v.* to open 1.3
abrir(se) *v.* to open; **abrirse paso** to make one's way
abrocharse *v.* to fasten;
  abrocharse el cinturón de seguridad to fasten one's seat belt
abstracto/a *adj.* abstract 3.10
abuelo/a *m., f.* grandfather; grandmother 1.3

abuelos *pl.* grandparents 1.3
aburrido/a *adj.* bored; boring 1.5
aburrir *v.* to bore 1.7, 3.2
aburrirse *v.* to get bored 2.8, 3.2
acabar de (+ *inf.***)** *v.* to have just done something 1.6
acabarse *v.* to run out; to come to an end 3.6
acampar *v.* to camp 1.5
acantilado *m.* cliff
acariciar *v.* to caress 3.10
accidente *m.* accident 2.1;
  accidente automovilístico car accident 3.5
acción *f.* action 2.8
  de acción action (genre) 2.8
aceite *m.* oil 1.8
acentuar *v.* to accentuate 3.10
acercarse (a) *v.* to approach 3.2
ácido/a *adj.* acid 2.4
aclarar *v.* to clarify 3.9
acoger *v.* to welcome; to take in; to receive
acogido/a *adj.* received
  bien acogido/a well received 3.8
acompañar *v.* to go with; to accompany 2.5, 3.10
aconsejar *v.* to advise; to suggest 2.3, 3.4
acontecimiento *m.* event 2.9, 3.9
acordar (o:ue) *v.* to agree 3.2
acordarse (de) (o:ue) *v.* to remember 1.7, 3.2
acostarse (o:ue) *v.* to go to bed 1.7, 3.2
acostumbrado/a *adj.* accustomed to;
  estar acostumbrado/a a *v.* to be used to

acostumbrarse (a) *v.* to get used to; to grow accustomed to 3.3
activista *m., f.* activist
activo/a *adj.* active 2.6
acto: en el acto immediately; on the spot 3.3
actor *m.* actor 2.7, 3.9
actriz *f.* actor 2.7, 3.9
actual *adj.* current 3.9
actualidad *f.* current events 3.9
actualidades *f., pl.* news; current events 2.9
actualizado/a *adj.* up-to-date 3.9
actualizar *v.* to update 3.7
actualmente *adv.* currently
acuarela *f.* watercolor 3.10
acuático/a *adj.* aquatic 1.4
adelantado/a *adj.* advanced
adelanto *m.* improvement 3.4
adelgazar *v.* to lose weight 3.4; to slim down 2.6
además (de) *adv.* furthermore; besides; 2.1
adicional *adj.* additional
adinerado/a *adj.* wealthy 3.8
adiós *m.* good-bye 1.1
adivinar *v.* to guess
adjetivo *m.* adjective
adjuntar *v.* to attach 3.7;
  adjuntar un archivo to attach a file 3.7
administración de empresas *f.* business administration 1.2
administrar *v.* to manage; to run 3.8
ADN (ácido desoxirribonucleico) *m.* DNA 3.7
adolescencia *f.* adolescence 1.9
¿adónde? *adv.* where (to)? (*destination*) 1.2
adorar *v.* to adore 3.1
aduana *f.* customs 1.5

agente de aduanas *customs agent* 3.5

advertencia *f.* warning 3.8

aeróbico/a *adj.* aerobic 2.6

aeropuerto *m.* airport 1.5

afectado/a *adj.* affected 2.4

afeitarse *v.* to shave 1.7, 3.2

aficionado/a (a) *adj.* fond of; a fan (of) 1.4, 3.2;
ser aficionado/a de be a fan of

afirmativo/a *adj.* affirmative

afligir *v.* afflict 3.4

afligirse *v.* to get upset 3.3

afortunado/a *adj.* lucky

afueras *f., pl.* suburbs; outskirts 2.3

agencia de viajes *f.* travel agency 1.5

agenda *f.* datebook 3.3

agente *m., f.* agent; officer;
agente de aduanas customs agent 3.5
agente de viajes travel agent 1.5

agnóstico/a *adj.* agnostic

agobiado/a *adj.* overwhelmed 3.1

agosto *m.* August 1.5

agotado/a *adj.* exhausted 3.4

agotar *v.* to use up 3.6

agradable *adj.* pleasant

agradecimiento *m.* gratitude

agua *f.* water 1.8
agua mineral mineral water 1.8

aguja *f.* needle 3.4

agujero *m.* hole
agujero en la capa de ozono hole in the ozone layer
agujero negro black hole 3.7
agujerito *m.* small hole 3.7

ahogado/a *adj.* drowned 3.5

ahogarse *v.* to smother; to drown

ahora *adv.* now 1.2
ahora mismo right now 1.5

ahorrar *v.* to save (money) 2.5, 3.8

ahorrarse *v.* to save oneself 3.7

ahorros *m.* savings 2.5, 3.8

aire *m.* air 1.5

aislado/a *adj.* isolated 3.6

aislar *v.* to isolate 3.9

ajedrez *m.* chess 3.2

ajo *m.* garlic 1.8

al (contraction of **a + el**) 1.2
al aire libre open-air 1.6
al contado in cash 2.5
(al) este (to the) east 2.5
al fondo (de) at the end (of) 2.3
al lado de beside 1.2
(al) norte (to the) north 2.5
(al) oeste (to the) west 2.5
(al) sur (to the) south 2.5

ala *f.* wing

alba *f.* dawn; daybreak

albergue *m.* hostel 3.5

álbum *m.* album 3.2

alcalde/alcaldesa *m., f.* mayor

alcance *m.* reach 3.7
al alcance within reach 3.10
al alcance de la mano within reach 3.7

alcanzar *v.* to reach; to achieve; to succeed in

alcoba *f.* bedroom 2.3

aldea *f.* village

alegrarse (de) *v.* to be happy 2.4

alegre *adj.* happy; joyful 1.5

alegría *f.* happiness 1.9

alemán, alemana *adj.* German 1.3

alérgico/a *adj.* allergic 2.1

alfombra *f.* carpet; rug 2.3

algo *pron.* something; anything 1.7

algodón *m.* cotton 1.6

alguien *pron.* someone; somebody; anyone 1.7

algún, alguno(s)/a(s) *adj.* any; some 1.7

alimentación *f.* diet (nutrition) 3.4

alimento *m.* food

aliviar *v.* to reduce 2.6
aliviar el estrés/la tensión to reduce stress/tension 2.6

allá *adv.* there

allí *adv.* there 1.5
allí mismo right there 2.5

alma (el) *f.* soul 3.1

almacén *m.* department store 1.6

almohada *f.* pillow 2.3

almorzar (o:ue) *v.* to have lunch 1.4

almuerzo *m.* lunch 1.8

aló *interj.* hello (on the telephone) 2.2

alojamiento *m.* lodging 3.5

alojarse *v.* to stay 3.5

alquilar *v.* to rent 2.3;
alquilar una película to rent a movie 3.2

alquiler *m.* rent (payment) 2.3

alta definición: de alta definición *adj.* high definition 3.7

alterar *v.* to modify; to alter

alternador *m.* alternator 2.2

altillo *m.* attic 2.3

altiplano *m.* high plateau

alto/a *adj.* tall 1.3

altoparlante *m.* loudspeaker

aluminio *m* aluminum 2.4

alusión *f.* allusion 3.10

ama de casa *m., f.* housekeeper; caretaker 2.3

amable *adj.* nice; friendly 1.5

amado/a *m., f.* loved one; sweetheart 3.1

amanecer *m.* sunrise; morning

amar *v.* to love 3.1

amarillo/a *adj.* yellow 1.6

ambiental *adj.* environmental 3.6

ambos/as *pron., adj.* both

amenaza *f.* threat 3.8

amenazar *v.* to threaten 3.3

amigo/a *m., f.* friend 1.3

amistad *f.* friendship 1.9

amor *m.* love 1.9
amor (no) correspondido (un)requited love

amueblado/a *adj.* furnished

añadir *v.* to add

anaranjado/a *adj.* orange 1.6

anciano/a *m., f.* elderly gentleman/lady; *adj.* elderly

andar *v.* to walk;
andar *v.* **en patineta** to skateboard 1.4
andar + *pres. participle* to be (doing something)

anfitrión/anfitriona *m., f.* host(ess) 3.8

anillo *m.* ring 3.5

animado/a *adj.* lively 3.2

animal *m.* animal 2.4

animar *v.* to cheer up; to encourage
¡Anímate! Cheer up! *(sing.)* 3.2
¡Anímense! Cheer up! *(pl.)* 3.2

ánimo *m.* spirit 3.1

aniversario (de bodas) *m.* (wedding) anniversary 1.9

año *m.* year 1.5
año pasado last year 1.6

anoche *adv.* last night 1.6

anotar (un gol/un punto) *v.* to score (a goal/a point) 3.2

ansia *f.* anxiety 3.1

ansioso/a *adj.* anxious 3.1

anteayer *adv.* the day before yesterday 1.6

antemano: de antemano beforehand

antena *f.* antenna
antena parabólica satellite dish

anterior *adj.* previous 3.8

antes *adv.* before 1.7
antes (de) que *conj.* before 2.4
antes de *prep.* before 1.7
antes que nada first and foremost

antibiótico *m.* antibiotic 2.1

antigüedad *f.* antiquity

antiguo/a *adj.* ancient

antipático/a *adj.* unpleasant 1.3

anunciar *v.* to announce; to advertise 2.9

anuncio *m.* advertisement; commercial   2.7, 3.9
apagado/a *adj.* turned off   3.7
apagar *v.* to turn off   2.2, 3.3
 apagar las velas to blow out the candles   3.8
aparato *m.* appliance
aparecer *v.* to appear   3.1
apartamento *m.* apartment   2.3
apellido *m.* last name   1.3
apenas *adv.* hardly; scarcely   2.1, 3.3
aplaudir *v.* to applaud   2.8, 3.2
apogeo *m.* height; highest level   3.5
aportación *f.* contribution
apostar (o:ue) *v.* to bet
apoyarse (en) *v.* to lean (on)
apreciado/a *adj.* appreciated
apreciar *v.* to appreciate   2.8, 3.1
aprender (a + *inf.***)** *v.* to learn   1.3
aprendizaje *m.* learning
aprobación *f.* approval   3.9
aprobar (o:ue) *v.* to approve; to pass (a class)
 aprobar una ley to pass a law
aprovechar *v.* to make good use of; to take advantage of
apuesta *f.* bet
apurarse *v.* to hurry; to rush   2.6
apuro: tener apuro to be in a hurry; to be in a rush
aquel, aquella *adj.* that; those (over there)   1.6
aquél, aquélla *pron.* that; those (over there)   1.6
aquello *neuter, pron.* that; that thing; that fact   1.6
aquellos/as *pl. adj.* that; those (over there)   1.6
aquéllos/as *pl. pron.* those (ones) (over there)   1.6
aquí *adv.* here   1.1
 Aquí está... Here it is...   1.5
 Aquí estamos en... Here we are at/in...   1.2
 aquí mismo right here   2.2
araña *f.* spider   3.6
árbitro/a *m., f.* referee   3.2
árbol *m.* tree   2.4, 3.6
archivo *m.* file   2.2
 bajar un archivo *v.* to download a file
arepa *f.* cornmeal cake
argumento *m.* plot   3.10
árido/a *adj.* arid
aristocrático/a *adj.* aristocratic
 arma f. weapon
armado/a *adj.* armed
armario *m.* closet   2.3
arqueología *f.* archaeology
arqueólogo/a *m., f.* archaeologist   2.7
arquitecto/a *m., f.* architect   2.7

arrancar *v.* to start (a car)   2.2
arrastrar *v.* to drag
arrecife *m.* reef   3.6
arreglar *v.* to fix; to arrange   2.2; to neaten; to straighten up   2.3
arreglarse *v.* to get ready   3.3
arrepentirse (e:ie) (de) *v.* to repent; to regret   3.2
arriba *adv.* up
arriesgado/a *adj.* risky   3.5
arriesgar(se) *v.* to risk; to take a risk
arroba *f.* @ symbol   2.2, 3.7
arroyo *m.* stream   3.10
arroz *m.* rice   1.8
arruga *f.* wrinkle
arte *m.* art   1.2
 artes *f., pl.* arts   2.8
artefacto *m.* artifact   3.5
artesanía *f.* craftsmanship; crafts   2.8
artesano/a *m., f.* artisan   3.10
artículo *m.* article   2.9
artista *m., f.* artist   1.3
artístico/a *adj.* artistic   2.8
arveja *m.* pea   1.8
asado/a *adj.* roast   1.8
asaltar *v.* rob   3.10
ascender (e:ie) *v.* to rise; to be promoted   3.8
ascenso *m.* promotion   2.7
ascensor *m.* elevator   1.5
asco *m.* revulsion
 dar asco to be disgusting
asegurar *v.* to assure; to guarantee
asegurarse *v.* to make sure
aseo *m.* cleanliness; hygiene
 aseo personal personal care
asesor(a) *m., f.* consultant; advisor   3.8
así *adv.* like this; so (*in such a way*)   2.1, 3.3
 así así so-so
asiento *m.* seat   3.2
asistir (a) *v.* to attend   1.3
asombrar *v.* to amaze
asombrarse *v.* to be astonished
asombro *m.* amazement; astonishment
asombroso/a *adj.* astonishing
aspecto *m.* appearance; look
 tener buen/mal aspecto to look healthy/sick   3.4
aspiradora *f.* vacuum cleaner   2.3
aspirante *m. f.* candidate; applicant   2.7
aspirina *f.* aspirin   2.1, 3.4
astronauta *m., f.* astronaut   3.7
astrónomo/a *m., f.* astronomer   3.7
asunto *m.* matter; topic
asustado/a *adj.* frightened; scared
atar *v.* to tie (up)
ataúd *m.* casket   3.2

ateísmo *m.* atheism
ateo/a *adj.* atheist
aterrizar *v.* to land (an airplane)
atletismo *m.* track-and-field events
atracción *f.* attraction
atraer *v.* to attract   3.1
atrapar *v.* to trap; to catch   3.6
atrasado/a *adj.* late   3.3
atrasar *v.* to delay
atreverse (a) *v.* to dare (to)   3.2
atropellar *v.* to run over
atún *m.* tuna   1.8
audiencia *f.* audience
aumentar *v.* **de peso** to gain weight   2.6
aumento *m.* increase   2.7
 aumento de sueldo pay raise   2.7, 3.8
aunque although
auricular *m.* telephone receiver   3.7
ausente *adj.* absent
auténtico/a *adj.* real; genuine   3.3
auto(móvil) *m.* auto(mobile)   1.5
autobiografía *f.* autobiography   3.10
autobús *m.* bus   1.1
autoestima *f.* self-esteem   3.4
automático/a *adj.* automatic
autopista *f.* highway   2.2
autoritario/a *adj.* strict; authoritarian   3.1
autorretrato *m.* self-portrait   3.10
auxiliar de vuelo *m., f.* flight attendant
auxilio *m.* help; aid;
 primeros auxilios first aid *m. pl.*   3.4
avance *m.* advance; breakthrough   3.7
avanzado/a *adj.* advanced   3.7
avaro/a *m., f.* miser
ave *f.* bird   2.4, 3.6
avenida *f.* avenue
aventura *f.* adventure   2.8, 3.5
 de aventura adventure (genre)   2.8
aventurero/a *m., f.* adventurer   3.5
avergonzado/a *adj.* ashamed; embarrassed   1.5
averiguar *v.* to find out   3.1
avión *m.* airplane   1.5
avisar *v.* to inform; to warn
aviso *m.* notice; warning   3.5
¡Ay! *interj.* Oh!
 ¡Ay, qué dolor! Oh, what pain!
ayer *adv.* yesterday   1.6
ayudar(se) *v.* to help (each other)   2.2, 2.3
azar *m.* chance   3.5
azúcar *m.* sugar   1.8
azul *adj. m., f.* blue   1.6

B

bahía *f.* bay 3.5
bailar *v.* to dance 1.2, 3.1
bailarín/bailarina *m., f.* dancer 2.8
baile *m.* dance 2.8
bajar *v.* to lower
bajar(se) de *v.* to get off of/out of (a vehicle) 2.2
bajo control under control 1.7
bajo/a *adj.* short *(in height)* 1.3
balcón *m.* balcony 2.3, 3.3
balón *m.* ball 3.2
baloncesto *m.* basketball 1.4
banana *f.* banana 1.8
bañarse *v.* to bathe; to take a bath 1.7, 3.2
bancario/a *adj.* banking
bancarrota *f.* bankruptcy 3.8
banco *m.* bank 2.5
banda *f.* band 2.8
banda sonora *f.* soundtrack 3.9
bandera *f.* flag
baño *m.* bathroom 1.7
barato/a *adj.* cheap; inexpensive 1.6, 3.3
barbaridad *f.* outrageous thing 3.10
barco *m.* boat 1.5
barrer *v.* to sweep 2.3, 3.3
  barrer el suelo *v.* to sweep the floor 2.3
barrio *m.* neighborhood 2.3
bastante *adv.* quite; enough 3.3; rather 2.1; pretty 2.4
basura *f.* trash 2.3
batalla *f.* battle
baúl *m.* trunk 2.2
bautismo *m.* baptism
beber *v.* to drink 1.3, 3.1
bebida *f.* drink 1.8
béisbol *m.* baseball 1.4
bellas artes *f., pl.* fine arts 2.8, 3.10
belleza *f.* beauty 2.5
bendecir (e:i) *v.* to bless
beneficio *m.* benefit 2.7
besar *v.* to kiss 3.1
besar(se) *v.* to kiss (each other) 2.2
beso *m.* kiss 1.9
biblioteca *f.* library 1.2
bicicleta *f.* bicycle 1.4
bien *adj., adv.* well 1.1
  bien acogido/a *adj.* well-received 3.8
bienestar *m.* well-being 2.6, 3.4
bienvenida *f.* welcome 3.5
bienvenido(s)/a(s) *adj.* welcome 2.3
bilingüe *adj.* bilingual 3.9
billar *m.* billiards 3.2
billete *m.* paper money; ticket
billón *m.* trillion

biografía *f.* biography 3.10
biología *f.* biology 1.2
biólogo/a *m., f.* biologist 3.7
bioquímico/a *adj.* biochemical 3.7
bisabuelo/a *m.* great-grandfather/great-grandmother 1.3
bistec *m.* steak 1.8
bitácora *f.* travel log; weblog 3.7
bizcocho *m.* biscuit
blanco/a *adj.* white 1.6
blog *m.* blog 3.7
blogonovela *f.* blognovel 3.7
blogosfera *f.* blogosphere 3.7
bluejeans *m., pl.* jeans 1.6
blusa *f.* blouse 1.6
bobo/a *m., f.* silly, stupid person 3.7
boca *f.* mouth 2.1
boda *f.* wedding 1.9
boleto *m.* ticket 2.8
boliche *m.* bowling 3.2
bolsa *f.* purse, bag 1.6; sack; stock market
  bolsa de valores stock market 3.8
bombardeo *m.* bombing 3.6
bombero/a *m., f.* firefighter 2.7
bondad *f.* goodness;
  ¿Tendría usted la bondad de + inf...? Could you please...? *(form.)*
bonito/a *adj.* pretty 1.3
bordo: a bordo *adj.* on board 3.5
borrador *m.* eraser 1.2
borrar *v.* to erase 2.2, 3.7
bosque *m.* forest 2.4;
  bosque lluvioso rain forest 3.6
  bosque tropical tropical forest; rainforest 2.4
bostezar *v.* to yawn
bota *f.* boot 1.6
botar *v.* to throw... out 3.5
botarse *v.* to outdo oneself (P. Rico; Cuba) 3.5
bote *m.* boat 3.5
botella *f.* bottle 1.9
botones *m., f. sing.* bellhop 1.5
brazo *m.* arm 2.1
brindar *v.* to make a toast 1.9, 3.2
broma *f.* joke 3.1
bromear *v.* to joke
brújula *f.* compass 3.5
bucear *v.* to scuba dive 1.4
buceo *m.* scuba diving 3.5
budista *adj.* Buddhist
buen, bueno/a *adj.* good 1.3, 1.6
  ¡Buen fin de semana! *Have a nice weekend!*
  Buen provecho. Enjoy your meal.
  ¡Buen viaje! Have a good trip! 1.6
  buena forma good shape (physical) 2.6

Buena idea. Good idea. 1.4
Buenas noches. Good evening; Good night. 1.1
Buenas tardes. Good afternoon. 1.1
buenísimo extremely good
¿Bueno? Hello. (*on telephone*) 2.2
Buenos días. Good morning. 1.1
bueno *adv.* well 1.2, 2.8
bueno/a *adj.* good;
  estar bueno *v.* to (still) be good (i.e. fresh)
  ser bueno *v.* to be good (by nature);
búfalo *m.* buffalo
bulevar *m.* boulevard
burla *f.* mockery
burlarse (de) *v.* to make fun of
burocracia *f.* bureaucracy
buscador *m.* search engine 3.7
buscar *v.* to look for 1.2
búsqueda *f.* search
buzón *m.* mailbox 2.5

C

caballo *m.* horse 1.5
cabaña *f.* cabin 1.5
caber *v.* to fit 3.1
  no cabe duda de there's no doubt 2.4
cabeza *f.* head 2.1
cabo *m.* cape; end (rope, string)
  al fin y al cabo sooner or later, after all
  llevar a cabo to carry out (an activity)
cabra *f.* goat
cacique *m.* tribal chief
cada *adj. m., f.* each 1.6
cadena *f.* network 3.9
  cadena de televisión television network
caducar *v* to expire
caer(se) *v.* to fall (down) 2.1, 3.1
  caer bien/mal to (not) get along well with 3.2
café *m.* café 1.4; *adj. m., f.* brown 1.6; *m.* coffee 1.8
cafeína *f.* caffeine 2.5
cafetera *f.* coffee maker 2.3
cafetería *f.* cafeteria 1.2
caído/a *p.p.* fallen 2.5
caja *f.* cash register 1.6; box
  caja de herramientas toolbox
cajero/a *m., f.* cashier 2.5;
  cajero automático *m.* ATM 2.5
calcetín (calcetines) *m.* sock(s) 1.6
calculadora *f.* calculator 2.2
caldo *m.* soup 1.8

caldo de patas *m.* beef soup 1.8

calentamiento global *m.* global warming 3.6

calentarse (e:ie) *v.* to warm up 2.6, 3.3

calidad *f.* quality 1.6

callado/a *adj.* quiet; silent

callarse *v.* to be quiet, silent

calle *f.* street 2.2

calmante *m.* painkiller; tranquilizer 3.4

calmarse *v.* to calm down; to relax

calor *m* heat 1.4

caloría *f.* calorie 2.6

calzar *v.* to take size... shoes 1.6

calzoncillos *m. pl.* underwear (men's)

cama *f.* bed 1.5

cámara de video *f.* video camera 2.2

cámara digital *f.* digital camera 2.2

camarero/a *m., f.* waiter/ waitress 1.8

camarón *m.* shrimp 1.8

cambiar (de) *v.* to change 1.9

cambio *m.* change

  a cambio de in exchange for

  cambio de moneda currency exchange

camerino *m.* star's dressing room 3.9

caminar *v.* to walk 1.2

camino *m.* road

camión *m* truck; bus

camisa *f.* shirt 1.6

camiseta *f.* t-shirt 1.6

campamento *m.* campground 3.5

campaña *f.* campaign

campeón/campeona *m., f.* champion 3.2

campeonato *m.* championship 3.2

campo *m.* countryside 1.5; field 3.6; ball field 3.5

canadiense *adj.* Canadian 1.3

canal *m.* channel 3.9

  canal television channel 2.2, 2.8

cancelar *v.* to cancel 3.5

cáncer *m.* cancer

cancha *f.* field 3.2

canción *f.* song 2.8

candidato/a *m., f.* candidate 2.9

canon literario *m.* literary canon 3.10

cansado/a *adj.* tired 1.5

cansancio *m.* exhaustion 3.3

cansarse *v.* to become tired

cantante *m., f.* singer 2.8, 3.2

cantar *v.* to sing 1.2

capa *f.* layer

  capa de ozono ozone layer 3.6

capaz *adj.* competent; capable 3.8

capilla *f.* chapel

capital *f.* capital city 1.1

capitán *m.* captain

capítulo *m.* chapter

capó *m.* hood 2.2

cara *f.* face 1.7

caracterización *f.* characterization 3.10

caramelo *m.* caramel 1.9

cargo *m.* position

  estar a cargo de *v.* to be in charge of 3.1

cariño *m.* affection 3.1

cariñoso/a *adj.* affectionate 3.1

carne *f.* meat 1.8

  carne de res *f.* beef 1.8

carnicería *f.* butcher shop 2.5

caro/a *adj.* expensive 1.6, 3.3

carpintero/a *m., f.* carpenter 2.7

carrera *f.* career 2.7

carretera *f.* highway 2.2

carro *m.* car; automobile 2.2

carta *f.* letter 1.4; (playing) card 1.5

cartas *f. pl.* (playing) cards 3.2

cartel *m.* poster 2.3

cartera *f.* wallet 1.6

cartero/a *m.* mail carrier 2.5

casa *f.* house; home 1.2

casado/a *adj.* married 1.9, 3.1

casarse (con) *v.* to get married (to) 1.9

cascada *f.* cascade; waterfall 3.5

casi *adv.* almost 2.1, 3.3

casi nunca *adv.* rarely 3.3

castigo *m.* punishment

casualidad *f.* chance; coincidence; 3.5

  por casualidad by chance 3.3

catástrofe *f.* catastrophe; disaster

  catástrofe natural natural disaster

categoría *f.* category 3.5

  de buena categoría *adj.* high quality 3.5

católico/a *adj.* Catholic

catorce *adj.* fourteen 1.1

cazar *v.* to hunt 2.4, 3.6

cebolla *f.* onion 1.8

ceder *v.* give up

cederrón *m.* CD-ROM 2.2

celda *f.* cell

celebrar *v.* to celebrate 1.9, 3.2

celebridad *f.* celebrity 3.9

celos *m. pl.* jealousy

  tener celos de *v.* to be jealous of 3.1

célula *f.* cell 3.7

celular *adj.* cellular 2.2

cementerio *m.* cemetery

cena *f.* dinner 1.8

cenar *v.* to have dinner 1.2

censura *f.* censorship 3.9

centavo *m.* cent

centro *m.* downtown 1.4

  centro comercial shopping mall 1.6, 3.3

cepillarse *v.* to brush 3.2

  cepillarse los dientes/el pelo *v.* to brush one's teeth/one's hair 1.7

cerámica *f.* pottery 2.8

cerca de *prep.* near 1.2

cerdo *m.* pork 1.8; pig 3.6

cereales *m., pl.* cereal; grains 1.8

cero *m.* zero 1.1

cerrado/a *adj.* closed 1.5, 2.5

cerrar (e:ie) *v.* to close 1.4

cerro *m.* hill

certeza *f.* certainty

certidumbre *f.* certainty

césped *m.* grass 2.4

ceviche *m.* marinated fish dish 1.8

  ceviche de camarón *m.* lemon-marinated shrimp 1.8

chaleco *m.* vest

champán *m.* champagne 1.9

champiñón *m.* mushroom 1.8

champú *m.* shampoo 1.7

chaqueta *f.* jacket 1.6

chau *fam. interj.* bye 1.1

cheque *m.* (bank) check 2.5

  cheque (de viajero) *m.* (traveler's) check 2.5

chévere *adj. fam.* terrific

chico/a *adj.* boy/girl 1.1

chino/a *adj.* Chinese 1.3

chisme *m.* gossip 3.9

chiste *m.* joke 3.1

chocar (con) *v.* to run into

chocolate *m.* chocolate 1.9

choque *m.* collision, crash 2.9, 3.3

choza *f.* hut

chuleta *f.* chop *(food)* 1.8

  chuleta de cerdo *f.* pork chop 1.8

cibercafé *m.* cybercafé

cicatriz *f.* scar

ciclismo *m.* cycling 1.4

cielo *m.* sky 2.4

cien(to) one hundred 1.2

ciencia *f.* science 1.2

  de ciencia ficción *f.* science fiction (genre) 2.8, 3.10

científico/a *m., f.* scientist 2.7, 3.7

científico/a *adj.* scientific

cierto *m.* certain 2.4

  es cierto it's certain 2.4

  no es cierto it's not certain 2.4

cierto/a *adj.* certain, sure;

¡Cierto! Sure!
cinco five **1.1**
cincuenta fifty **1.2**
cine *m.* movie theater **1.4, 3.2**
cinta
  caminadora *f.* treadmill **2.6**
cinta *f.* (audio)tape
cinturón *m.* belt **1.6**
  cinturón de seguridad
    seatbelt **3.5**
  abrocharse el cinturón de
    seguridad *v.* to fasten one's
    seatbelt
  ponerse (el cinturón) *v.* to
    fasten (the seatbelt) **3.5**
  quitarse (el cinturón) *v.* to
    unfasten (the seatbelt) **3.5**
circo *m.* circus **3.2**
circulación *f.* traffic **2.2**
cirugía *f.* surgery **3.4**
cirujano/a *m., f.* surgeon **3.4**
cisterna *f.* cistern; underground
  tank **3.6**
cita *f.* date; quotation **1.9**;
  cita a ciegas blind date **3.1**
ciudad *f.* city **1.4**
ciudadano/a *m., f.* citizen;
  adj. citizen **2.9**
civilización *f.* civilization
civilizado/a *adj.* civilized
Claro (que sí). *interj., fam.* Of
  course. **2.7, 3.3**
clase *f.* class **1.2**
  clase de ejercicios aeróbicos
    f. aerobics class **2.6**
clásico/a *adj.* classical **2.8**;
  classic **3.10**
claustro *m.* cloister
cliente/a *m., f.* customer **1.6**
clima *m.* climate
clínica *f.* clinic **2.1**
clonar *v.* to clone **3.7**
club *m.* club
  club deportivo sports club **3.2**
coartada *f.* alibi **3.10**
cobrador(a) *m., f.* debt collector
  3.8
cobrar *v.* to cash (a check) **2.5**;
  to charge; to receive **3.8**
coche *m* car; automobile **2.2**
cochinillo *m.* suckling pig **3.10**
cocina *f.* kitchen; stove **2.3**
cocinar *v.* to cook **2.3, 3.3**
cocinero/a *m., f.* cook, chef **2.7**
codo *m.* elbow
cofre *m.* hood **2.5**
cohete *m.* rocket **3.7**
cola *f.* line **2.5**; tail
  hacer cola to wait in line **3.2**
coleccionar *v.* to collect
coleccionista *m., f.* collector
colesterol *m.* cholesterol **2.6**
colgar (o:ue) *v.* to hang (up)
colina *f.* hill
colmena *f.* beehive **3.8**

colocar *v.* to place (an object)
  3.2
colonia *f.* colony
colonizar *v.* to colonize
color *m.* color **1.6**
columnista *m., f.* columnist
  3.9
combatiente *m., f.* combatant
combustible *m.* fuel **3.6**
comedia *f.* comedy; play **2.8**
comediante *m., f.* comedian **3.1**
comedor *m.* dining room **2.3**
comensal *m., f.* dinner guest
  3.10
comenzar (e:ie) *v.* to begin **1.4**
comer *v.* to eat **1.3, 3.1, 3.2**
comercial *adj.* commercial;
  business-related **2.7**
comerciante *m., f.* storekeeper;
  trader
comercio *m.* commerce; trade
  3.8
comerse *v.* to eat up **3.2**
comestible *adj.* edible;
  planta comestible *f.* edible
  plant
cometa *m.* comet **3.7**
comida *f.* food **3.6**; meal **1.8**
  comida enlatada canned food
    3.6;
  comida rápida fast food **3.4**
¿cómo? what?; how? **1.1**
  ¿Cómo es...? What's... like?
    1.3
  ¿Cómo está usted? *form.*
    How are you? **1.1**
  ¿Cómo estás? *fam.* How are
    you? **1.1**
  ¿Cómo les fue...? *pl.* How
    did ... go for you? **2.6**
  ¿Cómo se llama (usted)?
    (form.) What's your name?
    1.1
  ¿Cómo te llamas (tú)? *(fam.)*
    What's your name? **1.1**
como like; as **1.8**
cómo *adv.* how;
  ¡Cómo no! Of course!
  ¿Cómo que son...? What do
    you mean they are...?
cómoda *f.* chest of drawers **2.3**
cómodo/a *adj.* comfortable **1.5**
compañero/a de clase *m., f.*
  classmate **1.2**
compañero/a de cuarto *m., f.*
  roommate **1.2**
compañía *f.* company;
  firm **2.7, 3.8**
compartir *v.* to share **1.3**
completamente *adv.* completely
  2.7
completo/a *adj.* complete; filled
  up;
  El hotel está completo. The
    hotel is full.

componer *v.* to compose **3.1**
compositor(a) *m., f.* composer
  2.8
compra *f.* purchase
comprar *v.* to buy **1.2**
compras *f., pl.* purchases **1.5**
  ir de compras to go shopping
    1.5
comprender *v.* to understand
  1.3
comprobar (o:ue) *v.* to prove
  3.7
comprometerse (con) *v.* to get
  engaged (to) **1.9**
compromiso *m.* awkward
  situation **3.10**; commitment;
  responsibility **3.1**
computación *f.* computer science
  1.2
computadora *f.* computer **1.1**
  computadora portátil *f.*
    portable computer; laptop
    2.2, 3.7
comunicación *f.* communication
  2.9
comunicarse (con) *v.* to
  communicate (with) **2.9**
comunidad *f.* community **1.1,**
  3.4
con *prep.* with **1.2**
  Con él/ella habla. This is
    he/she. *(on telephone)* **2.2**
  con frecuencia *adv.* frequently
    2.1
  Con permiso. Pardon me;
    Excuse me. **1.1**
  con tal (de) que provided
    (that) **2.4**
conciencia *f.* conscience
concierto *m.* concert **2.8, 3.2**
concordar *v.* to agree
concurso *m.* game show; contest
  2.8
conducir *v.* to drive **1.6, 2.2,**
  3.1
conductor(a) *m., f.* driver **1.1**;
  announcer
conejo *m.* rabbit **3.6**
conexión de satélite *f.* satellite
  connection **3.7**
conferencia *f.* conference **3.8**
confesar (e:ie) *v.* to confess
confianza *f.* trust; confidence
  3.1
confirmar *v.* to confirm **1.5**
confirmar *v.* **una reservación** *f.*
  to confirm a reservation **1.5**
confundido/a *adj.* confused **1.5**
confundir (con) *v.* to confuse
  (with)
congelado/a *adj.* frozen
congelador *m.* freezer **2.3**
congelar(se) *v.* to freeze **3.7**
congeniar *v* to get along

congestionado/a *adj.* congested; stuffed-up **2.1**

congestionamiento *m.* traffic jam **3.5**

conjunto *m.* collection; **conjunto (musical)** (musical) group, band

conmigo *pron.* with me **1.4, 1.9**

conmovedor(a) *adj.* moving

conocer *v.* to know **3.1**; to be acquainted with **1.6**

conocido *adj.; p.p.* known

conocimiento *m.* knowledge

conquista *f.* conquest

conquistador(a) *m., f.* conquistador; conqueror

conquistar *v.* to conquer

conseguir (e:i) *v.* to get; to obtain **1.4**
  conseguir boletos/entradas *v.* to get tickets **3.2**

consejero/a *m., f.* counselor; advisor **2.7**

consejo *m.* advice

conservación *f.* conservation **2.4**

conservador(a) *adj.* conservative

conservador(a) *m., f.* curator

conservar *v.* to conserve **2.4**; to preserve **3.6**

considerar *v.* to consider;
  Considero que... In my opinion...

consiguiente *adj.* resulting; consequent;
  por consiguiente consequently; as a result

construir *v.* to build

consulado *m.* consulate

consulta *f.* doctor's appointment **3.4**

consultorio *m.* doctor's office **2.1, 3.4**

consumir *v.* to consume **2.6**

consumo *m.* consumption
  consumo de energía energy consumption

contabilidad *f.* accounting **1.2**

contador(a) *m., f.* accountant **2.7, 3.8**

contagiarse *v.* to become infected **3.4**

contaminación *f.* pollution **2.4**
  contaminación del aire/del agua air/water pollution **2.4, 3.6**

contaminado/a *adj.* polluted **2.4**

contaminar *v.* to pollute **2.4**; to contaminate **3.6**

contar (o:ue) *v.* to tell **1.4**; to count **3.2**
  contar con to count on **2.3**

contemporáneo/a *adj.* contemporary **3.10**

contentarse con *v.* to be contented/satisfied with **3.1**

contento/a *adj.* happy; content **1.5**

contestadora *f.* answering machine **2.2**

contestar *v.* to answer **1.2**

contigo *fam. pron.* with you **1.9**

continuación *f.* sequel

contraer *v.* to contract **3.1**

contraseña *f.* password **3.7**

contratar *v.* to hire **2.7, 3.8**

contrato *m.* contract **3.8**

contribuir (a) *v.* to contribute **3.6**

control *m.* control **1.7**
  control remoto (universal) (universal) remote control **2.2, 3.7**

controlar *v.* to control **2.4**

controvertido/a *adj.* controversial **3.9**

contundente *adj.* filling; heavy **3.10**

conversación *f.* conversation **1.2**

conversar *v.* to converse, to chat **1.2**

convertirse (e:ie) (en) *v.* to become **3.2**

copa *f.* goblet **2.3**; (drinking) glass;
  Copa del Mundo World Cup

coquetear *v.* to flirt **3.1**

coraje *m.* courage

corazón *m.* heart **2.1, 3.1**

corbata *f.* tie **1.6**

cordillera *f.* mountain range **3.6**

cordura *f.* sanity **3.4**

coro *m.* choir; chorus

corrector ortográfico *m.* spell-checker **3.7**

corredor(a) *m., f.* **de bolsa** stockbroker **2.7**

correo *m.* mail; post office **2.5**
  correo electrónico *m.* e-mail **1.4**

correr *v.* to run **1.3**

corresponsal *m., f.* correspondent **3.9**

corrida *f.* bullfight **3.2**

corriente *f.* movement **3.10**

corrupción *f.* corruption

corte *m.* cut
  de corte ejecutivo of an executive nature

cortesía *f.* courtesy

cortinas *f., pl.* curtains **2.3**

corto *m.* short film **3.1**

corto/a *adj.* short *(in length)* **1.6**

cortometraje *m.* short film **3.1**

cosa *f.* thing **1.1**

cosecha *f.* harvest

costa *f.* coast **3.6**

costar (o:ue) *f.* to cost **1.6**

costoso/a *adj.* costly; expensive

costumbre *f.* custom; habit **3.3**

cotidiano/a *adj.* everyday **3.3**
  vida cotidiana everyday life

cráter *m.* crater **2.4**

crear *v.* to create **3.7**

creatividad *f.* creativity

crecer *v.* to grow **3.1**

crecimiento *m.* growth

creencia *f.* belief

creer *v.* to believe **2.4**
  creer (en) *v.* to believe (in) **1.3**
  no creer (en) *v.* not to believe (in) **2.4**
  No creas. Don't believe it.

creído/a *adj., p.p.* believed **2.5**

crema de afeitar *f.* shaving cream **1.7**

creyente *m., f.* believer

criar *v.* to raise;
  haber criado to have raised **3.1**

criarse *v.* to grow up **3.1**

crimen *m.* crime; murder **2.9**

crisis *f.* crisis;
  crisis económica economic crisis **3.8**

cristiano/a *adj.* Christian

criticar *v.* to critique **3.10**

crítico/a *adj.* critical

crítico/a *m., f.* critic
  crítico/a de cine movie critic **3.9**

crucero *m.* cruise ship **3.5**

cruzar *v.* to cross **2.5**

cuaderno *m.* notebook **1.1**

cuadra *f.* (city) block **2.5**

cuadro *m.* picture **2.3**; painting **3.3, 3.10**

¿cuál(es)? which?; which one(s)? **1.2**
  ¿Cuál es la fecha de hoy? What is today's date? **1.5**

¿cuándo? when? **1.2**

¿cuánto(s)/a(s)? how much/how many? **1.1**
  ¿Cuánto cuesta...? How much does... cost? **1.6**
  ¿Cuántos años tienes? How old are you? **1.3**

cuando when **1.7, 2.4**

cuarenta forty **1.2**

cuarentón/cuarentona *adj.* forty-year-old; in her/his forties

cuarto de baño *m.* bathroom **1.7**

cuarto *m.* room **1.2, 1.7**

cuarto/a *adj.* fourth **1.5**
  menos cuarto quarter to *(time)*

y cuarto quarter after (*time*) 1.1

cuatro four 1.1

cuatrocientos/as *m., f.* four hundred 1.2

cubierto/a *p.p.* covered

cubiertos *m., pl.* silverware

cubismo *m.* cubism 3.10

cubrir *v.* to cover

cucaracha *f.* cockroach 3.6

cuchara *f.* (table or large) spoon 2.3

cuchillo *m.* knife 2.3

cuello *m.* neck 2.1

cuenta *f.* calculation, sum; bill 1.9 account;
  al final de cuentas after all
  cuenta corriente checking account 2.5, 3.8
  cuenta de ahorros savings account 2.5, 3.8
  tener en cuenta *v.* to keep in mind

cuento *m.* short story 2.8

cuerpo *m.* body 2.1
  cuerpo y alma heart and soul

cueva *f.* cave

cuidado *m.* care 1.3, 3.1
  bien cuidado/a well-kept

cuidadoso/a *adj.* careful 3.1

cuidar(se) *v.* to take care of (oneself) 2.4, 3.1
  ¡Cuídense! Take care! 2.5

culpa *f.* guilt

culpable *adj.* guilty

cultivar *v.* to grow

culto *m.* worship

culto/a *adj.* cultured; educated; refined

cultura *f.* culture 2.8
  cultura popular pop culture

cumbre *f.* summit; peak

cumpleaños *m., sing.* birthday 1.9

cumplir *v.* to carry out 3.8
  cumplir años *v.* to have a birthday 1.9

cuñado/a *m., f.* brother-in-law; sister-in-law 1.3

cura *m.* priest

curarse *v.* to heal; to be cured 3.4

curativo/a *adj.* healing 3.4

currículum (vitae) *m.* résumé 2.7, 3.8

curso *m.* course 1.2

D

dañar *v.* to damage; to break down 2.1

dañino/a *adj.* harmful 3.6

danza *f.* dance 2.8

dar *v.* to give 1.6, 1.9;
  dar a to look out upon

dar asco to be disgusting

dar de comer to feed 3.6

dar direcciones *v.* to give directions 2.5

dar el primer paso to take the first step

dar la gana to feel like 3.9

dar la vuelta (al mundo) to go around (the world)

dar paso a to give way to

dar un consejo *v.* to give advice

dar un paseo to take a stroll/ walk 3.2

dar una vuelta to take a walk/ stroll

darse con *v.* to bump into; to run into (something) 2.1

darse cuenta to realize 3.2, 3.9

darse por aludido/a to realize/assume that one is being referred to 3.9

darse por vencido to give up

darse prisa *v.* to hurry; to rush 2.6

dardos *m. pl.* darts 3.2

dato *m.* piece of data

de *prep.* of; from 1.1
  de algodón (made) of cotton 1.6
  de aluminio (made) of aluminum 2.4
  de buen humor in a good mood 1.5
  de compras shopping 1.5
  de cuadros plaid 1.6
  de excursión hiking 1.4
  ¿De dónde eres? *fam.* Where are you from? 1.1
  ¿De dónde es usted? *form.* Where are you from? 1.1
  de hecho in fact
  de ida y vuelta roundtrip 1.5
  de la mañana in the morning; A.M. 1.1
  de la noche in the evening; at night; P.M. 1.1
  de la tarde in the afternoon; in the early evening; P.M. 1.1
  de lana (made) of wool 1.6
  de lunares polka-dotted 1.6
  de mal humor in a bad mood 1.5
  de mi vida of my life 2.6
  de moda in fashion 1.6
  De nada. You're welcome. 1.1
  De ninguna manera. No way. 2.7
  de niño/a as a child 2.1
  de parte de on behalf of 2.2
  ¿De parte de quién? Who is calling? (*on telephone*) 2.2
  de plástico (made) of plastic 2.4

¿de quién...? whose...? (*sing.*) 1.1

¿de quiénes...? whose...? (*pl.*) 1.1

de rayas striped 1.6

de repente suddenly 1.6, 3.3

de seda (made) of silk 1.6

de terror horror (story/novel) 3.10

de vaqueros western (genre) 2.8

de vez en cuando from time to time 2.1

de vidrio (made) of glass 2.4

debajo de *prep.* below; under 1.2

deber (+ *inf.*) *v.* should; must; ought to 1.3
  Debe ser... It must be... 1.6

deber *m.* responsibility; obligation 2.9; duty 3.8

deber *v.* to owe 3.8;
  deber dinero to owe money 3.2

debido a due to (the fact that)

débil *adj.* weak 2.6

década *f.* decade

decidido/a *adj.* decided 2.5

decidir (+ *inf.*) *v.* to decide 1.3

décimo/a *adj.* tenth 1.5

decir (e:i) *v.* (que) to say (that) 3.1; to tell (that) 1.4, 1.9
  decir la respuesta to say the answer 1.4
  decir la verdad to tell the truth 1.4
  decir mentiras to tell lies 1.4
  decir que to say that 1.4

declarar *v.* to declare; to say 2.9

dedicatoria *f.* dedication

dedo del pie *m.* toe 2.1

dedo *m.* finger 2.1

deforestación *f.* deforestation 2.4, 3.6

dejar *v.* to leave; to allow
  dejar a alguien to leave someone 3.1; to let 2.3 to quit; to leave behind 2.7
  dejar de (+ *inf.*) *v.* to stop (doing something) 2.4
  dejar de fumar quit smoking 3.4
  dejar en paz to leave alone 3.8
  dejar una propina *v.* to leave a tip 1.9

del (*contraction of* **de + el**) of the; from the

delante de *prep.* in front of 1.2

delatar *v.* to denounce 3.3

delgado/a *adj.* thin; slender 1.3

delicioso/a *adj.* delicious 1.8

demás *adj.* the rest

demás: los/las demás *pron.* others; other people

demasiado *adj.*, *adv.* too; too much **1.6**
democracia *f.* democracy
demorar *v.* to delay
dentista *m.*, *f.* dentist **2.1**
dentro de (diez años) within (ten years) **2.7**; inside
denunciar *v.* to denounce **3.9**
dependiente/a *m.*, *f.* clerk **1.6**
deporte *m.* sport **1.4**
deportista *m.*, *f.* athlete, sports person **3.2**
deportivo/a *adj.* sports-related **1.4**
depositar *v.* to deposit **2.5, 3.8**
depresión *f.* depression **3.4**
deprimido/a *adj.* depressed **3.1**
derecha *f.* right **1.2**
derecho *adj.* straight (ahead) **2.5**
  a la derecha de to the right of **1.2**
derecho *m.* law; right;
  derechos civiles civil rights
  derechos humanos human rights
derechos *m.* rights **2.9**
derramar *v.* to spill
derretir(se) (e:i) *v.* to melt **3.7**
derribar *v.* to bring down; to overthrow
derrocar *v.* to overthrow
derrota *f.* defeat
derrotado/a *adj.* defeated
derrotar *v.* to defeat
desafiante *adj.* challenging **3.4**
desafiar *v.* to challenge **3.2**
desafío *m.* challenge **3.7**
desanimado/a *adj.* discouraged
desanimarse *v.* to get discouraged
desánimo *m.* the state of being discouraged **3.1**
desaparecer *v.* to disappear **3.1, 3.6**
desarrollado/a *adj.* developed
desarrollar *v.* to develop **2.4**
desarrollarse *v.* to take place **3.10**
desarrollo *m.* development **3.6**
  país en vías de desarrollo developing country
desastre (natural) *m.* (natural) disaster **2.9**
desatar *v.* to untie
desayunar *v.* to have breakfast **1.2**
desayuno *m.* breakfast **1.8**
descafeinado/a *adj.* decaffeinated **2.6**
descansar *v.* to rest **1.2, 3.4**
descanso *m.* rest **3.8**
descargar *v.* to download **2.2, 3.7**
descendiente *m.*, *f.* descendent
descompuesto/a *adj.* not working; out of order **2.2**

descongelar(se) *v.* to defrost **3.7**
desconocido/a *adj.* stranger
describir *v.* to describe **1.3**
descrito/a *p.p.* described **2.5**
descubierto/a *p.p.* discovered **2.5**
descubridor(a) *m.*, *f.* discoverer
descubrimiento *m.* discovery **3.7**
descubrir *v.* to discover **2.4, 3.4**
descuidar(se) *v.* to get distracted; to neglect **3.6**
desde *prep.* from **1.6**
desear *v.* to wish; to desire **1.2, 3.4**
desechable *adj.* disposable **3.6**
desempleado/a *adj.* unemployed **3.8**
desempleo *m.* unemployment **2.9, 3.8**
desenlace *m.* ending
deseo *m.* desire; wish
  pedir un deseo *v.* make a wish
deshacer *v.* to undo **3.1**
desierto *m.* desert **2.4, 3.6**
desigual *adj.* unequal
desigualdad *f.* inequality **2.9**
desilusión *f.* disappointment
desmayarse *v.* to faint **3.4**
desorden *m.* disorder; mess **3.7**
desordenado/a *adj.* disorderly **1.5**
despacho *m.* office
despacio *adv.* slowly **2.1**
despedida *f.* farewell **3.5**
despedido/a *adj.* fired
despedir (e:i) *v.* to fire **2.7, 3.8**
despedirse (de) (e:i) *v.* to say goodbye (to) **1.7, 3.3**
despejado/a *adj.* clear (*weather*)
despertador *m.* alarm clock **1.7**
despertarse (e:ie) *v.* to wake up **1.7, 3.2**
después *adv.* afterwards; then **1.7**
  después de after **1.7**
  después de que *conj.* after **2.4**
destacado/a *adj.* prominent **3.9**
destacar *v.* to emphasize; to point out
destino *m.* destination **3.5**
destrozar *v.* to destroy
destruir *v.* to destroy **2.4, 3.6**
detestar *v.* to detest
detrás de *prep.* behind **1.2**
deuda *f.* debt **3.8**
devolver (o:ue) *v.* to return (items) **3.3**
devoto/a *adj.* pious
día de fiesta holiday **1.9**
día *m.* day **1.1**
  estar al día con las noticias to keep up with the news

diamante *m.* diamond **3.5**
diario *m.* diary **1.1**; newspaper **2.9, 3.9**
diario/a *adj.* daily **1.7, 3.3**
dibujar *v.* to draw **1.2, 3.10**
dibujo *m.* drawing **2.8**
  dibujos animados *m.*, pl. cartoons **2.8**
diccionario *m.* dictionary **1.1**
dicho/a *p.p.* said **2.5**
diciembre *m.* December **1.5**
dictador(a) *m.*, *f.* dictator
dictadura *f.* dictatorship **2.9**
didáctico/a *adj.* educational **3.10**
diecinueve *adj.* nineteen **1.1**
dieciocho *adj.* eighteen **1.1**
dieciséis *adj.* sixteen **1.1**
diecisiete *adj.* seventeen **1.1**
diente *m.* tooth **1.7**
dieta *f.* diet **2.6**
  comer una dieta equilibrada to eat a balanced diet **2.6**
  estar a dieta to be on a diet **3.4**
diez ten **1.1**
difícil *adj.* difficult; hard **1.3**
Diga. Hello. *(on telephone)* **2.2**
digestión *f.* digestion
digital *adj.* digital **3.7**
digno/a *adj.* worthy **3.6**
diligencia *f.* errand **2.5**
diluvio *m.* heavy rain
dinero *m.* money **1.6**
  dinero en efectivo cash **3.3**
Dios *m.* God
dios(a) *m.*, *f.* god/godess **3.5**
diputado/a *m.*, *f.* representative
dirección *f.* address **2.5**
  dirección de correo electrónico *f.* e-mail address **3.7**
  dirección electrónica *f.* e-mail address **2.2**
direcciones *f.*, *pl.* directions **2.5**
directo/a *adj.* direct
  en directo *adj.* live **3.9**
director(a) *m.*, *f.* director; (musical) conductor **2.8**
dirigir *v.* to direct **2.8**; to manage **3.1**
disco compacto compact disc (CD) **2.2**
discoteca *f.* discotheque; dance club **3.2**
discriminación *f.* discrimination **2.9**
discriminado/a *adj.* discriminated
disculpar *v.* to excuse
disculparse *v.* to apologize **3.6**
discurso *m.* speech **2.9**;
  pronunciar un discurso *v.* to give a speech
discutir *v.* to argue **3.1**

diseñador(a) *m., f.* designer 2.7
diseñar *v.* to design 3.8, 3.10
diseño *m.* design
disfraz *m.* costume
disfrazado/a *adj.* disguised; in costume
disfrutar (de) *v.* to enjoy 3.2; to reap the benefits (of) 2.6
disgustado/a *adj.* upset 3.1
disgustar *v.* to upset 3.2
disminuir *v* to decrease
disponerse a *v.* to be about to 3.6
disponible *adj.* available
distinguido/a *adj.* honored
distinguir *v.* to distinguish 3.1
distraer *v.* to distract 3.1
distraído/a *adj.* distracted
disturbio *m.* riot 3.8
diversidad *f.* diversity 3.4
diversión *f.* fun activity; entertainment; recreation 1.4
divertido/a *adj.* fun 1.7, 3.2
divertirse (e:ie) *v.* to have fun 1.9, 3.2
divorciado/a *adj.* divorced 1.9, 3.1
divorciarse (de) *v.* to get divorced (from) 1.9
divorcio *m.* divorce 1.9, 3.1
doblado/a *adj.* dubbed 3.9
doblaje *m.* dubbing (*film*)
doblar *v.* to dub (*film*); to fold; 3.1; to turn 2.5; to turn (a corner)
doble *adj.* double
doble *m., f.* double (*in movies*) 3.9
doce twelve 1.1
doctor(a) *m., f.* doctor 1.3, 2.1
documental *m.* documentary 2.8, 3.9
documentos de viaje *m., pl.* travel documents
dolencia *f.* illness; condition 3.4
doler (o:ue) *v.* to hurt 2.1; to ache 3.2
dolor *m.* ache; pain 2.1
dolor de cabeza *m.* headache 2.1
doméstico/a *adj.* domestic 2.3
domingo *m.* Sunday 1.2
dominio *m.* rule
dominó *m.* dominoes
don/doña *title of respect used with a person's first name* 1.1
donde *prep.* where
¿Dónde está...? Where is...? 1.2
¿dónde? where? 1.1
dondequiera *adv.* wherever 3.4
dormir (o:ue) *v.* to sleep 1.4, 3.2
dormirse (o:ue) *v.* to go to sleep; to fall asleep 1.7, 3.2
dormitorio *m.* bedroom 2.3
dos two 1.1

dos veces *f.* twice; two times 1.6
doscientos/as two hundred 1.2
drama *m.* drama; play 2.8
dramático/a *adj.* dramatic 2.8
dramaturgo/a *m., f.* playwright 2.8, 3.10
droga *f.* drug 2.6
drogadicto/a *adj.* drug addict 2.6
ducha *f.* shower 1.7
ducharse *v.* to shower 3.2; to take a shower 1.7
duda *f.* doubt 2.4
dudar *v.* to doubt 2.4
no dudar *v.* not to doubt 2.4
dueño/a *m., f.* owner 3.8; landlord 1.8
dulces *m., pl.* sweets; candy 1.9
durante *prep.* during 1.7
durar *v.* to last 2.9
duro/a *adj.* hard; difficult 3.7

E

(en) efectivo *m.* cash 1.6
e *conj. (used instead of y before words beginning with i and hi)* and 1.4
echar *v.* to throw
echar (una carta) al buzón *v.* to put (a letter) in the mailbox 2.5; to mail 2.5; to throw away 3.5
echar a correr to take off running
echar un vistazo *v.* to take a look
ecología *f.* ecology 2.4
economía *f.* economics 1.2
ecosistema *m.* ecosystem 3.6
ecoturismo *m.* ecotourism 2.4, 3.5
Ecuador *m.* Ecuador 1.1
ecuatoriano/a *adj.* Ecuadorian 1.3
edad *f.* age 1.9
Edad Media *f.* Middle Ages
edificio *m.* building 2.3
edificio de apartamentos apartment building 2.3
editar *v.* to publish 3.10
educar *v.* to educate; to inform; to raise; to bring up 3.1
efectivo *m.* cash
efectos especiales *m., pl.* special effects 3.9
eficiente *adj.* efficient
ejecutivo/a *m., f.* executive 3.8; **de corte ejecutivo** of an executive nature 3.8
ejercicio *m.* exercise 2.6
ejercicios aeróbicos aerobic exercises 2.6

ejercicios de estiramiento stretching exercises 2.6
ejército *m.* army 2.9,
el *m., sing., def. art.* the 1.1
él *sub. pron.* he 1.1; *adj. pron.* him
elecciones *f. pl.* election 2.9
electoral *adj.* electoral
electricista *m., f.* electrician 2.7
electrodoméstico *m.* electric appliance 2.3
electrónico/a *adj.* electronic
elegante *adj. m., f.* elegant 1.6
elegido/a *adj.* chosen; elected
elegir (e:i) *v.* to elect 2.9; to choose
ella *sub. pron.* she 1.1; *obj. pron.* her
ellos/as *sub. pron.* they 1.1; them 1.1
embajada *f.* embassy
embajador(a) *m., f.* ambassador
embalarse *v.* to go too fast 3.9
embarazada *adj.* pregnant 2.1
embarcar *v.* to board
emergencia *f.* emergency 2.1
emigrar *v.* to emigrate
emisión *f.* broadcast; **emisión en vivo/directo** *f.* live broadcast
emisora *f.* (radio) station
emitir *v.* to broadcast 2.9
emocionado/a *adj.* excited 3.1
emocionante *adj. m., f.* exciting
empatar *v.* to tie (games) 3.2
empate *m.* tie (game) 3.2
empeorar *v.* to deteriorate; to get worse 3.4
emperador *m* emperor
emperatriz *f.* empress
empezar (e:ie) *v.* to begin 1.4
empleado/a *m., f.* employee 1.5, 3.8
empleado/a *adj.* employed 3.8
empleo *m.* employment 2.7; job 3.8
empresa *f.* company, firm 2.7; **empresa multinacional** multinacional company 3.8
empresario/a *m., f.* entrepreneur 3.8
empujar *v.* to push
en línea *adj.* online 3.7
en *prep.* in; on; at 1.2
en casa at home 1.7
en caso (de) que in case (that) 2.4
en cuanto as soon as 2.4
en efectivo in cash 2.5
en exceso in excess; too much 2.6
en línea in-line 1.4
¡En marcha! Let's get going! 2.6
en mi nombre in my name

en punto on the dot; exactly; sharp *(time)* **1.1**

en qué in what; how **1.2**

¿En qué puedo servirles? How can I help you? **1.5**

enamorado/a (de) *adj.* in love (with) **1.5, 3.1**

enamorarse (de) *v.* to fall in love (with) **1.9, 3.1**

encabezar *v.* to lead

encantado/a *adj.* delighted; pleased to meet you **1.1**

encantar *v.* to like very much **3.2**; to love *(inanimate objects)* **1.7**

¡Me encantó! I loved it! **2.6**

encargado/a *m., f.* person in charge;

estar encargado/a de *v.* to be in charge of **3.1**

encargarse de *v.* to be in charge of **3.1**

encender (e:ie) *v.* to turn on **3.3**

encima de *prep.* on top of **1.2**

encogerse *v.* shrink;

encogerse de hombros *v.* to shrug

encontrar (o:ue) *v.* to find **1.4**

encontrar(se) (o:ue) *v.* to meet (each other); to run into (each other) **2.2**

encuesta *f.* poll; survey **2.9**

energía *f.* energy **2.4**

energía eólica wind energy; wind power

energía nuclear nuclear energy **2.4**

energía solar solar energy **2.4**

enérgico/a *adj.* energetic **3.8**

enero *m.* January **1.5**

enfermarse *v.* to get sick **2.1, 3.4**

enfermedad *f.* disease; illness **2.1, 3.4**

enfermero/a *m., f.* nurse **2.1, 3.4**

enfermo/a *adj.* sick **2.1**

enfrentar *v.* to confront

enfrente de *adv.* opposite; facing **2.5**

engañar *v.* to betray **3.9**,

enganchar *v.* to get caught **3.5**

engordar *v.* to gain weight **2.6, 3.4**

enlace *m.* link **3.7**

enojado/a *adj.* mad; angry **1.5**

enojarse (con) *v.* to get angry (with) **1.7**

enojo *m.* anger

enrojecer *v.* to turn red; to blush

ensalada *f.* salad **1.8**

ensayar *v.* to rehearse **3.9**

ensayista *m., f.* essayist **3.10**

ensayo *m.* essay; rehearsal

enseguida *adv.* right away **1.9, 3.3**

enseñanza *f.* teaching; lesson

enseñar *v.* to teach **1.2**

ensuciar *v.* to get (something) dirty **2.3**

entender (e:ie) *v.* to understand **1.4**

enterarse (de) *v.* to become informed (about) **3.9**

enterrado/a *m., f.* buried **3.2**

enterrar (e:ie) *v.* to bury

entonces *adv.* then **1.7**

en aquel entonces at that time **3.3**

entrada *f.* entrance **2.3**; ticket **2.8**

entre *prep.* between; among **1.2**

entrega *f.* delivery

entremeses *m., pl.* hors d'oeuvres; appetizers **1.8**

entrenador(a) *m., f.* coach; trainer **2.6, 3.2**

entrenarse *v.* to practice; to train **2.6**

entretener(se) (e:ie) *v.* to entertain, amuse (oneself) **3.2**

entretenido/a *adj.* entertaining **3.2**

entrevista *f.* interview **2.7**

entrevista de trabajo job interview **3.8**

entrevistador(a) *m., f.* interviewer **2.7**

entrevistar *v.* to interview **2.7**

envase *m.* container **2.4**

envenenado/a *adj.* poisoned **3.6**

enviar *v.* to send; to mail **2.5**

epidemia *f.* epidemic **3.4**

episodio *m.* episode **3.9**;

episodio final final episode **3.9**

época *f.* era; epoch; historical period

equilibrado/a *adj.* balanced **2.6**

equipado/a *adj.* equipped **2.6**

equipaje *m.* luggage **1.5**

equipo *m.* team **1.4, 3.2**

equivocado/a *adj.* wrong **1.5**

equivocarse *v.* to be mistaken; to make a mistake

eres *fam.* you are **1.1**

erosión *f.* erosion **3.6**

erudito/a *adj.* learned

es he/she/it is **1.1**

Es bueno que... It's good that... **2.3**

Es de... He/She is from... **1.1**

es extraño it's strange **2.4**

Es importante que... It's important that... **2.3**

es imposible it's impossible **2.4**

es improbable it's improbable **2.4**

Es malo que... It's bad that... **2.3**

Es mejor que... It's better that... **2.3**

Es necesario que... It's necessary that... **2.3**

es obvio it's obvious **2.4**

es ridículo it's ridiculous **2.4**

es seguro it's sure **2.4**

es terrible it's terrible **2.4**

es triste it's sad **2.4**

Es urgente que... It's urgent that... **2.3**

Es la una. It's one o'clock. **1.1**

es una lástima it's a shame **2.4**

es verdad it's true **2.4**

esa(s) *f., adj.* that; those **1.6**

ésa(s) *f., pron.* those (ones) **1.6**

esbozar *v* to sketch

esbozo *m.* outline; sketch

escalada *f.* climb (mountain)

escalador(a) *m., f.* climber

escalar *v.* to climb **1.4**

escalar montañas *v.* to climb mountains **1.4**

escalera *f.* stairs; stairway **2.3**; staircase **3.3**

escena *f.* scene **3.1**

escenario *m.* scenery; stage **3.2**

esclavitud *f.* slavery

esclavizar *v.* enslave

esclavo/a *m., f.* slave

escoba *f.* broom

escoger *v.* to choose **1.8, 3.1**

escribir *v.* to write **1.3**

escribir un mensaje electrónico to write an e-mail message **1.4**

escribir una postal to write a postcard **1.4**

escribir una carta to write a letter **1.4**

escrito/a *p.p.* written **2.5**

escritor(a) *m., f* writer **2.8**

escritorio *m.* desk **1.2**

escuchar *v.* to listen to

escuchar la radio to listen (to) the radio **1.2**

escuchar música to listen (to) music **1.2**

escuela *f.* school **1.1**

esculpir *v.* to sculpt **2.8, 3.10**

escultor(a) *m., f.* sculptor **2.8, 3.10**

escultura *f.* sculpture **2.8, 3.10**

ese *m., sing., adj.* that **1.6**

ése *m., sing., pron.* that (one) **1.6**

esfuerzo *m.* effort

eso *neuter, pron.* that; that thing **1.6**

esos *m., pl., adj.* those **1.6**

ésos *m., pl., pron.* those (ones) **1.6**

espacial *adj.* related to space
  transbordador espacial *m.* space shuttle 3.7
espacio *m.* space 3.7
espacioso/a *adj.* spacious
espalda *f.* back;
  a mis espaldas behind my back 3.9
  estar de espaldas a to have one's back to
España *f.* Spain 1.1
español *m.* Spanish *(language)* 1.2
español(a) *adj. m., f.* Spanish 1.3
espantar *v.* to scare
espárragos *m., pl.* asparagus 1.8
especialista *m., f.* specialist
especialización *f.* major 1.2
especializado/a *adj.* specialized 3.7
especie *f.* species 3.6
  especie en peligro de extinción endangered species
espectacular *adj.* spectacular 2.6
espectáculo *m.* show 2.8, 3.2
espectador(a) *m., f.* spectator 3.2
espejo *m.* mirror 1.7
espejo retrovisor *m.* rearview mirror
espera *f.* wait
esperanza *f.* hope 3.6
esperar *v.* to hope; to wish 2.4
  esperar (+ *inf.*) *v.* to wait (for); to hope 1.2
espiritual *adj.* spiritual
esposo/a *m., f.* husband/wife; spouse 1.3
esquí (acuático) *m.* (water) skiing 1.4
esquiar *v.* to ski 1.4
esquina *m.* corner 2.5
está he/she/it is, you are
  Está (muy) despejado. It's (very) clear. *(weather)*
  Está lloviendo. It's raining. 1.5
  Está nevando. It's snowing. 1.5
  Está (muy) nublado. It's (very) cloudy. *(weather)* 1.5
  Está bien. That's fine. 2.2
esta(s) *f., adj.* this; these 1.6
  esta noche tonight 1.4
ésta(s) *f., pron.* this (one); these (ones) 1.6
  Ésta es... *f.* This is... *(introducing someone)* 1.1
estabilidad *f.* stability
establecer *v.* to start, to establish 2.7

establecer(se) *v.* to establish (oneself)
estación *f.* station; season 1.5
  estación de autobuses bus station 1.5
  estación del metro subway station 1.5
  estación de tren train station 1.5
estacionamiento *m.* parking lot 2.5
estacionar *v.* to park 2.2
estadio *m.* stadium 1.2
estado civil *m.* marital status 1.9
estado de ánimo *m.* mood 3.4
Estados Unidos *m.* (EE.UU.; E.U.) United States 1.1
estadounidense *adj. m., f.* from the United States 1.3
estampado/a *adj.* print
estampilla *f.* stamp 2.5
estante *m.* bookcase; bookshelves 2.3
estar *v.* to be 1.2
  estar a cargo de to be in charge of
  estar a (veinte kilómetros) de aquí. to be (20 kilometers) from here 2.2
  estar a dieta to be on a diet 2.6
  estar aburrido/a to be bored 1.5
  estar a la venta to be for sale 3.10
  estar al día to be up-to-date 3.9
  estar al tanto to be informed 3.9
  estar afectado/a (por) to be affected (by) 2.4
  estar bajo control to be under control 1.7
  estar bajo presión to be under stress/pressure
  estar bueno/a to be good (*i.e., fresh*)
  estar cansado/a to be tired 1.5
  estar contaminado/a to be polluted 2.4
  estar de acuerdo to agree 2.7
  Estoy (completamente) de acuerdo. I agree (completely). 2.7
  No estoy de acuerdo. I don't agree. 2.7
  estar de moda to be in fashion 1.6
  estar de vacaciones *f., pl.* to be on vacation 1.5
  estar en buena forma to be in good shape 2.6
  estar enfermo/a to be sick 2.1

  estar harto/a (de) to be fed up (with); to be sick (of) 3.1
  estar listo/a to be ready 2.6
  estar lleno to be full 3.5
  estar perdido/a to be lost 2.5
  estar resfriado/a to have a cold 3.4
  estar roto/a to be broken 2.1
  estar seguro/a to be sure 1.5
  estar torcido/a to be twisted; to be sprained 2.1
  No está nada mal. It's not bad at all. 1.5
estatal *adj.* public; pertaining to the state
estatua *f.* statue 2.8
este *m.* east 2.5; umm 2.8
este *m., sing., adj.* this 1.6
éste *m., sing., pron.* this (one) 1.6
  Éste es... *m.* This is... *(introducing someone)* 1.1
estéreo *m.* stereo 2.2
estereotipo *m.* stereotype 3.10
estético/a *m./f.* aesthetic 3.10
estilo *m.* style;
  al estilo de... in the style of ... 3.10
estiramiento *m.* stretching 2.6
esto neuter *pron.* this; this thing 1.6
estómago *m.* stomach 2.1
estornudar *v.* to sneeze 2.1
estos *m., pl., adj.* these 1.6
éstos *m., pl., pron.* these (ones) 1.6
estrecho/a *adj.* narrow
estrella *f.* star 2.4
  estrella de cine *m., f.* movie star 2.8
  estrella fugaz *f.* shooting star
  estrella pop *f. m., f.* pop star 3.9
estreno *m.* premiere; debut 3.2
estrés *m.* stress 2.6
estrofa *f.* stanza 3.10
estudiante *m., f.* student 1.1, 1.2
estudiantil *adj. m., f.* student 1.2
estudiar *v.* to study 1.2
estudio *m.* studio;
  estudio de grabación recording studio
estufa *f.* stove 2.3
estupendo/a *adj.* stupendous 1.5
etapa *f.* stage 1.9; phase
eterno/a *adj.* eternal
ético/a *adj.* ethical 3.7
  poco ético/a unethical
etiqueta *f.* label; tag
evitar *v.* to avoid 2.4
examen *m.* test; exam 1.2
  examen médico physical exam 2.1

excelente *adj. m., f.* excellent 1.5

exceso *m.* excess; too much 2.6

excitante *adj.* exciting

excursión *f.* excursion; hike; tour 3.5

excursionista *m., f.* hiker

exigir *v.* to demand 3.1, 3.4, 3.8

exilio político *m.* political exile

exitoso/a *adj.* successful 3.8

exótico/a *adj.* exotic

experiencia *f.* experience 2.9, 3.8

experimentar *v.* to experience; to feel

experimento *m.* experiment 3.7

explicar *v.* to explain 1.2

exploración *f.* exploration

explorar *v.* to explore

explotación *f.* exploitation

explotar *v.* to exploit

exportaciones *f., pl.* exports

exportar *v.* to export 3.8

exposición *f.* exhibition

expresión *f.* expression

expresionismo *m.* expressionism 3.10

expulsar *v.* to expel

extinción *f.* extinction 2.4

extinguir *v.* to extinguish

extinguirse *v.* to become extinct 3.6

extrañar *v.* to miss

   extrañar a (alguien) to miss (someone)

   extrañarse de algo to be surprised about something

extranjero/a *adj.* foreign 2.8

extraño/a *adj.* strange 2.4

extraterrestre *m., f.* alien 3.7

F

fábrica *f.* factory

fabricar *v.* to manufacture; to make 3.7

fabuloso/a *adj* fabulous 1.5

facciones *f.* facial features 3.3

fácil *adj.* easy 1.3

factor *m.* factor;

   factores de riesgo risk factors

falda *f.* skirt 1.6

fallecer *v.* to die

falso/a *adj.* insincere 3.1

faltar *v.* to lack; to need 1.7, 3.2

fama *f.* fame 3.9

   tener buena/mala fama to have a good/bad reputation 3.9

familia *f.* family 1.3

famoso/a *adj.* famous 2.7, 3.9

   hacerse famoso *v.* to become famous 3.9

farándula *f.* entertainment 3.1

farmacia *f.* pharmacy 2.1

faro *m.* lighthouse; beacon 3.5

fascinar *v.* to fascinate 1.7; to like very much 3.2

fatiga *f.* fatigue; weariness 3.8

fatigado/a *adj.* exhausted 3.3

favor *m.* favor;

   hacer el favor do someone the favor

favoritismo *m.* favoritism

favorito/a *adj.* favorite 1.4

fax *m.* fax (machine) 2.2

fe *f.* faith

febrero *m.* February 1.5

fecha *f.* date 1.5

felicidad *f.* happiness

   ¡Felicidades! Congratulations! *(for an event such as a birth-day or anniversary)* 1.9

   ¡Felicidades a todos! Congratulations to all!

   ¡Felicitaciones! Congratulations! *(for an event such as an engagement or a good grade on a test)* 1.9

feliz *adj.* happy 1.5

   ¡Feliz cumpleaños! Happy birthday! 1.9

fenomenal *adj.* great, phenomenal 1.5

feo/a *adj.* ugly 1.3

feria *f.* fair 3.2

festejar *v.* to celebrate 3.2

festival *m.* festival 2.8, 3.2

fiabilidad *f.* reliability

fiebre *f.* fever 2.1, 3.4

fiesta *f.* party 1.9

fijarse *v.* to notice 3.9

   fijarse en to take notice of 3.2

fijo/a *adj.* fixed, set 1.6, 3.8

fin *m.* end 1.4

   al fin y al cabo sooner or later; after all;

   fin de semana weekend 1.4

final: al final de cuentas after all 3.7

finalmente *adv.* finally 2.6

financiar *v.* to finance 3.8

financiero/a *adj.* financial 3.8

finanza(s) *f.* finance(s)

firma *f.* signature

firmar *v.* to sign *(a document)* 2.5

física *f.* physics 1.2

físico/a *m. f.* physicist 3.7

flan (de caramelo) *m.* baked (caramel) custard 1.9

flexible *adj.* flexible 2.6

flor *f.* flower 2.4

florecer *v.* to flower 3.6

flotar *v.* to float 3.5

folklórico/a *adj.* folk; folkloric 2.8

folleto *m.* brochure

fondo *m.* end 2.3; bottom

   a fondo *adv.* thoroughly

forma *f.* form; shape 2.6

   mala forma física *f.* bad physical shape

   de todas formas in any case

   ponerse en forma *v.* to get in shape 3.4

formular *v.* to formulate 3.7

formulario *m.* form 2.5

fortaleza *f.* strength

forzado/a *adj.* forced

foto(grafía) *f.* photograph 1.1

fraile *m.* friar

francés, francesa *adj. m., f.* French 1.3

frasco *m.* flask

frecuentemente *adv.* frequently 2.1

freír (e:i) *v.* to fry 3.3

frenos *m., pl.* brakes

fresco/a *adj.* cool 1.5

frijoles *m., pl.* beans 1.8

frío/a *adj.* cold 1.5

frito/a *adj.* fried 1.8

frontera *f.* border 3.5

fruta *f.* fruit 1.8

frutería *f.* fruit store 2.5

frutilla *f.* strawberry 1.8

fuente de fritada *f.* platter of fried food

fuente *f.* fountain; source;

   fuente de energía energy source 3.6

fuera *adv.* outside

fuerte *adj. m., f.* strong 2.6

fuerza *f.* force; power

   fuerza de voluntad will power 3.4

   fuerza laboral labor force

   fuerzas armadas *f., pl.* armed forces

fumar *v.* to smoke 2.6

   (no) fumar *v.* (not) to smoke 2.6

función *f.* performance (theater/movie) 3.2

funcionar *v.* to work 2.2, 3.7; to function

fútbol americano *m.* football 1.4

fútbol *m.* soccer 1.4

futurístico/a *adj.* futuristic

futuro/a *adj.* future 2.7

   en el futuro in the future 2.7

G

gafas (de sol)/ (oscuras) *f., pl.* (sun)glasses 1.6;

galería *f.* gallery 3.10

galleta *f.* cookie 1.9

gana *f.* desire;

sentir/tener ganas de *v.* to want to; to feel like

ganar *v.* to win **1.4;** to earn (money) **2.7;**
  ganarse la vida to earn a living **3.8**
  ganar bien/mal to be well/ poorly paid **3.8**
  ganar las elecciones to win an election
  ganar un partido to win a game **3.2**

ganga *f.* bargain **1.6, 3.3**

garaje *m.* garage; (mechanic's) repair shop; **2.2** garage (*in a house*) **2.3**

garganta *f.* throat **2.1**

gasolina *f.* gasoline **2.2**

gasolinera *f.* gas station **2.2**

gastar *v.* to spend **3.8;** (money) **1.6**

gato *m.* cat **2.4**

gemelo/a *m., f.* twin **1.3**

gen *m.* gene **3.7**

generar *v.* to produce; generate

generoso/a *adj.* generous

genética *f.* genetics **3.4**

gente *f.* people **1.3**

geografía *f.* geography **1.2**

gerente *m., f.* manager **2.7, 3.8**

gesto *m.* gesture

gimnasio *m.* gymnasium **1.4**

globalización *f.* globalization **3.8**

gobernador(a) *m., f.* governor

gobernante *m., f.* ruler

gobernar (e:ie) *v.* to govern

gobierno *m.* government **2.4**

golf *m.* golf **1.4**

gordo/a *adj.* fat **1.3**

grabadora *f.* tape recorder **1.1**

grabar *v.* to record **2.2, 3.9**

gracias *f., pl.* thank you; thanks **1.1**
  Gracias por todo. Thanks for everything. **1.9, 2.6**
  Gracias una vez más. Thanks again. **1.9**

gracioso/a *adj.* funny; pleasant **3.1**

graduarse (de/en) *v.* to graduate (from/in) **1.9**

gran, grande *adj.* big; large **1.3**

grasa *f.* fat **2.6**

gratis *adj. m., f.* free of charge **2.5**

grave *adj.* grave; serious **2.1**

gravedad *f.* gravity **3.7**

gravísimo/a *adj.* extremely serious **2.4**

grillo *m.* cricket

gripe *f.* flu **2.1, 3.4**

gris *adj. m., f.* gray **1.6**

gritar *v.* to shout; to scream **1.7**

grupo *m.* group

grupo musical *m.* musical group, band

guantes *m., pl.* gloves **1.6**

guapo/a *adj.* handsome; good-looking **1.3**

guaraní *m.* Guarani **3.9**

guardar *v.* to save (*on a computer*) **2.2;** to save **3.7**

guardarse (algo) *v.* to keep (something) to yourself **3.1**

guerra *f.* war **2.9**
  guerra civil civil war

guerrero/a *m., f.* warrior

guía *m., f.* guide

guía turístico/a *m., f.* tour guide **3.5**

guión *m.* screenplay; script **3.9**

guita *f.* cash; dough (Arg.) **3.7**

gusano *m.* worm

gustar *v.* to be pleasing to; to like **1.2, 3.2, 3.4**
  Me gustaría... I would like...
  No me gusta nada... ! I don't like ...at all!

gusto *m.* pleasure **2.8**
  Con mucho gusto. Gladly. El gusto es mío. The pleasure is mine. **1.1**
  Gusto de verlo/la. (*form.*) It's nice to see you. **2.9**
  Gusto de verte. (*fam.*) It's nice to see you. **2.9**
  Mucho gusto. Pleased to meet you. **1.1**
  ¡Qué gusto volver a verlo/la! (*form.*) I'm happy to see you again! **2.9**
  ¡Qué gusto volver a verte! (*fam.*) I'm happy to see you again! **2.9**

gusto *m.* taste **3.10**
  de buen/mal gusto in good/ bad taste **3.10**

H

haber (*aux.*) *v.* to have (done something) **2.6**
  Ha sido un placer. It's been a pleasure. **2.6**

habilidad *f.* skill

hábilmente *adv.* skillfully

habitación *f.* room **1.5, 3.5**
  habitación individual/ doble single/double room **1.5, 3.5**

habitante *m., f.* inhabitant

habitar *v.* to inhabit

hablante *m., f.* speaker **3.9**

hablar *v.* to talk; to speak **1.2, 3.1**
  Hablando de esto,... Speaking of that,...

hacer *v.* to do; to make **1.4, 3.1, 3.4**

Hace buen tiempo. The weather is good. **1.5**

Hace (mucho) calor. It's (very) hot. (*weather*) **1.5**

Hace fresco. It's cool. (*weather*) **1.5**

Hace (mucho) frío. It's very cold. (*weather*) **1.5**

Hace mal tiempo. The weather is bad. **1.5**

Hace (mucho) sol. It's (very) sunny. (*weather*) **1.5**

Hace (mucho) viento. It's (very) windy. (*weather*) **1.5**

hacer algo a propósito to do something on purpose

hacer clic to click **3.7**

hacer cola to wait in line **3.2**

hacer el favor do someone the favor

hacer diligencias to run errands **2.5**

hacer ejercicio to exercise **2.6**

hacer ejercicios aeróbicos to do aerobics **2.6**

hacer ejercicios de estiramiento to do stretching exercises **2.6**

hacer el papel (de) to play the role (of) **2.8**

hacer gimnasia to work out **2.6**

hacer juego (con) to match (with) **1.6**

hacer la cama to make the bed **2.3**

hacer las maletas to pack (one's) suitcases **1.5, 3.5**

hacer mandados to run errands **3.3**

hacer quehaceres domésticos to do household chores **2.3**

hacer turismo to go sightseeing

hacer un viaje to take a trip **1.5, 3.5**

hacer una excursión to go on a hike; to go on a tour

hacerle caso a alguien to pay attention to someone **3.1**

hacerle daño a alguien to hurt someone

hacerle gracia a alguien to be funny (to someone)

hacerse daño to hurt oneself

hacia *prep.* toward **2.5**

hallazgo *m.* finding; discovery **3.4**

hambre *f.* hunger **1.3**

hambriento/a *adj.* hungry

hamburguesa *f.* hamburger **1.8**

haragán/haragana lazy; idle **3.8**

harto/a *adj.* tired; fed up (with)
  estar harto/a (de) *v.* to be fed up (with); to be sick (of) **3.1**

hasta *prep.* until **1.6;** toward
  Hasta la vista. See you later. **1.1**
  Hasta luego. See you later. **1.1**
  Hasta mañana. See you tomorrow. **1.1**
  hasta que until **2.4**
  Hasta pronto. See you soon. **1.1**
hasta *adv.* until; **hasta la fecha** up until now
hay *v.* there is; there are **1.1**
  Hay (mucha) contaminación. It's (very) smoggy.
  Hay (mucha) niebla. It's (very) foggy.
  Hay que It is necessary that **2.5**
  No hay duda de There's no doubt **2.4**
  No hay de qué. You're welcome. **1.1**
hecho *m.* fact **3.3**
hecho/a *p.p.* done **2.5**
heladería *f.* ice cream shop **2.5**
helado *m.* ice cream **1.9**
helado/a *adj.* iced **1.8**
helar (e:ie) *v.* to freeze
heredar *v.* to inherit
herencia *f.* heritage
  herencia cultural cultural heritage
herida *f.* injury **3.4**
herido/a *adj.* injured
herir (e: ie) *v.* to hurt **3.1**
hermanastro/a *m., f.* stepbrother/stepsister **1.3**
hermano/a *m., f.* brother/sister **1.3**
hermano/a mayor/menor *m., f.* older/younger brother/sister **1.3**
hermanos *m., pl.* siblings (brothers and sisters) **1.3**
hermoso/a *adj.* beautiful **1.6**
heroico/a *adj.* heroic
herradura *f.* horseshoe
herramienta *f.* tool
  caja de herramientas *f.* toolbox
hervir (e:ie) *v.* to boil **3.3**
hierba *f.* grass **2.4**
higiénico/a *adj.* hygienic
hijastro/a *m., f.* stepson/stepdaughter **1.3**
hijo/a *m., f.* son/daughter **1.3**
  hijo/a único/a *m., f.* only child **1.3**
  hijos *m., pl.* children **1.3**
hindú *adj.* Hindu
historia *f.* history **1.2, ;** story **2.8**
historiador(a) *m., f.* historian
histórico/a *adj.* historic; historical **3.10**
hockey *m.* hockey **1.4**

hogar *m.* home; fireplace **3.3**
hojear *v.* to skim **3.10**
hola *interj.* hello; hi **1.1**
hombre *m.* man **1.1**
  hombre de negocios *m.* businessman **2.7, 3.8**
hombro *m.* shoulder
  encogerse de hombros *v.* to shrug
hondo/a *adj.* deep **3.2**
hora *f.* hour **1.1;** the time
horario *m.* schedule **1.2, 3.3**
horas de visita *f., pl.* visiting hours
hormiga *f.* ant **3.6**
horno *m.* oven **2.3**
  horno de microondas *m.* microwave oven **2.3**
horror *m.* horror **2.8**
  de horror horror (genre) **2.8**
hospedarse *v.* to stay; to lodge
hospital *m.* hospital **2.1**
hotel *m.* hotel **1.5**
hoy *adv.* today **1.2**
  hoy día *adv.* Nowadays
  Hoy es... Today is... **1.2**
huelga *f.* strike (labor) **2.9, 3.8**
huella *f.* trace; mark **3.8**
huerto *m.* orchard
hueso *m.* bone **2.1**
huésped *m., f.* guest **1.5**
huevo *m.* egg **1.8**
huir *v.* to flee; to run away **3.3**
humanidad *f.* humankind
humanidades *f., pl.* humanities **1.2**
húmedo/a *adj.* humid; damp **3.6**
humillar *v.* to humiliate **3.8**
humorístico/a *adj.* humorous **3.10**
hundir *v.* to sink
huracán *m.* hurricane **2.9, 3.6**

I

ida *f.* one way (travel)
idea *f.* idea **1.4**
ideología *f.* ideology
idioma *m.* language **3.9**
iglesia *f.* church **1.4,**
igual *adj.* equal
igualdad *f.* equality **2.9**
igualmente *adv.* likewise **1.1**
ilusión *f.* illusion; hope
imagen *f.* image; picture **3.2, 3.7**
imaginación *f.* imagination
imparcial *adj.* unbiased **3.9**
imperio *m.* empire
impermeable *m.* raincoat **1.6**
importaciones *f., pl.* imports
importado/a *adj.* imported **3.8**
importante *adj. m., f.* important **1.3, 3.4**

importar *v.* to be important to; to matter **1.7, 3.2, 4;** to import **3.8**
imposible *adj. m., f.* impossible **2.4**
impresionar *v.* to impress **3.1**
impresionismo *m.* impressionism **3.10**
impresora *f.* printer **2.2**
imprevisto/a *adj.* unexpected **3.3**
imprimir *v.* to print **2.2, 3.9**
improbable *adj. m., f.* improbable **2.4**
improviso: de improviso *adv.* unexpectedly
impuesto *m.* tax **2.9**
  impuesto de ventas *m.* sales tax **3.8**
inalámbrico/a *adj.* wireless **3.7**
incapaz *adj.* incompetent; incapable **3.8**
incendio *m.* fire **2.9**
incendio *m.* fire **3.6**
incertidumbre *f.* uncertainty
incluido/a *adj.* included **3.5**
increíble *adj. m., f.* incredible **1.5**
independencia *f.* independence
índice *m.* index
  índice de audiencia ratings
indígena *adj.* indigenous **3.9**
indígena *m., f.;* indigenous person **3.4**
individual *adj.* private (room) **1.5**
industria *f.* industry
inesperado/a *adj.* unexpected **3.3**
inestabilidad *f.* instability
infancia *f.* childhood
infección *f.* infection **2.1**
inflamado/a *adv.* inflamed **3.4**
inflamarse *v.* to become inflamed
inflexible *adj.* inflexible
influyente *adj.* influential **3.9**
informar *v.* to inform **2.9**
informarse *v.* to get information
informática *f.* computer science **3.7**
informativo *m.* news bulletin **3.9**
informe *m.* report; paper (*written work*) **2.9**
ingeniero/a *m., f.* engineer **1.3, 3.7**
inglés *m.* English (*language*) **1.2**
inglés, inglesa *adj.* English **1.3**
ingresar *v.* to enter; to enroll in; to become a member of
  ingresar datos to enter data
injusto/a *adj.* unjust
inmaduro/a *adj.* immature **3.1**

inmigración *f.* immigration
inmoral *adj.* immoral
innovador(a) *adj.* innovative 3.7
inodoro *m.* toilet 1.7
inquietante *adj.* disturbing; unsettling 3.10
inscribirse *v.* to register
inseguro/a *adj.* insecure 3.1
insensatez *f.* folly 3.4
insistir (en) *v.* to insist (on) 2.3, 3.4
inspector(a) de aduanas *m., f.* customs inspector 1.5
inspirado/a *adj.* inspired
instalar *v.* to install 3.7
integrarse (a) *v.* to become part (of)
inteligente *adj. m., f.* intelligent 1.3
intercambiar *v.* to exchange
interesante *adj. m., f.* interesting 1.3
interesar *v.* to be interesting to; to interest 1.7, 3.2
internacional *adj. m., f.* international 2.9
Internet *m., f.* Internet 2.2, 3.7
interrogante *m.* question; doubt 3.7
intrigante *adj.* intriguing 3.10
inundación *f.* flood 2.9, 3.6
inundar *v.* to flood
inútil *adj.* useless 3.2
invadir *v.* to invade
inventar *v.* to invent 3.7
invento *m.* invention 3.7
inversión *f.* investment
    inversión extranjera foreign investment 3.8
inversor(a) *m., f.* investor
invertir (e:ie) *v.* to invest 2.7, 3.8
investigador(a) *m., f.* researcher 3.4
investigar *v.* to investigate; to research 3.7
invierno *m.* winter 1.5
invitado/a *m., f.* guest (at a function) 1.9
invitar *v.* to invite 1.9
inyección *f.* injection 2.1
ir *v.* to go 1.4, 3.1, 3.2
    ir a (+ *inf.***)** to be going to do something 1.4
    ir de compras to go shopping 1.5, 3.3
    ir de excursión (a las montañas) to go for a hike (in the mountains) 1.4
    ir de pesca to go fishing
    ir de vacaciones to go on vacation 1.5, 3.5
    ir en autobús to go by bus 1.5
    ir en auto(móvil) to go by auto(mobile); to go by car 1.5

ir en avión to go by plane 1.5
ir en barco to go by boat 1.5
ir en metro to go by subway
ir en motocicleta to go by motorcycle 1.5
ir en taxi to go by taxi 1.5
ir en tren to go by train
irresponsable *adj.* irresponsible
irse (de) *v.* to go away (from) 3.2; to leave 1.7
isla *f.* island 3.5
italiano/a *adj.* Italian 1.3
itinerario *m.* itinerary 3.5
izquierdo/a *adj.* left 1.2
    a la izquierda de to the left of 1.2

J

jabalí *m.* wild boar 3.10
jabón *m.* soap 1.7
jamás *adv.* never; not ever 1.7
jamón *m.* ham 1.8
japonés, japonesa *adj.* Japanese 1.3
jarabe *m.* syrup 3.4
jardín *m.* garden; yard 2.3
jaula *f.* cage
jefe, jefa *m., f.* boss 2.7
jornada *f.* (work) day
joven *adj. m., f.* young 1.3
    joven *m., f.* youth; young person 1.1
joyería *f.* jewelry store 2.5
jubilación *f.* retirement
jubilarse *v.* to retire (*from work*) 1.9, 3.8
judío/a *adj.* Jewish
juego *m.* game 3.2
    juego de mesa board game 3.2
    juego de pelota ball game 3.5
jueves *m., sing.* Thursday 1.2
juez(a) *m., f.* judge
jugador(a) *m., f.* player 1.4
jugar (u:ue) *v.* to play 1.4
    jugar a las cartas *f. pl.* to play cards 1.5
jugo (de fruta) *m.* (fruit) juice 1.8
juicio *m.* trial; judgment
julio *m.* July 1.5
jungla *f.* jungle 2.4
junio *m.* June 1.5
juntos/as *adj.* together 1.9
jurar *v.* to promise
justicia *f.* justice
justo/a *adj.* just
juventud *f.* youth 1.9

K

kilómetro *m.* kilometer 2.2

L

la *f., sing., def. art.* the 1.1
    la *f., sing., d.o. pron.* her, it, *form.* you 1.5
laboratorio *m.* laboratory 1.2
    laboratorio espacial *m.* space lab
ladrillo *m.* brick
ladrón/ladrona *m., f.* thief
lago *m.* lake 2.4
lágrimas *f. pl.* tears
lámpara *f.* lamp 2.3
lana *f.* wool 1.6
langosta *f.* lobster 1.8
lanzar *v.* to throw; to launch
lápiz *m.* pencil 1.1
largo/a *adj.* long 1.6
    a lo largo de along; beside
    a largo plazo long-term
largometraje *m.* full length film
las *f., pl., def. art.* the 1.1
    las *f., pl., d.o. pron.* them; *form.* you 1.5
lástima *f.* shame 2.4
lastimar *v.* to injure
lastimarse *v.* to injure oneself 2.1; to get hurt 3.4
    lastimarse el pie to injure one's foot 2.1
lata *f.* (tin) can 2.4
latir *v.* to beat 3.4
lavabo *m.* sink 1.7
lavadora *f.* washing machine 2.3
lavandería *f.* laundromat 2.5
lavaplatos *m., sing.* dishwasher 2.3
lavar *v.* to wash 2.3, 3,3
    lavar (el suelo, los platos) to wash (the floor, the dishes) 2.3
lavarse *v.* to wash oneself 1.7, 3.2
    lavarse la cara to wash one's face 1.7
    lavarse las manos to wash one's hands 1.7
le *sing., i.o. pron.* to/for him, her, *form.* you 1.6
    Le presento a... *form.* I would like to introduce... to you. 1.1
lealtad *f.* loyalty
lección *f.* lesson 1.1
leche *f.* milk 1.8
lechuga *f.* lettuce 1.8
lector(a) *m., f.* reader 3.9
leer *v.* to read 1.3
    leer correo electrónico to read e-mail 1.4
    leer un periódico to read a newspaper 1.4
    leer una revista to read a magazine 1.4
leído/a *p.p.* read 2.5

lejano/a *adj.* distant 3.5
lejos de *prep.* far from 1.2
lengua *f.* tongue 3.9; language 1.2
  lenguas extranjeras *f., pl.* foreign languages 1.2
lentes (de sol) *(sun)glasses*
  lentes de contacto *m., pl.* contact lenses
lento/a *adj.* slow 2.2
león *m.* lion 3.6
les *pl., i.o. pron.* to/for them, *form.* you 1.6
lesión *f.* wound 3.4
letrero *m.* sign 2.5
levantar *v.* to pick up; to lift 2.6
  levantar pesas to lift weights 2.6
levantarse *v.* to get up 1.7, 3.2
ley *f.* law 2.4
  aprobar una ley *v.* to approve a law; to pass a law
  cumplir la ley *v.* to abide by the law
  proyecto de ley bill
leyenda *f.* legend 3.5
liberal *adj.* liberal
liberar *v.* to liberate
libertad *f.* liberty; freedom 2.9;
  libertad de prensa freedom of the press 3.9
libre *adj. m., f.* free 1.4
  al aire libre outdoors 3.6
librería *f.* bookstore 1.2
libro *m.* book 1.2
licencia de conducir *f.* driver's license 2.2
líder *m., f.* leader
liderazgo *m.* leadership
lidiar *v.* to fight bulls 3.2
límite *m.* border
limón *m.* lemon 1.8
limpiar la casa *v.* to clean the house 2.3
limpiar *v.* to clean 2.3, 3.3
limpieza *f.* clearing 3.3
limpio/a *adj.* clean 1.5
línea *f.* line 1.4
listo/a *adj.* ready; smart 1.5
literatura *f.* literature 1.2, 3.10
  literatura infantil/juvenil children's literature 3.10
llamar *v.* to call 2.2
  llamar por teléfono to call on the phone
llamarse *v.* to be called; to be named 1.7
llamativo/a *adj.* striking 3.10
llanta *f.* tire 2.2
llave *f.* key 1.5
llegada *f.* arrival 1.5, 3.5
llegar *v.* to arrive 1.2
llenar *v.* to fill 2.2, 2.5

llenar el tanque to fill the tank 2.2
llenar (un formulario) to fill out (a form) 2.5
lleno/a *adj.* full 2.2
llevar *v.* to carry 1.2, 3.2; *v.* to wear; to take 1.6
  llevar a cabo to carry out (an activity)
  llevar... años de (casados) to be (married) for... years 3.1
  llevar una vida sana to lead a healthy lifestyle 2.6
  llevarse to carry away 3.2
  llevarse bien/mal (con) to get along well/badly (with) 1.9, 3.1
llover (o:ue) *v.* to rain 1.5
  Llueve. It's raining. 1.5
lluvia *f.* rain 2.4
  lluvia ácida acid rain 2.4
lo *m., sing. d.o. pron.* him, it, *form.* you 1.5
  ¡Lo hemos pasado de película! We've had a great time! 2.9
  ¡Lo hemos pasado maravillosamente! We've had a great time! 2.9
  lo mejor the best (thing) 2.9
  Lo pasamos muy bien. We had a good time. 2.9
  lo peor the worst (thing) 2.9
  lo que that which; what 2.3
  Lo siento. I'm sorry. 1.1
  Lo siento muchísimo. I'm so sorry. 1.4
loco/a *adj.* crazy 1.6
  ¡Ni loco/a! *adj.* No way! 3.9
locura *f.* madness; insanity
locutor(a) *m., f.* (TV or radio) announcer 2.9, 3.9
lograr *v.* to manage; to achieve 3.3
lomo a la plancha *m.* grilled flank steak 1.8
loro *m.* parrot
los *m., pl., def. art.* the 1.1
  los *m. pl., d.o. pron.* them, *form.* you 1.5
lotería *f.* lottery
lucha *f.* struggle; fight
luchar (contra/por) *v.* to fight; to struggle (against/for) 2.9, 3.9
luego *adv.* then 1.7; *adv.* later 1.1
lugar *m.* place 1.4
lujo *m.* luxury 3.8;
  de lujo luxurious
lujoso/a luxurious 3.5
luminoso/a *adj.* bright 3.10
luna *f.* moon 2.4;
  luna llena full moon
lunares *m.* polka dots 1.6

lunes *m., sing.* Monday 1.2
luz *f.* light; power; electricity 2.3, 3.7

M

macho *m.* male
madera *f.* wood
madrastra *f.* stepmother 1.3
madre *f.* mother 1.3
madre soltera *f.* single mother
madriguera *f.* burrow; den 3.3
madrugar *v.* to wake up early 3.4
madurez *f.* maturity; middle age 1.9
maduro/a *adj.* mature 3.1
maestro/a *m., f.* teacher 2.7
magia *f.* magic
magnífico/a *adj.* magnificent 1.5
maíz *m.* corn 1.8
mal, malo/a *adj.* bad 1.3
maldición *f.* curse
malestar *m.* discomfort 3.4
maleta *f.* suitcase 1.1, 3.5;
  hacer las maletas *v.* to pack 3.5
maletero *m.* trunk 3.9
malgastar *v.* to waste 3.6
malhumorado/a *adj.* ill tempered; in a bad mood
mamá *f.* mom 1.3
mañana *f.* morning, a.m. 1.1; tomorrow 1.1
manatial *m.* spring
mancha *f.* stain
manchar *v.* to stain
mandar *v.* to order 2.3; to send; to mail 2.5
manejar *v.* to drive 2.2
manera *f.* way 2.7
manga *f.* sleeve 3.5
manifestación *f.* protest; demonstration
manifestante *m., f.* protester 3.6
manipular *v.* to manipulate 3.9
mano de obra *f.* labor
mano *f.* hand 1.1
  ¡Manos arriba! Hands up!
manta *f.* blanket 2.3
mantener *v.* to keep; to maintain 2.6
  mantenerse en contacto *v.* to keep in touch 3.1
  mantenerse en forma to stay in shape 2.6, 3.4
mantequilla *f.* butter 1.8
manuscrito *m.* manuscript
manzana *f.* apple 1.8
mapa *m.* map 1.2
maquillaje *m.* makeup 1.7
maquillarse *v.* to put on makeup 1.7, 3.2

mar *m.* sea 1.5, 3.6
maratón *m.* marathon
maravilloso/a *adj.* marvelous 1.5
marca *f.* brand
marcar *v.* to mark;
  marcar (un gol/punto) *v.* to score (a goal/point) 3.2
marcharse *v* to leave
marco *m.* frame
mareado/a *adj.* dizzy 3.4; nauseated 2.1
margarina *f.* margarine 1.8
marido *m.* husband
marinero *m.* sailor
mariposa *f.* butterfly
mariscos *m., pl.* shellfish 1.8
marítimo/a *adj.* maritime
marrón *adj. m., f.* brown 1.6
martes *m., sing.* Tuesday 1.2
marzo *m.* March 1.5
más *pron.* more 1.2
  más de (+ number) more than 1.8
  más... que more... than 1.8
  más tarde later (on) 1.7
más *adj., adv.* more
  más allá de beyond
  más bien rather
masaje *m.* massage 2.6
masticar *v.* to chew
matador/a *m., f.* bullfighter who kills the bull 3.2
matemáticas *f., pl.* mathematics 1.2
matemático/a *m., f.* mathematician 3.7
materia *f.* course 1.2
matiz *m.* subtlety
matrimonio *m.* marriage 1.9
máximo/a *adj.* maximum 2.2
mayo *m.* May 1.5
mayonesa *f.* mayonnaise 1.8
mayor *m.* elder; *adj.* older 1.3
  el/la mayor *adj.* eldest 1.8; oldest
  mayor de edad of age
mayoría *f.* majority
me *sing., d.o. pron.* me 1.5; *sing. i.o. pron.* to/for me 1.6
  Me duele mucho. It hurts me a lot. 2.1
  Me gusta... I like... 1.2
  No me gustan nada. I don't like them at all. 1.2
  Me gustaría(n)... I would like... 2.8
  Me llamo... My name is... 1.1
  Me muero por... I'm dying to (for)...
mecánico/a *m., f.* mechanic 2.2; *adj.* mechanical
mecanismo *m.* mechanism
mediano/a *adj.* medium
medianoche *f.* midnight 1.1

medias *f., pl.* pantyhose, stockings 1.6
medicamento *m.* medication 2.1
medicina *f.* medicine 2.1
  medicina alternativa *f.* alternative medicine
médico/a *m., f.* doctor 1.3; *adj.* medical 2.1
medida *f.* means; measure
  medidas de seguridad *f. pl.* security measures 3.5
medio *m.* half; middle; means
  medio ambiente environment 3.6;
  medios de comunicación media 3.9
medio/a *adj.* half 1.3
  medio ambiente *m.* environment 2.4
  medio/a hermano/a *m., f.* half-brother/half-sister 1.3
  mediodía *m.* noon 1.1
  medios de comunicación *m., pl.* means of communication; media 2.9
  y media thirty minutes past the hour (*time*) 1.1
medir (e:i) *v.* to measure
meditar *v.* to meditate
mejilla *f.* cheek 3.10
mejor *adj.* better 1.8
  el/la mejor *m., f.* the best 1.8
mejorar *v.* to improve 2.4, 3.4
melocotón *m.* peach 1.8
mendigo/a *m., f.* beggar
menor *adj.* younger 1.3
  el/la menor *m., f.* youngest 1.8
menos *adv.* less 2.1
  menos cuarto..., menos quince... quarter to... (*time*) 1.1
  menos de (+ number) fewer than 1.8
  menos... que less... than 1.8
mensaje *m.* message
  mensaje de texto text message 2.2, 3.7
  mensaje electrónico *m.* e-mail message 1.4
mentira *f.* lie 1.4, 3.1
  de mentiras pretend 3.5
mentiroso/a *adj.* lying 3.1
menú *m.* menu 1.8
menudo: a
  menudo *adv.* frequently; often 3.3
mercadeo *m.* marketing 3.1
mercado *m.* market 1.6, 3.8
  mercado al aire libre open-air market 1.6
mercancía *f.* merchandise
merecer *v.* to deserve 3.8

merendar (e:ie) *v.* to snack 1.8; to have an afternoon snack
merienda *f.* afternoon snack 2.6
mes *m.* month 1.5
mesa *f.* table 1.2
mesero/a *m., f.* waiter, waitress
mesita *f.* end table 2.3
  mesita de noche night stand 2.3
mestizo/a *m., f.* person of mixed ethnicity (part indigenous)
meta *f.* finish line
meterse *v.* to break in (to a conversation) 3.1
metro *m.* subway 1.5
mexicano/a *adj.* Mexican 1.3
México *m.* Mexico 1.1
mezcla *f.* mixture
mezquita *f.* mosque
mí *pron. obj. of prep.* me 1.8
mi(s) *poss. adj.* my 1.3
microonda *f.* microwave 2.3
  horno de microondas *m.* microwave oven 2.3
miedo *m.* fear 1.3
miel *f.* honey 3.8
mientras *adv.* while 2.1
miércoles *m., sing.* Wednesday 1.2
mil *m.* one thousand 1.2
  mil millones billion
  Mil perdones. I'm so sorry. (*lit.* A thousand pardons.) 1.4
milagro *m.* miracle
militar *m., f.* military
milla *f.* mile 2.2
millón *m.* million 1.2
millones (de) *m.* millions (of)
mineral *m.* mineral 2.6
ministro/a *m., f.* minister;
  ministro/a protestante *m., f.* Protestant minister
minoría *f.* minority
minuto *m.* minute 1.1
mío(s)/a(s) *poss.* my; (of) mine 2.2
mirada *f.* gaze 3.1
mirar *v.* to look (at); to watch 1.2
  mirar (la) televisión to watch television 1.2
misa *f.* mass 3.2
mismo/a *adj.* same 1.3
  él/ella mismo/a himself; herself
  Lo mismo digo yo. *The same here.;*
mitad *f.* half
mito *m.* myth 3.5
mochila *f.* backpack 1.2
moda *f.* fashion 1.6; trend
  de moda *adj.* popular; in fashion 3.9
  moda pasajera fad 3.9
modelo *m., f.* model (*fashion*)

módem *m.* modem
moderno/a *adj.* modern 2.8
modificar *v.* to modify; to reform
modo *m.* means; manner
mojar *v.* to moisten
mojarse *v.* to get wet
molestar *v.* to bother; to annoy 1.7, 3.2
momento *m.* moment
  noticia de último momento *f.* last-minute news
  de último momento *adj.* up-to-the-minute 3.9
monarca *m., f.* monarch
monitor *m.* (computer) monitor 2.2
  monitor(a) *m., f.* trainer
monja *f.* nun
mono *m.* monkey 3.6
monolingüe *adj.* monolingual 3.9
montaña *f.* mountain 1.4, 3.6
montar a caballo *v.* to ride a horse 1.5
monte *m.* mountain 3.6
monumento *m.* monument 1.4
mora *f.* blackberry 1.8
morado/a *adj.* purple 1.6
moral *adj.* moral
morder (o:ue) *v.* to bite 3.6
moreno/a *adj.* brunet(te) 1.3
morir (o:ue) *v.* to die 1.8
morirse (o:ue) de *v.* to die of 3.2
moroso/a *m., f.* debtor 3.8
mosca *f.* fly 3.6
mostrar (o:ue) *v.* to show 1.4
motocicleta *f.* motorcycle 1.5
motor *m.* motor
motosierra *f.* power saw 3.7
móvil *m.* cell phone 3.7
movimiento *m.* movement 3.10
muchacho/a *m., f.* boy; girl 1.3
muchísimo very much 1.2
mucho/a *adj., adv.* a lot of; much 1.2; many 1.3
  (Muchas) gracias. Thank you (very much); Thanks (a lot). 1.1
  muchas veces *adv.* a lot; many times 2.1
  Muchísimas gracias. Thank you very, very much. 1.9
  Mucho gusto. Pleased to meet you. 1.1
mudar *v.* to change 3.2
mudarse *v.* to move (from one house to another) 2.3, 3.2
mueble *m.* furniture 3.3
muebles *m., pl.* furniture 2.3
muela *f.* molar
muelle *m.* pier 3.5
muerte *f.* death 1.9
muerto/a *p.p.* died 2.5

muestra *f.* sample; example
mujer *f.* wife; woman 1.1
  mujer de negocios *f.* businesswoman 2.7, 3.8
  mujer policía *f.* female police officer
mujeriego *m.* womanizer 3.2
multa *f.* fine
multinacional *f.* multinational company
multitud *f.* crowd
mundial *adj. m., f.* worldwide
Mundial *m.* World Cup 3.2
mundo *m.* world 2.4
municipal *adj. m., f.* municipal
muralista *m., f.* muralist 3.10
músculo *m.* muscle 2.6
museo *m.* museum 1.4
música *f.* music 1.2, 2.8
musical *adj. m., f.* musical 2.8
músico/a *m., f.* musician 2.8, 3.2
musulmán/musulmana *adj.* Muslim
muy *adv.* very 1.1
  Muy amable. That's very kind of you. 1.5
  (Muy) bien, gracias. (Very) well, thanks. 1.1

N

nacer *v.* to be born 1.9
nacimiento *m.* birth 1.9
nacional *adj. m., f.* national 2.9
nacionalidad *f.* nationality 1.1
nada nothing 1.1; not anything 1.7
  nada mal not bad at all 1.5
nadar *v.* to swim 1.4
nadie *pron.* no one, nobody, not anyone 1.7
naipes *m. pl.* playing cards 3.2
naranja *f.* orange 1.8
nariz *f.* nose 2.1
narrador(a) *m., f.* narrator 3.10
narrar *v.* to narrate 3.10
narrativa *f.* narrative work 3.10
natación *f.* swimming 1.4
nativo/a *adj.* native
natural *adj. m., f.* natural 2.4
naturaleza *f.* nature 2.4;
  naturaleza muerta *f.* still life 3.10
nave espacial *f.* spaceship
navegante *m., f.* navigator 3.7
navegar *v.* to sail 3.5;
  navegar (en Internet) to surf (the Internet) 2.2;
  navegar la red to surf the web 3.7
Navidad *f.* Christmas 1.9
necesario/a *adj.* necessary 2.3, 3.4
necesidad *f.* need 3.5

  de primerísima necesidad of utmost necessity 3.5
necesitar (+ *inf.*) *v.* to need 1.2, 3.4
necio/a *adj.* stupid
negar (e:ie) *v.* to deny 2.4
  no negar (e:ie) *v.* not to deny 2.4
negativo/a *adj.* negative
negocio *m.* business
negocios *m., pl.* business; commerce 2.7
negro/a *adj.* black 1.6
nervioso/a *adj.* nervous 1.5
nevar (e:ie) *v.* to snow 1.5
  Nieva. It's snowing. 1.5
ni... ni... *conj.* neither... nor... 1.7
nido *m.* nest
niebla *f.* fog
nieto/a *m., f.* grandson/ granddaughter 1.3
nieve *f.* snow
niñez *f.* childhood 1.9
ningún, ninguno/a(s) *adj.* no; none; not any 1.7
  ningún problema no problem
niño/a *m., f.* child 1.3
nítido/a *adj.* sharp
nivel *m.* level;
nivel del mar *m.* sea level
no no; not 1.1
  ¿no? right? 1.1
  No cabe duda de... There is no doubt... 2.4
  No es así. That's not the way it is. 2.7
  No es para tanto. It's not a big deal. 2.3
  no es seguro it's not sure 2.4
  no es verdad it's not true 2.4
  No está nada mal. It's not bad at all. 1.5
  no estar de acuerdo to disagree
  No estoy seguro. I'm not sure.
  no hay there is not; there are not 1.1
  No hay de qué. You're welcome. 1.1
  No hay duda de... There is no doubt... 2.4
  No hay problema. No problem. 1.7
  ¡No me diga(s)! You don't say! 2.2
  No me gustan nada. I don't like them at all. 1.2
  no muy bien not very well 1.1
  No quiero. I don't want to. 1.4
  No sé. I don't know.
  No se preocupe. *(form.)* Don't worry. 1.7

No te preocupes. *(fam.)* Don't worry. **1.7**

no tener razón to be wrong **1.3**

noche *f.* night **1.1**

nombrar *v.* to name

nombre *m.* name **1.1**

nombre artístico *m.* stage name **3.1**

nominación *f.* nomination

nominado/a *adj.* nominee

norte *m.* north **2.5**

norteamericano/a *adj.* (North) American **1.3**

nos *pl., d.o. pron.* us **1.5**; *pl., i.o. pron.* to/for us **1.6**

Nos divertimos mucho. We had a lot of fun. **2.9**

Nos vemos. See you. **1.1**

nosotros/as *sub. pron.* we **1.1**; *ob. pron.* us

noticia *f.* news;

noticias locales/nacionales/ internacionales local/domestic/ international news **3.9**

noticias *f., pl.* news **2.9**

noticiero *m.* newscast **2.9**

novecientos/as *adj.* nine hundred **1.2**

novela rosa *f.* romance novel **3.10**

novelista *m., f.* novelist **3.7, 3.10**

noveno/a *adj.* ninth **1.5**

noventa ninety **1.2**

noviembre *m.* November **1.5**

novio/a *m., f.* boyfriend/ girlfriend **1.3**

nube *f.* cloud **2.4**

nublado/a *adj.* cloudy **1.5**

Está (muy) nublado. It's very cloudy. **1.5**

nuca *f.* nape **3.9**

nuclear *adj. m. f.* nuclear **2.4**

nuera *f.* daughter-in-law **1.3**

nuestro(s)/a(s) *poss. adj.* our **1.3**; (of ours) **2.2**

nueve nine **1.1**

nuevo/a *adj.* new **1.6**

número *m.* number **1.1**; (shoe) size **1.6**

nunca *adj.* never; not ever **1.7**

nutrición *f.* nutrition **2.6**

nutricionista *m., f.* nutritionist **2.6**

nutritivo/a *adj.* nutritious **3.4**

O

o or **1.7**

o... o; either... or **1.7**

obedecer *v.* to obey **2.9, 3.1**

obesidad *f.* obesity **3.4**

obra *f.* work (of art, literature, music, etc.) **2.8**

obra de arte work of art **3.10**

obra de teatro play (theater) **3.2**

obra maestra *f.* masterpiece **2.8, 3.3**

obsequio *m.* gift

obtener *v.* to obtain; to get **2.7**

obvio/a *adj.* obvious **2.4**

océano *m.* ocean

ochenta eighty **1.2**

ocho *m.* eight **1.1**

ochocientos/as *adj.* eight hundred **1.2**

ocio *m.* leisure

octavo/a *adj.* eighth **1.5**

octubre *m.* October **1.5**

ocultarse *v.* to hide **3.3**

ocupación *f.* occupation **2.7**

ocupado/a *adj.* busy **1.5**

ocurrir *v.* to occur; to happen **2.9**

ocurrírsele a alguien *v.* to occur to someone

odiar *v.* to hate **1.9, 3.1**

oeste *m.* west **2.5**

ofensa *f.* insult **3.10**

oferta *f.* offer **2.3**; proposal **3.9**

oficina *f.* office **2.3**

oficio *m.* trade **2.7**

ofrecer *v.* to offer **1.6**

ofrecerse (a) *v.* to offer (to)

oído *m.* (sense of) hearing; inner ear **2.1**

oído/a *p.p.* heard **2.5**

oír *v.* to hear **1.4, 3.1**

Oiga/Oigan. *form., sing./pl.* Listen. (in conversation) **1.1**

Oye. *fam., sing.* Listen. (in conversation) **1.1**

ojalá (que) *interj.* I hope (that); I wish (that) **2.4**

ojeras *f. pl.* bags under the eyes

ojo *m.* eye **2.1**

ola *f.* wave **3.5**

óleo *m.* oil painting **3.10**

Olimpiadas *f. pl.* Olympics

olvidar *v.* to forget **2.1**

olvidarse (de) *v.* to forget (about) **3.2**

olvido *m.* forgetfulness; oblivion **3.1**

ombligo *m.* navel **3.4**

once eleven **1.1**

onda *f.* wave

ópera *f.* opera **2.8**

operación *f.* operation **2.1, 3.4**

operar *v.* to operate

opinar *v.* to think; to be of the opinion;

Opino que... In my opinion...

oponerse a *v.* to oppose **3.4**

oprimir *v.* to oppress

ordenado/a *adj.* orderly **1.5**

ordinal *adj.* ordinal (number)

oreja *f.* (outer) ear **2.1**

organismo público *m.* government agency **3.9**

orgulloso/a *adj.* proud **3.1**

estar orgulloso/a de to be proud of

orilla *f.* shore

a orillas de *on the shore of* **3.6**

ornamentado/a *adj.* ornate

orquesta *f.* orchestra **2.8**

ortografía *f.* spelling

ortográfico/a *adj.* spelling

os *fam., pl. d.o. pron.* you **1.5**; *fam., pl. i.o. pron.* to/for you **1.6**

oscurecer *v.* to darken **3.6**

oso *m.* bear

otoño *m.* autumn **1.5**

otro/a *adj.* other; another **1.6**

otra vez again

oveja *f.* sheep **3.6**

ovni *m.* UFO **3.7**

oyente *m., f.* listener **3.9**

P

paciente *m., f.* patient **2.1**

pacífico/a *adj.* peaceful

padrastro *m.* stepfather **1.3**

padre *m.* father **1.3**

padres *m., pl.* parents **1.3**

padre soltero *m.* single father

pagar *v.* to pay **1.6, 1.9**

pagar a plazos to pay in installments **2.5**

pagar al contado to pay in cash **2.5**

pagar en efectivo to pay in cash **2.5**

pagar la cuenta to pay the bill **1.9**

página *f.* page **2.2**

página principal *f.* home page **2.2**

página web web page **3.7**

país en vías de desarrollo *m.* developing country

país *m.* country **1.1**

paisaje *m.* landscape **1.5**; scenery **3.6**

pájaro *m.* bird **2.4, 3.6**

palabra *f.* word **1.1**

palmera *f.* palm tree

pan *m.* bread **1.8**

pan tostado *m.* toasted bread **1.8**

panadería *f.* bakery **2.5**

panfleto *m.* pamphlet

pantalla *f.* screen **2.2, 3.2**

pantalla de computadora computer screen

pantalla de televisión television screen **3.2**

pantalla líquida LCD screen **3.7**

pantalones *m., pl.* pants **1.6**

pantalones cortos *m., pl.* shorts 1.6
pantuflas *f.* slippers 1.7
papa *f.* potato 1.8
   papas fritas *f., pl.* fried potatoes; French fries 1.8
papá *m.* dad 1.3
   papás *m., pl.* parents 1.3
papel *m.* paper 1.2; *m.* role 2.8, 3.9
   desempeñar un papel to play a role (in a play); to carry out
papelera *f.* wastebasket 1.2
paquete *m.* package 2.5
par *m.* pair 1.6
   par de zapatos pair of shoes 1.6
para *prep.* for; in order to; by; used for; considering 2.2; for
   Para mí,... In my opinion,...
   para nada not at all
   para que so that 2.4
parabrisas *m., sing.* windshield 2.2
paradoja *f.* paradox
parar el carro *v.* to hold your horses 3.9
parar *v.* to stop 2.2
parcial *adj.* biased 3.9
parcialidad *f.* bias 3.9
parecer *v.* to seem 1.6, 3.2
   A mi parecer,... In my opinion,...
   Al parecer, no le gustó. It looks like he/she didn't like it. 3.6
   Me parece hermosa/o. I think it's pretty.
   Me pareció... I thought.. 3.1;
   Parece que está triste/ contento/a. It looks like he/she is sad/happy. 3.6
   ¿Qué te pareció Mariela? What did you think of Mariela? 3.1
parecerse *v.* to look like 3.2, 3.3
pared *f.* wall 2.3, 3.5
pareja *f.* (married) couple; partner 1.9, 3.1
parientes *m., pl.* relatives 1.3
parque *m.* park 1.4
   parque de atracciones amusement park 3.2
párrafo *m.* paragraph
parroquia *f.* parish
parte *f.* part;
   de parte de on behalf of 2.2
   Por mi parte,... As for me,...
particular *adj.* private; personal; particular
partido *m.* party (politics); game; match (sports) 1.4;
   partido político political party

ganar/perder un partido to win/lose a game 3.2
pasado/a *adj.* last; past 1.6
   pasado *p.p.* passed
pasado/a de moda *adj.* out-of-date; no longer popular 3.9
pasaje *m.* ticket 1.5
   pasaje de ida y vuelta *m.* roundtrip ticket 1.5, 3.5
pasajero/a *m., f.* passenger 1.1
pasajero/a *adj.* fleeting; passing
pasaporte *m.* passport 1.5, 3.5
pasar *v.* to go through 1.5; to pass; to make pass (across, through, etc.)
   pasar la aspiradora to vacuum 2.3, 3.3
   pasar por el banco to go by the bank 2.5
   pasar por la aduana to go through customs
   pasar tiempo to spend time
   pasarlo bien/mal to have a good/bad time 1.9, 3.1
   Son cosas que pasan. These things happen.
pasarse *v.* to go too far
pasatiempo *m.* pastime 3.2; hobby 1.4
pasear *v.* to take a walk; to stroll 1.4
   pasear en bicicleta to ride a bicycle 1.4
   pasear por to walk around 1.4
paseo *m.* stroll
pasillo *m.* hallway 2.3
paso *m.* passage; pass; step
   abrirse paso to make one's way
pasta *f.* **de dientes** toothpaste 1.7
pastel *m.* cake; pie 1.9
   pastel de chocolate *m.* chocolate cake 1.9
   pastel de cumpleaños *m.* birthday cake
pastelería *f.* pastry shop 2.5
pastilla *f.* pill 3.4; tablet 2.1
pasto *m.* grass
pata *f.* foot/leg of an animal
patada *f.* kick 3.3
patata *f.* potato 1.8
   patatas fritas *f., pl.* fried potatoes; French fries 1.8
patear *v.* to kick 3.2
patente *f.* patent 3.7
patinar (en línea) *v.* to (in-line) skate 1.4
patineta *f.* skateboard 1.4
patio *m.* patio; yard 2.3
pavo *m.* turkey 1.8
payaso/a *m., f.* clown 3.8
paz *f.* peace 2.9
pecado *m.* sin
pececillo de colores *m.* goldfish

pecho *m.* chest 3.10
pedir (e:i) *v.* to ask 3.1, 3.4; to ask for; to request 1.4; to order (*food*) 1.8
   pedir prestado *v.* to borrow 2.5, 3.8
   pedir un deseo *v.* to make a wish 3.8
   pedir un préstamo *v.* to apply for a loan 2.5
pegar *v.* to stick
peinarse *v.* to comb one's hair 1.7, 3.2
pelear *v.* to fight
película *f.* film; movie 1.4
peligro *m.* danger 2.4
   en peligro de extinción endangered 3.6
peligroso/a *adj.* dangerous 2.9, 3.5
pelirrojo/a *adj.* red-haired 1.3
pelo *m.* hair 1.7
pelota *f.* ball 1.4
peluquería *f.* beauty salon 2.5
peluquero/a *m., f.* hairdresser 2.7
pena *f.* sorrow 3.4
   ¡Qué pena! What a pity!
penicilina *f.* penicillin 2.1
pensar (e:ie) *v.* to think 1.4, 3.1
   pensar (+ inf.) *v.* to intend to 1.4; to plan to (do something)
   pensar en *v.* to think about 1.4
pensión *f.* boardinghouse; bed and breakfast inn
peor *adj.* worse 1.8
   el/la peor *adj.* the worst 1.8
pequeño/a *adj.* small 1.3
pera *f.* pear 1.8
perder (e:ie) *v.* to lose; to miss 1.4;
   perder las elecciones to lose an election
   perder un partido to lose a game 3.2
   perder un vuelo to miss a flight 3.5
pérdida *f.* loss
perdido/a *adj.* lost 2.5
Perdón. Pardon me.; Excuse me. 1.1
perdonar *v.* to forgive
   Perdona. (*fam.*)/**Perdone.** (*form.*) Pardon me.; Excuse me.
perezoso/a *adj.* lazy
perfeccionar *v.* to improve; to perfect
perfecto/a *adj.* perfect 1.5
periódico/diario *m.* newspaper 1.4, 3.9
periodismo *m.* journalism 1.2
periodista *m., f.* journalist 1.3, 3.9

permanecer *v.* to remain; to last 3.4

permisivo/a *adj.* permissive; easy-going 3.1

permiso *m.* permission;
  Con permiso Pardon me; Excuse me

pero *conj.* but 1.2

perro *m.* dog 2.4

perseguir (e:i) *v.* to pursue; to persecute

persona *f.* person 1.3

personaje *m.* character 2.8, 3.10
  personaje principal *m.* main character 2.8
  personaje secundario secondary character

pertenecer (a) *v.* to belong (to)

pesadilla *f.* nightmare

pesas *f. pl.* weights 2.6

pesca *f.* fishing 3.5

pescadería *f.* fish market 2.5

pescado *m.* fish (cooked) 1.8

pescador(a) *m., f.* fisherman/ fisherwoman

pescar *v.* to fish 1.5

pesimista *m., f.* pessimist

peso *m.* weight 2.6

pez *m.* fish (live) 2.4, 3.6

picadura *f.* insect bite

picar *v.* sting, peck

picnic *m.* picnic

pico *m.* peak, summit

pie *m.* foot 2.1

piedad *f.* mercy 3.8

piedra *f.* stone 2.4, 3.5

pierna *f.* leg 2.1

pieza *f.* piece (*art*) 3.10

pillar *v.* to get (catch) 3.9

piloto *m., f.* pilot

pimienta *f.* black pepper 1.8

piña *f.* pineapple 1.8

pincel *m.* paintbrush 3.10

pincelada *f.* brush stroke 3.10

pintar *v.* to paint 2.8, 3.3

pintor(a) *m., f.* painter 2.7, 3.3, 3.10

pintura *f.* painting 3.10; picture 2.3, 2.8

pirámide *f.* pyramid 3.5

piscina *f.* swimming pool 1.4

piso *m.* floor (*of a building*) 1.5

pizarra *f.* blackboard 1.2

placer *m.* pleasure 2.6
  Ha sido un placer. It's been a pleasure. 2.6

plancha *f.* iron

planchar la ropa *v.* to iron the clothes 2.3

planear *v.* to plan

planes *m., pl.* plans 1.4

planta *f.* plant 2.4
  planta baja *f.* ground floor 1.5

plástico *m.* plastic 2.4

plata *f.* money (L. Am.) 3.7

plato *m.* dish (*in a meal*) 1.8; *m.* plate 2.3
  plato principal *m.* main dish 1.8

playa *f.* beach 1.5

plaza *f.* city or town square 1.4
  plaza de toros *f.* bullfighting stadium 3.2

plazo: a corto/largo plazo short/long-term 3.8

plazos *m., pl.* periods; time 2.5

pluma *f.* pen 1.2

población *f.* population 3.4, 2.4

poblador(a) *m., f.* settler; inhabitant

poblar (o:ue) *v.* to settle; to populate

pobre *adj. m., f.* poor 1.6

pobreza *f.* poverty 3.8

poco/a *adj.* little; few 1.5, 2.1

poder (o:ue) *v.* to be able to 3.1; to can 1.4

poderoso/a *adj.* powerful

poema *m.* poem 2.8

poesía *f.* poetry 2.8, 3.10

poeta *m., f.* poet 2.8, 3.10

polémica *f.* controversy

polen *m.* pollen 3.8

policía *f.* police (force) 2.2

policíaco/a *adj.* detective (story/ novel) 3.10

política *f.* politics 2.9

político/a *m., f.* politician 2.7, 3.11; *adj.* political 2.9

pollo *m.* chicken 1.8
  pollo asado *m.* roast chicken 1.8

polvo *m.* dust 3.3
  quitar el polvo *v.* to dust 3.3

ponchar *v.* to go flat

poner *v.* to put; to place 1.4, 3.1, 3.2; *v.* to turn on (*electrical appliances*) 2.2
  poner a prueba to test; to challenge
  poner cara (de hambriento/a) to make a (hungry) face
  poner la mesa *v.* to set the table 2.3
  poner un disco compacto to play a CD 3.2
  poner una inyección *v.* to give an injection, a shot 2.1, 3.4

ponerse (+ adj.) *v.* to become (+ adj.) 1.7; to put on (*clothing*) 1.7, 3.2
  ponerse a dieta to go on a diet 3.4;
  ponerse bien/mal to get well/ ill 3.4
  ponerse de pie to stand up

ponerse el cinturón to fasten (the seat belt) 3.5;
ponerse en forma to get in shape 3.4
ponerse pesado/a to become annoying

popa *f.* stern 3.5

por *prep.* in exchange for; for; by; in; through; around; along; during; because of; on account of; on behalf of; in search of; by way of; by means of 2.2
  por aquí around here 2.2
  por avión by plane
  por ejemplo for example 2.2
  por eso that's why; therefore 2.2
  por favor please 1.1
  por fin finally 2.2
  por la mañana in the morning 1.7
  por la noche at night 1.7
  por la tarde in the afternoon 1.7
  por lo menos *adv.* at least 2.1
  ¿por qué? why? 1.2
  Por supuesto. Of course. 2.7
  por teléfono by phone; on the phone
  por último finally 1.7

porque *conj.* because 1.2

porquería *f.* garbage; poor quality 3.10

portada *f.* front page; cover 3.9

portarse bien *v.* to behave well

portátil *m.* portable 2.2

porvenir *m.* future 2.7
  ¡Por el porvenir! Here's to the future! 2.7

posesivo/a *adj.* possessive 1.3

posible *adj.* possible 2.4
  en todo lo posible as much as possible
  es posible it's possible 2.4
  no es posible it's not possible 2.4

postal *f.* postcard 1.4

postre *m.* dessert 1.9

pozo *m.* well
  pozo petrolero oil well

practicar *v.* to practice 1.2
  practicar deportes *m., pl.* to play sports 1.4

precio (fijo) *m.* (fixed; set) price 1.6

precolombino/a *adj.* pre-Columbian

preferir (e:ie) *v.* to prefer 1.4, 3.4

pregunta *f.* question

preguntar *v.* to ask (a question) 1.2

preguntarse *v.* to wonder

prehistórico/a *adj.* prehistoric

premiar *v.* to give a prize
premio *m.* prize; award 2.8
prender *v.* to turn on 2.2
prensa *f.* press 2.9, 3.9
  prensa sensacionalista tabloid(s) 3.9
  rueda de prensa press conference
preocupado/a (por) *adj.* worried (about) 1.5, 3.1
preocupar *v.* to worry 3.2
preocuparse (por) *v.* to worry (about) 1.7, 3.2
preparar *v.* to prepare 1.2
preposición *f.* preposition
presentación *f.* introduction
presentador(a) de noticias *m., f.* news reporter
presentar *v.* to introduce; to present 2.8; to put on (*a performance*) 2.8
  Te presento a... I would like to introduce (name) to you... (*fam.*) 1.1
  Le presento a... I would like to introduce (name) to you... (*form.*) 1.1
presentir (e:ie) *v.* to foresee
presionar *v.* to pressure; to stress
presiones *f., pl.* pressures 2.6
prestado/a *adj.* borrowed
préstamo *m.* loan 2.5
prestar *v.* to lend 3.8; to loan 1.6
presupuesto *m.* budget 3.8
prevenido/a *adj.* cautious
prevenir *v.* to prevent 3.4
prever *v.* to foresee 3.6
previsto/a *part. irreg.* planned 3.3
primavera *f.* spring 1.5
primer(a) ministro/a *m., f.* prime minister
primer, primero/a *adj.* first 1.5
primeros auxilios *m. pl.* first aid 3.4
primo/a *m., f.* cousin 1.3
principal *adj. m., f.* main 1.8
prisa *f.* haste 1.3; hurry; rush 3.6
  darse prisa *v.* to hurry; to rush 2.6
privilegio *m.* privilege 3.8
proa *f.* bow 3.5
probable *adj. m., f.* probable 2.4
  es probable it's probable 2.4
  no es probable it's not probable 2.4
probador *m.* dressing room 3.3
probar (o:ue) *v.* to taste; to try 1.8, 3.3
probarse (o:ue) *v.* to try on 1.7, 3.3
problema *m.* problem 1.1

procesión *f.* procession
producir *v.* to produce 3.1
productivo/a *adj.* productive 3.8
profesión *f.* profession 1.3, 2.7
profesor(a) *m., f.* teacher 1.1, 1.2
profundo/a *adj.* deep
programa *m.* 1.1
  programa de computación *m.* software 2.2, 3.7
  programa de entrevistas *m.* talk show 2.8
programador(a) *m., f.* computer programmer 1.3
prohibido/a *adj.* prohibited 3.5
prohibir *v.* to prohibit 2.1, 3.4; to forbid
prominent *adj.* prominente
promover (o:ue) *v.* to promote
pronombre *m.* pronoun
pronto *adv.* soon 2.1
pronunciar *v.* to pronounce;
  pronunciar un discurso to give a speech
propaganda *f.* advertisement 3.9
propensión *f.* tendency
propietario/a *m., f.* (property) owner
propina *f.* tip 1.9
propio/a *adj.* own 2.7
proponer *v.* to propose 3.1, 3.4
  proponer matrimonio to propose (marriage) 3.1
proporcionar *v.* to provide; to supply
propósito: a propósito *adv.* on purpose 3.3
prosa *f.* prose 3.10
protagonista *m., f.* protagonist; main character 3.1, 3.10
proteger *v.* to protect 2.4, 3.1, 3.6
protegido/a protected 3.5
proteína *f.* protein 2.6
protestar *v.* to protest
provecho *m.* benefit;
  Buen provecho. Enjoy your meal. 3.6
proveniente (de) *adj.* originating (in); coming from
provenir (de) *v.* to come from; to originate from
próximo/a *adj.* next 2.7
proyecto *m.* project;
  proyecto de ley bill
prueba *f.* test; quiz 1.2; proof 3.2
psicología *f.* psychology 1.2
psicólogo/a *m., f.* psychologist 2.7
publicar *v.* to publish 2.8, 3.9
publicidad *f.* advertising 3.9
público *m.* public; audience 2.8, 3.9

pueblo *m.* town 1.4; people 3.4
puente *m.* bridge
puerta de embarque *f.* (airline) gate 3.5
puerta *f.* door 1.2
Puerto Rico *m.* Puerto Rico 1.1
puerto *m.* port 3.5
puertorriqueño/a *adj.* Puerto Rican 1.3
pues *conj.* well 1.2, 2.8
puesto *m.* position; job 2.7, 3.8
puesto/a *p.p.* put 2.5
punto *m.* period 3.2
  punto de vista *m.* point of view 3.10
pureza *f.* purity 3.6
puro/a *adj.* clean; pure 2.4

Q

que *pron.* that; which; who 2.3
  ¿En qué...? In which...? 1.2
  ¿qué? what? 1.1
  ¡Qué...! How...! 1.3
  ¿Qué día es hoy? What day is it? 1.2
  ¡Qué dolor! What pain!
  ¿Qué hay de nuevo? What's new? 1.1
  ¿Qué hora es? What time is it? 1.1
  ¿Qué les parece? What do you (*pl.*) think?
  ¿Qué pasa? What's happening? What's going on? 1.1
  ¿Qué pasó? What happened? 2.2
  ¿Qué precio tiene? What is the price?
  ¡Qué ropa más bonita! What pretty clothes! 1.6
  ¡Qué sorpresa! What a surprise!
  ¿Qué tal...? How are you?; How is it going? 1.1; How is/are...? 1.2
  ¿Qué talla lleva/usa? What size do you wear? 1.6
  ¿Qué tiempo hace? How's the weather? 1.5
  ¡Qué va! Of course not!
quedar *v.* to be left over; to fit (*clothing*) 1.7; to be left behind; to be located 2.5
quedarse *v.* to stay 3.5; to remain 1.7
  quedarse callado to remain silent 3.1
  quedarse sin to run out of 3.6
  quedarse sordo/a to go deaf 3.4
  quedarse viudo to become widowed

quehacer *m.* chore 3.3
quehaceres domésticos *m., pl.*
household chores 2.3
queja *f.* complaint
quejarse (de) *v.* to complain
(about) 3.2
quemado/a *adj.* burned (out) 2.2
quemar *v.* to burn (a CD) 2.2
querer (e:ie) *v.* to want 3.1,
3.4; to love 1.4
queso *m.* cheese 1.8
quien(es) *pron.* who; whom;
that 2.3
¿quién(es)? who?;
whom? 1.1
¿Quién es...? *Who is...?* 1.1
¿Quién habla? Who is
speaking? (*telephone*) 2.2
química f. chemistry 1.2
químico/a *m., f.* chemist 3.7;
adj. chemical 3.7
quince fifteen 1.1
menos quince quarter to
(*time*) 1.1
y quince quarter after (*time*)
1.1
quinceañera *f.* young woman's
fifteenth birthday celebration/
fifteen-year old girl 1.9
quinientos/as *adj.* five
hundred 1.2
quinto/a *adj.* fifth 1.5
quirúrgico/a *adj.* surgical
quisiera *v.* I would like 2.8
quitar *v.* to take away; to remove
3.2
quitar el polvo *v.* to dust
2.3, 3.3
quitar la mesa *v.* to clear the
table 2.3
quitarse *v.* to take off 1.7; to
take off (*clothing*) 3.2
quitarse (el cinturón) to
unfasten (the seatbelt) 3.5
quizás *adv.* maybe 1.5

R

rabino/a *m., f.* rabbi
racismo *m.* racism 2.9
radiación *f.* radiation
radio *f.* radio (*medium*) 1.2
radio *m.* radio (set) 1.2
radioemisora *f.* radio station 3.9
radiografía *f.* X-ray 2.1
raíz *f.* root
rana *f.* frog 3.6
rancho *m.* ranch
rápido/a *adv.* quickly 2.1
rasgo *m.* trait; characteristic
rata *f.* rat
ratón *m.* mouse 2.2
ratos libres *m., pl.* spare (free)
time 1.4, 3.2
raya *f.* war paint; stripe 1.6, 3.5

rayo *m.* ray; lightning;
¿Qué rayos...? What on
earth...? 3.5
raza *f.* race
razón *f.* reason 1.3
reactor *m.* reactor
realismo *m.* realism 3.10
realista *adj.* realistic; realist 3.10
rebaja *f.* sale 1.6
rebeldía *f.* rebelliousness
rebuscado/a *adj.* complicated
recado *m.* (telephone) message
2.2
recepción *f.* front desk 3.5
receta *f.* prescription 2.1, 3.4
recetar *v.* to prescribe 2.1, 3.4
rechazar *v.* to reject
rechazo *m.* refusal; rejection
recibir *v.* to receive 1.3
reciclable *adj.* recyclable
reciclaje *m.* recycling 2.4
reciclar *v.* to recycle 2.4, 3.6
recién casado/a *m., f.* newlywed
1.9
recital *m.* recital
reclamar *v.* to claim; to demand
recoger *v.* to pick up 2.4
recomendable *adj.*
recommendable; advisable 3.5;
poco recomendable not
advisable; inadvisable
recomendar (e:ie) *v.* to
recommend 1.8, 2.3, 3.4
reconocer *v.* to recognize 3.1,
reconocimiento *m.* recognition
recordar (o:ue) *v.* to remember
1.4
recorrer *v.* to tour an area; to go
across; to travel 3.5
recuerdo *m.* memory
recuperarse *v.* to recover 3.4
recurso *m.* resource 2.4
recurso natural *m.* natural
resource 2.4, 3.6
red *f.* network; Web 2.2
redactor(a) *m., f.* editor 3.9
redactor(a) jefe *m., f.*
editor-in-chief
redondo/a *adj.* round 3.2
reducir *v.* to reduce 2.4
reducir (velocidad) *v.* to
reduce (speed) 3.5
reembolso *m.* refund 3.3
reflejar *v.* to reflect; to depict
3.10
reforma *f.* reform
reforma económica *f.*
economic reform
refresco *m.* soft drink 1.8
refrigerador *m.* refrigerator 2.3
refugiarse *v* to take refuge
refugio *m.* refuge 3.6
regalar *v.* to give (a gift) 1.9
regalo *m.* gift 1.6
regatear *v.* to bargain 1.6

región *f.* region; area 2.4
regla *f.* rule
regocijo *m.* joy 3.4
regresar *v.* to return 1.2, 3.5
regreso *m.* return (trip)
regular *adj. m., f.* so-so; OK 1.1
rehacer *v.* to re-make; to re-do
3.1
reído *p.p.* laughed 2.5
reina *f.* queen
reino *m.* reign; kingdom
reírse (e:i) *v.* to laugh 1.9
relacionado/a *adj.* related;
estar relacionado to have
good connections
relaciones *f., pl.* relationships
relajarse *v.* to relax 1.9, 3.4
relámpago *m.* lightning 3.6
relato *m.* story; account 3.10
religión *f.* religion
religioso/a *adj.* religious
reloj *m.* clock; watch 1.2
remitente *m.* sender
remo *m.* oar 3.5
remordimiento *m.* remorse
rendimiento *m.* performance
rendirse (e:i) *v.* to surrender
renovable *adj.* renewable 3.6
renunciar (a) *v.* to resign (from)
2.7; to quit 3.8
renunciar a un cargo to
resign a post
repaso *m.* revision; review 3.10
repentino/a *adj.* sudden 3.3
repertorio *m.* repertoire
repetir (e:i) *v.* to repeat 1.4
reportaje *m.* report 2.9; news
report 3.9
reportero/a *m., f.* reporter 3.9;
journalist 2.7
reposo *m.* rest;
estar en reposo to be at rest
repostería *f.* pastry
represa *f.* dam
representante *m., f.*
representative 2.9
reproducirse *v.* to reproduce
reproductor de CD/DVD/MP3
m. CD/DVD/MP3 player 2.2,
3.7
resbaladizo/a *adj.* slippery
resbalar *v.* to slip
rescatar *v.* to rescue
resentido/a *adj.* resentful 3.6
reservación *f.* reservation
reservar *v.* to reserve 3.5
resfriado *m.* cold (*illness*) 2.1,
3.4
residencia estudiantil *f.*
dormitory 1.2
residir *v.* to reside
resolver (o:ue) *v.* to resolve; to
solve 2.4, 3.6
respeto *m.* respect
respiración *f.* breathing 3.4

respirar *v.* to breathe 2.4
responsable *adj.* responsible
respuesta *f.* answer
restaurante *m.* restaurant 1.4
resuelto/a *p.p.* resolved 2.5
retrasado/a *adj.* delayed 3.5
retrasar *v* to delay
retraso *m.* delay
retratar *v.* to portray 3.3
retrato *m.* portrait 3.3
reunión *f.* meeting 2.7, 3.8
reunirse (con) *v.* to get together (with) 3.2
revisar *v.* to check 2.2
  revisar el aceite *v.* to check the oil 2.2
revista *f.* magazine 1.4, 3.9
  revista electrónica online magazine 3.9
revolucionario/a *adj.* revolutionary 3.7
revolver (o:ue) *v.* to stir; to mix up
rey *m.* king
rezar *v.* to pray
rico/a *adj.* rich 1.6; tasty; delicious 1.8
ridículo *adj.* ridiculous 2.4
riesgo *m.* risk
rima *f.* rhyme 3.10
rincón *m.* corner; nook
río *m.* river 2.4
riqueza *f.* wealth 3.8
riquísimo/a *adj.* extremely delicious 1.8
rociar *v.* to spray 3.6
rodar (o:ue) *v.* to film 3.9
rodeado/a *adj.* surrounded 3.7
rodear *v.* to surround
rodilla *f.* knee 2.1
rogar (o:ue) *v.* to beg; to plead 2.3, 3.4
rojo/a *adj.* red 1.6
romanticismo *m.* romanticism 3.10
romántico/a *adj.* romantic 2.8
romper *v.* to break 2.1
  romper (con) *v.* to break up (with) 1.9, 3.1
  romperse la pierna *v.* to break one's leg 2.1
ropa *f.* clothing; clothes 1.6
  ropa interior *f.* underwear 1.6
rosado/a *adj.* pink 1.6
roto/a *adj.* broken 2.1, 2.5
rozar *v.* to brush against; to touch lightly
rubio/a *adj.* blond(e) 1.3
ruedo *m.* bull ring 3.2
ruido *m.* noise
ruina *f.* ruin 3.5
ruso/a *adj.* Russian 1.3
ruta maya *f.* Mayan Trail 3.5
rutina *f.* routine 1.7, 3.3

rutina diaria *f.* daily routine 1.7

S

sábado *m.* Saturday 1.2
saber *v.* to know; to know how 1.6; to taste 1.8;
  ¿Cómo sabe? How does it taste? 3.4;
  saber a to taste like/of 1.8, 3.1;
  Sabe a ajo/menta/limón. It tastes like garlic/mint/lemon. 3.4;
  ¿Y sabe bien? And does it taste good? 3.4
sabiduría *f.* wisdom
sabio/a *adj.* wise
sabor *m.* taste; flavor;
  ¿Qué sabor tiene? ¿Chocolate? What flavor is it? Chocolate? 3.4;
  Tiene un sabor dulce/agrio/amargo/agradable. It has a sweet/sour/bitter/pleasant taste. 3.4
sabrosísimo/a *adj.* extremely delicious 1.8
sabroso/a *adj.* tasty; delicious 1.8
sacar *v.* to take out
  sacar fotos to take photos 1.5
  sacar la basura to take out the trash 2.3
  sacar(se) un diente to have a tooth removed 2.1
sacerdote *m.* priest
saciar *v.* to satisfy; to quench
sacrificar *v.* to sacrifice 3.6
sacrificio *m.* sacrifice
sacristán *m.* sexton
sacudir *v.* to dust 2.3
  sacudir los muebles to dust the furniture 2.3
sagrado/a *adj.* sacred; holy
sal *f.* salt 1.8
sala *f.* living room 2.3; *f.* room; hall
  sala de conciertos *f.* concert hall
  sala de emergencia(s) *f.* emergency room 2.1, 3.4
salario *m.* salary 2.7
salchicha *f.* sausage 1.8
salida *f.* departure; exit 1.5, 3.6
salir *v.* to leave 1.4; to go out 3.1
  salir (a comer) to go out (to eat) 3.2
  salir (con) to go out (with) 3.1 to date 1.9
  salir de to leave from
  salir para to leave for (a place)
salmón *m.* salmon 1.8

salón de belleza *m.* beauty salon 2.5
salto *m.* jump
salud *f.* health 2.1, 3.4;
  ¡A tu salud! To your health!
  ¡Salud! Cheers! 3.8
saludable *adj.* healthy 2.1; nutritious 3.4
saludar(se) *v.* to greet (each other) 2.2
saludo *m.* greeting 1.1
  saludos a... greetings to... 1.1
salvaje *adj.* wild 3.6
salvar *v.* to save 3.6
sanar *v.* to heal 3.4
sandalia *f.* sandal 1.6
sandía *f.* watermelon
sándwich *m.* sandwich 1.8
sano/a *adj.* healthy 2.1, 3.4
satélite *m.* satellite
sátira *f.* satire
satírico/a *adj.* satirical; 3.10
  tono satírico/a *m.* satirical tone
se *impersonal* one 2.1
  Se hizo... He/she/it became...
  Se nos dañó... The... broke down. 2.2
  Se nos pinchó una llanta. We had a flat tire. 2.2
se *ref. pron.* himself, herself, itself, *form.* yourself, themselves, yourselves 1.7
secadora *f.* clothes dryer 2.3
secarse *v.* to dry oneself 1.7; to dry off 3.2
sección de (no) fumar *f.* (non) smoking section 1.8
sección *f.* section 3.9
  sección de sociedad lifestyle section 3.9
  sección deportiva sports page/section 3.9
seco/a *adj.* dry 3.6
secretario/a *m., f.* secretary 2.7
secuencia *f.* sequence
secuestro *m.* kidnapping
sed *f.* thirst 1.3
seda *f.* silk 1.6
sedentario/a *adj.* sedentary; related to sitting 2.6
seguir (e:i) *v.* to follow; to continue 1.4
según according to
segundo/a *adj.* second 1.5
seguridad *f.* safety; security 3.5
  cinturón de seguridad seatbelt 3.5
  medidas de seguridad *f. pl.* security measures 3.5
seguro *m.* insurance 3.5
seguro/a *adj.* sure; safe 1.5; confident 3.1
seis six 1.1
seiscientos/as *adj.* six hundred 1.2

seleccionar *v.* to select; to pick out **3.3**

sello *m.* stamp **2.5**

selva *f.* jungle **2.4, 3.5**

semana *f.* week **1.2**

  fin *m.* **de semana** weekend **1.4**

semana *f.* **pasada** last week **1.6**

semanal *adj.* weekly

semestre *m.* semester **1.2**

semilla *f.* seed

senador(a) *m., f.* senator

señal *f.* sign **3.2**

señalar *v.* to point to; to signal **3.2**

sendero *m.* trail; trailhead **2.4**

señor (Sr.); don *m.* Mr.; sir **1.1**

señora (Sra.); doña *f.* Mrs.; ma'am **1.1**

señorita (Srta.) *f.* Miss **1.1**

sensato/a *adj.* sensible **3.1**

sensible *adj.* sensitive **3.1**

sentarse (e:ie) *v.* to sit down **1.7**

sentido *m.* sense

  en sentido figurado figuratively

  sentido común *m.* common sense

sentimiento *m.* feeling; emotion **3.1**

sentir(se) (e:ie) *v.* to feel **1.7, 3.1**; to be sorry; to regret **2.4**

separado/a *adj.* separated **1.9, 3.1**

separarse (de) *v.* to separate (from) **1.9**

septiembre *m.* September **1.5**

séptimo/a *adj.* seventh **1.5**

sepultar *v.* to bury

sequía *f.* drought **3.6**

ser *v.* to be **1.1, 3.1**

  ser aficionado/a (a) to be a fan (of) **1.4**

  ser alérgico/a (a) to be allergic (to) **2.1**

  ser gratis to be free of charge **2.5**

serio/a *adj.* serious

serpiente *f.* snake **3.6**

servicio de habitación *m.* room service **3.5**

servicios *m., pl.* facilities

servidumbre *f.* servants; servitude **3.3**

servilleta *f.* napkin **2.3**

servir (e:i) *v.* to serve **1.8**; to help **1.5**

sesenta sixty **1.2**

sesión *f.* showing

setecientos/as *adj.* seven hundred **1.2**

setenta seventy **1.2**

sexismo *m.* sexism **2.9**

sexto/a *adj.* sixth **1.5**

sí *adv.* yes **1.1**

si *conj.* if **1.4**

SIDA *m.* AIDS **2.9**

sido *p.p.* been **2.6**

siempre *adv.* always **1.7**

siete seven **1.1**

siglo *m.* century

silbar *v.* to whistle

silla *f.* seat **1.2**

sillón *m.* armchair **2.3**

similar *adj. m., f.* similar

simpático/a *adj.* nice; likeable **1.3**

sin *prep.* without **1.2, 2.4**

  sin duda without a doubt

  sin embargo however

  sin que *conj.* without **2.4**

  sin ti without you (*fam.*)

sinagoga *f.* synagogue

sincero/a *adj.* sincere

sindicato *m.* labor union **3.8**

sino *conj.* but (rather) **1.7**

síntoma *m.* symptom **2.1**

sintonía *f.* tuning; synchronization **3.9**

sintonizar *v.* to tune into (radio or television)

siquiera *conj.* even

  ni siquiera *conj.* not even

sitio *m.* web; website **2.2, 3.7**

situado/a *p.p.* located

situado/a *adj.* situated; located

  estar situado/a en to be set in

soberanía *f.* sovereignty

soberano/a *m., f.* sovereign; ruler

sobre *m.* envelope **2.5**; *prep.* on; over **1.2**

sobre todo above all **3.6**

sobredosis *f.* overdose

sobrevivencia *f.* survival

sobrevivir *v.* to survive

sobrino/a *m., f.* nephew; niece **1.3**

sociable *adj.* sociable

sociedad *f.* society

socio/a *m., f.* partner; member **3.8**

sociología *f.* sociology **1.2**

sofá *m.* couch; sofa **2.3**

sol *m.* sun **1.4, 1.5, 2.4**

solar *adj. m., f.* solar **2.4**

soldado *m., f.* soldier **2.9**

soleado/a *adj.* sunny

soledad *f.* solitude; loneliness **3.3**

soler (o:ue) *v.* to be in the habit of; to be used to **3.3**

solicitar *v.* to apply (for a job) **2.7, 3.8**

solicitud (de trabajo) *f.* (job) application **2.7**

sólo *adv.* only **1.3**

solo/a *adj.* alone; lonely **3.1**

soltero/a *adj.* single **1.9, 3.1**

  madre soltera single mother

padre soltero single father

solución *f.* solution **2.4**

sombrero *m.* hat **1.6**

Son las dos. It's two o'clock. **1.1**

soñar (o:ue) (con) *v.* to dream (about) **3.1**

sonar (o:ue) *v.* to ring **2.2, 3.7**

sonreído *p.p.* smiled **2.5**

sonreír (e:i) *v.* to smile **1.9**

sopa *f.* soup **1.8**

soplar *v.* to blow

soportar *v.* to support

  soportar a alguien to put up with someone **3.1**

sordo/a *adj.* deaf

  quedarse sordo/a to go deaf *v.* **3.4**

sorprender *v.* to surprise **1.9, 3.2**

sorprenderse (de) *v.* to be surprised (about) **3.2**

sorpresa *f.* surprise **1.9**

sortija *f.* ring **3.5**

sospecha *f.* suspicion

sospechar *v.* to suspect

sótano *m.* basement **3.3**; cellar **2.3**

soy I am **1.1**

  Soy de... I'm from... **1.1**

  Soy yo. That's me. **1.1**

su(s) *poss. adj.* his; her; its; *form.* your; their **1.3**

suavidad *f.* smoothness

subasta *f.* auction **3.10**

subdesarrollo *m.* underdevelopment

subida *f.* ascent

subir(se) a *v.* to get on/into (a vehicle) **2.2**

subsistir *v.* to survive

subtítulos *m., pl.* subtitles **3.9**

suburbio *m.* suburb

suceder *v.* to happen **3.1**

sucio/a *adj.* dirty **1.5**

sucre *m.* Former Ecuadorian currency **1.6**

sucursal *f.* branch

sudar *v.* to sweat **2.6**

suegro/a *m., f.* father-in-law; mother-in-law **1.3**

sueldo *m.* salary **2.7**

  aumento de sueldo raise in salary **3.8**

  sueldo fijo base salary **3.8**

  sueldo mínimo minimum wage **3.8**

suelo *m.* floor **2.3**

suelto/a *adj.* loose

sueño *n.* sleep **1.3**

suerte *f.* luck **1.3**

suéter *m.* sweater **1.6**

sufrimiento *m.* pain; suffering

sufrir (de) *v.* to suffer (from) **2.1, 3.4**

sufrir muchas presiones to be under a lot of pressure 2.6

sufrir una enfermedad *to suffer an illness* 2.1

sugerir (e:ie) *v.* to suggest 2.3, 3.4

superar *v.* to overcome

superficie *f.* surface

supermercado *m.* supermarket 2.5, 3.3

supervivencia *f.* survival

suponer *v.* to suppose 1.4, 3.1

suprimir *v.* to abolish; to suppress

supuesto/a *adj.* false; so-called; supposed

Por supuesto Of course

sur *m.* south 2.5

surrealismo *m.* surrealism 3.10

suscribirse (a) *v.* to subscribe (to) 3.9

sustantivo *m.* noun

suyo(s)/a(s) *poss. (of)* his/her; (of) hers; (of) its; (of) form. your, (of) yours, (of) their 2.2

T

tacaño/a *adj.* cheap; stingy 3.1

tacón *m.* heel

tacón alto high heel

tal como *conj.* just as

tal vez *adv.* maybe 1.5

talento *m.* talent 3.1

talentoso/a *adj.* talented 2.8, 3.1

talla *f.* size 1.6

talla grande *f.* large 1.6

taller *m.* **mecánico** garage; workshop; mechanic's repairshop 2.2

también *adv.* also; too 1.2, 1.7

tampoco *adv.* neither; not either 1.7

tan *adv.* so 1.5

tan pronto como *conj.* as soon as 2.4

tan... como as... as 1.8

tanque *m.* tank 2.2, 3.6

tanto *adv.* so much

tanto... como as much... as 1.8

tantos/as... como as many... as 1.8

tapa *f.* lid, cover

tapón *m.* traffic jam 3.5

taquilla *f.* box office 3.2

tarde *f.* afternoon; evening; P.M. 1.1; *adv.* late 1.7

tarea *f.* homework 1.2

tarjeta *f.* card

tarjeta de crédito/débito credit/debit card 1.6, 3.3

tarjeta postal *f.* postcard 1.4

tatarabuelo/a *m., f.* great-great-grandfather/mother

taxi *m.* taxi 1.5

taza *f.* cup 2.3

té *m.* tea 1.8

té helado *m.* iced tea 1.8

te *sing., fam., d.o. pron.* you 1.5; *sing., fam., i.o. pron.* to/for you 1.6

Te presento a... *fam.* I would like to introduce... to you 1.1

¿Te gustaría? Would you like to? 2.8

¿Te gusta(n)...? Do you like...? 1.2

teatro *m.* theater 2.8

teclado *m.* keyboard 2.2

técnico/a *m., f.* technician 2.7

tejido *m.* weaving 2.8

tela *f.* canvas 3.10

teleadicto/a *m., f.* couch potato 2.6

teléfono (celular) *m.* (cell) telephone 2.2, 3.7

telenovela *f.* soap opera 2.8, 3.9

telescopio *m.* telescope 3.7

teletrabajo *m.* telecommuting 2.7

televidente *m., f.* television viewer 3.9

televisión *f.* television 1.2, 2.2, 3.2

televisión por cable *f.* cable television 2.2

televisor *m.* television set 2.2, 3.2

temer *v.* to fear 2.4

temperatura *f.* temperature 2.1

templo *m.* temple

temporada *f.* season; period; **temporada alta/baja** high/low season 3.5

temprano *adv.* early 1.7

tendencia *f.* trend 3.9

tendencia izquierdista/derechista *f.* left-wing/right-wing bias

tenedor *m.* fork 2.3

tener *v.* to have 1.3

tener... años to be... years old 1.3

Tengo... años. I'm... years old. 1.3

tener buen/mal aspecto to look healthy/sick 3.4

tener (mucho) calor to be (very) hot 1.3

tener celos (de) to be jealous (of) 3.1

tener (mucho) cuidado to be (very) careful 1.3

tener dolor to have a pain 2.1

tener éxito to be successful 2.7

tener buena/mala fama to have a good/bad reputation 3.9

tener fiebre to have a fever 2.1

tener (mucho) frío to be (very) cold 1.3

tener ganas de (+ inf.) to feel like (doing something) 1.3

tener (mucha) hambre *f.* to be (very) hungry 1.3

tener (mucho) miedo (de) to be (very) afraid (of); to be (very) scared (of) 1.3

tener miedo (de) que to be afraid that

tener planes *m., pl.* to have plans 1.4

tener (mucha) prisa to be in a (big) hurry 1.3

tener que (+ inf.) *v.* to have to (do something) 1.3

tener razón *f.* to be right 1.3

tener (mucha) sed *f.* to be (very) thirsty 1.3

tener (mucho) sueño to be (very) sleepy 1.3

tener (mucha) suerte to be (very) lucky 1.3

tener tiempo to have time 1.4

tener una cita to have a date; to have an appointment 1.9

tenis *m.* tennis 1.4

tensión (alta/baja) *f.* (high/low) blood pressure 3.4

tensión *f.* tension 2.6

teoría *f.* theory 3.7

terapia intensiva *f.* intensive care 3.4

tercer, tercero/a *adj.* third 1.5

térmico/a *adj.* thermal

terminar *v.* to end; to finish 1.2

terminar de (+ inf.) *v.* to finish (doing something) 1.4

terremoto *m.* earthquake 2.9, 3.6

terreno *m.* land 3.6

terrible *adj. m., f.* terrible 2.4

territorio *m.* territory

terrorismo *m.* terrorism

testigo *m., f.* witness 3.10

ti *prep., obj. of prep., fam.* you

tiburón *m.* shark 3.5

tiempo *m.* time 1.4; weather 1.5

a tiempo on time 3.3

tiempo libre *m.* free time 3.2

tienda *f.* shop; store 1.6

tienda de campaña tent

tierra *f.* land; earth 3.6; soil 2.4

tigre *m.* tiger 3.6

timbre *m.* doorbell; tone; tone of voice 3.3
  tocar el timbre to ring the doorbell
timidez *f.* shyness
tímido/a *adj.* shy 3.1
tío/a *m., f.* uncle; aunt 1.3
tíos *m.* aunts and uncles 1.3
típico/a *adj.* typical; traditional
tipo *m.* guy 3.2
tira cómica *f.* comic strip 3.9
tirar *v.* to throw 3.5
titular *m.* headline 3.9
titularse *v.* to graduate 3.3
título *m.* title
tiza *f.* chalk 1.2
toalla *f.* towel 1.7
tobillo *m.* ankle 2.1
tocadiscos compacto *m.* compact disc player 2.2
tocar *v.* to play (*a musical instrument*) 2.8; to touch 2.4
  ¿A quién le toca? Whose turn is it? 3.2
  tocar el timbre to ring the doorbell 3.3
  ¿Todavía no me toca? Is it my turn yet? 3.2
todavía *adv.* yet; still 1.5
todo *m.* everything 1.5
  en todo el mundo throughout the world 2.4
  todo derecho straight (ahead) 2.5
  Todo está bajo control. Everything is under control. 1.7
todo(s)/a(s) *adj.* all 1.4; whole; *adv.* every
  todos los días everyday 2.1
todos *m., pl.* all of us; *m., pl.* everybody; everyone
  ¡Todos a bordo! All aboard! 1.1
tomar *v.* to take; to drink 1.2
  tomar clases *f., pl.* to take classes 1.2
  tomar el sol to sunbathe 1.4
  tomar en cuenta take into account
  tomar en serio to take seriously 3.8
  tomar fotos *f., pl.* to take photos 1.5
  tomar la temperatura to take someone's temperature 2.1
tomate *m.* tomato 1.8
tonto/a *adj.* silly; foolish 1.3
torcerse (o:ue) (el tobillo) *v.* to sprain (one's ankle) 2.1
torcido/a *adj.* twisted; sprained 2.1
torear *v.* to fight bulls in the bullring 3.2
toreo *m.* bullfighting 3.2

torero/a *m., f.* bullfighter 3.2
tormenta *f.* storm 2.9
  tormenta tropical tropical storm 3.6
tornado *m.* tornado 2.9
torneo *m.* tournament 3.2
tortilla *f.* tortilla 1.8
  tortilla de maíz corn tortilla 1.8
tos *f., sing.* cough 2.1, 3.4
toser *v.* to cough 2.1, 3.4
tostado/a *adj.* toasted 1.8
tostadora *f.* toaster 2.3
tóxico/a *adj.* toxic 3.6
tozudo/a *adj.* stubborn 3.8
trabajador(a) *adj.* industrious; hard-working 1.3, 3.8
trabajar *v.* to work 1.2; trabajar duro to work hard 3.8
trabajo *m.* job; work 2.7
tradicional *adj.* traditional 3.1
traducir *v.* to translate 1.6, 3.1
traer *v.* to bring 1.4, 3.1
tráfico *m.* traffic 2.2
tragar *v.* to swallow
tragedia *f.* tragedy 2.8
trágico/a *adj.* tragic 3.10
traición *f.* betrayal
traído/a *p.p.* brought 2.5
traidor(a) *m., f.* traitor
traje (de baño) *m.* (bathing) suit 1.6
  traje de luces *m.* bullfighter's outfit (lit. costume of lights) 3.2
trama *f.* plot 3.10
tranquilo/a *adj.* calm 3.1; quiet 2.6
  Tranquilo. Don't worry.; Be cool. 1.7
transbordador espacial *m.* space shuttle 3.7
transcurrir *v.* to take place 3.10
tránsito *m.* traffic
transmisión *f.* transmission
transmitir *v.* to broadcast 2.9, 3.9
transplantar *v.* to transplant
transporte público *m.* public transportation
trasnochar *v.* to stay up all night 3.4
trastorno *m.* disorder
tratado *m.* treaty
tratamiento *m.* treatment 3.4
tratar de (+ inf.) *v.* to try (to do something) 2.6
tratar *v.* to treat 3.4
  tratar (sobre/acerca de) to be about; to deal with 3.4
tratarse de *v.* to be about; to deal with 3.10
Trato hecho. You've got a deal. 2.8
trayectoria *f.* path; history 3.1
trazar *v* to trace

trece thirteen 1.1
treinta thirty 1.1, 1.2
  y treinta thirty minutes past the hour (*time*) 1.1
tren *m.* train 1.5
tres three 1.1
trescientos/as *adj.* three hundred 1.2
tribu *f.* tribe
tribunal *m.* court
trimestre *m.* trimester; quarter 1.2
triste *adj.* sad 1.5
tropical *adj.* tropical
  tormenta tropical tropical storm 3.6
truco *m.* trick 3.2
trueno *m.* thunder 3.6
trueque *m.* barter; exchange
tú *fam. sub. pron.* you 1.1
  Tú eres... You are... 1.1
tu(s) *fam. poss. adj.* your 1.3
tubería *f.* piping; plumbing 3.6
turismo *m.* tourism 1.5, 3.5
turista *m., f.* tourist 1.1, 3.5
turístico/a *adj.* touristic; tourist 3.5
tuyo(s)/a(s) *fam. poss. pron.* your; (of) yours 2.2

U

ubicar *v.* to put in a place; to locate
ubicarse *v* to be located
Ud. *form. sing.* you 1.1
Uds. *form., pl.* you 1.1
último/a *adj.* last
uña *f.* fingernail
un, uno/a *indef. art.* a; one 1.1
uno/a *m., f., sing. pron.* one 1.1
  a la una at one o'clock 1.1
  una vez once; one time 1.6
  una vez más one more time 1.9
único/a *adj.* only 1.3; unique
universidad *f.* university; college 1.2
unos/as *m., f., pl. indef. art.* some 1.1
  unos/as *pron.* some 1.1
urbano *adj.* urban
urgente *adj.* urgent 2.3, 3.4
usar *v.* to wear; to use 1.6
usted (Ud.) *form. sing. you* 1.1
  ustedes (Uds.) *form., pl.* you 1.1
usuario/a *m., f.* user 3.7
útil *adj.* useful
uva *f.* grape 1.8

V

vaca *f.* cow 2.4, 3.6
vacaciones *f. pl.* vacation 1.5
vacuna *f.* vaccine 3.4
vago/a *m., f.* slacker 3.7
vagón *m.* carriage; coach 3.7
valer *v.* to be worth 3.1
valiente brave 3.5
valioso/a *adj.* valuable 3.6
valle *m.* valley 2.4
valor *m.* bravery; value
vamos let's go 1.4
vándalo/a *m., f.* vandal 3.6
vanguardia *f.* vanguard;
  a la vanguardia at the
  forefront 3.7
vaquero *m.* cowboy 2.8
  de vaqueros *m., pl.* western
  (genre) 2.8
varios/as *adj. m. f., pl.* various;
  several 1.8
vaso *m.* glass 2.3
veces *f., pl.* times 1.6
vecino/a *m., f.* neighbor 2.3
vedado/a *adj.* forbidden 3.3
veinte twenty 1.1
veinticinco twenty-five 1.1
veinticuatro twenty-four 1.1
veintidós twenty-two 1.1
veintinueve twenty-nine 1.1
veintiocho twenty-eight 1.1
veintiséis twenty-six 1.1
veintisiete twenty-seven 1.1
veintitrés twenty-three 1.1
veintiún, veintiuno/a *adj.*
  twenty-one 1.1
vejez *f.* old age 1.9
vela *f.* candle
velocidad *f.* speed 2.2
  velocidad máxima *f.* speed
  limit 2.2
venado *m.* deer
vencer *v.* to conquer; to
  defeat 3.2, 3.9
vencido/a *adj.* expired 3.5
venda *f.* bandage 3.4
vendedor(a) *m., f.* salesperson
  1.6, 3.8
vender *v.* to sell 1.6
veneno *m.* poison 3.6
venenoso/a *adj.* poisonous 3.6
venerar *v.* to worship
venir (e:ie) *v.* to come 1.3, 3.1
venta *f.* sale;
  estar a la venta to be for sale
ventaja *f.* advantage
ventana *f.* window 1.2
ver *v.* to see 1.4, 3.1
  a ver *v.* let's see 1.2
  ver películas *f., pl.* to see
  movies 1.4
  Yo lo/la veo muy triste. He/
  She looks very sad to me. 3.6
verano *m.* summer 1.5

verbo *m.* verb
verdad *f.* truth
  ¿verdad? right? 1.1
verde *adj., m. f.* green 1.6
verduras *pl., f* vegetables 1.8
vergüenza *f.* shame;
  embarrassment
  tener vergüenza (de) to be
  ashamed (of) 3.1
verse *v.* to look; to appear
  Se ve tan feliz. He/She looks
  so happy. 3.6
  ¡Qué guapo/a te ves! How
  attractive you look! (*fam.*) 3.6
  ¡Qué elegante se ve usted!
  How elegant you look! (*form.*)
  3.6
verso *m.* line (of poetry) 3.10
vestido *m.* dress 1.6
vestidor *m.* fitting room
vestirse (e:i) *v.* to get dressed
  1.7, 3.2
vez *f.* time 1.6;
  a veces *adv.* sometimes 3.3
  de vez en cuando now and
  then; once in a while 3.3
  érase una vez once upon a
  time;
  por primera/última vez for
  the first/last time 3.2
viajar *v.* to travel 1.2
viaje *m.* trip 1.5, 3.5
  hacer un viaje *v.* to take a
  trip 3.5
viajero/a *m., f.* traveler 1.5, 3.5
victoria *f.* victory
victorioso/a *adj.* victorious
vida *f.* life 1.9
  vida cotidiana everyday life
video *m.* video 1.1
  video musical *m.* music
  video 3.9
video(casete) *m.* video
  (cassette) 2.2
videocasetera *f.* VCR 2.2
videoconferencia *f.*
  videoconference 2.7
videojuego *m.* video game 1.4,
  3.2
vidrio *m.* glass 2.4
viejo/a *adj.* old 1.3
viento *m.* wind 1.5
viernes *m., sing.* Friday 1.2
vigente *adj.* valid 3.5
vigilar *v.* to watch
vinagre *m.* vinegar 1.8
violencia *f.* violence 2.9
virus *m.* virus 3.4
visitar *v.* to visit 1.4
  visitar monumentos *m.,*
  pl. to visit monuments 1.4
vistazo *m.* glance;
  echar un vistazo *v.* to take
  a look
visto/a *p.p.* seen 2.5

vitamina *f.* vitamin 2.6
viudo/a *adj.* widower/widow
  1.9; widowed 3.1
viudo/a *m., f.* widower/widow
vivienda *f.* housing 2.3
vivir *v.* to live 1.3, 3.1
vivo/a *adj.* bright; lively; living
vivo: en vivo *adj.* live 3.9
volante *m.* steering wheel 2.2
volar (o:ue) *v.* to fly 3.8
volcán *m.* volcano 2.4
vóleibol *m.* volleyball 1.4
volver (o:ue) *v.* to come back; to
  return 1.4
volver a ver(te, lo, la) *v.* to see
  (you, him, her) again 2.9
vos *pron.* you
vosotros/as *pron. form., pl.*
  you 1.1
votar *v.* to vote 2.9,
vuelo *m.* flight
vuelta *f.* return trip
vuelto/a *p.p.* returned 2.5
vuestro(s)/a(s) *poss.* adj. your
  1.3; (of) yours *fam.* 2.2

W

walkman *m.* walkman
web *f.* (the) web 3.7

Y

y *conj.* and 1.1
  y cuarto quarter after (*time*)
  1.1
  y media half-past (*time*) 1.1
  y quince quarter after (*time*)
  1.1
  y treinta thirty (minutes past
  the hour) 1.1
  ¿Y tú? *fam.* And you? 1.1
  ¿Y usted? *form.* And you?
  1.1
ya *adv.* already 1.6
yerno *m.* son-in-law 1.3
yeso *m.* cast 3.4
yo *sub. pron.* I 1.1
  Yo soy... I'm... 1.1
yogur *m.* yogurt 1.8

Z

zaguán *m.* entrance hall;
  vestibule 3.3
zanahoria *f.* carrot 1.8
zapatería *f.* shoe store 2.5
zapatos de tenis *m., pl.* tennis
  shoes, sneakers 1.6
zoológico *m.* zoo 3.2

English-Spanish

aboard **a bordo** 1.1
abolish **suprimir** *v.*
above all **sobre todo** 3.6
absent **ausente** *adj.*
abstract **abstracto/a** *adj.* 3.10
accentuate **acentuar** *v.* 3.10
accident **accidente** *m.* 2.1;
  car accident **accidente automovilístico** *m.* 3.5;
accompany **acompañar** *v.* 2.5
account **cuenta** *f.* 2.5;
  (*story*) **relato** *m.* 3.10
  checking account **cuenta corriente** *f.* 3.8
  savings account **cuenta de ahorros** *f.*
  on account of **por** *prep.* 2.2
accountant **contador(a)** *m., f.* 2.7, 3.8
accounting **contabilidad** *f.* 1.2
accustomed to **acostumbrado/a** *adj.*
  to grow accustomed (to) **acostumbrarse (a)** *v.* 3.3
ache **dolor** *m.* 2.1
ache **doler (o:ue)** *v.* 3.2
achieve **lograr** *v.* 3.3;
  alcanzar *v.*
acid **ácido/a** *adj.* 2.4
  acid rain **lluvia ácida** 2.4
acquainted: to be acquainted with **conocer** *v.* 1.6
action (genre) **de acción** *f.* 2.8
active **activo/a** *adj.* 2.6
activist **activista** *m., f.*
actor **actor, actriz** *m., f.* 2.7, 3.9
add **añadir** *v.*
addict (*drug*) **drogadicto/a** *adj.* 2.6
additional **adicional** *adj.*
address **dirección** *f.* 2.5
adjective **adjetivo** *m.*
admission ticket **entrada** *f.*
adolescence **adolescencia** *f.* 1.9
adore **adorar** *v.* 3.1
advance **avance** *m.* 3.7
advanced **adelantado/a; avanzado/a** *adj.* 3.7,
advantage **ventaja** *f.*; to take advantage of **aprovechar** *v.*
adventure **aventura** *f.* 3.5
  adventure (genre) **de aventura** *f.* 2.8
adventurer **aventurero/a** *m., f.* 3.5
advertise **anunciar** *v.* 2.9
advertisement **anuncio** *m.* 2.7; **propaganda** *f.* 3.9
advertising **publicidad** *f.* 3.9
advice **consejo** *m.* 1.6

give advice **dar consejos** 1.6
advisable **recomendable** *adj.* 3.5
  not advisable, inadvisable **poco recomendable** *adj.*
advise **aconsejar** *v.* 2.3, 3.4
advisor **consejero/a** *m., f.* 2.7; **asesor(a)** *m., f.* 3.8
aerobic **aeróbico/a** *adj.* 2.6
  to do aerobics **hacer ejercicios aeróbicos** 2.6
  aerobics class **clase de ejercicios aeróbicos** 2.6
aesthetic **estético/a** *m., f.* 3.10
affected **afectado/a** *adj.* 2.4
  be affected (by) **estar afectado/a (por)** 2.4
affection **cariño** *m.* 3.1
affectionate **cariñoso/a** *adj.* 3.1
affirmative **afirmativo/a** *adj.*
afflict **afligir** *v.* 3.4
afraid: be (very) afraid (of) **tener (mucho) miedo (de)** 1.3
  be afraid that **tener miedo (de) que**
after **después de** *prep.* 1.7; **después de que** *conj.* 2.4
  after all **al final de cuentas** 3.7; **al fin y al cabo**
afternoon **tarde** *f.* 1.1
afterward **después** *adv.* 1.7
again **otra vez**
age **edad** *f.* 1.9
  of age **mayor de edad**
agent **agente** *m., f.*
  customs agent **agente de aduanas** *m., f.* 3.5
agnostic **agnóstico/a** *adj.*
agree **concordar** *v.*; **acordar (o:ue)** *v.* 3.2; **estar** *v.* **de acuerdo** 2.7
  I agree (completely). **Estoy (completamente) de acuerdo.** 2.7
  I don't agree. **No estoy de acuerdo.** 2.7
agreement **acuerdo** *m.* 2.7
aid **auxilio** *m.*
  first aid **primeros auxilios** *m. pl.* 3.4
AIDS **SIDA** *m.* 2.9
air **aire** *m.* 2.4
  air pollution **contaminación del aire** 2.4
airplane **avión** *m.* 1.5
airport **aeropuerto** *m.* 1.5
alarm clock **despertador** *m.* 1.7
album **álbum** *m.* 3.2
alibi **coartada** *f.* 3.10
alien **extraterrestre** *m., f.* 3.7
all **todo(s)/a(s)** *adj.* 1.4
  All aboard! **¡Todos a bordo!** 1.1
  all of us **todos** 1.1
  all over the world **en todo el mundo**
allergic **alérgico/a** *adj.* 2.1

be allergic (to) **ser alérgico/a (a)** 2.1
alleviate **aliviar** *v.*
allusion **alusión** *f.* 3.10
almost **casi** *adv.* 2.1, 3.3
alone **solo/a** *adj.* 3.1
along **por** *prep.* 2.2
already **ya** *adv.* 1.6
also **también** *adv.* 1.2, 1.7
alternative medicine **medicina alternativa** *f.*
alternator **alternador** *m.* 2.2
although *conj.* **aunque**
aluminum **aluminio** *m.* 2.4
  (made) of aluminum **de aluminio** 2.4
always **siempre** *adv.* 1.7
amaze **asombrar** *v.*
amazement **asombro** *m.*
ambassador **embajador(a)** *m., f.*
American (North) **norteamericano/a** *adj.* 1.3
among **entre** *prep.* 1.2
amuse (oneself) **entretener(se) (e:ie)** *v.* 3.2
amusement **diversión** *f.*
ancient **antiguo/a** *adj.*
and **y** 1.1, **e** (before words beginning with **i** or **hi**) 1.4
  And you? **¿Y tú?** *fam.* 1.1; **¿Y usted?** *form.* 1.1
anger **enojo** *m.*
angry **enojado/a** *adj.* 1.5
  get angry (with) **enojarse** *v.* **(con)** 1.7
animal **animal** *m.* 2.4
ankle **tobillo** *m.* 2.1
anniversary **aniversario** *m.* 1.9; (wedding **aniversario** *m.* **(de bodas)** 1.9
announce **anunciar** *v.* 2.9
announcer (TV/radio) **locutor(a)** *m., f.* 2.9; **conductor(a)** *m., f.*
annoy **molestar** *v.* 1.7, 3.2
another **otro/a** *adj.* 1.6
answer **contestar** *v.* 1.2; **respuesta** *f.*
answering machine **contestadora** *f.* 2.2
ant **hormiga** *f.* 3.6
antenna **antena** *f.*
antibiotic **antibiótico** *m.* 2.1
antiquity **antigüedad** *f.*
anxiety **ansia** *f.* 3.1
anxious **ansioso/a** *adj.* 3.1
any **algún, alguno/a(s)** *adj.* 1.7
anyone **alguien** *pron.* 1.7
anything **algo** *pron.* 1.7
apartment **apartamento** *m.* 2.3
apartment building **edificio de apartamentos** 2.3
apologize **disculparse** *v.* 3.6
appear **parecer** *v.*; **aparecer** *v.* 3.1
appearance **aspecto** *m.*

appetizers **entremeses** m., pl.   1.8

applaud **aplaudir** v.   2.8, 3.2

apple **manzana** f.   1.8

appliance (electric) **electrodoméstico** m.   2.3

applicant **aspirante** m., f.   2.7

application **solicitud** f.   2.7

  job application **solicitud de trabajo**   2.7

apply (for a job) **solicitar** v.   2.7, 3.8

  apply for a loan **pedir** v. **un préstamo**   2.5

appointment **cita** f.   1.9

  have an appointment **tener** v. **una cita**   1.9

appreciate **apreciar** v.   2.8, 3.1

appreciated **apreciado/a** adj.

approach **acercarse (a)** v.   3.2

approval **aprobación** f.   3.9

approve **aprobar (o:ue)** v.

April **abril** m.   1.5

aquatic **acuático/a** adj.

archaeologist **arqueólogo/a** m., f.   2.7

archaeology **arqueología** f.

architect **arquitecto/a** m., f.   2.7

area **región** f.   2.4

argue **discutir** v.   3.1

arid **árido/a** adj.

aristocratic **aristocrático/a** adj.

arm **brazo** m.   2.1

armchair **sillón** m.   2.3

armed **armado/a** adj.

army **ejército** m.   2.9

around **por** prep.   2.2

  around here **por aquí**   2.2

arrange **arreglar** v.   2.2

arrival **llegada** f.   1.5, 3.5

arrive **llegar** v.   1.2

art **arte** m.   1.2

  arts **artes** f., pl.   2.8

  fine arts **bellas artes** f., pl.   2.8

article m. **artículo**   2.9

artifact **artefacto** m.   3.5

artisan **artesano/a** m., f.   3.10

artist **artista** m., f.   1.3

artistic **artístico/a** adj.   2.8

as **como**   1.8

  as... as **tan... como**   1.8

  as a child **de niño/a**   2.1

  as many... as **tantos/as... como**   1.8

  as much... as **tanto... como**   1.8

  as soon as **en cuanto** conj.   2.4; **tan pronto como** conj.   2.4

ascent **subida** f.

ashamed **avergonzado/a** adj.; to be ashamed (of) **tener vergüenza (de)** v.   3.1

ask (a question) v. **preguntar** v.

ask for **pedir (e:i)** v.   1.4, 3.1, 3.4

asparagus **espárragos** m., pl.   1.8

aspirin **aspirina** f.   2.1, 3.4

assure **asegurar** v.

astonished: be astonished **asombrarse** v.

astonishing **asombroso/a** adj.

astonishment **asombro** m.

astronaut **astronauta** m., f.   3.7

astronomer **astrónomo/a** m., f.   3.7

at **a** prep.   1.1; **en** prep.   1.2

  at + time **a la(s) +** time   1.1

  at home **en casa**   1.7

  at least **por lo menos**   2.1

  at night **por la noche**   1.7

  at the end (of) **al fondo (de)**   2.3

  At what time...? **¿A qué hora...?**   1.1

  At your service. **A sus órdenes.**   2.2

atheism **ateísmo** m.

atheist **ateo/a** adj.

athlete **deportista** m., f.   3.2

ATM **cajero automático** m.   2.5

attach **adjuntar** v.   3.7

  to attach a file **adjuntar un archivo** v.   3.7

attend **asistir (a)** v.   1.3

attic **altillo** m.   2.3

attract **atraer** v.   1.4, 3.1

attraction **atracción** f.

auction **subasta** f.   3.10

audience **público** m.   2.8, 3.9; **audiencia** f.

August **agosto** m.   1.5

aunt **tía** f.   1.3

  aunts and uncles **tíos** m., pl.   1.3

authoritarian **autoritario/a** adj.   3.1

autobiography **autobiografía** f.   3.10

automatic **automático/a** adj.

automobile **automóvil** m.   1.5; **carro** m.; **coche** m.   2.2

autumn **otoño** m.   1.5

available **disponible** adj.

avenue **avenida** f.

avoid **evitar** v.   2.4

award **premio** m.   2.8

awkward situation **compromiso** m.   3.10

B

back **espalda** f.

  behind my back **a mis espaldas**   3.9

  to have one's back to **estar de espaldas a**

backpack **mochila** f.   1.2

bad **mal, malo/a** adj.   1.3

It's bad that... **Es malo que...**   2.3

It's not at all bad. **No está nada mal.**   1.5

bag **bolsa** f.   1.6

  bags under the eyes **ojeras** f. pl.

bakery **panadería** f.   2.5

balanced **equilibrado/a** adj.   2.6

  to eat a balanced diet **comer una dieta equilibrada**   2.6

balcony **balcón** m.   2.3, 3.3

ball **pelota** f.   1.4

ball **balón** m.   3.2

  ball field **campo** m.   3.5

banana **banana** f.   1.8

band **banda** f.   2.8; **conjunto** (musical) m.

bandage **venda** f.   3.4

bank **banco** m.   2.5

banking **bancario/a** adj.

bankruptcy **bancarrota** f.   3.8

baptism **bautismo** m.

bargain **ganga** f.   1.6, 3.3

bargain **regatear** v.   1.6

barter **trueque** m.

baseball (game) **béisbol** m.   1.4

basement **sótano** m.   2.3, 3.3

basketball (game) **baloncesto** m.   1.4

bathe **bañarse** v.   1.7

bathing suit **traje** m. **de baño**   1.6

bathroom **baño** m.   1.7; **cuarto de baño** m.   1.7

battle **batalla** f.

bay **bahía** f.   3.5

be able to **poder (o:ue)** v.   3.1

be about (deal with) **tratarse de** v.   3.10 **tratar (sobre/acerca de)** v.   3.4

be about to **disponerse a** v.   3.6

be promoted **ascender (e:ie)** v.   3.8

be **ser** v.   1.1; **estar** v.   1.2

be... years old **tener... años**   1.3

beach **playa** f.   1.5

beans **frijoles** m., pl.   1.8

bear **oso** m.

beat **latir** v.   3.4

beautiful **hermoso/a** adj.   1.6

beauty **belleza** f.   2.5

  beauty salon **peluquería** f.   2.5; **salón** m. **de belleza**   2.5

because **porque** conj.   1.2

  because of **por** prep.   2.2

become (+ adj.) **ponerse (+** adj.)   1.7; **convertirse** v.; **convertirse (en) (e:ie)** v.   3.2

  to become annoying **ponerse pesado/a** v.

  to become extinct **extinguirse** v.   3.6

  to become infected **contagiarse** v.   3.4

  to become inflamed **inflamarse** v.

to become informed (about)
enterarse (de) *v.* 3.9
to become part (of) **integrarse
(a)** *v.*
to become tired **cansarse** *v.*
bed and breakfast inn **pensión** *f.*
bed **cama** *f.* 1.5
go to bed **acostarse (o:ue)**
v. 1.7
bedroom **alcoba** *f.*; **dormitorio**
m. 2.3; **recámara** *f.*
beef **carne de res** *f.* 1.8
beef soup **caldo de patas** 1.8
beehive **colmena** *f.* 3.8
been **sido** *p.p.* 2.6
before **antes** *adv.* 1.7; **antes de**
prep. 1.7; **antes (de) que**
conj. 2.4
beforehand **de antemano**
beg **rogar (o:ue)** *v.* 2.3, 3.4
beggar **mendigo/a** *m., f.*
begin **comenzar (e:ie)** *v.* 1.4;
empezar (e:ie) *v.* 1.4
behalf: on behalf of **de parte de**
2.2
behave well **portarse bien** *v.*
behind **detrás de** *prep.* 1.2
belief **creencia** *f.*
believe (in) **creer** *v.* **(en)** 1.3, 2.4
Don't you believe it. **No creas.**
not to believe **no creer** 2.4
believed **creído** *p.p.* 2.5
believer **creyente** *m., f.*
bellhop **botones** *m., f. sing.* 1.5
belong (to) **pertenecer (a)** *v.*
below **debajo de** *prep.* 1.2
belt **cinturón** *m.* 1.6
seatbelt **cinturón de
seguridad** *m.* 3.5
benefit **beneficio** *m.* 2.7
benefits **beneficios** *m. pl.*
beside **al lado de** *prep.* 1.2
besides **además (de)** *adv.* 2.1
best **mejor** *adj.*
the best **el/la mejor** *m., f.* 1.8;
lo mejor *neuter* 2.9
bet **apostar (o:ue)** *v.*; **apuesta** *f.*
betray **engañar** *v.* 3.9
betrayal **traición** *f.*
better **mejor** *adj.* 1.8
It's better that… **Es mejor
que…** 2.3
between **entre** *prep.* 1.2
beverage **bebida** *f.*
beyond **más allá de**
bias **parcialidad** *f.* 3.9
left-wing/right-wing bias
**tendencia izquierdista/
derechista** *f.*
biased **parcial** *adj.* 3.9
bicycle **bicicleta** *f.* 1.4
big **gran, grande** *adj.* 1.3
bilingual **bilingüe** *adj.* 3.9
bill **cuenta** *f.* 1.9; **proyecto de
ley** *m.*

billiards **billar** *m.* 3.2
billion **mil millones**
biochemical **bioquímico/a**
adj. 3.7
biography **biografía** *f.* 3.10
biologist **biólogo/a** *m., f.* 3.7
biology **biología** *f.* 1.2
bird **ave** *f.* 2.4, 3.6; **pájaro**
m. 2.4, 3.6
birth **nacimiento** *m.* 1.9
birthday **cumpleaños** *m., sing.*
1.9
have a birthday **cumplir** *v.*
años 1.9
biscuit **bizcocho** *m.*
bite **morder (o:ue)** *v.* 3.6
black **negro/a** *adj.* 1.6
blackberry **mora** *f.* 1.8
blackboard **pizarra** *f.* 1.2
blanket **manta** *f.* 2.3
bless **bendecir (e:i)** *v.*
block (city) **cuadra** *f.* 2.5
blog **blog** *m.* 3.7
blognovel **blogonovela** *f.* 3.7
blogosphere **blogosfera** *f.* 3.7
blond(e) **rubio/a** *adj.* 1.3
blood **sangre** *f.* 3.4
(high/low) blood pressure
tensión (alta/baja) *f.* 3.4
blouse **blusa** *f.* 1.6
blow **soplar** *v.*
to blow out the candles **apagar
las velas** *v.* 3.8
blue **azul** *adj. m., f.* 1.6
blush **enrojecer** *v.*
board **embarcar** *v.*
on board **a bordo** *adj.* 3.5
boarding house **pensión** *f.*
boat **barco** *m.* 1.5; **bote** *m.* 3.5
body **cuerpo** *m.* 2.1
boil **hervir (e:ie)** *v.* 3.3
bombing **bombardeo** *m.* 3.6
bone **hueso** *m.* 2.1
book **libro** *m.* 1.2
bookcase **estante** *m.* 2.3
bookshelves **estante** *m.* 2.3
bookstore **librería** *f.* 1.2
boot **bota** *f.* 1.6
border **frontera** *f.* 3.5; **límite** *m.*
bore **aburrir** *v.* 1.7; 3.2
bored **aburrido/a** *adj.* 1.5
be bored **estar** *v.* **aburrido/a**
1.5
get bored **aburrirse** *v.* 2.8
boring **aburrido/a** *adj.* 1.5
born: be born **nacer** *v.* 1.9
borrow **pedir** *v.* **prestado** 2.5;
3.8
borrowed **prestado/a** *adj.*
boss **jefe** *m.,* **jefa** *f.* 2.7
both **ambos/as** *pron., adj.*
bother **molestar** *v.* 1.7; 3.2
bottle **botella** *f.* 1.9
bottom **fondo** *m.*
boulevard **bulevar** *m.*

bow **proa** *f.* 3.5
bowling **boliche** *m.* 3.2
box office **taquilla** *f.* 3.2
box **caja** *f.*
toolbox **caja de herramientas**
f.
boy **chico** *m.* 1.1; **muchacho**
m. 1.3
boyfriend **novio** *m.* 1.3
brakes **frenos** *m., pl.*
branch **sucursal** *f.*
brand **marca** *f.*
brave **valiente** 3.5
bravery **valor** *m.*
bread **pan** *m.* 1.8
break **romper** *v.* 2.1
break (one's leg) **romperse
(la pierna)** 2.1
break down **dañar** *v.* 2.1
The… broke down. **Se nos
dañó el/la…** 2.2
break in (to a conversation)
meterse *v.* 3.1
break up (with) **romper** *v.*
(con) 1.9, 3.1
breakfast **desayuno** *m.* 1.2, 1.8
have breakfast **desayunar**
v. 1.2
breakthrough **avance** *m.* 3.7
breathe **respirar** *v.* 2.4
breathing **respiración** *f.* 3.4
brick **ladrillo** *m.*
bridge **puente** *m.*
bright **luminoso/a** *adj.* 3.10
bring **traer** *v.* 1.4, 3.1
to bring down **derribar** *v.*
to bring up (raise) **educar**
v. 3.1
broadcast **transmitir** *v.* 2.9, 3.9;
emitir *v.* 2.9; **emisión** *f.*
live broadcast **emisión en
vivo/directo** *f.*
brochure **folleto** *m.*
broken **roto/a** *adj.* 2.1, 2.5
be broken **estar roto/a** 2.1
broom **escoba** *f.*
brother **hermano** *m.* 1.3
brother-in-law **cuñado** *m., f.*
1.3
brothers and sisters **hermanos**
m., pl. 1.3
brought **traído** *p.p.* 2.5
brown **café** *adj.* 1.6; **marrón**
adj. 1.6
brunet(te) **moreno/a** *adj.* 1.3
brush **cepillar(se)** *v.* 1.7, 3.2
to brush against **rozar** *v.*
brush one's hair **cepillarse el
pelo** 1.7
brush one's teeth **cepillarse los
dientes** 1.7
brush stroke **pincelada** *f.* 3.10
Buddhist **budista** *adj.*
budget **presupuesto** *m.* 3.8
buffalo **búfalo** *m.*

build **construir** *v.* 1.4
building **edificio** *m.* 2.3
bull ring **ruedo** *m.* 3.2
bullfight **corrida** *f.* 3.2
bullfighter **torero/a** *m., f.* 3.2
  bullfighter who kills the bull **matador/a** *m., f.* 3.2
  bullfighter's outfit **traje de luces** *m.* 3.2
bullfighting **toreo** *m.* 3.2
  bullfighting stadium **plaza de toros** *f.* 3.2
bump into (something accidentally) **darse con** 2.1; (someone) **encontrarse** *v.* 2.2
bureaucracy **burocracia** *f.*
buried **enterrado/a** *m., f.* 3.2
burn (a CD) **quemar** *v.* 2.2
burned (out) **quemado/a** *adj.* 2.2
burrow **madriguera** *f.* 3.3
bury **enterrar (e:ie), sepultar** *v.*
bus **autobús** *m.* 1.1
  bus station **estación** *f.* **de autobuses** 1.5
business **negocios** *m. pl.* 2.7
  business administration **administración** *f.* **de empresas** 1.2
  business-related **comercial** *adj.* 2.7
businessman **hombre de negocios** *m.* 3.8
businessperson **hombre** *m.* **/mujer** *f.* **de negocios** 2.7
businesswoman **mujer de negocios** *f.* 3.8
busy **ocupado/a** *adj.* 1.5
but **pero** *conj.* 1.2; (rather) **sino** *conj.* (in negative sentences) 1.7
butcher shop **carnicería** *f.* 2.5
butter **mantequilla** *f.* 1.8
butterfly **mariposa** *f.*
buy **comprar** *v.* 1.2
by **por** *conj.* 2.2; **para** *prep.* 2.2
  by means of **por** *prep.* 2.2
  by phone **por teléfono** 2.2
  by plane **en avión** 1.5
  by way of **por** *prep.* 2.2
bye **chau** *interj. fam.* 1.1

C

cabin **cabaña** *f.* 1.5
cable television **televisión** *f.* **por cable** *m.* 2.2
café **café** *m.* 1.4
cafeteria **cafetería** *f.* 1.2
caffeine **cafeína** *f.* 2.6
cage **jaula** *f.*
cake **pastel** *m.* 1.9
  chocolate cake **pastel de chocolate** *m.* 1.9
calculation, sum **cuenta** *f.*
calculator **calculadora** *f.* 2.2
call **llamar** *v.* 2.2

call on the phone **llamar por teléfono**
  be called **llamarse** *v.* 1.7
calm **tranquilo/a** *adj.* 2.6, 3.1
calm down **calmarse** *v.*; Calm down. **Tranquilo/a.**
calorie **caloría** *f.* 2.6
camera **cámara** *f.* 2.2
camp **acampar** *v.* 1.5
campaign **campaña** *f.*
campground **campamento** *m.* 3.5
can **poder (o:ue)** *v.* 1.4; can (tin) **lata** *f.* 2.4
Canadian **canadiense** *adj.* 1.3
cancel **cancelar** *v.* 3.5
cancer **cáncer** *m.*
candidate **aspirante** *m. f.* 2.7
  candidate **candidato/a** *m., f.* 2.9;
candle **vela** *f.*
candy **dulces** *m., pl.* 1.9
canon **canon** *m.* 3.10
canvas **tela** *f.* 3.10
capable **capaz** *adj.* 3.8
cape **cabo** *m.*
capital city **capital** *f.* 1.1
captain **capitán** *m.*
car **coche** *m.* 2.2; **carro** *m.* 2.2; **auto(móvil)** *m.* 1.5
caramel **caramelo** *m.* 1.9
card **tarjeta** *f.*; (playing) **carta** *f.* 1.5
  credit/debit card **tarjeta de crédito/débito** *f.*
  (playing) cards **cartas, naipes** *f. pl.* 3.2
care **cuidado** *m.* 1.3, 3.1
  personal care **aseo personal** *m.*
  take care of **cuidar** *v.* 2.4
  Take care! **¡Cuídense!** *v.* 2.6
career **carrera** *f.* 2.7
careful **cuidadoso/a** *adj.* 3.1
  be (very) careful **tener** *v.* **(mucho) cuidado** 1.3
caress **acariciar** *v.* 3.10
caretaker **ama** *m., f.* **de casa** 2.3
carpenter **carpintero/a** *m., f.* 2.7
carpet **alfombra** *f.* 2.3
carriage **vagón** *m.* 3.7
carrot **zanahoria** *f.* 1.8
carry **llevar** *v.* 1.2, 3.2
  to carry away **llevarse** *v.* 3.2
  to carry out **cumplir** *v.* 3.8
  to carry out (an activity) **llevar a cabo** *v.*
cartoons **dibujos** *m., pl.* **animados** 2.8
cascade **cascada** *f.* 3.5
case: in any case **de todas formas**
  in case (that) **en caso (de) que** 2.4
cash (a check) **cobrar** *v.* 2.5; **(en) efectivo** 1.6; **(Arg.) guita** *f.*
  cash register **caja** *f.* 1.6

pay in cash **pagar** *v.* **al contado** 2.5; **pagar en efectivo** 2.5
cashier **cajero/a** *m., f.*
casket **ataúd** *m.* 3.2
cast **yeso** *m.* 3.4
cat **gato** *m.* 2.4
catastrophe **catástrofe** *f.*
catch **atrapar** *v.* 3.6; **pillar** *v.* 3.9
category **categoría** *f.* 3.5
Catholic **católico/a** *adj.*
cautious **prevenido/a** *adj.*
cave **cueva** *f.*
CD-ROM **cederrón** *m.* 2.2
celebrate **celebrar, festejar** *v.* 1.9, 3.2
celebration **celebración** *f.*
  young woman's fifteenth birthday celebration **quinceañera** *f.* 1.9
celebrity **celebridad** *f.* 3.9
cell **célula** *f.* 3.7; **celda** *f.*
cell phone **móvil; teléfono celular** *m.* 3.7
cellar **sótano** *m.* 2.3
cellular **celular** *adj.* 2.2
  cellular telephone **teléfono celular** *m.* 2.2
cemetery **cementerio** *m.*
censorship **censura** *f.* 3.9
cent **centavo** *m.*
century **siglo** *m.*
cereal **cereales** *m., pl.* 1.8
certain **cierto** *m.*; **seguro** *m.* 2.4
  it's (not) certain **(no) es cierto/seguro** 2.4
certainty **certeza, certidumbre** *f.*
chalk **tiza** *f.* 1.2
challenge **desafío** *m.* 3.7
challenge **desafiar** *v.* 3.2; **poner a prueba** *v.*
challenging **desafiante** *adj.* 3.4
champagne **champán** *m.* 1.9
champion **campeón/campeona** *m., f.* 3.2
championship **campeonato** *m.* 3.2
chance **azar, casualidad** *m.* 3.5
  by chance **por casualidad** 3.3
change **cambio** *m.*
change **cambiar** *v.* **(de), mudar** 1.9, 3.2
channel **canal** *m.* 3.9
  television channel **canal de televisión** *m.* 2.2, 2.8
chapel **capilla** *f.*
chapter **capítulo** *m.*
character (*fictional*) **personaje** *m.* 2.2, 2.8, 3.10
  main/secondary character **personaje principal/ secundario** *m.* 2.8
characteristic (*trait*) **rasgo** *m.*

characterization **caracterización** *f.* 3.10

charge: be in charge of **encargarse de** *v.* 3.1; **estar a cargo de; estar encargado/a de**
person in charge **encargado** *m., f.*

charge **cobrar** *v.* 3.8

chat **conversar** *v.* 1.2

chauffeur **conductor(a)** *m., f.* 1.1

cheap (stingy) **tacaño/a** *adj.* 3.1; (inexpensive) **barato/a** *adj.* 1.6, 3.3

check (bank) **cheque** *m.* 2.5

check **comprobar** *v.*; **revisar** *v.* 2.2
check the oil **revisar el aceite** 2.2

checking account **cuenta** *f.* **corriente** 2.5

cheek **mejilla** *f.* 3.10

cheer up **animar** *v.*;
Cheer up! **¡Anímate!** *sing.*; **¡Anímense!** *pl.* 3.2

Cheers! **¡Salud!** 3.8

cheese **queso** *m.* 1.8

chef **cocinero/a** *m., f.* 2.7

chemical **químico/a** *adj.* 3.7

chemist **químico/a** *m., f.* 3.7

chemistry **química** *f.* 1.2

chess **ajedrez** *m.* 3.2

chest **pecho** *m.* 3.10

chest of drawers **cómoda** *f.* 2.3

chew **masticar** *v.*

chicken **pollo** *m.* 1.8

child **niño/a** *m., f.* 1.3

childhood **niñez, infancia** *f.* 1.9

children **hijos** *m., pl.* 1.3

Chinese **chino/a** *adj.* 1.3

chocolate **chocolate** *m.* 1.9
chocolate cake **pastel** *m.* **de chocolate** 1.9

choir **coro** *m.*

cholesterol **colesterol** *m.* 2.6

choose **elegir, escoger** *v.* 1.8, 3.1

chop (food) **chuleta** *f.* 1.8

chore **quehacer** *m.* 3.3

chorus **coro** *m.*

chosen **elegido/a** *adj.*

Christian **cristiano/a** *adj.*

Christmas **Navidad** *f.* 1.9

church **iglesia** *f.* 1.4

cinema **cine** *m.* 3.2

circus **circo** *m.* 3.2

cistern **cisterna** *f.* 3.6

citizen **ciudadano/a** *adj.* 2.9

city **ciudad** *f.* 1.4

civilization **civilización** *f.*

civilized **civilizado/a** *adj.*

claim **reclamar** *v.*

clarify **aclarar** *v.* 3.9

class **clase** *f.* 1.2
take classes **tomar clases** 1.2

classic **clásico/a** *adj.* 3.10

classical **clásico/a** *adj.* 2.8

classmate **compañero/a** *m., f.* **de clase** 1.2

clean (pure) **puro/a** *adj.*; **limpio/a** *adj.* 1.5

clean **limpiar** *v.* 2.3, 3.3
clean the house *v.* **limpiar la casa** 2.3

cleanliness **aseo** *m.*

clear (weather) **despejado/a** *adj.*
It's (very) clear. (weather) **Está (muy) despejado.**

clear the table **quitar la mesa** 2.3

clearing **limpieza** *f.* 3.3

clerk **dependiente/a** *m., f.* 1.6

click **hacer clic** 3.7

cliff **acantilado** *m.*

climate **clima** *m.*

climb (mountain) **escalada** *f.*

climb **escalar** *v.* 1.4
climb mountains **escalar montañas** 1.4

climber **escalador(a)** *m., f.*

clinic **clínica** *f.* 2.1

clock **reloj** *m.* 1.2

cloister **claustro** *m.*

clone **clonar** *v.* 3.7

close **cerrar (e:ie)** *v.* 1.4

closed **cerrado/a** *adj.* 1.5

closet **armario** *m.* 2.3

clothes **ropa** *f.* 1.6
clothes dryer **secadora** *f.* 2.3

clothing **ropa** *f.* 1.6

cloud **nube** *f.* 2.4

cloudy **nublado/a** *adj.* 1.5
It's (very) cloudy. **Está (muy) nublado.** 1.5

clown **payaso/a** *m., f.* 3.8

club **club** *m.*
sports club **club deportivo** *m.* 3.2

coach (train) **vagón** *m.* 3.7
coach (trainer) **entrenador(a)** *m., f.* 3.2

coast **costa** *f.* 3.6

coat **abrigo** *m.* 1.6

cockroach **cucaracha** *f.* 3.6

coffee **café** *m.* 1.8
coffee maker **cafetera** *f.* 2.3

coincidence **casualidad** *f.* 3.5

cold **frío** *m.* 1.5
(illness) **resfriado** *m.* 2.1, 3.4
be (feel) (very) cold **tener (mucho) frío** 1.3
It's (very) cold. (weather) **Hace (mucho) frío.** 1.5
to have a cold **estar resfriado/a** *v.* 3.4

collect **coleccionar** *v.*

college **universidad** *f.* 1.2

collision **choque** *m.* 2.9

colonize **colonizar** *v.*

colony **colonia** *f.*

color **color** *m.* 1.6

columnist **columnista** *m., f.* 3.9

comb one's hair **peinarse** *v.* 1.7, 3.2

combatant **combatiente** *m., f.*

come **venir** *v.* 1.3, 3.1
to come back **volver (o:ue)** *v.*
to come from **provenir (de)** *v.*
to come to an end **acabarse** 3.6
to come with **acompañar** *v.* 3.10

comedian **comediante** *m., f.* 3.1

comedy **comedia** *f.* 2.8

comet **cometa** *m.* 3.7

comfortable **cómodo/a** *adj.* 1.5

comic strip **tira cómica** *f.* 3.9

commerce **negocios** *m., pl.* 2.7; **comercio** *m.* 3.8

commercial **comercial** *adj.* 2.7; **anuncio** *m.* 3.9

commitment **compromiso** *m.* 3.1

communicate (with) **comunicarse** *v.* **(con)** 2.9

communication **comunicación** *f.* 2.9
means of communication **medios** *m. pl.* **de comunicación** 2.9

community **comunidad** *f.* 1.1, 3.4

compact disc (CD) **disco** *m.* **compacto** 2.2
compact disc player **tocadiscos** *m. sing.* **compacto** 2.2

company **compañía, empresa** *f.* 2.7, 3.8
multinational company **empresa multinacional** *f.* 3.8

comparison **comparación** *f.*

compass **brújula** *f.* 3.5

competent **capaz** *adj.* 3.8

complain (about) **quejarse (de)** *v.* 3.2

complaint **queja** *f.*

completely **completamente** *adv.* 2.7

complicated **rebuscado/a** *adj.*

compose **componer** *v.* 3.1

composer **compositor(a)** *m., f.* 2.8

computer **computadora** *f.* 1.1
computer disc **disco** *m.*
computer monitor **monitor** *m.* 2.2
computer programmer **programador(a)** *m., f.* 1.3
computer science **computación, informática** *f.* 1.2, 3.7

concert **concierto** *m.* 2.8, 3.2

condition (illness) **dolencia** *f.* 3.4

conductor (musical) **director(a)** *m., f.* 2.8

conference **conferencia** *f.* 3.8
confess **confesar (e:ie)** *v.*
confidence **confianza** *f.* 3.1
confident **seguro/a** *adj.* 3.1
confirm **confirmar** *v.* 1.5
  confirm a reservation
    confirmar una reservación
    1.5
confront **enfrentar** *v.*
confuse (with) **confundir (con)** *v.*
confused **confundido/a** *adj.* 1.5
congested **congestionado/a**
  adj. 2.1
Congratulations! (*for an event such
  as a birthday or anniversary*)
  ¡Felicidades! 1.9; (*for an
  event such as an engagement or
  a good grade on a test*) *f., pl.*
  ¡Felicitaciones! 1.9
  Congratulations to all!
    ¡Felicidades a todos!
connection **conexión** *f.*
conquer **conquistar, vencer**
  v. 3.2, 3.9
conqueror **conquistador(a)** *m., f.*
conquest **conquista** *f.*
conscience **conciencia** *f.*
consequently **por consiguiente**
  adv.
conservation **conservación**
  f. 2.4
conservative **conservador(a)** *adj.*
conserve **conservar** *v.* 2.4, 3.6
consider **considerar** *v.*
considering **para** *prep.* 2.2
consulate **consulado** *m.*
consultant **asesor(a)** *m., f.* 3.8
consume **consumir** *v.* 2.6
consumption **consumo** *m.*
  energy consumption **consumo**
    de energía *m.*
container **envase** *m.* 2.4
contaminate **contaminar** *v.* 3.6
contamination **contaminación**
  f. 3.6
contemporary **contemporáneo/a**
  adj. 3.10
content **contento/a** *adj.* 1.5
contented: be contented with
  contentarse con *v.* 3.1
contest **concurso** *m.* 2.8
continue **seguir (e:i)** *v.* 1.4
contract **contrato** *m.* 3.8
contract **contraer** *v.* 3.1
contribute **contribuir (a)** *v.* 3.6
contribution **aportación** *f.*
control **control** *m.*; **controlar** *v.*
  2.4
  be under control **estar bajo**
    control 1.7
controversial **controvertido/a**
  adj. 3.9
controversy **polémica** *f.*
conversation **conversación** *f.* 1.1
converse **conversar** *v.* 1.2

cook **cocinero/a** *m., f.* 2.7;
  cocinar *v.* 2.3, 3.3
cookie **galleta** *f.* 1.9
cool **fresco/a** *adj.* 1.5
  Be cool. **Tranquilo.** 1.7
  It's cool. (weather) **Hace**
    fresco. 1.5
corn **maíz** *m.* 1.8
corner **esquina, rincón** *f.* 2.5
cornmeal cake **arepa** *f.*
correspondent **corresponsal** *m.,*
  f. 3.9
corruption **corrupción** *f.*
cost **costar (o:ue)** *v.* 1.6
costly **costoso/a** *adj.*
costume **disfraz** *m.*
  in costume **disfrazado/a** *adj.*
cotton **algodón** *f.* 1.6
  (made of) cotton **de algodón**
    1.6
couch potato **teleadicto/a** *m., f.*
  2.6
couch **sofá** *m.* 2.3
cough **tos** *f.* 2.1, 3.4; **toser** *v.*
  2.1, 3.4
counselor **consejero/a** *m., f.* 2.7
count **contar (o:ue)** *v.* 3.2
  count (on) **contar** *v.* **(con)**
    1.4, 2.3
country (nation) **país** *m.* 1.1
countryside **campo** *m.* 1.5, 3.6
couple **pareja** *f.* 1.9, 3.1
courage **coraje** *m.*
course **curso** *m.* 1.2; **materia** *f.*
  1.2
  of course **claro** *interj.* 3.3; **por**
    supuesto; ¡cómo no!
court **tribunal** *m.*
courtesy **cortesía** *f.*
cousin **primo/a** *m., f.* 1.3
cover **portada** *f.* 3.9; **tapa** *f.*
cover **cubrir** *v.*
covered **cubierto** *p.p.*
cow **vaca** *f.* 2.4, 3.6
crafts **artesanía** *f.* 2.8
craftsmanship **artesanía** *f.* 2.8
crash **choque** *m.* 3.3
crater **cráter** *m.* 2.4
crazy **loco/a** *adj.* 1.6
create **crear** *v.* 3.7
creativity **creatividad** *f.*
credit **crédito** *m.* 1.6
  credit card **tarjeta** *f.* **de**
    crédito 1.6
crime **crimen** *m.* 2.9
crisis **crisis** *f.*
  economic crisis **crisis**
    económica *f.* 3.8
critic **crítico/a** *m., f.*
  movie critic **crítico/a de cine**
    m., f. 3.9
critical **crítico/a** *adj.*
critique **criticar** *v.* 3.10
cross **cruzar** *v.* 2.5
crowd **multitud** *f.*

cruise ship **crucero** *m.* 3.5
cubism **cubismo** *m.* 3.10
culture **cultura** *f.* 2.8
  pop culture **cultura popular** *f.*
cultured **culto/a** *adj.*
cup **taza** *f.* 2.3
currency exchange **cambio** *m.* **de**
  moneda
current events **actualidades** *f., pl.*
  2.9
currently **actualmente** *adv.*
curse **maldición** *f.*
curtains **cortinas** *f., pl.* 2.3
custard (*baked*) **flan** *m.* 1.9
custom **costumbre** *f.* 1.1, 3.3
customer **cliente/a** *m., f.* 1.6
customs **aduana** *f.* 1.5
  customs agent **agente de**
    aduanas *m., f.* 3.5
  customs inspector **inspector(a)**
    m., f. **de aduanas** 1.5
cut **corte** *m.*
cybercafé **cibercafé** *m.* 2.2
cycling **ciclismo** *m.* 1.4

D

dad **papá** *m.* 1.3
daily **diario/a** *adj.* 1.7, 3.3
  daily routine **rutina** *f.* **diaria**
    1.7
dam **represa** *f.*
damage **dañar** *v.* 2.1
damp **húmedo/a** *adj.* 3.6
dance **bailar** *v.* 2.1, 3.1; **danza**
  f. 2.8; **baile** *m.* 2.8
  dance club **discoteca** *f.* 3.2
dancer **bailarín/bailarina** *m. f.*
  2.8
danger **peligro** *m.* 2.4
dangerous **peligroso/a** *adj.* 2.9,
  3.5
dare (to) **atreverse (a)** *v.* 3.2
darken **oscurecer** *v.* 3.6
darts **dardos** *m. pl.* 3.2
data **datos** *m.*
  piece of data **dato** *m.*
date (*appointment*) **cita** *f.* 1.9;
  (*calendar*) **fecha** *f.* 1.5;
  (*someone*) **salir** *v.* **con**
  (alguien) 1.9
  blind date **cita a ciegas** *f.* 3.1
  have a date **tener una cita** 1.9
datebook **agenda** *f.* 3.3
daughter **hija** *f.* 1.3
daughter-in-law **nuera** *f.* 1.3
dawn **alba** *f.*
day **día** *m.* 1.1
  day before yesterday **anteayer**
    adv. 1.6
daybreak **alba** *f.*
deaf **sordo/a** *adj.*
  to go deaf **quedarse sordo/a**
    v. 3.4
deal **trato** *m.* 2.8

You've got a deal! **¡Trato hecho!** 2.8

It's not a big deal. **No es para tanto.** 2.3

deal with (be about) **tratarse de** *v.* 3.10

death **muerte** *f.* 1.9

debt **deuda** *f.* 3.8

debt collector **cobrador(a)** *m., f.* 3.8

debtor **moroso/a** *m., f.* 3.8

debut (*premiere*) **estreno** *m.* 3.2

decade **década** *f.*

decaffeinated **descafeinado/a** *adj.* 2.6

December **diciembre** *m.* 1.5

decide **decidir** *v.* (+ *inf.*) 1.3

decided **decidido/a** *adj. p.p.* 2.5

declare **declarar** *v.* 2.9

decrease **disminuir** *v.*

dedication **dedicatoria** *f.*

deep **hondo/a, profundo/a** *adj.* 3.2

deer **venado** *m.*

defeat **derrota** *f.;* **derrotar** *v.;* **vencer** *v.* 3.2, 3.9

defeated **derrotado/a** *adj.*

deforestation **deforestación** *f.* 2.4, 3.6

defrost **descongelar(se)** *v.* 3.7

delay **atrasar; demorar; retrasar** *v.;* **retraso** *m.*

delayed **retrasado/a** *adj.* 3.5

delicious **delicioso/a** *adj.* 1.8; **rico/a** *adj.* 1.8; **sabroso/a** *adj.* 1.8

delighted **encantado/a** *adj.* 1.1

delivery **entrega** *f.*

demand **exigir** *v.* 3.1, 3.4, 3.8; **reclamar** *v.*

democracy **democracia** *f.*

demonstration **manifestación** *f.*

den **madriguera** *f.* 3.3

denounce **delatar; denunciar** *v.* 3.3, 3.9

dentist **dentista** *m., f.* 2.1

deny **negar (e:ie)** *v.* 2.4

not to deny **no dudar** 2.4

department store **almacén** *m.* 1.6

departure **salida** *f.* 1.5

depict **reflejar** *v.* 3.10

deposit **depositar** *v.* 2.5, 3.8

depressed **deprimido/a** *adj.* 3.1

depression **depresión** *f.* 3.4

descendent **descendiente** *m., f.*

describe **describir** *v.* 1.3

described **descrito/a** *p.p.* 2.5

desert **desierto** *m.* 2.4, 3.6

deserve **merecer** *v.* 3.8

design **diseño** *m.;* **diseñar** *v.* 3.8, 3.10

designer **diseñador(a)** *m., f.* 2.7

desire **desear** *v.* 1.2, 3.4; **deseo** *m.;* **gana** *f.*

desk **escritorio** *m.* 1.2

dessert **postre** *m.* 1.9

destination **destino** *m.* 3.5

destroy **destruir** *v.* 2.4, 3.6

detective (*story/novel*) **policíaco/a** *adj.* 3.10

deteriorate **empeorar** *v.* 3.4

detest **detestar** *v.*

develop **desarrollar** *v.* 2.4

developed **desarrollado/a** *adj.*

developing **en vías de desarrollo** *adj.*

developing country **país en vías de desarrollo** *m.*

development **desarrollo** *m.* 3.6

diamond **diamante** *m.* 3.5

diary **diario** *m.* 1.1

dictator **dictador(a)** *m., f.*

dictatorship **dictadura** *f.* 2.9

dictionary **diccionario** *m.* 1.1

die **morir (o:ue)** *v.;* 1.8 **fallecer** *v.*

to die of **morirse (o:ue) de** *v.* 3.2

to be dead **estar muerto/a** *adj.*

died **muerto** *p.p.* 2.5

diet (*nutrition*) **alimentación** *f.* 3.4; **dieta** *f.* 2.6

to be on a diet **estar a dieta** *v.* 2.6, 3.4

to go on a diet **ponerse a dieta** *v.* 3.4

balanced diet **dieta equilibrada** 2.6

difficult **difícil** *adj. m., f.* 1.3; **duro/a** *adj.* 3.7

digestion **digestión** *f.*

digital **digital** *adj.* 3.7

digital camera **cámara** *f.* **digital** 2.2

dining room **comedor** *m.* 2.3

dinner **cena** *f.* 1.2, 1.8

have dinner **cenar** *v.* 1.2

dinner guest **comensal** *m., f.* 3.10

direct **dirigir** *v.* 2.8, 3.1

directions **direcciones** *f., pl.* 2.5

give directions **dar direcciones** 2.5

director **director(a)** *m., f.* 2.8

dirty **sucio/a** *adj.* 1.5

get (something) dirty **ensuciar** *v.* 2.3

disagree **no estar de acuerdo**

disappear **desaparecer** *v.* 3.1, 3.6

disappointment **desilusión** *f.*

disaster **desastre** *m.* 2.9; **catástrofe** *f.*

natural disaster **catástrofe natural** *f.*

discomfort **malestar** *m.* 3.4

discotheque **discoteca** *f.* 3.2

discouraged **desanimado/a** *adj.*

to get discouraged **desanimarse** *v.;*

the state of being discouraged **desánimo** *m.* 3.1

discover **descubrir** *v.* 2.4, 3.4

discovered **descubierto/a** *p.p.* 2.5

discoverer **descubridor(a)** *m., f.*

discovery **descubrimiento** *m.* 3.7; **hallazgo** *m.* 3.4

discriminated **discriminado/a** *adj.*

discrimination **discriminación** *f.* 2.9

disease **enfermedad** *f.* 3.4

disguised **disfrazado/a** *adj.*

disgusting: to be disgusting **darasco** *v.*

dish **plato** *m.* 1.8, 2.3

main dish *m.* **plato principal** 1.8

dishwasher **lavaplatos** *m., sing.* 2.3

disk **disco** *m.*

disorder **desorden** *m.* 3.7; (*condition*) **trastorno** *m.*

disorderly **desordenado/a** *adj.* 1.5

disposable **desechable** *adj.* 3.6

distant **lejano/a** *adj.* 3.5

distinguish **distinguir** *v.* 3.1

distract **distraer** *v.* 3.1

distracted **distraído/a** *adj.*

to get distracted **descuidar(se)** *v.* 3.6

disturbing **inquietante** *adj.* 3.10

dive **bucear** *v.* 1.4

diversity **diversidad** *f.* 3.4

divorce **divorcio** *m.* 1.9, 3.1

divorced **divorciado/a** *adj.* 1.9, 3.1

get divorced (from) **divorciarse** *v.* (**de**) 1.9

dizzy **mareado/a** *adj.* 2.1, 3.4

DNA **ADN (ácido desoxirribonucleico)** *m.* 3.7

do **hacer** *v.* 1.4, 3.1, 3.4

to be (doing something) **andar** (+ *pres. participle*) *v.*

to do aerobics **hacer ejercicios aeróbicos** 2.6

to do household chores **hacer quehaceres domésticos** 2.3

to do stretching exercises **hacer ejercicios de estiramiento** 2.6

to do someone the favor **hacer el favor** *v.*

to do something on purpose **hacer algo a propósito** *v.*

doctor **doctor(a)** *m., f.* 1.3, 2.1; **médico/a** *m., f.* 1.3

doctor's appointment **consulta** *f.* 3.4

doctor's office **consultorio** *m.* 3.4

documentary (film) **documental**
m. 2.8, 3.9
dog **perro** *m.* 2.4
domestic **doméstico/a** *adj.*
domestic appliance
electrodoméstico *m.*
dominoes **dominó** *m.*
done **hecho** *p.p.* 2.5
door **puerta** *f.* 1.2
doorbell **timbre** *m.;*
to ring the doorbell **tocar el**
timbre *v.*
dormitory **residencia** *f.*
estudiantil 1.2
double **doble** *adj.* 1.5;
(*in movies*) **doble** *m., f.* 3.9
double room **habitación** *f.*
doble 1.5
doubt **duda** *f.* 2.4; **interrogante**
m. 3.7; **dudar** *v.* 2.5
There is no doubt that... **No**
cabe duda de 2.4; **No hay**
duda de 2.4
Down with... ! **¡Abajo el/la...!**
download **descargar** *v.* 2.2, 3.7
downtown **centro** *m.* 1.4
drag **arrastrar** *v.*
drama **drama** *m.* 2.8
dramatic **dramático/a** *adj.* 2.8
draw **dibujar** *v.* 1.2, 3.10
drawing **dibujo** *m.* 2.8
dream (about) **soñar (o:ue) (con)**
v. 3.1
dress **vestido** *m.* 1.6
get dressed **vestirse (e:i)** *v.*
1.7
dressing room **probador** *m.* 3.3;
(star's) **camerino** *m.* 3.9
drink **bebida** *f.* 1.8
drink **beber** *v.* 1.3, 3.1; **tomar**
v. 1.2
drinking glass **copa** *f.*
drive **conducir** *v.* 1.6, 3.1;
manejar *v.* 2.2
driver **conductor(a)** *m., f.* 1.1
drought **sequía** *f.* 3.6
drown **ahogarse** *v.*
drowned **ahogado/a** *adj.* 3.5
drug **droga** *f.* 2.6
drug addict **drogadicto/a** *adj.*
2.6
dry oneself **secarse** *v.* 1.7
dry **seco/a** *adj.* 3.6; **secar** *v.*
to dry off **secarse** *v.* 3.2
dub (*film*) **doblar** *v.*
dubbed **doblado/a** *adj.* 3.9
dubbing **doblaje** *m.*
during **durante** *prep.* 1.7; **por**
prep. 2.2
dust **polvo** *m.* 3.3; **sacudir**
v. 2.3; **quitar** *v* el polvo 2.3
dust the furniture **sacudir los**
muebles 2.3
duty **deber** *m.* 3.8

DVD player **reproductor** *m.* **de**
DVD 2.2

E

each **cada** *adj. m., f.* 1.6
eagle **águila** *f.*
ear (outer) **oreja** *f.* 2.1
early **temprano** *adv.* 1.7
earn **ganar** *v.* 2.7
to earn a living **ganarse la**
vida *v.* 3.8
earth **tierra** *f.* 3.6
What on earth...? **¿Qué**
rayos...? 3.5
earthquake **terremoto** *m.* 2.9,
3.6
ease **aliviar** *v.*
east **este** *m.* 2.5
to the east **al este** 2.5
easy **fácil** *adj. m., f.* 1.3
easy-going (*permissive*)
permisivo/a *adj.* 3.1
eat **comer** *v.* 1.3
to eat up **comerse** *v.* 3.2
ecology **ecología** *f.* 2.4
economics **economía** *f.* 1.2
ecosystem **ecosistema** *m.* 3.6
ecotourism **ecoturismo** *m.* 2.4
3.5
Ecuador **Ecuador** *m.* 1.1
Ecuadorian **ecuatoriano/a** *adj.*
1.3
edible **comestible** *adj.*
edible plant **planta**
comestible *f.*
editor **redactor(a)** *m., f.* 3.9
editor-in-chief **redactor(a) jefe**
m., f.
educate **educar** *v.*
educated (cultured) **culto/a** *adj.*
educational **didáctico/a**
adj. 3.10
effective **eficaz** *adj. m., f.*
efficient **eficiente** *adj.*
effort **esfuerzo** *m.*
egg **huevo** *m.* 1.8
eight hundred **ochocientos/as**
1.2
eight **ocho** 1.1
eighteen **dieciocho** 1.1
eighth **octavo/a** 1.5
eighty **ochenta** 1.2
either... or **o... o** *conj.* 1.7
elbow **codo** *m.*
elder **mayor** *m.*
elderly **anciano/a** *adj.;*
elderly gentleman/lady
anciano/a *m., f.*
eldest **el/la mayor** 1.8
elect **elegir (e:i)** *v.* 2.9
elected **elegido/a** *adj.*
election **elecciones** *f. pl.* 2.9
electoral **electoral** *adj.*

electric appliance
electrodoméstico *m.* 2.3
electrician **electricista** *m., f.* 2.7
electricity **luz** *f.* 2.3, 3.7
electronic **electrónico/a** *adj.*
elegant **elegante** *adj. m., f.* 1.6
elevator **ascensor** *m.* 1.5
eleven **once** 1.1
e-mail **correo** *m.* **electrónico**
1.4
e-mail address **dirrección** *f.*
electrónica, dirección de
correo electrónico 2.2, 3.7
e-mail message **mensaje** *m.*
electrónico 1.4
read e-mail **leer** *v.* el correo
electrónico 1.4
embarrassed **avergonzado/a**
adj. 1.5
embarrassment **vergüenza** *f.*
embassy **embajada** *f.*
embrace (each other) **abrazar(se)**
v. 2.2
emergency **emergencia** *f.* 2.1
emergency room **sala** *f.* de
emergencia(s) 2.1
emigrate **emigrar** *v.*
emotion **sentimiento** *m.* 3.1
emperor **emperador** *m.*
emphasize **destacar** *v.*
empire **imperio** *m.*
employed **empleado/a** *adj.* 3.8
employee **empleado/a** *m.,*
f. 1.5, 3.8
employment **empleo** *m.* 2.7, 3.8
empress **emperatriz** *f.*
encourage **animar** *v.*
end **fin** *m.* 1.4; **terminar** *v.* 1.2
(*rope, string*) **cabo** *m.*
end table **mesita** *f.* 2.3
endangered **en peligro de**
extinción *adj.;*
endangered species **especie en**
peligro de extinción *f.*
ending **desenlace** *m.*
energetic **enérgico/a** *adj.* 3.8
energy **energía** *f.* 2.4;
nuclear energy **energía**
nuclear *f.*
wind energy **energía eólica** *f.*
engaged: get engaged
(to) **comprometerse** *v.* **(con)**
1.9
engineer **ingeniero/a** *m., f.* 1.3,
3.7
English (*language*) **inglés** *m.* 1.2;
inglés, inglesa *adj.* 1.3
enjoy **disfrutar (de)** *v.* 2.6, 3.2;
Enjoy your meal. **Buen**
provecho.
enough **bastante** *adv.* 2.1, 3.3
enslave **esclavizar** *v.*
enter **ingresar** *v.;*
to enter data **ingresar datos** *v.*

entertain (oneself) **entretener(se) (e:ie)** *v.* 3.2

entertaining **entretenido/a** *adj.* 3.2

entertainment **diversión** *f.* 1.4; **farándula** *f.* 3.1

entrance **entrada** *f.* 2.3

entrance hall **zaguán** *m.* 3.3

entrepreneur **empresario/a** *m., f.* 3.8

envelope **sobre** *m.* 2.5

environment **medio ambiente** *m.* 2.4, 3.6

environmental **ambiental** *adj.* 3.6

epidemic **epidemia** *f.* 3.4

episode **episodio** *m.* 3.9

final episode **episodio final** *m.* 3.9

equal **igual** *adj.*

equality **igualdad** *f.* 2.9

equipped **equipado/a** *adj.* 2.6

era **época** *f.*

erase **borrar** *v.* 2.2, 3.7

eraser **borrador** *m.* 1.2

erosion **erosión** *f.* 3.6

errand *f.* **diligencia** 2.5

errands **mandados** *m. pl.* 3.3

to run errands **hacer mandados** *v.* 3.3

essay **ensayo** *m.*

essayist **ensayista** *m., f.* 3.10

establish **establecer** *v.*; (oneself) **establecer(se)** *v.*

eternal **eterno/a** *adj.*

ethical **ético/a** *adj.* 3.7; unethical **poco ético/a** *m., f.*

even **siquiera** *conj.*

not even **ni siquiera** *conj.*

evening **tarde** *f.* 1.1

event **acontecimiento** *m.* 2.9, 3.9

every day **todos los días** 2.1

everybody **todos** *m., pl.*

everyday **cotidiano/a** *adj.* 3.3

everyday life **vida cotidiana** *f.*

everything **todo** *m.* 1.5

Everything is under control. **Todo está bajo control.** 1.7

exactly **en punto** 1.1

exam **examen** *m.* 1.2

example (*sample*) **muestra** *f.*

excellent **excelente** *adj.* 1.5

excess **exceso** *m.* 2.6

in excess **en exceso** 2.6

exchange **intercambiar** *v.*

in exchange for **por** 2.2

excited **emocionado/a** *adj.* 3.1

exciting **emocionante** *adj. m., f.*

excursion **excursión** *f.* 3.5

excuse **disculpar** *v.*

Excuse me. (May I?) **Con permiso.** 1.1

Pardon me. (I beg your pardon.) **Perdona.** (*fam.*)/**Perdone.** (*form.*)/ **Perdón.** 1.1

executive **ejecutivo/a** *m., f.* 3.8

of an executive nature **de corte ejecutivo** 3.8

exercise **ejercicio** *m.* 2.6

hacer *v.* **ejercicio** 2.6

exhausted **agotado/a** *adj.* 3.4; **fatigado/a** *adj.* 3.4

exhaustion **cansancio** *m.* 3.3

exhibition **exposición** *f.*

exile **exilio** *m.*

political exile **exilio político** *m.*

exit **salida** *f.* 1.5, 3.6

exotic **exótico/a** *adj.*

expel **expulsar** *v.*

expensive **caro/a** *adj.* 1.6, 3.3; **costoso/a** *adj.*

experience **experiencia** *f.* 2.9, 3.8

experience **experimentar** *v.*

experiment **experimento** *m.* 3.7

expire **caducar** *v.*

expired **vencido/a** *adj.* 3.5

explain **explicar** *v.* 1.2

exploit **explotar** *v.*

exploitation **explotación** *f.*

exploration **exploración** *f.*

explore **explorar** *v.*

export **exportar** *v.* 3.8

exports **exportaciones** *f., pl.*

expression **expresión** *f.*

expressionism **expresionismo** *m.* 3.10

extinct: become extinct **extinguirse** *v.* 3.6

extinction **extinción** *f.* 2.4

extinguish **extinguir** *v.*

extremely delicious **riquísimo/a** *adj.* 1.8

extremely serious **gravísimo** *adj.* 2.4

eye **ojo** *m.* 2.1

F

fabulous **fabuloso/a** *adj.* 1.5

face **cara** *f.* 1.7

facial features **facciones** *f., pl.* 3.3

facilities **servicios** *m., pl.*

facing **enfrente de** *prep.* 2.5

fact **hecho** *m.* 3.3; in fact **de hecho**

factor **factor** *m.*; risk factors **factores de riesgo** *m. pl.*

factory **fábrica** *f.*

fad **moda pasajera** *f.* 3.9

faint **desmayarse** *v.* 3.4

fair **feria** *f.* 3.2

faith **fe** *f.*

fall (down) **caerse** *v.* 2.1; **caer** *v.* 3.1

fall asleep **dormirse (o:ue)** *v.* 1.7

fall in love (with) **enamorarse** *v.* **(de)** 1.9, 3.1

fall (*season*) **otoño** *m.* 1.5

fallen **caído/a** *p.p.* 2.5

fame **fama** *f.* 3.9

family **familia** *f.* 1.3

famous **famoso/a** *adj.* 2.7, 3.9

to become famous **hacerse famoso** *v.* 3.9

fan (of) **aficionado/a (a)** *adj.* 1.4, 3.2

to be a fan (of) **ser aficionado/a (de/a)** *v.* 1.4

far from **lejos de** *prep.* 1.2

farewell **despedida** *f.* 3.5

fascinate **fascinar** *v.* 1.7, 3.2

fashion **moda** *f.* 1.6

be in fashion **estar de moda, ser popular** 1.6, 3.9

fast **rápido/a** *adj.*

fasten **abrocharse** *v.*

to fasten one's seatbelt **abrocharse el cinturón de seguridad** *v.*

to fasten (the seatbelt) **ponerse (el cinturón de seguridad)** *v.* 3.5

to unfasten (the seatbelt) **quitarse (el cinturón de seguridad)** *v.* 3.5

fat **gordo/a** *adj.* 1.3; **grasa** *f.* 2.6

father **padre** *m.* 1.3

father-in-law **suegro** *m.* 1.3

fatigue **fatiga** *f.* 3.8

favor **favor** *m.*; to do someone the favor **hacer el favor** *v.*

favorite **favorito/a** *adj.* 1.4

favoritism **favoritismo** *m.*

fax (*machine*) **fax** *m.* 2.2

fear **miedo** *m.* 1.3

fear **temer** *v.* 2.4

February **febrero** *m.* 1.5

fed up (with) **harto/a** *adj.*

to be fed up (with); to be sick (of) **estar harto/a (de)** *v.* 3.1

feed **dar de comer** *v.* 3.6

feel **sentir(se) (e:ie)** *v.* 1.7, 3.1; (*experience*) **experimentar** *v.*

to feel like **dar la gana** *v.* 3.9

feel like (doing something) **tener ganas de (+ *inf.*)** 1.3

feeling **sentimiento** *m.* 3.1

festival **festival** *m.* 2.8, 3.2

fever **fiebre** *f.* 2.1, 3.4

have a fever **tener** *v.* **fiebre** 2.1, 3.4

few **pocos/as** *adj. pl.*

fewer than **menos de (+ *number*)** 1.8

field **campo** *m.* 3.6; **cancha** *f.* 3.2

field: major field of study **especialización** f.

fifteen **quince** 1.1

fifteen-year-old **quinceañera** f.

fifth **quinto/a** 1.5

fifty **cincuenta** 1.2

fight **lucha** f.

fight (for/against) **luchar** v. **(por/ contra)** 2.9 **pelear** v.
 to fight bulls **lidiar** v. 3.2
 to fight bulls in the bullring **torear** v. 3.2

figuratively **en sentido figurado** m.

figure (number) **cifra** f.

file **archivo** m. 2.2
 to download a file **bajar un archivo** v.

fill **llenar** v. 2.2
 fill out (a form) **llenar (un formulario)** 2.5
 fill the tank **llenar** v. **el tanque** 2.2

filled up (full) **completo/a** adj.
 The hotel is full. **El hotel está completo.**

filling **contundente** adj. 3.10

film **película** f.

film **rodar (o:ue)** v. 3.9

finally **finalmente** adv. 2.6; **por último** 1.7; **por fin** 2.2

finance **financiar** v. 3.8

finance(s) **finanzas** f. pl.

financial **financiero/a** adj. 3.8

find **encontrar (o:ue)** v. 1.4
 find (each other) **encontrar(se)** v.

find out **averiguar** v. 3.1

finding **hallazgo** m. 3.4

fine **multa** f.
 That's fine. **Está bien.** 2.2

fine arts **bellas artes** f., pl. 3.10

finger **dedo** m. 2.1

fingernail **uña** f.

finish **terminar** v. 1.2
 finish (doing something) **terminar** v. **de (+** inf.**)** 1.4

finish line **meta** f.

fire **incendio** m. 2.9, 3.6

fire **despedir (e:i)** v. 2.7, 3.8

fired **despedido/a** adj.

firefighter **bombero/a** m., f. 2.7

fireplace **hogar** m. 3.3

firm **compañía** f. 2.7; **empresa** f. 2.7

first **primer, primero/a** 1.5
 first aid **primeros auxilios** m. pl. 3.4
 first and foremost **antes que nada**

fish (food) **pescado** m. 1.8;
 (live) **pez** m. 2.4, 3.6; **pescar** v. 1.5
 fish market **pescadería** f. 2.5

fish **pescar** v. 1.5

fisherman **pescador** m.

fisherwoman **pescadora** f.

fishing **pesca** f. 1.5, 3.5

fit **caber** v. 3.1; (clothing) **quedar** v. 1.7, 3.2

fitting room **vestidor** m.

five **cinco** 1.1

five hundred **quinientos/as** 1.2

fix (put in working order) **arreglar** v. 2.2

fixed **fijo/a** adj. 1.6

flag **bandera** f.

flank steak **lomo** m. 1.8

flask **frasco** m.

flat tire: We had a flat tire. **Se nos pinchó una llanta.** 2.2

flavor **sabor** m.
 What flavor is it? **¿Qué sabor tiene?** 3.4

flee **huir** v. 3.3

fleeting **pasajero/a** adj.

flexible **flexible** adj. 2.6

flight **vuelo** m.
 flight attendant **auxiliar de vuelo** m., f.

flirt **coquetear** v. 3.1

float **flotar** v. 3.5

flood **inundación** f. 2.9, 3.6

flood **inundar** v.

floor (of a building) **piso** m. 1.5; **suelo** m. 2.3
 ground floor **planta baja** f. 1.5
 top floor **planta** f. **alta**

flower **flor** f. 2.4; **florecer** v. 3.6

flu **gripe** f. 2.1, 3.4

fly **mosca** f. 3.6

fly **volar (o:ue)** v. 3.8

fog **niebla** f.

fold **doblar** v.

folk **folclórico/a** adj. 2.8

follow **seguir (e:i)** v. 1.4

folly **insensatez** f. 3.4

fond of **aficionado/a (a)** adj. 3.2

food **comida** f. 1.8, 3.6; **alimento**
 canned food **comida enlatada** f. 3.6
 fast food **comida rápida** f. 3.4

foolish **tonto/a** adj. 1.3

foot **pie** m. 2.1; (of an animal) **pata** f.

football **fútbol** m. **americano** 1.4

for **para** prep. 2.2; **por** prep. 2.2
 for example **por ejemplo** 2.2
 for me **para mí** 1.8

forbid **prohibir** v.

forbidden **vedado/a** adj. 3.3

force **fuerza** f.

armed forces **fuerzas armadas** f., pl.

labor force **fuerza laboral** f.

forced **forzado/a** adj.

forefront: at the forefront **a la vanguardia**

foreign **extranjero/a** adj. 2.8
 foreign languages **lenguas** f. pl. **extranjeras** 1.2

foresee **presentir (e:ie); prever** v.

forest **bosque** m. 2.4
 rain forest **bosque lluvioso** m. 3.6

forget (about) **olvidar** v. 2.1; **olvidarse (de)** v. 3.2

forgetfulness; **olvido** m. 3.1

forgive **perdonar** v.

fork **tenedor** m. 2.3

form **formulario** m. 2.5; **forma** f.

formulate **formular** v. 3.7

forty **cuarenta** m. 1.2

forty-year-old; in her/his forties **cuarentón/cuarentona** adj.

fountain **fuente** f.

four **cuatro** 1.1

four hundred **cuatrocientos/as** 1.2

fourteen **catorce** 1.1

fourth **cuarto/a** m., f. 1.5

frame **marco** m.

free **libre** adj. m., f. 1.4
 be free (of charge) **ser gratis** 2.5
 free time **tiempo libre** 3.2
 spare (free) time **ratos libres** m. pl. 1.4, 3.2

freedom **libertad** f. 2.9
 freedom of the press **libertad de prensa** f. 3.9

freeze **congelar(se)** v. 3.7; **helar (e:ie)** v.

freezer **congelador** m. 2.3

French **francés, francesa** adj. 1.3
 French fries **papas** f., pl **fritas/ patatas** f., pl **fritas** 1.8

frequently **a menudo** adv. 3.3; **frecuentemente** adv. 2.1; **con frecuencia** adv. 2.1

friar **fraile** m.

Friday **viernes** m., sing. 1.2

fried **frito/a** adj. 1.8
 fried potatoes **papas** f., pl. **fritas; patatas** f., pl. **fritas** 1.8

friend **amigo/a** m., f. 1.3

friendly **amable** adj. m., f. 1.5

friendship **amistad** f. 1.9

frightened **asustado/a** adj.

frog **rana** f. 3.6

from **de** prep. 1.1; **desde** prep. 1.6

from the United States **estadounidense** *m., f. adj.* 1.3

from time to time **de vez en cuando** 2.1

He/She/It is from… **Es de…**; I'm from… **Soy de…** 1.1

front desk **recepción** *f.* 3.5

front page **portada** *f.* 3.9

frozen **congelado/a** *adj.*

fruit **fruta** *f.* 1.8

fruit juice **jugo** *m.* **de fruta** 1.8

fruit store **frutería** *f.* 2.5

fry **freír (e:i)** *v.* 3.3

fuel **combustible** *m.* 3.6

full **lleno/a** *adj.* 2.2; full length film **largometraje** *m.*

fun **divertido/a** *adj.* 1.7, 3.2

fun activity **diversión** *f.* 1.4

have fun **divertirse (e:ie)** *v.* 1.9

function **funcionar** *v.*

funny **gracioso/a** *adj.* 3.1

to be funny (to someone) **hacerle gracia a alguien**

furnished **amueblado/a** *adj.*

furniture **muebles** *m., pl.* 2.3; **mueble** *m.* 3.3

furthermore **además (de)** *adv.* 2.1

future **futuro** *adj.* 2.7; **porvenir** *m.* 2.7

Here's to the future! **¡Por el porvenir!** 2.7

in the future **en el futuro** 2.7

futuristic **futurístico/a** *adj.*

G

gain weight **aumentar** *v.* **de peso** 2.6; **engordar** *v.* 2.6; 3.4

gallery **galería** *f.* 3.10

game **juego** *m.* 3.2

(*match*) **partido** *m.* 1.4; ball game **juego de pelota** *m.* 3.5

board game **juego de mesa** *m.* 3.2

game show **concurso** *m.* 2.8

to win/lose a game **ganar/ perder un partido** *v.* 3.2

garage (*in a house*) **garaje** *m.* 2.2, 2.3; **taller (mecánico)** 2.2

garbage (*poor quality*) **porquería** *f.* 3.10

garden **jardín** *m.* 2.3

garlic **ajo** *m.* 1.8

gas station **gasolinera** *f.* 2.2

gasoline **gasolina** *f.* 2.2

gate: airline gate **puerta de embarque** *f.* 3.5

gaze **mirada** *f.* 3.1

gene **gen** *m.* 3.7

generate **generar** *v.*

generous **generoso/a** *adj.*

genetics **genética** *f.* 3.4

genuine **auténtico/a** *adj.* 3.3

geography **geografía** *f.* 1.2

German **alemán, alemana** *adj.* 1.3

gesture **gesto** *m.*

get **conseguir (e:i)** *v.* 1.4; **obtener** *v.* 2.7

to get along **congeniar** *v.*

to get along well/badly (with) **llevarse bien/mal (con)** 1.9, 3.1

to get bored **aburrirse** *v.* 2.8, 3.2

to get caught **enganchar** *v.* 3.5

to get discouraged **desanimarse** *v.*

to get distracted; neglect **descuidar(se)** *v.* 3.6

to get dressed **vestirse (e:i)** *v.* 3.2

to get hurt **lastimarse** *v.* 3.4

to get in shape **ponerse en forma** *v.* 3.4

to get information **informarse** *v.*

to get off of (a vehicle) **bajar(se)** *v.* **de** 2.2

to get on/into (a vehicle) **subir(se)** *v.* **a** 2.2

to get out of (a vehicle) **bajar(se)** *v.* **de** 2.2

to get ready **arreglarse** *v.* 3.3

to get sick **enfermarse** *v.* 3.4

to get tickets **conseguir (e:i) boletos/entradas** *v.* 3.2

to get together (with) **reunirse (con)** *v.* 3.2

to get up **levantarse** *v.* 1.7, 3.2

to get upset **afligirse** *v.* 3.3

to get used to **acostumbrarse (a)** *v.* 3.3

to get well/ill *v.* **ponerse bien/ mal** 3.4

to get wet **mojarse** *v.*

to get worse **empeorar** *v.* 3.4

gift **regalo, obsequio** *m.* 1.6

girl **chica** *f.* 1.1; **muchacha** *f.* 1.3

girlfriend **novia** *f.* 1.3

give **dar** *v.* 1.6, 1.9; (*as a gift*) **regalar** 1.9

to give a prize **premiar** *v.*

to give a shot **poner una inyección** *v.* 3.4

to give up **darse por vencido** *v.* 3.6; **ceder**

to give way to **dar paso a** *v.*

gladly **con mucho gusto** 3.10

glance **vistazo** *m.*

glass (*drinking*) **vaso** *m.* 2.3; **vidrio** *m.* 2.4

(made) of glass **de vidrio** 2.4

glasses **gafas** *f., pl.* 1.6

sunglasses **gafas** *f., pl.* **de sol** 1.6

global warming **calentamiento global** *m.* 3.6

globalization **globalización** *f.* 3.8

gloves **guantes** *m., pl.* 1.6

go **ir** *v.* 1.4, 3.1, 3.2

to go across **recorrer** *v.* 3.5

to go around (the world) **dar la vuelta (al mundo)** *v.*

to go away (from) **irse (de)** *v.* 1.7, 3.2

to go by boat **ir en barco** 1.5

to go by bus **ir en autobús** 1.5

to go by car **ir en auto(móvil)** 1.5

to go by motorcycle **ir en motocicleta** 1.5

to go by taxi **ir en taxi** 1.5

to go by the bank **pasar por el banco** 2.5

to go down **bajar(se)** *v.*

to go on a hike (in the mountains) **ir de excursión (a las montañas)** 1.4

to go to bed **acostarse (o:ue)** *v.* 3.2

to go to sleep **dormirse (o:ue)** *v.* 3.2

to go too far **pasarse** *v.*

to go too fast **embalarse** *v.* 3.9

to go out **salir** *v.* 1.9, 3.1

to go out (to eat) **salir (a comer)** *v.* 3.2

to go out with **salir con** *v.* 1.9, 3.1

to go shopping **ir de compras** *v.* 3.3

to go up **subir** *v.*

to go with **acompañar** *v.* 2.5

Let's go. **Vamos.** 1.4

goat **cabra** *f.*

goblet **copa** *f.* 2.3

God **Dios** *m.*

god/godess **dios(a)** *m., f.*; 3.5

going to: be going to (do something) **ir a (+ *inf.*)** 1.4

goldfish **pececillo de colores** *m.*

golf **golf** *m.* 1.4

good **buen, bueno/a** *adj.* 1.3, 1.6

Good afternoon. **Buenas tardes.** 1.1

Good evening. **Buenas noches.** 1.1

Good idea. **Buena idea.** 1.4

Good morning. **Buenos días.** 1.1

Good night. **Buenas noches.** 1.1

It's good that... **Es bueno que...** 2.3
to be good (*i.e. fresh*) **estar bueno** *v.*;
to be good (*by nature*) **ser bueno** *v.*
goodbye **adiós** *m.* 1.1
say goodbye (to) **despedirse** *v.* (**de**) (**e:i**) 1.7
good-looking **guapo/a** *adj.* 1.3
goodness **bondad** *f.*
gossip **chisme** *m.* 3.9
govern **gobernar** (**e:ie**) *v.*
government **gobierno** *m.* 2.4
government agency **organismo público** *m.* 3.9
governor **gobernador(a)** *m., f.*
graduate (from/in) **graduarse** *v.* (**de/en**) 1.9, 3.3
grains **cereales** *m., pl.* 1.8
granddaughter **nieta** *f.* 1.3
grandfather **abuelo** *m.* 1.3
grandmother **abuela** *f.* 1.3
grandparents **abuelos** *m. pl.* 1.3
grandson **nieto** *m.* 1.3
grape **uva** *f.* 1.8
grass **césped** *m.* 2.4; **hierba** *f.* 2.4; **pasto** *m.*
gratitude **agradecimiento** *m.*
grave **grave** *adj.* 2.1
gravity **gravedad** *f.* 3.7
gray **gris** *adj. m., f.* 1.6
great **fenomenal** *adj. m., f.* 1.5
great-grandfather **bisabuelo** *m.* 1.3
great-grandmother **bisabuela** *f.* 1.3
great-great-grandfather/mother **tatarabuelo/a** *m., f.*
green **verde** *adj. m., f.* 1.6
greet (each other) **saludar(se)** *v.* 2.2
greeting **saludo** *m.* 1.1
Greetings to... **Saludos a...** 1.1
grilled (*food*) **a la plancha** 1.8
grilled flank steak **lomo a la plancha** 1.8
ground floor **planta baja** *f.* 1.5
group **grupo** *m.*;
musical group **grupo musical** *m.*
grow up **criarse** *v.* 3.1
grow **crecer; cultivar** *v.* 3.1
to grow accustomed to **acostumbrarse (a)** *v.* 3.3
growth **crecimiento** *m.*
Guarani **guaraní** *m.* 3.9
guarantee **asegurar** *v.*
guess **adivinar** *v.*
guest (*at a house/hotel*) **huésped** *m., f.* 1.5; (*invited to a function*) **invitado/a** *m., f.* 1.9
guide **guía** *m., f.* 2.4
guilt **culpa** *f.*

guilty **culpable** *adj.*
guy **tipo** *m.* 3.2
gymnasium **gimnasio** *m.* 1.4

H

habit **costumbre** *f.* 3.3
habit: be in the habit of **soler** (**o:ue**) *v.* 3.3
I used to... **solía**
hair **pelo** *m.* 1.7
hairdresser **peluquero/a** *m., f.* 2.7
half **medio/a** *adj.* 1.3; **mitad** *f.*
half-brother **medio hermano** 1.3
half-sister **media hermana** 1.3
half-past... (*time*) **...y media** 1.1
hall **sala** *f.*
concert hall **sala de conciertos** *f.*
hallway **pasillo** *m.* 2.3
ham **jamón** *m.* 1.8
hamburger **hamburguesa** *f.* 1.8
hand **mano** *f.* 1.1
Hands up! **¡Manos arriba!**
handsome **guapo/a** *adj.* 1.3
hang (up) **colgar (o:ue)** *v.*
happen **ocurrir** *v.* 2.9; **suceder** *v.* 3.1;
These things happen **Son cosas que pasan.**
happiness **alegría** *v.* 1.9; **felicidad** *f.*
happy **alegre** *adj.* 1.5; **contento/a** *adj.* 1.5; **feliz** *adj. m., f.* 1.5; be happy **alegrarse** *v.* (**de**) 2.4
Happy birthday! **¡Feliz cumpleaños!** 1.9
hard **difícil** *adj. m., f.* 1.3; **duro/a** *adj.* 3.7
hardly **apenas** *adv.* 2.1; 3.3
hard-working **trabajador(a)** *adj.* 1.3, 3.8
harmful **dañino/a** *adj.* 3.6
harvest **cosecha** *f.*
haste **prisa** *f.* 1.3
hat **sombrero** *m.* 1.6
hate **odiar** *v.* 1.9, 3.1
have **tener** *v.* 1.3, 3.1
Have a good trip! **¡Buen viaje!** 1.1
have time **tener tiempo** 1.4
have to (do something) **tener que (+ inf.)** 1.3; **deber (+ inf.)**
have a tooth removed **sacar(se) un diente** 2.1
to have fun **divertirse (e:ie)** *v.* 3.2
he **él** *pron. m.* 1.1
head **cabeza** *f.* 2.1

headache **dolor de cabeza** *m.* 2.1
headline **titular** *m.* 3.9
heal **curarse; sanar** *v.* 3.4
healing **curativo/a** *adj.* 3.4
health **salud** *f.* 2.1, 3.4;
To your health! **¡A tu salud!**
healthy **saludable, sano/a** *adj. m., f.* 2.1, 3.4
lead a healthy lifestyle **llevar** *v.* **una vida sana** 2.6
hear **oír** *v.* 1.4, 3.1
heard **oído** *p.p.* 2.5
hearing: sense of hearing **oído** *m.* 2.1
heart **corazón** *m.* 2.1, 3.1
heart and soul **cuerpo y alma**
heat **calor** *m.* 1.5
heavy (*filling*) **contundente** *adj.* 3.10;
heavy rain **diluvio** *m.*
heel **tacón** *m.* ;
high heel **tacón alto** *m.*
heigh (*highest level*) **apogeo** *m.* 3.5
Hello. **Hola.** 1.1;
(*on the telephone*) **Aló.** 2.2; **¿Bueno?** 2.2; **Diga.** 2.2
help (*aid*) **auxilio** *m.*
help **ayudar** *v.* 2.3;
servir (e:i) *v.* 1.5
help each other **ayudarse** *v.* 2.2
her **su(s)** *poss. adj.* 1.3
(of) hers **suyo(s)/a(s)** *poss. pron.* 2.2
her **la** *f., sing., d.o. pron.* 1.5
to/for her **le** *f., sing., i.o. pron.* 1.6
here **aquí** *adv.* 1.1
Here it is. **Aquí está.** 1.5
Here we are at/in... **Aquí estamos en...** 1.2
heritage **herencia** *f.*
cultural heritage **herencia cultural** *f.*
heroic **heroico/a** *adj.*
Hi. **Hola.** 1.1
hide **ocultarse** *v.* 3.3
high definition **de alta definición** *adj.* 3.7
highest level **apogeo** *m.* 3.5
highway **autopista** *f.* 2.2; **carretera** *f.* 2.2
hike **excursión** *f.* 1.4
go on a hike **hacer una excursión** 1.5; **ir de excursión** 1.4
hiker **excursionista** *m., f.*
hiking **de excursión** 1.4
hill **cerro** *m.*; **colina** *f.*
him: to/for him **le** *m., sing., i.o. pron.* 1.6
Hindu **hindú** *adj.*
hire **contratar** *v.* 2.7, 3.8

his **su(s)** *poss. adj.* 1.3;
(of) his **suyo(s)/a(s)** *poss. pron.* 2.2
his **lo** *m., sing., d.o. pron.* 1.5
historian **historiador(a)** *m., f.*
historic **histórico/a** *adj.*
historical **histórico/a** *adj.* 3.10
historical period **era** *f.*
history **historia** *f.* 1.2, 2.8
hobby **pasatiempo** *m.* 1.4
hockey **hockey** *m.* 1.4
hold (*hug*) **abrazar** *v.* 3.1
hold your horses **parar el carro** *v.* 3.9
hole **agujero** *m.*
hole in the ozone layer **agujero en la capa de ozono** *m.*
black hole **agujero negro** *m.* 3.7
small hole **agujerito** *m.* 3.7
holiday **día** *m.* **de fiesta** 1.9
holy **sagrado/a** *adj.*
home **casa** *f.* 1.2;
hogar *m.* 3.3
home page **página** *f.* **principal** 2.2
homework **tarea** *f.* 1.2
honey **miel** *f.* 3.8
honored **distinguido/a** *adj.*
hood **capó** *m.* 2.2; **cofre** *m.* 2.2
hope **esperanza** *f.* 3.6; **ilusión** *f.*
hope **esperar** *v.* (+ inf.) 1.2, 2.4;
I hope (that) **ojalá (que)** 2.4
horror (genre) **de horror** *m.* 2.8;
(story/novel) **de terror** *adj.* 3.10
hors d'oeuvres **entremeses** *m., pl.* 1.8
horse **caballo** *m.* 1.5
horseshoe **herradura** *f.*
hospital **hospital** *m.* 2.1
host(ess) **anfitrión/anfitriona** *m.* 3.8
hostel **albergue** *m.* 3.5
hot: be (feel) (very) hot **tener (mucho) calor** 1.3
It's (very) hot. **Hace (mucho) calor.** 1.5
hotel **hotel** *m.* 1.5
hour **hora** *f.* 1.1
house **casa** *f.* 1.2
household chores **quehaceres** *m. pl.* **domésticos** 2.3
housekeeper **ama** *m., f.* **de casa** 2.3
housing **vivienda** *f.* 2.3
How…! **¡Qué…!** 1.3
how **¿cómo?** *adv.* 1.1
How are you? **¿Qué tal?** 1.1
How are you? **¿Cómo estás?** *fam.* 1.1
How are you? **¿Cómo está usted?** *form.* 1.1

How can I help you? **¿En qué puedo servirles?** 1.5
How did it go for you…? **¿Cómo le/les fue…?** 2.6
How is it going? **¿Qué tal?** 1.1
How is/are…? **¿Qué tal…?** 1.2
How is the weather? **¿Qué tiempo hace?** 2.6
How much/many? **¿Cuánto(s)/a(s)?** 1.1
How much does … cost? **¿Cuánto cuesta…?** 1.6
How old are you? **¿Cuántos años tienes?** *fam.* 1.3
however **sin embargo**
hug (each other) **abrazar(se)** *v.* 2.2, 3.1
humanities **humanidades** *f., pl.* 1.2
humankind **humanidad** *f.*
humid **húmedo/a** *adj.* 3.6
humiliate **humillar** *v.* 3.8
humorous **humorístico/a** *adj.* 3.10
hundred **cien, ciento** *m.* 1.2
hunger **hambre** *f.* 1.3
hungry **hambriento/a** *adj.*; be (very) hungry **tener** *v.* **(mucha) hambre** 1.3
hunt **cazar** *v.* 2.4, 3.6
hurricane **huracán** *m.* 2.9, 3.6
hurry **prisa** *f.* 3.6
be in a (big) hurry **tener** *v.* **(mucha) prisa** 1.3
hurry **apurarse** *v.* 2.6; **darse prisa** *v.* 2.6
hurt **herir (e:ie)** *v.* 3.1; **doler (o:ue)** *v.* 2.1, 3.2
It hurts me a lot… **Me duele mucho…** 2.1
to get hurt **lastimarse** *v.* 3.4
to hurt oneself **hacerse daño**
to hurt someone **hacerle daño a alguien**
husband **esposo, marido** *m.* 1.3
hut **choza** *f.*
hygiene **aseo** *m.*
hygienic **higiénico/a** *adj.*

I

I **Yo** *pron.* 1.1
I am… **Yo soy…** 1.1
I hope (that) **Ojalá (que)** *interj.* 2.4
I wish (that) **Ojalá (que)** *interj.* 2.4
ice cream **helado** *m.* 1.9
ice cream shop **heladería** *f.* 2.5
iced **helado/a** *adj.* 1.8
iced tea **té** *m.* **helado** 1.8
idea **idea** *f.* 1.4

ideology **ideología** *f.*
if **si** *conj.* 1.4
ill tempered **malhumorado/a** *adj.*
illness **dolencia, enfermedad** *f.* 2.1, 3.4
illusion **ilusión** *f.*
image **imagen** *f.* 3.2, 3.7
imagination **imaginación** *f.*
immature **inmaduro/a** *adj.* 3.1
immediately **en el acto** 3.3
immigration **inmigración** *f.*
immoral **inmoral** *adj.*
import **importar** *v.* 3.8
important **importante** *adj.* 1.3, 3.4
be important (to), to matter **importar** *v.* 1.7, 3.2, 3.4
It's important that… **Es importante que…** 2.3
imported **importado/a** 3.8
imports **importaciones** *f., pl.*
impossible **imposible** *adj.* 2.4
it's impossible **es imposible** 2.4
impress **impresionar** *v.* 3.1
impressionism **impresionismo** *m.* 3.10
improbable **improbable** *adj.* 2.4
it's improbable **es improbable** 2.4
improve **mejorar** *v.* 2.4, 3.4; **perfeccionar** *v.*
improvement **adelanto** *m.* 3.4
in **en** *prep.* 1.2; **por** *prep.* 2.2
in a bad mood **de mal humor** 1.5
in a good mood **de buen humor** 1.5
in love (with) **enamorado/a (de)** *adj.* 3.1
in front of **delante de** *prep.* 1.2
in the afternoon **de la tarde** 1.1; **por la tarde** 1.7
in love (with) **enamorado/a (de)** 1.5
in the morning **de la mañana** 1.1; **por la mañana** 1.7
in the direction of **para** *prep.* 1.1
in the early evening **de la tarde** 1.1
in the evening **de la noche** 1.1; **por la tarde** 1.7
in search of **por** *prep.* 2.2
incapable **incapaz** *adj.* 3.8
included **incluido/a** *adj.* 3.5
incompetent **incapaz** *adj.* 3.8
increase **aumento** *m.* 2.7
incredible **increíble** *adj.* 1.5
independence **independencia** *f.*
index **índice** *m.*
indigenous **indígena** *adj.* 3.9;

indigenous person **indígena** *m., f.* 3.4

industrious **trabajador(a)** *adj.* 3.8

industry **industria** *f.*

inequality **desigualdad** *f.* 2.9

inexpensive **barato/a** *adj.* 3.3

infected: to become infected **contagiarse** *v.* 3.4

infection **infección** *f.* 2.1

inflamed **inflamado/a** *adv.* 3.4

become inflamed **inflamarse** *v.*

inflexible **inflexible** *adj.*

influential **influyente** *adj.* 3.9

inform **informar** *v.* 2.9; **avisar** *v.*

to be informed **estar al tanto** *v.* 3.9

to become informed (about) **enterarse (de)** 3.9

inhabit **habitar** *v.*

inhabitant **habitante** *m., f.*; **poblador(a)** *m., f.*

inherit **heredar** *v.*

injection **inyección** *f.* 2.1

give an injection *v.* **poner una inyección** 2.1

injure **lastimar** *v.*;

(oneself) **lastimarse** 2.1

injure (one's foot) **lastimarse** *v.* **(el pie)** 2.1

injured **herido/a** *adj.*

injury **herida** *f.* 3.4

inner ear **oído** *m.* 2.1

innovative **innovador(a)** *adj.* 3.7

insanity **locura** *f.*

insect bite **picadura** *f.*

insecure **inseguro/a** *adj.* 3.1

inside **dentro** *adv.*

insincere **falso/a** *adj.* 3.1

insist (on) **insistir** *v.* **(en)** 2.3, 3.4

inspired **inspirado/a** *adj.*

instability **inestabilidad** *f.*

install **instalar** *v.* 3.7

installments: pay in installments **pagar** *v.* **a plazos** 2.5

insult **ofensa** *f.* 3.10

insurance **seguro** *m.* 3.5

intelligent **inteligente** *adj.* 1.3

intend to **pensar** *v.* **(+ inf.)** 1.4

intensive care **terapia intensiva** *f.* 3.4

interest (be interesting to) **interesar** *v.* 1.7, 3.2

interesting **interesante** *adj.* 1.3

to be interesting (to interest) **interesar** *v.* 1.7, 3.2

international **internacional** *adj. m., f.* 2.9

Internet **Internet** *m., f.* 2.2, 3.7

interview **entrevista** *f.* 2.7;

job interview **entrevista de trabajo** *f.* 3.8

interview **entrevistar** *v.* 2.7

interviewer **entrevistador(a)** *m., f.* 2.7

intriguing **intrigante** *adj.* 3.10

introduction **presentación** *f.*

I would like to introduce (name) to you... **Le presento a...** *form.* 1.1; **Te presento a...** *fam.* 1.1

invade **invadir** *v.*

invent **inventar** *v.* 3.7

invention **invento** *m.* 3.7

invest **invertir (e:ie)** *v.* 2.7, 3.8

investigate **investigar** *v.* 3.7

investment **inversión** *f.*;

foreign investment **inversión extranjera** *f.* 3.8

investor **inversor(a)** *m., f.*

invite **invitar** *v.* 1.9

iron **plancha** *f.*

iron (clothes) **planchar** *v.* **la ropa** 2.3

irresponsible **irresponsable** *adj.*

island **isla** *f.* 3.5

isolate **aislar** *v.* 3.9

isolated **aislado/a** *adj.* 3.6

it **lo/la** *sing., d.o., pron.* 1.5

Italian **italiano/a** *adj.* 1.3

itinerary **itinerario** *m.* 3.5

its **su(s)** *poss. adj.* 1.3; **suyo(s)/a(s)** *poss. pron.* 2.2

J

jacket **chaqueta** *f.* 1.6

January **enero** *m.* 1.5

Japanese **japonés, japonesa** *adj.* 1.3

jealous **celoso/a** *adj.*;

to be jealous of **tener celos de** *v.* 3.1

jealousy **celos** *m. pl.*

jeans **bluejeans** *m., pl.* 1.6

jewelry store **joyería** *f.* 2.5

Jewish **judío/a** *adj.*

job **empleo** *m.* 2.7, 3.8; **puesto** *m.* 2.7, 3.8; **trabajo** *m.* 2.7

job application **solicitud** *f.* **de trabajo** 2.7;

job interview **entrevista de trabajo** *f.* 3.8

jog **correr** *v.*

joke **broma** *f.* 3.1; **chiste** *m.* 3.1; **bromear** *v.*

journalism **periodismo** *m.* 1.2

journalist **periodista** *m., f.* 1.3, 3.9; **reportero/a** *m., f.* 2.7

joy **alegría** *f.* 1.9; **regocijo** *m.* 3.4

give joy **dar** *v.* **alegría** 1.9

joyful **alegre** *adj.* 1.5

judge **juez(a)** *m., f.*

judgment **juicio** *m.*

juice **jugo** *m.* 1.8

July **julio** *m.* 1.5

jump **salto** *m.*

June **junio** *m.* 1.5

jungle **selva, jungla** *f.* 2.4, 3.5

just **apenas** *adv.*

have just done something **acabar de (+ inf.)** 1.6

just as **tal como** *conj.*

just **justo/a** *adj.*

justice **justicia** *f.*

K

keep **mantener; guardar** *v.*

to keep in mind **tener en cuenta** *v.*

to keep in touch **mantenerse en contacto** *v.* 3.1

to keep (something) to yourself **guardarse (algo)** *v.* 3.1

to keep up with the news **estar al día con las noticias** *v.*

key **llave** *f.* 1.5

keyboard **teclado** *m.* 2.2

kick **patada** *f.* 3.3

kick **patear** *v.* 3.2

kidnapping **secuestro** *m.*

kilometer **kilómetro** *m.* 2.2

kind **amable** *adj.*

That's very kind of you. **Muy amable.** 1.5

king **rey** *m.*

kingdom **reino** *m.*

kiss **beso** *m.* 1.9; **besar** *v.* 3.1

kiss each other **besarse** *v.* 2.2

kitchen **cocina** *f.* 2.3

knee **rodilla** *f.* 2.1

knife **cuchillo** *m.* 2.3

know **saber** *v.* 1.6, 3.1; **conocer** *v.* 1.6

know how **saber** *v.* 1.6

knowledge **conocimiento** *m.*

L

label **etiqueta** *f.*

labor **mano de obra** *f.*

labor union **sindicato** *m.* 3.8

laboratory **laboratorio** *m.* 1.2

space lab **laboratorio espacial** *m.*

lack **faltar** *v.* 1.7, 3.2

lake **lago** *m.* 2.4

lamp **lámpara** *f.* 2.3

land **tierra** *f.* 2.4, 3.6; **terreno** *m.* 3.6

land (an airplane) **aterrizar** *v.*

landlord **dueño/a** *m., f.* 1.8

landscape **paisaje** *m.* 1.5, 3.6

language **lengua** *f.* 1.2, 3.9; **idioma** *m.* 3.9

laptop (computer) **computadora** *f.* **portátil** 2.2, 3.7

large *adj.* **grande** 1.3;

(*clothing size*) **talla grande** 1.6

last **durar** *v.* 2.9; **pasado/a**
adj. 1.6; **último/a** *adj.*
  last name **apellido** *m.* 1.3
  last night **anoche** *adv.* 1.6
  last week **semana** *f.* **pasada**
    1.6
  last year **año** *m.* **pasado** 1.6
late **tarde** *adv.* 1.7; **atrasado/a**
adj. 3.3
later (on) **más tarde** 1.7
  See you later. **Hasta la vista.**
    1.1; **Hasta luego.** 1.1
laugh **reírse (e:i)** *v.* 1.9
laughed **reído** *p.p.* 2.5
launch **lanzar** *v.*
laundromat **lavandería** *f.* 2.5
law **derecho** *m.;* **ley** *f.* 2.4
  to abide by the law **cumplir** *v.*
    la ley
  to approve a law; to pass a
    law **aprobar** *v.* **una ley**
lawyer **abogado/a** *m., f.* 2.7
layer **capa** *f.*
  ozone layer **capa de ozono** *f.*
    3.6
lazy **perezoso/a** *adj.;* **haragán/**
  haragana *adj.* 3.8
lead **encabezar** *v.*
leader **líder** *m., f.*
leadership **liderazgo** *m.*
lean (on) **apoyarse (en)** *v.*
learn **aprender** *v.* (**a** + *inf.*) 1.3
learned **erudito/a** *adj.*
learning **aprendizaje** *m.*
least, at **por lo menos** *adv.* 2.1
leave **salir** *v.* 1.4; **irse** *v.* 1.7;
  marcharse *v.;* **dejar** *v.*
  to leave alone **dejar en paz** *v.*
    3.8
  to leave a tip **dejar una**
    propina 1.9
  to leave for (a place) **salir para**
  to leave from **salir de**
  to leave behind **dejar** *v.* 2.7
  to leave someone **dejar a**
    alguien *v.*
left **izquierdo/a** *adj.* 1.2
  to be left over **quedar** *v.* 1.7,
    3.2
  to the left of **a la izquierda de**
    1.2
leg **pierna** *f.* 2.1;
  (*of an animal*) **pata** *f.*
legend **leyenda** *f.* 3.5
leisure **ocio** *m.*
lemon **limón** *m.* 1.8
lend **prestar** *v.* 1.6, 3.8
less **menos** *adv.* 2.1
  less... than **menos... que** 1.8
  less than **menos de** (+ *number*)
lesson **lección** *f.* 1.1;
  (*teaching*) **enseñanza** *f.*
let **dejar** *v.* 2.3
let's see **a ver** 1.2
letter **carta** *f.* 1.4, 2.5

lettuce **lechuga** *f.* 1.8
level **nivel** *m.;*
  sea level **nivel del mar** *m.*
liberal **liberal** *adj.*
liberate **liberar** *v.*
liberty **libertad** *f.* 2.9
library **biblioteca** *f.* 1.2
license (*driver's*) **licencia** *f.* **de**
  conducir 2.2
lid **tapa** *f.*
lie **mentira** *f.* 1.4, 3.1
life **vida** *f.* 1.9
  of my life **de mi vida** 2.6
  everyday life **vida cotidiana** *f.*
lifestyle: lead a healthy lifestyle
  llevar una vida sana 2.6
lift **levantar** *v.* 2.6
  lift weights **levantar pesas** 2.6
light **luz** *f.* 2.3
lighthouse **faro** *m.* 3.5
lightning **rayo** *m.;* **relámpago** *m.*
  3.6
like **como** *prep.* 1.8
like **gustar** *v.* 1.2, 3.2, 3.4
  Do you like...? **¿Te**
    gusta(n)...? 1.2
  I don't like them at all. **No me**
    gustan nada. 1.2
  I don't like ...at all! **¡No me**
    gusta nada... !
  I like... **Me gusta(n)...** 1.2
  like very much **encantar,**
    fascinar *v.* 1.7, 3.2
like this; so **así** *adv.* 2.1, 3.3
likeable **simpático/a** *adj.* 1.3
likewise **igualmente** *adv.* 1.1
line **línea** *f.* 1.4; **cola** (*queue*) *f.*
  2.5; (*of poetry*) **verso** *m.* 3.10
  to wait in line **hacer cola** *v.*
    3.2
link **enlace** *m.* 3.7
lion **león** *m.* 3.6
listen (to) **escuchar** *v.* 1.2
  Listen! (*command*) **¡Oye!** *fam.,*
    sing. 1.1; **¡Oiga/Oigan!**
    form., sing. pl. 1.1
  listen to music **escuchar**
    música 1.2
  listen to the radio **escuchar la**
    radio 1.2
listener **oyente** *m., f.* 3.9
literature **literatura** *f.* 1.2, 3.10
  children's literature **literatura**
    infantil/juvenil *f.* 3.10
little (*quantity*) **poco/a** *adj.* 1.5;
  poco *adv.* 2.1
live **en vivo, en directo**
  adj. 3.9
  live broadcast **emisión en**
    vivo/directo *f.*
live **vivir** *v.* 1.3, 3.1
lively **animado/a** *adj.* 3.2
living room **sala** *f.* 2.3

loan **préstamo** *m.* 2.5; **prestar**
  v. 1.6, 2.5
lobster **langosta** *f.* 1.8
locate **ubicar** *v.*
located **situado/a** *adj.*
  to be located **ubicarse** *v.*
  be located **quedar** *v.* 2.5
lodge **hospedarse** *v.*
lodging **alojamiento** *m.* 3.5
loneliness **soledad** *f.* 3.3
lonely **solo/a** *adj.* 3.1
long **largo/a** *adj.* 1.6;
  long-term **a largo plazo**
look **aspecto** *m.*
  to take a look **echar un**
    vistazo *v.*
look (at) **mirar** *v.* 1.2; **verse** *v.*
  to look healthy/sick **tener**
    buen/mal aspecto *v.* 3.4
  to look like **parecerse** *v.* 3.2,
    3.3
  to look out upon **dar a** *v.*
  He/She looks so happy. **Se ve**
    tan feliz. 3.6
  How attractive you look! (*fam.*)
    ¡Qué guapo/a te ves! 3.6
  How elegant you look! (*form.*)
    ¡Qué elegante se ve
    usted! 3.6
  It looks like he/she didn't like it.
    Al parecer, no le gustó. 3.6
  It looks like he/she is sad/
    happy. **Parece que está**
    triste/contento/a. 3.6
  He/She looks very sad to me. **Yo**
    lo/la veo muy triste. 3.6
look for **buscar** *v.* 1.2
loose **suelto/a** *adj.*
lose **perder (e:ie)** *v.* 1.4
  to lose an election **perder las**
    elecciones *v.*
  to lose a game **perder un**
    partido *v.* 3.2
  to lose weight **adelgazar**
    v. 2.6, 3.4
lose **perder (e:ie)** *v.*
loss **pérdida** *f.*
lost **perdido/a** *adj.* 2.5
  be lost **estar perdido/a** 2.5
lot of, a **mucho/a** *adj.* 1.2, 1.3
lot, a **muchas veces** *adv.* 2.1
lottery **lotería** *f.*
loudspeaker **altoparlante** *m.*
love **amor** *m.* 1.9;
  (un)requited love **amor (no)**
    correspondido *m.*
love (*another person*) **amar;**
  querer (e:ie) *v.* 1.4, 3.1
  (*inanimate objects*) **encantar** *v.*
    1.7
  in love **enamorado/a** *adj.* 1.5
  I loved it! **¡Me encantó!** 2.6
lower **bajar** *v.*
loyalty **lealtad** *f.*
luck **suerte** *f.* 1.3

lucky **afortunado/a** *adj.*
to be (very) lucky **tener (mucha) suerte** 1.3
luggage **equipaje** *m.* 1.5
lunch **almuerzo** *m.* 1.8
have lunch **almorzar (o:ue)** *v.* 1.4
luxurious **lujoso/a** 3.5; luxurious **de lujo**
luxury **lujo** *m.* 3.8
lying **mentiroso/a** *adj.* 3.1

M

ma'am **señora (Sra.); doña** *f.* 1.1
mad **enojado/a** *adj.* 1.5
madness **locura** *f.*
magazine **revista** *f.* 1.4, 3.9
online magazine **revista electrónica** *f.* 3.9
magic **magia** *f.*
magnificent **magnífico/a** *adj.* 1.5
mail **correo** *m.* 2.5; **enviar** *v.*, **mandar** *v.* 2.5; **echar (una carta) al buzón** 2.5
mailbox **buzón** *m.* 2.5
main **principal** *adj. m., f.* 1.8
maintain **mantener** *v.* 2.6
major **especialización** *f.* 2
majority **mayoría** *f.*
make **hacer** *v.* 1.4, 3.1, 3.4
to make a (hungry) face **poner cara (de hambriento/a)** *v.*
to make a toast **brindar** *v.* 3.2
to make a wish **pedir un deseo** *v.* 3.8
to make fun of **burlarse (de)** *v.*
to make good use of **aprovechar** *v.*
to make one's way **abrirse paso** *v.*
to make sure **asegurarse** *v.*
to make the bed **hacer la cama** 2.3
makeup **maquillaje** *m.* 1.7
put on makeup **maquillarse** *v.* 1.7
male **macho** *m.*
mall **centro comercial** *m.* 3.3
man **hombre** *m.* 1.1
manage **administrar** *v.* 3.8; **dirigir** *v.;* **lograr;** *v.* 3.3
manager **gerente** *m., f.* 2.7, 3.8
manipulate **manipular** *v.* 3.9
manufacture **fabricar** *v.* 3.7
manuscript **manuscrito** *m.*
many **mucho/a** *adj.* 1.3
many times **muchas veces** 2.1
map **mapa** *m.* 1.2
marathon **maratón** *m.*
March **marzo** *m.* 1.5
margarine **margarina** *f.* 1.8
marinated fish **ceviche** *m.* 1.8

lemon-marinated shrimp **ceviche** *m.* **de camarón** 1.8
marital status **estado** *m.* **civil** 1.9
maritime **marítimo/a** *adj.*
market **mercado** *m.* 1.6, 3.8
open-air market **mercado al aire libre** 1.6
marketing **mercadeo** *m.* 3.1
marriage **matrimonio** *m.* 1.9
married **casado/a** *adj.* 1.9, 3.1
get married (to) **casarse** *v.* **(con)** 1.9
marvelous **maravilloso/a** *adj.* 1.5
marvelously **maravillosamente** *adv.* 2.9
mass **misa** *f.* 3.2
massage **masaje** *m.* 2.6
masterpiece **obra maestra** *f.* 2.8, 3.3
match (*sports*) **partido** *m.* 1.4
match (with) **hacer** *v.* **juego (con)** 1.6
mathematician **matemático/a** *m., f.* 3.7
mathematics **matemáticas** *f., pl.* 1.2
matter **asunto** *m.*
matter **importar** *v.* 1.7
mature **maduro/a** *adj.* 3.1
maturity **madurez** *f.* 1.9
maximum **máximo/a** *m.* 2.2
May **mayo** *m.* 1.5
Mayan Trail **ruta maya** *f.* 3.5
maybe **tal vez** 1.5; **quizás** 1.5
mayonnaise **mayonesa** *f.* 1.8
mayor **alcalde/alcaldesa** *m., f.*
me **me** *sing., d.o. pron.* 1.5
to/for me **me** *sing., i.o. pron.* 1.6
It's me. **Soy yo.** 1.1
meal **comida** *f.* 1.8
mean **antipático/a** *adj.*
means of communication **medios** *m. pl.* **de comunicación** 2.9
measure **medida** *f.;*
security measures **medidas de seguridad** *f. pl.* 3.5
measure **medir (e:i)** *v.*
meat **carne** *f.* 1.8
mechanic **mecánico/a** *m., f.* 2.2
mechanic's repair shop **taller mecánico** 2.2
mechanical **mecánico/a** *adj.*
mechanism **mecanismo** *m.*
media **medios** *m., pl.* **de comunicación** 2.9
medical **médico/a** *adj.* 2.1
medication **medicamento** *m.* 2.1
medicine **medicina** *f.* 2.1
meditate **meditar** *v.*
medium **mediano/a** *adj.*

meet (each other) **encontrar(se)** *v.* 2.2; **conocerse(se)** *v.* 1.8
meeting **reunión** *f.* 2.7, 3.8
melt **derretir(se) (e:i)** *v.* 3.7
member **socio/a** *m., f.* 3.8
memory **recuerdo** *m.*
menu **menú** *m.* 1.8
merchandise **mercancía** *f.*
mercy **piedad** *f.* 3.8
mess **desorden** *m.* 3.7
message **mensaje** *m.;* (*telephone*) **recado** *m.* 2.2, **mensaje** *m.;*
text message **mensaje de texto** *m.* 3.7
Mexican **mexicano/a** *adj.* 1.3
Mexico **México** *m.* 1.1
microwave **microonda** *f.* 2.3
microwave oven **horno** *m.* **de microondas** 2.3
middle age **madurez** *f.* 1.9
Middle Ages **Edad Media** *f.*
middle **medio** *m.*
midnight **medianoche** *f.* 1.1
mile **milla** *f.* 2.2
military **militar** *m., f.*
milk **leche** *f.* 1.8
million **millón** *m.* 1.2
million of **millón de** *m.* 1.2
mine **mío(s)/a(s)** *poss.* 2.2
mineral **mineral** *m.* 2.6
mineral water **agua** *f.* **mineral** 1.8
minister **ministro/a** *m., f.*
Protestant minister **ministro/a protestante** *m., f.*
minority **minoría** *f.*
minute **minuto** *m.* 1.1;
last-minute news **noticia de último momento** *f.*
up-to-the-minute **de último momento** *adj.* 3.9
miracle **milagro** *m.*
mirror **espejo** *m.* 1.7
miser **avaro/a** *m., f.*
Miss **señorita (Srta.)** *f.* 1.1
miss **extrañar; perder (e:ie)** *v.* 1.4
to miss (someone) **extrañar a (alguien)** *v.*
to miss a flight **perder un vuelo** *v.* 3.5
mistake: to be mistaken; to make a mistake **equivocarse** *v.*
mistaken **equivocado/a** *adj.*
mixed: person of mixed ethnicity (*part indigenous*) **mestizo/a** *m., f.*
mixture **mezcla** *f.*
mockery **burla** *f.*
model (*fashion*) **modelo** *m., f.*
modem **módem** *m.*
modern **moderno/a** *adj.* 2.8
modify **modificar, alterar** *v.*
moisten **mojar** *v.*

mom **mamá** f. 1.3
moment **momento** m.
monarch **monarca** m., f.
Monday **lunes** m., sing. 1.2
money **dinero** m. 1.6;
(L. Am.) **plata** f. 3.7
cash **dinero en efectivo** m.
3.3
monitor **monitor** m. 2.2
monkey **mono** m. 3.6
monolingual **monolingüe** adj.
3.9
month **mes** m. 1.5
monument **monumento** m. 1.4
mood **estado de ánimo** m. 3.4;
in a bad mood
malhumorado/a adj.
moon **luna** f. 2.4; full moon
luna llena f.
moral **moral** adj.
more **más** 1.2
more... than **más... que** 1.8
more than **más de (+** number)
1.8
morning **mañana** f. 1.1
mosque **mezquita** f.
mother **madre** f. 1.3
mother-in-law **suegra** f. 1.3
motor **motor** m.
motorcycle **motocicleta** f. 1.5
mountain **montaña** f. 1.4, 3.6;
monte m.
mountain range **cordillera** f.
3.6
mouse **ratón** m. 2.2
mouth **boca** f. 2.1
move (change residence) **mudarse**
v. 2.3, 3.2
movement **corriente** f.;
movimiento m. 3.10
movie **película** f. 1.4
movie star **estrella** f. de cine
2.8
movie theater **cine** m. 1.4, 3.2
moving **conmovedor(a)** adj.
MP3 player **reproductor** m. de
MP3 2.2
Mr. **señor (Sr.); don** m. 1.1
Mrs. **señora (Sra.); doña** f. 1.1
much **mucho/a** adj. 1.2, 1.3
very much **muchísimo/a** adj.
1.2
municipal **municipal** adj. m., f.
muralist **muralista** m., f. 3.10
murder **crimen** m. 2.9
muscle **músculo** m. 2.6
museum **museo** m. 1.4
mushroom **champiñón** m. 1.8
music **música** f. 1.2, 2.8
music video **video musical** m.
3.9
musical **musical** adj., m., f. 2.8
musician **músico/a** m., f. 2.8,
3.2

Muslim **musulmán/**
musulmana adj.
must **deber** v. (+ inf.) 1.3
It must be... **Debe ser...** 1.6
my **mi(s)** poss. adj. 1.3; **mío(s)/**
a(s) poss. pron. 2.2
myth **mito** m. 3.5

N

name **nombre** m. 1.1
to be named **llamarse** v. 1.7
in the name of **a nombre de**
1.5
last name m. **apellido**
My name is... **Me llamo...** 1.1
name **nombrar** v.
nape **nuca** f. 3.9
napkin **servilleta** f. 2.3
narrate **narrar** v. 3.10
narrative work **narrativa** f. 3.10
narrator **narrador(a)** m., f. 3.10
narrow **estrecho/a** adj.
national **nacional** adj. m., f. 2.9
nationality **nacionalidad** f. 1.1
native **nativo/a** adj.
natural **natural** adj. m., f. 2.4
natural disaster **desastre** m.
natural 2.9
natural resource **recurso** m.
natural 2.4, 3.6
nature **naturaleza** f. 2.4
nauseated **mareado/a** adj. 2.1
navel **ombligo** m. 3.4
navigator **navegante** m., f. 3.7
near **cerca de** prep. 1.2
neaten **arreglar** v. 2.3
necessary **necesario/a** adj. 2.3,
3.4
It is necessary that... **Hay**
que... 2.3, 2.5
necessity **necesidad** f. 3.5;
of utmost necessity
de primerísima
necesidad 3.5
neck **cuello** m. 2.1
need **necesidad** f. 3.5
need **faltar** v. 1.7; **necesitar** v.
(+ inf.) 1.2, 3.4
needle **aguja** f. 3.4
negative **negativo/a** adj.
neglect **descuidar** v. 3.6
neighbor **vecino/a** m., f. 2.3
neighborhood **barrio** m. 2.3
neither **tampoco** adv. 1.7
neither... nor **ni... ni** conj. 1.7
nephew **sobrino** m. 1.3
nervous **nervioso/a** adj. 1.5
nest **nido** m.
network **red** f. 2.2; **cadena** f.
3.9
television network **cadena de**
televisión f.
never **nunca** adj. 1.7;
jamás 1.7

new **nuevo/a** adj. 1.6
newlywed **recién casado/a** m., f.
1.9
news **noticias** f., pl. 2.9;
actualidades f., pl. 2.9 f.
local/domestic/international
news **noticias locales/**
nacionales/internacionales
f. pl. 3.9
news bulletin **informativo** m.
3.9
news report **reportaje** m. 3.9
news reporter **presentador(a)**
de noticias m., f.
newscast **noticiero** m. 2.9
newspaper **periódico** 1.4;
diario m. 2.9, 3.9
next **próximo/a** adj. 2.7
next to **al lado de** prep. 1.2
nice **simpático/a** adj. 1.3;
amable adj. m., f. 1.5
niece **sobrina** f. 1.3
night **noche** f. 1.1
night stand **mesita** f. de
noche 2.3
nightmare **pesadilla** f.
nine **nueve** 1.1
nine hundred **novecientos/as**
1.2
nineteen **diecinueve** 1.1
ninety **noventa** 1.2
ninth **noveno/a** 1.5
no **no** 1.1; **ningún,**
ninguno/a(s) adj. 1.7
no one **nadie** pron. 1.7
No problem. **No hay**
problema. 1.7
No way! **¡Ni loco/a!** 2.7, 3.9
nobody **nadie** 1.7
noise **ruido** m.
nomination **nominación** f.
nominee **nominado/a** adj.
none **ningún, ninguno/a(s)**
adj. 1.7
nook **rincón** m.
noon **mediodía** m. 1.1
nor **ni** conj. 1.7
north **norte** m. 2.5
to the north **al norte** 2.5
nose **nariz** f. 2.1
not **no** 1.1
not any **ningún, ninguno/a(s)**
adj. 1.7
not anyone **nadie** pron. 1.7
not anything **nada** pron. 1.7
not bad at all **nada mal** 1.5
not either **tampoco** adv. 1.7
not ever **nunca** adv. 1.7;
jamás adv. 1.7
not very well **no muy bien** 1.1
not working **descompuesto/a**
adj. 2.2
notebook **cuaderno** m. 1.1
nothing **nada** 1.1, 1.7
notice **aviso** m. 3.5;

to take notice of **fijarse en** *v.*
3.2

notice **fijarse** *v.* 3.9

noun **sustantivo** *m.*

novelist **novelista** *m., f.* 3.7,
3.10

November **noviembre** *m.* 1.5

now **ahora** *adv.* 1.2

now and then **de vez en cuando**
3.3

nowadays **hoy día** *adv.*

nuclear **nuclear** *adj. m., f.* 2.4
nuclear energy **energía
nuclear** 2.4

number **número** *m.* 1.1

nun **monja** *f.*

nurse **enfermero/a** *m., f.* 2.1, 3.4

nutrition **nutrición** *f.* 2.6

nutritionist **nutricionista** *m.,
f.* 2.6

nutritious **nutritivo/a** *adj.* 3.4;
(healthy) **saludable** *adj.* 3.4

O

o'clock: It's... o'clock **Son las...**
1.1
It's one o'clock. **Es la una.** 1.1

oar **remo** *m.* 3.5

obesity **obesidad** *f.* 3.4

obey **obedecer** *v.* 2.9, 3.1

obligation **deber** *m.* 2.9

oblivion **olvido** *m.* 3.1

obtain **conseguir (e:i)** *v.* 1.4;
obtener *v.* 2.7

obvious **obvio/a** *adj.* 2.4
it's obvious **es obvio** 2.4

occupation **ocupación** *f.* 2.7

occur **ocurrir** *v.* 2.9;
(to someone) **ocurrírsele (a
alguien)** *v.*

October **octubre** *m.* 1.5

of **de** *prep.* 1.1
Of course. **Claro que sí.** 2.7;
Por supuesto. 2.7

offer **oferta** *f.* 2.3, 3.9

offer **ofrecer (c:zc)** *v.* 1.6;
ofrecerse (a) *v.*

office **oficina** *f.* 2.3;
despacho *m.*
doctor's office **consultorio** *m.*
2.1

officer **agente** *m., f.*

often **a menudo** *adv.* 2.1, 3.3

Oh! **¡Ay!**

oil **aceite** *m.* 1.8

oil painting **óleo** *m.* 3.10

OK **regular** *adj.* 1.1
It's okay. **Está bien.**

old **viejo/a** *adj.* 1.3
old age **vejez** *f.* 1.9

older **mayor** *adj. m., f.* 1.3
older brother, sister **hermano/a
mayor** *m., f.* 1.3

oldest **el/la mayor** 1.8

Olympics **Olimpiadas** *f. pl.*

on **en** *prep.* 1.2; **sobre** *prep.*
1.2
on behalf of **por** *prep.* 2.2
on the dot **en punto** 1.1
on time **a tiempo** 2.1
on top of **encima de** 1.2
on purpose **a propósito** *adv.*
3.3

once **una vez** 1.6
once in a while **de vez en
cuando** 3.3

one **un, uno/a** *m., f., sing.
pron.* 1.1
one more time **una vez
más** 1.9
one time **una vez** 1.6

one hundred **cien(to)** 1.2

one million **un millón** *m.* 1.2

one thousand **mil** 1.2

onion **cebolla** *f.* 1.8

online **en línea** *adj.* 3.7

only **sólo** *adv.* 1.3; **único/a** *adj.*
1.3
only child **hijo/a único/a** *m.,
f.* 1.3

open **abierto/a** *adj.* 1.5, 2.5;
abrir(se) *v.* 1.3

open-air **al aire libre** 1.6
open-air market **mercado al
aire libre** *m.*

opera **ópera** *f.* 2.8

operate **operar** *v.*

operation **operación** *f.* 2.1, 3.4

opinion **opinión**;
In my opinion, ... **A mi parecer,
...; Considero que..., Opino
que...**
to be of the opinion **opinar** *v.*

oppose **oponerse a** *v.* 3.4

opposite **enfrente de** *prep.* 2.5

oppress **oprimir** *v.*

or **o** *conj.* 1.7

orange **anaranjado/a** *adj.* 6;
naranja *f.* 1.8

orchard **huerto** *m.*

orchestra **orquesta** *f.* 2.8

order **mandar** 2.3;
(food) **pedir (e:i)** *v.* 1.8
in order to **para** *prep.* 2.2

orderly **ordenado/a** *adj.* 1.5

ordinal (numbers) **ordinal** *adj.*

originating (in) **proveniente (de)**
adj.

ornate **ornamentado/a** *adj.*

other **otro/a** *adj.* 1.6

others; other people **los/las
demás** *pron.*

ought to **deber** *v.* **(+ inf.)** *adj.* 1.3

our **nuestro(s)/a(s)** *poss. adj.*
1.3; *poss. pron.* 2.2

out of order **descompuesto/a**
adj. 2.2

outdo oneself *(P. Rico; Cuba)*
botarse *v.* 3.5

outline **esbozo** *m.*

out-of-date **pasado/a de moda**
adj. 3.9

outrageous thing **barbaridad** *f.*
3.10

outskirts **afueras** *f., pl.* 2.3

oven **horno** *m.* 2.3

over **sobre** *prep.* 1.2

overcome **superar** *v.*

overdose **sobredosis** *f.*

overthrow **derribar; derrocar** *v.*

overwhelmed **agobiado/a**
adj. 3.1

owe **deber** *v.* 3.8
to owe money **deber dinero**
v. 3.2

own **propio/a** *adj.* 2.7

owner **dueño/a** *m., f* 1.8, 3.8;
propietario/a

P

p.m. **tarde** *f.* 1.1

pack (one's suitcases) **hacer** *v.* **las
maletas** 1.5, 3.5

package **paquete** *m.* 2.5

page **página** *f.* 2.2;
web page **página web** 3.7

pain **dolor** *m.* 2.1;
(suffering) **sufrimiento** *m.*
have a pain tener *v.* **dolor** 2.1

painkiller **calmante** *m.* 3.4

paint **pintura** *f.* 3.10; **pintar**
v. 2.8, 3.3

paintbrush **pincel** *m.* 3.10

painter **pintor(a)** *m., f.* 2.7, 3.3,
3.10

painting **pintura** *f.* 2.3, 2.8,
3.10; **cuadro** *m.* 3.3, 3.10

pair **par** *m.* 1.6
pair of shoes **par de zapatos**
m. 1.6

palm tree **palmera** *f.*

pamphlet **panfleto** *m.*

pants **pantalones** *m., pl.* 1.6

pantyhose **medias** *f., pl.* 1.6

paper **papel** *m.* 1.2; *(report)*
informe *m.* 2.9

paradox **paradoja** *f.*

Pardon me. *(May I?)* **con permiso**
1.1; *(Excuse me.)* Pardon me.
Perdón. 1.1

parents **padres** *m., pl.* 1.3;
papás *m., pl.* 1.3

parish **parroquia** *f.*

park **parque** *m.* 1.4
amusement park **parque de
atracciones** *m.* 3.2

park **estacionar** *v.* 2.2

parking lot **estacionamiento**
m. 2.5

parrot **loro** *m.*

part **parte** *f.*

to become part (of) **integrarse (a)** *v.*

partner (*couple*) **pareja** *f.* 1.9, 3.1; (*member*) **socio/a** *m., f.* 3.8

party (*politics*) **partido** *m.*; political party **partido político** *m.*

party **fiesta** *f.* 1.9

pass (*a class, a law*) **aprobar (o:ue)** *v.*

to pass a law **aprobar una ley** *v.*

passed **pasado** *p.p.*

passenger **pasajero/a** *m., f.* 1.1

passing **pasajero/a** *adj.*

passport **pasaporte** *m.* 1.5, 3.5

password **contraseña** *f.* 3.7

past **pasado/a** *adj.* 1.6

pastime **pasatiempo** *m.* 1.4, 3.2

pastry **repostería** *f.*

pastry shop **pastelería** *f.* 2.5

patent **patente** *f.* 3.7

path (*history*) **trayectoria** *f.* 3.1

patient **paciente** *m., f.* 2.1

patio **patio** *m.* 2.3

pay **pagar** *v.* 1.6

to be well/poorly paid **ganar bien/mal** *v.* 3.8

to pay attention to someone **hacerle caso a alguien** *v.* 3.1

to pay in cash pagar *v.* **al contado; pagar en efectivo** 2.5

to pay in installments **pagar** *v.* **a plazos** 2.5

to pay the bill **pagar la cuenta** 1.9

pea **arveja** *m.* 1.8

peace **paz** *f.* 2.9

peaceful **pacífico/a** *adj.*

peach **melocotón** *m.* 1.8

peak **cumbre** *f.*; **pico** *m.*

pear **pera** *f.* 1.8

peck **picar** *v.*

pen **pluma** *f.* 1.2

pencil **lápiz** *m.* 1.1

penicillin **penicilina** *f.* 2.1

people **gente** *f.* 1.3

people **pueblo** *m.* 3.4

pepper (*black*) **pimienta** *f.* 1.8

per **por** *prep.* 2.2

perfect **perfecto/a** *adj.* 1.5

performance **rendimiento** *m.*; (*theater; movie*) **función** *f.* 3.2

perhaps **quizás; tal vez**

period **punto** *m.* 3.2

permanent **fijo/a** *adj.* 3.8

permission **permiso** *m.*

permissive **permisivo/a** *adj.* 3.1

persecute **perseguir (e:i)** *v.*

person **persona** *f.* 1.3

personal (*private*) **particular** *adj.*

pessimist **pesimista** *m., f.*

pharmacy **farmacia** *f.* 2.1

phase **etapa** *f.*

phenomenal **fenomenal** *adj.* 1.5

photograph **foto(grafía)** *f.* 1.1

physical (*exam*) **examen** *m.* **médico** 2.1

physician **doctor(a), médico/a** *m., f.* 1.3

physicist **físico/a** *m. f.* 3.7

physics **física** *f. sing.* 1.2

pick out **seleccionar** *v.* 3.3

pick up **recoger** *v.* 2.4; **levantar** *v.*

picnic **picnic** *m.*

picture **cuadro** *m.* 2.3; **pintura** *f.* 2.3; **imagen** *f.* 3.2, 3.7

pie **pastel** *m.* 9

piece (*art*) **pieza** *f.* 3.10

pier **muelle** *m.* 3.5

pig **cerdo** *m.* 3.6

pill (*tablet*) **pastilla** *f.* 2.1; 3.4

pillow **almohada** *f.* 2.3

pilot **piloto** *m., f.*

pineapple **piña** *f.* 1.8

pink **rosado/a** *adj.* 1.6

pious **devoto/a** *adj.*

piping **tubería** *f.* 3.6

pity **pena** *f.*; What a pity! **¡Qué pena!**

place **lugar** *m.* 1.4

place (*an object*) **colocar** *v.* 3.2; **poner** *v.* 1.4, 3.1, 3.2

plaid **de cuadros** 1.6

plan **planear** *v.*

planned **previsto/a** *p.p.* 3.3

plans **planes** *m., pl.* 1.4

have plans **tener planes** 1.4

plant **planta** *f.* 2.4

plastic **plástico** *m.* 2.4

(made) of plastic **de plástico** 2.4

plate **plato** *m.* 2.3

plateau: high plateau **altiplano** *m.*

play (*theater*) **obra de teatro** *f.* 3.10; **drama** *m.* 2.8; **comedia** *f.* 2.8;

play **jugar (u:ue)** *v.* 1.4

to play a CD **poner un disco compacto** *v.* 3.2; (*a musical instrument*) **tocar** *v.* 2.8

(*a role*) **hacer el papel de** 2.8

(*cards*) **jugar a (las cartas)** 1.5

(*sports*) **practicar deportes** 1.4

player (CD/DVD/MP3) **reproductor (de CD/DVD/MP3)** *m.* 3.7

player **jugador(a)** *m., f.* 1.4

playing cards **cartas** *f. pl.* 3.2; **naipes** *m. pl.* 3.2

playwright **dramaturgo/a** *m., f.* 2.8, 3.10

plead **rogar (o:ue)** *v.* 2.3, 3.4

pleasant **agradable** *adj. m., f.*;

(*funny*) **gracioso/a** *adj.* 3.1

please **por favor** 1.1

Could you please...? **¿Tendría usted la bondad de +** *inf...* **?** (*form.*)

Pleased to meet you. **Mucho gusto.** 1; **Encantado/a.** *adj.* 1.1

pleasing: be pleasing to **gustar** *v.* 1.7

pleasure **gusto** *m.* 1.1; **placer** *m.* 2.6

It's a pleasure to... **Gusto de (+** *inf.*) 2.9

It's been a pleasure. **Ha sido un placer.** 2.6

The pleasure is mine. **El gusto es mío.** 1.1

plot **trama** *f.* 3.10; **argumento** *m.* 3.10

plumbing (*piping*) **tubería** *f.* 3.6

poem **poema** *m.* 2.8

poet **poeta** *m., f.* 2.8, 3.10

poetry **poesía** *f.* 2.8, 3.10

point (to) **señalar** *v.* 3.2

to point out **destacar** *v.*

point of view **punto de vista** *m.* 3.10

poison **veneno** *m.* 3.6

poisoned **envenenado/a** *adj.* 3.6

poisonous **venenoso/a** *adj.* 3.6

police (force) **policía** *f.* 2.2

political **político/a** *adj.* 2.9

politician **político/a** *m., f.* 2.7

politics **política** *f.* 2.9

polka-dotted **de lunares** 1.6

poll **encuesta** *f.* 2.9

pollen **polen** *m.* 3.8

pollute **contaminar** *v.* 2.4, 3.6

polluted **contaminado/a** *m., f.* 2.4

be polluted **estar contaminado/a** 2.4

pollution **contaminación** *f.* 2.4, 3.6

pool **piscina** *f.* 1.4

poor **pobre** *adj., m., f.* 1.6

poor quality (*garbage*) **porquería** *f.* 3.10

populate **poblar** *v.*

population **población** *f.* 2.4, 3.4

pork **cerdo** *m.* 1.8

pork chop **chuleta** *f.* **de cerdo** 1.8

port **puerto** *m.* 3.5

portable **portátil** *adj.* 2.2

portable computer **computadora** *f.* **portátil** 2.2

portrait **retrato** *m.* 3.3

portray **retratar** *v.* 3.3

position **puesto** *m.* 2.7, 3.8; **cargo** *m.*

possessive **posesivo/a** *adj.* 1.3

possible **posible** *adj.* 2.4
  as much as possible **en todo lo posible**
  it's (not) possible **(no) es posible** 2.4
post office **correo** *m.* 2.5
postcard **postal** *f.* 1.4
poster **cartel** *m.* 2.3
potato **papa/patata** *f.* 1.8
pottery **cerámica** *f.* 2.8
poverty **pobreza** *f.* 3.8
power **fuerza** *f.*
  will power **fuerza de voluntad** 3.4
  (*electricity*) **luz** *f.* 3.7
power saw **motosierra** *f.* 3.7
powerful **poderoso/a** *adj.*
practice **entrenarse** *v.* 2.6;
  practicar *v.* 1.2
pray **rezar** *v.*
pre-Columbian **precolombino/a** *adj.*
prefer **preferir (e:ie)** *v.* 1.4, 3.4
pregnant **embarazada** *adj. f.* 2.1
prehistoric **prehistórico/a** *adj.*
premiere **estreno** *m.* 3.2
prepare **preparar** *v.* 1.2
preposition **preposición** *f.*
prescribe (*medicine*) **recetar** *v.* 2.1, 3.4
prescription **receta** *f.* 2.1, 3.4
present **regalo** *m.;* **presentar** *v.* 2.8
preserve **conservar** *v.* 3.6
press **prensa** *f.* 2.9, 3.9
  press conference **rueda de prensa**
pressure (*stress*) **presión** *f.*
  to be under stress/pressure **estar bajo presión**
  to be under a lot of pressure **sufrir muchas presiones** 2.6
pressure **presionar** *v.*
pretend **de mentiras** *adj.* 3.5
pretty **bonito/a** *adj.* 1.3;
  bastante *adv.* 2.4
prevent **prevenir** *v.* 3.4
previous **anterior** *adj.* 3.8
price **precio** *m.* 1.6
  (fixed, set) **price precio** *m.* **fijo** 1.6
priest **cura** *m.;* **sacerdote** *m.*
prime minister **primer(a) ministro/a** *m., f.*
print **estampado/a** *adj.;* **imprimir** *v.* 2.2, 3.9
printer **impresora** *f.* 2.2
private (*room*) **individual** *adj.;* **particular** *adj.*
privilege **privilegio** *m.* 3.8
prize **premio** *m.* 2.8;
  to give a prize **premiar** *v.*
probable **probable** *adj.* 2.4

it's (not) probable **(no) es probable** 2.4
problem **problema** *m.* 1.1
procession **procesión** *f.*
produce (*generate*) **generar** *v.;* **producir** *v.* 3.1
productive **productivo/a** *adj.* 3.8
profession **profesión** *f.* 1.3, 2.7
professor **profesor(a)** *m., f.*
program **programa** *m.* 1.1
programmer **programador(a)** *m., f.* 1.3
prohibit **prohibir** *v.* 2.1, 3.4
prohibited **prohibido/a** *adj.* 3.5
prominent **destacado/a** *adj.* 3.9; **prominente** *adj.*
promise **jurar** *v.*
promote **promover (o:ue)** *v.*
promotion (*career*) **ascenso** *m.* 2.7
pronoun **pronombre** *m.*
pronounce **pronunciar** *v.*
proof **prueba** *f.* 3.2
proposal **oferta** *f.* 3.9
propose **proponer** *v.* 3.1, 3.4;
  to propose (marriage) **proponer matrimonio** *v.* 3.1
prose **prosa** *f.* 3.10
protagonist **protagonista** *m., f.* 3.1, 3.10
protect **proteger** *v.* 2.4, 3.1, 3.6
protected **protegido/a** *adj.* 3.5
protein **proteína** *f.* 2.6
protest **manifestación** *f.;* **protestar** *v.*
protester **manifestante** *m., f.* 3.6
proud **orgulloso/a** *adj.* 3.1;
  to be proud of **estar orgulloso/a de**
prove **comprobar (o:ue)** *v.* 3.7
provide **proporcionar** *v.*
provided (that) **con tal (de) que** *conj.* 2.4
psychologist **psicólogo/a** *m., f.* 2.7
psychology **psicología** *f.* 1.2
public **público** *m.* 3.9
public (*pertaining to the state*) **estatal** *adj.*
public transportation **transporte público** *m.*
publish **editar** *v.* 3.10; **publicar** *v.* 2.8, 3.9
Puerto Rican **puertorriqueño/a** *adj.* 1.3
pull a tooth **sacar una muela**
punishment **castigo** *m.*
purchase **compra** *f.*
purchases **compras** *f., pl.* 1.5
pure **puro/a** *adj.* 2.4
purity **pureza** *f.* 3.6
purple **morado/a** *adj.* 1.6

purse **bolsa** *f.* 1.6
pursue **perseguir (e:i)** *v.*
push **empujar** *v.*
put **poner** *v.* 1.4, 3.1, 3.2;
  puesto *p.p.* 2.5
  to put (a letter) in the mailbox **echar (una carta) al buzón** 2.5
  to put in a place **ubicar** *v.*
  to put on (*a performance*) **presentar** *v.* 2.8
  to put on (*clothing*) **ponerse** *v.* 1.7
  to put on makeup **maquillarse** *v.* 1.7, 3.2
  to put on (*clothing*) **ponerse** *v.*
pyramid **pirámide** *f.* 3.5

Q

quality **calidad** *f.* 1.6
  high quality **de buena categoría** *adj.* 3.5
quarter **trimestre** *m.* 1.2
  quarter after (*time*) **y cuarto** 1.1; **y quince** 1.1
  quarter to (*time*) **menos cuarto** 1.1; **menos quince** 1.1
queen **reina** *f.*
quench **saciar** *v.*
question **pregunta** *f.* 1.2; **interrogante** *m.* 3.7
quickly **rápido** *adv.* 2.1
quiet **tranquilo/a** *adj.* 2.6; **callado/a** *adj.*
  be quiet **callarse** *v.*
quit **dejar** *v.* 2.7; **renunciar** *v.* 3.8
  quit smoking **dejar de fumar** *v.* 3.4
quite **bastante** *adv.* 3.3
quiz **prueba** *f.* 1.2
quotation **cita** *f.*

R

rabbi **rabino/a** *m., f.*
rabbit **conejo** *m.* 3.6
race **raza** *f.*
racism **racismo** *m.* 2.9
radiation **radiación** *f.*
radio (*medium*) **radio** *f.* 1.2
  radio (set) **radio** *m.* 2.2
radio announcer **locutor(a) de radio** *m., f.* 3.9
radio station **(radio)emisora** *f.* 3.9
rain **llover (o:ue)** *v.* 1.5; **lluvia** *f.* 2.4
  It's raining. **Llueve.** 1.5; **Está lloviendo.** 1.5
raincoat **impermeable** *m.* 1.6
rainforest **bosque** *m.* **tropical** 2.4

raise **aumento** *m.*;
  (*salary*) **aumento de sueldo**
  2.7, 3.8
raise **criar** *v.*; **educar** *v.* 3.1
  to have raised **haber criado**
  3.1
ranch **rancho** *m.*
rarely **casi nunca** *adv.* 3.3
rat **rata** *f.*
rather **bastante** *adv.* 2.1; **más
  bien**
ratings **índice de audiencia** *m.*
ray **rayo** *m.*
reach **alcance** *m.* 3.7;
  alcanzar *v.*
  within reach **al alcance** 3.10;
  al alcance de la mano
reactor **reactor** *m.*
read **leer** *v.* 1.3; **leído** *p.p.* 2.5
  read e-mail **leer correo
    electrónico** 1.4
  read a magazine **leer una
    revista** 1.4
  read a newspaper **leer un
    periódico** 1.4
reader **lector(a)** *m., f.* 3.9
ready **listo/a** *adj.* 1.5
  (Are you) ready? **¿(Están)
    listos?** 2.6
real **auténtico/a** *adj.* 3.3
realism **realismo** *m.* 3.10
realist **realista** *adj.* 3.10
realistic **realista** *adj.* 3.10
realize **darse cuenta** *v.* 3.2, 3.9
  to realize/ assume that one is
    being referred to **darse por
    aludido/a** 3.9
reap the benefits (of) *v.* **disfrutar**
  v. **(de)** 2.6
rearview mirror **espejo
  retrovisor** *m.*
rebelliousness **rebeldía** *f.*
receive **recibir** *v.* 1.3
received **acogido/a** *adj.*
  well received **bien acogido/a**
    adj. 3.8
recital **recital** *m.*
recognition **reconocimiento** *m.*
recognize **reconocer** *v.* 3.1,
recommend **recomendar (e:ie)**
  v. 1.8, 2.3, 3.4
recommendable **recomendable**
  adj. 3.5
record **grabar** *v.* 2.2, 3.9
recover **recuperarse** *v.* 3.4
recreation **diversión** *f.* 1.4
recyclable **reciclable** *adj.*
recycle **reciclar** *v.* 2.4, 3.6
recycling **reciclaje** *m.* 2.4
red **rojo/a** *adj.* 1.6
red-haired **pelirrojo/a** *adj.* 1.3
re-do **rehacer** *v.* 3.1
reduce (speed) **reducir
  (velocidad)** *v.* 3.5
reduce **reducir** *v.* 2.4

reduce stress/tension **aliviar el
  estrés/la tensión** 2.6
reef **arrecife** *m.* 3.6
referee **árbitro/a** *m., f.* 3.2
refined (*cultured*) **culto/a** *adj.*
reflect **reflejar** *v.* 3.10
reform **reforma** *f.*;
  economic reform **reforma
    económica** *f.*
refrigerator **refrigerador** *m.* 2.3
refuge **refugio** *m.* 3.6
refund **reembolso** *m.* 3.3
refusal **rechazo** *m.*
region **región** *f.* 2.4
register **inscribirse** *v.*
regret **sentir (e:ie)** *v.* 2.4
rehearsal **ensayo** *m.*
rehearse **ensayar** *v.* 3.9
reign **reino** *m.*
reject **rechazar** *v.*
rejection **rechazo** *m.*
related to sitting **sedentario/a**
  adj. 2.6
relatives **parientes** *m., pl.* 1.3
relax **relajarse** *v.* 1.9, 3.4;
  Relax. **Tranquilo/a.**
reliability **fiabilidad** *f.*
religion **religión** *f.*
religious **religioso/a** *adj.*
remain **quedarse** *v.* 1.7;
  permanecer *v.* 3.4
re-make **rehacer** *v.* 3.1
remember **acordarse (o:ue)** *v.*
  (de) 1.7, 3.2; **recordar (o:ue)**
  v. 1.4
remorse **remordimiento** *m.*
remote control **control remoto**
  m. 2.2
  universal remote control
    control remoto universal
    m. 3.7
renewable **renovable** *adj.* 3.6
rent (*payment*) **alquiler** *m.* 2.3
rent **alquilar** *v.* 2.3
  to rent a movie **alquilar una
    película** *v.* 3.2
repeat **repetir (e:i)** *v.* 1.4
repent **arrepentirse (de) (e:ie)** *v.*
  3.2
repertoire **repertorio** *m.*
report **informe** *m.* 2.9;
  reportaje *m.* 2.9
reporter **reportero/a** *m., f.* 2.7,
  3.9
representative **representante** *m.,
  f.* 2.9; **diputado/a** *m., f.*
reproduce **reproducirse** *v.*
reputation **reputación** *f.*;
  to have a good/bad
    reputation **tener buena/
    mala fama** *v.* 3.9
request **pedir (e:i)** *v.* 1.4
rescue **rescatar** *v.*
research **investigar** *v.* 3.7

researcher **investigador(a)** *m.,
  f.* 3.4
resentful **resentido/a** *adj.* 3.6
reservation **reservación** *f.* 1.5
reserve **reservar** *v.* 3.5
reside **residir** *v.*
resign (from) **renunciar (a)** *v.* 2.7
resolve **resolver (o:ue)** *v.* 2.4
resolved **resuelto/a** *p.p.* 2.5
resource **recurso** *m.* 2.4
respect **respeto** *m.*
responsibility **deber** *m.* 2.9;
  responsabilidad *f.*
responsible **responsable** *adj.*
rest **descanso** *m.* 3.8; **reposo**
  m.; **descansar** *v.* 1.2, 3.4
  to be at rest **estar en
    reposo** *v.*
restaurant **restaurante** *m.* 1.4
resulting **consiguiente** *adj.*
résumé **currículum (vitae)** *m.*
  2.7, 3.8
retire (*from work*) **jubilarse** *v.*
  1.9, 3.8
retirement **jubilación** *f.*
return (trip) **vuelta** *f.*; **regreso** *m.*
return **regresar** *v.* 1.2, 3.5;
  volver (o:ue) *v.* 1.4
  to return (items) **devolver
    (o:ue)** *v.* 3.3
returned **vuelto/a** *p.p.* 2.5
review (*revision*) **repaso** *m.* 3.10
revision (*review*) **repaso** *m.* 3.10
revolutionary **revolucionario/a**
  adj. 3.7
revulsion **asco** *m.*
rhyme **rima** *f.* 3.10
rice **arroz** *m.* 1.8
rich **rico/a** *adj.* 1.6
ride a bicycle **pasear** *v.* **en
  bicicleta** 1.4
ride a horse **montar** *v.* **a
  caballo** 1.5
ridiculous **ridículo/a** *adj.* 2.4
  it's ridiculous **es ridículo** 2.4
right **derecha** *f.* 1.2
  be right **tener razón** 1.3
  right away **enseguida**
    adv. 1.9, 3.3
  right here **aquí mismo** 2.2
  right now **ahora mismo** 1.5
  right there **allí mismo** 2.5
  to the right of **a la derecha
    de** 1.2
  right? (*question tag*) **¿no?** 1.1;
    ¿verdad? 1.1
right **derecho** *m.*
  civil rights **derechos civiles**
    m. pl.
  human rights **derechos
    humanos** *m. pl.*
rights **derechos** *m.* 2.9
ring **anillo** *m.*; **sortija** *f.* 3.5
ring **sonar (o:ue)** *v.* 2.2, 3.7

to ring the doorbell **tocar el timbre** *v.* 3.3
riot **disturbio** *m.* 3.8
rise **ascender (e:ie)** *v.* 3.8
risk **riesgo** *m.*
  to take a risk **arriesgar(se)** *v.*
risky **arriesgado/a** *adj.* 3.5
river **río** *m.* 2.4
road **camino** *m.*
roast **asado/a** *adj.* 1.8
roast chicken **pollo** *m.* **asado** 1.8
rob **asaltar** *v.* 3.10
rocket **cohete** *m.* 3.7
role **papel** *m.* 3.9
  to play a role (*in a play*) **desempeñar un papel** *v.*
rollerblade **patinar en línea** *v.*
romance novel **novela rosa** *f.* 3.10
romantic **romántico/a** *adj.* 2.8
romanticism **romanticismo** *m.* 3.10
room **habitación** *f.* 1.2, 1.5, 3.5; **cuarto** *m.* 1.2, 1.7
  emergency room **sala de emergencia(s)** *f.* 3.4
  living room **sala** *f.* 2.3
  single/double room **habitación individual/doble** *f.* 3.5
  room service **servicio de habitación** *m.* 3.5
roommate **compañero/a** *m., f.* **de cuarto**
root **raíz** *f.*
round **redondo/a** *adj.* 3.2
roundtrip **de ida y vuelta** 1.5
  roundtrip ticket **pasaje** *m.* **de ida y vuelta** 1.5, 3.5
routine **rutina** *f.* 1.7, 3.3
rug **alfombra** *f.* 2.3
ruin **ruina** *f.* 3.5
rule **regla** *f.;* **dominio** *m.*
ruler **gobernante** *m., f;* (*sovereign*) **soberano/a** *m., f.*
run **correr** *v.* 1.3
  to run away **huir** *v.* 3.3
  to run errands **hacer diligencias** 2.5
  to run into (*have an accident*) **chocar (con)** *v.*
  (*meet accidentally*) **encontrar(se) (o:ue)** *v.* 2.2
  (*run into something*) **darse (con)** 2.1
  run into (*each other*) **encontrar(se) (o:ue)** *v.* 2.2
  to run out (of) **acabarse** *v.* 3.6; **quedarse sin** *v.* 3.6
  to run over **atropellar** *v.*
rush **prisa** *f.* 3.6; **apurarse, darse prisa** *v.* 2.6
  to be in a rush **tener apuro**
Russian **ruso/a** *adj.* 1.3

S

sacred **sagrado/a** *adj.*
sacrifice **sacrificar** *v.* 3.6
sacrifice **sacrificio** *m.*
sad **triste** *adj.* 1.5, 2.4
  it's sad **es triste** 2.4
safe **seguro/a** *adj.* 1.5
safety **seguridad** *f.* 3.5
said **dicho/a** *p.p.* 2.5
sail **navegar** *v.* 3.5
sailor **marinero** *m.*
salad **ensalada** *f.* 1.8
salary **salario** *m.* 2.7; **sueldo** *m.* 2.7
  raise in salary **aumento de sueldo** *m.* 3.8
  base salary **sueldo fijo** *m.* 3.8
  minimum wage **sueldo mínimo** *m.* 3.8
sale **rebaja** *f.* 1.6; **venta** *f.*
  to be for sale **estar a la venta** *v.* 3.10
salesperson **vendedor(a)** *m., f.* 1.6, 3.8
salmon **salmón** *m.* 1.8
salt **sal** *f.* 1.8
same **mismo/a** *adj.* 1.3
  The same here. **Lo mismo digo yo.**
sample **muestra** *f.*
sandal **sandalia** *f.* 1.6
sandwich **sándwich** *m.* 1.8
sanity **cordura** *f.* 3.4
satellite **satélite** *m.*
  satellite connection **conexión de satélite** *f.* 3.7
  satellite dish **antena parabólica** *f.*
satire **sátira** *f.*
satirical **satírico/a** *adj.* 3.10
  satirical tone **tono satírico** *m.*
satisfied: be satisfied with **contentarse con** *v.* 3.1
satisfy (*quench*) **saciar** *v.*
Saturday **sábado** *m.* 1.2
sausage **salchicha** *f.* 1.8
save (*on a computer*) **guardar** *v.* 2.2, 3.7
save (*money*) **ahorrar** *v.* 2.5, 3.8; **salvar** *v.* 3.6
save oneself **ahorrarse** *v.* 3.7
saving **ahorro** *m.* 3.8
  savings **ahorros** *m.* 2.5
  savings account **cuenta** *f.* **de ahorros** 2.5
say **decir** *v.* 1.4, 3.1; **declarar** *v.* 2.9
  say goodbye **despedirse (e:i)** *v.* 3.3
  say (that) **decir (que)** *v.* 1.4, 1.9

say the answer **decir la respuesta** 1.4
scar **cicatriz** *f.*
scarcely **apenas** *adv.* 2.1, 3.3
scare **espantar** *v.*
scared **asustado/a** *adj.*
  be (very) scared (of) **tener (mucho) miedo (de)** 1.3
scene **escena** *f.* 3.1
scenery **paisaje** *m.* 3.6; **escenario** *m.* 3.2
schedule **horario** *m.* 1.2, 3.3
school **escuela** *f.* 1.1
science *f.* **ciencia** 1.2
  science fiction **ciencia ficción** *f.* 2.8, 3.10
scientific **científico/a** *adj.*
scientist **científico/a** *m., f.* 2.7, 3.7
score (a goal/a point) **anotar (un gol/un punto)** *v.* 3.2; **marcar (un gol/punto)** *v.*
screen **pantalla** *f.* 2.2, 3.2
  computer screen **pantalla de computadora** *f.*
  LCD screen **pantalla líquida** *f.* 3.7
  television screen **pantalla de televisión** *f.* 3.2
screenplay **guión** *m.* 3.9
script **guión** *m.* 3.9
scuba dive **bucear** *v.* 1.4
scuba diving **buceo** *m.* 3.5
sculpt **esculpir** *v.* 2.8, 3.10
sculptor **escultor(a)** *m., f.* 2.8, 3.10
sculpture **escultura** *f.* 2.8, 3.10
sea **mar** *m.* 1.5, 3.6
seal **sello** *m.*
search **búsqueda** *f.*
  search engine **buscador** *m.* 3.7
season **estación** *f.* 1.5; (*period*) **temporada** *f.*
  high/low season **temporada alta/baja** *f.* 3.5
seat **asiento** *m.* 3.2; **silla** *f.* 1.2
seatbelt **cinturón de seguridad** *m.* 3.5
  to fasten (the seatbelt) **abrocharse/ponerse (el cinturón de seguridad)** *v.* 3.5
  to unfasten (the seatbelt) **quitarse (el cinturón de seguridad)** *v.* 3.5
second **segundo/a** 1.5
secretary **secretario/a** *m., f.* 2.7
section **sección** *f.* 3.9;
  lifestyle section **sección de sociedad** *f.* 3.9;
  sports page/section **sección deportiva** *f.* 3.9
security **seguridad** *f.* 3.5;

security measures **medidas de seguridad** *f. pl.* 3.5
sedentary **sedentario/a** *adj.* 2.6
see **ver** *v.* 1.4, 3.1
  see (you, him, her) again **volver a ver(te, lo, la)** 2.9
  see movies **ver películas** 1.4
  See you. **Nos vemos.** 1.1
  See you later. **Hasta la vista.** 1.1; **Hasta luego.** 1.1
  See you soon. **Hasta pronto.** 1.1
  See you tomorrow. **Hasta mañana.** 1.1
seed **semilla** *f.*
seem **parecer** *v.* 1.6, 3.2
seen **visto** *p.p.* 2.5
select **seleccionar** *v.* 3.3
self-esteem **autoestima** *f.* 3.4
self-portrait **autorretrato** *m.* 3.10
sell **vender** *v.* 1.6
semester **semestre** *m.* 1.2
senator **senador(a)** *m., f.*
send **enviar; mandar** *v.* 2.5
sender **remitente** *m.*
sense **sentido** *m.;* common sense **sentido común** *m.*
sensible **sensato/a** *adj.* 3.1
sensitive **sensible** *adj.* 3.1
separate (from) **separarse** *v.* **(de)** 1.9
separated **separado/a** *adj.* 1.9, 3.1
September **septiembre** *m.* 1.5
sequel **continuación** *f.*
sequence **secuencia** *f.*
serious **grave** *adj.* 2.1
servants **servidumbre** *f.* 3.3
serve **servir (e:i)** *v.* 1.8
servitude **servidumbre** *f.* 3.3
set (fixed) **fijo/a** *adj.* 1.6
  set the table **poner la mesa** 2.3
settle **poblar** *v.*
settler **poblador(a)** *m., f.*
seven hundred **setecientos/as** 1.2
seven **siete** 1.1
seventeen **diecisiete** 1.1
seventh **séptimo/a** 1.5
seventy **setenta** 1.2
several **varios/as** *adj. pl.* 1.8
sexism **sexismo** *m.* 2.9
sexton **sacristán** *m.*
shame **vergüenza** *f.;* **lástima** *f.* 2.4
  it's a shame **es una lástima** 2.4
shampoo **champú** *m.* 1.7
shape **forma** *f.* 2.6
  bad physical shape **mala forma física** *f.*
  be in good shape **estar en buena forma** 2.6

to get in shape *v.* **ponerse en forma** 3.4
to stay in shape **mantenerse (e:ie) en forma** *v.* 3.4
share **compartir** *v.* 1.3
shark **tiburón** *m.* 3.5
sharp (*time*) **en punto** 1.1
sharp **nítido/a** *adj.*
shave **afeitarse** *v.* 1.7, 3.2
shaving cream **crema** *f.* **de afeitar** 1.7
she **ella** *pron. f.* 1.1
sheep **oveja** *f.* 3.6
shellfish **mariscos** *m., pl.* 1.8
ship **barco** *m.*
shirt **camisa** *f.* 1.6
shoe **zapato** *m.* 1.6
  shoe size **número** *m.* 1.6
  shoe store **zapatería** *f.* 2.5
  tennis shoes **zapatos** *m., pl.* **de tenis** 1.6
shop **tienda** *f.* 1.6
shopping, to go **ir de compras** 1.5
  shopping mall **centro comercial** *m.* 1.6
shore **orilla** *f.*
  on the shore of **a orillas de** 3.6
short (*in height*) **bajo/a** *adj.* 1.3; (*in length*) **corto/a** *adj.* 1.6
  short film **corto, cortometraje** *m.* 3.1
  short story **cuento** *m.* 2.8
  short/long-term **a corto/largo plazo** 3.8
shorts **pantalones cortos** *m., pl.* 1.6
shot (*injection*) **inyección** *f.*
  to give a shot **poner una inyección** *v.* 3.4
should (do something) **deber** *v.* **(+ *inf.*)** 1.3
shoulder **hombro** *m.*
shout **gritar** *v.*
show **espectáculo** *m.* 2.8, 3.2; **mostrar (o:ue)** *v.* 1.4
  game show **concurso** *m.* 2.8
shower **ducha** *f.* 1.7; **ducharse** *v.* 1.7
showing **sesión** *f.*
shrimp **camarón** *m.* 1.8
shrink **encogerse** *v.*
shrug **encogerse de hombros** *v.*
shy **tímido/a** *adj.* 3.1
shyness **timidez** *f.*
siblings **hermanos/as** *pl.* 1.3
sick **enfermo/a** *adj.* 2.1
  to be sick (of), to be fed up (with) **estar harto/a (de)** 3.1
  to be sick **estar enfermo/a** 2.1
  to get sick **enfermarse** *v.* 2.1, 3.4

sign **firmar** *v.* 2.5
sign **letrero** *m.* 2.5 **señal** *f.* 3.2
signal **señalar** *v.* 3.2
signature **firma** *f.*
silent **callado/a** *adj.* 3.7
  to be silent **callarse** *v.*
  to remain silent **quedarse callado** 3.1
silk **seda** *f.* 1.6
  (made of) **de seda** 1.6
silly person **bobo/a** *m., f.* 3.7
silly **tonto/a** *adj.* 1.3
sin **pecado** *m.*
since **desde** *prep.*
sincere **sincero/a** *adj.*
sing **cantar** *v.* 1.2
singer **cantante** *m., f.* 2.8, 3.2
single **soltero/a** *adj.* 1.9, 3.1
  single father **padre soltero** *m.*
  single mother **madre soltera** *f.*
  single room **habitación** *f.* **individual** 1.5
sink **lavabo** *m.* 1.7
sink **hundir** *v.*
sir **señor (Sr.), don** *m.* 1.1
sister **hermana** *f.* 1.3
sister-in-law **cuñada** *f.* 1.3
sit down **sentarse (e:ie)** *v.* 1.7
situated **situado/a** *adj.*
six hundred **seiscientos/as** 1.2
six **seis** 1.1
sixteen **dieciséis** 1.1
sixth **sexto/a** 1.5
sixty **sesenta** 1.2
size **talla** *f.* 1.6
  shoe size *m.* **número** 1.6
(in-line) skate **patinar (en línea)** 1.4
skateboard **andar en patineta** *v.* 1.4
sketch **esbozar** *v.*
sketch **esbozo** *m.*
ski **esquiar** *v.* 1.4
skiing **esquí** *m.* 1.4
  water-skiing **esquí** *m.* **acuático** 1.4
skill **habilidad** *f.*
skillfully **hábilmente** *adv.*
skim **hojear** *v.* 3.10
skirt **falda** *f.* 1.6
sky **cielo** *m.* 2.4
slacker **vago/a** *m., f.* 3.7
slave **esclavo/a** *m., f.*
slavery **esclavitud** *f.*
sleep **dormir (o:ue)** *v.* 1.4, 3.2; **sueño** *m.* 1.3
  go to sleep **dormirse (o:ue)** *v.* 1.7
sleepy: be (very) sleepy **tener (mucho) sueño** 1.3
sleeve **manga** *f.* 3.5
slender **delgado** *adj.* 1.3
slim down **adelgazar** *v.* 2.6
slip **resbalar** *v.*

Vocabulario

slippers **pantuflas** *f.* 1.7
slippery **resbaladizo/a** *adj.*
slow **lento/a** *adj.* 2.2
slowly **despacio** *adv.* 2.1
small **pequeño/a** *adj.* 1.3
smart **listo/a** *adj.* 1.5
smile **sonreír (e:i)** *v.* 1.9
smiled **sonreído** *p.p.* 2.5
smoggy: It's (very) smoggy. **Hay (mucha) contaminación.** 1.4
smoke **fumar** *v.* 1.8, 2.6
  (not) to smoke **(no) fumar** 2.6
  smoking section **sección** *f.* **de fumar** 1.8
  (non) smoking section *f.* **sección de (no) fumar** 1.8
smoothness **suavidad** *f.*
snack **merendar** *v.* 1.8, 2.6
  afternoon snack **merienda** *f.* 2.6
  have a snack **merendar** *v.*
snake **serpiente** *f.* 3.6
sneakers **los zapatos de tenis** 1.6
sneeze **estornudar** *v.* 2.1
snow **nevar (e:ie)** *v.* 1.5; **nieve** *f.*
snowing: It's snowing. **Nieva.** 1.5; **Está nevando.** 1.5
so (*in such a way*) **así** *adv.* 2.1; **tan** *adv.* 1.5
  so much **tanto** *adv.*
  so-so **regular** 1.1; **así así**
  so that **para que** *conj.* 2.4
soap **jabón** *m.* 1.7
  soap opera **telenovela** *f.* 2.8, 3.9
soccer **fútbol** *m.* 1.4
sociable **sociable** *adj.*
society **sociedad** *f.*
sociology **sociología** *f.* 1.2
sock(s) **calcetín (calcetines)** *m.* 1.6
sofa **sofá** *m.* 2.3
soft drink **refresco** *m.* 1.8
software **programa** *m.* **de computación** 2.2, 3.7
soil **tierra** *f.* 2.4
solar **solar** *adj., m., f.* 2.4
  solar energy **energía solar** 2.4
soldier **soldado** *m., f.* 2.9
solitude **soledad** *f.* 3.3
solution **solución** *f.* 2.4
solve **resolver (o:ue)** *v.* 2.4, 3.6
some **algún, alguno(s)/a(s)** *adj.* 1.7; **unos/as** *pron./m., f., pl; indef. art.* 1.1
somebody **alguien** *pron.* 1.7
someone **alguien** *pron.* 1.7
something **algo** *pron.* 1.7
sometimes **a veces** *adv.* 2.1, 3.3
son **hijo** *m.* 1.3
song **canción** *f.* 2.8
son-in-law **yerno** *m.* 1.3
soon **pronto** *adv.* 2.1

See you soon. **Hasta pronto.** 1.1
sorrow **pena** *f.* 3.4
sorry: be sorry **sentir (e:ie)** *v.* 2.4
  I'm sorry. **Lo siento.** 1.4
  I'm so sorry. **Mil perdones.** 1.4 **Lo siento muchísimo.** 1.4
soul **alma** *f.* 3.1
soundtrack **banda sonora** *f.* 3.9
soup **caldo** *m.* 1.8; **sopa** *f.* 1.8
source **fuente** *f.*
  energy source **fuente de energía** *f.* 3.6
south **sur** *m.* 2.5
  to the south **al sur** 2.5
sovereign **soberano/a** *m., f.*
sovereignty **soberanía** *f.*
space **espacial** *adj.*; **espacio** *m.* 3.7
  space shuttle **transbordador espacial** *m.* 3.7
spaceship **nave espacial** *f.*
spacious **espacioso/a** *adj.*
Spain **España** *f.* 1.1
Spanish (*language*) **español** *m.* 1.2; **español(a)** *adj.* 1.3
spare (free) time **ratos libres** 1.4
speak **hablar** *v.* 1.2, 3.1
  Speaking of that,... **Hablando de esto,...**
speaker **hablante** *m., f.* 3.9
special effects **efectos especiales** *m., pl.* 3.9
specialist **especialista** *m., f.*
specialized **especializado/a** *adj.* 3.7
species **especie** *f.* 3.6
  endangered species **especie en peligro de extinción** *f.*
spectacular **espectacular** *adj. m., f.* 2.6
spectator **espectador(a)** *m., f.* 3.2
speech **discurso** *m.* 2.9;
  to give a speech **pronunciar un discurso** *v.*
speed **velocidad** *f.* 2.2
  speed limit **velocidad** *f.* **máxima** 2.2
spell-checker **corrector ortográfico** *m.* 3.7
spelling **ortografía** *f.*, **ortográfico/a** *adj.*
spend (*money*) **gastar** *v.* 1.6, 3.8
spider **araña** *f.* 3.6
spill **derramar** *v.*
spirit **ánimo** *m.* 3.1
spiritual **espiritual** *adj.*
spoon (table or large) **cuchara** *f.* 2.3
sport **deporte** *m.* 1.4
  sports-related **deportivo/a** *adj.* 1.4
spot: on the spot **en el acto** 3.3

spouse **esposo/a** *m., f.* 1.3
sprain (one's ankle) **torcerse (o:ue)** *v.* **(el tobillo)** 2.1
sprained **torcido/a** *adj.* 2.1
  be sprained **estar torcido/a** 2.1
spray **rociar** *v.* 3.6
spring **primavera** *f.* 1.5; **manatial** *m.*
(city or town) square **plaza** *f.* 1.4
stability **estabilidad** *f.*
stadium **estadio** *m.* 1.2
stage (*theater*) **escenario** *m.* 3.2; (*phase*) **etapa** *f.* 1.9;
  stage name **nombre artístico** *m.* 3.1
stain **mancha** *f.*; **manchar** *v.*
staircase **escalera** *f.* 2.3, 3.3
stairway **escalera** *f.* 2.3
stamp **estampilla** *f.* 2.5; **sello** *m.* 2.5
stand in line **hacer** *v.* **cola** 2.5
stand up **ponerse de pie** *v.*
stanza **estrofa** *f.* 3.10
star **estrella** *f.* 2.4
  shooting star **estrella fugaz** *f.*
  (movie) star *m., f.* **estrella** *f.*
  pop star *m., f.* **estrella pop** *f.* 3.9
start (a vehicle) **arrancar** *v.* 2.2; **establecer** *v.* 2.7
station **estación** *f.* 1.5
statue **estatua** *f.* 2.8
status: marital status **estado** *m.* **civil** 1.9
stay **hospedarse** *v.*; **quedarse** *v.* 1.7, 3.5
  stay in shape **mantenerse en forma** 2.6
  stay up all night **trasnochar** *v.* 3.4
steak **bistec** *m.* 1.8
steering wheel **volante** *m.* 2.2
step **etapa** *f.*; **paso** *m.*; **to take the first step dar el primer paso** *v.*
stepbrother **hermanastro** *m.* 1.3
stepdaughter **hijastra** *f.* 1.3
stepfather **padrastro** *m.* 1.3
stepmother **madrastra** *f.* 1.3
stepsister **hermanastra** *f.* 1.3
stepson **hijastro** *m.* 1.3
stereo **estéreo** *m.* 2.2
stereotype **estereotipo** *m.* 3.10
stern **popa** *f.* 3.5
stick **pegar** *v.*
still **todavía** *adv.* 1.5
still life **naturaleza muerta** *f.* 3.10
sting **picar** *v.*
stingy **tacaño/a** *adj.* 3.1
stir **revolver (o:ue)** *v.*
stock market **bolsa de valores** *f.* 3.8

stockbroker **corredor(a)** *m., f.* **de bolsa** 2.7
stockings **medias** *f., pl.* 1.6
stomach **estómago** *m.* 2.1
stone **piedra** *f.* 2.4, 3.5
stop **parar** *v.* 2.2
 stop (doing something) **dejar de (+** *inf.***)** 2.4
store **tienda** *f.* 1.6
storekeeper **comerciante** *m., f.*
storm **tormenta** *f.* 2.9;
 tropical storm **tormenta tropical** 3.6
story **cuento** *m.* 2.8; **historia** *f.* 2.8;
 (*account*) **relato** *m.* 3.10
stove **cocina, estufa** *f.* 2.3
straight **derecho** *adj.* 2.5
 straight (ahead) **derecho** 2.5
straighten up **arreglar** *v.* 2.3
strange **extraño/a** *adj.* 2.4
 it's strange **es extraño** 2.4
stranger **desconocido/a** *adj.*
strawberry **frutilla** *f.* 1.8, **fresa**
stream **arroyo** *m.* 3.10
street **calle** *f.* 2.2
strength **fortaleza** *f.*
stress **estrés** *m.* 2.6
stretching **estiramiento** *m.* 2.6
 do stretching exercises **hacer ejercicios;** *m. pl.* **de estiramiento** 2.6
strict **autoritario/a** *adj.* 3.1
strike (*labor*) **huelga** *f.* 2.9, 3.8
striking **llamativo/a** *adj.* 3.10
stripe **raya** *f.* 1.6, 3.5
 striped **de rayas** 1.6
stroll **pasear** *v.* 1.4; **paseo** *m.*
strong **fuerte** *adj. m. f.* 2.6
struggle (for/against) **luchar** *v.* **(por/contra)** 2.9; **lucha** *f.*
stubborn **tozudo/a** *adj.* 3.8
student **estudiante** *m., f.* 1.1, 1.2; **estudiantil** *adj.* 1.2
studio **estudio** *m.;*
 recording studio **estudio de grabación** *f.*
study **estudiar** *v.* 1.2
stuffed-up
 (*sinuses*) **congestionado/a** *adj.* 2.1
stupendous **estupendo/a** *adj.* 1.5
stupid **necio/a** *adj.*
stupid person **bobo/a** *m., f.* 3.7
style **estilo** *m.;*
 in the style of... **al estilo de...** 3.10
subscribe (to) **suscribirse (a)** *v.* 3.9
subtitles **subtítulos** *m., pl.* 3.9
subtlety **matiz** *m.*
suburb **suburbio** *m.*
suburbs **afueras** *f., pl.* 2.3
subway **metro** *m.* 1.5

subway station **estación** *f.* **del metro** 1.5
succeed in (*reach*) **alcanzar** *v.*
success **éxito** *m.* 2.7
successful **exitoso/a** *adj.* 3.8
successful: be successful **tener éxito** 2.7
such as **tales como**
suckling pig **cochinillo** *m.* 3.10
sudden **repentino/a** *adj.* 3.3
suddenly **de repente** *adv.* 1.6, 3.3
suffer (from) **sufrir (de)** *v.* 2.1, 3.4
 suffer an illness **sufrir una enfermedad** 2.1
suffering **sufrimiento** *m.*
sugar **azúcar** *m.* 1.8
suggest **aconsejar; sugerir (e:ie)** *v.* 2.3, 3.4
suit **traje** *m.* 1.6
suitcase **maleta** *f.* 1.1, 3.5
summer **verano** *m.* 1.5
summit **cumbre** *f.*
sun **sol** *m.* 1.5, 2.4
sunbathe **tomar** *v.* **el sol** 1.4
Sunday **domingo** *m.* 1.2
(sun)glasses **gafas** *f., pl.* **(oscuras/de sol)** 1.6; **lentes** *m. pl.* **(de sol)** 1.6
sunny: It's (very) sunny. **Hace (mucho) sol.** 1.5
sunrise **amanecer** *m.*
supermarket **supermercado** *m.* 2.5, 3.3
supply **proporcionar** *v.*
support **soportar** *v.;*
 to put up with someone **soportar a alguien** *v.* 3.1
suppose **suponer** *v.* 1.4, 3.1
suppress **suprimir** *v.*
sure **seguro/a** *adj.* 1.5;
 (*confident*) **seguro/a** *adj.* 3.1
 be sure **estar seguro/a** 1.5
 (certain) **cierto/a** *adj.;*
 Sure! **¡Cierto!**
surf (the Internet) **navegar** *v.* **(en Internet)** 2.2;
 surf the web **navegar la red** *v.* 3.7
surface **superficie** *f.*
surgeon **cirujano/a** *m., f.* 3.4
surgery **cirugía** *f.* 3.4
surgical **quirúrgico/a** *adj.*
surprise **sorprender** *v.* 1.9, 3.2; **sorpresa** *f.* 1.9
surprised **sorprendido** *adj.* 3.2;
 be surprised (about) **sorprenderse (de)** *v.* 3.2
surrealism **surrealismo** *m.* 3.10
surrender **rendirse (e:i)** *v.*
surround **rodear** *v.*
surrounded **rodeado/a** *adj.* 3.7
survey **encuesta** *f.* 2.9

survival **supervivencia** *f.;* **sobrevivencia** *f.*
survive **subsistir** *v.;* **sobrevivir** *v.*
suspect **sospechar** *v.*
suspicion **sospecha** *f.*
swallow **tragar** *v.*
sweat **sudar** *v.* 2.6
sweater **suéter** *m.* 1.6
sweep **barrer** *v.* 3.3
 sweep the floor **barrer el suelo** 2.3
sweetheart **amado/a** *m., f.* 3.1
sweets **dulces** *m., pl.* 1.9
swim **nadar** *v.* 1.4
swimming **natación** *f.* 1.4
 swimming pool **piscina** *f.* 1.4
symptom **síntoma** *m.* 2.1
synagogue **sinagoga** *f.*
syrup **jarabe** *m.* 3.4

T

table **mesa** *f.* 1.2
tablespoon **cuchara** *f.* 2.3
tablet (*pill*) **pastilla** *f.* 2.1
tabloid(s) **prensa sensacionalista** *f.* 3.9
tag **etiqueta** *f.*
take **tomar** *v.* 1.2; **llevar** *v.* 1.6
 to take a bath **bañarse** *v.* 1.7, 3.2
 to take a look **echar un vistazo** *v.*
 to take (*wear*) a shoe size *v.* **calzar** 1.6
 to take a shower **ducharse** *v.* 1.7
 to take a trip **hacer un viaje** *v.* 3.5
 to take a vacation **ir(se) de vacaciones** *v.* 3.5
 to take away (*remove*) **quitar** *v.* 3.2
 to take care of **cuidar** *v.* 2.4, 3.1
 to take care of oneself **cuidarse** *v.*
 to take off (clothing) **quitarse** *v.* 1.7, 3.2
 to take off running **echar a correr** *v.*
 to take out the trash *v.* **sacar la basura** 2.3
 to take photos **tomar fotos** 1.5; **sacar fotos** 1.5
 to take place **desarrollarse, transcurrir** *v.* 3.10
 to take refuge **refugiarse** *v.*
 to take seriously **tomar en serio** *v.* 3.8
 to take someone's temperature **tomar la temperatura** 2.1
talent **talento** *m.* 3.1
talented **talentoso/a** *adj.* 2.8, 3.1

talk *v.* **hablar** 1.2
  talk show **programa** *m.* **de entrevistas** 2.8
tall **alto/a** *adj.* 1.3
tank **tanque** *m.* 2.2, 3.6
tape (*audio*) **cinta** *f.*
  tape recorder **grabadora** *f.* 1.1
taste **probar (o:ue)** *v.* 1.8
  taste like/of **saber a** *v.* 1.8, 3.1
  How does it taste? **¿Cómo sabe?** 3.4
  And does it taste good? **¿Y sabe bien?** 3.4
  It tastes like garlic/mint/lemon. **Sabe a ajo/menta/limón.** 3.4
taste **gusto** *m.* 3.10;
  in good/bad taste **de buen/mal gusto** 3.10; **sabor** *m.*
  It has a sweet/sour/bitter/ pleasant taste. **Tiene un sabor dulce/agrio/ amargo/agradable.** 3.4
tasty **rico/a** *adj.* 1.8; **sabroso/a** *adj.* 1.8
tax **impuesto** *m.* 2.9
  sales tax **impuesto de ventas** *m.* 3.8
taxi **taxi** *m.* 1.5
tea **té** *m.* 1.8
teach **enseñar** *v.* 1.2
teacher **profesor(a)** *m., f.* 1.1, 1.2; **maestro/a** *m., f.* 2.7
teaching **enseñanza** *f.*
team **equipo** *m.* 1.4, 3.2
tears **lágrimas** *f. pl.*
technician **técnico/a** *m., f.* 2.7
telecommuting **teletrabajo** *m.* 2.7
telephone **teléfono** 2.2
  cellular telephone **teléfono celular** *m.* 2.2
  telephone receiver **auricular** *m.* 3.7
telescope **telescopio** *m.* 3.7
television **televisión** *f.* 1.2, 2.2, 3.2
  television set **televisor** *m.* 2.2, 3.2
  television viewer **televidente** *m., f.* 3.2
tell **contar (o:ue)** *v.* 1.4, 3.2; **decir** *v.* 1.4
tell (that) **decir** *v.* **(que)** 1.4, 1.9
  tell lies **decir mentiras** 1.4
  tell the truth **decir la verdad** 1.4
temperature **temperatura** *f.* 2.1
temple **templo** *m.*
ten **diez** 1.1
tendency **propensión** *f.*
tennis **tenis** *m.* 1.4
  tennis shoes **zapatos** *m., pl.* **de tenis** 1.6
tension **tensión** *f.* 2.6

tent **tienda** *f.* **de campaña**
tenth **décimo/a** 1.5
terrain **land** *m.* 3.6
terrible **terrible** *adj. m., f.* 2.4
  it's terrible **es terrible** 2.4
terrific **chévere** *adj.*
territory **territorio** *m.*
terrorism **terrorismo** *m.*
test (*challenge*) **poner a prueba** *v.*
test **prueba** *f.* 1.2; **examen** *m.* 1.2
text message **mensaje** *m.* **de texto** 2.2
Thank you. *f., pl.* **Gracias.** 1.1
  Thank you (very much). **(Muchas) gracias.** 1.1
  Thank you very, very much. **Muchísimas gracias.** 1.9
  Thanks (a lot). **(Muchas) gracias.** 1.1
  Thanks again. (*lit. Thanks one more time.*) **Gracias una vez más.** 1.9
  Thanks for everything. **Gracias por todo.** 1.9, 2.6
that **que, quien(es), lo que** *pron.* 2.3
  that (one) **ése, ésa, eso** *pron.* 1.6; **ese, esa,** *adj.* 1.6
  that (over there) **aquél, aquélla, aquello** *pron.* 1.6; **aquel, aquella** *adj.* 1.6
  that which **lo que** *conj.* 2.3
  that's me **soy yo** 1.1
  That's not the way it is. **No es así.** 2.7
  that's why **por eso** 2.2
the **el** *m.,* **la** *f. sing.,* **los** *m.,* **las** *f. pl.*
theater **teatro** *m.* 2.8
their **su(s)** *poss. adj.* 1.3; **suyo(s)/a(s)** *poss. pron.* 2.2
them **los/las** *pl., d.o. pron.* 1.5
  to/for them **les** *pl., i.o. pron.* 1.6
then **después**
  (*afterward*) *adv.* 1.7; **entonces** *adv.* 3.3;
  (*as a result*) *adv.* 1.7; **luego** (*next*) *adv.* 1.7; **pues** *adv.* 2.6
theory **teoría** *f.* 3.7
there **allí** *adv.* 1.5; **allá** *adv.*
  There is/are... **Hay...** 1.1;
  There is/are not... **No hay...** 1.1
therefore **por eso** 2.2
thermal **térmico/a** *adj.*
these **éstos, éstas** *pron.* 1.6; **estos, estas** *adj.* 1.6
they **ellos** *m.,* **ellas** *f. pron.*
thief **ladrón/ladrona** *m., f.*
thin **delgado/a** *adj.* 1.3
thing **cosa** *f.* 1.1
think **pensar (e:ie)** *v.* 1.4, 3.1;
  (*believe*) **creer** *v.*

think about **pensar en** *v.* 1.4
  (*to be of the opinion*) **opinar**
  I think it's pretty. **Me parece hermosa/o.;**
  I thought... **Me pareció...** 3.1
  What did you think of...? **¿Qué te pareció...?** 3.1
third **tercero/a** 1.5
thirst **sed** *f.* 1.3
thirsty: be (very) thirsty **tener (mucha) sed** 1.3
thirteen **trece** 1.1
thirty **treinta** 1.1; 1.2;
  thirty (minutes past the hour) **y treinta; y media** 1.1
this **este, esta** *adj.;* **éste, ésta, esto** *pron.* 1.6
  This is... (*introduction*) **Éste/a es...** 1.1
  This is he/she. (*on telephone*) **Con él/ella habla.** 2.2
thoroughly **a fondo** *adv.*
those (over there) **aquéllos, aquéllas** *pron.* 1.6; **aquellos, aquellas** *adj.* 1.6
those **ésos, ésas** *pron.* 1.6; **esos, esas** *adj.* 1.6
thousand **mil** *m.* 1.6
threat **amenaza** *f.* 3.8
threaten **amenazar** *v.* 3.3
three **tres** 1.1
three hundred **trescientos/as** 1.2
throat **garganta** *f.* 2.1
through **por** *prep.* 2.2
throughout: throughout the world **en todo el mundo** 2.4
throw **tirar** *v.* 3.5;
  throw away **echar** *v.* 3.5;
  throw... out **botar** *v.* 3.5
thunder **trueno** *m.* 3.6
Thursday **jueves** *m., sing.* 1.2
thus (*in such a way*) **así** *adj.*
ticket **boleto** *m.* 2.8; **pasaje** *m.* 1.5
tie (up) **atar** *v.;*
  (*games*) **empatar** *v.* 3.2
tie **corbata** *f.* 1.6;
  (*game*) **empate** *m.* 3.2
tiger **tigre** *m.* 3.6
time **tiempo** *m.* 1.4; **vez** *f.* 1.6
  at that time **en aquel entonces;**
  for the first/last time **por primera/última vez** 3.2
  on time **a tiempo** 3.3
  once upon a time **érase una vez**
  to have a good/bad/horrible time **pasarlo bien/mal** 1.9, 3.1
  We had a great time. **Lo pasamos de película.** 2.9
  (At) What time...? **¿A qué hora...?** 1.1

What time is it? **¿Qué hora es?**
1.1
times **veces** *f., pl.* 1.6
    many times **muchas veces**
    2.1
    two times **dos veces** 1.6
tip **propina** *f.* 1.9
tire **llanta** *f.* 2.2
tired **cansado/a** *adj.* 1.5
    to be tired **estar cansado/a**
    1.5
tired: to become tired **cansarse** *v.*
to **a** *prep.* 1.1
toast (*drink*) **brindar** *v.* 1.9
    toast **pan** *m.* **tostado**
toasted **tostado/a** *adj.* 1.8
    toasted bread **pan tostado** *m.*
    1.8
toaster **tostadora** *f.* 2.3
today **hoy** *adv.* 1.2
    Today is... **Hoy es...** 1.2
toe **dedo** *m.* **del pie** 2.1
together **juntos/as** *adj.* 1.9
toilet **inodoro** *m.* 1.7
tomato **tomate** *m.* 1.8
tomorrow **mañana** *f.* 1.1
    See you tomorrow. **Hasta**
    mañana. 1.1
tone of voice **timbre** *m.* 3.3
tongue **lengua** *f.* 3.9
tonight **esta noche** *adv.* 1.4
too **también** *adv.* 1.2, 1.7
    too much **demasiado/a** *adj.*,
    adv.; **demasiado** *adv.* 1.6;
    en exceso 2.6
tool **herramienta** *f.*
    toolbox **caja de herramientas**
    f. 3.2
tooth **diente** *m.* 1.7
toothpaste **pasta** *f.* **de dientes**
    1.7
topic **asunto** *m.*
tornado **tornado** *m.* 2.9
tortilla **tortilla** *f.* 1.8
touch **tocar** *v.* 2.4, 2.8
    touch lightly **rozar** *v.*
tour an area **recorrer** *v.;*
    excursión *f.* 1.4
tour **excursión** *f.* 3.5
    tour guide **guía turístico/a** *m.,*
    f. 3.5
tourism **turismo** *m.* 1.5, 3.5
tourist **turista** *m., f.* 1.1, 3.5;
    turístico/a *adj.* 3.5
tournament **torneo** *m.* 3.2
toward **hacia** *prep.* 2.5;
    para *prep.* 2.2
towel **toalla** *f.* 1.7
town **pueblo** *m.* 1.4
toxic **tóxico/a** *adj.* 3.6
trace **huella** *f.* 3.8
trace **trazar** *v.*
track-and-field events **atletismo** *m.*
trade **comercio** *m.* 3.8; **oficio**
    m. 2.7

trader **comerciante** *m., f.*
tradicional **tradicional** *adj.* 3.1
traditional (*typical*) **típico/a** *adj.*
traffic **circulación** *f.* 2.2;
    tráfico *m.* 2.2; **tránsito** *m.*
    traffic jam
        congestionamiento, tapón
        m. 3.5;
    traffic signal **semáforo** *m.*
tragedy **tragedia** *f.* 2.8
tragic **trágico/a** *adj.* 3.10
trail **sendero** *m.* 2.4
    trailhead **sendero** *m.* 2.4
train **entrenarse** *v.* 2.6; **tren** *m.*
    1.5
    train station **estación** *f.* **(de)**
    tren *m.* 1.5
trainer **entrenador(a)** *m., f.* 2.6,
    3.2
trait **rasgo** *m.*
traitor **traidor(a)** *m., f.*
tranquilizer **calmante** *m.* 3.4
translate **traducir** *v.* 1.6, 3.1
transmission **transmisión** *f.*
transplant **transplantar** *v.*
trap **atrapar** *v.* 3.6
trash **basura** *f.* 2.3
travel log **bitácora** *f.* 3.7
travel **viajar** *v.* 1.2
    travel (*go across*) **recorrer** *v.*
    3.5
    travel agent **agente** *m., f.*
    de viajes 1.5
traveler **viajero/a** *m., f.* 1.5, 3.5
    (traveler's) check **cheque (de**
    viajero) 2.5
treadmill **cinta caminadora** *f.*
    2.6
treat **tratar** *v.* 3.4
treatment **tratamiento** *m.* 3.4
treaty **tratado** *m.*
tree **árbol** *m.* 2.4, 3.6
trend **moda** *f.;* **tendencia** *f.* 3.9
trial **juicio** *m.*
tribal chief **cacique** *m.*
tribe **tribu** *f.*
trick **truco** *m.* 3.2
trillion **billón** *m.*
trimester **trimestre** *m.* 1.2
trip **viaje** *m.* 1.5, 3.5
    take a trip **hacer un viaje**
    1.5, 3.5
tropical **tropical** *adj.*
    tropical forest **bosque** *m.*
    tropical 2.4
    tropical storm **tormenta**
    tropical 3.6
true **verdad** *adj.* 2.4
    it's (not) true **(no) es verdad**
    2.4
trunk **baúl** *m.* 2.2;
    maletero *m.* 3.9
trust **confianza** *f.* 3.1
truth **verdad** *f.*

try **intentar** *v.;* **probar (o:ue)** *v.*
    1.8, 3.3
    to try (to do something) **tratar**
    de (+ *inf.***)** 2.6
    to try on **probarse (o:ue)** *v.*
    1.7, 3.3
t-shirt **camiseta** *f.* 1.6
Tuesday **martes** *m., sing.* 1.2
tuna **atún** *m.* 1.8
tune into (*radio or television*)
    sintonizar *v.*
tuning **sintonía** *f.* 3.9
turkey **pavo** *m.* 1.8
turn **doblar** *v.* 2.5
    to turn (*a corner*) **doblar** *v.*
    to turn off (*electricity/appliance*)
    apagar *v.* 2.2, 3.3
    to turn on (*electricity/appliance*)
    encender (e:ie) *v.* 3.3
    poner *v.* 2.2; **prender**
    v. 2.2
    to turn red **enrojecer** *v.*
    to be my/your/his turn **me/te/**
    le, etc. + tocar *v.*
    Whose turn is it to pay the
    tab? **¿A quién le toca**
    pagar la cuenta? 3.2
    Is it my turn yet? **¿Todavía no**
    me toca? 3.2
turned off **apagado/a** *adj.* 3.7
twelve **doce** 1.1
twenty **veinte** 1.1
twenty-eight **veintiocho** 1.1
twenty-five **veinticinco** 1.1
twenty-four **veinticuatro** 1.1
twenty-nine **veintinueve** 1.1
twenty-one **veintiún,**
    veintiuno/a 1.1
twenty-seven **veintisiete** 1.1
twenty-six **veintiséis** 1.1
twenty-three **veintitrés** 1.1
twenty-two **veintidós** 1.1
twice **dos veces** 1.6
twin **gemelo/a** *m., f.* 1.3
twisted **torcido/a** *adj.* 2.1
    be twisted **estar torcido/a**
    2.1
two **dos** 1.1
    two hundred **doscientos/as**
    1.2
    two times **dos veces** 1.6

U

UFO **ovni** *m.* 3.7
ugly **feo/a** *adj.* 1.3
unbiased **imparcial** *adj.* 3.9
uncertainty **incertidumbre** *f.*
uncle **tío** *m.* 1.3
under **bajo** *adv.* 1.7; **debajo de**
    prep. 1.2
underdevelopment **subdesarrollo**
    m.
underground tank **cisterna** *f.*
    3.6

understand **comprender** *v.* 1.3; **entender (e:ie)** *v.* 1.4
underwear **ropa interior** 1.6; *(men's)* **calzoncillos** *m. pl.*
undo **deshacer** *v.* 3.1
unemployed **desempleado/a** *adj.* 3.8
unemployment **desempleo** *m.* 2.9, 3.8
unequal **desigual** *adj.*
unexpected **imprevisto/a; inesperado/a** *adj.* 3.3
unexpectedly **de improviso** *adv.*
unique **único/a** *adj.*
United States **Estados Unidos (EE.UU.)** *m. pl.* 1.1
university **universidad** *f.* 1.2
unjust **injusto/a** *adj.*
unless **a menos que** *adv.* 2.4
unmarried **soltero/a** *adj.*
unpleasant **antipático/a** *adj.* 1.3
unsettling **inquietante** *adj.* 3.10
untie **desatar** *v.*
until **hasta** *prep.* 1.6; **hasta que** *conj.* 2.4
until **hasta** *adv.;* up until now **hasta la fecha**
up **arriba** *adv.* 2.6
update **actualizar** *v.* 3.7
upset **disgustado/a** *adj.* 3.1; to get upset **afligirse** *v.* 3.3
upset **disgustar** *v.* 3.2
up-to-date **actualizado/a** *adj.* 3.9
to be up-to-date **estar al día** *v.* 3.9
urban **urbano** *adj.*
urgent **urgente** *adj.* 2.3, 3.4
It's urgent that... **Es urgente que...** 2.3
us **nos** *pl., d.o. pron.* 1.5
to/for us **nos** *pl., i.o. pron.* 1.6
use **usar** *v.* 1.6
use up **agotar** *v.* 3.6
used for **para** *prep.* 2.2
used: to be used to **estar acostumbrado/a a**
I used to... *(was in the habit of)* **solía**
to get used to **acostumbrarse (a)** *v.* 3.3
useful **útil** *adj.*
useless **inútil** *adj.* 3.2
user **usuario/a** *m., f.* 3.7

V

vacation **vacaciones** *f. pl.* 1.5
to be on vacation **estar de vacaciones** 1.5
to go on vacation **ir de vacaciones** 1.5
to take a vacation **ir(se) de vacaciones** *v.* 3.5

vaccine **vacuna** *f.* 3.4
vacuum **pasar** *v.* **la aspiradora** 2.3, 3.3
vacuum cleaner **aspiradora** *f.* 2.3
valid **vigente** *adj.* 3.5
valley **valle** *m.* 2.4
valuable **valioso/a** *adj.* 3.6
value **valor** *m.*
vandal **vándalo/a** *m., f.* 3.6
various **varios/as** *adj. m., f. pl.* 1.8
VCR **videocasetera** *f.* 2.2
vegetables **verduras** *pl., f.* 1.8
verb **verbo** *m.*
very **muy** *adv.* 1.1
very much **muchísimo** *adv.* 1.2
(Very) well, thank you. **(Muy) bien gracias.** 1.1
vestibule **zaguán** *m.* 3.3
victorious **victorioso/a** *adj.*
victory **victoria** *f.*
video **video** *m.* 1.1
video camera **cámara** *f.* **de video** 2.2
video(cassette) **video(casete)** *m.* 2.2
videoconference **videoconferencia** *f.* 2.7
video game **videojuego** *m.* 1.4, 3.2
village **aldea** *f.*
vinegar **vinagre** *m.* 1.8
violence **violencia** *f.* 2.9
virus **virus** *m.* 3.4
visit **visitar** *v.* 1.4
visit monuments **visitar monumentos** 1.4
visiting hours **horas de visita** *f., pl.*
vitamin **vitamina** *f.* 2.6
volcano **volcán** *m.* 2.4
volleyball **vóleibol** *m.* 1.4
vote **votar** *v.* 2.9

W

wage: minimum wage **sueldo mínimo** *m.* 3.8
wait (for) **esperar** *v.* **(+** *inf.***)** 1.2
wait **espera** *f.;* **esperar** *v.*
to wait in line **hacer cola** *v.* 3.2
waiter, waitress **camarero/a** *m., f.* 1.8; **mesero/a** *m., f.*
wake up **despertarse (e:ie)** *v.;* 1.7, 3.2
wake up early **madrugar** *v.* 3.4
walk **andar** *v.;* **caminar** *v.* 1.2
to take a walk **pasear** *v.* 1.4
to take a stroll/walk **dar un paseo** *v.* 3.2

to take a stroll/walk *v.* **dar una vuelta**
to walk around **pasear por** 1.4
walkman **walkman** *m.*
wall **pared** *f.* 2.3, 3.5
wallet **cartera** *f.* 1.6
want **querer (e:ie)** *v.* 1.4, 3.1, 3.4
(I) don't want to. **No quiero.** 1.4
war **guerra** *f.* 2.9
civil war **guerra civil** *f.*
warm up **calentar (e:ie)** *v.* 2.6, 3.3
warn **avisar** *v.*
warning **advertencia** *f.* 3.8; **aviso** *m.* 3.5
warrior **guerrero/a** *m., f.*
wash **lavar** *v.* 2.3, 3.3
wash one's face/hands **lavarse la cara/las manos** 1.7
wash (the floor, the dishes) **lavar (el suelo, los platos)** 2.3
wash oneself *v.* **lavarse** 1.7, 3.2
washing machine **lavadora** *f.* 2.3
waste **malgastar** *v.* 3.6
wastebasket **papelera** *f.* 1.2
watch **mirar** *v.;* **vigilar** *v.*1.2; **reloj** *m.* 1.2
watch television **mirar (la) televisión** 1.2
water **agua** *f.* 1.8
water pollution **contaminación del agua** 2.4
water-skiing *m.* **esquí acuático** 1.4
watercolor **acuarela** *f.* 3.10
waterfall **cascada** *f.* 3.5
wave **ola** *f.* 3.5; **onda** *f.*
way **manera** *f.* 2.7
we **nosotros(as)** *m., f.* 1.1
weak **débil** *adj. m., f.* 2.6
wealth **riqueza** *f.* 3.8
wealthy **adinerado/a** *adj.* 3.8
weapon **arma** *m.*
wear **llevar** *v.* 1.6; **usar** 1.6
weariness **fatiga** *f.* 3.8
weather **tiempo** *m.*
The weather is bad. **Hace mal tiempo.** 1.5
The weather is good. **Hace buen tiempo.** 1.5
weaving **tejido** *m.* 2.8
Web **red** *f.* 2.2
web (the) **web** *f.* 3.7
weblog **bitácora** *f.* 3.7
website **sitio** *m.* **web** 2.2, 3.7
wedding **boda** *f.* 1.9
Wednesday **miércoles** *m., sing.* 1.2
week **semana** *f.* 1.2
weekend **fin** *m.* **de semana** 1.4;

Have a nice weekend! **¡Buen fin de semana!**
weekly **semanal** *adj.*
weight **peso** *m.* 2.6
   lift weights **levantar** *v.* **pesas** *f., pl.* 2.6
welcome (*take in; receive*) **acoger** *v.*
welcome **bienvenido(s)/a(s)** *adj.* 2.3; **bienvenida** *f.* 3.5
well **pues** *adv.* 1.2, 2.8; **bueno** *adv.* 1.2, 2.8
   (Very) well, thanks. **(Muy) bien, gracias.** 1.1
well **pozo** *m.*
   oil well **pozo petrolero** *m.*
well-being **bienestar** *m.* 2.6, 3.4
well-organized **ordenado/a** *adj.*
well-received **bien acogido/a** *adj.* 3.8
west **oeste** *m.* 2.5
   to the west **al oeste** 2.5
western (*genre*) **de vaqueros** 2.8
what **lo que** *pron.* 2.3
   what? **¿qué?** 1.1
   At what time...? **¿A qué hora...?** 1.1
   What a pleasure to... ! **¡Qué gusto (+ *inf.*)...** 2.9
   What day is it? **¿Qué día es hoy?** 1.2
   What do you guys think? **¿Qué les parece?** 1.9
   What happened? **¿Qué pasó?** 2.2
   What is today's date? **¿Cuál es la fecha de hoy?** 1.5
   What nice clothes! **¡Qué ropa más bonita!** 1.6
   What size do you take? **¿Qué talla lleva (usa)?** 1.6
   What time is it? **¿Qué hora es?** 1.1
   What's going on? **¿Qué pasa?** 1.1
   What's happening? **¿Qué pasa?** 1.1
   What's. . . like? **¿Cómo es...?** 1.3
   What's new? **¿Qué hay de nuevo?** 1.1
   What's the weather like? **¿Qué tiempo hace?** 1.5
   What's wrong? **¿Qué pasó?** 2.2
   What's your name? **¿Cómo se llama usted?** *form.* 1.1
   What's your name? **¿Cómo te llamas (tú)?** *fam.* 1.1
when **cuando** *conj.* 1.7, 2.4
   When? **¿Cuándo?** 1.2
where **donde**

where (to)? (*destination*) **¿adónde?** 1.2; (*location*) **¿dónde?** 1.1
Where are you from? **¿De dónde eres (tú)?** (*fam.*) 1.1; **¿De dónde es (usted)?** (*form.*) 1.1
Where is...? **¿Dónde está...?** 1.2
(to) where? **¿adónde?** 1.2
wherever **dondequiera** *adv.* 3.4
which **que** *pron.*, **lo que** *pron.* 2.3
which? **¿cuál?** 1.2; **¿qué?** 1.2
   In which...? **¿En qué...?** 1.2
   which one(s)? **¿cuál(es)?** 1.2
while **mientras** *adv.* 2.1
whistle **silbar** *v.*
white **blanco/a** *adj.* 1.6
Who is...? **¿Quién es...?** 1.1
   Who is calling? (*on telephone*) **¿De parte de quién?** 2.2
   Who is speaking? (*on telephone*) **¿Quién habla?** 2.2
who **que** *pron.* 2.3; **quien(es)** *pron.* 2.3
   who? **¿quién(es)?** 1.1
whole **todo/a** *adj.*
whom **quien(es)** *pron.* 2.3
whose **¿de quién(es)?** 1.1
why? **¿por qué?** 1.2
widowed **viudo/a** *adj.* 3.1;
   to become widowed **quedarse viudo** *v.*
widower/widow **viudo/a** *adj.* 1.9
widower/widow **viudo/a** *m., f.*
wife **esposa** *f.* 1.3
wild boar **jabalí** *m.* 3.10
wild **salvaje** *adj.* 3.6
win **ganar** *v.* 1.4
   to win an election **ganar las elecciones** *v.*
   to win a game **ganar un partido** *v.* 3.2
wind **viento** *m.* 1.5
wind energy; wind power **energía eólica** *f.*
window **ventana** *f.* 1.2
windshield **parabrisas** *m., sing.* 2.2
windy: It's (very) windy. **Hace (mucho) viento.** 1.5
wing **ala** *m.*
winter **invierno** *m.* 1.5
wireless **inalámbrico/a** *adj.* 3.7
wisdom **sabiduría** *f.*
wise **sabio/a** *adj.*
wish **desear** *v.* 1.2, 3.4; **esperar** *v.* 2.4; **deseo** *m.*
   I wish (that) **ojalá (que)** 2.4
   to make a wish **pedir un deseo** *v.* 3.8
with **con** *prep.* 1.2
   with me **conmigo** 1.4; 1.9

with you **contigo** *fam.* 1.9
within (ten years) **dentro de (diez años)** *prep.* 2.7
without **sin** *prep.* 1.2, 2.4, 2.6; **sin que** *conj.* 2.4
   without you **sin ti** (*fam.*)
witness **testigo** *m., f.* 3.10
woman **mujer** 1.1 *f.*
   businesswoman **mujer de negocios** *f.* 3.8
womanizer **mujeriego** *m.* 3.2
wonder **preguntarse** *v.*
wood **madera** *f.*
wool **lana** *f.* 1.6
   (made of) wool **de lana** 1.6
word **palabra** *f.* 1.1
work day **jornada** *f.*
work **trabajar** *v.* 1.2; **funcionar** *v.* 2.2, 3.7
   to work hard **trabajar duro** *v.* 3.8
   to work out **hacer gimnasia** 2.6
work **trabajo** *m.* 2.7
   work (*of art, literature, music, etc.*) **obra** *f.* 2.8
   work of art **obra de arte** *f.* 3.10
workshop **taller** *m.*
World Cup **Copa del mundo** *f.*; **Mundial** *m.* 3.2
world **mundo** *m.* 2.4
worldwide **mundial** *adj. m., f.*
worm **gusano** *m.*
worried (about) **preocupado/a (por)** *adj.* 1.5, 3.1
worry **preocupar** *v.* 3.2
   worry (about) **preocuparse** *v.* **(por)** 1.7, 3.2
   Don't worry. **No se preocupe.** *form.* 1.7; **No te preocupes.** *fam.* 1.7
worse **peor** *adj. m., f.* 1.8
worship **culto** *m.*
worship **venerar** *v.*
worst **el/la peor, lo peor** 1.8, 2.9
worth: be worth **valer** *v.* 3.1
worthy **digno/a** *adj.* 3.6
Would you like to...? **¿Te gustaría...?** *fam.* 1.4
wound **lesión** *f.* 3.4
wrinkle **arruga** *f.*
write **escribir** *v.* 1.3
   write a letter/post card/e-mail message **escribir una carta/postal/mensaje electrónico** 1.4
writer **escritor(a)** *m., f.* 2.8
written **escrito** *p.p.* 2.5
wrong **equivocado/a** *adj.* 1.5
   be wrong **no tener razón** 1.3

Vocabulario

X

X-ray **radiografía** *f.*   2.1

Y

yard **jardín** *m.*   2.3; **patio** *m.*
    2.3
yawn **bostezar** *v.*
year **año** *m.*   1.5
    be... years old **tener... años**
        1.3
yellow **amarillo/a** *adj.*   1.6
yes **sí** *interj.*   1.1
yesterday **ayer** *adv.*   1.6
yet **todavía** *adv.*   1.5
yogurt **yogur** *m.*   1.8
You **tú** *fam.,* **usted (Ud.)** *form.*
    sing., **vosotros/as** *m., f. fam.*
    pl., **ustedes (Uds.)** *form.*   1.1;
    (to, for) you **te** *fam. sing.,* **os**
        pl., **le** *form. sing.,* **les** *pl.*   1.6
You are... **Tú eres...**   1.1
You don't say! **¡No me digas!**
    fam.; **¡No me diga!** *form.*   2.2
    you **te** *fam., sing.,* **lo/la** *form.,*
        sing., **os** *fam., pl.,* **los/las**
        form., pl, d.o. pron.   1.5
You're welcome. **De nada.**   1.1;
    No hay de qué.   1.1
young **joven** *adj.*   1.3
    young person **joven** *m., f.*   1.1
    young woman **señorita (Srta.)** *f.*
younger **menor** *adj. m., f.*   1.3
younger: younger brother,
    sister *m., f.* **hermano/a**
    menor   1.3
youngest **el/la menor** *m., f.*   1.8
your **su(s)** *poss. adj. form.*   1.3
    your **tu(s)** *poss. adj. fam.*
        sing.   1.3
    your **vuestro/a(s)** *poss. adj.*
        form. pl.   1.3
    your(s) *form.* **suyo(s)/a(s)**
        poss. pron. form.   2.2
        your(s) tuyo(s)/a(s) *poss.*
        fam. sing.   2.2
    your(s) **vuestro(s)/a(s)** *poss.*
        fam.   2.2
youth *f.* **juventud**   1.9

Z

zoo **zoológico** *m.*   3.2

Text Credits

32-33 Pablo Neruda, Poema 20, from Veinte Poemas de Amor y una Canción Desesperada, 1924. Esta autorización se concede por cortesía de: Fundación Pablo Neruda.

72-73 Mario Benedetti, Idilio. © Mario Benedetti, c/o Guillermo Schavelzon, Agente Literario, info@schavelzon.com.

112-113 Jorge Luis Borges, Pedro Salvadores. Permission requested. Best efforts made.

154-155 Ángeles Mastretta, Último cuento (sin título) from Mujeres de ojos grandes, © Ángeles Mastretta, 1991.

194-195 Gabriel García Márquez, La luz es como el agua, from Doce cuentos peregrinos. Permission requested. Best efforts made.

234-235 Augusto Monterroso, El Eclipse, from Obras Completas y Otros Cuentos, 1959, © Herederos de Augusto Monterroso.

272-273 © Arturo Pérez-Reverte, "El bobo del móvil", El Semanal, Madrid, **5** de marzo de 2000.

318-319 Isabel Piquer, "Carolina Herrera, una señora en su punto," Madrid, El País, 2001, reprinted by permission of El País.

350-353 © Edmundo Paz Soldán, Sueños digitales, fragmento, 2000. Santillana Bolivia.

386-387 Julio Cortázar, Continuidad en los parques Esta autorización se concede por cortesía de: Herederos de Julio Cortázar.

Fine Art Credits

xviii Pablo Picasso. Woman with hat. 1935. Colección: Musee National de'Art Moderne, Centre Georges Pompidou, Paris, France. CNAC/MNAM/Dist. Réunion des Musées Nationaux/Art Resources, NY. **30** Pablo Picasso. Los Enamorados. 1923. © Sucesión Picasso/Artists Rights Society (ARS) New York. **70** Aldo Severi. Calesita en la Plaza. 1999 © Aldo Severi. Courtesy of Giuliana F. Severi. **75** Achille Beltrame. Juanita Cruz. 1934 © The Art Archive/Domenica del Corriere/Dagli Orti (A) **110** Antonio Berni. La siesta. 1943. Óleo sobre tela 155 x 220 cm. Colección Privada. **112** Carlos Morel. Rio de la Plata Calgary, Argentina. 1845 © The Art Archive / Nacional Library Buenos Aires / Dagli Orti **113** Pierre Raymond Jacques Monvoisin. Juan Manuel de Rosas. 1842 © The Art Archive/Museo Nacional de Bellas Artes Buenos Aires/Dagli Orti **115** (b) Bartolome Esteban Murillo. Children eating grapes and melon. 17th century © Scala / Art Resource, NY **116** Diego Rodríguez Velázquez. Old Woman Cooking Eggs. 1618 © Scala / Art Resource, NY (t) Diego Velázquez. Los Borracios. Before 1629. © The Art Archive/Museo del Prado, Madrid/Degli Orti (b) Diego Velásquez. Las Meninas, the Fmaily of Philip IV. 1656 © The Art Archive/Museo del Prado Madrid **119** Diego Rivera. Emiliano Zapata. 1928 © Banco de Mexico Trust, Schalkwijk / Art Resource, NY **152** Hector Giuffre. Vegetal Life. 1984 © Hector Giuffre. Courtesy Edmund Newman Inc. **156** Lino Eneas Spilimbergo. La Planchadora. 1936. Permission requested. Best efforts made. **193** Graciela Rodo Boulanger. Altamar. 2000. © Courtesy Edmund Newman Inc. **232** Frida Kahlo. Autorretrato con mono. 1938. Oil on masonite, overall 16 x 12" (40.64 x 30.48 cms). Albright-Knox Art Gallery, Buffalo, New York. Bequest of A. Conger Goodyear, 1966. **252** (t) Quirino Cristiani. Frame from animated film "El Apostol". 1917. Courtesy Giannalberto Vendáis, Milano, Italia **270** Joaquín Torres Garcia. Composición Constructiva. 1938 © Art Museum of the Ameritas **276, 277** (t) selections from "Weblog de una Mujer Gorda". © Bernardo Erlich **310** Diego Rivera. Mercado de flores. 1949. Óleo/tela 180 X 150 cms. Colección Museo Español de Arte Contemporáneo. Madrid, España. Foto © Fondo Documental Diego Rivera. CENIDIAP.INBA. Conaculta, México. **312, 315** Alfredo Bedoya Selections from "La Abeja Haragana" © 2002 Alfredo Bedoya. Courtesy of the Artist **318** Andy Warhol (1928-1987). Carolina Herrera. 1979. 40" x 40". Synthetic polymer paint and silkscreen ink on canvas. © The Andy Warhol Foundation, Inc./ Art Resource NY. **348** Salvador Dalí. Automovil vestido. 1941. ©2002 Salvador Dalí, Gala-Salvador Dalí Foundation. Artists Rights Society (ARS), New York. **365** (ml) Salvador Dali. Sofá Watch. © Salvador Dali, Gala-Salvador Dali Foundation/Artists Rights Society (ARS), New York. Image © Christie's Images/Corbis (mr) Pablo Picasso. The Red Armchair. ca. 1930-1940 © Sucesión Picasso. Image © Archivo Iconografico, S.A./Corbis (r) Claude Monet. The Haystacks, End of Summer. Giverny, 1891 © Erich Lessing/Art Resource, NY (l) Andy Warhol. Marilyn, 1967. Silkscreen on paper, **91**x**91** cm.© the AndyWarhol Foundation for the Visual Arts/ARS, NY. Photo © Tate Gallery, London/Art Resource, NY **369** (m) Gonzalo Cienfuegos. El Trofeo. 2005. Courtesy of the artist. **371** (t) Guillermo Núñez. Excerpt from "Todo en ti fue Naufragio". Permission requested. Best efforts made. **384** Armando Barrios. Cantata. 1985. Óleo sobre tela. 150 x 150 cms. N° catálogo general: **868**. Fundación Armando Barrios. Caracas, Venezuela **422** José Antonio Velásquez. San Antonio de Oriente. 1957. Colección: Art Museum of the Americas, Organization of American States. Washington D.C. **439** (t) Santiago Hernandez. Lithograph print from El Libro Rojo, Publisher by Francisco Dias de Leon y White. 1870 © Instituto Nacional de Antropología y Historia (INAH), Mexico. Permission requested. Best efforts made e **39** (m) Diego Duran. Montezuma, 1466-1520 last king of the Aztecs, leaving for a retretat upon being told of the Spanish disembarking. From folio 192R of the Historia de los Indios. 1579 © The Art Archive/Biblioteca Nacional Madrid/ Dagli Orti **468** José Sabogal. EL alcade de Chinceros; Varayoc. 1925. Óleo sobre lienzo. Municipalidad Metropolitana de Lima. Pinacoteca "Ignacio Merino." Lima, Perú. **470** William Penhallow Henderson. Ca. 1921© Smithsonian American Art Museum, Washington, DC/Art Resource, NY **477** Anonymous. 16th Century. Portrait of Atahualpa, **13**th and last King of the Incas © Bildarchiv Preussischer Kulturbesitz/Art Resource, NY. Photo by Dietrich Graf. **481** Still Life with Setter to Mr. Lask by William Michael Harnett.

Illustration Credits

Pere Virgili: 17
Sophie Casson: 201
Debra Dixon: 3, 42, 82, 129, 164, 165, 172, 212, 254, 282, 325, 362, 363, 396, 438, 439
Sophie Casson: 84, 122, 179, 201 223, 244, 297, 341, 397
Pere Virgili: 4, 17, 24, 25, 44, 57, 61, 64, 79, 101, 105, 138, 142, 143, 166, 187, 201, 241, 245, 247, 265, 283, 301, 305, 377, 379, 399, 453
Hermann Mejia: 130, 311, 417
Franklin Hammond: 183, 261, 464

Photography Credits

90-Minute (Block Schedule) / 10-Day Suggested Lesson Pacing Guide

Day 1	Present Communicative Goals Go over the contents of each section presented on the lesson opener page 5 min	Present **Contextos** vocabulary 25 min	Work through **Práctica** activities 25 min	Work through **Comunicación** activities 35 min
Day 2	Review **Contextos** vocabulary 10 min	Present **Fotonovela** and **Expresiones** útiles 20 min Read the **Fotonovela** as a class 30 min		Show the **Fotonovela** video episode 30 min
Day 3	Review the **Expresiones útiles** 10 min	Complete the **Comprensión** activities 15 min Complete **Ampliación** 20 min Present and work through the **En detalle** reading in the **Enfoques** section 45 min		
Day 4	Review the **En detalle** reading 10 min	Present and work through the **Perfiles** reading in the **Enfoques** section 30 min Have students complete the **¿Qué aprendiste?** activities 30 min Present and work through the **Ritmos** reading 20 min		
Day 5	Present and work through the first **Estructura** mini-lesson 25 min Have students complete the **Práctica** activities 15 min Have students complete the **Comunicación** activities 25 min Present and work through the second **Estructura** mini-lesson 25 min			
Day 6	Review the first and second **Estructura** mini-lessons 10 min	Have students complete the **Práctica** activities for the second **Estructura** mini-lesson 15 min Have students complete the **Comunicación** activities 25 min	Present and work through the third **Estructura** mini-lesson 25 min Have students complete the **Práctica** activities 15 min
Day 7	Review second and third **Estructura** mini-lessons 10 min	Have students complete the **Comunicación** activities for the third **Estructura** mini-lesson 25 min	Preview **Cinemateca** 10 min Present and work through the **Antes de ver el corto** section 20 min Read the **Escenas** as a class 25 min
Day 8	Review the **Escenas** section 10 min Show the **Cinemateca** short film 30 min Work through the **Después de ver el corto** as a class 30 min Present and work through the **Antes de leer** activities preceding the **Literatura** reading 20 min			
Day 9	Present and work through the **Literatura** reading 30 min Work through the **Depués de leer** activities as a class 20 min	Present and work through the **Antes de leer** activities preceding the **Cultura** reading 20 min Present and work through the **Cultura** reading 20 min		
Day 10	Review the **Cultura** reading 10 min	Work through the **Depués de leer** activities as a class 20 min	Work through the **Atando cabos** section OR Administer the lesson **Prueba** 60 min